McGraw-Hill Educati

Preparación

para el

Examen de GED®

COLABORADORES

Marion Dausses
Janet Fitzsimmons
Madison Gardner
Maria Goudiss
Alyssa Grieco
Diane Milne
Christel Snelson
Jerimi Walker

New York Chicago San Francisco Athens London Madrid
Mexico City Milan New Delhi Singapore Sydney Toronto

1 2 3 4 5 6 7 8 9 10 RHR/RHR 1 2 1 0 9 8 7 6 5

ISBN 978-0-07-184570-0
MHID 0-07-184570-4

e-ISBN 978-0-07-184569-4
e-MHID 0-07-184569-0

Interior illustrations by Cenveo® Publisher Services

Índice

Cómo usar esta publicación xviii

Introducción al examen de GED® 1

Historia del examen de GED® 1

Cómo registrarse 2

Los nuevos formatos de las preguntas 3

El examen de Razonamiento a través de las artes del lenguaje 7

El examen de Razonamiento matemático 7

El examen de Ciencia 8

El examen de Estudios sociales 8

La interfaz usada en el examen 8

Cómo se evalúan los exámenes 9

Estrategias para abordar el examen 10

Consejos para el día del examen 12

Cómo usar esta publicación para organizar un plan de estudio 13

EXÁMENES PRELIMINARES 15

Cómo usar los exámenes preliminares 15

Examen preliminar de Razonamiento a través de las artes del lenguaje 17

Parte 1: Preguntas de opción múltiple 19

Parte 2: Ensayo 63

Respuestas y explicaciones 68

Tabla de evaluación 75

Examen preliminar de Razonamiento matemático 77

Lista de fórmulas matemáticas 78

Respuestas y explicaciones 95

Tabla de evaluación 100

Examen preliminar de Ciencia 101

Respuestas y explicaciones 126

Tabla de evaluación 133

Examen preliminar de Estudios sociales 135

Respuestas y explicaciones 164

Tabla de evaluación 169

RAZONAMIENTO A TRAVÉS DE LAS ARTES DEL LENGUAJE 171

El examen de Razonamiento a través de las artes del lenguaje 171
Repaso de los conocimientos sobre Razonamiento a través de las artes del lenguaje 171

CAPÍTULO 1 Uso del idioma español 173

Convenciones y reglas 173
Uso de las mayúsculas 173
Uso de los signos de puntuación 177
Fragmentos de oraciones 180
Oraciones mal estructuradas 181
Cláusulas de modificación mal colocadas o mal usadas 183
Estructuras paralelas 184
Oraciones poco elegantes 185
Concordancia entre sujeto y verbo 186
Modos y tiempos verbales 190
Uso de los pronombres 192
Palabras y frases de transición 197
Ejercicios de práctica: Uso del idioma español 198

CAPÍTULO 2 Comprensión de la lectura 205

La comprensión de textos en el examen de GED® 205
Tipos de preguntas 205
Preguntas de opción múltiple 205
Preguntas en las que deberá "arrastrar y soltar" contenidos 205
Preguntas en que deberá rellenar espacios en blanco 206
Destrezas básicas de la lectura crítica 206
Identificación de la idea central en un texto 206
Identificación de los detalles en un texto 207
Análisis de ideas centrales implícitas 208
Inferencias y conclusiones 210
Identificación de evidencia contenida en el texto 211
Relaciones entre ideas diferentes 214
Ejercicios de práctica: Comprensión de la lectura 217

CAPÍTULO 3 La estructura del texto y las elecciones del autor 223

Secuencia de los acontecimientos 223
Relaciones estructurales 225
El lenguaje del autor 227
Palabras y expresiones de transición 227
Claves de contexto 228
Connotación 229
Tono 230
Lenguaje figurativo 232
Ejercicios de práctica: La estructura del texto y las elecciones del autor 234

CAPÍTULO 4 Textos literarios 239

Uso de evidencia presente en el texto para analizar los elementos de ficción 239
Tema 239
El argumento o los acontecimientos que constituyen la historia 247
Personajes 248
Motivación 250
Rasgos de los personajes 252
La interacción entre los personajes 254
La ambientación 255
Puntos de vista de los personajes y el narrador 257
Ejercicios de práctica: Textos literarios 260

CAPÍTULO 5 Textos informativos 269

Textos fundacionales 269
Inferencia de relaciones entre las ideas 270
Causa y efecto 270
Comparación y contraste 271
Ideas paralelas 272
Punto de vista y propósito del autor 273
Análisis de los argumentos 275
Hechos y opiniones 276
Confiabilidad de las fuentes 278
Evaluación de las afirmaciones 280
Técnicas retóricas 281
Actitud del autor ante puntos de vista opuestos 282
Comparación de textos 284
Ejercicios de práctica: Textos informativos 290

CAPÍTULO 6 Pregunta de respuesta extensa de Razonamiento a través de las artes del lenguaje 297

Elementos de un ensayo persuasivo 297
Declaración de apertura 297
Evidencia de respaldo 298
Respuestas a posibles argumentos en contrario 299
Declaración final 299
Puntuación 299
Redacción de un ensayo persuasivo 302
Ejercicios de práctica: Pregunta de respuesta extensa de Razonamiento a través de las artes del lenguaje 311
Razonamiento a través de las artes del lenguaje: Respuestas y explicaciones 317

RAZONAMIENTO MATEMÁTICO 327

El examen de Razonamiento matemático 327
Repaso de los conocimientos de Razonamiento matemático 327

CAPÍTULO 1 Operaciones con números enteros 331

Adición 331
Sustracción 332
Multiplicación 333
División 334
El uso de la calculadora en el examen de Razonamiento matemático de GED® 335
Problemas verbales que se resuelven con operaciones básicas 337

CAPÍTULO 2 Exponentes, raíces y propiedades numéricas 341

Exponentes 341
Exponentes negativos 341
Reglas de los exponentes 343
Regla 1: Cuando se multiplican dos términos con la misma base, se suman sus exponentes 343
Regla 2: Cuando se dividen dos términos con la misma base, se restan sus exponentes 343
Regla 3: Para elevar un término con exponente a una potencia, se multiplican los exponentes 344
Raíz cuadrada y raíz cúbica 347

Exponentes y raíces en la calculadora TI-30XS 349
Exponentes 349
Raíces 349
Orden de las operaciones 350
La propiedad distributiva 352

CAPÍTULO 3 Operaciones con números decimales 353

Los decimales y el valor posicional 353
Redondeo de decimales 353
Comparación de decimales 354
Notación científica 356
La notación científica en la calculadora 357
Adición y sustracción de decimales 358
Multiplicación de decimales 359
División de decimales 360
División de un decimal por un número entero 360
División de un número entero por un decimal 360
División de un decimal por otro decimal 361

CAPÍTULO 4 Operaciones con fracciones 365

Fracciones equivalentes 365
Reducción de fracciones a su mínima expresión 366
Reducción de fracciones con la calculadora 367
Fracciones y decimales 368
Conversiones entre fracciones y decimales con la calculadora 369
Fracciones impropias y números mixtos 370
Conversiones entre números mixtos y fracciones impropias con la calculadora 372
Comparación de fracciones 373
Comparación de fracciones y decimales 374
Adición y sustracción de fracciones 376
Multiplicación de fracciones 378
División de fracciones 378
Operaciones con fracciones, números enteros y números mixtos 380
Operaciones con fracciones en la calculadora 382

CAPÍTULO 5 Razones, tasas y proporciones 383

Razones y tasas 383
Problemas verbales con razones y tasas 383
Proporciones 386
Problemas verbales con proporciones 387

CAPÍTULO 6 Los porcentajes y sus aplicaciones 389

Conversiones entre fracciones, decimales y porcentajes 389
Conversión de porcentajes en fracciones 389
Conversión de porcentajes en decimales 390
Conversión de decimales y fracciones en porcentajes 390
Problemas con porcentajes 391
Problemas verbales con porcentajes 393
Interés simple 395

CAPÍTULO 7 La recta numérica y los números negativos 397

La recta numérica 397
Valor absoluto 398
Adición y sustracción de números negativos 399
Multiplicación y división de números negativos 400
Operaciones con números negativos en la calculadora 401

CAPÍTULO 8 Probabilidad y cálculos 403

Probabilidad básica 403
Probabilidad compuesta 405
Probabilidad de que ocurra un suceso "y" ocurra otro 405
Probabilidad de que ocurra un suceso "u" ocurra otro 407
Cálculos 408

CAPÍTULO 9 La estadística y el análisis de datos 411

El análisis de conjuntos de datos 411
La media 411
La mediana 412
La moda 413
El promedio ponderado 413
El rango 413
Representación gráfica de los datos 415
Diagramas de barras 415
Gráficos de sectores 416
Diagramas de puntos 418
Diagramas de cajas 419
Histogramas 421
Relaciones entre conjuntos de datos 423
Gráficos de líneas 424
Diagramas de dispersión 425

CAPÍTULO 10 Expresiones algebraicas 429

Variables, términos y expresiones 429
Evaluación de expresiones algebraicas 430
Combinación de términos semejantes 432
Adición y sustracción de polinomios 434
Multiplicación de polinomios 436
Multiplicación de términos simples 436
Multiplicación de términos simples y polinomios más complejos 437
Multiplicación de dos binomios 438
Multiplicación de polinomios de más de dos términos 439
Factorización 441
Factorización por el máximo factor común 441
Factorización en dos binomios 442
Diferencia de cuadrados 444
Expresiones racionales 445
Simplificación de expresiones racionales 445
Adición y sustracción de expresiones racionales 446
Multiplicación de expresiones racionales 448
División de expresiones racionales 449
Redacción de expresiones algebraicas 450

CAPÍTULO 11 Resolución de ecuaciones y desigualdades 453

Ecuaciones lineales 453
Ecuaciones de dos pasos 455
Ecuaciones de pasos múltiples 456
Desigualdades 458
Resolución de desigualdades 458
Resolución gráfica 459
Redacción de ecuaciones lineales y desigualdades 461
Problemas verbales con ecuaciones y desigualdades 462
Sistemas de dos ecuaciones con dos incógnitas 464
Problemas verbales y sistemas de ecuaciones 467
Resolución de ecuaciones cuadráticas con la regla de la raíz cuadrada 469
Resolución de ecuaciones cuadráticas por factorización 471
Resolución de ecuaciones cuadráticas con la fórmula cuadrática 472
Redacción de ecuaciones cuadráticas 475

CAPÍTULO 12 Representación gráfica de ecuaciones 477

Representación gráfica de puntos 477
Representación gráfica de rectas 479
Puntos de intersección 484
Pendiente de la recta 486
Cálculo de la pendiente 486
Rectas paralelas y perpendiculares 488
Interpretación de la pendiente 489
Cómo obtener la ecuación de una recta 492
Representación gráfica de sistemas de ecuaciones 494

CAPÍTULO 13 Funciones 495

Evaluación de funciones 495
Reconocimiento de funciones 496
Propiedades de las funciones 501
Máximos y mínimos relativos 504
Valores positivos y negativos 505
Comportamiento final de una función y funciones periódicas 505

CAPÍTULO 14 Geometría 511

Polígonos 511
Círculos 514
Objetos tridimensionales 516
Figuras complejas 520
El teorema de Pitágoras 522
Razonamiento matemático: Respuestas y explicaciones 525

CIENCIA **543**

El examen de Ciencia 543
Repaso de los conocimientos de Ciencia 543

PARTE 1 **Ciencias de la vida**

CAPÍTULO 1 Las estructuras y funciones de la vida 547

Células, tejidos y órganos 547
Células especializadas 547
Niveles de organización 549
Funciones de las células y sus componentes 550
Componentes de la célula 551

División celular 552
Mitosis 552
Meiosis 553

CAPÍTULO 2 Las funciones de la vida y el consumo de energía 557

Fotosíntesis 557
Respiración 558
Fermentación 559

CAPÍTULO 3 La herencia 561

El ADN y los cromosomas 561
Los cromosomas 562
Alelos y rasgos 564
Variedad de alelos 564
Alteraciones de los rasgos por el medio ambiente 565
Expresión de los rasgos 565
Herencia simple 567
Probabilidad de heredar rasgos 568

CAPÍTULO 4 La evolución 571

Relaciones evolutivas 571
Cladogramas 572
Evolución por selección natural 573
Requisitos para la selección 574
Cambio evolutivo 576
Especiación 577

CAPÍTULO 5 Los ecosistemas 579

La energía en los ecosistemas 579
Flujo de la energía 579
Conservación de la energía 579
La materia en los ecosistemas 581
Cadenas alimentarias 581
Redes alimentarias 581
Capacidad de cambio 583
Factores limitantes 583
Relaciones en los ecosistemas 585
Predador-presa 585
Simbiosis 585
Alteración de los ecosistemas 587
Extinción 588

CAPÍTULO 6 El cuerpo humano y la salud 591

Sistemas corporales 591
Interacción entre los sistemas corporales 592
Homeostasis 594
Efectos del medio ambiente 595
Nutrición 597
Conceptos nutricionales 597
Enfermedades y agentes patógenos 599
Prevención de las enfermedades 600
Efectos de las enfermedades sobre las poblaciones 601
Ejercicios de práctica: Ciencias de la vida 602

PARTE 2 Ciencias físicas

CAPÍTULO 7 Interacciones químicas 607

Estructura de la materia 607
Partículas atómicas 607
Iones e isótopos 608
Moléculas, elementos y compuestos 609
Propiedades físicas y químicas 611
Estados de la materia 612
Fórmulas y ecuaciones químicas 614
Conservación de la masa 615
Balanceo de ecuaciones químicas 615
Reactivos limitantes 616
Tipos de reacciones químicas 616
Soluciones y solubilidad 617
Solubilidad 618
Saturación 618
Soluciones débiles y fuertes 619

CAPÍTULO 8 La energía 621

Tipos de energía 621
Transformaciones de la energía 621
Ondas 623
Elementos de una onda 623
Tipos de radiación electromagnética 624
Usos y peligros de la radiación electromagnética 625
Calor 626
Transferencia de calor 627

La energía en las reacciones químicas 628
Reacciones endotérmicas 628
Reacciones exotérmicas 629
Fuentes de energía 630

CAPÍTULO 9 El movimiento y las fuerzas 633

El movimiento 633
Momento y colisiones 634
Las fuerzas 636
Las leyes de Newton 636
La gravedad 637
La masa y el peso 637
El trabajo y las máquinas 638
Máquinas simples 639
Ventaja mecánica y potencia 639
Ejercicios de práctica: Ciencias físicas 642

PARTE 3 Ciencias de la Tierra y el espacio

CAPÍTULO 10 El espacio 647

La edad de la Tierra 647
El sistema solar 649
Interacción entre la Tierra y el sistema solar 650
El universo 652
Edad y desarrollo del universo 653
Edad y desarrollo de las estrellas 653

CAPÍTULO 11 La Tierra 655

Estructura de la Tierra 655
Placas tectónicas 656
La atmósfera de la Tierra 659
Gases de la atmósfera 661
Efectos de los gases sobre la Tierra 661
La meteorización y la erosión 664
El viento 665
Los océanos 667
Corrientes oceánicas 667
Arrecifes de coral 668

CAPÍTULO 12 Interacción entre la Tierra y los seres vivos 671

Los ciclos de la naturaleza 671
El ciclo del nitrógeno 671
El ciclo del carbono 672
El ciclo del oxígeno 672
El ciclo del agua 673
Los peligros naturales 674
Efectos de los peligros naturales 675
Mitigación de los efectos de los peligros naturales 677
Los recursos naturales 678
La sustentabilidad de los recursos 679
Ejercicios de práctica: Ciencias de la Tierra y el espacio 681
Ciencia: Respuestas y explicaciones 683

ESTUDIOS SOCIALES 697

El examen de Estudios sociales 697
Repaso de los conocimientos sobre Estudios sociales 697

CAPÍTULO 1 Educación cívica y gobierno 701

Tipos de gobierno históricos y modernos 701
Principios básicos de la democracia constitucional de los Estados Unidos 703
Estructura y composición del gobierno federal de los Estados Unidos 706
El poder legislativo 708
El poder ejecutivo 710
El gabinete de los Estados Unidos 713
El poder judicial 716
Enmiendas a la Constitución 718
La Carta de Derechos 719
Derechos de los ciudadanos y responsabilidades cívicas 722
Partidos políticos 724
Campañas políticas, elecciones y proceso electoral 727
Políticas públicas contemporáneas 729
Ejercicios de práctica: Educación cívica y gobierno 731

CAPÍTULO 2 Historia de los Estados Unidos 737

Exploración europea de las Américas 737
La colonia inglesa en Virginia 739
Las colonias inglesas en Nueva Inglaterra y Maryland 740
Las Trece Colonias toman forma 743

Aumento de las tensiones entre las colonias y Gran Bretaña 746
El Primer Congreso Continental y el comienzo de la Revolución de las Trece Colonias (*American Revolution*) 748
El Segundo Congreso Continental y la Declaración de Independencia 750
La guerra de la Independencia de los Estados Unidos 751
De los Artículos de la Confederación a la Constitución de los Estados Unidos 753
La guerra de 1812 755
La Doctrina Monroe 758
Política de los Estados Unidos hacia los americanos nativos 759
"Destino manifiesto" 761
La guerra de Secesión (*Civil War*) y la reconstrucción 763
Los Estados Unidos se convierten en una potencia industrial 766
Los Estados Unidos se convierten en una potencia mundial 768
La Primera Guerra Mundial 769
La Gran Depresión 771
La Segunda Guerra Mundial 773
Los Estados Unidos de la posguerra 774
La Guerra Fría 776
Movimientos por los derechos civiles y por la igualdad de la mujer 778
La Gran Sociedad, la guerra de Vietnam y el escándalo de Watergate 780
Presidencias de finales del siglo XX y comienzos del siglo XXI 782
Cuestiones que enfrentan los Estados Unidos a comienzos del siglo XXI 784
Ejercicios de práctica: Historia de los Estados Unidos 786

CAPÍTULO 3 Economía 793

Conceptos económicos básicos 793
Microeconomía y macroeconomía 795
Microeconomía 795
Macroeconomía 796
Los bancos y el crédito 798
El rol del gobierno en la economía nacional 799
Comercio internacional 802
Acontecimientos económicos clave en la historia de los Estados Unidos 804
Ejercicios de práctica: Economía 806

CAPÍTULO 4 La geografía y el mundo 811

Ecosistemas 811
La geografía y el desarrollo de las sociedades humanas 812
Cambios en el medio ambiente producidos por el ser humano 814
Las migraciones humanas 816
Tendencias y cuestiones de la población 817
Herramientas y destrezas geográficas 819
Ejercicios de práctica: La geografía y el mundo 821

CAPÍTULO 5 Temas complementarios 823

¿Cuáles son los temas complementarios en el examen de Estudios Sociales? 823
Las primeras civilizaciones 823
La antigua China 825
La antigua India 827
La Grecia clásica 828
Roma 829
La gran migración y la Edad Media 832
El feudalismo 833
El Oriente Medio y África 834
Civilizaciones en las Américas 836
El Renacimiento y la Reforma en Europa 837
La Revolución Científica, la Ilustración y la Revolución Industrial 838
La era de los descubrimientos 839
El establecimiento de los imperios 841
Revoluciones en Inglaterra y Francia 843
Nuevas ideas políticas en el siglo XIX 844
Desarrollos políticos en Europa durante el siglo XIX 846
La Primera Guerra Mundial y la Revolución rusa 847
El surgimiento del fascismo 849
La Segunda Guerra Mundial 850
El fin del predominio europeo y la formación de la Unión Europea 851
El fin de la Unión Soviética 853
China en la actualidad 854
El mundo árabe 855
Ejercicios de práctica: Temas complementarios 856

CAPÍTULO 6 Redacción de un ensayo sobre Estudios sociales 859

Puntuación 859
Cómo abordar la pregunta de respuesta extensa sobre Estudios sociales 859
Característica 1: Análisis de los argumentos y uso de las evidencias 860
Característica 2: Desarrollo de las ideas y la estructura 860
Característica 3: Claridad y dominio del idioma 861
Estrategias para administrar el tiempo 861
Ejemplos de instrucciones para la respuesta extensa y de ensayos 862
Estudios sociales: Respuestas y explicaciones 868

EXÁMENES DE PRÁCTICA 877

Cómo usar los exámenes de práctica 877
Examen de práctica de Razonamiento a través de las artes del lenguaje 879
Parte 1: Preguntas de opción múltiple 881
Parte 2: Ensayo 926
Respuestas y explicaciones 931
Tabla de evaluación 938
Examen de práctica de Razonamiento matemático 939
Lista de fórmulas matemáticas 940
Respuestas y explicaciones 958
Tabla de evaluación 962
Examen de práctica de Ciencia 963
Respuestas y explicaciones 986
Tabla de evaluación 992
Examen de práctica de Estudios sociales 993
Respuestas y explicaciones 1015
Tabla de evaluación 1019

Cómo usar esta publicación

¡Bienvenido a *McGraw-Hill Education: Preparación para el Examen de GED®*! Esta publicación contiene información práctica y secciones de repaso sobre cada una de las cuatro asignaturas incluidas en el examen. Contiene también un examen preliminar y un examen de práctica sobre cada una de esas asignaturas. Esta publicación le suministrará a usted toda la información y la ejercitación necesarias para tener éxito el día del examen. Para conseguir los mejores resultados, usted deberá seguir el plan de cinco pasos siguiente:

1. **Infórmese sobre el examen de GED®.** Lea la sección Introducción al examen de GED®, en la página 1. En esa sección, usted encontrará información sobre cuáles son las asignaturas que forman parte del examen, cómo han sido estructuradas y cómo se aplica el sistema de puntuación. También encontrará ejemplos sobre los diferentes tipos de preguntas, incluidos los formatos interactivos que se usan en el examen computarizado. En esta sección, se presentan diferentes estrategias que lo ayudarán a mejorar su puntuación en el examen, así como sugerencias para el estudio y consejos útiles para el día del examen.

2. **Comience con los exámenes preliminares.** Los exámenes preliminares incluidos en esta publicación han sido diseñados a semejanza del examen de GED®. Contienen la misma cantidad y el mismo tipo de preguntas, y su grado de dificultad es similar. Como primer paso en su preparación, realice el examen preliminar de cada una de las partes del examen. Use la sección de respuestas y explicaciones para evaluar su examen y complete la tabla de evaluación al final de cada examen. La tabla le permitirá conocer las áreas de contenido en las que su conocimiento es adecuado y aquellas en las que deberá reforzar sus destrezas.

3. **Desarrolle un plan de estudio.** Use los resultados de los exámenes preliminares para desarrollar un plan de estudio. Procure concentrarse en aquellos contenidos en que haya tenido dificultades. Prepare el plan de estudio teniendo en cuenta la cantidad de tiempo que usted tiene disponible. Las secciones de repaso de esta publicación están divididas en porciones de información breves y separables, de forma tal que usted podrá estudiar un tema por vez y a su propio ritmo.

4. **Prepárese para cada sección del examen.** Las cuatro secciones principales de esta publicación contienen un repaso completo de las asignaturas que usted deberá dominar para tener éxito en el examen de GED®. Las secciones de Razonamiento a través de las artes del lenguaje y de Razonamiento matemático incluyen numerosos ejemplos que ilustran conceptos clave. Las secciones de Ciencia y Estudios sociales incluyen diagramas y otros gráficos que ayudan a precisar ideas y facilitan el estudio. Las secciones de Razonamiento a través de las artes del lenguaje y de Estudios sociales incluyen información de importancia sobre cómo responder las preguntas de respuesta extensa (ensayo). Trabaje con este material a su propio ritmo, y preste atención especial a los temas o tipos de pregunta que le hayan presentado dificultades en el examen preliminar. Las preguntas y los ejercicios de práctica que aparecen al final de cada sección le permitirán comprobar sus conocimientos y el grado de comprensión de las cuestiones tratadas.

5. **Realice los exámenes de práctica.** Una vez finalizado el repaso de cada una de las secciones, realice el examen de práctica correspondiente que se encuentra al final de esta publicación. Al igual que los exámenes preliminares, los exámenes de práctica reproducen los tipos de preguntas, la cantidad de preguntas y el grado de dificultad que usted encontrará en el examen de GED®. Use los exámenes de práctica para comprobar sus progresos, adquirir experiencia con el formato del examen y encontrar el ritmo adecuado para lograr un buen resultado.

Introducción al examen de GED®

¡Bienvenido a *Preparación para el Examen de GED®*!, de McGraw-Hill Education, y felicitaciones por haber elegido la guía de preparación de la casa editorial de más renombre en temas de educación en los Estados Unidos de América. Probablemente, usted ya nos conozca por haber usado algunos de nuestros muchos libros de texto en la escuela. Ahora, estamos dispuestos a ayudarlo a conseguir un nuevo logro: el certificado de equivalencia de educación secundaria, que tanto desea.

Antes de comenzar con el programa de estudio propiamente dicho, en este capítulo le presentaremos una breve introducción al examen. En las páginas siguientes, usted encontrará:

- La historia del examen de GED®, y su evolución hasta su forma actual.
- La estructura de cada parte del examen.
- El sistema de puntuación que se usa para su evaluación.
- Algunas estrategias básicas para abordar el examen.
- Consejos para el día del examen.

Historia del examen de GED®

"GED®" es la sigla en inglés de *General Educational Development* (Desarrollo Educativo General). El examen de GED® es considerado, generalmente, como una comprobación de los conocimientos requeridos en la educación secundaria y aceptado como equivalente a un certificado de educación secundaria.

El programa de GED® fue creado en 1942, durante la Segunda Guerra Mundial. Entonces, muchos jóvenes se habían incorporado a las fuerzas armadas antes de completar sus estudios de educación secundaria. A pedido del Ejército de los Estados Unidos, y como una forma de facilitar la reincorporación a la vida civil de los veteranos que regresaban de la guerra, el American Council on Education (ACE) desarrolló el examen de GED®, que otorgaba un certificado de equivalencia de educación secundaria que habilitaba al portador del mismo para desempeñar trabajos más calificados o para iniciar una educación universitaria.

El examen de GED® fue revisado en varias oportunidades desde entonces, pero algunas cosas permanecieron constantes. El examen original constaba de cinco pruebas o partes diferentes: Artes del lenguaje (lectura), Artes del lenguaje (escritura), Estudios sociales, Ciencia y Matemáticas. Estas pruebas, que se realizaban con papel y lápiz, contenían en su mayoría preguntas de opción múltiple. En 2002, se introdujo la primera versión del examen para computadora, que no difería mucho de la versión anterior.

ACE, una organización sin fines de lucro, se ocupó de la administración del programa de GED® hasta 2011. Ese año, ACE constituyó una nueva sociedad con Pearson, una importante casa editorial, para crear el GED® Testing Service. El primer objetivo de la nueva empresa conjunta fue revisar los contenidos del antiguo examen de GED® y crear una nueva serie de pruebas, usando las tecnologías de computación más actualizadas, para evaluar la preparación de los estudiantes para desarrollar una carrera o continuar sus estudios.

La versión actual del examen de GED® difiere considerablemente de la del año 2002 y de versiones anteriores. Algunas de las diferencias más importantes son:

- No hay una versión del examen para papel y lápiz. Solo está disponible la versión para computadora.
- El examen consta de cuatro secciones (no cinco): Razonamiento a través de las artes del lenguaje, Estudios sociales, Ciencia y Razonamiento matemático.
- En el examen se usan nuevos formatos de pregunta con los que algunos estudiantes puede que no estén familiarizados. (Pero no se preocupe, ¡los descubriremos juntos!)
- Las preguntas de opción múltiple tienen cuatro (no cinco) opciones de respuesta.

Existen otras diferencias que son más importantes para los diseñadores del examen y profesores que para los estudiantes. En caso de que esté interesado en conocerlas, estas son:

- En vez de usar la taxonomía de objetivos de la educación propuesta por Benjamin Bloom para evaluar la dificultad de las preguntas, los exámenes están basados ahora en los niveles de profundidad del conocimiento de Norman Webb.
- Las preguntas están alineadas con los Estándares Esenciales Comunes, en lugar de con los estándares establecidos por diferentes grupos o juntas de educadores, como sucedía en el pasado.

Una vez más, estos no son cambios que deberían preocuparlo, pues afectan solo a aquellos que se ocupan del diseño de las preguntas incluidas en el examen y de su grado de dificultad.

Cómo registrarse

En 2011, más de 700,000 personas se examinaron en por lo menos una de las cinco secciones que contenía entonces el examen de GED®. Más de 600,000 personas completaron los cinco exámenes. Esto significa que el examen es una de las pruebas más ampliamente difundidas en todo el mundo y que, también, usted tendrá la opción de elegir el lugar dónde tomarlo.

La forma más rápida de registrarse es hacerlo a través del sitio web del GED® Testing Service en español:

https://ged.com/?language=ESP

Visite el sitio y siga paso a paso las instrucciones para registrarse y programar la fecha de su examen. Usted podrá localizar, además, el centro de examinación más próximo a su domicilio, y, si así lo prefiere, registrarse en persona, en el sitio siguiente:

https://wsr.pearsonvue.com/testtaker/registration/SelectTestCenterProximity/GEDTS/1698000

Si usted no reside en los Estados Unidos, podrá localizar el centro oficial de examinación más próximo a su lugar de residencia en este otro sitio:

http://www.gedtestingservice.com/testers/locate-a-testing-center

Usted deberá registrarse y programar con anticipación la fecha y el horario del examen de GED®, pues estos varían de un centro a otro. La programación del examen para cada una de las cuatro secciones debe hacerse por separado.

Hay espacios disponibles para todos aquellos estudiantes que tengan necesidades especiales. Para tener acceso a esos espacios, se deberá contar con una aprobación previa. Cada espacio incluye:

- Lectura automática en voz alta del texto del examen.
- Espacio privado para tomar el examen.
- Tiempo adicional para completarlo.
- Pausas adicionales.
- Tamaño regulable de las fuentes usadas en la pantalla de la computadora.

El estudiante con necesidades especiales deberá completar el formulario apropiado y obtener la aprobación correspondiente. Los formularios se encuentran disponibles en el sitio:

http://www.gedtestingservice.com/testers/accommodations-for-disability#Accommodations4

Generalmente, en estos casos se requerirá documentación adicional de un médico o del colegio que certifique que el uso de uno de esos espacios especiales es recomendado y necesario.

Los nuevos formatos de las preguntas

No se preocupe demasiado por los nuevos formatos de las preguntas. La mayoría de las preguntas incluidas en la nueva versión del examen de GED® son preguntas de opción múltiple, a las que usted seguramente ya se habrá enfrentado en algún momento de sus estudios. No obstante, algunos de los nuevos formatos requerirán cierta ejercitación Estos son los formatos que usted encontrará:

- **"Arrastrar y soltar":** A primera vista, las preguntas del formato "arrastrar y soltar" pueden tener apariencias muy variadas, pero lo que en todas ellas se pide es que usted seleccione un objeto (una palabra, una forma, un conjunto de números u otro tipo de objeto), lo "arrastre" hasta la posición correcta en cierto tipo de diagrama y lo "suelte". Si usted ha usado alguna vez una computadora, probablemente estará familiarizado con el concepto de "arrastrar y soltar". Es lo que usted hace cuando mueve el ícono de un archivo de una carpeta a otra. Veamos el ejemplo siguiente:

Arrastre cada una de las palabras ubicadas al pie del diagrama y suéltelas en la posición correcta.

Palabras que describen el Sol	Palabras que no describen el Sol

caliente

amarillo

verde

grande

extinto

helado

En este caso, es evidente que usted deberá arrastrar las palabras *caliente*, *amarillo* y *grande* a la primera columna (Palabras que describen el Sol) y *verde*, *extinto* y *helado* a la segunda (Palabras que no describen el Sol). La respuesta correcta deberá quedar así:

Palabras que describen el Sol	Palabras que no describen el Sol
caliente	verde
amarillo	extinto
grande	helado

Este es el mecanismo básico de una pregunta del formato "arrastrar y soltar". Encontrará muchos más ejemplos en los exámenes de práctica y en los capítulos instructivos de esta publicación.

- **Puntos interactivos:** En la mayoría de los casos, los puntos interactivos aparecen en las preguntas de la sección de Razonamiento matemático. En ellas, usted deberá representar puntos en una gráfica, modificar un diagrama o realizar una tarea similar. Veamos un ejemplo:

En la cuadrícula del plano de coordenadas siguiente, represente la posición que corresponde al par ordenado (1, –3).

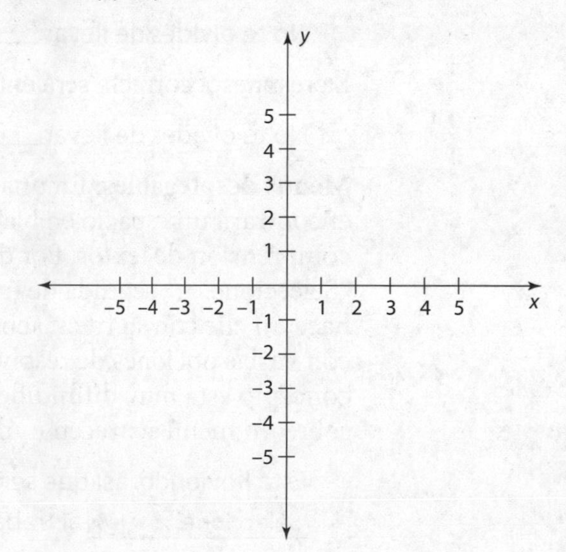

Para responder esta pregunta, usted deberá hacer un "clic" con el ratón de su computadora sobre la intersección de las dos coordenadas en la gráfica. En este caso, usted deberá mover el cursor, primero, sobre el eje de las *x* hasta el número 1 y, luego, hacia abajo, sobre el eje de las *y*, hasta el punto −3. La respuesta correcta deberá quedar así:

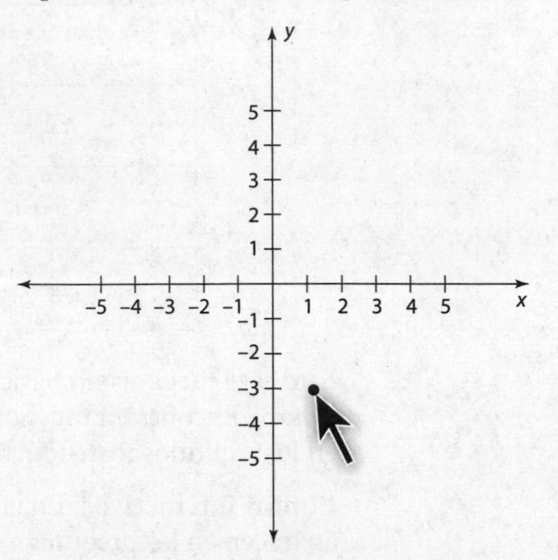

- **Rellenar espacios en blanco:** Este es un tipo de formato con el que la mayoría de las personas está familiarizada. En el examen de GED®, usted deberá simplemente escribir la respuesta correcta sobre el espacio en blanco. Por ejemplo, veamos el caso siguiente, en el que se evalúa el uso de los pronombres y los adjetivos posesivos:

  No te olvides de llevar ______________ paraguas.

  La respuesta correcta será entonces:

  No te olvides de llevar_______tu_______ paraguas.

- **Menús desplegables:** En una pregunta de menú desplegable, usted encontrará un espacio en blanco, generalmente en los pasajes de comprensión de textos. Por delante de ese espacio, hallará la palabra "Seleccione. . .", seguida de un número correlativo y una flecha. Si usted hace un clic con su ratón sobre la flecha, aparecerá un menú desplegable con varias opciones de respuesta para rellenar el espacio en blanco. Este concepto está muy difundido en los sitios y páginas web, donde con un clic sobre un menú aparecen múltiples opciones. Veamos un ejemplo sencillo:

  Está lloviendo, así que será mejor que hoy lleves contigo tu
  [Seleccione. . . ▼] al trabajo.

  Si usted hace un clic sobre la flecha, estas son las opciones que aparecerán:

  Está lloviendo, así que será mejor que hoy lleves contigo tu

En este caso, usted deberá seleccionar *paraguas*, que es la opción correcta.

- **Respuesta breve y respuesta extensa:** Estos formatos son dos versiones del mismo tipo de pregunta: un ensayo. La única diferencia es la longitud de la respuesta. Encontrará muchos ejemplos de este formato de pregunta en los exámenes de práctica y en los capítulos siguientes. Se le formulará una pregunta y usted deberá contestarla con sus propias palabras escribiendo la respuesta. La pregunta estará basada en un pasaje de un texto o en un conjunto de informaciones, y en su respuesta usted podrá referirse a su propia experiencia o expresar su opinión.

El examen de Razonamiento a través de las artes del lenguaje

Este examen evalúa su destreza tanto en la lectura como en la escritura. Se examinará su capacidad para leer atentamente, escribir con claridad y comprender y usar la gramática del idioma español.

En el examen, usted encontrará múltiples pasajes de lectura. Aproximadamente, el 75 por ciento de esos pasajes comprenderá textos informativos (no ficción). El resto estará compuesto de textos literarios (ficción). No habrá poesías en el examen. Esta selección de textos permitirá evaluar su comprensión de la lectura.

Su capacidad de escribir y de comprender y usar correctamente el idioma español será evaluada a través de las preguntas de respuesta breve y extensa (ensayos).

Usted dispondrá de 150 minutos para completar el examen, que incluirán 56 preguntas (la mayoría de opción múltiple) y la pregunta de respuesta extensa.

El examen de Razonamiento matemático

El examen de Razonamiento matemático tiene una duración de 90 minutos e incluye 50 preguntas presentadas en una variedad de formatos. Usted podrá usar una calculadora electrónica durante el examen, con excepción de una breve sección, en la que su uso no está permitido. La calculadora electrónica estará a su disposición en la pantalla de la computadora.

Alrededor de la mitad del examen está centrado en la solución de problemas cuantitativos, y aproximadamente la otra mitad, en la solución de problemas algebraicos básicos. El examen también incluye preguntas sobre geometría. Algunas preguntas requieren simplemente efectuar cálculos matemáticos, pero otras presentan situaciones hipotéticas de la vida real, en las que usted deberá decidir qué técnica de resolución de problemas es la más apropiada para llegar a la respuesta correcta.

El examen de Ciencia

El examen de Ciencia consta de 40 preguntas, y usted dispondrá de 90 minutos para completarlo. Alrededor del 40 por ciento del examen está centrado en preguntas sobre las ciencias de la vida, aproximadamente otro 40 por ciento en las ciencias físicas y el 20 por ciento restante en las ciencias de la Tierra y el espacio.

En el examen de Ciencia, usted encontrará preguntas de todos los formatos descritos anteriormente.

El examen de Estudios sociales

El examen de Estudios sociales tiene una duración de 90 minutos. Incluye una pregunta de respuesta extensa, para la que usted dispondrá de 25 minutos. En total, usted deberá responder 45 preguntas.

La mitad de las preguntas se refieren al gobierno de los Estados Unidos de América y a temas de educación cívica, por lo que deberá refrescar su conocimiento sobre el gobierno federal, los gobiernos estatales y los deberes de los ciudadanos. El resto del examen comprende preguntas sobre la historia de los Estados Unidos, economía y geografía, con referencias ocasionales a la historia mundial.

La interfaz usada en el examen

Es comprensible que tomar un examen en la computadora ponga nerviosa a mucha gente. Algunas de las características presentes en las antiguas versiones del examen, como la posibilidad de marcar con un lápiz las preguntas sin respuesta, no estarán disponibles. El uso de papel borrador tampoco estará permitido. Sin embargo, el nuevo examen cuenta con muchas características y funciones que facilitarán su experiencia.

- **Reloj incorporado:** Mantener el control sobre el tiempo disponible representa siempre un desafío. En el nuevo examen, usted podrá controlarlo a través del reloj incorporado que aparecerá en la esquina superior derecha de su pantalla.
- **Pizarra de anotaciones:** Usted no podrá usar papel borrador durante el examen, pero sí una pizarra, que se le entregará al momento del

examen, en la que podrá realizar y borrar todas las anotaciones que considere oportunas. En caso de que necesite espacio adicional, usted podrá solicitar tantas pizarras como lo desee. Se le entregará también un marcador con tinta borrable. Al finalizar el examen, usted deberá devolverle al administrador de la prueba la(s) pizarra(s).

- **Marcado de preguntas sin respuesta:** En las versiones anteriores del examen GED®, cuando se usaban papel y lápiz, los estudiantes solían marcar las preguntas sobre las que tenían dudas y regresaban a ellas si el tiempo se los permitía. El examen computarizado ofrece otras posibilidades: usted podrá hacer un clic sobre la pestaña "Marcar para revisión" (en la esquina superior derecha de la pantalla) o, simplemente, pasar a la pregunta siguiente sin marcarla. En este último caso, usted tendrá la posibilidad de volver sobre la pregunta al final del examen, en la "Pantalla de revisión de preguntas", donde se enumeran todos los números de las preguntas, se indica si la pregunta ha sido respondida o no y se muestran aquellas que han sido marcadas para revisión. Usted podrá hacer un clic sobre el número de cada pregunta marcada o sin respuesta o, si prefiere, sobre las pestañas ubicadas al pie de la pantalla ("Revisar todas", "Revisar las sin responder" o "Revisar las marcadas").
- **Ampliación del tamaño del texto y cambio de la paleta de colores:** Usted tendrá la posibilidad de ampliar el tamaño del texto para facilitar su lectura y de modificar la paleta de colores para mejorar su visibilidad.
- **Eliminación de hojas de respuestas separadas:** Uno de los problemas que tenían las tradicionales hojas de respuestas era que resultaba relativamente fácil saltarse una fila, lo que afectaba todas las respuestas siguientes y perjudicaba la puntuación final. En el examen de GED® computarizado, las preguntas aparecen en la pantalla una por vez y usted deberá decidir si contestarlas directamente, marcarlas para revisión o pasar a la pregunta siguiente.

Cómo se evalúan los exámenes

El sistema de puntuación en los exámenes computarizados de GED® está basado en el número de preguntas respondidas correctamente. Sin embargo, no todas las preguntas tienen el mismo valor. Debido a los nuevos formatos de preguntas, algunas de ellas tienen un valor superior a otras. La cantidad de tipos diferentes de preguntas variará, además, de un examen a otro. Esta es una de las razones por las que no hay formar de saber por anticipado cuántas preguntas usted deberá responder correctamente para aprobar el examen.

A cada sección del examen que usted haya completado, el GED Testing Service le aplicará un método estadístico que convertirá su puntuación básica (la cantidad de puntos obtenidos por las respuestas correctas) en una puntuación ponderada. Las puntuaciones ponderadas permiten establecer una comparación equitativa entre los resultados obtenidos en las diferentes versiones del examen. Por ejemplo, puede que usted tome una versión del examen que sea más difícil que la que toma otra persona. Si ambos obtienen una puntuación básica igual, ese resultado no reflejará ni la diferencia en la dificultad del examen ni su mayor conocimiento sobre la materia. Pero sí lo harán las puntuaciones ponderadas, y la suya resultará más alta. Esta es otra de las razones por las que no es posible predecir el número de preguntas que usted deberá contestar correctamente para aprobar el examen: las puntuaciones básicas muestran diferentes niveles de desempeño en los diferentes exámenes.

Para cada una de las cuatro secciones del examen, las puntuaciones ponderadas variarán entre 100 y 200 puntos. El GED Testing Service considera que una puntuación ponderada de 150 puntos en cada sección del examen es el mínimo requerido para aprobarla. Usted deberá obtener entonces una puntuación ponderada de por lo menos 150 puntos en cada una de las cuatro secciones del examen.

Los exámenes son evaluados por un sistema computarizado de puntuación, incluidas las preguntas de respuesta breve y extensa. Los resultados de los exámenes estarán disponibles dentro de las 3 horas siguientes a la finalización del examen.

Estrategias para abordar el examen

La mejor forma de obtener una buena puntuación es conocer todo el material. Sin embargo, independientemente de lo mucho que estudie, habrá siempre algunas preguntas en los exámenes que lo sorprenderán o confundirán. En esos casos, usted deberá tener preparadas algunas estrategias para poder contestarlas.

En esas situaciones, existe un conjunto de estrategias comprobadas que pueden ayudar al estudiante examinado, sobre todo con las preguntas de opción múltiple. Como el examen de GED® contiene un gran número de preguntas de opción múltiple, es una buena idea tener presentes las estrategias siguientes:

- **La respuesta correcta está delante de sus ojos**. Recuerde: lo mejor de las preguntas de opción múltiple es que la respuesta correcta es una de las opciones presentadas. Usted solo tendrá que identificar de cuál de ellas se trata. No deberá escribir la respuesta usted mismo. Saque provecho de esta posibilidad.
- **Use un proceso de eliminación.** En el examen de GED®, no se penalizan las respuestas incorrectas. Por lo tanto, si usted no conoce la respuesta a una pregunta, no pierde nada si trata de adivinarla o deducirla. En ese caso, usted podrá aumentar sus posibilidades de acertar con la respuesta si usa un "proceso adecuado de eliminación".

Piénselo de esta forma: en el examen de GED®, las preguntas de opción múltiple tienen cuatro opciones. Si uno toma la decisión al azar, la probabilidad de acertar con la respuesta correcta es igual a una sobre cuatro (25%). Pero si usted sabe positivamente que una de las respuestas es incorrecta, su probabilidad aumenta a una sobre tres (33%). Si usted puede eliminar una opción adicional por algún otro motivo, su probabilidad de dar con la respuesta correcta aumentará entonces a una sobre dos (50%), lo que es todavía mejor. Veamos un ejemplo de cómo funciona este método:

¿Quién fue la primera persona que cruzó sola el océano Atlántico en aeroplano?

A. George Washington.
B. Orville Wright.
C. Charles Lindbergh.
D. Amelia Earhart.

Supongamos que usted no está completamente seguro de la respuesta. Parece a simple vista evidente que podemos eliminar la opción de George Washington. Él fue el primer Presidente de los Estados Unidos, pero los aeroplanos todavía no se habían inventado. Nos quedan tres opciones. El nombre de Orville Wright está conectado con los aeroplanos. Puede que usted recuerde que los hermanos Wright fueron quienes construyeron el primer aeroplano que pudo realizar un viaje exitoso y controlado. Pero ninguno de ellos cruzó el océano Atlántico. Entonces, también podemos eliminar esta opción. Charles Lindbergh y Amelia Earhart fueron ambos pilotos famosos en los comienzos de la aviación. ¿Cuál de ellos cruzó el océano Atlántico? ¿No tiene idea? No importa. Solo le quedan dos opciones. Adivine. Usted tiene un 50 por ciento de probabilidades de dar con la respuesta correcta. (A propósito, fue Charles Lindbergh el primero en cruzar el océano Atlántico en 1927. Amelia Earhart se convirtió en la primera mujer que realizó ese mismo vuelo cinco años más tarde.)

- **Mantenga un ojo en el reloj, y no pierda tiempo innecesariamente.** Puede resultar tentador luchar con una pregunta difícil hasta poder descifrarla, pero recuerde que usted no tiene todo el día para completar el examen. Tiene solo una cantidad de tiempo determinada, y su meta debería ser contestar todas las preguntas del examen, o por lo menos intentarlo. Si hacemos un cálculo aproximado basándonos en la duración del examen y la cantidad de preguntas, veremos que el tiempo disponible para cada respuesta no podrá ser de más de dos minutos. Si usted no ha podido encontrar una respuesta que lo satisfaga en más de dos minutos, lo mejor será marcar la pregunta para revisión y pasar a la siguiente. Probablemente, todavía le queden por delante preguntas que usted podrá contestar correctamente. ¡No pierda esos puntos!
- **Reserve los últimos cinco minutos para adivinar. . . ¡y no deje de hacerlo!** Supongamos que usted ya ha pasado por todas las preguntas del examen. Ha vuelto a revisar las preguntas que se había saltado y ha aplicado el proceso de eliminación para llegar a una respuesta razonable. Si todavía le quedan algunas preguntas sin respuesta, no se preocupe. ¡Adivine! Todavía tiene una probabilidad sobre cuatro de dar con el resultado correcto en las preguntas de opción múltiple. El examen de

GED® no penaliza las respuestas equivocadas. Simplemente, cuentan como ceros. Entonces, ¿por qué no arriesgar y obtener algunos puntos adicionales? Elija siempre alguna de las opciones, incluso en las preguntas de los otros formatos. No deje nunca una pregunta sin respuesta.

- **Use oraciones cortas y simples.** En las preguntas de respuesta breve o extensa (ensayos), trate de no usar construcciones o expresiones muy complejas. Siempre es más fácil aplicar correctamente la gramática cuando las oraciones son simples y claras.
- **Use la pizarra de anotaciones para preparar un bosquejo de las respuestas extensas.** Antes de comenzar a escribir el ensayo, piense un par de minutos en qué es lo que va a decir, en qué orden y cómo piensa respaldar sus opiniones o afirmaciones. Haga un bosquejo rápido. No tiene por qué seguir un formato muy estructurado. Sepa a dónde quiere llegar antes de ponerse a escribir.
- **Corrija su trabajo.** Cuando haya finalizado de escribir su respuesta breve o extensa, lea atentamente el texto para asegurarse de que no contiene errores evidentes.

Consejos para el día del examen

Todos los consejos que se presentan a continuación parecerían de sentido común, pero muy a menudo los estudiantes no se preparan adecuadamente para el día del examen. Entonces, repasemos juntos la lista de comprobaciones que deberá realizar para su examen preliminar y para el día del examen:

1. Felicítese por haber usado *Preparación para el Examen de GED®*, de McGraw-Hill Education, para prepararse concienzudamente para el examen. Usted está bien capacitado.

2. Por lo menos uno o dos días antes del examen, haga un viaje de prueba hasta el centro de examinación. ¿Está usted seguro de que sabe *exactamente* dónde deberá presentarse? No nos referimos solo al edificio, sino también al piso y a la sala donde se realizará el examen. Si usted irá con su auto, ¿sabe si hay un garaje disponible en las cercanías? ¿Dónde y cuán cerca del centro de examinación? ¿Cuánto cuesta? ¿Cómo se supone que estará el tráfico a la hora del examen? ¿Tiene suficiente gasolina en su automóvil? Si usted irá por transporte público, ¿sabe cuál es la ruta mejor y más rápida para llegar al centro de examinación?

3. Planee llegar unos 30 minutos antes del examen. Puede que parezca demasiado temprano, pero a veces suceden cosas inesperadas (una nueva construcción en el camino, un ómnibus o un subterráneo demorado), y uno debe estar preparado para esas contingencias. Si llega muy temprano, siéntese, relájese y trate de imaginarse victorioso, después de haber completado el examen. No es aconsejable llegar sobre

la hora al examen ni, mucho menos, llegar tarde. En algunos centros de examinación no le permitirán el acceso si usted llega después de la hora establecida.

4. No se quede despierto toda la noche anterior al examen. Repase un poco, si lo considera necesario, pero descanse lo suficiente como para sentirse a pleno a la hora del examen.
5. Tome el desayuno, el almuerzo o la comida que corresponda antes de dirigirse al centro de examinación. Evite sentir sed o hambre durante el examen.
6. Vístase en capas. Algunos centros de examinación son extremadamente fríos y otros, muy calurosos. Así estará preparado para todo y podrá sentirse cómodo en ambas situaciones.

Cómo usar esta publicación para organizar un plan de estudio

Está publicación contiene exámenes preliminares y exámenes de práctica para cada una de las cuatro materias. Antes de comenzar su curso de estudio, realice el examen preliminar de la materia elegida. Use la sección de respuestas y explicaciones y la tabla de evaluación para comprobar cuán bien lo ha hecho. El resultado obtenido en cada examen será un buen indicador de las secciones en que no ha tenido dificultades y de aquellas otras que deberá repasar.

Cuánto tiempo dedicar a cada materia es una decisión que dependerá completamente de sus horarios y del grado de dominio que desee adquirir en ella. Hay muchas maneras de hacerlo. Esta publicación está dividida en capítulos y secciones, que contienen cada uno porciones de información distintas y separables, de modo que usted podrá estudiar una porción por vez y a su propio ritmo.

Si usted tiene un programa diario lleno de actividades, con poco tiempo libre para dedicarle al estudio, y encuentra un tema que requiere mucho repaso, probablemente deberá tomarse más tiempo para poder hacerlo bien. Por ejemplo, si usted es un padre o una madre con un empleo de tiempo completo, tal vez tenga energía suficiente para estudiar una media hora por día después de que los niños se hayan ido a dormir. Está bien. Trate de repasar un tema por noche, y calcule que necesitará no menos de seis semanas para preparar cada examen.

Por el contrario, si usted desea completar la serie de exámenes de GED® tan pronto como sea posible para alcanzar una meta específica (conseguir un empleo mejor, solicitar admisión a la universidad o algún otro objetivo similar), y dispone de varias horas de tiempo libre al día, podría perfectamente prepararse para cada examen en dos semanas.

Cualquiera que sea su decisión, escriba su plan de estudio en un calendario (cuántas páginas por noche, por ejemplo) y sígalo al pie de la letra. Puede que esto requiera mucha determinación, pero usted está preparado para hacerlo.

Por último, busque el apoyo y la ayuda de su familia y sus amigos. Lo que usted está haciendo es importante, exige mucho esfuerzo y merece ser reconocido y elogiado.

Le deseamos mucha suerte, para el examen y en su vida.

Exámenes Preliminares

Cómo usar los exámenes preliminares

Los exámenes preliminares incluidos en esta sección han sido diseñados para ayudarlo a determinar en qué partes de esta publicación deberá concentrar su esfuerzo y así obtener una mejor puntuación. Los exámenes preliminares son cuatro, uno por cada sección, o materia, del examen de GED®: Razonamiento a través de las artes del lenguaje, Razonamiento matemático, Ciencia y Estudios sociales. Cada uno reproduce, en la medida de lo posible, el formato y el grado de dificultad del examen real. Los exámenes preliminares le permitirán evaluar su nivel de conocimientos actual, y le darán una buena idea del resultado que podría obtener en el examen de GED® si se presentara sin realizar estudios complementarios.

Para planificar sus estudios, deberá seguir los cinco pasos siguientes:

1. **Realice los exámenes preliminares uno por vez.** No trate de completar los cuatro exámenes en una sola sesión.
2. **Realice cada examen en condiciones similares a las que encontrará en los centros de examinación.** Busque un lugar tranquilo, donde nadie pueda importunarlo. Complete el examen en una sola sesión, y concéntrese como si se tratara del examen de GED® real. Marque sus respuestas directamente sobre las páginas del examen. Si no ha podido completar el examen en el tiempo permitido, marque la última pregunta que contestó y registre el tiempo adicional que necesita para finalizar el examen. Esta información le permitirá determinar cuánto tiempo más ha necesitado y cuánto más debería apurar el ritmo de sus respuestas.
3. **Conteste todas las preguntas.** En el examen de GED®, no se penalizan las respuestas equivocadas, así que tiene sentido responder todas las preguntas, incluso en el caso de que usted tenga que adivinar alguna respuesta. Si usted desconoce la respuesta, trate de eliminar una o más de las opciones posibles. Cuantas más pueda eliminar, mayores serán las probabilidades de que acierte con la respuesta correcta.
4. **Compruebe sus respuestas en la sección Respuestas y explicaciones, que aparece después de cada examen preliminar.** Preste particular atención a las explicaciones correspondientes a aquellas preguntas que no contestó correctamente.
5. **Use la tabla de evaluación.** A continuación de la sección Respuestas y explicaciones, encontrará la tabla de evaluación. Marque en ella los números de las preguntas que no pudo contestar correctamente. La tabla le indicará las secciones de esta publicación en las que deberá concentrar su esfuerzo.

En la tabla siguiente, se presentan el número de preguntas incluidas en cada uno de los exámenes preliminares y el límite de tiempo que tendrá para contestarlas.

Examen preliminar	Número de preguntas	Límite de tiempo
Razonamiento a través de las artes del lenguaje		
Parte 1: Preguntas de opción múltiple	64	95 minutos
(Pausa)		(10 minutos)
Parte 2: Ensayo	1 (pregunta de respuesta extensa)	45 minutos
Razonamiento matemático	50	90 minutos
Ciencia	40	90 minutos
Estudios sociales	45	90 minutos

EXAMEN PRELIMINAR

Razonamiento a través de las artes del lenguaje

Este examen preliminar de Razonamiento a través de las artes del lenguaje ha sido diseñado con el propósito de familiarizarlo con esta sección del examen de GED® y de permitirle evaluar su nivel actual de conocimientos en esta materia.

Este examen contiene 64 preguntas en el formato de opción múltiple o en otros formatos (en el examen de GED®, serán 56, pues no habrá preguntas sobre el uso del idioma español) y una pregunta de respuesta extensa (ensayo). Las preguntas se presentan en el mismo formato que tienen en el examen real y han sido diseñadas para evaluar las mismas destrezas. La mayor parte de las preguntas están basadas en pasajes de lectura extraídos de textos de ficción y de no ficción. En la mayoría de ellas, se usa el formato de opción múltiple, pero también encontrará algunas en otros formatos, como el de rellenar los espacios en blanco, el de "arrastrar y soltar" y el de menús desplegables (ambos simulados). En el examen de GED®, usted marcará sus respuestas haciendo un clic sobre la pantalla de la computadora. En este examen preliminar, usted deberá utilizar papel y lápiz, y marcar directamente sobre la página sus respuestas. Para el ensayo, deberá usar una hoja de papel separada.

Para tener una buena idea de cuán bien lo haría en el examen real, trate de realizar el examen en condiciones similares a las que encontrará en el centro de examinación. Complete el examen en una sola sesión y respete el límite de tiempo establecido. Si usted no llegara a completar el examen en el tiempo permitido, deberá mejorar entonces el ritmo de sus respuestas.

Trate de contestar tantas preguntas como le sea posible. Recuerde que no se penalizan las respuestas equivocadas, así que si no sabe una respuesta intente adivinarla. En las preguntas de opción múltiple, aumentarán sus probabilidades de acertar con la respuesta correcta si, previamente, puede eliminar una o más de las opciones.

Una vez completado el examen, compruebe sus respuestas en la sección Respuestas y explicaciones, que aparece después del examen preliminar. Luego, use la tabla de evaluación, a continuación de la sección Respuestas y explicaciones, para determinar las destrezas y los contenidos que requieran más ejercitación y estudio.

Ahora, dé vuelta la página y comience el examen preliminar de Razonamiento a través de las artes del lenguaje.

EXAMEN PRELIMINAR

Razonamiento a través de las artes del lenguaje

Parte 1: Preguntas de opción múltiple

64 preguntas | **95 minutos**

Use el fragmento siguiente para responder las preguntas 1 a 5.

Fragmento adaptado de "El final de la historia"

de Lucy Maude Montgomery

1 Ella siempre se sentaba en el rincón de la terraza del hotel que daba al oeste, tejiendo algo blanco y esponjoso, o rosa y esponjoso, o azul pálido y esponjoso, siempre algo suave y esponjoso, por lo menos, y siempre delicado. Chales, bufandas y capuchas eran esas cosas, según creo. Cuando terminaba una de ellas, se la daba a alguna chica y comenzaba otra.

2 Era ya una señora de edad, con esa vejez hermosa y serena que seguía siendo tan hermosa, a su manera, como la juventud. En su niñez y en el despertar de su femineidad debe de haber sido muy bonita, para conservar tal belleza a los sesenta años.

3 Durante los dos primeros días después de su llegada al hotel, se sentó sola en su rincón. Siempre había a su alrededor un círculo de jóvenes; si bien la señorita Silvia era amable con todo el mundo, a los ancianos y a las personas de mediana edad, a quienes les hubiera gustado también sentarse junto a ella, les había dado a entender claramente sus simpatías por los jóvenes.

4 A la señorita Silvia le agradábamos todos, pero yo era su preferido. Ella nos lo dijo de manera franca, y agregó que cuando yo estuviera hablando con ella, y ella dejara que su chal se deslizara debajo de uno de sus brazos, esa era una señal de que no debíamos ser interrumpidos.

5 Al atardecer, estábamos juntos sentados en la galería. La mayor parte de la gente del hotel se había ido a visitar el puerto.

6 Yo le estaba leyendo uno de mis cuentos a la señorita Silvia. Debo alegar, en defensa propia, que ella me había incitado a hacerlo. La señorita Silvia había descubierto que yo era un escritorzuelo de revistas, y que esa misma mañana me había encerrado en mi habitación para pergeñar un cuento breve. Así que nada la disuadiría.

EXAMEN PRELIMINAR

7 Era un relato corto, bastante triste. El héroe amaba a la heroína, y ella lo amaba a él. No había ninguna razón por la que él no debiera amarla, pero sí había un motivo por el que él no podría casarse con ella. Cuando se dio cuenta de que la amaba, supo también que debía alejarse. Pero ¿no debería, al menos, confesarle su amor antes de partir? ¿Resultaría para él un consuelo saber que ella le correspondía? Después de debatirlo consigo mismo, decidió marcharse, y se fue sin decir una palabra, convencido de que esa era la forma más varonil de comportarse.

8 Cuando di vuelta la última página del manuscrito y levanté la vista, los suaves ojos marrones de la señorita Silvia estaban llenos de lágrimas. Alzó las manos, entrelazadas entre sí, y dijo con voz agitada:

9 "Oh, no, no, no dejes que se vaya sin antes hablar con ella, simplemente que hable. ¡No permitas que lo haga!".

10 "Pero, señorita Silvia, comprenda que. . .", traté de explicarle, profundamente halagado de que mis personajes le hubiesen parecidos tan reales, "si habla con ella echaría a perder toda la historia. No tendría razón de ser, entonces. Su *motivo* es simplemente el dominio que puede ejercer sobre sí mismo. Él cree que ese es el camino más noble".

11 "No, no, no lo es; si la amaba, él debería habérselo dicho. Piense en su vergüenza y humillación: ella lo amaba y él se fue sin decir una palabra, y ella ya nunca podrá saber si él la quería. Oh, debe cambiar la historia, ¡debe, por cierto! No puedo soportar la idea de que ella sufra lo que yo he sufrido".

12 La señorita Silvia rompió en un sollozo. Para calmarla, le prometí que iba a modificar el cuento, a pesar de que sabía que al hacerlo perdería todo sentido.

13 "Oh, estoy tan contenta", dijo la señorita Silvia, con sus ojos iluminados a través de las lágrimas. "Yo sé que eso la haría más feliz, lo sé. Voy a contarte mi triste historia para que te convenzas. Pero tú debes prometerme que no se la contarás a nadie".

14 "Sé que puedo confiar en ti. Pero es una historia muy triste. No debes reírte de ella, es el único romance que he tenido. Hace unos cuarenta años, yo era una joven de veinte años que se enamoró perdidamente de alguien. Lo conocí en un lugar de veraneo como este. Yo estaba allí con mi tía y él estaba allí con su madre; él tenía problemas de salud. Nos vimos mucho el uno al otro por un tiempo. Él era. . . oh, él era como ningún otro hombre que jamás haya conocido. Tú me recuerdas a él, de alguna manera. Eso es, en parte, por lo que me agradas tanto. Me di cuenta de la semejanza la primera vez que te vi. Él no era fuerte, tosía mucho. Un día, de pronto, se fue. Yo pensaba que él me quería, pero nunca me lo dijo, simplemente se fue. ¡Oh, qué vergüenza! Después de un tiempo me enteré de que le habían ordenado que se trasladara a California por su salud. Allí murió la primavera siguiente. Mi corazón se rompió entonces, nunca me importó nadie más, ya no podía.

EXAMEN PRELIMINAR

Yo siempre lo he querido. Pero todo habría sido mucho más fácil de soportar si yo hubiese tenido la certeza de que él también me amaba. ¡Oh, hubiera sido todo tan diferente para mí! Y el aguijón de la duda ha estado allí todos estos años. Ni siquiera puedo permitirme el placer de recordar ese amor, pues, quizás, él nunca me haya querido".

1. ¿Qué se puede inferir sobre el narrador?

   A. Que tiene poca imaginación.
   B. Que se preocupa por la señorita Silvia.
   C. Que estudia a las personas con mucha atención.
   D. Que ya sabía la historia de la señorita Silvia.

2. ¿Cuál de las citas siguientes respalda el tema del pasaje?

   A. "Durante los dos primeros días después de su llegada al hotel, se sentó sola en su rincón".
   B. "A la señorita Silvia le agradábamos todos, pero yo era su preferido".
   C. "Debo alegar, en defensa propia, que ella me había incitado a hacerlo".
   D. "Oh, no, no, no dejes que se vaya sin antes hablar con ella, simplemente que hable".

3. ¿Cuál fue el efecto que tuvo sobre la señorita Silvia la narración del cuento?

   A. La molestó.
   B. La reconfortó.
   C. La irritó.
   D. La hizo enfadar.

4. En el diagrama siguiente, incorpore cada una de las palabras que describen el carácter de la señorita Silvia. (**Nota:** En el examen de GED®, usted deberá hacer un clic sobre las palabras que elija y "arrastrarlas" hasta la posición correcta en el diagrama.)

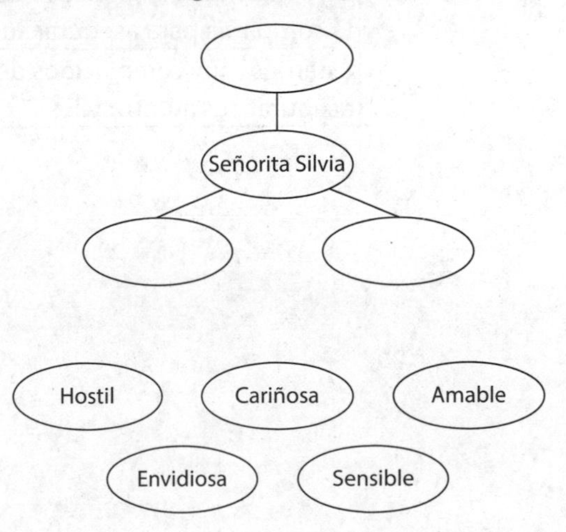

EXAMEN PRELIMINAR

5. ¿Por qué es tan importante para la señorita Silvia que el cuento tenga otro final?

   A. Porque se parece mucho a su historia personal.
   B. Porque le parece que mejorará el cuento.
   C. Porque cree que el final es demasiado complicado.
   D. Porque quiere que el narrador haga todo lo que a ella le gusta.

6. La carta siguiente contiene una serie de espacios en blanco, cada uno de los cuales comienza con la palabra "Seleccione", seguida de un número correlativo y puntos suspensivos. Debajo de cada párrafo, encontrará una lista de cuatro opciones. Indique cuál de esas opciones es la que corresponde a cada espacio en blanco. (**Nota:** En el examen de GED®, las opciones se presentan como un menú desplegable. Cuando usted haga un clic sobre la opción seleccionada, esta rellenará el espacio en blanco.)

   Estimados Sr. y Sra. Taylor:

   Deseo darles la bienvenida a la Compañía de Seguros Mercurio. Para nosotros, la compañía es nuestra familia, y consideramos a nuestros clientes como miembros de la familia extensa. Seleccione 1. . . ▼ Confiamos en que cada uno de los aspectos de nuestro trabajo les resulte satisfactorio. Y yo me comprometo, personalmente, a brindarles toda mi cooperación en caso de que ustedes tuvieran preguntas para formularnos o desearan introducir alguna modificación en sus pólizas de seguro.

Seleccione 1. . . ▼
Estamos muy complacidos de que ustedes nos elegirán como la compañía para asegurar sus automóviles.
Estamos muy complacidos de que ustedes nos hayan elegido como la compañía para asegurar sus automóviles.
Estamos muy complacidos de que ustedes nos habrían elegido que elegir como la compañía para asegurar sus automóviles.
Estamos muy complacidos de que ustedes nos elijan como la compañía para asegurar sus automóviles.

EXAMEN PRELIMINAR

La Compañía de Seguros Mercurio es una empresa [Seleccione 2... ▼] En los comienzos, nosotros mismos hicimos todo lo que estaba a nuestro alcance para convertirla en una empresa exitosa. Cuando la compañía empezó a crecer, nos dimos cuenta de que era necesario delegar parte de ese trabajo y contratamos a algunos empleados, sin dejar por ello de supervisar personalmente todas las operaciones. Nosotros estamos al tanto de todo lo que pasa en nuestra compañía.

Seleccione 2... ▼
familiar, mi esposa y yo la fundamos hace 15 años.
familiar. La fundamos hace 15 años.
familiar. Mi esposa y yo la fundamos hace 15 años.
familiar mi esposa y yo la fundamos hace 15 años.

Me gustaría además aprovechar la ocasión para comunicarles que Mercurio también podría ayudarlos a ahorrar algún dinero. En caso de que ustedes decidieran asegurar también su casa con nosotros, recibirían un descuento de cinco por ciento en las tasas de seguro tanto de sus automóviles como de la casa. Procuramos siempre trabajar en conjunto con nuestros clientes para que ellos puedan encontrar las condiciones que más [Seleccione 3... ▼] Desde el punto de vista del precio, nosotros somos extremadamente competitivos, por lo que ustedes bien podrían considerar la posibilidad de realizar el cambio. Es solo una idea, pero podría resultar una sabia decisión de su parte.

Seleccione 3... ▼
lo satisfagan.
los satisfagan.
nos satisfagan.
os satisfagan.

A continuación, incluyo alguna información adicional sobre nuestros servicios. [Seleccione 4... ▼] Tenemos además muchos tipos de pólizas sombrilla para cubrir las exclusiones y vulnerabilidades de las pólizas individuales y asegurarles a ustedes una vida tranquila.

Seleccione 4... ▼
Estamos en todos los 50 estados de los Estados Unidos operando.
Nosotros, en todos los 50 estados de los Estados Unidos, operamos.
Nosotros operamos en todos los 50 estados de los Estados Unidos.
En todos los 50 estados de los Estados Unidos estamos operando.

EXAMEN PRELIMINAR

Una vez más, si ustedes tienen alguna pregunta que formularnos, no duden en [Seleccione 5. . . ▼] Se podrán comunicar con nosotros usando el número de acceso gratuito, y cuando llamen serán atendidos por un empleado de la compañía y no por un contestador automático. Si, en cambio, prefieren escribirnos, asegúrense de enviar su correspondencia a nuestra sede central en Chicago. La dirección aparece impresa en el folleto que les envío adjunto.

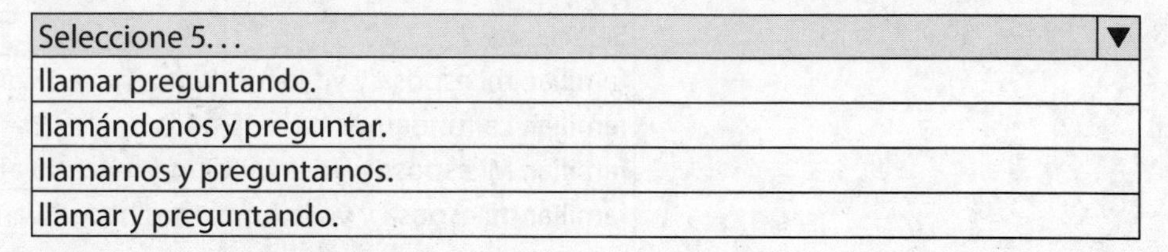

Seleccione 5. . . ▼
llamar preguntando.
llamándonos y preguntar.
llamarnos y preguntarnos.
llamar y preguntando.

¡Bienvenidos a Mercurio! Nuestra meta es complacer siempre a nuestros clientes.

Sinceramente,

Donald D. Heart
Director
Compañía de Seguros Mercurio

EXAMEN PRELIMINAR

Use los fragmentos siguientes para responder las preguntas 7 a 16.

Fragmento adaptado del discurso titulado "Los peligros de la propuesta del Servicio de Pesca y Vida Silvestre de los Estados Unidos sobre la introducción de osos pardos en Idaho", pronunciado en julio de 1997 ante la Cámara de Representantes

de la congresista Helen Chenoweth

1 El Servicio de Pesca y Vida Silvestre de los Estados Unidos ha preparado un plan para introducir osos pardos en una gran parte de mi distrito. Voy a explicar a los señores miembros cómo esta medida afectaría a una parte importante del estado de Idaho. El área de la que estamos hablando equivale a más de un tercio del estado. Solo para dar una idea aproximada de lo grande que es esta zona, permítaseme hacer una comparación. En la zona afectada podrían caber los estados de Connecticut, Delaware, Maryland, Massachusetts, Nuevo Hampshire, Vermont y Rhode Island, y quedaría todavía más de un millón de hectáreas por llenar. Debe tenerse en cuenta, asimismo, que el área de la que estamos hablando incluye muchas regiones pobladas, entre ellas, los alrededores de la Universidad de Idaho. Además, el límite de la zona de reinserción del oso pardo pasa muy cerca de Boise.

2 El oso pardo es un animal enorme y peligroso, lo que constituye para nosotros un problema enorme y peligroso. El oso pardo es un mamífero depredador grande que, con provocación o sin ella, puede moverse muy rápidamente para atacar brutalmente a un ser humano o a otro animal. Además, el oso pardo tiene necesidades dietéticas especiales. Cada uno de ellos requiere entre 10 y 168 millas cuadradas de tierra para poder subsistir, dependiendo de la cantidad de alimento que haya en la zona.

3 Reinsertar al impredecible oso pardo significará que la gente no podrá comportarse o trabajar de la forma en que solía hacerlo en esta parte de Idaho. Se deberán cercar carreteras normalmente abiertas. Las rutas donde se practica el senderismo deberán ser restringidas. Las zonas de campamento quedarán cerradas. La caza será restringida. Se modificarán drásticamente las prácticas de ganadería y explotación forestal. Reinsertar al oso pardo es, realmente, permitir que la vida silvestre quede a cargo de nuestras vidas.

4 Es un hecho bien conocido que los osos pardos tienen, a menudo, comportamientos violentos hacia los seres humanos y los otros animales. Aunque los colonos puedan haber reconocido la belleza de estos animales, también comprendieron la terrible amenaza que representaban. En esa

época, no existía ninguna ley federal que impidiera matar a esos osos. Gracias a Dios. Lewis y Clark han descrito en sus diarios el terror absoluto que a ellos y a los indios les provocaban, y lo difícil que resultaba matar un oso pardo, incluso con varios disparos de sus armas de fuego del siglo XVIII.

5 Cuando expresé ante el Servicio de Pesca y Vida Silvestre mi preocupación sobre el peligro que ocasionaría esta medida para los seres humanos, ellos también reconocieron el peligro de los osos pardos. En los últimos años, debido a que más personas pasan sus vacaciones en nuestros bosques y tierras, los ataques se han incrementado. Incluso con este plan, el Servicio de Pesca y Vida Silvestre estima que los osos podrían provocar lesiones o la muerte de un ser humano por año.

6 Señor Portavoz, permítame decir, para que quede registrado en actas, que para esta congresista no son aceptables ni una sola muerte ni las lesiones provocadas por el ataque de un oso pardo. De hecho, no debería ser aceptable para ninguna persona que valore la vida humana.

Fragmento del "Informe final sobre el impacto ambiental de la reinserción de los osos pardos en el ecosistema de Bitterroot, en Montana occidental y en el centro de Idaho" (2000)

del Servicio de Pesca y Vida Silvestre de los Estados Unidos

1 El propósito de la reinserción de los osos pardos es mejorar las posibilidades de recuperación de esta especie en los 48 estados inferiores.

2 Se estima que antes de la colonización europea vivían unos 50,000 osos pardos en la superficie que en la actualidad ocupan los Estados Unidos. Los osos pardos han sido exterminados en, aproximadamente, el 98 por ciento de su área de distribución histórica, en los 48 estados inferiores. Hoy en día, alrededor de 1,000 a 1,100 osos pardos habitan en cinco poblaciones dispersas en Montana, Idaho, Wyoming y Washington. En solo dos de esas áreas (el ecosistema de Yellowstone y el ecosistema de la división continental del norte, que incluye el parque nacional Glacier y la reserva Bob Marshall), existe una población de varios cientos de osos pardos. Las otras tres poblaciones tienen entre cinco y 50 osos pardos cada una.

3 El oso pardo es una especie nativa del ecosistema de Bitterroot, que era su hábitat natural. Los osos pardos fueron eliminados en esa zona en

EXAMEN PRELIMINAR

la década de 1940, después de un siglo de persecución intensiva. De todo el hábitat abandonado por el oso pardo en los 48 estados inferiores, el área silvestre de las montañas Bitterroot tiene el mejor potencial para su reinserción. Esta zona cuenta con todos los componentes necesarios del hábitat ideal para el oso pardo. Como tal, el ecosistema de Bitterroot ofrece un excelente potencial para recuperar una población sana de osos pardos y para mejorar las perspectivas de supervivencia y la reinserción a largo plazo de esta especie en los estados contiguos. La reinserción de especies en peligro de extinción, y su eliminación de la lista de especies en peligro de extinción, es el objetivo final de la Ley de especies en peligro.

4 De acuerdo con el plan esbozado en el estudio de impacto ambiental, el Servicio reinsertaría un mínimo de 25 osos pardos en un área de 25,140 millas cuadradas de la reserva de Selway-Bitterroot durante un período de cinco años. Los osos serán traídos de zonas del Canadá y los Estados Unidos que cuentan con poblaciones saludables de osos pardos que viven en hábitats similares a los encontrados en el ecosistema de Bitterroot.

5 A todos los osos reinsertados se les colocará un collar transmisor, que permitirá su monitoreo constante para determinar su ubicación y comprobar el uso que hacen del hábitat asignado. De esta manera, se podrá mantener informado al público, a través de los medios de comunicación, sobre los lugares en que se encuentran los osos pardos y los progresos en el proceso de reinserción. Según el plan, el Servicio solo reinsertaría osos sin antecedentes conocidos de conflictos con seres humanos.

6 Los osos así seleccionados serán liberados en lugares silvestres remotos ubicados en las montañas Bitterroot, en las zonas del este y del centro de Idaho, que tienen un hábitat ideal para la vida del oso pardo y una baja probabilidad de encuentros con seres humanos. Al designar a la población reinsertada de osos pardos como parte de un experimento no esencial, el Servicio tendrá la posibilidad de reubicar o destruir a aquellos osos que frecuenten zonas urbanas, tengan comportamientos agresivos con seres humanos o ataquen al ganado, basándose en las Directrices Interagencias sobre los Osos Pardos.

7. ¿Cuál es el punto de vista de la congresista Chenoweth?
   A. Los osos pardos deberían ser reinsertados en otros estados distintos de Idaho en forma lenta y escalonada.
   B. Los osos pardos deberían ser reinsertados en Idaho a discreción del Servicio de Pesca y Vida Silvestre de los Estados Unidos.
   C. Los osos pardos no deberían ser reinsertados ni en Idaho ni en ninguna otra parte del país debido a su ferocidad.
   D. Los osos pardos no deberían ser reinsertados en Idaho de la forma prevista por el Servicio de Pesca y Vida Silvestre de los Estados Unidos.

8. ¿Por qué compara la congresista Chenoweth la zona donde se piensa reinsertar a los osos pardos con los estados de Connecticut, Delaware, Maryland, Massachusetts, Nuevo Hampshire, Vermont y Rhode Island?

   A. Porque quiere destacar el tamaño de la zona afectada en comparación con esos estados.
   B. Porque quiere recordar que esos estados son más pequeños que Idaho.
   C. Porque quiere que todo el mundo sepa que no hay osos pardos en esos estados.
   D. Porque quiere destacar que no existe mucha vida silvestre en los estados de la costa este.

9. ¿Cuál es la razón por la que la congresista Chenoweth menciona los diarios de Lewis y Clark?

   A. Para mostrar que hasta Lewis y Clark tenían miedo a los osos pardos.
   B. Para sugerir que Lewis y Clark no sabían mucho sobre los osos pardos.
   C. Para demostrar su conocimiento sobre la expedición de Lewis y Clark.
   D. Para sugerir que el Servicio de Pesca y Vida Silvestre de los Estados Unidos debería leer esos diarios.

10. Según el "Informe final sobre el impacto ambiental de la reinserción de los osos pardos", ¿cuál es el propósito de la reinserción de los osos pardos?

    A. El estudio de los osos.
    B. La domesticación de los osos pardos.
    C. La reinserción de la especie.
    D. La mejora del hábitat de los osos pardos.

11. ¿Cuál de las citas siguientes del "Informe final sobre el impacto ambiental de la reinserción de los osos pardos" respalda el argumento de que la reinserción de los osos pardos podría resultar un peligro para los seres humanos?

    A. "Los osos pardos han sido exterminados en, aproximadamente, el 98 por ciento de su área de distribución histórica, en los 48 estados inferiores".
    B. "Los osos pardos fueron eliminados en esa zona en la década de 1940, después de un siglo de persecución intensiva".
    C. "A todos los osos reinsertados se les colocará un collar transmisor, que permitirá su monitoreo constante para determinar su ubicación y comprobar el uso que hacen del hábitat asignado. De esta manera, se podrá mantener informado al público, a través de los medios de comunicación, sobre los lugares en que se encuentran los osos pardos y los progresos en el proceso de reinserción".
    D. "Al designar a la población reinsertada de osos pardos como parte de un experimento no esencial, el Servicio tendrá la posibilidad de reubicar o destruir a aquellos osos que frecuenten zonas urbanas, tengan comportamientos agresivos con seres humanos o ataquen al ganado, basándose en las Directrices Interagencias sobre los Osos Pardos".

EXAMEN PRELIMINAR

12. En la tabla siguiente, indique el lugar al que corresponde cada oración. (**Nota:** En el examen de GED®, usted deberá hacer un clic sobre cada oración y "arrastrarla" hasta la posición correcta en la tabla.)

Discurso de la congresista Chenoweth	Informe del Servicio de Pesca y Vida Silvestre

La reinserción de los osos pardos es importante pues se trata de una especie en peligro de extinción.

La vida de las personas se verá muy afectada por la reinserción de los osos pardos en esa zona de Idaho.

Los osos pardos serán monitoreados continuamente y se alertará a las personas sobre su ubicación.

La muerte de una sola persona ocasionada por un oso pardo resulta intolerable.

13. En la parte final de su discurso, ¿cómo trata la congresista de conseguir el apoyo de su audiencia?

    A. Presentando una visión objetiva del proyecto.
    B. Ayudando a la audiencia a entender la complejidad del proyecto.
    C. Repasando los argumentos lógicos desarrollados anteriormente.
    D. Destacando el aspecto emotivo de las consecuencias de la reinserción de los osos pardos.

14. ¿En que difiere el tono del informe del Servicio de Pesca y Vida Silvestre del tono del discurso de la congresista?

    A. Usa un lenguaje más duro que el del discurso.
    B. Denota una mayor urgencia que la del discurso.
    C. Incluye un pedido emotivo del que carece el discurso.
    D. Tiene un tono más fáctico que el del discurso.

15. El informe del Servicio de Pesca y Vida Silvestre incluye información sobre la disminución de la población de osos pardos porque necesita:

    A. Mostrar por qué los osos pardos son considerados peligrosos por la gente.
    B. Explicar la necesidad de reinsertar a los osos pardos.
    C. Confirmar a la audiencia que aumentará la población de los osos pardos.
    D. Resaltar el tiempo que ha transcurrido desde que los osos pardos eran numerosos.

16. ¿De qué manera los diferentes géneros usados en un discurso y en un informe gubernamental afectan a cada uno de los textos?

    A. Un discurso está, por lo general, mejor organizado que un informe gubernamental.
    B. Los argumentos de un discurso están basados más en hechos que los de los informes gubernamentales.
    C. El discurso permite el uso de argumentos dramáticos, mientras que un informe gubernamental es más fáctico y objetivo.
    D. Un discurso puede contener ideas más recientes, mientras que un informe gubernamental probablemente contenga ideas menos actualizadas.

17. El memorándum siguiente contiene una serie de espacios en blanco, cada uno de los cuales comienza con la palabra "Seleccione", seguida de un número correlativo y puntos suspensivos. Debajo de cada párrafo, encontrará una lista de cuatro opciones. Indique cuál de esas opciones es la que corresponde a cada espacio en blanco. (**Nota:** En el examen de GED®, las opciones se presentan como un menú desplegable. Cuando usted haga un clic sobre la opción seleccionada, esta rellenará el espacio en blanco.)

    A: Todos los empleados

    De: Oficina de Recursos Humanos

    Ref.: Cuidado de niños

    ¡Buenas noticias! Como consecuencia de todos sus pedidos, la compañía ha decidido abrir un centro de cuidado de niños en el tercer piso. El centro ocupará el espacio dejado vacante por la mudanza del Departamento de Compras, que se trasladará a un espacio más grande en el cuarto piso.

    La fecha tentativa para la inauguración del centro es el 15 de mayo. Todos aquellos padres que deseen inscribir a sus hijos deberán pasar por la Oficina de Recursos Humanos para retirar los formularios necesarios.

EXAMEN PRELIMINAR

El formulario de datos médicos deberá ser completado por su médico de cabecera. [Seleccione 1... ▼] Usted también deberá completar el formulario de información, con los números de teléfono y los nombres de las personas que deberán ser contactadas en caso de emergencia.

Seleccione 1... ▼
Los formularios que usted ha completado, y deberán ser devueltos antes de que el niño pueda asistir al centro.
Los formularios debidamente completados deberán ser presentados en la Oficina de Recursos Humanos antes de que el niño pueda asistir al centro.
Los formularios, y usted debe completarlos, deberán ser devueltos antes de que el niño pueda asistir al centro.
Los formularios debidamente completados deberán ser presentados en la Oficina de Recursos Humanos antes de que el niño sea siquiera autorizado a concurrir.

[Seleccione 2... ▼], hay un límite en el número de niños que el centro podrá albergar, por lo que se recomienda devolver los formularios completados tan pronto como sea posible.

Seleccione 2... ▼
Por consiguiente
Por lo tanto
Fundamentalmente
Lamentablemente

Por supuesto, asumimos que algunos padres ya cuentan con un servicio de cuidado de niños adecuado, y que la mayoría de ellos decidirá no cambiar a sus hijos. Al menos, eso es lo que esperamos. En caso contrario, estableceremos una lista de espera para asignar las limitadas plazas.

En el centro se ofrecerá un almuerzo caliente, gracias a la existencia de una cocina grande en el mismo piso.

Si su niño tiene necesidades dietéticas especiales, deberá especificarlas en el formulario de inscripción y proveer una lista de los alimentos permitidos. También se ofrecerá un refrigerio, pero los niños podrán traer su propia comida si así lo prefieren sus padres.

El centro permanecerá abierto de lunes a viernes, de 7:30 a.m. a 5:30 p.m., y estará bajo la supervisión de Celia Riverton, quien acredita 22 años de experiencia. La acompañarán en sus tareas cinco asistentes. El centro procurará establecer una relación de un adulto por cada diez niños. Seleccione 3. . . ▼

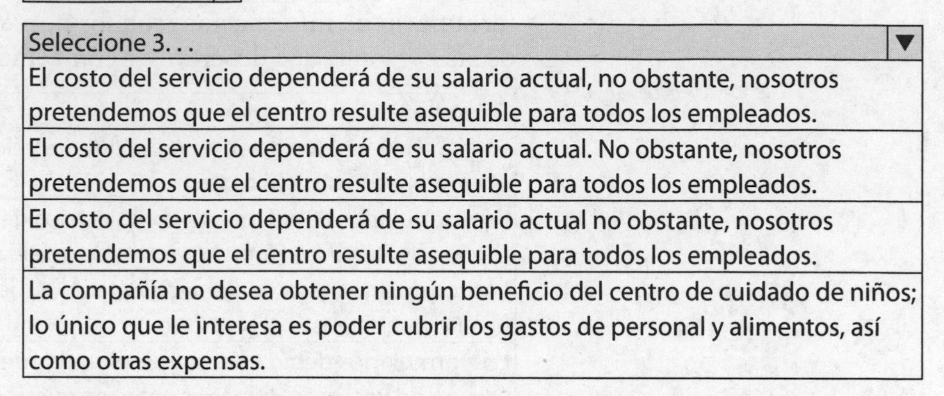

Seleccione 3. . . ▼
El costo del servicio dependerá de su salario actual, no obstante, nosotros pretendemos que el centro resulte asequible para todos los empleados.
El costo del servicio dependerá de su salario actual. No obstante, nosotros pretendemos que el centro resulte asequible para todos los empleados.
El costo del servicio dependerá de su salario actual no obstante, nosotros pretendemos que el centro resulte asequible para todos los empleados.
La compañía no desea obtener ningún beneficio del centro de cuidado de niños; lo único que le interesa es poder cubrir los gastos de personal y alimentos, así como otras expensas.

Si usted tiene alguna pregunta para formular, por favor, diríjase a Barry Minor. Todos estamos muy excitados con esta novedad, que beneficiará tanto a los padres de los niños como al funcionamiento de la compañía.

Use el fragmento siguiente para responder las preguntas 18 a 21.

Fragmento adaptado de "El péndulo"

de O. Henry

1 John se encaminó lentamente hacia su departamento. Lentamente, porque en el vocabulario de su vida cotidiana no existía la palabra "quizás". A un hombre que está casado desde hace dos años y que vive en un departamento no lo esperan sorpresas. Al caminar, John Perkins se profetizaba con lúgubre y abatido cinismo las previstas conclusiones de la monótona jornada.

2 Katy lo recibiría en la puerta con un beso. Se quitaría el saco, se sentaría sobre un viejo sofá y leería el vespertino. La cena comprendería una carne asada, una ensalada condimentada con un aderezo que se garantizaba no agrietaba ni dañaba el cuero, guiso de ruibarbo y el frasco con mermelada de fresas que se sonrojaba ante el certificado de pureza química que ostentaba su rótulo. Después de la cena, Katy le mostraría el nuevo añadido al cobertor de retazos multicolores que le había regalado el repartidor de hielo, arrancándolo de la manta de su coche. A las siete y media ambos extenderían periódicos sobre los muebles para recoger los fragmentos de yeso que caían cuando el gordo del departamento de arriba iniciaba sus ejercicios físicos.

EXAMEN PRELIMINAR

3 John Perkins sabía que esas cosas sucederían. Y también sabía que a las ocho y cuarto apelaría a su coraje y tendería la mano hacia su sombrero, y su esposa le diría, con tono quejumbroso:

4 "Bueno. . . ¿Adónde vas, John Perkins, puede saberse?".

5 "Creo que haré una escapada al café de McCloskey", contestaría él. "Y que jugaré un par de partiditas de billar con los muchachos".

6 En los últimos tiempos, esa era la costumbre de John Perkins. Volvía a las diez o a las once. A veces, Katy dormía; a veces, lo esperaba.

7 Esa noche, al llegar a su puerta, John Perkins se encontró con un tremendo cambio en la rutina diaria. Ninguna Katy lo esperaba allí con su afectuoso beso de repostería. En las tres habitaciones parecía reinar un prodigioso desorden. Por todas partes se veían dispersas las cosas de Katy. Zapatos en el centro de la alcoba, tenacillas de rizar, cintas para el cabello, kimonos, una polvera, todo tirado en franco caos sobre el tocador y las sillas. . . Aquello no era propio de Katy. Con el corazón oprimido, John vio el peine, con una enroscada nube de cabellos castaños de Katy entre los dientes. Una insólita prisa y nerviosidad debía haber hostigado a su mujer, porque Katy depositaba siempre cuidadosamente aquellos rastros de su peinado en el pequeño jarrón azul de la repisa de la chimenea, para formar algún día el codiciado "postizo" femenino.

8 Del pico de gas pendía en forma visible un papel doblado. John lo desprendió. Era una carta de su esposa, con estas palabras:

9 "Querido John: Acabo de recibir un telegrama en que me dicen que mamá está enferma de cuidado. Voy a tomar el tren de las 4.30. Mi hermano Sam me esperará en la estación de destino. En la heladera hay carnero frío. Te escribiré mañana. Presurosamente, KATY".

10 Durante sus dos años de matrimonio, Katy y él no se habían separado una sola noche. John releyó varias veces la carta, estupefacto. Aquello destruía una rutina invariable y lo dejaba aturdido.

11 Allí, sobre el respaldo de la silla, colgaba, patéticamente vacía e informe, la bata roja de lunares negros que ella usaba siempre al preparar la comida. En su prisa, Katy había tirado su ropa por aquí y por allá. Una bolsita de papel de su azúcar con mantequilla favorita yacía con su lazo aun sin desatar. En el suelo estaba desplegado un periódico, bostezando rectangularmente desde el agujero donde recortaran un horario de trenes. Todo lo existente en la habitación hablaba de una pérdida, de una esencia desaparecida, de un alma y una vida que se habían esfumado. John Perkins estaba parado entre esos restos sin vida y sentía una extraña desolación.

12 John comenzó a poner el mayor orden posible en las habitaciones. Cuando tocó los vestidos de Katy, experimentó algo así como un escalofrío de terror. Nunca había pensado en lo que sería la vida sin Katy. Su mujer se había adherido tan indisolublemente a su existencia que era como el aire que

respiraba: necesaria pero casi inadvertida. Ahora, sin aviso previo, se había marchado, desaparecido; estaba tan ausente como si nunca hubiese existido. Desde luego, esto sólo duraría unos días, a lo sumo una semana o dos, pero a John le pareció que la mano misma de la muerte había apuntado un dedo hacia su seguro y apacible hogar.

13 John Perkins no estaba habituado a analizar sus sentimientos. Pero ahora sabía que Katy era necesaria para su felicidad. "Me porto con Katy de una manera pérfida. Todas las noches me voy a jugar al billar y a perder el tiempo con los muchachos, en vez de quedarme en casa con ella. John Perkins, eres un cochino. Tengo que compensarle a Katy todo el mal que le he hecho".

14 La puerta se abrió súbitamente y Katy entró con una pequeña maleta. "Me alegro de haber vuelto", dijo Katy. "La enfermedad de mamá carecía de importancia, sólo tuvo un leve acceso. De modo que tomé el primer tren de regreso".

15 John Perkins sintió como el rechinar de los engranajes de una máquina que volvían a su posición y empezaban a moverse nuevamente. Miró su reloj. Eran las 8:15, hora en que acostumbraba a reunirse con sus amigos.

16 Tendió la mano hacia su sombrero y se encaminó hacia la puerta. "¿Adónde vas?", preguntó Katy. "Creo que haré una escapada al café de McCloskey a jugar unas partiditas de billar con los muchachos", dijo John.

18. El péndulo es un cuerpo pendiente de un hilo que oscila hacia adelante y hacia atrás. ¿Por qué cree que O. Henry tituló su cuento "El péndulo"?

    A. Porque a John Perkins le gustaba jugar al billar con sus amigos por la noche.
    B. Porque John Perkins cambió sus sentimientos de un momento a otro.
    C. Porque John Perkins empezó a ordenar la casa y decidió, al poco rato, que era demasiado trabajo.
    D. Porque John Perkins no pudo acompañar a Katy, pues regresó tarde del trabajo.

19. ¿Cuál de las siguientes citas respalda la idea de que a John lo afectó mucho la ausencia de Katy?

    A. "Al caminar, John Perkins se profetizaba con lúgubre y abatido cinismo las previstas conclusiones de la monótona jornada".
    B. "Después de la cena, Katy le mostraría el nuevo añadido al cobertor de retazos multicolores que le había regalado el repartidor de hielo, arrancándolo de la manta de su coche".
    C. "Todo lo existente en la habitación hablaba de una pérdida, de una esencia desaparecida, de un alma y una vida que se habían esfumado".
    D. "Miró su reloj. Eran las 8:15, hora en que acostumbraba a reunirse con sus amigos".

EXAMEN PRELIMINAR

20. En la tabla siguiente, indique el orden en el que se produjeron los acontecimientos siguientes. (**Nota:** En el examen de GED®, usted deberá hacer un clic sobre cada oración y "arrastrarla" hasta la posición correcta en la tabla.)

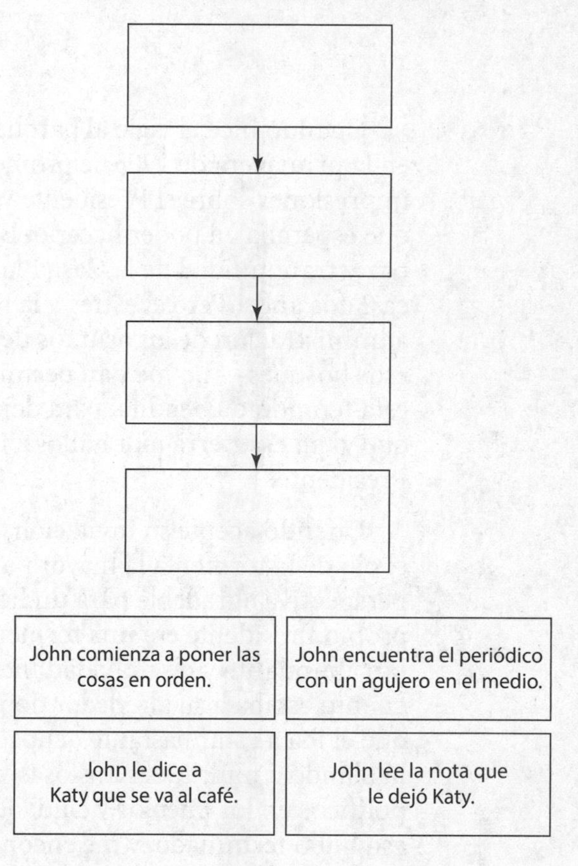

21. ¿Por qué John caminaba tan lentamente hacia su departamento?
    A. No se sentía bien.
    B. Estaba cansado después de un día de trabajo duro.
    C. Sabía que su esposa no se encontraba en el departamento.
    D. Sabía lo que le esperaba esa noche.

EXAMEN PRELIMINAR

Use el fragmento siguiente para responder las preguntas 22 a 28.

Fragmento de "Acampando con el presidente Roosevelt"

de John Burroughs

1 Cuando hice el viaje al parque Yellowstone con el presidente Roosevelt, en la primavera de 1903, le prometí a algunos amigos escribir mis impresiones sobre el Presidente y el parque, pero he tardado más de lo que esperaba en poder hacerlo. El propio Presidente, disfrutando de la paz y tranquilidad de la Casa Blanca, escribió su relato del viaje ¡hace ya casi dos años! Pero el estrés y la tensión de mi vida en "Slabsides" —la administración de los asuntos de las muchas criaturas salvajes que habitan esos bosques— no me han permitido encontrar el tiempo necesario, hasta esta temporada bendita, para dejar constancia de la cosa más interesante que vi en esa tierra maravillosa, que, por supuesto, no es otra que el propio Presidente.

2 Cuando acepté su invitación, sabía que durante el viaje iba a estar en el ojo de la tormenta la mayor parte del tiempo, lo que no siempre era una perspectiva agradable para un hombre de mis hábitos y disposición. El propio Presidente era una tormenta en sí mismo, un hombre de energía tan abundante y de actividad incesante que ponía en movimiento a todo cuanto estaba a su alrededor dondequiera que fuera. Pero sabía también que él iba a estar bastante ocupado en nuestro camino hacia el parque, hablando a multitudes ansiosas y recibiendo homenajes personales y políticos en los pueblos y ciudades por donde debíamos pasar. Cuando todo eso hubo terminado, y me encontré en el desierto del parque, acompañado del superintendente y un par de asistentes para ayudarme a soportar su tremendo impacto personal, me pregunté cómo haría una persona como yo para superar esa experiencia. Tuve visiones de nieve de seis y siete pies de profundidad, en la que solo se podía caminar con raquetas de nieve, raquetas que no había tenido debajo de mis pies en toda mi vida. Si los fuegos del infierno de allá abajo, que mantenían la olla hirviendo, llegaban a derretir esa nieve, me imaginé al grupo montado a caballo, desgarrándose ante la embestida de los lobos en el terreno áspero; y como yo no me había subido a un caballo desde antes de que naciera el Presidente, me preguntaba también cómo me las arreglaría entonces.

3 Yo había conocido al Presidente varios años antes de que él se hiciera famoso, y habíamos tenido alguna correspondencia sobre temas de historia natural. Su interés en ese tipo de temas se mantenía siempre fresco y ni qué hablar de sus ganas. El motivo principal de su visita al parque Yellowstone

EXAMEN PRELIMINAR

en ese momento era observar y estudiar, en un ambiente semidomesticado, los variados animales que había cazado tan a menudo durante sus días de rancho, y tuvo la gentileza de pensar que sería un placer adicional hacerlo junto a un amante de la naturaleza como yo. Por mi parte, yo no sabía nada de una partida de caza, pero sí sabía que no había nadie en el país con el que me gustaría tanto compartirla como con Roosevelt.

4 Algunos de nuestros periódicos informaron de que el Presidente pretendía cazar en el parque. Una mujer de Vermont me escribió para protestar por la excursión de caza, y para decirme que esperaba que yo le enseñara al Presidente a amar a los animales tanto como yo lo hacía, como si él no los amara mucho más, porque su amor se basaba en el conocimiento y porque habían sido parte de su vida. Ella no sabía que yo albergaba entonces la secreta esperanza de que se me permitiera disparar sobre un puma o un lince; pero nada de eso ocurrió. El Presidente dijo: "No voy a disparar un arma de fuego en el parque. Así no tendré que dar ninguna explicación". Sin embargo, una vez en el desierto le oí decir: "Me siento como si yo tuviera la responsabilidad de mantener la provisión de carne en el campamento. Siempre la he tenido"... Lamenté que no pudiera hacerlo en esta ocasión.

5 Nunca me han molestado los viajes de caza del Presidente. Él es uno de esos hombres para los que una partida de caza representa tanto un acto de observación de la naturaleza como un acto deportivo, uno de esos hombres que están interesados en la preservación de las especies y comparten con el mundo, al mismo tiempo, el deleite de la persecución. Un cazador como Roosevelt está tan alejado de matar por placer como el día lo está de la noche; y en cuanto a su matanza de los "bichos" —osos, pumas y linces—, cuantos menos haya mejor para la utilidad y la hermosura de la cacería.

6 Los pumas, o leones de montaña, del parque estaban ciertamente fuera de control. El superintendente informó que había estado en el lugar donde los pumas habían matado a 19 alces, y vimos también cómo habían matado a un ciervo y arrastrado su cuerpo por el camino. Por supuesto que el Presidente no mataría ahora en sus viajes de caza a un alce o un ciervo, excepto en el caso de que fuera necesario para "mantener la provisión de carne del campamento", y consideraba que ese propósito era tan legítimo como matar una oveja o un novillo para la mesa de la casa.

22. ¿De qué forma respalda la idea central del pasaje la información de que el presidente Roosevelt tenía mucha energía?

A. Explica por qué Roosevelt era tan leído.
B. Sugiere que Roosevelt era un cazador excelente.
C. Sugiere que Roosevelt era extremadamente sensible.
D. Explica por qué Roosevelt podía lograr un montón de cosas.

EXAMEN PRELIMINAR

23. ¿Cuál de las citas siguientes reafirma la idea de que Burroughs estaba preocupado por su excursión con el presidente Roosevelt?
    A. "Cuando acepté su invitación, sabía que durante el viaje iba a estar en el ojo de la tormenta la mayor parte del tiempo, lo que no siempre era una perspectiva agradable para un hombre de mis hábitos y disposición".
    B. "Yo había conocido al Presidente varios años antes de que él se hiciera famoso, y habíamos tenido alguna correspondencia sobre temas de historia natural".
    C. "Ella no sabía que yo albergaba entonces la secreta esperanza de que se me permitiera disparar sobre un puma o un lince; pero nada de eso ocurrió".
    D. "Por supuesto que el Presidente no mataría ahora en sus viajes de caza a un alce o un ciervo, excepto en el caso de que fuera necesario para 'mantener la provisión de carne del campamento', y consideraba que ese propósito era tan legítimo como matar una oveja o un novillo para la mesa de la casa".

24. ¿Por qué le llevó tanto tiempo a Burroughs escribir sobre su experiencia con el presidente Roosevelt?
    A. No le gustaba escribir.
    B. No estaba seguro de qué contar.
    C. Estuvo ocupado haciendo otras cosas.
    D. Prefirió esperar a que Roosevelt terminara su mandato.

25. ¿Por qué incluye Burroughs detalles sobre los hábitos de caza del presidente Roosevelt? Quiere que los lectores:
    A. Aprendan a cazar ellos mismos.
    B. Reconozcan cuáles son los mejores animales para cazar.
    C. Se den cuenta de lo fuerte que era Roosevelt físicamente.
    D. Entiendan por qué él aprobaba la caza de la forma como la practicaba Roosevelt.

EXAMEN PRELIMINAR

26. En el diagrama siguiente, incorpore cada una de las palabras que describen al presidente Roosevelt. (**Nota:** En el examen de GED®, usted deberá hacer un clic sobre las palabras seleccionadas y "arrastrarlas" hasta la posición correcta en el diagrama.)

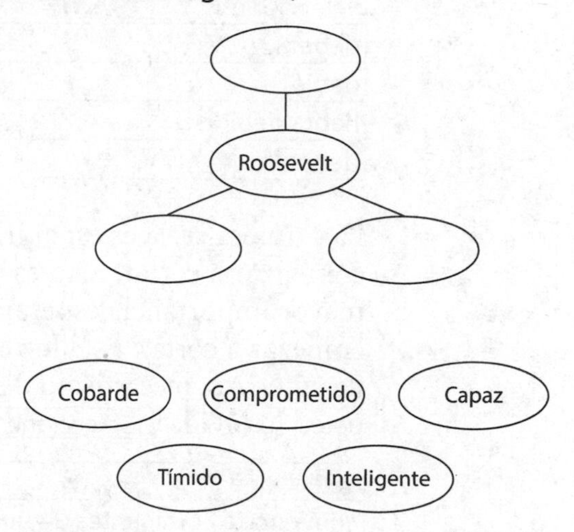

27. ¿Por qué decidió el presidente Roosevelt no cazar en el parque?
    A. Para evitar ser criticado por la gente.
    B. Para crear una imagen de sí mismo de amante de la naturaleza.
    C. Para mostrar que ya no estaba más interesado en la caza.
    D. Para remarcar que no se debería cazar en tierras públicas.

28. ¿Por qué piensa Burroughs que los pumas deben ser cazados?
    A. Porque son salvajes.
    B. Porque transmiten enfermedades.
    C. Porque su carne es apetitosa.
    D. Porque matan a otros animales.

29. El memorándum siguiente contiene una serie de espacios en blanco, cada uno de los cuales comienza con la palabra "Seleccione", seguida de un número correlativo y puntos suspensivos. Debajo de cada párrafo, encontrará una lista de cuatro opciones. Indique cuál de esas opciones es la que corresponde a cada espacio en blanco. (**Nota:** En el examen de GED®, las opciones se presentan como un menú desplegable. Cuando usted haga un clic sobre la opción seleccionada, esta rellenará el espacio en blanco.)

    Memorándum

    Ref.: Uso del cúter A2

    A: Todos los alumnos de la clase de taller 102

EXAMEN PRELIMINAR

Esta es la primera clase que ha sido autorizada a usar esta poderosa cuchilla. Por lo tanto, usted Seleccione 1. . . ▼ prestar mucha atención a la forma en que lo use.

Seleccione 1. . . ▼
deberá
debió
habrá debido
deberán

La primera regla es esperar hasta que se encienda la luz azul antes de comenzar a cortar. Esto es muy importante, así que lo repetiré. Es de la mayor importancia esperar hasta que se encienda la luz azul para poder empezar a cortar. Esta luz es el mecanismo de seguridad del modelo de cúter A2, mecanismo del que otros cúteres carecen. En caso de que usted lo olvide y Seleccione 2. . . ▼ y el cúter no funcionará.

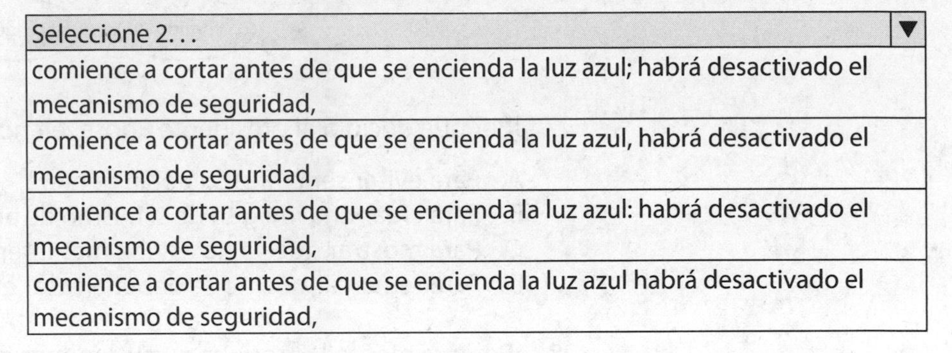

Seleccione 2. . . ▼
comience a cortar antes de que se encienda la luz azul; habrá desactivado el mecanismo de seguridad,
comience a cortar antes de que se encienda la luz azul, habrá desactivado el mecanismo de seguridad,
comience a cortar antes de que se encienda la luz azul: habrá desactivado el mecanismo de seguridad,
comience a cortar antes de que se encienda la luz azul habrá desactivado el mecanismo de seguridad,

Otra regla importante de seguridad es comprobar el estado del material, especialmente si hay algún borde suelto. Esta operación deberá realizarse incluso antes de que encienda el cúter. Como regla general, este debe ser considerado el primer paso en el procedimiento de encendido. Seleccione 3. . . ▼

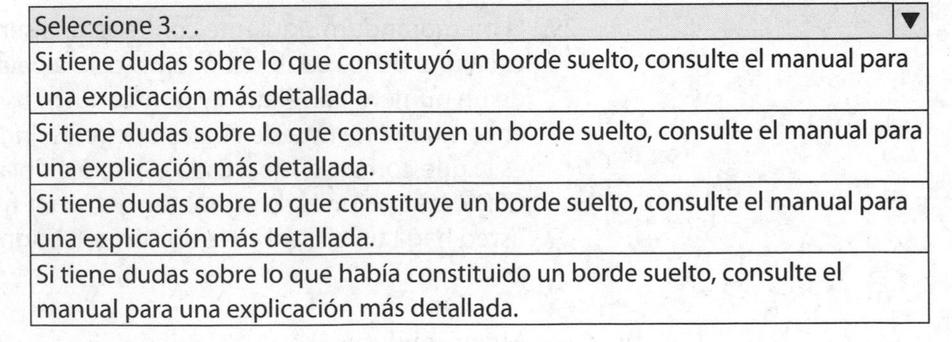

Seleccione 3. . . ▼
Si tiene dudas sobre lo que constituyó un borde suelto, consulte el manual para una explicación más detallada.
Si tiene dudas sobre lo que constituyen un borde suelto, consulte el manual para una explicación más detallada.
Si tiene dudas sobre lo que constituye un borde suelto, consulte el manual para una explicación más detallada.
Si tiene dudas sobre lo que había constituido un borde suelto, consulte el manual para una explicación más detallada.

Si todavía tuviera dudas después de revisar el manual, pídame que lo compruebe yo mismo. Prefiero que lo comprobemos juntos en el laboratorio a tener que ir a visitarlo en un hospital.

EXAMEN PRELIMINAR

Una vez que usted haya determinado que no existen bordes sueltos, podrá oprimir el botón de encendido. La luz azul aparecerá inmediatamente después. Recién entonces podrá comenzar a cortar. Si la luz azul no se activa, llame al jefe de operadores, quien se encargará de comprobar si el cúter no funciona como debería o si se trata solo de una bombilla defectuosa.

Una vez que haya finalizado la operación de corte, oprima el botón de detención y espere a que la máquina deje de funcionar. [Seleccione 4. . . ▼]

Seleccione 4. . . ▼
Esperando que el cúter esté completamente detenido, asegúrese de no tocar ninguna de las cuchillas.
Asegúrese de no tocar ninguna de las cuchillas hasta que el cúter esté completamente detenido.
Hasta que espere que el cúter esté completamente detenido, asegúrese de no tocar ninguna de las cuchillas.
Asegúrese de que el cúter esté completamente detenido no tocando ninguna de las cuchillas.

El cúter A2 es el primer modelo con tecnología láser que usaremos en el taller. Aquellos que no hayan consultado los manuales encontrarán diferencias notables entre la forma de operar de esta máquina y la de los otros cúteres de punta de diamante con los que solíamos trabajar. Más adelante, durante este año, esperamos poder conectar este modelo a estaciones de trabajo controladas por computadora y alcanzar así un grado de precisión mucho más elevado que el obtenido en los años anteriores. [Seleccione 5. . . ▼]

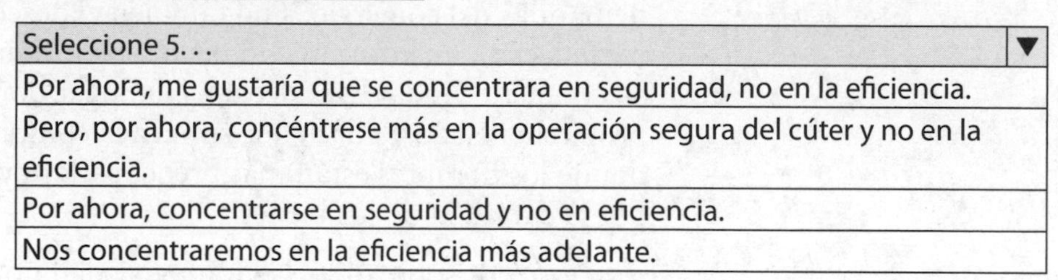

Seleccione 5. . . ▼
Por ahora, me gustaría que se concentrara en seguridad, no en la eficiencia.
Pero, por ahora, concéntrese más en la operación segura del cúter y no en la eficiencia.
Por ahora, concentrarse en seguridad y no en eficiencia.
Nos concentraremos en la eficiencia más adelante.

EXAMEN PRELIMINAR

Use los dos fragmentos siguientes para responder las preguntas 30 a 39.

Fragmento del discurso "La Gran Sociedad"

del Presidente Lyndon Baines Johnson (pronunciado el 22 de mayo de 1964)

1 El desafío del próximo medio siglo es si tendremos la sabiduría de usar esa riqueza para enriquecer y elevar nuestra vida nacional, y mejorar la calidad de la vida de los ciudadanos de los Estados Unidos.

2 Su imaginación, su iniciativa y su grado de indignación determinarán si construimos una sociedad donde el progreso sirva a nuestras necesidades, o una sociedad donde los valores tradicionales y las nuevas visiones queden sepultados por un crecimiento desenfrenado. En este tiempo, tenemos la oportunidad de avanzar no solo hacia una sociedad de ricos y poderosos, sino también de elevarnos hacia la Gran Sociedad.

3 La Gran Sociedad está basada en la abundancia y la libertad para todos. Exige el fin de la pobreza y la injusticia, al que nos hemos comprometido en nuestro tiempo. Pero eso es solo el comienzo.

4 La Gran Sociedad es un lugar donde cada niño tiene acceso al conocimiento para enriquecer su mente y ampliar sus talentos. Es un lugar donde el ocio es una bienvenida oportunidad para construir y reflexionar, y no una temida causa de aburrimiento e inquietud. Es un lugar donde la ciudad del hombre satisface no solo las necesidades del cuerpo y las demandas del comercio, sino también el deseo de belleza y las ansias por pertenecer a una comunidad. Es un lugar donde el hombre puede renovar su contacto con la naturaleza. Es un lugar donde se honra la creación por su propio beneficio y por lo que suma a la comprensión de la raza. Es un lugar donde los hombres están más preocupados por la calidad de sus metas que por la cantidad de sus bienes.

5 Pero, por sobre todo, la Gran Sociedad no es un puerto seguro, un lugar de descanso, un objetivo final, una obra terminada. Es un desafío constantemente renovado, que nos atrae hacia un destino donde el sentido de nuestras vidas coincide con el producto maravilloso de nuestro trabajo.

6 Así que quiero hablarles hoy de los tres lugares en los que comenzaremos a construir la Gran Sociedad: nuestras ciudades, nuestros campos y nuestras aulas.

7 Nuestra sociedad nunca será grande hasta que nuestras ciudades sean grandes. Hoy en día, la frontera de la imaginación y la innovación está dentro de esas ciudades y no más allá de sus límites.

EXAMEN PRELIMINAR

8 Nuevos experimentos ya están en marcha. Será tarea de esta generación convertir a la ciudad estadounidense en un lugar al que vendrán las generaciones futuras, no solo a vivir, sino a vivir una buena vida. . .

9 El segundo lugar en el que comenzaremos a construir la Gran Sociedad es nuestro campo. Siempre nos hemos enorgullecido no solo de ser un país fuerte y libre, sino además un país hermoso. Hoy esa belleza está en peligro. El agua que bebemos, los alimentos que consumimos, el aire que respiramos, todos ellos están amenazados por la contaminación. Nuestros parques están superpoblados, nuestras costas sobrecargadas. Los campos verdes y los bosques densos están desapareciendo.

10 El tercer lugar desde el que construiremos la Gran Sociedad es son las aulas de cada escuela. Allí será moldeada la vida de nuestros hijos. Nuestra sociedad no alcanzará su grandeza hasta que cada mente joven pueda explorar libremente los confines del pensamiento y la imaginación.

11 Estos son los tres temas centrales de la Gran Sociedad. Si bien nuestro gobierno ha establecido ya muchos programas destinados a solucionar estas cuestiones, no puedo pretender que hayamos encontrado la respuesta definitiva a todos esos problemas. Pero sí puedo prometerles lo siguiente: vamos a reunir a los mejores pensadores y a las fuentes de conocimiento más amplias de todo el mundo para encontrar las respuestas que necesitan los Estados Unidos de América.

Fragmento de la Charla de chimenea 12: Sobre la recesión

del presidente Franklin Delano Roosevelt (pronunciada el 14 de abril de 1938)

1 Hace cinco años, nos enfrentamos a un problema muy serio de recuperación económica y social. Durante cuatro años y medio, esa recuperación continuó a buen ritmo. Ha sido solo en los últimos siete meses que ha experimentado un retroceso visible.

2 Y ha sido durante los dos últimos meses, mientras esperábamos pacientemente para ver si las propias fuerzas del comercio podían contrarrestar la recesión, que se ha hecho evidente que el Gobierno no puede dejar de tomar medidas agresivas para enfrentarla.

3 Esta recesión no nos ha retrotraído a los desastres y el sufrimiento de comienzos de 1933. El dinero que usted ha depositado en el banco está seguro; los agricultores ya no están profundamente angustiados y tienen mayor poder adquisitivo; los peligros de la especulación se han reducido al mínimo; el ingreso nacional es casi un 50 por ciento mayor que en 1932, y el Gobierno tiene una responsabilidad de asistencia establecida y aceptada.

EXAMEN PRELIMINAR

4 Pero yo sé que muchos de ustedes han perdido sus empleos o han visto a sus amigos o miembros de sus familias perder sus puestos de trabajo, y no propongo que el Gobierno pretenda ignorar estas cosas. Sé que el efecto de nuestras dificultades presentes ha sido desigual; que han afectado a algunos grupos y algunas localidades fuertemente, y que apenas han sido sentidas en otros. Pero yo entiendo que el primer deber del Gobierno es proteger el bienestar económico de todas las personas en todos los sectores y en todos los grupos. Yo dije en mi mensaje de apertura de la última sesión del Congreso que, si el sector privado no proporcionaba suficientes puestos de trabajo esta primavera, el Gobierno tomaría el relevo, y que no iba a abandonar a la gente a su propia suerte. Todos hemos aprendido la lección de que el Gobierno no puede permitirse el lujo de esperar hasta que haya perdido el poder de actuar. . .

5 He llegado a la conclusión de que el problema actual exige respuestas tanto del Gobierno como de la gente, pues padecemos principalmente de una falta de demanda de los consumidores originada en una falta de poder de compra. Nos corresponde a nosotros crear las condiciones para un repunte económico. "¿Cómo y dónde puede y debe ser usada la ayuda del gobierno para iniciar (una espiral ascendente) la recuperación económica?". . .

6 En primer lugar, solicité que ciertas asignaciones que están destinadas a financiar los gastos del Gobierno para tareas de asistencia y propósitos similares continúen al mismo nivel que en la actualidad, durante el próximo año fiscal, que comienza el 1 de julio. . .

7 En segundo lugar, le comuniqué al Congreso que la Administración se propone establecer reservas bancarias adicionales para ponerlas a disposición de las necesidades de crédito del país. . .

8 La tercera propuesta es aumentar la capacidad adquisitiva de la Nación, proporcionando nuevos trabajos y asegurando la continuidad de los trabajos ya existentes.

9 Creo que hemos tenido razón en el curso que hemos trazado. Abandonar nuestro propósito de construir unos Estados Unidos más grandes, más estables y más tolerantes nos llevaría a perder el rumbo y, tal vez, a no llegar a puerto. Propongo navegar hacia adelante, y estoy seguro de que contaré con sus esperanzas y su ayuda. Para llegar a puerto, tenemos que navegar, no echar el ancla; navegar, no ir a la deriva.

EXAMEN PRELIMINAR

30. ¿Cuál de las citas siguientes del discurso del presidente Johnson respalda la idea de que la Gran Sociedad continuará cambiando?

    A. "El desafío del próximo medio siglo es si tendremos la sabiduría de usar esa riqueza para enriquecer y elevar nuestra vida nacional, y mejorar la calidad de la vida de los ciudadanos de los Estados Unidos".
    B. "En este tiempo, tenemos la oportunidad de avanzar no solo hacia una sociedad de ricos y poderosos, sino también de elevarnos hacia la Gran Sociedad".
    C. "Pero, por sobre todo, la Gran Sociedad no es un puerto seguro, un lugar de descanso, un objetivo final, una obra terminada".
    D. "Si bien nuestro gobierno ha establecido ya muchos programas destinados a solucionar estas cuestiones, no puedo pretender que hayamos encontrado la respuesta definitiva a todos esos problemas".

31. ¿Qué puede inferirse sobre el presidente Johnson? Que es:

    A. Simpático.
    B. Cauteloso.
    C. Reservado.
    D. Idealista.

32. ¿Cuál es el significado de la palabra *desenfrenado*, usada en el párrafo 2 del discurso del presidente Johnson?

    A. Desafortunado.
    B. Rápido.
    C. Lento.
    D. Descontrolado.

33. ¿Cuáles son los tres lugares donde el presidente Johnson desea iniciar la construcción de la Gran Sociedad?

    A. Océanos, ciudades y puertos.
    B. Escuelas, fronteras y parques.
    C. Campos, bosques y ciudades.
    D. Ciudades, campos y escuelas.

34. ¿Por qué el presidente Roosevelt usa la metáfora *tenemos que navegar, no echar el ancla; navegar, no ir a la deriva* en el párrafo 9 de su Charla de la chimenea?

    A. Para criticar a las personas que tienen poca ambición.
    B. Para explicar por qué da la charla.
    C. Para sugerir que la vida es como un viaje en barco.
    D. Para reafirmar la idea de que el gobierno debe desempeñar un rol activo en la crisis.

EXAMEN PRELIMINAR

35. ¿Qué dice el presidente Roosevelt que pasará si el sector privado no crea suficientes puestos de trabajo?

    A. El gobierno creará puestos de trabajo para la gente.
    B. El Congreso tomará medidas para aumentar el consumo.
    C. El Congreso pondrá a disposición las reservas de los bancos.
    D. El gobierno subsidiará al sector privado.

36. ¿Cuál de las citas siguientes del presidente Roosevelt respalda la idea de que él cree en los beneficios de un gobierno fuerte?

    A. "Hace cinco años, nos enfrentamos a un problema muy serio de recuperación económica y social".
    B. "Es solo en los últimos siete meses que ha experimentado un retroceso visible".
    C. "Y ha sido durante los dos últimos meses, mientras esperábamos pacientemente para ver si las propias fuerzas del comercio podían contrarrestar la recesión, que se ha hecho evidente que el Gobierno no puede dejar de tomar medidas agresivas para enfrentarla".
    D. "Sé que el efecto de nuestras dificultades presentes ha sido desigual; que han afectado a algunos grupos y algunas localidades fuertemente, y que apenas han sido sentidas en otros".

37. ¿Cuál de los puntos de vista siguientes es compartido por los presidentes Johnson y Roosevelt? El gobierno debería:

    A. Ser más pequeño y mantener bajos los impuestos.
    B. Asistir a las empresas de propiedad privada.
    C. Proveer trabajo para todas las personas de la nación.
    D. Atender las necesidades de la ciudadanía.

38. ¿En qué difiere el tono del discurso del presidente Johnson del de la charla del presidente Roosevelt? El discurso del presidente Johnson es más:

    A. Serio que el de la charla del presidente Roosevelt.
    B. Esperanzador que el de la charla del presidente Roosevelt.
    C. Complejo que el de la charla del presidente Roosevelt.
    D. Objetivo que el de la charla del presidente Roosevelt.

39. ¿En qué sentido es similar el discurso del presidente Johnson a la charla del presidente Roosevelt?

    A. Los dos usan una comparación para explicar su argumento.
    B. Los dos dan detalles técnicos para explicar lo que quieren hacer.
    C. Los dos critican la forma en que opera el sector privado.
    D. Los dos enumeran las cuestiones importantes que se proponen abordar.

EXAMEN PRELIMINAR

40. El correo electrónico siguiente contiene una serie de espacios en blanco, cada uno de los cuales comienza con la palabra "Seleccione", seguida de un número correlativo y puntos suspensivos. Debajo de cada párrafo, encontrará una lista de cuatro opciones. Indique cuál de esas opciones es la que corresponde a cada espacio en blanco. (**Nota:** En el examen de GED®, las opciones se presentan como un menú desplegable. Cuando usted haga un clic sobre la opción seleccionada, esta rellenará el espacio en blanco.)

    De: fdaniels@Media.com

    A: Todos los miembros de la Junta

    Ref.: Retiro anual

    Hola a todos:

    Como presidente de la Junta, tengo la certeza de que nuestro próximo retiro anual constituirá una gran oportunidad para evaluar nuestras metas y conocernos todos un poco mejor. He escuchado de fuentes bien informadas que el Seleccione 1. . . ▼ es el lugar perfecto para nuestro retiro, pues su ambiente es completamente diferente al de nuestro entorno habitual.

Seleccione 1. . . ▼
rancho para turistas Los 5 Círculos
Rancho para turistas Los 5 círculos
Rancho para turistas Los 5 Círculos
rancho para turistas Los 5 círculos

El rancho cuenta con un edificio principal y varias cabañas pequeñas situadas a la orilla de un arroyo. Nosotros nos alojaremos en las cabañas. Cada cabaña tiene dos dormitorios y dos baños, de manera que todos estaremos cómodos. En la lista que se colocará en la pizarra de la Oficina de Recursos Humanos, se detalla la asignación de las habitaciones. La mayoría de las comidas serán servidas en el edificio principal, aunque algunos almuerzos serán preparados a las brasas en el campo circundante.

Deseo informarles también de que en el rancho existen muchas posibilidades de realizar actividades libres, como montar a caballo o visitar los corrales donde se guarda el ganado. No todos nosotros querremos tomar parte de estas Seleccione 2. . . ▼ de empacar la ropa apropiada.

Seleccione 2. . . ▼
actividades pero para aquellos que sí lo deseen, no se olviden
actividades, pero para aquellos que sí lo deseen no se olviden
actividades, pero para aquellos que sí lo deseen, no se olviden
actividades pero para aquellos que sí lo deseen no se olviden

EXAMEN PRELIMINAR

Durante todo el fin de semana, la vestimenta será informal. Trajes, tacones altos y otros adminículos no serán necesarios. Para aquellos a quienes les guste, también se podrá dormir a campo abierto. Las bolsas de dormir serán provistas por los administradores del rancho. Seleccione 3. . . ▼

Seleccione 3. . . ▼
Aquellas personas que decidan no montar a caballo ni dormir a campo abierto podrán realizar otras actividades menos arriesgadas.
Aquellas personas que decidirán no montar a caballo ni dormirán a campo abierto podrán realizar otras actividades menos arriesgadas.
Aquellas personas que deciden no montar a caballo ni duermen a campo abierto podrán realizar otras actividades menos arriesgadas.
Aquellas personas que decidían no montar a caballo ni dormir a campo abierto podrán realizar otras actividades menos arriesgadas.

Por supuesto que dispondremos de mucho tiempo en los atardeceres para reunirnos y conversar sobre nuestras expectativas para el año que se inicia. Además, no habrá televisión disponible y los celulares deberán ser depositados en la recepción al llegar.

Me han comentado que la experiencia es muy enriquecedora. Puesto que pasamos la mayor parte de nuestro tiempo ensimismados en nuestros pensamientos, esto representará un cambio. Estoy seguro que nos permitirá concentrarnos en nuestras metas más importantes en lugar de en preocupaciones individuales.

Partiremos el jueves a las 8 a.m. en punto en ómnibus y regresaremos el domingo por la tarde.

A propósito, yo llevaré mi sombrero de vaquero.

Frank

Use el fragmento siguiente para responder las preguntas 41 a 49.

Fragmento de las observaciones formuladas en la reunión anual de la Asociación de Medicina del Espacio (2013)

por el administrador de la NASA, Charles Bolden

1 El tema de esta conferencia, "Los desafíos de hoy, las oportunidades de mañana", cubre aproximadamente los temas de los que nos ocupamos a diario en la NASA. Estamos en una era completamente nueva de

EXAMEN PRELIMINAR

exploración, en la que estamos avanzando en cuestiones de aeronáutica y en el desarrollo de la tecnología espacial, cambiando la forma de llegar a la órbita baja de la Tierra y poniendo nuestra vista en destinos más lejanos.

2 Hoy celebramos el 40.° aniversario del lanzamiento del Skylab, y la NASA, probablemente más que ninguna otra agencia, no solo celebra su historia, sino que aprende de ella. Nos basamos en ella para hacernos mejores. Y, por supuesto, ese montón de cosas que desarrollamos a lo largo del camino no solo fueron al espacio, sino que también regresaron a la Tierra en forma de beneficios cotidianos, muy reales y prácticos.

3 Las tecnologías espaciales que se aplican a nuestra vida cotidiana incluyen: tecnologías biomédicas, tales como los escaneos digitales de alta definición y la leche infantil de fórmula; nuevos tratamientos contra el cáncer a través de la microencapsulación, y los equipos de protección que mantienen seguros a nuestros militares, bomberos y policías.

4 Esa tendencia irá en aumento a medida que avancemos hacia horizontes aún más lejanos. Una misión humana a Marte es hoy el objetivo más importante para la humanidad en la exploración de nuestro sistema solar. El programa completo de exploración de la NASA está orientado para apoyar ese objetivo.

5 Quizás ustedes sepan que hace tres años el presidente Obama, durante una visita al Centro Espacial Kennedy, estableció como metas el envío, por primera vez en la historia, de seres humanos a un asteroide en 2025 y la realización de un viaje con tripulación a Marte en la década de 2030.

6 Unos meses más tarde, el Presidente firmó la Ley de autorización de la NASA de 2010, por la que se prolonga la existencia de la Estación Espacial Internacional y se compromete el apoyo de la nación para el fortalecimiento de la industria espacial comercial. Esta medida ha permitido que la NASA comenzara a trabajar en la construcción de la próxima generación de cohetes de carga pesada y de vehículos tripulados multiuso, necesarios para transportar a nuestros astronautas más allá de la órbita baja de la Tierra y hasta las profundidades espaciales, incluida la misión prevista a Marte.

7 Si alguien piensa que el interés en los vuelos espaciales tripulados ha disminuido desde el fin del programa de transbordadores, permítanme señalarles que el año pasado recibimos el segundo mayor número de solicitudes de nuestra historia para la formación de astronautas, más de 6,300. Menos de 20 de esos candidatos serán seleccionados en las próximas semanas. Esos astronautas estarán entre los primeros en ser entrenados específicamente para vuelos espaciales de larga duración.

8 El año pasado también anunciamos que Scott Kelly, de la NASA, llevará a cabo una misión de un año de duración en la Estación Espacial Internacional en 2015. Esa misión aportará datos significativos para nuestra investigación sobre los efectos de la microgravedad en la densidad ósea, la masa muscular, la fuerza, la visión y otros aspectos de la salud del ser humano. Esta investigación es esencial en nuestra preparación para el vuelo de larga duración a Marte.

EXAMEN PRELIMINAR

9 Mientras tanto, los éxitos continuos de nuestros socios comerciales "en el desarrollo de sistemas de transporte espacial a la órbita baja de la Tierra" han demostrado que la confianza que depositamos en sus enfoques estaba bien fundada.

10 Ahora, contamos con un socio, SpaceX, que se ocupa de las tareas de reabastecimiento regular de la Estación Espacial Internacional, mientras que Orbital Science acaba de superar las pruebas de lanzamiento de su cohete Antares y se apresta a convertirse en otro.

11 Al mismo tiempo, SpaceX, Boeing y Sierra Nevada están trabajando en conjunto para hacer realidad los vuelos con tripulación comercial para el año 2017, y sé que lo conseguirán. Esto permite que la NASA se centre en otras metas, que incluyen la misión a los asteroides aprobada por el presidente Obama el mes pasado, como parte del presupuesto del año 2014.

12 La nueva iniciativa de los asteroides es, en realidad, una estrategia de amplio alcance para identificar y conocer más acerca de los asteroides cercanos a la Tierra, en la que deseamos comprometer a científicos y nuevos socios. La iniciativa incluye, por último, una misión a un asteroide para modificar su órbita y trasladarlo a otra órbita más cercana a la Tierra, donde los astronautas podrán visitarlo utilizando nuestro sistema de lanzamiento espacial y el vehículo tripulado multiuso *Orion*, actualmente en desarrollo.

13 Nuestro Consejo de Administración de Tecnología del Espacio está trabajando duro en las tecnologías que son el fundamento de todo lo que hacemos. Esto incluye la propulsión eléctrica solar, que alimentará la misión robótica para trasladar a nuestro asteroide objetivo más cerca de la Tierra, y así poder explorarlo y extraer muestras.

14 El nuevo presupuesto también contiene una partida importante para el componente de ciencia, que incluye desde el aumento de nuestra flota de satélites de observación de la Tierra hasta el envío de nuevos robots para orbitar y aterrizar en Marte, y el lanzamiento del telescopio espacial James Webb, programado para 2018, como sucesor del telescopio espacial Hubble.

15 Todo esto refleja el imperativo humano de explorar y aprender. Puede que, a veces, resulte peligroso, pero no debemos dejarnos detener por los riesgos. Es por eso que la NASA está realizando la planificación y el desarrollo necesarios para hacer cada vez más segura la exploración espacial, y para asegurarse de que los avances en las tecnologías espaciales tengan también aplicación en la Tierra.

16 Cuando planea esas misiones de larga duración a los asteroides y otros destinos, la NASA analiza también los peligros extremos a los que podrían ser expuestos los miembros de nuestras tripulaciones con el propósito de mitigarlos o erradicarlos.

EXAMEN PRELIMINAR

17 Entre esos riesgos están: la radiación producida por las partículas solares y la radiación cósmica; los cambios perjudiciales para la fisiología humana provocados por la microgravedad, y las consecuencias del aislamiento en los astronautas, ya se trate de los efectos psicológicos, por estar lejos de la familia y los amigos, o de los problemas de comunicación con la Tierra.

18 La NASA está comprometida con la exploración humana del sistema solar, y la salud de nuestros astronautas es nuestra prioridad principal: en la preparación para las misiones, en el transcurso del lanzamiento y cuando están en el espacio. Es también importante que las misiones espaciales no ocasionen a los tripulantes daños en su salud que solo podrán ser observados años después de sus misiones espaciales.

41. ¿Cuál de las citas siguientes respalda la idea de que la NASA procura siempre minimizar los peligros que deben enfrentar los astronautas?

A. "Hoy celebramos el 40.º aniversario del lanzamiento del Skylab, y la NASA, probablemente más que ninguna otra agencia, no sólo celebra su historia, sino que aprende de ella".
B. "El año pasado también anunciamos que Scott Kelly, de la NASA, llevará a cabo una misión de un año de duración en la Estación Espacial Internacional en 2015".
C. "Nuestro Consejo de Administración de Tecnología del Espacio está trabajando duro en las tecnologías que son el fundamento de todo lo que hacemos".
D. "Es también importante que las misiones espaciales no ocasionen a los tripulantes daños en su salud que solo podrán ser observados años después de sus misiones espaciales".

42. Según el discurso, ¿qué dos factores es importante balancear?

A. El interés del público en los viajes espaciales y las metas políticas del presidente Obama.
B. La importancia de la exploración del espacio y el costo de las misiones espaciales.
C. La necesidad de la exploración de los seres humanos y la preocupación por la seguridad de los astronautas.
D. Las contribuciones en cuestiones de tecnología de compañías privadas y la contribución de la NASA.

43. ¿Cuál de las expresiones siguientes explica el significado de la palabra *comprometer* en el párrafo 12?

A. Usar sus servicios.
B. Contratar para que presten servicios.
C. Contactar.
D. Atraer su atención y contar con su participación.

EXAMEN PRELIMINAR

44. En 2012, miles de personas solicitaron su admisión al programa de capacitación de astronautas. ¿Con qué propósito serán capacitados aquellos pocos candidatos que fueron seleccionados?

    A. Reabastecer la Estación Espacial Internacional.
    B. Realizar viajes espaciales de larga duración.
    C. Modificar la órbita de un asteroide.
    D. Conducir una misión tripulada a Marte.

45. ¿Cuál es el propósito del discurso de Charles Bolden?

    A. Expresar su agradecimiento a todos los astronautas que han participado en los proyectos de la NASA.
    B. Detallar los muchos beneficios para la vida diaria que ha traído consigo la exploración del espacio.
    C. Comunicar que los proyectos de exploración serán más seguros en el futuro.
    D. Destacar que la NASA es todavía una organización muy vital, que cuenta con numerosos proyectos de exploración del espacio, aunque haya dado por finalizado el programa de transbordadores espaciales.

46. ¿De qué forma respalda la idea central la afirmación de que muchos de los descubrimientos espaciales afectan la vida diaria? La afirmación respalda la idea de que:

    A. La misión a Marte es una prioridad para la NASA.
    B. El espacio exterior es la última frontera científica.
    C. Los astronautas enfrentan muchos desafíos diferentes.
    D. La exploración del espacio produce beneficios para los ciudadanos corrientes.

47. Basándose en el discurso, ¿qué generalización podría hacerse sobre el programa espacial de la NASA?

    A. La mayoría de las personas que se inscriben en los cursos de formación como astronautas quieren participar en las exploraciones prolongadas del espacio.
    B. Las exploraciones prolongadas del espacio deberán ser financiadas por empresas privadas.
    C. La mayoría de las exploraciones prolongadas del espacio deberán ser interrumpidas por cuestiones de seguridad.
    D. Es probable que los astronautas que participen en las exploraciones prolongadas del espacio experimenten algunas consecuencias perjudiciales para su salud.

EXAMEN PRELIMINAR

48. ¿Cuál de las definiciones siguientes corresponde al significado de la palabra *imperativo* en el párrafo 15? Un imperativo es:
    A. Una opción.
    B. Un problema.
    C. Una consecuencia.
    D. Una necesidad.

49. ¿Por qué incluye Bolden información sobre el número de personas que se inscribieron en los cursos de formación de astronautas en el párrafo 7?
    A. Desea demostrar cuán popular es el programa de exploración espacial de la NASA.
    B. Quiere dar un ejemplo de lo difícil que resulta ser un astronauta.
    C. Desea explicar el proceso de formación que ha de seguirse para llegar a ser un astronauta.
    D. Quiere describir el procedimiento de inscripción para los cursos de formación de astronautas.

Use el fragmento siguiente para responder las preguntas 50 a 55.

Fragmento de "Una buena defensa"

de Saki (H. H. Munro)

1 Treddleford estaba sentado en un confortable sillón frente a la chimenea encendida, con un libro en la mano y la conciencia tranquila de que al otro lado de las ventanas del club las gotas de lluvia repiqueteaban con persistencia. Un frío y húmedo atardecer de octubre, que se asemejaba a la desolación y que contrastaba con la calidez y la comodidad del salón de fumar. Era una de esas tardes para dejarse transportar lejos del clima circundante, y "El viaje dorado a Samarcanda" parecía el medio adecuado para transportar a Treddleford a otras tierras y bajo otros cielos. Acababa de migrar del lluvioso Londres a la hermosa Bagdad, cuando un aliento helado de molestia inminente se deslizó entre el libro y su persona. Amblecope, el hombre de los ojos saltones y la boca siempre lista para iniciar una conversación, había tomado asiento en el sillón vecino.

2 Durante muchos meses, Treddleford había conseguido evitar hábilmente toda relación con su locuaz compañero de club; había escapado de forma increíble del relato de sus múltiples hazañas, muchas cuanto menos dudosas, en los campos de golf, sobre el césped y en las mesas de juego, por agua y tierra. Ahora, el período de inmunidad llegaba a su fin. No tenía escapatoria.

EXAMEN PRELIMINAR

3 El intruso estaba armado de una copia de “Vida de campo”, no con el propósito de leerla, sino como instrumento para romper el hielo e iniciar una conversación.

4 “Un bastante buen retrato de Throstlewing”, comentó abruptamente, volviendo sus ojos grandes y desafiantes sobre Treddleford. “De alguna manera me recuerda mucho a Yellowstep, que se suponía que iba a ser el gran favorito en el Gran Premio de 1903. Curiosa carrera aquella... Supongo que he visto todas las carreras del Gran Premio desde...”.

5 “Por favor, tenga la amabilidad de no mencionarme el Gran Premio”, dijo Treddleford desesperadamente. “Me trae recuerdos muy desagradables. No puedo explicarle el porqué sin entrar en una larga y complicada historia”.

6 “Oh, por supuesto, por supuesto”, dijo Amblecope apresuradamente; las historias largas y complicadas que no lo tuvieran por protagonista le resultaban siempre abominables. Dio vuelta entonces las páginas de su revista hasta tropezar con la imagen de un faisán de Mongolia, en la que se mostró interesado.

7 “Esta no es una mala representación de la variedad de Mongolia”, exclamó, sosteniéndolo con sus manos de forma tal que pudiera inspeccionarla su vecino. “Se desarrollan muy bien en ciertos ambientes. Una vez que levantan vuelo, no es fácil acertarles. Supongo que la mayor cantidad de faisanes que cacé en dos días sucesivos fue...”.

8 “Mi tía”, interrumpió Treddleford, con una brusquedad casi teatral, “posee quizás el récord más notable que se haya logrado en la caza faisanes. Ella tiene setenta y cinco años de edad y no puede acertarle un disparo a nada que se mueva, aunque siempre sale con sus amigos a cazar. Cuando digo que no puede pegarle un tiro a algo que se mueva, no quiero decir que no ponga de vez en cuando en peligro la vida de sus compañeros artilleros, porque eso sería faltar a la verdad. Bueno, el otro día le disparó a un faisán, y lo bajó a tierra con un par de plumas menos; pero el faisán empezó a correr, y mi tía vio que se le escapaba la única ave a la que alguna vez le hubiera acertado. Por supuesto que ella no pudo soportarlo, y se lanzó en su persecución a través de la maleza. Cuando el faisán llegó al campo abierto y comenzó a correr a través de un campo arado, mi tía saltó sobre un caballo y se lanzó tras de él. La persecución fue larga, y cuando el ave finalmente se detuvo, agotada, mi tía estaba más cerca de su casa que de la partida de caza, que había quedado unas cinco millas detrás de ella”.

9 “Una carrera bastante larga para un faisán herido”, le espetó Amblecope.

10 “La credibilidad de la historia se apoya en la autoridad de mi tía”, dijo Treddleford fríamente, “y ella es la vicepresidenta de la Asociación Cristiana de Mujeres Jóvenes. De todos modos, ella consiguió su ave”.

EXAMEN PRELIMINAR

11 "Algunas aves, por supuesto, son muy codiciadas", dijo Amblecope. "Lo mismo sucede con ciertos peces. Recuerdo una vez que estaba pescando en el Exe, un arroyuelo encantador lleno de truchas, aunque de tamaño más bien pequeño. . .".

12 "Una de ellas no era para nada pequeña", interrumpió Treddleford, enfáticamente. "Mi tío se encontró con una trucha gigante en un remanso junto a la corriente principal del Exe, y trató de atraparla con toda clase de moscas y gusanos todos los días durante tres semanas seguidas sin ningún éxito, hasta que la suerte intervino en su favor. Había un puente de piedra no muy alto que atravesaba el remanso y, en el último día de sus vacaciones de pesca, quiso el destino que una furgoneta que pretendió atravesarlo a demasiada velocidad volcara, dando con toda la carga que traía sobre el remanso. Nadie resultó herido, pero en un par de minutos la trucha gigante se retorcía en el fondo barroso del remanso, ahora seco, y mi tío pudo caminar hasta ella y recogerla con sus manos. La furgoneta transportaba una carga de papel secante, que aspiró cada gota de agua que había en el remanso".

13 Dicho esto, Amblecope se levantó de su silla y se trasladó a otra parte de la habitación. Treddleford reabrió su libro.

14 Durante una media hora, disfrutó de su lectura sobre aquel mundo misterioso. Entonces, el mundo real volvió a reclamarlo: un amigo lo llamaba por teléfono.

15 Cuando Treddleford se disponía a salir de la habitación se encontró otra vez con Amblecope, quien también se retiraba. Amblecope estaba a punto de atravesar la puerta, pero Treddleford, con un orgullo recién adquirido, lo detuvo.

16 "Creo que tengo prioridad", le dijo con frialdad. "Usted es simplemente el más aburrido del club; yo, en cambio, el más mentiroso".

50. ¿Qué se puede inferir sobre Treddleford?

A. Sabe qué es lo que quiere y cómo lograrlo.
B. Desea ser respetado y se esfuerza por conseguirlo.
C. Le gusta tener compañía, pero solo cuando le parece apropiado.
D. Disfruta de la lectura sobre otros lugares, pero nunca viaja.

EXAMEN PRELIMINAR

51. ¿Cuál de las citas siguientes respalda el tema del relato?
    A. "Treddleford estaba sentado en un confortable sillón frente a la chimenea encendida, con un libro en la mano y la conciencia tranquila de que al otro lado de las ventanas del club las gotas de lluvia repiqueteaban con persistencia".
    B. "Ahora, el período de inmunidad llegaba a su fin".
    C. "Curiosa carrera aquella. . . Supongo que he visto todas las carreras del Gran Premio desde. . .".
    D. "Mi tío se encontró con una trucha gigante en un remanso junto a la corriente principal del Exe, y trató de atraparla con toda clase de moscas y gusanos todos los días durante tres semanas seguidas sin ningún éxito, hasta que la suerte intervino en su favor".

52. ¿Qué piensa Treddleford del libro que está leyendo?
    A. Que es aburrido.
    B. Que es muy entretenido.
    C. Que es un poco confuso.
    D. Que resulta inquietante.

53. ¿Por qué piensa Treddleford que él debería atravesar la puerta antes que Amblecope?
    A. Quiere evitar a Amblecope.
    B. Quiere hacer enojar a Amblecope.
    C. Piensa que Amblecope lo está imitando.
    D. Cree que es más listo que Amblecope.

54. ¿Qué significa la expresión *dejarse transportar* en el párrafo 1?
    A. Navegar.
    B. Dejarse llevar.
    C. Prestar atención.
    D. Desear fervorosamente.

55. ¿Por qué Amblecope desea tanto contar sus historias?
    A. Le gusta agradar a la gente.
    B. Sabe que molesta a las personas.
    C. Le encanta escucharse a sí mismo.
    D. Él es un narrador de cuentos profesional.

EXAMEN PRELIMINAR

56. El correo electrónico siguiente contiene una serie de espacios en blanco, cada uno de los cuales comienza con la palabra "Seleccione", seguida de un número correlativo y puntos suspensivos. Debajo de cada párrafo, encontrará una lista de cuatro opciones. Indique cuál de esas opciones es la que corresponde a cada espacio en blanco. (**Nota:** En el examen de GED®, las opciones se presentan como un menú desplegable. Cuando usted haga un clic sobre la opción seleccionada, esta rellenará el espacio en blanco.)

Memorándum

A: Todos los empleados

Ref.: Problemas relacionados con el uso de computadoras

Hemos notado que últimamente se ha perdido mucho tiempo por problemas relacionados con el uso de computadoras. Seleccione 1. . . ▼ En un intento por mejorar la situación, estableceremos un nuevo sistema para solucionar los problemas técnicos.

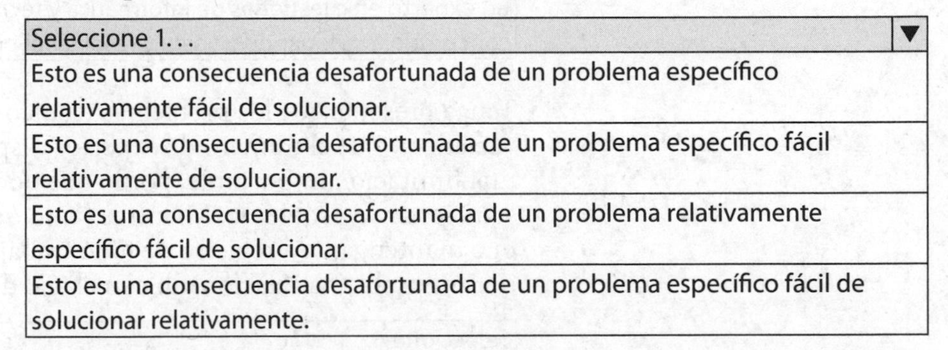

Seleccione 1. . . ▼
Esto es una consecuencia desafortunada de un problema específico relativamente fácil de solucionar.
Esto es una consecuencia desafortunada de un problema específico fácil relativamente de solucionar.
Esto es una consecuencia desafortunada de un problema relativamente específico fácil de solucionar.
Esto es una consecuencia desafortunada de un problema específico fácil de solucionar relativamente.

A partir de este memorándum, cualquier empleado que experimente problemas técnicos relacionados con el uso de su computadora deberá ponerse en contacto con la Oficina de Informática y Tecnología llamando al interno 265, en lugar de enviar una comunicación por escrito como hasta ahora. En caso de que su llamada no sea atendida por uno de los expertos en cuestiones de informática y tecnología, por favor, deje un mensaje detallado que incluya Seleccione 2. . . ▼

Seleccione 2. . . ▼
su nombre tipo de problema, y número de interno.
su nombre tipo de problema y número de interno.
su nombre, tipo de problema y número de interno.
su nombre, tipo de problema, y número de interno.

EXAMEN PRELIMINAR

Usted deberá ser contactado durante las tres horas siguientes a la realización de su llamada. Si así no ocurriera, por favor, vuelva a llamar al interno 265 y será transferido directamente a la Sección de Solución de Problemas. Un experto en cuestiones de informática le devolverá su llamada y se asegurará de que su problema sea solucionado.

Todos los problemas serán solucionados en el orden en que sean comunicados. Cuando el experto en cuestiones de informática y tecnología lo contacte, él o ella tratará de solucionar el problema a distancia. En caso de que ello no resultara posible, [Seleccione 3... ▼]

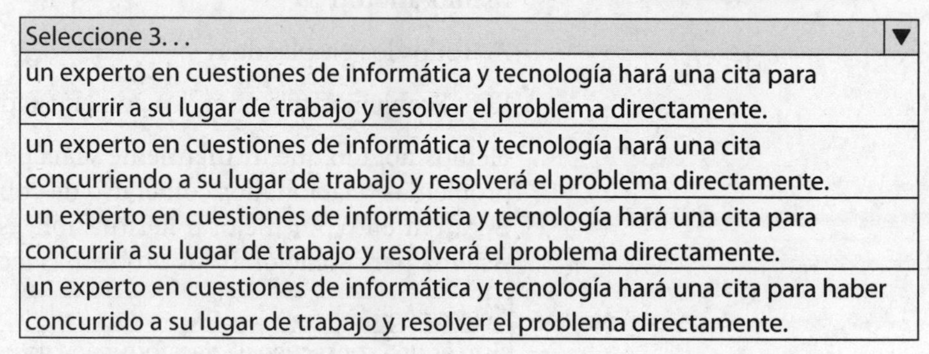

Seleccione 3... ▼
un experto en cuestiones de informática y tecnología hará una cita para concurrir a su lugar de trabajo y resolver el problema directamente.
un experto en cuestiones de informática y tecnología hará una cita concurriendo a su lugar de trabajo y resolverá el problema directamente.
un experto en cuestiones de informática y tecnología hará una cita para concurrir a su lugar de trabajo y resolverá el problema directamente.
un experto en cuestiones de informática y tecnología hará una cita para haber concurrido a su lugar de trabajo y resolver el problema directamente.

Tenga presente que los problemas técnicos pueden ser muchos y variados y que el número de expertos disponibles [Seleccione 4... ▼] una limitación importante, por lo que podría llevar hasta dos días solucionar su problema. Mientras tanto, se solicita a todos los empleados que mantengan un registro de todo trabajo que no pueda completarse por un problema relacionado con el uso de su computadora.

Seleccione 4... ▼
es
son
era
eran

En caso de que ningún experto en cuestiones de informática y tecnología lo contacte en un período de más de dos días, por favor, llame a la señorita Aniela al interno 65 y transmítale su problema. Ella le asignará un lugar de trabajo temporario con una computadora diferente hasta tanto se pueda solucionar definitivamente el problema con su computadora. Tenemos la esperanza de que esto no suceda muy a menudo. Si su computadora no puede ser reparada, usted recibirá una nueva en un plazo no mayor a una semana.

Confiamos en que este nuevo procedimiento establecido para solucionar los problemas relacionados con el uso de computadoras resultará eficiente y en que, de esta forma, el trabajo no sufrirá tantas interrupciones.

EXAMEN PRELIMINAR

Use el siguiente fragmento para responder las preguntas 57 a 64.

Fragmento de *Ascenso desde la esclavitud: una autobiografía* (1901)

de Booker T. Washington, educador pionero afroestadounidense

1 Un día, mientras estaba trabajando en la mina de carbón, escuché a dos mineros que hablaban de una gran escuela para la gente de color en algún lugar de Virginia. Esa fue la primera vez que supe de la existencia de un tipo de escuela o colegio más presuntuoso que la escuelita para gente de color en nuestra ciudad.

2 Aprovechando la oscuridad de la mina, me deslicé sigilosamente lo más cerca que pude de los dos hombres que estaban hablando. Oí que uno le decía al otro que no solo la escuela había sido establecida para los miembros de mi raza, sino que también proporcionaba oportunidades para que los estudiantes pobres pero dignos pudieran trabajar para pagar todo o una parte del costo del alojamiento, y al mismo tiempo ser capacitados en un comercio o una industria.

3 Cuantos más detalles daban sobre la escuela, más me parecía a mí que debía tratarse del mejor lugar en la Tierra, y que ni siquiera el Cielo resultaba más atractivo en ese momento que el Instituto Normal y Agrícola de Hampton, en Virginia, del que esos hombres hablaban. Resolví inmediatamente ir a ese instituto, aunque no tenía ni idea de dónde quedaba, de la cantidad de millas de distancia que me separaban de él o de la forma de llegar al lugar. Recuerdo únicamente que estaba obsesionado por la ambición de ir a Hampton. Esa idea no me abandonaba ni a sol ni a sombra.

4 Después de escuchar hablar del Instituto de Hampton, seguí trabajando durante unos meses más en la mina de carbón. Mientras trabajaba allí, oí hablar de un puesto vacante en la casa del general Lewis Ruffner, propietario de un alto horno de sal y una mina de carbón. La señora Viola Ruffner, la esposa del general Ruffner, era una mujer "yanqui", de Vermont. La señora Ruffner tenía la reputación en toda la zona de ser muy estricta con sus servidores, y sobre todo con los chicos que trataban de servirla. Solo unos pocos permanecían con ella más de dos o tres semanas. Todos se iban por el mismo motivo: era demasiado estricta. No obstante, decidí que sería mejor probar en la casa de la señora Ruffner que permanecer en la mina de carbón, por lo que le pedí a mi madre que solicitara el puesto vacante. Fui contratado con un salario de $5 por mes.

EXAMEN PRELIMINAR

5 Yo había oído hablar tanto de la severidad de la señora Ruffner que tenía mucho miedo de verla y temblaba cuando estuve ante su presencia. Sin embargo, a las pocas semanas ya había comenzado a comprenderla. Aprendí que, por sobre todo, ella quería que todo a su alrededor estuviera limpio, que las cosas se hicieran con prontitud y de manera sistemática, y que, en el fondo, solo pedía honestidad y franqueza absolutas. Nada debía estar desarreglado o descuidado; cada puerta y cada cerco debían ser reparados.

6 No puedo recordar ahora cuánto tiempo viví con la señora Ruffner antes de irme a Hampton, pero creo que debe haber sido alrededor de un año y medio. En cualquier caso, repetiré aquí lo que he dicho en más de una oportunidad: que las lecciones que aprendí en la casa de la señora Ruffner fueron tan valiosas para mí como toda la educación que he recibido desde entonces. Incluso hoy en día, cuando veo trozos de papel esparcidos alrededor de una casa o en la calle, no puedo reprimir la tentación de recogerlos todos de una vez; cada vez que veo un patio sucio, quiero limpiarlo; cuando encuentro un cerco descascarado o una casa sin pintar, o ropa sin botones o una mancha de grasa sobre el piso, siempre me llaman la atención.

7 De temerle a la señora Ruffner, pronto pasé a considerarla uno de mis mejores amigos. Cuando descubrió que podía confiar en mí, lo hizo de forma implícita. Durante el o los inviernos que pasé con ella, me dio la oportunidad de ir a la escuela una hora al día, aunque la mayoría de mis estudios los hice por la noche, solo o con la ayuda de alguien al que pudiera pagarle para que me enseñara. La señora Ruffner siempre me alentó y miraba con simpatía todos mis esfuerzos por obtener una educación. Fue mientras vivía con ella que empecé a formar mi primera biblioteca. Conseguí una caja de alimentos secos, le quité uno de sus lados, le coloqué algunos estantes y comencé a poner en ella todo tipo de libro que llegara a mis manos. Esa fue mi "biblioteca".

8 A pesar de mi estadía exitosa en la casa de la señora Ruffner, nunca renuncié a la idea de ir al Instituto de Hampton. En el otoño de 1872, me decidí finalmente a hacer un esfuerzo para llegar allí, aunque, como ya lo he dicho, no tenía una idea definida de la dirección en la que quedaba Hampton ni de lo que me costaría llegar. Creo que nadie estaba completamente de acuerdo con mi ambición de ir a Hampton, con la excepción de mi madre, que también tenía sus dudas y el temor de que ese fuera el comienzo de una "quimera".

EXAMEN PRELIMINAR

57. ¿Cuál de las citas siguientes respalda la idea de que el autor estaba ansioso por obtener una educación?

    A. "Esa fue la primera vez que supe de la existencia de un tipo de escuela o colegio más presuntuoso que la escuelita para gente de color en nuestra ciudad".
    B. "Resolví inmediatamente ir a ese instituto, aunque no tenía ni idea de dónde quedaba, de la cantidad de millas de distancia que me separaban de él o de la forma de llegar al lugar. Recuerdo únicamente que estaba obsesionado por la ambición de ir a Hampton".
    C. "Aprendí que, por sobre todo, ella quería que todo a su alrededor estuviera limpio, que las cosas se hicieran con prontitud y de manera sistemática, y que, en el fondo, solo pedía honestidad y franqueza absolutas".
    D. "No puedo recordar ahora cuánto tiempo viví con la señora Ruffner antes de irme a Hampton, pero creo que debe haber sido alrededor de un año y medio".

58. ¿Por qué el autor se refiere a la señora Ruffner como a una "yanqui" en el párrafo 4? Quiere sugerir que ella:

    A. No era como la gente del lugar.
    B. Había sido educada en muy buenas escuelas.
    C. Estaba triste por tener que vivir lejos de su lugar de origen.
    D. Era amable con aquellos que trabajan para ella.

59. Rellene el espacio en blanco.

    Otra forma de decir una "quimera" es ________________________.

60. ¿Por qué el autor incluye en el relato información sobre su trabajo con la señora Ruffner? El autor quiere mostrar que:

    A. A ella le agradaba su compañía.
    B. Él era fuerte y capaz de realizar ese trabajo.
    C. Él podía adaptarse a cualquier situación.
    D. Ella le enseñó a desarrollar habilidades que lo ayudarían en su vida.

61. ¿Cuál es la importancia de haber trabajado en una mina de carbón en la historia del autor?

    A. Lo ayudó a hacerse fuerte.
    B. Allí se enteró de la existencia de Hampton.
    C. Allí aprendió a ser un buen trabajador.
    D. Le permitió ahorrar dinero para poder ir a Hampton.

EXAMEN PRELIMINAR

62. ¿En qué forma respalda la información de que el autor no sabía dónde quedaba el Instituto de Hampton la idea de que él estaba obsesionado con obtener una educación? Muestra que el autor:

    A. Tenía poco conocimiento de dónde estaba situado el lugar.
    B. Debía adquirir conocimientos básicos de geografía antes de presentar su solicitud de ingreso al Instituto.
    C. No tenía mucha idea de las dificultades que implicaba ingresar al Instituto.
    D. Había decidido concurrir al Instituto sin tener mucha información al respecto.

63. Rellene el espacio en blanco.

    El Instituto de Hampton está situado en el estado de ____________________.

64. ¿Cuál es la idea central que se puede inferir de este pasaje?

    A. Washington impresionó a mucha gente con su vasto conocimiento.
    B. Washington tomó decisiones que no siempre fueron acertadas.
    C. Washington no era tan organizado como él creía.
    D. Washington era una persona comprometida con su desarrollo personal.

EXAMEN PRELIMINAR

Parte 2: Ensayo

Una pregunta | **45 minutos**

Use los dos fragmentos siguientes para responder la pregunta 65.

Fragmento de los Comentarios realizados durante una visita a la granja Heil, en Haverhill, Iowa

por el presidente Barack Obama

1 Bueno, quiero dar las gracias a Jeff Heil y su padre, Richard, por mostrarme la granja. Y creo que es notable que, considerando que la familia Heil ha estado cultivando esta tierra desde 1902, hayan agregado hace relativamente poco esas turbinas eólicas que se ven en el fondo. Son parte del parque eólico Laurel, un conjunto de 52 turbinas que almacenan energía eólica suficiente para abastecer a unos 30,000 hogares de Iowa en una manera que es limpia y renovable.

2 Y en un momento en que estamos explorando todos los medios posibles para la creación de empleo, es la energía de almacenamiento propio proveniente del viento la que está creando buenos y nuevos puestos de trabajo en estados como Iowa. Déjenme darles un ejemplo. Cuando yo me presenté como candidato a Presidente la primera vez, y recorría a menudo este estado, visité la ciudad de Newton, a una media hora de aquí. La planta local Maytag estaba cerrando sus puertas y cerca de 2,000 puestos de trabajo estaban en peligro. Así que teníamos entonces una fábrica, que había sido floreciente alguna vez, en una situación de franco deterioro y, comprensiblemente, a un montón de ciudadanos preocupados por el futuro de la comunidad.

3 La energía eólica les ha brindado una nueva oportunidad. Cuando regresé a Newton a visitar esa planta ya como Presidente, hace varios meses, algunas de las mismas personas que habían perdido sus puestos de trabajo en Maytag estaban trabajando de nuevo en la construcción de las torres sobre las que se apoyarían algunas de las turbinas eólicas más avanzadas del mundo.

4 A principios de este año, en una planta diferente a unos cinco minutos de allí, conocí a trabajadores que construyen enormes cuchillas para esas turbinas eólicas. Y estoy orgulloso por el hecho de que antes teníamos que importar esas piezas y hoy están hechas en Newton, hechas en Iowa, hechas en los Estados Unidos de América por trabajadores estadounidenses.

5 Por desgracia, lo que pensábamos que era un consenso bipartidista en apoyo de la energía eólica se ha ido deshilachando un poco durante la temporada electoral. Mi oponente en esta elección dice que quiere poner fin a los créditos fiscales para la energía eólica, para los productores de energía eólica, que hacen que todo esto sea posible. Llama energía "imaginaria" a la energía producida por estas fuentes; su nuevo compañero de fórmula las ha llamado también una "moda pasajera".

6 Creo que mucha gente en Iowa no está de acuerdo con esas expresiones, porque los parques eólicos como este y los buenos puestos de trabajo que están en Newton no son ni una "moda" y ni tampoco "imaginarios". Setenta y cinco mil puestos de trabajo en este país dependen de la energía eólica; 7,000 puestos de trabajo, solo en Iowa. Eso es más que en cualquier otro estado. Estos son buenos empleos en los Estados Unidos. Y gracias a la ardua labor de las personas que ocupan estos puestos de trabajo, Iowa genera alrededor del 20 por ciento de su electricidad a partir de la energía eólica, que impulsa hogares, empresas y fábricas en todo el estado.

7 Durante los últimos cuatro años, hemos duplicado la cantidad de electricidad que los Estados Unidos pueden generar a partir del viento, de 25 gigavatios a 50 gigavatios. Y para poner esto en perspectiva, esto es como haber construido 12 nuevas represas Hoover, que están impulsando los hogares de todo el país. Hemos duplicado, también, la cantidad de electricidad que generamos a partir de la energía solar. Y combinadas, estas fuentes de energía suministran la energía necesaria para el consumo de 13 millones de hogares y originan salarios que ayudan a 100,000 ciudadanos estadounidenses a cubrir las necesidades de sus familias.

Fragmento de un discurso sobre energías renovables

de Craig Scott, miembro de la Cámara de Representantes australiana

1 En 2005, el Programa para el Medio Ambiente de las Naciones Unidas, en una de esas predicciones "basadas en el consenso de la comunidad científica", afirmó que el calentamiento global podría crear millones de refugiados por el cambio climático. Para el año 2010, se dijo, estas personas se verían obligadas a huir de sus hogares debido a la subida del nivel del mar por el derretimiento de los casquetes polares. Bueno, el 2010 ha llegado y se ha ido y no ha habido un solo refugiado climático debido al aumento del nivel del mar. Sin embargo, aquí en Australia, tenemos ahora algunos de los primeros refugiados climáticos del mundo, que han sido obligados a huir de

EXAMEN PRELIMINAR

sus hogares, no por el aumento de los niveles del mar, sino por las políticas gubernamentales que subvencionan a las turbinas eólicas industriales. La doctora Sarah Laurie ha documentado que solo en Victoria más de 20 familias australianas han sido forzadas a abandonar sus hogares por el ruido provocado por turbinas eólicas e infrasonidos. La doctora Laurie dice:

2 "... las directrices de ruido actuales son totalmente insuficientes para proteger la salud de las personas, ya que no alcanzan a la medición de infrasonidos y ruidos de baja frecuencia".

3 Hoy he recibido una carta de la señora Pamela Connelly, una refugiada climática de Australia que ha debido abandonar su casa por las regulaciones inadecuadas de planificación, que han permitido la construcción de un parque eólico en la proximidad de su casa. Me gustaría leer su carta:

4 "Le escribo para compartir con usted nuestra experiencia personal de vivir durante tres años junto a una turbina eólica de la empresa Pacific Hydro y, lo que es más importante, el contraste con nuestra situación actual, después de haber vivido lejos de ella los últimos 18 meses.

5 "La primera vez que las turbinas comenzaron a girar... imagínese nuestra sorpresa al oír un ruido constante parecido al de un motor a reacción, como un estampido de sonido zumbante, y sentir una vibración muy molesta en el esternón, a veces cada segundo más o menos.

6 "Cuando las turbinas estaban a pleno funcionamiento, el ruido era constante de día y de noche, y se escuchaba incluso a través de las ventanas de doble cristal cerradas. Recuerdo que una de esas noches, cuando estaba sentada en el sofá, pude comprobar sorprendida que no solo podía escuchar claramente las turbinas, sino también sentir una oleada de esas vibraciones en todo mi cuerpo.

7 "Comencé a experimentar dolores de cabeza, que fueron aumentando gradualmente, y en el último año tuve que tomar comprimidos analgésicos de Nurofen... Los dolores de cabeza a veces eran tan fuertes que no alcanzaba con los comprimidos, y las migrañas me dejaban con mucha debilidad... Esos dolores de cabeza se interrumpieron inmediatamente después de mudarnos, y en los últimos 18 meses solo he tomado dos comprimidos de Nurofen".

8 La señora Connelly continúa:

9 "En una reunión con la empresa Pacific Hydro, solicitamos que se nos diera prueba por escrito de que nuestra salud y la de nuestros hijos no corrían peligro, pero esa prueba nunca nos fue suministrada.

10 "En una nueva reunión con Pacific Hydro, esta vez en nuestra casa, se nos dijo que no era necesario efectuar nuevas pruebas y que nada se podía hacer al respecto.

EXAMEN PRELIMINAR

11 "No fue hasta que me alejé de las turbinas que me di cuenta del profundo efecto que tenían sobre mi persona. Al principio, no fue fácil conectar los síntomas que experimentaba con las turbinas de viento, porque fueron construidas poco a poco y porque uno tiende a pensar que se trata solo de una coincidencia. Uno no quiere creer que quedarse en el lugar que ama lo haga sentirse tan mal. Poco tiempo después de mudarnos, se hizo evidente el efecto que provocaban las turbinas sobre mi salud: los síntomas desaparecieron totalmente".

12 Así que al miembro que presentó esta moción solo le digo: "Es una vergüenza", que su moción pretenda infligir el mismo tipo de dolor y sufrimiento experimentados por la señora Connelly a cientos, si no miles, de australianos rurales, despojarlos de sus derechos de propiedad y obligarlos a abandonar sus hogares.

EXAMEN PRELIMINAR

65. **Respuesta extensa**

Mientras que el presidente Barack Obama describe en sus comentarios los beneficios económicos de la energía eólica, Craig Scott, miembro de la Cámara de Representantes australiana, detalla algunas de las desventajas de su uso. Analice los dos discursos para determinar cuál punto de vista está mejor respaldado. Use evidencia específica y relevante para respaldar su respuesta.

Escriba su respuesta en el recuadro. Dispondrá de 45 minutos para completar esta tarea.

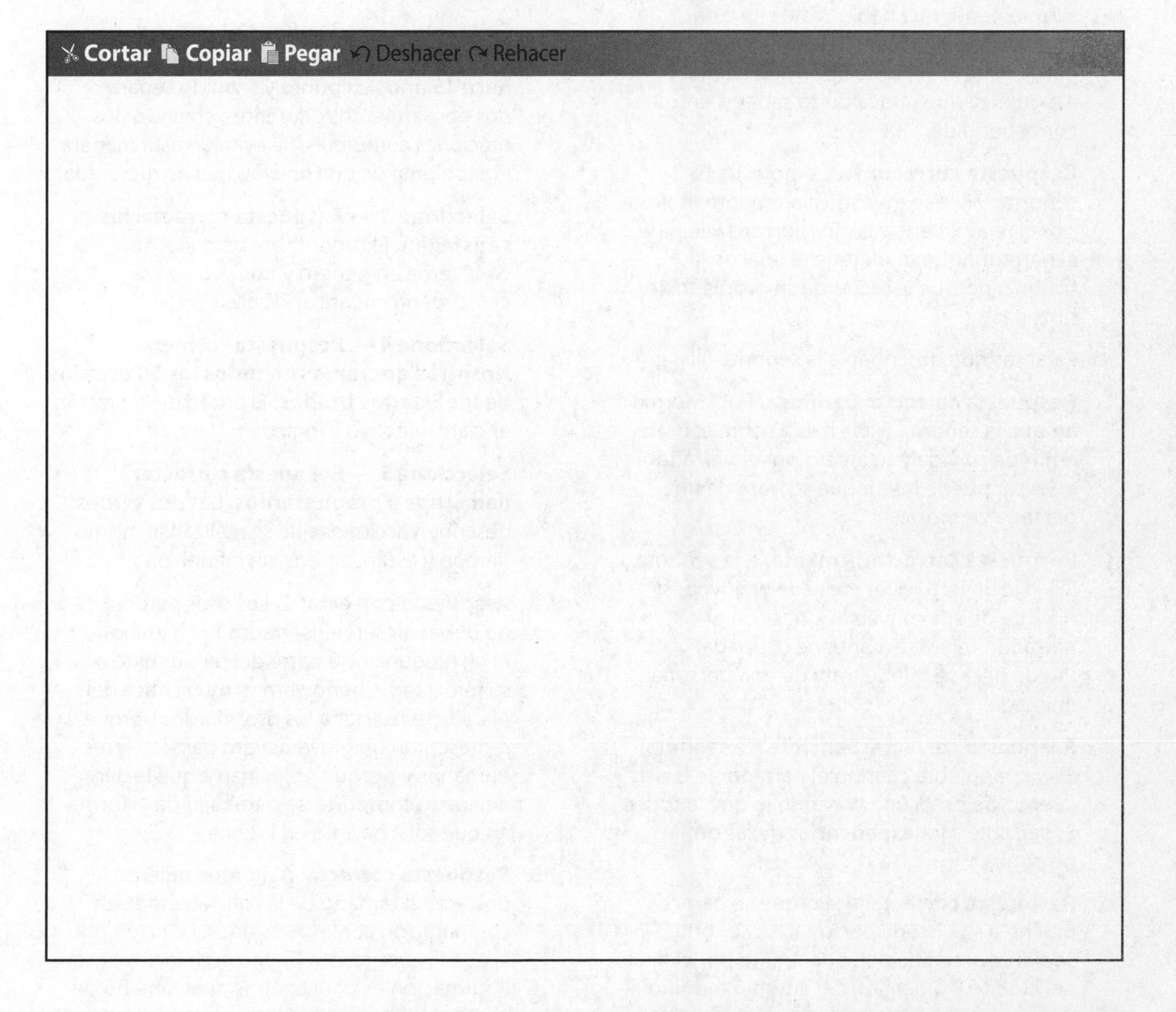

ESTE ES EL FINAL DEL EXAMEN PRELIMINAR DE RAZONAMIENTO A TRAVÉS DE LAS ARTES DEL LENGUAJE

EXAMEN PRELIMINAR

Respuestas y explicaciones

1. **Respuesta correcta: C.** Que estudia a las personas con mucha atención. El narrador es un escritor, que observa con atención a las personas y todo lo que dicen y hacen, incluida la señorita Silvia.

2. **Respuesta correcta: D.** "Oh, no, no, no dejes que se vaya sin antes hablar con ella, simplemente que hable". Está cita está directamente relacionada con el tema del pasaje: que la señorita Silvia había amado a alguien y que nunca pudo saber si era correspondida.

3. **Respuesta correcta: A.** La molestó. La señorita Silvia se muestra claramente molesta por el relato: tiene sus ojos llorosos y le pide al narrador que modifique el final de la historia, porque le recuerda su propia triste historia.

4. Palabras que describen a la señorita Silvia:

   Respuesta correcta: Cariñosa. Por la forma en que la señorita Silvia habla sobre el gran amor de su vida y su afecto por el narrador, el lector puede inferir que se trata de una persona cariñosa.

   Respuesta correcta: Amable. A la señorita Silvia le divierte estar rodeada de jóvenes; disfruta de sus conversaciones con el narrador. Teje y se mantiene ocupada. Puede decirse que se trata de una persona animada.

   Respuesta correcta: Sensible. La señorita Silvia se quiebra cuando el narrador le lee su cuento. Se preocupa por todo lo que la rodea. Es sensible a las experiencias de las otras personas.

5. **Respuesta correcta: A.** Porque se parece mucho a su historia personal. La señorita Silvia se siente afectada personalmente por el final del cuento y quiere que el autor lo modifique porque le resulta demasiado parecida a su propia triste historia.

6. Menús desplegables (Seleccione . . .) 1 a 5.

   Seleccione 1 — Respuesta correcta: Estamos muy complacidos de que ustedes nos hayan elegido como la compañía para asegurar sus automóviles. El tiempo del verbo (*hayan elegido*) concuerda con una acción ya realizada y completada.

   Seleccione 2 — Respuesta correcta: familiar. Mi esposa y yo la fundamos hace 15 años. El punto y seguido separa dos pensamientos diferentes, creando dos oraciones completas. Se evita de esta manera el problema de una oración mal estructurada.

   Seleccione 3 — Respuesta correcta: los satisfagan. El pronombre personal *los* concuerda en género y número con su antecedente, *nuestros clientes*.

   Seleccione 4 — Respuesta correcta: Nosotros operamos en todos los 50 estados de los Estados Unidos. El orden de la oración es claro, efectivo y lógico.

   Seleccione 5 — Respuesta correcta: llamarnos y preguntarnos. Los dos verbos describen acciones que se realizan al mismo tiempo y están, ambos, en infinitivo.

7. **Respuesta correcta: C.** Los osos pardos no deberían ser reinsertados ni en Idaho ni en ninguna otra parte del país debido a su ferocidad. Chenoweth es muy crítica del plan de reinsertar a los osos pardos porque representan un grave peligro para los seres humanos y porque obligarían a que la gente dejara de comportarse o trabajar de la forma en que solía hacerlo en la zona.

8. **Respuesta correcta: A.** Porque quiere destacar el tamaño de la zona afectada en comparación con esos estados. La razón por la que la congresista Chenoweth incluye esta información es para contrastar el tamaño de esos estados con el de la zona de Idaho donde se propone reinsertar a los osos pardos.

EXAMEN PRELIMINAR

9. **Respuesta correcta: A.** Para mostrar que hasta Lewis y Clark tenían miedo a los osos pardos. La razón por la que la congresista Chenoweth incluye esta información es para impresionar a su audiencia con la ferocidad de estos animales.

10. **Respuesta correcta: C.** La reinserción de la especie. Esta es la razón por la cual el Servicio de Pesca y Vida Silvestre de los Estados Unidos desea reinsertar a los osos pardos. Esta información es parte del Informe sobre el impacto ambiental.

11. **Respuesta correcta: D.** "Al designar a la población reinsertada de osos pardos como parte de un experimento no esencial, el Servicio tendrá la posibilidad de reubicar o destruir a aquellos osos que frecuenten zonas urbanas, tengan comportamientos agresivos con seres humanos o ataquen al ganado, basándose en las Directrices Interagencias sobre los Osos Pardos". La información contenida en esta cita respalda la premisa de que los osos pardos constituyen una amenaza para los seres humanos.

12. **Discurso de la congresista Chenoweth:**

    "La vida de las personas resultará afectada por la reinserción de los osos pardos en esa zona de Idaho."

    "La muerte de una sola persona ocasionada por un oso pardo resulta intolerable".

    Infome sobre el impacto ambiental final:

    "La reinserción de los osos pardos es importante pues se trata de una especie en peligro de extinción".

    "Los osos pardos serán monitoreados continuamente y se alertará a las personas sobre su ubicación".

13. **Respuesta correcta: D.** Destacando el aspecto emotivo de las consecuencias de la reinserción de los osos pardos. Su conclusión apela directamente a las emociones de su audiencia al decir que para ella "no son aceptables ni una sola muerte ni las lesiones provocadas por el ataque de un oso pardo".

14. **Respuesta correcta: D.** Tiene un tono más fáctico que el del discurso. Un documento gubernamental como el Informe está basado en hechos; por el contrario, un discurso es a menudo más personal.

15. **Respuesta correcta: B.** Explicar la necesidad de reinsertar a los osos pardos. Esta es la razón por la que esta información aparece en el Informe y no en el discurso.

16. **Respuesta correcta: C.** El discurso permite el uso de argumentos dramáticos, mientras que un informe gubernamental es más fáctico y objetivo.

17. Menús desplegables (Seleccione . . .) 1 a 3.

    Seleccione 1 — Respuesta correcta: Los formularios debidamente completados deberán ser presentados en la Oficina de Recursos Humanos antes de que el niño pueda asistir al centro. Esta es la forma más simple y directa de comunicar la información.

    Seleccione 2 — Respuesta correcta: Lamentablemente. Esta es la palabra de transición correcta que completa el sentido de la oración.

    Seleccione 3 — Respuesta correcta: El costo del servicio dependerá de su salario actual. No obstante, nosotros pretendemos que el centro resulte asequible para todos los empleados. El punto y seguido separa dos pensamientos diferentes, creando dos oraciones completas. Se evita de esta manera el problema de una oración mal estructurada.

18. **Respuesta correcta: B.** Porque John Perkins cambió sus sentimientos de un momento a otro. En este sentido, la conducta de Perkins semeja el movimiento de un péndulo.

19. **Respuesta correcta: C.** "Todo lo existente en la habitación hablaba de una pérdida, de una esencia desaparecida, de un alma y una vida que se habían esfumado". Esta cita expresa lo mucho que se vio afectado John Perkins por la ausencia de Katy; las palabras *pérdida*, *esencia desaparecida* y *se habían esfumado* ilustran la magnitud del impacto.

EXAMEN PRELIMINAR

20. **Orden correcto:**

    John lee la nota que le dejó Katy.

    John encuentra el periódico con un agujero en el medio.

    John comienza a poner las cosas en orden.

    John le dice a Katy que se va al café.

21. **Respuesta correcta: D.** Sabía lo que le esperaba esa noche. En el cuento, John Perkins ya sabe qué es lo que va a suceder esa noche; por lo tanto, no tiene apuro en regresar a su casa.

22. **Respuesta correcta: D.** Explica por qué Roosevelt podía lograr un montón de cosas. El hecho de que Roosevelt tenía mucha energía explica por qué podía conseguir muchas cosas, incluso escribir sobre el campamento dos años antes que Burroughs.

23. **Respuesta correcta: A.** "Cuando acepté su invitación, sabía que durante el viaje iba a estar en el ojo de la tormenta la mayor parte del tiempo, lo que no siempre era una perspectiva agradable para un hombre de mis hábitos y disposición". Esta cita sugiere que Burroughs estaba preocupado por la excursión y respalda, también, la idea central.

24. **Respuesta correcta: C.** Estuvo ocupado haciendo otras cosas. Esta información aparece mencionada en el pasaje. Burroughs dice que estaba ocupado en Slabsides y no tenía tiempo suficiente para ponerse a escribir.

25. **Respuesta correcta: D.** Entiendan por qué él aprobaba la caza de la forma como la practicaba Roosevelt. Burroughs llega a decir que le gustaría ir de caza con Roosevelt; él aprueba los hábitos de caza de Roosevelt.

26. Palabras que describen al presidente Roosevelt:

    Respuesta correcta: Comprometido. Según lo describe Burroughs, Roosevelt se muestra muy comprometido con sus tareas como presidente y con todas las cosas que hace.

    Respuesta correcta: Capaz. De acuerdo con la descripción de Burroughs, Roosevelt parece extremadamente capaz de realizar todas sus tareas.

    Respuesta correcta: Inteligente. Por la forma como Burroughs se refiere a él, Roosevelt posee una gran inteligencia natural.

27. **Respuesta correcta: A.** Para evitar ser criticado por la gente. En el pasaje se hace mención a las críticas de una mujer de Vermont a la posible excursión de caza. Roosevelt sabía que los periódicos informarían sobre el hecho, por lo que decidió prevenir un cuestionamiento a su conducta.

28. **Respuesta correcta: D.** Porque matan a otros animales. Esa es la razón por la que Burroughs piensa que deben ser eliminados. La respuesta se encuentra en el pasaje.

29. Menús desplegables (Seleccione . . .) 1 a 5.

    Seleccione 1 — Respuesta correcta: deberá. Esta es la forma verbal que concuerda con el sujeto en número y persona.

    Seleccione 2 — Respuesta correcta: comience a cortar antes de que se encienda la luz azul, habrá desactivado el mecanismo de seguridad. La coma es el signo correcto de puntuación que deberá colocarse después de la cláusula introductoria.

    Seleccione 3 — Respuesta correcta: Si tiene dudas sobre lo que constituye un borde suelto, consulte el manual para una explicación más detallada. El verbo *constituye* concuerda en número y persona con el sujeto, y está en tiempo presente porque la acción se desarrolla en el presente.

    Seleccione 4 — Respuesta correcta: Asegúrese de no tocar ninguna de las cuchillas hasta que el cúter esté completamente detenido. Esta es la forma más simple y directa de comunicar la información. Las otras opciones son ilógicas o gramaticalmente incorrectas.

EXAMEN PRELIMINAR

Seleccione 5 — Respuesta correcta: Pero, por ahora, concéntrese más en la operación segura del cúter y no en la eficiencia. De todas las opciones, esta es la única oración completa.

30. **Respuesta correcta: C.** "Pero, por sobre todo, la Gran Sociedad no es un puerto seguro, un lugar de descanso, un objetivo final, una obra terminada". Esta cita se refiere al hecho de que la Gran Sociedad no es algo estático y respalda la idea de que continuará cambiando.
31. **Respuesta correcta: D.** Idealista. A juzgar por la naturaleza y el alcance del discurso, el presidente Johnson era realmente idealista en su concepción de que se debía prestar asistencia a todas las personas.
32. **Respuesta correcta: D.** Descontrolado. Algo desenfrenado es algo que está fuera de control. Esta definición es aplicable al contexto en el que se usa.
33. **Respuesta correcta: D.** Ciudades, campos y escuelas. Esos son los tres lugares desde donde el presidente Johnson quiere empezar a construir la Gran Sociedad.
34. **Respuesta correcta: D.** Para reafirmar la idea de que el gobierno debe desempeñar un rol activo en la crisis. Esa es la razón por la que el presidente Roosevelt usa esa metáfora.
35. **Respuesta correcta: A.** El gobierno creará puestos de trabajo para la gente. El presidente Roosevelt lo dice en su discurso. Está en el texto, y una lectura cuidadosa le revelará la respuesta.
36. **Respuesta correcta: C.** "Y ha sido durante los dos últimos meses, mientras esperábamos pacientemente para ver si las propias fuerzas del comercio podían contrarrestar la recesión, que se ha hecho evidente que el Gobierno no podía dejar de tomar medidas agresivas para enfrentarla". Esta cita respalda la idea de que el presidente Roosevelt creía en la necesidad de un gobierno fuerte. Las otras opciones, no.
37. **Respuesta correcta: D.** Atender las necesidades de la ciudadanía. Los dos presidentes sostienen que el gobierno tiene que atender las necesidades de sus ciudadanos. Esa es la prioridad.
38. **Respuesta correcta: B.** El tono del discurso del presidente Johnson es más esperanzador que el de la charla del presidente Roosevelt, fundamentalmente porque durante la presidencia de Roosevelt el país sufrió las consecuencias de la Gran Depresión y había menos motivos para ser optimista.
39. **Respuesta correcta: D.** Los dos presidentes enumeran las cuestiones importantes que se proponen o que ya han comenzado a abordar.
40. Menús desplegables (Seleccione . . .) 1 a 3.

    Seleccione 1 — Respuesta correcta: rancho para turistas Los 5 Círculos. Solo las palabras que integran el nombre del rancho deben ser escritas con mayúscula inicial.

    Seleccione 2 — Respuesta correcta: actividades, pero para aquellos que sí lo deseen, no se olviden. La frase *pero para aquellos que sí lo deseen* cumple funciones de aposición (explicativas) y debe ser puntuada con comas antes de su comienzo y después de su final.

    Seleccione 3 — Respuesta correcta: Aquellas personas que decidan no montar a caballo ni dormir a campo abierto podrán realizar otras actividades menos arriesgadas. En esta opción, el verbo *decidan* está en modo subjuntivo porque expresa una posibilidad o deseo. En las otras opciones, los verbos están todos en modo indicativo.
41. **Respuesta correcta: D.** "Es también importante que las misiones espaciales no ocasionen a los tripulantes daños en su salud que solo podrán ser observados años después de sus misiones espaciales". Esta información

respalda la idea de que la NASA trata de minimizar los riesgos a los que son expuestos sus astronautas.

42. **Respuesta correcta: C.** La necesidad de exploración de los seres humanos y la preocupación por la seguridad de los astronautas. En la parte final de su discurso, Charles Bolden afirma explícitamente que la seguridad de los astronautas es de la mayor importancia, pero que la exploración es un imperativo del ser humano y que la NASA no debe dejarse detener por los riesgos que implica. Esto significa que se deberán balancear estos dos factores.

43. **Respuesta correcta: D.** Atraer su atención y contar con su participación. Este es el significado que se desprende del contexto de la oración y de todo el texto.

44. **Respuesta correcta: B.** Realizar viajes espaciales de larga duración. Si bien la modificación de la órbita de un asteroide y la misión tripulada a Marte aparecen mencionadas como metas, y se discute el reabastecimiento de la Estación Espacial Internacional, en el discurso se dice: "Menos de 20 de esos candidatos serán seleccionados en las próximas semanas. Esos astronautas estarán entre los primeros en ser entrenados específicamente para vuelos espaciales de larga duración".

45. **Respuesta correcta: D.** Destacar que la NASA es todavía una organización muy vital, que cuenta con numerosos proyectos de exploración del espacio, aunque haya dado por finalizado el programa de transbordadores espaciales. Bolden quiere transmitir a la audiencia que, a pesar de la finalización del programa de transbordadores, la exploración del espacio continúa. Ese es el motivo por el que cita todos los nuevos proyectos y todos los avances que se han producido en la exploración del espacio.

46. **Respuesta correcta: D.** La exploración del espacio produce beneficios para los ciudadanos corrientes. Bolden menciona que los numerosos adelantos tecnológicos y otros descubrimientos producidos por el programa espacial han producido muchos beneficios para la humanidad.

47. **Respuesta correcta: D.** Es probable que los astronautas que participen en las exploraciones prolongadas del espacio experimenten algunas consecuencias perjudiciales para su salud. Este es el motivo por el que la NASA estudia permanentemente los problemas que podrían crear las misiones prolongadas en la salud de los astronautas.

48. **Respuesta correcta: D.** Una necesidad. Del contexto de la oración y de todo el texto, se desprende que para Bolden la exploración del espacio es una necesidad para los seres humanos.

49. **Respuesta correcta: A.** Desea demostrar cuán popular es el programa de exploración espacial de la NASA. La gran cantidad de candidatos inscritos le permite demostrar a Bolden la popularidad de los programas de la NASA, incluso después de la finalización del programa de transbordadores.

50. **Respuesta correcta: A.** Sabe qué es lo que quiere y cómo lograrlo. Treddleford sabe perfectamente lo que quiere: que lo dejen solo. También encuentra la forma de conseguirlo.

51. **Respuesta correcta: B.** "Ahora, el período de inmunidad llegaba a su fin". Esta cita respalda el tema del relato: alguien pretende contarle historias aburridas a Treddleford, y él trata de evitarlo.

52. **Respuesta correcta: B.** Que es muy entretenido. Treddleford disfruta evidentemente de la lectura del libro, que lo transporta hasta Bagdad desde un Londres lluvioso.

EXAMEN PRELIMINAR

53. **Respuesta correcta: D.** Cree que es más listo que Amblecope. El texto dice: "pero Treddleford, con un orgullo recién adquirido, lo detuvo". Él piensa que es bastante listo.

54. **Respuesta correcta: B.** Dejarse llevar. Del contexto de la oración y de todo el texto, puede inferirse que Treddleford, en su imaginación, es transportado a otras tierras por el libro que está leyendo.

55. **Respuesta correcta: C.** Le encanta escucharse a sí mismo. A Amblecope solo le importa hablar de sí mismo y presumir de sus hazañas.

56. Menús desplegables (Seleccione. . .) 1 a 4.

    Seleccione 1 — Respuesta correcta: Esto es una consecuencia desafortunada de un problema específico relativamente fácil de solucionar. El adverbio *relativamente* modifica al adjetivo *fácil*, y debe precederlo en todos los casos.

    Seleccione 2 — Respuesta correcta: su nombre, tipo de problema y número de interno. La coma debe ser usada para separar palabras o expresiones que forman parte de una misma serie, pero nunca delante del último elemento de la serie cuando este va precedido por la conjunción *y*.

    Seleccione 3 — Respuesta correcta: un experto en cuestiones de informática y tecnología hará una cita para concurrir a su lugar de trabajo y resolver el problema directamente. Los dos verbos (*concurrir* y *resolver*) describen acciones paralelas y están ambos en infinitivo.

    Seleccione 4 — Respuesta correcta: es. El verbo *es* concuerda en número y persona con el sujeto (*número*). Está, además, en tiempo presente, que es lo que requiere la oración.

57. **Respuesta correcta: B.** "Resolví inmediatamente ir a ese instituto, aunque no tenía ni idea de dónde quedaba, de la cantidad de millas de distancia que me separaban de él o de la forma de llegar al lugar". Esta cita respalda la idea de que Washington estaba ansioso por obtener una educación.

58. **Respuesta correcta: A.** No era como la gente del lugar. El término "yanqui" indica que la señora Ruffner era diferente de la gente del lugar.

59. El espacio en blanco debe ser rellenado con la expresión **búsqueda inútil**, u otra expresión similar.

60. **Respuesta correcta: D.** El autor quiere mostrar que ella le enseñó a desarrollar habilidades que lo ayudarían en su vida. Washington incluye la información sobre la señora Ruffner para mostrar su agradecimiento por sus enseñanzas sobre el orden y la honestidad.

61. **Respuesta correcta: B.** Allí se enteró de la existencia de Hampton. Si Washington no hubiera trabajado en la mina, probablemente nunca se hubiera enterado de la existencia de Hampton, que resultó fundamental para su vida.

62. **Respuesta correcta: D.** Muestra que Washington había decidido concurrir al Instituto sin tener mucha información al respecto. Está descripción confirma la idea de que Washington estaba decidido a obtener una educación. Había decidido ir al Instituto de Hampton antes de saber siquiera dónde estaba situado.

63. **Respuesta correcta: Virginia.**

64. **Respuesta correcta: D.** Washington era una persona comprometida con su desarrollo personal. Washington supo qué era lo que quería hacer con su vida apenas tuvo conocimiento del Instituto de Hampton. Quería educarse y tener una vida mejor.

65. **Respuesta extensa.** Analice los dos discursos para determinar cuál punto de vista está mejor respaldado. Use evidencia específica

y relevante para respaldar su respuesta. Recuerde que en las preguntas de respuesta extensa no hay un punto de vista "correcto" y otro "incorrecto".

Los dos argumentos son eficaces porque ambos incluyen un fuerte componente emocional. El presidente Obama usa historias personales para respaldar su argumento de que la energía eólica es buena para la economía. Cita su primera visita a Newton, cuando la planta Maytag estaba a punto de cerrar sus puertas y la gente estaba preocupada por la pérdida de sus puestos de trabajo, y su regreso al lugar, cuando encuentra que la planta se dedica ahora a la fabricación de turbinas eólicas.

Los argumentos del legislador australiano Scott son igualmente emocionales, cuando se refiere a la señora Connelly y a lo que ella experimentó al vivir tan cerca del parque de turbinas eólicas. Detalla los muchos problemas físicos que sufrió, incluidos los problemas ocasionados por el ruido y los dolores de cabeza tipo migraña, y cómo todos sus síntomas desaparecieron cuando ella abandonó su casa.

Si fuera posible, pídale a un instructor que evalúe su ensayo. Las opiniones y los comentarios de su instructor le ayudarán a determinar qué habilidades necesita desarrollar para mejorar la redacción de sus ensayos.

Usted también podrá evaluar el ensayo por sí mismo. Use para ello la lista de verificación de las características que se emplean en la evaluación, que se presenta a continuación. Sea justo en la evaluación. Cuantas más características haya incluido en su ensayo, mayor confianza podrá tener en sus habilidades de escritura. Eso sí, deberá repasar aquellas características que no haya tenido en cuenta en su ensayo.

Mi ensayo:

- ☐ Desarrolla un argumento sólido y lógico basado en el texto o los textos fuente.
- ☐ Cita evidencia del texto o los textos fuente para respaldar el argumento.
- ☐ Analiza y evalúa las cuestiones y/o la validez de los argumentos contenidos en los textos fuente.
- ☐ Organiza las ideas en una secuencia razonable.
- ☐ Describe claramente la relación de las ideas principales con los detalles.
- ☐ En la mayoría de los casos, estructura correctamente las oraciones.
- ☐ Usa apropiadamente las convenciones y reglas del idioma español en cuestiones de gramática, ortografía y signos de puntuación.

EXAMEN PRELIMINAR

Tabla de evaluación

Compruebe en la sección Respuestas y explicaciones del examen preliminar de Razonamiento a través de las artes del lenguaje qué preguntas contestó correctamente y cuáles, no. En el caso de las respuestas incorrectas, busque primero el número de la pregunta en la tabla siguiente. Luego verifique, en la columna de la izquierda, a qué área de contenido corresponde esa pregunta. Si usted contestó incorrectamente varias preguntas de una misma área de contenido, deberá repasar esa área para el examen GED®. Las páginas donde se tratan las diferentes áreas de contenido están enumeradas en la columna de la derecha.

Área de contenido	Número de pregunta	Páginas para repasar
1. Uso del idioma español Edición del ensayo	6, 17, 29, 40, 56	173–203
2. Comprensión de la lectura Destrezas básicas de lectura crítica de textos	1, 2, 7, 10, 18, 22, 24, 26, 27, 31, 33, 42, 44, 46, 47, 50, 58, 61, 62, 63, 64	205–222
3. La estructura del texto y las elecciones del autor Secuencia de los acontecimientos Relaciones estructurales Lenguaje usado por el autor	14, 19, 20, 23, 32, 34, 38, 39, 43, 48, 54, 59	223–238
4. Textos literarios (ficción) Uso de la evidencia contenida en el texto para analizar elementos de ficción	1, 2, 3, 4, 5, 18, 19, 21, 50, 51, 52, 53, 55	239–267
5. Textos informativos (no ficción) Inferencia de las relaciones entre ideas Propósito y punto de vista del autor Análisis de argumentos Técnicas retóricas Actitud del autor ante puntos de vista opuestos Comparación de textos	7, 8, 9, 10, 11, 12, 13, 15, 16, 22, 25, 27, 28, 30, 35, 36, 37, 39, 41, 45, 46, 47, 49, 57, 61, 62	269–296

Razonamiento matemático

Este examen preliminar de Razonamiento matemático ha sido diseñado con el propósito de familiarizarlo con esta sección del examen de GED® y de permitirle evaluar su nivel actual de conocimientos en esta materia.

Este examen contiene el mismo número de preguntas que el examen de Razonamiento matemático del GED®: 50. Las preguntas se presentan en el mismo formato que tienen en el examen real y han sido diseñadas para evaluar las mismas destrezas. Algunas preguntas requieren simplemente efectuar cálculos matemáticos, pero otras presentan situaciones hipotéticas de la vida real, en las que usted deberá decidir qué técnica de resolución de problemas es la más apropiada para llegar a la respuesta correcta. Muchas de las preguntas se refieren a diagramas, gráficas, cuadrículas del plano de coordenadas u otras representaciones gráficas. La mayoría de las preguntas de la sección de Razonamiento matemático son de opción múltiple e incluyen cuatro respuestas. Sin embargo, algunas preguntas emplean técnicas interactivas, como “arrastrar y soltar”, o contienen menús desplegables. En otras preguntas, usted deberá escribir su respuesta en un espacio en blanco o en un recuadro en la pantalla de la computadora. Por último, en otras deberá hacer un clic sobre la pantalla para marcar puntos en una cuadrícula del plano de coordenadas. En el examen de GED®, usted marcará sus respuestas haciendo un clic sobre la pantalla de la computadora. En este examen preliminar, usted deberá utilizar papel y lápiz, y marcar directamente sobre la página sus respuestas.

Para tener una buena idea de cuán bien lo haría en el examen real, trate de realizar el examen en condiciones similares a las que encontrará en el centro de examinación. Complete el examen en una sola sesión y respete el límite de tiempo establecido. Si usted no llegara a completar el examen en el tiempo permitido, deberá mejorar entonces el ritmo de sus respuestas.

Trate de contestar tantas preguntas como le sea posible. Recuerde que no se penalizan las respuestas equivocadas, así que si no sabe una respuesta intente adivinarla. En las preguntas de opción múltiple, aumentarán sus probabilidades de acertar con la respuesta correcta si, previamente, puede eliminar una o más de las opciones.

Una vez completado el examen, compruebe sus respuestas en la sección Respuestas y explicaciones, que aparece después del examen preliminar. Luego, use la tabla de evaluación, a continuación de la sección Respuestas y explicaciones, para determinar las destrezas y los contenidos que requieran más ejercitación y estudio.

Ahora, dé vuelta la página y comience el examen preliminar de Razonamiento matemático.

Lista de fórmulas matemáticas

Área

paralelogramo	$A = bh$
trapezoide	$A = (\frac{1}{2})h(b_1 + b_2)$

Área de superficie y volumen

prisma rectangular/recto	$SA = ph + 2B$	$V = Bh$
cilindro	$SA = 2\pi rh + 2\pi r^2$	$V = \pi r^2 h$
pirámide	$SA = (\frac{1}{2})ps + B$	$V = (\frac{1}{3})Bh$
cono	$SA = \pi rs + \pi r^2$	$V = (\frac{1}{3})\pi r^2 h$
esfera	$SA = 4\pi r^2$	$V = (\frac{4}{3})\pi r^3$

(p = perímetro de la base B; $\pi \approx 3.14$)

Álgebra

pendiente de la recta	$m = (y_2 - y_1)/(x_2 - x_1)$
forma pendiente-intersección de la recta	$y = mx + b$
fórmula punto-pendiente de la recta	$y - y_1 = m(x - x_1)$
fórmula general de las ecuaciones cuadráticas	$ax^2 + bx + c = y$
fórmula cuadrática	$x = \frac{-b \pm \sqrt{b^2 - 4ac}}{2a}$
teorema de Pitágoras	$a^2 + b^2 = c^2$
interés simple	$I = prt$

(I = interés, p = capital, r = tasa, t = tiempo)

EXAMEN PRELIMINAR

Razonamiento matemático

50 preguntas | **90 minutos**

1. La cantidad de ventiladores producidos en una semana por un fabricante no puede superar más de cinco veces la cantidad de lámparas producidas la misma semana por el mismo fabricante. Si la cantidad de ventiladores producidos esta semana fue 20, ¿cuál es la cantidad mínima de lámparas producidas esta semana por el fabricante?

   A. 4
   B. 5
   C. 15
   D. 20

2. Si un número *x* tiene un valor absoluto de 4, ¿a cuántas unidades de 0 se encuentra *x* sobre la recta numérica? Indique su respuesta en el recuadro.

3. Si se lanzan al aire dos monedas, ¿cuál es la probabilidad de que las dos caigan del lado de la cruz (sello)?

   A. 0.05
   B. 0.25
   C. 0.30
   D. 0.50

4. Una recta *l* pasa por el punto (–2, 5) e intersecta al eje de las *y* en el mismo punto que la recta $y = 3x - 4$. ¿Cuál es la ecuación para la recta *l*?

   A. $l = -\frac{9}{2}x - 4$

   B. $l = -\frac{9}{2}x + 3$

   C. $l = -\frac{1}{2}x - 4$

   D. $l = -\frac{1}{2}x + 3$

EXAMEN PRELIMINAR

5. Si $2(x-8)=-4x+2$, entonces $x=$

   A. -7
   B. -5
   C. 3
   D. 9

6. ¿Cuál de las expresiones siguientes es equivalente a la expresión $5x-20$?

   A. $5(x-20)$
   B. $4(x-5)$
   C. $5(x-4)$
   D. $5(x-15)$

7. ¿Cuál de los factores siguientes es un factor de x^4-5x^2?

   A. x^2
   B. x^4
   C. $5x^2$
   D. $-x^3$

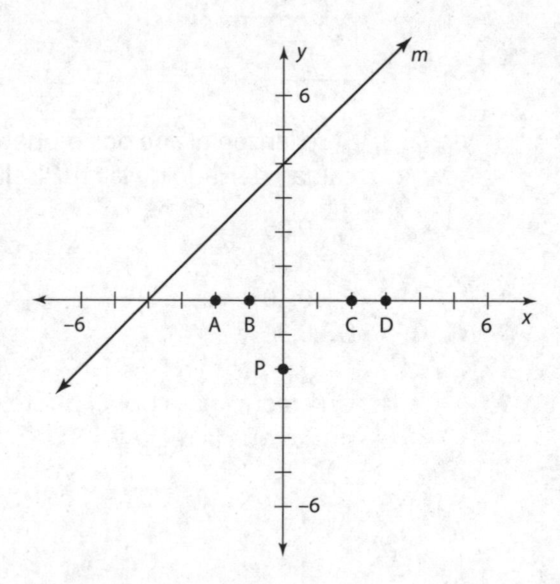

8. En la gráfica anterior, si una recta es perpendicular a la recta *m* y pasa por el punto P, ¿por cuál de los puntos siguientes también deberá pasar?

   A. Punto A
   B. Punto B
   C. Punto C
   D. Punto D

EXAMEN PRELIMINAR

La pregunta 9 contiene dos espacios en blanco, cada uno de los cuales comienza con la palabra "Seleccione", seguida de un número correlativo y puntos suspensivos. Debajo de cada párrafo, encontrará una lista de dos opciones. Indique cuál de esas opciones es la que corresponde a cada espacio en blanco. (**Nota:** En el examen de GED®, las opciones se presentan como un menú desplegable. Cuando usted haga un clic sobre la opción seleccionada, esta rellenará el espacio en blanco.)

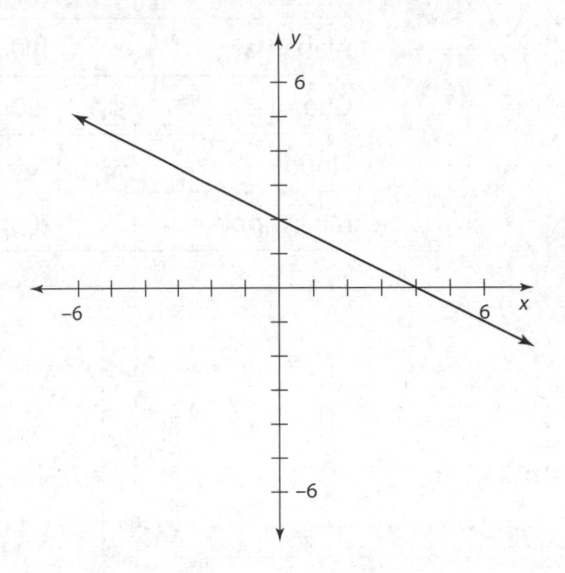

9. La gráfica anterior muestra la representación gráfica de la función *f*. Para esta función, el valor de *y* es positivo cuando *x* es Seleccione 1. . . ▼ que Seleccione 2. . . ▼.

Seleccione 1. . . ▼
mayor
menor

Seleccione 2. . . ▼
2
4

10. Un galón de pintura cubre, aproximadamente, 400 pies cuadrados en una capa. Redondeados al décimo más próximo, ¿cuántos galones de pintura serán necesarios para cubrir una zona circular con un radio de 40 pies? Indique su respuesta en el recuadro.

 **galones**

EXAMEN PRELIMINAR

11. La gráfica siguiente representa el número de empleados a tiempo completo y a tiempo parcial que tiene una empresa en cuatro estados diferentes. Complete la gráfica de barras con los totales de empleados en cada estado. (**Nota**: En el examen de GED®, usted deberá hacer un clic sobre cada barra y "arrastrarla" hasta la posición correcta sobre la gráfica.)

	Tiempo parcial	Tiempo completo
Alabama	100	300
Georgia	150	150
Florida	80	130
Mississippi	200	250

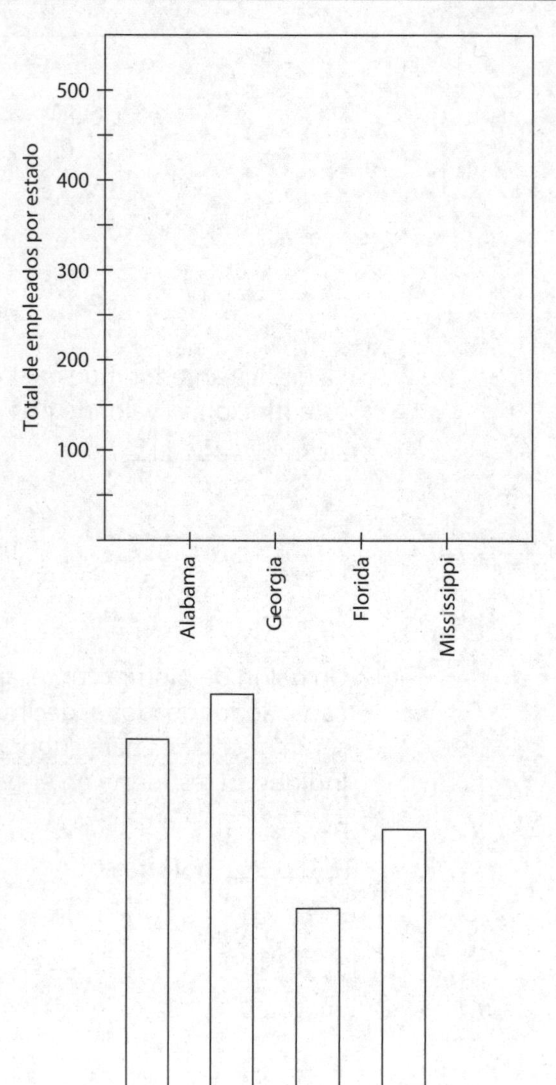

EXAMEN PRELIMINAR

12. ¿Cuál es la pendiente de la recta que pasa por los puntos (–1, 4) y (3, 9)?

    A. $\frac{2}{13}$

    B. $\frac{1}{3}$

    C. $\frac{7}{8}$

    D. $\frac{5}{4}$

13. La pieza A de una máquina debe tener siempre un diámetro 4 pulgadas más pequeño que el diámetro de la pieza B de la misma máquina. Si la pieza A tiene un diámetro de 16 pulgadas y el diámetro de la pieza B es igual a x pulgadas, ¿cuál de las siguientes expresiones puede ser usada para determinar el valor de x?

    A. $16 = 4x$

    B. $16 = x - 4$

    C. $16 = x + 4$

    D. $16 = \frac{x}{4}$

14. Si $2x - 2 < 8 + x$, entonces $x <$

    A. 2
    B. 4
    C. 9
    D. 10

15. En una habitación de depósito, se almacenan una mesa, dos bibliotecas y un espejo grande. Si la mesa pesa 37 libras, cada una de las bibliotecas pesa 42 libras y el espejo pesa 18 libras, ¿cuánto pesan en conjunto todos los objetos almacenados en esa habitación? Indique su respuesta en el recuadro.

    ☐ **libras**

EXAMEN PRELIMINAR

16. Redondeado al décimo de metro cúbico más próximo, ¿cuál es el volumen de un cilindro de una altura de 4 metros y un radio de 6 metros? Indique su respuesta en el recuadro.

17. ¿Cuál es la forma completamente simplificada de la expresión $2(1-3x)-(5x+1)$?

A. $-11x+1$
B. $-8x+1$
C. $-11x+3$
D. $-8x+3$

18. Una función de la forma $y=mx+b$ pasa por los puntos indicados en la tabla. ¿Cuál es el punto de intersección con el eje de las y de esta función?

x	0	2	4	8
y	−8	−4	0	8

A. −8
B. −4
C. 4
D. 8

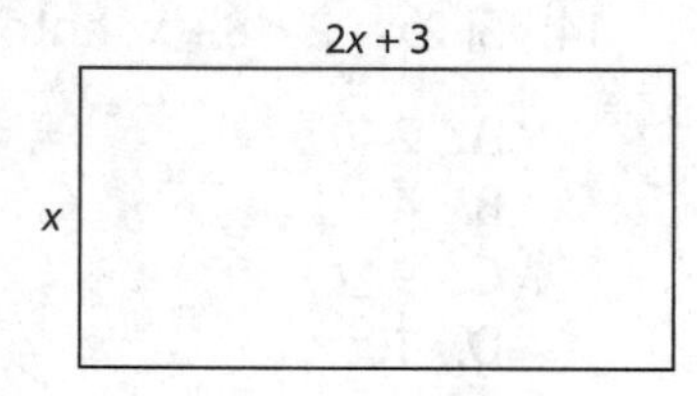

19. Si x es un número racional positivo, ¿cuáles dos números o expresiones pueden ser sumados para obtener un área igual a la del rectángulo dado? (**Nota:** En el examen de GED®, usted deberá hacer un clic sobre esos números o expresiones y "arrastrar" cada uno de ellos hasta el recuadro correspondiente.)

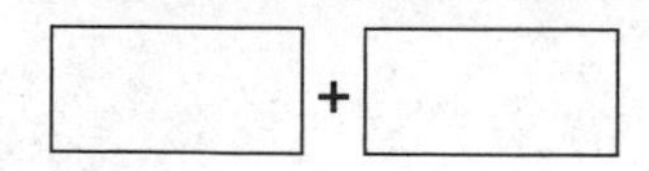

$2x$, $3x$, $2x^2$, $3x^2$, 2, 3

EXAMEN PRELIMINAR

20. ¿Cuál es el valor de $-2x+5$ cuando $x=-3$?

    A. −6
    B. −1
    C. 0
    D. 11

21. ¿Cuál de las expresiones siguientes representa el producto de $3x+1$ y x^2-1?

    A. $3x^2-1$
    B. x^2-1
    C. $4x^2-3x-1$
    D. $3x^3+x^2-3x-1$

22. Durante el último semestre, cinco estudiantes asistieron al mismo curso de matemáticas. Sus puntuaciones en el primer examen y en el examen final se presentan en la tabla siguiente. Si se representan las puntuaciones en la cuadrícula de coordenadas que aparece al pie de la tabla, ¿cuál sería la ubicación de cada puntuación? (**Nota:** En el examen de GED®, usted deberá hacer un clic sobre la ubicación correcta para representar cada puntuación.)

Estudiante	Puntuación en el primer examen	Puntuación en el examen final
1	53	70
2	65	64
3	85	99
4	78	82
5	60	72

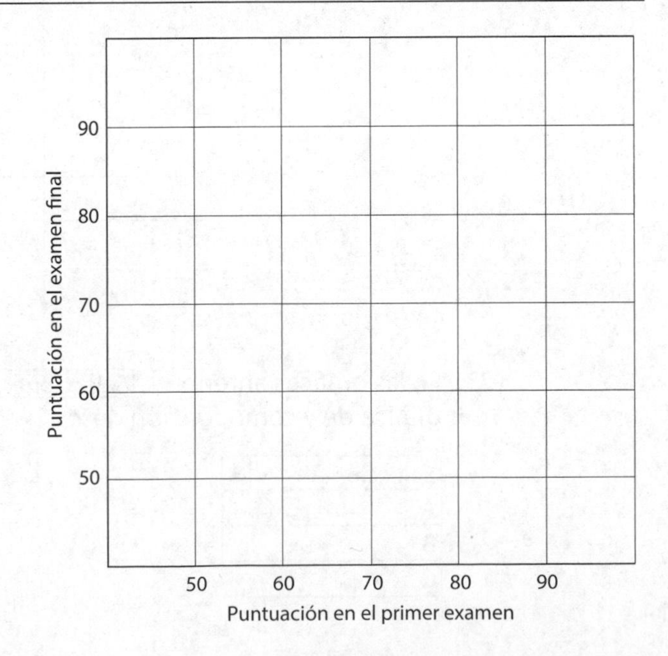

EXAMEN PRELIMINAR

La pregunta siguiente contiene un espacio en blanco, que comienza con la palabra "Seleccione", seguida de puntos suspensivos. Debajo de las gráficas, encontrará una lista de tres opciones. Indique cuál de esas opciones es la que corresponde al espacio en blanco. (**Nota:** En el examen de GED®, las opciones se presentan como un menú desplegable. Cuando usted haga un clic sobre la opción seleccionada, esta rellenará el espacio en blanco.)

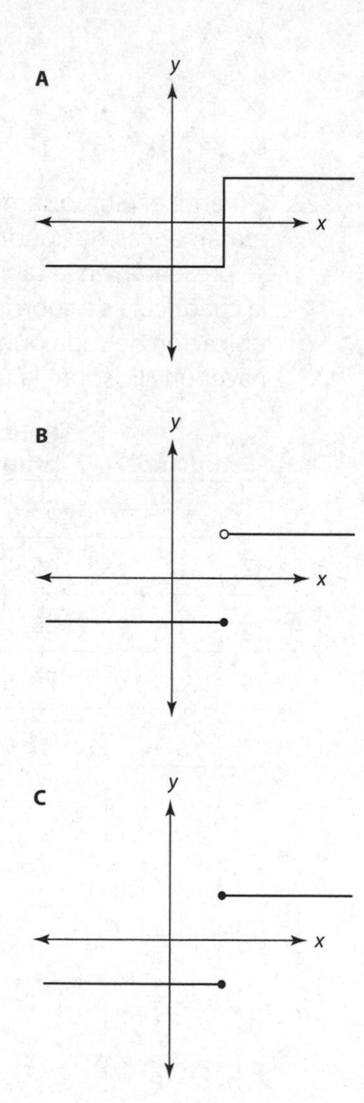

23. En las gráficas anteriores, Seleccione. . . ▼ muestra la representación gráfica de *y* como función de *x*.

Seleccione. . . ▼
A
B
C

EXAMEN PRELIMINAR

24. ¿Cuál de las expresiones siguientes es equivalente a $2\times\frac{2^5}{2^2}$?

   A. 2^2
   B. 2^4
   C. 2^8
   D. 2^{11}

25. Una caja de cartón mide 14 pulgadas de ancho, 10 pulgadas de alto y 18 pulgadas de longitud. En pulgadas cúbicas, ¿cuál es el volumen de la caja?

   A. 42
   B. 54
   C. 2520
   D. 2744

26. ¿Cuál de las expresiones siguientes representa la resolución de la ecuación $x^2-6x+1=0$?

   A. -6
   B. $3\pm2\sqrt{2}$
   C. 3
   D. $6+2\sqrt{3}$

27. Cuatro especialistas en el ingreso de datos —Tom, Jaime, Margarita y Alton— son observados durante un período de dos horas de pruebas. Durante ese período, Tom completó 28 formularios, mientras que Jaime completó 31. Además, si h representa el número de horas, $f=13.1h$ representa el número de formularios completados por Margarita durante el período de pruebas, y $f=17h$ representa el número de formularios completados por Alton durante el mismo período.

   ¿Cuál de los especialistas completó los formularios a la tasa promedio más rápida?

   A. Tom
   B. Jaime
   C. Margarita
   D. Alton

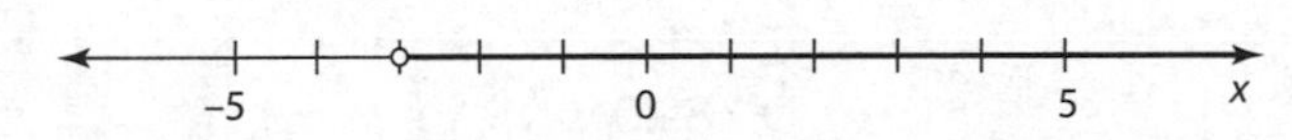

28. ¿Cuál de las desigualdades siguientes está representada en la gráfica anterior?

   A. $2x<-6$
   B. $2x\leq-6$
   C. $3x\geq-9$
   D. $3x>-9$

EXAMEN PRELIMINAR

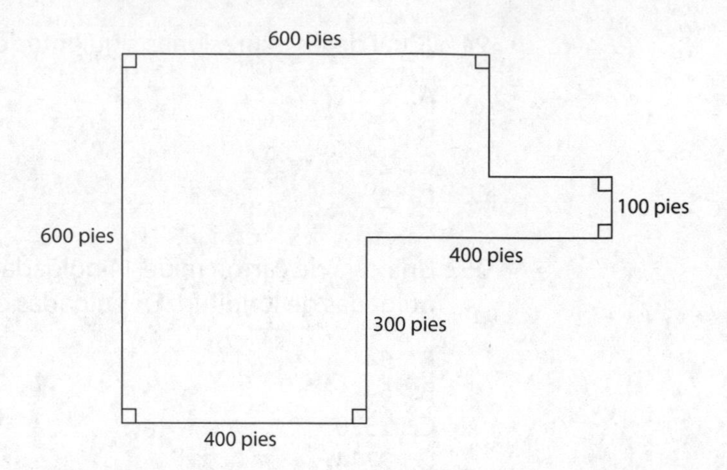

29. La figura anterior representa el perímetro de una propiedad de tierras que está siendo preparada para la venta. Si la propiedad deberá estar completamente cercada antes de la venta, ¿cuántos pies de longitud tendrá el cerco requerido?

    A. 1600 pies
    B. 2400 pies
    C. 2800 pies
    D. 3200 pies

30. La media del conjunto de datos compuesto por 5, 10, 2, 1 y *x* es 5. ¿Cuál es el valor de *x*?

    A. 5
    B. 7
    C. 13
    D. 18

31. En un grupo de 20 estudiantes, el 40 por ciento obtuvo una calificación de 85 puntos, mientras que el resto de los estudiantes obtuvo 90. Redondeada al décimo más próximo, ¿cuál fue la media de las calificaciones obtenidas por los 20 estudiantes?

    A. 87.5
    B. 88.0
    C. 88.5
    D. 89.0

EXAMEN PRELIMINAR

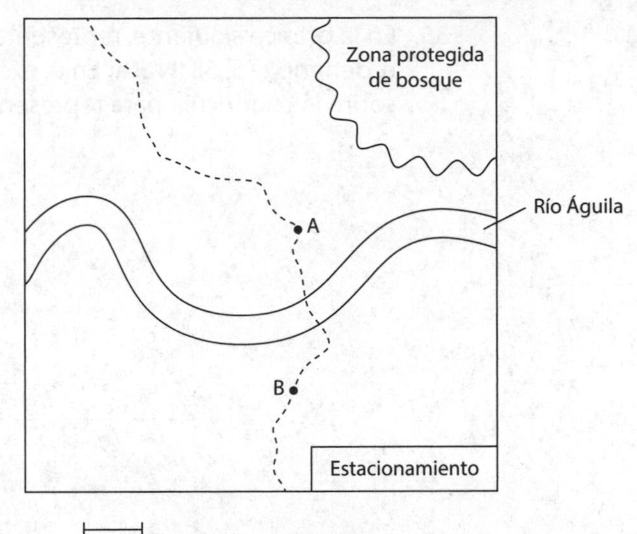

32. El mapa muestra un camino para senderismo a través de un parque de la ciudad. En el mapa, la distancia entre los puntos A y B del camino representa 2.5 unidades. Redondeado al décimo de milla más próximo, ¿cuál es la distancia real entre esos dos puntos?

A. 1.7
B. 2.1
C. 3.8
D. 5.0

33. ¿Cuál es el valor de $g(h) = -2h^2 - h + 5$ cuando $h = -3$?

A. –7
B. –10
C. 38
D. 44

34. Una recta tiene una pendiente de 2 y pasa por el punto (–8, 1). ¿Cuál de las expresiones siguientes representa la ecuación de la recta?

A. $y = 2x - 7$
B. $y = 2x + 8$
C. $y = 2x + 9$
D. $y = 2x + 17$

EXAMEN PRELIMINAR

35. En la gráfica siguiente, represente el punto que corresponde al par ordenado (–5, 5). (**Nota:** En el examen de GED®, usted deberá hacer un clic sobre la cuadrícula para representar el punto.)

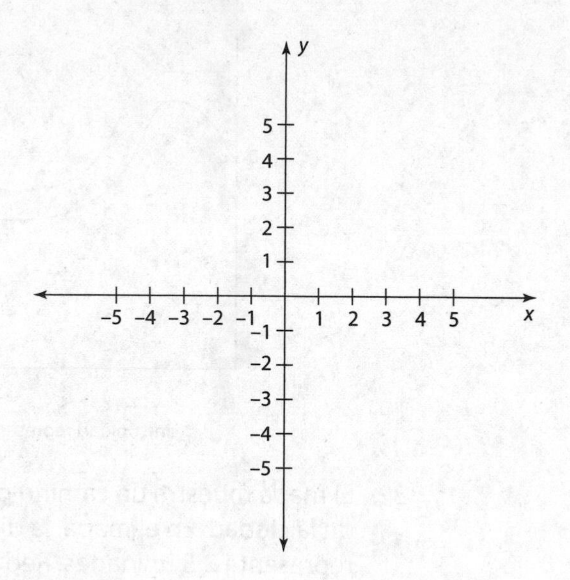

36. En una cuadrícula de coordenadas *x* e *y*, una recta representa la ecuación $3x - 8y = 2$. ¿Cuál es la pendiente de esa recta?

A. $-\frac{1}{4}$

B. $\frac{3}{8}$

C. $-\frac{2}{3}$

D. 4

37. ¿Cuál es el resultado de la suma de $\frac{2}{3}$ y $\frac{1}{6}$?

A. $\frac{1}{3}$

B. $\frac{1}{6}$

C. $\frac{2}{3}$

D. $\frac{5}{6}$

EXAMEN PRELIMINAR

38. El precio de los billetes de avión depende del momento de la compra, entre otros factores. En un vuelo desde el aeropuerto O'Hare, en Chicago, hasta el aeropuerto de Hartsfield, en Atlanta, 65 pasajeros pagaron $127.99 cada uno; 24 pasajeros pagaron $198.50 cada uno, y 4 pagaron $301.70 cada uno.

    ¿Cuál fue el precio total de los billetes en ese vuelo?

    A. $14,290.15
    B. $17,224.75
    C. $18,129.85
    D. $58,421.67

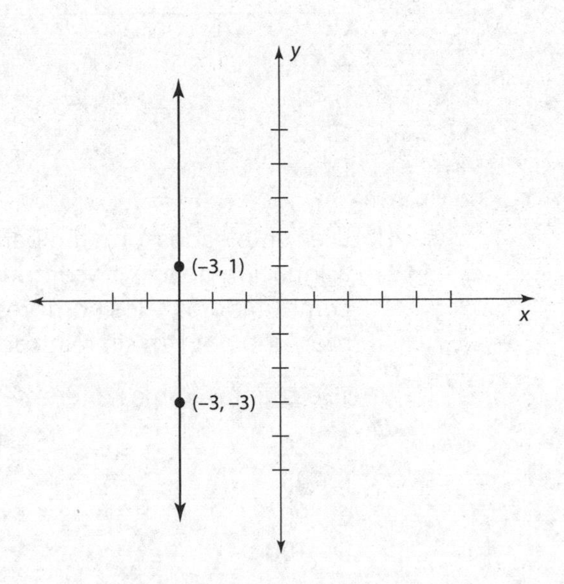

39. La cuadrícula de coordenadas anterior muestra la representación gráfica de una recta e indica los dos puntos por los que ella pasa. ¿Cuál es la ecuación de esa recta?

    A. $y = -3$
    B. $x = -3$
    C. $y = -3x$
    D. $x = -3y$

EXAMEN PRELIMINAR

40. En un estudio, se les preguntó a los participantes cuántos aparatos de televisión tenían en sus casas. Los resultados del estudio se muestran en la tabla siguiente. ¿Cuál es la mediana de este conjunto de datos?

Número de aparatos de televisión	**Número de participantes**
0	5
1	8
2	6
3	1

A. 0
B. 1
C. 2
D. 3

41. Diez empleados tomarán parte en un sorteo que determinará la asignación de nuevas computadoras. Serán asignadas dos nuevas computadoras, y los nombres de dos empleados serán seleccionados al azar, uno por vez, sin reintroducir el nombre del primer favorecido.

¿De cuántas formas diferentes se podría elegir a esos dos empleados?

A. 20
B. 45
C. 90
D. 100

42. La distancia entre la Tierra y la Luna es igual a 2.4×10^8 millas. Un cohete ha sido enviado para explorar la Luna. Si el cohete ha cubierto ya $\frac{1}{10}$ de la distancia, ¿cuántas millas ha recorrido?

A. 2.4×10^{-2}
B. 2.4×10^{-1}
C. 2.4×10^{6}
D. 2.4×10^{7}

EXAMEN PRELIMINAR

43. Asumiendo que el valor de x no es cero, ¿cuál de las expresiones siguientes es equivalente a $(x^2 - 5x) \div x$?

    A. $x - 5$
    B. $x - \frac{5}{x}$
    C. $-4x$
    D. $x^2 - 4x$

44. En una empresa que cuenta con 26 oficinas, 10 oficinas están ubicadas en la región del sudeste, 8 en la del oeste medio, 6 en la del oeste y 2 en la del nordeste. Si se selecciona una oficina al azar, ¿cuál es la probabilidad, redondeada al diezmilésimo más próximo, de que esa oficina esté ubicada en la región del sudeste o en la del oeste?

    A. 0.0769
    B. 0.0888
    C. 0.3846
    D. 0.6154

45. El volumen de un globo meteorológico perfectamente esférico es de aproximadamente 381.7 pies cúbicos. Redondeado al décimo más próximo de pie, ¿cuál es el radio del globo meteorológico?

    A. 4.5
    B. 5.1
    C. 7.2
    D. 9.4

46. Un pateador de un equipo de fútbol americano patea una pelota apoyada sobre el terreno de juego ($y = 0$). La trayectoria ascendente de la pelota describe una parábola representada por la ecuación: $y = 5t - 4.4t^2$, donde t es el tiempo medido en segundos. ¿Cuánto tiempo demorará la pelota en tocar otra vez el terreno de juego?

    A. 0 s
    B. 0.88 s
    C. 1.14 s
    D. 2.0 s

EXAMEN PRELIMINAR

47. La ecuación de una función lineal es: $f(x) = -\frac{1}{3}x + 2$. Si $g(x)$ es otra función lineal que es perpendicular a $f(x)$, y $g(x)$ pasa por el punto (3, 1), ¿cuál de las afirmaciones siguientes es verdadera?

    A. La pendiente y el punto de intersección con y de $f(x)$ son mayores que los de $g(x)$.
    B. La pendiente de $f(x)$ es mayor que la de $g(x)$, y el punto de intersección con y es menor.
    C. La pendiente y el punto de intersección con y de $f(x)$ son menores que los de $g(x)$.
    D. La pendiente de $f(x)$ es menor que la de $g(x)$, y el punto de intersección con y es mayor.

48. La ecuación de una recta es: $y = 5x + 4$. ¿Cuál es la pendiente de una recta perpendicular a la primera?

    A. $-\frac{1}{5}$
    B. $-\frac{1}{4}$
    C. 4
    D. 5

49. La señora Ramírez quiere envolver un recipiente cilíndrico de radio igual a 4 pulgadas y altura de 12 pulgadas. Para envolver el recipiente, la señora solo cuenta con hojas enteras de papel de un tamaño de 8.5 pulgadas por 11 pulgadas. ¿Cuántas hojas enteras de papel necesitará para completar su tarea?

    A. 2
    B. 3
    C. 4
    D. 5

50. Un auto de juguete a cuerda puede desplazarse 5 yardas en aproximadamente 3 minutos. Si el auto se desplaza a una velocidad constante, ¿cuántos minutos necesitará para recorrer 40 metros (1 yarda = 0.92 metros)? Redondee su respuesta al minuto más próximo.

    A. 20
    B. 22
    C. 24
    D. 26

ESTE ES EL FINAL DEL EXAMEN PRELIMINAR DE RAZONAMIENTO MATEMÁTICO

EXAMEN PRELIMINAR

Respuestas y explicaciones

1. **Respuesta correcta: A.** Si consideramos que *V* representa la cantidad de ventiladores y *L* la cantidad de lámparas, tenemos que $V \leq 5L$. Sustituyendo por los valores en la fórmula, $20 \leq 5L$ o $4 \leq L$. Entonces, la cantidad de lámparas producidas esta semana será de 4 o más lámparas.

2. **Respuesta correcta: 4.** El valor absoluto de un número puede ser definido como la distancia que lo separa de cero en la recta numérica. Si el valor absoluto de un número es 4, entonces el número está a 4 unidades de cero.

3. **Respuesta correcta: B.** La muestra para este experimento es: cara, cara; cruz, cruz; cara, cruz; cruz, cara. Existe una probabilidad entre cuatro (0.25) de que el resultado sea dos cruces.

4. **Respuesta correcta: A.** La recta $y = 3x - 4$ está expresada en la forma $y = mx + b$, donde *b* es el punto de intersección con *y*. Si la recta *l* comparte el mismo punto de intersección con *y*, debe pasar entonces por el punto (0, –4) y tener una ecuación de la forma de $y = mx - 4$ para una pendiente *m*. Dado que *l* también pasa por el punto (–2, 5), $l = \frac{5-(-4)}{-2-0} = -\frac{9}{2}$.

5. **Respuesta correcta: C.** En el lado izquierdo de la ecuación, el 2 debe ser distribuido en $(x-8)$. Así, obtendremos: $2x - 16 = -4x + 2$. Si sumamos $4x$ y 16 a los dos lados de la ecuación, tendremos: $6x = 18$ y $x = 3$.

6. **Respuesta correcta: C.** Tanto $5x$ como 20 contienen el factor común 5. Si factorizamos la expresión por 5, obtendremos el otro factor: $x - 4$.

7. **Respuesta correcta: A.** El primer término puede escribirse como $x^4 = x^2(x^2)$ para mostrar que ambos términos comparten el factor x^2.

8. **Respuesta correcta: A.** En la gráfica, la recta *m* pasa por los puntos (0, 4) y (–4, 0), lo que indica que su pendiente es igual a 1. Entonces, cualquier recta perpendicular a *m* deberá tener una pendiente de –1 (el recíproco negativo de 1). Si la recta pasa por el punto P (0, –2) con una pendiente de –1, deberá pasar también por el punto A (–2, 0).

9. **Respuesta correcta: Para esta función, el valor de *y* es positivo cuando *x* es menor que 4.** Cuando la representación gráfica de una función está ubicada por encima del eje de las *x*, indica que los valores de *y* son positivos. Por el contrario, cuando la representación gráfica está ubicada por debajo del eje de las *x*, los valores de *y* son negativos. La gráfica de esta función está ubicada por encima del eje de las *x* cuando los valores de *x* son menores que 4.

10. **Respuesta correcta: 12.6.** El área de la zona es igual a : $40^2\pi \approx 5026.55$ pies cuadrados. Esto requerirá: $\frac{5026.55}{400} \approx 12.6$ galones de pintura.

11. **Respuesta correcta:**

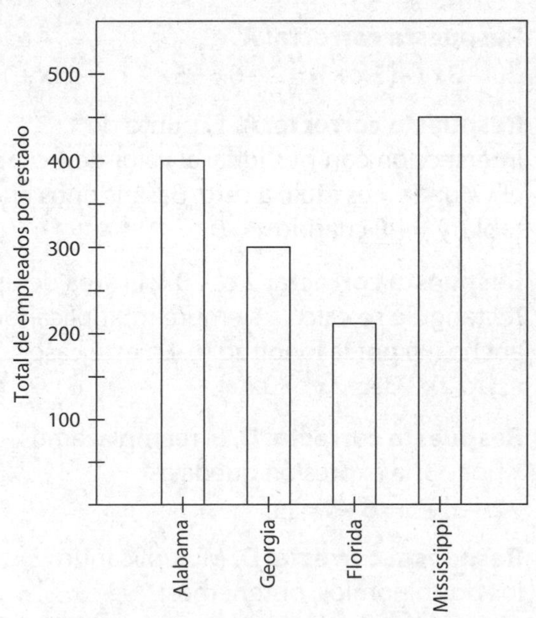

El número total de empleados para cada estado puede obtenerse sumando el número de empleados a tiempo completo y a tiempo parcial en esos estados. Para Alabama, Georgia, Florida y Mississippi, esos totales son: 400, 300, 210 y 450, respectivamente. Esos totales están representados en la gráfica por la altura de las barras.

12. **Respuesta correcta: D.** $m = \dfrac{9-4}{3-(-1)} = \dfrac{5}{4}$
13. **Respuesta correcta: B.** Si el diámetro de la pieza A deberá ser 4 pulgadas más pequeño, entonces deberá tener un diámetro igual a: $x-4$.
14. **Respuesta correcta: D.** Restando x y sumando 2 a ambos lados de la expresión, obtenemos: $x < 10$.
15. **Respuesta correcta: 139 libras.** El peso total es igual a: 37 + 2(42) + 18 = 139.
16. **Respuesta correcta: 452.4 metros cúbicos.** La fórmula para calcular el volumen es: $\pi r^2 h$, donde r representa el radio y h representa la altura. Si usamos los valores dados, el volumen del cilindro es igual a: $\pi(6^2)(4) \approx 452.4$ metros cúbicos.
17. **Respuesta correcta: A.** $2(1-3x)-(5x+1) = 2-6x-5x-1 = -11x+1$
18. **Respuesta correcta: A.** El punto de intersección con y es igual al valor de y cuando el valor de x es igual a cero. Basándonos en la tabla, $y = -8$ cuando $x = 0$.
19. **Respuesta correcta:** $2x^2 + 3x$. El área de un rectángulo se calcula siempre multiplicando el ancho (w) por la longitud (l). En este caso, es: $x(2x+3) = 2x^2 + 3x$.
20. **Respuesta correcta: D.** Si reemplazamos x por -3, la expresión queda así: $-2(-3)+5 = 6+5 = 11$.
21. **Respuesta correcta: D.** Multiplicando los dos binomios, obtenemos: $(3x+1)(x^2-1) = 3x^3 - 3x + x^2 - 1 = 3x^3 + x^2 - 3x - 1$.
22. **Respuesta correcta:**

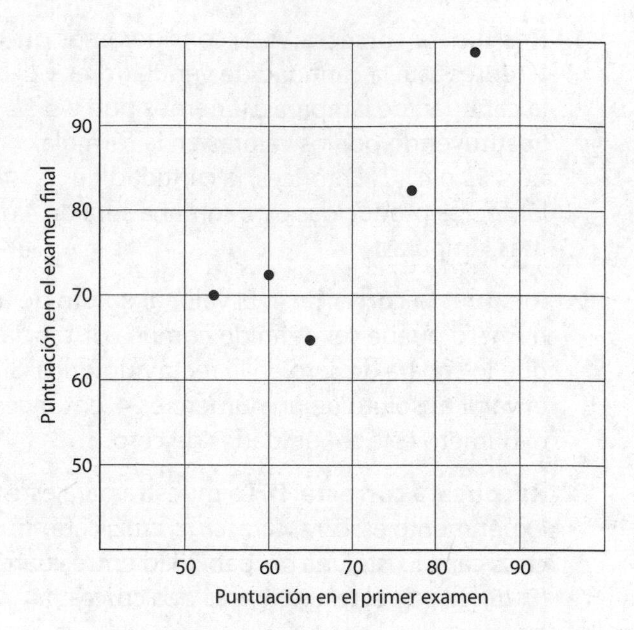

Cada punto representa las dos puntuaciones de un estudiante: el primer examen es la coordenada x y el examen final es la coordenada y.

23. **Respuesta correcta: B.** En las gráficas, B muestra la representación gráfica de y como función de x. Cuando y es una función de x, existe solo un valor posible de y por cada valor de x. En las gráficas A y C, un valor de x tiene muchos posibles valores de y (A) o dos valores posibles de y (C).
24. **Respuesta correcta: B.** Si aplicamos la regla de los exponentes, obtendremos: $2 \times \dfrac{2^5}{2^2} = 2 \times 2^{5-2} = 2 \times 2^3 = 2^{3+1} = 2^4$.
25. **Respuesta correcta: C.** El volumen se calcula usando la fórmula $l \times w \times h$, donde l es la longitud, w es el ancho y h es la altura. En este caso, el volumen es igual a: $14 \times 10 \times 18 = 2520$ pulgadas cúbicas.

EXAMEN PRELIMINAR

26. **Respuesta correcta: B.** Si aplicamos la fórmula cuadrática, la respuesta será:
$$\frac{-(-6)\pm\sqrt{36-4(1)(1)}}{2(1)}=\frac{6\pm\sqrt{32}}{2}=\frac{6\pm4\sqrt{2}}{2}=3\pm2\sqrt{2}.$$

27. **Respuesta correcta: D.** La tasa promedio por persona es igual a: Tom completó $\frac{28}{2}=14$ formularios por hora; Jaime completó $\frac{31}{2}=15.5$ formularios por hora; Margarita completó 13.1 formularios por hora, y Alton completó 17 formularios por hora.

28. **Respuesta correcta: D.** El círculo con fondo blanco indica que el punto no está incluido en la solución. Entonces, la gráfica muestra que la solución es $x>-3$, expresión equivalente a $3x>-9$ si se multiplican ambos lados por 3.

29. **Respuesta correcta: C.** De abajo hacia arriba, y moviéndonos en la dirección contraria a las agujas del reloj, la longitud de los lados, incluida la de los que carecen de valores, es: 400, 300, 400, 100, 200, 200, 600 y, finalmente, 600 en el lado izquierdo. El cerco requerido tendrá, entonces, una longitud total de: 400 + 300 + 400 + 100 + 200 + 200 + 600 + 600 = 2800 pies.

30. **Respuesta correcta: B.** Si aplicamos la fórmula de la media, obtendremos: $\frac{5+10+2+1+x}{5}=5$. Multiplicando cruzado y sumando los términos, la ecuación resultante es: $25=18+x$, cuya solución es: $x=7$.

31. **Respuesta correcta: B.** El 40% de 20 es 8 estudiantes. Entonces, 8 estudiantes obtuvieron una calificación de 85 puntos, mientras que los otros 12 obtuvieron 90. La media de las calificaciones será igual a: $\frac{8(85)+12(90)}{20}=88$.

32. **Respuesta correcta: C.** Según el mapa, una unidad de longitud equivale a 1.5 millas. Entonces, 2.5 unidades representarán un total de: 2.5 × 1.5 = 3.75 millas, que es la distancia entre los dos puntos.

33. **Respuesta correcta: B.**
$g(-3)=-2(-3)^2-(-3)+5=-2(9)+3+5=$
$-18+8=-10$

34. **Respuesta correcta: D.** Si aplicamos la fórmula de la pendiente y luego simplificamos, la ecuación de la recta será igual a:
$y-1=2(x-(-8))$
$y-1=2(x+8)$
$y-1=2x+16$
$y=2x+17$

35. **Respuesta correcta:**

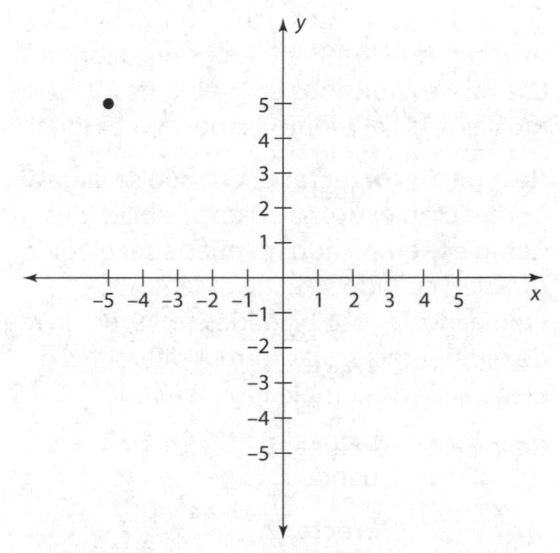

El par ordenado corresponde a la forma (x, y). Como el valor de x es −5 y el valor de y es 5, el punto estará ubicado a 5 unidades hacia la izquierda de 0 sobre el eje de las x y 5 unidades por arriba de 0 sobre el eje de las y.

36. **Respuesta correcta: B.** Para obtener el valor de y en esta ecuación, usaremos la forma $y = mx + b$, donde m es la pendiente:
$-8y=2-3x \Rightarrow y=-\frac{1}{4}+\frac{3}{8}x$; entonces, $m=\frac{3}{8}$

EXAMEN PRELIMINAR

37. **Respuesta correcta: D.** Antes de realizar la suma, deberemos hallar primero el denominador común:

$$\frac{2}{3}+\frac{1}{6}=\frac{4}{6}+\frac{1}{6}=\frac{5}{6}$$

38. **Respuesta correcta: A.** El precio total de los billetes pagado por los pasajeros es igual a: (65 × 127.99) + (24 × 198.5) + (4 × 301.7) = 14,290.15.

39. **Respuesta correcta: B.** Toda recta vertical tiene una ecuación en la forma $x = c$, donde c representa una constante. En este caso, el valor de x es siempre −3; entonces, la ecuación es: $x = -3$.

40. **Respuesta correcta: B.** Como 20 es la cantidad total de datos, la mediana será igual al promedio de los valores ubicados en los lugares 10 y 11 de la lista ordenada. Los primeros 5 datos tienen un valor de 0, mientras que los 8 siguientes un valor de 1. Los valores ubicados en los lugares 10 y 11 son iguales a 1, y el promedio de 1 y 1 es igual a 1.

41. **Respuesta correcta: C.** Cuando se elige al primer empleado, hay diez posibilidades. Como ese empleado no puede ser elegido otra vez, cuando se elige el segundo empleado, las posibilidades son 9. Por la regla de multiplicación, las formas diferentes de elegir a los dos empleados serán: 10 × 9 = 90.

42. **Respuesta correcta: D.**

$$\frac{1}{10}\times 2.4\times 10^{8}=2.4\times\frac{10^{8}}{10}=2.4\times 10^{7}.$$

43. **Respuesta correcta: A.**

$$\left(x^{2}-5x\right)\div x=\frac{x^{2}-5x}{x}=\frac{x(x-5)}{x}=x-5.$$

44. **Respuesta correcta: D.**

$$P(\textit{sudeste u oeste})=P(\textit{sudeste})$$

$$+P(\textit{oeste})=\frac{10}{26}+\frac{6}{26}\approx 0.6154.$$

45. **Respuesta correcta: A.** Si aplicamos la fórmula de volumen de la esfera, el volumen del globo meteorológico será igual a: $381.7=\frac{4}{3}\pi r^{3}$, donde r es el radio. Si obtenemos, entonces, el valor de r en esta ecuación, el radio del globo será:

$$\frac{3}{4}(381.7)=286.275=\pi r^{3}$$

$$\frac{286.275}{\pi}=91.124=r^{3}$$

$$r=\sqrt[3]{91.124}=4.5$$

46. **Respuesta correcta: C.** El lado izquierdo de la ecuación debe ser igual a 0 (la altura del terreno). El lado derecho puede ser factorizado así: $t(5-4.4t)$. Por la regla de la multiplicación por cero, las soluciones son: $t = 0$ y $t = 1.14$ s. El resultado $t = 0$ representa el momento en que la pelota es pateada; entonces, $t = 1.14$ s representa el momento en que la pelota toca otra vez el terreno.

47. **Respuesta correcta: D.** La función $f(x)$ está escrita en la forma pendiente-intersección de la recta; entonces, su pendiente es el coeficiente del término x, es decir, $-\frac{1}{3}$. La función $g(x)$ es perpendicular a $f(x)$; entonces, su pendiente es igual al recíproco negativo de $f(x)$, que es 3. La función $g(x)$ pasa por el punto (3, 1), y su ecuación, aplicando la fórmula del punto y la pendiente, será:

$$(y-1)=3(x-3)$$

$$y-1=3x-9$$

$$y=3x-8$$

$$\therefore g(x)=3x-8$$

Entonces, la pendiente de $g(x)$ es 3 y su intersección con y es −8. Comparada con $g(x)$ la pendiente de $f(x)$ es menor ($-\frac{1}{3}$ vs. 3) y su intersección con y es mayor (2 vs. −8).

EXAMEN PRELIMINAR

48. **Respuesta correcta: A.** La recta $y = 5x + 4$ tiene una pendiente de 5. Una recta perpendicular a ella tendrá una pendiente igual al recíproco negativo de 5, es decir, $-\frac{1}{5}$.

49. **Respuesta correcta: D.** El área de superficie del recipiente cilíndrico puede calcularse así:

$A = 2\pi r^2 + 2\pi rh$

$A = 2\pi(4)^2 + 2\pi(4)(12)$

$A = 2\pi(16) + 2\pi(48)$

$A = 2\pi(64)$

$A = 128\pi = (128)(3.14)$

$A = 401.92$

El área de la hoja de papel de 8.5 pulgadas por 11 pulgadas es igual a: $A = (8.5)(11) = 93.5$. Entonces, el número de hojas enteras de papel que se necesitarán para envolver el recipiente será igual a: $n_{hojas} = \frac{A_{cilindro}}{A_{hoja}} = \frac{401.92}{93.5} = 4.30$. Se necesitarán 5 hojas enteras de papel.

50. **Respuesta correcta: D.** A la velocidad dada, el auto puede desplazarse 1 yarda (0.92 m) en: $\frac{3}{5} = 0.6$ minutos. Entonces, el auto podrá desplazarse 40 m en: $\frac{0.6 \text{ min}}{0.92 \text{ m}}(40 \text{ m}) = 26$ min.

EXAMEN PRELIMINAR

Tabla de evaluación

Compruebe en la sección Respuestas y explicaciones del examen preliminar de Razonamiento matemático qué preguntas contestó correctamente y cuáles, no. En el caso de las respuestas incorrectas, busque primero el número de la pregunta en la tabla siguiente. Luego verifique, en la columna de la izquierda, a qué área de contenido corresponde esa pregunta. Si usted contestó incorrectamente varias preguntas de una misma área de contenido, deberá repasar esa área para el examen de GED®. Las páginas donde se tratan las diferentes áreas de contenido están enumeradas en la columna de la derecha.

Área de contenido	Número de pregunta	Páginas para repasar
1. Operaciones con números enteros	15, 38	331–340
2. Exponentes, raíces y propiedades numéricas	24	341–352
3. Operaciones con números decimales	42	353–363
4. Operaciones con fracciones	37	365–382
5. Razones, tasas y proporciones	27, 50	383–388
6. Los porcentajes y sus aplicaciones	31	389–396
7. La recta numérica y los números negativos	2	397–401
8. Probabilidad y cálculos	3, 41, 44	403–409
9. La estadística y el análisis de datos	11, 30, 31, 40	411–428
10. Expresiones algebraicas	6, 7, 17, 21, 43	429–452
11. Resolución de ecuaciones y desigualdades	1, 5, 13, 14, 20, 26, 46	453–475
12. Representación gráfica de ecuaciones	4, 8, 12, 22, 23, 28, 34, 35, 36, 39, 47, 48	477–494
13. Funciones	9, 18, 33	495–509
14. Geometría	10, 16, 19, 25, 29, 32, 45, 49	511–524

EXAMEN PRELIMINAR

Ciencia

Este examen preliminar de Ciencia ha sido diseñado con el propósito de familiarizarlo con esta sección del examen de GED® y de permitirle evaluar su nivel actual de conocimientos en esta materia.

Este examen contiene el mismo número de preguntas que el examen de Ciencia del GED®: 40. Las preguntas se presentan en el mismo formato que tienen en el examen real y han sido diseñadas para evaluar las mismas destrezas. La mayoría de las preguntas están basadas en pasajes breves de lectura sobre cuestiones científicas. Algunas están basadas en ilustraciones, diagramas y otras representaciones gráficas de carácter científico. La mayoría de las preguntas de la sección de Ciencia son de opción múltiple e incluyen cuatro respuestas. Sin embargo, en otras preguntas usted deberá dibujar una línea o marcar un punto en un diagrama, rellenar un espacio en blanco o escribir una respuesta breve. En el examen de GED®, usted marcará sus respuestas haciendo un clic sobre la pantalla de la computadora. En este examen preliminar, usted deberá utilizar papel y lápiz, y marcar directamente sobre la página sus respuestas. Para las respuestas breves, deberá usar una hoja de papel separada.

Para tener una buena idea de cuán bien lo haría en el examen real, trate de realizar el examen en condiciones similares a las que encontrará en el centro de examinación. Complete el examen en una sola sesión y respete el límite de tiempo establecido. Si usted no llegara a completar el examen en el tiempo permitido, deberá mejorar entonces el ritmo de sus respuestas.

Trate de contestar tantas preguntas como le sea posible. Recuerde que no se penalizan las respuestas equivocadas, así que si no sabe una respuesta intente adivinarla. En las preguntas de opción múltiple, aumentarán sus probabilidades de acertar con la respuesta correcta si, previamente, puede eliminar una o más de las opciones.

Una vez completado el examen, compruebe sus respuestas en la sección Respuestas y explicaciones, que aparece después del examen preliminar. Luego, use la tabla de evaluación, a continuación de la sección Respuestas y explicaciones, para determinar las destrezas y los contenidos que requieran más ejercitación y estudio.

Ahora, dé vuelta la página y comience el examen preliminar de Ciencia.

EXAMEN PRELIMINAR

Ciencia

40 preguntas | **90 minutos**

Use la tabla siguiente para responder las preguntas 1 y 2.

Rangos de temperaturas en la superficie de las distintas clases de estrella

Clase	Color	Temperatura (°K)
O	Azul	> 25,000°K
B	Azul-blanco	11,000–25,000°K
A	Blanco	7500–11,000°K
F	Blanco	6000–7500°K
G	Amarillo	5000–6000°K
K	Naranja	3500–5000°K
M	Rojo	< 3500°K

1. Según la información suministrada en la tabla anterior, ¿cuál es el color de las estrellas que tienen el rango más amplio de temperaturas en su superficie?

   A. Blanco.
   B. Amarillo.
   C. Naranja.
   D. Azul-blanco.

2. Rellene el espacio en blanco con la letra correspondiente a la clase de estrella.

   El Sol está clasificado como una estrella de clase ____________________ porque la temperatura en su superficie es, aproximadamente, de 5778°K.

EXAMEN PRELIMINAR

Use el pasaje siguiente para responder las preguntas 3 a 5.

Los niveles de calcio en la sangre están firmemente regulados en el cuerpo humano por las hormonas calcitonina y paratiroidea (PTH). Cuando los niveles de calcio alcanzan un nivel demasiado alto o bajo, las glándulas tiroides o paratiroides producen la hormona apropiada para devolver el cuerpo a la homeostasis. El diagrama siguiente muestra el mecanismo de retroalimentación que permite regular los niveles de calcio en la sangre.

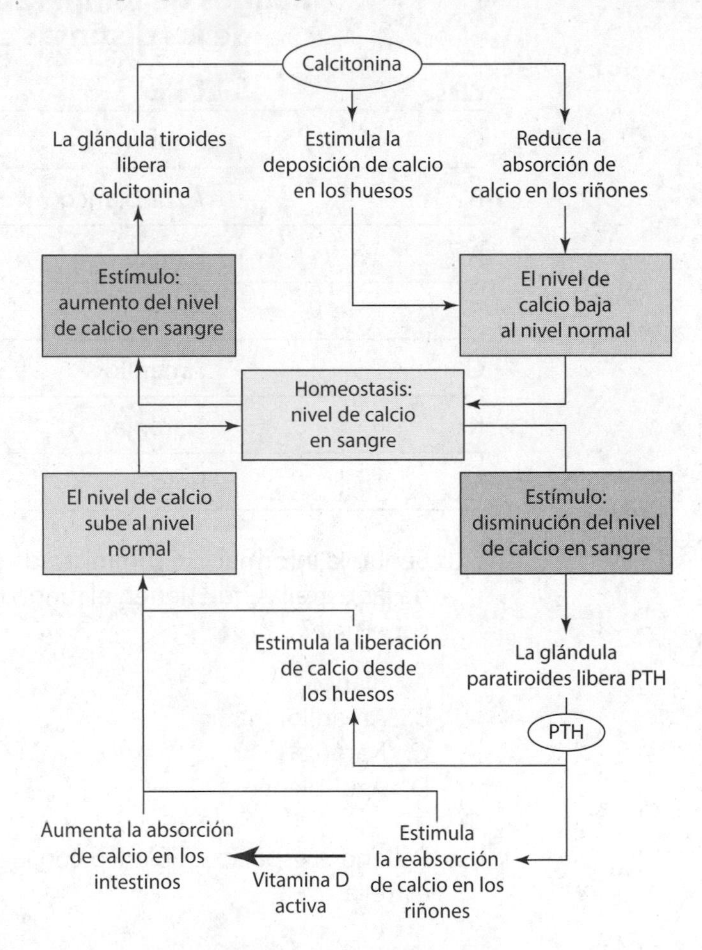

3. ¿Cuál de los alimentos siguientes podría producir el mayor aumento en la producción de calcitonina cuando es ingerido?

   A. El arroz, porque es un carbohidrato de fácil digestión.
   B. La naranja, porque es una buena fuente de vitamina D.
   C. El yogur, porque contiene minerales que ayudan al fortalecimiento de los huesos.
   D. El zapallo, porque es una buena fuente de vitaminas y fibras.

EXAMEN PRELIMINAR

4. La capacidad de mantener la homeostasis en el nivel de calcio en la sangre depende de la interacción de diferentes sistemas corporales. Dibuje una línea que conecte cada sistema corporal con el rol que desempeña en la regulación del nivel de calcio en la sangre.

Rol desempeñado en la regulación del nivel de calcio en la sangre	Sistema corporal
Los huesos almacenan calcio para ser liberado cuando sea necesario	Digestivo
Los intestinos absorben calcio de los alimentos digeridos	Endocrino
Los riñones eliminan el exceso de calcio en la sangre	Urinario (excretor)
Las glándulas tiroides y paratiroides producen las hormonas reguladoras calcitonina y PTH	Esquelético

EXAMEN PRELIMINAR

5. **Respuesta breve**

La osteoporosis es una enfermedad provocada por la disminución de la densidad de los minerales contenidos en los huesos, lo que conduce a un aumento del riesgo de fracturas óseas. Un factor de riesgo para el desarrollo de la osteoporosis es una dieta baja en calcio.

Explique cómo una dieta baja en calcio puede afectar la capacidad del cuerpo para regular los niveles de calcio en la sangre y contribuir, finalmente, al desarrollo de la osteoporosis.

Incluya toda la evidencia contenida en el pasaje y el diagrama para respaldar su respuesta.

Escriba su respuesta en el recuadro siguiente. Dispondrá de 10 minutos para completar esta tarea.

Cortar Copiar Pegar Deshacer Rehacer

EXAMEN PRELIMINAR

Use el pasaje y el diagrama siguientes para responder las preguntas 6 a 8.

El diagrama siguiente identifica las estructuras homólogas en las extremidades anteriores (superiores) de siete especies diferentes.

El término *homólogas* significa similares. Los científicos usan las estructuras homólogas como prueba de la existencia de ancestros comunes. A través del proceso de selección natural, se modifican las estructuras heredadas de un ancestro común para permitir que cada una de las especies descendientes se adapte mejor al medio en el que habita.

Estructuras homólogas

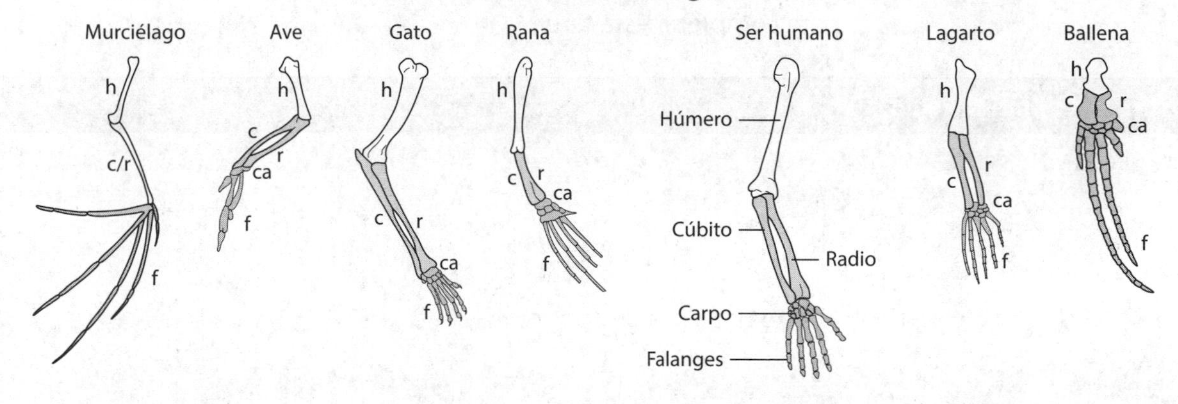

6. Las homologías en las extremidades anteriores de las siete especies son el resultado de similitudes en:

   A. El metabolismo.
   B. El código genético.
   C. El medio ambiente.
   D. Las estrategias de reproducción.

7. Teniendo en cuenta las homologías que se muestran en el diagrama, ¿con cuál de las especies siguientes comparte el ser humano el ancestro más reciente?

   A. El gato.
   B. El murciélago.
   C. Las aves.
   D. La ballena.

EXAMEN PRELIMINAR

8. **Respuesta breve**

Considere las diferentes funciones de las extremidades anteriores que aparecen en el diagrama anterior. Cada extremidad está adaptada a una de las cuatro funciones siguientes: volar, agarrar, nadar o caminar.

Explique cómo el proceso de selección natural provocó la adaptación de las extremidades anteriores. Suministre ejemplos específicos de adaptaciones estructurales y de las funciones que estas desempeñan.

Incluya toda la evidencia contenida en el pasaje y el diagrama para respaldar su respuesta.

Escriba su respuesta en el recuadro siguiente. Dispondrá de 10 minutos para completar esta tarea.

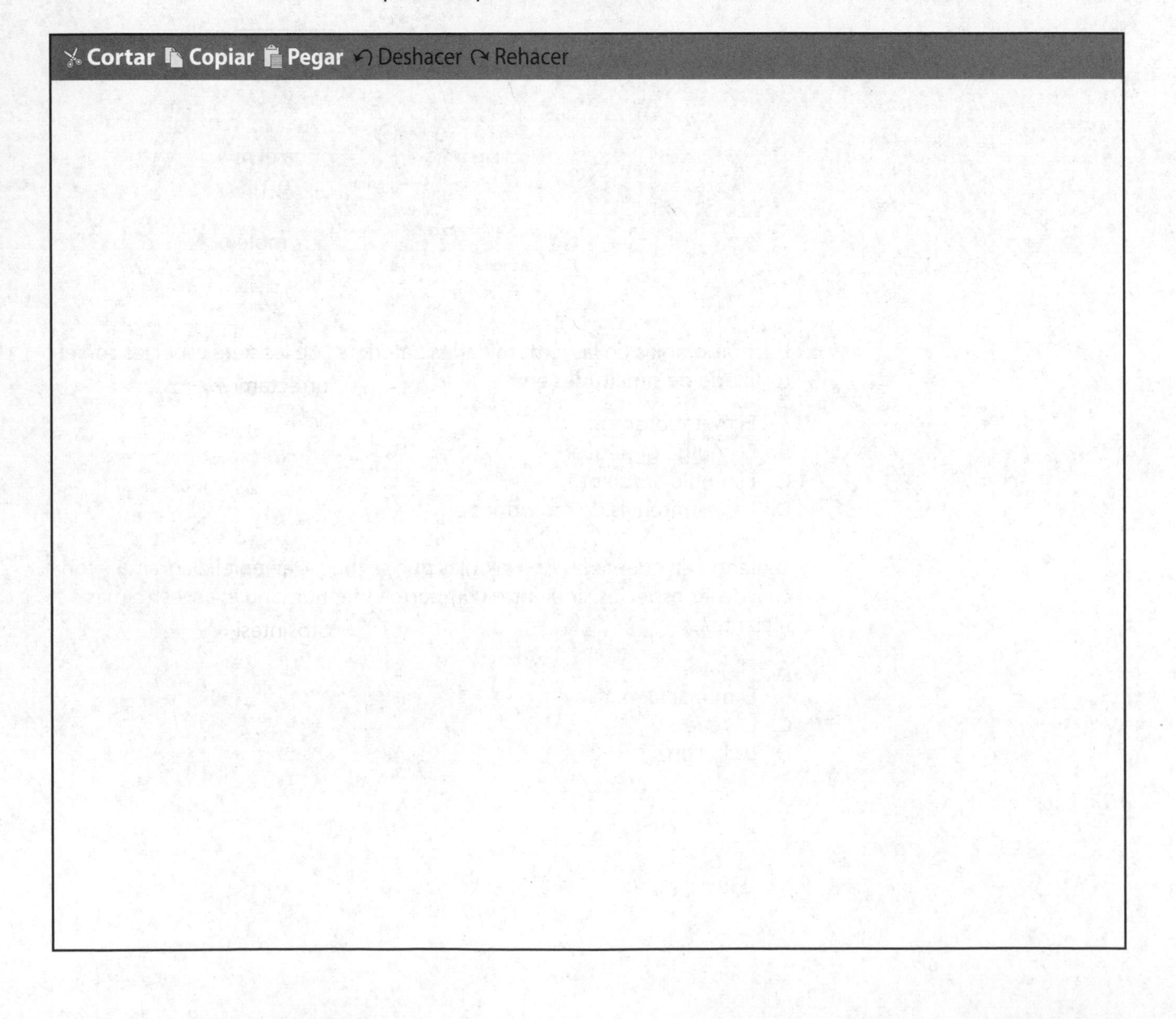

EXAMEN PRELIMINAR

Use el pasaje siguiente para responder las preguntas 9 y 10.

La fotosíntesis es un proceso químico que usa la energía proveniente de la luz solar para producir glucosa. La respiración es un proceso químico que transforma la glucosa en energía para su uso por las células. A continuación, se presentan las ecuaciones químicas que describen estos dos procesos.

Fotosíntesis

$$6CO_2 + 6H_2O \xrightarrow{\text{energía lumínica}} C_6H_{12}O_6 + 6O_2$$

Respiración

$$C_6H_{12}O_6 + 6O_2 \rightarrow \text{energía} + 6CO_2 + 6H_2O$$

9. Basándose en la ecuación de la fotosíntesis, escriba el número que corresponda en cada uno de los espacios en blanco.

   La fotosíntesis necesita ______________________ moléculas de dióxido de carbono y ______________________ moléculas de agua para producir una molécula de glucosa y 6 moléculas de oxígeno.

10. ¿Cuál de las afirmaciones siguientes describe correctamente la relación entre los procesos de fotosíntesis y de respiración?

    A. Los reactivos usados en la fotosíntesis son usados también como reactivos en la respiración.
    B. La energía producida por la respiración es usada para provocar la reacción de fotosíntesis.
    C. La fotosíntesis y la respiración son dos procesos diferentes para producir glucosa.
    D. Los productos químicos generados por la fotosíntesis son usados como reactivos en la respiración.

EXAMEN PRELIMINAR

Use los mapas siguientes para responder las preguntas 11 y 12.

Mapas de riesgo de las zonas de los Estados Unidos sometidas a peligros naturales

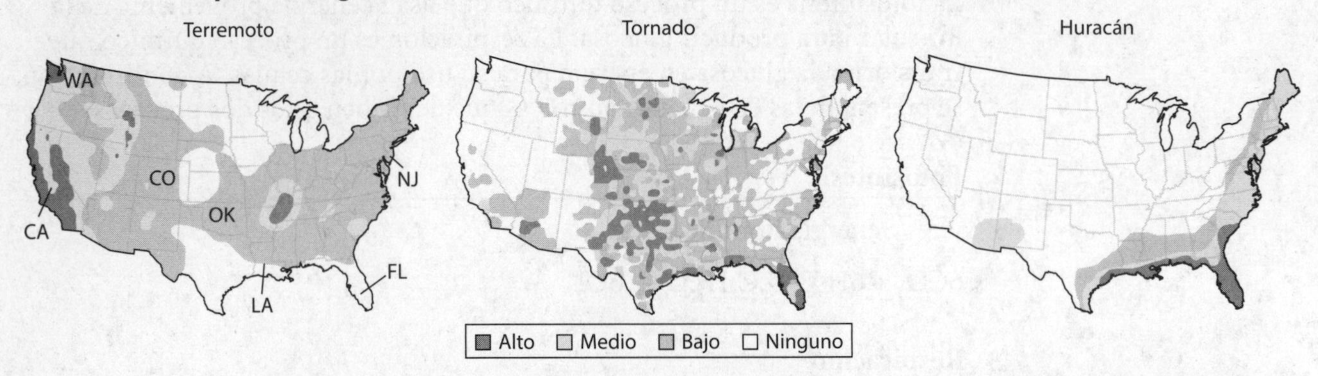

En las zonas donde los peligros naturales ocurren con frecuencia, se toman precauciones especiales para reducir su impacto. Examine en los mapas las zonas de mayor incidencia de cada uno de los peligros naturales.

11. Dibuje una línea que una cada estado con el tipo de precaución que resulte más apropiado.

Precauciones contra los peligros naturales	Estado
Canales/diques	California
Refugios subterráneos contra tornados	Florida
Paredes con placas de acero	Oklahoma

12. Según la información contenida en los mapas, ¿cuál de los estados siguientes es el más próximo a una placa tectónica?

A. Colorado.
B. Luisiana.
C. Nueva Jersey.
D. Washington.

EXAMEN PRELIMINAR

Use el pasaje siguiente para responder las preguntas 13 y 14.

El ciclo del carbono describe el intercambio constante de carbono entre la atmósfera, la tierra y los océanos. En el diagrama siguiente, se muestran los procesos que constituyen el ciclo del carbono. Los números en el diagrama representan la cantidad aproximada de gigatones (GT) de carbón en los diferentes componentes del ciclo.

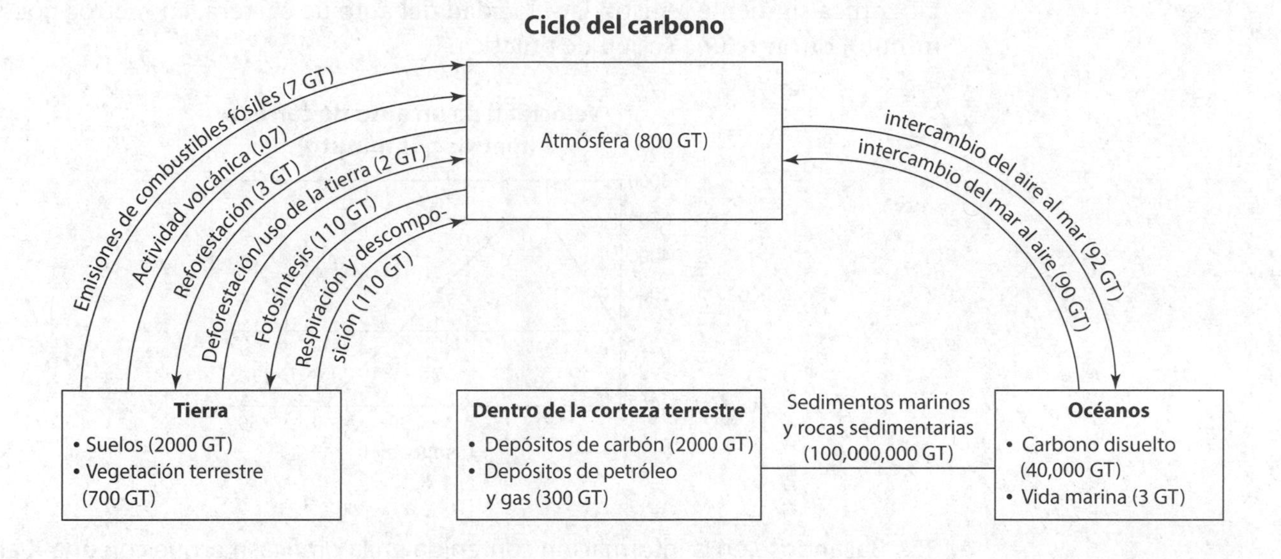

13. Sobre el diagrama, indique el proceso que elimina la mayor cantidad de carbono de la atmósfera.

14. Según la información contenida en el diagrama, ¿cuántos gigatones (GT) de carbono se estima que están almacenados en los depósitos de combustibles fósiles?

A. 7 GT.
B. 300 GT.
C. 2000 GT.
D. 2300 GT.

EXAMEN PRELIMINAR

Use el pasaje siguiente para responder las preguntas 15 a 17.

La velocidad es definida como la rapidez de un objeto en una dirección dada. La velocidad es positiva cuando un objeto se mueve hacia adelante, y negativa cuando el objeto se mueve hacia atrás. La aceleración es el cambio en el tiempo de la velocidad de un objeto.

Un conductor de autos de carrera está practicando sobre una pista lineal. La gráfica siguiente registra la velocidad del auto de carrera, en metros por minuto, durante una sesión de práctica.

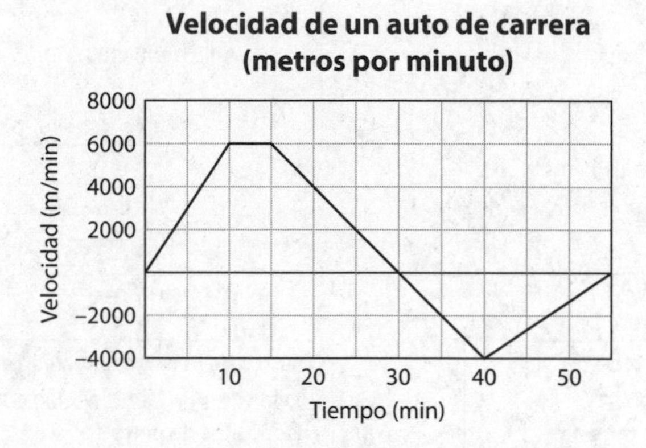

15. Basándose en la información contenida en la gráfica, marque con una **X** el punto en el que el auto de carrera cambia de dirección, pasa de moverse hacia adelante a moverse hacia atrás. (**Nota:** En el examen de GED®, usted deberá hacer un clic sobre la gráfica para marcar el punto.)

Use la instrucción siguiente para responder la pregunta 16.

La aceleración puede calcularse usando la siguiente fórmula:

$$\text{aceleración} = \frac{\text{velocidad final} - \text{velocidad inicial}}{\text{tiempo}}$$

16. Según la gráfica, ¿cuál es la aceleración del auto de carrera entre el minuto 0 y el minuto 10?

    A. 600 m/min.
    B. 600 m/min^2.
    C. 600 m^2/min^2.
    D. 600 $(m/min)^2$.

EXAMEN PRELIMINAR

Use el pasaje siguiente para responder la pregunta 17.

La segunda ley del movimiento de Newton dice que la aceleración de un objeto es proporcional a la fuerza total neta que actúa sobre ese objeto, es decir, fuerza = masa × aceleración ($F = m \times a$).

17. Un objeto que se desplaza a una velocidad constante no tiene aceleración. Según la gráfica, la velocidad del auto de carrera se mantuvo constante durante el minuto 10 y el minuto 15. ¿Cuál de las afirmaciones siguientes describe mejor las fuerzas que actúan sobre el auto de carrera durante ese período?

    A. Las fuerzas que actúan sobre el auto de carrera están en equilibrio.
    B. La fuerza de gravedad es la única fuerza que actúa sobre el auto de carrera.
    C. Ninguna fuerza actúa durante ese período.
    D. La fuerza del auto de carrera es más fuerte que la fuerza de fricción.

EXAMEN PRELIMINAR

Use la tabla y la ilustración siguientes para responder la pregunta 18.

Relaciones dentro de un ecosistema

Comensalismo	Relación en la que una especie se beneficia y la otra no obtiene beneficios ni resulta perjudicada.
Mutualismo	Relación en la que las dos especies se benefician.
Parasitismo	Relación en la que una especie se beneficia y la otra resulta perjudicada
Predador-presa	Relación en la que una especie sirve de alimento a la otra.

18. En la ilustración, ¿qué tipo de relación representan la abeja y la flor?

    A. Comensalismo.
    B. Mutualismo.
    C. Parasitismo.
    D. Predador-presa.

EXAMEN PRELIMINAR

Use el pasaje y el diagrama siguientes para responder la pregunta 19.

La centrifugación es un proceso por el cual se pueden separar los componentes de una solución, por grado de densidad, aplicando una fuerza giratoria. La centrifugación se usa, a menudo, para separar los componentes específicos de la sangre para análisis posteriores.

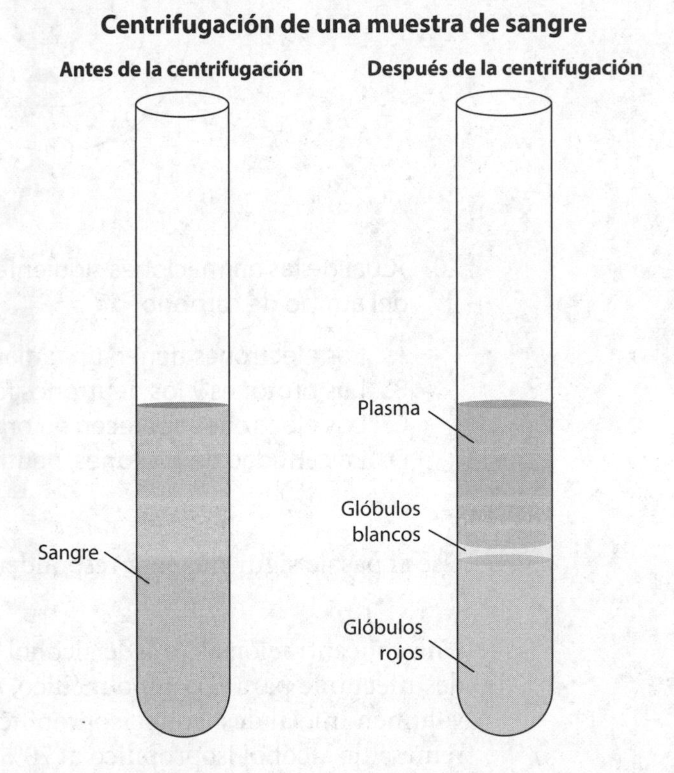

19. Según el diagrama, ¿qué componente tiene la densidad más alta?
    A. El plasma.
    B. La sangre sin centrifugar.
    C. Los glóbulos rojos.
    D. Los glóbulos blancos.

EXAMEN PRELIMINAR

Use el diagrama siguiente para responder la pregunta 20.

Átomo de carbono

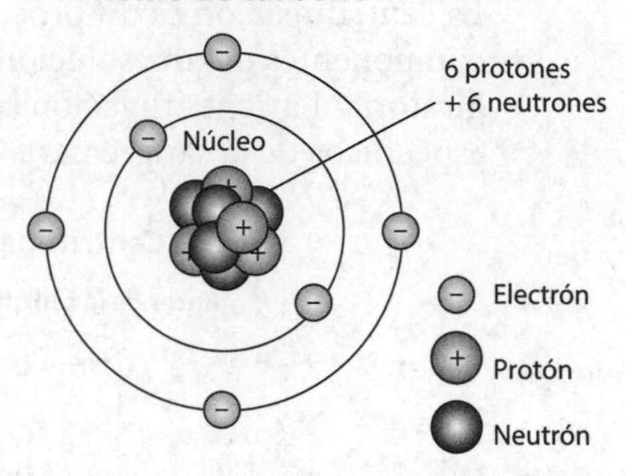

20. ¿Cuál de las afirmaciones siguientes describe una debilidad en el modelo del átomo de carbono?

    A. Los electrones tienen un tamaño más pequeño que los protones.
    B. Los protones y los neutrones forman parte del núcleo.
    C. Los electrones aparecen en órbitas fijas alrededor del núcleo.
    D. La cantidad de protones, neutrones y electrones es la misma.

Use el pasaje siguiente para responder la pregunta 21.

Una concentración al 70% de alcohol isopropílico es usada, a menudo, como desinfectante para el equipo médico, como termómetros y estetoscopios. El volumen inicial de alcohol isopropílico al 90% necesario para producir una remesa de alcohol isopropílico al 70% se puede calcular usando la fórmula siguiente:

(90%)(volumen inicial) = (70%)(volumen final)

21. ¿Cuántos mililitros de alcohol isopropílico al 90% son necesarios para obtener un litro de alcohol isopropílico al 70%?

    A. 0.00129 ml.
    B. 0.78 ml.
    C. 1.29 ml.
    D. 780 ml.

EXAMEN PRELIMINAR

Use la tabla y la gráfica siguientes para responder la pregunta 22.

Atmósfera de la Tierra

Composición de la atmósfera de la Tierra

Sustancia	Concentración en partes por millón (ppm)
Nitrógeno (N_2)	780,840.0
Oxígeno (O_2)	209,460.0
Argón (Ar)	9,340.0
Dióxido de carbono (CO_2)	360.0
Neón (Ne)	18.2
Helio (He)	5.24
Metano (CH_4)	1.5
Kriptón (Kr)	1.14
Hidrógeno (H_2)	0.5

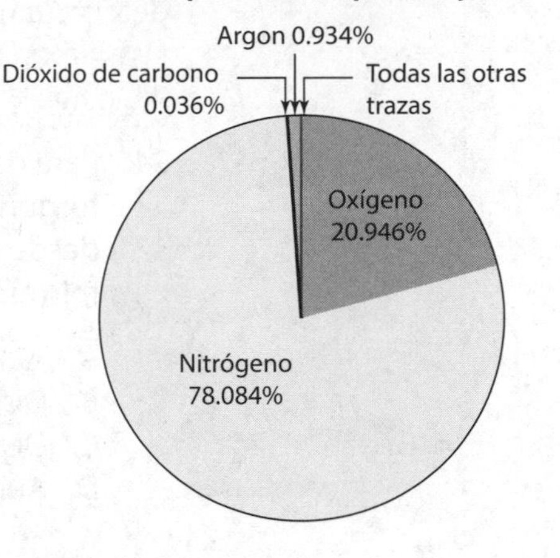

22. La concentración de sustancias en un compuesto puede ser expresada de formas muy diversas. De acuerdo con la información contenida en la tabla y la gráfica, ¿qué porcentaje del volumen total de la atmósfera está compuesto por hidrógeno?

A. 0.00005%.
B. 0.5%.
C. 5.0%.
D. 50.0%.

Use el pasaje siguiente para responder la pregunta 23.

Las corrientes oceánicas son cursos de agua que fluyen en forma continua y en rutas definidas dentro de los océanos. Las corrientes que se mueven a una profundidad de hasta 400 metros en el océano se denominan corrientes de superficie. Las corrientes que fluyen a profundidades mayores se denominan corrientes de aguas profundas.

23. ¿Qué tipos de corrientes pueden ser comprendidos mejor a través del estudio de los vientos globales (planetarios)?

A. Las corrientes de superficie.
B. Las corrientes de aguas profundas.
C. Los dos tipos de corrientes.
D. Ninguno de los dos tipos de corrientes.

EXAMEN PRELIMINAR

Use el pasaje siguiente para responder la pregunta 24.

Se realiza trabajo cuando una fuerza aplicada a un objeto hace que el objeto se desplace cierta distancia. La cantidad de trabajo realizado (W) puede determinarse multiplicando la fuerza aplicada por la distancia recorrida ($W = f \times d$).

24. Para deslizar una caja hacia arriba por una rampa e introducirla en una furgoneta se requiere la misma cantidad de trabajo que para alzar la caja desde el piso y depositarla en la furgoneta. Si la cantidad de trabajo es la misma, ¿qué beneficio trae usar la rampa?

 A. Aumenta la cantidad de fuerza que se necesita para mover la caja.
 B. Disminuye la cantidad de fuerza que se necesita para mover la caja.
 C. Disminuye la distancia total recorrida.
 D. Aumenta la distancia total recorrida.

Use el diagrama siguiente para responder la pregunta 25.

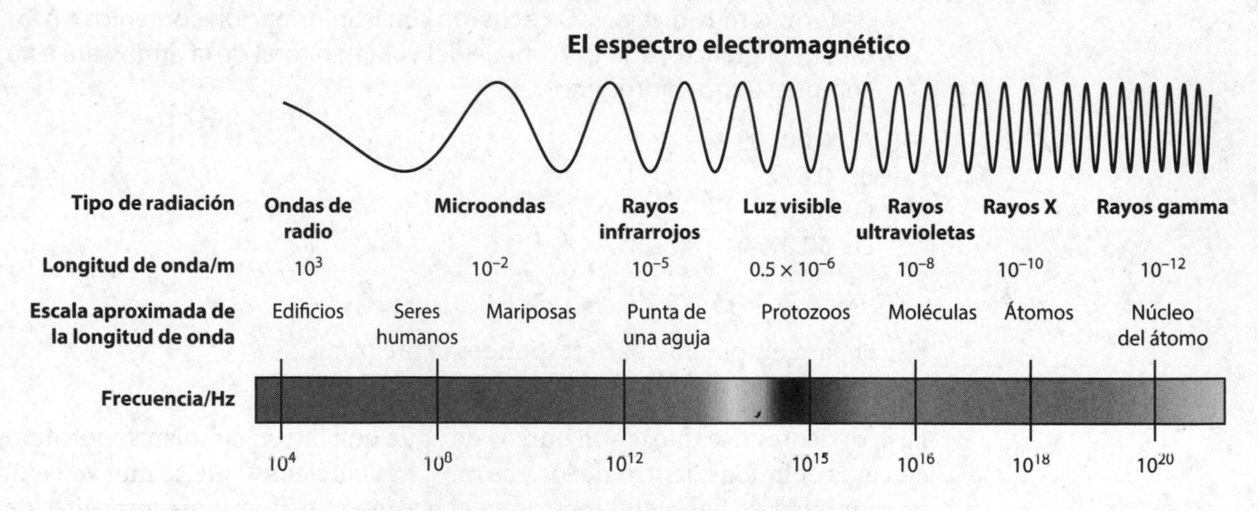

25. ¿Qué tipo de radiación puede tener una longitud de onda más grande que un ser humano?

 A. Onda de radio.
 B. Microondas.
 C. Luz visible.
 D. Rayos gamma.

EXAMEN PRELIMINAR

Use el diagrama siguiente para responder la pregunta 26.

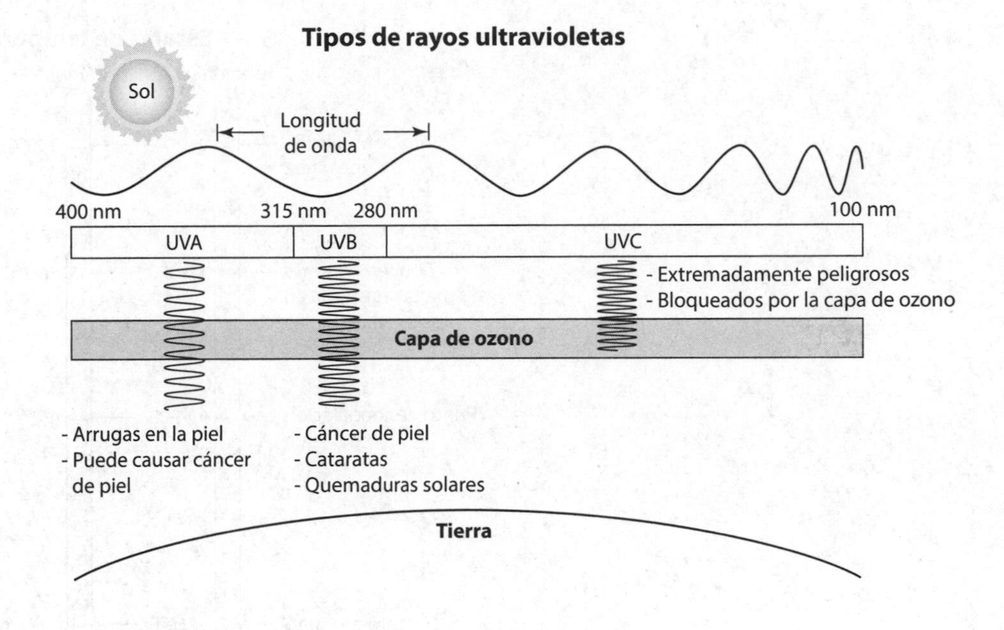

26. Las lociones y los aerosoles que contienen filtros solares han sido diseñados para proteger a las personas solo de los rayos UVA y UVB. Basándose en la información contenida en el diagrama, ¿por qué los filtros solares no protegen a las personas de los rayos UVC?

    A. Los rayos UVC son extremadamente peligrosos.
    B. Los rayos UVA y UVB provocan cáncer de piel.
    C. Los rayos UVC son bloqueados por la capa de ozono.
    D. Los rayos UVA y UVB tienen longitudes de onda más altas.

27. Se denomina energía química a la energía almacenada en los enlaces químicos. ¿Cuál de los objetos siguientes almacena energía química?

    A. Una bombilla de luz.
    B. Un panel solar.
    C. Una batería alcalina.
    D. Un enchufe eléctrico.

EXAMEN PRELIMINAR

Use el diagrama siguiente para responder la pregunta 28.

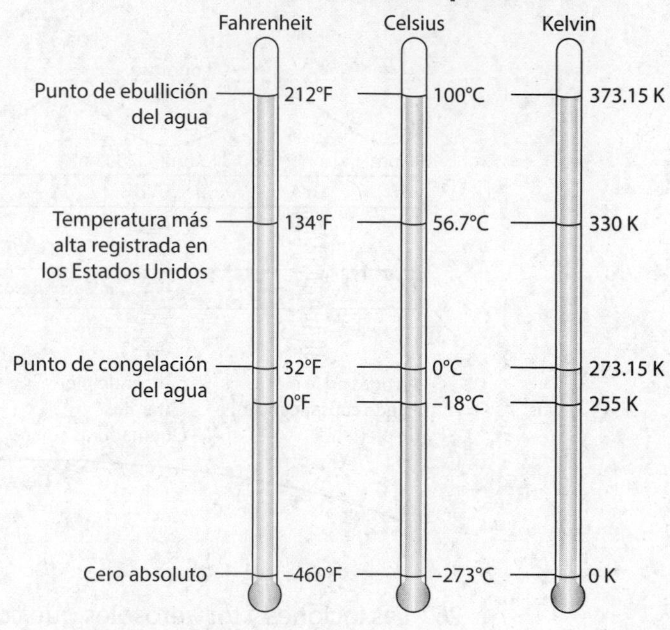

28. Las directrices de salud y seguridad para restaurantes requieren que las aves de corral sean cocinadas a una temperatura interna mínima de 165 grados. ¿En cuál de las escalas de temperatura están basadas esas directrices?

    A. Kelvin.
    B. Celsius.
    C. Fahrenheit.
    D. Ninguna de ellas.

EXAMEN PRELIMINAR

Use la tabla siguiente para responder la pregunta 29.

Los procesos químicos pueden ser clasificados en endotérmicos y exotérmicos. En la tabla siguiente, se enumeran ejemplos de cada tipo de proceso.

Procesos endotérmicos	**Procesos exotérmicos**
Derretimiento de cubos de hielo	Fabricación de cubos de hielo
Cocción de huevos	La llama de una vela
Producción de azúcar por fotosíntesis	Quema de azúcar
Evaporación del agua	Condensación de lluvia a partir de vapor de agua

29. ¿Qué generalización podría realizarse de los ejemplos enumerados en la tabla?

    A. Una reacción que libera calor es una reacción endotérmica.
    B. Una reacción que libera energía es una reacción exotérmica.
    C. Las reacciones exotérmicas producen un aumento neto de energía.
    D. Las reacciones endotérmicas ni absorben ni liberan calor.

Use el pasaje siguiente para responder la pregunta 30.

La avispa de la madera europea es una especie invasiva que se cree fue introducida accidentalmente en los Estados Unidos con un cargamento de madera en 2004. Esta avispa se alimenta de la madera de los pinos. También puede transportar un hongo que destruye a los pinos.

30. ¿De qué forma afectará la introducción de la avispa de la madera europea a los ecosistemas de los pinos?

    A. Aumentará la competencia entre consumidores.
    B. Destruirá el hábitat de los organismos que habitan en esos árboles.
    C. Contaminará el agua con los productos de la descomposición de los pinos.
    D. Transmitirá enfermedades a otras especies de insectos.

EXAMEN PRELIMINAR

Use el diagrama siguiente para responder la pregunta 31.

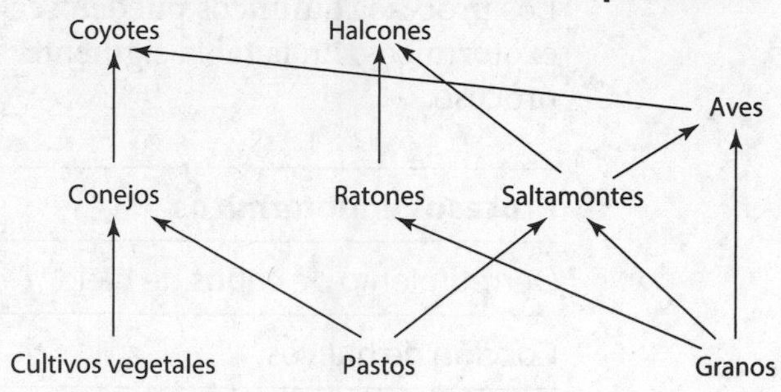

31. ¿Cuál de los miembros del ecosistema descrito en el diagrama anterior puede ser considerado un consumidor secundario?

    A. Los ratones, porque se alimentan de un productor.
    B. Los conejos, porque tienen dos fuentes de alimentación.
    C. Los saltamontes, porque son presas de dos especies predadoras.
    D. Las aves, porque se alimentan de un consumidor primario.

Use el diagrama siguiente para responder la pregunta 32.

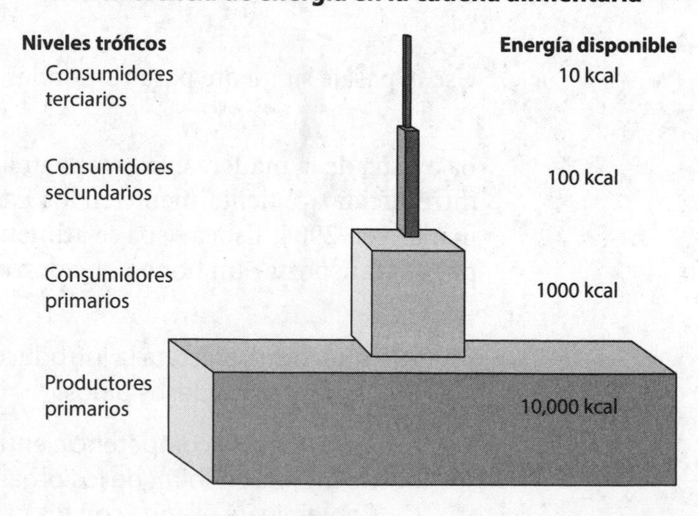

32. ¿Qué porcentaje de energía disponible al nivel de los productores llega hasta el nivel de los consumidores terciarios?

    A. 0%.
    B. 0.1%.
    C. 10%.
    D. 25%.

EXAMEN PRELIMINAR

Use el pasaje siguiente para responder la pregunta 33.

Un portador genético es un individuo que tiene una copia de un gen recesivo de una enfermedad genética y otra de un gen sano. Como se requieren dos copias del gen de la enfermedad genética para producir la enfermedad, el portador no tiene la enfermedad pero puede transmitirla a sus hijos.

33. Después de someterse a una prueba genética, una mujer embarazada sabe que es portadora de dos enfermedades genéticas: fibrosis quística (FQ) y atrofia muscular espinal (AME). Su esposo no es portador de ninguna de las dos enfermedades. ¿Cuál es la probabilidad de que un hijo de la pareja sea portador de al menos una enfermedad?

    A. 0%.
    B. 50%.
    C. 75%.
    D. 100%.

EXAMEN PRELIMINAR

Use el pasaje y el diagrama siguientes para responder la pregunta 34.

La mitosis es el proceso por el cual se divide el núcleo de una célula en dos células hijas idénticas. Durante la mitosis, la célula madre contiene dos copias, o pares, de cada cromosoma. Estos pares de cromosomas se alinearán primero para luego separarse, de forma tal que cada célula hija reciba un conjunto completo de cromosomas. En el diagrama siguiente, se muestran las principales fases del proceso de mitosis.

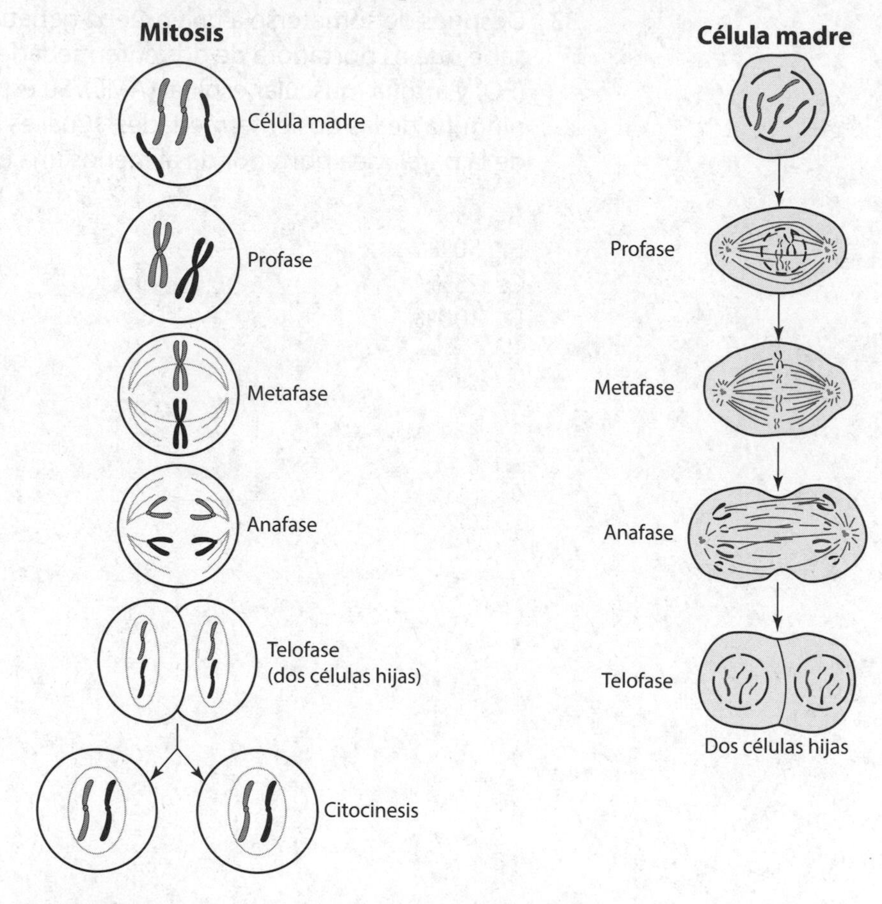

34. Según el diagrama, ¿en qué fase del proceso de mitosis se separan los cromosomas?
    A. Profase.
    B. Anafase.
    C. Telofase.
    D. Metafase.

35. Las funciones esenciales para la vida son aquellas funciones que deben ser realizadas por todos los seres vivos. ¿Cuál de las siguientes funciones no es esencial para la vida?
    A. El crecimiento.
    B. El metabolismo.
    C. La reproducción.
    D. La regulación térmica.

EXAMEN PRELIMINAR

36. Si el día más largo del año es el 21 de junio en Nueva York, Estados Unidos de América, ¿cuál es el día más corto del año en Perth, Australia?

A. El 21 de marzo.
B. El 21 de junio.
C. El 21 de septiembre.
D. El 21 de diciembre.

37. A continuación, se muestra la ecuación correspondiente a la fotosíntesis.

$$6CO_2 + 6H_2O + \text{energía} \rightarrow C_6H_{12}O_6 + 6O_2$$

¿Cuál de las opciones siguientes identifica correctamente los productos que son partes en la ecuación?

A. Glucosa, oxígeno.
B. Dióxido de carbono, agua
C. Oxígeno, dióxido de carbono.
D. Oxígeno, agua, glucosa.

38. Un conductor aplica los frenos del auto con una fuerza constante. ¿Qué tipo de gráfica velocidad/tiempo describirá la aceleración del vehículo?

A. Uno de línea recta con una pendiente igual a cero.
B. Uno de línea exponencial, que se curva hacia abajo, con una pendiente generalmente negativa.
C. Uno de línea recta con una pendiente negativa.
D. Uno de línea exponencial, que se curva hacia arriba, con una pendiente generalmente positiva.

39. Para examinar a un paciente, un optometrista le coloca unas gotas en los ojos. Las gotas provocan la dilatación de las pupilas. ¿Qué parte del ojo resulta afectada por la aplicación de las gotas?

A. El cristalino.
B. El iris.
C. La retina.
D. La córnea.

40. Durante el parto, la cabeza del bebé ejerce presión sobre la apertura del útero. Los receptores de la presión en el útero envían una señal al cerebro, que libera la hormona oxitocina. La oxitocina estimula las contracciones de los músculos lisos del útero, lo que provoca que el bebé ejerza mayor presión sobre la apertura del útero. ¿Cuál de las afirmaciones siguientes describe mejor la situación?

A. Esto provoca una retroalimentación negativa que lleva a la homeostasis.
B. Esto provoca una retroalimentación negativa que aumenta la intensidad de la respuesta.
C. Esto provoca una retroalimentación positiva que lleva a la homeostasis.
D. Esto provoca una retroalimentación positiva que aumenta la intensidad de la respuesta.

ESTE ES EL FINAL DEL EXAMEN PRELIMINAR DE CIENCIA

EXAMEN PRELIMINAR

Respuestas y explicaciones

1. **Respuesta correcta: D.** Según la tabla, las estrellas con temperaturas en la superficie entre 11,000° y 25,000°K tienen color azul-blanco. El rango se calcula restando la menor temperatura de la mayor. Para las estrellas de color azul-blanco, el rango es de 14,000°K (25,000°K – 11,000°K = 14,000°K).

2. **Respuesta correcta: G.** El rango de temperaturas para la clase G va de 5000°K a 6000°K. La temperatura de la superficie del Sol está dentro de ese rango.

3. **Respuesta correcta: C.** Los productos lácteos, como el yogur, son ricos en calcio. Los niveles de calcio en la sangre probablemente aumentarán después de ingerir alimentos ricos en calcio, lo que provocará que la glándula tiroides libere más calcitonina.

4. Los huesos constituyen el sistema esquelético. Los intestinos son parte del sistema digestivo. Los riñones son parte del sistema urinario. Las glándulas tiroides y paratiroides y las hormonas que producen forman parte del sistema endocrino.

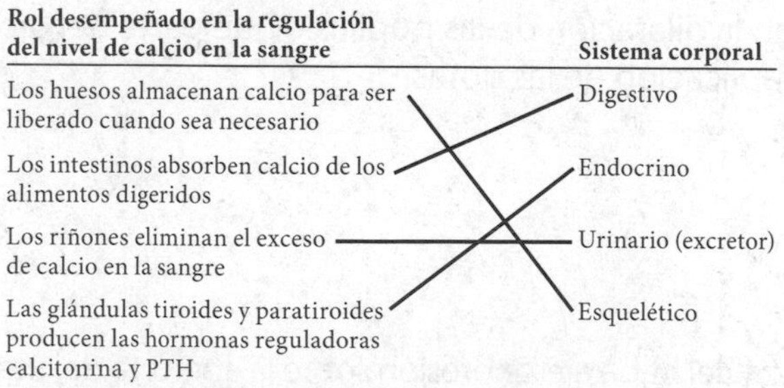

Rol desempeñado en la regulación del nivel de calcio en la sangre	Sistema corporal
Los huesos almacenan calcio para ser liberado cuando sea necesario	Digestivo
Los intestinos absorben calcio de los alimentos digeridos	Endocrino
Los riñones eliminan el exceso de calcio en la sangre	Urinario (excretor)
Las glándulas tiroides y paratiroides producen las hormonas reguladoras calcitonina y PTH	Esquelético

5. **Respuesta breve:**

Respuesta de 3 puntos

- Una clara y bien desarrollada explicación sobre cómo una dieta baja en calcio afecta el mecanismo de retroalimentación que regula los niveles de calcio en la sangre.
- Una clara y bien desarrollada explicación sobre cómo los desequilibrios crónicos en los niveles de calcio en la sangre contribuyen al desarrollo de la osteoporosis.
- Presentación de toda la evidencia contenida en el pasaje y el diagrama que respalde la respuesta.

Ejemplo de respuesta

Una dieta baja en calcio limita el suministro de calcio disponible para el cuerpo, haciendo que el mecanismo de regulación del cuerpo deba gastar una cantidad desproporcionada de tiempo para elevar los niveles de calcio en la sangre. El mecanismo detecta el nivel bajo de calcio en la sangre y envía una señal a la glándula paratiroidea para que esta libere la hormona PTH. A continuación, la hormona PTH aumenta los niveles de calcio en la sangre provocando la liberación de calcio de los huesos, la reabsorción del calcio en los riñones y el aumento en la captación de calcio de los alimentos en los intestinos. Cuando la capacidad de absorción de calcio en los intestinos está limitada por una dieta baja en calcio, el cuerpo tiene que depender más de los huesos como fuente de provisión de calcio. Con el tiempo, la liberación del calcio de los huesos puede conducir a una disminución de la densidad de los minerales contenidos en los huesos y al desarrollo de la osteoporosis.

Respuesta de 2 puntos

- Una explicación adecuada o estructurada parcialmente sobre cómo una dieta baja en calcio afecta el mecanismo de retroalimentación que regula los niveles de calcio en la sangre.
- Una explicación adecuada o estructurada parcialmente sobre cómo los desequilibrios crónicos en los niveles de calcio en la sangre contribuyen al desarrollo de la osteoporosis.
- Presentación parcial de la evidencia contenida en el pasaje y el diagrama que respalde la respuesta.

EXAMEN PRELIMINAR

Ejemplo de respuesta
Si los niveles de calcio en la sangre permanecen siempre bajos, el cuerpo tratará de aumentar esos niveles. Una forma de elevar los niveles de calcio en la sangre es usar el calcio depositado en los huesos. La remoción del calcio puede resultar perjudicial para los huesos y provocar, finalmente, osteoporosis.

Respuesta de 1 punto
- Una explicación mínima o confusa sobre cómo una dieta baja en calcio afecta el mecanismo de retroalimentación que regula los niveles de calcio en la sangre.
- Una explicación mínima o confusa sobre cómo los desequilibrios crónicos en los niveles de calcio en la sangre contribuyen al desarrollo de la osteoporosis.
- Presentación mínima o confusa de la evidencia contenida en el pasaje y el diagrama que respalde la respuesta.

Ejemplo de respuesta
El cuerpo no tendrá suficiente calcio. El cuerpo deberá tomar calcio de los huesos. Los huesos con poco calcio pueden desarrollar osteoporosis.

Respuesta de 0 punto
- No se da ninguna explicación sobre cómo una dieta baja en calcio afecta el mecanismo de retroalimentación que regula los niveles de calcio en la sangre.
- No se da ninguna explicación sobre cómo los desequilibrios crónicos en los niveles de calcio en la sangre contribuyen al desarrollo de la osteoporosis.
- No se presenta evidencia alguna del pasaje y el diagrama que respalde la respuesta.

6. **Respuesta correcta: B.** Las estructuras homólogas en especies diferentes provienen de ancestros comunes. Las especies que comparten un ancestro común tendrán similitudes en su ADN, que almacena el código genético. Los códigos genéticos similares producen estructuras homólogas.

7. **Respuesta correcta: A.** Los huesos de las extremidades anteriores del gato son los más parecidos en forma y tamaño a los de los brazos de los seres humanos. Esto permite suponer que el ancestro común entre el ser humano y el gato vivió más recientemente que los ancestros que los seres humanos comparten con las otras especies del diagrama.

8. **Respuesta breve**

   Respuesta de 3 puntos
   - Una clara y bien desarrollada explicación sobre cómo el proceso de selección natural provocó adaptaciones en las extremidades anteriores.
   - Ejemplos bien desarrollados, basados en el diagrama dado, que identifiquen las características estructurales que explican las funciones únicas de las extremidades anteriores en las diferentes especies.
   - Presentación de toda la evidencia contenida en el diagrama que respalde la respuesta.

   Ejemplo de respuesta
   El proceso de selección natural permite que las especies se adapten mejor al medio ambiente y puedan sobrevivir a través del tiempo. Aunque todas las estructuras de las extremidades anteriores de las especies en el diagrama se originaron a partir del mismo ancestro, la estructura en cada especie se ha modificado con el tiempo en respuesta a necesidades únicas. En la extremidad anterior de la ballena se ha reducido el tamaño del húmero, el radio y el cúbito, y se han alargado las falanges segunda y tercera. Estas adaptaciones permiten que la aleta de la ballena pueda cortar el agua, y así favorecen la función de natación. Los miembros anteriores del murciélago y de otras aves tienen un húmero y un carpo reducidos y falanges especializadas. Estas adaptaciones permiten que las alas de la especie se abran en abanico para apoyar la función de vuelo.

EXAMEN PRELIMINAR

Respuesta de 2 puntos

- Una explicación adecuada o estructurada parcialmente sobre cómo el proceso de selección natural provocó adaptaciones en las extremidades anteriores.
- Ejemplos parciales, basados en el diagrama dado, que identifiquen las características estructurales que explican las funciones únicas de las extremidades anteriores en las diferentes especies.
- Presentación parcial de la evidencia contenida en el diagrama que respalde la respuesta.

Ejemplo de respuesta

Las especies que tienen un ancestro común pueden vivir en entornos diferentes. La estructura de las extremidades anteriores de las distintas especies se ha modificado con el tiempo para permitir que cada especie pueda vivir en su propio entorno. Las extremidades de la ballena se han adaptado a la natación. Las extremidades anteriores de los murciélagos y las aves se han adaptado al vuelo.

Respuesta de 1 punto

- Una explicación mínima o confusa sobre cómo el proceso de selección natural provocó adaptaciones en las extremidades anteriores.
- Ejemplos incompletos, basados en el diagrama dado, que identifiquen las características estructurales que explican las funciones únicas de las extremidades anteriores en las diferentes especies.
- Presentación mínima o confusa de la evidencia contenida en el diagrama que respalde la respuesta.

Ejemplo de respuesta

Las diferentes especies necesitan hacer cosas diferentes. Entonces, sus extremidades anteriores también deben ser diferentes. Las ballenas nadan con sus aletas. Los murciélagos y las aves vuelan con sus alas.

Respuesta de 0 punto

- No se da ninguna explicación sobre cómo el proceso de selección natural provocó adaptaciones en las extremidades anteriores.
- No se dan ejemplos, basados en el diagrama dado, que identifiquen las características estructurales que explican las funciones únicas de las extremidades anteriores en las diferentes especies.
- No se presenta evidencia alguna contenida en el diagrama que respalde la respuesta.

9. **Respuestas correctas: 6 y 6.** En una reacción química, el coeficiente (número) delante de cada sustancia determina su número de moléculas. De acuerdo con la ecuación de la fotosíntesis, se necesitan 6 moléculas de CO_2 (dióxido de carbono) y 6 moléculas de H_2O (agua) para producir una molécula de $C_6H_{12}O_6$ (glucosa) y 6 moléculas de O_2 (oxígeno).

10. **Respuesta correcta: D.** En una reacción química, los reactivos aparecen a la izquierda de la flecha y los productos, a la derecha. Los productos de la fotosíntesis son glucosa y oxígeno, y aparecen a la derecha de la flecha en la ecuación de la fotosíntesis. La glucosa y el oxígeno actúan como reactivos en el proceso de la respiración, y aparecen a la izquierda de la flecha en la ecuación de la respiración.

11. California tiene la mayor incidencia de terremotos. La construcción de edificios con paredes con placas de acero es común en las zonas afectadas por terremotos. Florida tiene una alta incidencia de huracanes. Los canales y los diques son paredes construidas como precaución contra las marejadas en las áreas expuestas frecuentemente a huracanes. Oklahoma tiene una alta incidencia de tornados. La construcción de refugios subterráneos es común en las zonas donde se producen tornados con frecuencia.

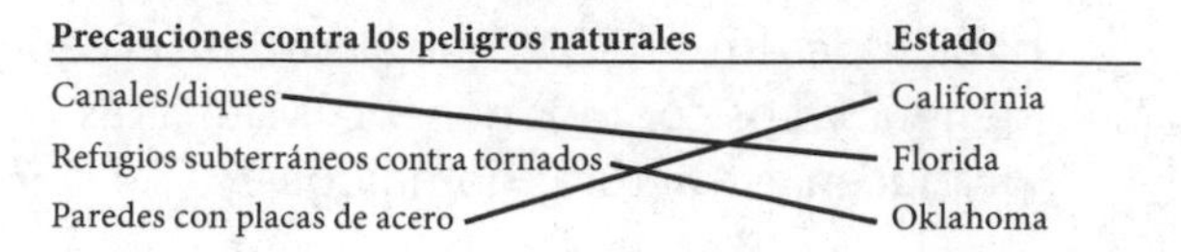

EXAMEN PRELIMINAR

12. **Respuesta correcta: D.** Los terremotos ocurren muy frecuentemente a lo largo de los bordes de las placas tectónicas. Cuando el aumento de la presión en el borde de una placa se hace insostenible, se produce una liberación de energía que produce el terremoto. Según el mapa de terremotos, Washington tiene una alta incidencia de terremotos, lo que es prueba de que se encuentra situada muy cerca del borde de una placa.
13. **Respuesta correcta: fotosíntesis**. Las plantas y otros organismos capaces de realizar la fotosíntesis absorben el dióxido de carbono de la atmósfera para usarlo como reactivo en el proceso de fotosíntesis. De acuerdo con el diagrama, la fotosíntesis retira 110 gigatones de carbono de la atmósfera, una cantidad mucho mayor que la de cualquier otro proceso descrito en el diagrama.

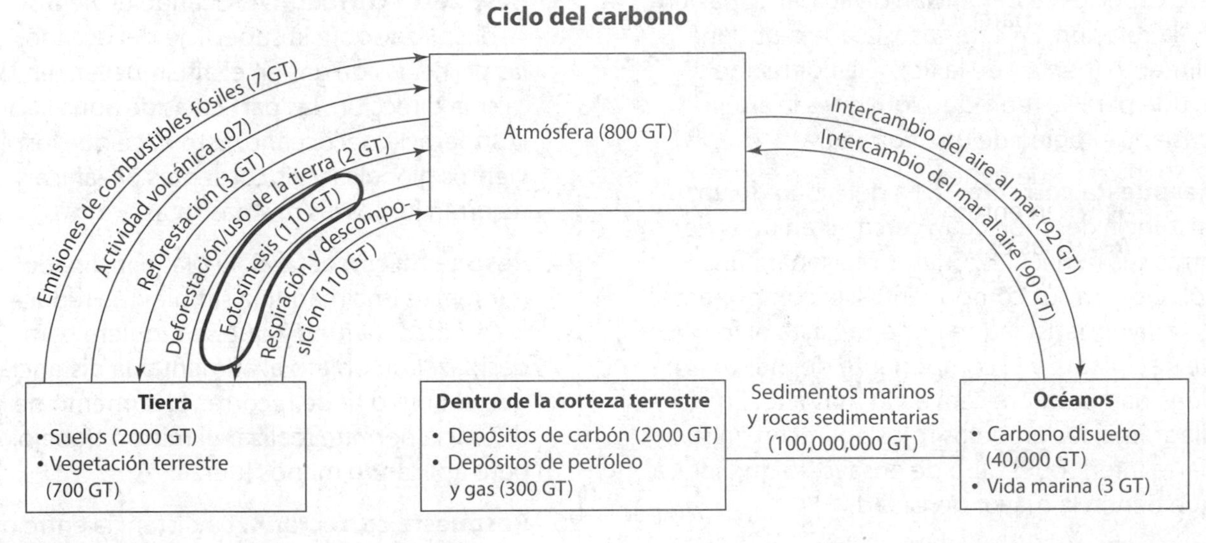

14. **Respuesta correcta: D.** Los combustibles fósiles son combustibles derivados de desechos orgánicos de organismos muertos. El carbón, el petróleo y el gas natural son todos combustibles fósiles. El diagrama muestra que existen depósitos de carbón que almacenan 2000 GT de carbono y depósitos de petróleo y gas natural que acumulan 300 GT, lo que hace un total de 2300 GT de carbono almacenados en depósitos de combustibles fósiles.
15. **Respuesta correcta: La X deberá ser marcada donde la línea corta el eje de las *x*, a los 30 minutos.** Por arriba del eje de las *x*, la velocidad es positiva, lo que indica que el auto se desplaza hacia adelante. Por debajo del eje de las *x*, la velocidad es negativa, lo que indica que el auto se desplaza hacia atrás. El auto cambia de dirección cuando la línea cruza el eje de las *x*.

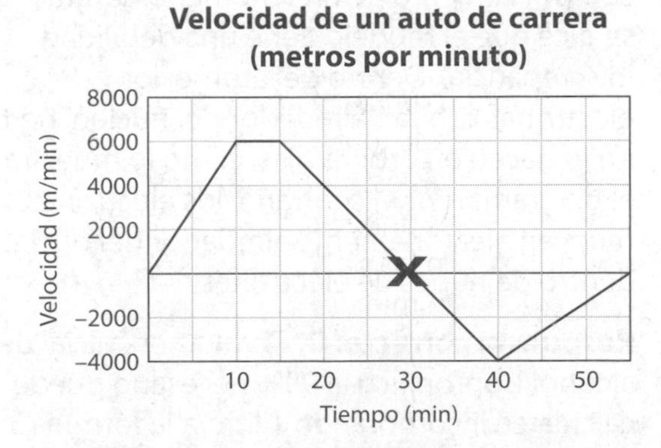

16. **Respuesta correcta: B.** Las unidades de velocidad usadas en la gráfica son metros por minuto (m/min). Las unidades de tiempo son minutos (min). La aceleración se calcula como un cambio en la velocidad (m/min) dividido por el tiempo transcurrido (min), lo que resulta en unidades de m/min/min, o m/min^2.

EXAMEN PRELIMINAR

17. **Respuesta correcta: A.** Según la segunda ley del movimiento de Newton ($F = m \times a$), cuando la aceleración de un objeto es igual a cero, la fuerza total neta que actúa sobre ese objeto debe ser, también, igual a cero. Una fuerza total neta igual a cero significa que todas las fuerzas que actúan sobre el auto están en equilibrio.

18. **Respuesta correcta: B.** En el mutualismo, las dos especies se benefician de su participación en la relación. En este caso, la abeja obtiene alimento (néctar) de la flor, y la flor recibe ayuda para su reproducción, pues la abeja traslada el polen de una flor a otra.

19. **Respuesta correcta: C.** La densidad de una sustancia describe cuán cerca están unas de otras sus moléculas. Cuando se separa una solución en sus componentes, el componente de mayor densidad se hundirá hasta el fondo del recipiente y el componente de menor densidad permanecerá en lo más alto. En el diagrama, los glóbulos rojos aparecen en la parte inferior del tubo de ensayo, lo que indica que tienen la mayor densidad.

20. **Respuesta correcta: C.** Cuando una parte de un modelo no refleja exactamente el comportamiento de un fenómeno natural, se dice que el modelo tiene una debilidad (discrepancia). Dentro del átomo, los electrones orbitan alrededor del núcleo, pero no lo hacen en órbitas fijas, como lo muestra el diagrama. Por el contrario, los electrones se mueven aleatoriamente alrededor del núcleo, dentro de nubes de electrones.

21. **Respuesta correcta: D.** El volumen inicial de alcohol isopropílico al 90% necesario puede calcularse incorporando 1 litro a la fórmula y efectuando la operación: volumen inicial = (70% × 1 litro)/(90%) = 0.78 litros. Como hay 1000 ml en un litro, la cantidad de mililitros necesaria puede calcularse multiplicando 0.78 litros × 1000 = 780 ml.

22. **Respuesta correcta: A.** En la tabla, se indica que la concentración en la atmósfera de hidrógeno es igual a 0.5 ppm. Como se muestra en la gráfica de sectores, la concentración en porcentaje de volumen puede determinarse dividiendo la concentración en ppm por 10,000. Entonces, 0.5 ppm ÷ 10,000 = 0.00005%, que es la concentración del hidrógeno en la atmósfera.

23. **Respuesta correcta: A.** Cuando el viento se desplaza sobre la superficie del océano, las partículas de gas en el aire mueven, en la misma dirección, las partículas de agua sobre la superficie del océano. Esto hace que los vientos globales y las corrientes oceánicas recorran juntos las mismas rutas.

24. **Respuesta correcta: B.** El plano inclinado (rampa) es una máquina simple que reduce la cantidad de fuerza que se requiere para desplazar un objeto al aumentar la distancia que el objeto debe recorrer. El aumento de la distancia permite realizar el mismo trabajo, pero aplicando menos fuerza.

25. **Respuesta correcta: A.** La distancia entre dos crestas consecutivas determina la longitud de una onda. Como se indica en el diagrama, una onda promedio de radio tiene una longitud de onda que es más grande que un ser humano. Las ondas de radio tienen la mayor longitud de onda promedio (10^3 metros) de todo el espectro electromagnético.

26. **Respuesta correcta: C.** Según el diagrama, los rayos UVA y UVB, provenientes del Sol, pueden atravesar ambos la capa de ozono, pero los rayos UVC, no. Un producto que brinde protección contra los rayos UVC no es necesario pues esos rayos no llegan a la Tierra.

27. **Respuesta correcta: C.** Una batería alcalina contiene energía química almacenada en forma de dos sustancias químicas (zinc y dióxido de magnesio). Cuando se coloca una

EXAMEN PRELIMINAR

batería dentro de un circuito eléctrico, las dos sustancias químicas reaccionan, rompiendo los enlaces químicos para producir energía eléctrica.

28. **Respuesta correcta: C.** Se considera que las aves de corral están apropiadamente cocinadas cuando su temperatura interna alcanza una temperatura de 165 grados Fahrenheit. De acuerdo con el diagrama, una temperatura de 165°F se ubica entre la temperatura más alta registrada en los Estados Unidos y el punto de ebullición del agua. Se considera que una temperatura de 165°F es lo suficientemente alta como para eliminar todas las bacterias peligrosas presentes en estas aves.

29. **Respuesta correcta: B.** Los procesos enumerados en la columna de los procesos exotérmicos liberan todos energía al medio ambiente, por lo general, en forma de calor. La llama de una vela produce calor. La quema de azúcar produce liberación neta de energía. La fabricación de cubos de hielo y la condensación del vapor de agua requieren una disminución de la temperatura del agua, lo que se produce por la liberación de calor al medio ambiente.

30. **Respuesta correcta: B.** Como el hongo que transporta la avispa de la madera europea destruye los pinos, los organismos que habitan en esos árboles, como aves y ardillas, perderán su vivienda. Esta pérdida del hábitat repercutirá sobre el ecosistema, y las especies afectadas serán forzadas a competir por un nuevo espacio o a migrar a otro ecosistema.

31. **Respuesta correcta: D.** Un consumidor secundario es aquel que se alimenta de consumidores primarios, los que, a su vez, se alimentan de productores. En esta red trófica las aves se alimentan de saltamontes, los que, por su parte, se alimentan de pastos y granos. Los pastos y granos son productores, los saltamontes son consumidores primarios y las aves son consumidores secundarios.

32. **Respuesta correcta: B.** En un ecosistema, aproximadamente un 10% de la energía disponible en cualquier nivel trófico pasa al organismo situado en el próximo nivel. En esta pirámide energética, los consumidores primarios reciben el 10% (1000 kcal) de la energía producida por los productores (10,000 kcal). Los consumidores secundarios reciben el 10% de la energía producida por los consumidores primarios (1000 kcal), o el 1% de la producida por los productores (10,000 kcal). Los consumidores terciarios reciben el 10% de la energía producida por los consumidores secundarios (100 kcal), o el 0.1% de la producida por los productores (10,000 kcal).

33. **Respuesta correcta: C.** El padre transmite a su hijo solo genes sanos. La madre podría transmitirle cuatro combinaciones de genes a su hijo, como se muestra en el diagrama siguiente. Las tres combinaciones de genes sombreadas en gris incluyen al menos un gen enfermo, lo que significa que el hijo tiene una probabilidad igual a ¾ o 75% de ser portador de al menos una enfermedad.

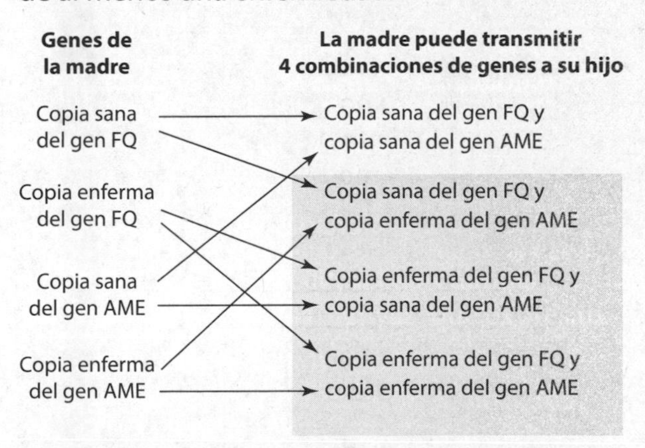

34. **Respuesta correcta: B.** Los pares de cromosomas se separan durante la anafase. Esto se muestra en la tercera fila del diagrama, en la cual los cromosomas (de forma de *x* hasta ese momento) parecen separarse y desplazarse hacia los lados opuestos de la célula.

EXAMEN PRELIMINAR

35. **Respuesta correcta: D.** La regulación térmica es la capacidad de mantener estable la temperatura corporal aun en un ambiente fluctuante. Si bien muchos organismos, como los seres humanos, pueden regular esa temperatura, otros, no. Los lagartos, por ejemplo, absorben el calor del ambiente. Puesto que no todos los organismos tienen esa capacidad, se puede concluir que la regulación térmica no es esencial para la vida.

36. **Respuesta correcta: B.** En los hemisferios opuestos, las estaciones dependen de la inclinación del eje de la Tierra y de la proximidad al Sol del hemisferio considerado. En verano, el hemisferio norte está inclinado hacia el Sol; entonces, Nueva York tiene el día más largo del año el día del solsticio de verano, el 21 de junio. El mismo 21 de junio, el hemisferio sur está inclinado en la dirección opuesta a la del Sol; entonces, Perth tiene el día más corto del año.

37. **Respuesta correcta: A.** Glucosa y oxígeno son los productos de la reacción de la fotosíntesis.

38. **Respuesta correcta: C.** El auto está desacelerando a una fuerza constante, y la velocidad está disminuyendo a una tasa también constante. Por lo tanto, la gráfica que describa esta situación deberá ser una línea recta con una pendiente negativa.

39. **Respuesta correcta: B.** El iris contiene los músculos que se contraen y relajan para regular el tamaño de la pupila. Cuando el iris se contrae, el tamaño de la pupila se reduce. A la inversa, cuando el iris se relaja, la pupila se dilata. Las gotas hacen que el iris se relaje y que la pupila se dilate.

40. **Respuesta correcta: D.** El estímulo (la presión) provoca la secreción de la hormona que dispara una respuesta (contracción del músculo) que aumenta el estímulo (más presión). Este es un mecanismo de retroalimentación positiva que aumenta la intensidad de la respuesta y solo se detiene cuando el bebé nace y la presión desaparece.

EXAMEN PRELIMINAR

Tabla de evaluación

Compruebe en la sección Respuestas y explicaciones del examen preliminar de Ciencia qué preguntas contestó correctamente y cuáles, no. En el caso de las respuestas incorrectas, busque primero el número de la pregunta en la tabla siguiente. Luego verifique, en la columna de la izquierda, a qué área de contenido corresponde esa pregunta. Si usted contestó incorrectamente varias preguntas de una misma área de contenido, deberá repasar esa área para el examen de GED®. Las páginas donde se tratan las diferentes áreas de contenido están enumeradas en la columna de la derecha.

Área de contenido	Número de pregunta	Páginas para repasar
Parte 1. Ciencias de la vida		
1. Las estructuras y funciones de la vida	19, 34	547–555
2. Las funciones de la vida y el consumo de energía	9, 10, 35, 37	557–559
3. La herencia	33	561–569
4. La evolución	6, 7, 8	571–577
5. Los ecosistemas	18, 30, 21, 32	579–589
6. El cuerpo humano y la salud	3, 4, 5, 39, 40	591–601
Parte 2. Ciencias físicas		
7. Interacciones químicas	20, 21, 22, 29	607–620
8. La energía	25, 26, 27, 28	621–631
9. El movimiento y las fuerzas	15, 16, 17, 24, 38	633–641
Parte 3. Ciencias de la Tierra y el espacio		
10. El espacio	1, 2, 36	647–654
11. La Tierra	12, 13, 23	655–669
12. Interacción entre la Tierra y los seres vivos	11, 14	671–680

EXAMEN PRELIMINAR

Estudios sociales

Este examen preliminar de Estudios sociales ha sido diseñado con el propósito de familiarizarlo con esta sección del examen de GED® y de permitirle evaluar su nivel actual de conocimientos en esta materia.

Este examen contiene el mismo número de preguntas que el examen de Estudios sociales del GED®: 45. Las preguntas se presentan en el mismo formato que tienen en el examen real y han sido diseñadas para evaluar las mismas destrezas. La mayoría de las preguntas están basadas en documentos históricos o pasajes breves de lectura sobre temas de estudios sociales. Algunas están basadas en gráficos, como un mapa, un diagrama o una ilustración. Otras preguntas consistirán en la comparación de dos pasajes. Por último, deberá contestar una pregunta de respuesta extensa.

En la mayoría de las preguntas, se usa el formato de opción múltiple, pero también encontrará algunas en otros formatos, como el de rellenar los espacios en blanco, el de "arrastrar y soltar" y el de menús desplegables (ambos simulados). En el examen de GED®, usted marcará sus respuestas haciendo un clic sobre la pantalla de la computadora. En este examen preliminar, usted deberá utilizar papel y lápiz, y marcar directamente sobre la página sus respuestas. Para el ensayo, deberá usar una hoja de papel separada.

Para tener una buena idea de cuán bien lo haría en el examen real, trate de realizar el examen en condiciones similares a las que encontrará en el centro de examinación. Complete el examen en una sola sesión y respete el límite de tiempo establecido. Si usted no llegara a completar el examen en el tiempo permitido, deberá mejorar entonces el ritmo de sus respuestas.

Trate de contestar tantas preguntas como le sea posible. Recuerde que no se penalizan las respuestas equivocadas, así que si no sabe una respuesta intente adivinarla. En las preguntas de opción múltiple, aumentarán sus probabilidades de acertar con la respuesta correcta si, previamente, puede eliminar una o más de las opciones.

Una vez completado el examen, compruebe sus respuestas en la sección Respuestas y explicaciones, que aparece después del examen preliminar. Luego, use la tabla de evaluación, a continuación de la sección Respuestas y explicaciones, para determinar las destrezas y los contenidos que requieran más ejercitación y estudio.

Ahora, dé vuelta la página y comience el examen preliminar de Estudios sociales.

EXAMEN PRELIMINAR

Estudios sociales

45 preguntas | **90 minutos**

Use el pasaje siguiente para responder las preguntas 1 y 2.

Los Estados Unidos operan bajo una forma de gobierno federal en la que el poder es compartido entre los diferentes niveles de gobierno, y en la que el gobierno nacional ejerce la mayor cantidad de poder. En los Estados Unidos, los niveles de gobierno estatales y locales también tienen poder; sin embargo, su autoridad es menor que la del gobierno nacional. El gobierno federal, o nacional, tiene poder sobre las cuestiones que afectan a todo el país. Los estados tienen poder sobre los asuntos locales. Algunos poderes, como la recaudación de impuestos, son compartidos. La Décima Enmienda de la Constitución dice que los poderes que no han sido otorgados al gobierno nacional, y no les han sido retirados a los gobiernos estatales, quedan reservados para los estados. Los gobiernos locales y estatales también pueden actuar en aquellos casos en que una autoridad superior no lo haya hecho.

1. ¿Cuál de las situaciones siguientes es un ejemplo de un gobierno de nivel inferior que actúa cuando el de nivel superior no lo ha hecho?

   A. La Proclamación de Emancipación del presidente Abraham Lincoln, que liberó a los esclavos de los estados del Sur.
   B. La Constitución de los Estados Unidos, que limita el poder que puede ejercer el gobierno.
   C. La ratificación de la Vigésima Sexta Enmienda, que permitió el voto de los jóvenes de 18 años de edad.
   D. La autorización del voto femenino en Wyoming, que fue aplicada antes de que el derecho les fuera otorgado a las mujeres por la Decimonovena Enmienda.

2. En el federalismo, ¿qué poder pertenece únicamente al gobierno nacional?

   A. La imposición y recaudación de impuestos.
   B. La creación de un ejército y una armada.
   C. La regulación del comercio dentro de un estado.
   D. El establecimiento de un sistema de escuelas locales.

EXAMEN PRELIMINAR

Use el pasaje y el mapa siguientes para responder las preguntas 3 y 4.

A lo largo de la historia, han existido diversos tipos de gobierno en las distintas partes del mundo. La principal diferencia entre esos tipos diferentes de gobierno reside en quién ejerce el poder: si está en manos de una sola persona, un pequeño grupo de personas o muchas personas. Hasta principios del siglo XX, la monarquía era el tipo más común de gobierno. Durante el siglo XX, los pueblos del mundo debieron hacer frente a la Primera y Segunda Guerras Mundiales y fueron testigos del ascenso y la caída del comunismo soviético. Algunas naciones invadieron a otras; otras formaron alianzas para defenderse mutuamente. Muchos países se dividieron, se expandieron o, incluso, fueron creados como resultado de las guerras.

El mapa siguiente muestra los distintos tipos de gobiernos nacionales que existían a finales del siglo XX.

Gobiernos en las distintas partes del mundo, 1999

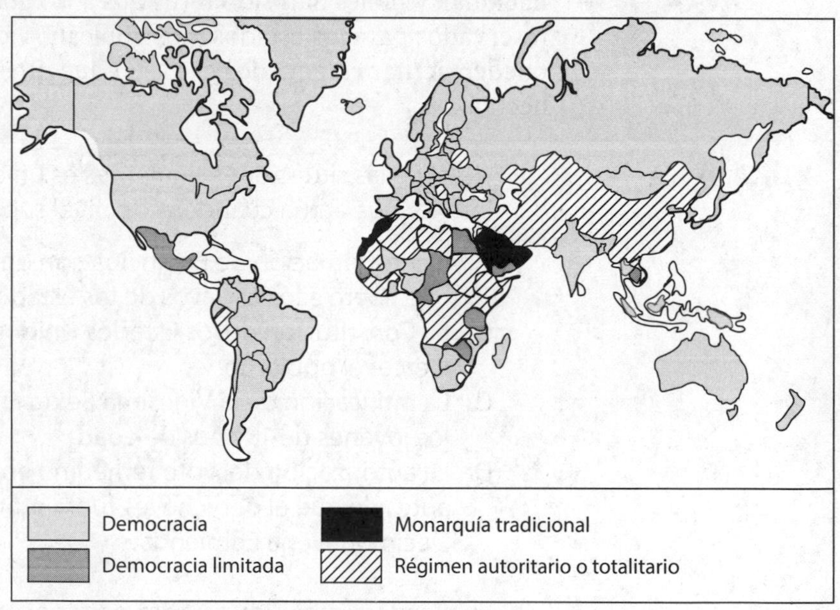

3. Según la información contenida en el mapa, ¿qué tipo de gobierno era el más predominante en América del Norte y en América del Sur a finales del siglo XX?

   A. Gobierno autoritario.
   B. Gobierno colonial.
   C. Democracia.
   D. Monarquía.

EXAMEN PRELIMINAR

4. ¿Cuál de las inferencias siguientes refleja mejor la información contenida en el pasaje y el mapa?

   A. El tipo de gobierno establecido originalmente en un país se mantiene en el curso de la historia.

   B. Pueden ocurrir cambios en el tipo de gobierno de un país como resultado de acontecimientos sucedidos en otras partes del mundo.

   C. Solo los países que comparten el mismo sistema de gobierno establecen alianzas.

   D. La ubicación del país determina el tipo de gobierno establecido.

EXAMEN PRELIMINAR

Use el pasaje siguiente para responder la pregunta 5.

Al momento de crear las instituciones gubernamentales, la historia proporcionó muchas ideas a los fundadores de los Estados Unidos. Los autores de la Constitución de los Estados Unidos eran muy conscientes de la variedad de tipos de gobierno que se habían establecido en otros países.

Por ejemplo, sabían que las ciudades de la antigua Grecia, como Atenas, se habían organizado en entidades pequeñas, independientes, conocidas como ciudades-estado, cada una gobernada por un pequeño grupo de hombres ricos y poderosos. Después de algún tiempo, los ciudadanos comenzaron a protestar y a querer participar en la aprobación de las leyes que regían sus vidas. Se desarrolló, entonces, un sistema político que permitía a los terratenientes varones participar directamente en el gobierno, una forma temprana de la democracia.

Los fundadores de los Estados Unidos también sabían que la antigua Roma había sido una especie de república. Se permitía a ciertos ciudadanos de clase alta elegir a los representantes en el gobierno y, más adelante, se les permitió también votar a los ciudadanos de clase baja. Con el tiempo, la inclusión de esos nuevos votantes provocó cambios en el gobierno, entre ellos, que las leyes fueran escritas, para evitar que los líderes las cambiaran a voluntad.

Como antiguos súbditos británicos, los fundadores conocían también muy bien la historia política inglesa. En Inglaterra, al comienzo existía un régimen monárquico y el rey o la reina tenían el poder supremo. Alrededor del año 1200, la situación comenzó a cambiar, y, con el tiempo, se estableció un Parlamento. Este grupo de hombres representaba los intereses de determinados grupos de ciudadanos. La existencia del Parlamento obligaba al rey a requerir su aprobación antes de tomar una decisión, lo que limitaba el poder del monarca.

5. ¿Qué conclusión puede extraerse respecto del desarrollo del gobierno de los Estados Unidos?

   A. Ideas de diferentes tipos de gobierno de distintos períodos históricos fueron incorporadas a la estructura de la democracia en los Estados Unidos.
   B. Los fundadores de los Estados Unidos establecieron la forma de gobierno basándose en un único tipo de gobierno que había resultado exitoso.
   C. Los gobiernos de la antigüedad representaban sistemas políticos que habían caído en desuso cuando se establecieron los Estados Unidos.
   D. Los primeros líderes de los Estados Unidos consideraban que los gobiernos de la antigüedad eran ejemplos de formas de gobierno no duraderas.

EXAMEN PRELIMINAR

Use el pasaje siguiente para responder la pregunta 6.

En la Constitución de los Estados Unidos se divide al gobierno nacional en tres poderes separados: el legislativo, el ejecutivo y el judicial. Cada poder tiene su propia área de responsabilidad. El poder legislativo está compuesto por el Congreso, y su función es aprobar las leyes que rigen el país. Este poder se ocupa también de la recaudación de dinero, aprueba la impresión de dinero y puede declarar la guerra. El poder ejecutivo es el responsable de la promulgación de las leyes, y comprende al presidente, el vicepresidente y los departamentos que son necesarios para hacer cumplir las leyes, e incluye a las fuerzas armadas. El poder judicial comprende al Tribunal Supremo. Los jueces de este tribunal son nombrados por el presidente y son responsables de la interpretación de las leyes y de determinar si están de acuerdo o no con la Constitución. Esta división de poderes impide que una parte del gobierno le imponga sus decisiones a cualquier otra.

6. En el diagrama siguiente, indique a que columna pertenece cada una de las responsabilidades que se enumeran. (**Nota:** En el examen de GED®, usted deberá hacer un clic sobre cada responsabilidad y "arrastrarla" hasta la posición correcta en el diagrama.)

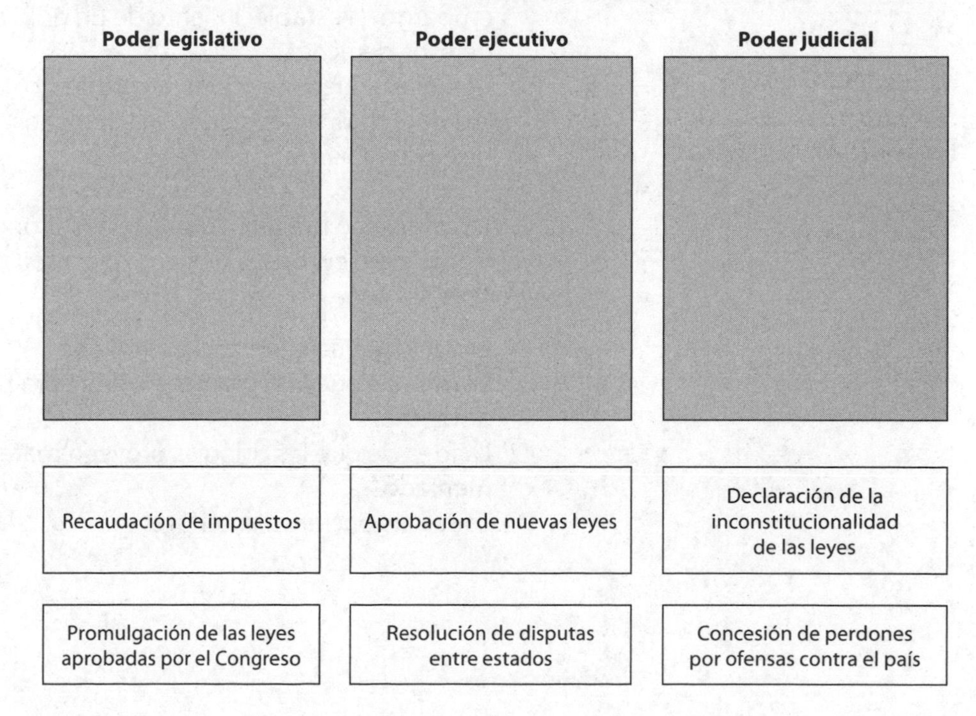

EXAMEN PRELIMINAR

Use el pasaje siguiente para responder la pregunta 7.

Las ideas del filósofo escocés John Locke influyeron en la estructura del gobierno de los Estados Unidos. Locke teorizó, en su filosofía de los derechos naturales, sobre cómo las personas actuarían en un estado natural, en el que no hubiera gobierno. Locke creía que los derechos a la vida, la libertad y la propiedad eran derechos otorgados por Dios que no podían ser negados a nadie; sin embargo, en un estado natural, sin gobierno, algunas personas podrían privar a otros de estos derechos naturales. Locke sostenía que las personas debían tener la libertad de tomar sus propias decisiones, siempre y cuando esas decisiones no interfirieran con la libertad de los demás. El propósito del gobierno, según Locke, era la protección de los derechos naturales de las personas.

7. ¿Cuál de las afirmaciones siguientes explica mejor las ideas de Locke sobre los derechos naturales?

   A. La única forma de garantizar los derechos de las personas es a través del establecimiento de un gobierno fuerte.
   B. Los gobiernos son innecesarios porque las personas gozan de derechos naturales que no podrán ser denegados o interferidos por otras personas.
   C. Las personas gozan de ciertos derechos otorgados por Dios; sin embargo, el establecimiento de un gobierno las privará injustamente de esos derechos.
   D. Con el establecimiento de un gobierno, las personas resignan parte de sus derechos; no obstante, sus derechos naturales quedan protegidos por ese gobierno.

8. El mercantilismo fue una de las fuerzas propulsoras de la exploración y la colonización europeas de las Américas. ¿Qué idea representa mejor al mercantilismo?

   A. La idea de que la riqueza es limitada.
   B. La idea de que las colonias existen para beneficio del país que las gobierna.
   C. La idea de que las colonias proveen materias primas y nuevos mercados.
   D. Todas las opciones anteriores.

EXAMEN PRELIMINAR

Use el pasaje siguiente para responder la pregunta 9.

La soberanía popular, uno de los principios sobre los que se basó la Constitución de los Estados Unidos, es una teoría política que sostiene que los gobiernos son creados por la voluntad de las personas. De acuerdo con este principio, las personas tienen el derecho de tomar decisiones políticas por sí mismas.

9. ¿Cuál de los documentos siguientes aplica el principio de la soberanía popular?

A. La Ley de Relaciones Obrero-Patronales de 1947 (*Taft-Hartley Act*), que prohibió que los obreros sindicados realizaran ciertos tipos de huelga.
B. La Vigésima Segunda Enmienda, que establece que no se elegirá a la misma persona para el cargo de Presidente de los Estados Unidos más de dos veces.
C. La Ley de Kansas-Nebraska de 1854, que estableció que cada nuevo territorio de los Estados Unidos decidiría si la esclavitud iba a estar permitida dentro de sus fronteras.
D. Las Leyes de Townshend de 1767, que aplicaron impuestos a los bienes importados por las colonias, incluidos el té, los cristales, el plomo, el papel y las pinturas.

Use el pasaje siguiente para responder la pregunta 10.

Nadie estará obligado a responder de un delito castigado con la pena capital o con otra infamante si un gran jurado no lo denuncia o acusa, a excepción de los casos que se presenten en las fuerzas de mar o tierra o en la milicia nacional cuando se encuentre en servicio efectivo en tiempo de guerra o peligro público; tampoco se pondrá a persona alguna dos veces en peligro de perder la vida o algún miembro con motivo del mismo delito; ni se le compelerá a declarar contra sí misma en ningún juicio criminal; ni se le privará de la vida, la libertad o la propiedad sin el debido proceso legal; ni se ocupará la propiedad privada para uso público sin una justa indemnización.

—*Quinta Enmienda a la Constitución.*

10. Rellene el espacio en blanco.

Según el pasaje anterior, si el gobierno desea apropiarse de una propiedad privada de un ciudadano, ¿qué es lo que deberá hacer? Deberá ofrecerle

________________________.

EXAMEN PRELIMINAR

Use los pasajes siguientes para responder la pregunta 11.

Todos los poderes legislativos otorgados en la presente Constitución corresponderán a un Congreso de los Estados Unidos, que se compondrá de un Senado y una Cámara de Representantes. . . El Senado de los EE.UU. se compondrá de dos Senadores por cada Estado, elegidos por seis años por la legislatura del mismo, y cada Senador dispondrá de un voto. . . El Vicepresidente de los EE.UU. será presidente del Senado, pero no tendrá voto sino en el caso de empate. El Senado elegirá a sus demás funcionarios, así como a un presidente *pro tempore*, que fungirá en ausencia del Vicepresidente o cuando este se halle desempeñando la Presidencia de los Estados Unidos. El Senado poseerá derecho exclusivo de juzgar sobre todas las acusaciones por responsabilidades oficiales. Cuando se reúna con este objeto, sus miembros deberán prestar un juramento o protesta. Cuando se juzgue al Presidente de los Estados Unidos deberá presidir el presidente del Tribunal Supremo. Y a ninguna persona se le condenará si no concurre el voto de dos tercios de los miembros presentes.

— Fragmento del Artículo I de la Constitución de los Estados Unidos.

Si cada [cámara] es enmarcada sustancialmente en el mismo plan, las ventajas de la división son imprecisas y quedan libradas a la imaginación. . . Desde este punto de vista, la organización del Senado se vuelve de un valor inestimable. Representa la voz, no de un distrito, sino de un estado;. . . no de los intereses de un estado, sino de todos; no la actividad elegida por la población predominante en un estado, sino todas las actividades de todos los estados. . . Es la parte más importante y valiosa del sistema, y el verdadero balanceador de las ruedas, el que ajusta y regula sus movimientos.

—Joseph Story, juez del Tribunal Supremo (1822–1845).

11. Según los pasajes, ¿cuál de las afirmaciones siguientes es verdadera?
    - A. Los jueces del Tribunal Supremo creían que los funcionarios del Senado y de la Cámara de Representantes deberían ser elegidos del mismo modo.
    - B. Story confiaba en que la asignación de dos senadores por cada estado representaría equitativamente los intereses de todos los estados, sin favorecer a ningún grupo de ciudadanos en particular.
    - C. El presidente del Tribunal Supremo creía que el Senado debía ser organizado de manera tal de que le permitiera controlar los actos del Presidente y de la Cámara de Representantes.
    - D. Story creía que cada estado debía tener la misma cantidad de representantes en el Senado y la Cámara de Representantes para poder representar equitativamente los intereses de los ciudadanos.

EXAMEN PRELIMINAR

Use el pasaje siguiente, extraído del Artículo II de la Constitución de los Estados Unidos, para responder la pregunta 12.

El Presidente, el Vicepresidente y todos los funcionarios civiles de los Estados Unidos serán separados de sus puestos al ser acusados y declarados culpables de traición, cohecho u otros delitos y faltas graves.

12. Basándose en el fragmento, ¿qué debe suceder para que el Presidente sea removido de su cargo?
    A. El Presidente debe ser sometido a juicio político.
    B. El Presidente debe ser condenado.
    C. El Presidente debe haber cometido traición.
    D. El Presidente debe haber aceptado sobornos.

Use el pasaje siguiente para responder la pregunta 13.

La Constitución de los Estados Unidos establece que los miembros de la Cámara de Representantes elegirán un Portavoz, quien se desempeñará como su líder. Esta persona ocupa el cargo de funcionario de más alto rango, desde el punto de vista ceremonial, del poder legislativo. El rol que desempeña el Presidente de la Cámara (Portavoz) incluye: ser el jefe administrativo de la Cámara de Representantes, presidir los debates, designar a los miembros del comité y administrar el juramento del cargo de otros miembros. Aunque no es necesario que así ocurra, el Portavoz es casi siempre un miembro del partido mayoritario. Hay, además, un presidente del grupo de legisladores del partido mayoritario en la Cámara; esta persona es, en realidad, el segundo funcionario en importancia del partido, por debajo del Portavoz, que es el oficial de mayor rango de ese partido. En general, el Portavoz no vota en la aprobación de los proyectos de ley, a menos que su voto sea necesario para que el proyecto de ley sea aprobado.

13. ¿Cuál de las afirmaciones siguientes sobre el Portavoz de la Cámara de Representantes puede ser respaldado por la información precedente?
    A. El voto del Portavoz de la Cámara no tiene influencia para la aprobación de legislación.
    B. El Portavoz de la Cámara debe ser elegido entre los miembros electos de la Cámara de Representantes.
    C. El mandato del Portavoz de la Cámara es igual al del Presidente de los Estados Unidos, por lo que ambos deberán estar de acuerdo en las cuestiones más importantes.
    D. El Portavoz de la Cámara de Representantes y el Presidente de los Estados Unidos pueden pertenecer a partidos diferentes y oponerse entre sí en las cuestiones más importantes.

EXAMEN PRELIMINAR

Use los dos pasajes siguientes para responder la pregunta 14.

Siempre que las dos terceras partes de ambas Cámaras lo juzguen necesario, el Congreso propondrá enmiendas a esta Constitución, o bien, a solicitud de las legislaturas de los dos tercios de los distintos Estados, convocará una convención con el objeto de que proponga enmiendas, las cuales, en uno y otro caso, poseerán la misma validez que si fueran parte de esta Constitución, desde todos los puntos de vista y para cualesquiera fines, una vez que hayan sido ratificadas por las legislaturas de las tres cuartas partes de los Estados separadamente o por medio de convenciones reunidas en tres cuartos de los mismos, según que el Congreso haya propuesto uno u otro modo de hacer la ratificación.

— Fragmento del Artículo V de la Constitución de los Estados Unidos.

Si en opinión de la ciudadanía la distribución o modificación de las facultades constitucionales es equivocada en algún caso particular, que sea corregida por una enmienda en la forma en que lo prevé la Constitución.

—George Washington.

14. ¿Cuál de las afirmaciones siguientes describe mejor el punto de vista de Washington sobre las enmiendas a la Constitución?

A. Las leyes y los poderes establecidos por la Constitución son justos y deben ser respetados, independientemente de lo que opine la ciudadanía.
B. Existen errores en la Constitución, y los representantes en el Congreso deben corregir esos errores para que la ciudadanía crea en la justicia de los poderes.
C. Es la opinión de la ciudadanía de los Estados Unidos que los poderes establecidos en la Constitución son injustos y deben ser corregidos a través de enmiendas.
D. Cuando los ciudadanos de los Estados Unidos crean que algún aspecto de la Constitución deba ser modificado, el Congreso deberá votar sobre la necesidad de enmendar este documento.

EXAMEN PRELIMINAR

Use el pasaje y la tabla siguientes para responder las preguntas 15 y 16.

Una vez concluida la redacción de la Constitución de los Estados Unidos, muchos estadounidenses, entre ellos, Thomas Jefferson y James Madison, exigieron que una Carta de Derechos fuera añadida al documento. En la tabla siguiente, se resume la Carta de Derechos, que incluye las diez primeras enmiendas a la Constitución de los Estados Unidos.

Carta de Derechos

Primera Enmienda	Libertad de religión, expresión, prensa, reunión y petición.
Segunda Enmienda	Derecho de poseer y portar armas para mantener una milicia bien ordenada.
Tercera Enmienda	Prohibición de alojamiento de militares en casa alguna sin el consentimiento de su propietario.
Cuarta Enmienda	Derecho de las personas a estar a salvo de pesquisas y aprehensiones arbitrarias.
Quinta Enmienda	Derecho a un debido proceso legal, libertad de no declarar contra sí mismo y derecho a no ser juzgado dos veces por la misma causa.
Sexta Enmienda	Derechos de las personas acusadas, como derecho a un juicio rápido y público por jurado.
Séptima Enmienda	Derecho a un juicio por jurado en casos civiles.
Octava Enmienda	Derecho a no tener que pagar fianzas ni multas excesivas y a no ser sometido a penas crueles y desusadas.
Novena Enmienda	Derechos adicionales a los establecidos en la Constitución.
Décima Enmienda	Poderes reservados a los estados.

15. De acuerdo con la información sobre la Carta de Derechos, ¿qué conclusión puede ser extraída?
    A. Los ciudadanos querían asegurarse de que el gobierno federal no tuviera más poder que los gobiernos estatales.
    B. Para poder clarificar las intenciones de los líderes políticos, los derechos del gobierno federal debían ser establecidos específicamente.
    C. Existía la preocupación entre muchos ciudadanos de que un gobierno federal fuerte llegara a desconocer los derechos de los individuos.
    D. La mayoría de los líderes temía que se hubiesen otorgado demasiados poderes a los gobiernos estatales y creía que los derechos federales debían ser especificados.

EXAMEN PRELIMINAR

16. ¿Cuál de las afirmaciones siguientes es un ejemplo de una libertad garantizada por la Carta de Derechos?

    A. Un artículo editorial publicado en un periódico importante en el que se critica la conducta de un funcionario del gobierno.
    B. Un ladrón es apresado después de forzar la entrada en casas particulares y robar objetos personales.
    C. Una joven de 18 años de edad se registra para votar en la próxima elección presidencial.
    D. Una propaganda de televisión alienta a la gente a unirse a un servicio de las fuerzas armadas.

Use la tabla siguiente para responder la pregunta 17.

En la tabla siguiente, se enumeran decisiones del Tribunal Supremo de los Estados Unidos sobre algunos casos específicos.

Decisiones del Tribunal Supremo de los Estados Unidos

Caso	Decisión
Shelley v. Kraemer (1948)	Las escrituras de propiedad que establecen derechos de propiedad solo para las personas de origen caucásico, y excluyen a miembros de otras razas, no son aplicables.
Lau v. Nichols (1973)	La imposibilidad del sistema escolar de ofrecer instrucción en inglés a estudiantes de ascendencia china fue considerada como un acto ilegal de discriminación.
Cleveland Board of Education v. LaFleur (1974)	Reglas obligatorias sobre las licencias por maternidad para maestras embarazadas de una escuela pública violan el debido proceso garantizado por la Constitución.

17. ¿De qué forma podrían categorizarse las decisiones anteriores?

    A. Como decisiones referidas a organizaciones.
    B. Como decisiones referidas a la igualdad racial.
    C. Como decisiones referidas a derechos individuales.
    D. Como decisiones referidas a oportunidades educativas.

EXAMEN PRELIMINAR

Use el pasaje siguiente para responder la pregunta 18.

La Carta Magna, escrita en el año 1297, es considerada como uno de los documentos legales más importantes que se hayan escrito. Establecida originalmente para proteger los derechos y la propiedad de un grupo de barones ingleses de su tiránico rey, este documento inspiró a los colonos durante la Revolución de las Trece Colonias (*American Revolution*), quienes también defendían esos mismos derechos, que fueron incluidos, posteriormente, en la Constitución de los Estados Unidos y la Carta de Derechos. Uno de los principios incluidos en la Carta Magna que todavía hoy conserva su vigencia es: "Ningún hombre libre podrá ser detenido o encarcelado o privado de sus derechos o de sus bienes, ni puesto fuera de la ley ni desterrado o privado de su rango de cualquier otra forma, ni usaremos de la fuerza contra él ni enviaremos a otros a que lo hagan, sino en virtud de sentencia judicial de sus pares y con arreglo a la ley del Reino".

18. ¿Cuál de las siguientes enmiendas a la Constitución es un ejemplo de cómo este pasaje de la Carta Magna tuvo influencia en el gobierno de los Estados Unidos?

    A. La Quinta Enmienda establece: "Nadie estará obligado a . . . ni se le privará de la vida, la libertad o la propiedad sin el debido proceso legal".
    B. La Octava Enmienda establece: "No se exigirán fianzas excesivas . . . ni se infligirán penas crueles y desusadas".
    C. La Decimotercera Enmienda establece: "Ni en los Estados Unidos . . . habrá esclavitud ni trabajo forzado, excepto como castigo de un delito".
    D. La Vigésima Cuarta Enmienda establece: "Ni los Estados Unidos . . . podrán denegar o coartar a los ciudadanos de los Estados Unidos el derecho al sufragio en cualquier elección primaria o de otra clase . . . por motivo de no haber pagado un impuesto electoral o cualquier otro impuesto".

EXAMEN PRELIMINAR

Use el pasaje siguiente para responder la pregunta 19.

A menudo, los líderes estudian y consultan las constituciones de otros países al momento de establecer la forma de gobierno de su propio país. Muchos países, como la República Checa, han utilizado la Constitución de los Estados Unidos y los sistemas parlamentarios europeos como modelo al adoptar los principios por los que su gobierno será regido.

En 1985, cuando su país estaba todavía bajo la dominación soviética, Vaclav Havel, quien más tarde se convertiría en el primer presidente de la República Checa, escribió: "Sin ciudadanos libres, dignos y autónomos, no puede haber naciones libres e independientes. Sin paz interna, sin paz entre los ciudadanos y entre los ciudadanos y su estado, no puede haber ninguna garantía de paz externa. Un Estado que niega a sus ciudadanos sus derechos básicos se convierte en un peligro también para sus vecinos". . . Después de ser electo presidente de la nueva República Checa, Havel expresó: "La idea de los derechos y las libertades humanos debe ser una parte integral de cualquier orden mundial que tenga sentido".

19. ¿Cuál de las afirmaciones siguientes explica mejor el punto de vista de Havel?

   A. Para que haya paz, la democracia es necesaria en todo el mundo.
   B. Un único tipo de gobierno provocará conflictos entre los países.
   C. Una constitución que otorgue libertad y poder a sus ciudadanos llevará el país al fracaso.
   D. Las personas que gozan de demasiadas libertades representan un peligro para su propia sociedad, así como para todas aquellas que están a su alrededor.

EXAMEN PRELIMINAR

Use el mapa siguiente para responder la pregunta 20.

En el mapa se muestra la expansión hacia el oeste de los Estados Unidos en 1850.

Expansión hacia el oeste, 1850

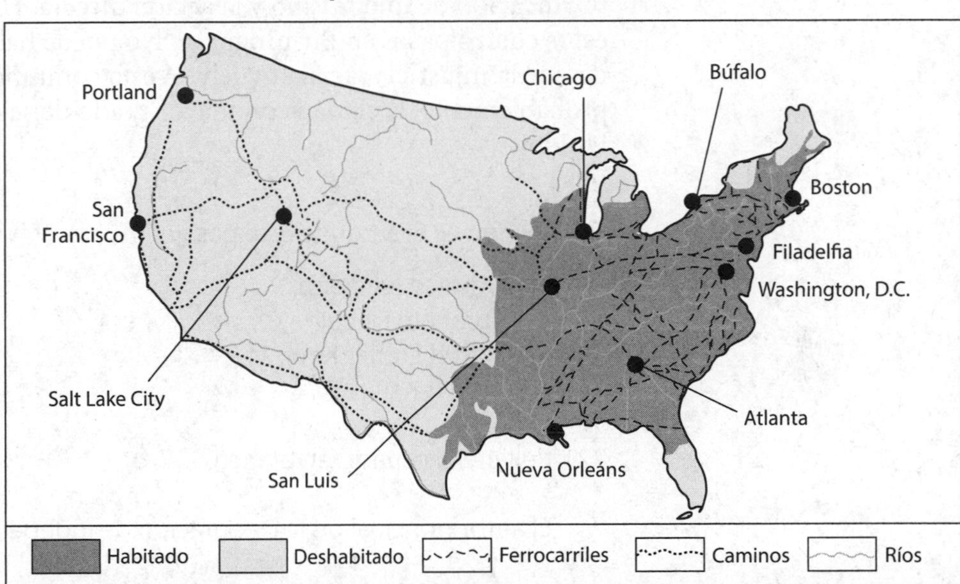

20. ¿Cuál de las siguientes afirmaciones explica cómo la geografía influyó en la expansión hacia el oeste?

A. Muchos asentamientos en el oeste se establecieron a lo largo de las vías del ferrocarril.

B. Muchos colonos abrieron nuevos caminos y establecieron asentamientos a lo largo de los ríos.

C. Los colonos construyeron ferrocarriles al costado de las vías de navegación en toda la nación.

D. Los colonos que construyeron los ferrocarriles consideraron que era muy importante su proximidad al océano.

EXAMEN PRELIMINAR

Use el pasaje siguiente para responder la pregunta 21.

16 de abril de 1963

Toda campaña no violenta consta de cuatro pasos básicos: la recolección de los hechos para determinar si existen injusticias, la negociación, la purificación de uno mismo y la acción directa. Hemos pasado por todos estos cuatro pasos en Birmingham. No puede haber dudas del hecho de que la injusticia racial envuelve a esta comunidad. Birmingham es, probablemente, la ciudad con mayor grado de segregación en los Estados Unidos.

21. ¿Quién es el autor de este pasaje?

    A. Thomas Jefferson.
    B. Abraham Lincoln.
    C. Martin Luther King, Jr.
    D. John F. Kennedy.

22. Rellene el espacio en blanco.

    El autor principal de la Declaración de Independencia fue

    ______________________.

23. Rellene el espacio en blanco.

    ______________________, que oficialmente terminó en 1877, se refiere al período de políticas de transformación aplicadas en el Sur después de la guerra de Secesión (*Civil War*).

24. ¿Cuál de las enmiendas siguientes estableció que "El derecho de sufragio de los ciudadanos de los Estados Unidos no será desconocido ni limitado por los Estados Unidos o por Estado alguno por razón de sexo".

    A. La Decimotercera Enmienda.
    B. La Decimocuarta Enmienda.
    C. La Decimoquinta Enmienda.
    D. La Decimonovena Enmienda.

EXAMEN PRELIMINAR

25. La oración siguiente contiene un espacio en blanco que comienza con la palabra "Seleccione", seguida de puntos suspensivos. Debajo de la oración, encontrará una lista de cuatro opciones. Indique cuál de esas opciones es la que corresponde al espacio en blanco. (**Nota:** En el examen de GED®, las opciones se presentan como un menú desplegable. Cuando usted haga un clic sobre la opción seleccionada, esta rellenará el espacio en blanco.)

   Seleccione . . . ▼ (1820–1906) fue una líder prominente del movimiento a favor del voto femenino a comienzos del siglo XX.

Seleccione . . . ▼
Susan B. Anthony
Dolly Madison
Clara Barton
Jackie Kennedy

26. Rellene el espacio en blanco.

   En 1848, se produjo el descubrimiento de oro en el aserradero de John Sutter, lo que dio origen al movimiento masivo de migrantes denominado la

   ________________________.

27. ¿Cuál es la teoría política y económica basada en la propiedad social de los medios de producción y en el control colectivo?

   A. El capitalismo.
   B. El socialismo.
   C. El feudalismo.
   D. El igualitarismo.

28. ¿Cuál de las civilizaciones clásicas siguientes se caracterizó por su religión politeísta, la construcción de enormes monumentos que todavía se conservan y un idioma escrito compuesto de jeroglíficos?

   A. La civilización romana.
   B. La civilización griega.
   C. La civilización egipcia.
   D. La civilización babilónica.

EXAMEN PRELIMINAR

Use la tabla siguiente para responder las preguntas 29 y 30.

Distribución por partido político del Senado y la Cámara de Representantes de los Estados Unidos, del 100.° Congreso al 113.° Congreso

		Senado*				Cámara de Representantes*			
Congreso	Años	Demócratas	Republicanos	Otros partidos	Vacantes	Demócratas	Republicanos	Otros partidos	Vacantes
100.°	1987–1989	55	45	—	—	258	177	—	—
101.°	1989–1991	55	45	—	—	260	175	—	—
102.°	1991–1993	56	44	—	—	267	167	1	—
103.°	1993–1995	57	43	—	—	258	176	1	—
104.°	1995–1997	48	52	—	—	204	230	1	—
105.°	1997–1999	45	55	—	—	207	226	2	—
106.°	1999–2001	45	55	—	—	211	223	1	—
107.°	2001–2003	50	50	—	—	212	221	2	—
108.°	2003–2005	48	51	1	—	204	229	1	1
109.°	2005–2007	44	55	1	—	202	232	1	—
110.°	2007–2009	49	49	2	—	233	202	—	—
111.°	2009–2011	55	41	2	2	256	178	—	1
112.°	2011–2013	51	47	2	—	193	242	—	—
113.°	2013–2015	53	45	2	—	200	234	—	1

*La cantidad total de senadores en el Senado es igual a 100, y la cantidad total de representantes en la Cámara de Representantes es igual a 435.

29. ¿Cuál de los Congresos siguientes tuvo la menor cantidad de republicanos en el Senado?

A. El 103.° Congreso.
B. El 110.° Congreso.
C. El 111.° Congreso.
D. El 113.° Congreso.

30. ¿En cuál de las sesiones siguientes tuvieron la mayoría los demócratas en la Cámara de Representantes?

A. El 100.° Congreso.
B. El 105.° Congreso.
C. El 107.° Congreso.
D. El 113.° Congreso.

EXAMEN PRELIMINAR

31. En el diagrama siguiente, se muestran las características de los partidos políticos de los Estados Unidos. Indique la columna a la que corresponde cada una de esas características. (**Nota:** En el examen de GED®, usted deberá hacer un clic sobre la característica seleccionada y "arrastrarla" hasta la posición correcta en el diagrama.)

Características de los partidos políticos de los Estados Unidos

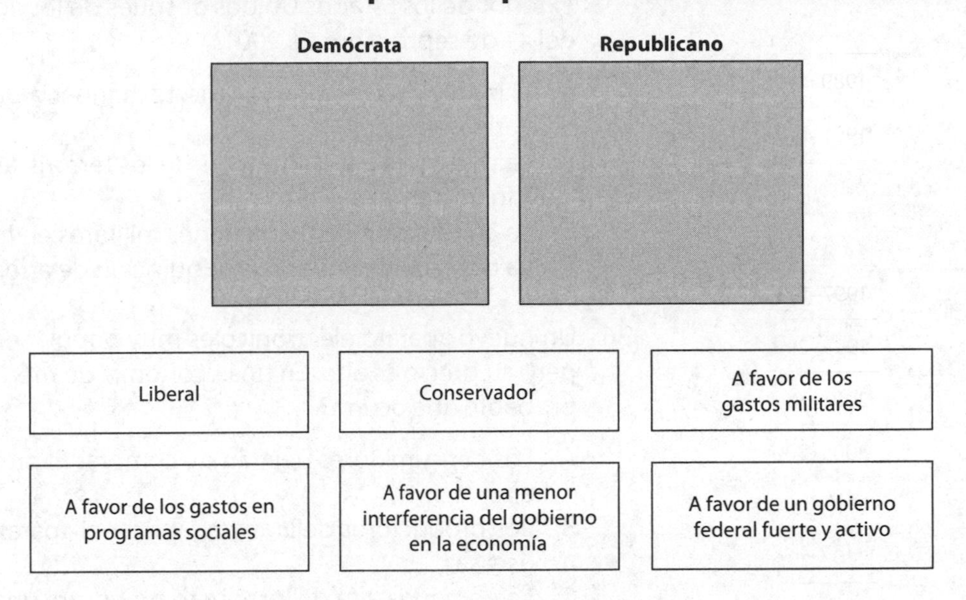

Use el pasaje siguiente para responder la pregunta 32.

El privilegio del hábeas corpus no se suspenderá, salvo cuando la seguridad pública lo exija en los casos de rebelión o invasión.

Fragmento del Artículo I de la Constitución de los Estados Unidos, que protege un derecho fundamental establecido en la ley inglesa desde el siglo XIII.

32. ¿Qué tipo de acción provoca la presentación de un hábeas corpus?

    A. Fuerza al gobierno a liberar a un prisionero.
    B. Protege a los ciudadanos de las detenciones arbitrarias.
    C. Obliga a que el tribunal establezca una fecha para el juicio por jurado.
    D. Permite que los ciudadanos condenados por un crimen presenten una apelación.

33. ¿Cuál fue la primera potencia europea que estableció colonias en el valle del río San Lorenzo, en el este del Canadá, y en el valle del río Mississippi?

    A. Francia.
    B. España.
    C. Portugal.
    D. Gran Bretaña.

EXAMEN PRELIMINAR

34. Rellene el espacio en blanco.

    La Liga de las Naciones (Sociedad de Naciones) fue creada por la conferencia de paz que siguió a la finalización de la ______________________.

35. ¿Cuál de las características siguientes no formó más parte de la política exterior de los Estados Unidos después de los acontecimientos del 11 de septiembre de 2001?

    A. El mantenimiento de una fuerte influencia de los Estados Unidos en Latinoamérica.
    B. La respuesta a las amenazas de los terroristas de Al Qaeda en Afganistán y Pakistán.
    C. La conducción de operaciones militares en Iraq y Afganistán.
    D. La decisión de impedir la adquisición de armas nucleares por terroristas.

36. Un nuevo aparato electrónico es muy popular entre los consumidores, pero su precio es alto. En una economía de mercado, ¿qué es lo más probable que ocurra?

    A. Los consumidores dejarán de comprar el producto debido a su precio alto.
    B. Los productores dejarán de fabricar el aparato porque la demanda es escasa.
    C. La demanda alta del producto provocará una suba en su precio.
    D. Los productores fabricarán una cantidad mayor del producto, y su precio disminuirá.

EXAMEN PRELIMINAR

Use la gráfica siguiente para responder la pregunta 37.

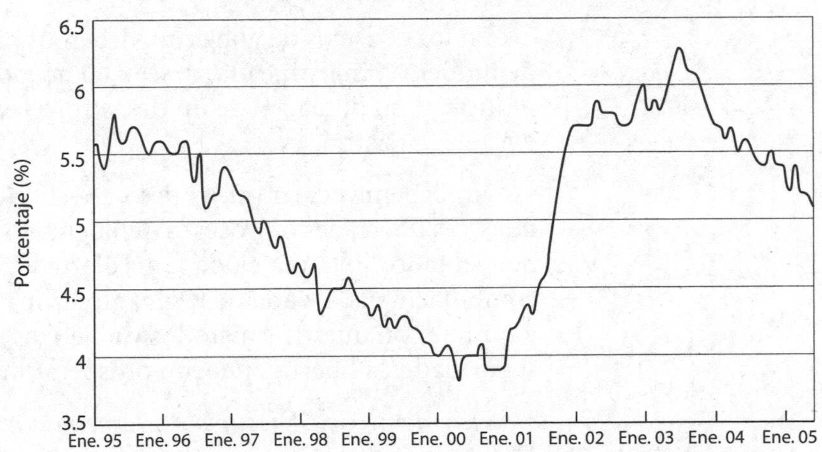

37. ¿En cuál de las fechas siguientes la tasa de desempleo era de 5.5%?

A. Enero de 1997.
B. Enero de 1999.
C. Enero de 2001.
D. Enero de 2004.

Use el pasaje siguiente para responder la pregunta 38.

Nuestra organización militar actual guarda poca relación con la conocida por cualquiera de mis predecesores en tiempos de paz o, en efecto, por los combatientes de la Segunda Guerra Mundial o Corea.

Hasta el último conflicto mundial, los Estados Unidos no tenían una industria de armamentos. Fabricantes estadounidenses de arados podían, en el momento y caso necesarios, fabricar también espadas. Pero ya no podemos asumir más el riesgo de improvisaciones de emergencia en materia de defensa nacional. Nos hemos visto obligados a crear una industria de armamentos permanente de vastas proporciones. Sumado a esto, tres millones y medio de hombres y mujeres están directamente empleados en el sector de la defensa. Anualmente gastamos solo en seguridad militar más que los ingresos netos de todas las corporaciones de los Estados Unidos.

Ahora bien, esta conjunción entre un inmenso sector militar y una gran industria de armamentos es nueva en la experiencia estadounidense. Su influencia total —económica, política, incluso espiritual— se siente en cada ciudad, en cada estado, en cada oficina del gobierno federal. Reconocemos la necesidad imperativa de este desarrollo. Sin embargo, no podemos

EXAMEN PRELIMINAR

dejar de comprender sus graves consecuencias. Nuestro trabajo, nuestros recursos y medios de vida están, todos ellos, involucrados. También lo está la estructura misma de nuestra sociedad.

En los consejos de gobierno, debemos protegernos de la adquisición de influencia injustificada, deseada o no, por parte del complejo militar-industrial. El potencial de un desastroso incremento de poder inapropiado existe y persistirá.

No debemos dejar que el peso de esta combinación ponga en peligro nuestras libertades o procesos democráticos. No debemos considerar nada por sentado. Solo una ciudadanía alerta y bien informada puede forzar la combinación adecuada de la gigantesca maquinaria de defensa industrial y militar con nuestros métodos y objetivos pacíficos, de modo tal que la seguridad y la libertad puedan prosperar juntas.

Fragmento del "Discurso de despedida a la Nación" del presidente Dwight D. Eisenhower, transmitido por televisión a la finalización de su segundo mandato, en enero de 1961.

38. Basándose en el pasaje, ¿cuál de las siguientes afirmaciones cree el presidente Eisenhower que puede ser una consecuencia económica del desarrollo del "complejo militar-industrial"?

    A. Una asociación entre los líderes militares y los fabricantes de armamentos ocasionará corrupción política.
    B. La industria de armamentos carecerá de los fondos suficientes para satisfacer las necesidades militares de armas de avanzada.
    C. La financiación de una industria de armamentos gigantesca y permanente resultará extremadamente costosa para el gobierno de los Estados Unidos.
    D. El gobierno federal tendrá demasiada influencia en la investigación científica que desarrollan las universidades.

39. ¿De qué manera afectó la Segunda Guerra Mundial la economía de los Estados Unidos?

    A. Contribuyó a la creación de puestos de trabajo muy necesarios.
    B. Fortaleció la bolsa de valores.
    C. Las dos opciones anteriores (A y B).
    D. Ninguna de las opciones anteriores (A y B).

40. ¿Cuál de los factores siguientes no tiene influencia directa en la salud humana?

    A. El cambio climático.
    B. Los cambios en el medio ambiente.
    C. El efecto invernadero y otros factores.
    D. Todas las opciones anteriores.

EXAMEN PRELIMINAR

Use el diagrama siguiente para responder las preguntas 41 y 42.

El cambio climático y la salud humana

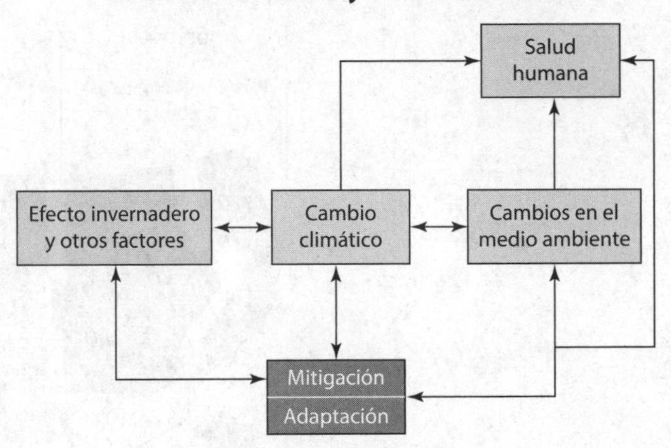

41. La oración siguiente contiene un espacio en blanco que comienza con la palabra "Seleccione", seguida de puntos suspensivos. Debajo de la oración, encontrará una lista de tres opciones. Indique cuál de esas opciones es la que corresponde al espacio en blanco. (**Nota:** En el examen de GED®, las opciones se presentan como un menú desplegable. Cuando usted haga un clic sobre la opción seleccionada, esta rellenará el espacio en blanco.)

Seleccione . . . ▼ es un factor que afecta directamente tanto al cambio climático como a los cambios en el medio ambiente.

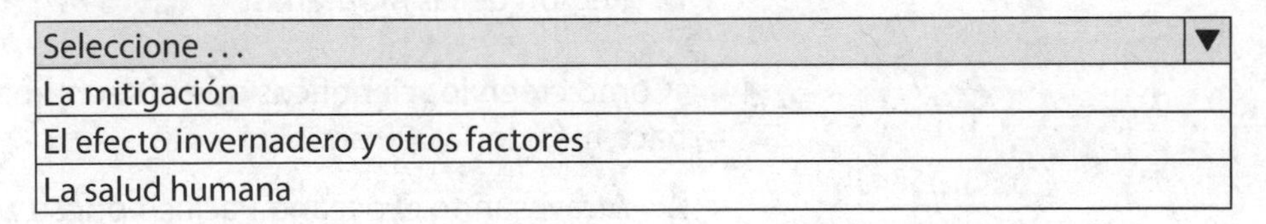

Seleccione . . . ▼
La mitigación
El efecto invernadero y otros factores
La salud humana

42. ¿Cómo se denomina el período comprendido entre 1760 y 1840, en el que se desarrolló la máquina de vapor, se produjo la migración de la población rural a las ciudades y se incrementó considerablemente el uso de máquinas industriales para la producción de bienes?

A. La Revolución Industrial.
B. La Reconstrucción.
C. La Revolución Científica.
D. Ninguna de las opciones anteriores.

EXAMEN PRELIMINAR

Use el mapa siguiente para responder la pregunta 43.

Regiones de los Estados Unidos

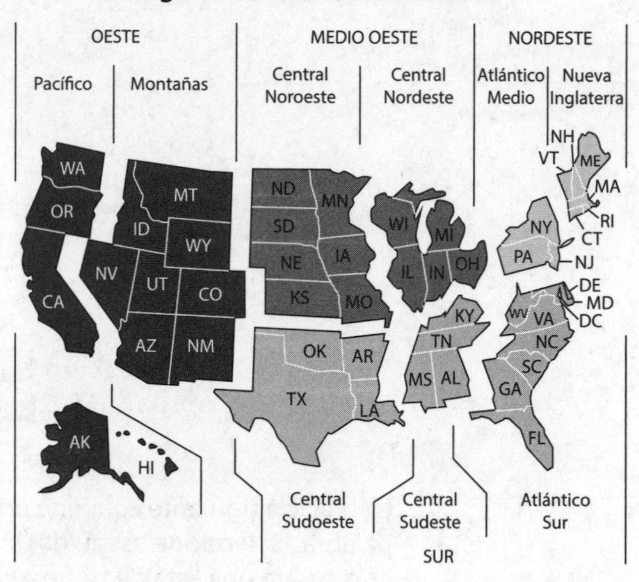

43. ¿A qué región pertenece Nebraska?
    A. Región del Atlántico Medio.
    B. Región del Nordeste.
    C. Región del Medio Oeste.
    D. Región de las Montañas.

44. ¿Cómo creen los científicos que el ser humano migró de Siberia a Alaska hace más de 13,000 años?
    A. Atravesando el océano Pacífico por su zona central.
    B. Atravesando el estrecho de Gibraltar por un puente terrestre.
    C. Atravesando el estrecho de Bering por un puente terrestre.
    D. Navegando a la deriva en balsas por las corrientes del océano Pacífico.

EXAMEN PRELIMINAR

Use el pasaje siguiente para responder la pregunta 45.

Al pueblo del Estado de Nueva York:

Después de una experiencia inequívoca de la ineficiencia del presente gobierno federal, usted ha sido convocado a deliberar sobre una nueva Constitución para los Estados Unidos de América. El tema habla por sí mismo de su importancia; entre sus consecuencias están, nada menos, la existencia de la Unión, la seguridad y el bienestar de las partes que la componen, el destino del imperio, en muchos aspectos, más interesante del mundo. Se ha señalado con frecuencia que parece haber sido reservada al pueblo de este país, por su conducta y ejemplo, la importante decisión de si las sociedades de los hombres son realmente capaces o no de establecer un buen gobierno a partir de la reflexión y la elección, o si estarán siempre destinadas a depender para sus constituciones políticas del accidente y la fuerza. Si hay algo de verdad en esta observación, la crisis a la que hemos llegado puede ser considerada, con propiedad, como la época en que esa decisión deberá ser tomada, y una elección equivocada de nuestra parte puede, desde este punto de vista, ser considerada como una desgracia general para la humanidad.

Esta idea sumará el incentivo de la filantropía al del patriotismo, para realzar la atención que todos los hombres considerados y buenos deben prestar al acontecimiento. Feliz será si nuestra elección es dirigida por una estimación prudente de nuestros verdaderos intereses, resuelta y no afectada por consideraciones que no estén conectadas con el bien público. Pero esto es algo que se desea con fervor más que algo que se pueda esperar que suceda. El plan que se presenta para nuestra consideración afecta a demasiados intereses particulares, introduce innovaciones en demasiadas instituciones locales, para no involucrar en su discusión una variedad de objetos extraños a sus méritos y de puntos de vista, pasiones y prejuicios poco favorables para el descubrimiento de la verdad.

Entre los más formidables obstáculos que la nueva Constitución encontrará, se puede distinguir inmediatamente el interés evidente de una cierta clase de hombres, en todos los Estados, por resistir todos los cambios que puedan poner en peligro su poder, sus emolumentos y las oficinas que ocupan en los establecimientos estatales, y la ambición perversa de otra clase de hombres, que o bien esperan engrandecerse aprovechando la confusión que vive su país, o bien se sienten más halagados por la perspectiva de elevación de una subdivisión del imperio a varias confederaciones parciales que por su unión bajo un solo gobierno.

No es, sin embargo, mi intención realizar observaciones de esta naturaleza. Soy muy consciente de que sería falso tratar de reducir, indiscriminadamente, la oposición de cualquier conjunto de hombres (el mero hecho de su situación puede someterlos a la sospecha) a puntos de vista interesados o ambiciosos. El candor nos obligará a admitir que incluso el comportamiento de tales hombres puede estar motivado por intenciones honestas, y no cabe duda de que gran parte de la oposición que está empezando a aparecer, o que en el futuro pueda aparecer, brotará de fuentes intachables, aunque no necesariamente respetables —los errores honestos de mentes extraviadas por celos y temores preconcebidos. Así que, de hecho, son tan numerosas y tan poderosas las causas que sirven para quitarle imparcialidad al juicio que, en muchos casos, vemos a hombres sabios y buenos tanto del lado incorrecto como del lado correcto en cuestiones que son de primera magnitud para la sociedad. Esta circunstancia, siempre que se le preste la debida atención, proporcionará una lección de moderación a los que están persuadidos de estar siempre del lado correcto en cualquier controversia. Y una razón más para tener precaución al respecto: de todo esto se podría extraer la conclusión de que no siempre podemos estar seguros de que los que abogan por la verdad tienen principios más puros que sus antagonistas. La ambición, la avaricia, la animosidad personal, la pertenencia al partido de la oposición, y muchos otros motivos no más loables que estos, están presentes en las decisiones tanto de los que están del lado correcto de una cuestión como de los que se encuentran en la vereda opuesta. Donde no existan estos incentivos a la moderación, nada resultaría más imprudente que ese espíritu intolerante que ha caracterizado, en todo momento, a los partidos políticos. Porque en política, como en la religión, es igualmente absurdo aspirar a conseguir adeptos por el fuego y la espada. Las herejías, en raras ocasiones, pueden ser curadas por la persecución.

— *Fragmento de* Papeles del federalismo, No. 1, *de Alexander Hamilton.*

45. **Respuesta extensa**

Determine y evalúe el propósito de este pasaje. Desde el punto de vista de Alexander Hamilton, ¿quién debería tener más poder: el gobierno central (federal) o los gobiernos estatales? En su respuesta, incorpore ejemplos y evidencia específica que respalden su postura.

Escriba su respuesta dentro del recuadro. Dispondrá de 25 minutos para completar esta tarea.

EXAMEN PRELIMINAR

✂ Cortar Copiar Pegar ↶ Deshacer ↷ Rehacer

ESTE ES EL FINAL DEL EXAMEN PRELIMINAR DE ESTUDIOS SOCIALES

EXAMEN PRELIMINAR

Respuestas y explicaciones

1. **Respuesta correcta: D.** Las mujeres en Wyoming fueron autorizadas a votar antes de que este derecho hubiera sido establecido por la Decimonovena Enmienda. El gobierno del estado de Wyoming promulgó una ley que permitía a las mujeres del estado votar antes de que el gobierno nacional les hubiera otorgado este derecho a través de una enmienda a la Constitución. Una vez que la Decimonovena Enmienda fue ratificada, las mujeres de todos los estados adquirieron el derecho de votar.

2. **Respuesta correcta: B.** La creación de un ejército y una armada. Como se trata de una cuestión que afecta a todo el país, le corresponde únicamente al gobierno nacional. La regulación del comercio dentro de un estado y el establecimiento de un sistema de escuelas locales son atribuciones que corresponden a un nivel inferior de gobierno. La imposición y recaudación de impuestos es una atribución compartida por los diferentes niveles de gobierno.

3. **Respuesta correcta: C.** Democracia.

4. **Respuesta correcta: B.** Pueden ocurrir cambios en el tipo de gobierno de un país como resultado de acontecimientos sucedidos en otras partes del mundo.

5. **Respuesta correcta: A.** Ideas de diferentes tipos de gobierno de distintos períodos históricos fueron incorporadas a la estructura de la democracia en los Estados Unidos. La Constitución de los Estados Unidos establece un gobierno en el que los ciudadanos participan en la elaboración de las leyes y en la elección de sus representantes, y el poder del Presidente está limitado por los representantes de los intereses de los ciudadanos.

6. El diagrama completado debería quedar así:

Responsabilidades de los distintos poderes del gobierno

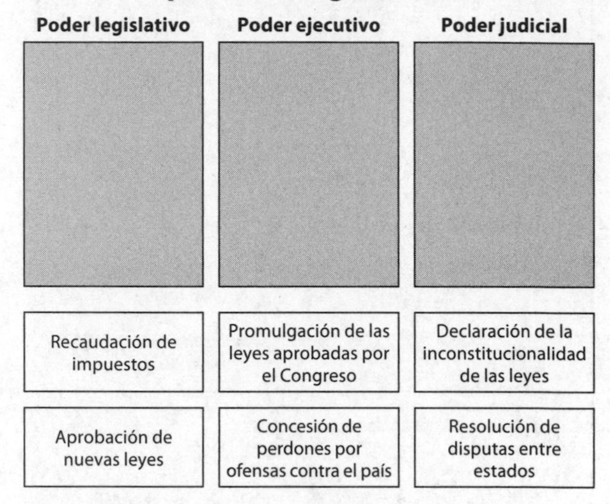

7. **Respuesta correcta: D.** Con el establecimiento de un gobierno, las personas resignan parte de sus derechos; no obstante, sus derechos naturales quedan protegidos por ese gobierno. Locke creía que el propósito del gobierno era proteger los derechos naturales de las personas. Si bien algunos derechos deben ser resignados cuando se establece un gobierno, los derechos naturales de las personas quedan protegidos.

8. **Respuesta correcta: D.** Todas las opciones anteriores. Esta respuesta identifica correctamente que todas las ideas mencionadas forman parte del mercantilismo.

9. **Respuesta correcta: C.** La Ley de Kansas-Nebraska de 1854, que estableció que cada nuevo territorio de los Estados Unidos decidiría si la esclavitud iba a estar permitida dentro de sus fronteras. La soberanía popular permite que las personas tomen decisiones por sí mismas. La Ley Kansas-Nebraska de 1854 es un buen ejemplo de este concepto, porque cada nuevo territorio decidió por sí mismo si permitir o no la esclavitud.

EXAMEN PRELIMINAR

10. **Respuesta correcta: una justa indemnización.** El texto dice: "ni se ocupará la propiedad privada para uso público sin una justa indemnización".
11. **Respuesta correcta: B.** Story confiaba en que la asignación de dos senadores por cada estado representaría equitativamente los intereses de todos los estados, sin favorecer a ningún grupo de ciudadanos en particular. Story agrega, además, que la opinión de cada estado debe estar representada, así como los intereses de todos los ciudadanos, no solo los de aquellos de una "población predominante".
12. **Respuesta correcta: B.** Es un error bastante común considerar que la expresión "juicio político" es equivalente a "remoción del cargo". De una lectura cuidadosa del texto se desprende que "juicio político" —que es el equivalente a una acusación en un caso criminal— es un paso en el proceso de remoción de un presidente de su cargo. Pero además de ser acusada, la persona sometida a juicio político debe ser encontrada culpable de los cargos de que se la acusa.
13. **Respuesta correcta: D.** El Portavoz de la Cámara de Representantes y el Presidente de los Estados Unidos pueden pertenecer a partidos diferentes y oponerse entre sí en las cuestiones más importantes. El partido mayoritario en la Cámara de Representantes no es siempre el partido que el Presidente representa. El Portavoz y el Presidente pueden ser miembros de partidos políticos diferentes, lo que significa que pueden tener puntos de vista opuestos sobre muchas cuestiones importantes.
14. **Respuesta correcta: D.** Cuando los ciudadanos de los Estados Unidos crean que algún aspecto de la Constitución deba ser modificado, el Congreso deberá votar sobre la necesidad de enmendar este documento. Washington explica que, cuando los ciudadanos piensan que existe un problema con un poder establecido, el problema deberá ser corregido con una enmienda a la Constitución, de la forma en que lo establece el propio documento. Este procedimiento requiere que los representantes electos propongan y voten esos cambios.
15. **Respuesta correcta: C.** Existía la preocupación entre muchos ciudadanos de que un gobierno federal fuerte llegara a desconocer los derechos de los individuos. Las enmiendas en la Carta de Derechos especifican los derechos individuales y de los estados. De ello se puede inferir que, cuando se estableció el gobierno federal, existía preocupación por que ciertos derechos individuales no fueran reconocidos por el gobierno si no quedaban establecidos por escrito y eran anexados a la Constitución.
16. **Respuesta correcta: A.** Un artículo editorial publicado en un periódico importante en el que se critica la conducta de un funcionario del gobierno. La Primera Enmienda garantiza las libertades de expresión y de prensa. Las personas tienen la libertad de expresar su opinión, oral o escrita, y la prensa tiene el derecho de publicar esas opiniones.
17. **Respuesta correcta: C.** Como decisiones referidas a derechos individuales. En cada uno de estos casos, el Tribunal Supremo determinó que los derechos individuales de una persona, o grupo de personas, habían sido violados.
18. **Respuesta correcta: A.** La Quinta Enmienda establece: "Nadie estará obligado a. . . ni se le privará de la vida, la libertad o la propiedad sin el debido proceso legal". En el fragmento extraído de la Carta Magna se afirma que ninguna persona será procesada sin una sentencia judicial de sus pares.
19. **Respuesta correcta: A.** Para que haya paz, la democracia es necesaria en todo el mundo. Las afirmaciones de Havel (de que sin ciudadanos libres no puede haber naciones libres e independientes y de que la libertad es una parte integral de cualquier orden mundial) respaldan

la idea de que la democracia es imprescindible para que haya paz entre las naciones. El hecho de que Havel haya tomado como modelo la Constitución de los Estados Unidos para el gobierno de su propio país demuestra que él creía en la importancia de la democracia.

20. **Respuesta correcta: B.** Muchos colonos abrieron nuevos caminos y establecieron asentamientos a lo largo de los ríos. Muchos de los caminos que los colonos tuvieron que recorrer para llegar a la frontera del oeste seguían el curso de los ríos y pasaban a través de las montañas. El mapa muestra varios de esos caminos que bordeaban el curso de los ríos.

21. **Respuesta correcta: C.** Martin Luther King, Jr. Este pasaje pertenece a la "Carta desde una prisión de Birmingham", de King. Las repetidas referencias a "Birmingham", la mención de una "campaña no violenta" y la fecha en que fue escrita la carta son las claves para identificar el pasaje.

22. **Respuesta correcta: Thomas Jefferson.**

23. **Respuesta correcta: La Reconstrucción.**

24. **Respuesta correcta: D.** La Decimonovena Enmienda, aprobada en 1920, otorgó el derecho de voto a las mujeres.

25. **Respuesta correcta: Susan B. Anthony.** Anthony adquirió fama por ser cofundadora de la primera sociedad femenina por la templanza (contra el consumo de bebidas alcohólicas) y ser autora de una revista sobre los derechos de la mujer. Sus actividades ayudaron considerablemente en el proceso de aprobación de la Decimonovena Enmienda, que otorgó el derecho de votar a las mujeres.

26. **Respuesta correcta: Fiebre del oro de California.**

27. **Respuesta correcta: B.** El socialismo. El sistema socialista se caracteriza por el control público de los medios de producción, la redistribución centralizada de bienes y recursos y el gobierno democrático.

28. **Respuesta correcta: C.** La civilización egipcia. Si bien las dos primeras características se aplican también a las civilizaciones griega y romana, los egipcios fueron la única civilización que usó un sistema de escritura con jeroglíficos.

29. **Respuesta correcta: C.** El 111.° Congreso. En el 111.° Congreso había 41 senadores republicanos, comparados con 43 en el 103.° Congreso, 49 en el 110.° Congreso y 45 en el 113.° Congreso.

30. **Respuesta correcta: A.** El 100.° Congreso. En el 100.° Congreso había 258 representantes demócratas en la Cámara de Representantes contra 177 republicanos.

31. El diagrama completado debería quedar así:

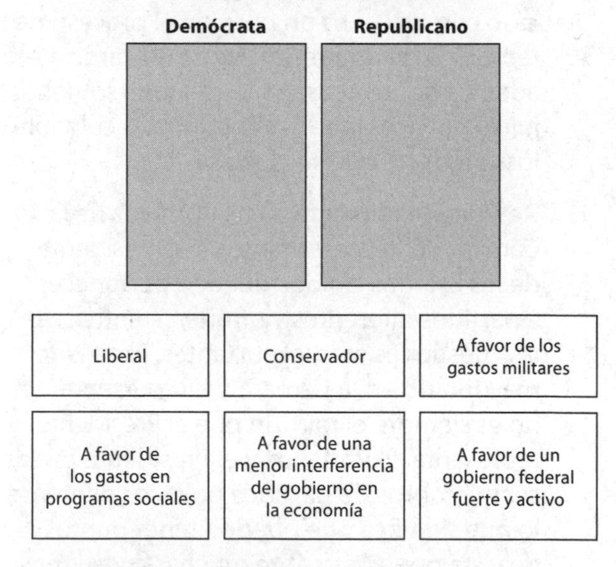

32. **Respuesta correcta: B.** En latín, la expresión hábeas corpus significa "tendrás tu cuerpo libre". Una persona que piensa que ha sido encarcelada ilegalmente puede presentar un auto de hábeas corpus, que obliga a la autoridad pertinente a justificar el encarcelamiento. El hábeas corpus procura evitar los arrestos y las detenciones arbitrarios, que son contrarios a la ley estadounidense.

EXAMEN PRELIMINAR

33. **Respuesta correcta: A.** Francia. Francia envió colonos para poblar el valle del río San Lorenzo, en el Canadá (hoy, Quebec), y zonas del valle del río Mississippi, hasta Nueva Orleáns.

34. **Respuesta correcta: Primera Guerra Mundial.** La Liga de las Naciones fue creada en 1919 durante la conferencia de paz que se realizó a la finalización de la Primera Guerra Mundial. La meta de la organización de cooperación mundial era arbitrar en los conflictos entre naciones y establecer la paz en todo el mundo.

35. **Respuesta correcta: A.** El mantenimiento de una fuerte influencia de los Estados Unidos en Latinoamérica. Luego del ataque terrorista de 2001, la política exterior de los Estados Unidos se centró mayormente en la lucha antiterrorista y en las relaciones con los países del Oriente Medio.

36. **Respuesta correcta: D.** En una economía de mercado, cuando la demanda por un producto es alta, los productores muy probablemente aumentarán la producción, y a medida que la cantidad disponible del producto aumente, su precio disminuirá.

37. **Respuesta correcta: A.** Enero de 1997. De la lectura de la gráfica se desprende que, de todos los años enumerados, 1997 fue el único año en que la tasa de desempleo fue de 5.5%.

38. **Respuesta correcta: C.** El presidente Eisenhower observa que lo que él denomina "el complejo militar-industrial" ocasionará consecuencias "económicas, políticas, incluso espirituales". La opción A es una de las preocupaciones que el presidente Eisenhower expresa, pero es una consecuencia política. La opción B es una preocupación económica, pero no aparece mencionada en el fragmento. La opción C es la respuesta correcta. El presidente Eisenhower menciona específicamente lo costoso que puede resultar la industria de armamentos para el gobierno federal. La opción D representa una preocupación social.

39. **Respuesta correcta: C.** Las dos opciones anteriores (A y B). La Segunda Guerra Mundial ayudó a los Estados Unidos a recuperarse de la Gran Depresión al forzar la creación de puestos de trabajo para producir materiales para la guerra.

40. **Respuesta correcta: C.** El efecto invernadero y otros factores. En el diagrama, las flechas que salen del recuadro apuntan directamente a "Cambio climático" y a "Mitigación/ Adaptación". Si bien es cierto que el efecto invernadero afecta al cambio climático, y este, a su vez, a la salud humana, la relación de causa y efecto no es directa.

41. **Respuesta correcta: La mitigación.** En el diagrama, el recuadro de "Mitigación/ Adaptación" es el único cuyas flechas apuntan hacia los recuadros de "Cambio climático" y "Cambios en el medio ambiente".

42. **Respuesta correcta: A.** La Revolución Industrial. La Revolución Industrial, que se inició en Gran Bretaña a mediados del siglo XVIII, marca el comienzo del uso de la máquina de vapor para la producción a gran escala en fábricas y de la construcción de ferrocarriles.

43. **Respuesta correcta: C.** Región del Medio Oeste. En esta pregunta, se evalúan su capacidad de lectura de un mapa y su habilidad para distinguir entre una región y un lugar.

44. **Respuesta correcta: C.** Atravesando el estrecho de Bering por un puente terrestre. Los científicos creen que los pueblos prehistóricos cruzaron un puente terrestre que ocupaba lo que hoy se denomina el estrecho de Bering. Se cree que el puente terrestre se originó con la aparición de los grandes glaciares durante el Pleistoceno; con gran parte de la Tierra cubierta de hielo, el nivel de los mares bajó considerablemente y partes del lecho marino quedaron sin agua.

EXAMEN PRELIMINAR

45. **Respuesta extensa (ensayo).** De acuerdo con las instrucciones (el comando), su ensayo deberá centrarse en el punto de vista de Alexander Hamilton de que el poder del gobierno federal debería ser mayor que el de los gobiernos estatales. Por ejemplo, Hamilton teme que sin un gobierno central fuerte cierta "clase de hombres" que "esperan engrandecerse . . . por la perspectiva de elevación de una subdivisión del imperio a varias confederaciones parciales". Además, usted deberá incorporar información adicional y conocimientos propios en su respuesta. Su respuesta deberá incluir, también, una descripción de los argumentos de los federalistas y de los antifederalistas que contribuyeron al desarrollo de la democracia constitucional estadounidense. Por último, deberá usar múltiples citas contenidas en el texto fuente para respaldar su postura.

    Si fuera posible, pídale a un instructor que evalúe su ensayo. Las opiniones y los comentarios de su instructor le ayudarán a determinar qué habilidades necesita desarrollar para mejorar la redacción de sus ensayos.

    Usted también podrá evaluar el ensayo por sí mismo. Use para ello la lista de verificación de las características que se emplean en la evaluación, que se presenta a continuación. Sea justo en la evaluación. Cuantas más características haya incluido en su ensayo, mayor confianza podrá tener en sus habilidades de escritura. Eso sí, deberá repasar aquellas características que no haya tenido en cuenta en su ensayo.

    Mi ensayo:

    - ☐ Desarrolla un argumento sólido y lógico basado en el texto fuente.
    - ☐ Cita evidencia del texto fuente para respaldar el argumento.
    - ☐ Analiza y evalúa las cuestiones y/o la validez de los argumentos contenidos en el texto fuente.
    - ☐ Organiza las ideas en una secuencia razonable.
    - ☐ Describe claramente la relación de las ideas principales con los detalles.
    - ☐ En la mayoría de los casos, estructura correctamente las oraciones.
    - ☐ Usa apropiadamente las convenciones y reglas del idioma español en cuestiones de gramática, ortografía y signos de puntuación.

EXAMEN PRELIMINAR

Tabla de evaluación

Compruebe en la sección Respuestas y explicaciones del examen preliminar de Estudios sociales qué preguntas contestó correctamente y cuáles, no. En el caso de las respuestas incorrectas, busque primero el número de la pregunta en la tabla siguiente. Luego verifique, en la columna de la izquierda, a qué área de contenido corresponde esa pregunta. Si usted contestó incorrectamente varias preguntas de una misma área de contenido, deberá repasar esa área para el examen de GED®. Las páginas donde se tratan las diferentes áreas de contenido están enumeradas en la columna de la derecha.

Área de contenido	Número de pregunta	Páginas para repasar
1. Educación cívica y gobierno	1, 2, 3, 4, 5, 6, 7, 9, 10, 11, 12, 13, 14, 15, 16, 17, 18, 19, 29, 30, 31, 32, 45	701–730
2. Historia de los Estados Unidos de América	20, 21, 22, 23, 24, 25, 26, 33, 35	737–785
3. Economía	8, 36, 37, 38, 39	793–805
4. La geografía y el mundo	8, 27, 28, 34, 40, 41, 42, 43, 44	811–822

Razonamiento a través de las artes del lenguaje

El examen de Razonamiento a través de las artes del lenguaje

La sección de Razonamiento a través de las artes del lenguaje del examen de GED® evalúa su capacidad para leer atentamente, escribir con claridad y comprender y usar la gramática del idioma español.

El examen de Razonamiento a través de las artes del lenguaje consiste en 56 preguntas y usted dispondrá en total de 150 minutos para preparar sus respuestas, incluidos 45 minutos para la redacción de un ensayo (respuesta extensa) y una pausa de 10 minutos.

Muchas de las preguntas del examen se refieren a la lectura de pasajes o textos breves. Alrededor del 75 por ciento de esos pasajes corresponde a textos informativos (no ficción). El 25 por ciento restante abarcará textos literarios (ficción). El examen no incluirá poesías. Todas las preguntas evaluarán su destreza en la comprensión de textos de lectura.

La mayoría de las preguntas del examen de Razonamiento a través de las artes del lenguaje son de opción múltiple con cuatro respuestas posibles. Todas las preguntas de opción múltiple se refieren a los pasajes de lectura. Estas preguntas evalúan su comprensión del texto leído.

En el resto de las preguntas de la sección, se usan formatos interactivos, como "arrastrar y soltar", rellenar espacios en blanco o escribir dentro de recuadros. Para una explicación detallada y ejemplos de estos formatos, véase la sección "Introducción al examen de GED®" al comienzo de esta publicación.

Su destreza en la redacción será evaluada a través de la pregunta de respuesta extensa. En este caso, usted dispondrá de 45 minutos para escribir un ensayo persuasivo, en el que deberá explicar por qué piensa que uno de los dos pasajes de lectura es más convincente que el otro.

Repaso de los conocimientos sobre Razonamiento a través de las artes del lenguaje

La sección siguiente de esta publicación presenta un exhaustivo repaso de los conocimientos que se evalúan en el examen de Razonamiento a través de las artes del lenguaje. Usted encontrará en ella ejemplos de todos los tipos de pasajes y de preguntas que estarán incluidos en el examen. Preste mucha atención a las explicaciones de cada ejemplo, lo que le permitirá familiarizarse con los tipos diferentes de preguntas y aprender estrategias de examen que lo ayudarán a mejorar su puntuación. Si usted ya ha realizado el examen preliminar de Razonamiento a través de las artes del lenguaje que se encuentra al comienzo de esta publicación, asegúrese de estudiar aquellas secciones que se refieren a las preguntas que no supo contestar o tuvo dificultad para hacerlo.

La sección de repaso de los conocimientos sobre Razonamiento a través de las artes del lenguaje está organizada de la forma siguiente:

Razonamiento a través de las artes del lenguaje

Capítulo 1 Uso del idioma español

Capítulo 2 Comprensión de la lectura

Capítulo 3 La estructura del texto y las elecciones del autor

Capítulo 4 Textos literarios

Capítulo 5 Textos informativos

Capítulo 6 Pregunta de respuesta extensa de Razonamiento a través de las artes del lenguaje

Las respuestas y explicaciones a todos los ejercicios de práctica siguientes aparecen al final de esta sección.

Destrezas necesarias para tener éxito en el examen de Razonamiento a través de las artes del lenguaje de GED®

A diferencia de los otros exámenes de GED®, la sección de Razonamiento a través de las artes del lenguaje está basada, en su mayor parte, en el dominio de ciertas destrezas y no en el conocimiento de determinados hechos. Por supuesto que usted deberá tener conocimientos de gramática y ortografía, y hay mucho material de repaso sobre estos temas en las páginas siguientes. Pero no deberá conocer información complementaria sobre las obras literarias de las que se han extraído los textos objeto del examen. En pocas palabras, este examen evalúa su capacidad de comprensión de una variedad de textos complejos y su destreza en la redacción del ensayo, en el que deberá aplicar las convenciones y reglas del idioma español.

Las destrezas generales que se examinan son:

- La capacidad de leer atentamente, identificar la información importante y comprender la relación entre los detalles clave.
- La capacidad de escribir con claridad y eficazmente.
- La capacidad de aplicar correctamente las convenciones y reglas del idioma español.

Estas destrezas se analizan en detalle en los capítulos siguientes de esta sección. Con respecto a la información complementaria que le será de utilidad, la parte escrita del examen (el ensayo) requerirá conocimientos específicos sobre la historia de los Estados Unidos, como la Declaración de Independencia o la Constitución de los Estados Unidos. Usted deberá ser capaz de relacionar esos documentos con lo que los evaluadores del examen denominan la "Gran conversación estadounidense", que no es otra cosa que el conjunto de temas vinculados con el desarrollo y la evolución de los Estados Unidos como nación. En la sección de Estudios Sociales de esta publicación, encontrará un repaso detallado de todos los contenidos históricos.

CAPÍTULO 1

Uso del idioma español

Convenciones y reglas

Al momento de redactarse esta publicación, la Junta de Evaluadores del examen de GED® no había establecido todavía los estándares que se aplicarán a la preparación del examen sobre conocimientos del idioma español. Se espera que esos estándares puedan ser aprobados para el año 2017. Por esa razón, solo se presentarán aquí, como guía, algunas de las convenciones y reglas básicas del idioma español aprobadas por la Real Academia Española, que le serán de utilidad para la redacción del ensayo (pregunta de respuesta extensa).

Cuando finalice la redacción del ensayo, usted deberá editarlo con el fin de asegurarse de que no contenga errores de forma ni de fondo. En este capítulo, repasaremos los errores más comunes que se cometen al escribir un texto.

Uso de las mayúsculas

Se escriben con mayúscula inicial:

- La primera palabra de un escrito y la que vaya después de un punto.

  He leído muchos libros sobre ecología.

- Todos los nombres propios y también los nombres comunes o expresiones que tienen función de nombres propios.

  Abraham Lincoln, John Fitzgerald Kennedy, el Mesías, el Señor.

  Sin embargo, los tratamientos, títulos nobiliarios u otros, cargos, empleos y dignidades son nombres comunes y deben ir en minúscula (rey, papa, presidente, ministro, duque, director general, jefe de sección, ministro). Estos títulos pueden usarse a veces como equivalente de un nombre propio (el Papa, el Rey, el Presidente).

- Los nombres propios geográficos (continentes, países, ciudades, pueblos, comarcas, mares, ríos, etc.) van con mayúscula inicial.

  América, los Estados Unidos, Nueva York, mar Adriático, río Hudson.

  El mismo tratamiento reciben las áreas geopolíticas:

  Latinoamérica, Europa Occidental, el Oriente, el Occidente.

Muchos nombres de lugar llevan un genérico, un nombre común clasificador, que los precede (río, mar, sierra, montaña, etc.); en general, no se considera parte del nombre y va en minúscula:

el río Mississippi, la sierra de los Padres, el cabo de Hornos, el mar Rojo, el río Grande.

- Los nombres de estrellas, constelaciones, planetas y satélites van en mayúscula:

  Osa Mayor, Estrella Polar, Venus.

Sol y Luna se escriben con mayúsculas en contextos astronómicos, cuando claramente se habla de cuerpos celestes, especialmente si se mencionan junto con otros planetas o meteoros. Pero en otros contextos se escriben en minúscula:

El sol brillaba espléndido aquella mañana.

Me gusta la luna llena.

Tierra, con mayúscula, es el nombre del planeta; en otros casos se escribe en minúscula.

El avión tomó tierra.

Los puntos cardinales se escriben siempre en minúscula, en todos los casos (salvo que formen parte de un nombre propio: Corea del Norte). Las líneas imaginarias de la corteza terrestre van en minúscula: ecuador, trópicos, paralelo.

- Los nombres de instituciones, entidades, organismos, departamentos, divisiones administrativas, partidos políticos, edificios públicos, etc. llevan todas sus palabras significativas con mayúscula inicial:

  Departamento de Estado, Sección de Publicaciones, la Casa Blanca, el Instituto Cervantes, Universidad del Estado de California, Facultad de Medicina.

- Los títulos de libros, películas, cuadros, esculturas, piezas musicales, programas de radio o televisión, ponencias, conferencias, etc., llevan mayúscula inicial solo en su primera palabra:

  El jinete polaco, Las cuatro estaciones, La Celestina, Cien años de soledad.

Sin embargo, se escriben con mayúscula todas las palabras de los nombres de publicaciones periódicas o de una colección:

> *El Mercurio, Nueva Revista de Filología Hispánica, El Barco de Vapor, Biblioteca Románica Hispánica.*

- Los documentos históricos, leyes, decretos, documentos oficiales, etc., llevan todas las palabras significativas de su nombre oficial con mayúscula inicial, excepto si el nombre es excesivamente largo; entonces, solo la primera palabra lleva mayúscula:

  > Carta de Derechos, Declaración de Independencia, Constitución de los Estados Unidos de América.

- En las leyes, decretos y documentos oficiales, suelen escribirse con mayúscula inicial todas las palabras que expresan poder público (Rey, Príncipe, Monarquía, Presidente, Ministro, Senador, República, Estado, Gobierno, etc.).
- Los nombres de las dos grandes épocas de la historia humana, historia y prehistoria, se escriben con minúscula inicial. Las demás épocas y edades históricas, los períodos geológicos y los acontecimientos de la historia se escriben con mayúscula inicial:

  > el Cuaternario, el Paleolítico, la Edad Media, la Reforma, la Primera Guerra Mundial, la Gran Depresión, el Renacimiento, la Guerra Fría.

No llevan mayúscula inicial, en cambio, los adjetivos que siguen al nombre de un imperio (Imperio romano, Imperio bizantino, Imperio otomano); las revoluciones van con mayúscula inicial en todas sus palabras significativas (Revolución Industrial, Revolución Cultural), salvo si el adjetivo es de nacionalidad (Revolución francesa, Revolución rusa).

No llevan mayúscula inicial los nombres de los días de la semana (lunes, jueves, domingo) ni los de los meses del año (enero, mayo, diciembre).

EJERCICIO 1

Uso de las mayúsculas

Instrucciones: Reescriba las oraciones siguientes usando mayúsculas cuando corresponda y reemplazándolas por minúsculas cuando su uso sea incorrecto. La cantidad de errores que contiene cada oración aparece entre paréntesis.

1. La asociación de enfermeras se reunirá en Nueva York (2 errores).

2. El departamento de justicia tiene una oficina en el Edificio Capitol (3 errores).

3. El Alcalde habló en el desfile del día del trabajo (3 errores).

4. La Ciudad de Monterey, en California, está situada sobre el Océano Pacífico (2 errores).

Véanse las respuestas en la página 317.

Uso de los signos de puntuación

El punto

El punto se usa para indicar gráficamente el final de una oración o frase, de un párrafo o de un texto. Marca una pausa larga. Hay tres tipos diferentes de punto:

- El **punto y seguido**, que separa dos oraciones que se escriben una a continuación de la otra, es decir, dentro de un mismo párrafo.
- El **punto y aparte**, que se utiliza al final de un párrafo y separa párrafos entre sí.
- El **punto final**, que representa el final de un escrito o texto.

Además, se usa punto detrás de las abreviaturas (*pág.*, por página; *art.*, por artículo).

El punto se escribirá siempre detrás de las comillas, los paréntesis y las rayas de cierre (*"Tú y yo no tenemos ya nada de qué hablar"*.).

No debe escribirse punto luego de los signos de cierre de interrogación o de exclamación, aunque con ellos termine la oración (*¡Vamos a llegar tarde por tu culpa!)*, salvo en los casos en que los signos de interrogación o de exclamación vayan seguidos de un paréntesis o comillas de cierre (*Me preguntó muy serio: "¿De veras puedo contar contigo?".*).

En la sección de Razonamiento matemático y en toda expresión numérica contenida en esta publicación, se usa el punto, en lugar de la coma, para separar decimales, como se hace en el idioma inglés.

Signos de interrogación y exclamación

Los signos de interrogación y de exclamación sirven para representar en la escritura, respectivamente, la entonación interrogativa o exclamativa de una oración o frase. Son signos dobles, pues existe un signo de apertura y otro de cierre, que deben colocarse de forma obligatoria al comienzo y al final de la oración o frase correspondiente. El signo de cierre representa, al igual que el punto, el final de una oración o frase.

La coma

La coma marca una pausa breve dentro de una oración o frase. Se usa en los casos siguientes:

- Para delimitar incisos (una coma delante del comienzo del inciso y otra al final):

  Los soldados, agotados por la batalla, regresaron al campamento con dos horas de retraso.

  Marta, la sobrina de Francisco, no estuvo presente en la conferencia.

- Para separar palabras o elementos equivalentes en una enumeración dentro de una oración, pero no antes del último término de la enumeración cuando este vaya precedido por la conjunción *y*.

    Antonio era sabio, prudente y cortés.

    Estaba preocupado por su familia, por su trabajo, por su salud.

- Cuando se invierte el orden regular de la oración, anteponiendo al verbo elementos que suelen ir pospuestos, detrás del bloque que se antepone: en las oraciones simples, después de los complementos circunstanciales, salvo que sean muy cortos; en las oraciones compuestas, después de la oración subordinada.

    En los días calurosos de principios del verano pasado, íbamos a bañarnos al río.

    Si vas a llegar tarde, no dejes de avisarme.

- Detrás de complementos introductorios encabezados por expresiones preposicionales, como: *en cuanto a*, *respecto de*, *con respecto a*, *en ese caso*, *en relación con*, *con referencia a*, *a tenor de*, *a pesar de*, etc.

    En ese caso, nos quedaremos en casa.

    A pesar de todo, conseguimos nuestro objetivo.

- Se escribe coma detrás de determinadas palabras o frases de transición, como: *esto es*, *es decir*, *a saber*, *pues bien*, *ahora bien*, *en primer lugar*, *por un/otro lado*, *por una/otra parte*, *en fin*, *por último*, *además*, *con todo*, *en tal caso*, *sin embargo*, *no obstante*, *por el contrario*, *en cambio*. También, detrás de muchos adverbios o expresiones adverbiales que modifican a toda la oración y no solo a uno de sus elementos, como: *efectivamente*, *generalmente*, *naturalmente*, *por lo general*, etc.

    Por lo tanto, los que no tengan entrada no podrán ingresar en el recinto; no obstante, podrán seguir el concierto a través de pantallas instaladas en el exterior.

- Delante de las conjunciones o expresiones conjuntivas que unen las oraciones incluidas en una oración compuesta, como: *pero*, *mas*, *aunque*, *sino (que)*, *de forma que*, *así que*, *de manera que*, etc.

    Haz como te parezca, pero luego no digas que no te lo advertí.

    Prometiste ir al baile con ella, así que ahora no la puedes dejar plantada.

- Para separar el sujeto de los complementos verbales cuando el verbo ha sido mencionado con anterioridad o está sobrentendido:

    Su hijo más pequeño es rubio; el mayor, moreno.

    Los que no tengan invitación, por aquella otra puerta.

En la sección de Razonamiento matemático y en toda expresión numérica contenida en esta publicación, se usa la coma, en lugar del punto, para separar las unidades de mil, como se hace en el idioma inglés.

EJERCICIO 2

Uso de los signos de puntuación

Instrucciones: Agregue el punto o los signos de interrogación o exclamación según corresponda.

1. Los alumnos consiguieron resolver el ejercicio en poco tiempo
2. Crees tú que podremos llegar antes de que empiece el espectáculo
3. Cuidado con ese cuchillo

Agregue las comas que sean necesarias en el párrafo siguiente.

Para atravesar los lagos y mares cubiertos de hielo son necesarios los barcos rompehielos. Estos barcos se usan en los Grandes Lagos el océano Atlántico y el mar Báltico. Los rompehielos tienen motores poderosos un casco especial reforzado y una proa adaptada especialmente para la tarea. Cuando la proa del rompehielos presiona sobre el hielo el peso del barco oprime el hielo el cual no lo soporta se agrieta y se rompe en pedazos.

Véanse las respuestas en la página 317.

Fragmentos de oraciones

Una oración está compuesta siempre de dos partes: un sujeto (explícito o implícito) y un predicado. El predicado contiene un verbo. Si alguno de estos elementos no está presente, la oración está incompleta. Se trata de un fragmento de oración.

Es muy bonita.

¿Puede usted darse cuenta de cuál es el elemento que falta? El elemento faltante es el sujeto. La oración está incompleta porque no aclara quién es muy bonita. La siguiente es una forma sencilla de completar el fragmento:

Luisa es muy bonita.

Ahora el lector sabe que Luisa es muy bonita.

Veamos otro ejemplo de un fragmento de oración:

El gran gallo rojo.

En este caso, el predicado, con el verbo incluido, no está presente. El lector no sabe qué hizo el gallo. Esta es la oración corregida:

El gran gallo rojo entró en el gallinero.

Se ha agregado un predicado compuesto del verbo *entró* y la frase preposicional *en el gallinero.*

EJERCICIO 3

Fragmentos de oraciones

Instrucciones: Escriba la letra **O** delante de las oraciones completas y la letra **F** delante de los fragmentos de oración.

_____ **1.** La llegada del tren.

_____ **2.** Ir a la fiesta con su amiga.

_____ **3.** Nina fue sola al concierto.

_____ **4.** Ella compró una entrada para ir a ver el espectáculo en el museo.

_____ **5.** El reloj de su padre por toda la casa.

Véanse las respuestas en la página 317.

Oraciones mal estructuradas

Una oración contiene un pensamiento completo. Las oraciones mal estructuradas contienen al menos dos pensamientos completos e independientes separados entre sí por signos de puntuación inadecuados o sin separación alguna. Los tipos más comunes de oraciones mal estructuradas son las oraciones fundidas y las oraciones sin puntuación. Las **oraciones fundidas** son aquellas que contienen más de un pensamiento completo y están separadas entre sí por una coma; las **oraciones sin puntuación** son aquellas que contienen más de un pensamiento completo y no están separadas por signos de puntuación.

Este es un ejemplo de oración fundida:

María fue a patinar, a ella le encanta el patinaje sobre hielo.

El siguiente es un ejemplo de oración sin puntuación:

María fue a patinar a ella le encanta el patinaje sobre hielo.

Los dos son ejemplos de oraciones mal estructuradas.

La forma más rápida de reestructurar las oraciones fundidas o sin puntuación es agregar un punto al final del primer pensamiento completo y escribir con mayúscula inicial la primera palabra del segundo pensamiento.

María fue a patinar. A ella le encanta el patinaje sobre hielo.

Una segunda forma de solucionar el problema es agregar un punto y coma entre ambas oraciones. En este caso, no será necesario usar la mayúscula inicial en la primera palabra del segundo pensamiento. Las dos oraciones de esta forma yuxtapuestas deben estar relacionadas entre sí, como en este caso.

María fue a patinar; a ella le encanta el patinaje sobre hielo.

EJERCICIO 4

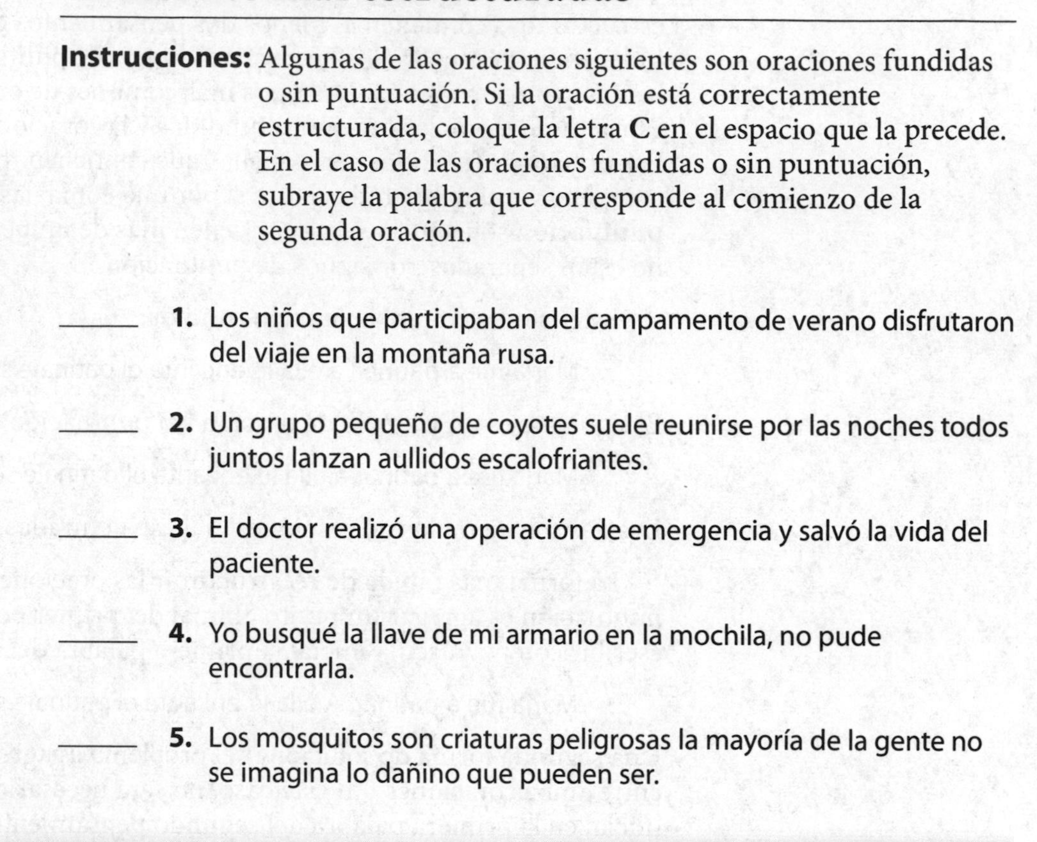

Oraciones mal estructuradas

Instrucciones: Algunas de las oraciones siguientes son oraciones fundidas o sin puntuación. Si la oración está correctamente estructurada, coloque la letra **C** en el espacio que la precede. En el caso de las oraciones fundidas o sin puntuación, subraye la palabra que corresponde al comienzo de la segunda oración.

_____ **1.** Los niños que participaban del campamento de verano disfrutaron del viaje en la montaña rusa.

_____ **2.** Un grupo pequeño de coyotes suele reunirse por las noches todos juntos lanzan aullidos escalofriantes.

_____ **3.** El doctor realizó una operación de emergencia y salvó la vida del paciente.

_____ **4.** Yo busqué la llave de mi armario en la mochila, no pude encontrarla.

_____ **5.** Los mosquitos son criaturas peligrosas la mayoría de la gente no se imagina lo dañino que pueden ser.

Véanse las respuestas en la página 317.

Cláusulas de modificación mal colocadas o mal usadas

Las **cláusulas de modificación mal colocadas** modifican la palabra equivocada o más de una palabra en una oración. Para corregir una oración que contiene una cláusula de modificación mal colocada, ubique la cláusula tan cerca como sea posible de la palabra a la que se aplica.

Mal colocada: Las hojas caían suavemente sobre el césped de colores otoñales.

Correctamente colocada: Las hojas de colores otoñales caían suavemente sobre el césped.

Las **cláusulas de modificación mal usadas** no parecen modificar a ninguna palabra. Para corregir una oración que contiene una cláusula mal usada, deberá encontrar la palabra o las palabras a las que la cláusula debería aplicarse lógicamente.

Mal usada: Siguiendo atentamente las huellas, los leones fueron encontrados.

Correctamente usada: Siguiendo atentamente las huellas, el guía de la expedición encontró a los leones.

EJERCICIO 5

Cláusulas de modificación mal colocadas o mal usadas

Instrucciones: Subraye las cláusulas de modificación mal colocadas o mal usadas y reescriba la oración de forma tal que su significado resulte más comprensible.

1. Nosotros cenamos con los Bermúdez en un elegante restaurante lentamente.

2. Patricia comió un plato caliente de cereal antes de irse al trabajo.

3. Después de volver corriendo a casa, la televisión fue encendida para ver el partido de béisbol.

Véanse las respuestas en la página 317.

Estructuras paralelas

Cuando escribimos o hablamos, es importante emplear estructuras paralelas, es decir, establecer relaciones de paralelismo entre los elementos de una oración.

> *Estructura no paralela:* La anfitriona se ocupó de preparar la fiesta cocinando, limpiando y decorar.

En este caso, el infinitivo del verbo decorar no tiene relación de paralelismo con los gerundios *cocinando* y *limpiando*. Esta es la forma correcta de escribir la oración:

> *Estructura paralela:* La anfitriona se ocupó de preparar la fiesta cocinando, limpiando y decorando.

No se trata de que solo los verbos tengan una estructura paralela. También se aplica a los otros elementos de la oración.

> *Estructura no paralela:* Ellos pasaron juntos primavera, verano y el otoño estudiando el comportamiento de las ranas.

> *Estructura paralela:* Ellos pasaron juntos la primavera, el verano y el otoño estudiando el comportamiento de las ranas.

EJERCICIO 6

Estructuras paralelas

Instrucciones: En cada par de oraciones, coloque la letra **C** delante de la oración que tenga una estructura más correcta.

_____ **1a.** Es más importante tener salud que ser rico.

_____ **1b.** Es más importante tener salud que riqueza.

_____ **2a.** Marion estará contenta siempre que tenga ropa suficiente, alimentos y libros.

_____ **2b.** Marion estará contenta siempre que tenga ropa suficiente, alimentos para comer y pueda leer libros.

Véanse las respuestas en la página 318.

Oraciones poco elegantes

Cuando eligen palabras inadecuadas o las disponen de forma inapropiada, los escritores crean oraciones poco elegantes, cuyo significado no queda del todo claro. Habitualmente, con solo leer la oración, usted se dará cuenta si suena bien y está correctamente ordenada. Lea la oración siguiente:

> Dar gritos de alegría fue lo que Renée hizo luego de la carrera que ganó.

Hay muchas formas mejores de escribir esta oración. Veamos un par de ellas:

> Renée dio gritos de alegría luego de ganar la carrera.
>
> Luego de ganar la carrera, Renée dio gritos de alegría.
>
> *Oración poco elegante:* En el Bronx, el general Colin Powell creció, uno de los distritos de la ciudad de Nueva York, en una familia de inmigrantes jamaiquinos.
>
> *Oración correcta*: El general Colin Powell creció en el Bronx, uno de los distritos de la ciudad de Nueva York, en una familia de inmigrantes jamaiquinos.

El significado de la segunda oración es mucho más claro. La primera versión es muy confusa. Asegúrese siempre de que las oraciones que escriba fluyan de una forma lógica y de que puedan ser comprendidas fácilmente.

EJERCICIO 7

Oraciones poco elegantes

Instrucciones: En cada par de oraciones, coloque la letra **C** delante de la oración cuyo significado sea más claro.

_____ **1a.** Alguna vez, él estuvo a punto de cometer el error de correr y zambullirse en la parte profunda de una piscina vacía.

_____ **1b.** Él estuvo a punto de cometer el error alguna vez de correr y zambullirse en la parte profunda de una piscina vacía.

_____ **2a.** La exploradora describió su viaje por el Amazonas durante nuestra clase de estudios sociales en una canoa.

_____ **2b.** Durante nuestra clase de estudios sociales, la exploradora describió su viaje por el Amazonas en una canoa.

Véanse las respuestas en la página 318.

Concordancia entre sujeto y verbo

En toda oración que usted escriba, el verbo deberá concordar en número y persona con el sujeto. Para estar seguro de que el sujeto y el verbo concuerdan, primero habrá que determinar si el sujeto es singular (una persona o un objeto) o plural (más de una persona o de un objeto).

En la oración: *El pájaro abrió sus alas*, la palabra *pájaro* está en singular. Observe cómo cambia el verbo cuando el sujeto está compuesto por más de un pájaro:

> Los pájaros abrieron sus alas.

Los verbos tienen diferentes terminaciones dependiendo del número del sujeto (singular o plural) y de la persona (primera, segunda o tercera).

En las oraciones simples es relativamente fácil determinar cuál es el sujeto de la oración, pero en las oraciones compuestas es bastante más complejo.

Cláusulas preposicionales

A veces, los escritores piensan erróneamente que el sustantivo dentro de la cláusula preposicional es el sujeto de la oración.

> Muchos escritores de la generación de García Márquez adhirieron al realismo mágico.

En esta oración, el sujeto es *Muchos escritores*. Sin embargo, el sustantivo *generación*, de la cláusula preposicional *de la generación de García Márquez*, está más próximo al verbo (*adhirieron*), por lo que algunas personas podrían, equivocadamente, pensar que *generación* es el sujeto y hacer concordar al verbo con este sustantivo. Como el sustantivo *generación* está en singular, el verbo debería ser, entonces, *adhirió*, como se muestra en el ejemplo siguiente.

> Muchos escritores de la generación de García Márquez adhirió al realismo mágico.

Ahora, el sujeto (*Muchos escritores*) no concuerda con el verbo (*adhirió*), y la estructura de la oración es, en consecuencia, incorrecta.

Asegúrese de no cometer este tipo de errores cuando escriba el ensayo en el examen de GED®.

Concordancia con verbos copulativos

Se denomina **predicado nominal** a todo predicado formado por un verbo copulativo (ser, estar, parecer) seguido de un sustantivo o adjetivo (atributo). Los verbos copulativos concuerdan en número y persona con el sujeto, mientras que los atributos lo hacen en género y número.

Juan es un ingeniero.

La niña está enferma.

María parece fatigada.

A veces, puede que el número del sujeto sea diferente del número del atributo:

Los Estados Unidos son un país democrático.

En este caso particular, también es correcto el uso del verbo en singular cuando el artículo *los* no se encuentre presente:

Estados Unidos es un país democrático.

Pero en ningún caso se podrá usar:

Los Estados Unidos es un país democrático.

Estados Unidos son un país democrático.

Ambas estructuras son incorrectas.

Concordancia con sujetos compuestos

Cuanto más compleja es la oración, más difícil resulta establecer la concordancia correcta entre el sujeto y el verbo. Si se trata de una oración compuesta, que tiene más de un sujeto, la concordancia debe hacerse con el verbo en plural.

Los niños y el perro correteaban por el jardín.

El verbo solo podría ir en singular cuando los sujetos coordinados sean oraciones o construcciones de infinitivo, o estén constituidos por elementos que tengan un vínculo tan próximo que representen una sola unidad.

Oraciones: Que corras y hagas ejercicios es bueno para la salud.

Construcciones de infinitivo: Beber y fumar es perjudicial para la salud.

Vínculo próximo: La entrada y salida de clientes ha sido continua.

Si los sujetos representan personas diferentes, el verbo concuerda en plural con aquella persona que tenga prioridad (la primera persona tiene prioridad sobre las otras dos personas, y la segunda, sobre la tercera).

Andrés y yo iremos al teatro, así que tú y Estela tendréis que esperar hasta que regresemos.

En sujetos compuestos coordinados por la conjunción disyuntiva *o*, o por la conjunción copulativa *ni*, el verbo podrá ir indistintamente en singular o plural, aunque, por lo general, se prefiere el plural.

El cuidador del perro o su dueño son responsables de lo ocurrido/El cuidador del perro o su dueño es responsable de lo ocurrido.

Ni el estrés ni la vida sedentaria son buenos para la salud/Ni el estrés ni la vida sedentaria es bueno para la salud.

Concordancia en las cláusulas adjetivales

En una oración, se denomina **cláusula adjetival** a todo grupo de palabras que describe a otra palabra y que tiene sujeto y verbo propios. El verbo incluido en la cláusula adjetival debe siempre concordar con el sujeto de la cláusula, y no con el de la oración. A menudo, el sujeto de la cláusula adjetival es un pronombre relativo. El número del pronombre relativo y el del verbo dependerán del número del antecedente en la oración principal.

La ópera es una de las formas musicales que combinan la música y el teatro.

En este ejemplo, el antecedente del pronombre relativo *que* es *formas musicales*, que está en plural. Por lo tanto, el verbo de la cláusula (*combinan*) deberá estar también en plural.

La ópera es la única de las formas musicales que no me resulta del todo placentera.

Aquí, el antecedente de *que* es *la única*, por lo que el verbo de la cláusula corresponderá a la tercera persona del singular.

Concordancia con sustantivos colectivos

El **sustantivo** o **nombre colectivo** es un sustantivo que expresa en singular un conjunto o una agrupación de objetos, animales o personas semejantes (alumnado, cardumen, constelación, muchedumbre). Cuando el verbo se refiera a estos sustantivos colectivos, deberá ir siempre en singular. En los casos en que el sustantivo colectivo vaya acompañado de un complemento que lo especifica o modifica, el verbo podrá ir indistintamente en singular o plural.

Sustantivo colectivo: La muchedumbre aguardaba inquieta la salida de los músicos.

Sustantivo colectivo con complemento: La mayoría de los conductores respeta los semáforos/La mayoría de los conductores respetan los semáforos.

EJERCICIO 8

Concordancia entre sujeto y verbo

Instrucciones: Lea las oraciones siguientes. Escriba la letra **C** (correcta) delante de las oraciones en las que concuerdan el sujeto y el verbo, y escriba la letra **I** (incorrecta) delante de aquellas oraciones donde no lo hacen.

_____ **1.** Todos los mares del mundo tienen peces en sus aguas.

_____ **2.** Una buena guía de turismo es uno de los artículos de viaje que más ayuda a los visitantes.

_____ **3.** La golondrina es un ave migratoria que pasa sus inviernos siempre en el mismo lugar.

_____ **4.** El maíz azul es una de las variedades que es poco común en los Estados Unidos.

_____ **5.** Una cuidadosa planificación y un poco de buena suerte fue responsable de los aterrizajes en la Luna.

_____ **6.** Hasta ahora, ni el análisis del suelo ni las fotografías escaneadas ha suministrado pruebas contundentes.

_____ **7.** El Riverdale Thunder son un nuevo equipo de la liga de béisbol.

_____ **8.** En algunos lugares, la pesca excesiva eliminan especies enteras.

Véanse las respuestas en la página 318.

Modos y tiempos verbales

Cuando edite su ensayo, usted deberá asegurarse no solo de que todos los verbos concuerden con sus respectivos sujetos, sino también de que haya usado todos los verbos en el modo y tiempo correctos. Es una buena idea repasar todos los modos y tiempos verbales antes del examen de GED®.

El **verbo** es la parte de la oración que expresa acción o movimiento, existencia, condición o estado del sujeto. En la oración, el verbo funciona como el núcleo del predicado. El verbo tiene cuatro accidentes gramaticales, que son: el modo verbal, el tiempo, el número y la persona.

Los **modos verbales** son las diversas formas en que la acción del verbo puede expresarse. Expresan la relación que existe entre la actitud de quien habla o escribe y la acción que el orador o el escritor enuncia en la oración. Si esta acción es concreta o real, el verbo se usará en el *modo indicativo*. Si, por el contario, se expresa una posibilidad, una acción dudosa o un deseo que todavía no se ha concretado, el verbo se usará en el *modo subjuntivo*. Por último, si se expresa una orden o advertencia ante un peligro o una amenaza, el verbo se usará en el *modo imperativo*.

Modo indicativo: La ventana está abierta.

Modo subjuntivo: Es posible que no vaya al trabajo mañana.

Modo imperativo: ¡Haz tu tarea!

Los **tiempos verbales** expresan el momento en que se realiza la acción del verbo. Puede tratarse de un momento presente, pasado o futuro. Según la acción haya sido o no completada, los tiempos se dividen, además, en simples o compuestos. Las formas compuestas se construyen con el verbo auxiliar *haber*.

En el modo indicativo, los tiempos verbales simples son: presente (*yo amo*), pretérito imperfecto (*yo amaba*), pretérito perfecto simple (*yo amé*), futuro simple (*yo amaré*) y condicional simple (*yo amaría*). Y los tiempos compuestos son: pretérito perfecto compuesto (*yo he amado*), pretérito pluscuamperfecto (*yo había amado*), pretérito anterior (*yo hube amado*), futuro compuesto (*yo habré amado*) y condicional compuesto (*yo habría amado*).

En el modo subjuntivo, los tiempos verbales simples son: presente (*yo ame*), pretérito imperfecto (*yo amara* o *amase*) y futuro (*yo amare*). Y los tiempos compuestos son: pretérito pluscuamperfecto (*yo hubiera* o *hubiese amado*) y futuro compuesto (*yo hubiere amado*). En el modo subjuntivo, no hay ni pretérito perfecto simple ni pretérito anterior, ni tampoco tiempos condicionales.

En el modo imperativo, no hay tiempos verbales y solo se usa una persona: la segunda (*ama tú*, *amad vosotros*).

El **número** expresa si la acción ha sido realizada por una sola persona (singular) o por varias personas (plural).

La **persona** indica la relación que existe entre el sujeto que realiza la acción y el verbo que la expresa. La persona puede ser primera (*yo, nosotros/nosotras*), segunda (*tu, usted, vosotros/vosotras* o *ustedes*, en muchas partes de América), o tercera (*él/ella, ellos/ellas*).

Los verbos tienen, además, cinco formas no personales, que son las siguientes: infinitivo simple (*amar*), infinitivo compuesto (*haber amado*), participio (*amado*), gerundio simple (*amando*) y gerundio compuesto (*habiendo amado*).

En el sitio web de la Real Academia de la Lengua Española (http://www.rae.es/diccionario-panhispanico-de-dudas/apendices/modelos-de-conjugacion-verbal#advertencias), encontrará toda la información necesaria sobre la conjugación de los verbos regulares e irregulares.

EJERCICIO 9

Modos y tiempos verbales

Instrucciones: Reescriba los verbos usados en las oraciones siguientes en el modo y tiempo apropiados.

1. Estaba bajo la ducha cuando suena el teléfono.
2. Desde aquel día en que escribí el poema, había escrito otros dos cuentos cortos.
3. Cuando recordé que había dejado la comida en el horno, ya será tarde.
4. Tal vez no puedo ir al trabajo mañana.

Véanse las respuestas en la página 318.

Uso de los pronombres

El uso correcto de los pronombres será otra de las cuestiones que se evaluarán en la pregunta de respuesta extensa (ensayo) del examen de GED®.

Un **pronombre** es una palabra que sustituye a un nombre (sustantivo), llamado antecedente. Los pronombres representan a personas u objetos o remiten a hechos ya conocidos por quien habla o escribe y por quien escucha o lee. Concuerdan con su antecedente en género y número.

Según la función que desempeñen en la oración, los pronombres pueden clasificarse en: personales, posesivos, reflexivos, relativos, demostrativos, interrogativos y exclamativos, e indefinidos.

Los **pronombres personales** reemplazan a los nombres de las personas que desarrollan la acción. Estos pronombres expresan obligatoriamente: persona, género, número y función.

	Sujeto	Complementos sin preposición	Complementos con preposición
Primera persona (sing.)	yo	me	mí*
Segunda persona (sing.)	tú, usted	te	ti*, usted
Tercera persona (sing.)	él, ella, ello	lo, la, le	sí*
Primera persona (plural)	nosotros, nosotras	nos	nosotros, nosotras
Segunda persona (plural)**	vosotros, vosotras, ustedes	os	vosotros, vosotras, ustedes
Tercera persona (plural)	ellos, ellas	los, las, les	ellos, ellas

*Cuando se usan con la preposición con, estas tres formas se convierten en *conmigo, contigo* y *consigo.*

**En muchas partes de América, se usa *ustedes* en lugar de vosotros/vosotras como segunda persona del plural. En ese caso, las formas para los complementos sin preposición son las mismas formas que corresponden a la tercera persona del plural; para los complementos con preposición, en cambio, se usa la forma *ustedes*.

Él fue a nadar.

Beatriz *lo* vio primero.

Nosotros necesitamos algo para comer.

Tú puedes hacer esa tarea más tarde.

Láma*nos* cuando regreses.

Luego del accidente, Miguel estaba fuera de *sí*.

Los **pronombres posesivos** reemplazan a un nombre y, además, señalan si el objeto pertenece a una o varias personas.

	Singular	**Plural**
Primera persona	(el) mío, (la) mía, (los) míos, (las) mías, (lo) mío	(el) nuestro, (la) nuestra, (los) nuestros, (las) nuestras, (lo) nuestro
Segunda persona*	(el) tuyo, (la) tuya, (los) tuyos, (las) tuyas, (lo) tuyo	(el) vuestro, (la) vuestra, (los) vuestros, (las) vuestras, (lo) vuestro
Tercera persona	(el) suyo, (la) suya, (los) suyos, (las) suyas, (lo suyo)	(el) suyo, (la) suya, (los) suyos, (las) suyas, (lo) suyo

*En muchas partes de América, se usan usted y ustedes en lugar de tú y vosotros/vosotras como segunda persona. En ese caso, las formas para los pronombres posesivos son las mismas formas que corresponden a la tercera persona.

Tu departamento está cerca; *el nuestro* está lejos de aquí.

La escuela de Carla está frente al parque; *la mía*, al otro lado de la farmacia.

Nuestros trajes están listos; *los vuestros*, no.

Tu cuarto está en el segundo piso; *el suyo* está en el tercero.

Lo tuyo es la natación.

Los **pronombres reflexivos** se usan con verbos reflexivos y siempre hacen referencia al sujeto que realiza la acción.

Pronombre personal	**Pronombre reflexivo**
Yo	me
Tú*	te
Él, ella, ello	se
Nosotros, nosotras	nos
Vosotros, vosotras*	os
Ellos, ellas	se

*En muchas partes de América, se usan usted y ustedes en lugar de tú y vosotros/vosotras como segunda persona. En ese caso, la forma para el pronombre reflexivo es la misma forma que corresponde a la tercera persona (*se*).

Mañana *nos* bañaremos en el mar.

Manuela y Rodrigo *se* levantaron temprano.

Los **pronombres relativos** se refieren a un nombre (sustantivo) ya mencionado en la oración principal sin necesidad de nombrarlo. En las oraciones compuestas, encabezan las cláusulas relativas y concuerdan en género y número con su antecedente. Según se refieran a una persona o a un objeto, o indiquen posesión o cantidad, los pronombres relativos se clasifican en:

Persona u objeto: que; (el) que, (la) que, (lo) que, (los) que, (las) que; (el) cual, (la) cual, (lo) cual, (los) cuales, (las) cuales;

Que es el pronombre relativo más habitual en español. Se puede usar tanto para personas como para objetos.

Los pronombres relativos *el que* y *el cual* (así como *la que, la cual, los que, los cuales, las que, las cuales*) podrán ser usados en lugar de *que* para evitar confusiones.

> El joven, *que* conducía muy deprisa, tuvo un accidente con el auto *que* su padre le había prestado.
>
> La madre de Juan, *el que* tuvo un accidente, es mi vecina.
>
> Esa es la tienda en *la que* compro los alimentos orgánicos.

Los pronombres relativos *lo que* y *lo cual* se utilizan cuando el antecedente es una oración y no solo un sustantivo.

> Hace tiempo que no sé nada de ella, *lo cual* me preocupa mucho.
>
> No se acuerda de *lo que* pasó.

Persona solamente: quien, quienes.

El pronombre relativo *quien* puede usarse como alternativa a *que*, esencialmente en cláusulas relativas que comienzan por una preposición monosilábica y que hacen referencia a una persona.

> Mis compañeros de colegio, *a quienes* hacía mucho tiempo que no veía, me invitaron a una comida de camaradería.
>
> Admiro mucho *a quien* trabaja voluntariamente para ayudar a los demás.

Posesión: cuyo, cuya, cuyos, cuyas.

Las formas posesivas *cuyo, cuya, cuyos* y *cuyas* concuerdan en número y género con el sustantivo al que acompañan.

> Tenía miedo de hablar con su padre, *cuyo* dinero había malgastado.
>
> Gonzalo, *cuya* hermana vive en Chile, se mudará allí el mes próximo.

Cantidad: cuanto, cuanta, cuantos, cuantas.

El pronombre relativo *cuanto* (así como sus formas *cuanta, cuantos* y *cuantas*) se usa sin que se haya hecho previamente referencia a las personas en cuestión y con el sentido de *todo lo que* y sus formas derivadas.

> *Cuantos* estaban fueron a ayudarle./*Todos los que* estaban fueron a ayudarle.
>
> Le contó a la policía *cuanto* recordaba./Le contó a la policía *todo lo que* recordaba.

Los **pronombres demostrativos** se refieren a una persona, objeto o lugar, e indican la distancia en el espacio o en el tiempo con respecto a una determinada persona (el que habla o el que escucha).

Los pronombres demostrativos que indican proximidad con respecto al que habla son: este, esta, esto, estos, estas.

Los pronombres demostrativos que indican proximidad con respecto al que escucha son: ese, esa, eso, esos, esas.

Los pronombres demostrativos que indican lejanía con respecto al que habla y al que escucha son: aquel, aquella, aquello, aquellos, aquellas.

> Ayer fue un día de calor agobiante, esperemos que *este* sea un poco más fresco.
>
> La raqueta que más me gusta es *aquella*.
>
> De todos los pantalones que me probé, *esos* son los que mejor me quedan.

Los **pronombres interrogativos y exclamativos** se refieren a personas u objetos que todavía no son conocidos. Los pronombres interrogativos se usan tanto en preguntas directas como indirectas, y llevan siempre tilde. Los más comunes son: qué, quién, quiénes, cuál, cuáles, cuánto, cuánta, cuántos y cuántas. De ellos, *qué* se refiere siempre a objetos, mientras que *quién* y *quiénes* se refieren solo a personas.

> ¿*Qué* estás buscando?
>
> Me preguntó *qué* haríamos esta noche.
>
> ¿*Quiénes* son aquellos jóvenes?
>
> No sé todavía *quiénes* vendrán a mi fiesta de cumpleaños.

Los pronombres *cuál* y *cuáles* se usan cuando se debe elegir o seleccionar entre una lista de opciones.

> ¿*Cuál* es el idioma oficial de su país?
>
> ¿En *cuáles* países de América del Sur se habla español?

Los pronombres qué, quién, quiénes, cuánto, cuánta, cuántos y cuántas también pueden ser usados en oraciones o frases exclamativas, que expresan emociones, sentimientos o reacciones.

> ¡*Qué* diablos estás haciendo!
>
> ¡*Quién* lo tuviera!
>
> ¡*Cuántas* somos hoy en la fiesta!

Los **pronombres indefinidos** son pronombres cuya función es sustituir a un sustantivo expresando cantidad, identidad u otra noción de manera imprecisa o indeterminada. Los más usados son: algo, alguien, alguno, alguna, algunos, algunas, mucho, mucha, muchos, muchas, nada, nadie, otro, otra, otros, otras, poco, poca, pocos, pocas, uno, una, unos, unas.

Muchos le dijeron que no le quedaba bien.

Unos iban al mercado, y *otros*, a las tiendas.

Nadie ni *nada* lo consolará.

EJERCICIO 10

Uso de los pronombres

Instrucciones: Coloque la letra **C** delante de las oraciones que son correctas, y la letra **I** delante de las oraciones que son incorrectas.

_____ **1.** Verónica nos pidió a Bernardo y a mí que la acompañáramos al cine.

_____ **2.** Ella y yo hemos ido juntas a las clases de ballet durante años, pero ella lo ha hecho siempre mejor que mí.

_____ **3.** Teresa se peinaba cuatro veces al día.

_____ **4.** La novela que compré la semana pasada me resultó entretenida.

_____ **5.** Aprender a nadar les resultó extremadamente difícil a mi hermano y a mí.

_____ **6.** Los participantes en este maratón deben entrenar muy duro, pues alguien puede predecir cómo estará el tiempo en abril.

Corrija los errores en el uso de los pronombres en el párrafo siguiente:

Mariana quería aprender a tocar el piano, aunque él sabía lo difícil que resulta para un principiante. De todas formas, ella trabajó mucho y, a menudo, sacrificó parte de tu tiempo libre. Fue menos veces al centro comercial y pasó menos tiempo con mis amigos. Al final, ella estaba contenta de ti misma.

Véanse las respuestas en la página 318.

Palabras y frases de transición

Las palabras y frases de transición ayudan a mantener la fluidez y la coherencia dentro de una oración o un párrafo. Pero lo que es más importante establecen relaciones entre dos ideas.

- Pueden establecer el orden o el tiempo en que ocurren: mientras tanto, hasta ahora, finalmente, por último, entonces, luego, primero, después, todavía, a continuación, etc.

  Después de una caminata de cuatro horas, finalmente llegamos al lago.

- Pueden establecer contrastes o comparaciones: pero, sin embargo, no obstante, por el contrario, si bien, de la misma forma, a diferencia de, lamentablemente, etc.

  Nosotros llegamos tarde al concierto, a diferencia de Pedro, que ya nos estaba esperando.

- Pueden establecer relaciones de causa y efecto: como resultado de, por ello, en consecuencia, así que, porque, por consiguiente, dado que, etc.

  La parrilla se quedó sin gas; en consecuencia, no pudimos hacer la barbacoa.

- Pueden dar ejemplos o agregar énfasis: por ejemplo, de hecho, especialmente, por supuesto, es decir, precisamente, o sea, etc.

  Había peces por todas partes; de hecho, me tomó menos de cinco minutos pescar el primero.

- Pueden complementar una idea: además, también, asimismo, es más, adicionalmente, etc.

  Esta crema para la piel es muy efectiva; además, no es cara.

EJERCICIO 11

Palabras y frases de transición

Instrucciones: Rellene los espacios en blanco con la palabra o frase de transición más apropiada.

lamentablemente, por ello, especialmente, además

1. Mi profesora de francés habla portugués e italiano; ________________, habla español.
2. Ciencia fue una materia que me creó problemas en la escuela secundaria; ________________ procuré evitar todos los cursos de ciencia en la universidad.
3. Me encanta viajar a Roma; ________________ visitar sus muchas iglesias.
4. Juana quería un helado de vainilla; ________________ ya no quedaban.

Véanse las respuestas en la página 319.

EJERCICIOS DE PRÁCTICA

Uso del idioma español

Si bien el uso del idioma español solo será evaluado a través del ensayo (pregunta de respuesta extensa) en el examen de GED®, presentamos a continuación una serie de ejercicios que le serán de utilidad para prepararse para la redacción de ese ensayo y repasar algunas convenciones y reglas básicas.

Instrucciones: Cada uno de los tres pasajes siguientes contiene espacios en blanco, que comienzan con la palabra "Seleccione", seguida de un número correlativo y puntos suspensivos. Debajo de cada pasaje, encontrará una lista de cuatro opciones para cada uno de los espacios en blanco. Indique cuál de esas opciones es la que corresponde al espacio en blanco correspondiente. (**Nota:** En el examen de GED®, las opciones se presentan como un menú desplegable. Cuando usted haga un clic sobre la opción seleccionada, esta rellenará el espacio en blanco.)

PASAJE 1

Para: Linda Jones

De: Ken Smith

Ref.: Baile de los Pelajes

Estimada Linda,

Usted nunca podrá imaginarse el éxito del Baile de los Pelajes, que se realizó el [Seleccione 1... ▼] fin de semana. Gracias a la gran concurrencia, las muchas ofertas generosas por los artículos de la subasta y la gran tarea de los organizadores, se recaudaron unos $4500. Esto significará una gran ayuda para el refugio, que, como usted sabe, ha sufrido mucho por los recortes presupuestarios decididos en la ciudad.

Quiero darle las gracias personalmente por la donación que hizo de la fotografía de Honey. Fue un gran sorteo, que nos dejó $550. La gente estaba muy ansiosa por adquirir una fotografía original de Moreno. Fue muy gentil de su parte hacer tan importante donación y, por ello, colocaremos su nombre en nuestro [Seleccione 2... ▼] correspondiente a este año.

Espero que haya disfrutado de [Seleccione 3... ▼]. La banda y los comediantes tuvieron la gentileza de donar su tiempo, y la comida fue parcialmente donada por el hotel, lo que nos permitió aumentar considerablemente los beneficios de la velada.

Por favor, cuando tenga tiempo, pase por el refugio para ver a todos nuestros residentes felinos y caninos, y así podré saludarla. A todos nos [Seleccione 4. . . ▼] sobre nuestros últimos planes para mejorarlas.

Mis mejores deseos,

Ken

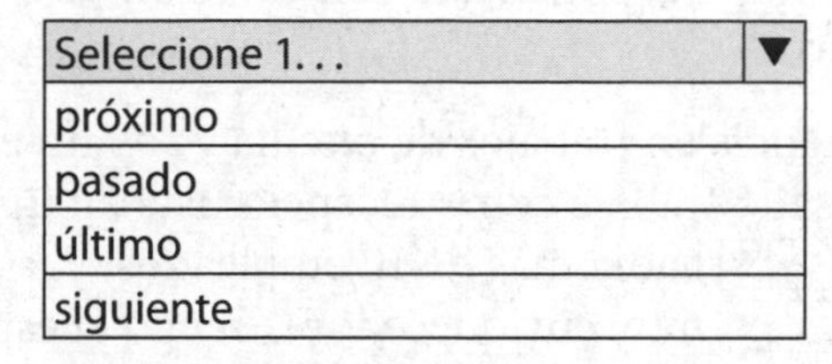

Seleccione 2. . .
"cuadro de Donantes"
"Cuadro de donantes"
"Cuadro De donantes"
"Cuadro de Donantes"

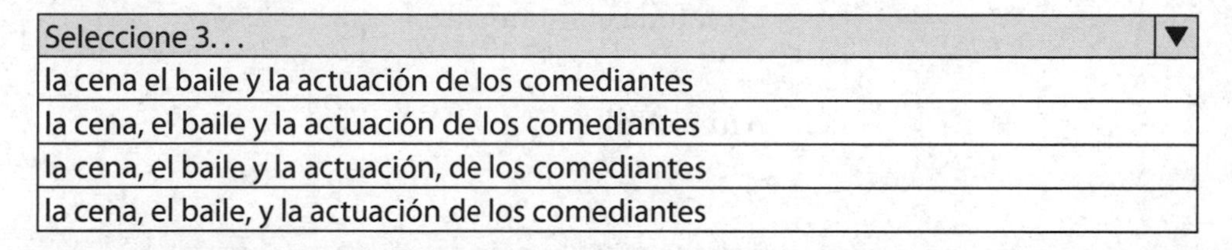

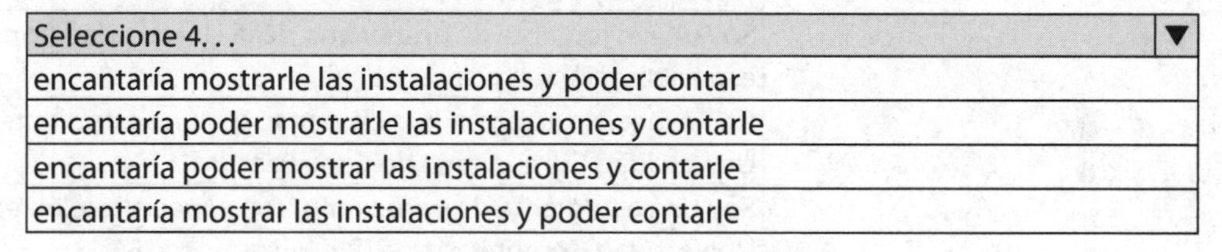

PASAJE 2

Estimado Sr. Locke:

Seleccione 1. . . ▼ Busco empleo de verano o, por lo menos, una pasantía.

Mi profesor, David Bianco, me sugirió que me pusiera en contacto con usted para preguntarle acerca de la posibilidad de encontrar una posición en Seleccione 2. . . ▼ firma para este verano. Me ha dicho que en el pasado usted ha sido muy receptivo a la contratación de estudiantes de este departamento.

Tengo experiencia en trabajos de oficina y soy un excelente mecanógrafo. El verano pasado trabajé como recepcionista en un bufete de abogados, Seleccione 3. . . ▼ había más de 10 empleados, y la experiencia Seleccione 4. . . ▼ muy enriquecedora. Tengo la esperanza de que el trabajo en la Oficina del Defensor del Pueblo me permita continuar con mi capacitación profesional.

En caso de que fuera necesaria una entrevista, por favor, hágamelo saber. Le adjunto mi currículo.

Seleccione 5. . . ▼

Lo saluda atentamente,

Anita White

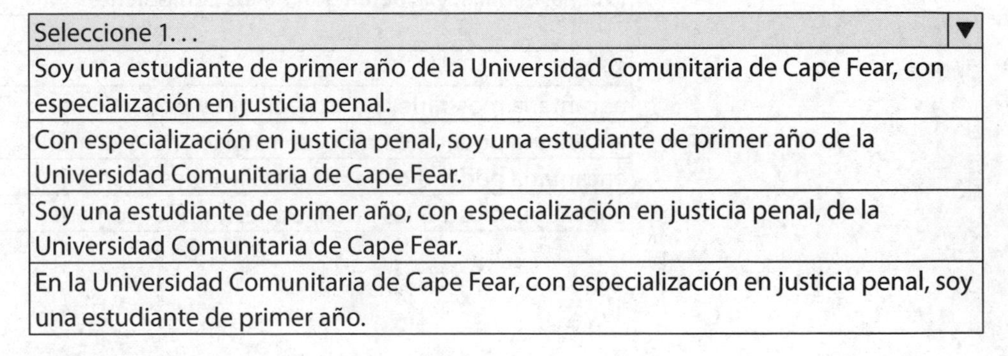

Seleccione 1. . . ▼
Soy una estudiante de primer año de la Universidad Comunitaria de Cape Fear, con especialización en justicia penal.
Con especialización en justicia penal, soy una estudiante de primer año de la Universidad Comunitaria de Cape Fear.
Soy una estudiante de primer año, con especialización en justicia penal, de la Universidad Comunitaria de Cape Fear.
En la Universidad Comunitaria de Cape Fear, con especialización en justicia penal, soy una estudiante de primer año.

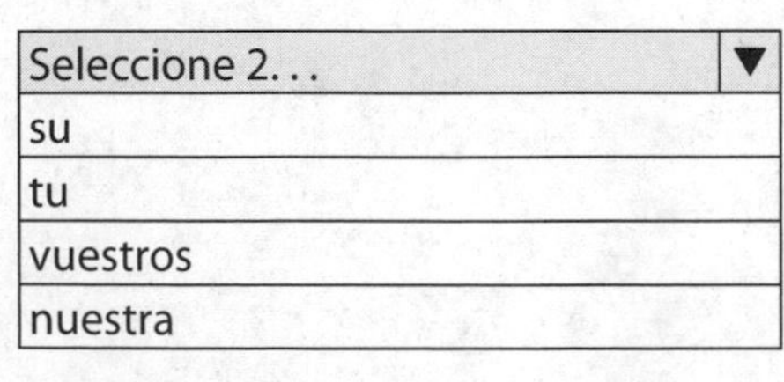

Seleccione 2. . . ▼
su
tu
vuestros
nuestra

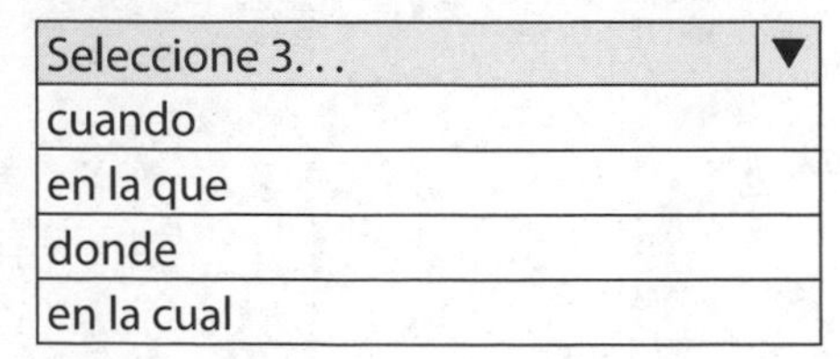

Seleccione 3. . . ▼
cuando
en la que
donde
en la cual

Seleccione 4. . . ▼
resultando
me resultó
me resultará
me había resultado

Seleccione 5. . . ▼
Esperando verlo pronto.
A la espera de su respuesta.
Hasta pronto.
Nos hablamos.

PASAJE 3

Para: Todos los empleados

De: Oficina de Recursos Humanos

Ref.: Próxima conferencia

El fin de semana del 21 de junio, se realizará una conferencia en el hotel Hudson [Seleccione 1... ▼]. Su presencia es requerida. Las actividades se iniciarán el sábado a las 8:30 en punto, y concluirán ese día a las 20:30 con una cena de grupo. El domingo la conferencia se extenderá entre las 11 y las 16 horas. El almuerzo estará incluido los dos días.

El Sr. Charles Harding será el conductor de la conferencia. [Seleccione 2... ▼]. Esperamos que todos los empleados estén bien predispuestos a esta experiencia, que tanto ayudará a mejorar las relaciones en el lugar de trabajo.

[Seleccione 3... ▼], hemos oído de otras compañías que muchos de sus empleados opinaban que la conferencia había sido "divertida" y "extremadamente útil".

Si tiene alguna pregunta que formular, por favor [Seleccione 4... ▼] a Mary Suede, interno 231.

Seleccione 1... ▼
, la conferencia estará dedicada a fomentar la cooperación entre los empleados en el lugar de trabajo.
. Tratará de fomentar la cooperación entre los empleados en el lugar de trabajo.
la conferencia estará dedicada a fomentar la cooperación entre los empleados en el lugar de trabajo.
. La conferencia estará dedicada a fomentar la cooperación entre los empleados en el lugar de trabajo.

Seleccione 2... 
Se les pedirá a los empleados que se dividan en pequeños grupos, para que puedan, en pequeños grupos, realizar los ejercicios que son clave para una mejor cooperación en el lugar de trabajo.
Los empleados se dividirán en pequeños grupos para realizar ejercicios clave destinados a mejorar la cooperación en el lugar de trabajo.
Pedimos a los empleados que se dividan en pequeños grupos, para de esa manera poder realizar ejercicios que son clave, que están diseñados para mejorar la cooperación en el lugar de trabajo.
Después de que los empleados se dividan en pequeños grupos, van a realizar todos los ejercicios clave, que han sido diseñados y utilizados para mejorar la cooperación en el lugar de trabajo.

Seleccione 3. . . ▼
Por consiguiente
Al respecto
Por ejemplo
Sin embargo

Seleccione 4. . . ▼
contáctese
comunicar
diríjase
hable

Véanse las respuestas en la página 319.

CAPÍTULO 2

Comprensión de la lectura

La comprensión de textos en el examen de GED®

El examen de GED® evaluará su destreza en la comprensión de la lectura a través de una serie de preguntas relacionadas con pasajes o textos breves. En muchas de las preguntas se le pedirá que haga inferencias o extraiga conclusiones, así como que provea evidencia que respalde esas inferencias o conclusiones. El examen de GED® estará basado en los estándares de lectura que figuran en los Estándares Estatales Esenciales Comunes (*Common Core State Standards*), que se centran en textos históricos y documentos políticos de la fundación de los Estados Unidos. Otros pasajes se referirán a obras literarias del siglo XIX y de comienzos del siglo XX.

En esta sección, aprenderá a interpretar textos que quizá sean algo más complejos que los que usted lee habitualmente. Aprenderá a hacer inferencias y a reconocer la evidencia que respalde esas inferencias. También aprenderá a establecer relaciones entre las ideas que encontrará en esos textos.

Tipos de preguntas

Como se ha explicado en la sección "Introducción al examen de GED®" al comienzo de esta publicación, el examen, que se realiza por medio de una computadora, contiene muchas preguntas de opción múltiple y otros tipos de preguntas interactivas.

Preguntas de opción múltiple

En el examen de GED®, usted tendrá ante sí cuatro opciones de respuesta y deberá hacer un clic sobre la respuesta correcta.

Preguntas en las que deberá "arrastrar y soltar" contenidos

En este tipo de preguntas, usted deberá elegir la información apropiada y "arrastrarla" hasta el espacio asignado para la respuesta y "soltarla". En el examen de GED®, usted deberá hacer un clic sobre la respuesta correcta y "arrastrarla" hasta el espacio correspondiente.

Por ejemplo, luego de leer un texto, se le pedirá que responda a una pregunta como la siguiente.

Coloque cada palabra que describa a Antonio y forme parte de su personaje en una de las casillas del diagrama siguiente.

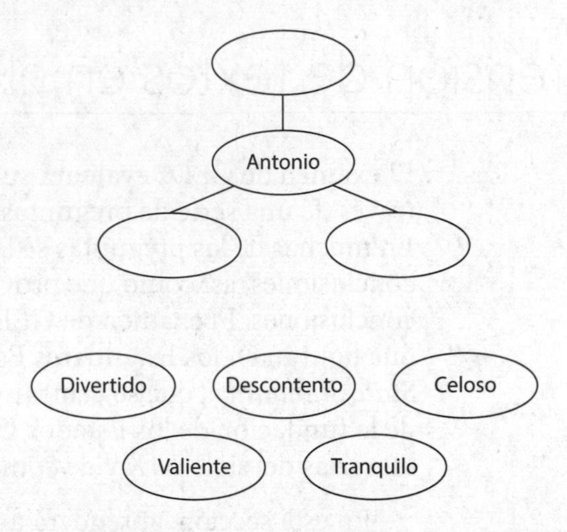

Para responder a esta pregunta, usted deberá hacer un clic sobre cada una de las tres palabras que mejor describan el personaje de Antonio, una por vez, y "arrastrarlas" a la posición correspondiente.

Preguntas en que deberá rellenar espacios en blanco

Otro tipo de preguntas que usted podría tener que responder en el examen de GED® es aquel en que deberá rellenar un espacio en blanco. Luego de leer un texto, se le pedirá que responda a una pregunta como la siguiente.

Instrucciones: Rellene el espacio en blanco con la respuesta correcta.

¿Qué ciudad es la capital de los Estados Unidos? ________________

En este caso, usted solo deberá escribir la respuesta en el espacio en blanco.

Destrezas básicas de la lectura crítica

Los Estándares Estatales Esenciales Comunes (*Common Core State Standards*) se centran en las destrezas de lectura crítica, y las preguntas en el examen de GED® reflejan ese énfasis. Las preguntas varían en su grado de dificultad. Unas pocas evalúan las destrezas básicas de lectura, mientras que la mayoría de ellas miden las destrezas de lectura crítica.

Identificación de la idea central en un texto

La idea central de un texto es a lo que se refiere, de lo que trata, ese texto. Los detalles que pueden acompañarla se presentan al solo efecto de redondear el concepto o respaldar la idea central.

En algunos textos, la idea central se presenta directamente, en forma *explícita*. La oración en la que se describe la idea central se llama oración temática. En esos casos, usted no deberá analizar los detalles del texto para darse cuenta de cuál es la idea central.

Instrucciones: Lea el pasaje siguiente, y decida luego cuál oración expresa la idea central.

1 Una visita al pueblo de Williamsburg, en Virginia, es como un viaje al pasado colonial de los Estados Unidos. Esto es así porque la gente vive, se viste, come y viaja igual que como lo hacía hace 300 años atrás. No hay aparatos de televisión, autos o edificios altos de apartamentos. En su lugar, se ven casas pequeñas de madera o de piedra, con hogares a leña, y caballos y carretas como único medio de transporte. Williamsburg es un "parque temático" en el que voluntarios recrean la vida tal como era vivida en los tiempos coloniales. En el palacio del gobernador, los visitantes encontrarán a hombres y mujeres en trajes coloniales preparando y sirviendo una cena como se hacía en 1725.

¿Cuál de las oraciones siguientes representa la idea central del pasaje?

A. "Una visita al pueblo de Williamsburg, en Virginia, es como un viaje al pasado colonial de los Estados Unidos".
B. "No hay aparatos de televisión, autos o edificios altos de apartamentos".
C. "En su lugar, se ven casas pequeñas de madera o de piedra, con hogares a leña, y caballos y carretas como único medio de transporte".
D. "En el palacio del gobernador, los visitantes encontrarán a hombres y mujeres en trajes coloniales preparando y sirviendo una cena como se hacía en 1725".

La opción A expresa la idea central. Es de lo que trata el pasaje. Las otras opciones representan detalles que complementan la idea central.

Identificación de los detalles en un texto

Algunas pocas preguntas en el examen de GED® pueden estar referidas a detalles específicos incluidos en un texto. En ese caso, usted deberá analizar el pasaje para encontrar esos detalles y poder responder la pregunta.

Instrucciones: Lea el pasaje siguiente, y responda luego la pregunta.

1 La tinta invisible tiene una larga historia. En la Edad Media, los amantes la usaban para enviarse notas. En todas las épocas, los espías la usaban para enviar mensajes secretos. La tinta invisible más antigua usada para todos estos mensajes es el zumo de limón, aunque también en algunos casos se usaba la leche. Las notas escritas con cualquiera de estas tintas invisibles se podían leer cuando se calentaba el papel.

2 Hacc algún ticmpo, los grandes almacenes vendían diarios personales con páginas de papel recubierto de una sustancia específica. Un lápiz especial acompañaba a cada diario. Cualquier cosa que uno escribiera en el diario con ese lápiz desaparecía de la vista a los pocos minutos. Además del papel recubierto y de los lápices, con el diario venía un fluido en aerosol que, cuando se lo esparcía sobre la página, hacía otra vez visible el texto.

3 La tinta invisible más sofisticada fue desarrollada por la Armada de los Estados Unidos. La persona que escribía el mensaje usaba para ello una sustancia química especial. La única forma de leer el mensaje era colocarlo dentro de una máquina que emitía poderosos rayos de luz sobre el texto escrito. Solo las personas que tenían acceso a este tipo de máquinas sofisticadas podían leer el mensaje.

¿Cuál de las sustancias siguientes representa la forma más antigua de tinta invisible?

A. La sangre.
B. El zumo de limón.
C. La leche.
D. El agua.

Para responder esta pregunta, usted necesita revisar el pasaje y encontrar la información necesaria. El camino más directo será buscar en el texto las palabras incluidas en las opciones de respuesta (sangre, zumo de limón, leche y agua) y ver qué es lo que se dice de ellas en el pasaje. De esta forma, usted podrá descubrir que la opción B es la respuesta correcta.

Análisis de ideas centrales implícitas

La mayoría de los textos en el examen de GED® no contienen ideas centrales explícitas. En ellos, la idea central estará *implícita*, es decir, que usted deberá descubrirla basándose en el texto en su conjunto y en los detalles que en él se incluyan. Usted deberá hacer uso de su destreza en la lectura crítica para responder a preguntas de este tipo.

Instrucciones: Lea el pasaje siguiente, y descubra la idea central del mismo.

1 En el siglo XVII, las mujeres estaban obligadas a obedecer a sus maridos, quienes tenían bajo su control todos los asuntos legales y públicos. El mundo de la mujer era la casa, aunque a veces, cuando quedaban viudas, debían ocuparse también de los negocios. Las mujeres no podían ejercer profesiones ni participar de la vida pública. No podían trabajar en la administración pública ni ocupar cargos religiosos, y eran invisibles tanto en lo que concierne al arte como a la literatura.

2 En la época de la colonia, existieron dos famosas excepciones a esta regla: Anne Hutchinson y Anne Bradstreet. Anne Hutchinson, de Rhode Island, se convirtió en una predicadora protestante activa y controvertida en la década de 1630 y continuó con esas prédicas hasta

su muerte, en 1643. Anne Bradstreet, de Massachusetts, publicó un libro de poemas en Londres en 1650. Se la considera, generalmente, como la primera poetiza importante de las colonias inglesas en América del Norte.

¿Cuál es la idea central del pasaje?

A. En la época colonial, las mujeres tenían prohibido participar de la vida pública.
B. En la época colonial, las mujeres debían obedecer a sus maridos.
C. Dos mujeres obtuvieron el reconocimiento público en una sociedad colonial dominada por el hombre.
D. En la época colonial, todos los asuntos legales y públicos estaban bajo el control de los hombres.

El texto describe la vida de las mujeres en las colonias de América del Norte. Da detalles de lo que las mujeres podían hacer y de aquellas actividades que les estaban prohibidas. También menciona a dos mujeres que desobedecieron las reglas e hicieron algo notable de sus vidas. Las opciones A y B, al igual que la opción D, representan detalles de lo que era la vida de la mujer en esa época. Pero el pasaje trata, en realidad, de dos mujeres excepcionales y de lo que ellas consiguieron, y esa es la idea central del texto (opción C).

En el examen de GED®, también podría pedírsele que identifique un detalle que respalde la idea central. Es importante aprender a distinguir entre aquellos detalles que respaldan la idea principal y aquellos que no lo hacen.

Instrucciones: Lea el pasaje siguiente, que es una adaptación del libro *Peter Pan*, de J. M. Barrie.

3 Cuando los niños se fueron volando, el señor Darling sintió en lo más profundo de su alma que toda la culpa era suya por haber atado a Nana [la perra], y que desde el principio ella había sido más inteligente que él. Naturalmente, como hemos visto, era un hombre muy simple; en realidad habría podido volver a pasar por un chiquillo si no hubiera sido por la calvicie, pero también tenía un noble sentido de la justicia y un valor indomable a la hora de hacer lo que le parecía correcto y, después de haber pensado sobre el asunto con enorme cuidado tras la huida de los niños, se puso a cuatro patas y se metió en la perrera. A todas las cariñosas sugerencias de la señora Darling de que saliera, replicaba él, triste pero firmemente: "No, mi bien, éste es el lugar que me corresponde".

4 Amargado por los remordimientos, juró que jamás saldría de la perrera mientras sus hijos no volvieran. Lógicamente, era una pena, pero hiciera lo que hiciese, el señor Darling siempre lo tenía que hacer en exceso, pues de lo contrario no tardaba en dejar de hacerlo. Y nunca hubo un hombre más humilde que el en un tiempo orgulloso George Darling, mientras se pasaba la tarde sentado en la perrera hablando con su mujer de sus hijos y de todos sus detalles encantadores.

La idea central del texto es que el señor Darling se sentía culpable de que sus hijos se hubieran ido volando. ¿Cuál de los detalles siguientes respalda esa idea?

A. El señor Darling era un hombre muy simple.
B. El señor Darling hacía las cosas en exceso.
C. El señor Darling no quería salir de la perrera.
D. El señor Darling podría pasar por un chiquillo si no fuera por la calvicie.

Para responder esta pregunta, usted deberá releer atentamente cada opción y observar qué detalle está relacionado claramente con la idea central. Las opciones A, B y D contienen detalles que se refieren al señor Darling, pero no a su sentimiento de culpa, que es la idea central. Solo la opción C respalda esa idea.

Inferencias y conclusiones

Una de las destrezas más importantes que usted deberá aprender para el examen de GED® es la de hacer inferencias y extraer conclusiones. Una buena parte de las preguntas del examen se centrará en la realización de inferencias.

Para hacer una inferencia o extraer una conclusión, usted deberá usar la evidencia contenida en el texto. Basándose en ella, usted podrá realizar una conjetura razonable.

Por ejemplo, si lee un pasaje sobre gente que está nadando en el océano y relajándose en el agua, usted podrá inferir que la temperatura del agua es probablemente templada y que no hay olas en ese momento. Puede que ello no sea cierto, pero es la mejor conjetura que se puede realizar basándose en la evidencia disponible.

Instrucciones: Lea el pasaje siguiente, y responda luego la pregunta.

1 La planta odre (con hojas en forma de jarra) se alimenta de moscas y otros insectos. Produce un néctar dulce que atrae a las moscas. El néctar contiene una sustancia que las emborracha y no les permite escapar. La planta también tiene espinas resbaladizas que impiden que la mosca pueda salir arrastrándose. Además, cuenta con un pequeño reservorio del líquido en la parte inferior de sus hojas, y cualquier mosca que caiga en él terminará por ahogarse.

Basándose en la información contenida en el pasaje, ¿qué inferencia se puede hacer?

A. Las moscas detestan el sabor de los líquidos dulces.
B. Las moscas escapan muy pocas veces de las plantas odre.
C. La población de moscas está aumentando gracias a las plantas odre.
D. A las moscas les gusta deslizarse por las espinas resbaladizas de la planta odre.

Primero, usted deberá analizar cada una de las opciones de respuesta y encontrar aquella que resulte más probable según la información contenida en el pasaje. El pasaje describe varias características de las plantas odre que les permiten atrapar a las moscas.

La opción A no es correcta porque en el texto se afirma que el néctar dulce atrae a las moscas. La opción C no está mencionada en el pasaje. La opción D contradice la afirmación realizada en el texto de que las espinas resbaladizas impiden que las moscas escapen arrastrándose. Pero la opción B sí está respaldada por evidencia contenida en el pasaje. Debido a que las plantas odre disponen de muchos mecanismos para atrapar moscas, son muy pocas las moscas que logran escaparse.

Identificación de evidencia contenida en el texto

En algunas preguntas del examen de GED®, se le pedirá que identifique la evidencia que respalda una inferencia. En el ejemplo siguiente, se presenta un texto y una inferencia basada en ese texto. Veamos si es posible identificar la evidencia que respalda esa inferencia.

Instrucciones: Lea el pasaje siguiente, y responda luego la pregunta.

1 Nuestra dieta moderna consiste en diferentes tipos de carne y en una gran variedad de frutas y verduras. Obtenemos proteínas, grasas, carbohidratos, vitaminas y minerales de estos alimentos. Sin embargo, no necesitamos en realidad tanta variedad de alimentos. Podríamos mantenernos saludables también con una dieta más restringida. Algunas personas, por ejemplo, comen solo verduras. Otras comen pescado o pollo junto con las verduras, pero no carnes rojas.

2 Algunas dietas restringidas pueden proveernos de todos los nutrientes que necesitamos. Pero hay una dieta que es demasiado restringida y no nos suministra todo lo que necesitamos para mantenernos saludables. Esa dieta es la del pueblo inuit, que habita en las regiones árticas. Hace unos 100 años, la dieta del pueblo inuit consistía solo de carne y pescado. Incluso el antiguo nombre del pueblo inuit, "esquimal", significa "comedores de carne cruda". La mayoría de los nutricionistas suponen que esa dieta es perjudicial para la salud pues es una de las más restringidas que el mundo haya conocido. Sin embargo, el pueblo inuit subsistió solo con ella hasta hace poco tiempo, porque son muy escasas las plantas que crecen en el frío de las regiones árticas.

3 Los nutricionistas estaban asombrados, además, de la resistencia a las enfermedades del pueblo inuit, pues la dieta carecía de los carbohidratos, las vitaminas y los minerales que se obtienen de las plantas. ¿Por qué casi no sufrían de enfermedades? Han existido varias teorías al respecto, incluso una que sostenía que las ballenas que comían tenían plantas en sus estómagos que proveían al pueblo inuit de los minerales más vitales. Pero poca gente cree que realmente esa sea la causa.

4 En la actualidad, son pocos los integrantes del pueblo inuit que mantienen las viejas tradiciones alimentarias. La mayoría compra sus alimentos en tiendas, en lugar de comer carne fresca de foca o de ballena, y sufre del mismo tipo de problemas de salud que las personas que viven en otras sociedades modernas. Tal vez, nunca sepamos a ciencia cierta por qué era tan saludable la vieja dieta del pueblo inuit.

Basándose en el texto, se puede inferir que los nutricionistas no saben muy bien qué hace que una dieta sea saludable. ¿Cuál de las citas siguientes es la evidencia que respalda esa inferencia?

A. "Obtenemos proteínas, grasas, carbohidratos, vitaminas y minerales de estos alimentos".
B. "La mayoría de los nutricionistas sostiene que esa dieta es perjudicial para la salud".
C. "Los nutricionistas estaban asombrados, además, de la resistencia a las enfermedades del pueblo inuit, pues la dieta carecía de los carbohidratos, las vitaminas y los minerales que se obtienen de las plantas".
D. "La mayoría compra sus alimentos en tiendas, en lugar de comer carne fresca de foca o de ballena, y sufre del mismo tipo de problemas de salud que las personas que viven en otras sociedades modernas".

Para responder la pregunta, el primer paso es analizar cada cita y comprobar si tiene relación con la inferencia que ha sido hecha. La opción A es una afirmación sobre lo que las personas obtienen de los alimentos. Esto no tiene relación alguna con la inferencia hecha sobre los nutricionistas y debe ser eliminada. La opción B menciona a los nutricionistas, pero no suministra evidencia de que ellos no sepan muy bien qué hace que una dieta sea saludable. La opción C también menciona a los nutricionistas, y dice que "estaban asombrados, además, de la resistencia a las enfermedades del pueblo inuit, pues la dieta carecía de los carbohidratos, las vitaminas y los minerales que se obtienen de las plantas". Esta afirmación sí está directamente relacionada con la inferencia.

Pero antes de decidir con cuál opción nos quedaremos, debemos analizar todas las opciones disponibles. En este caso, la opción D se refiere a los alimentos que el pueblo inuit consume en la actualidad, y esto no está relacionado con la inferencia realizada. Entonces, podemos concluir que la opción C es la respuesta correcta. Es la única que suministra evidencia que respalda la inferencia de que los nutricionistas no saben muy bien qué hace que una dieta sea saludable.

Se pueden hacer inferencias tanto sobre textos de ficción como de no ficción.

Instrucciones: Lea el texto siguiente, que es un fragmento de *La familia Robinson suiza*, de Johann David Wyss. Responda luego las preguntas.

1 A la mañana siguiente nos desayunamos e iniciamos la tarea diaria. Mi esposa ordeñó la vaca y las cabras, y nosotros alimentamos a los animales. Luego, partimos hacia la costa para buscar más maderas para la casa en el árbol.

2 Para arrastrar los trozos de madera más grandes, les colocamos arneses a la vaca y al asno, y nosotros mismos acarreamos el resto de la madera. Entonces, yo subí al árbol con Fritz y terminamos con los preparativos, que yo había empezado la noche anterior. Cortamos las ramas que podían estorbar nuestro propósito, y dejamos algunas a una altura de seis pies, de las cuales podríamos colgar nuestras hamacas, y más arriba aún, otra serie de ramas, destinadas a sostener una tela de lona, que por el momento nos protegería de la lluvia.

3 Mi mujer ató las estacas de madera a la soga de una polea que yo había fijado a una rama por encima de nosotros, y Fritz y yo nos las arreglamos para izarlas. Las colocamos una al lado de la otra sobre unos cimientos de ramas hasta formar un piso liso y sólido. Construimos alrededor una pared de estacas, y luego colocamos la tela de lona sobre las ramas más altas y las aseguramos firmemente con unos clavos. Nuestra casa estaba cerrada por tres de sus lados, pues el inmenso tronco del árbol formaba al fondo el tercer costado. En el frente, dejamos una gran abertura para permitir que la brisa marina entrara y nos refrescara.

4 Finalmente, colgamos nuestras hamacas y nuestra ropa de cama de las ramas que habíamos dejado con ese propósito. Como todavía quedaban algunas pocas horas de luz, limpiamos el piso de hojas y astillas, y luego bajamos del árbol para construir una mesa y algunos bancos con lo que quedaba de la madera. Por fin, después de un día de trabajo arduo, Fritz y yo nos tiramos sobre el césped a descansar, mientras mi esposa preparaba la cena que comeríamos en nuestra nueva mesa.

¿Qué se puede decir con certeza del narrador?

A. Que tiene escasa visión sobre sus metas.
B. Que no delega el trabajo en otras personas.
C. Que está totalmente ensimismado por el proyecto.
D. Que puede hacer mucho con muy poco.

Para responder esta pregunta, deberemos repasar el texto y observar qué nos dice el autor del cuento sobre el narrador. El cuento relata la historia de una familia que, después de un naufragio, se refugia en una isla desierta y hace grandes esfuerzos para construir un nuevo hogar. Está claro que el narrador no cuenta con muchas herramientas para alcanzar su propósito y que debe recurrir a ponerles arneses a la vaca y al asno para transportar la madera necesaria para la construcción de la casa en el árbol.

Luego, repasemos las opciones de respuesta y observemos cuál describe con mayor exactitud al narrador. No hay evidencia de que la opción A sea la correcta, pues el narrador no parece tener escasa visión de nada que lo rodea. La opción B no corresponde a lo que el texto describe: tanto el narrador como su hijo participan en el proyecto. Con certeza, la opción C tampoco puede ser la respuesta correcta; en lugar de estar ensimismado, el narrador se ocupa de las necesidades de toda la familia. La opción D es una inferencia que está basada en evidencia contenida en el texto. El narrador es capaz de hacer mucho con muy poco.

¿Cuál de las citas siguientes del texto respalda la inferencia de que la familia trabajó bien en conjunto?

A. "Mi esposa ordeñó la vaca y las cabras, y nosotros alimentamos a los animales. Luego, partimos hacia la costa para buscar más maderas para la casa en el árbol".
B. "Entonces, yo subí al árbol con Fritz y terminamos con los preparativos que yo había empezado la noche anterior".
C. "Nuestra casa estaba cerrada por tres de sus lados".
D. En el frente, dejamos una gran abertura para permitir que la brisa marina entrara y nos refrescara.

Dos de las citas se refieren al trabajo en conjunto, mientras que las otras dos, las opciones C y D, no lo hacen. Por lo tanto, ninguna de esas dos opciones puede ser evidencia de que la familia trabajaba bien en conjunto. La opción B nos dice que el narrador y Fritz trabajaban juntos, lo que la convierte en una opción tentadora, pero no incluye a la esposa. La opción A, en cambio, nos cuenta que todos trabajaron en conjunto, y esa es la evidencia que respalda la inferencia efectuada.

Para responder preguntas sobre textos de ficción y de no ficción, son destrezas necesarias el saber hacer inferencias y extraer conclusiones. Aprender a encontrar evidencia que las respalde es también esencial en el caso de que usted tenga que analizar la idea central del pasaje, la motivación del personaje, el punto de vista o la postura del autor o la premisa implícita en el texto.

Relaciones entre ideas diferentes

En un texto, las ideas diferentes se conectan normalmente entre sí y afectan el desarrollo de la idea central del texto, el tema o el argumento. La idea central de un párrafo puede ser influida, revisada o contradicha por la idea central del párrafo siguiente. La identificación de la idea central de cada párrafo lo ayudará a poder hacer generalizaciones e inferencias sobre todo el texto.

Poder establecer relaciones entre las ideas de un texto es una destreza importante, que será evaluada en el examen de GED®.

Instrucciones: Lea el texto siguiente e identifique la idea central de cada párrafo. Responda luego las preguntas.

1 ¿Cómo eran las personas que llegaron a nuestro país hace cientos de años y se establecieron en el territorio de lo que se llamaría luego las Trece Colonias? ¿Por qué vinieron a estas tierras? ¿Qué era lo que les importaba?

2 Algunos de los primeros colonos que se asentaron en América del Norte llegaron impulsados por la posibilidad de practicar libremente su religión. Estaban dispuestos a abandonar su tierra nativa y a soportar grandes penurias con tal de poder gozar de libertad religiosa. Otros vinieron porque eran mercaderes y querían ganar dinero con el comercio. Además, muchos granjeros que trabajaban para ricos propietarios de tierras en Inglaterra soñaban con tener sus propias granjas y confiaban en que el trabajo duro y el suelo fértil de América del Norte les garantizarían el éxito. Las personas que llegaron al suelo americano en búsqueda de libertad religiosa, tierras de cultivo y oportunidades de comerciar eran, a menudo, pobres. Pero estaban, no obstante, en mejores condiciones que aquellos que llegaron a América prácticamente sin nada.

3 Los más pobres de todos eran, sin duda, los esclavos. Estos hombres y mujeres africanos habían sido capturados durante las guerras tribales y vendidos luego a los capitanes de los buques de esclavos. Aquellos que sobrevivían el horrendo viaje a través del océano Atlántico eran usados como mano de obra, principalmente en los campos del Sur. Algunos libros de historia no destacan lo suficiente el número de esclavos que trabajaban en los campos durante los primeros años de existencia de los Estados Unidos. Había más esclavos que comerciantes, más esclavos que granjeros, más esclavos que artesanos, más esclavos que personas en búsqueda de la libertad de practicar su religión. Una de cada cinco personas que vivían en estas tierras en 1750 era un esclavo. En Virginia, casi la mitad de la población eran esclavos, y en Carolina del Sur, más de la mitad.

4 Además de los esclavos, había también muchos servidores contratados. Un servidor contratado acordaba trabajar para su amo por cuatro años, por lo general, a cambio de un pasaje hacia América. Los servidores contratados se diferenciaban de los esclavos en que después de cumplir los cuatro años del contrato obtenían la libertad. Pero durante el tiempo del contrato, algunos de ellos eran tratados casi de peor forma que los propios esclavos. Los servidores contratados podían incluso ser vendidos en remates a cualquier otro amo, y no tenían control sobre quién los compraba, también como los esclavos.

5 Por último, había otro grupo de personas de las que poco se habla en nuestros libros de historia: los hombres y mujeres que fueron enviados a las colonias, principalmente a Georgia, como castigo por sus crímenes. Una vez que obtuvieron la libertad, muchos de ellos se convirtieron en trabajadores diligentes y calificados y en personas honestas.

6 Los Estados Unidos contaron desde un comienzo con una gran variedad de habitantes. Es hora de que rindamos nuestro homenaje a aquellos que vinieron de todas partes a ayudar a construir este país.

¿Cómo influye la idea central del párrafo 3 en el desarrollo del texto?

A. Desarrolla la idea central de que las personas que llegaron a las colonias venían en búsqueda de libertad religiosa.
B. Contribuye a la idea central al mostrar que muchos tipos diferentes de personas llegaron a las colonias.
C. Expande la idea central al afirmar que muchas de las personas que llegaron a las colonias lo hicieron contra su voluntad.
D. Acrecienta la importancia de la idea central al mostrar que las personas que llegaron a las colonias venían de diferentes lugares.

El párrafo 3 describe de qué forma los afroestadounidenses llegaron a las colonias como esclavos. Esto representa una información adicional sobre la población inicial de colonos. A diferencia de las personas mencionadas en los párrafos anteriores, que llegaron por su propia voluntad, los esclavos fueron forzados a venir a las colonias.

La opción A no es correcta, pues la idea de que algunos colonos llegaron en búsqueda de la libertad religiosa se expresa en el párrafo 2. La opción B tampoco es correcta. Aunque en el párrafo 3 se muestra que diferentes tipos de personas llegaron a las colonias, esa idea no representa una contribución a la idea central del texto. La opción D es correcta en sí misma, pero no es la idea central del párrafo 3. La opción C es la respuesta correcta. La idea de que algunas personas llegaron a las colonias contra su voluntad expande la idea central de todo el texto.

¿Qué sugiere el texto acerca de los Estados Unidos de hoy?

A. Que ofrecen grandes oportunidades económicas.
B. Que son un crisol de diferentes tipos de personas.
C. Que el rol que desempeñaron en la historia no está del todo claro.
D. Que su historia es similar a la de otros países.

El texto describe los diferentes tipos de personas que llegaron a las colonias. Si generalizamos esta información y la aplicamos a los Estados Unidos de nuestros días, podremos concluir que la opción B es la respuesta correcta. Esta es una generalización que usted puede realizar basándose en la información contenida en el texto. La opción A no tiene nada que ver con el texto, y las opciones C y D tampoco son pertinentes.

EJERCICIOS DE PRÁCTICA

Comprensión de la lectura

Instrucciones: Lea el texto siguiente, que es un fragmento de un ensayo del naturalista John Burroughs. Responda luego las preguntas.

1 A menudo, escuchamos que un hombre ha nacido antes o después de su tiempo, ¿pero eso es realmente cierto? Si ha nacido después de su tiempo, ¿no habría nacido siempre después de su tiempo, independientemente de cuándo hubiera nacido? Si hubiera nacido antes, ¿acaso no sería cierto el mismo razonamiento? En el mundo vegetal, las flores o frutas tempranas son en casi todos los casos eliminadas por la helada, pero eso no sucede en el mundo de los seres humanos. Los bebés nacen siempre a tiempo. ¿Existe un poeta, o un filósofo, que haya nacido demasiado tarde?, ¿o demasiado temprano? Si Emerson hubiera nacido un siglo antes, su heterodoxia habría sido probablemente un obstáculo, pero en ese caso quizás no hubiera sido un hereje. Whitman habría tenido que esperar hasta conseguir un público para sus obras en cualquier período en que le hubiera tocado nacer. Él dijo que estaba dispuesto a hacerlo hasta que se desarrollara el gusto por su poesía, hecho que finalmente ocurrió. El primer ensayo que publicó Emerson, *Naturaleza*, era un volumen delgado que no llegó a agotar su primera edición de 500 ejemplares en diez años. ¿Habría ocurrido algo diferente en cualquier otro tiempo de la historia? Una pieza de verdadera literatura no puede ser sustituida. La fama de la persona puede aumentar o decrecer, pero perdura. ¿Se anticipó Watt a su tiempo con su motor a vapor, o Morse con su telégrafo? ¿O se adelantó Bell a su época con su teléfono, o Edison con su fonógrafo o su luz incandescente? ¿O ese fue el caso de los hermanos Wright con su máquina voladora, o el de Henry Ford con su auto a motor? Antes de que se descubriera la gasolina, probablemente habría sido muy temprano para ambos, pero entonces sus invenciones no se habrían materializado.

2 El mundo avanza, y los grandes hombres son los resortes del progreso. Pero nadie nace antes o después de su tiempo.

1. ¿Cuál de las citas siguientes respalda la idea de Burroughs de que las personas nacen cuando es el momento de hacerlo?
   A. "Si ha nacido después de su tiempo, ¿no habría nacido siempre después de su tiempo, independientemente de cuándo hubiera nacido?".
   B. "Los bebés nacen siempre a tiempo".
   C. "Una pieza de verdadera literatura no puede ser sustituida".
   D. "Pero nadie nace antes o después de su tiempo."

2. ¿Cuál de las afirmaciones siguientes es cierta?
   A. El autor tiene poca imaginación.
   B. El autor es reflexivo por naturaleza.
   C. El autor cree que la vida es demasiado breve.
   D. El autor se preocupa por cosas insignificantes.

3. ¿Qué sugiere el texto sobre la vida?

   A. Las personas nacen aleatoriamente.
   B. El tiempo no tiene importancia si consideramos períodos largos.
   C. No es importante cuándo nace una persona.
   D. Existe una razón por la que las personas nacen en el momento en que les corresponde.

Instrucciones: Lea el texto siguiente, que es un fragmento del cuento *Amor a la vida*, de Jack London. Responda luego las preguntas.

1 Él se encontraba perdido y solo, enfermo y tan malherido que no podía caminar erguido. Gateaba como un niño pequeño. Llegaron días terribles de nieve y de lluvia. Ya no sabía cuándo acampaba y cuándo levantaba el campamento. Viajaba tanto de noche como de día. Descansaba allá donde caía, y seguía arrastrándose cuando la vida que agonizaba en él se reavivaba para arder con algo más de viveza. En cuanto hombre, ya no luchaba. Era la vida que había en él y que se resistía a morir lo que lo impulsaba a seguir adelante. Ya no sufría. Tenía los nervios embotados, adormecidos, y la mente repleta de visiones extrañas y sueños deliciosos.

2 En el ballenero *Bedford* iban varios miembros de una expedición científica. Desde la cubierta divisaron un extraño objeto en la costa. El objeto se movía por la playa en dirección al agua. A primera vista no pudieron clasificarlo y, llevados por su curiosidad científica, botaron una chalupa y se acercaron a la playa para investigar. Y allí encontraron a un ser viviente que apenas podía calificarse de hombre. Estaba ciego y desvariaba. Serpenteaba sobre la arena como un gusano monstruoso. La mayoría de sus esfuerzos eran inútiles, pero él persistía, retorciéndose, contorsionándose y avanzando quizá una veintena de pies por hora.

3 Tres semanas después el hombre yacía sobre una litera del ballenero *Bedford*, y con lágrimas surcándole las enjutas mejillas, refería quién era y la odisea que había pasado. Balbucía también palabras incoherentes acerca de su madre, de las tierras templadas del sur de California y de una casa rodeada de flores y naranjales.

4 No pasaron muchos días antes de que pudiera sentarse a la mesa con los científicos y los oficiales del barco. Se regocijó ante el espectáculo que ofrecía la abundancia de manjares y miró ansiosamente cómo desaparecían en las bocas de los comensales. La desaparición de cada bocado atraía a su rostro una expresión de amargo desencanto. Estaba perfectamente cuerdo y, sin embargo, a la hora de las comidas odiaba a aquellos hombres. Lo perseguía el temor de que las provisiones se agotaran. Preguntó acerca de ello al cocinero, al camarero de a bordo y al capitán. Todos le aseguraron infinidad de veces que no tenía nada que temer, pero él no podía creerlo, y se las ingenió para poder ver la despensa con sus propios ojos.

5 Pronto se dieron cuenta todos de que el hombre engordaba. Cada día que pasaba su cintura aumentaba. Los científicos meneaban la cabeza y teorizaban. Lo pusieron a régimen, pero el hombre seguía engordando e hinchándose prodigiosamente bajo la camisa.

6 Los marineros, mientras tanto, sonreían para su capote. Ellos sí sabían. Y cuando los científicos se decidieron a vigilar al hombre, supieron también. Lo vieron escurrirse al acabar el desayuno y acercarse como un mendigo a un marinero con la palma de la mano extendida. El marinero sonrió y le alargó un trozo de galleta. El hombre cerró el puño codicioso, miró la galleta como un avaro mira el oro y se la metió bajo la camisa. Lo mismo hizo con lo que le entregaron los otros marineros sonrientes.

7 Los científicos fueron prudentes y lo dejaron en paz. Pero en secreto registraron su litera. Estaba llena de galletas de munición; el colchón estaba relleno de galleta; cada hueco, cada hendidura estaban llenos de galleta. . . Y, sin embargo, el hombre estaba cuerdo. Sólo tomaba precauciones contra una posible repetición de aquel período de hambre; eso era todo. Se restablecería, dictaminaron los científicos. Y así ocurrió, aun antes de que el ancla del ballenero *Bedford* se hundiera en las arenas de la bahía de San Francisco.

4. ¿Cuál de las afirmaciones siguientes respalda la idea de que a los científicos no los perturbaba la idea de que el hombre escondiera alimentos en su litera?
   A. "Y allí encontraron a un ser viviente que apenas podía calificarse de hombre".
   B. "Los científicos meneaban la cabeza y teorizaban".
   C. "Lo vieron escurrirse al acabar el desayuno y acercarse como un mendigo a un marinero con la palma de la mano extendida".
   D. "Sólo tomaba precauciones contra una posible repetición de aquel período de hambre; eso era todo".

5. ¿Cuál es la idea central del pasaje?
   A. Cómo estudian los científicos el comportamiento.
   B. Cómo puede recuperarse un hombre casi muerto de hambre.
   C. Qué tipo de comida ingiere una persona hambreada.
   D. Por qué los científicos recogieron a ese hombre hambreado.

6. ¿Por qué razón escondía el hombre galletas en su colchón?
   A. Le gustaba robar.
   B. Quería alimentar con ellas a la fauna marina.
   C. Sabía que las galletas escaseaban.
   D. Quería estar preparado en caso de que se acabaran los alimentos en el barco.

7. Basándose en el cuento, ¿qué generalización se puede hacer?
   A. Los seres humanos tienen mucha resiliencia.
   B. Los científicos son personas muy sensibles a las emociones.
   C. Los seres humanos tienen muchas necesidades.
   D. A los científicos les agrada prestar ayuda a otras personas.

Instrucciones: Lea el texto siguiente, que es un fragmento de *Lincoln*, de Emil Ludwig. Responda luego las preguntas.

1 Parece, por otra parte, que la retribución asignada a este cargo de administrador de Correos constituía la base principal de sus ingresos, pues Lincoln conservó durante cuatro años, habiendo sacado bastantes ventajas del único puesto oficial que tuvo. La confianza de sus vecinos y el saber leer y escribir correctamente decidieron su nombramiento. Ahora puede ser el primero en leer, con calma, todos los diarios que trae la diligencia. Esto en el Oeste es un antiguo privilegio del administrador de Correos y hasta el suscriptor espera, al recibir su diario, que aquel tenga la bondad de acompañarlo con un pequeño informe sobre el contenido del periódico. También los que reciben una carta se la hacen leer por el administrador y, si son capaces de hacerlo por sí mismos, le explican por lo menos su contenido, cosa que no desagrada al anecdotista y observador del alma humana, que, gracias a estas correrías que hace llevando en su sombrero las cartas por entregar, va conociendo cada vez más íntimamente a la gente.

2 Todas estas conversaciones diarias le daban a conocer los deseos y pensamientos de su pueblo. Aprende sobre las clases, temparamentos, formas de vida, tipos de carácter; y así, en aquella colonia lejana, fue coleccionando durante los años siguientes, con lo que oía y veía, un caudal de experiencia humana que la más vasta cultura no habría podido darle.

3 Pero, al mismo tiempo, completa sus conocimientos mediante los libros. Todo impreso que llega con la diligencia, todos los libros que los viajeros le prestan voluntariamente y hasta las novelas escritas en estilo ligero, todo, en fin, lo que cae en sus manos es buena presa para su curiosidad. La casualidad le favorece. En una ocasión, Lincoln compra por bondad a un emigrante, que ha cargado demasiado equipaje, un barril lleno de trastos. Pocos días después, al hacer el inventario de su compra, encuentra, entre viejas cajas de cinc e inútiles enseres, un libro trapajoso: los comentarios de Blackstone a las leyes inglesas, el más célebre código de la época. El libro le aclara cien cosas importantes, y ya sabe dónde ha de buscar lo que le falta. De jueces y abogados consigue que le presten otros libros, y durante algún tiempo se aparta completamente de sus compañeros para profundizar más sus estudios.

4 Por entonces llega al distrito un sabio médico, del que aprende mucho, y luego se hace amigo de un holgazán que tiene temperamento de artista y que no hace otra cosa que pescar a la orilla del río, recitando de memoria largos fragmentos de Burns y Shakespeare. Este nuevo amigo presta al administrador de Correos los libros de los poetas, abriéndole así nuevos horizontes. Lincoln, sin embargo, prefiere los libros de historia. Por ellos se entera de que los mismos padres de la patria eran adversarios de la esclavitud, de que Washington y John Adams, Jefferson y Madison, Franklin y Hamilton, en sus diversas actividades, los mejores hombres del país, y algunos de ellos propietarios de esclavos, deseaban reprimir la propagación del sistema. Seguramente el espíritu de Lincoln, acostumbrado a las anécdotas, recibió una impresión inolvidable al enterarse de que Washington había prohibido el perseguir a una esclava que escapara, dejándola decidir libremente su vuelta a casa del propietario.

5 Desgraciadamente no se vive de lecturas ni meditaciones, y el trabajo que se hace de mala gana no prospera. Por otra parte, el único medio de sacar adelante la tienda, que todavía no florece, sería el aumentar sus ventas. Pero lejos de crecer, diríase más bien que su situación empeora. Como era fatal que sucediese, los acreedores acaban embargando el almacén, desapareciendo el socio y teniendo Lincoln que cargar con el total de las deudas, unos cien mil dólares. El pan de cada día no le falta; como ya hiciera anteriormente, trabaja en calidad de jornalero, cortando y serrando madera; y al dinero así ganado viene a sumarse su módico salario de administrador de Correos, que le permite ir subsistiendo. Pero ¿cómo y cuándo alcanzará a pagar aquellas enormes deudas, tan en desproporción con sus posibilidades?

8. Basándose en el fragmento, ¿qué se puede concluir sobre Lincoln?

   A. Que le gustaba aprender.
   B. Que era competitivo.
   C. Que era desenfadado.
   D. Que le gustaban las emociones.

9. ¿Cuál de las afirmaciones siguientes respalda la idea de que Lincoln estaba interesado en la cuestión de la esclavitud?

   A. "La confianza de sus vecinos y el saber leer y escribir correctamente decidieron su nombramiento. Ahora puede ser el primero en leer, con calma, todos los diarios que trae la diligencia".
   B. "Todo impreso que llega con la diligencia, todos los libros que los viajeros le prestan voluntariamente y hasta las novelas escritas en estilo ligero do, en fin, lo que cae en sus manos es buena presa para su curiosidad".
   C. "Por ellos se entera de que los mismos padres de la patria eran adversarios de la esclavitud, de que Washington y John Adams, Jefferson y Madison, Franklin y Hamilton, en sus diversas actividades, los mejores hombres del país, y algunos de ellos propietarios de esclavos, deseaban reprimir la propagación del sistema".
   D. "Por otra parte, el único medio de sacar adelante la tienda, que todavía no florece, sería el aumentar sus ventas. Pero, lejos de crecer, diríase más bien que su situación empeora".

10. ¿De qué forma contribuye el párrafo 4 al desarrollo de la idea central del texto? Muestra que Lincoln:

    A. No era amante de la poesía.
    B. No era muy sociable.
    C. Elegía a las personas con las que conversaba.
    D. Estaba abierto a toda clase de personas.

11. Basándose en el fragmento, ¿qué generalización se puede hacer? Que las personas que quieren

    A. Ser confiables no leen la correspondencia de otros.
    B. Destacarse deben aprender a no meterse en problemas.
    C. Salir adelante deben trabajar duro para aprender todo lo que necesitan saber.
    D. Ser exitosas deben estudiar cómo ser buenos comerciantes.

12. ¿Cuál de los detalles siguientes respalda la idea central?

    A. La tienda donde trabaja Lincoln debe cerrar sus puertas.
    B. Lincoln se queda con muchas deudas.
    C. Lincoln tenía conocimiento de las cuestiones relacionadas con la esclavitud.
    D. Lincoln conseguía libros para leer.

Véanse las respuestas en las páginas 320–321.

CAPÍTULO 3

La estructura del texto y las elecciones del autor

Secuencia de los acontecimientos

Cuando uno lee, es importante registrar el orden en que los acontecimientos ocurren. En el examen de GED® se le preguntará sobre la secuencia de los acontecimientos para comprobar si usted ha seguido el desarrollo del texto. En el examen, se usarán probablemente preguntas del tipo "arrastrar y soltar" contenidos para evaluar su grado de comprensión.

Instrucciones: Lea el texto siguiente, que es un fragmento de la obra *Colmillo Blanco*, de Jack London. Responda luego la pregunta.

1 El mes de junio fue importante para Colmillo Blanco por un acontecimiento. Trotaba silenciosamente, como tenía por costumbre, para examinar una choza nueva que se había levantado hacia el extremo de la aldea mientras él se hallaba ausente, pues había acompañado a los cazadores en la persecución de los alces, cuando se encontró de pronto con Kiche. Paró en seco y la miró. La recordaba vagamente; pero la recordaba, eso sí. Y era más de lo que de ella misma podía decirse, pues, al verlo, levantó un labio para gruñir amenazándolo, como ella sabía hacerlo. Este hecho afianzó los recuerdos de Colmillo Blanco. Sus ya olvidados tiempos de cachorro, todo cuanto iba asociado a aquel gruñido a que tan acostumbrado estaba, acudió en tropel a su mente. Antes de que él hubiera conocido a los dioses, fue ella el eje alrededor del cual giraba todo el universo. Las impresiones familiares de aquel tiempo volvieron de golpe a su memoria. Saltó alegre hacia su madre y fue recibido con una dentellada que le rasgó hasta el hueso un lado de la cara. No entendió la razón de aquel ataque. Retrocedió perplejo, desconcertado.

2 Pero no cabía recriminar a Kiche por tal recepción. No era propio de la madre de un lobo recordar a los cachorros que había tenido un año atrás. No se acordaba, por consiguiente, de Colmillo Blanco. Para ella resultaba un forastero, un intruso, y la camada de la que estaba cuidando ahora justificaba de sobra el que se mostrara celosamente enojada contra aquella intrusión.

3 Uno de los nuevos cachorrillos se acercó tambaleándose a Colmillo Blanco. Eran hermanastros sin saberlo. Él olfateó con curiosidad al pequeñuelo, con lo cual se ganó otro desgarrón en la cara, producido por Kiche. Retrocedió entonces a mayor distancia. Todos los antiguos recuerdos y afectos murieron en él, volviendo a la tumba de la cual en mala hora habían sido desenterrados. El

lobato contempló a su madre, que estaba lamiendo al cachorrillo y levantando de vez en cuando la cabeza para gruñirle a él. De nada le serviría ya. Afortunadamente, había aprendido a prescindir de ella. Lo que representaba, olvidado quedaba ya. En el futuro no significarían nada el uno para el otro.

Indique el orden en que los acontecimientos siguientes ocurrieron.

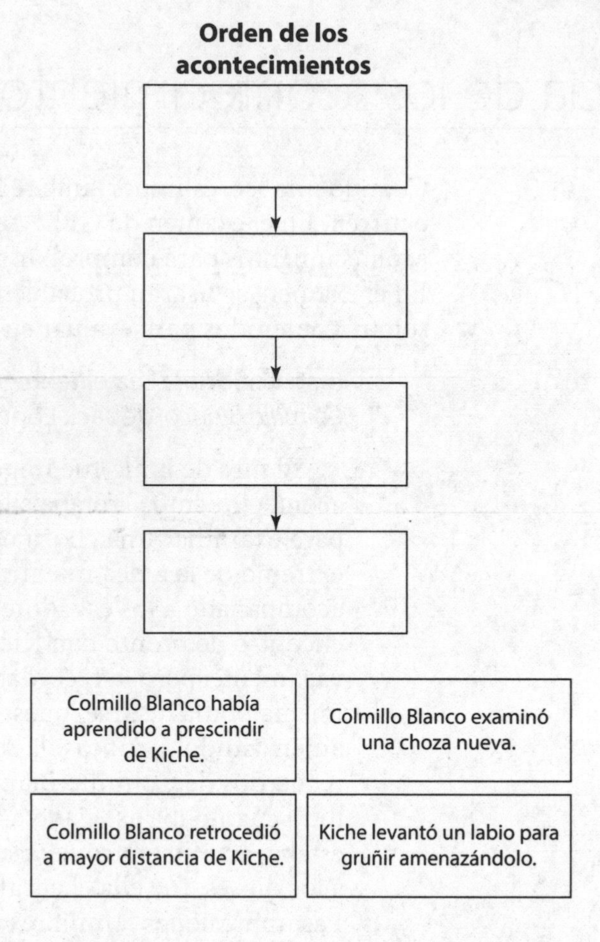

Para completar esta tarea, será necesario que repasemos el texto y observemos en qué orden se suceden los acontecimientos. Entonces, usted podrá seleccionar el primer acontecimiento que el texto describe. En este caso es: "Colmillo Blanco examinó una choza nueva". Luego, podemos revisar las otras posibilidades. Observe qué es lo que pasa a continuación. El próximo acontecimiento es: "Kiche levantó un labio para gruñir amenazándolo". El tercer acontecimiento es: "Colmillo Blanco retrocedió a mayor distancia de Kiche", lo que tiene sentido. Finalmente, "Colmillo Blanco había aprendido a prescindir de Kiche" es el último acontecimiento.

Después de haber descubierto el orden de los acontecimientos, ordénelos siguiendo las instrucciones dadas. En el examen de GED®, usted deberá "arrastrar y soltar" cada uno de los acontecimientos en la ubicación correcta sobre la pantalla de la computadora. El diagrama completo deberá quedar así:

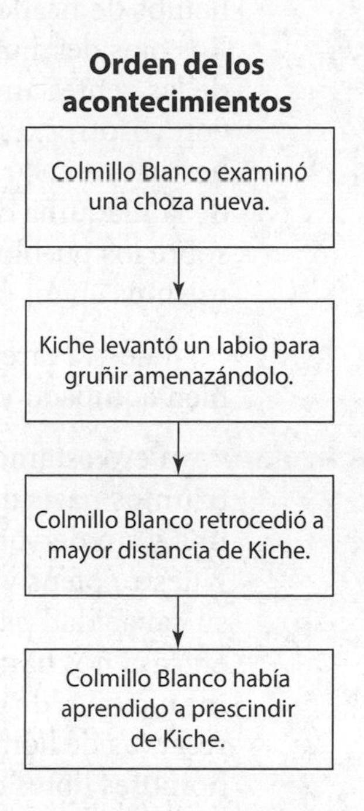

Relaciones estructurales

Los autores toman muchas decisiones a medida que avanzan en la redacción de un texto. Una de esas decisiones se refiere a qué información incluirán en el texto y en qué parte de él. Cada parte del texto se apoya en las partes precedentes y contribuye a ellas. Cada oración, cada párrafo o cada sección forman parte de la estructura general y aportan al desarrollo de las ideas.

En el examen de GED®, se le formularán preguntas sobre cómo una oración o un párrafo particular contribuyen a la idea central del texto. Algunas preguntas se referirán a cómo la estructura de un párrafo o sección complementa el significado del texto, destaca ciertas ideas y refuerza el propósito del autor.

Otras preguntas podrán referirse, en cambio, a cómo un párrafo desarrolla o perfecciona un concepto clave o cómo se puede diferenciar una idea de otra.

Por último, algunas otras preguntas podrán referirse a cómo la estructura de un párrafo o sección destacan una idea clave o respaldan el propósito del autor.

Instrucciones: Lea el mensaje siguiente del general Dwight David Eisenhower, dirigido a las tropas antes de la invasión a Europa el Día D (1944). Responda luego las preguntas.

1 ¡Soldados, marinos y gente del aire de la Fuerza Expedicionaria Aliada! Estáis a punto de embarcaros en la Gran Cruzada, a la que hemos dedicado todas nuestras energías durante estos muchos meses. Los ojos del mundo os contemplan. Las esperanzas y las plegarias de las gentes amantes de la libertad de todos los lugares marchan con vosotros. En compañía de nuestros valientes aliados y nuestros hermanos en armas en otros frentes, vais a lograr la destrucción de la máquina de guerra alemana, la eliminación de la tiranía nazi sobre los pueblos oprimidos de Europa y la seguridad para nosotros mismos en un mundo libre.

2 Vuestra tarea no será fácil. Vuestro enemigo está bien entrenado, bien equipado y curtido en el combate. Luchará de forma despiadada.

3 ¡Pero estamos en el año 1944! Mucho ha ocurrido desde los triunfos nazis de 1940–1941. Las naciones unidas les han infligido una gran derrota en el combate abierto hombre contra hombre. Nuestra ofensiva aérea ha reducido seriamente su fuerza en el aire y su capacidad para llevar la guerra sobre el terreno. Nuestros frentes en casa nos han dado una superioridad abrumadora en armas y municiones de guerra y han puesto a nuestra disposición grandes reservas de hombres entrenados. ¡La marea ha cambiado! ¡Los hombres libres del mundo marchan juntos hacia la victoria!

4 Tengo plena confianza en vuestro valor, devoción por el deber y destreza en el combate. ¡No aceptaremos otra cosa que no sea la victoria total!

5 ¡Buena suerte!, e imploremos todos las bendiciones de Dios Todopoderoso sobre esta gran y noble misión.

¿De qué forma se presenta en el párrafo 1 la idea clave del mensaje? En el párrafo se dice que:

A. El mundo no es libre.
B. Los alemanes han tenido hasta ahora muchas victorias.
C. El esfuerzo de las tropas es de importancia vital para el mundo.
D. Los nazis ya no son tan fuertes como lo eran al principio de la guerra.

El párrafo 1 describe cómo las tropas aliadas se aprestan a lanzar una misión crucial y el apoyo con que cuentan de gente de todo el mundo. La opción A es claramente incorrecta. Si bien, como insinúa Eisenhower, parte del mundo no es libre, no todo el mundo se encuentra en la misma situación. La opción B tampoco es correcta. Eisenhower menciona la máquina de guerra alemana, pero ese no es el punto clave del párrafo. La opción D es también incorrecta, pues no se hace referencia en el párrafo a la debilidad de las tropas alemanas. Entonces, la opción C es la respuesta correcta.

¿Por qué razón incluyó Eisenhower la oración "¡La marea ha cambiado!" en su mensaje?

A. Para alentar a sus tropas.
B. Para anunciar que la guerra estaba por finalizar.
C. Para explicar las dificultades de la invasión.
D. Para insinuar que la invasión estaba a punto de comenzar.

La opción A es la respuesta correcta. Ese es el propósito de la inclusión de la oración. La opción B no es un tema tratado en el párrafo ni en todo el mensaje. Las opciones C y D no representan razones valederas para la inclusión de la oración.

El lenguaje del autor

Es importante analizar las palabras que usa un autor porque esas palabras condicionan el texto en más de un sentido. Pueden ayudar a que usted entienda las relaciones entre ideas diferentes, pueden aportar claves sobre palabras desconocidas, pueden crear distinciones sutiles o pueden definir el tono del texto. Las palabras usadas por el autor pueden otorgarle colorido e interés al texto, haciéndolo más pleno y dotándolo de significado.

Palabras y expresiones de transición

A menudo, los autores usan palabras o expresiones de transición (conectores) para establecer relaciones entre diferentes ideas en un texto. Expresiones como *sin embargo, no obstante, en consecuencia* o *entonces* ayudan a entender cómo una idea se relaciona con otra y precisan el propósito del autor.

Instrucciones: Lea el texto siguiente, y responda luego la pregunta.

1 La tortuga boba (*Caretta caretta*) se reproduce en el océano y regresa a la orilla para depositar sus huevos. Se arrastra por la playa y, con la ayuda de sus dos aletas, cava un hoyo pequeño de alrededor de 18 pulgadas de profundidad, en el que deposita unos cien huevos. Luego, lentamente, regresa al mar. Los huevos blancos y redondos, que parecen pelotas de ping pong, permanecen en esta cavidad templada, debajo de la arena, por unos tres meses, antes de romper el cascarón.

2 Para las diminutas tortugas, el período que sigue a la salida del cascarón es más peligroso que lo que cualquier batalla podría serlo para un soldado. Las recién nacidas deben atravesar la playa para volver al océano. En su camino, deben evitar a los predadores, como las gaviotas y otros pájaros, ansiosos por una buena comida. Para escapar de ellos, las tortugas diminutas deben retornar al mar tarde en la noche. Sin embargo, deberán sortear otro inconveniente

que podría impedirles el regreso sanas y salvas al océano. Cuando abandonan el nido en búsqueda del océano, su instinto las guía en dirección al objeto más luminoso que pueden ver. Hace ya mucho tiempo, ese objeto luminoso era el reflejo de la luna sobre el agua del mar. Pero en la actualidad, ese objeto bien podría ser un poste de iluminación sobre la playa o las luces de un automóvil cercano. Las tortugas que son engañadas por estos objetos luminosos casi nunca encontrarán su camino hacia el mar. Incluso en el caso de que sí lo hicieran, todavía deberán evitar ser presas fáciles de los pájaros, peces y cangrejos. Muy pocas de las tortugas recién nacidas llegan a adultas, pero cuando lo hacen pueden llegar a vivir hasta veinte años.

¿Por qué usa el autor la expresión *Sin embargo* en el párrafo 2 como introducción al problema que plantean las luces artificiales a las tortugas recién nacidas?

A. Para comparar la situación de las tortugas recién nacidas con la de los soldados en el campo de batalla.
B. Para explicar que las luces de los postes de luz y de los autos pueden ser más luminosas que el reflejo de la luna sobre el mar.
C. Para dejar bien en claro que objetos construidos por la mano del hombre hacen más difícil la supervivencia de las tortugas recién nacidas.
D. Para mostrar la relación presa-predador que existe entre las tortugas recién nacidas y las gaviotas.

La respuesta correcta es la opción C. El autor usa la expresión *Sin embargo* para poner de relieve el hecho de que los postes de luz y las luces de los autos constituyen una dificultad adicional a los obstáculos naturales que las tortugas recién nacidas deben enfrentar en su lucha por la supervivencia.

Claves de contexto

Cuando encontramos una palabra o frase desconocidas durante nuestra lectura, una posibilidad de descubrir su significado es buscar claves de contexto en el párrafo en el que aparecen. Las claves de contexto son indicios del significado de la palabra o expresión. Por lo general, pueden ser encontradas en la misma oración en que aparece la palabra de significado desconocido o en las oraciones que la rodean.

Instrucciones: Lea el texto siguiente y responda luego la pregunta.

1 Había aquella noche una sensación portentosa en el aire. Algo iba a suceder pronto, algo dramático e inolvidable. Todo estaba tranquilo todavía. Pero esa tranquilidad no iba a durar mucho tiempo. Miguel había escuchado que los rebeldes podrían aparecer por detrás de las montañas y atacar en cualquier momento. El muchacho estaba acostado pero despierto, preguntándose qué pasaría esa noche.

Basándose en las claves de contexto, ¿cuál es el significado de la palabra portentosa?

A. Apacible.
B. Ruidosa.
C. De aburrimiento.
D. Aterradora.

Hay varias claves de contexto que nos pueden ayudar a descifrar el significado de la palabra *portentosa*. En el texto se dice que algo dramático e inolvidable estaba por suceder; que los rebeldes podrían aparecer de pronto y atacar. Un ataque es siempre algo que aterroriza. Entonces, la respuesta correcta es la opción D, *aterradora*. Las otras opciones no se corresponden con el contexto.

Instrucciones: Lea el texto siguiente, que es un fragmento del cuento *El Diablo y Tom Walker*, de Washington Irving.

1 Miró Tom en la dirección que le señalaba el desconocido hasta ver un gran árbol, muy frondoso, pero que tenía el tronco podrido por dentro, con una hendidura enorme en la corteza, como si hubiera sido horadado. El primer viento fuerte que soplara lo tiraría a tierra sin remedio. . . Miró después alrededor del árbol y comprobó que en casi todos los demás había un nombre marcado a hachazos, siempre de los hombres más respetables de la región y siempre en los árboles que parecían a punto de caerse.

Basándose en el contexto, ¿cuál es el significado de la palabra *horadado*?

A. Tumbado.
B. Plantado recientemente.
C. Agujereado de parte a parte.
D. Sacudido por el viento.

La opción C es la respuesta correcta. Hay varias claves de contexto que permiten descifrar el significado de la palabra *horadado*. En el pasaje se dice que el tronco estaba podrido por dentro, que era muy probable que el primer viento lo tirara a tierra y que los árboles vecinos también habían sido marcados con un hacha. La única conclusión lógica es que *horadado* signifique algo como "agujereado de parte a parte".

Una forma de comprobar si la opción elegida es la correcta consiste en reemplazar con ella la palabra o frase desconocidas del texto. Si la nueva oración tiene sentido, ello es prueba de que usted ha elegido la opción correcta.

Connotación

La definición exacta de una palabra en el diccionario representa su significado denotativo. Pero muchas palabras tienen además lo que se llama un significado connotativo. El significado connotativo de una palabra representa un significado adicional y distinto del que esa palabra tiene en el diccionario. El significado connotativo a menudo incluye asociaciones emocionales basadas en cómo y en qué contexto esa palabra es usada.

Por ejemplo, las palabras *astuto* y *listo* tienen el significado denotativo común de *sagaz*, pero significados connotativos diferentes. *Astuto* tiene la connotación adicional de ser hábil para engañar o evitar el engaño, mientras que *listo* puede sugerir diligencia o disposición para hacer algo.

A diferencia de los significados denotativos, que son objetivos, los significados connotativos son subjetivos y están relacionados con las asociaciones emocionales que realiza el lector con una palabra determinada. Cuando lea un texto, busque aquellas palabras que tienen significados connotativos. Considere, además, cómo influyen en el significado del texto en su conjunto.

Instrucciones: Lea el texto siguiente, y responda luego la pregunta.

1 "Sí", dijo el agente de bienes raíces a los compradores potenciales, "esta pequeña ciudad tiene muchas cosas para recomendar. Tiene calles tranquilas, una gran cantidad de parques y zonas de juegos y excelentes tiendas. Pero es mucho más que un lugar agradable para vivir. Creo que cuando usted se establezca aquí y conozca a sus vecinos, se dará cuenta de que es una verdadera comunidad".

¿Cuál es el significado connotativo de la palabra *comunidad*?

A. Un pueblo que tiene un gran número de habitantes.
B. Un suburbio con buenos medios de transporte.
C. Un caserío remoto que cuenta con una sola calle principal.
D. Un lugar donde la gente es amigable y comparte intereses comunes.

La opción D es la respuesta correcta. La palabra comunidad puede significar simplemente el conjunto de personas que viven en un lugar común. Pero la palabra también tiene una connotación específica. Al usar la palabra comunidad, el relator nos transmite la idea de que las personas que habitan en ese lugar son propensas a establecer relaciones de amistad, a compartir intereses comunes y que son cooperativas y bien dispuestas al trabajo en conjunto para hacer del pueblo un lugar agradable para la vida de todos sus habitantes.

Tono

El tono es un aspecto importante de un texto. El lenguaje usado por el autor y su elección de las palabras pueden crear un tono particular que colorea todos los otros aspectos del texto. Los tonos pueden ser misteriosos, amenazantes, irónicos, inspiradores o divertidos.

Cuando lea, preste atención a las palabras que el autor usa para crear un tono particular.

Instrucciones: Lea el texto siguiente, que es un fragmento de *Moby Dick*, de Herman Melville. Responda luego la pregunta.

1 Queequeg y yo acabábamos de dejar el *Pequod* y nos alejábamos tranquilamente del agua, cada cual ocupado por el momento en sus propios pensamientos, cuando nos dirigió las anteriores palabras un desconocido que, deteniéndose ante nosotros, apuntó con su macizo índice al navío en cuestión. Iba desastradamente vestido con un chaquetón descolorido y pantalones remendados, mientras que un jirón de pañuelo negro revestía su cuello. Una densa viruela había fluido por su cara en todas las direcciones, dejándola como el complicado lecho en escalones de un torrente cuando se han secado las aguas precipitadas.

2 "¿Os habéis enrolado en él?", repitió.

3 "Supongo que se refiere al *Pequod*", dije, tratando de ganar un poco más de tiempo para mirarle con detenimiento.

4 "Eso es, el *Pequod*, ese barco", dijo, echando atrás el brazo entero, y luego lanzándolo rápidamente por delante, derecho, con la bayoneta calada de su dedo disparada de lleno hacia su objetivo.

5 "Sí", dije, "acabamos de firmar el contrato".

6 "¿Y se hacía constar algo en él sobre vuestras almas?"

7 "¿Sobre qué?"

8 "Ah, quizá no tengáis almas", dijo rápidamente. "No importa, sin embargo: conozco a más de un muchacho que no la tiene: buena suerte, con eso está mejor. Un alma es una especie de quinta rueda para una carreta".

9 "¿De qué anda cotorreando, compañero?", dije.

10 "Quizá *él* sea suficiente, sin embargo, para compensar todas las deficiencias de esta especie en otros muchachos", dijo bruscamente el desconocido, poniendo nervioso énfasis en la palabra *él*.

11 "Queequeg", dije, "vámonos; este tipo se ha escapado de algún sitio; habla de algo y de alguien que no conocemos".

12 "¡Alto!", gritó el desconocido. "Decís la verdad: no habéis visto todavía al Viejo Trueno, ¿eh?"

13 "¿Quién es el Viejo Trueno?", dije, otra vez aprisionado por la loca gravedad de sus modales.

14 "El capitán Ahab".

15 "¿Cómo?, ¿el capitán de nuestro barco, el *Pequod*?"

16 "Sí, entre algunos de nosotros, los viejos marinos, se le llama así. No lo habéis visto todavía, ¿eh?".

17 "No, no lo hemos visto. Dicen que está enfermo, pero que se está poniendo mejor, y no tardará en estar bien del todo".

18 "¡No tardará en estar bien del todo!", se rió el desconocido, con una risa solemne y despreciativa. "Mirad, cuando el capitán Ahab esté bien del todo, entonces este mi brazo izquierdo volverá también a estar bien no antes".

¿Cuál es el tono del pasaje anterior?

A. Trágico.
B. Apacible.
C. De mal agüero.
D. Alegre.

El tono es decididamente de mal agüero, es decir, la opción C. La conversación entre el desconocido, Queequeg y el narrador tiene un tono misterioso y ominoso que presagia la tragedia del libro. El extraño pregunta si tienen almas y habla de cómo el capitán Ahab puede compensar las deficiencias de esa especie. El tono todavía no llega a ser trágico, pero sí es de mal agüero. Las opciones B y D son incorrectas.

Es importante comprender que el tono de un texto puede cambiar simplemente reemplazando una palabra por otra.

"Señores senadores, estoy aquí para instarlos a que voten por la ley que he presentado. En estas circunstancias, un voto por el sí es la única decisión correcta".

¿Cómo afectaría al tono de este pasaje si reemplazáramos las palabras *instarlos a* por *implorarles*? El tono pasaría a ser:

A. Desesperado.
B. Formal.
C. Furioso.
D. Alegre.

La opción A es la respuesta correcta. Las palabras *instarlos a* son emocionalmente neutras, pero la palabra *implorarles*, en cambio, implica que el orador les está rogando a los senadores que apoyen la ley pues teme que no la aprobarán. El cambio de palabras tiene, entonces, un profundo efecto sobre el tono del pasaje.

Lenguaje figurativo

Los autores a menudo usan el lenguaje de forma inusual o sorprendente con el propósito de introducir efectos inesperados en el texto. Por ejemplo, consideremos la oración siguiente.

Adrián come más que un elefante.

Por supuesto, que esto no es literalmente cierto. Adrián nunca podría comer más que un elefante. Es solo una forma usada por el autor para decir que Adrián come mucho. Esta oración es un ejemplo de una hipérbole o exageración, y del uso del lenguaje figurativo.

El lenguaje figurativo ayuda a dar vida a un pasaje, le da color a algo que de otra forma sería un texto ordinario.

Existen muchos tipos diferentes de lenguaje figurativo, pero todos tienen en común el empleo de palabras que se usan para decir algo que significa otra cosa. El lenguaje figurativo no puede ser interpretado literalmente. Cuando leemos lenguaje figurativo, debemos tratar de interpretar qué es lo que el autor nos está diciendo. Algunos de los tipos más comunes de lenguaje figurativo son:

- Aliteración (repetición notoria del mismo o de los mismos sonidos, sobre todo consonánticos, o de una combinación de letras en una frase).
- Comparación o símil (comparación de un objeto o concepto con otro, usando las palabras *como* o *igual que*).
- Metáfora (aplicación de una palabra o de una expresión a un objeto o a un concepto, al cual no denota literalmente, con el fin de sugerir una comparación).
- Personificación o prosopopeya (atribución de acciones y cualidades propias de los seres animados a cosas inanimadas o abstractas, o de las del hombre a los seres irracionales).
- Onomatopeya (palabra que imita o recrea el sonido de la cosa o la acción nombrada).
- Hipérbole (aumento o disminución exagerados de aquello de que se habla).

Es importante poder establecer la diferencia entre los distintos tipos de lenguaje figurativo. En el examen de GED®, se evaluará su comprensión del lenguaje figurativo.

Instrucciones: Lea el texto siguiente, y responda luego la pregunta.

1 Habíamos estado confinados toda la tarde en el granero. Hacía calor, mucho calor, y el sudor de nuestras frentes caía sobre nuestras camisas mientras trabajábamos sin parar. Cuando finalmente el sol se puso y abrí la puerta, el aire del atardecer nos envolvió como una fresca lluvia de abril, que nos predispuso a disfrutar de la noche.

¿Cuál es el significado de la expresión *como una fresca lluvia de abril*?

A. El aire del atardecer era húmedo y pegajoso.
B. El aire del atardecer era extremadamente frío.
C. El aire del atardecer era templado y calmo.
D. El aire del atardecer era fresco y reparador.

La respuesta correcta es la opción D. En este pasaje, el autor usa un símil, "como una fresca lluvia de abril", para compararlo con "el aire del atardecer".

EJERCICIOS DE PRÁCTICA

La estructura del texto y las elecciones del autor

Instrucciones: Lea el texto siguiente, que es un fragmento de un discurso sobre el uso del idioma inglés como idioma oficial de los Estados Unidos, pronunciado por la representante Patsy Mink ante el Congreso. Responda luego las preguntas.

1 Señor Presidente, este proyecto de ley que estamos considerando se titula "Fortalecimiento del idioma inglés". No veo en él nada que permita fortalecer el conocimiento del idioma inglés en términos de familiarización con el mismo o de su dominio. No se propone invertir ni un penique en educación para promover el uso del inglés. Si observamos el presupuesto de educación, veremos que, en realidad, ha sido reducido. Lo que esta ley sí propone es confinar y restringir las oportunidades que se brindan a aquellas personas que no tienen un dominio del idioma e impedirles la participación plena y cabal en la sociedad. Esta ley degrada el concepto de una sociedad abierta y accesible a todos sus ciudadanos dentro de sus fronteras.

2 En el momento en que establezcamos que nada puede ser impreso en otro idioma que no sea el inglés, estaremos castigando a un sector pequeño de nuestra sociedad que no representa una amenaza para nuestra democracia. Menos del cinco por ciento de las personas registradas en el último censo dijeron que no tenían dominio del inglés. No representan ninguna amenaza. No obstante, estamos considerando la posibilidad de negarles el acceso al gobierno al impedir que las agencias gubernamentales impriman documentos en otros idiomas que expliquen cómo participar de un programa, cómo solicitar un crédito, cómo hacer para formar parte, una parte integral, de nuestra sociedad.

3 Si nosotros queremos fortalecer los vínculos de todos estos individuos con nuestra comunidad, sin importar su origen étnico o el lugar de dónde provienen, me parece mejor que tratemos de encontrar formas de acogerlos y no de segregarlos. Este proyecto de ley excluye esa posibilidad, que estaba contenida en todas las leyes precedentes que hemos aprobado; las revoca. Si en oportunidades anteriores manifestamos nuestro deseo de ampliar la participación en el gobierno y otorgarles acceso a aquellas personas que no tienen dominio completo del idioma inglés, con esta ley lo revocamos. Hay un párrafo en la ley que revoca todo lo ya aprobado.

4 Señor Presidente, esto no es un fortalecimiento. Es un rechazo.

1. ¿Cómo influye el párrafo 2 en el mensaje del texto?

   A. Remarca el aspecto punitivo del proyecto de ley.
   B. Hace hincapié en el hecho de que no hay presupuesto asignado para la aplicación de la ley.
   C. Enfoca el mensaje en la necesidad de promover el uso del idioma inglés.
   D. Agrega más información sobre las personas que no hablan bien inglés.

2. En el párrafo 1, ¿cuál es el significado de la palabra *degrada*?

   A. Ayuda.
   B. Dificulta.
   C. Deshonra.
   D. Cuestiona.

3. ¿Cómo influye la última oración en el tono general del pasaje?

   A. Le da un tono más apremiante.
   B. Tiene un efecto tranquilizador sobre el tono.
   C. Transmite un sentimiento de incredulidad.
   D. Cambia el tono de gracioso a irónico.

4. En el párrafo 3, ¿qué efecto tiene el uso de la palabra *acogerlos* sobre la intención descrita en el pasaje? Muestra que la autora quiere:

   A. Dar alojamiento a las personas que tienen conocimientos limitados del inglés.
   B. Proteger a las personas con conocimientos limitados del inglés.
   C. Rechazar a las personas con conocimientos limitados del inglés.
   D. Incluir en la sociedad a las personas con conocimientos limitados del inglés.

Instrucciones: Lea el texto siguiente, que es un fragmento del cuento *En la bahía*, de Katherine Mansfield. Responda luego las preguntas.

1 "Entonces, vuelve usted a la oficina el lunes, ¿verdad, Jonathan?", preguntó Linda.

2 "El lunes, la puerta de la jaula se abre de nuevo y vuelve a cerrarse estrepitosamente sobre la víctima durante once meses y una semana", respondió Jonathan.

3 Linda se balanceó un poco. "Debe de ser horrible", dijo lentamente.

4 "¿Es que quiere usted que me ría, encantadora hermana? ¿Es que quiere usted que llore?" Tan acostumbrada estaba Linda a la manera de hablar de Jonathan que no concedía a ello la menor atención.

5 "Supongo", dijo ella con aire distraído, "que uno se acostumbrará a ello. Se acostumbra uno a todo".

6 "¿De veras? ¡Hum!". Este "hum" era tan hueco que parecía resonar debajo de la tierra. "Me pregunto cómo se llega a conseguir", dijo Jonathan con aire meditativo y sombrío. "Yo jamás lo he logrado".

7 "Me parece tan idiota, tan infernal tener que volver el lunes a la oficina", declaró Jonathan, "como me pareció y me parecerá siempre. ¡Pasar todos los mejores años de mi vida sentado en un taburete, desde las nueve hasta las cinco, garrapateando el registro de otro cualquiera! He aquí un extraño modo de emplear uno su vida. . . su sola y única vida, ¿verdad? O bien, ¿es todo esto un sueño insensato?". Dio la vuelta por la hierba y levantó los ojos hacia Linda. "Dígame, ¿qué diferencia hay entre mi existencia y la de un prisionero corriente? La sola que yo puedo advertir es que yo mismo me he metido en la cárcel y que nadie me hará salir nunca de ella. Esta situación es más intolerable que la otra. Porque si yo hubiese sido empujado allá dentro a pesar mío —resistiéndome siquiera—, cuando la puerta se hubiese vuelto a cerrar, o cinco años más tarde, en todo caso, yo hubiera podido aceptar el hecho; hubiera podido comenzar a interesarme en el vuelo de las moscas, o en contar los pasos del carcelero a lo largo del pasillo, observando particularmente las variaciones de su andar con todo lo que sigue. Pero, en este estado de cosas, me parezco a un insecto que ha venido por su propia voluntad a volar en una habitación. Me precipito contra las paredes, golpeo el techo con las alas; en resumen, hago todo lo que se puede hacer en este mundo, menos volar fuera. Y todo el tiempo no ceso de pensar, como esta polilla, o esta mariposa, o este insecto cualquiera: '¡Oh, brevedad de la vida! ¡Oh, brevedad de la vida!'. No tengo más que una noche y un día, y este amplio, este peligroso jardín espera allí, afuera, sin que yo lo descubra, sin que yo lo explore".

5. ¿Cómo influye en el texto la mención de la cárcel? Sugiere que Jonathan:

   A. Debe ser castigado.
   B. Se siente prisionero de esa situación.
   C. Pasó años en prisión cuando era joven.
   D. Piensa que ha hecho algo realmente malo.

6. ¿Cuál de las palabras siguientes describe mejor el tono del fragmento?

   A. Inspirador.
   B. Alegre.
   C. Teatral.
   D. Tranquilo.

7. Indique el orden en que los acontecimientos siguientes se produjeron. (**Nota**: En el examen de GED®, usted deberá hacer un clic sobre el acontecimiento seleccionado y "arrastrarlo" hasta la posición correcta en el diagrama.)

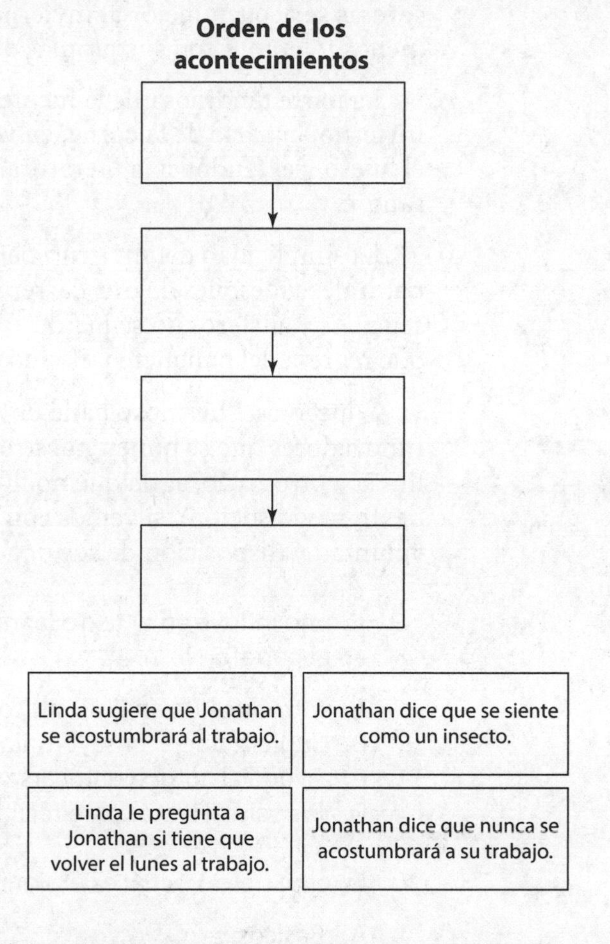

8. Lea la oración del párrafo 6 que dice: "Supongo", dijo ella con aire distraído, "que uno se acostumbrará a ello". ¿Qué sugiere el autor cuando expresa *con aire distraído*?

   A. Que Linda está tratando de apoyar a Jonathan.
   B. Que Linda no entiende lo que Jonathan está diciendo.
   C. Que Linda no está interesada en lo que le pasa a Jonathan.
   D. Que Linda está tratando de entender por qué Jonathan dice lo que está diciendo.

Instrucciones: Lea el texto siguiente, que es un fragmento del cuento "Caminando sobre la nieve", de *En los Catskills*, de John Burroughs. Responda luego las preguntas.

1 Aquel que se maravilla de la belleza del mundo en verano encontrará igual motivo de asombro y admiración en invierno. Es cierto que la pompa y el boato desaparecen, pero los elementos esenciales siguen estando, el día y la noche, la montaña y el valle, el juego de los elementos y la sucesión y la presencia perpetua del cielo infinito. En invierno, las estrellas parecen haber vuelto a encender su fuego, la luna logra un triunfo más pleno y los cielos se visten de una sencillez más exaltada. Por otra parte, el verano es más

galante y seductor, más versátil y humano, es un llamado a los afectos y los sentimientos y un impulso para la investigación y el arte. El invierno tiene un elenco más heroico, y se dirige al intelecto. Los estudios y las disciplinas severas se acogen mejor al invierno. Uno se impone tareas más pesadas y es menos tolerante con sus propias debilidades.

2 La parte tendinosa de la mente, por así decirlo, está más desarrollada en invierno; la parte de la carne, en verano. Debo decir que el invierno provee el hueso y el tendón a la literatura, mientras que el verano, los tejidos y la sangre.

3 La simplicidad del invierno tiene una moraleja profunda. El retorno de la naturaleza, después de una carrera de esplendor y prodigalidad, a hábitos tan sencillos y austeros no se pierde, ni en la cabeza ni en el corazón. Es el filósofo que regresa del banquete y el vino a un vaso de agua y un pedazo de pan.

4 Y luego este hermoso baile de máscaras de los elementos, ¡los disfraces innovadores que se ponen nuestros amigos más cercanos! Aquí viene otra lluvia y otro rocío, agua que no fluirá, ni derramará, ni recibirá la mancha de un navío sucio. Y si vemos con ojos despejados la misma vieja buena voluntad y disposición de servir acechan por debajo de todo.

9. ¿Cómo influye en el texto la frase de transición *por otra parte*, que aparece en el párrafo 1?

A. Introduce un análisis crítico.
B. Sugiere que el ensayo trata de muchos temas.
C. Ayuda al autor a enfocarse en lo que piensa decir.
D. Prepara al lector para recibir nueva información.

10. En el párrafo 1, ¿cuál es el significado de la palabra *esenciales*?

A. Básicos.
B. Complejos.
C. Irrelevantes.
D. Problemáticos.

11. ¿Con qué compara el autor al invierno?

A. Con el regreso a un vaso de agua y un pedazo de pan.
B. Con el regreso al banquete y el vino.
C. Con el regreso a la pompa y el boato.
D. Con el regreso a la versatilidad y a lo humano.

12. Lea la oración del párrafo 3 que dice: “La simplicidad del invierno tiene una moraleja profunda”. ¿Cuál es la razón por la que el autor incluye esta oración?

A. Para referirse a la belleza del invierno.
B. Para destacar su pasión por el invierno.
C. Para sugerir que el invierno es un período difícil.
D. Para mostrar lo que se puede aprender de esa estación.

Véanse las respuestas en las páginas 321–322.

CAPÍTULO 4

Textos literarios

Probablemente, usted esté familiarizado con muchos tipos de textos literarios. En la ficción realista, por ejemplo, se presentan personajes y situaciones que forman parte de la vida real.

Los textos de ciencia ficción describen, en cambio, sucesos que podrían ocurrir en el futuro. Existen, además, fábulas, cuentos de hadas y leyendas. Pero los pasajes literarios que usted encontrará en el examen de GED® han sido tomados principalmente de la literatura clásica del siglo XIX y de comienzos del siglo XX.

Estos trabajos literarios se destacan por el lenguaje que usan, los argumentos que desarrollan y los personajes que intervienen. A primera vista, parte de estos escritos puede parecerle pasada de moda, pero una lectura atenta le permitirá comprender qué es lo que ocurre en cada pasaje. Cuando lea, tenga presente cuáles son los elementos que caracterizan una obra de ficción. Ellos son:

- El tema.
- El argumento o los acontecimientos que constituyen la historia.
- Los personajes.
- La ambientación.
- El narrador y el punto de vista del personaje.

Uso de evidencia presente en el texto para analizar los elementos de ficción

Tema

El tema de la historia es la idea central que se desarrolla por detrás de los acontecimientos y los personajes. Hay muchos tipos diferentes de temas. Por ejemplo, el tema de una historia puede ser cómo una persona falsamente acusada puede obtener justicia, o cuán difícil es hacer la paz entre enemigos, o cómo un viaje puede ayudar a una persona a sentar cabeza.

El tema, por lo general, no se presenta directamente. Usted deberá descubrirlo a partir de lo que ocurre en la historia, de observar cómo se comportan sus personajes y de ver cómo el autor describe los acontecimientos. Usted deberá basar su elección en evidencia contenida en el texto.

Instrucciones: Lea el texto siguiente, que es un fragmento del cuento breve "Bolitas de papel", de Sherwood Anderson. Durante la lectura, trate de identificar el tema del pasaje. Responda luego la pregunta.

1 Era un anciano de barba blanca y nariz y manos grandes. . . Hace tiempo, ejercía de médico e iba de casa en casa por las calles de Winesburg con un cansino caballo blanco. Luego se casó con una muchacha adinerada; ella había heredado una granja grande y fértil cuando murió su padre. La muchacha era tranquila, alta y morena, y a mucha gente le parecía muy hermosa. Todo el mundo en Winesburg se preguntaba por qué se habría casado con el médico. Al cabo de un año de matrimonio, ella murió.

2 Winesburg había olvidado al anciano, pero en el doctor Reefy estaban presentes las simientes de algo muy refinado. Solo, en su rancio despacho en el edificio Heffner, encima de los almacenes de la Compañía de Lencería Parisina, trabajaba incansablemente, construyendo algo que él mismo destruiría. Erigía pirámides pequeñas de verdades y luego de construirlas las destruía, para tener así el derecho a erigir otras pirámides.

3 El doctor Reefy era un hombre alto que había vestido el mismo traje durante diez años. Tenía las mangas raídas y agujeros pequeños en las rodillas y los codos. En su despacho, vestía también un delantal de lino con grandes bolsillos, en los que continuamente guardaba pedacitos de papel. Al cabo de algunas semanas, los pedacitos de papel se habían convertido en bolitas esféricas y duras, y cuando sus bolsillos estaban llenos los vaciaba en el suelo. Durante esos diez años, había tenido un único amigo, otro viejo, de nombre John Spaniard, propietario de un vivero. Algunas veces, cuando estaba de buen humor, el doctor Reefy sacaba de los bolsillos del delantal un puñado de bolitas de papel y se las arrojaba a Spaniard. "Esto es para desconcertarte, viejo charlatán y sensiblero", gritaba, agitado por la risa.

4 La historia del doctor Reefy y de su noviazgo con la muchacha morena que se convirtió en su esposa y le dejó su dinero es una historia muy curiosa. Es deliciosa, como las pequeñas manzanas arrugadas que crecen en los huertos de Winesburg. En otoño, cuando uno pasea por los huertos, la tierra está dura por la helada debajo de los pies. Las manzanas ya han sido quitadas de los árboles por los recolectores. Las han metido en cajones y las han enviado a las ciudades, donde serán comidas en apartamentos llenos de libros, revistas, muebles y gente. En los árboles solo quedan unas pocas manzanas nudosas que han sido desechadas por los recolectores. Se parecen a los nudillos de las manos del doctor Reefy. Si uno les da un mordisco, son deliciosas. En una parte pequeña y redonda de la manzana, se ha concentrado toda su dulzura. Uno va de un árbol a otro sobre el suelo helado recogiendo las manzanas nudosas y arrugadas y llenándose los bolsillos con ellas. Solo unos pocos conocen la dulzura de estas manzanas arrugadas.

5 La muchacha y el doctor Reefy empezaron su noviazgo una tarde de verano. Él tenía entonces unos cuarenta y cinco años y ya había iniciado la práctica de llenarse los bolsillos con pedacitos de papel que se convertirían en bolitas duras que luego arrojaría. Había adquirido este hábito mientras iba en su calesín tirado por el cansino caballo blanco y recorría lentamente los caminos rurales. Los papelitos estaban llenos de pensamientos escritos, pensamientos acabados, pensamientos en sus comienzos.

6 La mente del doctor Reefy había pergeñado esos pensamientos uno por uno. Con muchos de ellos, construía una verdad que alcanzaba proporciones gigantescas en su mente. La verdad nublaba el mundo. Se convertía en algo terrible, que empezaba a desvanecerse poco a poco hasta dar lugar nuevamente a los pequeños pensamientos.

7 La muchacha alta y morena fue a visitar al doctor Reefy porque estaba embarazada y asustada. Se encontraba en esa situación por una serie de circunstancias también curiosas. . .

8 Cuando la muchacha alta y morena conoció al doctor Reefy, sintió que nunca querría abandonarlo. Fue a su despacho una mañana y, sin que ella tuviera que decir nada, él comprendió todo lo que a ella le había ocurrido.

9 En el despacho del doctor había una mujer, la esposa del hombre que se ocupaba de la librería de Winesburg. Como lo hacían todos los médicos rurales de la época, el doctor Reefy también extraía piezas dentales, y la mujer que esperaba sostenía un pañuelo sobre su boca mientras gemía. Su marido estaba a su lado, y cuando el diente fue extraído los dos gritaron con fuerza, al tiempo que la sangre corría sobre el vestido blanco de la mujer. La muchacha alta y morena no prestó la más mínima atención a lo sucedido. Cuando la mujer y su marido se hubieron marchado, el doctor sonrió. "La llevaré a pasear conmigo en coche por el campo", dijo.

10 Durante varias semanas, la muchacha alta y morena y el médico estuvieron juntos casi todos los días. El embarazo que la había llevado a verlo se interrumpió como consecuencia de una enfermedad, pero la muchacha parecía una de aquellas personas que habían descubierto la dulzura de las manzanas nudosas y que no podía prestarle ya atención a la fruta perfectamente redonda que se come en los apartamentos de las ciudades. En el otoño que siguió al comienzo de la relación, la muchacha se casó con el doctor Reefy, y en la primavera siguiente murió. Durante el invierno el doctor le leyó todos los pensamientos, incluidos los fragmentos, que había garrapateado en los trocitos de papel. Después de leerlos, rió y volvió a guardarlos en sus bolsillos, donde se convertirían en bolitas duras.

¿Cuál de las afirmaciones siguientes representa mejor el tema de esta historia?

A. "Durante varias semanas, la muchacha alta y morena y el médico estuvieron juntos casi todos los días".
B. "La muchacha alta y morena no prestó la más mínima atención a lo sucedido".
C. "Era un anciano de barba blanca y nariz y manos grandes".
D. "Solo unos pocos conocen la dulzura de estas manzanas arrugadas".

Para responder esta pregunta, usted deberá considerar lo que ocurre en la historia. Como los personajes dicen muy poco y el cuento es muy breve, podemos estar seguros de que el autor ha elegido cuidadosamente cada palabra. Nos presenta primero al doctor Reefy, y luego nos dice que el pueblo de Winesburg lo había olvidado. El autor destaca que tenía la nariz y las manos grandes, como si esto fuera casi una deformidad, pero agrega que "en el doctor Reefy estaban presentes las simientes de algo muy refinado". Y también nos cuenta que tenía una encantadora y bella esposa que murió, y que la historia de cómo se conocieron y se enamoraron es "deliciosa, como las pequeñas manzanas arrugadas que crecen en los huertos de Winesburg". Estas manzanas, como el doctor Reefy, son nudosas y quedan abandonadas. Hacia la mitad del cuento, queda claro que el autor ha establecido una conexión entre el doctor Reefy y las manzanas arrugadas. El cuento también plantea el interrogante de por qué una muchacha alta y morena se enamora del doctor. Poco después, nos enteramos de que ella está embarazada y de que el doctor Reefy es amable con ella, no se muestra crítico con su situación y le ofrece compartir un paseo y sus pensamientos.

Por último, ya casi al final del cuento, el autor se muestra más específico, cuando escribe: "[L]a muchacha parecía una de aquellas personas que habían descubierto la dulzura de las manzanas nudosas y que no podía prestarle ya atención a la fruta perfectamente redonda que se come en los apartamentos de las ciudades". La opción correcta es entonces la D, que afirma que muy poca gente puede comprender el valor esencial y la dulzura de una persona que muchos consideran como un forastero.

En el examen de GED®, no se le pedirá que analice el tema de un texto literario, sino que seleccione la oración del pasaje que mejor represente dicho tema.

Instrucciones: Lea el texto siguiente, que es un fragmento del primer capítulo de la novela *Ethan Frome*, de Edith Wharton. Durante su lectura, piense en cómo se establece el tema de la novela. Responda luego la pregunta.

11 Me contaron esta historia varias personas, poco a poco, y, como suele suceder en tales casos, cada vez era una historia distinta.

12 Si conoce usted Starkfield, Massachusetts, sabrá dónde queda la oficina de Correos. Si conoce la oficina de Correos, habrá visto a Ethan Frome llegar, soltar las riendas de su bayo de lomo hundido y cruzar cansinamente la acera de ladrillo hasta la columnata blanca: y seguro que se ha preguntado quién era.

13 Fue precisamente allí donde lo vi yo por primera vez hace varios años, y la verdad es que me impresionó mucho su aspecto. Todavía era el personaje más sorprendente de Starkfield, aunque ya solo era una ruina de hombre. No destacaba por su elevada estatura —los "nativos", claramente larguiruchos, se diferenciaban de los de origen extranjero, más rechonchos—, sino por el aire vigoroso e indiferente, pese a una cojera que le frenaba los pasos como el tirón de una cadena. Había algo lúgubre e inaccesible en su rostro y estaba tan rígido y canoso que lo tomé por un anciano y me sorprendí mucho al enterarme de que solo tenía cincuenta y dos años. Me lo dijo Harmon Gow, que había conducido la diligencia de Bettsbridge a Starkfield en la época anterior al tranvía, y que conocía la crónica de todas las familias que vivían en su trayecto.

14 "Está así desde que tuvo el accidente; y de eso hará veinticuatro años en febrero", me dijo Harmon entre pausas evocadoras.

15 El "accidente" (según supe por el mismo informador), además de dejarle la cicatriz roja que le cruzaba la frente, le había contraído y deformado tanto el lado derecho que le costaba un claro esfuerzo dar los pocos pasos que mediaban entre su calesa y la ventanilla de la oficina de Correos. Solía acudir desde su granja todos los días hacia el mediodía, y, como esa era la hora en que yo iba a buscar la correspondencia, a veces me lo cruzaba en el porche o esperaba a su lado, pendiente de los movimientos de la mano que repartía al otro lado de la rejilla. Me fijé en que, pese a su puntualidad, casi nunca recibía más que un número del *Bettsbridge Eagle*, que se guardaba sin mirarlo en el bolso hundido. Pero, de vez en cuando, el encargado de Correos le entregaba un sobre para la señora Zenobia (o señora Zeena) Frome, que normalmente llevaba en la esquina superior izquierda, bien visible, la dirección de un fabricante de medicamentos y el nombre del producto. Ethan Frome se guardaba también estos documentos sin mirarlos, como si estuviera demasiado acostumbrado a ellos para interesarse por su número y variedad, y se marchaba, con un silencioso cabeceo de despedida al encargado de Correos.

16 En Starkfield le conocían todos, y le saludaban con comedimiento adecuado a su semblante serio; pero respetaban su actitud taciturna y solo en contadas ocasiones le salía al paso algún anciano del lugar para cruzar unas palabras con él. Cuando esto sucedía, escuchaba en silencio con los ojos azules clavados en la cara de su interlocutor, y contestaba en tono tan bajo que nunca pude oír lo que decía; luego subía con rigidez a su calesa, agarraba las riendas con la mano izquierda y partía lentamente hacia su granja.

17 "¿Fue un accidente muy grave?", le pregunté a Harmon, viendo alejarse a Frome, y pensando lo gallarda que debía resultar aquella cabeza enjuta y atezada, con su mata de pelo claro, sobre aquellos hombros vigorosos antes de que se deformasen.

18 "Gravísimo", afirmó mi informador. "Más que suficiente para matar a cualquier hombre. Pero los Frome son fuertes. Ethan llegará a los cien años".

19 "¡Santo cielo!", exclamé. En aquel momento, Ethan Frome, tras subir a su asiento, se había inclinado para comprobar la estabilidad de una caja de madera (también con la etiqueta de un farmacéutico) que había colocado en la parte de atrás, y le vi el semblante como debía ser cuando se creía solo. "¿Dice usted que llegará a los cien años ese hombre? ¡Pero si parece como si ya estuviera muerto y en el infierno!".

20 Harmon sacó un trozo de tabaco del bolsillo, cortó un pedazo y se lo metió en la correosa bolsa del carrillo. "Creo que ha pasado demasiados inviernos en Starkfield. Casi todos los listos se marchan".

21 "¿Por qué no se marchó él?".

22 "Alguien tenía que quedarse a cuidar a los mayores. Nunca hubo nadie más que él en la casa. Primero su padre, luego su madre y después su mujer".

23 "¿Y entonces ocurrió el accidente?"

24 Harmon esbozó una sonrisa amarga. "Así es. Tuvo que quedarse".

25 "Comprendo. Y desde entonces, ¿han tenido que cuidarle a él?".

26 Harmon se pasó el tabaco al otro carrillo con aire pensativo. "Bueno, en cuanto a eso, yo creo que es Ethan quien ha cuidado siempre a los demás".

27 Harmon Gow desarrolló el relato según su alcance intelectual y moral, pero era evidente que tenía lagunas, y me parecía que el significado más profundo de la historia estaba precisamente en las lagunas. Se me quedó grabada una frase, que fue el núcleo en torno al cual estructuré mis deducciones posteriores: "Creo que ha pasado demasiados inviernos en Starkfield".

¿Cuál es el tema sugerido en este pasaje?

A. Las situaciones difíciles en la vida pueden hacer sucumbir los deseos personales.
B. Las heridas físicas pueden provocar daños mentales.
C. El amor ayuda a superar todas las dificultades.
D. En los pueblos pequeños se establecen relaciones personales más cercanas.

Para responder esta pregunta, lo primero que debemos tener en cuenta es el nombre de la novela, que es también el nombre del personaje principal, Ethan Frome, quien nos es presentado al comienzo del relato. Entonces, queda claro que lo que le ocurra al personaje, sus actos y decisiones constituirán el eje de la novela. Se nos cuenta que Ethan Frome resultó gravemente herido en un accidente hace veinticuatro años, y que desde entonces sufre lesiones permanentes. También se nos dice que él no habla casi nunca con otras personas, pero que va al pueblo a retirar medicamentos para su esposa, Zenobia Frome. Este hecho podría hacernos inclinar por la opción B, pues la conducta de Ethan no parece del todo normal. No obstante, observe que el autor repite una misma frase dos veces con pocos párrafos de diferencia: "Creo que ha pasado demasiados inviernos en Starkfield". El narrador dice, además, que Ethan "parece como si ya estuviera muerto y en el infierno". De ello podemos inferir que Ethan no deseaba quedarse en Starkfield, o que alguna vez había tenido otros planes para su vida. También se nos dice que Ethan tuvo que hacerse cargo —o, por lo menos, así lo sentía él— del cuidado de los miembros de su familia. Estos detalles confirman que la opción A es entonces la respuesta correcta.

Veamos otro ejemplo.

Instrucciones: Lea el texto siguiente, que es un fragmento del cuento breve "El bote a la deriva", de Stephen Crane. Responda luego la pregunta.

1 Es muy difícil poder describir la sutil hermandad y solidaridad que desarrollan los hombres estando en altamar. Nadie lo mencionó, pero estar en el bote hacía sentir a los hombres como en casa. El capitán, el engrasador, el cocinero t el corresponsal del bote eran buenos amigos, los mantenía unidos un lazo de hierro imposible de romper. El capitán yacía herido en el piso del bote, y en esta condición le era casi imposible comandar una tripulación; su voz era débil y su salud empeoraba. Sin embargo, su tripulación le obedecía gracias a la colaboración de sus amigos, el engrasador y el cocinero. Esta devoción a su capitán era muy fuerte, incluso hasta el corresponsal, que había sido enseñado para tomar las riendas de un bote a la deriva, le obedecía. Nadie hablaba al respecto de esta devoción, pero sí, era muy obvio que existía.

2 "Desearía que tuviéramos una vela, así podrían descansar los muchachos que han estado remando por largos días", dijo el capitán. Al escucharlo, el cocinero y el corresponal extendieron una gran manta sobre el mástil, y así la tripulación se preparaba para seguir avanzando con su nuevo equipo de navegación. En ocasiones, el engrasador tenía que esquivar grandes olas para evitar que se hundieran, pero la travesía por el mar les brindaba también momentos de tranquilidad.

3 Conforme navegaban, el faro parecía que crecía poco a poco, casi que se podía ver de qué color era, y se veía como una pequeña sombra gris en el cielo. Los hombres de los remos constantemente giraban su cabeza para ver esta sombra gris, remaban ansiosos de llegar pronto hasta ese punto.

4 Como las olas levantaban el barco, los hombres no solo veían una mancha en el cielo, sino que también veían otra gran mancha a lo largo del mar, esa mancha era tierra firme. Era más delgada que un papel. El cocinero dijo: "Debemos de estar al lado opuesto de 'Nueva Smyrna'". Él había navegado en muchas ocasiones por esas costas. "A propósito, capitán, me parece que esa estación salvavidas está abandonada, creo que desde hace un año nadie la habita".

5 "¿En serio?. . .", dijo el capitán.

6 La tierra comenzó a levantarse sobre el mar; en vez de una línea de color negro, ahora se veían una línea negra y otra blanca, de árboles y de arena. Viendo esto, el capitán dijo que él podía distinguir una casa. "Esa debe ser el refugio", dijo el cocinero. "Ellos nos verán desde lejos y vendrán por nosotros".

7 El faro distante aparecía en lo alto. "Si el vigilante del faro nos viera, inmediatamente notificaría a los salvavidas y ellos vendrían por nosotros", dijo el capitán.

8 "Ninguno de los otros botes debe haber podido llegar a la playa y notificar el naufragio", dijo el engrasador en voz muy baja. "De lo contrario, los botes salvavidas estarían buscándonos".

9 Conforme iban remando los hombres, la tierra se avecinaba más y más al bote. El viento nuevamente los golpeaba causando que el barco cambiara su dirección de nordeste a sudeste. De pronto, un fuerte sonido golpeó los oídos de los tripulantes, era el sonido de cuando las olas rompen en la orilla del mar. "Nunca lo lograremos, nunca llegaremos al faro", dijo el capitán. "Billie, mantén el barco hacia el norte".

10 "Así lo haré, señor", respondió Billie, el engrasador.

11 Manteniendo el barco hacia el norte, se podía ver más cerca la costa. El trabajo seguía siendo difícil, pero esta dificultad no provocó que los tripulantes perdieran la esperanza. Tal vez en una hora más ellos podrían estar desembarcando en la costa, y esto les causaba mucha alegría.

¿Cuál es el tema sugerido en este pasaje?

A. En situaciones en donde se enfrentan a la muerte, las personas creen siempre que existen posibilidades de ser rescatadas.
B. Las personas que enfrentan juntas situaciones de mucho peligro desarrollan un vínculo especial entre ellas.
C. En situaciones difíciles, las personas tienden a pensar en su propia seguridad en lugar de en la de las otras personas.
D. Las personas respetan las órdenes de una figura de autoridad, incluso en el caso de que esta se encuentre herida.

Para responder esta pregunta, debemos averiguar qué es lo que sucede en este pasaje. Hay varios hombres en un bote salvavidas que no se conocen muy bien entre sí. Cada uno es identificado por el tipo de trabajo que realiza (el capitán, el engrasador, el cocinero, el corresponsal). Es cierto que los personajes creen posible que alguien los rescate, por lo que la opción A podría parecer la correcta. Pero también los hombres del bote respetan las órdenes del capitán herido, con lo cual la opción D parecería una buena elección. Sin embargo, basándonos en el primer párrafo del pasaje, podemos afirmar que la opción C no es la correcta, pues se ha desarrollado una "hermandad" entre los hombres del bote a partir de una necesidad de "seguridad común". Además, el autor se refiere en repetidas oportunidades a "los hombres", como una unidad. Por estos detalles, podemos concluir que la respuesta correcta debe ser la opción B.

El argumento o los acontecimientos que constituyen la historia

El argumento es lo que ocurre en la historia. El argumento está compuesto por varios acontecimientos que contribuyen a la idea central. En un argumento típico, hay un problema central; algo debe ser conseguido, aunque a veces las cosas salgan mal. La historia puede tener una resolución: los problemas son solucionados o reparados.

En el examen de GED®, se le formularán preguntas acerca de los problemas que enfrenta un personaje.

Instrucciones: Lea el pasaje siguiente, y responda luego las preguntas.

1 La casa de Pat estaba llena de animales. Sus vecinos decían que parecía un zoológico. En ella vivían muchos animales domésticos habituales, como un par de gatos y algunos gatitos, un perro más viejo, algunos peces de colores y un loro. Pero Pat también tenía un lagarto, una tortuga, una araña y una serpiente en el interior de su casa. Fuera de ella, había también una jaula llena de conejos.

2 Un día, la madre de Pat llegó a su casa y encontró un ratón en una caja de zapatos. Pat había traído el ratón de la escuela y su intención era tenerlo en la casa durante el fin de semana.

3 "¡Esto es demasiado!", dijo su madre, sonando más molesta de lo que Pat la había oído nunca. "Este zoológico tiene que desaparecer. Quiero vivir en una casa donde haya más gente que animales".

4 La madre de Pat le permitió conservar solo el perro y los dos gatos. Pero Pat tenía que encontrar un hogar para el resto de sus mascotas. Al principio, Pat extrañaba a sus amigos animales. Durante un tiempo se sintió muy triste. Pero Pat no era una persona de quedarse quieta y sentir lástima de sí misma. Como había un hospital de mascotas a pocas cuadras de distancia de su casa, Pat fue a ver al veterinario y le preguntó si podía ayudar. Ella se ofreció a limpiar las jaulas y a pasear a los perros que necesitaban ejercicio. En el hospital estaban felices de darle trabajo. Todos los días después de la escuela, antes de ir a su casa a ver a sus propias mascotas, Pat ayudaba con los animales enfermos en el hospital. Pat estaba feliz, los animales estaban felices y también lo estaba su madre.

¿Cuál era el problema de Pat?

A. Pat quería tener más animales en su zoológico.
B. Pat no podía mantener el ratón en la caja.
C. Su madre no podía hacerse cargo de todos los animales.
D. Su madre quería que Pat buscara otras casas para algunas de sus mascotas.

Para responder la pregunta, deberemos descubrir cuál es el problema central de Pat. La opción A no parece ser el problema. No hay evidencia en el texto de que las opciones B o C sean correctas tampoco. La opción D es, entonces, la correcta. Pat debe deshacerse de algunas de sus mascotas.

Ahora que sabemos cuál es el problema, usted deberá encontrar una cita en el texto que respalde la elección.

¿Cuál de las citas siguientes respalda la elección del problema central?

A. "La casa de Pat estaba llena de animales".
B. "Fuera de ella, había también una jaula llena de conejos".
C. "Este zoológico tiene que desaparecer".
D. "Pat estaba feliz, los animales estaban felices y también lo estaba su madre".

Únicamente la opción C se refiere al problema que enfrenta Pat. Su madre dijo que no quería tantos animales en la casa. Las otras opciones representan detalles del problema, pero no el problema central.

¿Cuál de las citas siguientes respalda la resolución del problema?

A. "Pat extrañaba a sus amigos animales".
B. "Durante un tiempo se sintió muy triste".
C. "[H]abía un hospital de mascotas a pocas cuadras de distancia de su casa".
D. "Pat ayudaba con los animales enfermos en el hospital".

Para responder la pregunta, deberemos establecer primero cuál es la resolución del problema y después elegir la cita que la respalde. La opción D es la única cita que respalda la resolución del problema. Las otras opciones describen detalles, pero no están relacionados con la resolución.

Personajes

Uno de los elementos más importantes en las obras de ficción son los personajes de la historia. Son los que dan forma y significado al relato. Los personajes de la historia son a menudo multifacéticos y demandan un estudio cuidadoso.

Existen muchas maneras en las que un autor puede desarrollar los personajes de su historia. A veces, los presenta directamente explicándonos cómo son; pero en la mayoría de los casos, prefiere que el lector lo vaya descubriendo de a poco, a medida que el personaje habla o actúa, por lo que otros dicen de él o al ver cómo interactúa con otros.

En el examen de GED®, usted deberá responder preguntas sobre qué palabras definen mejor a un personaje.

Instrucciones: Lea el texto siguiente, que es un fragmento del libro *Winesburg, Ohio*, de Sherwood Anderson. Responda luego la pregunta.

1 George descendió por la pequeña pendiente desde la nueva casona de los Willard a las siete en punto. Tom Willard llevaba su bolsa. El hijo ya era más alto que su padre.

2 En la plataforma de la estación todos estrecharon la mano del joven. Más de una docena de personas aguardaron a su alrededor. George se sintió avergonzado. Gertrude Wilmot, una mujer alta y delgada de unos cincuenta años, que trabajaba en la oficina de Correos de Winesburg, llegó por el otro extremo del andén de la estación. Ella nunca antes le había prestado atención a George. Esta vez se detuvo y le extendió la mano. En dos palabras expresó lo que todos sentían. "Buena suerte", dijo ella bruscamente y luego giró sobre sus pasos.

3 Cuando el tren finalmente entró en la estación, George se sintió aliviado. Balbuceó algo apresuradamente mientras subía a bordo. Ya en el vagón, George miró hacia todos lados para asegurarse de que nadie lo estaba mirando, luego sacó su cartera y contó su dinero. Su mente estaba obsesionada con la idea de no parecer inmaduro. Las últimas palabras que su padre le había dicho se referían a la cuestión de su comportamiento cuando llegara a la ciudad. "Sé astuto", Tom Willard había dicho. "No pierdas de vista el dinero. Mantente despierto. Este es el billete. No dejes que nadie piense que eres un novato".

4 Después de que George contara su dinero, miró por la ventana y se sorprendió al ver que el tren todavía se encontraba en Winesburg.

5 El joven, a punto de salir de su ciudad natal para cumplir con la aventura de su vida, comenzó a pensar, pero en nada muy grande o dramático.

6 Pensó en cosas pequeñas, de todos los días. Recordó a Turk Smollet, rodando con su monopatín por la calle principal de la ciudad por las mañanas; a Butch Wheeler, encendiendo los faroles de Winesburg y corriendo por las calles en una noche de verano con una antorcha en la mano; a Helen White, recostada sobre una ventana de la oficina de Correos de Winesburg, colocando un sello en un sobre.

7 La mente del hombre joven se dejó llevar entonces por su creciente pasión por los sueños. Cualquiera que lo hubiera mirado en ese momento no habría pensado que se trataba de una persona particularmente aguda. Con el recuerdo todavía fresco de esas cosas pequeñas, cerró los ojos y se recostó en el asiento del coche. Permaneció así durante mucho tiempo, y cuando despertó y miró otra vez por la ventana del coche, la ciudad de Winesburg había desaparecido y su vida anterior se había convertido en un telón de fondo sobre el que pintaría sus sueños de hombre adulto.

Seleccione las palabras que describen mejor a George y que deben ser incluidas en el diagrama. (**Nota**: En el examen de GED®, usted deberá hacer un clic sobre las palabras correctas y "arrastrarlas" hasta la posición correspondiente en el diagrama.)

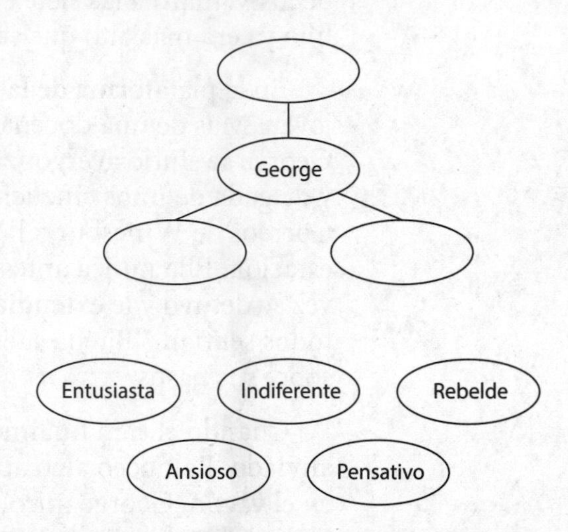

Para responder la pregunta, repase la lista de palabras y decida cuáles de ellas se aplican mejor al personaje. George está por comenzar una nueva vida, y parece emocionado por la posibilidad de hacerlo. Entonces, la palabra *entusiasta* se le aplica. Pero si bien George es algo soñador, la palabra *indiferente* no es apropiada. George está alerta y no quiere que lo tomen por un novato, pero conserva gratos recuerdos de su vida en Winesburg. No parece ser precisamente *rebelde*, sino más bien tradicional, así que podemos eliminar esa palabra de nuestra lista. También cuenta atentamente su dinero y no desea ser visto como inmaduro, de lo que podemos inferir que está un poco *ansioso.* Y puesto que piensa en su pasado y en su futuro, también podemos aplicarle la palabra *pensativo.*

Motivación

Cuando analicemos un personaje, deberemos tener también en cuenta su **motivación**, es decir, las razones por las que actúa de determinada manera. Algunas veces, usted deberá inferir la motivación del personaje de la "lectura entre líneas" del relato; otras veces, el autor la expresará abiertamente.

Instrucciones: Lea el texto siguiente, que es un fragmento de *Dick, el harapiento*, de Horatio Alger, Jr. Responda luego la pregunta.

1 Dick subió con la dueña de casa por dos escaleras estrechas, sin alfombrar y sucias, hasta el tercer rellano, donde lo hizo pasar a una sala de unos tres metros cuadrados. No se puede decir que fuera un apartamento muy atractivo. Alguna vez su piso había estado cubierto con una alfombra de hule, pero ahora estaba en tan malas condiciones que el hule parecía peor que nada. Había una cama individual en una esquina, cubierta con una pila indiscriminada de ropa de cama, arrugada y no demasiado limpia. Había un escritorio, con la cubierta rayada y en algunas partes saltada, y un jarrón

pequeño, de ocho pulgadas por diez, agrietado en la parte central; había también dos sillas en una condición precaria. A juzgar por el aspecto de Dick, la señora Mooney pensó que lo rechazaría con desdén.

2 Hay que recordar que las experiencias de Dick al respecto no habían sido tampoco demasiado satisfactorias. Comparada con la caja o el vagón vacío en los que antes había tenido que dormir, incluso esta pequeña habitación parecía más confortable. Así que decidió alquilarla, siempre que el precio fuera razonable.

¿Por qué decidió Dick alquilar la habitación?

A. La dueña de casa le resultó muy agradable.
B. El apartamento estaba bien ubicado.
C. No le importaba que las cosas no estuvieran limpias.
D. Era mejor que los lugares donde había estado antes.

La respuesta correcta es la opción D. El autor del relato explica que para Dick, independientemente del tamaño reducido, el apartamento representaba una mejora con respecto a la caja o al vagón vacío en los que había tenido que dormir. Las otras opciones no aparecen mencionadas en el texto.

A veces, usted deberá inferir la motivación. Lea el ejemplo que se presenta a continuación, y trate de descubrir cuál es la motivación detrás de los actos de Rosedale.

Instrucciones: Lea el texto siguiente, que es un fragmento de *La casa de Mirth*, de Edith Wharton. Responda luego la pregunta.

1 "¡Dios mío! Usted no puede seguir viviendo aquí!", exclamó Rosedale.

2 Lily sonrió. "No estoy segura de que pueda, pero después de repasar con mucho cuidado mis gastos, creo que deberé ser capaz de manejar la situación".

3 "¿Ser capaz de manejar la situación? Eso no es lo que quiero decir, ¡este no es un lugar para usted!".

4 "Pero eso sí es lo que yo quiero decir; he estado sin trabajo durante la última semana".

5 "¡Sin trabajo, sin trabajo! ¡Qué modo de expresarse el suyo! La idea de que usted tenga que trabajar es ridícula". Él expuso sus pensamientos en sacudidas violentas, cortas, como si provinieran de un cráter interno de indignación. "Es una farsa, una farsa disparatada", repitió, con los ojos fijos en el reflejo de la habitación sobre el vidrio de las ventanas.

6 Lily continuó rebatiendo sus argumentos con una sonrisa. "No sé por qué habría de considerarme como una excepción. . .", comenzó a decir.

7 "Porque usted lo ES, por eso, y el que usted tenga que estar en un lugar como este es un ultraje por demás condenable. No puedo hablar de ello con calma".

8 En verdad, ella nunca lo había visto antes tan alterado, fuera de su desenvoltura habitual; y había algo que la conmovía en esa lucha tan desarticulada con sus emociones.

9 Rosedale se levantó de un brinco, que hizo que la mecedora continuara moviéndose sola por un rato, y se puso de lleno frente a ella.

10 "Mire, señorita Lily, la próxima semana me voy a Europa: iré a París y Londres por un par de meses, y no puedo dejarla así, en esta situación. Ya sé que no es asunto mío, pues usted me lo ha dado a entender en varias oportunidades. Pero sus cosas están ahora peor de lo que han estado antes, y debe entender que tiene que aceptar ayuda de alguien. Usted me comentó hace unos días de una deuda que tenía con Trenor. Entiendo sus razones y respeto cómo se siente por ello".

11 Un sorpresivo rubor apareció sobre el rostro pálido de Lily, pero antes de que ella pudiera interrumpirlo, él continuó con entusiasmo: "Bueno, yo le prestaré el dinero para que le pague a Trenor, y, míreme bien, no acepte esta oferta hasta que yo haya terminado. Lo que quiero decir es que va a ser un acuerdo de negocios entre caballeros, como un hombre lo haría con otro hombre. Ahora, ¿qué es lo que tiene que decir en contra de ello?".

¿Por qué le ofrece Rosedale prestarle el dinero a Lily para pagar la deuda?

A. Porque está preocupado por la situación de Lily.
B. Porque le gusta mostrar que tiene recursos.
C. Porque le debe algún dinero a Lily.
D. Porque él es un buen amigo de Trenor.

El pasaje no contiene una respuesta explícita a la pregunta, por lo que deberemos inferirla de la evidencia contenida en el texto. Según el pasaje, Rosedale no piensa que Lily deba vivir en el lugar en que lo está haciendo, pues le parece que no es el adecuado para ella. Tampoco aprueba la idea de que ella tenga que trabajar. Se nos dice, además, que él está luchando con sus emociones. Sobre la base de todos estos indicios, la opción A resulta la más lógica conclusión: Rosedale está preocupado por los problemas que tiene que enfrentar Lily. Las otras opciones no están respaldadas por la evidencia.

Rasgos de los personajes

Debemos prestar mucha atención a las palabras que un autor usa para describir los rasgos o las características de sus personajes.

Instrucciones: Lea el texto siguiente, que es un fragmento de *La letra escarlata*, de Nathaniel Hawthorne. Responda luego las preguntas.

1 Aquella mujer era de elevada estatura, elegancia perfecta y figura esbelta. Sus cabellos eran abundantes y casi negros, y tan lustrosos que reverberaban los rayos del sol: su rostro, además de ser bello por la regularidad de sus facciones y la suavidad del color, tenía toda la fuerza de expresión que comunican cejas bien marcadas y ojos intensamente negros. El aspecto era el de una dama, caracterizado, como era usual en aquellos tiempos, más bien por cierta dignidad en el porte que por la gracia delicada, evanescente e indescriptible, que se acepta hoy día como indicio de aquella cualidad. Y jamás tuvo Hester Prynne más aspecto de verdadera señora, según la antigua significación de esta palabra, que cuando salió de la cárcel. Los que la habían conocido antes y esperaban verla abatida y humillada, se sorprendieron, casi se asombraron al contemplar cómo brillaba su belleza, cual si le formaran una aureola el infortunio y la ignominia en que estaba envuelta. Cierto es que un observador dotado de sensibilidad habría percibido algo suavemente doloroso en sus facciones. Su traje, que seguramente fue hecho por ella misma en la cárcel para aquel día, sirviéndole de modelo su propio capricho, parecía expresar el estado de su espíritu, la desesperada indiferencia de sus sentimientos, a juzgar por su extravagante y pintoresco aspecto.

¿Cómo describe el autor a Hester Prynne?

A. Como una mujer poco interesante y aburrida.
B. Como una mujer elegante, femenina y de aspecto digno.
C. Como una mujer insinuante.
D. Como una mujer tímida.

La opción B es la respuesta correcta. El autor nos dice que Hester era de una “elegancia perfecta y figura esbelta”, y su “aspecto era el de una dama [...] caracterizado, como era usual en aquellos tiempos, más bien por cierta dignidad en el porte que por la gracia delicada, evanescente e indescriptible”.

En este caso, el autor describe rasgos específicos del personaje. Sin embargo, en algunos casos, el autor podría referirse solo al aspecto físico del personaje, lo que dice o hace, y usted tendrá que inferir, a partir de esos indicios, lo que el personaje piensa o siente.

Instrucciones: Lea el texto siguiente, que es un fragmento de *Babbitt*, de Sinclair Lewis. Responda luego las preguntas.

1 Se llamaba George F. Babbitt. Tenía cuarenta y seis años en aquel mes de abril de 1920, y no hacía nada de particular, ni mantequilla ni zapatos ni poesía; pero era un águila para vender casas a un precio mayor del que la gente podía pagar. . .

2 Se asomó al patio. Le encantó, como siempre; era el patio aseado de un próspero negociante de Zenith, es decir, era la perfección, y le

hacía perfecto a él también. Se fijó en el garaje de metal acanalado y, como cada uno de los trescientos sesenta y cinco días del año, reflexionó: "Esa casucha de hojalata es un mamarracho. Tengo que hacerme un garaje de madera. Pero, qué demonios, es la única cosa que no está actualizada". Mientras lo miraba pensó en un garaje público para su nuevo emprendimiento, Glen Oriole. Dejó de dar resoplidos y se quedó en jarras. Las facciones de su cara petulante, hinchada de dormir, se endurecieron súbitamente. Reapareció el hombre de iniciativa capaz de inventar, de dirigir, de hacer cosas.

¿Cuál de las citas siguientes sugiere que George Babbitt es una persona materialista?

A. ". . . no hacía nada de particular, ni mantequilla ni zapatos ni poesía".
B. "Las facciones de su cara petulante, hinchada de dormir, se endurecieron súbitamente".
C. "Le encantó. . . era la perfección, y le hacía perfecto a él también".
D. "Reapareció el hombre de iniciativa capaz de inventar, de dirigir, de hacer cosas".

En el pasaje, queda claro que George Babbitt vende propiedades. En el fragmento, solo se nos presenta una descripción breve del personaje: es un hombre de edad media que lo demuestra en su aspecto (con sus "resoplidos" y su "cara hinchada de dormir"). El autor parece criticar la profesión de Babbitt, al expresar que "era un águila para vender casas a un precio mayor del que la gente podía pagar". Alrededor de una mitad del fragmento describe el aspecto físico de Babbitt y la otra, lo que hace y dice. En realidad, el personaje no hace mucho: solo contempla su propiedad después de despertarse. Pero observe su reacción ante la casa, el garaje y el patio. Es evidente que sus posesiones son una parte importante de cómo él se ve a sí mismo. El autor es explícito, de hecho, al afirmar que Babbitt adora su casa: "Le encantó, como siempre; era el patio aseado de un próspero negociante de Zenith, es decir, era la perfección, y le hacía perfecto a él también". Las personas que le otorgan demasiado valor a la posesión de objetos físicos son consideradas materialistas. Alguien que cree que su patio o su garaje lo pueden convertir en una persona perfecta es un individuo materialista. Entonces, la respuesta correcta es la opción C.

La interacción entre los personajes

Los personajes de la ficción interactúan entre sí, y al hacerlo revelan rasgos personales o de los otros personajes. Además, la forma en que esos personajes, con rasgos diferentes, interactúan y reaccionan entre sí puede ser el disparador de situaciones o acontecimientos en el relato. Es importante observar las diferentes formas en que los personajes de la ficción interactúan entre sí.

Instrucciones: Lea el texto siguiente, que es un fragmento de *El destino de un hombre*, de Mikhail Sholokhov. Responda luego la pregunta.

1 Pues bien, al cabo de un año volví del Kuban, vendí la pequeña casa de campo y me fui a vivir a Voronezh. Al principio, trabajé como carpintero; luego pasé a una fábrica, donde aprendí el oficio de mecánico ajustador. Poco más tarde, me casé. Mi mujer se había criado en un hogar para niños huérfanos. ¡Buena muchacha me tocó en suerte! Sumisa, alegre, complaciente y lista, ¡bien diferente de mí! Desde niña sabía lo que eran las penas, y quizás eso se reflejara en su carácter. Mirándola desde un lado, no era muy vistosa que digamos, pero yo no la miraba desde un lado, sino de frente. Y no había para mí en el mundo mujer más guapa y deseada que ella, ¡ni la habrá!

2 Volvía uno del trabajo, cansado, y a veces con un humor de mil diablos. Pero ella no contestaba nunca con rudeza a las rudas palabras mías. Cariñosa, apacible, no sabía qué hacer conmigo y se desvivía, incluso cuando yo traía poco dinero a casa, para prepararme siempre un plato sabroso. La observaba uno, y se le ablandaba el corazón, y, al cabo de un ratillo, la abrazaba y le decía: "Perdona, querida Irina, he estado muy grosero contigo. Pero, compréndelo, hoy no me ha ido bien en el trabajo". Y de nuevo reinaba entre nosotros la paz, y la tranquilidad volvía a mi alma. ¿Y tú sabes, hermano, lo que eso significaba para el trabajo? Por la mañana me levantaba como nuevo, iba a la fábrica, ¡y cualquier faena de la que me ocupara marchaba de primera en mis manos! Ya ves lo que es tener una mujer y compañera inteligente.

¿Qué efecto tenía el carácter de Irina sobre su marido?

A. Irina lo incitaba a trabajar más fuerte y a progresar.
B. La bondad de Irina le quitaba el malhumor y lo calmaba.
C. Él le tenía lástima y nunca le decía cosas desagradables.
D. Él estaba tan ansioso por agradarla a ella como Irina a él.

El carácter bondadoso de Irina era lo que le permitía a su marido superar sus momentos de malhumor. El texto muestra en repetidas oportunidades que la opción B es la respuesta correcta.

La ambientación

La ambientación es el escenario en el que transcurre el relato. A veces, el autor no describe en detalle la ambientación, y usted deberá inferirla. Lea las líneas siguientes e infiera el lugar y el momento en que transcurre el relato.

> La arena se le había metido en su traje de baño. El sol le quemaba la piel. Rodrigo estaba cansado, pero no quería irse. El sonido de las olas le resultaba una música sedante. Pero su madre le había dicho que deberían ir primero a almorzar a la casa y luego salir a hacer las compras para la cena.

El sol caliente, la arena y las olas nos muestran que Rodrigo estaba en la playa. También podemos suponer que es cerca del mediodía, puesto que Rodrigo debía regresar a casa para el almuerzo. Estas pocas líneas nos dicen dónde y cuándo el relato está ambientado.

La ambientación tiene mucha influencia en el desarrollo de la historia. Ayuda a precisar el argumento y a definir a los personajes.

Instrucciones: Lea el texto siguiente, que es un fragmento de *Encender una hoguera*, de Jack London. Responda luego la pregunta.

1 El hombre echó una mirada atrás, al camino que había recorrido. El Yukón, de una milla de anchura, yacía oculto bajo una capa de tres pies de hielo, sobre la que se habían acumulado otros tantos pies de nieve. Era un manto de un blanco inmaculado, y que formaba suaves ondulaciones. Hasta donde alcanzaba su vista, se extendía la blancura ininterrumpida, a excepción de una línea oscura que, partiendo de una isla cubierta de abetos, se curvaba y retorcía en dirección al sur y se curvaba y retorcía de nuevo en dirección al norte, donde desaparecía tras otra isla igualmente cubierta de abetos. Esa línea oscura era el camino, la ruta principal que se prolongaba a lo largo de quinientas millas, hasta llegar al Paso de Chilcoot, a Dyea y al agua salada en dirección al sur, y en dirección al norte setenta millas hasta Dawson, mil millas hasta Nulato y mil quinientas más después, para morir en St. Michael, a orillas del Mar de Bering.

2 Pero todo aquello (la línea fina, prolongada y misteriosa, la ausencia del sol en el cielo, el inmenso frío y la luz extraña y sombría que dominaba todo) no le produjo al hombre ninguna impresión. No es que estuviera muy acostumbrado a ello; era un recién llegado a esas tierras, un novato, y aquel era su primer invierno. Lo que le pasaba es que carecía de imaginación. Era rápido y agudo para las cosas de la vida, pero solo para las cosas, y no para calar en los significados de las cosas. Cincuenta grados bajo cero significaban unos ochenta grados bajo el punto de congelación. El hecho se traducía en un frío desagradable, y eso era todo. No lo inducía a meditar sobre la susceptibilidad de la criatura humana a las bajas temperaturas, ni sobre la fragilidad general del hombre, capaz solo de vivir dentro de unos límites estrechos de frío y de calor, ni lo llevaba tampoco a perderse en conjeturas acerca de la inmortalidad o de la función que cumple el ser humano en el universo. Cincuenta grados bajo cero significaban para él la quemadura del hielo que provocaba dolor, y de la que había que protegerse por medio de manoplas, orejeras, mocasines y calcetines de lana. Cincuenta grados bajo cero se reducían para él a eso. . . a cincuenta grados bajo cero. Que pudieran significar algo más era una idea que no hallaba cabida en su mente.

¿Cómo influye la ambientación en el desarrollo del relato?

A. Explica por qué el hombre se encuentra solo.
B. Describe en qué momento la historia se desarrolla.
C. Ayuda a definir el carácter del personaje.
D. Determina qué sucederá a continuación.

Al leer este pasaje, tenemos la impresión de que la ambientación es otro personaje. Y la interacción entre el personaje y la ambientación le permite al autor definir vívidamente el carácter del hombre (opción C). La opción A es incorrecta porque la ambientación no explica por qué el hombre está solo. La opción B es también incorrecta pues nada en la ambientación precisa cuándo ocurre la historia. Por último, la opción D es incorrecta porque no hay indicios en el relato que permitan anticipar qué pasará a continuación.

Puntos de vista de los personajes y el narrador

Los personajes y el narrador (si lo hay) tienen todos un punto de vista (postura) particular. Cada uno ve la historia desde un punto de vista diferente, y lo que ellos sienten influencia el desarrollo del argumento. Es tarea del lector determinar sobre qué puntos de vista se basan los personajes para decir o hacer algo. Al leer el pasaje siguiente, tenga presente el punto de vista de cada personaje.

Instrucciones: Lea el texto siguiente, que es un fragmento de *Las aventuras de Huckleberry Finn*, de Mark Twain. Responda luego la pregunta.

1 La viuda Douglas me adoptó como hijo y dijo que me iba a cevilizar, pero resultaba difícil vivir en la casa todo el tiempo, porque la viuda era horriblemente normal y respetable en todo lo que hacía, así que cuando yo ya no lo pude aguantar más, volví a ponerme la ropa vieja y me llevé mi tonel de azúcar y me sentí libre y contento. Pero Tom Sawyer me fue a buscar y dijo que iba a organizar una banda de ladrones y que yo podía ingresar si volvía con la viuda y era respetable. Así que volví.

2 La viuda se puso a llorar al verme y me dijo que era un pobre corderito y también me llamó otro montón de cosas, pero sin mala intención. Me volvió a poner la ropa nueva y yo no podía hacer más que sudar y sudar y sentirme apretado con ella. Entonces volvió a pasar lo mismo que antes. La viuda tocaba una campanilla a la hora de la cena y había que llegar a tiempo. Al llegar a la mesa no se podía poner uno a comer, sino que había que esperar a que la viuda bajara la cabeza y rezongase algo encima de la comida, aunque no tenía nada de malo; bueno, solo que todo estaba cocinado por separado. Cuando se pone todo junto, las cosas se mezclan y los jugos se juntan y las cosas saben mejor.

¿Cuál es el punto de vista del narrador en este pasaje?

A. Se trata de un huérfano solitario que ansía la atención y el cuidado de los adultos.
B. Se trata de un joven que corre riesgos naturalmente y que disfruta cuando infringe la ley.
C. Se trata de alguien que quiere vivir su vida según sus propias reglas.
D. Se trata de un joven que se siente culpable porque no puede satisfacer las expectativas puestas en él por la viuda.

Los indicios contenidos en el pasaje indican que el narrador (que no es otro que Huckleberry Finn) es ciertamente un huérfano y que es probablemente bastante joven. La opción A podría resultar tentadora.

Hay una mención en el texto a un amigo que espera que Huckleberry se incorpore a una "banda de ladrones", lo que permitiría suponer que la opción B es la adecuada. Huckleberry parece respetar a la viuda Douglas, por lo que la opción D también podría ser una posibilidad. Sin embargo, si consideramos el conjunto de todo lo que Huckleberry dice, es evidente que, a pesar de que piensa que la viuda Douglas es una buena persona, él no está interesado en eso de "cevilizar", y lo irritan sus intentos por educarlo. Incluso llega a escaparse, y sólo decide regresar atraído por la perspectiva de participar de la banda de ladrones (que parece más bien un juego de niños que una actividad criminal). Toda la evidencia contenida en el pasaje apunta a que Huckleberry quiere vivir su vida como mejor le plazca. La opción C es, entonces, la respuesta correcta.

Instrucciones: Lea el texto siguiente, que es un fragmento de *El árabe*, de Edith Hull. Responda luego la pregunta.

1 La voz parecía surgir de las espesas sombras al fondo del jardín, o tal vez viniera de más lejos, del camino, más allá del cerco de cactos. El hombre cantaba despacio, deteniendo su acariciante voz en las palabras, dejando morir el último verso clara y suavemente hasta desvanecerse, casi imperceptible, en el silencio.

2 Por un momento reinó la calma total; luego Diana se echó hacia atrás, con un pequeño suspiro. "La canción de Cachemira. Me hace recordar a la India. La oí cantar a un hombre en ese país el año pasado, pero no así. ¡Qué voz maravillosa!".

3 Arbuthnot la miró con curiosidad, sorprendido ante el repentino acento de interés que descubrió en sus palabras y la desusada animación de su rostro.

4 "Usted dice que no existe la emoción en su naturaleza, y sin embargo la canción de ese hombre desconocido la ha conmovido profundamente. ¿Cómo concilia ambas cosas?", le preguntó, casi con rabia.

5 "¿La apreciación de lo hermoso es emoción?", preguntó ella alzando los ojos. "Con seguridad, no. La música, el arte, la naturaleza, todo lo hermoso me atrae. Pero no hay nada emocional en eso. Es solamente que prefiero las cosas hermosas a las feas. Por ese motivo hasta los vestidos bonitos me gustan", agregó riéndose.

6 "Usted es la mujer mejor vestida en Biskra", admitió él. "¿Pero no es eso una concesión a los sentimientos femeninos que usted desprecia?".

7 "Nada de eso. Interesarse en la ropa no es un vicio exclusivamente femenino. Me gustan los vestidos bonitos. Paso algún tiempo pensando en combinaciones de colores que vayan bien con mi cabello horrible, pero le aseguro que mi modista tiene una vida más tranquila que el sastre de mi hermano".

8 Guardó ella silencio, esperando que el cantor no se hubiera marchado, pero no se oía sonido alguno, salvo el chirrido de una cigarra cercana. Se volvió en el asiento, mirando en la dirección de

donde venía. "Escuche. ¡Qué animalito simpático! Es lo primero que trato de oír cuando llego a Port Said. Significa el Oriente para mí".

9 "¡Bicharracos enloquecedores!", dijo Arbuthnot irritado.

10 "Van a ser unos bicharracos muy amigos míos en las próximas cuatro semanas. . . Usted no sabe lo que esta excursión significa para mí. Me gustan los lugares salvajes. Los momentos más felices de mi vida los he pasado acampando en América y la India, y siempre he deseado conocer el desierto más que ningún otro lugar. Va a ser un mes de pura alegría. Voy a sentirme enormemente feliz".

¿Cuál es el punto de vista de Diana sobre el desierto?

A. La aburre.
B. Le provoca miedo.
C. Piensa que es feo.
D. Lo encuentra apasionante.

La opción D es la respuesta correcta. Felicidad y alegría es lo que le provocan a Diana el Oriente y el desierto. Una lectura atenta del texto le permitirá comprobarlo.

EJERCICIOS DE PRÁCTICA

Textos literarios

Instrucciones: Lea el texto siguiente, que es un fragmento de *Tom Sawyer*, de Mark Twain. Responda luego las preguntas.

1 "¡Tom! ¿Dónde estás?".

2 Silencio.

3 "¡Tom! ¡Ven aquí!".

4 Silencio.

5 "¡Dónde andará metido ese chico!. . . ¡Tom!".

6 El mismo silencio.

7 La anciana se bajó los anteojos y miró, por encima, alrededor del cuarto; después se los subió a la frente y miró por debajo. Rara vez o nunca miraba a través de los cristales a cosa de tan poca importancia como un chiquillo: eran aquellos los lentes de ceremonia, su mayor orgullo, construidos por ornato antes que para servicio, y no hubiera visto mejor mirando a través de un par de mantas. Se quedó un instante perpleja y dijo, no con cólera, pero lo bastante alto para que la oyeran los muebles:

8 "Bueno; pues te aseguro que si te echo mano te voy a. . .".

9 No terminó la frase, porque antes se agachó dando estocadas con la escoba por debajo de la cama; así es que necesitaba todo su aliento para puntuar los escobazos con resoplidos. Lo único que consiguió desenterrar fue el gato.

10 Fue hasta la puerta y se detuvo allí, recorriendo con la mirada las plantas de tomate y las hierbas silvestres que constituían el jardín. Ni sombra de Tom. Alzó, pues, la voz a un ángulo de puntería calculado para larga distancia y gritó:

11 "¡Tú! ¡Toooom! ¡Contesta de una buena vez!".

12 Oyó tras de ella un ligero ruido y se volvió a punto para atrapar a un muchacho por el borde de la chaqueta y detener su vuelo.

13 "¡Ya estás! ¡Que no se me haya ocurrido pensar en esa despensa!. . . ¿Qué estabas haciendo ahí?".

14 "Nada".

15 "¿Nada? Mírate esas manos, mírate esa boca. . . ¿Qué es eso pegajoso?".

16 "No lo sé, tía".

17 "Bueno; pues yo sí lo sé. Es dulce, eso es. Mil veces te he dicho que como no dejes en paz ese dulce te voy a despellejar vivo. Dame esa vara".

18 "Lo lamento, tía. No pude contenerme".

19 La vara se cernió en el aire. Aquello tomaba mal cariz.

20 "¡Dios mío! ¡Mire lo que tiene detrás, tía!".

21 La anciana giró en redondo, recogiéndose las faldas para esquivar el peligro; y en el mismo instante escapó el chico, se encaramó por la alta valla de tablas y desapareció detrás ella.

22 Su tía Polly se quedó un momento sorprendida y después se echó a reír bondadosamente.

23 "¡Diablo de chico! ¡Cuándo acabaré de aprender sus mañas! ¡Cuántas jugarretas como esta no me habrá hecho, y aún le hago caso! Pero las viejas bobas somos más bobas que nadie. Perro viejo no aprende gracias nuevas, como suele decirse. Pero, ¡Señor!, si no me la juega del mismo modo dos días seguidos, ¿cómo va una a saber por dónde irá a salir? Parece que adivina hasta dónde puede atormentarme antes de que llegue a montar en cólera, y sabe, el muy pillo, que si logra desconcertarme o hacerme reír ya todo se ha acabado y no soy capaz de pegarle. No; la verdad es que no cumplo mi deber para con este chico: esa es la pura verdad. Tiene el diablo en el cuerpo; pero, ¡qué le voy a hacer! Es el hijo de mi pobre hermana difunta, y no tengo entrañas para zurrarle. Cada vez que le dejo sin castigo me remuerde la conciencia, y cada vez que le pego se me parte el corazón. ¡Todo sea por Dios! Pocos son los días del hombre nacido de mujer y llenos de tribulación, como dice la Escritura, y así lo creo".

1. ¿Cuál de las citas siguientes del texto respalda el tema del relato?
   A. "La anciana se bajó los anteojos y miró, por encima, alrededor del cuarto; después se los subió a la frente y miró por debajo".
   B. "Fue hasta la puerta y se detuvo allí, recorriendo con la mirada las plantas de tomate y las hierbas silvestres que constituían el jardín. Ni sombra de Tom".
   C. "Oyó tras de ella un ligero ruido y se volvió a punto para atrapar a un muchacho por el borde de la chaqueta y detener su vuelo".
   D. "Parece que adivina hasta dónde puede atormentarme antes de que llegue a montar en cólera, y sabe, el muy pillo, que si logra desconcertarme o hacerme reír ya todo se ha acabado y no soy capaz de pegarle".

2. ¿Cuál es el punto de vista de Tom?
   A. A Tom no le agrada su tía.
   B. Tom se divierte fastidiando a su tía.
   C. Tom quiere cambiar la forma en que se comporta.
   D. Tom cree que su tía debería ser un poco más estricta.

3. ¿Cuál de los fragmentos siguientes respalda la idea de que Tom se mueve rápidamente?
   A. "Oyó tras de ella un ligero ruido y se volvió a punto para atrapar a un muchacho por el borde de la chaqueta y detener su vuelo".
   B. "Lo lamento, tía. No pude contenerme".
   C. "¡Dios mío! ¡Mire lo que tiene detrás, tía!".
   D. "La anciana giró en redondo, recogiéndose las faldas para esquivar el peligro; y en el mismo instante escapó el chico, se encaramó por la alta valla de tablas y desapareció detrás de ella".

4. ¿Por qué la tía Polly se siente mal cuando debe castigar a Tom?

   A. Porque Tom es muy joven.
   B. Tom es el hijo de su hermana.
   C. Tom llora mucho cuando es castigado.
   D. Tom no diferencia lo que está bien de lo que está mal.

Instrucciones: Lea el texto siguiente, que es un fragmento de *La primera cacería del señor Travers*, de Richard Harding Davis. Responda luego las preguntas.

1 El joven Travers, que estaba comprometido con una muchacha de Long Island, solo conoció al padre y al hermano de su prometida un par de semanas antes del día convenido para la boda. El padre y el hijo se la pasaban hablando de caballos todo el día y hasta la una de la mañana, pues eran dueños de unos caballos pura sangre que participaban en las carreras de los hipódromos. El viejo señor Paddock, el padre de la muchacha con quien Travers estaba comprometido, contaba a menudo que, cuando un joven le solicitaba la mano de su hija, lo primero que él le preguntaba al joven no era sí había llevado una vida correcta, sino si sabía montar correctamente.

2 Travers había sido invitado a la residencia de los Paddock en otoño, cuando la temporada de caza del zorro daba comienzo, y había pasado la noche plácida y satisfactoriamente en compañía de su prometida en la sala de estar.

3 Pero tan pronto como las mujeres se retiraron, el joven Paddock se unió a Travers y le dijo: "Me imagino que tú sabes montar, ¿verdad?". Travers nunca lo había hecho, pero había sido prevenido por su prometida y respondió que no había nada que le gustara más en la vida.

4 "Eso es bueno," dijo Paddock. "Te daré a Monster mañana, cuando nos reunamos. Es un poco bravío al comienzo de la temporada; y desde que mató a Wallis, el segundo mozo de cuadra, el año pasado, ninguno de nosotros le ha prestado demasiada atención. Pero lo podrás controlar, sin duda".

5 Esa noche, el señor Travers soñó que andaba a los brincos por el espacio, montado en un caballo salvaje que despedía fuego por su nariz, y que escalaba paredes de piedra sólidas como si fueran pajares.

6 A la mañana siguiente, cuando descendió por las escaleras, estaba en un estado lamentable. Ya habían llevado a Monster al lugar de reunión, y Travers, apenas llegar, vio como el caballo zarandeaba a tres mozos de cuadra, lo que lo sumió en un estado enfermizo de terror.

7 Travers tomó la decisión de permanecer con sus pies sobre la tierra todo el tiempo que fuera posible, así que aguardó hasta que los sabuesos hubieran sido lanzados y el resto de los jinetes hubieran empezado a galopar y se encontraran ya lejos. Recién entonces, se trepó a la montura y al instante se vio lanzado a una furiosa persecución, sobre un caballo que parecía una locomotora que iba saltando los durmientes. Monster superó a los otros caballos en menos de cinco minutos.

8 Travers se había aferrado a la montura con su mano izquierda, para mantenerse agachado, y agitaba y balanceaba las riendas con su mano derecha. Cerró sus ojos cada vez que Monster pegó un salto, y nunca alcanzó a entender bien cómo era posible que siguiera adherido al animal, y que fuera tan por delante del resto que nadie pudiera observar en la mañana neblinosa lo mal que montaba.

9 Había un arroyo ancho por delante y una colina al otro lado. Nunca antes alguien había intentado saltar ese arroyo. Se suponía que la mejor manera de cruzarlo era dejar que el caballo nadara en sus aguas, aunque los cazadores siempre preferían atravesarlo por el puente. Travers divisó el puente y trató de lanzar al caballo en esa dirección, pero Monster no le hizo caso alguno y mantuvo su dirección. Parecía como un tren expreso atravesando la pradera.

10 Travers solo pudo suspirar y cerrar los ojos. Recordó la suerte corrida por el segundo mozo de cuadra y empezó a temblar. Entonces el caballo ascendió como un cohete, llevando consigo a Travers tan alto que este pensó que nunca volverían a bajar. Pero Monster sí lo hizo, y lo hizo del otro lado del arroyo. Unos instantes después, subió y bajó la colina como un rayo y solo se detuvo jadeante en el medio de la jauría de sabuesos, que gruñían y chasqueaban alrededor del zorro.

11 Y entonces Travers apresuradamente buscó a tientas su cigarrera y, cuando los otros hubieron pasado por el puente y rodeado la colina, lo encontraron sentado sobre su montura con aire despreocupado, calando un puro y propinándole palmadas condescendientes a Monster en su cabeza.

12 "Mi querida niña," le dijo el viejo señor Paddock a su hija en el camino de regreso, "si tu realmente amas a este joven y quieres conservarlo, hazlo prometer que nunca más en su vida volverá a montar un caballo. No he visto en mi vida un jinete más temerario y brillante. Saltó como un centauro por encima del arroyo. Pero tarde o temprano, terminará por quebrarse el cuello, y debemos impedirlo".

13 El joven Paddock quedó tan encantado con la forma de montar de su futuro hermano político que esa noche en la sala de fumadores, delante de todos los otros hombres, decidió obsequiarle el caballo.

14 "No, gracias", dijo Travers, apesadumbrado. "No puedo aceptarlo. Tu hermana me ha pedido que abandone lo que más amo en la vida después de ella, es decir, la equitación. Me pidió que le prometiera que nunca más habré de montar, y le he dado mi palabra".

15 Un coro de simpatía se elevó entre los hombres.

16 "Sí, lo sé", le dijo Travers al joven Paddock, "será duro, pero ello es prueba de los sacrificios que un hombre está dispuesto a hacer por la mujer que ama".

5. ¿Cuál de las afirmaciones siguientes describe mejor el problema de Travers?
   A. No se anima a confesarle al joven Paddock que no sabe montar.
   B. Le preocupa que a su prometida no le importe lo que le pueda pasar a él.
   C. Quiere impresionar a la familia de su prometida, pero tiene miedo.
   D. Quiere impresionar al joven Paddock, pero no sabe cómo hacerlo.

6. ¿Cómo consigue Travers dar la impresión de que él es un gran jinete?
   A. Haciendo que Monster salte numerosos obstáculos.
   B. Demostrando su destreza en el dominio del caballo.
   C. Fanfarroneando después de la cacería sobre su destreza en el arte de montar.
   D. Consiguiendo mantenerse arriba de Monster mientras el caballo galopaba a toda velocidad.

7. ¿Cuál de las afirmaciones siguientes explica mejor por qué Travers no cruzó el arroyo por el puente?
   A. Travers decidió saltar por sobre el arroyo.
   B. Su prometida le pidió que no lo hiciera.
   C. Travers no pudo hacer que Monster atravesara el puente.
   D. Travers quería demostrar su coraje y destreza.

8. En el párrafo 4, ¿cuál podría ser un motivo posible por el que el joven Paddock decidió que Monster era el caballo adecuado para Travers?
   A. Quería probar a Travers.
   B. Quería molestar a su hermana.
   C. Quería complacer a Travers.
   D. Pensaba que Travers merecía el mejor caballo.

Instrucciones: Lea el texto siguiente, que es un fragmento de *Manos y corazones*, de O. Henry. Responda luego la pregunta.

1 En Denver subió un buen número de pasajeros a los vagones del expreso del este. En uno de ellos iba sentada una hermosa joven, ataviada con buen gusto y rodeada de todos los lujos y comodidades de un viajero experimentado. Entre los recién llegados se encontraban dos hombres: bien parecido el uno, con rostro y modales francos y atrevidos; desaliñado y de aspecto sombrío el otro, de estructura maciza y atuendo burdo. Los dos hombres se encontraban esposados el uno al otro.

2 Al recorrer el pasillo del vagón, el único asiento vacío que encontraron quedaba frente a la atractiva joven. Allí se sentó la pareja esposada. La mirada de la joven se posó sobre ellos con desinterés distante y pasajero. Luego, con una hermosa sonrisa que le iluminó el rostro y le tiñó de rosa las redondas mejillas, extendió una pequeña mano cubierta por un guante gris. Cuando habló, su voz plena, dulce y parsimoniosa proclamaba que su dueña estaba acostumbrada a hablar y ser escuchada.

3 "Bien, señor Easton, si usted se *empeña* en hacer que yo hable primero no me quedará más remedio. ¿Acaso no reconoce a sus viejas amigas cuando se las encuentra en el Oeste?"

4 El joven se agitó en forma evidente al escuchar el sonido de la voz femenina; pareció batallar con una ligera turbación, de la que se recompuso al instante, y le apretó luego los dedos con su mano izquierda.

5 "Es la señorita Fairchild", dijo sonriendo. "Le pido que me disculpe por darle mi mano izquierda; la otra se encuentra de momento comprometida con otro asunto".

6 Levantó levemente su mano derecha, atada a la altura de la muñeca por el reluciente 'brazalete' a la mano izquierda de su acompañante. La mirada alegre de la joven fue tornándose en una de horror y asombro. El brillo desapareció de sus mejillas. Los labios se abrieron mostrando signos de una vaga incomodidad. Easton, con una risa contenida, como si estuviese muy divertido, se disponía a hablar de nuevo cuando el otro hombre se le adelantó. El hombre de aspecto sombrío había estado observando de soslayo la cara de la joven con sus ojos agudos y penetrantes.

7 "Le pido disculpas por dirigirle la palabra, señorita, pero veo que usted conoce al alguacil. Si tuviera la bondad de pedirle que intercediera en mi favor cuando lleguemos a la cárcel, puede que lo haga y que con eso se me faciliten las cosas allí. Me lleva a la cárcel de Leavenworth. Estoy condenado a siete años, por falsificación".

8 "¡Oh!", dijo la joven, al tiempo que le volvían la respiración y los colores. "¿De modo que eso es lo que está haciendo por aquí tan lejos? ¡Un alguacil!".

9 "Mi querida señorita Fairchild," dijo Easton, con calma, "algo tenía que hacer. El dinero se las arregla para salir volando, y usted sabe que se necesita dinero para marchar al ritmo de nuestro grupo de Washington. Me enteré de este empleo en el Oeste y. . . bien, aunque el puesto de alguacil no es tan alto como el de un embajador. . .".

10 "El embajador ya no me visita", dijo la joven con voz amable. "Y nunca debió haberlo hecho. Usted debería saberlo. De modo que usted se ha convertido en uno de esos esplendorosos héroes del Oeste, que monta a caballo, dispara su revólver y se mete en todo tipo de peligros. Es bien diferente de la vida en Washington. El viejo grupo lo ha extrañado mucho".

11 Los ojos de la joven, fascinados, cambiaron de dirección, abriéndose un poco, para detenerse nuevamente sobre las relucientes esposas.

12 "No se preocupe usted por ellas, señorita", dijo el otro hombre. Todos los alguaciles se esposan a sus prisioneros para evitar que estos se escapen".

13 "¿Lo volveremos a ver pronto por Washington?", preguntó la joven.

14 "No muy pronto, eso creo", dijo Easton. "Mis días de mariposeo se acabaron, mucho me temo".

15 "Me encanta el Oeste", dijo la joven. Se asomó por la ventana del vagón y miró a la lejanía. Comenzó a hablar con franqueza y sencillez. Sin el brillo del estilo y los modales refinados: "Mamá y yo pasamos el verano en Denver.

Ella regresó hace ya una semana. A mí me gustaría vivir en el Oeste y pienso que podría ser feliz. Creo que el aire me sienta de maravilla. El dinero no es todo. Pero la gente no entiende algunas cosas y sigue con sus estupideces. . .".

16 "¡Escúcheme, señor alguacil!", gruñó el hombre de aspecto sombrío. "No hay derecho. Necesito beber algo y no he podido fumar en todo el día. ¿No han hablado ya lo suficiente? ¿Por qué no me lleva al vagón de fumadores? ¿Sí? Estoy loco por fumarme una pipa".

17 Los pasajeros esposados se incorporaron. Easton conservaba la sonrisa en su rostro.

18 "No puedo denegar una petición de tabaco", dijo de buen humor. "Es el único amigo de los desgraciados. Adiós, señorita Fairchild. El deber me llama", dijo mientras extendía la mano para despedirse.

19 "Es una lástima que no vuelva al Este", dijo ella, recuperando los modales y el estilo. "Pero debe seguir hasta la prisión de Leavenworth. ¿No es así?".

20 "Sí", dijo Easton, "debo continuar mi camino a Leavenworth".

21 Los dos hombres recorrieron de costado el pasillo en dirección al vagón de fumadores.

22 Dos pasajeros sentados en un asiento vecino habían escuchado toda la conversación. Uno de ellos dijo: "Ese alguacil parecía un buen tipo. Algunos de estos tipos del Oeste no están mal".

23 "Demasiado joven para tener un puesto como ese. ¿No te parece?", preguntó el otro.

24 "¡Joven!", exclamó el primero. "Pues, ¿no te ha llamado algo la atención? ¿Has visto alguna vez a un oficial esposar a un prisionero a su mano derecha?".

9. ¿Cómo influye la ambientación en el desarrollo del relato?

   A. El viaje en tren permite que los personajes hablen libremente.
   B. El tren provee un escenario apropiado para un encuentro casual.
   C. El viaje en tren ayuda a los personajes a concentrarse en sus problemas.
   D. El viaje en tren le permite al alguacil comprender lo que está sucediendo.

10. ¿Cómo podría describirse la relación entre Easton y el embajador?

   A. Easton abandonó Washington por una disputa con el embajador.
   B. Easton quería ser él mismo un embajador.
   C. Easton era un buen amigo del embajador y lo extraña.
   D. Easton le tenía celos por sus visitas a la señorita Fairchild en Washington.

11. ¿Cuál de las afirmaciones siguientes describe mejor la reacción inicial de la señorita Fairchild cuando ve a Easton con las esposas?

    A. Ella parece enojada.
    B. Ella parece horrorizada.
    C. Ella parece desinteresada.
    D. Ella piensa que es divertido.

12. ¿Cuál es el punto de vista del alguacil respecto de la actitud de Easton?

    A. Está preocupado porque Easton intentará escapar.
    B. Trata de evitar que Easton pase vergüenza.
    C. Siente que Easton debería contarle la verdad a la señorita Fairchild.
    D. Piensa que Easton debería haber sido castigado más severamente.

Véanse las respuestas en las páginas 322–323.

CAPÍTULO 5

Textos informativos

Muchos de los pasajes de lectura que aparecen en el examen de GED® son textos informativos (no ficción). Es decir, se refieren a gente y acontecimientos reales y no han sido tomados de la literatura. Los textos informativos pueden incluir cartas, discursos, informes, artículos de periódicos y revistas, así como también textos generales sobre temas que no son de ficción, como estudios científicos o sociales. Un cierto número de textos informativos incluirá también documentos históricos. La lectura y el análisis de textos informativos presentan dificultades diferentes de las que encontramos en los textos literarios. En el examen, usted deberá usar diferentes destrezas de lectura y responder a diferentes tipos de preguntas.

Textos fundacionales

Muchos de los documentos históricos que forman parte del examen de GED® son lo que se denomina **textos fundacionales**; es decir, son documentos que están relacionados con cuestiones básicas de la historia de los Estados Unidos. Usted encontrará textos seleccionados de la Carta de Derechos, la Constitución de los Estados Unidos de América y otros textos similares, que corresponden a las primeras épocas de la historia de este país.

Veamos un ejemplo de un texto fundacional.

Instrucciones: Lea el texto siguiente, que es un fragmento de la Constitución de los Estados Unidos. Responda luego la pregunta.

Primera Enmienda

1 El Congreso no hará ley alguna por la que adopte una religión como oficial del Estado o se prohíba practicarla libremente, o que coarte la libertad de palabra o de imprenta, o el derecho del pueblo para reunirse pacíficamente y para pedir al gobierno la reparación de agravios.

Segunda Enmienda

2 Siendo necesaria una milicia bien ordenada para la seguridad de un Estado Libre, no se violará el derecho del pueblo a poseer y portar armas.

Tercera Enmienda

3 En tiempo de paz a ningún militar se le alojará en casa alguna sin el consentimiento del propietario; ni en tiempo de guerra, como no sea en la forma que prescriba la ley.

Cuarta Enmienda

4 El derecho de los habitantes de que sus personas, domicilios, papeles y efectos se hallen a salvo de pesquisas y aprehensiones arbitrarias será inviolable, y no se expedirán al efecto mandamientos que no se apoyen en un motivo verosímil, estén corroborados mediante juramento o protesta y describan con particularidad el lugar que deba ser registrado y las personas o cosas que han de ser detenidas o embargadas.

¿Cuál es la idea central de la Cuarta Enmienda?

A. Los habitantes podrán estar sujetos a registros arbitrarios bajo ciertas circunstancias.
B. Los habitantes tienen el derecho de no ser sometidos a registros arbitrarios.
C. Los registros arbitrarios están permitidos si se realizan de ciertas formas.
D. El gobierno tiene el derecho de administrar los registros arbitrarios.

La opción B es la respuesta correcta. Una lectura cuidadosa de esta enmienda le permitirá descubrir su idea central.

Inferencia de relaciones entre las ideas

Sobre todo en los textos de no ficción, los autores relacionan las ideas entre sí para respaldar un punto de vista o avanzar una tesis. Algunas de las formas en que las ideas pueden estar relacionadas son:

- Causa y efecto.
- Comparación y contraste.
- Ideas paralelas.

Causa y efecto

A menudo, las ideas están vinculadas entre sí por relaciones de causa y efecto. Es decir, una idea (o acontecimiento, o tendencia) es la causa de una segunda idea (o acontecimiento, o tendencia). La segunda idea es un efecto, una consecuencia, de la primera idea.

Este tipo de relación entre ideas se encuentra, con frecuencia, en textos de no ficción y, en particular, en discursos.

Instrucciones: Lea el pasaje siguiente, y responda luego la pregunta.

1 Conciudadanos, estoy hoy aquí para defender mi posición. En la actualidad, la gente no tiene suficientes empleos en nuestro estado. Pero el problema del desempleo no se resolverá hasta que consigamos que nuestra débil economía se ponga de nuevo en marcha. Otros políticos hablan también sobre el fortalecimiento de la economía, pero no tienen ningún plan para hacer que esto suceda. Es por eso que estoy proponiendo nuevas medidas que afectarán positivamente

la economía y las perspectivas de empleo. Estas medidas tendrán un impacto directo en su bienestar.

2 Voten por mí en las elecciones de noviembre. Me comprometo a hacer todo lo necesario para estabilizar la economía y crear más puestos de trabajo.

¿Cuál es la relación de causa y efecto descrita en este pasaje?

A. Entre el crecimiento del empleo y los políticos.
B. Entre una economía débil y la falta de empleos.
C. Entre los políticos y una economía fuerte.
D. Entre la falta de empleos y una economía fuerte.

La opción B es la respuesta correcta. El narrador afirma que hay una relación directa de causa y efecto entre la falta de empleos y una economía débil. Es una relación explícita porque así se la describe en el texto.

Al leer el texto siguiente, procure determinar cuál es la relación de causa y efecto que se describe.

Instrucciones: Lea el pasaje siguiente, y responda luego la pregunta.

1 Hornear una barra perfecta de pan francés o baguette es un proceso complicado. Sin embargo, usted decidirá si vale la pena el esfuerzo una vez que haya disfrutado de un sándwich hecho con un delicioso pan fresco. Si usted está tratando de hacer pan francés por primera vez, es importante que siga exactamente todas las instrucciones de la receta. Asegúrese de que tiene a mano todos los ingredientes y el equipo necesarios antes de empezar. Un error que muchos panaderos inexpertos cometen es no amasar la masa de pan el tiempo suficiente. Puede que no lo parezca, pero el amasado de la masa es crítico. El proceso de amasado es lo que permite que el gluten se forme, y el gluten es lo que le da al pan francés su textura ligera. Sin embargo, hay que evitar también el amasado en demasía. Si usted amasa la masa durante más tiempo de lo recomendado en la receta, el pan tendrá una textura densa y poco atractiva.

¿Cuál es la relación de causa y efecto descrita en este pasaje?

A. Entre el amasado de la masa y la formación de gluten.
B. Entre el horneado del pan francés y la degustación de sándwiches.
C. Entre la aplicación de la receta y el horneado de un pan perfecto.
D. Entre el amasado del pan y la producción de una textura densa.

Los sándwiches, las recetas y las texturas están todos mencionados en el pasaje, pero la única relación directa de causa y efecto es la que existe entre el amasado de la masa y la formación de gluten. El amasado provoca la formación de gluten. La opción A es la respuesta correcta.

Comparación y contraste

Frecuentemente, un autor usa relaciones de comparación y contraste entre las ideas contenidas en un pasaje. Al establecer este tipo de relación, el autor nos explica por qué dos ideas son similares o diferentes.

Instrucciones: Lea el pasaje siguiente, y responda luego la pregunta.

1 Los animales cazan de diferentes maneras. Algunos animales lo hacen a través del olfato: los perros pueden olfatear el alimento incluso si este se encuentra muy alejado. Otros lo hacen a través del oído: los murciélagos pueden oír y cazar insectos en la oscuridad.

2 Los halcones cazan con los ojos, por la agudeza de su visión. Los halcones vuelan sobre la tierra y pueden registrar desde una gran altura movimientos pequeños sobre el césped. Así pueden detectar la presencia de un ratón pequeño y cazarlo.

3 Las serpientes de cascabel cazan a sus presas de otra forma. Perciben el calor de sus víctimas cuando se encuentran en la proximidad, y se desplazan sigilosamente hacia el lugar donde se encuentran. Incluso si no lo pueden ver, detectan la presencia de un ratón por el calor que este emite. Una mordida precisa convertirá al ratón en un buen almuerzo.

¿Cuáles son las ideas que se contrastan en este pasaje? Las diferentes formas en que los animales:

A. Ven.
B. Oyen.
C. Cazan.
D. Se mueven.

La opción C es la respuesta correcta. Esa es la relación de contraste entre los diferentes animales descritos en el pasaje.

Ideas paralelas

Una relación de paralelismo es una forma de equiparar dos ideas que se presentan de manera igual o paralela. Por lo general, se la usa para enfatizar una idea y aparece con frecuencia en los discursos.

Un ejemplo famoso de paralelismo se encuentra en el discurso inaugural del presidente John F. Kennedy, pronunciado en 1960:

> Entonces, compatriotas: no pregunten qué puede hacer su país por ustedes; pregunten qué pueden hacer ustedes por su país.

Aquí tenemos dos ideas conectadas entre sí por una relación de paralelismo, lo que les da no solo un sentido dramático, sino también una calidad rítmica particular.

A continuación, se muestran dos ejemplos adicionales de paralelismo. Es importante poder reconocerlo cuando aparece en un texto.

El primero proviene de "De los estudios", del filósofo inglés Francis Bacon (1561–1626):

> No leas para contradecir o refutar, ni para creer o dar por sentado, ni para buscar materia de conversación o de discurso, sino para considerar y ponderar lo que lees.

El segundo es una cita del novelista francés Albert Camus (1913–1960):

> Los que escriben con claridad tienen lectores; los que escriben oscuramente tienen comentaristas.

Punto de vista y propósito del autor

El **punto de vista del autor**, su postura, es lo que el autor piensa sobre el tema que presenta. El punto de vista del autor puede estar explícito, es decir, puede ser declarado directamente, o puede estar disimulado o implícito. Si está implícito, el lector deberá inferirlo a partir de los indicios contenidos en el texto.

Instrucciones: Lea el pasaje siguiente, y responda luego la pregunta.

1 Bucarest, la capital de Rumania, fue oficialmente fundada en 1495 por el príncipe Vlad Tepes. Esta encantadora ciudad, situada a orillas del río Danubio, cobró importancia por ser la ciudad desde la que el príncipe gobernaba. Si bien el príncipe Vlad alcanzó notoriedad por la forma cruel en que trataba a sus enemigos —su reputación inspiró el personaje de ficción del Conde Drácula, creado por el escritor irlandés Bram Stoker—, era un sensato y valiente defensor de la gente a la que gobernaba.

¿Cuál de las afirmaciones siguientes refleja mejor el punto de vista del autor sobre Vlad Tepes? El autor piensa que:

A. El príncipe Vlad era un mal gobernante.
B. Nadie temía a Vlad Tepes.
C. Vlad Tepes ha sido descrito injustamente.
D. El Conde Drácula no provocaba tanto terror como el verdadero Vlad Tepes.

La opción C es la respuesta correcta. Al describir al príncipe como un sensato y valiente gobernante, el autor está sugiriendo que la reputación de Vlad Tepes de hombre cruel y violento es parcial y no refleja toda la verdad sobre su persona. Indicios como este le permitirán inferir el punto de vista del autor de un texto.

El **propósito del autor** es aquello que el autor espera conseguir al escribir un texto. El autor puede querer entretener, expresar sentimientos, informar o persuadir.

Instrucciones: Lea el pasaje siguiente, y responda luego la pregunta.

1 Hasta hace relativamente poco tiempo en la historia de la humanidad, el remedio más popular para combatir todo tipo de enfermedades era la sangría. Se colocaban sanguijuelas sobre la piel del enfermo hasta que estas le extrajeran entre 12 y 80 onzas de sangre. La sangría se usaba habitualmente para tratar brotes de fiebre amarilla en el siglo XVIII. Las tropas de George Washington, por ejemplo, usaban regularmente la sangría para tratar a sus enfermos,

aunque el proceso no ayudaba a aquellos soldados muy debilitados por el frío o mal alimentados.

2 Finalmente, en el último siglo, un médico francés decidió comprobar si efectivamente la sangría tenía efectos benéficos para el organismo. Para ello, puso en observación a 134 pacientes que padecían una variedad de enfermedades y a los que se les había practicado previamente la sangría, y concluyó que la sangría no había tenido ningún efecto positivo sobre ellos. A partir de entonces, esta práctica comenzó a desaparecer. En la actualidad, existen solo dos o tres condiciones en las que la medicina moderna emplea la sangría: para reducir hematomas o inflamaciones producidas por la acumulación de sangre o para tratar el aumento anormal de hierro en la sangre.

¿Por qué escribió el autor este pasaje?

A. Para informar a los lectores sobre el tema.
B. Para persuadir a los lectores a que hagan algo.
C. Para explicar a los lectores cómo solucionar un problema.
D. Para dar instrucciones sobre cómo realizar una tarea.

La opción A es, sin duda, la respuesta correcta. El propósito del autor es informar a los lectores sobre el uso médico de la sangría para el tratamiento de enfermedades. El autor no intenta persuadir a los lectores, ni explicarles cómo resolver un problema, ni tampoco cómo realizar una tarea.

A menudo, aunque no siempre, el autor describirá su propósito en forma clara. Un autor que intenta persuadir al lector de que haga algo encubrirá el propósito real de lo que se dice en el texto. Por esa razón, es importante que usted se pregunte: "¿por qué el autor escribió este texto?, ¿cuál es su propósito?". Una vez que usted conozca el propósito del autor, podrá comprender más fácilmente el significado del texto.

Instrucciones: Lea la carta siguiente, y responda luego la pregunta.

1 Querida Rosa:

2 La Feria del Libro de Primavera es un gran acontecimiento. Se ha realizado siempre durante los últimos 10 años y confiamos en que la tradición continuará por otros 10 años más. Alicia González ha sido la responsable de la organización de la primera feria del libro. Sin su abnegada contribución, la biblioteca se encontraría en una situación financiera mucho más delicada que la que enfrentamos en la actualidad.

3 La feria es una diversión para todos aquellos que participan en ella, incluidos los voluntarios que nos ayudan en los puestos de atención al público. Si bien es cierto que algunos consideran que es mucho pedirle a la gente que sacrifique un sábado a la causa de recaudar fondos para la biblioteca local, creo que usted coincidirá conmigo en que se trata de una experiencia muy gratificante.

4 Este año estamos buscando a una persona que pueda hacerse cargo de la organización de la feria. Tengo entendido que usted cuenta con experiencia valiosa al respecto. ¿Le interesaría a usted

desempeñar esa tarea? La llamaré por teléfono a mediados de la semana para comentar todos los detalles.

5 Con mis mejores deseos, la saluda

6 Diana Ramos

¿Cuál es el propósito de la autora al escribir esta carta?

A. Contar la historia de la Feria del Libro de Primavera.
B. Preguntarle a Rosa si estaría dispuesta a coordinar la feria de este año.
C. Destacar lo divertido que resulta actuar como voluntario en la Feria del Libro de Primavera.
D. Explicar cómo la Feria del Libro de Primavera contribuye a mejorar las finanzas de la biblioteca.

Si bien todas las opciones son mencionadas en la carta, el verdadero propósito de la misma es preguntarle a Rosa si estaría dispuesta a hacerse cargo de coordinar la feria. En este caso, deberemos mirar por detrás de todos los temas que se presentan para encontrar cuál era el verdadero propósito de Diana Ramos al escribir la carta.

Análisis de los argumentos

Los textos persuasivos, como los discursos, usan argumentos para tratar de convencer al lector para que piense o haga algo determinado. Aprender a reconocer y analizar argumentos es una destreza importante cuando se trata de leer este tipo de textos. El examen de GED® contendrá muchas preguntas referidas a los argumentos usados en un texto. Usted deberá ser capaz de reconocer si esos argumentos están basados en razonamientos lógicos o solo reflejan la opinión del autor.

Instrucciones: Lea el texto siguiente, que es un fragmento del discurso de asunción como Presidente de los Estados Unidos de Franklin Delano Roosevelt, pronunciado durante la Gran Depresión de la década de 1930. Responda luego las preguntas.

[E]stoy seguro de que mis conciudadanos estadounidenses esperan que, en mi investidura a la Presidencia, me dirija a ellos con la sinceridad y la determinación que exige la actual situación de nuestro país. Este, en especial, es el momento de decir la verdad, toda la verdad, con franqueza y valor. No debemos rehuir, debemos hacer frente sin temor a la situación actual de nuestro país. Esta gran nación resistirá como lo ha hecho hasta ahora, resurgirá y prosperará. Por tanto, ante todo, permítanme asegurarles mi firme convicción de que a lo único que debemos temer es al temor mismo, a un terror indescriptible, sin causa ni justificación, que paralice los arrestos necesarios para convertir el retroceso en progreso. En toda situación adversa de la historia de nuestra nación, un gobierno franco y enérgico ha contado con la comprensión y el apoyo del pueblo, fundamentales para la victoria. Estoy convencido de que el gobierno volverá a contar con su apoyo en estos días críticos.

¿Cuál es el argumento del discurso de Roosevelt?

A. Nunca antes en la historia, los estadounidenses debieron hacer frente a problemas tan graves.
B. El pueblo estadounidense es incapaz de dominar sus temores.
C. Los Estados Unidos superarán con toda seguridad sus actuales problemas.
D. Los habitantes de los Estados Unidos no desean que el presidente Roosevelt les hable con total honestidad sobre las dificultades que enfrenta el país.

La opción C es la respuesta correcta. El presidente Roosevelt afirma que, cada vez que el país debió enfrentar problemas graves, el pueblo de los Estados Unidos estuvo a la altura de las circunstancias y el país pudo superar sus dificultades.

¿Cuál de las citas siguientes respalda ese argumento?

A. "[E]stoy seguro de que mis conciudadanos estadounidenses esperan que, en mi investidura a la Presidencia, me dirija a ellos con la sinceridad y la determinación que exige la actual situación de nuestro país".
B. "Este, en especial, es el momento de decir la verdad, toda la verdad, con franqueza y valor".
C. "Esta gran nación resistirá como lo ha hecho hasta ahora, resurgirá y prosperará".
D. "En toda situación adversa de la historia de nuestra nación, un gobierno franco y enérgico ha contado con la comprensión y el apoyo del pueblo, fundamentales para la victoria".

La opción C es la respuesta correcta. Es la única oración que respalda el argumento central del pasaje.

Hechos y opiniones

Cuando analice un argumento, es importante que usted pueda determinar cuáles afirmaciones están basadas en hechos y cuáles, en opiniones. Las afirmaciones basadas en hechos pueden ser probadas; las afirmaciones basadas en opiniones, no. Veamos algunos ejemplos.

Opinión	Hecho
Tú estás nervioso.	Hoy tienes un examen.
Pedro es un gran patinador sobre hielo.	Pedro ganó un campeonato de patinaje sobre hielo.
Juana ha sido muy servicial conmigo.	Juana me regaló una nueva computadora.

Estos son ejemplos evidentes de hechos y opiniones. A veces, es más difícil poder discernir cuál es cuál, especialmente en pasajes más largos y complejos.

Cuando analice pasajes más complejos, le será útil separar lo que es fáctico de lo que está basado en una opinión.

Instrucciones: Lea el texto siguiente, que está basado en los escritos autobiográficos del reformador social afroestadounidense del siglo XIX Frederick Douglass. Responda luego la pregunta.

1 Cuando los afroestadounidenses viajaban por tren en la época anterior a la guerra de Secesión (*American Civil War*), eran confinados en compartimentos separados e inferiores, una experiencia humillante que enfurecía a Douglass. Cada vez que él viajaba en tren, se sentaba en el más lujoso compartimento de la sección correspondiente a los pasajeros blancos.

2 En una ocasión memorable, Douglass viajaba por tren a través de Massachussetts, sentado confortablemente en un vagón reservado exclusivamente para personas de origen caucásico. El conductor le ordenó que abandonara el lugar y Douglass, cuando supo que la razón del pedido era el color de su piel, decidió ignorar la orden y se recostó plácidamente sobre su asiento. Inmediatamente, aparecieron seis rudos empleados del ferrocarril que, cuando Douglass decidió resistirse, lo atraparon. Douglass se aferró al asiento apretando sus brazos y piernas alrededor de la butaca. Los seis hombres jadearon y lucharon hasta que finalmente pudieron arrancar a su oponente del asiento, no antes de que grandes trozos del asiento quedaran desgarrados y desparramados por el compartimento.

3 En los días que siguieron, Douglass permaneció en el pueblo vecino de Lynn, donde su eyección del tren fue motivo exclusivo de conversación. En realidad, el superintendente de Lynn, temiendo que se produjeran más disturbios, ordenó que ningún tren se detuviera en su pueblo hasta que supieran con seguridad cuáles serían los próximos pasos de Douglass. De hecho, los trenes pasaron por la estación de Lynn sin siquiera detenerse.

¿Cuál de las afirmaciones siguientes está basada en una opinión?

A. En los trenes, a los afroestadounidenses se les daban asientos separados de los de los pasajeros de origen caucásico.
B. El conductor le ordenó a Douglass dejar el asiento, pero Douglass no le hizo caso.
C. Los empleados del ferrocarril trataron de atrapar a Douglass y sacarlo del asiento que ocupaba.
D. En el pueblo de Lynn, la gente hablaba solo del incidente.

La opción D es una afirmación basada en una opinión y no en un hecho. Esa es la opinión del autor. Las otras afirmaciones describen hechos que efectivamente ocurrieron.

Confiabilidad de las fuentes

Al analizar los argumentos, lo primero que usted deberá comprobar es si la información presentada es verdadera. Para ello, usted deberá juzgar si las fuentes de las que proviene la información son confiables. Muchos escritores usan información de fuentes que no son confiables. Por ejemplo, cuando los escritores recopilan información de sitios web de forma poco sistemática, parte de esa información (o toda) podría no ser verdadera. Cuando analice un argumento de un escritor, trate de averiguar si la información usada proviene de una fuente confiable.

En algunos casos, no es fácil determinar si una fuente o un autor son confiables porque la preferencia, la parcialidad y el sesgo pueden teñir cualquier información y convertirla en poco fiable. La preferencia, la parcialidad y el sesgo son diferentes formas de la tendencia a favorecer una posición por sobre otra u otras. En su forma más simple, esto se manifiesta en el deporte, cuando uno simpatiza con un equipo en particular. Pero muchas veces esta tendencia es más difícil de descubrir, especialmente si esa parcialidad está basada en prejuicios de los que ni el mismo autor es consciente (para más información sobre el tema, véase la sección titulada "Actitud del autor ante puntos de vista opuestos", en la página 282). Cuando deba evaluar la confiabilidad de una fuente, es importante que usted considere quién es el autor de la fuente, cuáles son sus antecedentes y cuáles podrían ser sus motivaciones.

Usted está leyendo un artículo sobre la batalla de Lexington y Concord, de la guerra de la Independencia de los Estados Unidos. La autora cita varias fuentes de las que ha tomado información. ¿Cuál de esas fuentes contiene la información más confiable sobre la batalla?

A. Un artículo sobre la batalla publicado por un investigador sobre el tema en una reconocida revista académica.
B. Una carta escrita por el derrotado general británico Thomas Gage, en la que describe la batalla al rey George III.
C. Un sitio web en el que un historiador aficionado escribe un comentario sobre la guerra de la Independencia.
D. El poema del escritor estadounidense Henry Wadsworth Longfellow titulado "La cabalgata de Paul Revere", de 1860.

La opción A es la más confiable. Puesto que los estudiantes y los colegas de los investigadores leen y consultan este tipo de publicaciones, los autores de estos artículos ponen extremo cuidado en la calidad del trabajo que producen, porque arriesgan con ello toda su reputación académica. Deben esforzarse siempre por presentar un argumento equilibrado y respaldado por evidencia. Por los mismos motivos, un libro de texto sobre historia debe ser considerado también una fuente confiable.

La opción B representa un caso interesante en la evaluación de una fuente. La carta de un general al comando de las fuerzas británicas en la batalla debería ser considerada una **fuente primaria**. Esto quiere decir que la fuente está directamente relacionada con el acontecimiento que describe. Los diarios personales, las cartas, los discursos, los documentos gubernamentales, los documentos judiciales, son considerados todos fuentes primarias. Debido a que las fuentes primarias tienen una relación directa con los hechos que relatan, se piensa, generalmente, que son más confiables que las fuentes secundarias, fuentes que respaldan sus argumentos o análisis en esas fuentes primarias. Sin embargo, esto no siempre es así. Los documentos personales, como los diarios o las cartas, y los relatos de testigos presenciales son reflexiones de las personas que los escribieron. Por ejemplo, el general Thomas Gage acababa de ser derrotado en el campo de batalla por los colonos. En la carta que le escribe al rey, el general podría describir la batalla en términos que resulten favorables a sus propios actos y decisiones. Por lo tanto, no podemos considerar su carta como la fuente más confiable sobre la batalla. Podría ser de utilidad para otros propósitos, pero no para establecer los hechos ocurridos en la batalla. En este caso particular, la opción A, una fuente secundaria, es la más confiable.

La opción C es, en principio, poco fiable. Los comentarios efectuados por un historiador aficionado en un sitio web puede que no hayan sido revisados por un experto. Es bastante posible que contengan inexactitudes sobre los hechos o que las preferencias o el sesgo del autor se reflejen en el texto.

La opción D es la obra de un escritor estadounidense producida varias décadas después de la batalla. Probablemente, su descripción no sea del todo confiable.

Observe las descripciones de las fuentes siguientes. Identifique primero cada una de ellas como fuente primaria o fuente secundaria. Decida luego si la fuente es confiable o de poca confianza según el propósito que se describe.

1. El texto de la Declaración de Independencia, usado para describir las quejas de los colonos contra el gobierno de Gran Bretaña. Fuente: ____________ Confiable o de poca confianza: ____________
2. El relato de un testigo presencial de los ataques del 11 de septiembre de 2001 en la ciudad de Nueva York, usado como argumento sobre la efectividad de los esfuerzos realizados para rescatar a las víctimas. Fuente: ____________ Confiable o de poca confianza: ____________
3. Una película dramática sobre los líderes de las protestas por los derechos civiles en los Estados Unidos en la década de 1960, usada para respaldar un argumento sobre la Ley de Derecho de Voto (*Voting Rights Act*), de 1965. Fuente: ____________ Confiable o de poca confianza: ____________
4. Las memorias de un sobreviviente del Holocausto publicadas por el Museo Conmemorativo del Holocausto de los Estados Unidos, usadas para describir las condiciones en los campos de concentración nazis durante la Segunda Guerra Mundial. Fuente: ____________ Confiable o de poca confianza: ____________

En el ejemplo 1, la fuente es primaria y confiable para el propósito descrito. La Declaración de Independencia expone las razones por las que los colonos querían independizarse de Gran Bretaña.

En el ejemplo 2, la fuente es también primaria pero, para el propósito descrito, resulta de poca confianza. El testigo puede que haya visto alguna operación de rescate, pero no tenía forma de evaluar la efectividad de los esfuerzos realizados en su conjunto.

En el ejemplo 3, la fuente es secundaria y de poca confianza. Incluso cuando se refiere a acontecimientos históricos, una película cuyo propósito es el entretenimiento no puede considerarse nunca como una fuente confiable de información.

En el ejemplo 4, la fuente es primaria y confiable. Todas las memorias escritas por sobrevivientes de los campos de concentración son fuentes sólidas de información sobre la vida en esos campos. El hecho de que estas memorias hayan sido publicadas por una prestigiosa institución (el Museo Conmemorativo del Holocausto de los Estados Unidos) les otorga mayor confiabilidad.

Evaluación de las afirmaciones

Un autor que trata de persuadir al lector puede hacer muchas afirmaciones. Si bien algunas de esas afirmaciones pueden ser válidas, otras pueden estar basadas en razonamientos incorrectos, en fuentes no confiables o ser, simplemente, engañosas. Es tarea del lector decidir cuáles de esas afirmaciones son válidas y cuáles no.

Instrucciones: Lea el pasaje siguiente, y responda luego la pregunta.

1 Buenas noches, señores miembros del Consejo.

2 Quiero contarles una historia sobre mi persona. Hace cuatro años, mi esposa me regaló una bicicleta. Ella pensaba que yo necesitaba hacer más ejercicio. Al principio, opuse cierta resistencia, pero con su apoyo comencé a usar la bicicleta los fines de semana. Me di cuenta de lo agradable que era pasar algún tiempo al aire libre haciendo un poco de ejercicio. Rápidamente, empecé a notar los beneficios que me producía el ejercicio: mayor tono muscular, más resistencia y una mejor circulación sanguínea.

3 Entonces se me ocurrió algo. Como mi trabajo queda a solo dos millas de mi casa, decidí probar venir al trabajo en bicicleta tantas veces como me fuera posible, y me encantó. Y todavía me gusta. Me levanto temprano en la mañana, tomo mi desayuno y salgo disparado. Para ser honesto, agregaría que cuando llueve o nieva uso el auto, pero incluso en invierno, cuando está despejado, uso la bicicleta para venir a trabajar, pues me despeja la cabeza y me siento tan bien.

4 ¿Saben ustedes que, según el Censo de los Estados Unidos, alrededor de 500,000 personas van al trabajo en bicicleta cada día? Creo que ese número está aumentando aceleradamente. Además, de acuerdo con el sitio web denominado Environmental Benefits of Cycling and Walking (Beneficios ambientales de andar en bicicleta y caminar), existen cerca de 2.8 millones de personas que vienen a la ciudad en bicicleta desde los suburbios, de las cuales un tercio, por lo menos, está compuesto por jóvenes menores de 16 años. Van

y vuelven a la escuela en bicicleta. Muchos otros van a la escuela secundaria y a la universidad.

5 Esas son las razones por las que he decidido presentar la propuesta siguiente.

6 Nosotros, como comunidad, deberíamos crear senderos para bicicletas a lo largo de las calles más transitadas. Esto haría que viajar en bicicleta resultara mucho más seguro tanto para los ciclistas como para los conductores de vehículos, y promovería una actividad que ayuda a la gente a ponerse en forma y a mantenerla.

7 He preparado una petición firmada por 412 personas, casi sin proponérmelo. Estoy convencido que podría reunir más de 1000 firmas si ello fuera necesario.

¿Cuál de las afirmaciones siguientes es la más válida?

A. Alrededor de 500,000 personas van en bicicleta al trabajo.
B. Los senderos para bicicletas hacen más seguro el viaje tanto de los conductores de vehículos como de los ciclistas.
C. Por lo menos un tercio de los 2.8 millones de personas que viajan en bicicleta de los suburbios a las ciudades son menores de 16 años.
D. El relator podría conseguir fácilmente 1000 firmas para la petición.

La opción A representa la afirmación más válida. Está respaldada por el Censo de los Estados Unidos. Las otras afirmaciones no están respaldadas por ninguna autoridad.

Técnicas retóricas

Los escritores y los oradores usan diversas técnicas verbales para captar la atención de su audiencia, denominadas comúnmente **técnicas retóricas**.

Existen varios tipos de técnicas retóricas. Las más comunes son: el uso de aliteraciones, analogías, enumeraciones, repeticiones y paralelismos, yuxtaposiciones de opuestos y afirmaciones calificadas. Los escritores y los oradores usan estas técnicas para presentar sus palabras de una forma más atractiva e interesante a su audiencia. Por lo general, los escritores y los oradores que intentan convencer al público de la validez de sus argumentos usarán técnicas retóricas con propósitos de persuasión.

- La **aliteración** es una repetición evidente del mismo o de los mismos sonidos, sobre todo consonánticos, o de una combinación de letras en una frase.
- La **analogía** es un razonamiento basado en la existencia de atributos semejantes en seres o cosas diferentes.
- La **enumeración** es una lista de cosas diferentes o una expresión sucesiva de las partes de que consta un todo.
- La **repetición** y el **paralelismo** son técnicas retóricas usadas por los escritores para cotejar o comparar afirmaciones relacionadas entre sí.

- La **yuxtaposición de opuestos** consiste en colocar juntas, o próximas, cosas con el propósito de mostrar sus diferencias.
- Las **afirmaciones calificadas** son afirmaciones que podrían no ser verdaderas tal como han sido expresadas.

Instrucciones: Lea el pasaje siguiente, extraído del discurso de apertura pronunciado por el presidente Barack Obama ante la Convención Demócrata en 2004, cuando todavía era senador por Illinois. Responda luego la pregunta.

Esa es la verdadera genialidad de los Estados Unidos, una fe, una fe en los sueños simples, una insistencia en los pequeños milagros; que podamos arropar a nuestros niños por la noche y saber que estarán alimentados y vestidos y a resguardo de daños; que podamos decir lo que pensamos, escribir lo que pensamos, sin oír un golpe repentino en la puerta; que podamos tener una idea y comenzar nuestro propio negocio sin tener que pagar un soborno; que podamos participar en el proceso político sin temor a represalias, y que nuestros votos se contarán, al menos la mayor parte del tiempo.

¿Qué técnica retórica emplea el presidente Obama?

A. La analogía.
B. La aliteración.
C. Las afirmaciones calificadas.
D. La repetición y el paralelismo.

La opción D es la respuesta correcta. Se repite la presentación de ideas; el paralelismo se usa para darle más dramatismo a las afirmaciones.

Actitud del autor ante puntos de vista opuestos

Las personas comprometidas con ideas o acontecimientos tienen, a menudo, puntos de vista diferentes. Un autor que desee describir esos puntos de vista diferentes puede hacerlo de varias formas. El autor o la autora pueden, por ejemplo, tratar de ser objetivos y evitar tomar partido por alguna de las partes. Pero un autor que apoya un punto de vista particular puede preferir argumentar a favor del mismo. Una forma de hacerlo es privilegiar la evidencia que respalda esa postura. Se dice que un autor que arbitrariamente solo presenta evidencia en apoyo de una postura particular, y que limita u omite evidencia que respalda otros puntos de vista, es un autor **parcial**, que ha tomado partido. Cuando analice un texto, usted deberá poder reconocer si el autor ha tomado partido por algún punto de vista particular.

Instrucciones: Lea el ejemplo siguiente, y responda luego la pregunta.

1 Los científicos tienen opiniones encontradas sobre los efectos que tiene la luz azul que emiten los aparatos electrónicos, incluidos los televisores, en los seres humanos. Muchos sostienen que la luz azul

afecta el nivel de melatonina en el cuerpo, lo que provoca trastornos del sueño. Otros afirman que los problemas de pérdida de melatonina pueden evitarse usando solo el sentido común.

2 Investigadores de la Universidad de Basilea, en Suiza, estudiaron recientemente los efectos provocados por el uso de pantallas de computadora en la noche. Trece voluntarios participaron del estudio, que se realizó en condiciones controladas, y en el que se los expuso durante cinco horas a la luz de las computadoras en horario nocturno. Algunos fueron expuestos a las emisiones de luz azul de las pantallas LED; otros, a la luz blanca dc las pantallas retroiluminadas. Aquellos que fueron expuestos a la luz azul mostraron una significativa y medible disminución de su capacidad cognitiva y de su curva de atención y de estado de alerta en comparación con los voluntarios que fueron expuestos a las pantallas de luz blanca. Lo más importante, los resultados mostraron una inhibición significativa de la producción de melatonina endógena (que se produce naturalmente) en el grupo de voluntarios expuestos a la luz azul.

3 Otro estudio similar, realizado por ingenieros del Rensselaer Polytechnic Institute (RPI), en Troy, Nueva York, confirmó los resultados obtenidos por los investigadores de Basilea. El uso prolongado de aparatos electrónicos interfiere con la producción natural de melatonina del cuerpo humano. De hecho, se comprobó que el uso de artefactos electrónicos dos horas antes de irse a dormir provocó una disminución de 22 por ciento en la producción de melatonina en el grupo que participó del experimento. El grupo estaba compuesto por adolescentes y adultos jóvenes, que son los más propensos a los problemas del sueño y al cambio de patrones de conducta. Tanto el tipo de tarea desarrollada en el aparato, como la distancia del mismo con respecto a la retina, afectaron los niveles de supresión de melatonina por un factor de hasta 10 en el nivel de lux, que es una medida de la intensidad de la luz percibida por el ojo.

4 A pesar de que estos estudios muestran algunos efectos negativos provocados por el uso de aparatos electrónicos, también existe evidencia, que me parece alentadora, de que esos efectos pueden ser mitigados por el uso de gafas y protectores de pantalla polarizados. El avance de la tecnología es demasiado importante como para ser detenido por estos efectos secundarios.

¿Cuál de las afirmaciones siguientes representa mejor la postura del escritor?

A. El escritor está en contra de todos los avances de la tecnología.
B. El escritor cree que los problemas que provocan los aparatos electrónicos pueden ser resueltos.
C. El escritor piensa que todos los aparatos electrónicos deberían ser prohibidos.
D. El escritor quiere que los científicos dejen de realizar estudios sobre los efectos de la luz azul.

La opción B es la respuesta correcta. Según el escritor, los estudios indican que los aparatos electrónicos tienen ciertos efectos perjudiciales. Pero, también, sostiene que hay formas de evitar que esos efectos perjudiquen a los usuarios. El escritor no afirma que los aparatos electrónicos sean inofensivos, ni tampoco pide la prohibición de su uso. Por el contrario, presenta la evidencia objetivamente, sin favorecer un punto de vista por sobre el otro.

Comparación de textos

Una de las tareas que usted encontrará en el examen de Razonamiento a través de las Artes del Lenguaje es la comparación de dos textos. Los textos serán ambos pasajes de no ficción y, por lo general, se referirán a un tema similar, aunque tendrán un enfoque diferente. Las preguntas tratarán sobre las similitudes o las diferencias entre los pasajes en términos de perspectiva, tono, estructura, propósito o efecto general.

Instrucciones: Lea los pasajes siguientes, y responda luego las preguntas.

Pasaje A

1 Después de haber estudiado en profundidad el asunto de los requisitos para el uso de uniformes escolares, he llegado finalmente a una conclusión que está basada en la información que he encontrado sobre el tema. Según la literatura disponible y los estudios que he podido leer, es razonable requerir que los alumnos usen uniforme, pues de esta forma se nivelará la vestimenta de todos los alumnos.

2 Los estudios que he leído muestran que cuando los niños visten uniformes todos parecen iguales. Por el contrario, si no se requiere el uso de uniformes, algunos niños vestirán prendas muy costosas y otros, prendas de segunda mano. Los estudios muestran, además, que estas diferencias en la vestimenta llevan a divisiones entre los alumnos. Los niños que usan prendas de similar calidad y precio tienden a agruparse. Los niños de un grupo no se relacionarán con los del otro grupo. La división de la clase en grupos conscientes de sus diferencias económicas puede ser perjudicial para el desarrollo de los niños. Esa es la conclusión a la que he llegado después de estudiar detenidamente el tema.

Pasaje B

1 Creo, en lo profundo de mi corazón, que se les debe permitir a los niños expresarse libremente. Incluso a una edad temprana, la posibilidad de elegir cómo se visten ayuda a los niños a desarrollar su sentido de individualismo e identidad. Es por ello que estoy en

desacuerdo con el uso de uniformes en las escuelas. El vestir a los niños de igual forma no impedirá que algunos de ellos se relacionen exclusivamente con otros niños que pertenezcan al mismo grupo social y económico.

2 Los uniformes hacen que los niños se sientan desorientados al no tener la posibilidad de mostrar quiénes son o a quiénes les gustaría parecerse. El requisito de usar uniforme cortará de raíz cualquier manifestación del espíritu creativo y podría provocar resentimiento en niños que de otra forma no lo sentirían. No considero que esa decisión sea una decisión característica del pueblo estadounidense y me opongo rotundamente a ella. ¡Esto no es algo que deberíamos hacerles a nuestros niños!

3 La verdad es que los uniformes no hacen que los niños se sientan iguales, como algunos educadores creen, sino que solo hacen más difícil su desarrollo.

¿En qué difiere el tono del pasaje A con respecto al pasaje B?

A. El pasaje A tiene un tono más agresivo que el pasaje B.
B. El pasaje A tiene un tono más melancólico que el pasaje B.
C. El pasaje A tiene un tono más inspirativo que el pasaje B.
D. El pasaje A tiene un tono más considerado que el pasaje B.

La opción D es la respuesta correcta. El autor del pasaje A explica con claridad que ha realizado una investigación profunda y que ha pensado detenidamente sobre el tema. El tono del pasaje A es mucho más considerado que el del pasaje B, que es más polémico y menos respetuoso.

¿En qué se parecen el propósito del pasaje A y el del pasaje B?

A. Los dos pasajes buscan convencer al lector de que sus ideas son las correctas.
B. Los dos pasajes usan técnicas retóricas para atrapar la atención del lector y transmitir sus puntos de vista.
C. Los dos pasajes tratan de impresionar al lector presentando evidencia científica.
D. Los dos pasajes usan anécdotas para respaldar sus puntos de vista.

La opción A es la única respuesta correcta. Los dos pasajes tratan de convencer al lector de que las ideas que defienden son las correctas. El pasaje B usa algunas técnicas retóricas, pero el pasaje A no. El autor del pasaje A trata probablemente de impresionar al lector al referirse en varias oportunidades a estudios realizados, pero eso no sucede en el pasaje B. Ninguno de los dos pasajes incluye anécdotas, por lo que la opción D es incorrecta.

También podría ocurrir que se le pida que compare pasajes de diferentes géneros o que compare una representación gráfica con un texto. En los dos casos, la pregunta se referirá a la forma en que se presenta la información.

Instrucciones: Lea los pasajes siguientes, y responda luego las preguntas.

Pasaje A

Informe: ¿Por qué muchos estudiantes asisten a las universidades comunitarias?

Este informe fue preparado por pedido del presidente de la Universidad Comunitaria del Condado de Hanover.

Comenzamos el estudio sobre los estudiantes que concurren a la Universidad Comunitaria del Condado de Hanover hace seis meses. Este es el análisis que hemos realizado.

De los 98 estudiantes entrevistados:

- 69 estudiantes dijeron que estaban contentos de haber elegido una universidad comunitaria en lugar de una universidad de cuatro años.
- 18 estudiantes pensaban que hubiera sido mejor ir directamente a una universidad de cuatro años.

Los motivos dados para la elección de la universidad comunitaria eran:

- Razones económicas: el costo de una universidad comunitaria es menor que el costo de una universidad de cuatro años.
- La posibilidad de continuar viviendo en la casa de sus padres: 45 de los 98 estudiantes entrevistados seguían viviendo en la casa paterna.
- La posibilidad de tomar cursos cuando lo desearan: 42 estudiantes dijeron que les agradaba la idea de poder tomar cursos nocturnos, en lugar de cursos durante el día, porque ello se adecuaba mejor a su estilo de vida.
- La posibilidad de combinar trabajo y estudio: 55 estudiantes estaban empleados, algunos a tiempo parcial y otros a tiempo completo.

De los 98 estudiantes entrevistados:

- 49 estudiantes dijeron que continuarían sus estudios hasta alcanzar el grado de licenciado.
- 25 estudiantes no planeaban continuar su educación.
- 24 estudiantes dijeron que no habían tomado todavía una decisión al respecto.

Pasaje B

Las universidades comunitarias cumplen con su cometido

por Clarence Williams

Cada vez más estudiantes prefieren asistir a las universidades comunitarias en lugar de a las universidades de cuatro años, y dicen que es lo más práctico.

"Asisto a la Universidad Comunitaria de Hanover y estudio justicia criminal. Nunca hubiese podido pagar una universidad de cuatro años. Pero siento que estoy adquiriendo una buena preparación en esta universidad comunitaria, y que más adelante podré hacer una transferencia. Es mucho más fácil concurrir a una universidad comunitaria y vivir en casa que asistir a una universidad que costaría un montón y que no me brindaría una educación mejor en cuestiones básicas", dijo el estudiante de segundo año Jeffrey Bailey, que finalizará sus estudios esta primavera con el grado de asociado en justicia criminal.

"Tengo planeado concurrir a la universidad del estado en el otoño. Siento que ahora estoy preparado para dar el gran salto. He ahorrado algo de dinero, y me han otorgado, además, una beca. Estoy muy bien", agregó.

Jeffrey comparte los sentimientos de muchos de los estudiantes que asisten a la Universidad Comunitaria de Hanover. Recientemente, la universidad realizó un estudio sobre las razones por las que los estudiantes decidían asistir a sus cursos en el que participaron 98 alumnos. De ellos, 69 afirmaron que estaban muy contentos por haber elegido concurrir a una universidad comunitaria en lugar de a una universidad de cuatro años.

El estudio fue encargado por la propia universidad, pero llevado a cabo por una agencia externa. Otro resultado del mismo estudio muestra que la mayoría de los estudiantes que asisten a la Universidad Comunitaria de Hanover piensa continuar sus estudios y obtener el grado de licenciado.

"Decididamente, estamos satisfaciendo una necesidad de nuestra comunidad. Ofrecemos buena educación en cuestiones básicas y la posibilidad de educarse sin tener que robar un banco", dijo el portavoz de la universidad, decano Arthur D'Elia.

El decano agregó que había unos 500 estudiantes inscritos en los cursos que la universidad ofrece este año, comparados con 350 hace apenas tres años atrás.

¿En qué se diferencia la audiencia a la que se dirige el pasaje A de la audiencia a la que se dirige el pasaje B?

A. La audiencia a la que se dirige el pasaje A está constituida por los propios estudiantes, mientras que la audiencia a la que se dirige el pasaje B está constituida por profesores y administradores.
B. La audiencia a la que se dirige el pasaje A está constituida por el público en general, mientras que la audiencia a la que se dirige el pasaje B está constituida por estudiantes.
C. La audiencia a la que se dirige el pasaje A está constituida por sus propios profesores y administradores, mientras que la audiencia a la que se dirige el pasaje B está constituida por el público en general.
D. La audiencia a la que se dirige el pasaje A está constituida por estudiantes de educación secundaria, mientras que la audiencia a la que se dirige el pasaje B está constituida por profesores y administradores.

La opción C es la respuesta correcta. El pasaje A es un informe sobre los estudiantes que asisten a la Universidad Comunitaria del Condado de Hanover y estaba dirigido a sus propios profesores y administradores. El pasaje B es un artículo aparecido en un periódico dirigido al público en general.

¿Cómo influye el género de cada pasaje en su opinión sobre la información que contienen?

A. El pasaje A es menos creíble que el pasaje B.
B. El pasaje A está más basado en los hechos que el pasaje B.
C. El pasaje A es más emotivo que el pasaje B.
D. El pasaje A es más difícil de entender que el pasaje B.

La opción B es la respuesta correcta. El pasaje A es un informe basado estrictamente en los hechos. El pasaje B es un artículo aparecido en un periódico que entreteje hechos en una historia escrita para atraer el interés del lector.

Instrucciones: Lea los pasajes siguientes, y responda luego la pregunta.

Pasaje A

1 Las fechas de vencimiento que aparecen en los productos envasados pueden provocar confusión. No son siempre exactas porque dependen de cómo haya sido refrigerado y empaquetado el producto, y si ha sido abierto o no.

2 Pero las fechas de vencimiento existen y la gente las usa como guía para saber cuánto tiempo durará un producto. No obstante, si su refrigerador no enfría todo lo que debería, o si usted deja el envase de la leche sobre la mesa del comedor media hora cada día, la fecha de vencimiento no tendrá la validez indicada y las bacterias empezarán a desarrollarse a mayor velocidad, lo que significa que su alimento se arruinará también más rápidamente.

3 Las fechas de vencimiento aparecen incluso en botellas de agua. Por lo general, en el caso del agua, la fecha de vencimiento es dos años después de la fecha en que el agua fue envasada. Los productores de agua embotellada afirman que el sabor del agua se deteriora después de cierto tiempo. Esto puede parecer un poco extraño porque, en definitiva, el agua es agua. Pero eso es lo que piensa la gente vinculada con esta industria.

4 Hay muchas formas en que los alimentos pueden deteriorarse. Microbios, por ejemplo, pueden desarrollarse en la leche, alterando considerablemente su sabor; moho u hongos pueden crecer sobre el queso, aunque algunas personas, una vez cortadas las partes afectadas, decidan comerlo a pesar de ello.

5 Algunos alimentos puede que conserven su sabor habitual aunque contengan microbios mortíferos. Otros alimentos tal vez hayan perdido su sabor habitual, no sean tóxicos y puedan ser ingeridos, siempre que a usted no le importe ese cambio de sabor.

Pasaje B

Cómo interpretar las fechas de vencimiento

¿Qué dice?	¿Qué significa?	¿Se puede comer?
Fecha de uso	El fabricante no garantiza la calidad del producto después de esta fecha.	Sí, aunque su aspecto no resulte tan atractivo.
Fecha de venta	Es la fecha en que la tienda deberá retirar el producto de la góndola.	El alimento todavía estará en buenas condiciones por algunos días más.
Fecha de vencimiento	El alimento deberá ser desechado después de esta fecha.	No.

¿De qué forma complementa la tabla del pasaje B la información del pasaje A?

A. Detalla las distintas formas de preservar los alimentos.
B. Enumera los alimentos que pueden ser consumidos aunque estén deteriorados.
C. Precisa cuánto tiempo pueden durar los alimentos debidamente refrigerados.
D. Suministra información específica sobre los diferentes tipos de fechas de vencimiento.

La opción D es la respuesta correcta. En el pasaje A, se describen las fechas de vencimiento en general; el pasaje B especifica los diferentes tipos de fechas de vencimiento y explica qué significa cada uno.

EJERCICIOS DE PRÁCTICA

Textos informativos

Instrucciones: Lea el texto siguiente, que es un fragmento de *El huracán*, de John James Audubon. Responda luego las preguntas.

1 En diferentes períodos, varias partes de nuestro país han sido afectadas severamente por la influencia de violentas tormentas de viento, algunas de las cuales han atravesado prácticamente toda la extensión de los Estados Unidos, y han dejado a su paso impresiones tan profundas que no serán fácilmente olvidadas. Habiendo sido testigo de uno de estos terribles fenómenos en todo su esplendor, intentaré describirlo. El recuerdo de esa sorprendente revolución del elemento etéreo me provoca, todavía hoy, una sensación tan desagradable que siento como si estuviese a punto de sufrir una interrupción súbita de mi circulación sanguínea.

2 Había dejado atrás el caserío de Shawaney, situado a orillas del Ohio, en mi regreso desde Henderson, que también está ubicado a orillas de ese hermoso riachuelo. El agua estaba muy agradable, y pensé que no más caliente que lo habitual para esa época del año. Mi caballo trotaba apaciblemente y mis pensamientos estaban, por primera vez en mi vida, concentrados en especulaciones comerciales. Había vadeado el Highland Creek, y estaba a punto de entrar en un trecho de tierras bajas o valle que corre entre ese arroyo y el Canoe Creek, cuando de repente noté una gran diferencia en el aspecto de los cielos. Un manto brumoso se había extendido sobre el campo, y por un tiempo pensé que se produciría un terremoto, pero mi caballo no se había detenido y no parecía prepararse para semejante contingencia. Yo había llegado casi al borde del valle cuando decidí que sería adecuado detenerme cerca de un riachuelo y desmonté para saciar la sed que me estaba aquejando.

3 Estaba inclinado sobre mis rodillas, con mis labios a punto de tocar el agua, cuando desde mi proximidad con la tierra, escuché el sonido de un murmullo distante de una naturaleza extraordinaria. Bebí, no obstante, y cuando me puse de pie, miré en la dirección al sudoeste, donde divisé una mancha ovalada de color amarillento, cuya apariencia me resultó desconocida. Poco tiempo tuve para decidir qué hacer, pues inmediatamente una leve brisa comenzó a agitar la copa de los árboles más altos. Aumentó a una intensidad inesperada, y las ramas más pequeñas empezaron a caer en dirección oblicua sobre el terreno. Habían pasado escasos dos minutos, cuando todo el bosque quedó sumido en un movimiento terrible. Por todas partes, los árboles chocaban unos contra otros, produciendo un ruido chirriante, similar al que producen las ráfagas de viento violentas cuando arrasan el campo. Instintivamente, me volví en dirección hacia donde el viento soplaba, y observé, con gran asombro, que los árboles más añosos del bosque inclinaban sus arrogantes copas antes de caer en pedazos, vencidos por la fuerza del viento. Primero, se quebraban las ramas; luego, las partes superiores de los troncos; y en muchos lugares,

árboles enteros de tamaño gigantesco caían sobre el terreno. Tan rápido progresaba la tormenta que, antes de que pudiera pensar en hacer algo para protegerme, el huracán ya estaba pasando enfrente del lugar donde me encontraba. Nunca podré olvidar la escena que en ese momento tuve ante mis ojos. Las copas de los árboles se movían de las formas más extrañas en el corazón de la tempestad, que arrastraba consigo una mezcla de ramas pequeñas y follaje que oscurecía por completo la vista. Algunos de los árboles más grandes se doblaban y retorcían bajo la fuerza del vendaval; otros se partían de golpe; y muchos, después de oponer una breve resistencia, se desplomaban de raíz sobre la tierra. La masa de ramas, follaje y polvo se arremolinaba como una nube de plumas, y, a su paso, dejaba al descubierto un amplio espacio cubierto de árboles caídos, troncos desnudos y amputados, y un montón de ruinas deformes, que marcaban el sendero seguido por la tempestad. Este espacio tenía una extensión de un cuarto de milla de ancho y, en mi imaginación, semejaba el lecho reseco del Mississippi, con sus miles de sembradoras y sierras mecánicas desparramadas en la arena con distintos grados de inclinación. El horrible ruido parecía el mismo que producen las cataratas del Niágara, un aullido que acompañaba la huella dejada por la desoladora tempestad y que me provocaba un sentimiento imposible de describir.

1. ¿Cuál es el punto de vista del autor sobre la tormenta?
   - A. Teme resultar herido por la tormenta.
   - B. Está asombrado por el poderío de la tormenta.
   - C. Piensa que la tormenta puede haber matado a muchas personas.
   - D. Le encantan las tormentas porque le parecen fascinantes.

2. ¿Cuál de las citas siguientes expresa una opinión?
   - A. "Había dejado atrás el caserío de Shawaney, situado a orillas del Ohio, en mi regreso desde Henderson, que también está ubicado a orillas de ese hermoso riachuelo".
   - B. "Había vadeado el Highland Creek, y estaba a punto de entrar en un trecho de tierras bajas o valle que corre entre ese arroyo y el Canoe Creek, cuando de repente noté una gran diferencia en el aspecto de los cielos".
   - C. "Yo había llegado casi al borde del valle cuando decidí que sería adecuado detenerme cerca de un riachuelo y desmonté para saciar la sed que me estaba aquejando".
   - D. "La masa de ramas, follaje y polvo se arremolinaba como una nube de plumas, y, a su paso, dejaba al descubierto un amplio espacio cubierto de árboles caídos, troncos desnudos y amputados, y un montón de ruinas deformes, que marcaban el sendero seguido por la tempestad".

3. ¿Cuál es la relación de causa y efecto central que se describe en el texto?
   - A. Entre la tormenta y los árboles.
   - B. Entre el autor y los árboles.
   - C. Entre la tormenta y el arroyo.
   - D. Entre el autor y el arroyo.

4. ¿Por qué es este texto confiable?
   A. Fue escrito por un testigo presencial de la tormenta.
   B. Es una historia extraída de un libro mucho más largo.
   C. Describe algo que mucha gente ha experimentado.
   D. Fue escrito mucho antes de que se conocieran con precisión las causas que provocan una tormenta.

Instrucciones: Lea los pasajes siguientes, y responda luego la pregunta.

PASAJE A

El texto siguiente es un fragmento del discurso pronunciado por el jefe Joseph, de la tribu nez percé (nariz perforada), de americanos nativos, en ocasión de la rendición de su pueblo ante el gobierno federal de los Estados Unidos en 1877.

1 Decidle al general Howard que yo conozco su corazón. Lo que me dijo antes, lo conservo en mi corazón. Estoy cansado de tanta lucha. Nuestros jefes han sido muertos; Looking Glass está muerto, Ta Hool Hool Shute está muerto. Los ancianos están todos muertos. Son los hombres jóvenes los que deben decir sí o no. Aquel que comandaba a los hombres jóvenes está muerto. Hace frío y no tenemos frazadas; los niños más pequeños se están muriendo de frío. Mi pueblo, algunos de ellos, ha huido a las colinas, y no tiene frazadas ni alimentos. Nadie sabe dónde están, tal vez muriéndose de frío. Quiero tener tiempo para buscar a mis hijos, y ver a cuántos de ellos puedo encontrar. A lo mejor los encuentro entre los muertos. ¡Escuchadme, mis jefes! Estoy cansado; mi corazón está enfermo y triste. Desde donde está el sol ahora, no volveré nunca más a luchar.

PASAJE B

El texto siguiente es un fragmento del discurso pronunciado por el jefe Seattle, de la tribu suquamish, de americanos nativos, ante el gobernador Isaac Stevens en el Territorio de Washington en 1854.

1 Jefe Blanco dice que el Gran Jefe en Washington nos envía saludos de amistad y buenos deseos. Esto es muy amable de su parte, porque sabemos que él no necesita de nuestra amistad. Su pueblo son muchos. Son como los pastos que cubren las vastas praderas. Mi gente es poca. Parecen los árboles dispersos que quedan en pie después de que una tormenta arrasó la llanura. El Gran — y presumo, buen— Jefe Blanco nos ha hecho saber que quiere comprar nuestras tierras, pero que está dispuesto a dejarnos tierras suficientes como para que podamos vivir confortablemente. Esto, de hecho, parece justo, y hasta generoso, al Hombre Rojo, que ya no tiene derecho al respeto que necesita, y la oferta puede ser también sabia, puesto que nosotros ya no necesitamos un territorio extenso. . .

2 Para nosotros, las cenizas de nuestros antepasados son sagradas, y el lugar donde han sido enterradas es tierra santa. Ustedes deambulan lejos

de las tumbas de sus antepasados y no sienten remordimiento. Su religión fue escrita sobre tablas de piedra por el dedo de hierro de su Dios, así no la olvidaban. El Hombre Rojo nunca podría comprenderla o recordarla. Nuestra religión es la tradición de nuestros antepasados, los sueños de nuestros ancianos, que les fueron dados en horas solemnes de la noche por el Gran Espíritu, y la visión de nuestros jefes; y está escrita en el corazón de nuestro pueblo. . .

3 Sin embargo, su proposición parece justa, y creo que mi gente la aceptará y se retirará a la reserva que le ofrecen. . . Pero si la aceptáramos, pongo aquí y ahora la condición de que no se nos niegue el privilegio de poder visitar las tumbas de nuestros antepasados, amigos e hijos. Cada pedazo de esta tierra es sagrado en la estima de nuestra gente. Cada ladera de las colinas, cada valle, cada llanura y cada arboleda han sido santificados por algún triste o feliz acontecimiento en los días que ya se han ido. Hasta el polvo en el que están ahora parados responde con más amor a las pisadas de mi pueblo que a las del suyo, porque está enriquecido con el polvo de nuestros antepasados, y nuestros pies son conscientes del contacto solidario.

5. En el pasaje A, ¿cuál es el punto de vista del jefe Joseph sobre la guerra?
   A. Ya ha luchado durante demasiado tiempo.
   B. Nunca ha librado una guerra.
   C. Cree que la guerra es la única alternativa.
   D. Quiere que los hombres jóvenes de su tribu libren la guerra.

6. En el pasaje B, ¿cuál es el punto de vista del jefe Seattle sobre las relaciones entre los blancos y los americanos nativos en el momento en que habló?
   A. Los americanos nativos tenían poco poder y eran pocos en número comparados con los blancos.
   B. Los americanos nativos y los blancos estaban en términos amistosos y confiaban los unos en los otros.
   C. Los americanos nativos estaban acostumbrados a ser tratados con respeto por los blancos.
   D. Los americanos nativos nunca entregarán sus tierras a los blancos ni vivirán en las reservas.

7. ¿En qué difiere el propósito del discurso del jefe Joseph del propósito del discurso del jefe Seattle?
   A. El jefe Joseph quiere pelear por más tierras, mientras que el jefe Seattle está dispuesto a aceptar menos tierras.
   B. El jefe Joseph quiere asegurarse de que su pueblo se encuentre a salvo, mientras que el jefe Seattle desea complacer al gobierno federal.
   C. El jefe Joseph está tratando de provocar al gobierno federal, mientras que el jefe Seattle pretende alcanzar un acuerdo con el gobierno federal.
   D. El jefe Joseph se está rindiendo después de ser derrotado en una guerra, mientras que el jefe Seattle está dispuesto a trasladarse voluntariamente a las reservas.

8. ¿En qué se parecen las posturas de los jefes Joseph y Seattle?

   A. Los dos están preocupados por el bienestar de sus pueblos.
   B. Los dos están agradecidos por la ayuda del gobierno federal.
   C. Los dos están enojados por el trato dispensado por el gobierno federal a sus pueblos.
   D. Los dos piensan que necesitan más tierras que las que les ofrece el gobierno federal.

Instrucciones: Lea los pasajes siguientes, y responda luego las preguntas.

PASAJE A

El texto siguiente es un fragmento del discurso pronunciado por Patrick Henry, delegado ante la Convención de Virginia 1775, con respecto a la relación entre las colonias y Gran Bretaña.

1 Señor, hemos hecho todo lo que se podía hacer para evitar la tormenta que ahora se acerca. Hemos solicitado, hemos protestado, hemos suplicado, nos hemos postrado nosotros mismos delante del trono, y hemos implorado su intervención para detener la mano tiránica del ministerio y el Parlamento.

2 Nuestras peticiones han sido menospreciadas, nuestras protestas han generado más violencia y el insulto; nuestras súplicas han sido ignoradas, y se nos ha rechazado, con desprecio, desde el pie del trono. En vano, después de estas cosas, podemos abrigar la esperanza de la paz y la reconciliación. Ya no hay ningún margen para la esperanza.

3 Si queremos ser libres; si queremos preservar la inviolabilidad de los privilegios inestimables por los que hemos estado tanto tiempo luchando; si no pretendemos abandonar vilmente la lucha noble a la que hemos dedicado tanto tiempo y que nos hemos comprometido a nunca abandonar hasta que el objeto glorioso de nuestra lucha sea alcanzado, ¡tenemos que luchar! Lo repito, señor, ¡tenemos que luchar! ¡Un llamado a las armas y al Dios de los Ejércitos es todo lo que nos queda!

4 Se nos dice, señor, que somos débiles, incapaces de hacer frente a adversario tan formidable. Pero, ¿cuándo vamos a ser más fuertes? ¿Será la próxima semana, o el año que viene? ¿Será que estamos totalmente desarmados? Y cuando un guardia británico deba situarse en cada casa, ¿vamos a reunir la fuerza necesaria por la indecisión y la inacción? ¿Vamos a adquirir los medios de resistencia efectiva, mintiendo sobre nuestras espaldas, y abrazar el fantasma de la ilusoria esperanza, hasta que nuestros enemigos nos hayan atado a nosotros de pies y manos?

5 Señor, no somos débiles, si hacemos un uso adecuado de los medios que el Dios de la naturaleza ha colocado en nuestro poder. Tres millones de personas, armadas en la sagrada causa de la libertad, y en un país como este que poseemos, resultan invencibles frente a cualquier fuerza que el enemigo despache en nuestra contra. Además, señor, no pelearemos nuestras batallas solos, pues existe un Dios justo, quien preside sobre los destinos de las naciones y quien levantará a sus aliados para que peleen nuestras cruzadas.

6 La batalla, señor, no es solo para los fuertes. Es también para los vigilantes, los activos, los valientes. Además, señor, no tenemos elección. Aun si fuésemos lo suficientemente fuertes para desearlo, ya es demasiado tarde para retirarse de la contienda. ¡No existe la retractación sino es en la sumisión y en la esclavitud! ¡Nuestras cadenas se han roto! Sus chasquidos se escuchan en las praderas de Boston. La guerra es inevitable. Así pues, ¡dejadla venir! Repito, señor: ¡Dejadla venir!

7 Resulta vano, señor, prolongar este asunto. Los hombres podrán gritar: ¡Paz!, ¡Paz!, pero la paz ya no existe. La guerra ya ha empezado. El próximo vendaval que barra desde el norte traerá hasta nuestros oídos el retumbar de las armas. ¡Nuestros hermanos ya están en el campo de batalla! ¿Por qué permanecemos, entonces, inactivos? ¿Qué es lo que los hombres desean? ¿Qué es lo que quieren? ¿Es la vida tan preciada, o la paz tan dulce, como para ser comprada al precio de las cadenas y de la esclavitud? ¡Prohíbelo, oh, Dios Omnipotente! Ignoro el curso que otros han de tomar; pero en lo que a mí me respecta: ¡dadme la libertad o dadme la muerte!

PASAJE B

1773

Mayo 10	Ley del Té (*Tea Act*)
Dic. 16	Motín del Té (*Boston Tea Party*)

1774

Marzo 31	Ley del Puerto de Boston, una de las “Leyes Intolerables”
Mayo 20	Ley de Administración de Justicia, una de las “Leyes Intolerables”
Mayo 20	Ley de Gobierno de Massachusetts, una de las “Leyes Intolerables”
Junio 2	Ley del Alojamiento de 1774, una de las “Leyes Intolerables”
Junio 22	Ley de Quebec, una de las “Leyes Intolerables”
Sept. 5–Oct. 26	El Primer Congreso Continental se reúne en Filadelfia y adopta la Declaración de Derechos y Agravios
Oct. 10	Batalla de Point Pleasant, Virginia (se discute si fue una batalla de la guerra de la Independencia o la culminación de la guerra de Lord Dunmore)
Oct. 20	La Asociación (prohibición de comerciar con Gran Bretaña)
Oct. 24	El Plan de Galloway es rechazado

1775	
Marzo 23	Discurso "Dadme la libertad o dadme la muerte", de Patrick Henry
Abril 18	Cabalgatas de Paul Revere y William Dawes
Abril 19	Las tropas de los colonos (*minutemen*) y las tropas británicas se enfrentan en Lexington y Concord; "el disparo que se oyó alrededor del mundo"

9. ¿Cuál es el argumento principal de Patrick Henry?

A. La guerra contra Gran Bretaña ya ha comenzado.
B. No se ha hecho lo suficiente para evitar la guerra contra Gran Bretaña.
C. Las colonias tienen otras opciones diferentes a ir a la guerra contra Gran Bretaña.
D. Las colonias no son lo suficientemente fuertes como para derrotar a Gran Bretaña.

10. ¿Qué técnica retórica usa Patrick Henry en el párrafo 7 del pasaje A?

A. La anécdota.
B. La aliteración.
C. Afirmaciones calificadas.
D. Repeticiones y paralelismos.

11. ¿Cuál de las citas siguientes del pasaje A respalda la afirmación de Patrick Henry de que las colonias no son débiles?

A. "Señor, hemos hecho todo lo que se podía hacer para evitar la tormenta que ahora se acerca".
B. "¡Un llamado a las armas y al Dios de los Ejércitos es todo lo que nos queda!".
C. "Tres millones de personas, armadas en la sagrada causa de la libertad, y en un país como este que poseemos, resultan invencibles frente a cualquier fuerza que el enemigo despache en nuestra contra".
D. "La batalla, señor, no es solo para los fuertes. Es también para los vigilantes, los activos, los valientes".

12. ¿De qué forma complementa la línea de tiempo del pasaje B el discurso de Patrick Henry en el pasaje A?

A. Enumera las razones que provocaron los acontecimientos mencionados en la línea de tiempo.
B. Enumera las razones que forzaron a las colonias a declararle la guerra a Gran Bretaña.
C. Explica cómo el discurso provocó otros acontecimientos que llevaron a la guerra.
D. Sitúa en el tiempo el discurso y lo relaciona con otros acontecimientos que llevaron a la guerra.

Véanse las respuestas en las páginas 323–324.

CAPÍTULO 6

Pregunta de respuesta extensa de Razonamiento a través de las artes del lenguaje

La sección de Razonamiento a través de las artes del lenguaje del examen de GED® incluye una pregunta de respuesta extensa (ensayo). Para ella, usted deberá leer primero dos textos de no ficción. Luego deberá analizarlos y evaluar sus argumentos. Por último, deberá redactar un ensayo bastante extenso explicitando su opinión sobre cuál de los textos presenta los argumentos más sólidos y por qué. El ensayo que usted redacte deberá ser concebido para persuadir al lector de que su opinión es la correcta. Usted deberá incluir evidencia que respalde sus afirmaciones.

La sección siguiente está enfocada en las técnicas de redacción que se usan para escribir un ensayo persuasivo eficaz.

Elementos de un ensayo persuasivo

El propósito de escribir un ensayo persuasivo es conseguir la aceptación de una idea, un punto de vista o un curso de acción recomendado. La forma de conseguir esta aceptación es presentar un argumento tan bien fundamentado como sea posible.

Un **argumento** es una presentación ordenada de material de respaldo para la postura que usted desee que los otros acepten. El argumento está compuesto de una declaración de apertura, la información de antecedentes necesaria para que el lector pueda seguir el argumento, la evidencia que usted use para respaldar y defender su postura —que podría incluir respuestas a argumentos opuestos, en caso de ser necesario— y una declaración final.

En términos generales, su ensayo persuasivo debería incluir los elementos siguientes.

Declaración de apertura

En un ensayo persuasivo, el propósito del párrafo de apertura es comenzar su argumento con una clara y concisa descripción de su posición. Presente su opinión de manera convincente, pero evite generar antagonismo en los lectores con palabras o frases demasiado emotivas.

Evidencia de respaldo

En los párrafos siguientes, desarrolle su argumento de una forma lógica y presente toda la evidencia necesaria para respaldar su posición. La evidencia de respaldo puede consistir en hechos o argumentos contenidos en el texto que usted esté analizando. Organice esa evidencia de forma tal de provocar el máximo efecto, ya sea presentándola por orden de importancia o usando algún otro método apropiado de desarrollo. Como usted deberá usar el teclado de la computadora para escribir su ensayo, podrá bosquejar rápidamente sus ideas y refinar luego el ensayo. Mientras escriba, usted tendrá ante su vista los pasajes sobre los que tratará el ensayo, lo que le permitirá refrescar los argumentos y la evidencia contenidos en ellos.

Recuerde que es muy importante mantener la coherencia a lo largo de todo el ensayo. Asegúrese de incluir palabras o frases de transición, que les permitirán a los lectores seguir su pensamiento paso a paso. Algunas palabras y frases de transición son:

Para la presentación de evidencia

Primero, segundo, tercero,

Lo más importante,

Por ejemplo,

En el presente caso,

Los hechos muestran que

De acuerdo con

Para presentar su opinión

En mi opinión,

Creo que

Desde mi punto de vista,

En mi experiencia,

Para contrarrestar opiniones o argumentos en contrario

Aunque

A la inversa,

En oposición a

A pesar de

En contraste con

Aun así,

Recuerde que en todo ensayo persuasivo su mejor arma será la evidencia de respaldo. Si bien es importante que demuestre su compromiso personal con el argumento, tenga en cuenta que los lectores juzgarán sus ideas basándose en la evidencia de respaldo que usted presente.

Respuestas a posibles argumentos en contrario

Su argumento resultará más sólido si usted anticipa las preguntas o dudas que este podría generar en los lectores y les da respuesta. Dependiendo del tema que se discuta, usted podría presentar los argumentos en contrario y responder a ellos en el párrafo que preceda a su declaración final o a medida que usted desarrolle los puntos principales del ensayo.

Declaración final

Finalice su ensayo persuasivo con una breve reafirmación de su argumento central. La declaración final deberá resumir su postura y repasar las razones que justifiquen su elección.

Puntuación

Para la evaluación del ensayo, se aplicará un sistema de puntuación de 0 a 12. La puntuación del ensayo está basada en un conjunto de estándares de escritura llamados **categorías**. El sistema comprende tres categorías (denominadas también características), cada una de las cuales tendrá una puntuación máxima de 2 puntos. El resultado final será multiplicado por 2, de forma tal que la puntuación máxima del ensayo podrá alcanzar un total de 12 puntos. La primera característica evaluará el análisis de los argumentos y el uso de las evidencias en su ensayo. La segunda característica evaluará el desarrollo de las ideas y la estructura del ensayo. La tercera característica evaluará la claridad y el dominio del idioma. El ensayo no deberá ser perfecto desde el punto de vista gramatical, pero sí deberá ser lógico y coherente, así como incluir toda la evidencia disponible en los pasajes que respalde su postura. Deberá, además, respetar las convenciones y reglas básicas del idioma español.

En la tabla siguiente, se presentan descripciones simplificadas de los criterios usados para evaluar cada característica. Léalas atentamente para comprender qué es lo que los evaluadores esperan encontrar en su respuesta.

Puntuación	Descripción
Característica 1: Análisis de los argumentos y uso de las evidencias	
2	Desarrolla un argumento basado en el texto o los textos fuente, con un propósito relacionado con la pregunta contenida en las instrucciones (el comando).
	Apoya el argumento con evidencia de los textos fuente.
	Analiza y evalúa las cuestiones y/o la validez de los argumentos contenidos en los textos fuente (por ejemplo, identifica afirmaciones que no están respaldadas por evidencia, hace inferencias razonables sobre supuestos subyacentes, reconoce razonamientos ilógicos, evalúa la confiabilidad de las fuentes, etc.).

(continúa)

Puntuación	Descripción
1	Desarrolla un argumento que tiene cierta relación con las instrucciones.
	Apoya el argumento con alguna evidencia de los textos fuente.
	Analiza y evalúa parcialmente las cuestiones y/o la validez de los argumentos contenidos en los textos fuente.
0	Puede que desarrolle o no un argumento, o que el argumento no tenga relación con la pregunta contenida en las instrucciones.
	Cita mínima evidencia de los textos fuente o no incluye evidencia alguna.
	Analiza y evalúa mínimamente las cuestiones y/o la validez de los argumentos contenidos en los textos fuente. Puede que demuestre poca o ninguna comprensión de esos argumentos.
Característica 2: Desarrollo de las ideas y la estructura	
2	Presenta ideas bien desarrolladas y de una forma lógica, y profundiza algunas de ellas.
	Organiza las ideas en una secuencia razonable y describe claramente la relación de las ideas principales con los detalles.
	Estructura la respuesta con el fin de transmitir claramente el mensaje y el propósito de la misma; usa con propiedad palabras y frases de transición.
	Usa un estilo formal y un tono apropiado que demuestran conocimiento del público al que se dirige.
	Elige palabras que expresan las ideas con claridad.
1	Presenta ideas que reflejan razonamientos simplistas o confusos; profundiza solo unas pocas ideas.
	La secuencia de las ideas tiene cierta lógica, pero la relación de las ideas principales con los detalles es pobre o inexistente.
	La organización de las ideas puede ser confusa o no ser eficaz para transmitir el argumento; usa pocas palabras o frases de transición.
	El estilo y el tono pueden ser inconsistentes o no siempre apropiados para el público al que se dirige o para el propósito de la respuesta.
	Usa ocasionalmente palabras equivocadas y/o elige palabras que no expresan claramente las ideas.

Puntuación	Descripción
0	Desarrolla las ideas de forma incoherente o poco lógica; no profundiza las ideas principales.
	La organización de las ideas no es clara o no muestra lógica; faltan detalles o no están relacionados con la idea central.
	La estructura organizativa es deficiente o es muy difícil de seguir; no usa palabras o frases de transición o las usa inapropiadamente.
	El estilo y el tono no son apropiados para el público al que se dirige el mensaje.
	Usa frecuentemente palabras equivocadas o de la jerga, repite ideas o no las expresa con claridad.
Característica 3: Claridad y dominio del idioma	
2	En la mayoría de los casos, estructura correctamente las oraciones y demuestra dominio suficiente con respecto a: • El uso de una variedad de estructuras dentro de un mismo párrafo o en párrafos diferentes. • Las relaciones de subordinación, coordinación y paralelismo. • La supresión de toda palabrería y el uso de estructuras poco elegantes en las oraciones. • El uso correcto de las palabras o frases de transición. • La supresión de los fragmentos de oración y las oraciones fundidas o sin puntuación.
	Usa apropiadamente las convenciones y reglas del idioma español con respecto a: • Las palabras que se prestan a confusión y homónimos, incluidas las contracciones. • La concordancia entre el sujeto y el verbo. • El uso de los pronombres, incluidas la concordancia con el antecedente, las referencias poco claras al antecedente y la forma correcta del pronombre. • El uso de palabras o expresiones de transición y el orden correcto de las palabras para facilitar la claridad y la lógica del texto. • El uso de las mayúsculas. • El uso de los signos de puntuación.
	Puede cometer algunos errores en el uso y la mecánica del idioma, pero estos errores no interfieren con la comprensión.

(continúa)

Puntuación	Descripción
1	En la mayoría de los casos, la estructura de las oraciones no es consistente; la respuesta puede que contenga oraciones repetitivas o poco elegantes que restan claridad al mensaje; muestra poco control sobre la estructura de las oraciones y la fluidez del texto.
	Muestra poco dominio de las convenciones y reglas del idioma español.
	Comete errores frecuentes en el uso y la mecánica del idioma, que en ocasiones interfieren con la comprensión.
0	La estructura de las oraciones es imperfecta y puede dificultar la comprensión; muestra un control mínimo sobre la estructura de las oraciones y la fluidez del texto.
	Muestra un conocimiento mínimo de las convenciones y reglas del idioma español.
	Comete errores serios y frecuentes en el uso y la mecánica del idioma, que interfieren con la comprensión, o la respuesta es insuficiente para demostrar el dominio sobre el uso y la mecánica del idioma.

Respuestas no calificables

- La respuesta contiene solo texto copiado de las fuentes o de las instrucciones.
- La respuesta no deja traslucir que el estudiante haya leído las instrucciones o no tiene relación con el tema.
- La respuesta es incomprensible.
- La respuesta no está escrita en español.
- La respuesta está en blanco.

Redacción de un ensayo persuasivo

En la parte relacionada con el ensayo del examen de GED®, se le presentarán dos textos con argumentos contradictorios que usted deberá evaluar antes de redactar su respuesta extensa. En ella, usted deberá persuadir a los lectores de que uno de esos argumentos es más convincente que el otro. Entonces, su primer tarea será la de evaluar la fundamentación de cada argumento. En el capítulo anterior, estudiamos cómo analizar argumentos. Usted aprendió a:

- Diferenciar los hechos de las opiniones.
- Determinar si las fuentes son confiables.
- Evaluar las afirmaciones.

Ahora deberá usar esas destrezas para analizar los argumentos de los pasajes contenidos en la parte de los ensayos. Si usted consigue determinar que uno de los argumentos refleja mejor los hechos, o está basado en fuentes más confiables, o contiene afirmaciones de mayor validez, usted estará en condiciones de usar esa evidencia en su ensayo. La evidencia le permitirá respaldar su punto de vista y persuadir a los lectores de que su opinión es la correcta.

Instrucciones: Lea los dos pasajes siguientes.

Pasaje A

El texto siguiente es un fragmento de un discurso pronunciado por el aviador estadounidense Charles Lindbergh en Des Moines, Iowa, en 1941.

1 Cuando esta guerra se inició en Europa, quedó claro que el pueblo estadounidense se oponía firmemente a participar en ella. ¿Por qué no habríamos de oponernos? Teníamos las mejores defensas de todo el mundo; teníamos una tradición de independencia con respecto a Europa; y la única vez que habíamos participado en una guerra europea, esa guerra dejó sin resolver los problemas de los europeos y sin pagar las deudas contraídas con los Estados Unidos.

2 Las encuestas nacionales mostraron que cuando Inglaterra y Francia le declararon la guerra a Alemania, en 1939, menos del 10 por ciento de nuestra población estaba a favor de una decisión similar por parte de los Estados Unidos. Pero había varios grupos de personas, aquí y en el extranjero, cuyos intereses y creencias hacían necesaria la participación de los Estados Unidos en la guerra.

3 Para usar un ejemplo específico: en 1939, se nos dijo que debíamos expandir nuestra fuerza aérea hasta un total de 5000 aviones. El Congreso aprobó la legislación necesaria. Unos meses más tarde, el gobierno nos dijo que los Estados Unidos debían tener al menos 50,000 aviones para garantizar nuestra seguridad nacional. Pero casi tan rápido como esos aviones de combate fueron producidos en nuestras fábricas se los envió al extranjero, a pesar de que nuestra propia fuerza aérea estaba en la mayor necesidad de equipamiento nuevo; de manera que hoy, dos años después del comienzo de la guerra, el ejército estadounidense cuenta con unos pocos cientos de bombarderos y cazas totalmente modernos, menos, de hecho, que los que Alemania es capaz de producir en un solo mes.

4 Desde su creación, nuestro programa de armamentos ha sido diseñado con el propósito de participar en la guerra en Europa, mucho más que con el propósito de construir una defensa adecuada para los Estados Unidos. Ahora, al mismo tiempo que estamos siendo preparados para una guerra extranjera, es necesario, como ya he dicho, involucrarnos en la guerra. Esto se logró en virtud de la ya famosa frase "pasos que no conducen a una guerra".

5 Se nos dijo que Inglaterra y Francia vencerían solo si los Estados Unidos derogaban el embargo a la venta de armas y venta de municiones a cambio de dinero. Y entonces empezaron con el estribillo, un estribillo que marcó durante muchos meses cada decisión que tomamos en dirección a la guerra: "La mejor manera de defender a los Estados Unidos y de mantenernos fuera de la guerra", se nos dijo, era "ayudar a los aliados".

6 Primero, acordamos venderle armas a Europa; luego, acordamos prestarle armas a Europa; más tarde, nos pusimos de acuerdo para patrullar el océano para ayudar a Europa; por último, ocupamos una isla europea en la zona de guerra. Ahora, estamos al borde de la guerra.

7 Los grupos defensores de la guerra han tenido éxito en los primeros dos de sus tres pasos principales hacia la guerra. El mayor programa de armamento en nuestra historia está en marcha.

8 Ya estamos participando en la guerra desde casi todo punto de vista, excepto el de los disparos reales. Solo falta la creación de suficientes "incidentes", pero ya vemos que el primero de ellos está teniendo lugar según lo planeado, en un plan que nunca fue presentado ante el pueblo estadounidense para su aprobación.

9 Hombres y mujeres de Iowa, solo una cosa separa hoy a este país de la guerra. Esa cosa es la creciente oposición del pueblo estadounidense. Nuestro sistema democrático y el gobierno representativo están sometidos hoy a prueba, algo que no había ocurrido nunca antes. Estamos al borde de una guerra en la que el único vencedor será el caos y la postración.

10 Nos encontramos al borde de una guerra para la que todavía no estamos preparados, y para la que nadie ha presentado un plan factible de victoria, una guerra que no se puede ganar sin necesidad de enviar a nuestros soldados al otro lado del océano, forzando un aterrizaje en una costa hostil, defendida por ejércitos más fuertes que el nuestro.

11 Nos encontramos al borde de una guerra, pero no es demasiado tarde todavía para que nos mantengamos fuera de ella. No es demasiado tarde para demostrar que ninguna cantidad de dinero, ni la propaganda ni el clientelismo político pueden obligar a un pueblo libre e independiente a participar en una guerra en contra de su voluntad. No es demasiado tarde todavía para recuperar y mantener el destino independiente del pueblo estadounidense, que nuestros antepasados establecieron en este nuevo mundo.

12 Todo el futuro descansa sobre nuestros hombros. Depende de nuestra acción, nuestro coraje y nuestra inteligencia. Si usted se opone a nuestra intervención en la guerra, ahora es el momento para que su voz sea escuchada.

13 Ayúdenos a organizar estas reuniones, y escriba a sus representantes en Washington. Yo le digo que el último baluarte de la

democracia y del gobierno representativo en este país está en nuestra Cámara de Representantes y en nuestro Senado.

14 Allí todavía podemos hacer que nuestra voluntad sea conocida. Y si nosotros, el pueblo estadounidense, lo hacemos, la independencia y la libertad seguirán viviendo entre nosotros, y no habrá ninguna guerra extranjera.

Pasaje B

El texto siguiente es un fragmento del discurso pronunciado por el presidente Franklin Delano Roosevelt en una conferencia de prensa el 17 de diciembre de 1940.

1 Ahora, están apareciendo historias, discursos, etcétera, referidos a esta guerra particular que está sucediendo, que tienen su origen en esa actitud. No es simplemente una cuestión de hacer las cosas de la manera tradicional; hay muchas otras formas de hacerlas.

2 Hay otra que también es algo banal —es posible que lleguemos a ella, no lo sé—, y es que se trata de un regalo; en otras palabras, que nosotros pagamos por todas estas municiones, barcos, plantas, armas, etcétera, y se las regalamos a Gran Bretaña. No estoy muy seguro de que esto sea una necesidad, y no estoy muy seguro de que a Gran Bretaña le importaría tener un regalo de los contribuyentes de los Estados Unidos. Lo dudo mucho.

3 Bueno, hay otras formas posibles, y esas formas están siendo exploradas. Todo lo que puedo hacer es hablar en términos muy generales, porque estamos en medio del proceso de decisión. He estado dedicado a ello las tres o cuatro semanas últimas, explorando otros métodos de continuar la construcción de nuestras instalaciones productivas y de mantener automáticamente el flujo de municiones a Gran Bretaña. Me limitaré a ponerlo de esta forma: no como un método alternativo exclusivo, sino como uno de varios otros métodos posibles concebidos para ese fin.

4 Es posible —lo diré de esta manera— que los Estados Unidos puedan hacerse cargo de los pedidos de municiones británicos y, debido a que se trata esencialmente del mismo tipo de munición que usamos nosotros, los conviertan en pedidos de los Estados Unidos. Tenemos suficiente dinero para hacerlo. Y acto seguido, según lo exijan los acontecimientos militares del futuro, determinar qué es lo correcto y apropiado, y permitir que ese armamento sea enviado, ya sea en arriendo o en venta, sujeta a hipoteca, a la gente del otro lado. Eso sería en lo referido a la teoría general, que todavía podría resultar cierta, de que la mejor defensa de Gran Bretaña es la mejor defensa de los Estados Unidos y que, por lo tanto, estos materiales serían más útiles a la defensa de los Estados Unidos si se utilizaran en Gran Bretaña que si se mantuvieran en almacenamiento aquí.

5 Ahora, lo que estoy tratando de hacer es eliminar el signo dólar. Eso es algo nuevo en el pensamiento de prácticamente todo el mundo

en esta sala —creo—, deshacerse del viejo signo dólar, que resulta absurdo y ridículo.

6 Bueno, les voy a dar un ejemplo: Supongamos que la casa de mi vecino se prende fuego, y yo tengo una manguera de jardín a una distancia de cuatrocientos o quinientos pies. Si el vecino puede conectar mi manguera de jardín con su boca de riego, eso puede ayudarlo a apagar su fuego. Entonces, ¿qué hago? Le digo, antes de prestársela, "Vecino, mi manguera de jardín me costó $15; me tendrás que pagar $15 por ella". ¿Cuál es la transacción que le estoy ofreciendo? Yo no quiero los $15. Lo que quiero es que me devuelva mi manguera de jardín después de que haya apagado el fuego. Está bien. Si el fuego no la afecta, si queda intacta, sin daño, y el vecino me la devuelve y me agradece mucho el haber podido usarla, está bien. Pero supongamos que la manguera termina dañada, llena de agujeros; sin demasiada formalidad, entonces yo le digo: "Me alegré mucho de haber podido prestarle esa manguera, pero veo que ha quedado inutilizada, que no podré usarla más". Y él me pregunta: "¿Cuántos pies de largo tenía?". Le respondo: "Tenía 150". Él me dice: "Está bien, no se preocupe, voy a reemplazarla". Entonces, si él me devuelve una bonita manguera de jardín, todo estará muy bien.

7 En otras palabras, si prestamos cierta cantidad de municiones y recibimos esas municiones de vuelta al final de la guerra, si están intactas y no han sido dañadas, todo estará bien; si, en cambio, han sido dañadas, o se han deteriorado, o se han perdido por completo, me parece que todo se arregla si el que las pidió prestadas ofrece reemplazarlas por otras iguales.

8 No puedo entrar en detalles; y no servirá de nada hacer preguntas legales sobre la forma en que se implementaría el acuerdo, porque eso es lo que está ahora en estudio; pero la idea es que nos vamos a hacer cargo, no de todos, pero sí de un gran número de futuros pedidos británicos; y cuando los pedidos no estén comprendidos en el acuerdo, ya sean aviones, armas o algo más, entrarán en algún tipo de arreglo que permitirá su uso por los británicos, sobre la base de que será lo mejor para la defensa de los Estados Unidos y entendiendo que, cuando el espectáculo haya terminado, seremos recompensados de alguna manera, dejando a un lado el signo dólar y sustituyéndolo por la obligación de un caballero de pagar en especie. Creo que todos lo comprenderán.

A continuación, se presentan instrucciones para el ensayo similares a las que usted encontrará en el examen de GED®.

Mientras que Charles Lindbergh argumenta que los Estados Unidos están siendo empujados a participar en una guerra en Europa que nadie quiere, el presidente Franklin Roosevelt insta a los ciudadanos de los Estados Unidos a que ayuden a Gran Bretaña, como medio de defensa de la seguridad de los Estados Unidos.

En su respuesta, analice los dos discursos y determine cuál de las dos posiciones está mejor fundamentada. Use evidencia relevante y específica de las dos fuentes en respaldo de su respuesta.

Escriba su respuesta en el recuadro correspondiente. Para completar esta tarea usted dispondrá de aproximadamente 45 minutos.

Lo primero que deberemos hacer es analizar los dos discursos para identificar los argumentos usados por cada orador. Empecemos por los argumentos usados por Charles Lindbergh.

Argumentos de Charles Lindbergh

Los estadounidenses han estado en contra de participar en la guerra desde su comienzo.

Los Estados Unidos tienen la mejor posición defensiva del mundo.

Los Estados Unidos son independientes de Europa.

Nuestra única participación en una guerra europea no terminó bien.

Ciertos grupos de personas desean que los Estados Unidos participen en la guerra por intereses propios.

Los Estados Unidos fabricaron 5000 aviones, pero esos aviones fueron enviados al extranjero y ya no los tenemos más a nuestra disposición.

Los Estados Unidos tienen solo unos pocos bombarderos y cazas modernos, menos de los que podría fabricar Alemania en un solo mes.

Tratemos de analizar estos distintos argumentos. El primer argumento, que los ciudadanos de los Estados Unidos se oponen a la guerra, parece estar respaldado por los hechos. Lindbergh menciona las encuestas de opinión, que muestran que menos del 10 por ciento de los encuestados está a favor de declarar la guerra. Pero las afirmaciones sobre la posición defensiva de los Estados Unidos y su independencia de los asuntos europeos son solo opiniones, no hechos. Es un hecho que la participación estadounidense en una guerra europea (Primera Guerra Mundial) no resolvió los problemas políticos en Europa. Pero la afirmación de Lindbergh de que ciertos grupos de personas desean que los Estados Unidos participen en la nueva guerra por intereses propios parece cuestionable, pues no se presenta evidencia de ello. La afirmación de que los Estados Unidos han enviado muchos de sus aviones de combate al extranjero y tienen pocos disponibles para su propia defensa puede que sea un hecho. Pero, ¿son estas razones válidas para que los Estados Unidos no participen en la guerra?

Enumeremos ahora los argumentos del presidente Roosevelt.

Argumentos del presidente Roosevelt

Los Estados Unidos pueden encargarse de producir municiones para Gran Bretaña.

Tenemos suficiente dinero para hacerlo.

La mejor defensa de los Estados Unidos es la defensa de Gran Bretaña.

Nuestro material de defensa es más útil para la defensa de los Estados Unidos si se lo usa en Gran Bretaña en vez de dejarlo almacenado en los Estados Unidos.

Como ejemplo, si se incendia la casa de un vecino y tengo una manguera, no le cobro la manguera al vecino, pero dejo que la use para apagar el fuego. Después, si la manguera está en buenas condiciones, el vecino me la devuelve y está todo bien; pero si está dañada y no se la puede usar más, el vecino me compra una nueva.

La manguera que mi vecino usa es como las municiones que le prestamos a Gran Bretaña, que nos las devolverá al terminar la guerra.

Debemos hacerlo para defender a los Estados Unidos, y Gran Bretaña, de alguna forma, nos lo pagará cuando termine la guerra.

Nuevamente, analicemos los argumentos. El presidente Roosevelt dice que los Estados Unidos están en condiciones de producir municiones para Gran Bretaña, y que "[t]enemos suficiente dinero para hacerlo". No presenta evidencias que respalden esas afirmaciones pero, como sabemos que los Estados Unidos son un país rico, no hay motivos para no creerle. Roosevelt afirma luego que la mejor defensa de los Estados Unidos es la defensa de Gran Bretaña. Esa es su opinión, y es el núcleo de todo su argumento. Cuando pronunció el discurso, el pueblo estadounidense podía estar, o no, de acuerdo con esa postura. Más adelante, Roosevelt argumenta que el envío de municiones a Gran Bretaña es una medida de defensa, y que Gran Bretaña encontrará alguna forma de reembolsarnos. Respalda su argumento con la analogía de prestarle la manguera al vecino. ¿Considera usted que se trata de una analogía válida? ¿Es un argumento sólido en apoyo de brindar ayuda a los británicos?, ¿o se trata de un argumento débil?

Veamos algunos ejemplos de las respuestas de los estudiantes. En el primer ensayo, el estudiante trata de persuadir a sus lectores de que el argumento de Charles Lindbergh está mejor fundamentado que el del presidente Roosevelt.

Creo que el argumento de Charles Lindbergh está mejor fundamentado y es más eficaz que el del presidente Roosevelt. Lindbergh puntualiza que el pueblo estadounidense no quiere participar en la guerra. También dice que los Estados Unidos tienen una gran posición defensiva, y que no hay razón para temer un ataque. Si uno no quiere entrar en guerra, y si no necesita entrar en guerra para defenderse, no debería, entonces, entrar en guerra.

Evidentemente, el presidente Roosevelt desea participar en la guerra para ayudar a Gran Bretaña. Argumenta que la mejor defensa de los Estados Unidos es facilitarle a Gran Bretaña los aviones y municiones que ellos necesitan. Usa la analogía de una persona que le presta al vecino su manguera para apagar el incendio de su casa. Pero no me parece que esa analogía sea apropiada. Se trata de situaciones muy diferentes; una se refiere a una manguera y un fuego, y la otra, a la guerra y a producir aviones y municiones, en fábricas estadounidenses, para que Gran Bretaña pueda usarlos.

Lindbergh, por el contrario, piensa que se trata solo de una maniobra que llevará a que los Estados Unidos entren en la guerra. Considera que el gobierno está haciendo algo que los ciudadanos de los Estados Unidos realmente no aprueban, que es participar en una guerra europea.

Este ensayo está bastante bien, pero algunas de sus partes podrían ser mejoradas.

Si bien el párrafo de apertura del ensayo es sólido y las razones por las que se prefiere a Lindbergh son adecuadas, el autor solo presenta algunos de los argumentos de Lindbergh. El autor destaca que la mayoría de los estadounidenses no quieren que el país entre en la guerra, y este argumento está basado en evidencia. Pero la afirmación de que los Estados Unidos se encuentran en una gran posición defensiva es, en realidad, solo una opinión. El autor también olvida incluir otros hechos mencionados por Lindbergh, como que la participación anterior en una guerra europea no terminó bien y que los Estados Unidos no están preparados para la guerra.

En el párrafo siguiente, el autor rechaza las afirmaciones de Roosevelt, al negarle validez a la analogía del vecino cuya casa se prende fuego. La analogía de Roosevelt es una explicación, y no una afirmación basada en evidencia comprobable, por lo que el autor tiene todo el derecho de estar en desacuerdo con ella.

Por último, falta la conclusión del ensayo. En el último párrafo no se repasa el argumento del autor en favor de Lindbergh ni la evidencia que lo respalda. Debería repetir la idea de que Lindbergh hace una mejor argumentación de su postura —en opinión del autor— que la que hace el presidente Roosevelt.

A continuación, se presenta otro ejemplo de ensayo sobre los dos pasajes. En este caso, el autor trata de persuadir a los lectores de que los argumentos del presidente Roosevelt son más sólidos.

> Considero que los argumentos del presidente Roosevelt superan en mucho a los de Charles Lindbergh. El argumento central de Lindbergh es que los Estados Unidos deberían cuidarse a sí mismos y no a sus vecinos. Sin embargo, la analogía del presidente Roosevelt sobre el vecino cuya casa se prende fuego muestra una perspectiva más amplia sobre la situación. Si la casa de su vecino está en llamas, la actitud correcta es ofrecerle ayuda. En ese caso, además, porque el fuego podría propagarse a la casa propia. El argumento del presidente Roosevelt es que las personas, al igual que las naciones, deben ayudarse entre sí en tiempos de necesidad.
>
> Los argumentos de Lindbergh están basados en el pasado y en prejuicios contra cualquier tipo de guerra. Dice claramente que quiere que los Estados Unidos se aíslen. No piensa que los Estados Unidos deban ayudar a Gran Bretaña. Pero precisamente, como argumenta el presidente Roosevelt, esa ayuda es la mejor defensa de los Estados Unidos. El fortalecimiento de Gran Bretaña, con aviones y municiones fabricados en los Estados Unidos, le permitirá combatir mejor al enemigo. Lindbergh preferiría almacenar esos aviones, lo que no tiene mucho sentido en términos de defensa.
>
> Para concluir, quiero agregar que estas dos visiones opuestas representan diferencias ideológicas muy marcadas: una, promueve el aislamiento, y la otra, favorece un sentimiento de comunidad entre

naciones con ideas afines. Considero que los argumentos del presidente Roosevelt están mejor fundamentados.

Este ensayo es mejor que el anterior. ¿Puede darse cuenta por qué? El autor puede que sea acusado de centrarse demasiado en opiniones personales, pero respalda todas las opiniones expresadas con referencias a los distintos argumentos y da razones por las que unos están mejor fundamentados que otros.

EJERCICIOS DE PRÁCTICA

Pregunta de respuesta extensa de Razonamiento a través de las artes del lenguaje

Instrucciones: Lea el texto siguiente, que es un fragmento de un discurso pronunciado por el secretario de Defensa Leon Panetta.

1 Una de mis prioridades como secretario de Defensa ha sido la de eliminar tantas barreras como fuera posible para que las personas con talento y calificadas pudieran servir a este país en uniforme. Nuestra nación fue construida sobre la premisa del ciudadano-soldado. En nuestra democracia, creo que es responsabilidad de todos los ciudadanos proteger a la nación. Y cada ciudadano que pueda cumplir con los requisitos del servicio debe tener esa oportunidad.

2 Para ello, he estado trabajando en estrecha colaboración con el general Dempsey y el Estado Mayor Conjunto. Hemos estado examinando durante más de un año las formas posibles de ampliar las oportunidades de servicio de las mujeres en las fuerzas armadas.

3 Es evidente para todos nosotros que las mujeres están contribuyendo de manera sin precedentes a la misión de las fuerzas armadas de defensa de la nación. Las mujeres representan el 15 por ciento de la fuerza, más de 200,000. Están desempeñando tareas en un creciente número de funciones críticas, dentro y fuera del campo de batalla. El hecho es que se han convertido en un componente esencial de nuestra capacidad de cumplir con nuestra misión.

4 Durante más de una década de guerra, han demostrado valentía, destreza y patriotismo. Ciento cincuenta y dos mujeres en uniforme han muerto sirviendo a esta nación en Irak y Afganistán. Como miembros del servicio, se han enfrentado a la realidad del combate, demostrando su voluntad de luchar y, sí, de morir en defensa de sus compatriotas.

5 Sin embargo, muchas posiciones militares, sobre todo en las unidades de combate de tierra, aún permanecen cerradas a las mujeres debido a la definición de combate directo sobre el terreno y la regla de asignación de 1994. Los líderes militares y civiles en este departamento han estado examinando esa regla a la luz de las experiencias vividas en la última década.

6 Cada vez que visité la zona de guerra, cada vez que me he reunido con las tropas, que revisé las operaciones militares y que hablé con los guerreros heridos, he quedado impresionado por el compromiso de todos, hombres y mujeres por igual, con el trabajo que debían hacer. Ellos luchan y mueren juntos. Y ha llegado el momento de que nuestras políticas reconozcan esa realidad.

7 El presidente y los jefes del Estado Mayor Conjunto y yo creemos que debemos ampliar las oportunidades de servicio de las mujeres todo lo que sea posible. Por lo tanto, el general Dempsey y yo estamos complacidos de poder anunciar hoy que vamos a eliminar la regla de exclusión de combate directo sobre el terreno para las mujeres y que estamos avanzando con un plan para eliminar todas las barreras de género innecesarias en el servicio. Dentro de algunos minutos, firmaremos un memorándum para rescindir el obstáculo de 1994.

8 Nuestro objetivo es asegurar que la misión sea llevada a cabo por el mejor calificado y los miembros del servicio más capaces, independientemente de su sexo, y sin importar su fe ni sus creencias. Si los miembros de nuestras fuerzas armadas pueden cumplir con los requisitos para el trabajo —y voy a ser claro, yo no estoy hablando aquí de reducir las calificaciones para el trabajo—, si es que pueden cumplir con los requisitos para el trabajo, entonces deben tener el derecho de servir, sin importar credo, color o género u orientación sexual.

9 Para que este cambio de política tenga éxito, es necesario ponerlo en práctica de una forma responsable, apropiada y coherente. Voy a dejar que el general Dempsey describa nuestro plan de acción con mayor detalle. Pero la conclusión es que esta mayor integración de las mujeres al servicio se producirá a la mayor brevedad posible, aunque reconocemos que institucionalizar cambios de esta importancia llevará tiempo.

10 Las medidas que estamos anunciando hoy son significativas. Y, en muchos sentidos, son una reafirmación del rumbo que hemos elegido para este departamento hace más de 10 años. No obstante, se requerirán liderazgo y profesionalidad para aplicar eficazmente estos cambios. Tengo confianza en nuestra capacidad para hacerlo, porque confío en el liderazgo que el general Dempsey y los jefes del Estado Mayor Conjunto han demostrado a lo largo de este proceso.

11 Cuando miro a mis nietos y nietas —tengo tres nietos y tres nietas—, quiero que cada uno de ellos tenga la misma oportunidad de tener éxito en lo que decidan hacer. En la vida, como todos sabemos, no hay garantías de éxito. No todo el mundo va a ser capaz de ser un soldado de combate. Pero todo el mundo tiene derecho a una oportunidad.

12 Al comprometernos con ese principio, estamos renovando nuestro compromiso con los valores estadounidenses, que nuestros miembros del servicio luchan y mueren por defender. Como secretario de Defensa, cuando me ha tocado ir a Bethesda para visitar a los guerreros heridos, o cuando he ido a Arlington para enterrar a nuestros muertos, no he hecho ninguna distinción entre los sacrificios que realizan los hombres y las mujeres en uniforme. Prestan servicios, son heridos y mueren unos al lado de las otras. Ha llegado el momento de que reconozcamos esa realidad.

13 Al ampliar todavía más las oportunidades para las personas que prestan servicios en uniforme, estamos haciendo que nuestro ejército sea más fuerte, y estamos haciendo también que los Estados Unidos sean más fuertes. Honramos profundamente a todas las generaciones pasadas, soldados e infantes de marina de combate, que lucharon y murieron por nuestra

libertad. Y en muchos sentidos, su sacrificio es el que ha asegurado que la próxima gran generación sea una generación de hombres y mujeres que lucharán y morirán juntos para proteger a esta nación. Y eso es lo que la libertad representa.

Lea el texto siguiente que es un fragmento extraído de una carta firmada por Sentry, publicada en un sitio web.

1 Soy una veterana de guerra. Fui desplegada en la provincia de Anbar, Irak. Cuando estaba en servicio activo, yo medía 5' 6", pesaba 130 libras, y obtuve un resultado casi perfecto en mis exámenes de función pulmonar. Yo, naturalmente, tengo una fuerza corporal muy superior a la de una mujer promedio: no sólo puedo hacer flexiones de brazos, puedo cumplir también con la norma masculina. Me habría encantado formar parte de la infantería. No obstante, sigo pensando que sería un desastre absoluto incorporar a mujeres en puestos de combate. No estoy interesada en arriesgar la vida de los hombres para poder vivir mi sueño egoísta.

2 No estamos hablando solo de diluir los estándares para incluir un número políticamente correcto de mujeres en la unidad. Esto no es una cuestión de "si una mujer puede cumplir con la norma masculina, ella debe ser capaz de entrar en combate". El número de mujeres que puedan cumplir con la norma masculina será minúsculo. Según mis pruebas de función pulmonar, yo estoy en condiciones, pero arrastrar a un hombre de 190 libras con equipo completo unas 100 yardas me DESTRUIRÍA, y lo mismo le sucedería a ese minúsculo grupo de mujeres que pueden aprobar el examen físico Y que tienen el deseo de entrar en combate, que se enfrentarían a una situación imposible que arruinaría la eficacia de la unidad de combate. En primer lugar, los lugares cerrados en los que se alojan las unidades de combate no tienen ningún tipo de privacidad y TODO está a la vista de todos, incluyendo los detalles más íntimos de las funciones corporales. En segundo lugar, hasta que logremos reprogramar completamente a todos los hombres del ejército para que traten a las mujeres como iguales, los hombres van a proteger siempre a una mujer, a expensas de la misión.

3 En tercer lugar, las mujeres tienen limitaciones físicas que ningún entrenamiento o acondicionamiento puede superar. En cuarto lugar, hasta que los medios de comunicación de este país estén dispuestos a tratar a un soldado mujer que ha sido capturada/violada/torturada/mutilada como a un soldado hombre, las mujeres serán el blanco preferido por el enemigo, que no les tendrá piedad alguna.

4 En cuanto a las limitaciones físicas, no solo un pequeño número de mujeres será capaz de cumplir con la norma masculina, sino que el hecho es que las mujeres tienden a ser de menor estatura que los hombres. Me encontré en situaciones cuando estaba desplegada en las que simplemente no podía llegar a algo. Yo no era lo suficientemente alta. Tuve que pedir a un hombre que me ayudara. No me puedo entrenar para ser más alta. Sí, también hay hombres pequeños. . . pero no son tantos como las mujeres pequeñas. Más, un PFP militar no mide la habilidad de saltar. Los hombres, con piernas más musculosas y con huesos que pueden cargar más masa muscular que lo que cualquier mujer pueda conseguir con

entrenamiento, pueden saltar más alto y más lejos que las mujeres. Es por eso que en los Juegos Olímpicos tenemos competencias separadas de salto en altura y de salto de longitud para hombres y mujeres. Cuando uno tiene que saltar una pared de diez pies de alto en Bagdad, tiene que ser capaz de llegar a la cima de la misma con equipo completo y pasar por sobre ella. Eso no es fuerza en sí misma, eso es la altura y la potencia muscular explosiva necesarias para saltar y llegar a la cima. El tener que recibir un impulso de uno de los hombres para poder elevarse podría hacer que ese hombre fuera asesinado.

5 Sin la ayuda de fármacos, las mujeres simplemente no pueden alcanzar la masa muscular de los hombres. Esa masa muscular actúa también como un amortiguador de golpes. Ya se trate de la conmoción provocada por la explosión de una granada, un artefacto explosivo improvisado o, simplemente, un puñetazo en la cara, es más probable que una mujer caiga al suelo porque no pueda absorber la conmoción cerebral de la misma forma que un hombre puede hacerlo. Y no me importa cómo las fuerzas de defensa personal quieran venderlo, en el combate cuerpo a cuerpo el hombre promedio va a destruir siempre a la mujer promedio, porque la mujer promedio es más pequeña, y punto. El músculo equivale a fuerza en cualquier tipo de golpe que usted quiera arrojar. Por eso, no permitimos que las boxeadoras se enfrenten con los boxeadores.

6 Por último, este país y nuestros militares NO están preparados para aceptar lo que el enemigo va a hacer con los prisioneros de guerra de sexo femenino. Los talibanes, Al Qaeda, los insurgentes, los yihadistas, como quiera llamarlos, no se atienen a la Convención de Ginebra y tratan a las mujeres peor que al ganado. Busque en Google los nombres Thomas Tucker y Kristian Menchaca si quiere ver lo que les hacen a nuestros hombres (no lo haga a menos que tenga un estómago fuerte), y entonces se podrá imaginar lo que harían con una mujer en sus manos. ¿Cómo cubriría nuestro ciclo de noticias 24/7 la noticia de una mujer capturada, violada o mutilada? Después de que ocurra el primer caso, ¿cómo tratarían los hombres en el ejército a sus compañeras? UNA Thomasina Tucker provocará que los hombres en el ejército muevan cielo y tierra para proteger a las mujeres, y se desentiendan de lo que pase con la misión. Les presento el caso de Jessica Lynch. Muchas vidas masculinas se perderán tratando de proteger a sus compañeras. Y el pueblo de los Estados Unidos NO está preparado, como lo demuestra el episodio de Jessica Lynch, para tratar a un prisionero de guerra femenino de la misma forma que lo hace con un hombre.

7 Repito, me hubiera gustado estar en la infantería. Creo que podría haberlo hecho desde el punto de vista físico; yo podría haber cumplido con casi todas las normas masculinas (si dejamos de lado la cuestión de los saltos), y creo que soy lo suficientemente fuerte mentalmente para hacer frente a todo. Pero yo nunca les haría eso a los hombres. Yo nunca sacrificaría una misión para satisfacer mis propios deseos. Y yo no sería capaz de vivir conmigo misma si alguien muriera por mi culpa.

Mientras que el secretario Leon Panetta sostiene que se debe permitir a las mujeres servir en la misma capacidad que los hombres en las fuerzas armadas, Sentry argumenta que las mujeres pondrían en peligro la vida de los hombres si se les permite participar en los combates sobre el terreno.

En su respuesta, analice los dos textos para determinar cuál de las posturas está mejor fundamentada. Use evidencia relevante y específica de las dos fuentes para respaldar su respuesta.

Escriba su respuesta en el recuadro siguiente. Dispondrá de 45 minutos para completar esta tarea.

Véanse las respuestas en las páginas 324–325.

✂ Cortar Copiar Pegar ↶ Deshacer ↷ Rehacer

Razonamiento a través de las artes del lenguaje

Capítulo 1. Uso del idioma español

Ejercicio 1: Uso de las mayúsculas

1. La Asociación de Enfermeras se reunirá en Nueva York.
2. El Departamento de Justicia tiene una oficina en el edificio Capitol.
3. El alcalde habló en el desfile del Día del Trabajo.
4. La ciudad de Monterey, en California, está situada sobre el océano Pacífico.

Ejercicio 2: Uso de los signos de puntuación

1. Los alumnos consiguieron resolver el ejercicio en poco tiempo.
2. ¿Crees tú que podremos llegar antes de que empiece el espectáculo?
3. ¡Cuidado con ese cuchillo!

   Párrafo corregido: Para atravesar los lagos y mares cubiertos de hielo, son necesarios los barcos rompehielos. Estos barcos se usan en los Grandes Lagos, el océano Atlántico y el mar Báltico. Los rompehielos tienen motores poderosos, un casco especial reforzado y una proa adaptada especialmente para la tarea. Cuando la proa del rompehielos presiona sobre el hielo, el peso del barco oprime el hielo, el cual no lo soporta, se agrieta y se rompe en pedazos.

Ejercicio 3: Fragmentos de oraciones

F 1. La llegada del tren más tiempo de lo que hubiera deseado.

F 2. Ir a la fiesta con su amiga.

O 3. Nina fue sola al concierto.

O 4. Ella compró una entrada para ir a ver el espectáculo en el museo.

F 5. El reloj de su padre por toda la casa.

Ejercicio 4: Oraciones mal estructuradas

C 1. Los niños que participaban del campamento de verano disfrutaron del viaje en la montaña rusa.

_____ 2. Un grupo pequeño de coyotes suele reunirse por las noches todos juntos lanzan aullidos escalofriantes.

C 3. El doctor realizó una operación de emergencia y salvó la vida del paciente.

_____ 4. Yo busqué la llave de mi armario en la mochila, no pude encontrarla.

_____ 5. Los mosquitos son criaturas peligrosas la mayoría de la gente no se imagina lo dañinos que pueden ser.

Ejercicio 5: Cláusulas de modificación mal colocadas o mal usadas

1. Nosotros cenamos con los Bermúdez en un elegante restaurante lentamente.

   Nosotros cenamos lentamente con los Bermúdez en un elegante restaurante.

2. Patricia comió un plato caliente de cereal antes de irse al trabajo.

   Patricia comió un plato de cereal caliente antes de irse al trabajo.

RESPUESTAS Y EXPLICACIONES

3. Después de volver corriendo a casa, la televisión fue encendida para ver el partido de béisbol.

   Después de volver corriendo a casa, nosotros encendimos la televisión para ver el partido de béisbol.

Ejercicio 6: Estructuras paralelas

_____ 1a. Es más importante tener salud que ser rico.

__C__ 1b. Es más importante tener salud que riqueza.

__C__ 2a. Marion estará contenta siempre que tenga ropa suficiente, alimentos y libros.

_____ 2b. Marion estará contenta siempre que tenga ropa suficiente, alimentos para comer y pueda leer libros.

Ejercicio 7: Oraciones poco elegantes

__C__ 1a. Alguna vez, él estuvo a punto de cometer el error de correr y zambullirse de una piscina vacía en la parte profunda.

_____ 1b. Él estuvo a punto de cometer el error alguna vez de correr y zambullirse de una piscina vacía en la parte profunda.

_____ 2a. La exploradora describió su viaje por el Amazonas durante nuestra clase de estudios sociales en una canoa.

__C__ 2b. Durante nuestra clase de estudios sociales, la exploradora describió su viaje por el Amazonas en una canoa.

Ejercicio 8: Concordancia entre sujeto y verbo

__C__ 1. Todos los mares del mundo tienen peces en sus aguas.

__I__ 2. Una buena guía de turismo es uno de los artículos de viaje que más ayuda a los turistas.

__C__ 3. La golondrina es un ave migratoria que pasa sus inviernos siempre en el mismo lugar.

__I__ 4. El maíz azul es una de las variedades que es poco común en los Estados Unidos.

__I__ 5. Una cuidadosa planificación y un poco de buena suerte fue responsable de los primeros alunizajes.

__I__ 6. Hasta ahora, ni el análisis del suelo ni las fotografías escaneadas ha suministrado pruebas contundentes.

__I__ 7. El Riverdale Thunder son un nuevo equipo de la liga de béisbol.

__I__ 8. En algunos lugares, la pesca excesiva eliminan especies enteras.

Ejercicio 9: Modos y tiempos verbales

1. Estaba bajo la ducha cuando sonó el teléfono.
2. Desde aquel día en que escribí el poema, he escrito otros dos cuentos cortos.
3. Cuando recordé que había dejado la comida en el horno, ya era tarde.
4. Tal vez no pueda ir al trabajo mañana.

Ejercicio 10: Uso de los pronombres

__C__ 1. Verónica nos pidió a Bernardo y a mí que la acompañáramos al cine.

__I__ 2. Ella y yo hemos ido juntas a las clases de ballet durante años, pero ella lo ha hecho siempre mejor que mí.

__C__ 3. Teresa se peinaba cuatro veces al día.

__C__ 4. La novela que compré la semana pasada me resultó entretenida.

__I__ 5. Aprender a nadar les resultó extremadamente difícil a mi hermano y a mí.

__I__ 6. Los participantes en este maratón deben entrenar muy duro, pues alguien puede predecir cómo estará el tiempo en abril.

RESPUESTAS Y EXPLICACIONES

Párrafo corregido: Mariana quería aprender a tocar el piano, aunque ella sabía lo difícil que resulta para un principiante. De todas formas, ella trabajó mucho y, a menudo, sacrificó parte de su tiempo libre. Fue menos veces al centro comercial y pasó menos tiempo con sus amigos. Al final, ella estaba contenta de sí misma.

Ejercicio 11: Palabras y frases de transición

1. Mi profesora de francés habla portugués e italiano; **además**, habla español.
2. Ciencia fue una materia que me creó problemas en la escuela secundaria; **todavía** me resulta difícil en la universidad.
3. Me encanta viajar a Roma; **especialmente**, visitar sus muchas iglesias.
4. Juana quería un helado de vainilla, **pero** ya no quedaban.

Ejercicios de práctica: Uso del idioma español

PASAJE 1

Seleccione 1: último. El adjetivo *pasado* indica también una acción realizada anteriormente, pero no especifica cuándo.

Seleccione 2: "Cuadro de Donantes". Este es un ejemplo del uso correcto de las mayúsculas.

Seleccione 3: la cena, el baile y la actuación de los comediantes. La coma separa correctamente el primer elemento del segundo. No hay coma delante del tercer elemento porque va precedido de la conjunción copulativa *y*.

Seleccione 4: encantaría poder mostrarle las instalaciones y contarle. Los verbos *mostrarle* y *contarle* muestran el paralelismo de la acción.

PASAJE 2

Seleccione 1: Soy un estudiante de primer año de la Universidad Comunitaria de Cape Fear, con especialización en justicia penal. Esta es la mejor forma de escribir la oración, siguiendo un orden lógico y ubicando correctamente la cláusula de modificación.

Seleccione 2: su. Este es el único pronombre posesivo que concuerda en persona y número con el antecedente (*usted*).

Seleccione 3: donde. Pronombre relativo que refiere correctamente al antecedente (*bufete*).

Seleccione 4: me resultó. Esta es la única forma verbal que concuerda en número y persona con el sujeto y en tiempo con el verbo de la oración principal.

Seleccione 5: A la espera de su respuesta. Fórmula de cortesía que se usa en este tipo de cartas.

PASAJE 3

Seleccione 1: . La conferencia estará dedicada a fomentar la cooperación entre los empleados en el lugar de trabajo. Para evitar una oración mal estructurada (fundida o sin puntuación), la mejor solución es empezar una nueva oración a continuación de un punto y seguido.

Seleccione 2: Los empleados se dividirán en pequeños grupos para realizar ejercicios clave destinados a mejorar la cooperación en el lugar de trabajo. Esta oración es la más elegante y menos repetitiva.

Seleccione 3: Al respecto. Esta expresión de transición establece la relación entre la participación en la conferencia y los comentarios sobre ella.

Seleccione 4: diríjase. Esta es la forma verbal apropiada, pues concuerda con el sujeto implícito (*usted*) y la preposición que sigue al verbo (*a*).

RESPUESTAS Y EXPLICACIONES

Capítulo 2. Comprensión de la lectura

Ejercicios de práctica: Comprensión de la lectura

1. **Respuesta correcta: D.** La opción A pregunta si un hombre que ha nacido después de su tiempo no hubiera nacido siempre después de su tiempo, independientemente de cuándo lo hubiera hecho. Esta pregunta no es evidencia que nos sirva para respaldar la inferencia. La opción B expresa un hecho sobre los bebés, pero tampoco respalda la inferencia. La opción C se refiere a la literatura y no a las personas.
2. **Respuesta correcta: B.** Basándose en el texto, la opción A no puede ser correcta, pues el autor tiene una buena imaginación. No hay ninguna evidencia en el texto de que la opción C sea la correcta. Para el autor estas cuestiones tienen mucho significado, por lo que la opción D tampoco puede ser la correcta.
3. **Respuesta correcta: D.** Basándose en el texto, usted puede inferir que existe una razón por la que las personas nacen en el momento en que les corresponde. La opción A representa lo contrario de lo que el autor sugiere. Las opciones B y C también contradicen las creencias del autor.
4. **Respuesta correcta: D.** Esta es la única opción que suministra evidencia de que la inferencia de los científicos es acertada. La opción A refleja las impresiones de los científicos cuando vieron por primera vez al hombre en la playa. La opción B da detalles sobre lo que los científicos hicieron, y la opción C describe cómo los científicos vieron al hombre mendigar alimentos de un marinero.
5. **Respuesta correcta: B.** Esta es la idea central del pasaje. La opción A se refiere a cómo estudian los científicos el comportamiento, pero es un detalle, no la idea central. Las opciones C y D se refieren también a detalles.
6. **Respuesta correcta: D.** No hay evidencia en el texto de que al hombre le gustara robar ni de que hubiera fauna en la orilla, por lo que las opciones A y B no son correctas. En la opción C se afirma lo contrario que en el texto; había alimentos suficientes en el ballenero.
7. **Respuesta correcta: A.** El cuento trata de una persona que prácticamente muere de inanición y pregunta si, como consecuencia de ello, el hombre quedará condicionado para siempre por esa experiencia. Al final, el hombre se recupera. No hay nada en el cuento que sugiera que la opción B sea la correcta. En realidad, parece más bien lo contrario. Los científicos son personas curiosas, pero no sensibles a las emociones. La opción C es una respuesta posible, pero no es el tema del que trata el pasaje. La opción D representa una generalización, que puede ser cierta en algunos casos pero no en todos.
8. **Respuesta correcta: A.** El texto muestra claramente que a Lincoln le encantaba leer y aprender nuevas cosas. La opción B podría ser correcta, pero no es lo que sugiere el texto. La opción C también es incorrecta porque el texto presenta a Lincoln como una persona seria. Con respecto a la opción D, puede que le gustaran las aventuras, pero no hay evidencia de ello en el texto.
9. **Respuesta correcta: C.** Esta es la única afirmación que se refiere a la esclavitud. En la opción A, se nos cuenta por qué fue seleccionado como administrador de Correos. La opción B describe lo que Lincoln leía cuando era administrador de Correos. Por último, la opción D relata que la tienda de Lincoln tenía dificultades económicas.
10. **Respuesta correcta: D.** Este párrafo muestra que Lincoln conocía a personas de todos los tipos y que obtenía información de todas ellas. La opción A contradice lo que el párrafo

RESPUESTAS Y EXPLICACIONES

dice, pues en él se afirma que gracias a un vagabundo se familiarizó con las obras de Shakespeare y Burns. La opción B no aparece mencionada en el párrafo; Lincoln parece disfrutar de la compañía de esta persona. Tampoco se menciona la opción C.

11. **Respuesta correcta: C.** Esta generalización está respaldada por la información que se presenta en el texto. La opción A no tiene sentido en este contexto. La opción B es irrelevante, y no hay referencia alguna a "meterse en problemas". La opción D no es una generalización que esté basada en el texto; aparentemente, Lincoln no era un buen comerciante.

12. **Respuesta correcta: D.** Si usted analiza el pasaje, comprobará que su idea central es que a Lincoln le encantaba aprender nuevas cosas y leer todos los libros que tuviera al alcance para complementar su educación. La opción D respalda esta idea. Las otras opciones representan solo detalles, pero no toda la idea central.

Capítulo 3. La estructura del texto y las elecciones del autor

Ejercicios de práctica: La estructura del texto y las elecciones del autor

1. **Respuesta correcta: A.** Eso es lo que hace el párrafo. No discute la financiación (opción B) ni tampoco la necesidad de promover el uso del idioma inglés (opción C). La opción D también es incorrecta.

2. **Respuesta correcta: C.** Las claves de contexto ayudan al lector a descubrir la respuesta correcta. Ninguna de las otras opciones tiene sentido en el contexto de la oración y el párrafo.

3. **Respuesta correcta: A.** Este es el efecto de la última oración. Es convincente y directa. No atenúa el tono ni transmite un sentimiento de incredulidad (opciones B y C). El tono no es, de ninguna forma, irónico.

4. **Respuesta correcta: D.** Al usar la palabra *acogerlos*, la oradora pretende transmitirle a la audiencia su deseo de incluir en la sociedad a las personas con limitados conocimientos del inglés. En este caso, no se usa la palabra *acogerlos* en su significado más estricto; se la usa en sentido figurativo, por lo que la opción A es incorrecta.

5. **Respuesta correcta: B.** Las palabras de Jonathan expresan que todavía se siente prisionero de esa situación. Las opciones A, C y D no son correctas porque en el fragmento no se hace mención a ningún castigo, ni a que haya hecho algo malo ni a los años de prisión.

6. **Respuesta correcta: C.** Las referencias excesivamente dramáticas a la prisión y a los insectos precipitándose contra las paredes le dan un tono teatral al fragmento. La opción A es incorrecta, pues las palabras de Jonathan no resultan para nada inspiradoras. La opción B tampoco es correcta porque Jonathan no está contento con su trabajo. Si bien el estar tirado sobre el césped puede transmitir una sensación de tranquilidad (opción D), sus palabras reflejan otro sentimiento.

7. **El orden correcto de los acontecimientos:**

   Linda le pregunta a Jonathan si tiene que volver el lunes al trabajo.

RESPUESTAS Y EXPLICACIONES

Linda sugiere que Jonathan se acostumbrará al trabajo.

Jonathan dice que nunca se acostumbrará a su trabajo.

Jonathan dice que se siente como un insecto.

8. **Respuesta correcta: C.** El autor sugiere sutilmente que Linda no está interesada en lo que le sucede a Jonathan. Las otras opciones no representan sugerencias formuladas en ese párrafo.
9. **Respuesta correcta: D.** Esta frase prepara al lector para recibir información adicional.
10. **Respuesta correcta: A.** El contexto ayuda a comprender el significado de la palabra *esenciales*. La opción B representa el antónimo de *esenciales*. Las opciones C y D no son aplicables a este contexto.
11. **Respuesta correcta: A.** Si el lector observa con detenimiento las imágenes creadas por el autor, comprobará que el autor compara al invierno con el regreso al vaso de agua y el pedazo de pan, después del vino y el banquete del verano.
12. **Respuesta correcta: D.** El autor demuestra una gran sensibilidad y mucho conocimiento sobre las estaciones, e incluyó esta oración para destacar lo que se puede aprender del invierno. Las otras opciones son todas incorrectas.

Capítulo 4. Textos literarios

Ejercicios de práctica: Textos literarios

1. **Respuesta correcta: D.** El cuento describe cómo Tom molesta a su tía y cómo, cuando ella se enoja, la hace reír. La opción D es la única que se refiere a este tema.
2. **Respuesta correcta: B.** Si se lee el texto con atención, se pueden descartar las otras opciones. No hay indicios de que a Tom le desagrade su tía (opción A), ni de que piense en cambiar su comportamiento (opción C) o de que crea que su tía debería ser más estricta (opción D).
3. **Respuesta correcta: D.** Esta es la única oración que describe precisamente la rapidez física de Tom. Las otras opciones describen otros aspectos del carácter de Tom.
4. **Respuesta correcta: B.** Este es un hecho que se describe en el texto. Las otras opciones no son correctas y no se presenta evidencia que las respalde.
5. **Respuesta correcta: C.** La opción B no parece realista. Si bien le costaría confesar que no sabe montar (opción A), ese no es su problema. La opción D es también incorrecta.
6. **Respuesta correcta: D.** Esa es la forma como Travers consigue impresionar a los otros jinetes. La opción A no es correcta, pues Travers no es el responsable de los saltos que pega Monster. Las opciones B y C tampoco son correctas.
7. **Respuesta correcta: C.** En el pasaje se dice que Travers trató de que Monster pasara por el puente, pero que el caballo, simplemente, no le obedeció. Las otras opciones no se ajustan al relato.
8. **Respuesta correcta: A.** Si bien no podemos estar seguros de las intenciones del joven Paddock, esta opción parece la más próxima a la realidad. Con seguridad, Monster no era el mejor caballo (opción D). También es poco probable que el joven Paddock quisiera

complacer a Travers (opción C). La opción B parece la menos probable.

9. **Respuesta correcta: B.** Si no hubiera sido por el tren, Easton y la señorita Fairchild probablemente no se habrían encontrado. Las otras opciones son incorrectas.
10. **Respuesta correcta: D.** Atando cabos, el lector puede descifrar la relación entre los dos personajes. No hay evidencia que respalde la opción A, ni tampoco que permita inferir que las opciones C y D sean correctas.
11. **Respuesta correcta: B.** Cuando la señorita Fairchild ve a Easton con las esposas, se muestra horrorizada. Así lo expresa el texto. Las otras opciones no son correctas.
12. **Respuesta correcta: B.** Desde el momento en que la señorita Fairchild inicia la conversación, el alguacil trata de que ella no descubra la verdad. Se solidariza con la actitud de Easton. No hay evidencia en el texto que respalde las opciones A, C y D.

Capítulo 5. Textos informativos

Ejercicios de práctica: Textos informativos

1. **Respuesta correcta: B.** Una lectura minuciosa del texto muestra el asombro de Audubon ante el poder de la tormenta. Puede que tenga algún temor, pero no se muestra preocupado por su integridad física (opción A). No se hace mención a que la tormenta haya matado a personas (opción C), ni tampoco hay evidencia de que le encanten las tormentas (opción D).
2. **Respuesta correcta: D.** La opción D expresa una opinión de Audubon: el cree que los escombros del bosque parecían una "nube de plumas".
3. **Respuesta correcta: A.** La tormenta tiene un efecto considerable sobre los árboles, a los que destroza y voltea.
4. **Respuesta correcta: A.** Esta es una fuente primaria, pues fue escrita por un testigo presencial de los hechos. Las otras opciones no cuentan con el mismo respaldo.
5. **Respuesta correcta: A.** El jefe Joseph dice que está cansado de luchar. La opción B es incorrecta porque afirma que nunca ha librado una guerra. La opción C tampoco es correcta porque el jefe no cree que la guerra sea la única alternativa. Por último, la opción D también es incorrecta porque el jefe Joseph no pretende que los guerreros jóvenes continúen la guerra.
6. **Respuesta correcta: A.** El jefe Seattle dice que los americanos nativos tienen escaso poder y son muy pocos en número comparados con los hombres blancos. El pasaje contradice explícitamente las tres opciones restantes.
7. **Respuesta correcta: D.** El jefe Joseph está anunciando la rendición de su pueblo luego de haber sido derrotado en el campo de batalla. El jefe Seattle está acordando voluntariamente trasladar a su pueblo a una reserva.
8. **Respuesta correcta: A.** Si bien el jefe Joseph y el jefe Seattle tienen diferencias en sus puntos de vista, los dos comparten la preocupación por el bienestar de sus pueblos. El jefe Seattle agradece al gobierno federal, no así el jefe Joseph, por lo que la opción B es incorrecta. A diferencia del jefe Seattle, el jefe Joseph está enojado por el trato recibido, lo que contradice la opción C. Ninguno de los dos

RESPUESTAS Y EXPLICACIONES

jefes demandan más tierras, como se afirma en la opción D, que es incorrecta.

9. **Respuesta correcta: A.** Henry sostiene que las colonias ya se encuentran en estado de guerra con Gran Bretaña. No hay evidencia en el texto que respalde las otras opciones.

10. **Respuesta correcta: D.** Henry formula diversas preguntas. Las preguntas están estructuradas en forma paralela. El hecho de que realice pregunta tras pregunta implica, además, una repetición. Las otras opciones no reflejan la técnica usada por Henry.

11. **Respuesta correcta: C.** Esta cita respalda plenamente la afirmación de Henry de que las colonias no son débiles. Las otras opciones se refieren a otras cuestiones.

12. **Respuesta correcta: D.** El propósito de la línea de tiempo es mostrar el orden en que se produjeron los hechos. Permite ubicar al discurso de Henry en la serie de acontecimientos que llevaron a la guerra entre las colonias y Gran Bretaña.

Capítulo 6. Pregunta de respuesta extensa de Razonamiento a través de las artes del lenguaje

Ejercicios de práctica: Pregunta de respuesta extensa de Razonamiento a través de las artes del lenguaje

EJEMPLO DE ENSAYO

La cuestión de si debe permitírseles a las mujeres servir en posiciones de combate en el ejército ha sido motivo de controversia durante mucho tiempo. Es hora de que terminemos con esa controversia. Las mujeres deben tener las mismas oportunidades y el mismo derecho de servir en posiciones de combate.

El secretario Panetta dice: "Si los miembros de nuestras fuerzas armadas pueden cumplir con los requisitos para el trabajo —y voy a ser claro, yo no estoy hablando aquí de reducir las calificaciones para el trabajo—, si es que pueden cumplir con los requisitos para el trabajo, entonces deben tener el derecho de servir, sin importar credo, color o género u orientación sexual". Esta es una pieza clave de su argumento, por muchas razones, y también muestra una debilidad en el argumento de Sentry. Ella habla de "diluir" las normas para que las mujeres puedan ocupar posiciones de combate. Esa no es claramente la intención del anuncio del secretario Panetta. Además, Panetta menciona el credo, el color y la orientación sexual. Si bien no entra en detalles, me parece que nos está recordando que las Fuerzas Armadas de los Estados Unidos discriminan todavía a los afroestadounidenses y a los homosexuales. Estos prejuicios tienen raíces profundas y muy fuertes. La discriminación contra las mujeres no es algo diferente, ni menos condenable.

Sentry también sostiene que, incluso si las mujeres pudieran cumplir con los requisitos físicos necesarios para ocupar posiciones de combate, la sola presencia de una mujer en el grupo de combate provocaría cambios en la forma en que sus compañeros soldados actúan, pues ellos tratarían de protegerla, porque está en su naturaleza, y arriesgarían sus vidas al hacerlo. Yo creo que, en la actualidad, los soldados varones se protegen entre sí y arriesgan su vida unos por otros. No

RESPUESTAS Y EXPLICACIONES

haría, entonces, ninguna diferencia que uno de los miembros del grupo fuera una mujer. Es cierto, eso sí, que nuestra cultura fomenta que los hombres protejan a las mujeres. Pero las culturas evolucionan, y los soldados que entran en combate reciben un entrenamiento riguroso.

No es que el argumento de Sentry no sea convincente. Su experiencia directa en combate hace que sus declaraciones resulten especialmente contundentes. Sin embargo, ella representa solo un caso. El secretario Panetta ha hablado directamente con muchos veteranos y escuchado las opiniones de los principales líderes militares y civiles. Ha basado su decisión sobre un volumen de información mucho más grande que el que Sentry tuvo a su disposición.

Puede que no suceda de la noche a la mañana, pero en los Estados Unidos la cultura militar puede y debe evolucionar. Todos los estadounidenses merecen tener igualdad de oportunidades, incluyendo a los valientes miembros del servicio militar femeninos que sirven a nuestro país.

Razonamiento matemático

El examen de Razonamiento matemático

La sección de Razonamiento matemático del examen de GED® evalúa su capacidad para resolver problemas aplicando conceptos esenciales de matemáticas de la escuela superior. El examen tiene una duración de 90 minutos e incluye 50 preguntas presentadas en una variedad de formatos. Con excepción de una breve sección, en la que su uso no está permitido, la calculadora podrá ser utilizada en el resto del examen. Una calculadora electrónica estará a su disposición en la pantalla de la computadora. Además, se le suministrará una lista de fórmulas matemáticas esenciales, que usted podrá usar para la solución de los problemas.

Alrededor de la mitad del examen está centrado en la solución de problemas cuantitativos, y aproximadamente la otra mitad, en la solución de problemas algebraicos básicos. El examen también incluye preguntas sobre geometría. Algunas preguntas requieren simplemente efectuar cálculos matemáticos, pero otras presentan situaciones hipotéticas de la vida real, en las que usted deberá decidir qué técnica de resolución de problemas es la más apropiada para llegar a la respuesta correcta. Muchas de las preguntas se refieren a diagramas, gráficos, cuadrículas del plano de coordenadas u otras representaciones gráficas.

La mayoría de las preguntas de la sección de Razonamiento matemático son de opción múltiple e incluyen cuatro respuestas. Sin embargo, algunas preguntas emplean técnicas interactivas, como "arrastrar y soltar", o contienen menús desplegables. En otras preguntas, usted deberá escribir su respuesta en un espacio en blanco o en un recuadro en la pantalla de la computadora. Por último, en otras deberá hacer un clic sobre la pantalla para marcar puntos en una cuadrícula del plano de coordenadas. Para una explicación detallada y ejemplos de estos formatos, véase la sección "Introducción al examen de GED®" al comienzo de esta publicación.

Repaso de los conocimientos de Razonamiento matemático

Los capítulos siguientes de esta publicación presentan un exhaustivo repaso de los conocimientos que se evalúan en el examen de Razonamiento matemático. En ellos, hay secciones breves de repaso sobre todos los conceptos matemáticos esenciales que usted deberá conocer. Al final de cada una de las secciones, hallará ejercicios que usted podrá usar para poner a prueba su dominio de los conceptos. También encontrará ejemplos de preguntas como las que deberá responder el día del examen. Preste mucha atención a las explicaciones que se dan sobre cada pregunta, lo que le permitirá familiarizarse con todos los tipos diferentes de preguntas de la sección de Razonamiento matemático y aprender estrategias de examen que le permitirán mejorar su puntaje. Si usted ya ha realizado el examen preliminar de Razonamiento matemático que se encuentra al comienzo de esta publicación, asegúrese de estudiar aquellas secciones que se refieren a las preguntas que no supo contestar o tuvo dificultad para hacerlo.

La sección de repaso de los conocimientos de Razonamiento matemático está organizada de la forma siguiente:

Razonamiento matemático

Capítulo 1 Operaciones con números enteros
Capítulo 2 Exponentes, raíces y propiedades numéricas
Capítulo 3 Operaciones con números decimales
Capítulo 4 Operaciones con fracciones
Capítulo 5 Razones, tasas y proporciones
Capítulo 6 Los porcentajes y sus aplicaciones
Capítulo 7 La recta numérica y los números negativos
Capítulo 8 Probabilidad y cálculos
Capítulo 9 La estadística y el análisis de datos
Capítulo 10 Expresiones algebraicas
Capítulo 11 Resolución de ecuaciones y desigualdades
Capítulo 12 Representación gráfica de ecuaciones
Capítulo 13 Funciones
Capítulo 14 Geometría

Las respuestas y explicaciones a todos los ejercicios de práctica aparecen al final de esta sección.

Destrezas necesarias para tener éxito en el examen de Razonamiento matemático de GED®

Cuando pensamos en una definición de qué es la matemática, imaginamos inmediatamente una serie de cálculos y "reglas" de procedimiento muy estrictas. Si bien los cálculos son importantes y hay muchas reglas que deberemos conocer, la matemática no es solo eso: trata, además, del desarrollo del pensamiento crítico y de su aplicación a situaciones y problemas nuevos.

El examen de GED® incorpora este concepto a través de diferentes "prácticas matemáticas", con las que usted deberá familiarizarse. Esas prácticas comprenden las destrezas de:

- Reconocer los puntos de partida para resolver un problema y planear estrategias para llegar a la solución.
- Elegir la mejor estrategia y el método apropiado para resolver el problema.
- Reconocer e identificar la información faltante que es necesaria para resolver el problema y la información más importante para encontrar la solución.
- Representar problemas de la vida real tanto algebraica como visualmente.
- Dada una línea de razonamiento para resolver un problema, poder llevarla a la práctica hasta completarla o poder encontrar los defectos en el razonamiento.
- Manipular, resolver y transformar expresiones matemáticas.
- Representar gráficamente datos o expresiones algebraicas.
- Reconocer y usar contraejemplos.

Si repasamos esta lista de prácticas, comprobaremos que el foco está puesto en el proceso de resolución de problemas. Es decir, en pensar cómo se puede resolver un problema a partir de la información dada, revisando mentalmente los pasos necesarios y aplicando, luego, la mejor técnica matemática.

Estas destrezas han sido incorporadas al texto, los ejemplos y los ejercicios de práctica incluidos en la presente publicación. Para optimizar su aprendizaje, cuando repase los ejemplos o los ejercicios de práctica, asegúrese de concentrar siempre su atención en el proceso de resolución de problemas. En lugar de encontrar la respuesta tan pronto como sea posible, tómese su tiempo, revea qué es lo que se le pide que haga y decida cuál es el método más apropiado para lograrlo. Si sigue estos pasos, usted desarrollará todas las destrezas necesarias para superar con éxito el examen de Razonamiento matemático de GED®.

CAPÍTULO 1

Operaciones con números enteros

Después de años de usar la calculadora para resolver problemas de adición, sustracción, multiplicación y división, es fácil haber olvidado algunos de los pasos necesarios para efectuar manualmente esas operaciones. En casi toda la sección de Razonamiento matemático del examen de GED®, usted no deberá preocuparse por ello, pues dispondrá de una calculadora en la pantalla de su computadora. Sin embargo, hay un puñado de preguntas en las que la calculadora no estará disponible. Esas preguntas han sido diseñadas para comprobar si usted recuerda cómo efectuar una suma con números de varios dígitos o una división larga. Para asegurarnos de que usted esté preparado para ello, repasaremos a continuación esas operaciones.

Adición

Para sumar dos o más números (sumandos), encolumne los números, de derecha a izquierda, según la cantidad de dígitos. Esto significa, alinear las unidades del primer número con las del segundo, las decenas del primero con las decenas del segundo, las centenas con las centenas, y así sucesivamente. A continuación, sume cada columna empezando por la de la derecha. En la adición, se llama **suma** al resultado de la operación.

EJEMPLO 1

Sumar: 112 + 26.

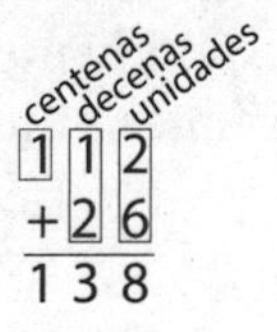

EJEMPLO 2

Sumar: 56 + 11 + 2.

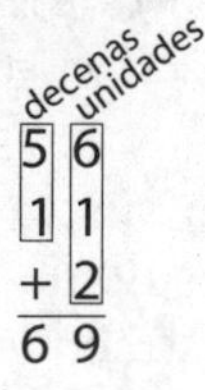

Cuando el total de la primera columna sea más grande que 10, "acarree" el dígito correspondiente a la decena a la columna siguiente.

EJEMPLO 3

Sumar: 242 + 18 + 195.

$$\begin{array}{r} \overset{1}{2}\,\overset{1}{4}\,2 \\ 1\,8 \\ +\,1\,9\,5 \\ \hline 4\,5\,5 \end{array}$$

← El total de la primera columna es 15; acarree el 1.

Aunque en los ejemplos se han colocado los números en el mismo orden en que aparecen en la pregunta, la adición es **conmutativa**, es decir, no tiene importancia el orden en que se suman los números.

Sustracción

Para restar, encolumne los números de la misma manera que lo hizo para la adición y luego **reste** cada columna de derecha a izquierda. En la sustracción, se llama **resta** al resultado de la operación.

EJEMPLO 4

Restar: 2055 – 13.

$$\begin{array}{r} 2\,0\,5\,5 \\ -\quad 1\,3 \\ \hline 2\,0\,4\,2 \end{array}$$

Si no hubiera suficientes unidades de las que restar, convierta una unidad de la columna de las decenas en 10 unidades, reste 1 de esa columna, añada un 1 delante del dígito correspondiente a la columna de las unidades y agrúpelo. Si no hubiera suficientes unidades en alguna otra columna, repita el procedimiento.

EJEMPLO 5

Restar: 1758 – 909.

$$\begin{array}{r} \overset{0}{\not{1}}\,{}^{1}7\,\overset{4}{\not{5}}\,{}^{1}8 \\ -\,9\,0\,9 \\ \hline 8\,4\,9 \end{array}$$

← Reste 1 del 5 (columna de decenas), añada un 1 delante del 8 (columna de unidades) y agrúpelo para convertirlo en 18.

El resultado final de cualquier sustracción puede ser verificado de la forma siguiente: la suma del resultado de la resta y del segundo número de la operación de sustracción (sustraendo) debe ser igual al primer número (minuendo). En el ejemplo anterior, 849 + 909 = 1758. Si la suma de esos números diera un resultado diferente, ello indicaría que hubo un error en la operación.

Multiplicación

La multiplicación es una operación más compleja que la adición y la sustracción. En la multiplicación, se llama **producto** al resultado de la operación.

Analicemos paso a paso el procedimiento para la multiplicación.

EJEMPLO 6

Multiplicar: 185 × 6.

En este ejemplo, cada uno de los dígitos del número 185 (multiplicando) deberá ser multiplicado por 6 (multiplicador). Si el resultado de la operación fuera en cualquier caso superior a 10, el dígito correspondiente a la decena deberá ser acarreado a la columna que sigue hacia la izquierda.

```
 5 3
 1 8 5
×    6
-------
1 1 1 0
```

PASOS

① Multiplicar: 5 × 6 = 30, acarrear 3.
② Multiplicar: 8 × 6 = 48, sumar 3 (51) y acarrear 5.
③ Multiplicar: 1 × 6 = 6, sumar 5 (11).

En los casos en que el segundo número (multiplicador) tenga dos dígitos, los pasos deberán repetirse, con la única diferencia de que habrá que agregar un 0 a la derecha en la segunda fila de la multiplicación antes de sumar y obtener la respuesta final.

EJEMPLO 7

Multiplicar: 289 × 24.

```
  1 1
  3 3
  2 8 9
×   2 4
-------
1 1 5 6
5 7 8 0
-------
6 9 3 6
```

PASOS

① Multiplicar cada dígito por 4 y acarrear cuando sea necesario.
② Agregar un 0 a la derecha en la segunda fila.
③ Multiplicar cada dígito por 2 y acarrear cuando sea necesario.
④ Sumar para obtener el resultado final.

Como en la adición, no tiene importancia el orden en que se multiplican los números.

División

La división se calcula comúnmente mediante un procedimiento denominado "división larga". En la división, se llama **cociente** al resultado de la operación.

Analicemos paso a paso el procedimiento para la división.

EJEMPLO 8

Dividir: $1638 \div 7$.

```
      2 3 4
  7 | 1 6 3 8
    - 1 4
        2 3
      - 2 1
          2 8
        - 2 8
            0
```

Al número que queda después de la última sustracción se lo llama resto.

PASOS

① Dividir por el divisor (7) el menor número posible del dividendo (1638). Como 1 no es divisible por 7, dividir entonces 16 por 7.

② Multiplicar el 2 obtenido por 7 (14) y restarlo de 16.

③ Bajar el dígito siguiente (3) y dividir el 23 resultante por 7.

④ Repetir el procedimiento de dividir, multiplicar, restar y bajar dígitos hasta que no queden más dígitos disponibles.

Si en algún momento del procedimiento, el número resultante de la resta y de bajar un dígito no es lo suficientemente grande como para ser dividido, escriba y reste 0 y baje el dígito siguiente. Véase el ejemplo siguiente.

EJEMPLO 9

Dividir: $2018 \div 4$.

```
      5 0 4
  4 | 2 0 1 8
    - 2 0
        0 1
      -   0   ← Como 1 no puede ser dividido por 4,
          1 8    escriba y reste 0 antes de bajar el
        - 1 6    dígito siguiente.
            2
```

En este ejemplo, el número 2, que resulta de la última sustracción, representa el resto. La respuesta final será, entonces: 504, con 2 de resto.

El uso de la calculadora en el examen de Razonamiento matemático de GED®

El examen de Razonamiento matemático de GED® incluye una versión en pantalla de la calculadora TI-30XS. Aunque no es necesaria para responder todas las preguntas, la calculadora estará disponible en la mayoría de las preguntas sobre matemáticas.

Asegúrese de estar completamente familiarizado con su uso antes del examen, ya sea usando la calculadora con fines de práctica o repasando toda la información necesaria para su empleo. Si bien repasaremos a continuación todos los pasos requeridos para el uso de la calculadora, podría ser de utilidad consultar el sitio web de GED Testing Service en http://gedtestingservice.com/testers/calculator, donde encontrará vídeos de demostración y guías al respecto.

Operaciones básicas con la calculadora TI-30XS

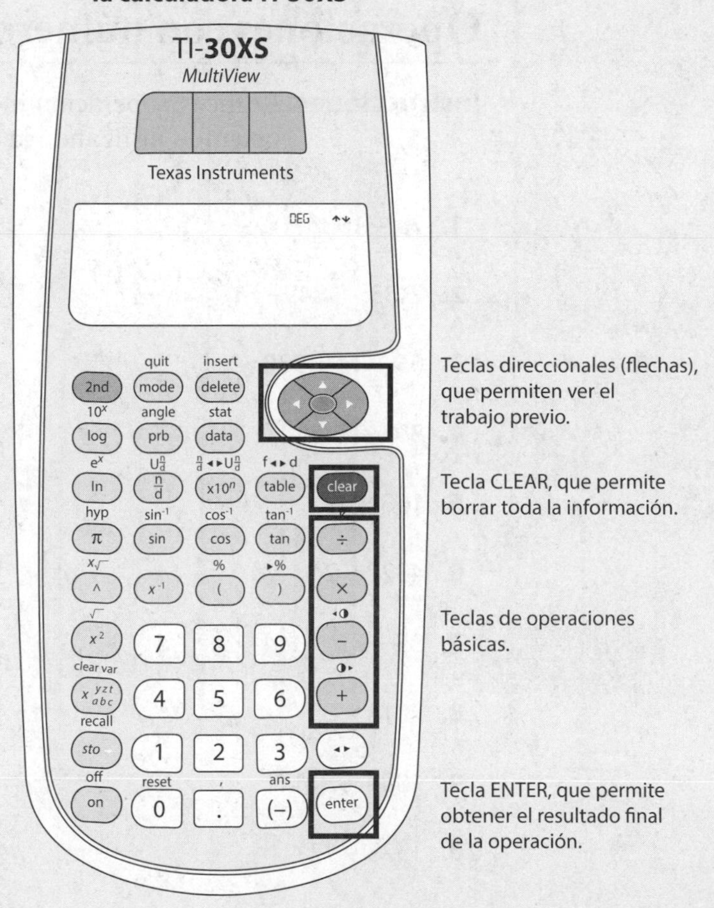

Para obtener el resultado de cualquier operación, deberá presionar la tecla ENTER. No es necesario borrar la información en pantalla entre problemas, pero, si usted lo desea, deberá presionar la tecla CLEAR en cualquier momento. Si usted decide no borrar la información, podrá ver el trabajo previo presionando las flechas (arriba, abajo) en el teclado.

Para efectuar operaciones de adición, sustracción, multiplicación y división, ingrese el primer número, presione la tecla de la operación apropiada, ingrese el segundo número y presione luego la tecla ENTER.

```
DEG              DEG
152+18      170  4582-13    4569
```

Importante: Para evitar errores, cuando realice una sustracción, asegúrese de presionar la tecla de sustracción, ubicada a la derecha de su calculadora, y no la tecla del signo negativo (–), que se encuentra en la parte inferior.

EJERCICIO 1

Operaciones con números enteros

Instrucciones: Realice la operación indicada y compruebe el resultado obtenido utilizando la calculadora.

1. $76 + 1088$
2. $2133 - 1849$
3. $65 + 14 + 930$
4. $852 \div 7$
5. 168×19
6. $4322 - 24$
7. $85 - 72$
8. 2018×89
9. $1084 + 9417$
10. $1528 \div 12$
11. $890 - 104$
12. $72 + 215$
13. $1999 + 631$

14. $810 \div 2$

15. $9380 \div 20$

16. 75×15

17. 49×82

18. $4003 - 209$

19. $4429 \div 6$

20. 1600×28

Véanse las respuestas en la página 525.

Problemas verbales que se resuelven con operaciones básicas

En los problemas verbales que se resuelven con operaciones básicas, es frecuente encontrar frases clave que le permitirán decidir cuál es la operación que deberá efectuar: sumar, restar, multiplicar o dividir.

- **Adición:** Encuentre el total, efectúe la suma, determine cuántos son. . .
- **Sustracción:** Encuentre la diferencia, efectúe la resta, determine cuántos quedan. . .
- **Multiplicación:** Encuentre el total (cuando se trabaja con grupos), efectúe el producto, determine cuántos son (cuando se trabaja con grupos). . .
- **División:** Encuentre la cantidad o razón “por”, divida en partes iguales, separe entre, determine cuántos quedan o pertenecen a un grupo sobre un total de. . .

La lista sólo muestra algunas de las posibilidades, pues en los problemas verbales se usan muchas otras expresiones para indicar la operación necesaria en cada caso. La mejor forma de entender esas expresiones es efectuar la mayor cantidad posible de ejercicios. Teniendo ello presente, analicemos juntos algunos ejemplos.

EJEMPLO 10

Juan hace mandados por una pequeña compensación. En los últimos cuatro días, Juan recibió $13, $45, $20 y $32 por su trabajo. En total, ¿cuánto dinero recibió Juan durante esos días?

Como en el problema se pregunta por un total, la solución se obtendrá por adición.

$13 + 45 + 20 + 32 = 110$

Juan recibió un total de $110 durante ese período.

EJEMPLO 11

Una oficina dispone de 20 resmas de papel a comienzos de mes. Si en la oficina se usan 3 resmas la primera semana y 8 en la segunda, ¿cuántas resmas de papel quedan disponibles?

En este problema, se pregunta cuántas resmas de papel quedan después de haber usado algunas. Cada vez que una resma de papel es usada, queda una menos disponible. En otras palabras, la solución del problema se obtendrá por sustracción.

Hay $20 - 3 - 8 = 17 - 8 = 9$ resmas de papel disponibles.

EJEMPLO 12

En un depósito se pueden guardar 110 cajas de almacenamiento grandes. Si cada caja puede contener 30 libros de tapa dura, ¿cuántos libros pueden ser guardados en el depósito?

Al igual que en el ejemplo 10, en este problema se pregunta por un total. Lo que lo hace diferente es que ese total comprende grupos: grupos de libros en cajas de almacenamiento. Siempre que haya que encontrar un total que comprenda grupos, la solución del problema se obtendrá por multiplicación.

Cada caja puede contener 30 libros y hay 110 cajas en el depósito. Entonces, $110 \times 30 = 3300$ libros pueden ser guardados en el depósito.

EJEMPLO 13

En los últimos 30 días, un sitio web ha recibido 37,500 visitas. Si el sitio recibió el mismo número de visitas cada día, ¿cuántas recibió por día?

En este caso, el número de visitas debe ser dividido en forma uniforme entre 30 días. Cuando hay que dividir grupos, la solución del problema se obtiene por división. Entonces, se puede decir que el sitio recibió $37,500 \div 30 = 1250$ visitas por día.

EJEMPLO 14

Cristina tiene 30 velas perfumadas. Piensa regalarle 6 de esas velas a su amiga Mónica y vender el resto de las velas a $8 cada una con el propósito de recaudar dinero para fines de caridad. Si Cristina vende todas las velas restantes, ¿cuánto dinero recaudará?

Este problema es más complejo que los anteriores. En primer lugar, Cristina regala algunas velas (sustracción) y luego vende el resto, es decir, que se debe encontrar un total basado en el grupo de las velas restantes (multiplicación). El orden en que se realicen estas operaciones tiene importancia, pues no es lo mismo vender 24 velas que 30.

Después de regalarle 6 velas a Mónica, a Cristina le quedan: 30 – 6 = 24 velas. Si ella vende cada vela restante a $8, el total recaudado será, entonces: $8 × 24 = $192.

EJERCICIO 2

Problemas verbales

Instrucciones: Resuelva cada uno de los problemas verbales que se presentan a continuación. Preste mucha atención al lenguaje empleado en los problemas a fin de determinar cuál operación deberá efectuar para su solución.

1. Ricardo tiene todavía cinco cheques de pago por cobrar antes de que finalice su trabajo de verano. Si Ricardo ahorra $35 de cada uno de ellos, ¿cuánto habrá ahorrado cuando finalice su trabajo?

2. Dos hermanos y una hermana comparten el alquiler de un apartamento de 3 dormitorios. Como la hermana está todavía en la universidad, los hermanos decidieron que ella pague solamente $300 del alquiler y dividir el resto en partes iguales entre ellos. Si el total del alquiler es de $1,400 al mes, ¿cuánto deberá pagar cada hermano?

3. Desde comienzos de año, una compañía pequeña ha realizado ventas por $45,690. Si la compañía vende por un valor de $39,115 durante el resto del año, ¿cuál será el total de ventas anuales?

4. El lunes, el balance de una cuenta de cheques era de $1,250. El martes, se pagaron dos facturas desde esa cuenta: una factura de electricidad por $142 y una factura de televisión por cable por $95. Suponiendo que no se efectuaron otras transacciones, ¿cuál será el balance de la cuenta al final del martes?

5. Una compañía de remolque de vehículos cobra $200 a los conductores por remolcar un auto hasta el depósito de la compañía y $40 por día para guardarlo. Si un auto fue remolcado hace 26 días, ¿cuánto dinero deberá pagar el conductor por todo concepto?

Véanse las respuestas en la página 525.

CAPÍTULO 2

Exponentes, raíces y propiedades numéricas

Exponentes

Los exponentes son formas abreviadas de expresiones matemáticas. Probablemente, usted haya visto términos como 4^2 o 3^4, en los que se emplean exponentes. Estos exponentes deberán ser leídos como "cuatro a la segunda potencia" y "tres a la cuarta potencia", respectivamente. Esta es la razón por la que frecuentemente se denomina "potencias" a los exponentes.

base → 2^6 ← exponente

En un término como el que aparece en el gráfico, el exponente representa el número de veces que habrá que multiplicar la base por sí misma. Por ejemplo, $4^2 = 4 \times 4 = 16$ y $3^4 = 3 \times 3 \times 3 \times 3 = 81$. A continuación, se presentan algunas reglas especiales y terminología sobre exponentes con las que usted deberá familiarizarse.

- Todo número elevado al exponente 0 es igual a 1.

  Esto significa que $4^0 = 1$, $\left(\frac{2}{3}\right)^0 = 1$ y $1215^0 = 1$. (La única excepción a esta regla es 0^0, cuyo valor se considera indeterminado. Afortunadamente, este caso particular no está incluido en el examen de GED®.)
- Todo número elevado al exponente 1 es igual al número mismo.

  Por ejemplo, $8^1 = 8$ y $\left(\frac{1}{2}\right)^1 = \frac{1}{2}$.
- Todo número elevado al exponente 2 se considera que está elevado "al cuadrado", y todo número elevado al exponente 3 se considera que está elevado "al cubo".

  Por ejemplo, 5^2 puede leerse como "cinco al cuadrado" y 5^3, como "cinco al cubo".

Exponentes negativos

Los exponentes negativos tienen una significación especial. Se los puede considerar como una forma diferente de escribir una fracción. Como regla general, para todo número A distinto de cero:

$$A^{-n} = \frac{1}{A^n}$$

En otras palabras, todo número con exponente negativo puede ser escrito como una fracción con un 1 por encima de la barra (numerador) y el número mismo, pero con exponente positivo, por debajo ella (denominador). A continuación, se presentan algunos ejemplos.

EJEMPLO 1

$$5^{-2} = \frac{1}{5^2} = \frac{1}{5 \times 5} = \frac{1}{25}$$

EJEMPLO 2

$$3^{-1} = \frac{1}{3^1} = \frac{1}{3}$$

EJEMPLO 3

$$2^{-4} = \frac{1}{2^4} = \frac{1}{2 \times 2 \times 2 \times 2} = \frac{1}{16}$$

EJERCICIO 1

Exponentes

Instrucciones: Evalúe cada una de las expresiones siguientes que contienen exponentes.

1. 3^2
2. 1^5
3. 12^1
4. 7^3
5. 2^2
6. 18^0
7. 8^{-2}
8. 6^{-1}
9. 4^{-3}
10. 1^{-4}

Véanse las respuestas en la página 525.

Reglas de los exponentes

Las expresiones que contienen exponentes están regidas por reglas que permiten su simplificación, denominadas comúnmente reglas o leyes de los exponentes. Estas reglas se aplican independientemente de que el exponente sea positivo o negativo, y también en los casos en que no se trate de números enteros.

Regla 1: Cuando se multiplican dos términos con la misma base, se suman sus exponentes

$$A^n \times A^m = A^{n+m}$$

Recuerde que esta regla solo se aplica cuando los números de las bases son iguales. Por ejemplo, la expresión $2^3 \times 2^{-1}$ puede simplificarse de acuerdo con lo establecido en la regla 1 porque en ambos términos la base es 2. Pero no ocurre lo mismo con la expresión $3^2 \times 4^{10}$, que no puede simplificarse porque las bases de los términos son diferentes.

EJEMPLO 4

Aplicando las leyes de los exponentes, escribir una expresión numérica equivalente a $4^4 \times 4^2$.

Como los dos términos con exponentes tienen la misma base, se puede aplicar la regla 1: $4^4 \times 4^2 = 4^{4+2} = 4^6$.

EJEMPLO 5

Aplicando las leyes de los exponentes, escribir una expresión numérica equivalente a $\left(\frac{1}{2}\right)^3 \times \left(\frac{1}{2}\right)^6$.

De nuevo, como los dos términos tienen la misma base, $\left(\frac{1}{2}\right)^3 \times \left(\frac{1}{2}\right)^6 = \left(\frac{1}{2}\right)^{3+6} = \left(\frac{1}{2}\right)^9$.

Regla 2: Cuando se dividen dos términos con la misma base, se restan sus exponentes

$$A^m \div A^n = \frac{A^m}{A^n} = A^{m-n}$$

En el examen de GED®, las divisiones pueden aparecer escritas con el símbolo de división o también como fracciones, como puede verse en la fórmula de la regla 2. En ambos casos, el significado de la expresión es el mismo.

EJEMPLO 6

Aplicando las leyes de los exponentes, escribir una expresión numérica equivalente a $\frac{3^5}{3^2}$.

Como los dos términos tienen la misma base y se dividen, se aplica la regla 2: $\frac{3^5}{3^2} = 3^{5-2} = 3^3$.

EJEMPLO 7

Aplicando las leyes de los exponentes, escribir una expresión numérica equivalente a $4^5 \div 4$.

Si bien los dos términos tienen la misma base, a primera vista el segundo parece no tener exponente. Sin embargo, teniendo en cuenta que todo número elevado a la primera potencia es igual al número mismo, puede considerarse que 4 es igual a 4^1. Entonces, $4^5 \div 4 = 4^{5-1} = 4^4$.

Regla 3: Para elevar un término con exponente a una potencia, se multiplican los exponentes

$$\left(A^m\right)^n = A^{m \times n}$$

En esta regla, no tiene importancia la base. Solo recuerde que cuando se eleva una potencia a otra potencia, los exponentes se multiplican.

Por ejemplo, $\left(3^2\right)^4 = 3^8$, y $\left(\left(\frac{1}{3}\right)^5\right)^3 = \left(\frac{1}{3}\right)^{15}$.

En la simplificación de algunas expresiones, puede ser necesario aplicar más de una de las reglas anteriores. En esos casos, el orden en que se aplican las reglas no tiene importancia siempre y cuando se simplifiquen primero los términos dentro del paréntesis.

EJEMPLO 8

Aplicando las leyes de los exponentes, simplificar la expresión numérica $\left(4^3 \times 4^2\right)^2$.

Simplificando primero dentro del paréntesis, $\left(4^3 \times 4^2\right)^2 = \left(4^5\right)^2 = 4^{10}$.

EJERCICIO 2

Reglas de los exponentes

Instrucciones: Seleccione en cada caso la expresión equivalente a la expresión dada.

1. $2^3 \times 2^5$

A. $\frac{1}{2^2}$

B. 2

C. 2^2

D. 2^8

2. $\frac{5}{5^4}$

A. $\frac{1}{5^5}$

B. $\frac{1}{5^3}$

C. 5^4

D. 5^5

3. $\left(\frac{1}{6}\right)^2 \times \frac{1}{6}$

A. $\frac{1}{6}$

B. $\left(\frac{1}{6}\right)^2$

C. $\left(\frac{1}{6}\right)^3$

D. $\left(\frac{1}{6}\right)^4$

4. $\left(8^4\right)^4$

A. $\frac{1}{8^4}$

B. 1

C. 8^8

D. 8^{16}

5. $\frac{3^2}{3^2}$

A. 0

B. $\frac{1}{6}$

C. 1

D. 3^4

6. $(3^2 \times 3)^3$

A. 3^3

B. 3^6

C. 3^7

D. 3^9

7. $\frac{1}{7^2 \times 7^5}$

A. $\frac{1}{7^{10}}$

B. 7^{10}

C. $\frac{1}{7^7}$

D. 7^7

8. $\left(\frac{4^8}{4^3}\right)^3$

A. 4^5
B. 4^8
C. 4^{15}
D. 4^{21}

9. $18 \times 18 \times 18^2$
A. 1
B. 18
C. 18^2
D. 18^4

10. $(9^3)^4 \times 9$
A. 9^2
B. 9^4
C. 9^8
D. 9^{13}

Véanse las respuestas en la página 526.

Raíz cuadrada y raíz cúbica

Las raíces cuadradas y cúbicas representan la operación inversa a la potenciación, es decir, "deshacen" lo que hacen los exponentes. Por ejemplo, porque $6^2 = 36$, la raíz cuadrada de 36 es 6. También, porque $2^3 = 8$, la raíz cúbica de 8 es 2. Se llama radical al símbolo que se utiliza en las operaciones de radicación. Para la raíz cuadrada, el símbolo es $\sqrt{\ }$, y para la raíz cúbica, $\sqrt[3]{\ }$. Los dos ejemplos antes mencionados podrían haberse escrito de la forma siguiente: $\sqrt{36} = 6$ y $\sqrt[3]{8} = 2$.

A los números cuya raíz cuadrada o cúbica es un número entero se los denomina "cuadrados perfectos" o "cubos perfectos". Es una buena idea conocer algunos de los cuadrados o cubos perfectos más comunes. He aquí una lista de ellos:

Cuadrados perfectos

$\sqrt{4} = 2$ $\quad$ $\sqrt{9} = 3$

$\sqrt{16} = 4$ $\quad$ $\sqrt{25} = 5$

$\sqrt{36} = 6$ $\quad$ $\sqrt{49} = 7$

$\sqrt{64} = 8$ $\quad$ $\sqrt{81} = 9$

$\sqrt{100} = 10$ $\quad$ $\sqrt{121} = 11$

$\sqrt{144} = 12$ $\quad$ $\sqrt{169} = 13$

Cubos perfectos

$\sqrt[3]{8} = 2$ $\quad$ $\sqrt[3]{27} = 3$

$\sqrt[3]{64} = 4$ $\quad$ $\sqrt[3]{125} = 5$

El conocimiento de los cuadrados y cubos perfectos le permitirá simplificar expresiones que contengan raíces cuadradas y cúbicas. Los dos ejemplos siguientes muestran cómo hacerlo.

EJEMPLO 9

Simplificar: $\sqrt{72}$.

Para poder simplificar una raíz cuadrada, deberá convertir antes el número que está debajo del radical en una expresión que contenga un cuadrado perfecto. Por ejemplo, $72 = 2 \times 36$ y 36 es un cuadrado perfecto. Entonces, $\sqrt{72} = \sqrt{2 \times 36} = 6\sqrt{2}$.

Como la raíz cuadrada de 36 es 6, el número 36 debajo del radical puede reemplazarse por su raíz (6) y anteponerse al radical. La respuesta al problema deberá leerse entonces como "6 veces la raíz cuadrada de 2".

EJEMPLO 10

Simplificar: $\sqrt{12}$.

Como 12 puede reemplazarse por el producto de 3 por 4, y 4 es el cuadrado perfecto de 2, la expresión se puede simplificar de esta forma: $\sqrt{12} = \sqrt{4 \times 3} = 2\sqrt{3}$.

El mismo procedimiento puede aplicarse a las raíces cúbicas y los cubos perfectos. Por ejemplo, $\sqrt[3]{32} = \sqrt[3]{8 \times 4} = 2\sqrt[3]{4}$.

Tenga presente que no todas las expresiones que contienen raíces cuadradas o cúbicas pueden simplificarse. Si la expresión no puede ser transformada en otra expresión que contenga un cuadrado o un cubo perfecto, el radical no podrá ser simplificado.

EJERCICIO 3

Raíces cuadradas y raíces cúbicas

Instrucciones: Aplicando sus conocimientos de cuadrados perfectos y cubos perfectos, simplifique los radicales siguientes.

1. $\sqrt{32}$
2. $\sqrt{18}$
3. $\sqrt{40}$
4. $\sqrt{300}$
5. $\sqrt{24}$
6. $\sqrt[3]{16}$
7. $\sqrt[3]{128}$
8. $\sqrt[3]{24}$
9. $\sqrt[3]{375}$
10. $\sqrt[3]{800}$

Véanse las respuestas en la página 526.

Exponentes y raíces en la calculadora TI-30XS

A continuación, se presentan los conocimientos básicos necesarios para calcular exponentes y raíces utilizando la calculadora TI-30XS.

Exponentes

Para calcular el valor de cualquier potencia, ingrese el número correspondiente a la base, presione la tecla ^ (en la columna izquierda de su calculadora), ingrese el exponente y presione la tecla ENTER. Por ejemplo, para calcular 3^4:

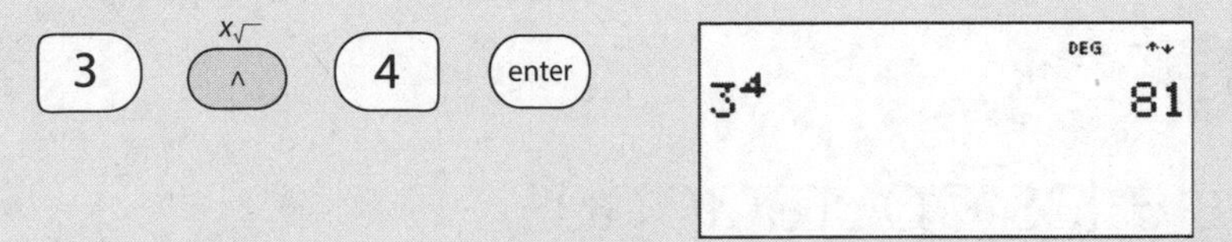

Este procedimiento es válido para cualquier potencia, pero existe un atajo de teclado que puede usarse para encontrar el cuadrado de un número.

Raíces

Los símbolos del radical aparecen en verde arriba de las teclas x^2 y ^, también en la columna de la izquierda. Para tener acceso a la función de raíz cuadrada, deberá presionar primero la tecla 2nd (arriba, en la misma columna), luego la tecla x^2, ingresar el número debajo del radical y presionar la tecla ENTER. Para las raíces cúbicas, la calculadora brindará una aproximación decimal, pero en el caso de las raíces cuadradas presentará automáticamente una versión simplificada. Para obtener la aproximación decimal de una raíz cuadrada, deberá presionar la tecla ◄► (de conmutación).

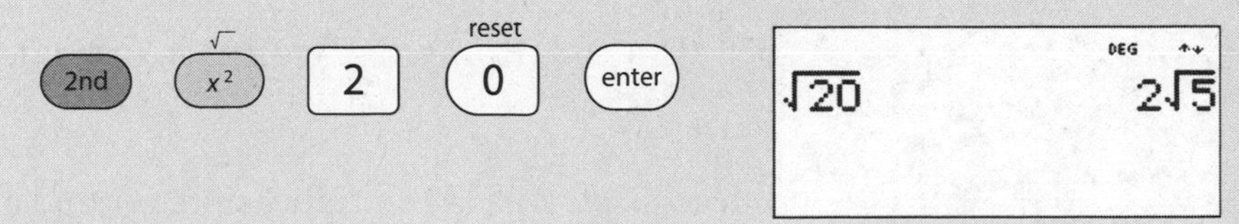

(para obtener la respuesta simplificada)

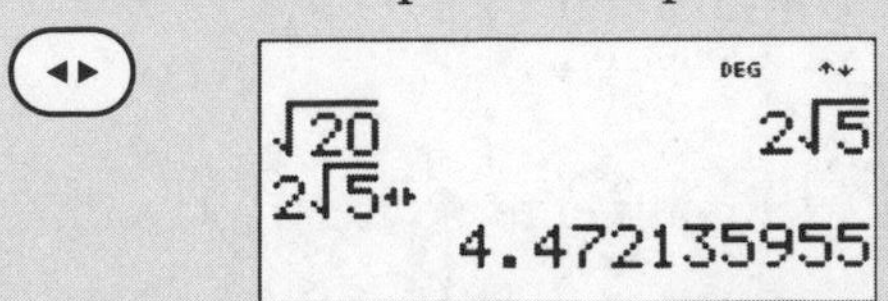

(para obtener la aproximación decimal)

Las raíces cúbicas se obtienen usando un procedimiento diferente, como puede verse en el gráfico siguiente. Es importante recordar que el número 3 del radical deberá ingresarse primero y que deberá presionarse la tecla ^ en lugar de la tecla x^2.

Vuelva atrás y practique el uso de la calculadora para la resolución de problemas de radicación en el ejercicio 3. En el caso de las raíces cuadradas, asegúrese de obtener tanto la versión simplificada como la aproximación decimal en sus respuestas.

Orden de las operaciones

¿Cuál de los resultados siguientes es igual a la expresión 3 + 4(1 + 2)? ¿Es 15?, ¿o es 9? Los resultados obtenidos reflejan el orden en que se efectuaron las operaciones, pero solo uno de ellos es el correcto. La obtención del resultado correcto depende de una serie de reglas llamada "orden de las operaciones". El siguiente es el procedimiento que se deberá seguir para simplificar expresiones numéricas.

- **Paréntesis.** Se deberán efectuar primero todas las operaciones dentro de los paréntesis. Si hubiera más de un par de paréntesis, empezar la operación desde los paréntesis más interiores hacia los exteriores.
- **Exponentes.** Calcular el valor de todo exponente.
- **Multiplicación y división.** Efectuar toda multiplicación o división de izquierda a derecha.
- **Adición y sustracción.** Efectuar toda adición o sustracción de izquierda a derecha.

La expresión del ejemplo anterior era 3 + 4(1 + 2). Siguiendo el orden de las operaciones:

$3 + 4(1 + 2)$ Primero se efectúa la suma dentro del paréntesis.

$= 3 + 4(3)$

Luego se efectúa la multiplicación, porque no hay términos con exponentes en esta expresión. (Recuerde que la multiplicación puede expresarse como 4(3) *o* 4 × 3.)

$3 + 4(3)$

$= 3 + 12$ Finalmente, se efectúa la suma.

$= 15$

Veamos, entonces, algunos ejemplos adicionales para reforzar el conocimiento.

EJEMPLO 11

Calcular el valor de: $45-\frac{4^2}{2}$.

Al igual que en el caso de la multiplicación, existen diferentes formas de expresar una división. Los términos $\frac{4^2}{2}$ y $4^2 \div 2$ son equivalentes. No obstante, antes de efectuar la división, se deberá calcular el término con exponente (en este caso es el primer paso pues no hay paréntesis):

$$45-\frac{4^2}{2}=45-\frac{16}{2}=45-8=37$$

EJEMPLO 12

Calcular el valor de: $2(2 + 5)^2 - 6$.

$$2(2 + 5)^2 - 6 = 2(7)^2 - 6 = 2(49) - 6 = 98 - 6 = 92$$

EJERCICIO 4

Orden de las operaciones

Instrucciones: Calcule el valor de cada una de las expresiones numéricas siguientes.

1. $8 \div 2^2 + 1$
2. $\frac{18-2}{2}$
3. $4 + 2(8 + 6) - 1$
4. $3(6 - 5)^3$
5. $4 \times 3 - 2$
6. $3 - 1 + 2^2 \times 5$
7. $(8 + 1 - 5)^3$
8. $(2 + 4) \div 2 - 1$
9. $5^2 + \frac{6-4}{2}$
10. $16 + 4(3 + 2)$

Véanse las respuestas en la página 526.

La propiedad distributiva

Siguiendo el orden de las operaciones, sabemos que: 2(1 + 5) = 2(6) = 12, pero el examen puede incluir preguntas en las que se pida que se escriba de otra forma la expresión en lugar de efectuar el cálculo. Esto puede hacerse aplicando la **propiedad distributiva**. Si A, B y C son números, entonces:

$$A(B+C)=A(B)+A(C)$$

y

$$A(B-C)=A(B)-A(C).$$

En una expresión como 2(1 + 5), esta propiedad permite sumar primero los términos dentro del paréntesis, como se hiciera anteriormente, o multiplicar cada término dentro del paréntesis por 2 para obtener: 2(1 + 5) = 2(1) + 2(5). Si se calcula el valor de esta nueva expresión, se comprobará que el resultado que se obtiene es el mismo. La propiedad distributiva será también de mucha utilidad en el trabajo con expresiones algebraicas.

Es importante recordar que la propiedad distributiva solo se aplica a los casos en que la operación dentro del paréntesis comprende una operación de suma o resta. Esta propiedad no se aplica a ninguna otra operación.

No obstante, la propiedad distributiva también podrá ser aplicada cuando la expresión entre paréntesis contenga múltiples sumas o restas. Por ejemplo, la expresión 4(5 + 6 – 1 + 2) es equivalente a: 4(5) + 4(6) – 4(1) + 4(2). Nótese que se multiplica cada término de la expresión entre paréntesis (“se distribuye”) por 4 y que cada término retiene la misma operación (suma o resta).

CAPÍTULO 3

Operaciones con números decimales

Los números decimales aparecen en una amplia variedad de preguntas en el examen de GED®, bien en cálculos básicos o bien en problemas verbales, especialmente en aquellos referidos a cuestiones de dinero. En este capítulo, repasaremos las distintas formas de trabajar con números decimales.

Los decimales y el valor posicional

El gráfico siguiente muestra cómo se denominan los distintos valores posicionales en un número decimal. Aplicando esas denominaciones, el número 5.38 se debe leer como "5 con 38 centésimos," mientras que 0.237 deberá leerse como "237 milésimos". Tenga presente que el valor posicional del último dígito determina cómo se lee el número.

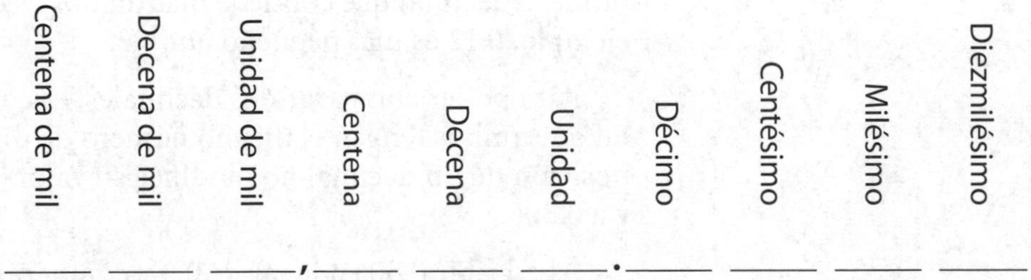

Centena de mil	Decena de mil	Unidad de mil	,	Centena	Decena	Unidad	.	Décimo	Centésimo	Milésimo	Diezmilésimo
___	___	___	,	___	___	___	.	___	___	___	___

Redondeo de decimales

A menudo, será necesario redondear un decimal hasta una posición específica. Por ejemplo, una pregunta del examen de GED® puede decir: "Al centésimo de metro (centímetro) más próximo, ¿cuál es el radio del círculo?". La respuesta deberá entonces redondearse al centésimo más próximo.

Para redondear decimales, observe primero el dígito ubicado a la derecha de la posición a la cual habrá que aplicar el redondeo. Si ese dígito es igual o mayor que 5, sume 1 al dígito de la posición de redondeo. Si ese dígito es menor que 5, mantenga sin modificación el dígito de la posición de redondeo. Elimine todos los dígitos a la derecha de la posición del dígito de redondeo.

EJEMPLO 1

Redondear 1.09256 al milésimo más próximo.

1.09256

El dígito en la posición del milésimo es 2. El dígito ubicado a la derecha de esa posición es 5. Entonces, el 2 se redondea a 3 y el número obtenido es 1.093.

EJEMPLO 2

Redondear 8.63 al décimo más próximo.

8.63

Como el dígito situado a la derecha del 6 es 3, el 6 no debe ser modificado y el resultado final es 8.6.

Comparación de decimales

En algunas preguntas del examen de GED®, se le solicitará que determine cuál decimal es el más grande o el más pequeño de un grupo o par de números. También podría solicitársele que ordene decimales de mayor a menor, o en sentido contrario. Un error muy común es pensar que el número decimal que contiene más dígitos es el más grande, pero, por ejemplo, 0.12 es más pequeño que 0.3.

Para poder comparar dos decimales, es conveniente escribirlos de forma tal que ambos tengan el mismo número de dígitos. Todo cero en la última posición de un decimal no modifica su valor. Por ejemplo, 0.3 es igual a 0.30 y a 0.300.

Al escribir 0.30 en lugar de 0.3 y compararlo con 0.12, se aprecia con mayor claridad que 0.12 es más pequeño, pues 12 es menor que 30. Este procedimiento se aplica a toda comparación de dos números decimales.

Para indicar que un número es mayor o menor que otro, en matemáticas se utilizan los símbolos > y <. En todos los casos la parte abierta del símbolo apunta al número mayor. El símbolo que deberá usarse dependerá, entonces, del orden en que se hayan escrito los números.

EJEMPLO 3

Usar los símbolos > y < para indicar cuál número es más grande.

0.098 _______ 0.22

Si escribimos los decimales de forma tal que cada uno tenga tres dígitos, estaremos comparando 0.098 con 0.220. Puesto que 220 es más grande que 98, 0.22 es entonces el mayor. Usando los símbolos:

$0.098 < 0.22$

Esta expresión se lee "98 milésimos **es menor que** 22 centésimos".

EJEMPLO 4

Usar los símbolos > y < para indicar cuál número es más grande.

0.001 _______ 0.0009

Nuevamente, si escribimos los decimales de forma tal que tengan la misma cantidad de dígitos, tendremos que 0.0010 es mayor que 0.0009 porque 10 es más grande que 9:

0.001 > 0.0009

Cuando la parte abierta del símbolo está a la izquierda, se lee "mayor que". Entonces, toda la expresión se leerá: "un milésimo **es mayor que** nueve diezmilésimos".

EJERCICIO 1

Comparación de decimales

Instrucciones: Use los símbolos >, < o = para comparar los decimales siguientes.

1. 25.099 _______ 25.915

2. 0.108 _______ 0.0108

3. 0.00054 _______ 0.0019

4. 8.6 _______ 8.09

5. 0.40 _______ 0.4

6. 0.1053 _______ 0.0153

7. 2.00501 _______ 2.51

8. 0.133 _______ 1.33

9. 1.69401 _______ 1.694

10. 14.9 _______ 14.988

Véanse las respuestas en la página 526.

Notación científica

Cuando tenga que trabajar con decimales que contengan muchos dígitos, podrá escribirlos de una manera más rápida utilizando la llamada notación científica. La notación científica se basa en la idea de que multiplicar o dividir un decimal por 10 es igual a mover el punto decimal una posición.

Por ejemplo, tomemos el decimal 0.52. Si lo multiplicamos por 10, el resultado es 5.2. En otras palabras, al multiplicar un decimal por 10 se mueve el punto decimal una posición hacia la derecha. Si dividimos 0.52 por 10, el resultado es 0.052, es decir, el punto decimal se mueve una posición hacia la izquierda.

Dividir un número por 10 es lo mismo que multiplicarlo por la fracción $\frac{1}{10} = 10^{-1}$. Este concepto es el que se emplea cada vez que se escribe un decimal con la notación científica. En general, los números escritos utilizando la notación científica se representan de la forma siguiente:

$$\_\_\_ . \_\_\_ \times 10^{\_\_},$$

donde los espacios en blanco y el punto entre ellos representan el número decimal. El blanco antes del punto representa típicamente un número entre 1 y 10, mientras que la potencia de 10 puede ser positiva o negativa. El signo del exponente indica la dirección en que se moverá el punto decimal: hacia la derecha, si es positivo, o hacia la izquierda, si es negativo.

EJEMPLO 5

Escribir 0.000381 utilizando la notación científica.

Empecemos con el número 3.81 y contemos cuántas posiciones habría que correr el punto decimal hacia la izquierda para obtener el número original. Si lo hacemos con atención, comprobaremos que habría que correr el punto decimal cuatro posiciones. Entonces:

$$0.000381 = 3.81 \times 10^{-4}$$

EJEMPLO 6

Escribir 1.9×10^{-6} como decimal.

Tomando 1.9 como punto de partida, deberemos mover el punto decimal 6 posiciones hacia la izquierda porque el exponente de 10 es −6. Entonces, agreguemos primero 6 ceros al comienzo del número y luego movamos el punto decimal la misma cantidad de posiciones.

$$1.9 \times 10^{-6} = 0.0000019$$

También se puede usar la notación científica para representar números muy grandes, en cuyo caso el exponente de 10 será positivo y el punto decimal se correrá hacia la derecha. Véanse los dos ejemplos siguientes.

EJEMPLO 7

Escribir 19,750,000 utilizando la notación científica.

Como anteriormente se hiciera, empezaremos con un número menor que 10. En este caso, ese número será 1.975. ¿Cuántos lugares hacia la derecha habría que mover el punto decimal para obtener el número original? La respuesta es 7. Entonces, $19{,}750{,}000 = 1.975 \times 10^7$.

EJEMPLO 8

¿Qué número representa la expresión 9.6×10^4?

Como el exponente de 10 es 4 positivo, deberemos mover el punto decimal cuatro posiciones hacia la derecha.

$9.6 \times 10^4 = 96{,}000$

La notación científica en la calculadora

Cuando ingresamos números muy grandes o muy pequeños, la calculadora utiliza muchas veces la notación científica en su respuesta. Como ejemplo, el gráfico siguiente muestra el resultado obtenido al multiplicar 56,895 por 225,893.

```
DEG
56895*225893
1.285218224*10^10
```

Ahora que ya sabemos cómo se utiliza la notación científica, podremos convertir fácilmente esta respuesta en un número entero, de ser ello necesario para la respuesta final.

En algunas ocasiones, usted deberá ingresar un número en la calculadora utilizando la notación científica. Afortunadamente, puede ingresarlo tal como se ve, es decir, como un problema de multiplicación. Si no recuerda como ingresar exponentes, revise las instrucciones para hacerlo en la página 349.

El gráfico siguiente muestra cómo se ingresa la expresión 1.5×10^{-6}.

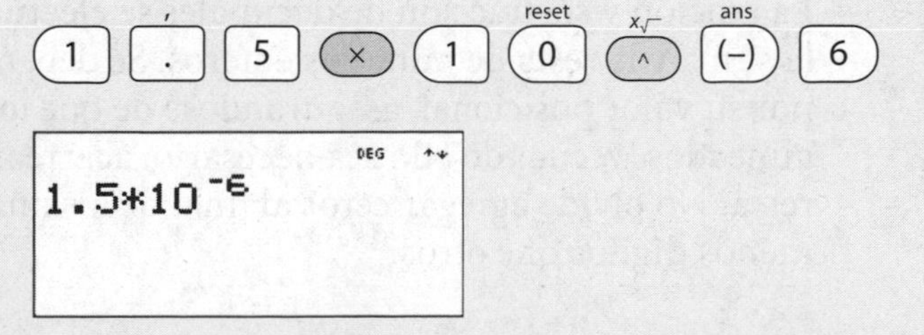

Para efectuar esta operación, se debe presionar la tecla (–) y no la que corresponde a la operación de resta. En caso contrario, recibirá un mensaje de error.

EJERCICIO 2

Notación científica

Instrucciones: Escriba los números siguientes utilizando la notación científica.

1. 0.0025
2. 7,836,000,000
3. 0.000001
4. 0.605
5. 360,000,000

Escriba el número al que corresponden las expresiones siguientes.

6. 2.4×10^{-9}
7. 1.3×10^{8}
8. 4.08×10^{-2}
9. 9.0×10^{-4}
10. 5.6×10^{5}

Véanse las respuestas en la página 527.

Adición y sustracción de decimales

La adición y sustracción de decimales se efectúan de la misma forma que la suma y la resta de números enteros. Se deben encolumnar los números por su valor posicional, asegurándose de que los puntos decimales queden alineados, y, cuando ello sea necesario, acarrear en la suma y agrupar en la resta. No olvide agregar ceros al final de los números decimales que tengan menos dígitos que otros.

EJEMPLO 9

Sumar: 8.1, 0.026, 30 y 0.45.

$$\begin{array}{r} 8.1 \\ 0.026 \\ 30 \\ +\ 0.45 \\ \hline \end{array} \quad \xrightarrow[\text{ceros al final}]{\text{Agregue}} \quad \begin{array}{r} 8.100 \\ 0.026 \\ 30.000 \\ +\ 0.450 \\ \hline 38.576 \end{array}$$

EJEMPLO 10

Restar: 15.26 – 1.325.

$$\begin{array}{r} 15.26 \\ -\ 1.325 \\ \hline \end{array} \quad \xrightarrow[\text{ceros al final}]{\text{Agregue}} \quad \begin{array}{r} 1\overset{4}{\not 5}.\,^{1}2\overset{5}{\not 6}\,^{1}0 \\ -\ 1.325 \\ \hline 13.935 \end{array}$$

Multiplicación de decimales

En la multiplicación de decimales, no es necesario encolumnar los números por su valor posicional. Se efectúa la operación como si se tratara de dos números enteros y, al final, se cuenta la cantidad de dígitos después del punto decimal ("dígitos decimales") en cada número y se suman para determinar cuántos dígitos decimales deberá tener el resultado.

EJEMPLO 11

Multiplicar: 5.18 × 0.2.

$$\begin{array}{r} 5.\overset{1}{1}8 \\ \times\ 0.2 \\ \hline 1.036 \end{array}$$

Como los números tienen en total 3 dígitos decimales, entonces en la respuesta deberá haber también 3 dígitos decimales.

EJEMPLO 12

Multiplicar: 0.0062 × 0.099.

$$\begin{array}{r} 0.00\overset{5\ 1}{6}2 \\ \times\ 0.099 \\ \hline 00558 \\ 0005580 \\ \hline 6138 \end{array} \longrightarrow 0.0006138$$

Como los números tienen en total 7 dígitos decimales, entonces en la respuesta deberá haber también 7 dígitos decimales.

Observe que en el ejemplo 12 el número de la respuesta debería tener 7 dígitos decimales, pero tiene solo cuatro dígitos después de la multiplicación. En casos como este, es necesario agregar ceros delante del número hasta completar la cantidad de dígitos decimales requeridos.

División de decimales

En la división de decimales, se pueden presentar las tres situaciones siguientes: que haya que dividir un decimal por un número entero, un número entero por un decimal o un decimal por otro decimal. En cada uno de estos casos, el procedimiento es ligeramente diferente. Aunque a primera vista parezca complicado, los pasos para efectuar la operación son, en realidad, bastante similares.

División de un decimal por un número entero

En la división de un decimal por un número entero, el procedimiento es el mismo que el empleado para dividir un número entero por otro número entero. Cuando realice la operación, asegúrese de que el punto decimal en el resultado (cociente) esté colocado exactamente arriba del punto decimal del número a dividir (dividendo), como se muestra en el gráfico siguiente.

EJEMPLO 13

Dividir: 12.56 ÷ 4.

① Coloque el punto decimal exactamente arriba del punto decimal de 12.56.

```
   .
4|12.56
```

② Efectúe la división larga tradicional.

```
   3.14
4|12.56
  12
   05
    4
    16
    16
     0
```

División de un número entero por un decimal

En la división de un número entero por un decimal, el procedimiento es ligeramente diferente. Primero, convierta el decimal (divisor) en un número entero. Para hacerlo, mueva el punto decimal hacia la derecha tantas posiciones como sean necesarias. Luego, en el número entero (dividendo), mueva el punto decimal (por definición, está situado a la derecha del último dígito) la misma cantidad de posiciones hacia la derecha. Agregue ceros en caso de ser necesario. Finalmente, efectúe la operación de división. Recuerde que en el resultado (cociente) el punto decimal deberá situarse exactamente arriba del punto decimal del número a dividir (dividendo).

EJEMPLO 14

Dividir: $18 \div 1.4$.

① Mueva el punto decimal una posición hacia la derecha en ambos números para convertir a 1.4 en un número entero.

```
      ______         ____
1 . 4|1 8 . 0  ---> 1 4|1 8 0
```

② Efectúe la división larga tradicional.

```
       1 2 . 8
    __________
1 4| 1 8 0 . 0
     1 4
     ---
       4 0
       2 8
       ---
       1 2 0
       1 1 2
       -----
           8
```

Observe que en la división se agregó un cero después del punto decimal en 180. Agregar un cero después del punto decimal no modifica el número (180 es igual a 180.0), pero resulta conveniente para efectuar toda la operación. De hecho, se podría continuar agregando ceros después del punto decimal para obtener un resultado todavía más preciso. Por ejemplo, supongamos que en el problema se pide que el resultado se redondee hasta el milésimo más próximo. En ese caso, se deberán agregar otros dos ceros al final del 180.0 y continuar la división.

```
       1 2 . 8 5 7
    ______________
1 4| 1 8 0 . 0 0 0
     1 4
     ---
       4 0
       2 8
       ---
       1 2 0
       1 1 2
       -----
           8 0
           7 0
           ---
           1 0 0
             9 8
           -----
               2
```

División de un decimal por otro decimal

En la división de un decimal por otro decimal, el procedimiento es prácticamente el mismo. Primero, en el decimal por el que se divide (divisor), mueva hacia la derecha el punto decimal tantas posiciones como sea necesario para que se convierta en un número entero. Luego, en el decimal a dividir (dividendo), mueva hacia la derecha el punto decimal la misma cantidad de posiciones. Finalmente, efectúe la división. No olvide colocar el punto decimal en el resultado (cociente) exactamente arriba del punto decimal del número a dividir (dividendo).

EJEMPLO 15

Dividir: $1.021 \div 0.03$.

① Mueva el punto decimal dos posiciones hacia la derecha en ambos números para convertir a 0.03 en número entero.

② Efectúe la división larga tradicional.

```
0.03⟌1.021  ——→  3⟌102.1

     34.0
   3⟌102.1
     9
     12
     12
      01
       0
       1
```

Por último, podría ser necesario usar decimales incluso cuando se trate de una división entre números enteros. Consideremos, por ejemplo, la división de 4 por 9. Como 9 es más grande que 4, el resultado será menor que 1. ¿Cómo efectuar la operación en este caso?

La clave es agregar un punto decimal y ceros a la derecha de 4. Recuerde que agregar ceros después del punto decimal no modifica el valor del número.

EJEMPLO 16

Dividir: $4 \div 9$.

```
   .44
 9⟌4.00
   36
    40
    36
     4
```

Más adelante, se usará este método para convertir fracciones en decimales.

EJERCICIO 3

Operaciones básicas con decimales

Instrucciones: Efectúe manualmente los cálculos siguientes y luego compruebe los resultados utilizando su calculadora.

1. $18.03 + 12.1 + 0.0036$
2. $15.4295 + 0.8826$
3. $0.029 + 0.0041 + 3$
4. $8.11 + 0.011$
5. $16.5 + 206.9$
6. $20 - 0.15$
7. $1.023 - 0.0014$
8. $15.6 - 2.9$
9. $230.8 - 150.1$
10. $0.554 - 0.099$
11. 25×1.5
12. 1.22×6.4
13. 18.5×1.7
14. 2.63×9.13
15. 5.0001×26
16. $15 \div 0.3$
17. $2.14 \div 0.05$
18. $2 \div 16$
19. $7.016 \div 3.9$
20. $50.22 \div 10$

Véanse las respuestas en la página 527.

CAPÍTULO 4

Operaciones con fracciones

Las fracciones son una forma de representar "partes" de un "todo" más grande, cuando ese todo ha sido dividido en partes iguales.

- A la parte superior de una fracción (el número arriba de la barra) se la llama **numerador**. Representa las partes "tomadas" del todo.
- A la parte inferior de una fracción (el número debajo de la barra) se la llama **denominador**. Representa el número total de partes iguales contenidas en el todo.

Por ejemplo, la fracción $\frac{3}{5}$ representa 3 de un todo que ha sido dividido en 5 partes iguales. El numerador es 3 y el denominador es 5.

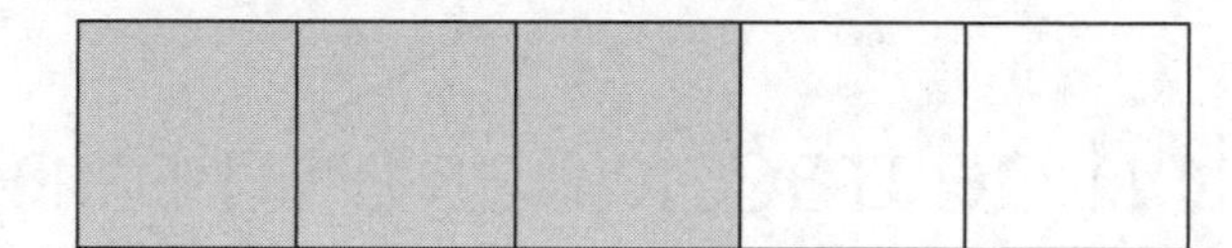

Fracciones equivalentes

Dos fracciones diferentes pueden representar la misma parte de un todo. Por ejemplo, en los gráficos siguientes puede observarse que $\frac{2}{4} = \frac{1}{2}$. A las fracciones de este tipo se las denomina **fracciones equivalentes**.

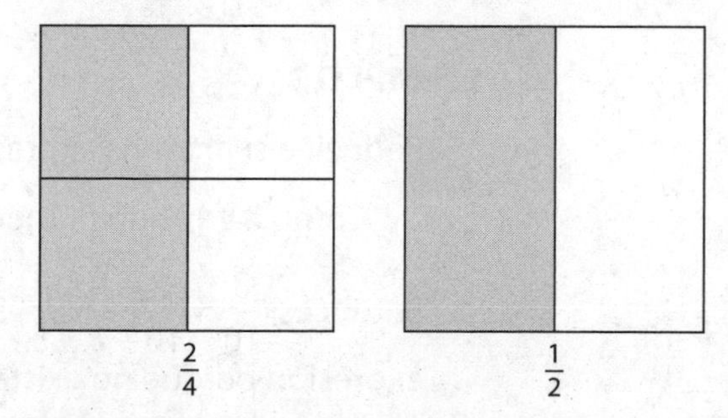

Si se multiplica o divide el numerador y el denominador de una fracción por un mismo número, el resultado obtenido será una fracción equivalente.

Por ejemplo, si dividimos el numerador y el denominador de $\frac{2}{4}$ por 2, el resultado será la fracción $\frac{1}{2}$.

EJEMPLO 1

Escribir una fracción equivalente a $\frac{1}{4}$, pero que tenga por denominador 12.

El denominador de $\frac{1}{4}$ es 4. Si multiplicamos 4 por 3 obtendremos un denominador 12, pero para obtener una fracción equivalente deberemos multiplicar también el numerador por el mismo número. Entonces, $\frac{1}{4} = \frac{1 \times 3}{4 \times 3} = \frac{3}{12}$.

EJEMPLO 2

En la expresión $\frac{4}{5} = \frac{16}{?}$, ¿por cuál número deberemos reemplazar el signo de pregunta?

Para pasar de 4 a 16, el numerador debió haber sido multiplicado por 4. Entonces, para obtener una fracción equivalente, deberemos multiplicar el denominador también por 4: $\frac{4}{5} = \frac{16}{20}$. Estas fracciones son equivalentes.

Reducción de fracciones a su mínima expresión

Se dice que una fracción ha sido reducida a su mínima expresión cuando no hay un número entero que pueda dividir en partes iguales tanto al numerador como al denominador. Ejemplos de fracciones reducidas a su mínima expresión son $\frac{1}{2}, \frac{3}{4}, \frac{11}{16}$ y $\frac{7}{8}$.

En la mayoría de las preguntas incluidas en el examen de GED®, se le solicitará que reduzca las fracciones a su mínima expresión. Para poder reducir las fracciones, deberá encontrar entonces un número entero, si lo hubiera, que pueda dividir en partes iguales tanto al numerador como al denominador.

EJEMPLO 3

Reducir a su mínima expresión la fracción $\frac{8}{10}$.

Como 8 y 10 son números pares, ambos pueden ser divididos por 2.

Entonces, $\frac{8}{10} = \frac{8 \div 2}{10 \div 2} = \frac{4}{5}$. Sabemos que la fracción $\frac{4}{5}$ es la mínima expresión porque no existe otro número entero distinto de 1 que pueda dividir 4 y 5 y obtener otro número entero por resultado.

EJEMPLO 4

Reducir a su mínima expresión la fracción $\frac{27}{81}$.

El numerador 27 es igual a 9×3, y el denominador, a $9 \times 9 = 81$. Esto significa que tanto el numerador como el denominador pueden ser divididos por 9.

$$\frac{27}{81} = \frac{27 \div 9}{81 \div 9} = \frac{3}{9}$$

En la fracción $\frac{3}{9}$, sin embargo, el numerador y el denominador pueden ser divididos por 3, lo que quiere decir que la fracción no ha sido reducida todavía a su mínima expresión.

Entonces, la fracción $\frac{27}{81}$ reducida a su mínima expresión será igual a $\frac{1}{3}$.

Reducción de fracciones con la calculadora

Las fracciones pueden ser ingresadas en la calculadora presionando la tecla $\frac{n}{d}$. Presione esta tecla antes de ingresar la fracción, y luego presione la tecla ENTER para reducir la fracción a su mínima expresión.

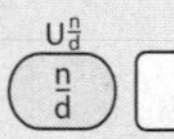 2  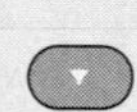  8 enter

DEG

$\frac{24}{68}$ $\frac{6}{17}$

EJERCICIO 1

Fracciones equivalentes

Instrucciones: En cada uno de los ejercicios siguientes, escriba una fracción equivalente multiplicando o dividiendo el numerador y el denominador por el mismo número.

1. Escriba una fracción equivalente a $\frac{5}{9}$ cuyo denominador sea 45.
2. Escriba una fracción equivalente a $\frac{1}{7}$ cuyo denominador sea 21.
3. En la expresión $\frac{1}{2} = \frac{?}{24}$, ¿qué número debe reemplazar al signo de pregunta?

4. En la expresión $\frac{18}{60} = \frac{?}{30}$, ¿qué número debe reemplazar al signo de pregunta?
5. En la expresión $\frac{35}{45} = \frac{7}{?}$, ¿qué número debe reemplazar al signo de pregunta?

Reduzca las fracciones siguientes a su mínima expresión. Compruebe su respuesta con la calculadora.

6. $\frac{22}{42}$
7. $\frac{10}{50}$
8. $\frac{12}{16}$
9. $\frac{3}{90}$
10. $\frac{14}{48}$

Véanse las respuestas en la página 527.

Fracciones y decimales

Una fracción y un decimal pueden representar al mismo número. Si se divide el numerador por el denominador, el número o el decimal obtenido es equivalente a la fracción.

EJEMPLO 5

Encontrar el decimal que represente la fracción $\frac{3}{5}$.

Como $3 \div 5 = 0.6$, $\frac{3}{5} = 0.6$.

EJEMPLO 6

Encontrar el decimal que represente la fracción $\frac{1}{20}$.

$1 \div 20 = 0.05$. Entonces, $\frac{1}{20} = 0.05$.

Para convertir un decimal en fracción, se mueve primero el punto decimal hacia la derecha hasta obtener un número entero, que se coloca en el numerador de la nueva fracción. Luego se coloca en el denominador una potencia de 10 (10, 100, 1000 o 10,000), cuya elección dependerá del valor posicional del decimal.

EJEMPLO 7

Escribir 0.05 como fracción y reducir la fracción obtenida a su mínima expresión.

Este decimal puede ser leído como "cinco centésimos", porque el 5 ocupa la posición de los centésimos. Entonces, la fracción equivalente será $\frac{5}{100}$, y su mínima expresión será $\frac{1}{20}$.

EJEMPLO 8

Escribir 0.480 como fracción y reducir la fracción obtenida a su mínima expresión.

Este decimal puede ser leído como "480 milésimos". Al igual que lo hiciéramos en el ejemplo anterior, usaremos el valor posicional para escribir la fracción y reducirla luego.

$$\frac{480}{1000} = \frac{12}{25}$$

Conversiones entre fracciones y decimales con la calculadora

La conversión de una fracción en decimal se efectúa en una calculadora de la misma forma que cualquier operación de división. No obstante, la calculadora TI-30XS, que se usa en el examen de GED®, puede también convertir fácilmente un decimal en fracción con una función especial. La función fracción a decimal se encuentra ubicada en verde arriba de la tecla (f◂▸d table), por lo que deberá presionarse primero la tecla 2nd para tener acceso a la función. El gráfico siguiente muestra paso a paso cómo hacer para convertir el ejemplo anterior de 0.480.

[.] [4] [8] [0] [2nd] [table] [enter]

.480▸f◂▸d $\frac{12}{25}$

EJERCICIO 2

Conversiones entre fracciones y decimales

Instrucciones: Para cada una de las fracciones siguientes, encuentre el decimal equivalente. Redondee su respuesta al centésimo más próximo.

1. $\frac{3}{4}$

2. $\frac{2}{5}$

3. $\frac{1}{4}$

4. $\frac{21}{100}$

5. $\frac{7}{15}$

Para cada uno de los decimales siguientes, encuentre la fracción equivalente y redúzcala a su mínima expresión.

6. 0.028

7. 0.225

8. 0.16

9. 0.31

10. 0.90

Véanse las respuestas en la página 528.

Fracciones impropias y números mixtos

En la fracción $\frac{5}{2}$ el numerador es más grande que el denominador. A las fracciones de este tipo se las denomina **fracciones impropias**. El decimal equivalente de $\frac{5}{2}$ es 2.5, que es mayor que 1. Las fracciones impropias tienen siempre decimales equivalentes que son mayores que 1.

Otra forma de representar una fracción impropia como $\frac{5}{2}$ es usar un número mixto. Los **números mixtos** están formados por un número entero seguido de una fracción. Por ejemplo, la fracción $\frac{5}{2}$ se convierte en $2\frac{1}{2}$ cuando se la escribe como número mixto.

Para escribir una fracción impropia como número mixto, determine cuántas veces puede dividirse en partes iguales el numerador por el denominador y escriba ese número entero seguido de una fracción cuyo numerador será el resto de esa operación de división y cuyo denominador será el mismo de la fracción original.

EJEMPLO 9

Escribir como número mixto la fracción $\frac{23}{7}$.

Se divide el numerador 23 por el denominador 7 y se obtiene el resultado 3, con un resto de 2. Entonces, $\frac{23}{7} = 3\frac{2}{7}$.

EJEMPLO 10

Escribir como número mixto la fracción $\frac{11}{8}$.

Se divide el numerador 11 por el denominador 8 y se obtiene el resultado 1, con un resto de 3. Entonces, $\frac{11}{8} = 1\frac{3}{8}$.

Convertir un número mixto en una fracción impropia es un procedimiento rápido, que se ilustra en los ejemplos siguientes.

EJEMPLO 11

Escribir como fracción impropia el número mixto $6\frac{2}{3}$.

sumar

$$6\frac{2}{3} = \frac{18+2}{3} = \frac{20}{3}$$

multiplicar

EJEMPLO 12

Escribir como fracción impropia el número mixto $2\frac{1}{5}$.

sumar

$$2\frac{1}{5} = \frac{10+1}{5} = \frac{11}{5}$$

multiplicar

Conversiones entre números mixtos y fracciones impropias con la calculadora

Las fracciones impropias pueden ingresarse en la calculadora usando la tecla $\frac{n}{d}$. Exactamente arriba de esta tecla se encuentra la función de números mixtos. Presionando la tecla 2nd seguida de la tecla $\frac{n}{d}$, se pueden ingresar números mixtos. En el gráfico siguiente, se muestra un ejemplo de cómo convertir, usando la calculadora, el número mixto $8\frac{2}{3}$ en una fracción impropia.

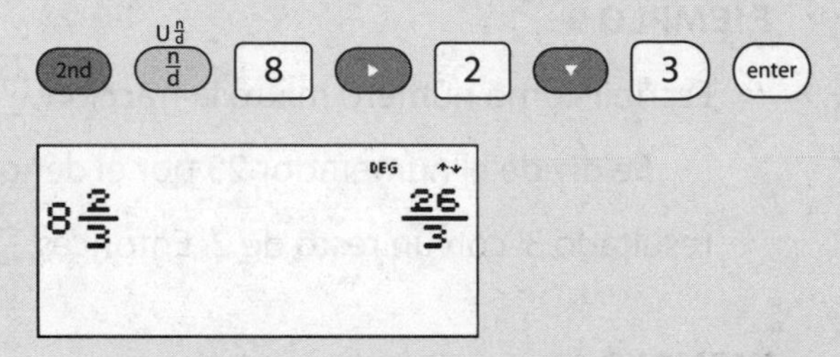

Se puede usar la función $\frac{n}{d} \blacktriangleleft\blacktriangleright U\frac{n}{d}$, situada arriba de la tecla x10ⁿ, para convertir fracciones impropias en números mixtos. En el gráfico siguiente, se muestra un ejemplo de cómo convertir, usando la calculadora, la fracción impropia $\frac{25}{9}$ en un número mixto.

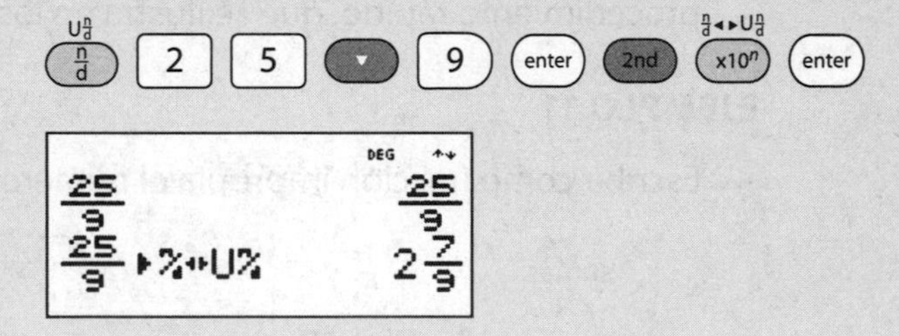

EJERCICIO 3

Conversiones entre números mixtos y fracciones impropias

Instrucciones: Convierta cada una de las fracciones impropias siguientes en números mixtos y compruebe las respuestas con su calculadora.

1. $\frac{19}{5}$

2. $\frac{21}{2}$

3. $\frac{95}{20}$

4. $\frac{28}{6}$

5. $\frac{45}{8}$

Convierta cada uno de los números mixtos siguientes en fracciones impropias y compruebe las respuestas con su calculadora.

6. $2\frac{1}{8}$

7. $9\frac{3}{5}$

8. $4\frac{1}{16}$

9. $5\frac{5}{7}$

10. $16\frac{2}{3}$

Véanse las respuestas en la página 528.

Comparación de fracciones

Ordenar fracciones de mayor a menor o en sentido contrario es una destreza que comúnmente se evalúa en el examen de GED®. Para ordenar fracciones correctamente, es necesario primero comparar las fracciones.

Supongamos que usted desea determinar cuál de las fracciones $\frac{1}{5}$ y $\frac{3}{5}$ es la más grande. Recuerde que toda fracción representa una parte del todo. Entonces, $\frac{3}{5}$ debe ser la mayor porque 3 son más "partes" que 1 ($\frac{3}{5}$ tiene un numerador más grande $\frac{1}{5}$). Esta comparación puede efectuarse fácilmente porque los denominadores son iguales.

En el caso en que las fracciones tengan denominadores distintos, como $\frac{1}{2}$ y $\frac{3}{7}$, será necesario encontrar fracciones equivalentes que tengan un denominador común. Se llama **denominador común** al número que puede usarse como denominador en todas las fracciones equivalentes.

Por ejemplo, $\frac{1}{2}$ y $\frac{3}{7}$ pueden convertirse en fracciones equivalentes con 14 como denominador común: $\frac{1}{2} = \frac{7}{14}$ y $\frac{3}{7} = \frac{6}{14}$. Ahora usted puede comparar las dos fracciones y observar que $\frac{1}{2} = \frac{7}{14}$ es la fracción más grande.

Para encontrar un denominador común a dos fracciones diferentes, siga los pasos siguientes.

- Determine si uno de los denominadores puede ser dividido por el otro. Si así fuera, el denominador mayor es el denominador común.
- En caso contrario, multiplique los dos denominadores y use el resultado como denominador común.

En los ejemplos siguientes, se emplean los mismos símbolos que se usaron anteriormente en la comparación de decimales.

EJEMPLO 13

Usar los símbolos <, > o = para comparar las fracciones: $\frac{3}{4}, \frac{7}{8}$.

Si observamos los denominadores, veremos que 8 puede ser dividido por 4. Entonces, 8 es el denominador común. Escriba la fracción equivalente a $\frac{3}{4}$ usando ese denominador.

$$\frac{3}{4} = \frac{3 \times 2}{4 \times 2} = \frac{6}{8}$$

Como el numerador de $\frac{7}{8}$ es más grande que el numerador de $\frac{6}{8}, \frac{7}{8}$ es la fracción más grande. Entonces, $\frac{3}{4} < \frac{7}{8}$.

EJEMPLO 14

Usar los símbolos <, > o = para comparar las fracciones: $\frac{3}{5}, \frac{8}{9}$.

Como no puede dividirse ninguno de los denominadores por el otro, el denominador común será su producto: $5 \times 9 = 45$. Las dos nuevas fracciones tendrán, entonces, como denominador común 45 y como numerador el producto del numerador de cada una de ellas por el denominador de la otra.

$$\frac{3}{5} = \frac{3 \times 9}{5 \times 9} = \frac{27}{45}$$

$$\frac{8}{9} = \frac{8 \times 5}{9 \times 5} = \frac{40}{45}$$

Como 27 es menor que 40, $\frac{27}{45} < \frac{40}{45}$ y $\frac{3}{5} < \frac{8}{9}$.

Comparación de fracciones y decimales

Como se demostrara en la sección anterior, convertir fracciones en fracciones equivalentes con un denominador común facilita su comparación. La misma idea es aplicable a la comparación de fracciones con decimales, en cuyo caso habrá que transformar la fracción en decimal para poder efectuar la comparación.

EJEMPLO 15

Rellenar el blanco con los símbolos <, > o = en la expresión $\frac{2}{5}$ ______ 0.455 para que refleje correctamente la relación.

Escrito como decimal, $\frac{2}{5} = 2 \div 5 = 0.4 = 0.400$. Este decimal es más pequeño que 0.455; entonces, $\frac{2}{5} < 0.455$.

EJEMPLO 16

Rellenar el blanco con los símbolos <, > o = en la expresión: $\frac{3}{10}$ ______ 0.29 para que refleje correctamente la relación.

Como $\frac{3}{10} = 3 \div 10 = 0.3 = 0.30$, y 0.30 es más grande que 0.29, entonces, $\frac{3}{10} > 0.29$.

EJERCICIO 4

Comparación de fracciones

Instrucciones: Use los símbolos >, < o = para comparar las fracciones siguientes.

1. $\frac{2}{3}$ ____ $\frac{1}{9}$
2. $\frac{7}{15}$ ____ $\frac{3}{5}$
3. $\frac{9}{20}$ ____ $\frac{1}{6}$
4. $\frac{5}{18}$ ____ $\frac{4}{9}$
5. $\frac{1}{2}$ ____ $\frac{1}{3}$

Use los símbolos >, < o = para comparar las fracciones y los decimales siguientes.

6. 0.22 ____ $\frac{1}{3}$
7. $\frac{1}{2}$ ____ 0.18
8. 0.578 ____ $\frac{51}{100}$

9. 0.8821____$\frac{15}{17}$

10. $\frac{5}{13}$____0.42

Véanse las respuestas en la página 528.

Adición y sustracción de fracciones

Las reglas aplicables a la adición y la sustracción de fracciones dependen de si las fracciones tienen o no un denominador común. Cuando las fracciones tienen un denominador común, se suman y restan los numeradores de izquierda a derecha. En el caso contrario, se deberá encontrar primero un denominador común antes de efectuar cualquier otra operación.

EJEMPLO 17

Sumar: $\frac{2}{7}+\frac{3}{7}$. Reducir la fracción resultante a su mínima expresión.

Como las fracciones tienen el mismo denominador, la adición se efectúa simplemente sumando los numeradores.

$$\frac{2}{7}+\frac{3}{7}=\frac{5}{7}$$

EJEMPLO 18

Restar: $\frac{5}{8}-\frac{1}{4}$. Reducir la fracción resultante a su mínima expresión.

Como las fracciones tienen denominadores diferentes, deberemos emplear las técnicas para encontrar un denominador común. En este caso, como el denominador 8 puede ser dividido por 4, 8 es el denominador común. Una vez que convertimos las fracciones en sus fracciones equivalentes con el nuevo denominador común, la sustracción de los numeradores se efectúa de la misma forma en que los sumamos en el ejemplo 17. Para convertir $\frac{1}{4}$ en su fracción equivalente, deberemos multiplicar el numerador y el denominador por 2.

$$\frac{5}{8}-\frac{1}{4}=\frac{5}{8}-\frac{1\times2}{4\times2}=\frac{5}{8}-\frac{2}{8}=\frac{3}{8}$$

EJEMPLO 19

Sumar: $\frac{1}{6}+\frac{1}{10}$. Reducir la fracción resultante a su mínima expresión.

Como ninguno de los denominadores puede ser dividido por el otro, el denominador común es $6 \times 10 = 60$. Las dos fracciones deberán convertirse antes de efectuar la suma.

$$\frac{1}{6}+\frac{1}{10}=\frac{1\times10}{6\times10}+\frac{1\times6}{10\times6}=\frac{10}{60}+\frac{6}{60}=\frac{16}{60}$$

La respuesta $\frac{16}{60}$ no representa la mínima expresión de la fracción porque tanto 16 como 60 todavía pueden ser divididos por 4. Para reducir la fracción y obtener el resultado final, se deberán dividir, entonces, el numerador y el denominador por 4.

$$\frac{16}{60}=\frac{16\div 4}{60\div 4}=\frac{4}{15}$$

EJERCICIO 5

Adición y sustracción de fracciones

Instrucciones: Efectúe las sumas y restas siguientes y reduzca las fracciones resultantes a su mínima expresión.

1. $\frac{2}{5}+\frac{1}{5}$
2. $\frac{8}{13}+\frac{3}{13}$
3. $\frac{4}{9}+\frac{5}{6}$
4. $\frac{1}{12}+\frac{1}{4}$
5. $\frac{5}{21}+\frac{2}{7}$
6. $\frac{3}{4}-\frac{1}{4}$
7. $\frac{5}{8}-\frac{1}{8}$
8. $\frac{9}{14}-\frac{2}{7}$
9. $\frac{8}{25}-\frac{1}{5}$
10. $\frac{1}{3}-\frac{1}{4}$

Véanse las respuestas en las páginas 528–529.

Multiplicación de fracciones

En la multiplicación de fracciones, no se deberá prestar atención al denominador común. Independientemente de que las dos fracciones tengan o no el mismo denominador, el procedimiento será siempre el mismo: multiplicar los numeradores entre sí y los denominadores entre sí. En realidad, usando la simplificación cruzada, se puede reducir la fracción incluso antes de efectuar la multiplicación.

EJEMPLO 20

Multiplicar: $\frac{2}{9} \times \frac{1}{4}$.

① Como los números 2 y 4 pueden ser divididos por 2, se simplifican primero.

② Luego se multiplica.

$$\frac{2}{9} \times \frac{1}{4} \longrightarrow \frac{\cancel{2}^{1}}{9} \times \frac{1}{\cancel{4}_{2}}$$

$$\frac{\cancel{2}^{1}}{9} \times \frac{1}{\cancel{4}_{2}} = \frac{1 \times 1}{9 \times 2} = \frac{1}{18}$$

EJEMPLO 21

Multiplicar: $\frac{3}{10} \times \frac{16}{33}$.

① Como los números 3 y 33 pueden ser divididos por 3 y los números 10 y 16 por 2, se simplifican primero.

② Luego se multiplica.

$$\frac{3}{10} \times \frac{16}{33} \longrightarrow \frac{\cancel{3}^{1}}{\cancel{10}_{5}} \times \frac{\cancel{16}^{8}}{\cancel{33}_{11}}$$

$$\frac{\cancel{3}^{1}}{\cancel{10}_{5}} \times \frac{\cancel{16}^{8}}{\cancel{33}_{11}} = \frac{1 \times 8}{5 \times 11} = \frac{8}{55}$$

División de fracciones

En la división de fracciones, se deberá invertir primero una fracción y luego efectuar una multiplicación. Esto es así porque la multiplicación y la división son operaciones inversas. Todo problema de división puede expresarse también como una multiplicación. Por ejemplo, multiplicar por $\frac{1}{3}$ es lo mismo que dividir por 3. Se denomina **recíproco** a la fracción resultante de invertir una fracción. Los números 3 y $\frac{1}{3}$ son recíprocos, como también lo son $\frac{2}{5}$ y $\frac{5}{2}$. Cuando se invierte una fracción y luego se multiplica, lo que en realidad se hace es multiplicar por el recíproco de esa fracción.

EJEMPLO 22

Dividir: $\frac{1}{9} \div \frac{3}{4}$.

La primera fracción se mantiene como está, pero la segunda se invierte. Entonces, se multiplica en vez de dividir.

$$\frac{1}{9} \div \frac{3}{4} = \frac{1}{9} \times \frac{4}{3} = \frac{4}{27}$$

Tenga presente que no se pueden simplificar las fracciones hasta que se llegue al paso de la multiplicación.

EJEMPLO 23

Dividir: $\frac{5}{8} \div \frac{15}{10}$.

Mantenga la primera fracción como está y multiplique por el recíproco de la segunda.

$$\frac{5}{8} \div \frac{15}{10} = \frac{5}{8} \times \frac{10}{15}$$

Ahora sí es posible simplificar, antes de multiplicar para obtener la respuesta final.

$$\frac{\overset{1}{\cancel{5}}}{\underset{4}{\cancel{8}}} \times \frac{\overset{5}{\cancel{10}}}{\underset{3}{\cancel{15}}} = \frac{1 \times 5}{4 \times 3} = \frac{5}{12}$$

EJERCICIO 6

Multiplicación y división de fracciones

Instrucciones: Multiplique o divida las fracciones siguientes según sea necesario. Reduzca las fracciones obtenidas a su mínima expresión.

1. $\frac{4}{5} \times \frac{3}{4}$

2. $\frac{1}{9} \times \frac{1}{10}$

3. $\frac{2}{7} \times \frac{2}{18}$

4. $\frac{2}{3} \times \frac{1}{3}$

5. $\frac{2}{15} \times \frac{3}{8}$

6. $\frac{2}{11} \div \frac{3}{4}$

7. $\frac{4}{5} \div \frac{2}{5}$

8. $\frac{15}{16} \div \frac{1}{8}$

9. $\frac{1}{2} \div \frac{3}{4}$

10. $\frac{8}{9} \div \frac{10}{19}$

Véanse las respuestas en la página 529.

Operaciones con fracciones, números enteros y números mixtos

En algunas ocasiones, será necesario sumar o restar dos números mixtos, dividir un número entero por una fracción o multiplicar un número mixto por un número entero. En esas situaciones, las reglas siguientes podrán serle de utilidad para efectuar esas operaciones.

- El recíproco de un número entero es una fracción que tiene por numerador a 1 y por denominador al propio número entero. Los siguientes son ejemplos de números enteros y sus recíprocos: $\frac{1}{5}$ y 5, 9 y $\frac{1}{9}$, $\frac{1}{2}$ y 2.
- Los números mixtos pueden ser convertidos siempre en fracciones impropias. Una vez convertidos, se aplican las reglas de las operaciones con fracciones.
- Toda fracción en la que el numerador y el denominador tienen el mismo número es igual a 1. (Esta regla no se aplica si ese número es 0.) Las fracciones siguientes son todas iguales a 1: $\frac{6}{6}, \frac{2}{2}, \frac{1}{1}$.
- Todo número entero puede ser convertido en una fracción con denominador 1. Por ejemplo, $5 = \frac{5}{1}$ y $\frac{10}{1} = 10$.

Veamos con algunos ejemplos cómo aplicar estas reglas.

EJEMPLO 24

Dividir: $\frac{1}{2} \div 3$.

En este caso, conviene usar la técnica de invertir y multiplicar. Recuerde que el recíproco de 3 es $\frac{1}{3}$:

$$\frac{1}{2} \div 3 = \frac{1}{2} \times \frac{1}{3} = \frac{1}{6}$$

EJEMPLO 25

Multiplicar: $10\times\frac{4}{5}$.

Convierta en fracción el número 10 con denominador 1. Multiplique luego como lo haría con cualquier otra fracción. No olvide simplificar cruzado cuando ello sea posible.

$$10\times\frac{4}{5}=\frac{10}{1}\times\frac{4}{5}=\frac{2}{1}\times\frac{4}{1}=\frac{8}{1}=8$$

EJEMPLO 26

Sumar: $2\frac{1}{4}+\frac{2}{9}$.

Primero, convierta el número mixto $2\frac{1}{4}$ en fracción impropia. Luego, sume las fracciones. Recuerde que para sumar o restar fracciones es necesario un denominador común.

$$2\frac{1}{4}+\frac{2}{9}=\frac{9}{4}+\frac{2}{9}=\frac{9\times9}{4\times9}+\frac{2\times4}{9\times4}=\frac{81}{36}+\frac{8}{36}=\frac{89}{36}$$

La forma en que se presente la respuesta final dependerá de la pregunta formulada. Cuando se trate de números mixtos, la respuesta final deberá ser expresada como número mixto. En el ejemplo siguiente, la respuesta deberá ser:

$$\frac{89}{36}=2\frac{17}{36}$$

EJERCICIO 7

Operaciones con números mixtos, números enteros y fracciones

Instrucciones: Efectúe las sumas, restas, multiplicaciones o divisiones siguientes. Si el problema contiene un número mixto, exprese su respuesta con un número mixto. En caso contrario, reduzca la fracción resultante a su mínima expresión.

1. $5-\frac{2}{5}$
2. $\frac{1}{9}\times3$
3. $4\div\frac{1}{2}$
4. $3\frac{1}{4}\div\frac{2}{3}$
5. $8\frac{1}{3}-6\frac{3}{5}$

6. $4+\frac{2}{7}$

7. $18\div\frac{3}{2}$

8. $2\times\frac{6}{7}$

9. $10\times\frac{2}{3}$

10. $6-\frac{1}{15}$

Véanse las respuestas en la página 529.

Operaciones con fracciones en la calculadora

Todas las operaciones básicas con fracciones pueden efectuarse con la calculadora, y la fracción resultante será presentada automáticamente en su mínima expresión. Recuerde que para ingresar fracciones en su calculadora deberá presionar la tecla $\frac{n}{d}$, y que para hacer lo propio con números mixtos deberá usar la función $U\frac{n}{d}$ (para más detalles, véase la sección sobre números mixtos).

Por ejemplo, el gráfico siguiente muestra cómo usar la calculadora para calcular la división $\frac{1}{8}\div\frac{2}{3}$.

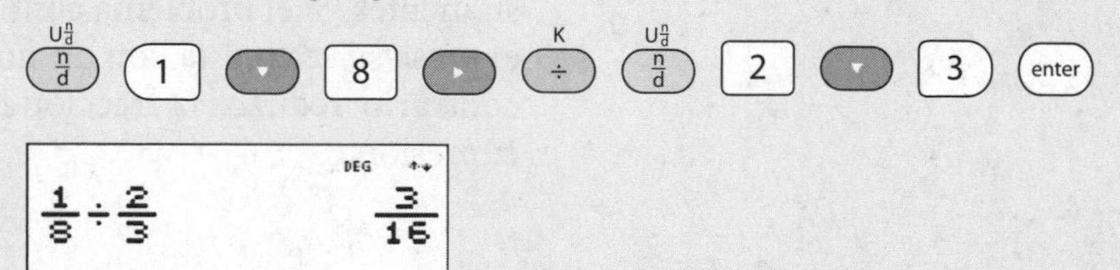

CAPÍTULO 5

Razones, tasas y proporciones

Razones y tasas

Una **razón** es una relación o comparación entre dos expresiones en términos de tamaño, número o cantidad. Por ejemplo, si un club tiene 3 miembros varones por cada 2 miembros mujeres, se dice que la razón entre hombres y mujeres es de 3 a 2.

Las razones pueden escribirse de tres formas distintas. Usando la razón entre hombres y mujeres como ejemplo:

- Como enunciado, como en el caso del ejemplo: "la razón entre hombres y mujeres es de 3 a 2".
- Como fracción: $\frac{3}{2}$.
- Como razón: 3:2.

Las razones se reducen siempre a su mínima expresión. Por lo tanto, la razón 6:10 ("seis es a diez") debe ser simplificada a 3:5.

Se denomina **tasa** a toda razón que compara dos cantidades con unidades diferentes. El uso de tasas es frecuente en la vida diaria. Un ejemplo muy común es el límite de velocidad en las autopistas: 65 millas por hora. Es decir, una razón de 65 millas por cada hora.

Problemas verbales con razones y tasas

En el examen de GED®, razones y tasas aparecen a menudo en los problemas verbales. También, se puede pedir en el examen que se simplifique una razón. Veamos un par de ejemplos.

EJEMPLO 1

Un artesano usa 48 clavos para asegurar un revestimiento de 200 pies. Como fracción, ¿cuál es la razón de clavos por pie de revestimiento?

En el problema se pregunta por la razón de clavos por pie de revestimiento, por lo que el orden es importante. Como fracción, la razón es $\frac{48}{200} = \frac{6}{25}$.

EJEMPLO 2

La lista muestra el precio de la salsa de tomate en tres tiendas distintas.

Almacén El Fénix	$3.25 por 24 onzas
Supermercado Los Olivos	$6.99 por 64 onzas
Tienda de Comestibles La Confianza	$1.58 por 12 onzas

Redondeado al centésimo más próximo, ¿cuál tienda tiene el precio más bajo?

Cada precio por cantidad puede ser expresado como una razón. Para obtener el precio por onza, deberemos simplificar cada denominador hasta llegar a 1.

Almacén El Fénix: $\frac{3.25 \text{ dólares}}{24 \text{ onzas}}$

Supermercado Los Olivos: $\frac{6.99 \text{ dólares}}{64 \text{ onzas}}$

Tienda de Comestibles La Confianza: $\frac{1.58 \text{ dólares}}{12 \text{ onzas}}$

Para convertir el denominador de cada razón en 1, dividimos el numerador y el denominador de cada razón por su denominador.

Almacén El Fénix: $\frac{3.25 \text{ dólares} \div 24 \text{ dólares}}{24 \div 24 \text{ onzas}} = \frac{0.14 \text{ dólares}}{1 \text{ onza}}$

Supermercado Los Olivos: $\frac{6.99 \text{ dólares} \div 64 \text{ dólares}}{64 \div 64 \text{ onzas}} = \frac{0.11 \text{ dólares}}{1 \text{ onza}}$

Tienda de Comestibles La Confianza: $\frac{1.58 \text{ dólares} \div 12 \text{ dólares}}{12 \div 12 \text{ onzas}} = \frac{0.13 \text{ dólares}}{1 \text{ onza}}$

Ahora que hemos obtenido la tasa por unidad (la tasa de denominador 1), podemos ver que el Supermercado Los Olivos tiene el precio más bajo por onza.

EJERCICIO 1

Razones y tasas

Instrucciones: Agrupe la razón de la columna izquierda con su equivalente en la columna de la derecha. Hay una sola respuesta correcta para cada uno de los problemas 1 a 3. No todas las respuestas de la derecha serán usadas.

1. 3:4 **A.** $\frac{18}{81}$

2. 2:9 **B.** $\frac{12}{6}$

3. 8:6 **C.** $\frac{15}{20}$

D. $\frac{18}{24}$

E. $\frac{16}{12}$

Reduzca las razones o tasas siguientes a su mínima expresión.

4. Un escritor escribe a máquina 500 palabras cada 2 horas.

5. El nuevo sendero tiene 3 millas por cada 2 millas del viejo.

6. La temperatura aumenta 15 grados cada 5 horas.

7. La escuela tiene 400 estudiantes de primer año por cada 100 estudiantes de último año.

Resuelva los problemas verbales siguientes.

8. La fuerza de trabajo de una compañía está compuesta de 10 hombres por cada 12 mujeres. ¿Cuál es la razón de hombres a mujeres en esa compañía?

9. Las familias Anderson y Lambert han salido de viaje en auto. La familia Anderson recorrió 300 millas en 6 horas, mientras que la familia Lambert recorrió 200 millas en 5 horas. ¿Cuál de las dos familias viajó a una tasa de velocidad mayor?

10. El jardín de Miguel es cuatro veces más grande que el de Tamara. Escriba la fracción que represente la razón entre el jardín de Miguel y el de Tamara.

Véanse las respuestas en las páginas 529–530.

Proporciones

Las **proporciones** son ecuaciones que representan razones o tasas iguales. A menudo, los problemas con proporciones requieren encontrar un valor faltante, generalmente representado por la letra x o alguna otra. Estos problemas se resuelven siguiendo un procedimiento llamado multiplicación cruzada.

EJEMPLO 3

¿Cuál es el valor de x si $\frac{3}{4} = \frac{x}{12}$?

Multiplicación cruzada significa multiplicar en diagonal a través del símbolo igual. Cuando se multiplica cruzado en este problema, el resultado es el siguiente:

$(3 \times 12) = (4 \times x)$, o $36 = 4x$

Se puede encontrar el valor desconocido de x dividiendo los dos lados por 4: Entonces, $x = 9$.

EJEMPLO 4

¿Cuál es el valor de b si $\frac{b}{2} = \frac{5}{10}$?

Efectuando la multiplicación cruzada, $10b = 10$.

Y dividiendo por el número delante de b, obtenemos: $b = 1$.

EJERCICIO 2

Proporciones

Instrucciones: Encuentre el valor desconocido que hace que las expresiones siguientes resulten verdaderas.

1. $\frac{4}{8} = \frac{n}{18}$
2. $\frac{5}{a} = \frac{15}{30}$
3. $\frac{4}{5} = \frac{x}{20}$
4. $\frac{2}{9} = \frac{m}{81}$
5. $\frac{x}{16} = \frac{2}{8}$

Véanse las respuestas en la página 530.

Problemas verbales con proporciones

Las proporciones pueden aplicarse a muchas situaciones de la vida real, y algunas de ellas pueden ser parte de las preguntas del examen de GED®. Veamos algunos ejemplos.

EJEMPLO 5

Un auto viaja a una tasa de velocidad de 60 millas por hora. Si se mantiene esta tasa, ¿cuánto tiempo le tomará recorrer 180 millas?

Establezcamos la proporción siguiente: $\frac{60}{1} = \frac{180}{h}$, donde h representa el número de horas. Obsérvese que los dos numeradores están expresados en millas y que los dos denominadores, en horas. En proporciones como esta, los numeradores y los denominadores deberán estar expresados, respectivamente, en las mismas unidades.

Efectuando la multiplicación cruzada, $60h = 180$.

Y dividiendo por el número delante de h, obtenemos: $h = 3$.

El auto demorará 3 horas para recorrer las 180 millas.

EJEMPLO 6

La razón entre enlaces e imágenes en un sitio web es de 3:10. Si hay 500 imágenes en el sitio web, ¿cuántos enlaces deberá contener?

La proporción es $\frac{3}{10} = \frac{L}{500}$, donde L representa el número de enlaces.

Efectuando la multiplicación cruzada, $1500 = 10L$.

Y dividiendo por el número delante de L, obtenemos: $150 = L$.

El sitio web contiene 150 enlaces.

EJERCICIO 3

Problemas verbales con proporciones

1. Hay 40 hombres en una liga de deportes y la razón entre hombres y mujeres en esa liga es de 5:3. ¿Cuántas mujeres (m) hay en la liga?

2. Un ciclista necesitó 4 horas para recorrer 30 millas de camino ondulado. A esa tasa, ¿cuántas horas (h) le llevará recorrer 15 millas adicionales?

3. Una fábrica utiliza una mezcla que contiene 20 libras de cacahuetes por cada 2 libras de nueces de marañón para preparar bocadillos para fiestas. Si la fábrica decide usar una nueva mezcla que contiene 100 libras de cacahuetes, ¿cuántas libras de nueces de marañón (n) necesitará para preparar esos bocadillos?

4. Si un especialista en el ingreso de datos puede ingresar información sobre 40 pacientes en 3 horas, ¿cuánto tiempo (h) le llevará ingresar la información correspondiente a 60 pacientes?

5. En un mapa de rutas para excursiones, cada pulgada representa 10 millas. Si un sendero popular entre los excursionistas tiene 16 millas de largo, ¿cuál será su extensión (E) en el mapa?

Véanse las respuestas en la página 530.

CAPÍTULO 6

Los porcentajes y sus aplicaciones

Los porcentajes, las fracciones y los decimales son todos formas distintas de representar una parte del todo. En el caso de los porcentajes, ese todo está dividido en 100 partes iguales. Los porcentajes se encuentran presentes en situaciones de la vida diaria relacionadas, por ejemplo, con los impuestos a las ventas, el interés bancario y la propina en un restaurante. En el examen de GED®, las preguntas sobre porcentajes normalmente incluyen situaciones como las descritas y requieren un conocimiento sólido de cómo se aplican los porcentajes.

Conversiones entre fracciones, decimales y porcentajes

Es muy importante saber cómo efectuar conversiones entre fracciones, decimales y porcentajes.

Conversión de porcentajes en fracciones

Como todo porcentaje representa una porción de un todo de 100 partes iguales, cualquier porcentaje puede ser convertido en una fracción de denominador 100, que luego deberá ser simplificada.

EJEMPLO 1

Convertir 35% en fracción.

Escribimos 35 sobre 100 y simplificamos.

$$35\% = \frac{35}{100} = \frac{7}{20}$$

EJEMPLO 2

Convertir 2% en fracción.

Escribimos 2 sobre 100 y simplificamos.

$$2\% = \frac{2}{100} = \frac{1}{50}$$

Conversión de porcentajes en decimales

Igualmente, la conversión de un porcentaje en decimal comprende una división por 100. Si nos imaginamos que hay un punto decimal al final de un número entero, como 12, se puede dividir ese número por 100 moviendo el punto decimal dos posiciones hacia la izquierda.

EJEMPLO 3

Convertir 12% en decimal.

Dividimos por 100 (o movemos el punto decimal dos posiciones hacia la izquierda): 12% = 0.12.

EJEMPLO 4

Convertir 4% en decimal.

Dividimos por 100 (o movemos el punto decimal dos posiciones hacia la izquierda): 4% = 0.04.

Estas conversiones también pueden efectuarse cuando se trabaja con porcentajes fraccionarios o decimales. Por ejemplo:

0.5% = 0.005 (movemos el punto decimal dos posiciones hacia la izquierda)

$\frac{1}{8}\% = 0.125\% = 0.00125$ (porque $1 \div 8 = 0.125$)

Conversión de decimales y fracciones en porcentajes

Si efectuáramos la operación contraria, todo decimal puede ser convertido en porcentaje multiplicándolo por 100, es decir, moviendo el punto decimal dos posiciones hacia la derecha, Como toda fracción puede también ser convertida en decimal, este procedimiento se aplica también a la conversión de fracciones en porcentajes.

EJEMPLO 5

Convertir 0.226 en porcentaje.

Multiplicamos por 100 (o movemos el punto decimal dos posiciones hacia la derecha): 0.226 = 22.6%.

EJEMPLO 6

Convertir $\frac{3}{5}$ en porcentaje.

Expresado como decimal, $\frac{3}{5} = 0.6$, porque $3 \div 5 = 0.6$. Si multiplicamos por 100: 0.6 = 60%.

EJERCICIO 1

Conversiones entre fracciones, decimales y porcentajes

Instrucciones: Convierta los porcentajes siguientes en decimales y fracciones. Recuerde reducir las fracciones a su mínima expresión.

1. 30%

2. 22%

3. 49%

4. 1%

5. 8%

Convierta los decimales y las fracciones siguientes en porcentajes. Cuando sea necesario, redondee el resultado obtenido al décimo más próximo.

6. 0.044

7. 0.9

8. 0.001

9. $\frac{3}{8}$

10. $\frac{7}{10}$

Véanse las respuestas en la página 530.

Problemas con porcentajes

Una buena comprensión de la relación entre porcentajes, decimales y fracciones puede resultar de utilidad para resolver distintos tipos de problemas. Durante el análisis de los ejemplos siguientes, preste mucha atención a la forma en que han sido redactados, pues encontrará una redacción similar en los problemas de aplicación que aparecen más adelante.

EJEMPLO 7

¿Qué porcentaje de 50 representa 4?

La pregunta que se formula en el ejemplo es: "¿cuál es el valor de x si $50 \times x = 4$?". Se deberá entonces encontrar el valor de x.

$$x = \frac{4}{50} = 4 \div 50 = 0.08, \text{ y } 0.08 = 8\%$$

EJEMPLO 8

¿Qué porcentaje de 34 representa 16%?

En esta pregunta, la palabra "de" implica multiplicación. De hecho, para obtener cualquier porcentaje de cualquier número, se deberá multiplicar siempre por la forma decimal del porcentaje.

$0.16 \times 34 = 5.44$

EJEMPLO 9

¿Cuál es el 150% de 20?

En este caso, también se aplica la multiplicación. El decimal equivalente de 150% es 1.5 (imagine que hay un punto decimal al final de 150 y muévalo dos posiciones hacia la izquierda); entonces, 150% de 20 es igual a: $1.5 \times 20 = 30$.

Los ejemplos 8 y 9 ilustran dos reglas importantes que usted deberá conocer:

- Un porcentaje menor al 100% de un número resultará siempre en un número más pequeño que el número original.
- Un porcentaje mayor al 100% de un número resultará siempre en un número más grande que el número original.

Usted se preguntará qué significa el 100% de un número. Como *porcentaje* significa "una parte de 100", 100% significa 100 partes de 100, o, en otras palabras, el todo. Entonces, el 100% de cualquier número es el número mismo.

La proporción siguiente puede ser de mucha utilidad para resolver distintos tipos de problemas de porcentajes:

$$\frac{\text{parte}}{\text{todo}} = \frac{\text{porcentaje}}{100}$$

Para resolver este tipo de problemas, es necesario determinar qué términos de la razón se conocen y cuáles se deberán encontrar.

EJEMPLO 10

¿De qué número es 30 el 60%?

En este caso, conocemos la parte y el porcentaje y nos resta averiguar el todo. Escriba la razón correspondiente, en la que n representará el número desconocido.

$$\frac{30}{n} = \frac{60}{100}$$

Ahora, debemos hallar el valor de n.

Multiplicamos cruzado: $3000 = 60n$

Y dividimos por 60: $n = 50$.

EJERCICIO 2

Problemas con porcentajes

Instrucciones: Resuelva cada uno de los problemas siguientes. Redondee el resultado obtenido al décimo más próximo o al décimo de porcentaje más próximo, cuando sea necesario.

1. ¿Qué porcentaje de 60 es 15?
2. ¿Qué porcentaje de 1000 es 200?
3. ¿Qué porcentaje de 35 es 45?
4. ¿Cuál es el 60% de 250?
5. ¿Cuál es el 3% de 18?
6. ¿Cuál es el 0.5% de 90?
7. ¿Cuál es el 360% de 20?
8. ¿De qué número es 18 el 40%?
9. ¿De qué número es 100 el 10%?
10. ¿De qué número es 75 el 150%?

Véanse las respuestas en las páginas 530–531.

Problemas verbales con porcentajes

En los problemas de aplicación de porcentajes en el examen de GED®, deberá emplear las mismas técnicas usadas para resolver los problemas anteriores. Los problemas podrían referirse a la determinación del precio de un objeto con el impuesto incluido, a la comisión que un vendedor ganará o a un porcentaje de aumento futuro. Los dos ejemplos siguientes muestran algunos de los problemas de aplicación de porcentajes que podrían estar presentes en el examen.

EJEMPLO 11

María, Juan y Roberto fueron juntos a almorzar. La cuenta de María fue de $12.99, la de Juan de $11.20 y la de Roberto de $18.50. Si dejaron una propina del 20% del total, ¿de cuánto fue la propina?

Esta pregunta tiene dos partes: la primera, cuál fue el total de la cuenta, y la segunda, cuánto dejaron de propina. Recuerde que para encontrar un total deberá efectuar una operación de suma:

El total de la cuenta fue: $12.99 + $11.20 + $18.50 = $42.69.

El paso siguiente es calcular la propina. La pregunta dice que dejaron una propina del 20% del total. De nuestra experiencia anterior con porcentajes, sabemos que en estos casos la operación requerida es la multiplicación.

La propina será entonces: 0.2 × $42.69 = $8.54.

EJEMPLO 12

Cuando Mónica empezó con su programa de jogging, corrió durante la primera semana 3 millas. Ahora, Mónica puede correr 4.5 millas por semana. ¿En qué porcentaje aumentó la cantidad de millas que ella puede correr?

Los problemas que contienen preguntas sobre un aumento o una disminución de porcentajes pueden resolverse usando la fórmula siguiente:

$$100\% \times \frac{\text{cambio}}{\text{valor original}},$$

donde *cambio* es la diferencia entre el valor nuevo y el original. En este ejemplo, el aumento del porcentaje será:

$$100\% \times \frac{4.5-3}{3} = 100\% \times \frac{1.5}{3} = 100\% \times 0.5 = 50\%.$$

EJERCICIO 3

Problemas verbales con porcentajes

1. Por cada venta realizada, una vendedora recibe una comisión del 3%. ¿Cuál será su comisión en una venta de $140?

2. Una oficina en casa ocupa el 15% de la superficie de la vivienda. Si la superficie de la oficina: es de 390 pies cuadrados, ¿cuál es la superficie de la vivienda?

3. A una compañía que acepta tarjetas de crédito se le cobra, además de un derecho del 1% sobre el valor de la venta, $0.02 por cada transacción. ¿Cuánto deberá pagar la compañía si realiza una transacción de $580.00?

4. Pedro ha realizado mejoras en su casa para optimizar el consumo de energía eléctrica. Su factura de electricidad del último mes había sido de $125, mientras que la de este mes fue de $98. ¿En qué porcentaje disminuyó la nueva cuenta de electricidad comparada con la del último mes?

5. El director de una oficina estima que pasa el 40% de su pausa para el almuerzo, de 30 minutos, conduciendo hasta el restaurante y de regreso a la oficina. De ser ello cierto, ¿cuántos minutos de su pausa para el almuerzo pasa conduciendo?

Véanse las respuestas en la página 531.

Interés simple

Generalmente, se obtiene interés cuando uno presta dinero o realiza una inversión. A esta clase de interés se la denomina **interés simple**. Interés simple es aquel interés que se obtiene solo sobre el **capital**, es decir, la cantidad de dinero prestada o invertida. Todas las preguntas incluidas en el examen de GED® sobre interés se refieren al interés simple. (Otra clase de interés es el interés compuesto, que se obtiene no solo sobre el capital, sino también sobre los intereses acumulados con el tiempo. En el examen de GED®, no habrá preguntas sobre interés compuesto.)

Todos los problemas de interés simple pueden resolverse aplicando la fórmula $I = Prt$, donde I es el interés obtenido, P es el capital, r es la tasa de interés expresada como decimal y t es el tiempo en años.

EJEMPLO 13

Un préstamo de $500 es otorgado por un período de 2 años a una tasa de 5% de interés simple por año. ¿Qué cantidad de dinero se pagará en concepto de interés por este préstamo?

Este es uno de los tipos de problemas de interés más sencillos de resolver. Conocemos el valor del capital ($500), el tiempo en años (2) y la tasa en decimales (0.05). Entonces, solo necesitamos reemplazar esos valores en la fórmula para obtener la cantidad de interés que se pagará por el préstamo.

$$I = 500 \times 0.05 \times 2 = 50$$

El interés que se pagará será, entonces, de $50.

Tenga en cuenta que en algunos casos se le solicitará encontrar el valor del pago total debido por un préstamo. Ese total incluye la cantidad de dinero tomada prestada más el interés correspondiente. En el ejemplo 13, ese total será de: $500 + $50 = $550.

EJEMPLO 14

Jaime deposita $2,500 en una cuenta de ahorro que le pagará un interés simple del 3% por año. El interés le será pagado en cuotas mensuales. ¿Cuál será el valor total de la cuenta a los 6 meses?

Esta pregunta se compone de dos partes. Primero, deberemos calcular el interés que será pagado durante los 6 meses. Luego, deberemos calcular el valor total de la cuenta, incluido el depósito inicial de $2,500. Como el tiempo está expresado en meses y la fórmula requiere que lo sea en años, deberemos convertir ese valor.

En términos de años, 6 meses representan: $\frac{6}{12} = \frac{1}{2}$ año. Además, la tasa de interés (3%) deberá ser expresada como decimal (0.03). Aplicando la fórmula para calcular el interés, tendremos:

$$I = 2500 \times 0.03 \times \left(\frac{1}{2}\right) = 37.50$$

Si el interés obtenido en 6 meses es de $37.50, el valor total de la cuenta a los 6 meses será, entonces, de: $2,500 + $37.50 = $2,537.50.

EJEMPLO 15

Florencia hizo compras por $3,000 y las pagó con una tarjeta de crédito de la tienda. Después de 4 meses, Florencia saldó los cargos y pagó $36 de interés simple. ¿Cuál era la tasa de interés anual de la tarjeta de crédito?

En esta pregunta, conocemos el capital ($3,000), el tiempo $\left(\frac{4}{12}=\frac{1}{3}\right)$ y el interés pagado ($36). Reemplazando esos valores en la fórmula, tendremos:

$$36 = 3000 \times r \times \frac{1}{3}$$

Multiplicando 3000 y 1/3 en el segundo término, nos queda:

$$36 = 1000 \times r$$

Para obtener el valor de la tasa, *r*, en la ecuación, dividimos los dos términos por 1000:

$$\frac{36}{1000} = 0.036 = r$$

La tasa de interés anual de la tarjeta de crédito será, entonces, de 3.6%.

En los problemas de este tipo, en los que no se conoce uno de los valores de la fórmula, se sigue siempre el mismo procedimiento. Se simplifica primero (como lo hicimos con $\frac{1}{3}$ y 3000) y luego se divide.

EJERCICIO 4

Interés simple

1. Se otorga un préstamo de $2,000 por 3 meses a una tasa de interés simple anual de 16%. ¿Cuál es la cantidad total de dinero que se deberá pagar al término de los 3 meses?

2. El dueño de un comercio tomó un préstamo por 6 meses a una tasa de interés simple anual de 8% para reponer inventario. Si el dueño pagó $860 de interés, ¿cuál era la cantidad original de dinero que le prestaron?

3. Manuel invirtió $900 en un bono que paga 4% de interés simple anual. ¿Cuánto interés obtendrá de su inversión después de 2 años?

4. ¿Cuál de estas dos inversiones obtendrá más interés al cabo de 1 año: una inversión de $5,000 al 3% de interés simple o una inversión de $6,000 al 2.6% de interés simple?

5. Un taller de reparaciones tomó un préstamo por 1 año para comprar equipo nuevo. El préstamo era por $10,000, pero al finalizar el año el taller tuvo que pagar un total de $11,950. ¿Cuál era la tasa de interés simple del préstamo?

Véanse las respuestas en la página 531.

CAPÍTULO 7

La recta numérica y los números negativos

Hasta ahora, hemos trabajado con números enteros, fracciones y decimales. En este capítulo, lo haremos con números negativos. Todos los tipos de números con los que hemos trabajado pueden ser tanto positivos como negativos. Independientemente de que un número entero, una fracción o un decimal sean positivos o negativos, sus propiedades siguen siendo las mismas.

La recta numérica

Una forma común de imaginar el conjunto de todos los números posibles es la **recta numérica**. La recta numérica incluye a todos los números negativos y positivos en orden de izquierda a derecha. Esto significa que todo número en la recta es mayor que el número a su izquierda y menor que el número a su derecha. Podemos imaginar también que entre dos números enteros se encuentran todos los decimales y las fracciones cuyos valores estén comprendidos entre esos dos números.

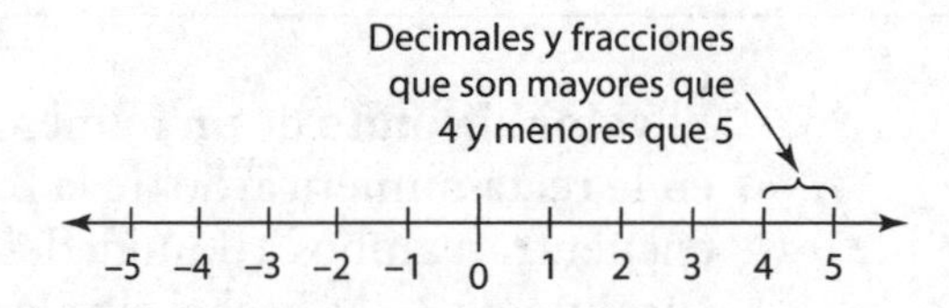

EJEMPLO 1

El gráfico siguiente muestra cuatro números marcados sobre la recta numérica: $-\frac{3}{4}, 4, \frac{5}{2}, 1.90$. Determinar cuál de esos números está representado por la letra B.

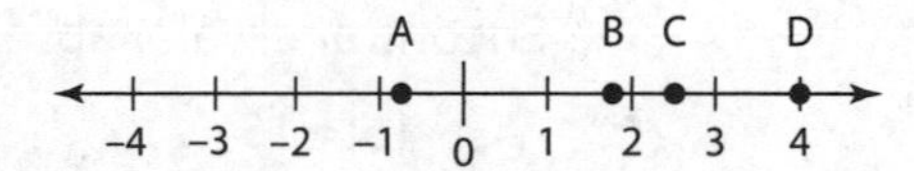

El punto B parece estar ligeramente a la izquierda de la marca de 2. Por lo tanto, deberá ser menor que 2. El punto B representa entonces al número 1.90.

Como un ejercicio de práctica de ordenación de números (que bien podría ser una de las preguntas en el examen de GED®), tratemos de encontrar los valores de los otros puntos marcados. Si convertimos las fracciones en decimales, podremos saber fácilmente cuál número es mayor y cuál menor.

$$-\frac{3}{4} = -(3 \div 4) = -0.75$$

$$\frac{5}{2} = 5 \div 2 = 2.5$$

Si observamos otra vez la recta numérica, el punto A se encuentra ligeramente a la derecha de –1. Esto significa que A es apenas mayor que –1. Otra forma de plantearlo sería pensar que A es ligeramente menos negativo que –1. El único valor que reúne esas condiciones es $-\frac{3}{4}$.

El punto C está a mitad de camino entre 2 y 3. Entonces, deberá ser mayor que 2 pero menor que 3. El único candidato es 2.5.

Por último, el punto D se encuentra justo sobre la marca que corresponde a 4 y su valor deberá ser 4. El gráfico siguiente muestra los resultados obtenidos.

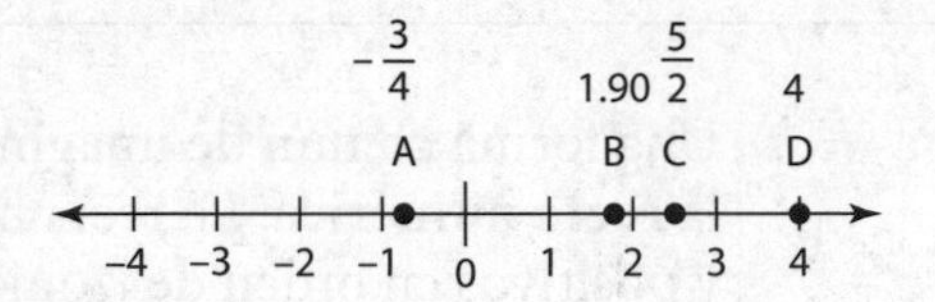

Valor absoluto

El **valor absoluto** de un número representa su distancia con respecto a 0 en la recta numérica. Sobre la base de esta definición, los puntos 3 y –3 se encuentran ambos a 3 unidades de 0, por lo que ambos tienen un valor absoluto de 3. De hecho, el valor absoluto de cualquier número, ya sea positivo o negativo, es igual al valor positivo de ese número.

El símbolo que representa un valor absoluto son dos barras verticales. Por ejemplo, el valor absoluto de –5 se escribe como $|-5|$, mientras que el de 10 se escribe como $|10|$.

EJEMPLO 2

Encontrar el valor absoluto de los números siguientes: –15, 12, –2 y 1.

$$|-15| = 15$$

$$|12| = 12$$

$$|-2| = 2$$

$$|1| = 1$$

EJEMPLO 3

¿Cuál de los puntos siguientes tiene el mayor valor absoluto?

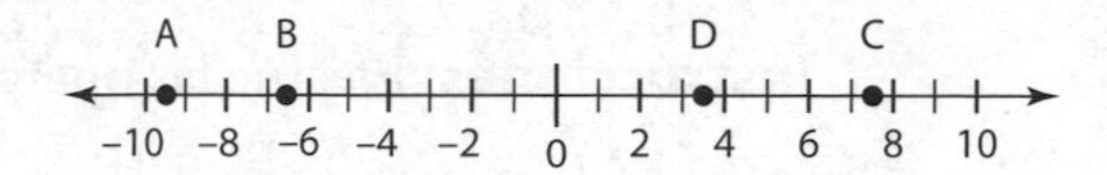

La respuesta correcta es el punto A. Recuerde que el valor absoluto es igual a la distancia del punto 0. En este caso, el punto A es el punto más distante y, por lo tanto, el de mayor valor absoluto.

Adición y sustracción de números negativos

Cuando se suman y restan números negativos y positivos, se aplican diferentes reglas, dependiendo de si los números tienen o no el mismo signo.

- **Para sumar un número negativo y un número positivo**, obtenga primero sus valores absolutos y reste luego el menor del mayor. La respuesta tendrá el mismo signo que el del número de mayor valor absoluto.

  $(-8) + (+3) = -5$

  Los valores absolutos son 8 y 3. Su resta es igual a: $8 - 3$, y la respuesta es -5, porque -8 tiene el mayor valor absoluto.

- **Para sumar dos números negativos**, sume sus valores absolutos y coloque el signo menos delante del resultado.

  $(-3) + (-8) = -11$

  Los valores absolutos son 3 y 8. Su suma es igual a: $3 + 8$, y la respuesta es -11, porque los dos números son negativos.

- **Para restar un número negativo de un número positivo**, sume sus valores absolutos y luego coloque el signo más delante de la respuesta.

  $5 - (-3) = 5 + (+3) = 8$

  Los valores absolutos son 5 y 3. Su suma es igual a: $5 + 3 = 8$, y la respuesta es $+8$ (positivo).

- **Para restar un número positivo de un número negativo**, sume sus valores absolutos y coloque el signo menos delante del resultado.

  $(-5) - (+3) = 5 + 3 = -8$

  Los valores absolutos son 5 y 3. Su suma es igual a: $5 + 3 = 8$, y la respuesta es -8 (negativo).

- **Para restar un número negativo de otro número negativo,** invierta el signo del segundo número y luego sume.

  $(-3) - (-8) = (-3) + (+8) = 5$

EJERCICIO 1

Adición y sustracción de números negativos

Instrucciones: Efectúe las operaciones siguientes.

1. $5 + (-2)$

2. $19 - 25$

3. $-44 + (-20)$

4. $-18 - 5$

5. $(-10) + (-2)$

6. $4 - 8$

7. $-15 + 29$

8. $6 + (-1)$

9. $-2 + 3$

10. $-8 - 14$

Véanse las respuestas en la página 531.

Multiplicación y división de números negativos

Cuando se efectúan multiplicaciones y divisiones que incluyen números negativos, se aplican las siguientes reglas:

- Cuando los números sean de signos opuestos, el resultado será negativo.
- Cuando los números sean del mismo signo, el resultado será positivo.

En las operaciones de multiplicación y división, el tamaño de los números no tiene ninguna influencia en el signo de la respuesta. El signo del resultado depende solo de los signos de los números que se multiplican o dividen.

EJEMPLO 4

$4 \times 4 = 16$ Mismo signo → resultado positivo

$(-3) \times (-3) = 9$ Mismo signo → resultado positivo

$(-2) \times 5 = -10$ Signos opuestos → resultado negativo

$3 \times (-2) = -6$ Signos opuestos → resultado negativo

EJEMPLO 5

$10 \div 2 = 5$ Mismo signo → resultado positivo

$(-7) \div (-1) = 7$ Mismo signo → resultado positivo

$(-18) \div 3 = -6$ Signos opuestos → resultado negativo

$8 \div (-4) = -2$ Signos opuestos → resultado negativo

EJERCICIO 2

Multiplicación y división de números negativos

Instrucciones: Efectúe las operaciones siguientes.

1. $6 \times (-4)$

2. $(-5) \times (-5)$

3. $(-1) \times 10$

4. $8 \times (-2)$

5. $(-6) \times (-3)$

6. $-6 \div 3$

7. $-3 \div (-1)$

8. $16 \div (-4)$

9. $-14 \div (-7)$

10. $9 \div (-3)$

Véanse las respuestas en las páginas 531–532.

Operaciones con números negativos en la calculadora

Todas las operaciones efectuadas en este capítulo pueden efectuarse también con la calculadora. Cuando ingrese números negativos, asegúrese de presionar la tecla (–) y no la de la sustracción. Por ejemplo, para calcular –5 + 26, deberá presionar las teclas siguientes:

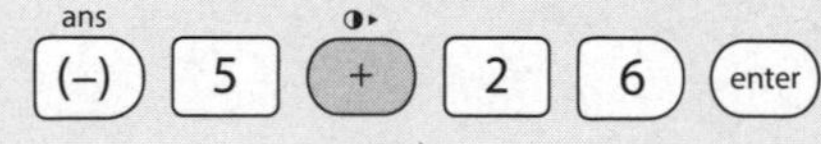

CAPÍTULO 8

Probabilidad y cálculos

El estudio de las probabilidades se ocupa fundamentalmente de determinar las posibilidades de que ocurra un acontecimiento o de la frecuencia con que este suceda. Usted ya conoce algunos tipos de probabilidad. Por ejemplo, sabe que un 10% de probabilidad de lluvias significa que posiblemente hoy no llueva, mientras que un 80% de probabilidad significa que sí lo hará. En este capítulo, usted aprenderá cómo calcular algunas probabilidades simples.

Probabilidad básica

Cuando trabajamos con probabilidades, debemos pensar en términos de experimentos. En un experimento, una probabilidad es una situación que produce algún tipo de resultado. Cuando se arroja un dado de seis caras, eso es un experimento. Cuando se le pide a alguien que piense en un número entre 1 y 10, también eso es un experimento.

En probabilidades, se llama resultado a cada una de las posibilidades de que suceda algo en un experimento. En el ejemplo anterior, en el que se pedía a alguien que pensara en un número entero entre 1 y 10, un resultado posible era 2. Como esa persona podía elegir cualquiera de los números de 1 a 10, había 10 resultados posibles.

En un problema de probabilidades, podría preguntarse por la probabilidad de que alguien piense en un número entre 1 y 10 que sea "mayor que 6". En probabilidades, a eso se lo considera un suceso. Un **suceso** es un conjunto de uno o más resultados posibles. Por ejemplo, los resultados comprendidos en el suceso "mayor que 6" son 7, 8, 9 y 10.

Para determinar la probabilidad de que un suceso ocurra, se usa la fórmula siguiente:

$$\text{probabilidad de que un suceso ocurra} = \frac{\text{número de resultados posibles de que el suceso ocurra}}{\text{número total de resultados posibles en el experimento}}$$

Aplicando la fórmula, la probabilidad de que alguien piense en un número mayor que 6 es: $\frac{4}{10} = \frac{2}{5}$. En el experimento, hay un total de 10 números para elegir y 4 que son mayores que 6.

Veamos ahora algunas reglas importantes sobre probabilidades:

- Una probabilidad no puede ser nunca inferior a 0 o superior a 1 (menor que 0% o mayor que 100%).
- Toda probabilidad puede ser representada por una fracción, un decimal o un porcentaje.

EJEMPLO 1

El departamento de contabilidad de una empresa grande tiene 45 empleados varones y 100 empleadas mujeres. Si se elige un empleado al azar para recargar la fotocopiadora, ¿cuál es la probabilidad de que esa persona sea un hombre? Escriba su respuesta como porcentaje en números enteros.

El suceso que debe ocurrir es que una persona del grupo seleccionada al azar sea un hombre. Hay 45 empleados varones, y entonces hay 45 posibilidades de que ello suceda. Hay un total de 45 + 100 = 145 empleados en el departamento, incluyendo a las mujeres. Como cada empleado tiene una posibilidad igual de ser elegido, 145 representa el total de resultados posibles. Por lo tanto, la probabilidad es:

$$\frac{45}{145} = 0.31 \text{ o } 31\%.$$

EJEMPLO 2

Un único dado de seis caras es arrojado sobre una mesa. ¿Cuál es la probabilidad de que el número en su cara superior sea menor que 3? Escriba su respuesta como fracción reducida a su mínima expresión.

Hay un total de 6 posibilidades cuando se arroja un dado y solo 2 (los números 1 y 2) de que el número resultante sea menor que 3.

Entonces, la probabilidad es: $\frac{2}{6} = \frac{1}{3}$.

EJERCICIO 1

Probabilidad básica

Instrucciones: Responda las preguntas siguientes. Escriba su respuesta como decimal redondeado al centésimo más próximo.

1. Se sabe que un envío de 500 monitores para computadora contiene 10 monitores con defectos. Si se elige un monitor al azar, ¿qué probabilidad existe de que ese monitor sea defectuoso?

2. Un club de una escuela superior tiene 10 miembros del último año y 8 miembros de tercer año. Si se elige un miembro al azar para el cargo de presidente, ¿cuál es la probabilidad de que esa persona NO sea uno de los miembros del último año?

3. En un juego, se retira un naipe de una baraja que contiene naipes de color rojo, verde y azul. Si se retira un naipe azul, el jugador puede avanzar a la casilla siguiente. La baraja contiene 100 naipes, de los cuales 30 son rojos, 15 son azules y 55 son verdes. Si un jugador retira un naipe al azar, ¿qué probabilidad existe de que ese jugador avance a la casilla siguiente?

4. Eugenia debe adivinar el número en que su amigo Javier está pensando. Todo lo que ella sabe es que es un número entre 1 y 20 (incluidos esos números). Si Eugenia elige un número al azar, ¿cuál es la probabilidad de que acierte el número correcto?

5. En un cajón hay 6 cucharas y 3 tenedores. Si una persona elige un cubierto al azar, ¿qué probabilidad existe de que ese cubierto sea una cuchara?

Véanse las respuestas en la página 532.

Probabilidad compuesta

Probabilidad de que ocurra un suceso "y" ocurra otro

Cuando dos sucesos ocurren al mismo tiempo o uno a continuación del otro, se dice que esos dos sucesos se intersectan. En algunos casos, cuando los sucesos son independientes, la probabilidad de que se produzca una intersección puede calcularse multiplicando la probabilidad de cada suceso. Pero cuando la probabilidad del primer suceso afecta la probabilidad del segundo, deberá aplicarse un procedimiento distinto. Consideremos primero el caso más simple.

EJEMPLO 3

En una investigación realizada sobre 1000 personas, se encontró que había 450 de ellas que trabajaban a tiempo completo, 300 que cursaban estudios en la universidad y 120 que cursaban estudios y trabajaban a tiempo completo. Si se selecciona una persona al azar, ¿qué probabilidad existe de que esa persona trabaje a tiempo completo y curse estudios en la universidad?

En este ejemplo, se nos dice que hay 120 personas en el grupo de las que cursan estudios y trabajan a tiempo completo. En otras palabras, se nos da el número de resultados posibles de que el suceso ocurra. Entonces, podemos aplicar la misma fórmula. La probabilidad es: $\frac{120}{1000} = 0.12$.

EJEMPLO 4

Supongamos que en una bolsa hay 10 canicas rojas y 12 canicas verdes. Si seleccionamos una canica al azar, la volvemos a colocar en la bolsa y seleccionamos a continuación otra canica al azar, ¿cuál es la probabilidad de que en la primera selección la canica sea roja y de que en la segunda selección sea verde?

Primero, identifiquemos los dos sucesos concurrentes. El primer suceso es la selección de la canica roja, y el segundo, la selección de la canica verde. Debemos encontrar la probabilidad de seleccionar una canica roja, colocarla de nuevo en la bolsa y seleccionar una canica verde. Entonces, empecemos por la probabilidad del primer suceso. Como hay 10 canicas rojas en la bolsa y el total es de 22 canicas, la probabilidad de seleccionar una canica roja será de $\frac{10}{22}=\frac{5}{11}$.

La probabilidad del segundo suceso se calcula de la misma forma, es decir, $\frac{12}{22}=\frac{6}{11}$. La probabilidad de que ocurran los dos sucesos se calcula aplicando la fórmula siguiente:

probabilidad de que ocurran dos sucesos independientes = probabilidad del primer suceso × probabilidad del segundo suceso

Si aplicamos esta fórmula, tendremos que la probabilidad de que la primera canica seleccionada sea roja y la segunda verde es igual a: $\left(\frac{5}{11}\right)\times\left(\frac{6}{11}\right)=0.248.$

El caso más difícil es cuando la ocurrencia del primer suceso afecta la probabilidad del segundo. Supongamos otra vez que la bolsa contiene 10 canicas rojas y 12 verdes. En este caso, seleccionaremos dos canicas, primero una y luego la otra, pero sin retornar la primera a la bolsa. ¿Qué probabilidad existe de que las dos canicas seleccionadas sean verdes?

Apliquemos esta fórmula:

(probabilidad del primer suceso) × (probabilidad del segundo suceso después de ocurrido el primero)

La probabilidad de que la primera canica seleccionada sea verde es: $\frac{12}{22}=\frac{6}{11}$, porque hay 12 canicas verdes sobre un total de 22 canicas. Pero, ¿cuál es la probabilidad de que la segunda canica sea también verde? Como la primera canica ya no está dentro de la bolsa, quedan en ella 11 canicas verdes sobre un total de 21. Entonces, la probabilidad de que la segunda canica sea verde es: $\frac{11}{21}$. Ahora, si usamos estas fracciones y aplicamos la fórmula, tendremos que la probabilidad de que las dos canicas seleccionadas sean verdes es: $\left(\frac{6}{11}\right)\times\left(\frac{11}{21}\right)=0.29.$

EJEMPLO 5

En una compañía pequeña se seleccionan dos empleados al azar para participar de un curso sobre formación de grupos. Si en la compañía hay 20 empleados seniors y 30 empleados juniors, ¿qué probabilidad existe de que los dos empleados seleccionados pertenezcan al grupo de los empleados seniors?

La probabilidad de que el primer empleado pertenezca al grupo de los seniors es: $\frac{20}{50}=\frac{2}{5}$

La probabilidad de que el segundo empleado pertenezca al grupo de los seniors es: $\frac{19}{49}$ (Recuerde, un empleado ya ha sido seleccionado y pertenecía al grupo de los empleados seniors.)

La probabilidad de que los dos empleados pertenezcan al grupo de los empleados seniors es, entonces: $\left(\frac{2}{5}\right)\times\left(\frac{19}{49}\right)=0.16$

Probabilidad de que ocurra un suceso "u" ocurra otro

La probabilidad de que ocurra un suceso *u* ocurra otro no es tan complicada de resolver como los ejemplos anteriores. La fórmula básica para este tipo de probabilidad es:

(probabilidad del primer suceso) + (probabilidad del segundo suceso) − (probabilidad de ambos sucesos)

EJEMPLO 6

Si se arroja un dado de seis caras, ¿qué probabilidad existe de que el número que salga sea mayor que 2 o par?

La probabilidad de que ocurra el primer suceso (mayor que 2) es: $\frac{4}{6}$ (hay cuatro números mayores que 2)

La probabilidad de que ocurra el segundo suceso (par) es: $\frac{3}{6}$ (hay tres números pares: 2, 4 y 6)

La probabilidad de que ocurran ambos sucesos es: $\frac{2}{6}$ (hay dos números que son a la vez pares y mayores que 2)

Entonces, la probabilidad de que ocurra uno de los sucesos es: $\frac{4}{6}+\frac{3}{6}-\frac{2}{6}=\frac{5}{6}$.

EJERCICIO 2

Probabilidad compuesta

Instrucciones: Responda las preguntas de probabilidad compuesta siguientes. Use fracciones reducidas a su mínima expresión en sus respuestas.

1. De un grupo de alumnos compuesto por 10 alumnos de tercer grado y 8 de cuarto grado, se seleccionarán a dos alumnos para ser líderes por un día. Si el primer alumno seleccionado es de cuarto grado, ¿cuál es la probabilidad de que el segundo alumno seleccionado sea de tercer grado?

2. En un hospital, sobre una plantilla de 10 médicos, 3 están de guardia el sábado, 4 el domingo y 2 los dos días. Si se selecciona al azar a uno de los médicos, ¿qué probabilidad existe de que ese médico esté de guardia un sábado o un domingo?

3. En una lata de bizcochos, hay 4 bizcochos de trocitos de chocolate y 3 de harina de avena. Si un niño toma al azar 2 bizcochos, ¿cuál es la probabilidad de que los 2 bizcochos sean de trocitos de chocolate?

4. En un sorteo, se extraen de a dos por vez los nombres de los participantes. La primera persona favorecida gana un premio de $500 y la segunda persona, un premio de $100. Los participantes del sorteo pueden ingresar su nombre una sola vez y se registraron 400 personas. Si ya se ha otorgado el primer premio, ¿qué probabilidad existe de ganar el segundo premio?

5. La tabla siguiente muestra datos de un estudio sobre 46 estudiantes de una escuela superior local. Cada número representa el total de estudiantes que pertenecen a esa categoría.

	Vive hasta 5 millas de la escuela	Vive a más de 5 millas de la escuela
Planea ir a la universidad	10	25
No planea ir a la universidad	8	3

Si se selecciona al azar a un estudiante, ¿cuál es la probabilidad de que este viva hasta 5 millas de la escuela y planee ir a la universidad?

Véanse las respuestas en la página 532.

Cálculos

Cálculos y probabilidades están estrechamente relacionados puesto que casi siempre habrá que efectuar un cálculo para encontrar una probabilidad. En el examen de GED®, en algunas preguntas se le solicitará que efectúe solo cálculos, sin encontrar la probabilidad. En esas preguntas, el foco de la atención estará puesto en el número de posibilidades en una situación particular. Se podrá obtener ese resultado aplicando la **regla de la multiplicación**. De acuerdo con esta regla, se deberá multiplicar el número de posibilidades en cada paso del procedimiento para obtener el número total de posibilidades.

EJEMPLO 7

Un comercio de venta de sopas permite a sus clientes decidir sobre los ingredientes de su propia sopa. Los clientes deben elegir un ingrediente básico, uno que contenga vegetales y uno que contenga carne. Si se ofrecen 3 ingredientes básicos, 10 de vegetales y 4 de carne, ¿cuántos tipos diferentes de sopas se pueden preparar?

Para preparar una sopa, hay que elegir un ingrediente básico, uno de vegetal y uno de carne. Aplicando la regla de la multiplicación, hay $3 \times 10 \times 4 = 120$ tipos de sopa diferentes.

EJEMPLO 8

Un grupo de 4 estudiantes debe alinearse para tomarse una foto. Si consideramos que cada tipo de alineación es una foto diferente, ¿cuántas fotos diferentes se podrán tomar?

Este ejemplo es un poco más difícil, pero imaginemos que en cada foto hay cuatro posiciones diferentes que deberán ser ocupadas. Como cada estudiante no podrá ocupar más de una posición en la foto, los 4 estudiantes podrán ocupar la primera posición, 3 la segunda, 2 la tercera y 1 la cuarta.

Aplicando la regla de la multiplicación, el número de fotos posible es: $4 \times 3 \times 2 \times 1 = 24$.

EJERCICIO 3

Cálculos

1. Carlos tiene 3 camisas, 2 pantalones y 3 pares de medias de vestir. ¿Cuántos conjuntos diferentes podrá usar para una ocasión que requiera ropa de vestir?
2. Una oferta especial de una pizzería ofrece a sus clientes la posibilidad de elegir para su pizza una cubierta especial entre una selección de 10 y un tipo de corteza entre 3 diferentes. ¿Cuántos tipos distintos de pizza se podrán preparar con esta oferta?
3. En un club de 20 miembros, se deben elegir el presidente, el vicepresidente y el secretario para el consejo de administración. Si cada miembro puede ocupar solo un cargo, ¿cuántos consejos de administración diferentes se podrán formar?
4. José tiene que diseñar un folleto de publicidad y debe elegir entre 8 fuentes y 6 estilos de diagramación preestablecidos para presentarlo a su cliente. Con esas fuentes y esos estilos de diagramación preestablecidos, ¿cuántos diseños diferentes podrá presentar?
5. Una directora de escena desea que sus invitados especiales puedan ser ubicados en la primera fila del teatro. Cada fila tiene 7 asientos, y a ella le gustaría que se sentaran un diplomático en el primer asiento, un cantante en el segundo y un director de cine en el tercero. El resto de los diplomáticos, cantantes y directores podrían sentarse en los últimos 4 asientos en cualquier orden. Si entre sus invitados especiales habrá 3 diplomáticos, 2 cantantes y 2 directores, ¿cuántas posibilidades diferentes de acomodar a los invitados son posibles?

Véanse las respuestas en la página 532.

CAPÍTULO 9

La estadística y el análisis de datos

Se llama información a todo conjunto de datos. La altura de los árboles en una zona específica, la opinión de los votantes sobre un tema de actualidad, el ingreso de los residentes en un estado determinado, todos son ejemplos de datos. La comprensión de los datos es fundamental en todos los diferentes campos. La **estadística** es la ciencia que se ocupa del estudio y la comprensión de datos. Si bien la estadística abarca temas muy diversos, las preguntas en el examen de GED® se centran especialmente en la interpretación de datos, ya sea efectuando algunas operaciones (como encontrar la media), ya sea en su representación gráfica (como el diagrama de sectores).

El análisis de conjuntos de datos

La media, la mediana y la moda son todas medidas de la "tendencia central" en un conjunto de datos. La idea es que la descripción de la tendencia central en un conjunto de datos permite conocer cuáles son los valores típicos de esa muestra. La decisión sobre cuál medición representa mejor los datos dependerá de la naturaleza de la propia información.

La media

La **media** es el promedio de un conjunto de datos. Se calcula sumando todos los valores presentes en el conjunto y dividiendo el resultado por la cantidad total de valores. Por ejemplo, la media de 18, 4, 2, 9 y 6 es 7.8.

$18 + 4 + 2 + 9 + 6 = 39$, y $39 \div 5 = 7.8$

La media resulta afectada por los valores extremos, llamados también **valores atípicos**. Esos valores son mucho mayores o mucho menores que la mayoría de los valores en el conjunto de datos. Si el conjunto de datos incluye uno o dos de esos valores, la media es desplazada hacia esos valores atípicos y puede que no represente con precisión el verdadero centro. En el gráfico siguiente, se puede observar el efecto de reemplazar un valor en el conjunto de datos por un valor atípico.

CONJUNTO DE DATOS 1	CONJUNTO DE DATOS 2
1, 3, 5, 7	1, 3, 5, 70
la media es 4	la media es 19.75

En algunos conjuntos de datos, el mismo valor puede aparecer más de una vez. En esos casos, cuando se pide calcular la media, es posible que no se enumeren todos los valores individuales. En su lugar, a menudo se suministran los valores individuales y la *frecuencia* (el número de veces) con que aparece cada uno de ellos. Cuando el cálculo de la media incluya frecuencias, se deberá multiplicar cada valor por su frecuencia, sumar los resultados y dividir por el total de las frecuencias.

EJEMPLO 1

Joaquín juega habitualmente a un videojuego y lleva un registro de sus puntajes. La tabla de frecuencias siguiente muestra sus puntajes en los últimos 30 juegos.

Puntaje	Frecuencia
1200	2
1800	10
2000	12
3000	6

¿Cuál es su puntaje promedio en los 30 juegos?

Paso 1: Multiplique cada valor por su frecuencia y sume los resultados.

$$1200\times2+1800\times10+2000\times12+3000\times6=62,400$$

Paso 2: Divida por el total de las frecuencias (la cantidad total de valores).

La frecuencia total es 30; entonces, la media es igual a: $62,400\div30=2080$.

La mediana

La **mediana** es el valor que ocupa la posición central de un conjunto de datos ordenados de mayor a menor o en sentido contrario. Su cálculo depende del número de valores que haya en el conjunto de datos. Si el número de valores es impar, coloque todos los valores en orden y seleccione el valor situado en la posición central. Si el número de valores es par, coloque todos los valores en orden y obtenga el promedio de los dos valores centrales. Ese promedio representa la mediana.

CONJUNTO DE DATOS 1	CONJUNTO DE DATOS 2
(número impar de valores) 2, 9, (12), 12, 18 la mediana es 12	(número par de valores) 6, (13, 15), 20 la mediana es 14 (el promedio de 13 y 15)

Los valores atípicos afectan menos a la mediana. Si observamos el conjunto 2 en el gráfico anterior, veremos que la mediana seguirá siendo 14 independientemente de que el último valor de la serie sea 20 o 200, porque los valores que ocupan la posición central son 13 y 15.

La moda

Para algunos conjuntos de datos, como el color de los ojos de los estudiantes en una clase, no es posible, o no tiene sentido, obtener la media o la mediana. Esto también es cierto para algunos conjuntos de datos numéricos. Si el conjunto de datos estuviera compuesto por los códigos postales de todos los empleados en un lugar de trabajo, ¿tendría sentido obtener el promedio? ¿Qué representaría?

En el caso de conjuntos de datos como los anteriores, la moda es la forma más apropiada de medir la tendencia central. La **moda** es, simplemente, el valor más frecuente. Por ejemplo, en el conjunto de datos 3, 3, 3, 1, 4, 9, la moda es 3. Si dos valores en el conjunto de datos tienen la misma frecuencia, esos dos valores son modas. Si todos los valores del conjunto de datos son diferentes, el conjunto no tiene moda.

El promedio ponderado

Cuando se asigna mayor importancia (o "peso") a ciertos números en el cálculo de la media, lo que se obtiene es un **promedio ponderado**. Esto ocurre, a menudo, en los sistemas de calificaciones en que se asigna un peso superior a las notas de los exámenes que a las de las tareas para el hogar. Se calcula el promedio ponderado multiplicando cada valor por el peso asignado y se suman luego los resultados.

EJEMPLO 2

La nota final en un curso de ciencias se basa en el puntaje obtenido por el estudiante en dos exámenes parciales, el final y algunos pruebas. Cada examen representa un 25% de la nota, el final un 30% y el total de las pruebas un 20%. Según las notas obtenidas por Sara, ¿cuál sería su nota final en el curso?

Primer examen	85
Segundo examen	75
Examen final	72
Pruebas	80

Aplicando el peso asignado a cada nota, la nota final será:

$$0.25 \times 85 + 0.25 \times 75 + 0.30 \times 72 + 0.20 \times 80 = 77.6$$

El rango

En estadística, hay muchas formas de calcular cómo está distribuido un conjunto de datos. Una de ellas es el **rango**. El rango se calcula tomando el mayor valor en el conjunto de datos y restándole el menor valor. Por ejemplo, el rango del conjunto de datos 1, 9, 2, 5 y 6 es: 9 – 1 = 8.

EJERCICIO 1

El análisis de conjuntos de datos

Instrucciones: Calcule el valor indicado en las preguntas siguientes. Redondee el resultado, cuando sea necesario, al centésimo más próximo.

1. A un campamento de verano, asisten diez niños de 9 años de edad, seis de 12 años y tres de 11 años. ¿Cuál es la edad promedio de los niños que asisten al campamento?

Use la información que contiene el texto siguiente para responder las preguntas 2 a 4.

Los empleados del Hospital Comunal de Miami organizaron un evento con el propósito de recaudar contribuciones para fines de caridad. Los seis departamentos participantes recaudaron las sumas siguientes:

$451.00

$690.00

$318.00

$500.00

$405.00

$320.00

2. ¿Cuál era la media de las contribuciones recaudadas por los departamentos?

3. ¿Cuál era la mediana de las contribuciones recaudadas por los departamentos?

4. ¿Cuál era el rango de las contribuciones recaudadas por los departamentos?

5. Este semestre, Emilia obtuvo notas entre 60 y 70 puntos en cada uno de sus exámenes. Si obtiene 90 puntos en el examen siguiente, ¿cuál de las afirmaciones que se presentan a continuación resultará verdadera?

A. Su media disminuirá.
B. Su media no se modificará.
C. Su media aumentará.
D. Su media podría aumentar o disminuir dependiendo del número de exámenes que Emilia haya tomado.

Véanse las respuestas en las páginas 532–533.

Representación gráfica de los datos

La media, la mediana y la moda representan todas ellas información numérica específica de un conjunto de datos. Por el contrario, las representaciones gráficas, como diagramas o gráficas, representan una visión general de todo el conjunto de datos. Los estadísticas usan diferentes tipos de representaciones gráficas, y cada una tiene características especiales. A continuación, se presentan los tipos de diagramas y gráficas que comúnmente aparecen en el examen de GED®.

Diagramas de barras

Los diagramas de barras son un medio útil de comparar datos de categorías diferentes. Las categorías pueden ser numéricas, como la edad de personas diferentes, o no numéricas, como marcas diferentes de automóviles. Cuando trabaje con diagramas de barras, preste mucha atención a la leyenda de las barras y también a la escala sobre el eje horizontal o vertical. Usted deberá comprender el significado de la escala para poder contestar las preguntas.

Ventas totales en 2012

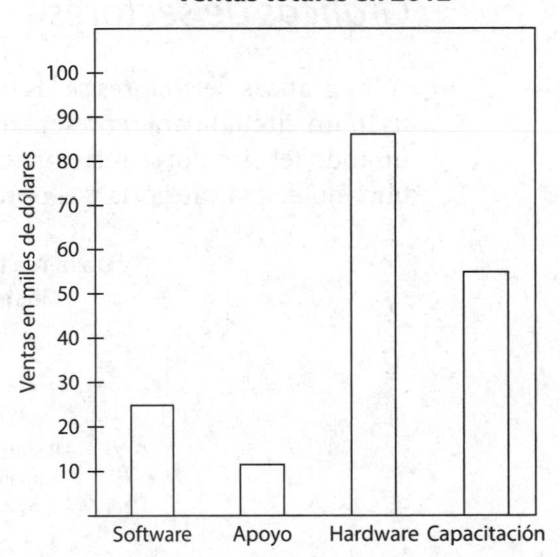

En la gráfica anterior, el diagrama de barras muestra el total de ventas de una compañía de productos electrónicos, desglosadas por departamento, en 2012. La altura de las barras indica las ventas totales de cada departamento. Por ejemplo, la barra de software alcanza un punto intermedio entre 20 y 30 sobre la escala en el eje vertical. Puesto que la leyenda del eje vertical dice que la escala muestra las ventas en miles de dólares, la barra de software indica que las ventas del departamento alcanzaron aproximadamente los $25,000. Como puede observarse a simple vista, los departamentos de hardware y de capacitación realizaron muchas más ventas que los de software y de apoyo. Los diagramas de barras son un buen medio para ilustrar contrastes de esta naturaleza.

En un diagrama de barras, las barras pueden también ser horizontales en lugar de verticales, como se muestra en la gráfica siguiente. Este diagrama de barras representa la misma información que el diagrama anterior. La única diferencia es que las barras son ahora horizontales y la escala está ubicada abajo sobre el eje horizontal.

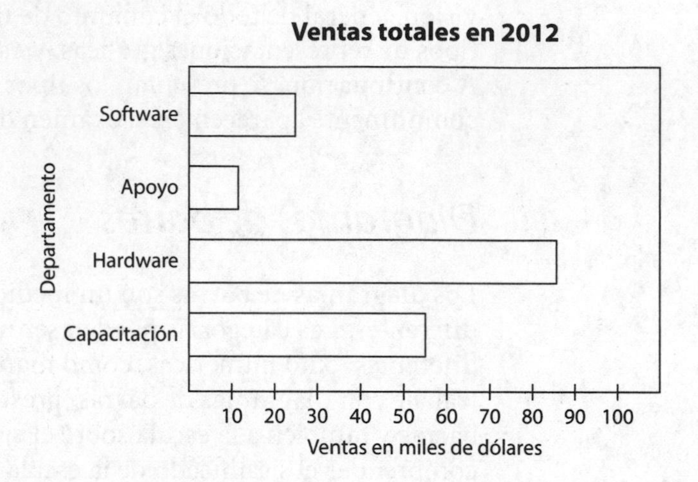

Gráficas de sectores

A las gráficas de sectores se las denominan gráficas circulares. Estas gráficas usan un círculo para representar cómo las diferentes partes (los sectores) de un todo (el círculo) se relacionan entre sí. El tamaño de cada sector indica el tamaño de esa categoría y el porcentaje representa su participación en el todo.

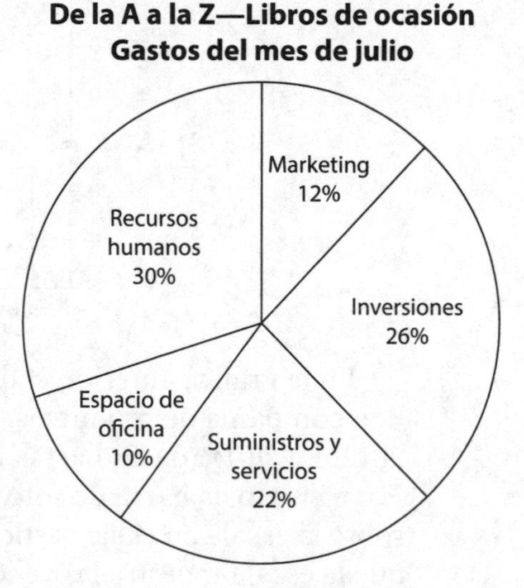

La gráfica anterior muestra el desglose de los gastos de una pequeña empresa en el mes de julio. El tamaño de cada sector corresponde al valor del porcentaje. Por ejemplo, el sector de recursos humanos representó el 30% de los gastos en el mes de julio; entonces, una sección del círculo que corresponde al 30% lleva la leyenda “Recursos humanos”. Obsérvese que el total de los porcentajes suma 100.

EJEMPLO 3

Supongamos que el total de gastos de la empresa De la A a la Z—Libros de ocasión fue de $14,780. Tomando como base la gráfica, ¿cuánto dinero gastó la empresa en marketing durante ese mes?

La gráfica de sectores indica que el 12% de los gastos se realizaron en marketing. Entonces, para obtener el 12% de $14,780 deberemos multiplicar:

$0.12 \times 14{,}780 = 1773.6$

En el mes de julio, se gastaron en marketing $1773.60.

EJERCICIO 2

Diagramas de barras y gráficas de sectores

Instrucciones: El diagrama de barras siguiente representa información disponible sobre la inscripción para un seminario de una semana de duración ofrecido una vez por mes a estudiantes universitarios de tercer y cuarto años que buscan trabajo. Use la información que contiene el diagrama para responder las preguntas 1 a 5.

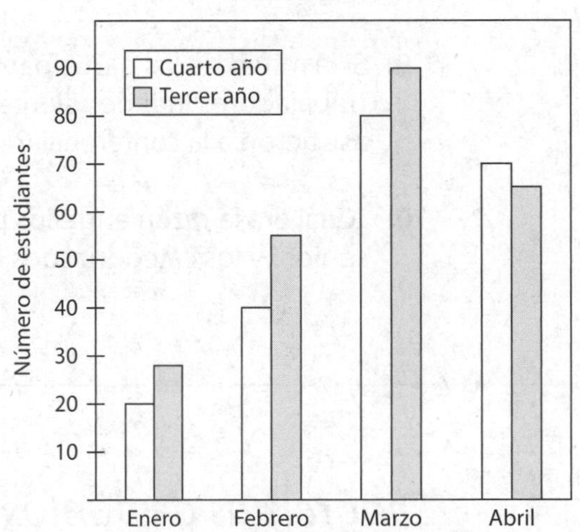

1. ¿En qué mes fue mayor la inscripción total?
2. ¿Cuántos alumnos de cuarto año se inscribieron en febrero?
3. ¿En qué mes fue mayor la inscripción de estudiantes de cuarto año comparada con la de estudiantes de tercero?
4. ¿Cuál fue la inscripción total de estudiantes en el seminario en abril?
5. ¿En cuál mes se produjo la mayor diferencia entre el número de estudiantes inscritos de cuarto año y el de estudiantes de tercero?

La gráfica de sectores siguiente muestra la categorización por trabajo realizado de 1800 participantes en una conferencia de tecnología. Use la información que contiene la gráfica para responder las preguntas 6 a 10.

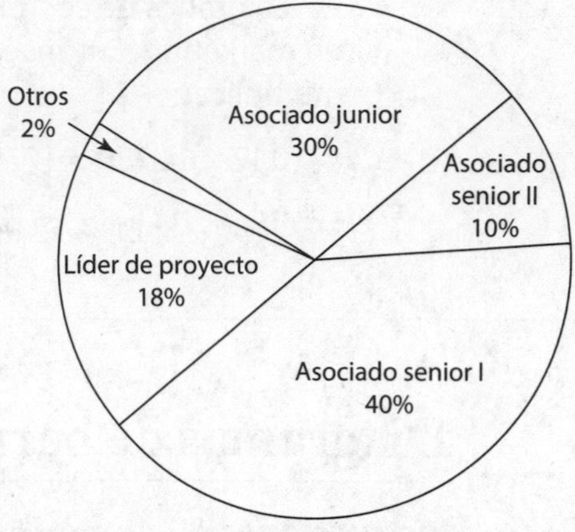

6. ¿Cuántos participantes en la conferencia eran considerados líderes de proyecto?

7. ¿Cuál fue la categorización por trabajo realizado más común entre los participantes?

8. ¿Cuántos participantes fueron categorizados como asociado senior I o II?

9. Si la mitad de los participantes categorizados como otros eran trabajadores independientes, ¿cuántos trabajadores independientes asistieron a la conferencia?

10. ¿Cuál era la razón entre los participantes categorizados como asociado senior I y los categorizados como asociado senior II?

Véanse las respuestas en la página 533.

Diagramas de puntos

Los diagramas de puntos son gráficas muy detalladas que pueden usarse para representar una amplia variedad de conjuntos de datos. En un diagrama de puntos, cada valor individual está representado por un punto sobre una recta numérica, y los valores repetidos se "apilan" arriba de los valores similares. Este tipo de gráfica puede ser usado para representar la distribución de los datos sin pérdida de información sobre los valores individuales de esos datos.

El diagrama de puntos siguiente muestra los resultados de un estudio en el que se le preguntó a una muestra al azar de personas adultas cuántos aparatos con acceso a Internet tenían en sus hogares.

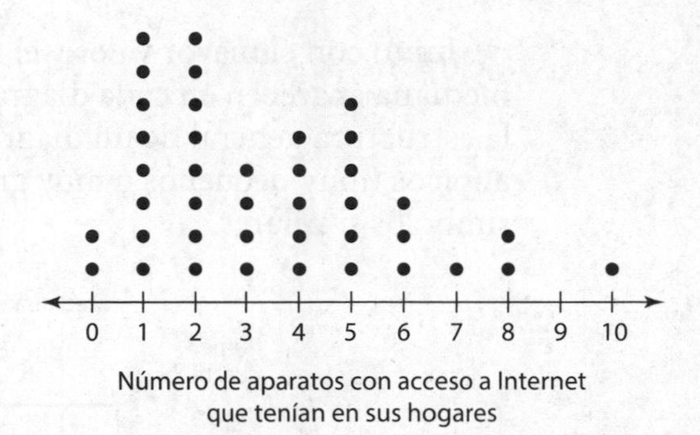

Cada punto representa una respuesta individual. Los dos puntos sobre el 0 significan que dos personas no tenían aparatos con acceso a Internet en sus hogares. Del mismo modo, una sola persona afirmó que tenía 10 de esos aparatos en su hogar.

EJEMPLO 4

De acuerdo con el diagrama de puntos anterior, ¿cuántas personas en el estudio afirmaron que tenían en su hogar más de 5 aparatos con acceso a Internet?

Cuente el número de puntos que corresponden a las respuestas de 6, 7, 8, 9 y 10 aparatos con acceso a Internet:

$3 + 1 + 2 + 1 = 7$

Diagramas de cajas

Los diagramas de cajas muestran los datos distribuidos en cuatro secciones. Estas secciones están basadas en la mediana y en dos nuevas mediciones: el primer cuartil y el tercer cuartil. Estos cuartiles se definen de la forma siguiente:

En todo conjunto de datos, estos se pueden ordenar de menor a mayor para calcular la mediana. Como la mediana es el valor central, podemos decir que alrededor del 50% (o la mitad) de los datos es menor que la mediana y que alrededor del 50% (o la otra mitad) de los datos es mayor que la mediana.

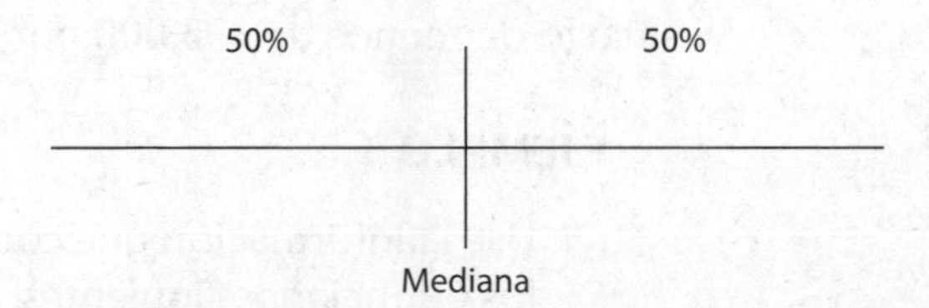

Los cuartiles dividen cada mitad en cuartos. Alrededor del 25% de los datos son menores que el primer cuartil. Alrededor del 75% de los datos son menores que el tercer cuartil.

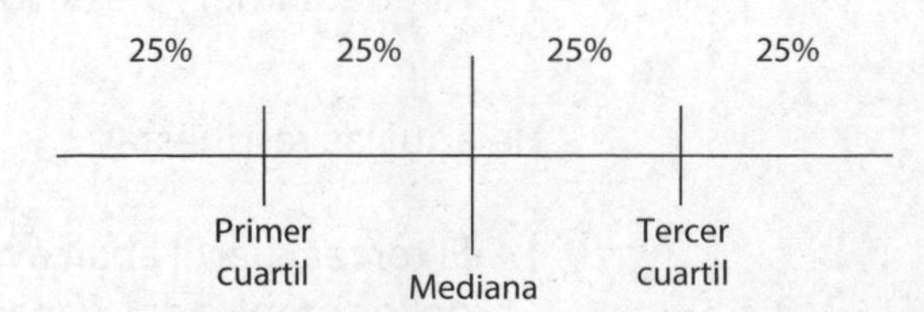

Junto con el mayor valor y el menor valor de los datos, los cuartiles y la mediana aparecen en cada diagrama de cajas. La gráfica siguiente muestra la estructura general de un diagrama de cajas. Obsérvese que los valores atípicos (muy pequeños o muy grandes) se representan con asteriscos o símbolos similares.

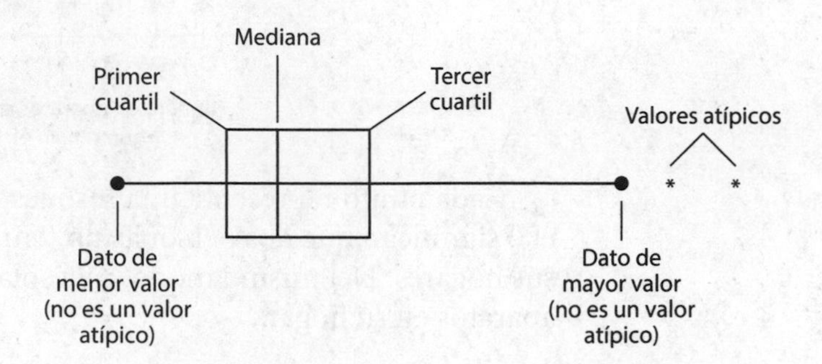

Como sucede con los diagramas de barras, los diagramas de cajas también pueden representarse horizontalmente. En ambos casos, la estructura básica permanece igual. Cuando tenga que responder preguntas sobre diagramas de cajas, recuerde que los datos están representados en orden y distribuidos en cuartos.

El diagrama de cajas siguiente muestra los salarios, en miles de dólares, de los trabajadores a tiempo completo de una imprenta.

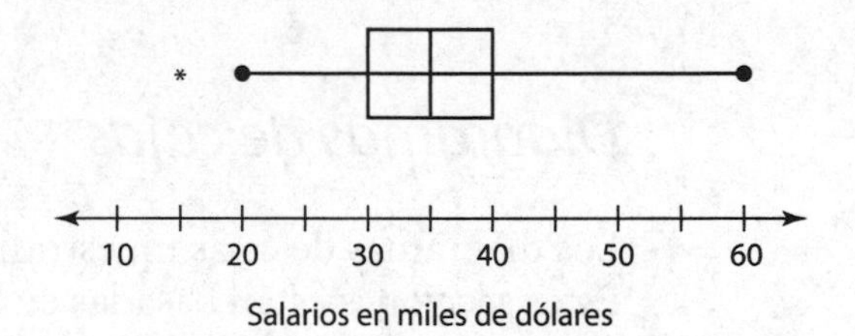

En el diagrama, se observa que el salario menor obtenido por un empleado es de $15,000, mientras que el mayor alcanza los $60,000. La caja que cubre el espacio entre el primer y el tercer cuartil representa el 50% de los datos. En este ejemplo, el 50% de los empleados gana entre $30,000 y $40,000 por año. La mediana es $35,000 (la línea en el medio de la caja); entonces, también se puede decir que el 50% de los empleados tiene un salario de menos de $35,000 por año.

EJEMPLO 5

Use la información que contiene el diagrama de cajas para completar los enunciados siguientes.

1. Alrededor del 25% de los empleados gana más de ________________.

2. Alrededor del 75% de los empleados gana más de ________________.

He aquí las respuestas:

1. El tercer cuartil abarca hasta $40,000; entonces, alrededor del 25% de los empleados gana más de $40,000.

2. El primer cuartil comienza en $30,000; entonces, alrededor del 75% de los empleados gana más de $30,000.

Histogramas

A primera vista, los histogramas no parecen muy diferentes de los diagramas de barras. Sin embargo, la información que contiene un histograma es mucho más detallada. Como los histogramas pueden ser complejos, empezaremos por analizar un ejemplo.

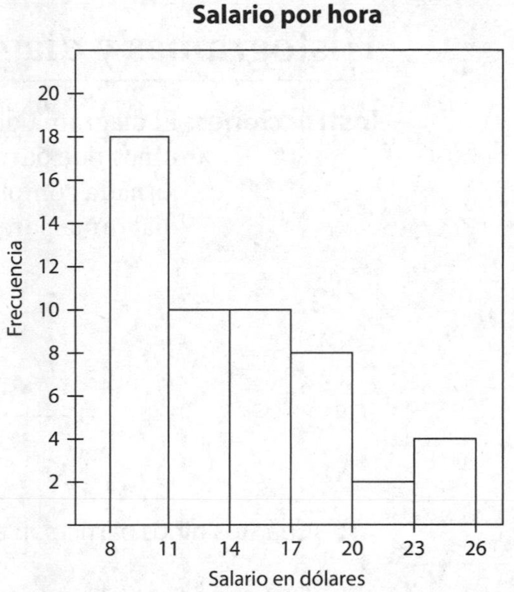

El histograma muestra la distribución de los salarios por hora según un estudio. Los niveles de salario están desglosados en rangos, cuyo valor puede leerse en la escala inferior (Salario en dólares). La altura de cada barra representa la frecuencia de cada rango, o cuántos valores están comprendidos en ese rango. Entonces, hay 18 empleados que tienen un salario por hora que va de $8 a $11, y hay 10 empleados que tienen un salario por hora que va de $11 a $14. En cada rango, el último valor no está incluido. Por ejemplo, si un empleado gana $11 por hora, ese empleado está incluido en el rango de $11 a $14 y no en el de $8 a $11.

En los histogramas, no se muestra información sobre valores individuales de datos. En este ejemplo, no hay forma alguna de saber cuántos empleados tienen un salario por hora de $9. Solo se puede conocer cuántos empleados hay en cada rango.

EJEMPLO 6

Según el histograma anterior de salarios por hora, ¿cuántos empleados participaron en el estudio? ¿Qué porcentaje de ellos gana menos de $14 por hora?

Como los grupos no se superponen y la altura de las barras muestra cuántos empleados hay en cada grupo, debemos sumar los valores de la altura de cada barra: 18 + 10 + 10 + 8 + 2 + 4 = 52. Entonces, 52 empleados participaron en el estudio.

Para obtener el porcentaje de los que ganan menos de $14 por hora, debemos sumar las frecuencias de las barras comprendidas en el rango buscado (la parte) y dividir por 52 (el todo).

$$\frac{18+10}{52}=0.538$$

El 53.8% de los empleados que participaron en el estudio gana menos de $14 por hora.

EJERCICIO 3

Histogramas y diagramas de puntos y de cajas

Instrucciones: El diagrama de puntos siguiente muestra la edad de los niños que participan en un campamento semanal de jornada completa. Use la información que contiene el diagrama para responder las preguntas 1 a 3.

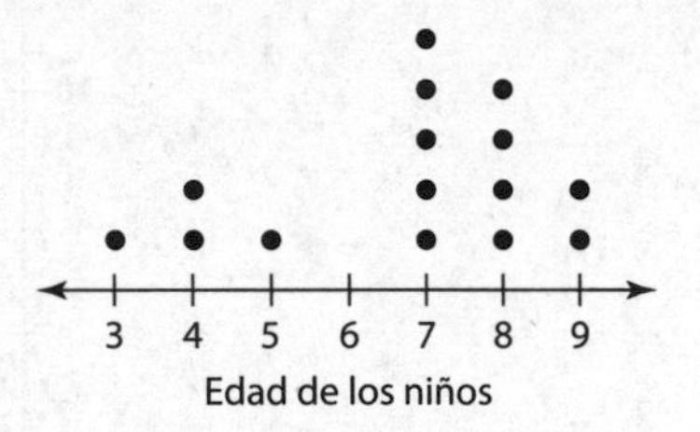

1. ¿Cuántos niños participan en el campamento?

2. ¿Qué edad tiene el niño menor?

3. ¿Cuál es la edad más común entre los participantes?

El diagrama de cajas muestra el puntaje de un examen interno de certificación en una fábrica. Los datos están divididos en dos grupos. Las personas del grupo 1 estudiaron solas, mientras que las del grupo 2 contaron con la ayuda de un mentor. Use la información que contiene el diagrama para responder las preguntas 4 a 6.

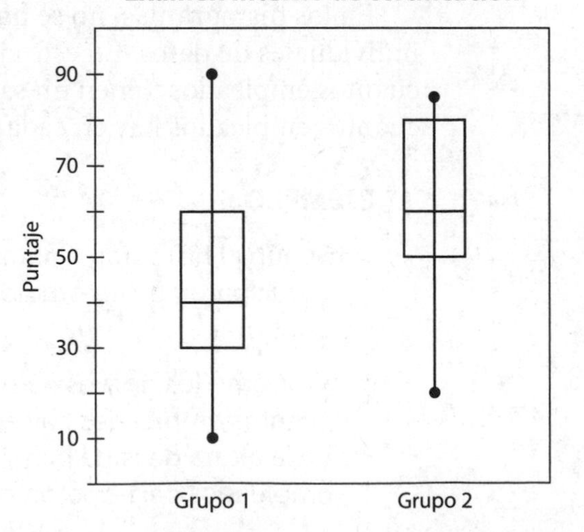

4. ¿A qué grupo pertenecía la persona que obtuvo el puntaje más bajo?

5. ¿Cuál era la mediana del puntaje obtenido por las personas del grupo 2?

6. ¿Qué porcentaje de personas del grupo 1 obtuvo un puntaje superior a 60?

Amanda realizó una investigación en un sitio web local y recolectó datos sobre los precios de venta solicitados por casas situadas en su pueblo. El histograma siguiente representa los datos que ella obtuvo. Use la información que contiene el histograma para responder las preguntas 7 a 10.

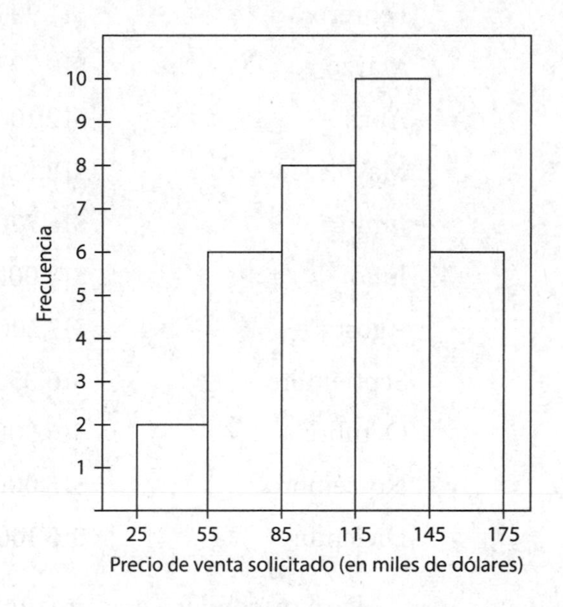

7. ¿Cuántos precios de venta solicitados incluye el histograma?

8. ¿Cuántas casas tenían un precio solicitado inferior a $145,000?

9. ¿Qué porcentaje de casas tenían un precio solicitado de $115,000 o superior?

10. ¿Qué porcentaje de casas tenían un precio solicitado inferior a $55,000?

Véanse las respuestas en la página 533.

Relaciones entre conjuntos de datos

Las gráficas de líneas y los diagramas de dispersión son usados frecuentemente para ilustrar las relaciones entre dos conjuntos de datos. En las gráficas de líneas, un conjunto de datos representa el tiempo en el que ocurren los datos del segundo conjunto. En los diagramas de dispersión, los dos conjuntos de datos pueden representar cualquier cosa. Los dos tipos de gráficas aparecen comúnmente en el examen de GED®.

Gráficas de líneas

La tabla siguiente muestra la cantidad de ventas realizadas por una compañía en cada mes del último año. Observando la tabla, vemos con claridad que julio fue el mejor mes para la compañía. Pero, ¿cuál era la tendencia general? ¿Se redujeron las ventas durante el invierno? ¿Aumentaron sostenidamente durante todo el año?

Mes	Ventas
Enero	$14,350
Febrero	$11,900
Marzo	$10,777
Abril	$12,100
Mayo	$12,800
Junio	$16,720
Julio	$18,000
Agosto	$17,200
Septiembre	$16,350
Octubre	$16,300
Noviembre	$15,000
Diciembre	$15,100

Para responder a esas preguntas, lo mejor será usar una gráfica de líneas para representar los datos. En una gráfica de líneas, los datos se representan por puntos en función del tiempo en que ocurren y se usan líneas para conectar los valores de esos datos, por lo que las tendencias son fáciles de observar. Los datos correspondientes a esas ventas están representados en la gráfica de líneas siguiente.

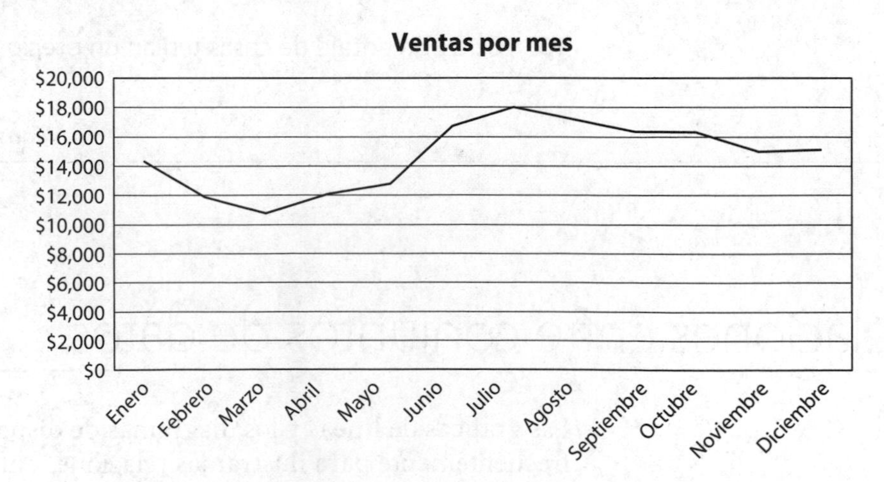

EJEMPLO 7

La gráfica de líneas anterior muestra las ventas por mes realizadas por una compañía durante el último año. Según los datos del gráfico, ¿entre qué dos meses se produjo el mayor aumento en las ventas de la compañía?

La sección más empinada de la línea aparece entre mayo y junio. En las gráficas de líneas, las secciones empinadas de la línea representan cambios abruptos en el tiempo.

Diagramas de dispersión

Un mecánico deseaba saber si existía alguna relación entre la antigüedad de un auto y el precio de una reparación típica en su taller. Para ello, buscó las facturas de las reparaciones efectuadas a 10 autos seleccionados al azar. La tabla siguiente muestra los datos recolectados.

Antigüedad del auto (en años)	7	10	2	1	8	4	6	1	1	3
Factura de la reparación	\$200	\$850	\$100	\$285	\$900	\$180	\$699	\$120	\$90	\$150

Este es un ejemplo de datos apareados. Cada factura de reparación se aparea con la antigüedad del auto. Datos como los anteriores pueden ser representados en un diagrama de dispersión de la misma forma que se hace con puntos en una cuadrícula del plano de coordenadas (x, y). Por ejemplo, la factura de \$200 corresponde a un auto de 7 años de antigüedad.

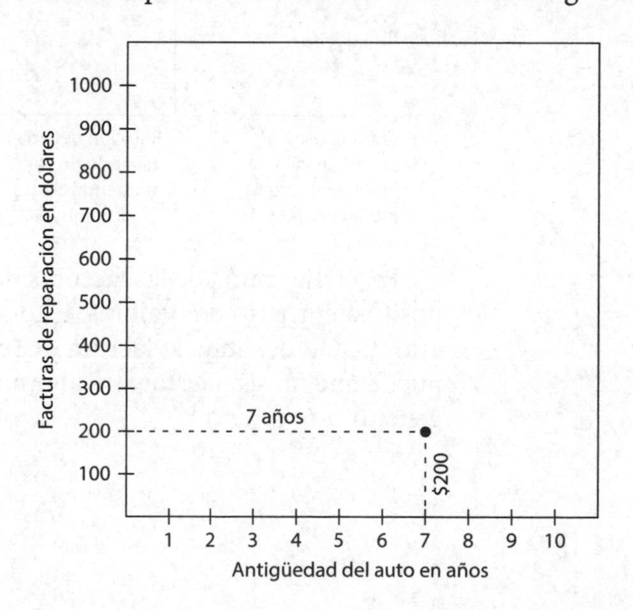

Para completar el diagrama de dispersión, deberemos agregar cada uno de los pares de datos de la tabla anterior.

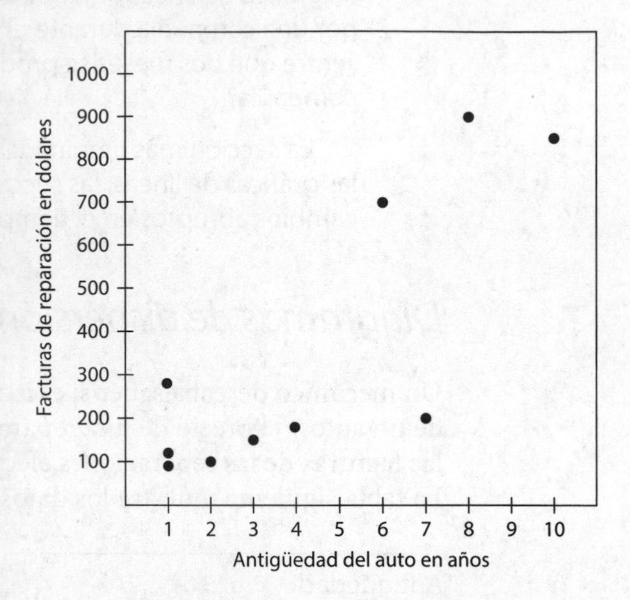

Al analizar un diagrama de dispersión, deberemos tener en cuenta, primero, su aspecto general. Si los puntos tienden a dibujar una línea imaginaria que sube de izquierda a derecha, diremos que existe una relación positiva entre los dos valores. Es decir, cuando un valor aumenta, lo mismo hace el otro. Si, por el contrario, los puntos tienden a dibujar una línea imaginaria que baja de izquierda a derecha, diremos que existe una relación negativa entre los dos valores. Es decir, cuando un valor aumenta, el otro disminuye.

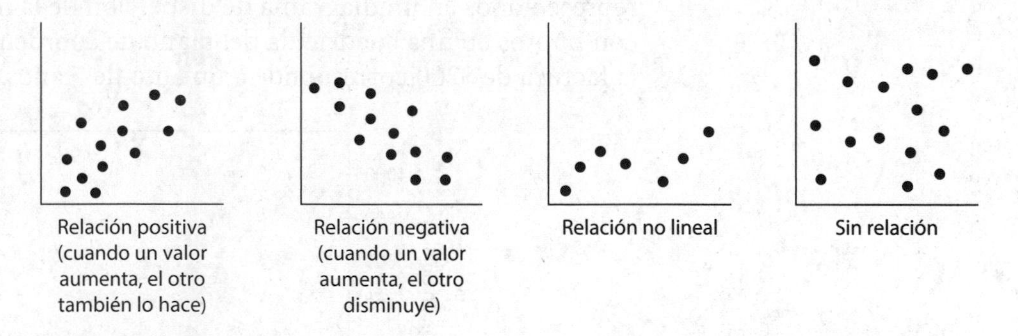

En el diagrama de las facturas de reparación, existe una relación positiva entre los dos valores. Esto significa que, a medida que aumenta la antigüedad del auto, la factura de reparación también hace lo mismo. Esto puede que no sea cierto para algunos valores, pero sí lo es para la tendencia general.

EJERCICIO 4

Relaciones entre dos conjuntos de datos

Instrucciones: Micaela es una corredora que ha registrado en una planilla la cantidad de millas que corrió por semana durante los últimos dos meses. Use la información que contiene la gráfica de líneas siguiente para responder las preguntas 1 a 3.

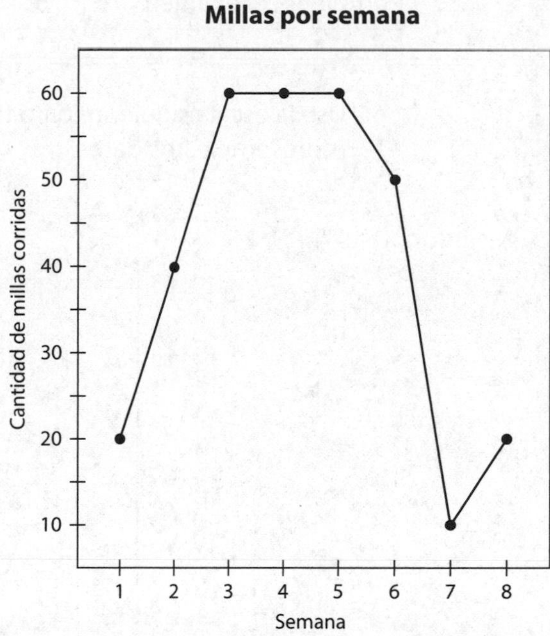

1. En la semana 6, Micaela se torció un tobillo y debió reducir la semana siguiente la distancia corrida. ¿En cuánto se redujo la distancia corrida entre las semanas 6 y 7?

2. ¿En cuáles semanas Micaela corrió más de 40 millas?

3. Si Micaela quema 110 calorías por cada milla que corre, ¿cuántas calorías quemó mientras corría en la semana 2?

Susana, una maestra de escuela media, desea saber si los puntajes obtenidos por sus alumnos en una prueba (calificado de 0 a 30) guardan alguna relación con los puntajes que esos mismos alumnos obtuvieron en el examen (calificado de 0 a 100). Para ello, recolectó los datos de 8 alumnos, que se presentan en la tabla siguiente. Use esa información para responder las preguntas 4 y 5.

Puntaje en la prueba	5	8	22	28	30	30	17	25
Puntaje en el examen	65	70	88	95	90	92	75	80

4. Use la escala siguiente para trazar un diagrama de dispersión que represente estos datos.

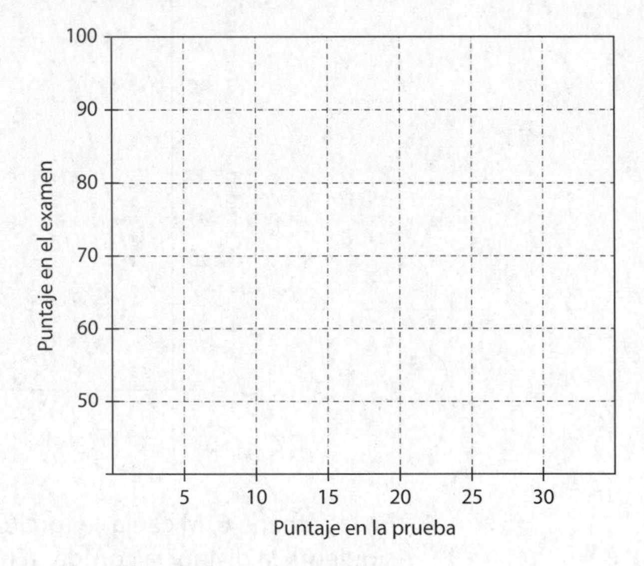

5. De acuerdo con el diagrama de dispersión que usted ha trazado, ¿cuál de las siguientes afirmaciones es verdadera para los alumnos incluidos en el conjunto de datos?

A. En general, los alumnos con puntajes más altos en la prueba tienden a obtener puntajes más bajos en el examen.
B. En general, los alumnos con puntajes más altos en la prueba tienden a obtener los puntajes más altos en el examen.
C. En general, no existe relación entre los puntajes obtenidos en la prueba y los obtenidos en el examen.
D. No existe una relación lineal entre los puntajes obtenidos en la prueba y los obtenidos en el examen.

Véanse las respuestas en la página 533.

CAPÍTULO 10

Expresiones algebraicas

En álgebra, se trabaja con valores desconocidos llamados **variables**. Estas variables están representadas comúnmente por las letras x, y, z, pero también por otras letras en las que usted naturalmente piensa cuando oye hablar de álgebra. (Por contraposición, se llama **constante** a un simple número con un valor conocido.) El poder de las variables es que sus aplicaciones pueden ser generalizadas. Es decir, que en lugar de resolver problemas similares una y otra vez con números diferentes, usted puede aplicar un conjunto de reglas sobre variables en reemplazo de los números. El álgebra estudia ese conjunto de reglas.

Variables, términos y expresiones

En álgebra, un **término** puede ser un número, una variable o una combinación, como 7, $3x$, y, y $2x^2$.

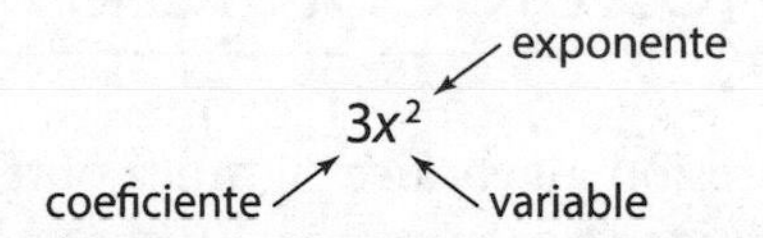

En un término como $3x$, el 3 y la x están siendo, de hecho, multiplicados el uno por el otro. El término se lee "$3x$," pero en realidad significa "3 veces x". En este caso, el 3 es el **coeficiente**. Todo término que contiene una variable también contiene un coeficiente. En un término como y, el coeficiente es 1 porque 1 por y es igual a y.

Cuando los términos se combinan con operaciones o símbolos que los agrupan, como los paréntesis, el resultado es una **expresión algebraica**. En las expresiones algebraicas, la multiplicación puede escribirse de diferentes formas, como en el ejemplo anterior, donde $3x$ representa la multiplicación de 3 por x, o con el uso de paréntesis, la forma más común en álgebra. Por ejemplo, la expresión $4(x - 1)$ representa 4 veces la expresión $(x - 1)$.

En álgebra, es tan frecuente el uso de algunas expresiones que estas reciben nombres especiales. En la tabla siguiente, se muestran las más comunes para que usted se familiarice con el vocabulario que podría encontrar en el examen de GED®.

Expresión lineal	Ejemplo: $5x+2$, $3y$, $2y-10$. En las expresiones lineales, los términos se suman o restan y todas las variables tienen un exponente igual a 1 (recuerde, si el exponente no está visible, es 1).
Expresión polinómica	Ejemplo: $2x^2$, $3x^4-10$, $9x^2-5x+1$. Las expresiones polinómicas, también llamadas **polinomios**, son expresiones en las que los términos pueden sumarse o restarse y cuyos exponentes pueden ser cualquier número entero positivo. Las expresiones lineales son una forma particular de polinomio.
Expresión racional	Ejemplo: $\frac{1}{x}$, $\frac{x-5}{2}$, $\frac{y^2+6}{y^2-1}$. Las expresiones racionales son fracciones que contienen un polinomio en su numerador o en su denominador.

Evaluación de expresiones algebraicas

Evaluar una expresión algebraica significa obtener su valor reemplazando las variables que contiene por números. En el caso de las expresiones lineales y polinómicas, habrá que prestar mucha atención al orden en que se efectúan las operaciones. En el caso de las expresiones racionales, se deberá seguir también el orden de las operaciones, pero deberán tenerse en cuenta otras consideraciones para obtener el resultado final.

EJEMPLO 1

Evaluar la expresión $3x^3+5x^2-10$ para $x=2$.

Para evaluar la expresión, reemplace la x en cada término y luego resuelva. Asegúrese de seguir el orden de las operaciones.

$$3(2)^3+5(2)^2-10=3(8)+5(4)-10=24+20-10=34$$

EJEMPLO 2

Evaluar la expresión $3(x^2+2)^2$ para $x=-1$.

$$3((-1)^2+2)^2=3((1)+2)^2=3(3)^2=3(9)=27$$

Cuando trabaje con expresiones racionales, recuerde que en matemáticas la división por 0 es “indefinida”. Entonces, cualquier número que convierta en 0 el denominador de una fracción convierte toda la expresión en indefinida.

Por ejemplo, la expresión $\frac{3}{x-1}$ se convierte en indefinida cuando $x = 1$. Como el denominador es $x - 1$, si evaluamos la expresión para un valor de $x = 1$, el resultado será: $1 - 1 = 0$.

EJEMPLO 3

Evaluar la expresión $\frac{x^2-5}{x}$ para $x = 4$.

$$\frac{(4)^2-5}{4} = \frac{16-5}{4} = \frac{11}{4}$$

En álgebra, el resultado final se expresa casi siempre como una fracción simplificada, incluso en el caso de una fracción impropia.

EJEMPLO 4

Evaluar la expresión $\frac{x-5}{x+5}$ para $x = -5$.

Si se reemplaza x por -5, se obtiene la expresión numérica:

$\frac{-5-5}{-5+5} = \frac{-10}{0}$, que es indefinida. La respuesta final será entonces: "La expresión es indefinida cuando $x = -5$".

EJERCICIO 1

Evaluación de expresiones algebraicas

Instrucciones: Evalúe cada una de las expresiones algebraicas siguientes para el valor dado de la variable. Si el resultado de alguna expresión racional es indefinido, escriba solo "indefinido".

1. $5y-10$, para $y=-6$
2. $16x-4$, para $x=-1$
3. $9(x-1)$, para $x=0$
4. $-2x^4+x^2-1$, para $x=2$
5. $x^2+5x-12$, para $x=3$
6. $2(x-5)^2+3x$, para $x=4$
7. $-x^3-1$, para $x=3$
8. $\frac{w-7}{w+1}$, para $w=0$
9. $\frac{a^2-6a}{a}$, para $a=1$
10. $\frac{x^2+6}{x^2-4}$, para $x=2$

Véanse las respuestas en las páginas 533–534.

Combinación de términos semejantes

En álgebra, los términos semejantes son términos que tienen la misma variable y el mismo exponente. Como los números solos no contienen ninguna variable, son considerados siempre como términos. En la tabla siguiente, se muestran algunos ejemplos adicionales.

$5x, -10x, \frac{1}{2}x$	Términos semejantes, porque cada término tiene como variable a *x* y un exponente igual a 1.
$8y^2, y^2, -2y^2$	Términos semejantes porque cada término tiene como variable a *y* y un exponente igual a 2.

Los términos semejantes pueden ser combinados sumando sus coeficientes. Este procedimiento es a menudo parte de la resolución del problema. Los resultados de muchos problemas algebraicos se obtienen por simplificación, y una expresión algebraica se considera simplificada cuando ya no contiene paréntesis y todos sus términos han sido combinados.

EJEMPLO 5

Simplificar la expresión $3x^2 - 4x + 2x^2 - 1$.

En esta expresión, los términos $3x^2$ y $2x^2$ son términos semejantes; entonces, pueden ser combinados sumando sus coeficientes, 3 y 2. Como no quedan otros términos semejantes, la expresión ha sido completamente simplificada.

$$3x^2 - 4x + 2x^2 - 1 = 5x^2 - 4x - 1$$

EJEMPLO 6

Simplificar la expresión $2w - 6w + w$.

En esta expresión, hay tres términos semejantes. Recuerde que toda variable que aparece sin coeficiente tiene, en realidad, un coeficiente igual a 1. Entonces, el coeficiente de la respuesta final se obtiene sumando los coeficientes de los términos semejantes: $2 - 6 + 1 = -3$.

$$2w - 6w + w = -3w$$

En algunos casos, será necesario usar la propiedad distributiva. Recuerde que, por la propiedad distributiva, cuando se multiplican términos dentro de un paréntesis por un número fuera del paréntesis, cada término dentro del paréntesis deberá ser multiplicado por el número fuera del paréntesis.

EJEMPLO 7

Simplificar la expresión $5x-6(x+2)$.

Aplicar primero la propiedad distributiva respecto a -6:
$5x-6x+(-6)(2)=5x-6x-12$

Combinar luego los términos semejantes: $5x-6x-12=-x-12$

Cuando trabaje con paréntesis, deberá seguir el orden de las operaciones. Si hubiera un exponente aplicado al paréntesis, deberá efectuar primero la operación de potenciación antes de aplicar la propiedad distributiva. La expresión $2(x+1)^2$ no es igual a $2x^2+4$. Por ello, deberá multiplicar primero $(x + 1) \times (x + 1)$. (A esta operación se la denomina expansión de los términos algebraicos.) La expansión se realiza aplicando el método usado para la multiplicación de dos binomios, que será analizado más adelante en este capítulo.

EJERCICIO 2

Combinación de términos semejantes

Instrucciones: Simplifique cada una de las expresiones algebraicas siguientes.

1. $8x-2x+10$
2. $14y+1+3y-5$
3. $-2z^2-15z^2+z^2$
4. $-2(x-2)+x$
5. $16y^4+5(1-y^4)$

Véanse las respuestas en la página 534.

Adición y sustracción de polinomios

La combinación de dos polinomios, ya sea por suma o resta, es otra forma de combinar términos semejantes. No obstante, cuando reste polinomios, deberá prestar atención a la distribución del signo negativo.

EJEMPLO 8

Efectuar la suma de x^2+2x-5 y $9x^2-6x+1$.

Primero, escriba los dos polinomios con el signo "+" entre ellos. Luego, combine los términos semejantes para obtener el resultado.

Escriba los polinomios: $x^2+2x-5+9x^2-6x+1$

Combine los términos semejantes para obtener el resultado: $x^2+2x-5+9x^2-6x+1=10x^2-4x-4$

Observe que no tiene importancia que los términos semejantes estén uno a continuación del otro. Por ejemplo, x^2 y $9x^2$ pueden ser combinados a pesar de que hay dos términos entre ellos.

EJEMPLO 9

Encontrar la diferencia de x^4+x^2-1 y $6-x^4+3x^2$.

"Encontrar la diferencia" significa siempre efectuar la resta. Para organizar una operación de resta entre dos polinomios, escriba el primer polinomio tal como aparece en el enunciado del problema, y luego escriba el segundo polinomio entre paréntesis con el signo "–" delante. A continuación, distribuya el signo negativo a cada término dentro del paréntesis. Finalmente, combine los términos semejantes. Recuerde las reglas sobre operaciones con números de diferente signo, que se explicaron en el capítulo 7.

Escriba los polinomios: $x^4+x^2-1-(6-x^4+3x^2)$

Distribuya el signo negativo: $x^4+x^2-1-(6-x^4+3x^2)=x^4+x^2-1-6+x^4-3x^2$

Combine los términos semejantes: $x^4+x^2-1-6+x^4-3x^2=2x^4-2x^2-7$

Cuando se distribuye el signo negativo a todos los términos dentro de un paréntesis, cambia el signo de *cada uno* de esos términos. Veamos otro ejemplo para entender cómo se hace.

EJEMPLO 10

Restar: $(16y-2)-(18y+16-y^2)$.

En este problema de sustracción, el paréntesis que envuelve a la expresión $16y-2$ puede eliminarse porque no hay nada que lo preceda. Por el contrario, el paréntesis alrededor de la expresión $18y+16-y^2$ no podrá ser eliminado hasta que no se distribuya el signo negativo que lo precede.

Distribuya el signo negativo: $(16y-2)-(18y+16-y^2)=16y-2-18y-16+y^2$

Combine los términos semejantes: $16y-2-18y-16+y^2=-2y-18+y^2$

EJEMPLO 11

Sumar: $(3x^2-x)+(4x+x^2)$.

Cuando se suman dos polinomios como los de este ejemplo, los dos pares de paréntesis pueden eliminarse en el primer paso porque la distribución del signo "+" no afecta a ninguno de los signos.

Suprima los paréntesis: $(3x^2-x)+(4x+x^2)=3x^2-x+4x+x^2$

Combine los términos semejantes: $3x^2-x+4x+x^2=4x^2+3x$

En el examen de GED®, los problemas de adición o sustracción de polinomios a veces usan en su enunciado expresiones como *efectuar la suma* o *encontrar la diferencia*, y otras veces aparecen escritos con paréntesis como en los dos ejemplos anteriores. En los dos casos, el procedimiento para resolverlos es el mismo.

EJERCICIO 3

Adición y sustracción de polinomios

Instrucciones: Efectúe la suma o la resta según se indica.

1. $(x^2-2)+(x^2-1)$
2. $(x^5-x+2)+(x+6)$
3. $(3x^2-2x+5)+(-x^2-5x+1)$
4. $(x^4-2x)+(3x-x^2)$
5. $(12x^2+3x)+(4x+x^2-1)$
6. $(x^3-4)-(x^3+10)$
7. $(3x+x^2)-(x^2+2x)$
8. $(3x^2-10x+2)-(6x^2-5x+1)$
9. $(x^2-9x)-(6x+2)$
10. $(4x^3+x)-(2x^2+4x)$

Véanse las respuestas en la página 534.

Multiplicación de polinomios

La elección del método para multiplicar polinomios depende del número de términos que los compongan. En todos los casos, usted deberá recordar cómo se trabaja con las reglas de los exponentes (véase el capítulo 2), cómo se usa la propiedad distributiva (véase también el capítulo 2) y cómo simplificar y combinar términos semejantes. Cuando examine los ejemplos de esta sección, recuerde además que en álgebra la multiplicación puede ser indicada por un paréntesis, como en $2x(3x)$, o por un punto entre los términos, como en $2x \cdot 3x$.

Multiplicación de términos simples

De acuerdo con las reglas de los exponentes, cuando se multiplican dos exponentes con la misma base, los exponentes se suman. Esto también se aplica a la multiplicación de variables. Cuando se multiplican términos simples, se multiplican primero los coeficientes y luego se suman los exponentes si las variables son las mismas.

EJEMPLO 12

Multiplicar: $3x^2 \cdot 2x$.

$$3x^2 \cdot 2x = 6x^{2+1} = 6x^3$$

Recuerde que si no aparece escrito el exponente, se sobrentiende que su valor es 1.

EJEMPLO 13

Multiplicar: $y^2 \cdot (-2y^4)$.

$$y^2 \cdot (-2y^4) = -2y^{2+4} = -2y^6$$

Las reglas de los exponentes no pueden ser aplicadas si las bases son diferentes. En este caso, las bases son variables. Si las variables son diferentes, solo se podrán multiplicar los coeficientes.

EJEMPLO 14

Multiplicar: $3x \cdot 8y$.

$$3x \cdot 8y = 24xy$$

EJERCICIO 4

Multiplicación de polinomios (términos simples)

Instrucciones: Multiplique los términos siguientes.

1. $4x^2 \cdot x$
2. $x^2 \cdot x^4$
3. $10x^2 \cdot 3x^2$
4. $-6x \cdot \frac{1}{2}x$
5. $2x \cdot 3y^2$

Véanse las respuestas en la página 534.

Multiplicación de términos simples y polinomios más complejos

Aplicando la propiedad distributiva, usted puede multiplicar cualquier polinomio por un término simple, distribuyendo ese término simple a cada término del polinomio. Una vez hecha la distribución, el resto será aplicar las reglas de los exponentes y simplificar.

EJEMPLO 15

Multiplicar: $3x(4x^2 - 1)$.

$$3x(4x^2 - 1) = 3x \cdot 4x^2 - 3x \cdot 1 = 12x^3 - 3x$$

EJEMPLO 16

Multiplicar: $(-2x^3) \cdot (x^2 - x + 4)$.

$$(-2x^3) \cdot (x^2 - x + 4) = -2x^3 \cdot x^2 - (-2x^3) \cdot x + (-2x^3) \cdot 4 = -2x^5 + 2x^4 - 8x^3$$

EJERCICIO 5

Multiplicación de polinomios (términos simples y más complejos)

Instrucciones: Multiplique los polinomios siguientes.

1. $-6x(x+9)$
2. $\frac{1}{2}x(x^2-2x+4)$
3. $x^4(x-5-x^2)$
4. $5x^2(-x^2-10)$
5. $4x^3(x^4-x^2+6x-9)$

Véanse las respuestas en la página 534.

Multiplicación de dos binomios

Un **binomio** es un polinomio de dos términos. Algunos ejemplos de binomios son $x-4$, $2x^2+1$, $3x-5$, y x^2-x. Para la multiplicación de dos binomios, el procedimiento es ligeramente diferente.

Usemos como ejemplo la multiplicación de $3x+1$ por $x-2$ para entender cuáles son los pasos a seguir.

Paso 1: Multiplicar los primeros términos de cada binomio entre sí:

$$(3x+1)(x-2) = 3x^2$$

Paso 2: Multiplicar los términos exteriores de los binomios entre sí:

$$(3x+1)(x-2) = 3x^2 - 6x$$

Paso 3: Multiplicar los términos interiores de los binomios entre sí:

$$(3x+1)(x-2) = 3x^2 - 6x + x$$

Paso 4: Multiplicar los segundos términos de cada binomio entre sí:

$$(3x+1)(x-2) = 3x^2 - 6x + x - 2$$

Ahora, habrá que combinar los términos semejantes para obtener el resultado final.

$$(3x + 1)(x - 2) = 3x^2 - 6x + x - 2 = 3x^2 - 5x - 2$$

EJEMPLO 17

Multiplicar: $(x-5)(2x+1)$.

Aplique los pasos anteriores y luego simplifique.

$$(x-5)(2x+1) = 2x^2 + x - 10x - 5 = 2x^2 - 9x - 5$$

EJERCICIO 6

Multiplicación de dos binomios

Instrucciones: Multiplique los binomios siguientes.

1. $(x-1)(x+2)$
2. $(5x-2)(x+5)$
3. $(-2x+2)(4x-1)$
4. $(x^2+1)(x^2-1)$
5. $(x^2-6)(2x-9)$

Véanse las respuestas en la página 534.

Multiplicación de polinomios de más de dos términos

En algunos problemas del examen de GED®, se le pedirá que multiplique dos polinomios con muchos términos, como, por ejemplo, $x^2 - 9x + 2$ y $4x^2 - 6x + 1$. En casos como este, es muy importante que organice adecuadamente su trabajo (habrá muchos términos que controlar), y recuerde que deberá distribuir cada término.

EJEMPLO 18

Multiplicar: $(x+5)(x^2-2x+1)$.

En el primer polinomio, tenemos dos términos: x y 5. Para multiplicar estos dos polinomios, deberemos multiplicar cada uno de los términos del segundo polinomio primero por x y luego por 5.

$$(x+5)(x^2-2x+1) = \underbrace{x(x^2)+x(-2x)+x(1)}_{\text{Multiplique cada término por } x.} + \underbrace{5x^2+5(-2x)+5(1)}_{\text{Multiplique cada término por 5.}}$$

Ahora, simplifique la expresión para obtener el resultado final.

$$x^3-2x^2+x+5x^2-10x+5=x^3+3x^2-9x+5$$

EJEMPLO 19

Multiplicar: $(2x-1)(4x^2+3x+2)$.

Como lo hiciéramos en el ejemplo 18, distribuya el término $2x$ y el término -1 a cada uno de los términos del segundo polinomio.

$$(2x-1)(4x^2+3x+2)=2x(4x^2)+2x(3x)+2x(2)-1(4x^2)-1(3x)-1(2)$$

Otra vez, simplifique para obtener el resultado final.

$$2x(4x^2)+2x(3x)+2x(2)-1(4x^2)-1(3x)-1(2)=8x^3+6x^2+4x-4x^2-3x-2$$
$$=8x^3+2x^2+x-2$$

EJERCICIO 7

Multiplicación de polinomios de más de dos términos

Instrucciones: Multiplique los polinomios siguientes.

1. $(x-3)(x^2+5x+1)$
2. $(2x+1)(-x^2-x+4)$
3. $(x+3)(9x^2-6x+2)$
4. $(x^2-x)(x^3+x+1)$
5. $(x^3-4)(x^2+2x-1)$

Véanse las respuestas en la página 534.

Factorización

Los **factores** son términos o expresiones que se multiplican entre sí para producir expresiones más complejas. Se pueden simplificar muchas expresiones complejas dividiéndolas por sus factores. Se llama **factorización** a ese procedimiento. No todos los polinomios pueden ser factorizados, pero, cuando ello es posible, la factorización puede ser usada para simplificar expresiones complejas e, incluso, resolver ecuaciones.

Factorización por el máximo factor común

El máximo factor común entre dos términos es el mayor factor que comparten esos términos. Para comprenderlo mejor, consideremos los términos $4x^2$ y x^3, y expresémoslos como una multiplicación de factores.

$$4x^2 = 2 \cdot 2 \cdot x \cdot x$$

$$x^3 = x \cdot x \cdot x$$

Como se observa, ambos términos tienen en común el factor x. Es más, comparten el factor $2x$, es decir, $x \cdot x = x^2$. Por ser este el mayor término que tienen en común, decimos que x^2 es el máximo factor común. Aplicando este conocimiento, usted puede factorizar la expresión $x^3 + 4x^2$ y escribirla como $x^2 (4 + x)$. Los factores de la expresión son entonces x^2 y $(4 + x)$. La factorización por el máximo factor común es, en este sentido, la operación contraria a aplicar la propiedad distributiva.

EJEMPLO 20

Factorizar el polinomio: $9x^2 - 3x$.

Encuentre los factores comunes: $9x^2 = 3x \cdot 3x; -3x = -1 \cdot 3x$

Escriba la expresión usando el máximo factor común: $3x(3x - 1)$

Usted ha factorizado completamente la expresión y este es su resultado final.

EJEMPLO 21

Factorizar el polinomio: $15x^4 - 10x^2$.

Encuentre los factores comunes: $15x^4 = 5x^2 \cdot 3x^2; -10x^2 = 5x^2 \cdot (-2)$

Escriba la expresión usando el máximo factor común: $5x^2\left(3x^2 - 2\right)$

EJEMPLO 22

Factorizar el polinomio: $8x^3 + 4x - x^4$.

Encuentre los factores comunes: $8x^3 = x \cdot 8x^2, 4x = x \cdot 4; -x^4 = x\left(-x^3\right)$

Escriba la expresión usando el máximo factor común: $x(8x^2 + 4 - x^3)$

Usted podrá comprobar siempre su respuesta aplicando la propiedad distributiva. Si su respuesta es correcta, al aplicar la propiedad distributiva obtendrá el mismo polinomio con el que comenzó el ejercicio.

EJERCICIO 8

Factorización por el máximo factor común

Instrucciones: Factorizar los polinomios siguientes por el máximo factor común.

1. $3x^2 + 9$
2. $4x^3 - 16x^2$
3. $18x + 9$
4. $x^5 - x^2 - 2x$
5. $10x^3 + 14x^2$

Véanse las respuestas en la página 535.

Factorización en dos binomios

Muchos polinomios, pero no todos, contienen un término x^2, un término x y un término numérico. Esos polinomios pueden ser factorizados en dos binomios por un procedimiento inverso al usado en la multiplicación de dos binomios. La mejor forma de comprender este tipo de factorización es a través de un ejemplo. Vayamos paso por paso y factoricemos la expresión $x^2 + 2x - 15$.

Paso 1: Encontrar todos los factores del término numérico.

En este caso, el término numérico es –15. Existen varios pares de números que multiplicados entre sí dan por resultado 15. Ellos son:

$-1(15), 1(-15), -3(5), 3(-5)$

Paso 2: Elija el par de factores cuya suma sea igual al coeficiente del término x.

El coeficiente del término x es 2. Entonces, el par de factores cuya suma es igual a 2 es –3 y 5.

Paso 3: Use estos factores para factorizar el polinomio en dos binomios.

Estos tipos de polinomios pueden ser factorizados siempre en dos binomios: (x + o – un número)(x + o – otro número). Los números usados son los factores elegidos en el paso 2. Para este polinomio, los números son –3 y 5. Entonces, la expresión factorizada es $(x - 3)(x + 5)$.

EJEMPLO 23

Factorizar: $x^2 - 6x - 7$.

Paso 1: Los pares de factores para –7 son –7(1) y 7(–1).

Paso 2: El par de factores que suman –6 son –7 y 1.

Paso 3: La expresión factorizada es entonces: $(x-7)(x+1)$.

EJEMPLO 24

Factorizar: $x^2 + 9x + 20$.

Paso 1: Los pares de factores para 20 son 20(1), 2(10), y 4(5).

Paso 2: El par de factores que suman 9 son 4 y 5.

Paso 3: La expresión factorizada es entonces: $(x+4)(x+5)$.

Si el término *x* del polinomio es negativo y el término numérico es positivo, busque factores negativos del término numérico. Recuerde que cuando se multiplican dos números negativos entre sí se obtiene un número positivo.

EJEMPLO 25

Factorizar: $x^2 - 6x + 8$.

Paso 1: Como el término *x* es negativo y el término numérico es positivo, busque pares de factores negativos que den por resultado 8. Ellos son: –1(–8) y –2(–4).

Paso 2: El par de factores que suman –6 son –2 y –4.

Paso 3: La expresión factorizada es entonces: $(x-2)(x-4)$.

Usted podrá comprobar siempre si su respuesta es correcta efectuando la multiplicación de los binomios. Si su respuesta final es correcta, deberá obtener como resultado de la multiplicación el mismo polinomio con el que comenzó el ejercicio.

EJERCICIO 9

Factorización en dos binomios

Instrucciones: Factorizar los polinomios siguientes.

1. $x^2 - 7x + 12$

2. $x^2 - x - 2$

3. $x^2 - 3x - 18$

4. $x^2 - 6x - 40$

5. $x^2 - 5x + 6$

Véanse las respuestas en la página 535.

Diferencia de cuadrados

Todo polinomio que es una diferencia entre x^2 y un cuadrado perfecto puede ser factorizado en dos binomios siguiendo los pasos descritos anteriormente. La única diferencia en este caso es que los factores del término numérico son las raíces cuadradas positiva y negativa del cuadrado perfecto. Una lista de los cuadrados perfectos más comunes puede consultarse en la página 347.

EJEMPLO 26

Factorizar: $x^2 - 25$.

Esta expresión es una diferencia de cuadrados porque $25 = 5^2$. Entonces, el polinomio puede ser factorizado en $(x+5)(x-5)$.

EJEMPLO 27

Factorizar: $x^2 - 16$.

El término numérico es igual a 4^2; entonces, $x^2 - 16 = (x+4)(x-4)$.

Es importante tener presente que este procedimiento puede usarse solo en el caso de una **diferencia** de cuadrados, pero no para una **suma** de cuadrados. La expresión $x^2 + 25$, por ejemplo, no puede ser factorizada.

EJERCICIO 10

Diferencia de cuadrados

Instrucciones: Factorice los polinomios siguientes.

1. $x^2 - 1$
2. $x^2 - 4$
3. $x^2 - 81$
4. $x^2 - 36$
5. $x^2 - 9$

Véanse las respuestas en la página 535.

Expresiones racionales

Efectuar operaciones con expresiones racionales es muy parecido a hacerlas con fracciones. En ambos casos, deberemos tratar de encontrar denominadores comunes y de simplificar eliminando factores. Para encontrar denominadores comunes, usted deberá saber cómo multiplicar polinomios, y para simplificar, deberá saber cómo factorizar.

Simplificación de expresiones racionales

Cuando estudiamos fracciones en el capítulo 4, vimos que $\frac{3}{9}=\frac{1}{3}$ porque $\frac{3}{9}=\frac{3\times 1}{3\times 3}$. Para simplificar la fracción, dividimos el numerador y el denominador por 3. Otra forma de expresar lo mismo es que simplificamos por 3 porque 3 es un factor tanto del numerador como del denominador. De esta forma, para simplificar una expresión racional, simplificamos los factores comunes del numerador y el denominador.

EJEMPLO 28

Simplificar la expresión: $\frac{2x^2+4x}{4x^2}$.

Se pueden factorizar por $2x$ tanto el numerador como el denominador. Una vez factorizados, se simplifica la expresión para obtener el resultado final.

$$\frac{2x^2+4x}{4x^2}=\frac{2x(x+2)}{2x(2x)}=\frac{x+2}{2x}$$

EJEMPLO 29

Simplificar la expresión: $\frac{x^2-x-6}{x^2+x-2}$.

Tanto el numerador como el denominador pueden factorizarse en binomios.

$$\frac{x^2-x-6}{x^2+x-2}=\frac{(x-3)(x+2)}{(x-1)(x+2)}$$

Ahora, podemos observar que $x+2$ es el factor común al numerador y el denominador; entonces, la forma simplificada es:

$$\frac{x-3}{x-1}$$

EJEMPLO 30

Simplificar la expresión: $\frac{x^2+4x}{(x+4)^2}$.

En este caso, es difícil saber qué factores son comunes al numerador y el denominador, pero si factorizamos el numerador será más fácil observar, entonces, si existen factores comunes.

$$\frac{x^2+4x}{(x+4)^2}=\frac{x(x+4)}{(x+4)^2}=\frac{x(x+4)}{(x+4)(x+4)}=\frac{x}{x+4}$$

EJERCICIO 11

Simplificación de expresiones racionales

Instrucciones: Simplifique las expresiones racionales siguientes.

1. $\dfrac{x+5}{x^2+3x-10}$
2. $\dfrac{x^2-7x}{x^2}$
3. $\dfrac{x^3-x^2}{x^2}$
4. $\dfrac{x^2+x-2}{x^2-1}$
5. $\dfrac{2x}{2x-8}$

Véanse las respuestas en la página 535.

Adición y sustracción de expresiones racionales

Cuando se suman o restan fracciones, es posible sumar o restar los numeradores siempre que los denominadores sean iguales. Lo mismo sucede cuando se suman o restan expresiones racionales. Y al igual que con las fracciones, si los denominadores no son iguales, deberemos encontrar un denominador común antes de resolver el problema.

EJEMPLO 31

Sumar: $\dfrac{3x+5}{x-1}+\dfrac{2x-9}{x-1}$.

Como los denominadores son iguales, sume los numeradores y simplifique cuando sea necesario.

$$\frac{3x+5}{x-1}+\frac{2x-9}{x-1}=\frac{3x+5+2x-9}{x-1}=\frac{5x-4}{x-1}$$

EJEMPLO 32

Restar: $\dfrac{x-1}{x+7}-\dfrac{x-6}{x+7}$.

Otra vez, como los denominadores son iguales, reste los numeradores y simplifique cuando sea necesario.

$$\frac{x-1}{x+7}-\frac{x-6}{x+7}=\frac{x-1-(x-6)}{x+7}=\frac{x-1-x+6}{x+7}=\frac{5}{x+7}$$

Cuando dos expresiones racionales no tienen el mismo denominador, deberemos encontrar un denominador común.

La primera opción es comprobar si uno de los denominadores es un factor del otro denominador. Si así fuera, la expresión mayor será el denominador común. Si no, se deberán multiplicar siempre las dos expresiones entre sí para determinar el denominador común.

EJEMPLO 33

Sumar: $\frac{x+1}{x^2-4}+\frac{x-1}{x-2}$.

El denominador de la primera fracción, x^2-4, puede ser factorizado en $(x+2)(x-2)$. El denominador de la segunda fracción es un factor de x^2-4. Entonces, x^2-4 es el denominador común. Será necesario expresar la segunda fracción usando este denominador. Como en el segundo denominador el factor faltante es $(x+2)$, se multiplican tanto el numerador como el denominador por ese valor.

$$\frac{x+1}{x^2-4}+\frac{x-1}{x-2}=\frac{x+1}{x^2-4}+\frac{(x-1)\cdot(x+2)}{(x-2)\cdot(x+2)}=\frac{x+1}{x^2-4}+\frac{x^2+x-2}{x^2-4}$$

Ahora, sí, se pueden sumar los numeradores. No se olvide de simplificar el resultado final, de ser ello posible.

$$\frac{x+1}{x^2-4}+\frac{x^2+x-2}{x^2-4}=\frac{x+1+x^2+x-2}{x^2-4}=\frac{x^2+2x-1}{x^2-4}$$

La expresión final no puede ser simplificada; entonces, este es el resultado final.

EJEMPLO 34

Restar: $\frac{x-2}{x}-\frac{x+1}{x-3}$.

En este caso, ninguno de los denominadores es un factor del otro y deberemos multiplicarlos entre sí. El denominador común es entonces $x(x-3)=x^2-3x$. Los numeradores y denominadores de las dos fracciones deberán multiplicarse por la pieza "faltante".

$$\frac{x-2}{x}-\frac{x+1}{x-3}=\frac{(x-2)\cdot(x-3)}{x\cdot(x-3)}-\frac{(x+1)\cdot x}{(x-3)\cdot x}=\frac{x^2-5x+6}{x^2-3x}-\frac{x^2+x}{x^2-3x}$$

Ahora, reste y simplifique.

$$\frac{x^2-5x+6}{x^2-3x}-\frac{x^2+x}{x^2-3x}=\frac{x^2-5x+6-(x^2+x)}{x^2-3x}=\frac{x^2-5x+6-x^2-x}{x^2-3x}=\frac{-6x+6}{x^2-3x}$$

EJERCICIO 12

Adición y sustracción de expresiones racionales

Instrucciones: Sume o reste las expresiones racionales siguientes.

1. $\frac{1-x}{x}+\frac{2}{x^2}$
2. $\frac{2x-1}{x+5}+\frac{x-1}{x^2-25}$
3. $\frac{1}{x}+\frac{1}{x^3}$
4. $\frac{1}{x-3}+\frac{x+1}{x-2}$
5. $\frac{x+5}{x-6}+\frac{2x}{x-6}$
6. $\frac{1}{x}-\frac{1}{2x}$
7. $\frac{x-1}{x^2-4}-\frac{1}{x-2}$
8. $\frac{x+3}{x-5}-\frac{x+1}{x+2}$
9. $\frac{6x}{x-1}-\frac{3x}{x-1}$
10. $\frac{4}{x^4}-\frac{3}{x}$

Véanse las respuestas en las páginas 535–536.

Multiplicación de expresiones racionales

Cuando se multiplican expresiones racionales, no es necesario encontrar un denominador común. Las expresiones racionales siempre pueden ser multiplicadas directamente. En algunos casos, el producto deberá ser simplificado antes de obtener el resultado final. Como lo hiciéramos anteriormente, usted deberá efectuar la simplificación cruzada antes de multiplicar para facilitar las operaciones.

EJEMPLO 35

Multiplicar: $\frac{2}{x}\cdot\frac{x-6}{x^2}$.

Multiplique directamente:

$$\frac{2}{x}\cdot\frac{x-6}{x^2}=\frac{2(x-6)}{x^3}=\frac{2x-12}{x^3}.$$

EJEMPLO 36

Multiplicar: $\frac{x-1}{x+2} \cdot \frac{x-1}{x+4}$.

Multiplique directamente:

$$\frac{x-1}{x+2} \cdot \frac{x-1}{x+4} = \frac{(x-1)(x-1)}{(x+2)(x+4)} = \frac{x^2-2x+1}{x^2+6x+8}$$

En los ejemplos 35 y 36, la última expresión no pudo ser simplificada; entonces, esas expresiones son el resultado final. En algunas ocasiones, habrá que simplificar, pero solo se podrá hacerlo antes de multiplicar los binomios o aplicar la propiedad distributiva.

EJEMPLO 37

Multiplicar: $\frac{x^2-4}{x-1} \cdot \frac{x+2}{x-2}$.

Antes de multiplicar, observe que $x^2-4=(x+2)(x-2)$. Esto significa que hay en las expresiones términos que se pueden simplificar cruzado. Ese debería ser el primer paso.

Simplifique cruzado: $\frac{(x+2)\cancel{(x-2)}}{(x-1)} \cdot \frac{x+2}{\cancel{x-2}} = \frac{x+2}{x-1} \cdot \frac{x+2}{1}$

Multiplique directamente: $\frac{x+2}{x-1} \cdot \frac{x+2}{1} = \frac{x^2+4x+4}{x-1}$

División de expresiones racionales

Las expresiones racionales se dividen aplicando la misma regla de "invertir y multiplicar" que usáramos con las fracciones. La división deberá expresarse, entonces, como un problema de multiplicación en el que la primera expresión es multiplicada por el recíproco de la segunda.

EJEMPLO 38

Dividir: $\frac{x-5}{x} \div \frac{2}{x^2}$.

Escriba como multiplicación: $\frac{x-5}{x} \div \frac{2}{x^2} = \frac{x-5}{x} \cdot \frac{x^2}{2}$

Simplifique cruzado, de ser posible: $\frac{x-5}{x} \cdot \frac{x^2}{2} = \frac{x-5}{1} \cdot \frac{x}{2}$

Multiplique directamente: $\frac{x-5}{1} \cdot \frac{x}{2} = \frac{(x-5)x}{2} = \frac{x^2-5x}{2}$

EJEMPLO 39

Dividir: $\frac{x-5}{x+1} \div \frac{x-6}{x+4}$.

Escriba como multiplicación: $\frac{x-5}{x+1} \div \frac{x-6}{x+4} = \frac{x-5}{x+1} \cdot \frac{x+4}{x-6}$

Simplifique cruzado, de ser posible: En este caso, no hay términos que puedan simplificarse.

Multiplique directamente: $\frac{x-5}{x+1} \cdot \frac{x+4}{x-6} = \frac{(x-5)(x+4)}{(x+1)(x-6)} = \frac{x^2-x-20}{x^2-5x-6}$

EJERCICIO 13

Multiplicación y división de expresiones racionales

Instrucciones: Multiplique o divida las expresiones racionales siguientes.

1. $\frac{2}{x} \cdot \frac{1}{x+1}$
2. $\frac{x}{x-5} \cdot \frac{x}{x+5}$
3. $\frac{x-1}{4x} \cdot \frac{x+2}{x}$
4. $\frac{x^2+2}{x+1} \cdot \frac{x+1}{x-5}$
5. $\frac{x-3}{x+4} \cdot \frac{x-2}{2x-6}$
6. $\frac{1}{x^2} \div \frac{4}{x}$
7. $\frac{x}{x-2} \div \frac{5x}{x-6}$
8. $\frac{x+4}{x-1} \div \frac{x+2}{x^2-1}$
9. $\frac{x^3}{x-5} \div \frac{x}{x+2}$
10. $\frac{x+1}{x+3} \div \frac{x+1}{x+4}$

Véanse las respuestas en la página 536.

Redacción de expresiones algebraicas

Escribir expresiones algebraicas es una forma de representar, o describir, situaciones de la vida real usando variables. Para aprender a redactar expresiones que representen una situación dada, usted deberá prestar mucha atención a algunas frases clave. Si bien en el texto se incluyen, por lo general, posibles indicios que indican cuál operación habrá que efectuar, las siguientes expresiones aparecen con cierta frecuencia.

- **Adición:** aumento de, la suma, más que (como en "5 más que"), agregado a. . .
- **Sustracción:** disminución de, la diferencia, menos que (como en "6 menos que"), restado de. . .

- **Multiplicación:** el producto, duplicar (multiplicar por 2), triplicar (multiplicar por 3), multiplicado por. . .
- **División:** el cociente, dividido por, la mitad (dividido por 2). . .
- **Exponentes:** *al cuadrado* o *cuadrado* se refiere a elevar una variable a la segunda potencia; *al cubo* o *cubo* se refiere a elevar una variable a la tercera potencia. . .

EJEMPLO 40

Se duplica un número y se reduce el valor obtenido en 5 unidades. Escribir una expresión algebraica que represente el valor del número resultante.

Como en el problema no se especifica la variable, el primer paso será elegir una que represente el valor desconocido. Usemos, entonces, la letra n.

Si se duplica el valor de n, eso significa que se lo multiplica por 2, y se expresa como $2n$. Si luego se le quitan 5 unidades, es decir, se resta 5 de su valor, la expresión final obtenida es igual a $2n - 5$.

EJEMPLO 41

Para encontrar el volumen de un cofre cuadrado, se eleva al cuadrado el valor del ancho del cofre y el valor resultante se multiplica por la altura. Si la altura es de 3 pies y el ancho de w pies, escriba una expresión que represente el volumen del cofre en términos de w.

El cuadrado del ancho se representa por w^2. Multiplicando este valor por 3, se obtiene la expresión final $3w^2$.

EJEMPLO 42

Gabriel paga \$3.50 de peaje y \$0.53 de gasolina por milla para ir y volver del trabajo cada día. Si m representa el número de millas recorridas en cada día, escriba una expresión que represente el costo del viaje en términos de m.

La palabra "por" es un indicio de que debemos multiplicar, e indica el costo por cada milla recorrida. Como el peaje se paga solo una vez, lo podemos sumar al final al costo del viaje.

La expresión que representa el costo del viaje es: $0.53m + 3.5$.

EJEMPLO 43

Cinco amigos van a almorzar juntos y planean dividir la cuenta en partes iguales. Si el total de la cuenta es igual a \$$b$, escriba una expresión que represente la cantidad de dinero que cada amigo deberá pagar en términos de b.

Si se divide la cuenta en partes iguales, eso significa que se divide por 5. Como la cuenta es \$$b$, el costo para cada amigo será de $\frac{b}{5}$ dólares.

EJERCICIO 14

Redacción de expresiones algebraicas

Instrucciones: Escriba expresiones que representen las situaciones siguientes.

1. Una compañía tiene k empleados, donde k es un número entero. Una paga adicional de $2,000 será dividida en partes iguales entre los empleados. Escriba la expresión que representa la cantidad de dinero que le corresponderá a cada empleado en términos de k.

2. En las últimas dos semanas, la cantidad de dinero en la cuenta de un estudiante ha aumentado en $505. Si dos semanas atrás la cantidad era igual a $$x$, escriba la expresión que represente la cantidad actual en términos de x.

3. Ricardo colecciona figuras de acción de sus personajes favoritos y agrega dos nuevas figuras cada mes. Si él empieza su colección con y figuras de acción, ¿cuántas de ellas tendrá, en términos de y, al cabo de tres meses?

4. Un plan de teléfonos celulares cobra $30.00 por mes por el servicio básico, más $0.15 el minuto por llamada. Si Beatriz realiza llamadas por un total de m minutos por mes, ¿qué expresión representará la cuenta mensual de Beatriz en términos de m?

5. Para fijar una tela, se usa una grapadora que coloca una grapa cada n pies. Escriba una expresión que represente el número de grapas usadas para fijar una tela de 20 pies.

Véanse las respuestas en la página 536.

CAPÍTULO 11

Resolución de ecuaciones y desigualdades

Uno de los temas más importantes en álgebra es la resolución de ecuaciones y desigualdades. Tanto unas como otras se presentan en muchas formas diferentes, pero la meta que ambas comparten siempre es la misma: encontrar los valores que prueben que un enunciado es verdadero. En realidad, eso es exactamente lo que significa "obtener el valor de x". En este capítulo estudiaremos los tipos más comunes de ecuaciones que encontrará en el examen de GED®.

Ecuaciones lineales

La diferencia entre una ecuación lineal y una expresión lineal es solo el símbolo de igualdad. Desde un punto de vista técnico, una ecuación lineal es una expresión lineal que es igual a un número o a otra expresión lineal. Para resolver una ecuación lineal, se deberá obtener un enunciado de la forma siguiente:

"variable = número"

Para poder llegar a este enunciado, se deberá despejar la variable, es decir, anular cualquier operación aplicada a la variable. La regla que se deberá recordar es que toda operación que se aplique en un lado de la ecuación deberá ser aplicada también en el otro lado.

En las ecuaciones de un solo paso, se aplica una única operación a la variable. Eso significa que se necesitará un solo paso para anular esa operación y obtener el resultado final (el valor de la variable).

Consideremos la ecuación $2x = 8$. En este caso, a la x se le aplica una operación de multiplicación por 2. Para anular esa operación y despejar la variable, deberemos dividir por 2 en ambos lados. Así, obtendremos el resultado $x = 4$. Igualmente, en la ecuación $x + 5 = 2$, se suma un 5 a la x. Para anular esta operación de suma, deberemos restar 5 en ambos lados y obtendremos el resultado $x = -3$. En los dos casos, resolvimos la ecuación porque encontramos el valor de x que hace que el enunciado sea verdadero.

EJEMPLO 1

Obtener el valor de x:	$x - 11 = 14$
Anule la resta sumando 11 en los dos lados:	$x - 11 + 11 = 14 + 11$
Resultado final:	$x = 25$

EJEMPLO 2

Obtener el valor de x: $5x = 15$

Anule la multiplicación dividiendo por 5 en los dos lados: $\frac{5x}{5} = \frac{15}{5}$

Resultado final: $x = 3$

EJEMPLO 3

Obtener el valor de x: $\frac{2}{3}x = 8$

Anule la multiplicación dividiendo por $\frac{2}{3}$ en los dos lados: $\frac{\frac{2}{3}x}{\frac{2}{3}} = \frac{8}{\frac{2}{3}}$

Resultado final: $x = 8 \cdot \frac{3}{2} = \frac{24}{2} = 12$

El procedimiento aplicado en el ejemplo 3 puede parecer complicado, pero no lo es tanto si recordamos que dividir por una fracción es lo mismo que multiplicar por su recíproco. En el lado izquierdo, $\frac{2}{3}$ dividido por sí mismo es igual a 1 (todo número dividido por sí mismo es igual a 1), y en el derecho, 8 dividido por $\frac{2}{3}$ es igual, por definición, a 8 multiplicado por $\frac{3}{2}$. El procedimiento general de anular la operación aplicada a x es válido en todos los casos.

En los ejemplos anteriores, probablemente se podría haber obtenido el resultado de la ecuación a simple vista. Incluso así, es una buena idea practicar estas técnicas para poder usarlas con ecuaciones más complejas, tema que se trata más adelante en este capítulo.

EJERCICIO 1

Ecuaciones de un solo paso

Instrucciones: Obtenga el valor de x en las ecuaciones siguientes. Si el resultado es una fracción, redúzcala a su mínima expresión.

1. $3x = 2$
2. $5x = 25$
3. $\frac{x}{4} = 5$
4. $x - 7 = 10$
5. $x + 3 = -1$

Véanse las respuestas en la página 537.

Ecuaciones de dos pasos

Como es de imaginar, en una ecuación de dos pasos se aplican dos operaciones a la variable, que deberán ser anuladas para obtener el valor de la variable. En esta etapa, el procedimiento sigue siendo el mismo, pero el orden de los pasos es muy importante.

Paso 1: Anule toda operación de suma o resta.

Paso 2: Anule toda operación de multiplicación o división.

EJEMPLO 4

Obtener el valor de x: $4x-1=7$

Anule la resta: $4x-1+1=7+1$

$4x=8$

Anule la multiplicación: $\frac{4x}{4}=\frac{8}{4}$

Resultado final: $x=2$

EJEMPLO 5

Obtener el valor de x: $\frac{x}{7}+3=-5$

Anule la suma: $\frac{x}{7}+3-3=-5-3$

$\frac{x}{7}=-8$

Anule la división: $7\left(\frac{x}{7}\right)=7(-8)$

Resultado final: $x=-56$

EJERCICIO 2

Ecuaciones de dos pasos

Instrucciones: Obtenga el valor de x en las ecuaciones siguientes. Si el resultado es una fracción, redúzcala a su mínima expresión.

1. $2x-5=11$
2. $-x+4=-8$
3. $\frac{1}{2}x-3=-1$
4. $\frac{x}{4}+2=-2$
5. $3x-\frac{1}{2}=4$

Véanse las respuestas en la página 537.

Ecuaciones de pasos múltiples

Algunas ecuaciones lineales contienen variables en los dos lados de la ecuación o contienen expresiones sin simplificar en un lado o en ambos. En esos casos, la ecuación debe ser simplificada antes de aplicar el procedimiento habitual para anular operaciones.

Consideremos la ecuación $2x - 4 = x + 2$. Antes de llegar a la forma típica del resultado final: "variable = número", deberemos agrupar todos los términos de x en un mismo lado de la ecuación y todos los números en el otro. Para poder hacerlo, habrá que sumar o restar los mismos valores de ambos lados. Por ejemplo, si restamos x de ambos lados, todos los valores de x quedarán del mismo lado de la ecuación.

$$2x - 4 - x = x + 2 - x$$

$$x - 4 = 2$$

En este caso, se trata de una ecuación de un solo paso, que se puede resolver aplicando el mismo procedimiento que aplicáramos anteriormente. En general, este será el procedimiento:

Paso 1: Simplificar un lado de la ecuación o ambos.

Paso 2: Agrupar todas las variables en el mismo lado de la ecuación.

Paso 3: Anular las operaciones de suma o resta.

Paso 4: Anular las operaciones de multiplicación.

Que haya que aplicar los pasos 1 y 2 dependerá de la ecuación considerada. En algunos casos, será suficiente con la simplificación. En otros, solo se deberá agrupar las variables.

EJEMPLO 6

Obtener el valor de x: $3(x-6)+1=-2$

Antes de agrupar los términos, será necesario simplificar el lado izquierdo de la ecuación aplicando la propiedad distributiva.

Simplifique: $3x-18+1=-2$

$3x-17=-2$

Anule la resta: $3x-17+17=-2+17$

$3x=15$

Anule la multiplicación: $\frac{3x}{3}=\frac{15}{3}$

Resultado final: $x=5$

EJEMPLO 7

Obtener el valor de x: $4x-9=5x+1$

Como los dos lados ya han sido simplificados, se puede empezar directamente agrupando los términos.

Agrupe todas las variables en un lado: $4x-9-5x=5x+1-5x$

$-x-9=1$

Anule la resta: $-x-9+9=1+9$

$-x=10$

Anule la multiplicación: $\frac{-x}{-1}=\frac{10}{-1}$

Resultado final: $x=-10$

EJEMPLO 8

Obtener el valor de x: $2(x+3)=4x-1$

Recuerde simplificar primero. En este caso, use la propiedad distributiva en el lado izquierdo de la ecuación. Luego, agrupe los términos de forma tal que todos los términos de x queden del mismo lado.

Simplifique: $2x+6=4x-1$

Agrupe todas las variables en un lado: $2x+6-4x=4x-1-4x$

$-2x+6=-1$

Anule la suma: $-2x+6-6=-1-6$

$-2x=-7$

Anule la multiplicación: $\frac{-2x}{-2}=\frac{-7}{-2}$

Resultado final: $x=\frac{7}{2}$

EJERCICIO 3

Ecuaciones de pasos múltiples

Instrucciones: Obtenga el valor de x en las ecuaciones siguientes. Si el resultado es una fracción, redúzcala a su mínima expresión.

1. $-2(x+4)=x-5$

2. $3x+1=x+7$

3. $-x+4=x+9$

4. $3(x+1)=9x$

5. $-9x+4=-3(2x+6)$

Véanse las respuestas en la página 537.

Desigualdades

Hasta ahora, el único tipo de relación entre dos expresiones o términos que hemos considerado ha sido el de igualdad, como en las ecuaciones. Sin embargo, es posible que dos expresiones o términos estén relacionados de forma tal que uno de ellos sea menor o mayor que el otro. Se denomina **desigualdad** a esos tipos de relación. Algunos ejemplos de este tipo de relación son: $x - 3 > 2$, $x + 4 \leq 3$ y $4x < -6$.

Al igual que en las ecuaciones, resolver una desigualdad significa encontrar los valores que prueben que un enunciado es verdadero. A diferencia de las ecuaciones, en que existe a menudo solo un valor verdadero, que se expresa como "$x = 2$", en el caso de las desigualdades, existen muchos valores que prueban que el enunciado es verdadero, y esos valores se expresan ya sea algebraicamente (véase la tabla siguiente) o en forma de gráficas (véase más adelante en este capítulo).

Ejemplo	Significado
$x < 3$	x es "menor que" 3 Cualquier número entero o decimal cuyo valor sea menor que 3 probará que el enunciado es verdadero.
$x \leq -2$	x es "menor o igual que" –2 Cualquier número entero o decimal cuyo valor sea menor o igual a –2 probará que el enunciado es verdadero.
$x > 10$	x es "mayor que" 10 Cualquier número entero o decimal cuyo valor sea mayor que 10 probará que el enunciado es verdadero.
$x \div 4$	x es "mayor o igual a" 4 Cualquier número entero o decimal cuyo valor sea mayor o igual a 4 probará que el enunciado es verdadero.

Resolución de desigualdades

Los pasos para resolver una desigualdad son exactamente los mismos que los usados para resolver ecuaciones lineales. No obstante, será importante seguir una regla nueva:

Cada vez que multiplicamos o dividimos por un número negativo, cambia la dirección de la desigualdad.

Veamos con un ejemplo cómo se aplica esta regla.

EJEMPLO 9

Obtener el valor de x: $-4x \geq 16$

Para anular la multiplicación, deberemos dividir los dos lados de la ecuación por −4. Sin embargo, puesto que se trata de un número negativo, habrá que cambiar además la dirección de la desigualdad.

Anule la multiplicación: $\frac{-4x}{-4} \leq \frac{16}{-4}$

Respuesta final: $x \leq -4$

Como puede observarse, a excepción del cambio de dirección de la desigualdad, los pasos para obtener el resultado final son generalmente los mismos que los seguidos en el caso de las ecuaciones.

EJEMPLO 10

Obtener el valor de x: $x-5<2$

Anule la resta: $x-5+5<2+5$

Respuesta final: $x<7$

EJEMPLO 11

Obtener el valor de x: $2x-2 \leq -10$

Anule la resta: $2x-2+2 \leq -10+2$

$2x \leq -8$

Anule la multiplicación: $\frac{2x}{2} \leq \frac{-8}{2}$

Respuesta final: $x \leq -4$

Resolución gráfica

Sobre la recta numérica, todos los valores de x que prueban que la desigualdad es verdadera pueden representarse con una línea de trazo grueso que cubra esos números. En este procedimiento, se usa un círculo con fondo blanco para representar una desigualdad que contenga los signos < o >, mientras que se usa un círculo con fondo negro cuando la desigualdad contiene los signos ≤ o ≥.

EJEMPLO 12

Resolver la desigualdad y representar gráficamente el resultado sobre la recta numérica: $-3x+7>-2$

Anule la suma: $-3x+7-7>-2-7$

$-3x>-9$

Anule la multiplicación: $\frac{-3x}{-3} < \frac{-9}{-3}$

(Observe que la dirección ha cambiado porque 3 es negativo.)

Respuesta final: $x<3$

Este resultado está representado sobre la recta numérica por un círculo de fondo blanco sobre el 3 y una línea de trazo grueso sobre los valores incluidos a su izquierda (porque estos valores son menores que 3).

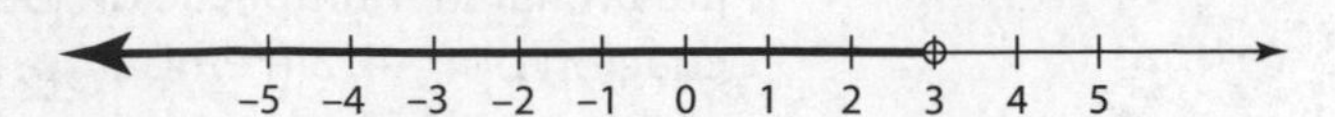

A continuación, se muestran algunos otros ejemplos de resolución gráfica de desigualdades.

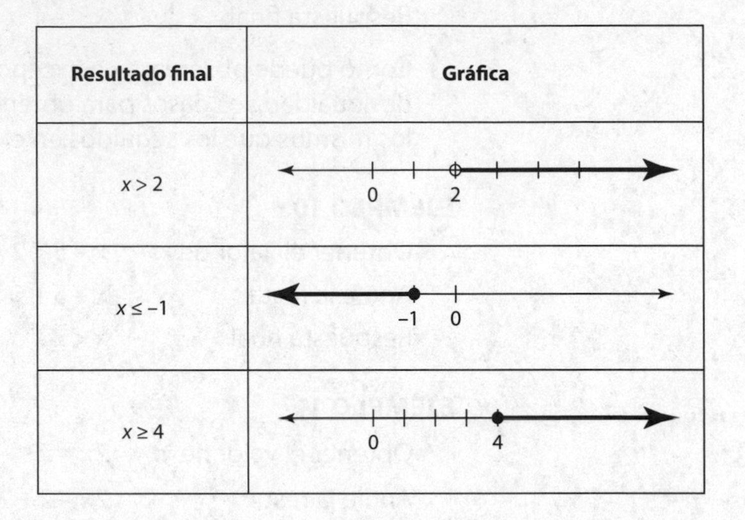

Resultado final	Gráfica
$x > 2$	0 2
$x \leq -1$	−1 0
$x \geq 4$	0 4

EJERCICIO 4

Resolución de desigualdades

Instrucciones: Resuelva las desigualdades siguientes.

1. $x + 3 > 8$
2. $x - 10 < 4$
3. $2x - 7 < 5$
4. $-5x + 1 \leq -4$
5. $-\frac{1}{2}x \geq 12$

Véanse las respuestas en la página 537.

Redacción de ecuaciones lineales y desigualdades

Para resolver problemas verbales sobre situaciones de la vida real, debemos poder escribir ecuaciones o desigualdades que las representen. Muchas de las frases clave que aparecían en la redacción de las expresiones lineales seguirán siendo de utilidad, pero habrá que prestar atención también a otras nuevas. Estas nuevas frases le permitirán decidir si deberá usar el símbolo de igualdad o uno de los símbolos de desigualdad en sus enunciados.

Símbolo	Frases clave
$=$	es, es el mismo, es igual a, era, produce, da. . .
$<$	es menor que, es más pequeño que, es menos de. . .
$\leq$	es menor o igual a, es lo mismo o menos que, es como mucho. . .
$>$	es mayor que, es más grande que, es más de. . .
$\geq$	es mayor o igual a, es lo mismo o más que, es por lo menos. . .

EJEMPLO 13

María tiene 3 años más que Benito. Si la edad de Benito es b años y la edad de María es m años, escriba una ecuación que represente la edad de María en términos de la edad de Benito.

De acuerdo con el enunciado del problema, habrá que agregar 3 años a la edad de Benito para obtener la edad de María. Entonces, $m = b + 3$.

EJEMPLO 14

Manuel tiene por norma de conducta no dejar que el balance de su cuenta bancaria caiga por debajo de $100. Si el balance de su cuenta es $$d$, escriba una ecuación o desigualdad que represente esa norma.

Si el balance no puede caer por debajo de $100, entonces deberá ser siempre igual o mayor que $100. Esto se representa con la desigualdad $d \geq 100$.

EJEMPLO 15

Un depósito de mercaderías solo acepta cajas que pesan menos de 500 libras. Si una caja pesa c libras, escriba una desigualdad que represente esta limitación.

La frase "menos de" significa lo mismo que "menor que"; entonces, $c < 500$.

EJEMPLO 16

En términos del número de empleados, el departamento de administración de una compañía es tres veces más grande que el departamento de marketing. Si el número de empleados en el departamento de administración es A y el número de empleados en el departamento de marketing es M, escriba una ecuación que represente la relación.

"Tres veces más grande" significa que usted deberá multiplicar el número de empleados del departamento de marketing por 3 para obtener el número de empleados del departamento de administración. Como ecuación, la relación puede expresarse así: $A = 3M$.

EJERCICIO 5

Redacción de ecuaciones lineales y desigualdades

Instrucciones: Escriba una ecuación o una desigualdad, según se indique, que represente las situaciones siguientes.

1. Un número x es igual a tres menos que el doble de un número y. Escriba una ecuación que describa la relación entre x e y.

2. En un curso universitario, cualquier calificación igual o superior a 90 equivale a la nota final A. Si G representa esa calificación, escriba una desigualdad que muestre el conjunto de valores que calificarían para una nota A.

3. La longitud de un rectángulo es más grande que el doble de su ancho. Si el ancho es de 3 pulgadas, escriba una desigualdad que represente la longitud x del rectángulo.

4. Hoy, la producción de una máquina fue de m unidades. Esa cantidad representa por lo menos 5 más que las que produjo ayer. Si la producción de ayer fue de 300 unidades, escriba una desigualdad que represente el valor de m.

5. El miércoles, Tomás trabajó en una feria local y le pagaron $34 menos de lo que recibe por día en su trabajo habitual. Si Tomás ganó $$w$ el miércoles y recibe $$r$ por día en su trabajo habitual, escriba una ecuación que represente la relación entre w y r.

Véanse las respuestas en la página 537.

Problemas verbales con ecuaciones y desigualdades

Para resolver problemas verbales solo se necesita escribir una ecuación que represente correctamente la situación y saber cómo obtener el resultado. A menudo, habrá que elegir primero la variable cuyo valor queremos encontrar.

EJEMPLO 17

El producto de un número multiplicado por 3 es igual a 42. ¿Cuál es el valor de ese número?

Si llamamos x al número desconocido, la relación puede representarse con la ecuación $3x = 42$. El resultado de la ecuación será, entonces:

$$\frac{3x}{3} = \frac{42}{3}$$

$$x = 14$$

El valor del número es 14.

EJEMPLO 18

Una consultora le cobra a una compañía $50 la hora por sus servicios, además de un pago único de $450 por el análisis del caso. Si la compañía le pagó un total de $1,050, ¿cuántas horas trabajó la consultora?

Si h representa la cantidad de horas trabajadas, el pago realizado a la consultora es igual a $50h + 450$. Como el pago total fue de $1,050, la ecuación que representa ese pago total es igual a: $50h + 450 = 1050$. Resolviendo esta ecuación,

$$50h + 450 = 1050$$

$$50h + 450 - 450 = 1050 - 450$$

$$\frac{50h}{50} = \frac{600}{50}$$

$$h = 12$$

La consultora trabajó 12 horas.

EJEMPLO 19

El promedio de los números x, 15, 9, 8 y 2 es 12. ¿Cuál es el valor de x?

La solución de este problema requiere que apliquemos la fórmula para obtener promedios. Para encontrar el promedio, debemos sumar los números y dividir la suma por la cantidad de números. Si el promedio es 12, entonces:

$$\frac{x + 15 + 9 + 8 + 2}{5} = 12,$$

lo que es equivalente a:

$$\frac{x + 34}{5} = 12.$$

Ahora, anulemos la división multiplicando ambos lados por 5. Finalmente, podemos restar 34 de los dos lados:

$$x + 34 = 60$$

$$x = 26$$

El problema del ejemplo 19 es un problema que aparece frecuentemente en el examen de GED®. Usted deberá usar fórmulas comunes y su conocimiento de cómo resolver problemas verbales para encontrar valores desconocidos.

Recuerde que las reglas básicas para la resolución de ecuaciones se aplican siempre.

EJERCICIO 6

Problemas verbales con ecuaciones y desigualdades

1. Una compañía de alquiler de autos cobra $125 por semana por el alquiler del vehículo más 14 centavos por milla recorrida. Si la familia Rodríguez pagó $141.80 por un alquiler semanal, ¿cuántas millas recorrieron?

2. Diez menos un número es igual a dos más que el doble de ese número. ¿Cuál es el valor de ese número?

3. El promedio de los números 2, 3, 4 e y es 6. ¿Cuál es el valor de y?

4. Un empleado debe ingresar n nuevos pedidos en un sistema de computación. El empleado es capaz de ingresar pedidos a razón de 40 por hora. Si le lleva 12 horas ingresar todos los pedidos, ¿cuál es el valor de n?

5. Cuando abrió sus puertas, una tienda de café ofrecía 6 tipos diferentes de bocadillos. Desde entonces, agregó dos nuevos bocadillos cada semana. Si la tienda ofrece ahora 28 bocadillos diferentes, ¿cuántas semanas (s) han transcurrido desde su inauguración?

Véanse las respuestas en las páginas 537–538.

Sistemas de dos ecuaciones con dos incógnitas

Los sistemas de dos ecuaciones con dos incógnitas se usan a menudo para representar situaciones de la vida real. Resolver un sistema significa encontrar los valores de las incógnitas que hacen verdaderas las dos ecuaciones al mismo tiempo. Para obtener esos valores, es común usar una técnica llamada eliminación.

La eliminación implica multiplicar una o las dos ecuaciones por un número tal que permita simplificar una de las variables cuando las ecuaciones se suman. Qué número usar dependerá de las ecuaciones por resolver, y saber cuál es ese número requiere cierta práctica. Los pasos a seguir son los siguientes:

Paso 1: Multiplicar una o las dos ecuaciones por un número que nos permita eliminar una de las variables.

Paso 2: Sumar las ecuaciones.

Paso 3: Resolver la ecuación obtenida después del paso 2.

Paso 4: Usar ese resultado para resolver el valor de la otra variable.

EJEMPLO 20

Resolver el sistema de ecuaciones siguiente:

$$3x - y = 13$$
$$5x + 2y = 18$$

Paso 1: Multiplique una o las dos ecuaciones por el número elegido para eliminar una de las variables.

En la primera ecuación, el coeficiente de *y* es –1. En la segunda ecuación el coeficiente de *y* es 2. Si multiplicamos la primera ecuación por 2, los coeficientes serán –2 y 2, y podrán simplificarse cuando se sumen las ecuaciones. Entonces, multiplique la primera ecuación por 2.

$$\begin{array}{lcl} 2(3x - y) = 2(13) & \rightarrow & 6x - 2y = 26 \\ 5x + 2y = 18 & & 5x + 2y = 18 \end{array}$$

Paso 2: Sume las ecuaciones.

$$\begin{array}{r} 6x - 2y = 26 \\ +\ 5x + 2y = 18 \\ \hline 11x \qquad = 44 \end{array}$$

Paso 3: Resuelva la ecuación obtenida en el paso 2.

$$\frac{11x}{11} = \frac{44}{11}$$
$$x = 4$$

Paso 4: Use este resultado para encontrar el valor de la otra variable.

Si $x = 4$, se puede reemplazar x por este valor en cualquiera de las dos ecuaciones para obtener el valor de *y*. Si usamos la primera ecuación, $3x - y = 13$, entonces, $3(4) - y = 13$. Resolviendo la ecuación:

$$12 - y = 13$$
$$12 - y - 12 = 13 - 12$$
$$-y = 1$$
$$y = -1$$

La solución del sistema de ecuaciones es $x = 4$ e $y = -1$.

EJEMPLO 21

Resolver el sistema de ecuaciones siguiente:

$$3a + 4b = -18$$
$$2a + 6b = -32$$

Paso 1: Multiplique una o las dos ecuaciones por el número elegido para eliminar una de las variables.

En el sistema anterior, resultó fácil eliminar *y* porque para hacerlo solo hubo que multiplicar una ecuación. En este caso, no es tan sencillo decidir cuál variable eliminar. Si decidimos eliminar *a*, entonces deberemos multiplicar la primera ecuación por 2 y la segunda por –3.

Uno de los números tiene que ser negativo para poder simplificar a cuando efectuemos la suma de las ecuaciones.

$$2(3a + 4b) = 2(-18) \rightarrow 6a + 8b = -36$$
$$-3(2a + 6b) = -3(-32) \rightarrow -6a - 18b = 96$$

Paso 2: Sume las ecuaciones.

$$\begin{array}{r} 6a + 8b = -36 \\ + -6a - 18b = 96 \\ \hline -10b = 60 \end{array}$$

Paso 3: Resuelva la ecuación obtenida en el paso 2.

$$\frac{-10b}{-10} = \frac{60}{-10}$$

$$b = -6$$

Paso 4: Use este resultado para encontrar el valor de la otra variable.

Si reemplazamos b por su valor en la primera ecuación, $3a - 24 = -18$, podremos obtener el valor de a. Resolviendo la ecuación:

$$3a - 24 + 24 = -18 + 24$$

$$3a = 6$$

$$\frac{3a}{3} = \frac{6}{3}$$

$$a = 2$$

En este ejemplo, usted obtendrá los mismos valores para a y b si decide eliminar b en lugar de a. Hacerlo sería, en realidad, una buena práctica y una forma de asegurarse de que usted ha comprendido el procedimiento.

EJERCICIO 7

Resolución de sistemas de ecuaciones

Instrucciones: Resuelva los sistemas de ecuaciones siguientes usando el método de la eliminación.

1. $x - y = -2$
$2x + 3y = 1$

2. $3x + 2y = 20$
$-4x + y = -12$

3. $x - 3y = -6$
$8x + 5y = 10$

4. $-6x + 4y = 18$
$2x + 2y = 14$

5. $x + y = 0$
$-x + 2y = -6$

Véanse las respuestas en la página 538.

Problemas verbales y sistemas de ecuaciones

Los sistemas de ecuaciones son necesarios para representar muchas situaciones de la vida real. Para poder escribir las ecuaciones que representen esas situaciones, se necesitan las mismas destrezas que para escribir ecuaciones con una variable.

EJEMPLO 22

Un club de una escuela superior vendió entradas para un partido de baloncesto con el fin de recaudar fondos. Los miembros del club recaudaron $205 por la venta de 35 entradas. Para aquellas personas que tenían algún familiar que era miembro del club, las entradas costaban $5. Para el resto de los asistentes, las entradas costaban $8. ¿Cuántas entradas compraron las personas que tenían algún familiar que era miembro del club?

Los valores desconocidos, o incógnitas, son la cantidad de entradas de cada tipo que fueron vendidas. Si llamamos F a la cantidad de entradas vendida a las personas que tenían algún familiar que era miembro del club y T a la cantidad vendida al resto de los asistentes, entonces: $F + T = 35$.

Para poder obtener el valor de F o T, es necesario contar con más de una ecuación. La única información disponible que todavía no hemos utilizado es la cantidad total recaudada, $205. Cada entrada comprada por un familiar costaba $5, mientras que las compradas por los otros asistentes valían $8. Entonces, $5F + 8T = 205$.

Como el problema pregunta solo por el valor de F, podemos eliminar primero T y ahorrarnos así trabajo.

$$\begin{array}{lcrcl} -8(F+T) = -8(35) & & -8F - 8T & = & -280 \\ & \rightarrow & & & \\ 5F + 8T = 205 & & 5F + 8T & = & 205 \\ \hline & & -3F & = & -75 \end{array}$$

Resolviendo la ecuación, $F = 25$. Se vendieron, entonces, 25 entradas a familiares de los miembros del club.

El ejemplo ilustra dos puntos importantes para la resolución de este tipo de problemas verbales. Primero, cuando cree las ecuaciones, deberá usar toda la información disponible. En este caso, agrupamos toda la información disponible sobre la venta de entradas y la información sobre el dinero recaudado.

Segundo, estos problemas, por lo general, preguntan solo por una de las variables, lo que permite ahorrar trabajo y tiempo en su resolución. Entonces, se deberá eliminar la otra variable y no resolver todo el sistema de ecuaciones.

EJEMPLO 23

En un gimnasio se almacenan pesas de 5 libras y 10 libras. Si en total las pesas son 10 y su peso en conjunto es de 70 libras, ¿cuántas pesas de 10 libras están almacenadas en el gimnasio?

Las incógnitas son la cantidad de pesas de 5 libras y la cantidad de pesas de 10 libras que hay en el gimnasio. Si llamamos x (5 libras) e y (10 libras) a esas incógnitas, y sabemos que en conjunto hay 10 pesas, entonces, $x+y=10$, con un peso total de 70 libras. Como cada pesa de 5 libras contribuye a ese total 5 libras, y cada pesa de 10 libras contribuye 10 libras, entonces: $5x+10y=70$.

El problema pregunta solo por la cantidad de pesas de 10 libras, representada en nuestras ecuaciones por y. Por lo tanto, debemos eliminar primero x.

$$\begin{array}{l} -5(x+y)=-5(10) \\ 5x+10y=70 \end{array} \rightarrow \begin{array}{r} -5x-\ 5y=-50 \\ \underline{5x+10y=\ \ 70} \\ 5y=\ \ 20 \end{array}$$

Resolviendo la ecuación, $y = 4$. Hay, entonces, cuatro pesas de 10 libras en el gimnasio.

EJEMPLO 24

Un restaurante tiene dos tipos de mesas: uno de tamaño grande, para familias, con capacidad para 8 personas, y uno pequeño, con capacidad para 4 personas. En la compra de esas mesas, el dueño gastó \$180 por cada mesa para familias y \$100 por cada mesa más pequeña, y pagó un total de \$3,660. Si el restaurante tiene capacidad para un total de 156 personas, ¿cuántas mesas para familias debió comprar el dueño?

En este problema, las incógnitas son la cantidad de mesas de cada tipo que compró el dueño. Llamemos f a la cantidad de mesas para familias y s a la cantidad de mesas pequeñas. Tenemos disponible, además, información de dos tipos: la cantidad de gente y el precio de las mesas. Con estos datos, debería ser posible crear una ecuación para cada tipo.

Si consideramos el precio, cada mesa para familias contribuye con \$180 al precio total, mientras que cada mesa pequeña lo hace con \$100. Es decir, $180f + 100s = 3660$. La misma idea se aplica a la cantidad de personas. En cada mesa para familias se pueden sentar 8 personas y en cada una de las mesas pequeñas, 4. Entonces, $8f + 4s = 156$. Como en el problema se pregunta por la cantidad de mesas para familias, ahorraremos tiempo y trabajo si eliminamos primero s.

$$\begin{array}{l} 180f+100s=3660 \\ -25(8f+4s)=-25(156) \end{array} \rightarrow \begin{array}{r} 180f+100s=\ \ 3600 \\ \underline{-200f-100s=-3900} \\ -20f\qquad\ \ =\ -240 \end{array}$$

Resolviendo la ecuación para f, encontramos que el restaurante tiene 12 mesas para familias.

EJERCICIO 8

Problemas verbales y sistemas de ecuaciones

1. Una alcancía está llena de monedas de 5 (*n*) y 10 (*d*) centavos. Si hay en ella 61 monedas con un valor total de $4.10, ¿cuántas de esas monedas son de 5 centavos?

2. Una fábrica necesita 10 horas/hombre para producir un ventilador (*v*) y 15 horas/hombre para producir un aparato de aire acondicionado (*a*). Si la fábrica produjo en conjunto 20 ventiladores y aparatos de aire acondicionado en el transcurso de 260 horas, ¿cuántos de esos productos eran ventiladores?

3. En una venta de pastelería, los pasteles de manzana (*m*) cuestan $1.50 y los de banana (*b*), $2. Si se vendieron 40 pasteles por un total de $70, ¿cuántos de ellos eran pasteles de banana?

4. Un servicio de limpieza necesita 1 hora para pasar la aspiradora y 1.5 horas para realizar una limpieza profunda de un auto (*a*). El mismo servicio necesita 1.5 horas para pasar la aspiradora y 2 horas para realizar una limpieza profunda de un camión (*c*). Si el servicio de limpieza dedicó en total 14 horas a pasar la aspiradora y 19.5 horas a la limpieza profunda de autos y camiones, ¿cuántos de esos vehículos eran autos?

5. Una escuela gastó $1,022 en la compra de calculadoras gráficas (*g*) y científicas (*c*). Cada calculadora gráfica costó $95 y el peso de su envío era de 6 onzas. Cada calculadora científica costó $12 y el peso de su envío era de 3 onzas. Si el peso total del envío fue de 78 onzas, ¿cuántas calculadoras gráficas compró la escuela?

Véanse las respuestas en la página 538.

Resolución de ecuaciones cuadráticas con la regla de la raíz cuadrada

Las **ecuaciones cuadráticas** son un tipo especial de ecuación en el que el exponente máximo de cualquiera de las variables es igual a 2. Dependiendo de la forma de la ecuación, las ecuaciones cuadráticas pueden resolverse usando la regla de la raíz cuadrada, por factorización o con la fórmula cuadrática.

Cuando la ecuación cuadrática contiene un solo término cuadrático y no contiene otras variables, la regla de la raíz cuadrada es la forma más rápida de resolverla. La **regla de la raíz cuadrada** dice que si c es un número positivo y $x^2 = c$, entonces:

$$x = \sqrt{c} \text{ o } x = -\sqrt{c}$$

Aplicando la regla de la raíz cuadrada, se obtienen siempre dos valores, porque cuando se eleva al cuadrado un número negativo el resultado es positivo. Por ejemplo, si sabemos que el cuadrado de un número es igual a 4, no hay forma de saber si el número original era 2 o –2.

EJEMPLO 25

Obtener el valor de x: $x^2 = 9$

Usando la regla de la raíz cuadrada: $x = \sqrt{9},\ x = -\sqrt{9}$

Simplificando, $x = 3, -3.$

Si hay un número que multiplica, divide, se suma o se resta al término cuadrático, la operación puede ser anulada de la misma forma que lo hiciéramos en el caso de las expresiones lineales. Este método deberá ser usado siempre antes de aplicar la regla de la raíz cuadrada.

EJEMPLO 26

Obtener el valor de x: $5x^2 = 20$

Anule la multiplicación: $\frac{5x^2}{5} = \frac{20}{5}$

$x^2 = 4$

Aplique la regla de la raíz cuadrada: $x = \sqrt{4},\ x = -\sqrt{4}$

Resultado final: $x = 2, -2$

EJEMPLO 27

Obtener el valor de x: $x^2 - 5 = 3$

Anule la resta: $x^2 - 5 + 5 = 3 + 5$

$x^2 = 8$

Aplique la regla de la raíz cuadrada: $x = \sqrt{8},\ x = -\sqrt{8}$

Resultado final: $x = 2\sqrt{2}, -2\sqrt{2}$

Por último, es posible usar la regla de la raíz cuadrada con ecuaciones más complejas. En algunos casos, el término cuadrático también puede ser más grande. Incluso en esos casos, se aplica la regla.

EJEMPLO 28

Obtener el valor de x: $(x-1)^2 = 16$

Como la resta está entre paréntesis y el cuadrado se aplica a todo el paréntesis, use primero la regla de la raíz cuadrada.

Aplique la regla de la raíz cuadrada: $x - 1 = \sqrt{16},\ x - 1 = -\sqrt{16}$

$x - 1 = 4,\ x - 1 = -4$

El resultado de este paso son dos ecuaciones, pero las dos pueden resolverse anulando la resta.

Anule la resta: $x - 1 + 1 = 4 + 1,\ x - 1 + 1 = -4 + 1$

Resultado final: $x = 5, -3$

EJERCICIO 9

Resolución de ecuaciones cuadráticas con la regla de la raíz cuadrada

Instrucciones: Obtenga el valor de x en las ecuaciones siguientes. Si en el resultado final apareciera una raíz, simplifíquela.

1. $x^2 = 12$
2. $x^2 = 81$
3. $2x^2 = 32$
4. $x^2 - 3 = 15$
5. $(x+2)^2 = 4$

Véanse las respuestas en la página 538.

Resolución de ecuaciones cuadráticas por factorización

En el capítulo 10, aprendimos cómo factorizar una expresión que contenía un término x^2, un término x y un término numérico, convirtiéndola en un producto de binomios. Algunas expresiones cuadráticas corresponden a esa forma, y se puede usar en esos casos la factorización para resolverlas. Para hacerlo, deberemos seguir los pasos siguientes:

Paso 1: Agrupar todos los términos de un lado de la ecuación, de ser ello necesario.

La ecuación deberá quedar en la forma: $ax^2 + bx + c = 0$, donde a, b y c son números.

Paso 2: Factorizar la ecuación cuadrática.

Paso 3: Igualar cada factor a 0.

Paso 4: Resolver las dos ecuaciones resultantes. El resultado obtenido será el resultado final.

EJEMPLO 29

Obtener el valor de x: $x^2 - 5x - 36 = 0$

Paso 1: Como todos los términos se encuentran del mismo lado de la ecuación, se puede obviar este paso.

Paso 2: $x^2 - 5x - 36 = 0$

$(x-9)(x+4) = 0$

Paso 3: $x - 9 = 0$; $x + 4 = 0$

Paso 4: $x = 9$; $x = -4$

EJEMPLO 30

Obtener el valor de x: $x^2+x=2$

Paso 1: $x^2+x-2=2-2$

$x^2+x-2=0$

Paso 2: $(x-1)(x+2)=0$

Paso 3: $x-1=0;\ x+2=0$

Paso 4: $x=1;\ x=-2$

EJERCICIO 10

Resolución de ecuaciones cuadráticas por factorización

Instrucciones: Obtenga el valor de x en las ecuaciones siguientes.

1. $x^2-3x-4=0$
2. $x^2-5x+6=0$
3. $x^2+3x+2=0$
4. $x^2-9x=-18$
5. $x^2+3x=4$

Véanse las respuestas en la página 538.

Resolución de ecuaciones cuadráticas con la fórmula cuadrática

Otro método de resolución de ecuaciones cuadráticas consiste en usar la **fórmula cuadrática**. Aunque a primera vista parezca muy complicado, usar la fórmula es solo cuestión de reemplazar números y simplificar. (Además, la fórmula está incluida en la lista de fórmulas para el examen de GED®, por lo que no hace falta memorizarla.)

Si a, b y c son números, toda ecuación cuadrática se puede pensar como: $ax^2+bx+c=0$. La fórmula cuadrática dice que, cuando ese sea el caso, el resultado final será igual a:

$$x=\frac{-b\pm\sqrt{b^2-4ac}}{2a}$$

Se llama "más-menos" al símbolo en el numerador de la fracción, y significa que hay, en realidad, dos resultados posibles. Uno con el signo más (+) y otro con el signo menos (–). Los pasos para aplicar esta fórmula son los siguientes:

Paso 1: Identificar los valores de *a*, *b* y *c*.

Paso 2: Reemplazar esos valores en la fórmula y simplificar.

Paso 3: Usar los signos + y – en los dos resultados finales.

EJEMPLO 31

Obtener el valor de *x*: $2x^2 - 3x + 1 = 0$

Paso 1: $a = 2;\ b = -3,\ y\ c = 1$

Paso 2: $x = \frac{-(-3) \pm \sqrt{(-3)^2 - 4(2)(1)}}{2(2)} = \frac{3 \pm \sqrt{9-8}}{4} = \frac{3 \pm \sqrt{1}}{4} = \frac{3 \pm 1}{4}$

Paso 3: $x = \frac{3+1}{4} = \frac{4}{4} = 1;\ x = \frac{3-1}{4} = \frac{2}{4} = \frac{1}{2}$

Resultado final: $x = 1,\ x = \frac{1}{2}$

La ecuación del ejemplo 30 podría también ser factorizada en $(2x-1)(x-1)$, y ser resuelta por ese método. Aun así, la fórmula cuadrática puede ser aplicada a todo tipo de ecuaciones cuadráticas. Si usted encuentra problemas con la factorización, pruebe aplicar en su lugar la fórmula cuadrática.

EJEMPLO 32

Obtener el valor de *x*: $6x^2 + 11x + 3 = 0$

Paso 1: $a = 6;\ b = 11,\ y\ c = 3$

Paso 2: $x = \frac{-11 \pm \sqrt{11^2 - 4(6)(3)}}{2(6)} = \frac{-11 \pm \sqrt{121-72}}{12}$

$= \frac{-11 \pm \sqrt{49}}{12} = \frac{-11 \pm 7}{12}$

Paso 3: $x = \frac{-11+7}{12} = \frac{-4}{12} = -\frac{1}{3};\ x = \frac{-11-7}{12} = \frac{-18}{12} = -\frac{3}{2}$

Resultado final: $x = -\frac{1}{3},\ x = -\frac{3}{2}$

En el caso de ecuaciones que no pueden ser factorizadas, el resultado final contendrá a menudo algunas raíces cuadradas, como observaremos en el ejemplo siguiente.

EJEMPLO 33

Obtener el valor de x: $x^2 - 8x + 4 = 0$

Paso 1: $a = 1$; $b = -8$, y $c = 4$

Paso 2: $x = \dfrac{-(-8) \pm \sqrt{(-8)^2 - 4(1)(4)}}{2(1)} = \dfrac{8 \pm \sqrt{64-16}}{2}$

$= \dfrac{8 \pm \sqrt{48}}{2} = \dfrac{8 \pm 4\sqrt{3}}{2} = 4 \pm 2\sqrt{3}$

En el último paso, el numerador y el denominador tienen como factor común a 2, que se simplifica.

Paso 3: $x = 4 + 2\sqrt{3}$; $x = 4 - 2\sqrt{3}$

Resultado final: $x = 4 + 2\sqrt{3}$, $x = 4 - 2\sqrt{3}$

El resultado del último paso no puede ser simplificado nuevamente, por lo que esos dos valores representan el resultado final. Cuando tenga que trabajar con este tipo de problemas, recuerde que los números enteros y las raíces cuadradas no pueden combinarse.

EJERCICIO 11

Resolución de ecuaciones cuadráticas con la fórmula cuadrática

Instrucciones: Resuelva las ecuaciones siguientes aplicando la fórmula cuadrática.

1. $x^2 - 3x - 10 = 0$
2. $x^2 + 2x - 3 = 0$
3. $6x^2 + x - 2 = 0$
4. $3x^2 + 4x - 4 = 0$
5. $x^2 - 4x + 2 = 0$

Véanse las respuestas en la página 538.

Redacción de ecuaciones cuadráticas

Como observáramos en el caso de las ecuaciones lineales, se pueden escribir ecuaciones para representar muchos tipos diferentes de situaciones de la vida real. Esto también se aplica a las ecuaciones cuadráticas. Cuando escriba estas ecuaciones, recuerde usar frases clave, como "elevado a la segunda potencia" o "elevado al cuadrado" para un exponente igual a 2, y otras que impliquen operaciones de suma, resta o multiplicación.

EJEMPLO 34

La diferencia entre un número x^2 y 5 es igual a 18. Escriba una ecuación que represente esta ecuación.

Cuando en el problema se hace referencia a "una diferencia", la operación a efectuar es la resta. Entonces, tendremos en un lado de la ecuación $x^2 - 5$. Como esta expresión es igual a 18, la ecuación será: $x^2 - 5 = 18$.

EJEMPLO 35

El área de una pequeña alfombra se obtiene multiplicando su longitud por su ancho. Si la longitud y el ancho de la alfombra miden ambos *y*, y su área es de 49 pies cuadrados, escriba una ecuación que represente la relación entre *y* y 49.

Si el valor del área es 49, entonces la ecuación en su forma básica será igual a $\text{área} = 49$. El área puede calcularse multiplicando la longitud por el ancho, que en este caso son ambos iguales a *y*. Entonces, $\text{área} = y \cdot y = y^2$. Si insertamos entonces el valor del área en la expresión básica de la ecuación, tendremos: $y^2 = 49$.

CAPÍTULO 12

Representación gráfica de ecuaciones

Las ecuaciones con dos variables o incógnitas pueden ser representadas con gráficas. Estas gráficas permiten entender mejor cómo las variables se desplazan juntas y comprender las diferentes propiedades de la ecuación. En álgebra, las ecuaciones se representan por lo general sobre el **plano de coordenadas *x*, *y*** (también llamado simplemente plano de coordenadas).

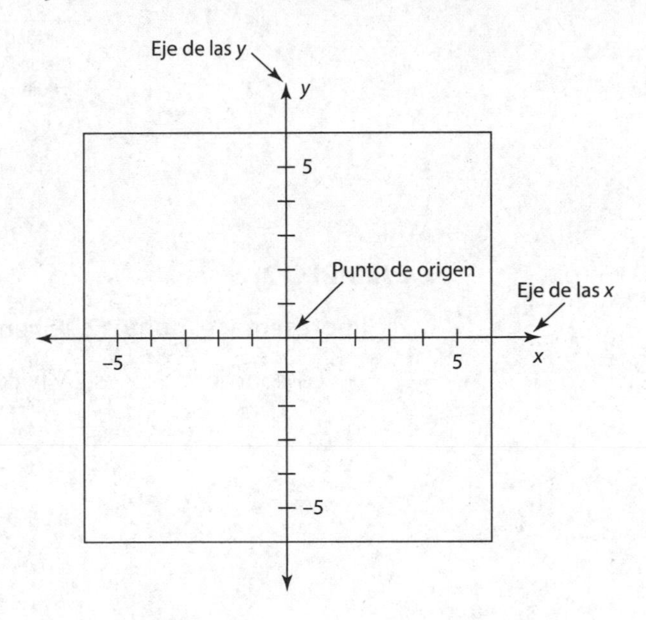

Representación gráfica de puntos

Las gráficas de las ecuaciones están compuestas de puntos individuales. Para poder representar una recta o cualquier otro tipo de ecuación, usted deberá familiarizarse primero con la representación de esos puntos.

(x, y)

Coordenada de *x* — Coordenada de *y*

Se llaman **pares ordenados** a los puntos representados sobre el plano de coordenadas. Como puede observarse en la gráfica anterior, en los pares ordenados se escribe primero el valor de *x* y luego el valor de *y*. Estos valores representan la posición del punto en el plano de coordenadas. La posición de estos puntos en el plano depende de la "lectura correcta" de los pares ordenados. Comenzando desde el **punto de origen** [el punto (0, 0)], la **coordenada *x*** muestra la distancia de izquierda a derecha con respecto a ese punto (izquierda significa valores negativos), y la **coordenada *y*** muestra la distancia hacia arriba o hacia abajo (abajo significa valores negativos).

EJEMPLO 1

Representar el punto (–3, 4) en el plano de coordenadas.

La coordenada x es –3 y la coordenada y es 4.

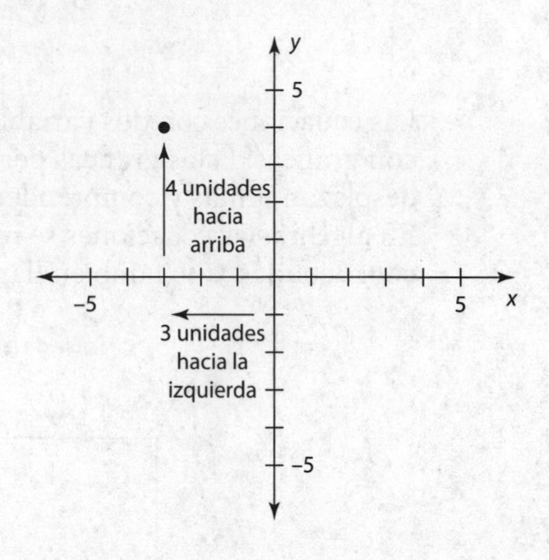

EJEMPLO 2

Representar el punto (2, –5) en el plano de coordenadas.

La coordenada x es 2 y la coordenada y es –5.

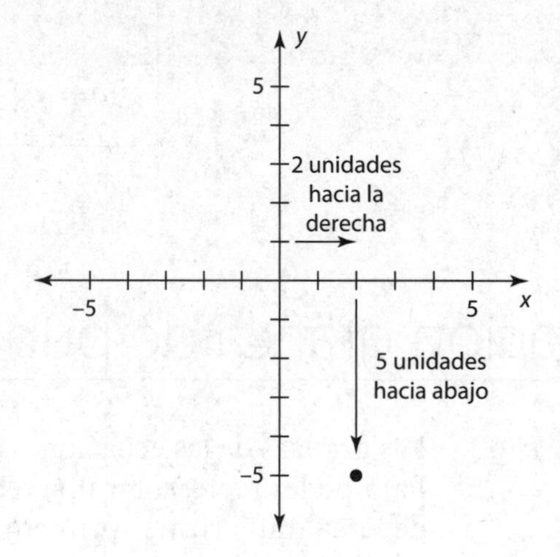

EJERCICIO 1

Representación gráfica de puntos

Instrucciones: Represente gráficamente los puntos siguientes en el plano de coordenadas *x*, *y*. Utilice la letra apropiada para designarlos.

1. A (−2, 6)
2. B (4, 4)
3. C (8, −5)
4. D (−3, −9)
5. E (0, 5)

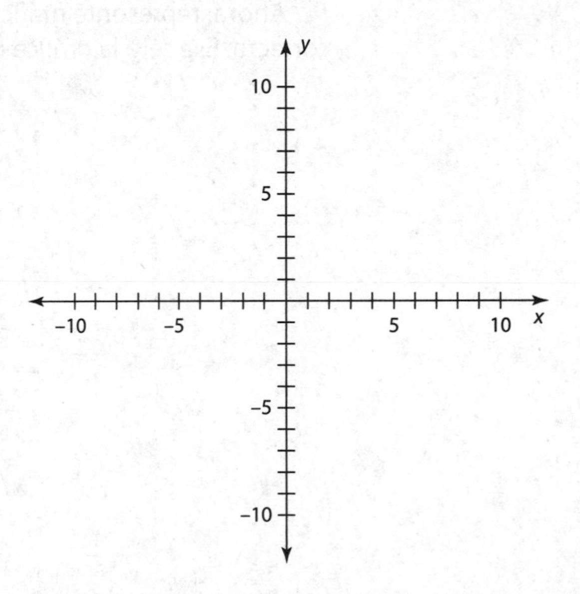

Véanse las respuestas en la página 539.

Representación gráfica de rectas

En general, la gráfica de una ecuación es la representación de todos los puntos que hacen que la ecuación sea verdadera. Si tuviéramos que representar $y = 2x + 5$; $y = \frac{1}{2}x$, e $y = -x + 1$, las gráficas resultantes serían, en todos los casos, rectas. Esto es cierto para toda ecuación en la que el término x tenga un exponente igual a 1.

Para representar gráficamente este tipo de ecuaciones (llamadas ecuaciones lineales), es necesario determinar solo dos puntos de la recta. Una vez representados, podemos conectarlos para completar la gráfica. Para determinar esos dos puntos, podemos seleccionar dos valores cualesquiera de x y obtener los valores correspondientes de y para esa ecuación.

EJEMPLO 3

Representar gráficamente la recta que corresponde a la ecuación $y = 3x + 1$.

Como no tiene importancia qué valores de x seleccionamos, elegiremos dos que faciliten nuestro trabajo, como $x = 0$ y $x = 1$.

Si $x = 0$, entonces $y = 3(0) + 1 = 1$. Esto significa que el punto (0, 1) pertenece a la recta.

Si $x = 1$, entonces $y = 3(1) + 1 = 3 + 1 = 4$. Esto significa que el punto (1, 4) también pertenece a la recta.

Ahora, represente gráficamente estos puntos y trace la recta que los conecta. Esa será la gráfica de la ecuación.

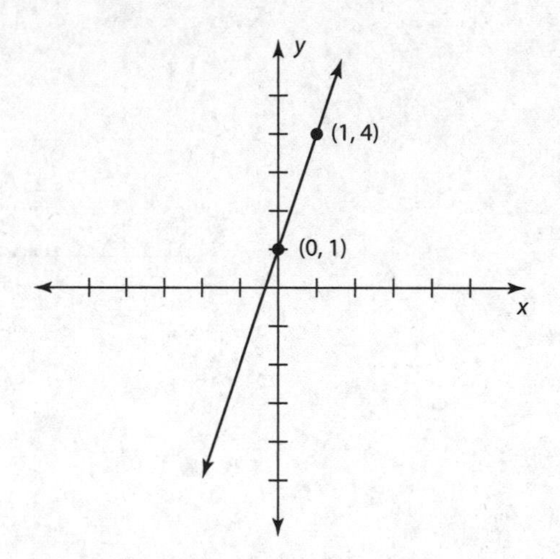

Los pares ordenados de los puntos que usted utilice para la representación de la recta no tienen que ser especificados en la gráfica. Se los muestra aquí para facilitar la comprensión de cómo fue creada la recta.

EJEMPLO 4

Representar gráficamente la recta que corresponde a la ecuación $y = -2x + 4$.

Si $x = 0$, entonces $y = -2(0) + 4 = 4$

Si $x = 1$, entonces $y = -2(1) + 4 = -2 + 4 = 2$

Puntos: (0, 4) y (1, 2)

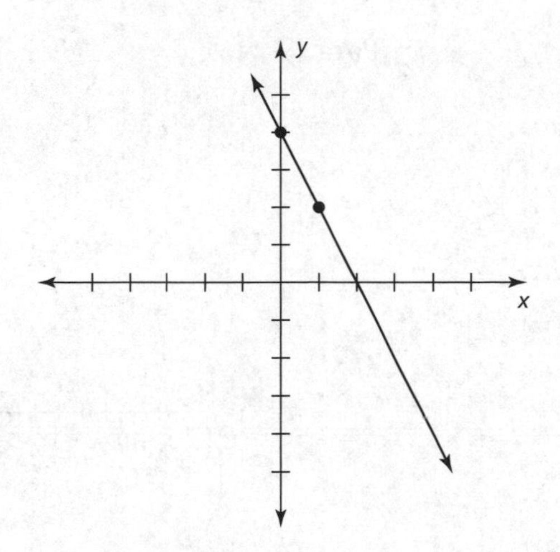

Cuando seleccione los valores de x que va a representar, trate de ahorrarse trabajo. Si el número que multiplica a x es una fracción, elija un número que sea fácil de multiplicar. Por ejemplo, si usted tiene que representar gráficamente la ecuación $y = \frac{1}{3}x + 2$, elija valores de x como 0 y 3, pues 0 elimina la x y 3 es fácil de multiplicar por $\frac{1}{3}$.

EJERCICIO 2

Representación gráfica de rectas

Instrucciones: Represente gráficamente las ecuaciones siguientes en el plano de coordenadas x, y.

1. $y = -5x - 10$

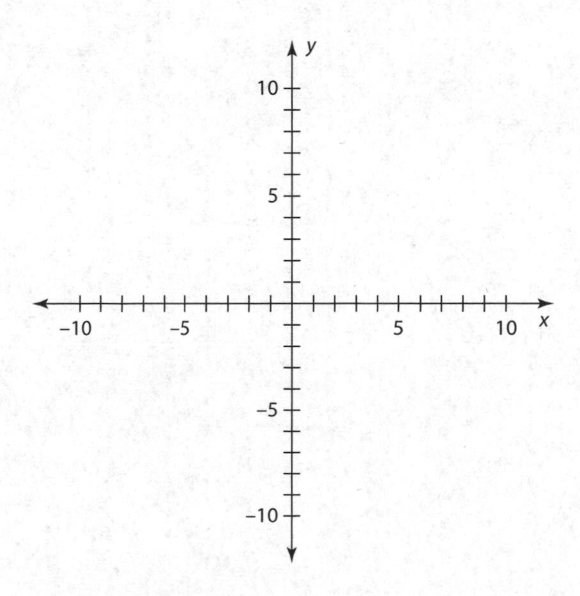

2. $y = -x + 1$

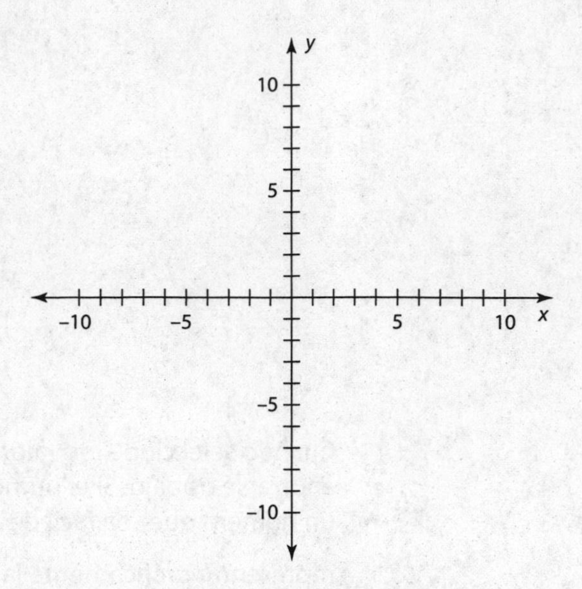

3. $y = \frac{1}{2}x + 3$

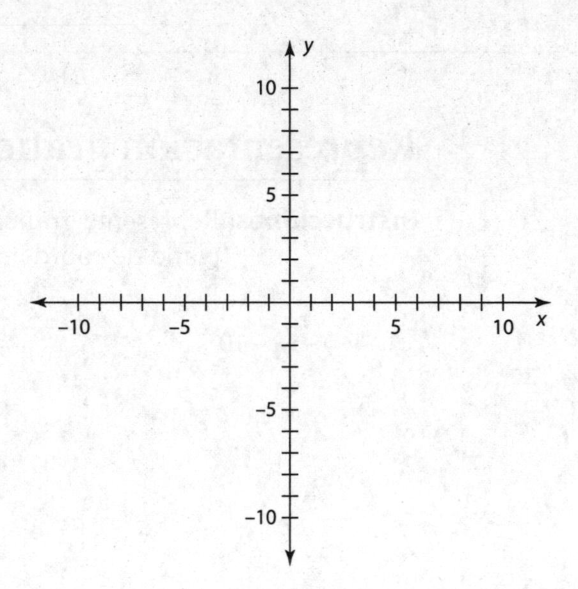

4. $y = 4x - 9$

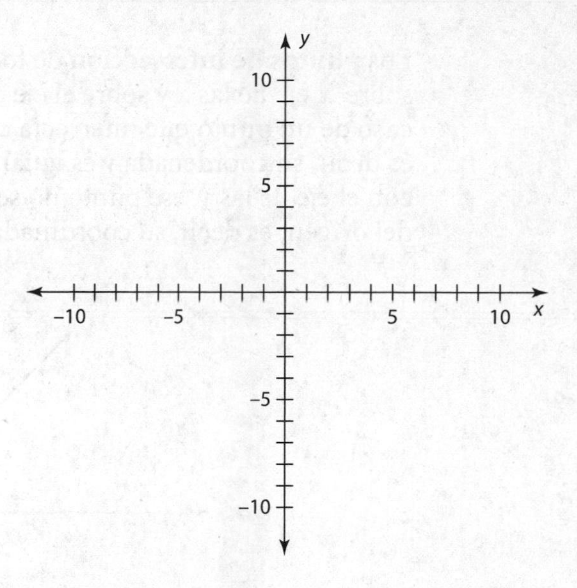

5. $y = x + 7$

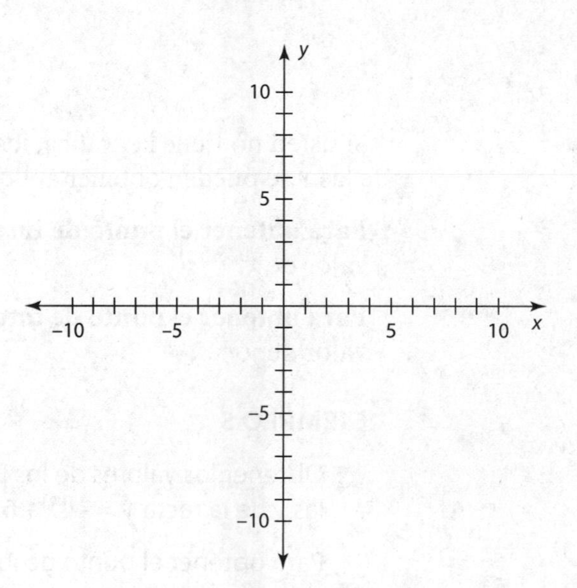

Véanse las respuestas en las páginas 539–540.

Puntos de intersección

Los **puntos de intersección** de toda gráfica son aquellos puntos situados sobre el eje de las x y sobre el eje de las y en la representación gráfica. En el caso de un punto que intersecta con el eje de las x, ese punto no tiene altura, es decir, su coordenada y es igual a 0. En el caso de un punto que intersecta con el eje de las y, ese punto no se desplaza ni a la izquierda ni a la derecha del origen, es decir, su coordinada x es igual a 0.

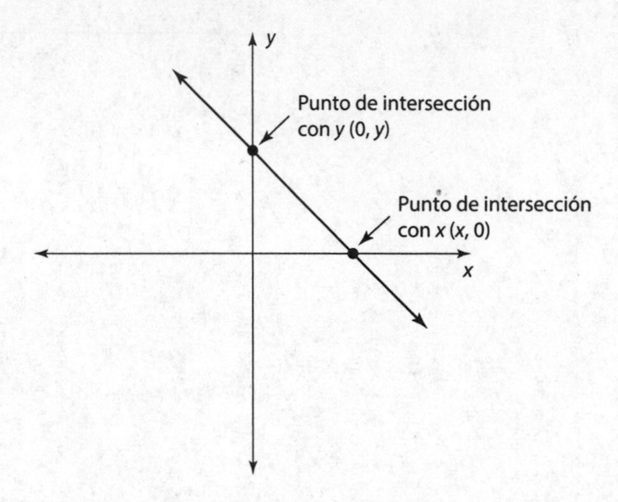

Si usted no tiene la gráfica, los puntos de intersección con los ejes de las x y de las y se pueden obtener aplicando el procedimiento siguiente:

- **Para obtener el punto de intersección con *x***: iguale $y = 0$ y obtenga el valor de x.
- **Para obtener el punto de intersección con *y***: iguale $x = 0$ y obtenga el valor de y.

EJEMPLO 5

Obtener los valores de los puntos que intersectan los ejes de las x y de las y de la recta $y = -4x + 6$.

Para obtener el punto de intersección con x: iguale $y = 0$ y obtenga el valor de x.

$$0 = -4x + 6$$

$$-6 = -4x$$

$$\frac{-6}{-4} = x$$

$$x = \frac{3}{2}$$

El punto de intersección con x es $\left(\frac{3}{2}, 0\right)$.

Para obtener el punto de intersección con y: iguale $x = 0$ y obtenga el valor de y.

$$y = -4(0) + 6$$

$$y = 6$$

El punto de intersección con y es $(0, 6)$

Es probable que usted haya observado que el cálculo del punto de intersección con y resultó mucho más rápido de efectuar. Ello es así porque cuando la ecuación está escrita en la forma $y = mx + b$, donde m y b son números, b representa el punto de intersección con y. Por ejemplo, el punto de intersección con y de la recta $y = \frac{1}{2}x + 14$ es (0, 14).

EJERCICIO 3

Puntos de intersección

Instrucciones: Obtenga el valor de los puntos de las rectas siguientes que interceptan con x e y.

1. $y = \frac{3}{4}x - 2$
2. $y = x + 5$
3. $y = 8x - 10$
4. $y = 3x - 15$
5. $y = -x + 2$

Véanse las respuestas en la página 540.

Pendiente de la recta

La **pendiente de la recta** es su inclinación con respecto al eje de las x. Independientemente de su signo, una recta muy empinada tendrá una gran pendiente, mientras que una recta casi plana tendrá muy poca pendiente. El signo de la pendiente determina la dirección de la recta. Las rectas con pendiente negativa bajan de izquierda a derecha. Las rectas con pendiente positiva suben de izquierda a derecha.

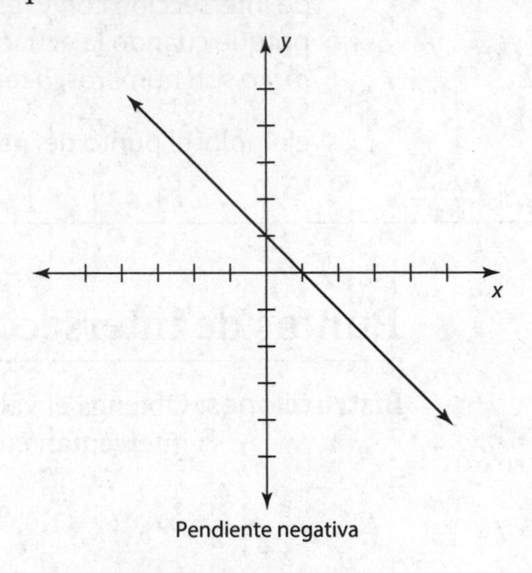

Pendiente negativa

Existen dos casos especiales de pendientes:

- La pendiente de una recta horizontal es 0.
- La pendiente de una recta vertical es indefinida.

Cálculo de la pendiente

La pendiente de una recta que pasa por dos puntos puede calcularse con la **fórmula de la pendiente** (esta fórmula está incluida en la lista de fórmulas suministrada para el examen de GED®):

$$m = \frac{y_2 - y_1}{x_2 - x_1}$$

En esta fórmula, m representa la pendiente y los puntos están representados por (x_1, y_1) y (x_2, y_2). Otra forma de definir la pendiente es como el cociente entre el cambio en el valor de y sobre el cambio en el valor de x. Por esta razón, la pendiente se expresa siempre con un número entero o una fracción.

EJEMPLO 6

Obtener el valor de la pendiente de una recta que pasa por los puntos (1, 4) y (2, 7).

Dados estos dos puntos, $(x_1, y_1) = (1,4)$ y $(x_2, y_2) = (2,7)$, reemplace esos valores en la fórmula:

$$m = \frac{y_2 - y_1}{x_2 - x_1} = \frac{7-4}{2-1} = \frac{3}{1} = 3$$

La pendiente de la recta es igual a 3.

EJEMPLO 7

Obtener el valor de la pendiente de la recta representada gráficamente en el plano de coordenadas *x*, *y* siguiente.

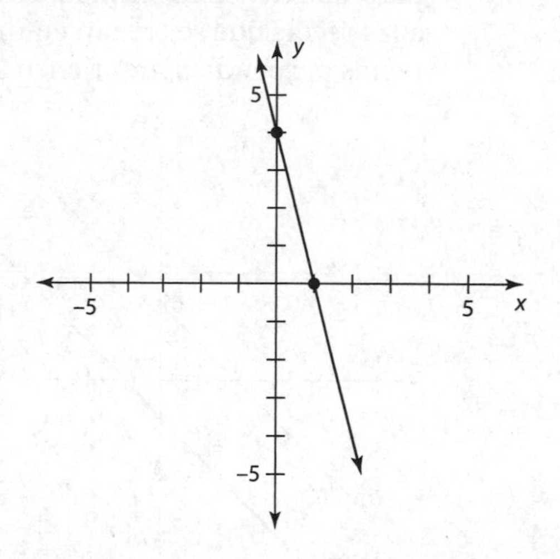

Según la gráfica, la recta pasa por los puntos (0, 4) y (1, 0). Entonces, si $(x_1, y_1) = (0,4)$ y $(x_2, y_2) = (1,0)$, la pendiente es igual a:

$$m = \frac{y_2 - y_1}{x_2 - x_1} = \frac{0-4}{1-0} = \frac{-4}{1} = -4.$$

En la sección anterior, vimos que cuando una recta está expresada en la forma de $y = mx + b$, el valor de b corresponde al punto de intersección con *y*. Esto es cierto también para la pendiente, que corresponde al valor de m. Por ejemplo, la pendiente de la recta $y = \frac{1}{2}x + 4$ es $m = \frac{1}{2}$. Por esta razón, se denomina **forma pendiente-intersección** a esa forma de la ecuación.

EJEMPLO 8

¿Cuál es la pendiente de la recta $4x - 3y = 10$?

Si obtenemos el valor de *y* y aplicamos la forma pendiente-intersección, podremos "leer" el valor de la pendiente directamente de la ecuación. Obtengamos el valor de *y*:

$$4x - 3y = 10$$

$$4x - 3y - 4x = 10 - 4x$$

$$\frac{-3y}{-3} = \frac{10}{-3} - \frac{4}{-3}x$$

$$y = -\frac{10}{3} + \frac{4}{3}x$$

El coeficiente de *x* es $\frac{4}{3}$; entonces, la pendiente es $m = \frac{4}{3}$.

Rectas paralelas y perpendiculares

Se denominan **rectas paralelas** a las rectas que pasan por puntos diferentes pero que tienen la misma pendiente. Se denominan **rectas perpendiculares** a las rectas que se cruzan en un solo punto formando ángulos rectos. Las rectas perpendiculares tienen siempre pendientes recíprocas negativas.

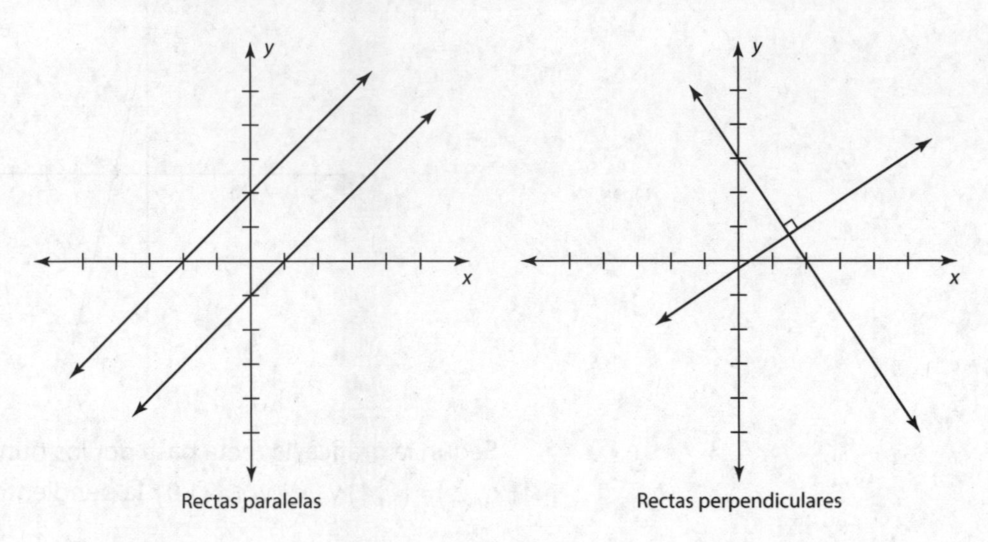

Rectas paralelas   Rectas perpendiculares

EJEMPLO 9

La recta *n* pasa por los puntos (–2, 5) y (8, 1). ¿Cuál es la pendiente de una recta paralela a la recta *n*?

Las rectas paralelas tienen siempre la misma pendiente; entonces, si encontramos la pendiente de la recta *n*, encontraremos también la pendiente de cualquier recta paralela a *n*.

Pendiente de la recta *n*: $m = \frac{1-5}{8-(-2)} = \frac{-4}{10} = -\frac{2}{5}$

La recta *n* y cualquier recta paralela a *n* tienen una pendiente de $-\frac{2}{5}$.

EJEMPLO 10

¿Cuál es la pendiente de una recta perpendicular a la recta $y = \frac{1}{4}x - 10$?

La recta está expresada en la forma pendiente-intersección; entonces, sabemos que la pendiente de *y* es $\frac{1}{4}$. Cualquier recta perpendicular a *y* tendrá una pendiente recíproca negativa. Para obtener la recíproca negativa, invierta la fracción y cambie su signo.

$-\frac{4}{1} = -4$

La pendiente de cualquier recta perpendicular a *y* es igual a –4.

Interpretación de la pendiente

En general, la pendiente de una recta puede ser pensada también como la razón entre dos cambios. Para su aplicación, la fórmula $\frac{\text{cambio en } y}{\text{cambio en } x}$ puede ajustarse para cualquier valor que x e y puedan representar. Si el denominador es igual a 1, entonces, la pendiente representa el cambio en y por cada unidad de cambio en x. Se llama **razón por unidad** a toda razón de denominador 1. Muchas formas comunes de medir la velocidad son razones por unidad. Algunos ejemplos incluyen millas por hora, cuando se conduce, y palabras por minuto, cuando se escribe con teclado.

EJEMPLO 11

El precio en dólares de cierto producto (P) cambia con el paso de los años (A) según la fórmula $P = -1.3A + 10$. En términos de dólares por año, ¿a qué razón disminuye el precio?

En la fórmula, P ocupa el lugar habitual de y, y A ocupa el de x. Entonces, la pendiente representa el cambio en P (precio) sobre el cambio en A (años). Como la pendiente está escrita como decimal, representa una razón por unidad. En otras palabras, el precio decrece \$1.30 por año.

EJEMPLO 12

La gráfica siguiente representa la distancia adicional recorrida por una estudiante en el segundo día de un viaje en bicicleta de una semana de duración. Según la gráfica, ¿cuál fue la razón de la velocidad durante el segundo día, en millas por hora?

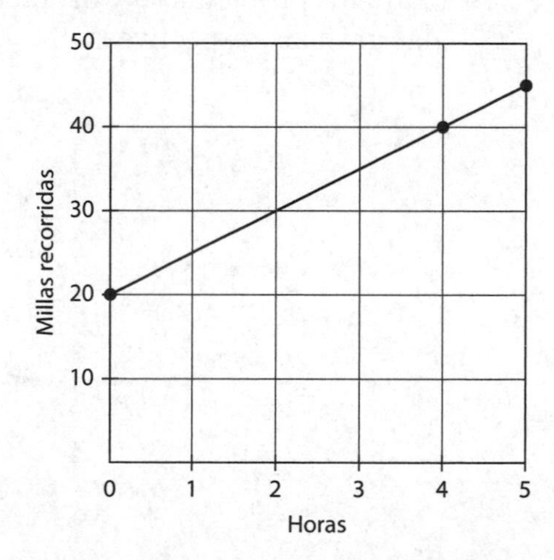

En este ejemplo, x representa las horas (porque es el eje horizontal) e y representa las millas recorridas (porque es el eje vertical). Entonces, la pendiente es igual a:

$$\frac{\text{cambio en } y}{\text{cambio en } x} = \frac{\text{cambio en millas}}{\text{cambio en horas}}$$

Si simplificamos de manera tal que el denominador resulte igual a 1, entonces obtendremos el cambio en millas por cada hora. En otras palabras, el resultado representará la velocidad en millas por hora.

Para calcular la pendiente, se necesitan dos puntos. Si observamos la gráfica con detenimiento, veremos que la recta pasa por los puntos (0, 20) y (5, 45). Entonces, la pendiente es igual a:

$$m = \frac{45-20}{5-0} = \frac{25}{5} = 5.$$

La estudiante viajaba a razón de 5 millas por hora.

EJERCICIO 4

Pendiente de la recta

Instrucciones: Para los problemas 1 a 4, obtenga la pendiente de las rectas que pasan por los puntos siguientes:

1. (0, −8) y (2, 6)

2. (−4, 2) y (1, 6)

3. (1, 4) y (0, 7)

4. (10, 6) y (−5, −2)

Para los problemas 5 y 6, obtenga la pendiente de las rectas representadas en las gráficos respectivas.

5.

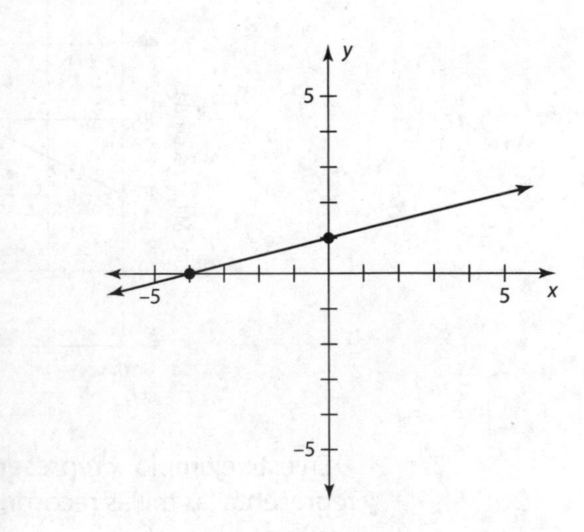

6.

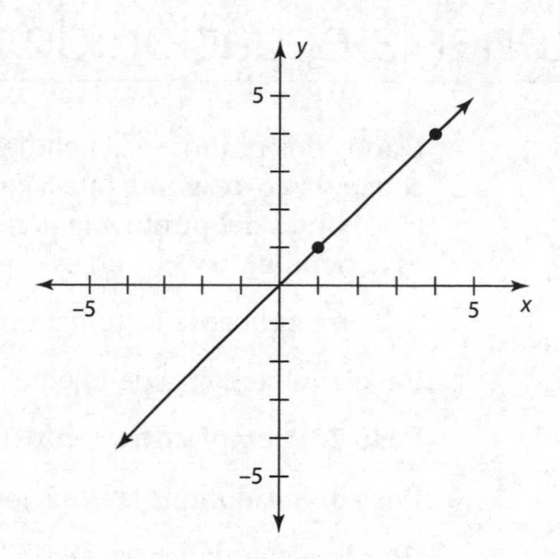

7. ¿Cuál es la pendiente de cualquier recta paralela a la recta $-2x + y = 2$?

8. ¿Cuál es la pendiente de cualquier recta perpendicular a la recta $y = -\frac{3}{2}x + 4$?

La gráfica siguiente representa la cantidad de artículos producidos por la compañía Fernández y Hermanos durante las primeras 5 horas del día.

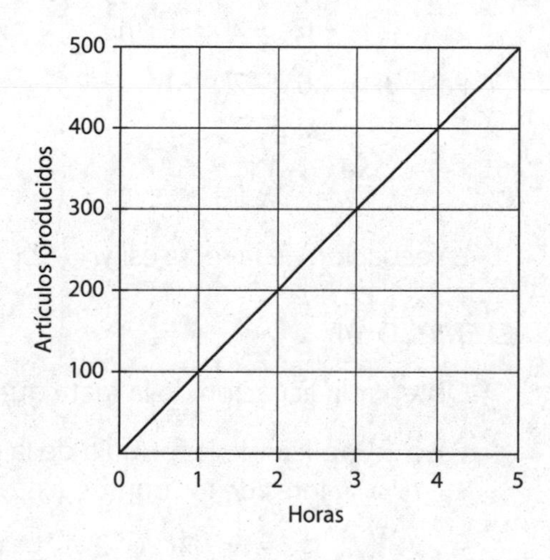

9. ¿Cuántos artículos produjo la compañía por hora?

10. Si la fábrica Martínez produce artículos según la fórmula $N = 150T$, donde N es la cantidad de artículos producidos en T horas, ¿en cuál de las dos empresas se producen los artículos más rápidamente?

Véanse las respuestas en la página 540.

Cómo obtener la ecuación de una recta

Dados dos puntos, o la pendiente y un solo punto, es posible obtener la ecuación correspondiente a cualquier recta. Para hacerlo, bastará con aplicar la **fórmula del punto y la pendiente**: $y - y_1 = m(x - x_1)$. En esta fórmula, m es la pendiente y (x_1, y_1) es el punto por el que pasa la recta.

Para aplicar la fórmula, siga estos pasos:

Paso 1: Obtenga la pendiente, si su valor no ha sido dado.

Paso 2: Reemplace las coordenadas del primer punto por sus valores.

Paso 3: Simplifique la ecuación.

(Por lo general, deberá escribir la ecuación en la forma $y = mx + b$.)

EJEMPLO 13

Obtener la ecuación de la recta que tiene una pendiente de –2 y pasa por el punto (–1, 6).

Paso 1: La pendiente está dada. Es $m = -2$.

Paso 2: Reemplace las coordenadas del punto en la fórmula: $(x_1, y_1) = (-1, 6)$

$$y - y_1 = m(x - x_1)$$

$$y - 6 = -2(x - (-1))$$

Paso 3: $y - 6 = -2(x + 1)$

$$y - 6 = -2x - 2$$

$$y = -2x + 4$$

La ecuación de la recta es: $y = -2x + 4$.

EJEMPLO 14

Obtener la ecuación de la recta que pasa por los puntos (6, 1) y (3, 3).

Paso 1: Aplicando la fórmula de la pendiente y reemplazando los valores de los puntos: $(x_1, y_1) = (6, 1)$, $(x_2, y_2) = (3, 3)$

$$m = \frac{3-1}{3-6} = \frac{2}{-3} = -\frac{2}{3}$$

Paso 2: $y - y_1 = m(x - x_1)$

$$y - 1 = -\frac{2}{3}(x - 6)$$

$$y - 1 = -\frac{2}{3}x + 4$$

$$y = -\frac{2}{3}x + 5$$

La ecuación de la recta es: $y = -\frac{2}{3}x + 5$.

EJERCICIO 5

Cómo obtener la ecuación de la recta

Instrucciones: Para los problemas 1 y 2, obtenga la ecuación de la recta dados la pendiente y un punto.

1. $m = -5$; punto: $(1, 3)$

2. $m = \frac{1}{2}$; punto: $(-4, 4)$

Para los problemas 3 y 4, obtenga la ecuación de la recta que pasa por dos puntos dados.

3. $(1, -4)$ y $(2, -2)$

4. $(2, 5)$ y $(5, 14)$

5. Supongamos que n es una recta con una pendiente de 4.
a) Obtenga la ecuación de una recta paralela a n que pasa por el punto $(0, 2)$.
b) Obtenga la ecuación de una recta perpendicular a n que pasa por el punto $(-3, 1)$.

Véanse las respuestas en la página 540.

Representación gráfica de sistemas de ecuaciones

Una aplicación sorprendente de la representación gráfica de ecuaciones es el caso de los sistemas de ecuaciones. Con cualquier sistema de ecuaciones, es posible trazar las gráficas de las ecuaciones y usar esos trazados para obtener la solución del sistema.

EJEMPLO 15

En la gráfica siguiente, se muestran las representaciones de dos ecuaciones de un sistema que contiene las variables x e y. Tomando como base la gráfica, ¿cuál es la solución del sistema de ecuaciones?

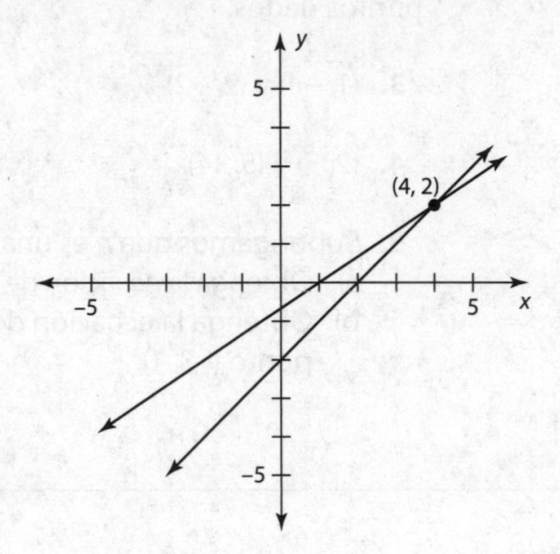

Las dos rectas **se intersectan**, o cruzan, en el punto (4, 2). En esta situación, la coordenada de x representa el valor de x que hace que las dos ecuaciones sean verdaderas y la coordenada de y representa el valor de y que hace que las dos ecuaciones sean verdaderas. Entonces, la solución del sistema es: $x = 4$ e $y = 2$.

CAPÍTULO 13

Funciones

Una **función** es una regla matemática que relaciona el valor numérico de una variable independiente (valor de entrada) con un solo valor numérico de la variable dependiente (valor de salida). Por ejemplo, "sumar 5" es una función porque toma cualquier valor numérico de la variable independiente (valor de entrada) y produce un solo valor de salida (el valor numérico de la variable independiente más 5). En álgebra, a las funciones se las denomina con letras, y las más comunes son *f*, *g* y *h*. Si la regla que relaciona el valor de salida (variable dependiente) con el valor de entrada (variable independiente) está dada, esa función se expresa con el símbolo de función. En el gráfico siguiente, se muestra la función "sumar 5" usando esta notación. El símbolo $f(x)$ se lee como "*f* de *x*".

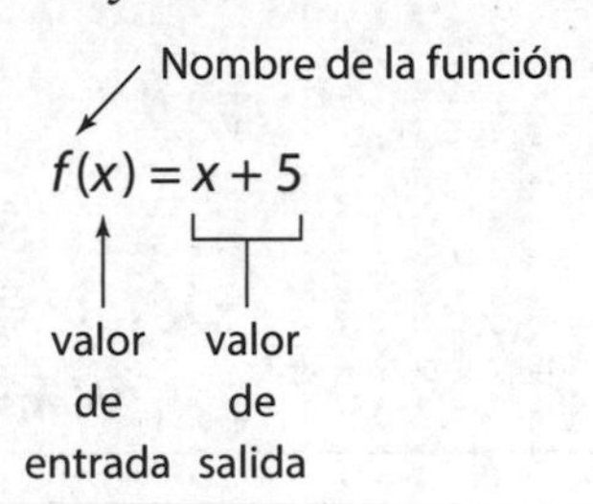

Evaluación de funciones

En cualquier regla de funciones, la *x* o cualquier otra variable actúa como un sustituto de un valor numérico. Evaluar una función significa reemplazar la variable por su valor. Por ejemplo, $f(-1)$ (se lee "*f* de menos 1") significa que se debe reemplazar cada *x* en la regla con −1.

EJEMPLO 1

Si $f(x) = x^2 + 1$, encontrar el valor de $f(3)$.

$$f(3) = 3^2 + 1 = 10$$

EJEMPLO 2

Si $g(a) = a^2 - 2a + 5$, encontrar el valor de $g(-2)$.

$$g(-2) = (-2)^2 - 2(-2) + 5 = 4 + 4 + 5 = 13$$

EJEMPLO 3

¿Cuál es el valor de $h(n) = n + 1$ si $n = 10$?

$$h(10) = 10 + 1 = 11$$

EJERCICIO 1

Evaluación de funciones

Instrucciones: Evalúe cada una de las funciones siguientes para los valores dados.

Para los problemas 1 y 2, considere que $f(x) = 5x + 2$ y encuentre el valor dado.

1. $f(4)$
2. $f(-6)$

Para los problemas 3 a 5, considere que $g(x) = 2x^2 - x + 3$ y encuentre el valor dado.

3. $g(0)$
4. $g(-1)$
5. $g(2)$

Véanse las respuestas en la página 541.

Reconocimiento de funciones

En general, cualquier tipo de regla matemática puede ser representado por una tabla o una gráfica. ¿Cómo se puede saber, entonces, si la regla es una función? Pues observando una tabla que muestre el valor de salida *y* para cada valor de entrada *x*. En el caso de las funciones, existe *por definición* solo un valor de salida para cada valor de entrada. Si eso se aplica a la tabla considerada, entonces se trata de una función.

EJEMPLO 4

En la tabla siguiente, *y* es el valor numérico después de aplicar una regla *f* a *x*. Según la tabla, ¿es *f* una función de *x*?

x	–1	2	4	–1
y	0	6	1	2

Analizando la tabla, observamos que un valor de entrada aparece dos veces: $x = -1$. Esto es aceptable en tanto que el valor de salida (*y*) sea el mismo en ambos casos. Sin embargo, cuando $x = -1$, en un caso

$y = 0$ y en otro $y = 2$. Como existen dos posibles valores de salida para un mismo valor de entrada de x, f no es una función de x.

EJEMPLO 5

¿Representa la tabla a y como función de x para los valores dados de x?

x	5	6	7
y	2	3	4

En este caso, y es una función de x para los valores dados. Cada valor de entrada tiene un solo valor de salida posible.

Como puede observarse en los ejemplos 4 y 5, al analizar una tabla la clave es comprobar si cada valor de entrada no tiene más de un valor de salida. Cuando se analiza una gráfica, la idea es la misma. Sin embargo, existe una gráfica que llamaremos **prueba de la línea vertical**. Esta regla dice que una gráfica no representa una función cuando una línea vertical trazada por cualquier posición intersecta más de una vez la representación gráfica. Veamos cómo se aplica.

EJEMPLO 6

Determinar si la gráfica representa a y como función de x.

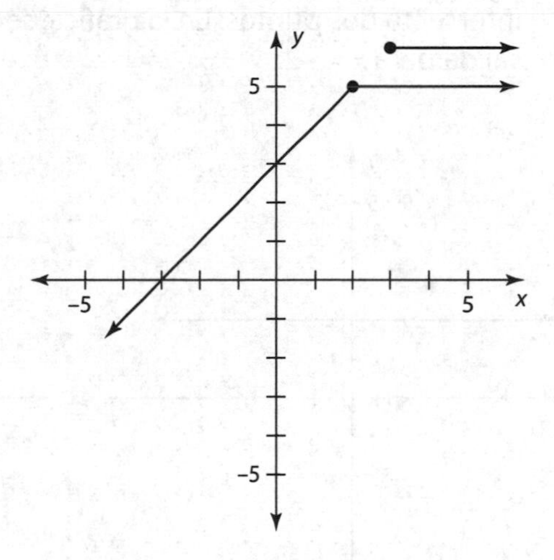

La gráfica parece ser una función de x hasta que llegamos al valor $x = 3$. A partir de allí, hay dos valores de salida de y por cada valor de entrada de x. Esto se puede comprobar también aplicando la prueba de la línea vertical.

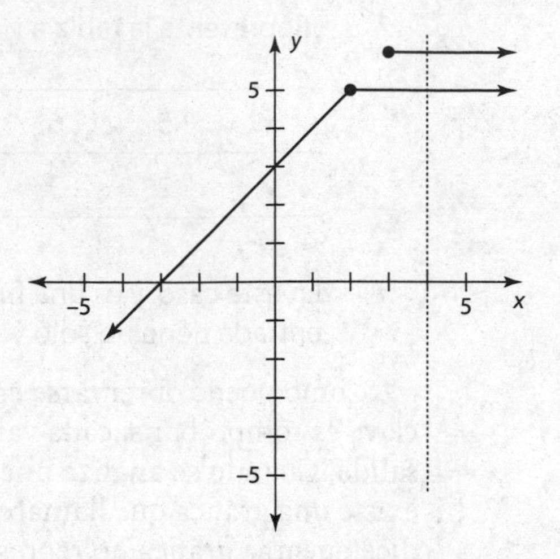

Como la línea intersecta con dos rectas diferentes en la misma posición, esta gráfica no representa a y como función de x.

Recuerde que, cuando aplicamos la prueba de la línea vertical, solo basta con encontrar en la representación gráfica una posición en la que dos puntos intersecten la línea. La gráfica siguiente tampoco muestra a y como función de x porque hay una posición en la que la línea vertical intersecta dos puntos. En la gráfica, se muestran dos posibles valores de salida para $x = -2$.

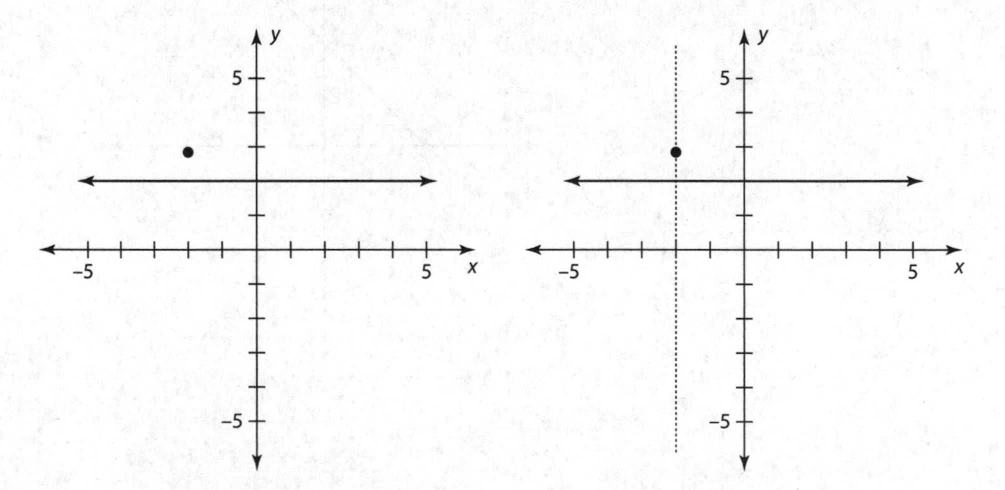

Además, preste atención a los símbolos que se usan. Un círculo abierto (con fondo blanco) significa que la función no está definida en ese punto. Con algunos pequeños cambios, podremos transformar la gráfica en una representación de una función.

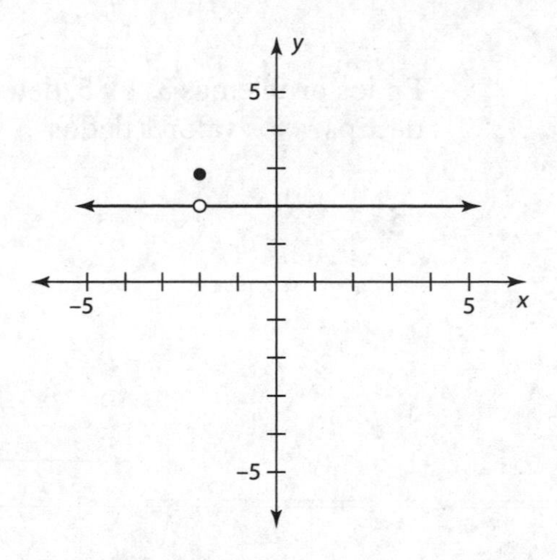

Ahora que el círculo está abierto, hay solo un valor de salida para $x = -2$. La gráfica es, entonces, la representación de una función.

Por último, veamos dos ejemplos adicionales en los que se muestran diferentes tipos de gráficas. El primero muestra una función, porque la línea vertical no intersecta dos puntos en ninguna parte. Por el contrario, el segundo gráfica no representa una función. Como se ve, es posible encontrar posiciones en las que la línea vertical intersecta más de un punto en la representación gráfica.

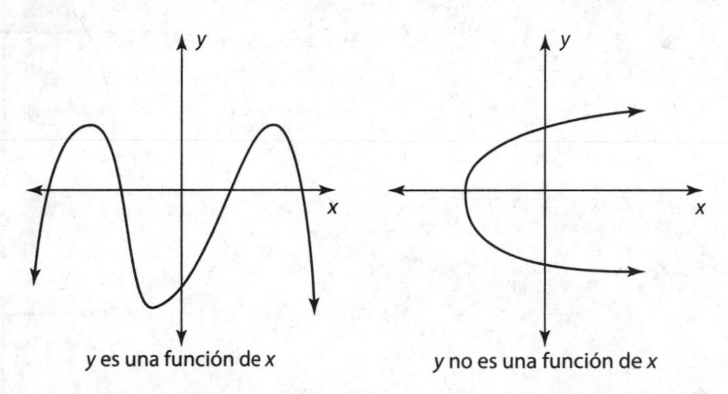

EJERCICIO 2

Reconocimiento de funciones

Instrucciones: En los problemas 1 y 2, determine si las tablas representan a *y* como función de *x* para los valores dados.

1.

x	1	0	2
y	3	4	3

2.

x	1	0	0
y	2	–5	6

En los problemas 3, 4 y 5, determine si la gráfica representa a y como función de x para los valores dados.

3.

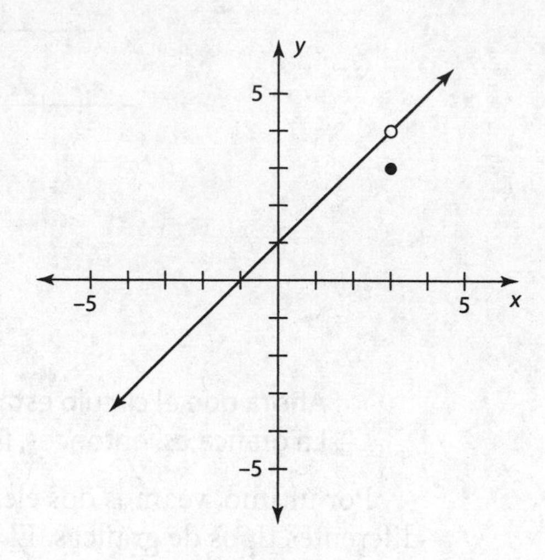

4.

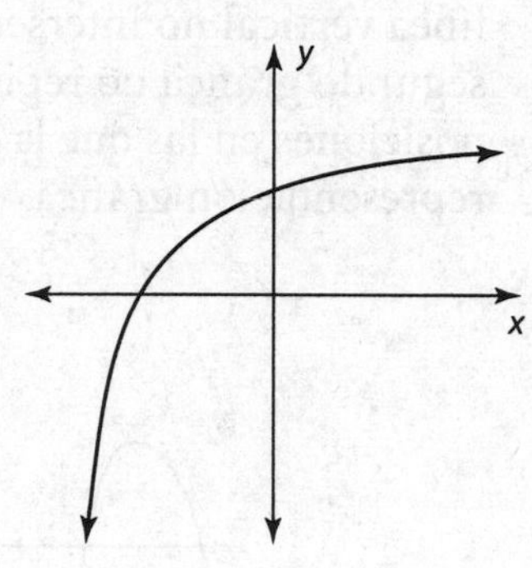

5.

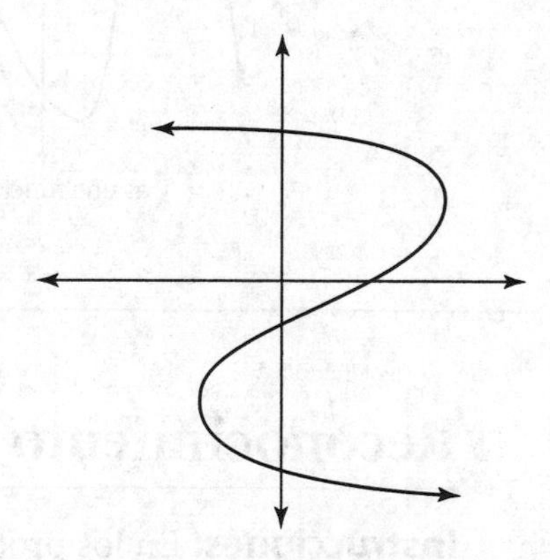

Véanse las respuestas en la página 541.

Propiedades de las funciones

Independientemente de que estén representadas por una tabla, una gráfica o una regla, muchas funciones comparten propiedades similares. Como son tan comunes, es importante poder identificar y comparar esas propiedades en una tabla o una gráfica.

Recuerde que en cualquier gráfica la intersección con y es el punto donde la representación gráfica corta el eje de las y, y que la intersección con x es el punto donde corta el eje de las x. En una función, puede haber una intersección o ninguna con y, o muchas intersecciones o ninguna con x.

EJEMPLO 7

Identificar los puntos de intersección con x en la representación gráfica de la función $f(x)$.

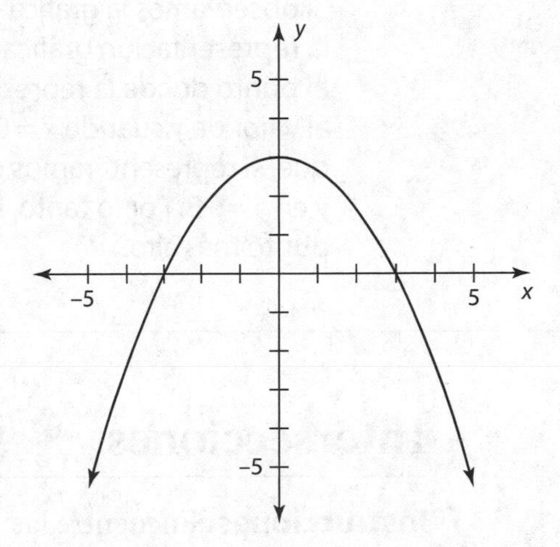

La representación gráfica intersecta con el eje de las x en $x = -3$ y $x = 3$. Entonces, sus puntos de intersección con x son $(-3, 0)$ y $(3, 0)$.

EJEMPLO 8

A continuación, se presentan una tabla de los valores de una función (f) y una representación gráfica de otra función (g). Sobre la base de esa información, ¿cuál de las funciones intersecta con el eje de las y en el punto más alto?

Tabla de la función *f*

x	0	5	10
$f(x)$	−3	0	3

Gráfica de la función *g*:

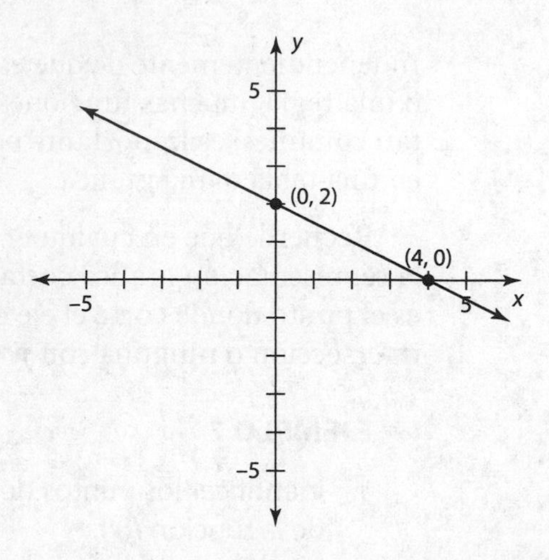

Si observamos la gráfica de la función *g*, podemos ver rápidamente que la representación gráfica corta el eje de las *y* en el punto (0, 2). En la tabla, el punto donde la representación gráfica corta el eje de las *y* corresponde al valor de *y* cuando $x = 0$. Entonces, cuando $x = 0$, $f(x)$ es −3. Esto significa que, si representáramos gráficamente la función $f(x)$, cortaría al eje de las *y* en $y = -3$. Por lo tanto, la función *g* intersecta con el eje de las *y* en el punto más alto.

EJERCICIO 3

Intersecciones

Instrucciones: Encuentre las intersecciones con los ejes de las *x* y de las *y* según se indica.

Para los problemas 1 a 3, use las tablas siguientes para encontrar las intersecciones de las funciones dadas con los ejes de las *x* y de las *y*.

1.

x	2	1	0
f(*x*)	0	4	6

2.

x	−1	0	2	5	10
g(*x*)	0	4	6	0	0

3.

x	−3	0	2
h(*x*)	5	0	−6

4.

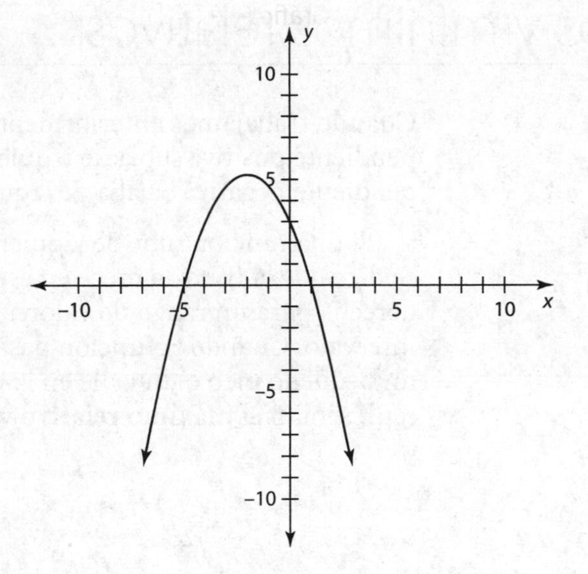

5.

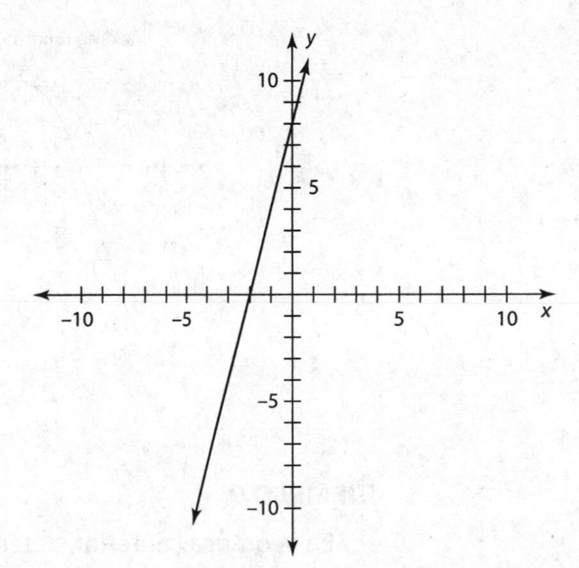

Véanse las respuestas en la página 541.

Máximos y mínimos relativos

Cuando trabajamos anteriormente con rectas, vimos que una recta con pendiente positiva subía de izquierda a derecha y que una recta con pendiente negativa bajaba de izquierda a derecha.

Si una función sube de izquierda a derecha para un rango de valores de x, se dice que la función crece en ese intervalo. Si la función baja de izquierda a derecha para un rango de valores de x, se dice que la función decrece en ese intervalo. Cuando la función pasa de crecer a decrecer, se observa a menudo un pequeño pico o un valle en la representación gráfica. Esos picos y valles representan el **máximo relativo** y el **mínimo relativo**.

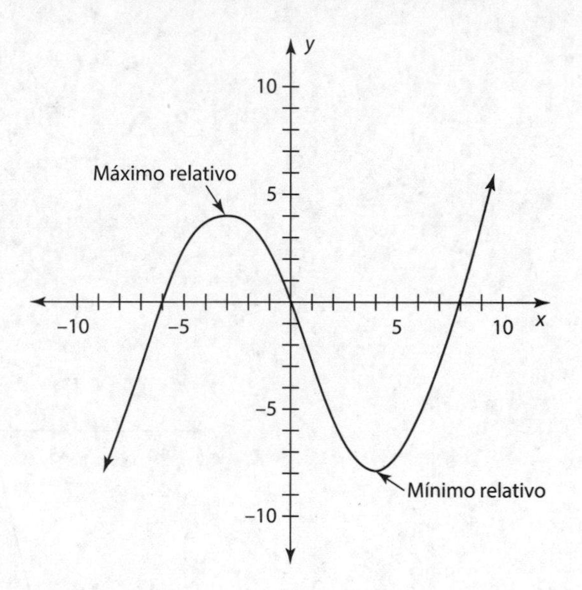

EJEMPLO 9

En la gráfica (anterior, determinar en qué valores de x la función crece o decrece. Determinar también cuáles valores de la función representan el máximo o el mínimo relativos.

En la gráfica, la función crece para todos los valores de x hasta −3. Cuando $x = -3$, tiene un máximo relativo. Luego, la función decrece hasta alcanzar el valor $x = 4$. Ese es el mínimo relativo. A partir de ese punto, vuelve a crecer para todos los valores de x mayores que 4.

Para formular nuestra respuesta de forma más ordenada:

La función crece para todos los valores de x menores que −3 o mayores que 4.

La función decrece para todos los valores de x entre −3 y 4.

La función alcanza el máximo relativo cuando $x = -3$.

La función alcanza el mínimo relativo cuando $x = 4$.

Como puede observarse, los máximos relativos son puntos cuya representación gráfica es más alta que los puntos representados a su alrededor, mientras que los mínimos relativos son puntos cuya representación gráfica es más baja que los puntos representados a su alrededor. Algunas representaciones gráficas no tienen máximos o mínimos relativos. Por ejemplo, la representación gráfica de una recta no tiene ni máximos ni mínimos relativos porque crece o decrece uniformemente.

Valores positivos y negativos

En una gráfica, es posible determinar cuándo una función es positiva ($f(x) > 0$) o negativa ($f(x) < 0$) si prestamos atención al eje de las x. Cuando la representación gráfica está por arriba del eje de las x, se dice que la función es positiva, y cuando está por debajo del eje de las x, se dice que es negativa.

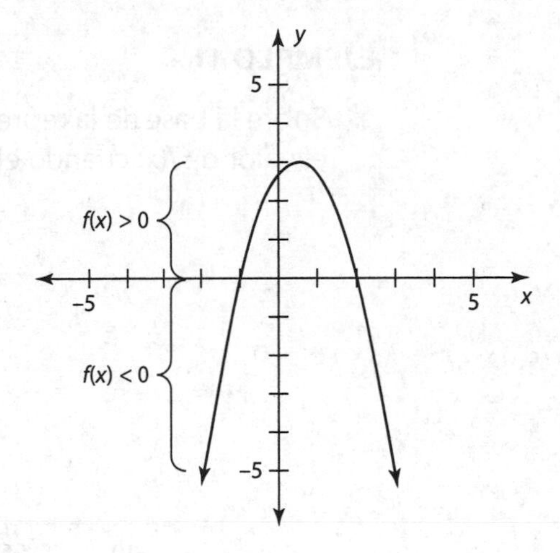

EJEMPLO 10

Determinar qué valores de x hacen que la función anterior resulte positiva y negativa.

La función está por arriba del eje de las x entre los valores $x = -1$ y $x = 2$. Entonces, podemos decir que la función es positiva cuando x está entre -1 y 2. Puesto que para los valores anteriores a $x = -1$ la representación gráfica está por debajo del eje de las x, podemos decir que para los valores menores que $x = -1$ la función es negativa. Lo mismo es cierto para los valores mayores que (a la derecha de) $x = 2$.

Comportamiento final de una función y funciones periódicas

Se denomina **comportamiento final** de una función a la subida o bajada que se produce al final de la representación gráfica de la función. Esto sucede cuando el valor de x se vuelve muy negativo (a la izquierda de la representación) o cuando el valor de x se vuelve muy grande (a la derecha de la representación).

Si la representación gráfica . . .	Entonces el valor de la función . . .
Baja a la derecha	decrece cuando el valor de x se vuelve muy grande
Sube a la derecha	crece cuando el valor de x se vuelve muy grande
Baja a la izquierda	decrece cuando el valor de x se vuelve muy negativo
Sube a la izquierda	crece cuando el valor de x se vuelve muy negativo

EJEMPLO 11

Sobre la base de la representación gráfica de $f(x)$, describir qué pasa con el valor de $f(x)$ cuando el valor de x es muy grande o muy negativo.

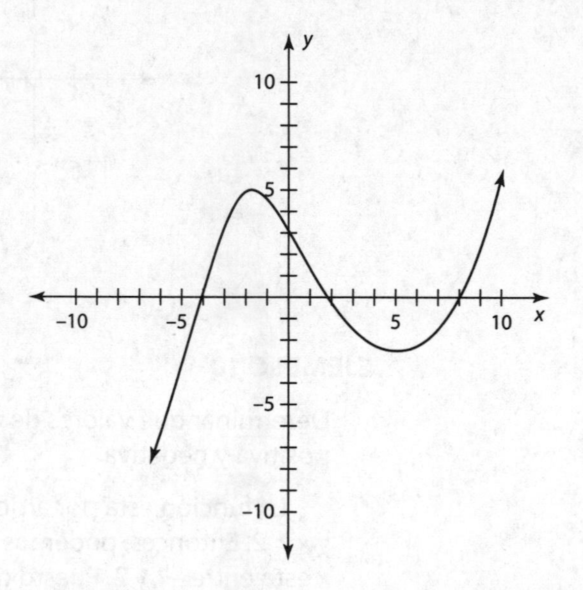

Como la función decrece a la izquierda y crece a la derecha, podemos decir que a medida que el valor de x se vuelve muy grande, el valor de $f(x)$ también se vuelve muy grande, y que a medida que el valor de x se vuelve muy negativo, el valor de $f(x)$ se vuelve muy negativo.

En lugar de crecer o decrecer en sus extremos, algunas funciones siguen un patrón que se repite en un rango dado. Se denominan **funciones periódicas** a las funciones que siguen algún tipo de patrón. Se llama **período** de la función a la frecuencia con que ese patrón se repite. Por ejemplo, la función que se representa en la gráfica siguiente tiene un período de 2 porque el patrón se repite cada 2 unidades.

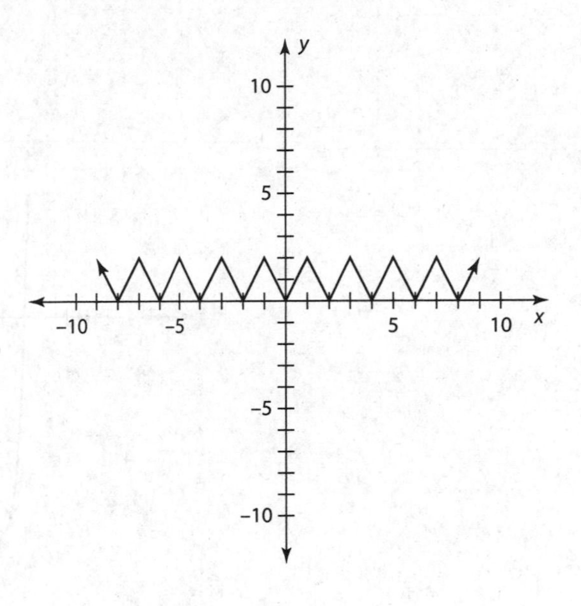

EJEMPLO 12

Si la función $g(x)$ es periódica, ¿cuál es el período de la función?

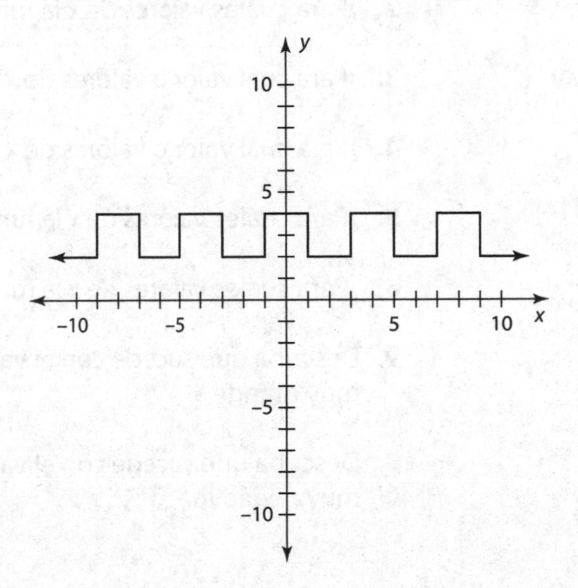

Como el patrón se repite cada 4 unidades, el período de la función es 4.

EJERCICIO 4

Otras propiedades de las funciones

Instrucciones: Para las preguntas 1 a 8, use la representación gráfica siguiente de la función $f(x)$.

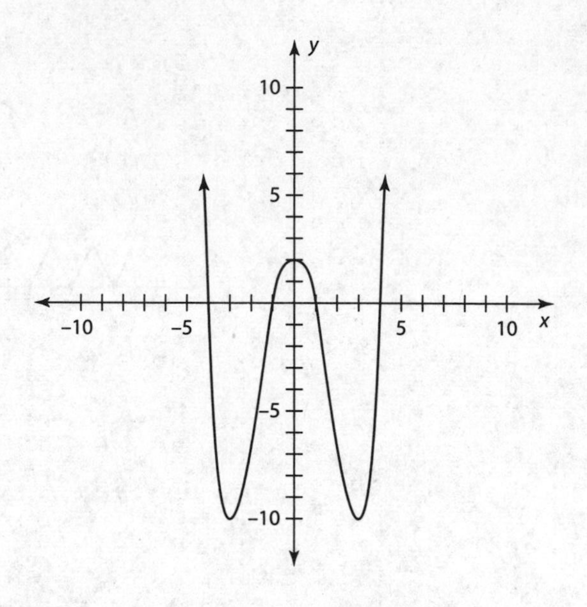

1. ¿Para cuáles valores de x la función es positiva?

2. ¿Para cuáles valores de x la función es negativa?

3. ¿Para cuál valor o valores de x la función alcanza un mínimo relativo?

4. ¿Para cuál valor o valores de x la función alcanza un máximo relativo?

5. ¿Para cuáles valores de x la función crece?

6. ¿Para cuáles valores de x la función decrece?

7. Describa que sucede con el valor de $f(x)$ cuando el valor de x se vuelve muy grande.

8. Describa que sucede con el valor de $f(x)$ cuando el valor de x se vuelve muy negativo.

Para las preguntas 9 y 10, use las gráficas siguientes, que muestran representaciones de funciones periódicas. Determine cuál es el período correspondiente a cada función.

9.

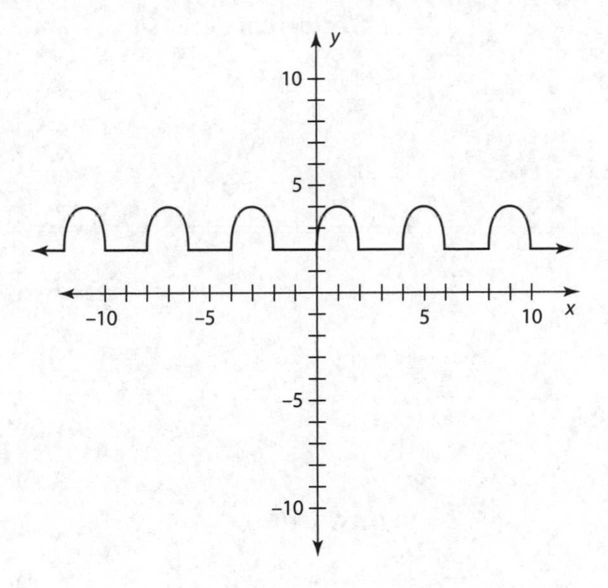

10.

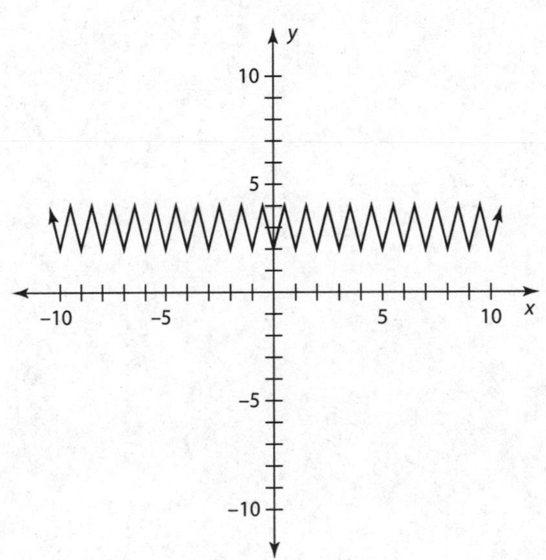

Véanse las respuestas en la página 541.

CAPÍTULO 14

Geometría

El área, el perímetro y otros temas de geometría aparecen en muchas preguntas del examen de GED®. Usted necesitará memorizar algunas fórmulas geométricas, y otras fórmulas le serán dadas. Incluso en el caso de que la fórmula le sea dada, es necesario comprender los conceptos básicos para poder usarla correctamente.

El área y el perímetro son dos conceptos asociados con figuras bidimensionales. El **área** se mide en unidades cuadradas y expresa cuánto espacio ocupa una figura. El **perímetro** se mide en unidades lineales y expresa la distancia alrededor de un objeto. Cuando trabaje con áreas y perímetros, tal vez encuentre de utilidad la información siguiente sobre figuras.

Polígonos

Un **polígono** es una figura cerrada de tres o más lados rectos. Los polígonos más comunes son los rectángulos, cuadrados y triángulos. Para obtener el perímetro de un polígono, se deberá sumar la longitud de todos sus lados.

- Los **rectángulos** son polígonos de 4 lados en los que los lados opuestos tienen la misma longitud.
- Los **cuadrados** son polígonos de 4 lados en los que todos los lados tienen la misma longitud.
- Los **triángulos** son polígonos de tres lados en los que los lados pueden tener la misma longitud o longitudes diferentes.

EJEMPLO 1

¿Cuál es el perímetro del rectángulo representado en el gráfico?

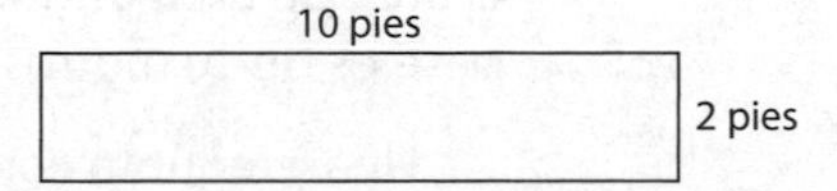

A pesar de que tenemos información sobre solo dos lados, sabemos que en un rectángulo los lados opuestos tienen la misma longitud. Entonces, el perímetro es igual a: 10 + 2 + 10 + 2 = 24 pies.

EJEMPLO 2

Un cuadrado tiene lados que miden 10 metros cada uno. ¿Cuál es el perímetro del cuadrado?

Como el cuadrado tiene sus cuatro lados de la misma longitud, el perímetro es igual a: 10 + 10 + 10 + 10 = 40 metros.

Para obtener el área, deberemos usar fórmulas diferentes para cada tipo distinto de polígono. Memorice las fórmulas siguientes porque no están incluidas en la lista de fórmulas que le será facilitada para el examen de GED®.

Forma	Fórmula del área
Cuadrado	$A = \text{longitud}^2$ (o l^2)
Rectángulo	$A = \text{longitud} \times \text{ancho}$ (o $l \times w$)
Triángulo	$A = \frac{1}{2}$ (base) (altura) (o $\frac{1}{2}\, b \times h$)

EJEMPLO 3

Obtener el área del triángulo representado en el gráfico. Redondear el resultado al décimo más próximo.

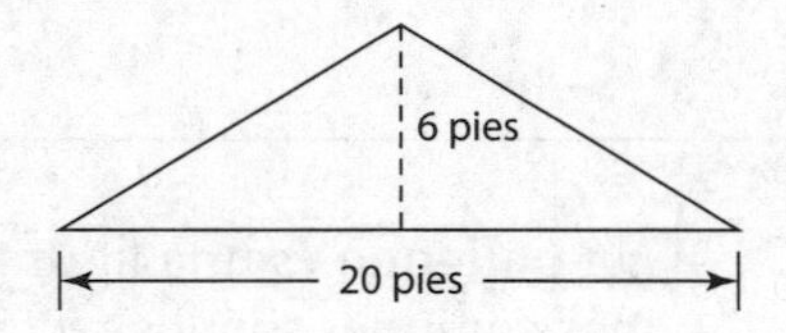

La altura del triángulo es de 6 pies y la longitud de su base es de 20 pies. Entonces, el área es igual a:

$\frac{1}{2}(6)(20) = 60$ pies cuadrados.

EJEMPLO 4

Javier tiene una mesa con una tabla rectangular que mide 3 pies por 2 pies. En pies cuadrados, ¿cuál es el área de la tabla?

Aplicando la fórmula, el área es igual a: $3 \times 2 = 6$ pies cuadrados.

EJEMPLO 5

El área de un triángulo es de 20 metros cuadrados. Si la longitud de su base es de 10 metros, ¿cuál es la altura del triángulo?

Una pregunta como esta requiere que combinemos nuestros conocimientos de álgebra y geometría. Si incorporamos la información dada a la fórmula, obtenemos: $20 = \frac{1}{2}(10)h$, donde h es la altura. Ahora, podemos usar nuestros conocimientos de álgebra para obtener h.

Simplifique: $20 = 5h$

Anule la multiplicación: $\frac{20}{5} = \frac{5h}{5}$

$h = 4$

La altura del triángulo tiene 4 metros.

EJERCICIO 1

Área y perímetro de los polígonos

1. ¿Cuál es el perímetro de un triángulo cuyos lados miden 9 pies, 12 pies y 15 pies?

2. Un cuadrado tiene lados de 8 pulgadas de longitud. ¿Cuál es el área del cuadrado? ¿Y cuál es su perímetro?

3. Encuentre el área y el perímetro del rectángulo siguiente.

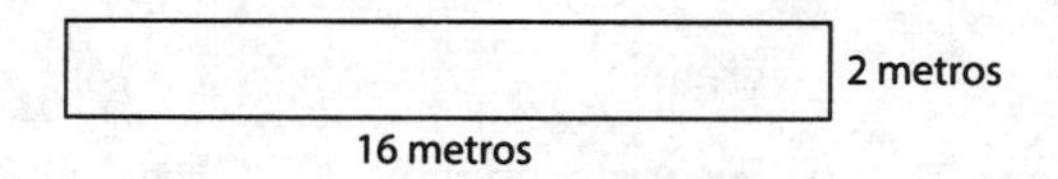

4. Si el área del rectángulo siguiente es de 40 pies cuadrados, ¿cuál es entonces el valor de x?

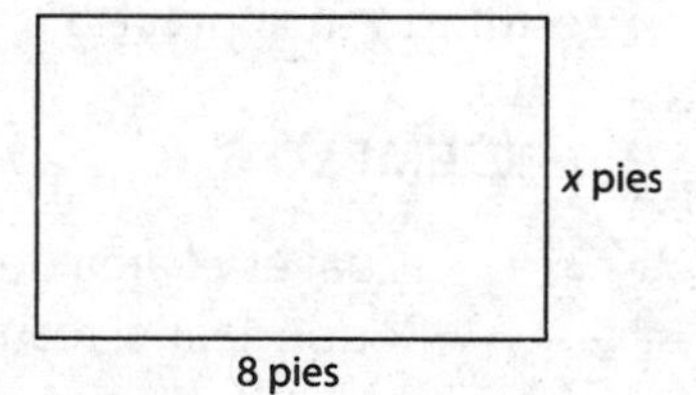

5. Los lados de un triángulo son todos de la misma longitud. Si el perímetro del triángulo es de 36 pies, ¿cuál es la longitud de cada lado?

Véanse las respuestas en la página 541.

Círculos

El **círculo** es una figura en la que todos los puntos del perímetro están a la misma distancia del centro (llamado **origen**).

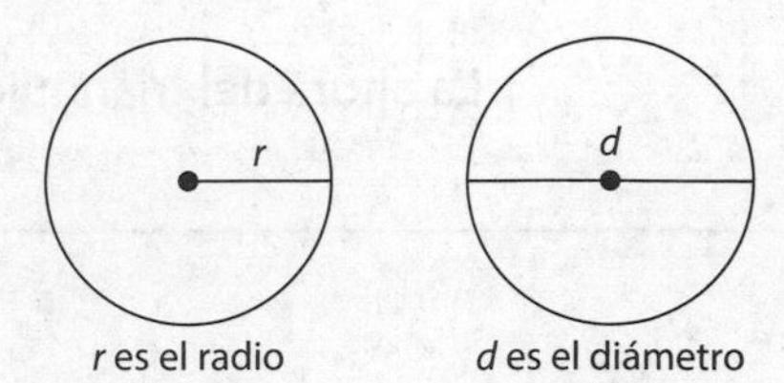

r es el radio *d* es el diámetro

El **diámetro** del círculo es la línea recta que cruza el círculo de punta a punta y pasa por el centro. Generalmente, se lo representa con la letra *d*. El **radio** de un círculo es la línea recta que partiendo desde el centro del círculo llega a cualquier punto del perímetro. Generalmente, se lo representa con la letra *r*. La longitud del diámetro es dos veces la longitud del radio. En otras palabras, la longitud del radio es la mitad de la longitud del diámetro. Por último, se llama **circunferencia** a la línea curva que bordea todo el círculo. La circunferencia se representa generalmente con la letra *C*.

Memorice las fórmulas del círculo siguientes:

Área: $A = \pi r^2$

Circunferencia: $C = 2\pi r$

La letra griega π (pi) representa una constante que es aproximadamente igual a 3.14. Cuando tenga que trabajar con π, usted podrá usar esta aproximación o presionar la tecla π en su calculadora para obtener un resultado más preciso.

EJEMPLO 6

¿Cuál es el área de un círculo que tiene un diámetro de 6 metros? Redondear el resultado al décimo más próximo.

Si el diámetro es de 6 metros, entonces el radio es igual a: $6 \div 2 = 3$ metros. Aplicando la fórmula para el área, el resultado es:

$A = \pi(3)^2 = 9\pi = 28.3$ metros cuadrados.

EJEMPLO 7

Un jardín circular con un radio de 10 pies será completamente cercado con un tejido de alambre. ¿Cuántos pies de cerco requerirá este proyecto? Redondear el resultado al décimo más próximo.

La distancia completa alrededor del jardín circular es igual a su circunferencia. Aplicando la fórmula, la circunferencia es:

$C = 2\pi(10) = 20\pi = 62.8.$

Entonces, el proyecto requerirá 62.8 pies de cerco.

EJEMPLO 8

Si el área de un círculo es de 16π pies cuadrados, ¿cuál es entonces su diámetro?

Aplicando la fórmula del área y reemplazando por los valores dados: $16\pi = \pi r^2$. Para obtener el valor de r:

Anule la multiplicación: $\frac{16\pi}{\pi} = \frac{\pi r^2}{\pi}$

$16 = r^2$

Aplique la regla de la raíz cuadrada: $r = \sqrt{16}, -\sqrt{16}$

$r = 4, -4$

El radio no puede ser nunca negativo; entonces, su valor es 4 pies. Pero la pregunta nos pide encontrar el valor del diámetro. El diámetro es igual a: $4 \times 2 = 8$ pies.

EJERCICIO 2

Círculos

Instrucciones: Use el gráfico siguiente para responder las preguntas 1 y 2.

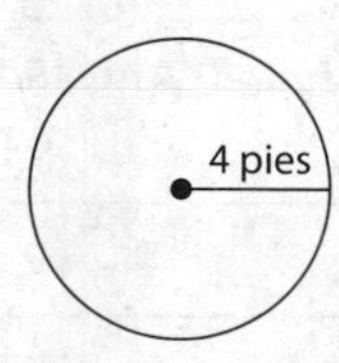

1. Redondeada al décimo más próximo, ¿cuál es el área del círculo dado?

2. Redondeada al décimo más próximo, ¿cuál es la circunferencia del círculo dado?

3. Si el diámetro de un círculo es de 40 metros, ¿cuál es su circunferencia? Redondee su respuesta al décimo más próximo.

4. El área de una zona circular es de aproximadamente 100 pies cuadrados. Redondeado al décimo más próximo, ¿cuál es el radio del círculo?

5. Si la circunferencia de un círculo es de aproximadamente 30π pulgadas, ¿cuál es el diámetro del círculo? Redondee su respuesta al décimo más próximo.

Véanse las respuestas en la página 542.

Objetos tridimensionales

El volumen y el área de superficie son medidas que se aplican a objetos tridimensionales. El **volumen** representa la cantidad de espacio ocupado por un objeto. El **área de superficie** es el área total de las superficies externas de un objeto. En el examen de GED®, se le suministrarán todas las fórmulas necesarias para el cálculo del área de superficie y el volumen.

Cilindro	Área de superficie (*SA*)	$SA = 2\pi r^2 + 2\pi rh$, donde *r* es el radio de la base y *h* es la altura
	Volumen	$V = \pi r^2 h$, donde *r* es el radio de la base y *h* es la altura.
Cono	Área de superficie (*SA*)	$SA = \pi rs + \pi r^2$, donde *r* es el radio de la base y *s* es la longitud de la recta que une la punta del cono con cualquier punto de la circunferencia de la base.
	Volumen	$V = \frac{1}{3}\pi r^2 h$, donde *r* es el radio de la base y *h* es la altura
Esfera	Área de superficie (*SA*)	$SA = 4\pi r^2$, donde *r* es el radio de la esfera.
	Volumen	$V = \frac{4}{3}\pi r^3$, donde *r* es el radio de la esfera.
Prisma rectangular	Área de superficie (*SA*)	$SA = 2ab + 2bc + 2ac$, donde *a*, *b* y *c* son la longitud, el ancho y la altura.
	Volumen	$V = lwh$, donde *l* es la longitud, *w* es el ancho y *h* es la altura.
Prisma recto	Área de superficie (*SA*)	$SA = 2B + Ph$, donde *B* es el área de la base, *P* es el perímetro de la base y *h* es la altura.
	Volumen	$V = Bh$, donde *B* es el área de la base y *h* es la altura.
Pirámide	Área de superficie (*SA*)	$SA = \frac{1}{2}Ps + B$, donde *P* es el perímetro de la base, *s* es la altura de una cara y *B* es el área de la base.
	Volumen	$V = \frac{1}{3}Bh$, donde *B* es el área de la base y *h* es la altura.

Practique el uso de estas fórmulas. Verá que el procedimiento no es muy diferente al aplicado en las fórmulas de área y perímetro para las figuras bidimensionales. En el gráfico siguiente, se muestran las figuras tridimensionales más comunes con las que trabajaremos.

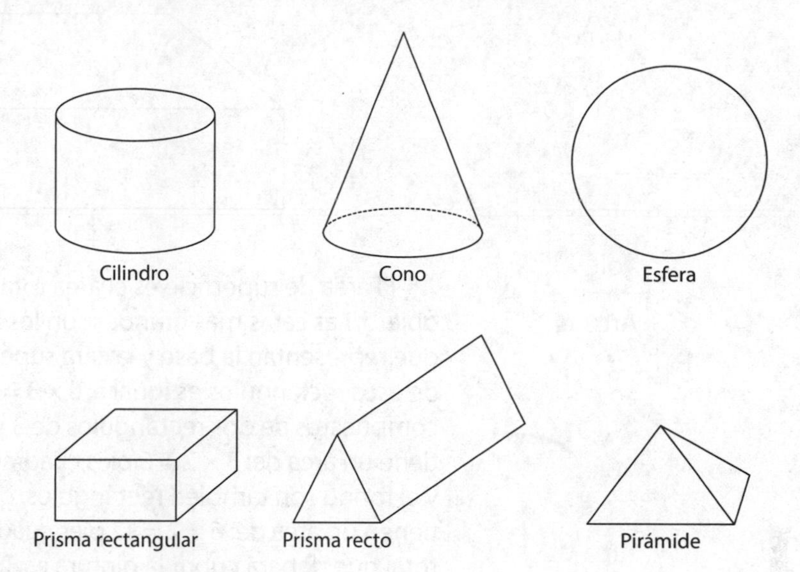

EJEMPLO 9

El contenedor cilíndrico que se muestra en el gráfico siguiente fue diseñado para almacenar agua. Redondeando el resultado al décimo más próximo, ¿cuántos pies cúbicos de agua puede almacenar el contenedor?

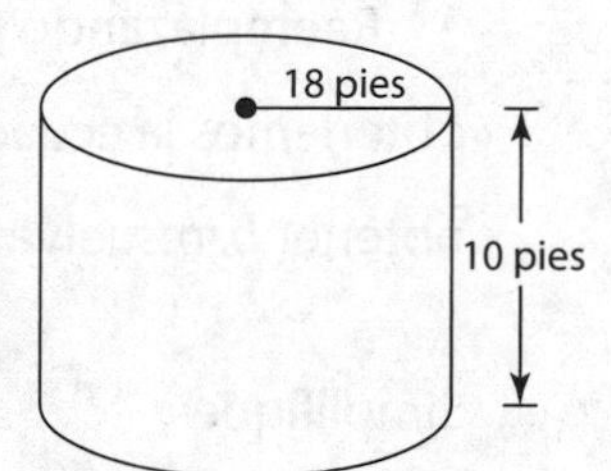

Nota: El cilindro no está hecho a escala.

La cantidad de agua que el cilindro puede almacenar es igual al volumen del cilindro. Aplicando la fórmula del volumen:

$$V = \pi r^2 h = \pi(18)^2(10) = \pi(3240) = 10{,}178.8.$$

El contenedor puede almacenar 10,178.8 pies cúbicos de agua.

EJEMPLO 10

El gráfico siguiente representa una caja rectangular que será pintada completamente. ¿Qué área de superficie cubrirá la pintura?

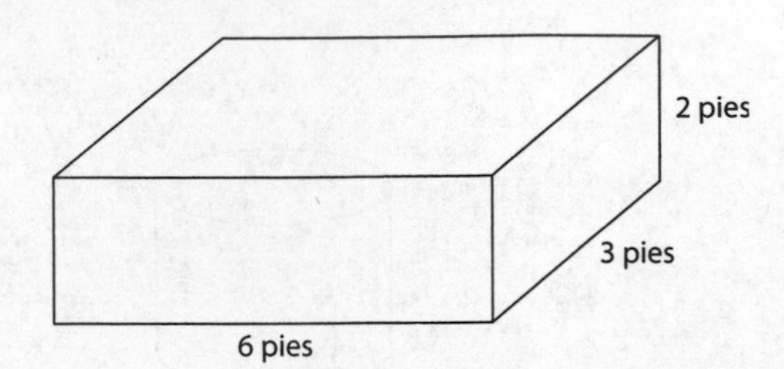

El área de superficie es el área total de cada una de las caras del objeto. Las caras más grandes son los rectángulos de 6 pies por 3 pies, que representan la base y la cara superior de la caja. El área de cada uno de esos rectángulos es igual a: $6 \times 3 = 18$ pies cuadrados. Los lados están compuestos de dos rectángulos de 3 pies por 2 pies. Cada uno de ellos tiene un área de: $3 \times 2 = 6$ pies cuadrados. Por último, las caras del frente y el fondo son también rectángulos, que miden 6 pies por 2 pies y que tienen un área de: $6 \times 2 = 12$ pies cuadrados. Entonces, el área de superficie total que deberá cubrir la pintura es: $2 \times 18 + 2 \times 6 + 2 \times 12 = 72$ pies cuadrados.

EJEMPLO 11

Si el volumen de un cono es de 30π metros cúbicos y su radio es de 3 metros, ¿cuál es su altura?

Reemplazando por los valores conocidos en la fórmula de volumen, obtenemos la ecuación: $30\pi = \frac{1}{3}\pi(3)^2 h$, donde h es la altura. Para obtener h, resuelva la ecuación.

Simplifique: $30\pi = \frac{1}{3}\pi 9h$

$30\pi = 3\pi h$

Anule la multiplicación: $\frac{30\pi}{3\pi} = \frac{3\pi h}{3\pi}$

$10 = h$

La altura es de 10 metros.

EJERCICIO 3

Volumen y área de superficie de objetos tridimensionales

Instrucciones: Aplicando las fórmulas para calcular el volumen y el área de superficie, encuentre los valores indicados.

1. El radio de una esfera es de 10 metros. ¿Cuál es el volumen de esa esfera? Redondee el resultado al décimo más próximo.
2. El volumen del contenedor rectangular representado en el gráfico siguiente es de 180 pies cúbicos. ¿Cuál es el valor de x?

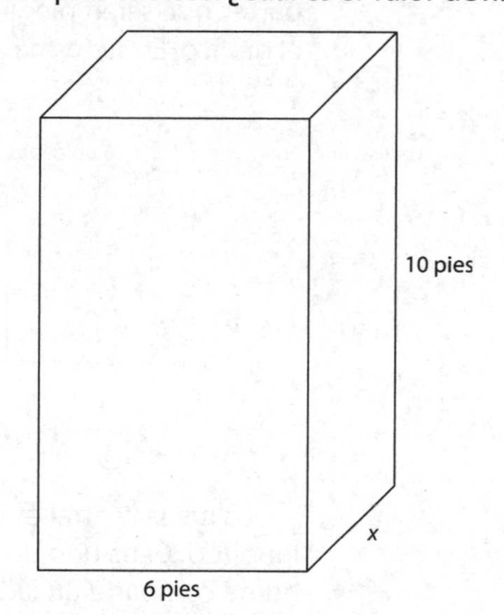

3. Si la base de la pirámide que se muestra en el gráfico siguiente es un cuadrado, ¿cuál es el volumen de la pirámide? Redondee el resultado al décimo más próximo.

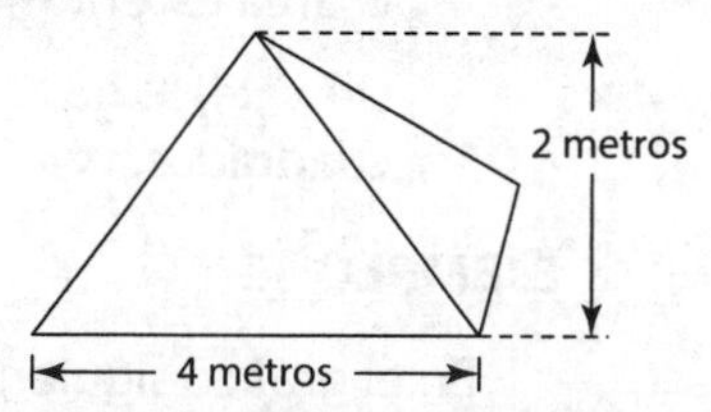

Nota: La pirámide no está hecha a escala.

4. En un armario rectangular, que mide 6 pies de altura, 2 pies de profundidad y 2 pies de ancho, algunos libros y otros objetos ocupan la mitad del espacio. En pies cúbicos, ¿cuánto espacio queda disponible en el armario?
5. Una ciudad usa dos grandes contenedores de forma cilíndrica para almacenar sal para el invierno. Si ambos contenedores miden 30 pies de altura y tienen diámetros de 12 pies, ¿qué cantidad de sal, en pies cúbicos, puede almacenar la ciudad? Redondee el resultado al décimo más próximo.

Véanse las respuestas en la página 542.

Figuras complejas

Las figuras complejas, o compuestas, son objetos bidimensionales o tridimensionales creados a partir de la combinación de objetos comunes. Para calcular los diferentes tipos de medidas para estas figuras, deberemos descomponer mentalmente cada figura en los diferentes elementos que la componen.

EJEMPLO 12

En el gráfico siguiente, la figura representa la forma de una pieza de cartón que deberá ser plegada por la línea punteada para crear un estabilizador dentro de un contenedor para almacenamiento. La base es un cuadrado con lados de 14 pulgadas de longitud, mientras que las partes que serán plegadas son rectángulos de las medidas indicadas en el gráfico. En su forma actual, ¿cuál es el área de la pieza de cartón?

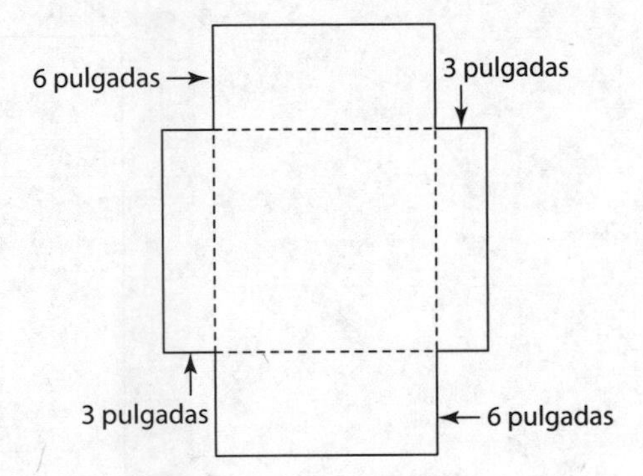

La pieza central es un cuadrado que tiene lados de 14 pulgadas de longitud. Cada uno de los rectángulos que componen el resto de la figura comparte un lado con el cuadrado. Entonces, podemos decir que la figura está compuesta por un cuadrado de 14 pulgadas × 14 pulgadas, dos rectángulos de 3 pulgadas × 14 pulgadas y dos rectángulos de 6 pulgadas × 14 pulgadas.

El área es, entonces:

$(14 \times 14) + 2(3 \times 14) + 2(6 \times 14) = 196 + 2(42) + 2(84) = 448$ pulgadas cuadradas.

EJEMPLO 13

En el gráfico siguiente, la figura fue creada combinando un prisma rectangular con la mitad de un cilindro de la misma longitud que el prisma. ¿Cuál es el volumen de la figura compuesta? Redondee el resultado al décimo más próximo.

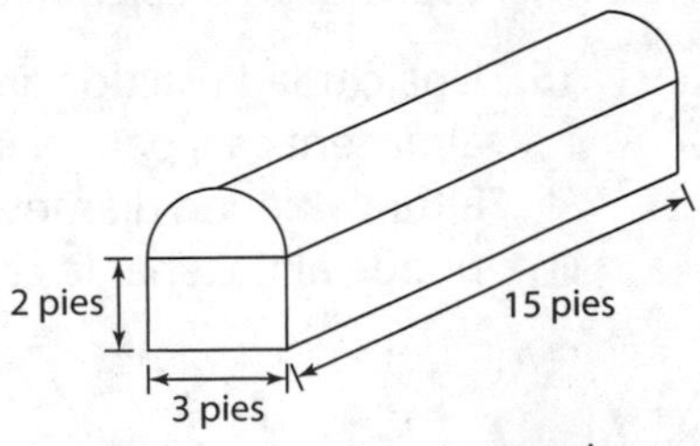

Nota: La figura no está hecha a escala.

Para calcular el volumen total, debemos descomponer el objeto en los elementos que lo componen. El primer elemento es un prisma rectangular de 2 × 3 × 15 pies. El prisma tiene entonces un volumen igual a: 2 × 3 × 15 = 90 pies cúbicos.

La parte superior es la mitad de un cilindro. El cilindro tiene la misma longitud que el prisma y un diámetro que, a simple vista, es de 3 pies. Esto significa que su radio es de 1.5 pies. Ahora, debemos obtener el volumen del cilindro y dividirlo por 2, porque es solo medio cilindro.

$V = \pi(1.5)^2(15) = 33.75\pi = 106.03$, y la mitad es: $\frac{1}{2} \times 106.03 = 53$

Entonces, el volumen total de la figura es: 90 + 53 = 143 pies cúbicos.

EJERCICIO 4

Figuras complejas

Instrucciones: En el gráfico siguiente, la figura representa el plano que se usará para dividir una gran parcela de tierra. La parcela será dividida en dos partes rectangulares. Use esta información y la contenida en la figura para responder las preguntas 1 a 3.

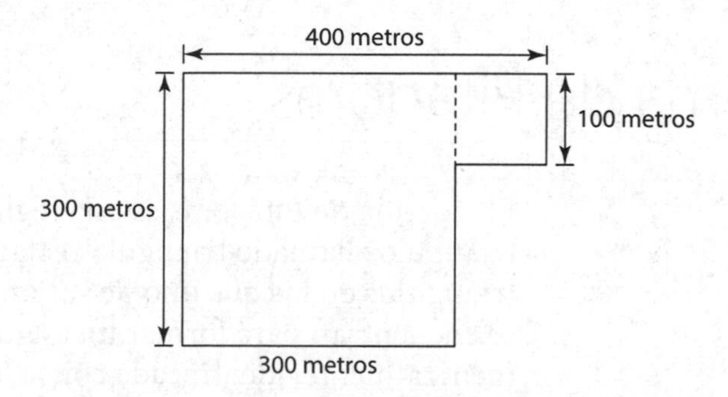

1. En la figura, la línea sólida representa el cerco que rodea completamente la propiedad. ¿Cuántos metros de longitud tiene ese cerco?

2. ¿Cuál es el área total de la propiedad?

3. Cuando se divida la propiedad, un nuevo cerco se colocará a lo largo de la línea punteada. ¿Cuántos metros más de cerco serán necesarios?

En el gráfico siguiente, la figura representa una parte de un cierre de plástico compuesto de dos piezas rectangulares sólidas. La figura no está hecha a escala. Use la información que contiene para responder a las preguntas 4 y 5.

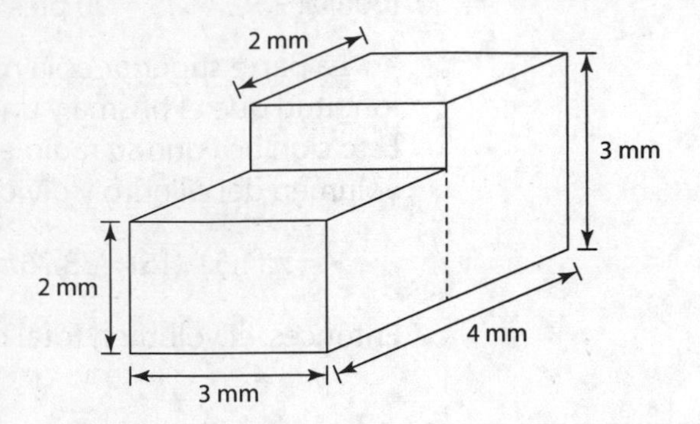

4. Sabiendo que el objeto es sólido, ¿cuántos milímetros cúbicos de plástico contiene?

5. Si la superficie exterior del objeto será cubierta de una película protectora, ¿cuántos milímetros cuadrados deberán ser cubiertos?

Véanse las respuestas en la página 542.

El teorema de Pitágoras

El teorema de Pitágoras es una regla que se aplica a un tipo particular de triángulos llamado triángulo rectángulo. Los **triángulos rectángulos** son triángulos en los que uno de sus ángulos es recto (dos lados perpendiculares se encuentran para formar un ángulo recto). Se llama **hipotenusa** (generalmente, identificada con la letra *c*) al lado más largo de un triángulo rectángulo, y se llaman **catetos** (generalmente, identificados con las letras *a* y *b*) a los otros dos lados.

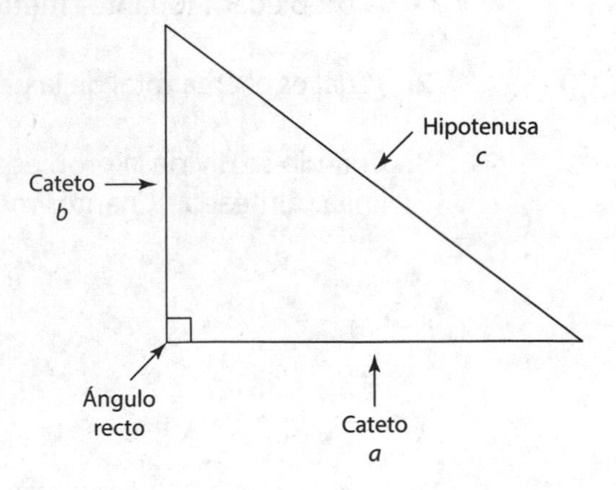

El teorema de Pitágoras se expresa con una fórmula que relaciona los catetos con la hipotenusa:

$$a^2 + b^2 = c^2$$

EJEMPLO 14

En el triángulo representado en el gráfico siguiente, ¿cuál es el valor de x?

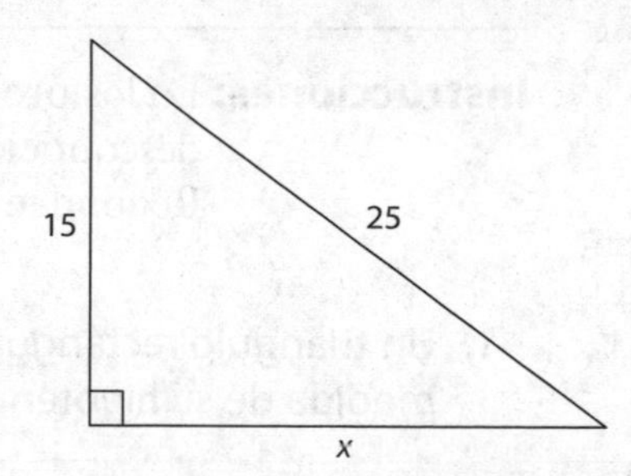

Aplicando el teorema de Pitágoras y reemplazando a, b y c por sus valores, tenemos que $15^2 + x^2 = 25^2$. Si encontramos, entonces, el valor de x, ese valor será nuestra respuesta final.

Simplifique: $225 + x^2 = 625$

Anule la suma: $x^2 = 400$

Aplique la regla de la raíz cuadrada: $x = \sqrt{400} = 20$

(Solo se toma el valor positivo de la raíz cuadrada porque la longitud de los lados de un triángulo no puede ser negativa.)

EJEMPLO 15

Como se muestra en el gráfico siguiente, el monitor de una computadora mide 12 pulgadas de ancho por 6 pulgadas de altura. Redondeada al décimo más próximo, ¿cuál es la longitud de la diagonal del monitor (indicada por la línea punteada)?

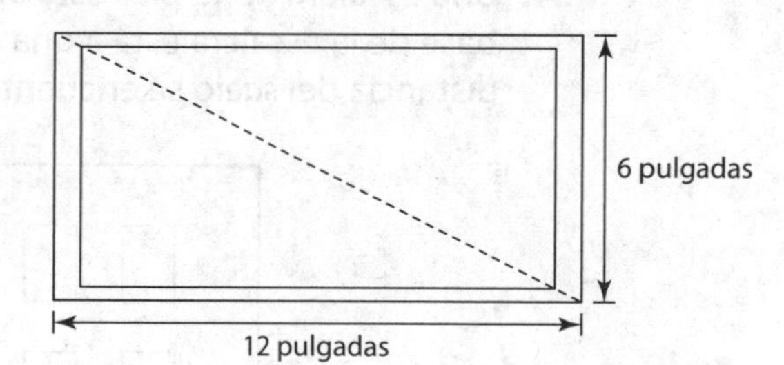

Como el monitor es un rectángulo, la diagonal lo divide en dos triángulos rectángulos iguales con catetos de 12 pulgadas y 6 pulgadas. Para obtener el valor de la diagonal, que es la hipotenusa, use el teorema de Pitágoras.

Según el teorema de Pitágoras: $6^2 + 12^2 = c^2$

Simplifique: $180 = c^2$

Aplique la regla de la raíz cuadrada: $c = \sqrt{180} = 13.4$

La diagonal mide aproximadamente 13.4 pulgadas.

Cuando trabaje con el teorema de Pitágoras, asegúrese de que lo que usted desea obtener es el valor de un cateto o el de la hipotenusa. Además, tenga en cuenta que no siempre se presentan los triángulos rectángulos de forma tan evidente como en el ejemplo 15.

EJERCICIO 5

El teorema de Pitágoras

Instrucciones: En los problemas 1 y 2, encuentre la longitud del lado desconocido del triángulo rectángulo que se describe. Redondee su respuesta final al décimo más próximo.

1. Un triángulo rectángulo tiene catetos que miden 10 y 15. ¿Cuál es la medida de su hipotenusa?

2. Un cateto de un triángulo rectángulo mide 3 pulgadas, mientras que su hipotenusa tiene una longitud de 5 pulgadas. ¿Cuánto mide el otro cateto?

3. En el gráfico siguiente, ¿cuál es el valor de x?

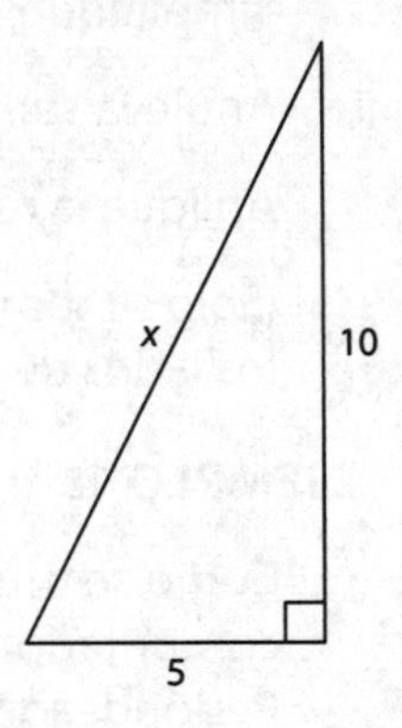

4. Una escalera de 15 pies está apoyada contra la pared de un edificio. La base de la escalera está a una distancia de 12 pies del edificio. ¿A qué distancia del suelo se encuentra el extremo superior de la escalera?

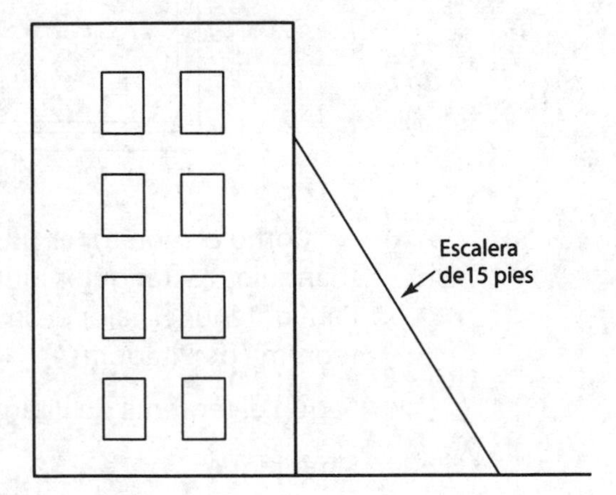

5. Un triángulo rectángulo tiene una hipotenusa de 10 pies y un cateto de 6 pies. ¿Cuál es el perímetro del triángulo?

Véanse las respuestas en la página 542.

RESPUESTAS Y EXPLICACIONES

Razonamiento matemático

Capítulo 1. Operaciones con números enteros

Ejercicio 1: Operaciones con números enteros

1. 1164
2. 284
3. 1009
4. 121, resto 5
5. 3192
6. 4298
7. 13
8. 179,602
9. 10,501
10. 127, resto 4
11. 786
12. 287
13. 2630
14. 405
15. 469
16. 1125
17. 4018
18. 3794
19. 738, resto 1
20. 44,800

Ejercicio 2: Problemas verbales

1. **\$175** Ricardo habrá ahorrado \$35 de cada uno de los 5 cheques de pago: $5 \times 35 = 175$.
2. **\$550** Luego de restar los \$300 que corresponden a la hermana, los dos hermanos deberán pagar \$1,100: $1100 \div 2 = 550$.
3. **\$84,805** $45{,}690 + 39{,}115 = 84{,}805$
4. **\$1,013** $1250 - 142 = 1108$ y $1108 - 95 = 1013$
5. **\$1,240** El precio básico por remolcar un auto es \$200. Por cada día que el auto permanece en el depósito, la compañía cobra \$40. $26 \times 40 + 200 = 1240$.

Capítulo 2. Exponentes, raíces y propiedades numéricas

Ejercicio 1: Exponentes

1. 9
2. 1
3. 12
4. 343
5. 4
6. 1
7. $\frac{1}{64}$

RESPUESTAS Y EXPLICACIONES

8. $\frac{1}{6}$

9. $\frac{1}{64}$

10. 1

Ejercicio 2: Reglas de los exponentes

1. D
2. B
3. C
4. D
5. C
6. D
7. C
8. C
9. D
10. D

Ejercicio 3: Raíces cuadradas y raíces cúbicas

1. $4\sqrt{2}$
2. $3\sqrt{2}$
3. $2\sqrt{10}$
4. $10\sqrt{3}$
5. $2\sqrt{6}$
6. $2\sqrt[3]{2}$
7. $4\sqrt[3]{2}$
8. $2\sqrt[3]{3}$
9. $5\sqrt[3]{3}$
10. $2\sqrt[3]{100}$

Ejercicio 4: Orden de las operaciones

1. **3** $8 \div 2^2 + 1 = 8 \div 4 + 1 = 2 + 1 = 3$
2. **8** $\frac{18-2}{2} = \frac{16}{2} = 8$
3. **31** $4 + 2(8+6) - 1 = 4 + 2(14) - 1 = 4 + 28 - 1 = 31$
4. **3** $3(6-5)^3 = 3(1)^3 = 3(1) = 3$
5. **10** $4 \times 3 - 2 = 12 - 2 = 10$
6. **22** $3 - 1 + 2^2 \times 5 = 3 - 1 + 4 \times 5 = 3 - 1 + 20 = 22$
7. **64** $(8+1-5)^3 = (4)^3 = 64$
8. **2** $(2+4) \div 2 - 1 = 6 \div 2 - 1 = 3 - 1 = 2$
9. **26** $5^2 + \frac{6-4}{2} = 25 + \frac{6-4}{2} = 25 + \frac{2}{2} = 25 + 1 = 26$
10. **36** $16 + 4(3+2) = 16 + 4(5) = 16 + 20 = 36$

Capítulo 3. Operaciones con números decimales

Ejercicio 1: Comparación de decimales

1. $25.099 < 25.915$
2. $0.108 > 0.0108$
3. $0.00054 < 0.0019$
4. $8.6 > 8.09$
5. $0.40 = 0.4$
6. $0.1053 > 0.0153$
7. $2.00501 < 2.51$
8. $0.133 < 1.33$
9. $1.69401 > 1.694$
10. $14.9 < 14.988$

RESPUESTAS Y EXPLICACIONES

Ejercicio 2: Notación científica

1. 2.5×10^{-3}
2. 7.836×10^{9}
3. 1.0×10^{-6}
4. 6.05×10^{-1}
5. 3.6×10^{8}
6. 0.0000000024
7. 130,000,000
8. 0.0408
9. 0.0009
10. 560,000

Ejercicio 3: Operaciones básicas con decimales

1. 30.1336
2. 16.3121
3. 3.0331
4. 8.121
5. 223.4
6. 19.85
7. 1.0216
8. 12.7
9. 80.7
10. 0.455
11. 37.5
12. 7.808
13. 31.45
14. 24.0119
15. 130.0026
16. 50
17. 42.8
18. 0.125
19. 1.80 (calculadora: 1.798974359)
20. 5.022

Capítulo 4. Operaciones con fracciones

Ejercicio 1: Fracciones equivalentes

1. $\mathbf{\frac{25}{45}}$ $\frac{5\times5}{9\times5}=\frac{25}{45}$
2. $\mathbf{\frac{3}{21}}$ $\frac{1\times3}{7\times3}=\frac{3}{21}$
3. **12** $\frac{1\times12}{2\times12}=\frac{12}{24}$
4. **9** $\frac{18\div2}{60\div2}=\frac{9}{30}$
5. **9** $\frac{35\div5}{45\div5}=\frac{7}{9}$
6. $\mathbf{\frac{11}{21}}$ $\frac{22\div2}{42\div2}=\frac{11}{21}$
7. $\mathbf{\frac{1}{5}}$ $\frac{10\div10}{50\div10}=\frac{1}{5}$
8. $\mathbf{\frac{3}{4}}$ $\frac{12\div4}{16\div4}=\frac{3}{4}$
9. $\mathbf{\frac{1}{30}}$ $\frac{3\div3}{90\div3}=\frac{1}{30}$
10. $\mathbf{\frac{7}{24}}$ $\frac{14\div2}{48\div2}=\frac{7}{24}$

RESPUESTAS Y EXPLICACIONES

Ejercicio 2: Conversiones entre fracciones y decimales

1. 0.75
2. 0.40
3. 0.25
4. 0.21
5. 0.47
6. $\frac{7}{250}$
7. $\frac{9}{40}$
8. $\frac{4}{25}$
9. $\frac{31}{100}$
10. $\frac{9}{10}$

Ejercicio 3: Conversiones entre números mixtos y fracciones impropias

1. $3\frac{4}{5}$
2. $10\frac{1}{2}$
3. $4\frac{15}{20} = 4\frac{3}{4}$
4. $4\frac{4}{6} = 4\frac{2}{3}$
5. $5\frac{5}{8}$
6. $\frac{17}{8}$
7. $\frac{48}{5}$
8. $\frac{65}{16}$
9. $\frac{40}{7}$
10. $\frac{50}{3}$

Ejercicio 4: Comparación de fracciones

1. $\frac{2}{3} > \frac{1}{9}$
2. $\frac{7}{15} < \frac{3}{5}$
3. $\frac{9}{20} > \frac{1}{6}$
4. $\frac{5}{18} < \frac{4}{9}$
5. $\frac{1}{2} > \frac{1}{3}$
6. $0.22 < \frac{1}{3}$
7. $\frac{1}{2} > 0.18$
8. $0.578 > \frac{51}{100}$
9. $0.8821 < \frac{15}{17}$
10. $\frac{5}{13} < 0.42$

Ejercicio 5: Adición y sustracción de fracciones

1. $\mathbf{\frac{3}{5}}$
2. $\mathbf{\frac{11}{13}}$
3. $\mathbf{\frac{23}{18}}$ $\frac{4}{9} + \frac{5}{6} = \frac{4 \times 2}{9 \times 2} + \frac{5 \times 3}{6 \times 3} = \frac{8}{18} + \frac{15}{18} = \frac{23}{18}$
4. $\mathbf{\frac{1}{3}}$ $\frac{1}{12} + \frac{1}{4} = \frac{1}{12} + \frac{1 \times 3}{4 \times 3} = \frac{1}{12} + \frac{3}{12} = \frac{4 \div 4}{12 \div 4} = \frac{1}{3}$

RESPUESTAS Y EXPLICACIONES

5. $\mathbf{\frac{11}{21}}$ $\frac{5}{21}+\frac{2}{7}=\frac{5}{21}+\frac{2\times3}{7\times3}=\frac{5}{21}+\frac{6}{21}=\frac{11}{21}$

6. $\mathbf{\frac{1}{2}}$

7. $\mathbf{\frac{1}{2}}$

8. $\mathbf{\frac{5}{14}}$ $\frac{9}{14}-\frac{2}{7}=\frac{9}{14}-\frac{2\times2}{7\times2}=\frac{9}{14}-\frac{4}{14}=\frac{5}{14}$

9. $\mathbf{\frac{3}{25}}$ $\frac{8}{25}-\frac{1}{5}=\frac{8}{25}-\frac{1\times5}{5\times5}=\frac{8}{25}-\frac{5}{25}=\frac{3}{25}$

10. $\mathbf{\frac{1}{12}}$ $\frac{1}{3}-\frac{1}{4}=\frac{1\times4}{3\times4}-\frac{1\times3}{4\times3}=\frac{4}{12}-\frac{3}{12}=\frac{1}{12}$

Ejercicio 6: Multiplicación y división de fracciones

1. $\mathbf{\frac{3}{5}}$ $\frac{4}{5}\times\frac{3}{4}=\frac{1}{5}\times\frac{3}{1}=\frac{3}{5}$

2. $\mathbf{\frac{1}{90}}$ $\frac{1}{9}\times\frac{1}{10}=\frac{1}{90}$

3. $\mathbf{\frac{2}{63}}$ $\frac{2}{7}\times\frac{2}{18}=\frac{1}{7}\times\frac{2}{9}=\frac{2}{63}$

4. $\mathbf{\frac{2}{9}}$ $\frac{2}{3}\times\frac{1}{3}=\frac{2}{9}$

5. $\mathbf{\frac{1}{20}}$ $\frac{2}{15}\times\frac{3}{8}=\frac{1}{5}\times\frac{1}{4}=\frac{1}{20}$

6. $\mathbf{\frac{8}{33}}$ $\frac{2}{11}\div\frac{3}{4}=\frac{2}{11}\times\frac{4}{3}=\frac{8}{33}$

7. **2** $\frac{4}{5}\div\frac{2}{5}=\frac{4}{5}\times\frac{5}{2}=\frac{2}{1}\times\frac{1}{1}=\frac{2}{1}=2$

8. $\mathbf{\frac{15}{2}}$ $\frac{15}{16}\div\frac{1}{8}=\frac{15}{16}\times\frac{8}{1}=\frac{15}{2}\times\frac{1}{1}=\frac{15}{2}$

9. $\mathbf{\frac{2}{3}}$ $\frac{1}{2}\div\frac{3}{4}=\frac{1}{2}\times\frac{4}{3}=\frac{1}{1}\times\frac{2}{3}=\frac{2}{3}$

10. $\mathbf{\frac{76}{45}}$ $\frac{8}{9}\div\frac{10}{19}=\frac{8}{9}\times\frac{19}{10}=\frac{4}{9}\times\frac{19}{5}=\frac{76}{45}$

Ejercicio 7: Operaciones con números mixtos, números enteros y fracciones

1. $\mathbf{\frac{23}{5}}$ $5-\frac{2}{5}=\frac{5}{1}-\frac{2}{5}=\frac{25}{5}-\frac{2}{5}=\frac{23}{5}$

2. $\mathbf{\frac{1}{3}}$ $\frac{1}{9}\times3=\frac{1}{9}\times\frac{3}{1}=\frac{3}{9}=\frac{1}{3}$

3. **8** $4\div\frac{1}{2}=\frac{4}{1}\times\frac{2}{1}=\frac{8}{1}=8$

4. $\mathbf{4\frac{7}{8}}$ $3\frac{1}{4}\div\frac{2}{3}=\frac{13}{4}\times\frac{3}{2}=\frac{39}{8}=4\frac{7}{8}$

5. $\mathbf{1\frac{11}{15}}$ $8\frac{1}{3}-6\frac{3}{5}=\frac{25}{3}-\frac{33}{5}=\frac{125}{15}-\frac{99}{15}=\frac{26}{15}=1\frac{11}{15}$

6. $\mathbf{\frac{30}{7}}$ $4+\frac{2}{7}=\frac{4}{1}+\frac{2}{7}=\frac{28}{7}+\frac{2}{7}=\frac{30}{7}$

7. **12** $18\div\frac{3}{2}=\frac{18}{1}\times\frac{2}{3}=\frac{6}{1}\times\frac{2}{1}=\frac{12}{1}=12$

8. $\mathbf{\frac{12}{7}}$ $2\times\frac{6}{7}=\frac{2}{1}\times\frac{6}{7}=\frac{12}{7}$

9. $\mathbf{\frac{20}{3}}$ $10\times\frac{2}{3}=\frac{10}{1}\times\frac{2}{3}=\frac{20}{3}$

10. $\mathbf{\frac{89}{15}}$ $6-\frac{1}{15}=\frac{6}{1}-\frac{1}{15}=\frac{90}{15}-\frac{1}{15}=\frac{89}{15}$

Capítulo 5. Razones, tasas y proporciones

Ejercicio 1: Razones y tasas

1. **C**

2. **A**

3. **E**

4. $\mathbf{\frac{250}{1}}$ $\frac{500}{2}=\frac{250}{1}$

RESPUESTAS Y EXPLICACIONES

5. $\mathbf{\frac{3}{2}}$
6. $\mathbf{\frac{3}{1}}$ $\frac{15}{5}=\frac{3}{1}$
7. $\mathbf{\frac{4}{1}}$ $\frac{400}{100}=\frac{4}{1}$
8. **5:6** 10:12 = 5:6
9. La familia Anderson viajó a una tasa de $\frac{300 \text{ millas}}{6 \text{ horas}}=\frac{50 \text{ millas}}{1 \text{ hora}}$, mientras que la familia Lambert lo hizo a una tasa de $\frac{200 \text{ millas}}{5 \text{ horas}}=\frac{40 \text{ millas}}{1 \text{ hora}}$.
10. $\mathbf{\frac{4}{1}}$

Ejercicio 2: Proporciones

1. **9** $8n=72 \Rightarrow n=72 \div 8=9$
2. **10** $15a=150 \Rightarrow a=150 \div 15=10$
3. **16** $5x=80 \Rightarrow x=80 \div 5=16$
4. **18** $9m=162 \Rightarrow m=162 \div 9=18$
5. **4** $8x=32 \Rightarrow x=32 \div 8=4$

Ejercicio 3: Problemas verbales con proporciones

1. **24 mujeres** $\frac{5}{3}=\frac{40}{m}$ y
   $5m=120 \Rightarrow m=120 \div 5=24$
2. **2 horas** $\frac{4}{30}=\frac{h}{15}$ y
   $30h=60 \Rightarrow h=60 \div 30=2$
3. **10 libras** $\frac{20}{2}=\frac{100}{n}$ y
   $20n=200 \Rightarrow n=200 \div 20=10$
4. **4.5 horas** $\frac{40}{3}=\frac{60}{h}$ y
   $40h=180 \Rightarrow h=180 \div 40=4.5$
5. **1.6 pulgadas** $\frac{1}{10}=\frac{E}{16}$ y
   $10E=16 \Rightarrow E=16 \div 10=1.6$

Capítulo 6. Los porcentajes y sus aplicaciones

Ejercicio 1: Conversiones entre fracciones, decimales y porcentajes

1. 0.3, $\frac{3}{10}$
2. 0.22, $\frac{11}{50}$
3. 0.49, $\frac{49}{100}$
4. 0.01, $\frac{1}{100}$
5. 0.08, $\frac{2}{25}$
6. 4.4%
7. 90%
8. 0.1%
9. **37.5%** $100 \times (3 \div 8)=37.5$
10. **70%** $100 \times (7 \div 10)=70$

Ejercicio 2: Problemas con porcentajes

1. **25%** $\frac{15}{60}=0.25$
2. **20%** $\frac{200}{1000}=0.2$
3. **128.6%** $\frac{45}{35}=1.286$

RESPUESTAS Y EXPLICACIONES

4. **150** $0.6 \times 250 = 150$
5. **0.5** $0.03 \times 18 = 0.5$
6. **0.5** $0.005 \times 90 = 0.45$
7. **72** $3.6 \times 20 = 72$
8. **45** $\frac{18}{n} = \frac{40}{100}$ y

   $40n = 1800 \Rightarrow n = 1800 \div 40 = 45$
9. **1000** $\frac{100}{n} = \frac{10}{100}$ y

   $10n = 10{,}000 \Rightarrow n = 10{,}000 \div 10 = 1000$
10. **50** $\frac{75}{n} = \frac{150}{100}$ y

    $150n = 7500 \Rightarrow n = 7500 \div 150 = 50$

Ejercicio 3: Problemas verbales con porcentajes

1. **$4.20** 0.03×140
2. **2,600 pies cuadrados**

   $\frac{390}{x} = \frac{15}{100}$ y

   $15x = 39{,}000 \Rightarrow x = 39{,}000 \div 15 = 2600$
3. **$5.82** $0.01 \times 580.00 + 0.02 = 5.82$
4. **21.6%** $100\% \times \frac{125-98}{125} = 21.6\%$
5. **12 minutos** $0.4 \times 30 = 12$

Ejercicio 4: Interés simple

1. **$2,080.00** $I = 2000(0.16)\left(\frac{3}{12}\right) = 80$, la cantidad total de dinero que se deberá pagar es $80 más el capital
2. **$21,500** $860 = P(0.08)\left(\frac{6}{12}\right)$

   $860 = 0.04P$

   $P = 860 \div 0.04 = 21{,}500$
3. **$72** $I = 900(0.04)(2) = 72$
4. **$6,000 al 2.6%** La inversión al 3% obtendrá:

   $I = 5000(0.03)(1) = 150$

   La inversión al 2.6% obtendrá:

   $I = 6000(0.026)(1) = 156$
5. **19.5%** El interés pagado era:

   $10,000 − $11,950 = $1,950

   $1950 = 10{,}000(r)(1)$

   $r = 1950 \div 10{,}000 = 0.195$

Capítulo 7. La recta numérica y los números negativos

Ejercicio 1: Adición y sustracción de números negativos

1. 3
2. −6
3. −64
4. −23
5. −12
6. −4
7. 14
8. 5
9. 1
10. −22

Ejercicio 2: Multiplicación y división de números negativos

1. −24
2. 25

RESPUESTAS Y EXPLICACIONES

3. −10
4. −16
5. 18
6. −2
7. 3
8. −4
9. 2
10. −3

Capítulo 8. Probabilidad y cálculos

Ejercicio 1: Probabilidad básica

1. **0.02** $\frac{10}{500}$
2. **0.44** $\frac{8}{18}$
3. **0.15** $\frac{15}{100}$
4. **0.05** $\frac{1}{20}$
5. **0.67** $\frac{6}{9}$

Ejercicio 2: Probabilidad compuesta

1. $\mathbf{\frac{10}{17}}$ Una vez que se ha seleccionado al primer alumno, quedan solo 17 alumnos en el grupo. Pero como el alumno seleccionado era de cuarto grado, todavía quedan los 10 alumnos de tercer grado.
2. $\mathbf{\frac{1}{2}}$ $\frac{3}{10}+\frac{4}{10}-\frac{2}{10}=\frac{5}{10}$
3. $\mathbf{\frac{2}{7}}$ $\frac{4}{7}\times\frac{3}{6}=\frac{12}{42}$
4. $\mathbf{\frac{1}{399}}$ Una vez que se ha otorgado el primer premio, todavía quedan 399 participantes en el concurso.
5. $\mathbf{\frac{5}{23}}$ $\frac{10}{46}$

Ejercicio 3: Cálculos

1. **18** $3\times2\times3$
2. **30** 10×3
3. **6,840** $20\times19\times18$ (Como cada miembro no puede ocupar más de una posición, hay un miembro disponible menos después de cada elección.)
4. **48** 8×6
5. **288** $3\times2\times2\times4\times3\times2\times1$

Capítulo 9. La estadística y el análisis de datos

Ejercicio 1: El análisis de conjuntos de datos

1. **10.26 años** $\frac{10(9)+6(12)+3(11)}{10+6+3}=\frac{195}{19}=10.26$
2. **$447.33**

$$\frac{451+690+318+500+405+320}{6}=\frac{2684}{6}=447.3$$

RESPUESTAS Y EXPLICACIONES

3. **\$428.00** $\frac{405+451}{2}=\frac{856}{2}=428$
4. **\$372.00** $690-318=372$
5. **C** Esa calificación es un valor atípico y "atraerá" la media en su dirección.

Ejercicio 2: Diagramas de barras y gráficas de sectores

1. **Marzo** $80+90=170$
2. **40**
3. **Abril**
4. **135** $70+65=135$
5. **Febrero** Este mes tiene la mayor diferencia de altura entre las barras.
6. **324** $0.18(1800)=324$
7. **Asociado senior I**
8. **900** $0.5(1800)=900$
9. **18** $\frac{0.02(1800)}{2}=\frac{36}{2}=18$
10. **4:1** $\frac{0.4(1800)}{0.1(1800)}=\frac{720}{180}=\frac{4}{1}$

Ejercicio 3: Histogramas y diagramas de puntos y de cajas

1. **15** Cantidad total de puntos
2. **3**
3. **7**
4. **Grupo 1**
5. **60**
6. **25%** Según el diagrama de cajas, 60 corresponde al tercer cuartil.
7. **32** $2+6+8+10+6$
8. **26** $2+6+8+10$
9. **50%** $\frac{16}{32}=0.5$
10. **6.25%** $\frac{2}{32}=0.0625$

Ejercicio 4: Relaciones entre dos conjuntos de datos

1. **40 millas** $50-10=40$
2. **3, 4, 5 y 6**
3. **4400**
4.

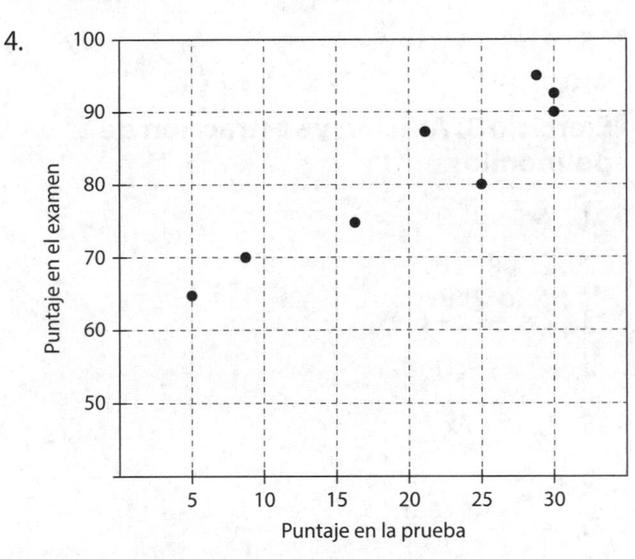

5. **B** La tendencia general es positiva.

Capítulo 10. Expresiones algebraicas

Ejercicio 1: Evaluación de expresiones algebraicas

1. **−40** $5(-6)-10=-40$
2. **−20** $16(-1)-4=-16-4=-20$
3. **−9** $9(0-1)=9(-1)=-9$
4. **−29** $-2(2)^4+2^2-1=-2(16)+4-1=-32+4-1=-29$
5. **12** $3^2+5(3)-12=9+15-12=12$

RESPUESTAS Y EXPLICACIONES

6. **14** $2(4-5)^2+3(4)=2(-1)^2+12=2+12=14$
7. **−28** $-(3)^3-1=-(27)-1=-27-1=-28$
8. **−7** $\frac{0-7}{0+1}=\frac{-7}{1}=-7$
9. **−5** $\frac{(1)^2-6(1)}{1}=\frac{1-6}{1}=\frac{-5}{1}=-5$
10. **Indefinido** $\frac{2^2+6}{2^2-4}=\frac{4+6}{4-4}=\frac{10}{0}$

Ejercicio 2: Combinación de términos semejantes

1. $\mathbf{6x+10}$
2. $\mathbf{17y-4}$
3. $\mathbf{-16z^2}$
4. $\mathbf{-x+4}$ $-2(x-2)+x=-2x+4+x$
5. $\mathbf{11y^4+5}$ $16y^4+5(1-y^4)=16y^4+5-5y^4$

Ejercicio 3: Adición y sustracción de polinomios

1. $2x^2-3$
2. x^5+8
3. $2x^2-7x+6$
4. x^4-x^2+x
5. $13x^2+7x-1$
6. -14
7. x
8. $-3x^2-5x+1$
9. $x^2-15x-2$
10. $4x^3-2x^2-3x$

Ejercicio 4: Multiplicación de polinomios (términos simples)

1. $4x^3$
2. x^6
3. $30x^4$
4. $-3x^2$
5. $6xy^2$

Ejercicio 5: Multiplicación de polinomios (términos simples y más complejos)

1. $-6x^2-54x$
2. $\frac{1}{2}x^3-x^2+2x$
3. $x^5-5x^4-x^6$
4. $-5x^4-50x^2$
5. $4x^7-4x^5+24x^4-36x^3$

Ejercicio 6: Multiplicación de dos binomios

1. x^2+x-2
2. $5x^2+23x-10$
3. $-8x^2+10x-2$
4. x^4-1
5. $2x^3-9x^2-12x+54$

Ejercicio 7: Multiplicación de polinomios de más de dos términos

1. $\mathbf{x^3+2x^2-14x-3}$
   $x^3+5x^2+x-3x^2-15x-3=x^3+2x^2-14x-3$
2. $\mathbf{-2x^3-3x^2+7x+4}$
   $-2x^3-2x^2+8x-x^2-x+4=-2x^3-3x^2+7x+4$
3. $\mathbf{9x^3+21x^2-16x+6}$
   $9x^3-6x^2+2x+27x^2-18x+6=9x^3+21x^2-16x+6$
4. $\mathbf{x^5-x^4+x^3-x}$
   $x^5+x^3+x^2-x^4-x^2-x=x^5-x^4+x^3-x$
5. $\mathbf{x^5+2x^4-x^3-4x^2-8x+4}$
   Este es el resultado de distribuir ambos términos. No se puede simplificar más.

RESPUESTAS Y EXPLICACIONES

Ejercicio 8: Factorización por el máximo factor común

1. $3(x^2+3)$
2. $4x^2(x-4)$
3. $9(2x+1)$
4. $x(x^4-x-2)$
5. $2x^2(5x+7)$

Ejercicio 9: Factorización en dos binomios

1. $(x-3)(x-4)$
2. $(x-2)(x+1)$
3. $(x-6)(x+3)$
4. $(x-10)(x+4)$
5. $(x-2)(x-3)$

Ejercicio 10: Diferencia de cuadrados

1. $(x+1)(x-1)$
2. $(x+2)(x-2)$
3. $(x+9)(x-9)$
4. $(x+6)(x-6)$
5. $(x+3)(x-3)$

Ejercicio 11: Simplificación de expresiones racionales

1. $\mathbf{\frac{1}{x-2}}$ $\quad \frac{x+5}{x^2+3x-10}=\frac{x+5}{(x+5)(x-2)}=\frac{1}{x-2}$
2. $\mathbf{\frac{x-7}{x}}$ $\quad \frac{x^2-7x}{x^2}=\frac{x(x-7)}{x(x)}=\frac{x-7}{x}$
3. $\mathbf{x-1}$ $\quad \frac{x^3-x^2}{x^2}=\frac{x^2(x-1)}{x^2}=\frac{x-1}{1}=x-1$
4. $\mathbf{\frac{x+2}{x+1}}$ $\quad \frac{x^2+x-2}{x^2-1}=\frac{(x+2)(x-1)}{(x+1)(x-1)}=\frac{x+2}{x+1}$
5. $\mathbf{\frac{x}{x-4}}$ $\quad \frac{2x}{2x-8}=\frac{2(x)}{2(x-4)}=\frac{x}{x-4}$

Ejercicio 12: Adición y sustracción de expresiones racionales

1. $\mathbf{\frac{-x^2+x+2}{x^2}}$ $\quad \frac{x(1-x)}{x(x)}+\frac{2}{x^2}=\frac{x-x^2}{x^2}+\frac{2}{x^2}=\frac{-x^2+x+2}{x^2}$
2. $\mathbf{\frac{2x^2-10x+4}{x^2-25}}$ $\quad \frac{(x-5)(2x-1)}{(x-5)(x+5)}+\frac{x-1}{x^2-25}=\frac{2x^2-11x+5}{x^2-25}+\frac{x-1}{x^2-25}=\frac{2x^2-10x+4}{x^2-25}$
3. $\mathbf{\frac{x^2+1}{x^3}}$ $\quad \frac{(x^2)1}{(x^2)x}+\frac{1}{x^3}=\frac{x^2}{x^3}+\frac{1}{x^3}=\frac{x^2+1}{x^3}$
4. $\mathbf{\frac{x^2-x-5}{x^2-5x+6}}$ $\quad \frac{(x-2)(1)}{(x-2)(x-3)}+\frac{(x-3)(x+1)}{(x-3)(x-2)}$

   $=\frac{x-2}{x^2-5x+6}+\frac{x^2-2x-3}{x^2-5x+6}=\frac{x^2-x-5}{x^2-5x+6}$
5. $\mathbf{\frac{3x+5}{x-6}}$ $\quad \frac{x+5}{x-6}+\frac{2x}{x-6}=\frac{x+5+2x}{x-6}=\frac{3x+5}{x-6}$
6. $\mathbf{\frac{1}{2x}}$ $\quad \frac{(2)1}{(2)x}-\frac{1}{2x}=\frac{2}{2x}-\frac{1}{2x}=\frac{1}{2x}$
7. $\mathbf{\frac{-3}{x^2-4}}$ $\quad \frac{x-1}{x^2-4}-\frac{1(x+2)}{(x-2)(x+2)}=\frac{x-1}{x^2-4}-\frac{x+2}{x^2-4}=\frac{x-1-x-2}{x^2-4}=\frac{-3}{x^2-4}$

RESPUESTAS Y EXPLICACIONES

8. $\dfrac{9x+11}{x^2-3x-10}$ $\quad \dfrac{(x+3)(x+2)}{(x-5)(x+2)}-\dfrac{(x+1)(x-5)}{(x+2)(x-5)}=$

$\dfrac{x^2+5x+6}{x^2-3x-10}-\dfrac{x^2-4x-5}{x^2-3x-10}=\dfrac{x^2+5x+6-x^2+4x+5}{x^2-3x-10}=\dfrac{9x+11}{x^2-3x-10}$

9. $\dfrac{3x}{x-1}$ $\quad \dfrac{6x}{x-1}-\dfrac{3x}{x-1}=\dfrac{3x}{x-1}$

10. $\dfrac{4-3x^3}{x^4}$ $\quad \dfrac{4}{x^4}-\dfrac{3(x^3)}{x(x^3)}=\dfrac{4}{x^4}-\dfrac{3x^3}{x^4}=\dfrac{4-3x^3}{x^4}$

Ejercicio 13: Multiplicación y división de expresiones racionales

1. $\dfrac{2}{x^2+x}$ $\quad \dfrac{2}{x}\cdot\dfrac{1}{x+1}=\dfrac{2}{x(x+1)}=\dfrac{2}{x^2+x}$

2. $\dfrac{x^2}{x^2-25}$ $\quad \dfrac{x}{x-5}\cdot\dfrac{x}{x+5}=\dfrac{x^2}{(x-5)(x+5)}=\dfrac{x^2}{x^2-25}$

3. $\dfrac{x^2+x-2}{4x^2}$ $\quad \dfrac{x-1}{4x}\cdot\dfrac{x+2}{x}=\dfrac{(x-1)(x+2)}{4x(x)}=\dfrac{x^2+x-2}{4x^2}$

4. $\dfrac{x^2+2}{x-5}$ $\quad \dfrac{x^2+2}{x+1}\cdot\dfrac{x+1}{x-5}=\dfrac{x^2+2}{1}\cdot\dfrac{1}{x-5}=\dfrac{x^2+2}{x-5}$

5. $\dfrac{x-2}{2x+8}$ $\quad \dfrac{x-3}{x+4}\cdot\dfrac{x-2}{2x-6}=\dfrac{x-3}{x+4}\cdot\dfrac{x-2}{2(x-3)}=\dfrac{1}{x+4}\cdot\dfrac{x-2}{2}=\dfrac{x-2}{2x+8}$

6. $\dfrac{1}{4x}$ $\quad \dfrac{1}{x^2}\div\dfrac{4}{x}=\dfrac{1}{x^2}\cdot\dfrac{x}{4}=\dfrac{1}{x}\cdot\dfrac{1}{4}=\dfrac{1}{4x}$

7. $\dfrac{x-6}{5x-10}$ $\quad \dfrac{x}{x-2}\div\dfrac{5x}{x-6}=\dfrac{x}{x-2}\cdot\dfrac{x-6}{5x}=\dfrac{1}{x-2}\cdot\dfrac{x-6}{5}=\dfrac{x-6}{5x-10}$

8. $\dfrac{x^3+5x+4}{x+2}$ $\quad \dfrac{x+4}{x-1}\div\dfrac{x+2}{x^2-1}=\dfrac{x+4}{x-1}\cdot\dfrac{x^2-1}{x+2}=\dfrac{x+4}{x-1}\cdot\dfrac{(x+1)(x-1)}{x+2}$

$=\dfrac{x+4}{1}\cdot\dfrac{x+1}{x+2}=\dfrac{x^2+5x+4}{x+2}$

9. $\dfrac{x^3+2x^2}{x-5}$ $\quad \dfrac{x^3}{x-5}\div\dfrac{x}{x+2}=\dfrac{x^3}{x-5}\cdot\dfrac{x+2}{x}=\dfrac{x^2}{x-5}\cdot\dfrac{x+2}{1}=\dfrac{x^3+2x^2}{x-5}$

10. $\dfrac{x+4}{x+3}$ $\quad \dfrac{x+1}{x+3}\div\dfrac{x+1}{x+4}=\dfrac{x+1}{x+3}\cdot\dfrac{x+4}{x+1}=\dfrac{1}{x+3}\cdot\dfrac{x+4}{1}=\dfrac{x+4}{x+3}$

Ejercicio 14: Redacción de expresiones algebraicas

1. $\dfrac{2000}{k}$
2. $x+505$
3. $y+6$
4. $0.15m+30$
5. $\dfrac{20}{n}$

RESPUESTAS Y EXPLICACIONES

Capítulo 11. Resolución de ecuaciones y desigualdades

Ejercicio 1: Ecuaciones de un solo paso

1. $x = \frac{2}{3}$
2. $x = 5$
3. $x = 20$
4. $x = 17$
5. $x = -4$

Ejercicio 2: Ecuaciones de dos pasos

1. $x = 8$
2. $x = 12$
3. $x = 4$
4. $x = -16$
5. $x = \frac{3}{2}$

Ejercicio 3: Ecuaciones de pasos múltiples

1. $\mathbf{x = -1}$ $\quad -2(x+4) = x-5$
   $-2x-8 = x-5$
   $-3x = 3$
   $x = -1$
2. $\mathbf{x = 3}$ $\quad 3x+1 = x+7$
   $2x = 6$
   $x = 3$
3. $\mathbf{x = -\frac{5}{2}}$ $\quad -x+4 = x+9$
   $-2x+4 = 9$
   $-2x = 5$
   $x = -\frac{5}{2}$
4. $\mathbf{x = \frac{1}{2}}$ $\quad 3(x+1) = 9x$
   $3x+3 = 9x$
   $3 = 6x$
   $\frac{3}{6} = x$
5. $\mathbf{x = \frac{22}{3}}$ $\quad -9x+4 = -3(2x+6)$
   $-9x+4 = -6x-18$
   $-3x = -22$
   $x = \frac{22}{3}$

Ejercicio 4: Resolución de desigualdades

1. $x > 5$
2. $x < 14$
3. $x < 6$
4. $x \geq 1$
5. $x \leq -24$

Ejercicio 5: Redacción de ecuaciones lineales y desigualdades

1. $\mathbf{x = 2y - 3}$
2. $\mathbf{G \geq 90}$
3. $\mathbf{x > 6}$ $\quad x > (2)(3)$
4. $\mathbf{m \geq 305}$ $\quad m \geq 300+5$
5. $\mathbf{w = r - 34}$

Ejercicio 6: Problemas verbales con ecuaciones y desigualdades

1. **120** $\quad 125 + 0.14m = 141.80$
2. **−12** $\quad x - 10 = 2x + 2$
3. **15** $\quad \frac{2+3+4+y}{4} = 6$

RESPUESTAS Y EXPLICACIONES

4. **480** $\frac{n}{40}=12$

5. **11** $6+2s=28$

Ejercicio 7: Resolución de sistemas de ecuaciones

1. $x=-1, y=1$
2. $x=4, y=4$
3. $x=0, y=2$
4. $x=1, y=6$
5. $x=2, y=-2$

Ejercicio 8: Problemas verbales y sistemas de ecuaciones

1. **40** $n+d=61$
   $0.05n+0.10d=4.10$
2. **8** $10v+15a=260$
   $v+a=20$
3. **20** $m+b=40$
   $1.5m+2b=70$
4. **5** $a+1.5c=14$
   $1.5a+2c=19.5$
5. **10** $95g+12c=1022$
   $6g+3c=78$

Ejercicio 9: Resolución de ecuaciones cuadráticas con la regla de la raíz cuadrada

1. $x=2\sqrt{3},-2\sqrt{3}$
2. $x=9,-9$
3. $x=4,-4$
4. $x=3\sqrt{2},-3\sqrt{2}$
5. $x=0,-4$

Ejercicio 10: Resolución de ecuaciones cuadráticas por factorización

1. $\mathbf{x=4,-1}$ $(x-4)(x+1)=0$
2. $\mathbf{x=2,3}$ $(x-2)(x-3)=0$
3. $\mathbf{x=-2,-1}$ $(x+2)(x+1)=0$
4. $\mathbf{x=3,6}$ $x^2-9x+18=(x-6)(x-3)=0$
5. $\mathbf{x=-4,1}$ $x^2+3x-4=(x+4)(x-1)=0$

Ejercicio 11: Resolución de ecuaciones cuadráticas con la fórmula cuadrática

1. $\mathbf{x=5,-2}$ $x=\frac{3\pm\sqrt{9-4(1)(-10)}}{2}=\frac{3\pm\sqrt{49}}{2}=\frac{3\pm7}{2}$

2. $\mathbf{x=-3,1}$ $x=\frac{-2\pm\sqrt{4-4(1)(-3)}}{2}=\frac{-2\pm\sqrt{16}}{2}=\frac{-2\pm4}{2}=-1\pm2$

3. $\mathbf{x=\frac{1}{2},-\frac{2}{3}}$ $x=\frac{-1\pm\sqrt{1-4(6)(-2)}}{12}=\frac{-1\pm\sqrt{49}}{12}=\frac{-1\pm7}{12}$

4. $\mathbf{x=\frac{2}{3},-2}$ $x=\frac{-4\pm\sqrt{16-4(3)(-4)}}{6}=\frac{-4\pm\sqrt{64}}{6}=\frac{-4\pm8}{6}=\frac{-2\pm4}{3}$

5. $\mathbf{x=2+\sqrt{2},2-\sqrt{2}}$ $x=\frac{4\pm\sqrt{16-4(1)(2)}}{2}=\frac{4\pm\sqrt{8}}{2}=\frac{4\pm2\sqrt{2}}{2}=2\pm\sqrt{2}$

RESPUESTAS Y EXPLICACIONES

Capítulo 12. Representación gráfica de ecuaciones

Ejercicio 1: Representación gráfica de puntos

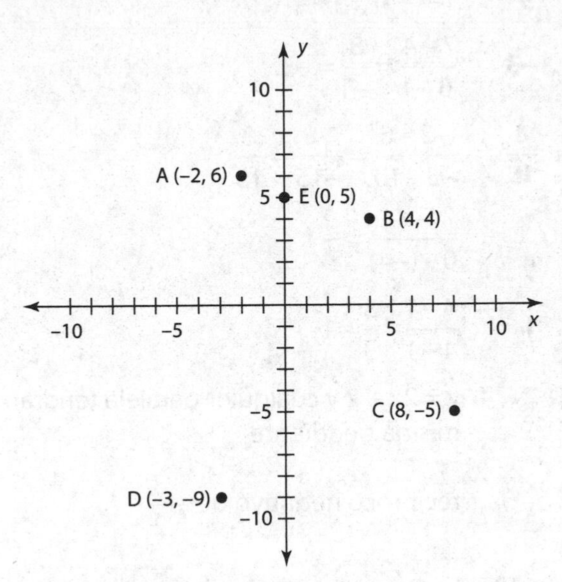

Ejercicio 2: Representación gráfica de rectas

1.

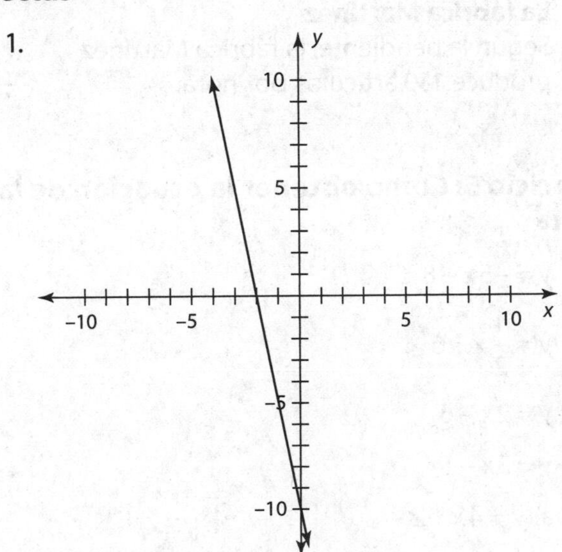

2.

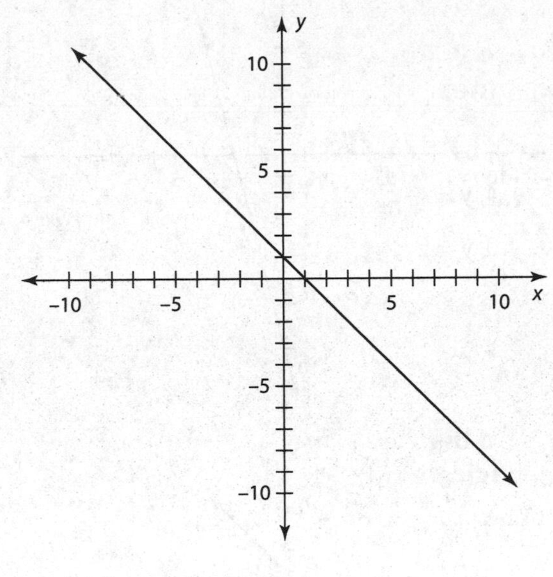

3.

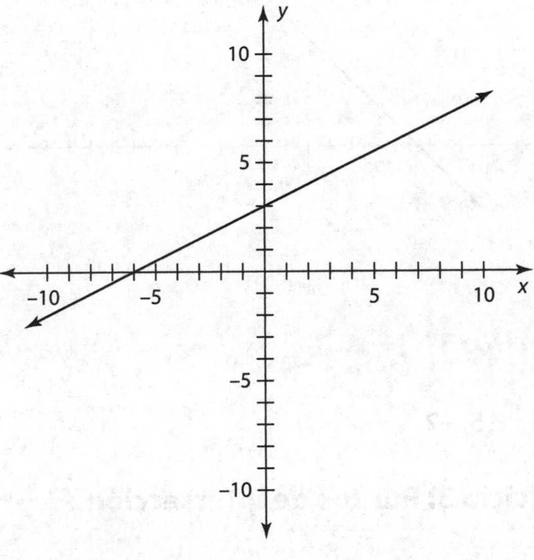

RESPUESTAS Y EXPLICACIONES

4.

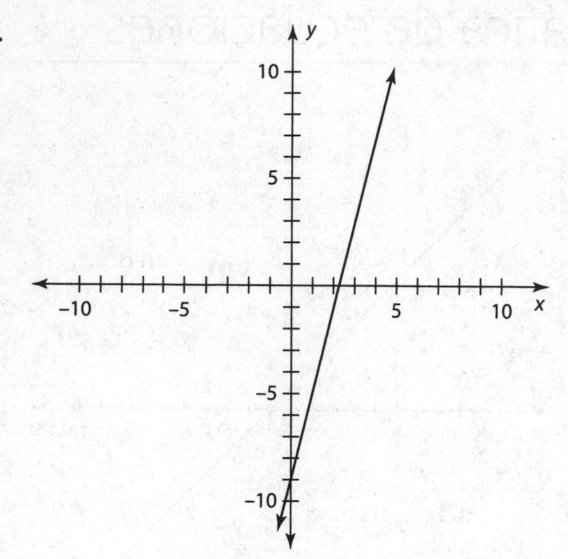

5.

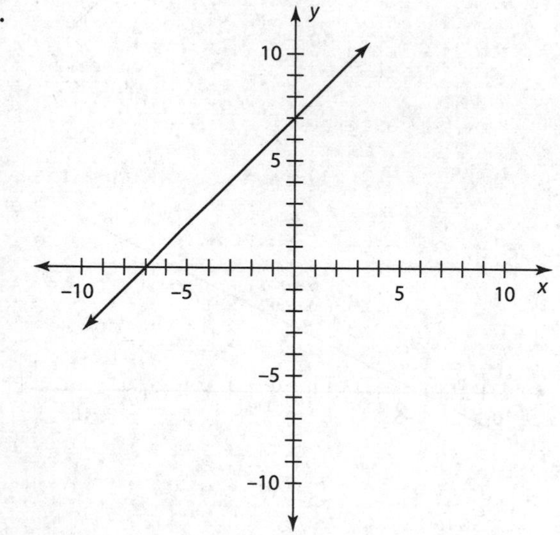

Ejercicio 3: Puntos de intersección

1. x intersecta en $\frac{8}{3}$; y intersecta en −2
2. x intersecta en −5; y intersecta en 5
3. x intersecta en $\frac{5}{4}$; y intersecta en −10
4. x intersecta en 5; y intersecta en −15
5. x intersecta en 2; y intersecta en 2

Ejercicio 4: Pendiente de la recta

1. **7** $\frac{6-(-8)}{2-0}=\frac{6+8}{2}=\frac{14}{2}=7$
2. $\mathbf{\frac{4}{5}}$ $\frac{6-2}{1-(-4)}=\frac{4}{1+4}=\frac{4}{5}$
3. **−3** $\frac{7-4}{0-1}=\frac{3}{-1}=-3$
4. $\mathbf{\frac{8}{15}}$ $\frac{-2-6}{-5-10}=\frac{-8}{-15}=\frac{8}{15}$
5. $\mathbf{\frac{1}{4}}$ $\frac{1-0}{0-(-4)}=\frac{1}{4}$
6. **1** $\frac{4-1}{4-1}=\frac{3}{3}=1$
7. **2** $y = 2x + 2$ y cualquier paralela tendrán la misma pendiente
8. $\mathbf{\frac{2}{3}}$ recíproco negativo de $-\frac{3}{2}$
9. **100** La tasa de unidad es la pendiente. $\frac{500-100}{5-1}=\frac{400}{4}=100$
10. **La fábrica Martínez** Según la pendiente, la fábrica Martínez produce 150 artículos por hora.

Ejercicio 5: Cómo obtener la ecuación de la recta

1. $y=-5x+8$
2. $y=\frac{1}{2}x+6$
3. $y=2x-6$
4. $y=3x-1$
5. a) $y=4x+2$

   b) $y=-\frac{1}{4}x+\frac{1}{4}$

RESPUESTAS Y EXPLICACIONES

Capítulo 13. Funciones

Ejercicio 1: Evaluación de funciones

1. **22** $5(4)+2=20+2=22$
2. **−28** $5(-6)+2=-30+2=-28$
3. **3** $2(0)^2-0+3=2(0)+3=3$
4. **6** $2(-1)^2-(-1)+3=2(1)+1+3=2+1+3=6$
5. **9** $2(2)^2-2+3=2(4)-2+3=8-2+3=9$

Ejercicio 2: Reconocimiento de funciones

1. Es una función.
2. No es una función.
3. Es una función.
4. Es una función.
5. No es una función.

Ejercicio 3: Intersecciones

1. x intercepta en 2; y intercepta en 6
2. x intercepta en −1, 5, 10; y intercepta en 4
3. x intercepta en 0; y intercepta en 0
4. x intercepta en −5, 1; y intercepta en 3
5. x intercepta en −2; y intercepta en 8

Ejercicio 4: Otras propiedades de las funciones

1. x es menor que −4, x está entre −1 y 1, y x es mayor que 4
2. x está entre −4 y −1, y x está entre 1 y 4
3. Mínimos relativos en $x=-3$ y $x=3$
4. Máximo relativo en $x=0$
5. La función crece cuando x está entre −3 y 0, y cuando x es mayor que 3.
6. La función decrece cuando x es menor que −3, y cuando x está entre 0 y 3.
7. Cuando el valor de x se vuelve muy grande, $f(x)$ también crece.
8. Cuando el valor de x se vuelve muy negativo, $f(x)$ crece mucho.
9. 4
10. 1

Capítulo 14. Geometría

Ejercicio 1: Área y perímetro de los polígonos

1. **36 pies** $9+12+15$
2. **Área: 64 pulgadas cuadradas** 8×8
   Perímetro: 32 pulgadas $8+8+8+8$
3. **Área: 32 metros cuadrados** 16×2
   Perímetro: 36 metros $16+16+2+2$
4. **$x=5$** $8x=40$
5. **12** $3x=36$

RESPUESTAS Y EXPLICACIONES

Ejercicio 2: Círculos

1. **50.3 pies cuadrados** $\pi 4^2 = 16\pi$
2. **25.1 pies** $2\pi(4) = 8\pi$
3. **125.7 metros** el radio es de 20 m; $2\pi(20) = 40\pi$
4. **5.6 pies** $100 = \pi r^2$

   $r^2 = \frac{100}{3.14} = 31.85$

   $r = \sqrt{31.85} = 5.6$
5. **30 pulgadas** $30\pi = 2\pi r$

   $r = \frac{30\pi}{2\pi} = 15 \Rightarrow d = 30$

Ejercicio 3: Volumen y área de superficie de objetos tridimensionales

1. **4188.8 metros cúbicos** $\frac{4}{3}\pi 10^3$
2. **3 pies** $6(10)x = 180$
3. **10.7 metros cúbicos**

   $\frac{1}{3}$ (área de la base) (altura) $= \frac{1}{3}(4 \times 4)(2)$
4. **12 pies cúbicos**

   Queda la mitad del espacio: $\frac{1}{2}(6)(2)(2) = 12$
5. **6785.8 pies cúbicos** El radio es igual a 6.

   Volumen de un cilindro: $\pi(6)^2(30) = 3392.9$; volumen de los dos $= 2 \times 3392.9 = 6785.8$

Ejercicio 4: Figuras complejas

1. **1400 metros** 300 + 300 + 200 + 100 + 100 + 400
2. **100,000 metros cuadrados** $(300 \times 300) + (100 \times 100)$
3. **100 metros**
4. **30 milímetros cúbicos** $(2 \times 3 \times 2) + (3 \times 2 \times 3)$
5. **62 milímetros cuadrados**

   Área de superficie del prisma más pequeño: $(2 \times 3) + 2(2 \times 2) + 2(2 \times 3) = 26$

   Área de superficie del prisma más grande: $2(3 \times 2) + (1 \times 3) + (3 \times 3) + 2(3 \times 2) = 36$

   Área de superficie total: $26 + 36 = 62$

Ejercicio 5: El teorema de Pitágoras

1. **18.0** $c^2 = 10^2 + 15^2$

   $c = \sqrt{325} = 18.0$
2. **4 pulgadas** $a^2 + 3^2 = 5^2$

   $a^2 = 16$

   $a = 4$
3. **11.2** $x^2 = 5^2 + 10^2$

   $x^2 = 125$

   $x = \sqrt{125} = 11.2$
4. **9 pies** $a^2 + 12^2 = 15^2$

   $a^2 + 144 = 225$

   $a^2 = 225 - 144$

   $a^2 = 81$

   $a = \sqrt{81} = 9$
5. **24** Para obtener el perímetro, deberá encontrar primero la longitud del cateto restante.

   $a^2 + 6^2 = 10^2$

   $a^2 = 64$

   $a = \sqrt{64} = 8$

   $P = 10 + 6 + 8 = 24$

Ciencia

El examen de Ciencia

La sección de Ciencia del examen de GED® evalúa su conocimiento de temas clave de las distintas ciencias y su comprensión de las prácticas científicas básicas. El examen consiste en aproximadamente 40 preguntas, y usted dispondrá de 90 minutos para completarlo. Alrededor del 40 por ciento del examen está centrado en preguntas sobre las ciencias de la vida, aproximadamente otro 40 por ciento en las ciencias físicas y el 20 por ciento restante en las ciencias de la Tierra y el espacio.

Las preguntas en el examen de Ciencia pueden referirse a información incluida en un pasaje o texto breve, una gráfica, una tabla u otra representación gráfica de datos científicos. A veces, dos o tres preguntas se referirán al mismo texto breve, gráfica o tabla. Esas preguntas evaluarán su capacidad de interpretar información científica.

La mayoría de las preguntas del examen de Ciencia son de opción múltiple e incluyen cuatro respuestas. Sin embargo, algunas preguntas emplean técnicas interactivas, como "arrastrar y soltar", rellenar espacios o recuadros en blanco, menús desplegables y respuestas breves. Para una explicación detallada y ejemplos de estos formatos, véase la sección "Introducción al examen de GED®" al comienzo de esta publicación.

Repaso de los conocimientos de Ciencia

Las partes siguientes de esta publicación presentan un exhaustivo repaso de los conocimientos que se evalúan en el examen de Ciencia. Cada tema importante va acompañado de un ejercicio que le permitirá poner a prueba su dominio de los conceptos. Las preguntas de ejercitación incluyen ejemplos de textos breves, gráficas, tablas y otras representaciones gráficas como los que encontrará el día del examen. Preste mucha atención a las explicaciones de cada pregunta, lo que le permitirá familiarizarse con todos los tipos diferentes de preguntas de la sección de Ciencia y aprender estrategias de examen que lo ayudarán a mejorar su puntaje. Si usted ya ha realizado el examen preliminar de Ciencia que se encuentra al comienzo de esta publicación, asegúrese de estudiar aquellas secciones que se refieren a las preguntas que no supo contestar o tuvo dificultad para hacerlo.

La sección de repaso de los conocimientos de Ciencia está organizada de la forma siguiente:

Ciencia

Parte 1	**Ciencias de la vida**
Capítulo 1	Las estructuras y funciones de la vida
Capítulo 2	Las funciones de la vida y el consumo de energía

Capítulo 3	La herencia
Capítulo 4	La evolución
Capítulo 5	Los ecosistemas
Capítulo 6	El cuerpo humano y la salud
Parte 2	**Ciencias físicas**
Capítulo 7	Interacciones químicas
Capítulo 8	La energía
Capítulo 9	El movimiento y las fuerzas
Parte 3	**Ciencias de la Tierra y el espacio**
Capítulo 10	El espacio
Capítulo 11	La Tierra
Capítulo 12	Interacción entre la Tierra y los seres vivos

Las respuestas y explicaciones a todos los ejercicios de práctica aparecen al final de esta sección.

Destrezas necesarias para tener éxito en el examen de Ciencia de GED®

Memorizar y recordar gran cantidad de información científica es menos importante que aprender a pensar como un científico. Usted deberá estar en condiciones de aplicar los conceptos científicos de forma novedosa y resolver problemas inéditos usando el pensamiento crítico.

Las prácticas científicas que se espera que usted sepa aplicar comprenden las destrezas de:

- Identificar fuentes posibles de error y modificar el diseño de una investigación para reducir el margen de error.
- Identificar y refinar hipótesis para investigaciones científicas.
- Identificar los puntos fuertes y las debilidades de uno o más diseños de investigación.
- Diseñar una investigación científica.
- Identificar e interpretar las variables independientes y dependientes en investigaciones científicas.
- Usar datos o evidencias para razonar, hacer una predicción o alcanzar una conclusión.
- Evaluar si datos o evidencias específicos respaldan o cuestionan una conclusión dada.
- Aplicar modelos científicos, teorías, procedimientos o fórmulas.
- Explicar y describir presentaciones y datos científicos.

Para familiarizarse con estas destrezas, usted deberá realizar los ejercicios de práctica que se encuentran al final de cada sección. En lugar de solamente responder las preguntas y comprobar si sus respuestas son las correctas, pruebe aplicar el método siguiente:

- Para preguntas de opción múltiple, escriba una justificación clara y completa de por qué acepta o rechaza cada opción.
- Compruebe luego si su respuesta es la correcta en la sección de respuestas y explicaciones, que aparece en esta publicación al final de la sección de Ciencia.

Al elaborar su justificación para cada opción, usted deberá desarrollar una línea de pensamiento y adquirirá, así, mayor experiencia en la aplicación y el análisis de procedimientos y datos científicos.

PARTE 1

Ciencias de la vida

CAPÍTULO 1 Las estructuras y funciones de la vida

CAPÍTULO 2 Las funciones de la vida y el consumo de energía

CAPÍTULO 3 La herencia

CAPÍTULO 4 La evolución

CAPÍTULO 5 Los ecosistemas

CAPÍTULO 6 El cuerpo humano y la salud

Ejercicios de práctica: Ciencias de la vida

CAPÍTULO 1

Las estructuras y funciones de la vida

Células, tejidos y órganos

La **teoría celular** explica la relación entre las células y los seres vivos. Está compuesta de tres elementos:

- Todos los seres vivos están constituidos por una o más células.
- Las células son la unidad más pequeña de estructura y función en todos los seres vivos.
- Las nuevas células solo pueden ser producidas por otras células.

Estos conceptos pueden parecer hoy día de sentido común, pero hasta fines del siglo XVI la gente no supo de la existencia de las células. Con la invención del microscopio, alrededor de 1590, los científicos pudieron empezar a investigar cómo estaban constituidos los seres vivos. A fines del siglo XIX, los científicos habían aprendido lo suficiente sobre las células como para formular la teoría celular.

Células especializadas

El diagrama siguiente muestra algunos de los diferentes tipos de células que constituyen el cuerpo humano. Observe cuán diferente es la estructura de las células. Esa estructura diferenciada le permite realizar a cada célula una función única en el cuerpo. Las células musculares, por ejemplo, deben poder contraerse para facilitar el movimiento del cuerpo. Las células nerviosas (neuronas) tienen ramificaciones largas que les permiten transmitir impulsos a través del cuerpo. Cada tipo de célula se **especializa** en una tarea específica.

Células del cuerpo humano

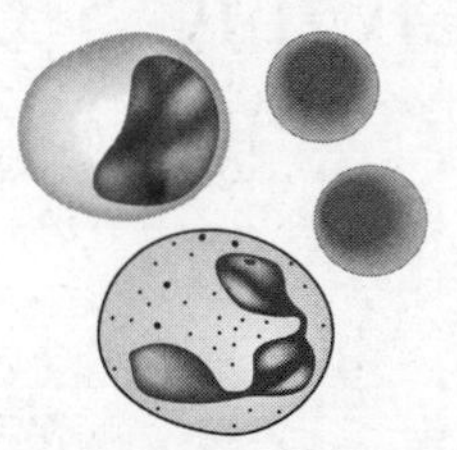
Células de la sangre

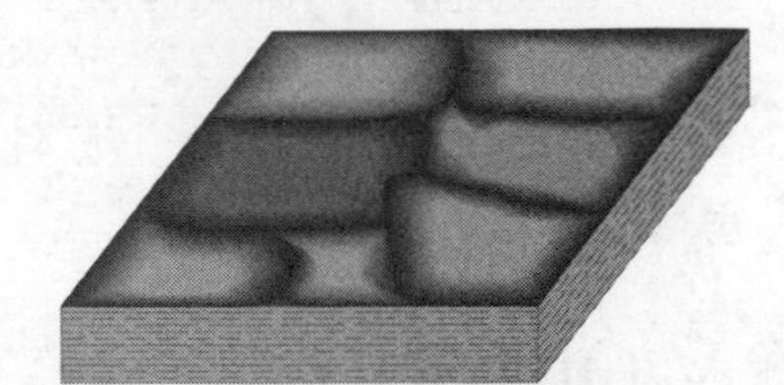
Células epidérmicas

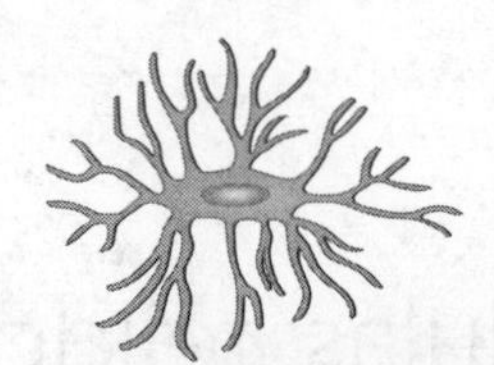
Célula ósea

Células del músculo cardíaco

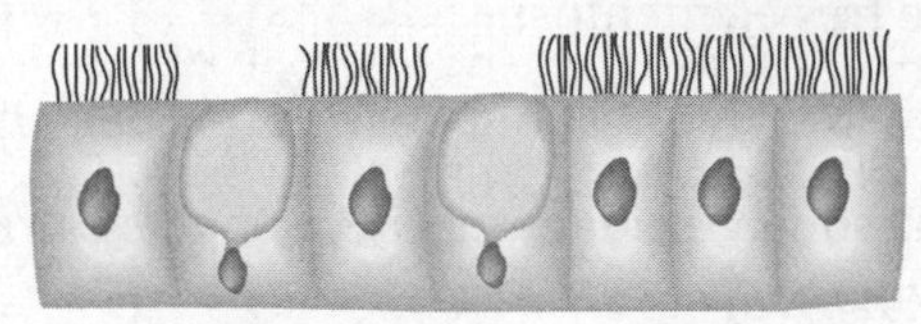
Células del epitelio columnar y células caliciformes

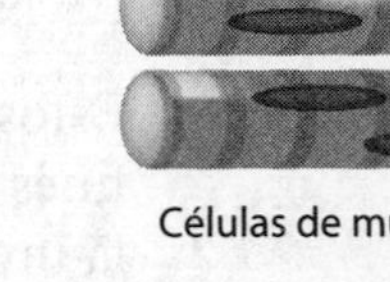
Células de músculos esqueléticos

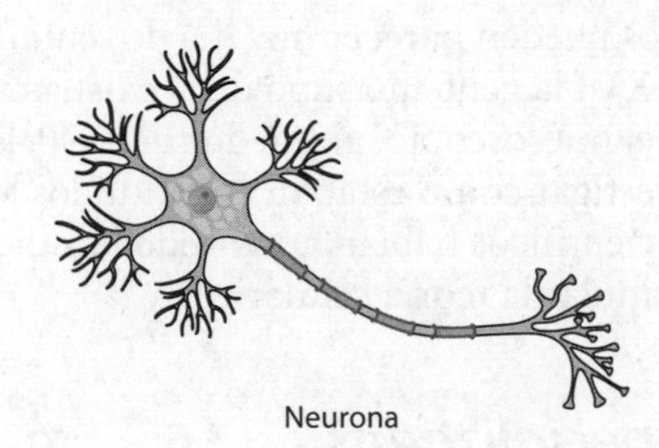
Neurona

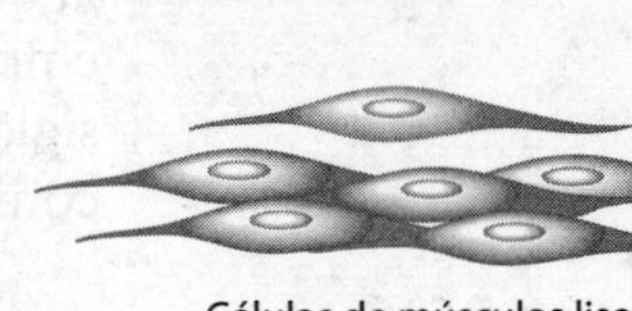
Células de músculos lisos

Un grupo de células especializadas que trabajan juntas constituyen un **tejido especializado.** El diagrama siguiente muestra cuatro tipos principales de tejidos especializados. El tejido conectivo protege y conecta entre sí otros tejidos del cuerpo. Los huesos, los cartílagos y la sangre son ejemplos de tejidos conectivos. El tejido epitelial cubre la superficie del cuerpo y sus órganos. La piel es un tejido epitelial.

Cuatro tipos de tejidos

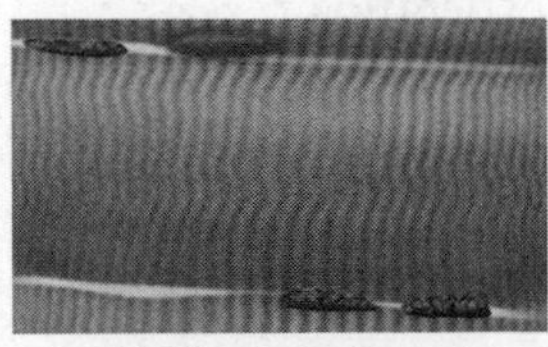
Tejido muscular

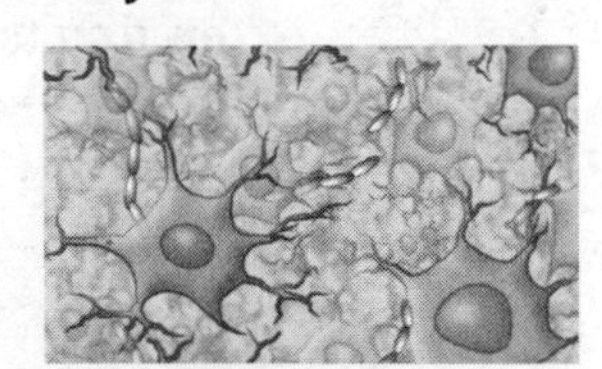
Tejido nervioso

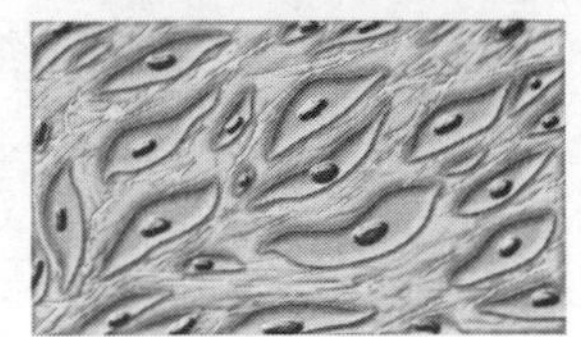
Tejido conectivo

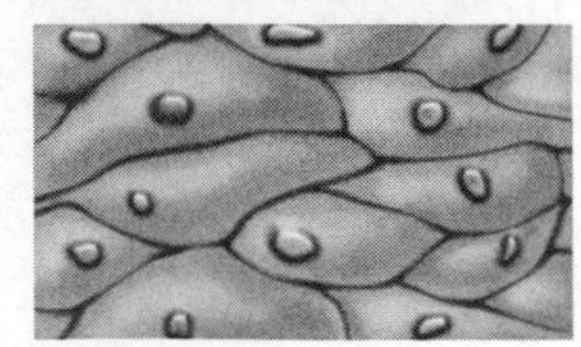
Tejido epitelial

Niveles de organización

El corazón, los vasos sanguíneos y la sangre son todos partes del sistema cardiovascular del cuerpo humano. Esas partes diferentes trabajan juntas para transportar las sustancias necesarias a través de su cuerpo. Su cuerpo también está constituido por muchos otros órganos, cada cual con una tarea específica. Como en el caso del sistema cardiovascular, cada **sistema de órganos** está constituido por varios **órganos** diferentes que trabajan al unísono.

Un órgano está compuesto por un grupo de tejidos que también trabajan juntos. Su corazón es un órgano constituido por tejido del músculo cardíaco. Recuerde, además, que un tejido es un conjunto de células que trabajan juntas. El tejido de su corazón está constituido por células del músculo cardíaco. Las células del músculo cardíaco se contraen todas juntas para hacer que su corazón lata.

El diagrama siguiente muestra los diferentes niveles de organización en el cuerpo humano.

Niveles de organización en el cuerpo humano

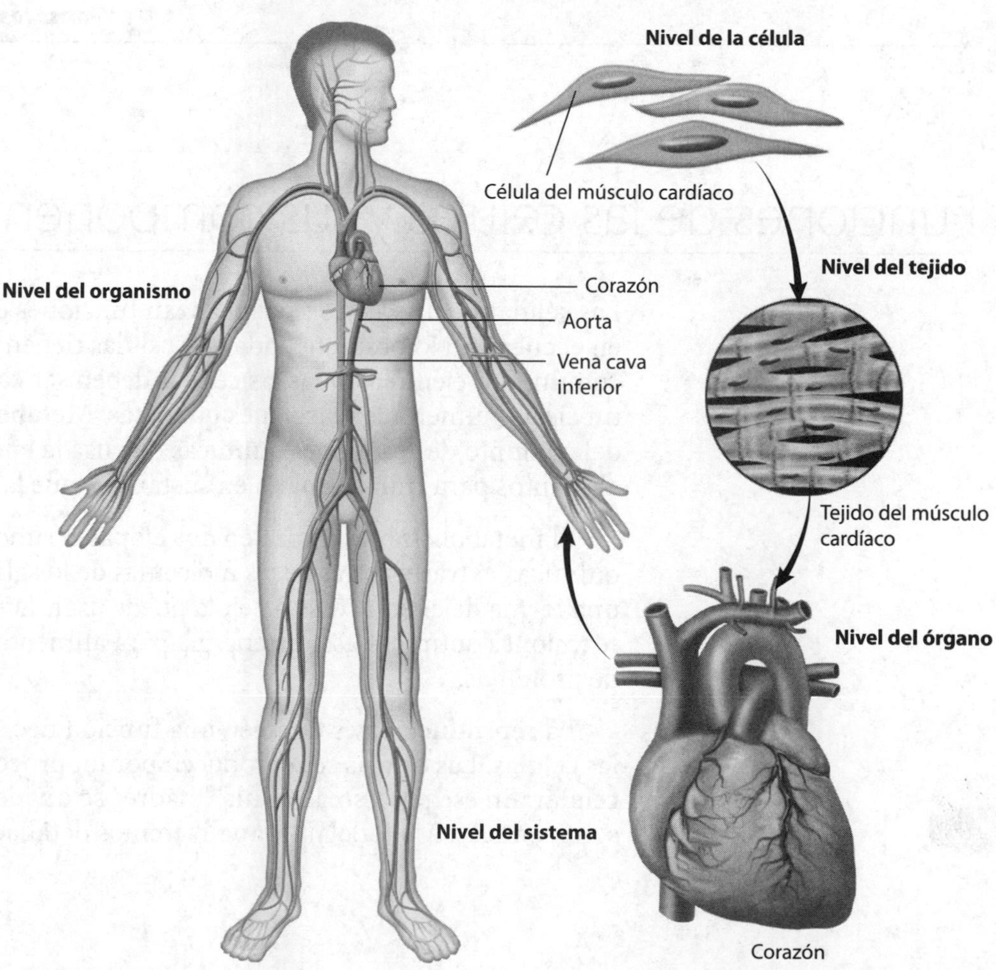

EJERCICIO 1

Células, tejidos y órganos

Instrucciones: Elija la respuesta más adecuada para cada caso.

1. ¿Cuál de los enunciados siguientes está basado en la teoría celular?
   A. Se considera que una célula sola no constituye un ser vivo.
   B. Se considera que todo aquello que está constituido por células constituye un ser vivo.
   C. Todos los seres vivos están constituidos por el mismo tipo de células.
   D. Un ser vivo puede absorber nuevas células del medio ambiente.

2. Complete el enunciado siguiente con términos usados en la sección anterior.

   Cada célula ósea ______________ en la función única de almacenar minerales para el cuerpo.

Véanse las respuestas en la página 683.

Funciones de las células y sus componentes

Las células de diferentes tipos realizan funciones especializadas y distintas en el cuerpo. No obstante, todas las células tienen ciertas funciones en común. Por ejemplo, todas las células deben ser capaces de llevar a cabo un cierto número de reacciones químicas. **Metabolismo** es el nombre del conjunto de reacciones químicas que usa la energía que contienen los alimentos para transformarla en sustancias que las células necesitan.

El metabolismo se realiza en dos etapas. Primero, una serie de reacciones químicas extrae energía de las moléculas de los alimentos y la transforma en una forma de energía que la célula puede usar. Luego, una segunda serie de reacciones químicas usa esa energía para alimentar procesos como la síntesis de proteínas.

La **reproducción** es también una función necesaria que realizan todas las células. Las células se reproducen por un proceso denominado división celular. En ese proceso, la célula "madre" se divide en dos células "hijas", que son idénticas. Más adelante, analizaremos detalladamente ese proceso.

Componentes de la célula

El diagrama siguiente representa una célula animal típica.

Célula animal típica

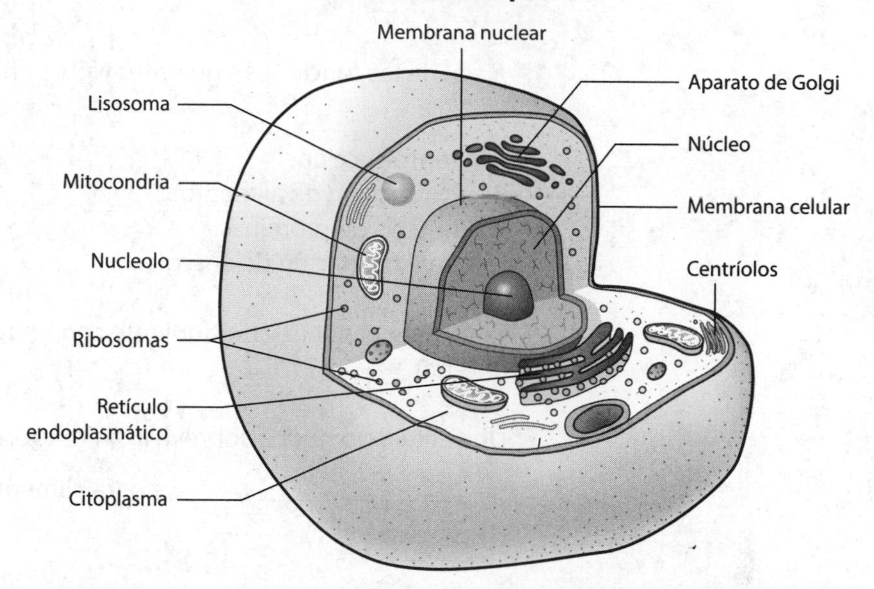

Así como los diferentes tipos de células tienen funciones únicas, los diferentes componentes de una célula tienen también funciones específicas. La tabla siguiente muestra las funciones de los componentes más importantes de la célula.

Componente de la célula	Función
Membrana celular	Permite que ciertas sustancias penetren en la célula e impide el paso de otras
Mitocondria	Lugar donde se realiza el metabolismo de la célula, donde se transforma la energía en una forma que la célula puede usar.
Núcleo	Lugar donde se almacena el ADN de la célula.
Ribosoma	Lugar donde se realiza la síntesis de proteínas.

Las **enzimas** son también moléculas importantes que se encuentran en el interior de las células. Las enzimas son proteínas que facilitan que las reacciones químicas se produzcan más rápidamente. Sin la ayuda de las proteínas, las células no podrían producir las sustancias necesarias lo suficientemente rápido.

EJERCICIO 2

Funciones de las células y sus componentes

Instrucciones: Elija la respuesta más adecuada para cada caso.

1. ¿Cuál de las funciones siguientes NO es una función que realizan todas las células?

   A. Reproducción.
   B. Producción de alimentos.
   C. Síntesis de proteínas.
   D. Transformación de energía.

2. Complete el enunciado siguiente con un término usado en la sección anterior.

   Una célula no podría sobrevivir sin mitocondrias porque no tendría fuente de ____________________ para alimentar los procesos celulares.

Véanse las respuestas en la página 683.

División celular

La célula se reproduce por un proceso llamado división celular. La división celular se realiza en tres etapas. Primero, el núcleo de la célula crea una copia adicional de su ácido desoxirribonucleico (ADN), ácido que transporta las instrucciones genéticas para la formación de nuevas células. Luego, el núcleo se divide en dos partes, cada una de las cuales contiene una copia idéntica del ADN. Por último, la célula "madre" se divide en dos células "hijas" idénticas.

Mitosis

Mitosis es el nombre de la segunda etapa del proceso de división celular, cuando el núcleo se divide en dos. La mitosis ocurre en cuatro fases predecibles, cada una de las cuales está descrita en la tabla siguiente. Recuerde que la célula inicia la mitosis con la duplicación del ADN y la finaliza con la división en dos células idénticas, que contienen una copia del ADN cada una.

Mitosis

Profase El ADN se condensa en estructuras llamadas cromosomas. El núcleo de la célula desaparece.	Cromosomas
Metafase Los cromosomas se alinean en el centro de la célula.	Cromosomas
Anafase Cada cromosoma se divide en dos cromátidas idénticas. Los dos conjuntos de cromátidas idénticas se desplazan hacia los extremos opuestos de la célula.	Cromátidas
Telofase Un nuevo núcleo se forma alrededor de cada conjunto de cromátidas. La célula está preparada para dividirse en dos células idénticas.	

Meiosis

La **meiosis** es un tipo especial de división celular que produce células reproductivas. Usted probablemente sabrá que las células reproductivas (óvulos y espermatozoides), cuando se unen, producen la primera célula corporal de un nuevo organismo. Las células reproductivas tienen la mitad de los cromosomas que se hallan en una célula normal del cuerpo, por lo que el proceso de su creación es diferente.

La meiosis ocurre en dos etapas: meiosis I y meiosis II. Las dos etapas se describen a continuación. Como en la mitosis, la célula crea primero una copia del ADN antes de comenzar con la meiosis. Las fases de la meiosis son similares a las de la mitosis, pero con algunas diferencias importantes.

Meiosis I

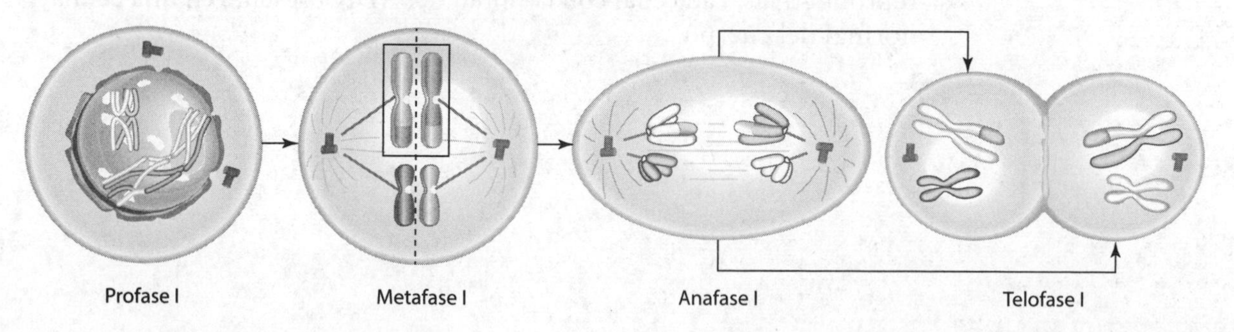

- **Profase I.** El ADN se condensa en estructuras llamadas cromosomas y el núcleo desaparece. Los pares de cromosomas homólogos intercambian segmentos en un proceso llamado entrecruzamiento. (Más adelante, en otra sección, analizaremos detalladamente el tema de los cromosomas y el proceso de entrecruzamiento.)
- **Metafase I.** Los cromosomas se alinean en pares homólogos.
- **Anafase I.** Un cromosoma de cada par se desplaza hacia los extremos opuestos de la célula.
- **Telofase I.** La célula se divide en dos.

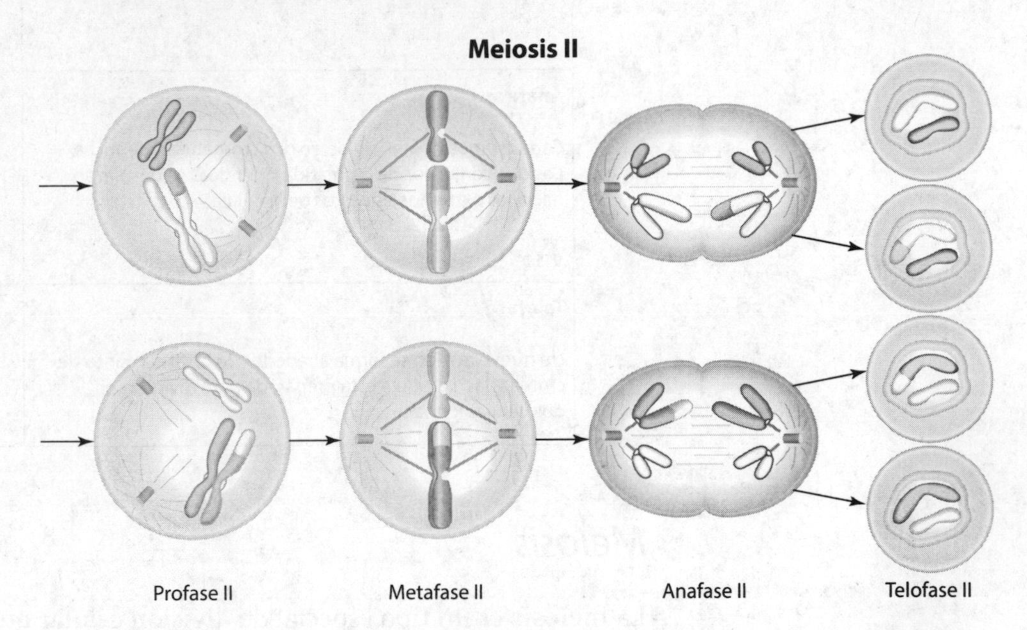

- **Profase II.** Las dos células creadas tienen la mitad de los cromosomas de la célula original. A diferencia de en la profase I, durante esta fase no se realiza una nueva duplicación del ADN.
- **Metafase II.** Los cromosomas individuales se alinean en cada célula.
- **Anafase II.** Los cromosomas se dividen en cromátidas. Las cromátidas se desplazan hacia los extremos opuestos de la célula.
- **Telofase II.** Un nuevo núcleo se forma alrededor de cada conjunto de cromátidas. Cada célula se vuelve a dividir en dos.

Observe que el resultado final de la meiosis es la creación de cuatro células reproductivas, cada cual con la mitad del ADN presente en una célula normal del cuerpo.

EJERCICIO 3

División celular

Instrucciones: Elija la respuesta más adecuada para cada caso.

La pregunta 1 está basada en el diagrama siguiente.

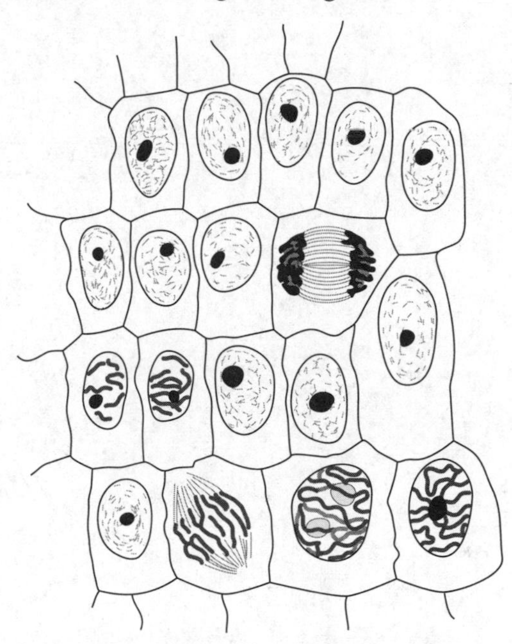

1. Un estudiante realiza el dibujo anterior mientras observa en un microscopio la mitosis de células de una raíz de cebolla.
   Coloque un círculo en el diagrama sobre la célula que parece estar pasando de la metafase a la anafase.

2. Conecte en su respuesta cada proceso con la descripción correspondiente. Cada proceso podrá usarse más de una vez.

   a) Ocurre en seres humanos
   b) Produce dos células corporales
   c) Produce cuatro células reproductivas
   d) Empieza con una célula que contiene dos copias del ADN
   e) Comprende el entrecruzamiento de segmentos de cromosomas

   mitosis

   meiosis

   mitosis y meiosis

Véanse las respuestas en la página 683.

CAPÍTULO 2

Las funciones de la vida y el consumo de energía

Fotosíntesis

Así como una bombilla eléctrica necesita electricidad y un auto necesita gasolina, las células necesitan una fuente de energía para poder funcionar. Todos los organismos obtienen esa energía de los alimentos. La mayoría de los organismos son solo consumidores; es decir, comen otros organismos para alimentarse. Los productores, como las plantas, usan la energía de la luz solar para hacer su propia comida. Se llama **fotosíntesis** al proceso de conversión de la energía de la luz (solar) en alimento.

La fotosíntesis es una reacción química que se produce en las células de las hojas de las plantas. Observe el diagrama siguiente. El dióxido de

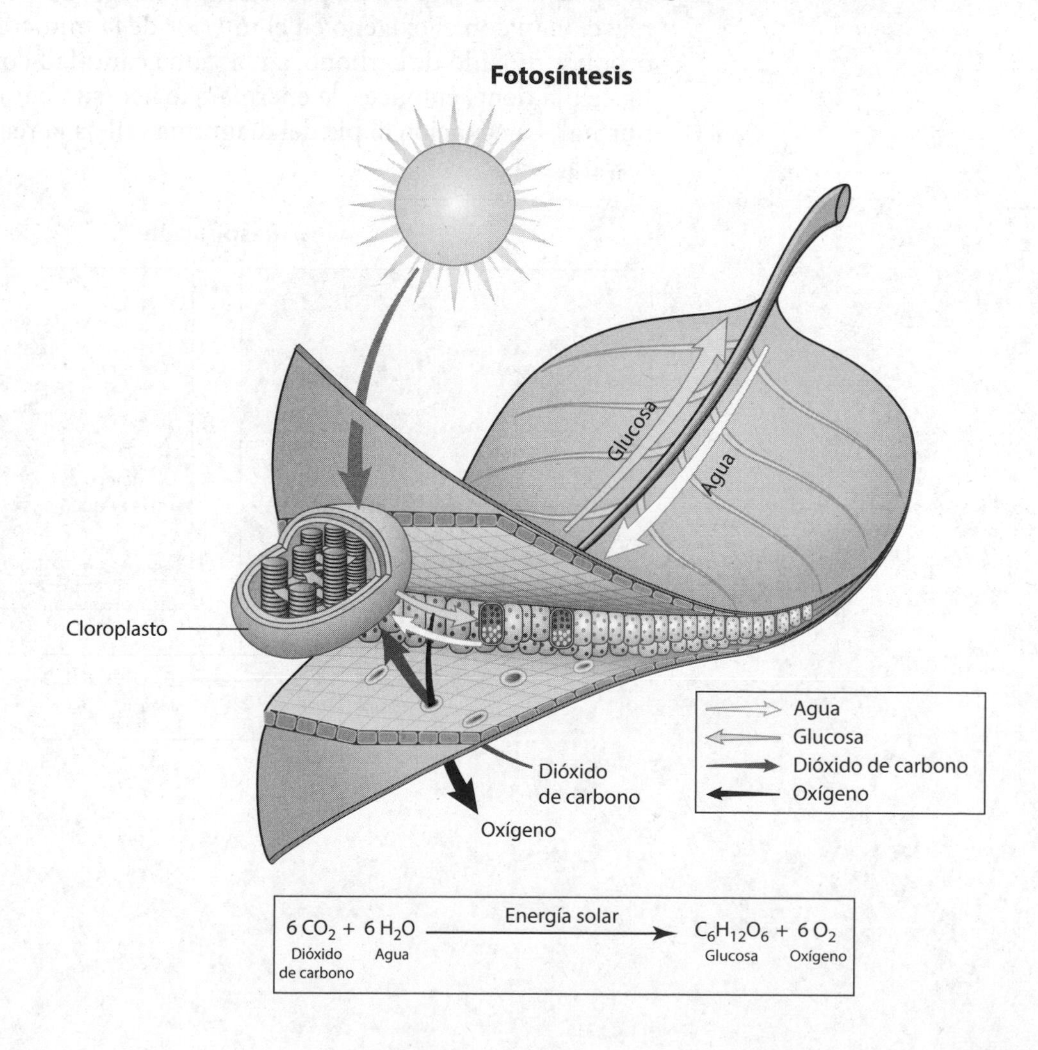

carbono penetra en las células a través de pequeños orificios presentes en la superficie de la hoja. El agua, absorbida por las raíces de la planta, también se desplaza hasta las células de la hoja. Cuando la energía de la luz penetra en la célula, el dióxido de carbono y el agua reaccionan en unas estructuras llamadas cloroplastos. La reacción produce glucosa (azúcar) y oxígeno. La glucosa se distribuye al resto de la planta para ser usada o almacenada. El oxígeno abandona la hoja a través de pequeños orificios. La ecuación al pie del diagrama refleja la reacción que produce la fotosíntesis.

Respiración

Si bien los organismos obtienen energía de los alimentos, esa energía no está en una forma que sus células puedan usar. Las células utilizan un proceso llamado **respiración** para convertir la energía de los alimentos en energía usable.

Como se muestra en el diagrama siguiente, la respiración ocurre en dos etapas. Primero, la glucosa de los alimentos penetra la célula y se divide en moléculas más pequeñas. Este proceso libera una pequeña cantidad de energía que será usada por la célula. Luego, las pequeñas moléculas reaccionan con el oxígeno en el interior de la mitocondria. Esta reacción produce dióxido de carbono, agua y una cantidad considerable de energía. La célula tiene, entonces, la energía que necesita para su funcionamiento normal. La ecuación al pie del diagrama refleja la reacción que produce la respiración.

Respiración

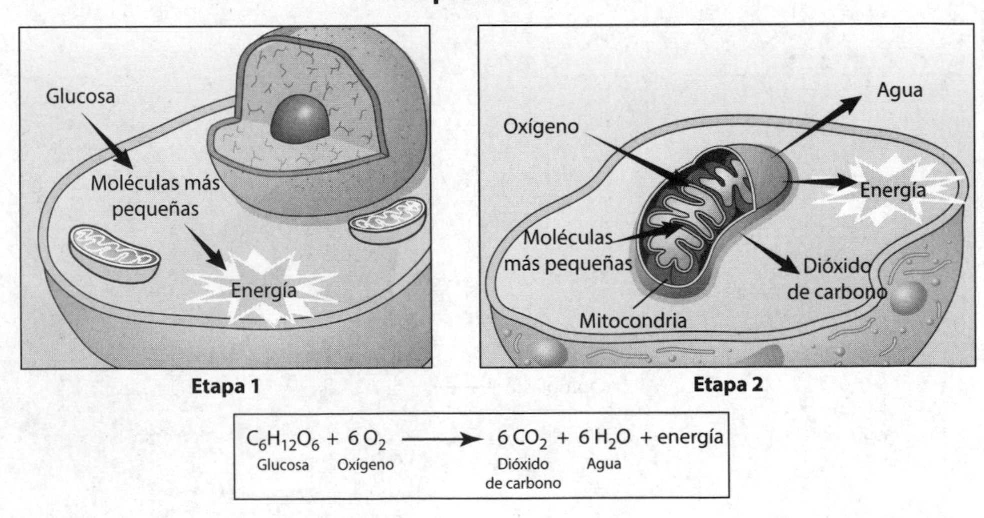

$$C_6H_{12}O_6 + 6\,O_2 \longrightarrow 6\,CO_2 + 6\,H_2O + \text{energía}$$

Glucosa, Oxígeno → Dióxido de carbono, Agua

Fermentación

Las células usan la respiración para obtener una cantidad considerable de energía en una forma usable. No obstante, recuerde que el proceso de la respiración necesita oxígeno. Cuando no hay oxígeno disponible, las células recurren a la **fermentación**, un método alternativo para generar energía.

El proceso de fermentación libera una cantidad pequeña de energía, pero no necesita del oxígeno para poder hacerlo. Por ejemplo, las células del tejido muscular recurren normalmente al proceso de la respiración para obtener energía. Cuando usted realiza ejercicios físicos, csas células consumen energía a un ritmo más rápido al que el oxígeno puede proveerla. Sus células musculares deberán, entonces, usar la fermentación para obtener al menos una pequeña cantidad adicional de energía. Esto les permitirá a sus músculos seguir trabajando hasta tanto se restablezca la provisión normal de oxígeno.

EJERCICIO 1

Energía para las funciones de la vida

Instrucciones: Elija la respuesta más adecuada para cada caso.

La pregunta 1 está basada en el pasaje siguiente:

> La dueña de un pequeño acuario de agua fresca advierte unas burbujas que suben de las hojas de una planta acuática. Investiga el proceso de fotosíntesis en las plantas acuáticas y realiza nuevas observaciones del fenómeno. Su conclusión es que las burbujas son oxígeno gaseoso.

1. ¿Cuál de los enunciados siguientes confirma su conclusión?

A. La fotosíntesis se produce en los cloroplastos de las células de la hoja.
B. Las hojas usan oxígeno para producir glucosa durante la fotosíntesis.
C. Las plantas absorben dióxido de carbono y agua para la fotosíntesis.
D. Las hojas liberan oxígeno al tiempo que producen glucosa durante la fotosíntesis.

2. Determine si el proceso al que se refiere el enunciado siguiente corresponde a *la respiración* o *la fermentación*. Escriba su respuesta en el espacio en blanco.

a) ____________________ produce una cantidad considerable de energía.

b) ____________________ necesita oxígeno.

c) ____________________ produce una cantidad pequeña de energía.

d) ____________________ no necesita oxígeno.

Véanse las respuestas en la página 684.

CAPÍTULO 3

La herencia

El ADN y los cromosomas

La célula usa las instrucciones que se encuentran en su ácido desoxirribonucleico (**ADN**) para producir unas sustancias llamadas proteínas. Las proteínas son las sustancias responsables de la definición de los rasgos físicos, como el color de los ojos.

Un **gen** es un segmento de ADN que contiene los códigos para la producción de una proteína específica. En el diagrama siguiente del ADN, se puede observar que el ADN está constituido por cuatro bases químicas. La secuencia específica de esas bases determina el tipo de proteína que produce.

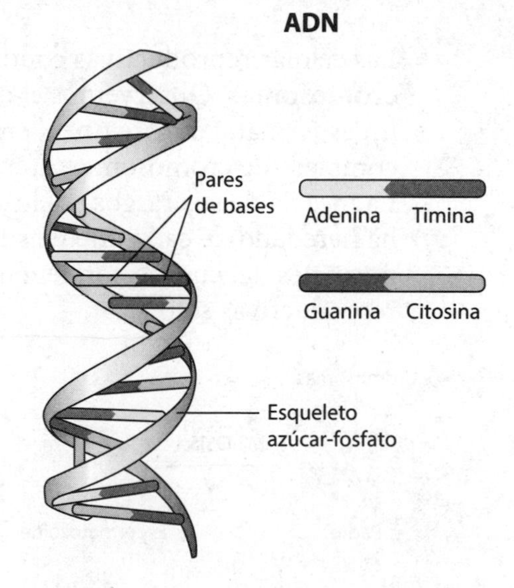

El proceso de producción de una proteína a partir de un gen se realiza en dos pasos principales, los que se muestran en el diagrama siguiente. Primero, el gen transcribe la información genética a una molécula llamada ácido ribonucleico (ARN). Luego, el ARN transporta la secuencia genética a una estructura celular llamada ribosoma, donde se traduce en una proteína. Este proceso de transmisión del ADN al ARN y de este a la proteína es tan específico y clave para los seres vivos que ha sido denominado **dogma central de la biología** o **dogma central de la biología molecular**.

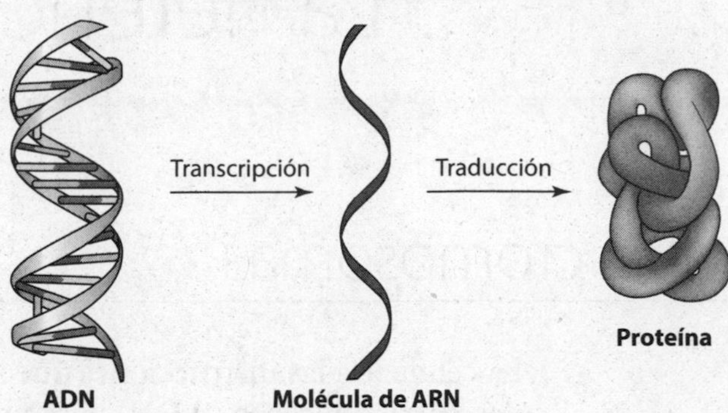

Los niños normalmente tienen una mezcla de rasgos de sus padres. Usted podría tener, por ejemplo, el color de ojos de su madre y las facciones del rostro de su padre. Cuando los seres humanos y otros organismos se reproducen, transfieren esos rasgos a sus hijos a través del ADN.

Los cromosomas

Las células reproductivas contienen ADN en unas estructuras llamadas **cromosomas**. Observemos el diagrama siguiente. Cuando un óvulo y un espermatozoide se unen, crean un nuevo organismo con un conjunto completo de cromosomas, la mitad de la madre y la otra mitad del padre. La mezcla de sus rasgos es el resultado de los genes específicos que usted ha heredado de cada uno de sus padres. En los seres humanos, las células normales del cuerpo contienen 46 cromosomas, mientras que las células reproductivas solo 23.

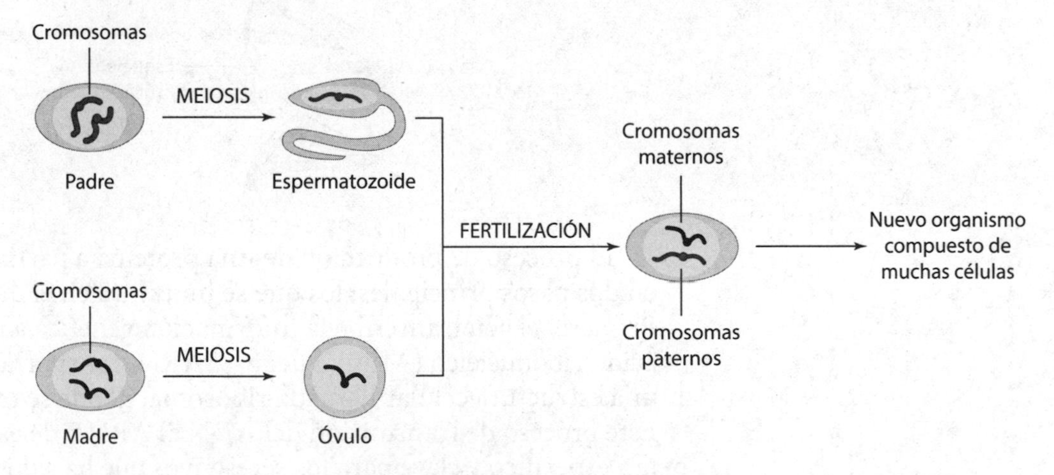

Los cromosomas que almacenan el ADN están situados dentro del núcleo de la célula. Observemos el diagrama siguiente, donde se muestra un cromosoma. Un cromosoma consta de dos cromátidas unidas entre sí. Se llama centrómero al lugar donde las cromátidas se unen. Cientos, o incluso miles, de genes pueden ser almacenados en un cromosoma.

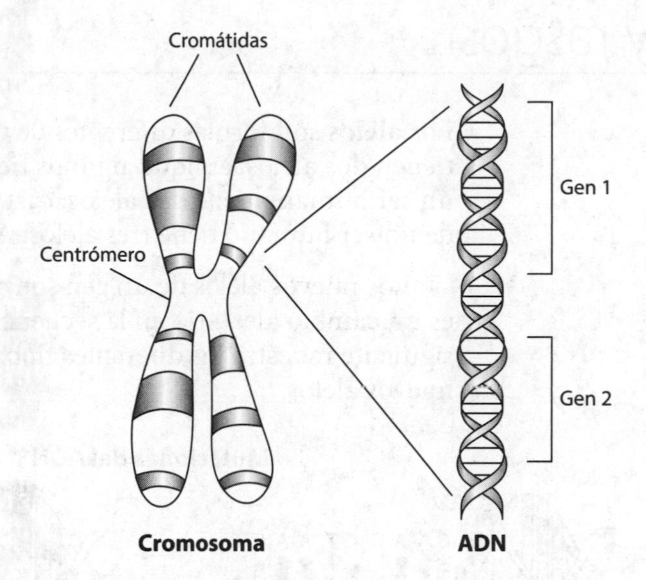

Recuerde que durante la meiosis, el cromosoma se divide en cromátidas individuales pero idénticas. Esto significa que cada una las células reproductivas creadas durante la meiosis recibe una cromátida, que contiene una copia de todos los genes.

EJERCICIO 1

El ADN y los cromosomas

Instrucciones: Elija la respuesta más adecuada para cada caso.

1. Complete el enunciado siguiente con términos usados en la sección anterior.

Para producir un rasgo, el ADN se convierte en el núcleo en ________________, que se usa para producir una ________________.

2. Una célula normal del cuerpo humano contiene 46 cromosomas. Cuando las células reproductivas (óvulos y espermatozoides) se unen, ¿cuál es el total de cromosomas que contiene la nueva célula que ellos crean?

A. 2.
B. 23.
C. 46.
D. 92.

3. ¿Cuál de los siguientes enunciados sobre cromosomas NO es verdadero?

A. Los cromosomas están almacenados en el núcleo de la célula.
B. Un cromosoma contiene diferentes genes en cada cromátida.
C. Los cromosomas se dividen en cromátidas durante la meiosis.
D. Un solo cromosoma puede contener más de mil genes.

Véanse las respuestas en la página 684.

Alelos y rasgos

Los **alelos** son formas diferentes de un mismo gen. La mayoría de los genes tienen dos alelos, aunque algunos tienen más. Un gen del color de los ojos de un ser humano tiene dos alelos: castaño y azul. Un gen del grupo sanguíneo de un ser humano tiene tres alelos: A, B y O.

Los nuevos alelos de un gen son creados por **mutaciones**. Una mutación es un cambio aleatorio en la secuencia de base de un gen. El diagrama siguiente muestra los diferentes tipos de mutaciones que pueden originar nuevos alelos.

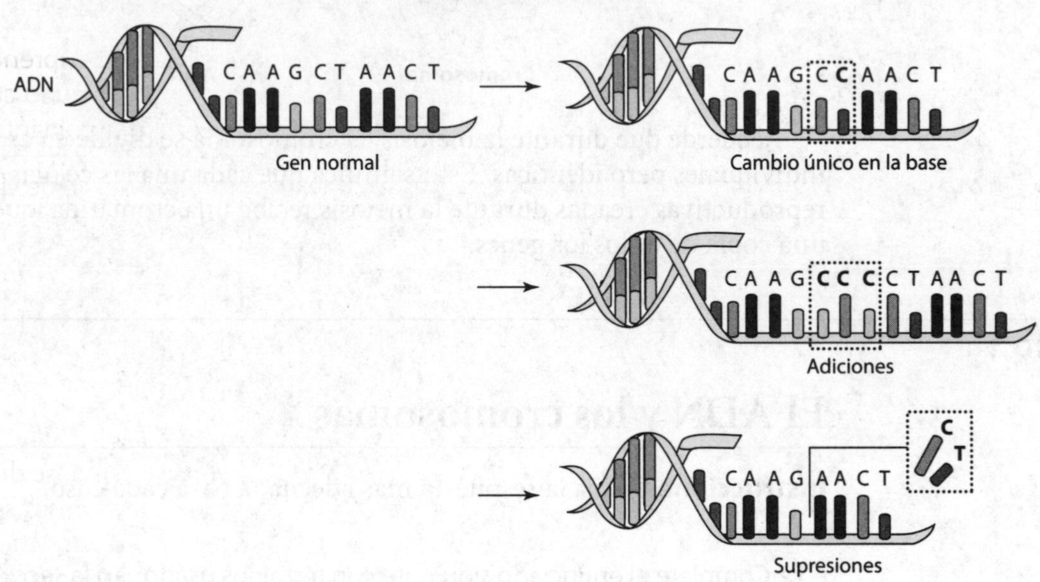

Variedad de alelos

Recordemos que al comienzo de la meiosis una célula tiene dos copias de cada cromosoma. Antes de que los cromosomas se separen y nuevas células sean formadas, se realiza el proceso de **entrecruzamiento**. Observe el diagrama siguiente. Un *brazo* de cada cromosoma se "entrecruza" literalmente con el otro, posibilitando que los brazos intercambien segmentos. En el diagrama, los cromosomas han intercambiado alelos del gen "B".

Observe los dos cromosomas situados a la derecha del diagrama. Cada cromosoma está constituido ahora por una cromátida original y una cromátida con una nueva combinación de alelos. Cuando estas cuatro cromátidas únicas se separen durante la meiosis, no quedarán dos células reproductivas que contengan la misma combinación de alelos.

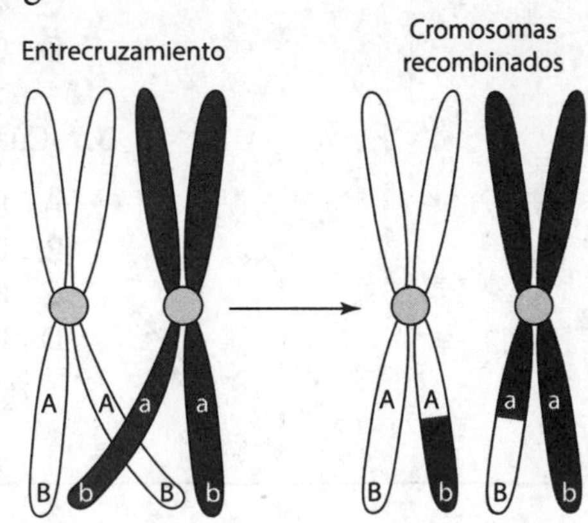

Alteraciones de los rasgos por el medio ambiente

Algunos rasgos, como su grupo sanguíneo, son consecuencia directa de los alelos que usted heredó de sus padres. Su grupo sanguíneo está genéticamente determinado, y no puede ser modificado. Otros rasgos son el resultado de una combinación de sus alelos y de factores ambientales. La tabla siguiente describe tres ejemplos relacionados con genes específicos que pueden ser alterados por el medio ambiente.

Rasgo	Genética	Medio ambiente
Altura	Alelos de diferentes genes tienen influencia sobre la altura de las personas.	Una dieta de bajo contenido de vitaminas y minerales puede limitar la altura de una persona.
Lateralidad	El gen de la lateralidad contiene un alelo diestro y uno zurdo.	Una persona puede aprender a usar su otra mano, a menudo cuando se lesiona la mano dominante.
Cáncer	Ciertos alelos predisponen a una persona a desarrollar ciertos tipos de cáncer.	Elecciones en el estilo de vida (fumar, realizar ejercicios, dietas) pueden aumentar o disminuir el riesgo de desarrollar ciertos tipos de cáncer.

Expresión de los rasgos

Cuando un gen está siendo usado para producir una proteína, se dice que ese gen está activo o que "se expresa". Los genes de algunos rasgos se expresan constantemente. Otros se activan solo cuando se necesita una proteína específica. Se denomina **epigenética** al estudio de cómo se activan o desactivan los genes.

Factores ambientales, como la temperatura, también pueden afectar directamente cuáles son los genes expresados. Las manchas de color en la cara, orejas, pies y cola de los gatos siameses son un buen ejemplo de ello. En los gatos siameses, el pelo en las partes cálidas del cuerpo conserva un color más claro, mientras que el pelo en las partes frías del cuerpo adquiere un color más oscuro. Esto sucede porque el gen que controla el color del pelo se expresa en las zonas por debajo de cierta temperatura.

Genes expresados y no expresados

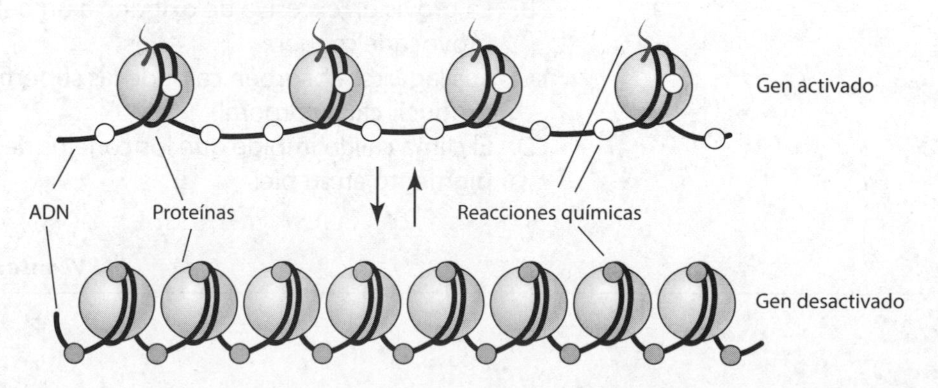

EJERCICIO 2

Alelos y rasgos

Instrucciones: Elija la respuesta más adecuada para cada caso.

1. El agregado de una base adicional a un segmento de ADN produce un nuevo:

   A. Rasgo.
   B. Gen.
   C. Alelo.
   D. Cromosoma.

La pregunta 2 está basada en el diagrama siguiente.

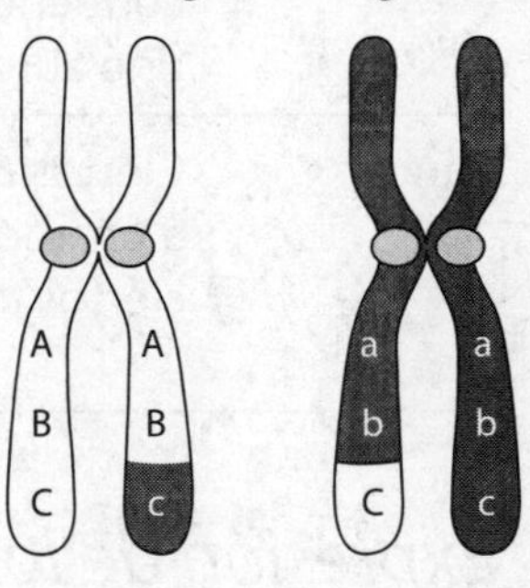

2. Observe el par de cromosomas que se muestra en el diagrama. ¿Cuál es la evidencia de que se ha producido un entrecruzamiento?

   A. Los dos cromosomas contienen diferentes alelos de los genes A, B y C.
   B. Las dos cromátidas interiores contienen diferentes alelos de los genes A, B y C.
   C. Las dos cromátidas exteriores contienen diferentes alelos de los genes A, B y C.
   D. Las cromátidas del primer cromosoma contienen diferentes alelos del gen C.

3. ¿Cuál de los enunciados siguientes NO es un ejemplo de la influencia del medio ambiente en la expresión de un rasgo?

   A. Una temperatura de 80°F en el nido de un cocodrilo provoca que todas las crías sean hembras.
   B. La provisión excesiva de oxígeno a un bebé prematuro puede provocarle ceguera.
   C. Los lagartos absorben calor de las superficies calientes en lugar de producir calor corporal.
   D. El clima cálido impide que los conejos del Himalaya produzcan un pigmento en su piel.

Véanse las respuestas en la página 684.

Herencia simple

Recordemos que todos tenemos dos copias de cada gen: una heredada de nuestra madre y la otra, de nuestro padre. Se llama **genotipo** a la combinación de alelos para un gen específico, y se llama **fenotipo** a la apariencia física de un rasgo. En un individuo, el genotipo determina su fenotipo.

En la herencia simple, un gen tiene dos alelos (versiones). Los dos alelos se representan con una letra mayúscula y la misma letra minúscula. El diagrama siguiente muestra los posibles genotipos y fenotipos que corresponden al color de ojos de un ser humano. (Aunque existen varios genes diferentes que afectan el color de los ojos, nos concentraremos en el ejemplo en el gen azul/castaño.)

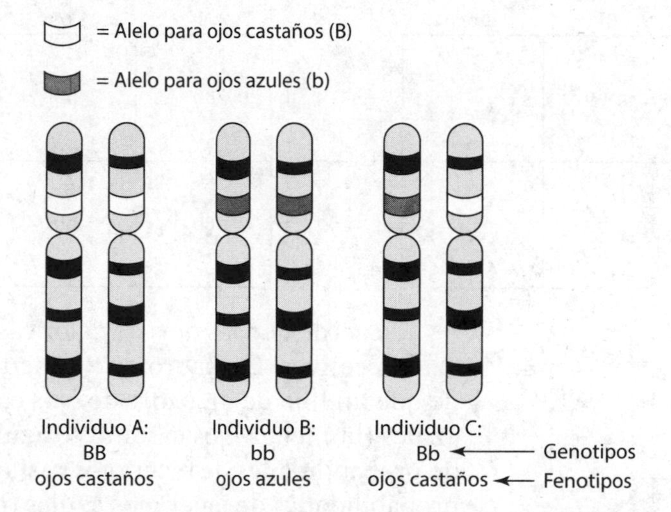

En la herencia simple, el gen tiene un alelo dominante y uno recesivo. Si una persona tiene por lo menos una copia del alelo dominante (representado por la letra mayúscula), él o ella tendrá el fenotipo dominante. Un fenotipo recesivo necesitará, en cambio, dos copias del alelo recesivo (representado por la letra minúscula). En el diagrama, se observa que el color castaño es dominante, mientras que el color azul es recesivo.

Probabilidad de heredar rasgos

El **cuadro de Punnett** es un diagrama que se usa para calcular la probabilidad de que los padres transmitan un rasgo a su hijo. Cuando use el cuadro de Punnett, recuerde:

- Los alelos de uno de los padres se colocan arriba del cuadro y los del otro, a la izquierda.
- Los alelos de ambos padres se combinan en cada casilla para mostrar todas las combinaciones de alelos (genotipos) que el hijo podría recibir.
- El hijo tiene un 25 por ciento de posibilidades de heredar cada una de las combinaciones que aparecen en las casillas.

Cuadro de Punnett

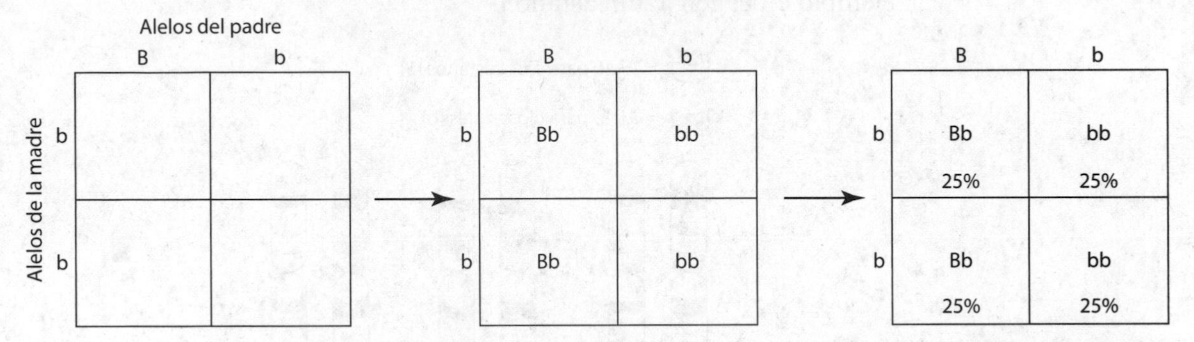

Recuerde que los ojos de color castaño son dominantes y los de color azul, recesivos. El cuadro de Punnett muestra cuáles son las probabilidades de que un hijo de un padre de ojos castaños (Bb) y una madre de ojos azules (bb) tenga ojos castaños o azules. El hijo tiene un 50 por ciento de probabilidades de tener ojos castaños (Bb) y un 50 por ciento de probabilidades de tener ojos azules (bb).

Un **árbol genealógico** permite rastrear la herencia de un rasgo a través de las distintas generaciones de una familia. Este tipo de diagrama se usa, a menudo, para estudiar desórdenes genéticos, como el daltonismo.

El árbol genealógico siguiente rastrea la transmisión del daltonismo a través de tres generaciones de una familia. Observe el significado de los diferentes símbolos en la leyenda del diagrama. El daltonismo es un rasgo recesivo. La persona representada por el símbolo con una mitad negra es "portadora" porque tiene una copia del alelo recesivo del daltonismo y una copia del alelo dominante de la visión de colores. La persona no es daltónica, pero puede transmitir el alelo del daltonismo a su hijo.

Árbol genealógico: transmisión del daltonismo

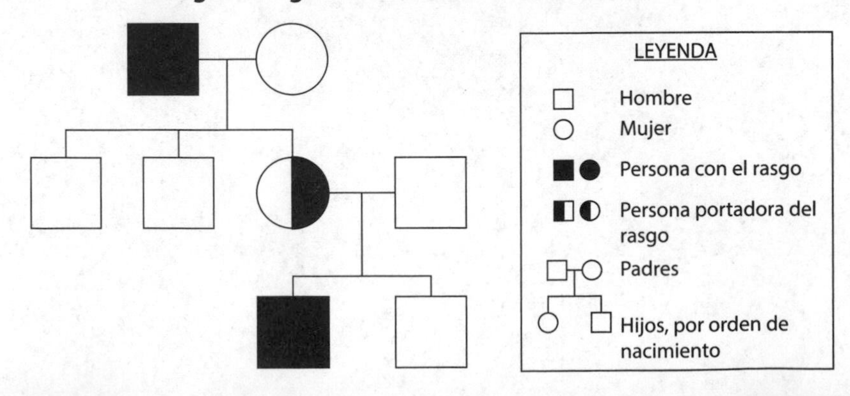

EJERCICIO 3

Herencia simple

Instrucciones: Elija la respuesta más adecuada para cada caso.

Las preguntas 1 a 3 están basadas en la información siguiente.

La fibrosis quística es una enfermedad genética. El alelo de la fibrosis quística (c) es recesivo con respecto al alelo sano (C). El árbol genealógico siguiente muestra la transmisión de la fibrosis quística a través de tres generaciones de una familia. Para su interpretación, véase la leyenda del diagrama anterior.

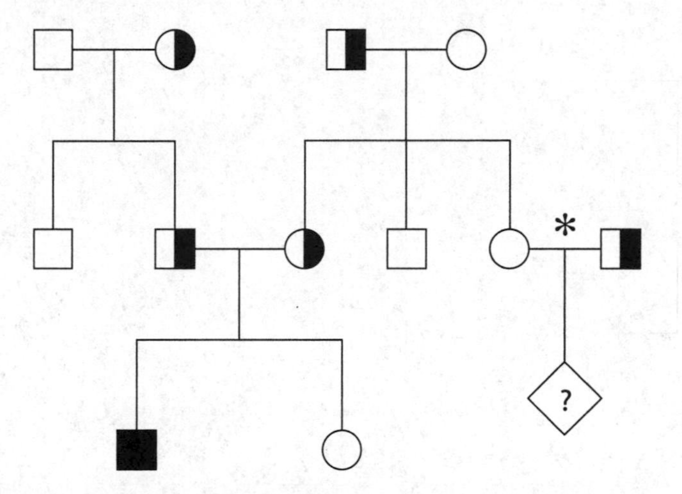

1. ¿Cuál sería la mejor forma de describir a la persona representada por el cuadrado negro al pie del diagrama?

A. Una mujer sana.
B. Un hombre con fibrosis quística.
C. Un hombre portador de la fibrosis quística.
D. Una mujer con una combinación desconocida de alelos.

2. En el árbol genealógico, coloque una X sobre cada persona que tiene el genotipo CC.

3. En el mismo diagrama, el asterisco (*) representa a una pareja que está a punto de tener descendencia. La pareja quiere saber cuáles son las probabilidades de tener un hijo con fibrosis quística. (Dibujar un cuadro de Punnett puede resultar una buena ayuda.)

A. 0 por ciento.
B. 25 por ciento.
C. 50 por ciento.
D. 100 por ciento.

Véanse las respuestas en las páginas 684–685.

CAPÍTULO 4

La evolución

Relaciones evolutivas

Leones, tigres y guepardos son diferentes especies de gatos grandes. Si bien viven en diferentes partes del mundo, los científicos creen que estos, y otros grandes gatos, están relacionados a través de un ancestro común, una especie hoy extinguida. **Ascendencia común** es el nombre de la teoría que sostiene que todos los organismos relacionados evolucionaron a partir de un antepasado común. La tabla siguiente resume la evidencia que los científicos usan para explicar la evolución de los organismos a partir de especies de ancestros comunes.

Evidencia de ancestros comunes

Evidencia	Ejemplo
Registro de fósiles La organización de fósiles por edad muestra un cambio gradual en los organismos.	Los fósiles muestran como cambios graduales, ocurridos con el tiempo, han dado origen al caballo moderno. **Eohippus** **Mesohippus** **Merychippus** **Caballo moderno**
Homologías Diferentes organismos presentan similitudes en su estructura corporal, secuencias de ADN y desarrollo.	Diferentes animales tienen huesos similares en sus brazos. **Ser humano** **Gato** **Ballena** **Murciélago**
Biogeografía Organismos similares pero únicos existen en medios similares en todo el mundo.	El pinzón de Darwin, que habita en las islas Galápagos, tiene un aspecto similar en sus 13 especies, pero cada una ha desarrollado diferentes formas y tamaños de pico. **Gran pinzón terrestre** **Pinzón terrestre mediano** **Pinzón de árbol pequeño** **Pinzón curruca**

Cladogramas

Un **cladograma** es un diagrama que establece relaciones entre organismos sobre la base de sus características comunes. En él, los organismos se organizan en ramas según las características que cada uno tiene. Observemos el cladograma siguiente. El pez lanceta es la primera rama porque no tiene con quién comparar sus características. La lamprea es la segunda porque tiene solo una característica en común, la columna vertebral. El lobo reúne todas las características.

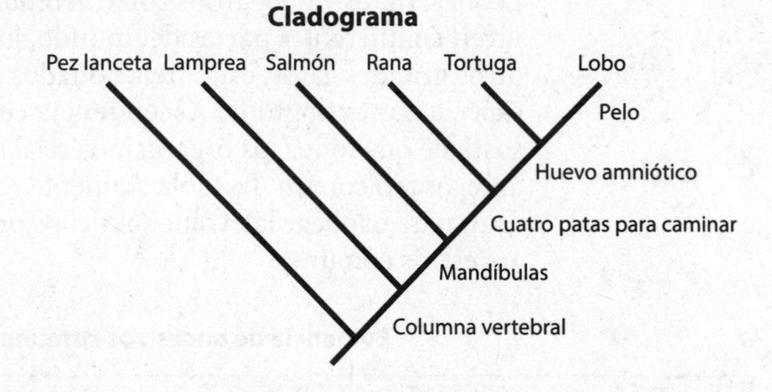

Se supone que, cuantas más características comparten dos organismos, más cercanamente relacionados están. Sobre la base del cladograma, podemos afirmar que la tortuga está relacionada más cercanamente con el lobo de lo que lo está el salmón, puesto que la tortuga y el lobo comparten todas sus características menos una.

EJERCICIO 1

Relaciones evolutivas

Instrucciones: Elija la respuesta más adecuada para cada caso.

Las preguntas 1 y 2 están basadas en el cladograma siguiente.

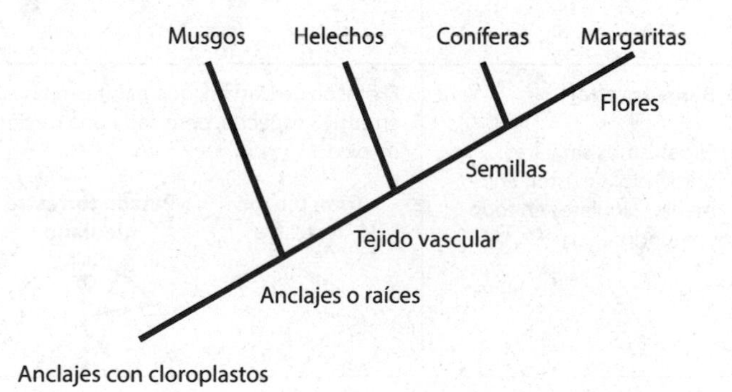

1. De acuerdo con la información suministrada en el cladograma, ¿cuáles especies de plantas están relacionadas más cercanamente entre sí?

A. Helechos y margaritas.
B. Coníferas y helechos.
C. Margaritas y musgos.
D. Musgos y coníferas.

2. Sobre la base de qué tipo de evidencia de ancestros comunes fue creado el cladograma:

A. Registro de fósiles.
B. Biogeografía.
C. Homologías moleculares.
D. Estructuras homólogas.

Véanse las respuestas en la página 685.

Evolución por selección natural

Consideremos la longitud del cuello de la jirafa. Los antepasados de la jirafa tenían cuellos de distinta longitud y comían pasto. Durante los períodos en que el pasto escaseaba, las jirafas con cuellos de mayor longitud podían comer también hojas de los árboles. Puesto que estas jirafas estaban mejor preparadas para alimentarse, tuvieron mejores posibilidades de sobrevivir y reproducirse que las jirafas con cuellos más cortos. Gradualmente, con el tiempo, la proporción de jirafas con cuellos de mayor longitud aumentó hasta el punto en que todas las otras jirafas desaparecieron. Se llama **selección natural** al proceso por el que los miembros mejor preparados de una especie sobreviven y se reproducen.

Los agricultores y los criadores de animales usan, en cambio, un proceso llamado **selección artificial**. La selección natural afecta a aquellos rasgos del organismo que le facilitan la adaptación al medio ambiente y su supervivencia. En la selección artificial, seres humanos seleccionan los organismos que se cruzarán para obtener un rasgo deseado. Los agricultores, por ejemplo, pueden cruzar dos especies seleccionadas de tomates por su resistencia a las enfermedades. Un criador de perros puede cruzar dos perros que tienen un temperamento muy apreciado.

Uno puede estar seguro de que un proceso de selección está ocurriendo cuando observa que una versión específica de un rasgo se vuelve más o menos común en una especie. Veamos a continuación el ejemplo de la polilla moteada. Durante la revolución industrial en Inglaterra, el humo de las fábricas produjo un oscurecimiento de los troncos de los árboles donde vivían las polillas. La gráfica siguiente muestra que durante ese período aumentó la cantidad de polillas de alas oscuras y disminuyó la de las polillas de alas claras. Esto significa que las polillas de alas oscuras tenían una ventaja. Era más difícil para los predadores poder verlas. Entonces, la mayoría de ellas pudieron sobrevivir y reproducirse. Fue un acto de selección natural.

Cambios en el tiempo en la coloración de las alas de las polillas moteadas

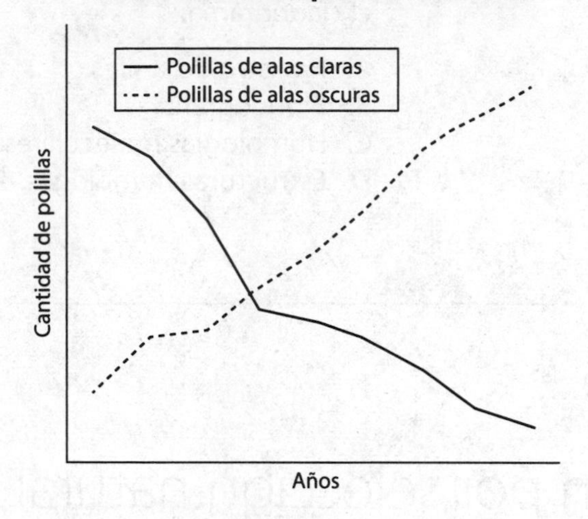

Requisitos para la selección

La selección natural hace que las especies evolucionen. Para que la selección natural pueda actuar sobre una especie, se deben cumplir dos condiciones. La primera, la especie debe presentar **variaciones en el rasgo**. En el caso de las polillas moteadas, el rasgo de la coloración de las alas tenía dos versiones (alas oscuras y claras). Cuando cambió el medio ambiente en el que vivían, la selección natural favoreció a las polillas de alas oscuras. Si todas las polillas hubieran tenido el mismo color de alas, la selección natural no hubiera tenido posibilidades de actuar.

La segunda, una especie debe mostrar **capacidad de supervivencia**. Esto significa que una versión del rasgo debe tener mayor posibilidad de sobrevivir. Las polillas de alas oscuras estaban mejor preparadas para sobrevivir y reproducirse que las de alas claras; entonces, la cantidad de esas polillas aumentó. Si las polillas de alas claras hubieran tenido la misma capacidad de supervivencia, la selección natural no hubiera tenido posibilidades de actuar.

EJERCICIO 2

Evolución por selección natural

Instrucciones: Elija la respuesta más adecuada para cada caso.

La pregunta 1 está basada en el pasaje siguiente.

En un estudio científico, un cambio en la variable independiente origina un cambio en la variable dependiente. Por ejemplo, un cambio en el color de la corteza de los árboles trajo como consecuencia un cambio en la frecuencia de la coloración de las alas en la población de polillas moteadas en Inglaterra.

1. Cuando se estudia la selección natural, ¿cuál de las observaciones siguientes es prueba de que la selección está ocurriendo?

A. Un cambio en la variable dependiente.
B. La falta de cambio en la variable dependiente.
C. Un cambio en la variable independiente.
D. La falta de cambio en la variable independiente.

La pregunta 2 está basada en el pasaje siguiente.

La población de peces en un lago de agua fresca ha sido monitoreada por ecologistas del lugar durante los últimos 26 años. La población incluye tanto peces de coloración oscura como peces de coloración clara. Durante el período del estudio, la razón entre los peces de coloración oscura y los de coloración clara se ha mantenido alrededor de 3 a 2.

2. Los ecologistas pueden concluir que NO se está produciendo una selección natural porque:

A. Los peces no tienen suficiente variación en la coloración del cuerpo.
B. Los peces tienen suficiente comida y no hay motivo para un cambio.
C. Ninguna de las coloraciones del cuerpo tiene importancia para la supervivencia de los peces.
D. Los seres humanos están provocando, en su lugar, una selección artificial.

Véanse las respuestas en la página 685.

Cambio evolutivo

Una **adaptación** es un rasgo compartido por todos los miembros de una especie que los ayuda a sobrevivir o reproducirse en su medio ambiente único. La selección natural conduce a la adaptación. Recordemos el caso de las jirafas. Los cuellos de mayor longitud eran más beneficiosos que los más cortos. Con el tiempo, los cuellos largos se volvieron, entonces, la norma, y hoy solo existen jirafas de cuello largo. El cuello largo se convirtió en una adaptación de la especie de las jirafas. En la tabla siguiente, se enumeran algunos ejemplos adicionales de adaptaciones.

Organismo	Adaptación	Beneficio
Cactus	Espinas filosas	Brindan protección y favorecen la supervivencia al impedir que los animales se los coman.
Guepardo	Velocidad extrema en la carrera	Aumenta la probabilidad de supervivencia al facilitar la caza de sus víctimas.
Especies variadas de aves	Plumas de formas vistosas y coloridas en los machos	Aumentan las probabilidades de reproducción al ayudar a los machos a atraer a las hembras.

Las especies realizan adaptaciones porque el medio ambiente ejerce sobre ellas lo que se conoce como **presión de selección**. La presión de selección consiste en todo aquello que en el medio afecta la supervivencia de la especie. En la tabla siguiente, se describen diferentes tipos de presión de selección.

Presión de selección	Puede incluir	Ejemplo
Recursos limitados	Fuentes de alimentación Agua no contaminada Espacio habitable Parejas apropiadas	En un medio donde los alimentos son escasos durante el invierno, una especie puede realizar una adaptación e hibernar hasta la primavera.
Amenazas ambientales	Predadores Actividad humana Enfermedades	En un medio donde los predadores usan la vista para detectar a sus víctimas, una especie puede realizar una adaptación que le permita confundirse mejor con el paisaje.

Especiación

Se llama **especiación** al proceso por el que una nueva especie se origina de una especie ya existente. En general, la especiación ocurre cuando algunos miembros de una especie realizan adaptaciones que los diferencian del resto de los integrantes de esa especie. Esto sucede, a menudo, cuando el grupo se separa geográficamente de la población original. La presión de selección en el nuevo medio puede llevar al grupo a realizar nuevas adaptaciones. Con el correr del tiempo, esas adaptaciones múltiples al nuevo medio pueden dar origen a una especie diferente.

El caso de los pinzones de Darwin, en las islas Galápagos, es un ejemplo muy estudiado de especiación. Pequeños grupos de la especie pinzón, que originariamente vivían en el continente, se asentaron en diferentes islas en Galápagos, al oeste de la costa de América del Sur. Con el tiempo, cada grupo desarrolló una forma única de pico como adaptación a los alimentos disponibles en su isla. Ahora, cada isla tiene su propia especie de pinzones.

EJERCICIO 3

Cambio evolutivo

Instrucciones: Elija la respuesta más adecuada para cada caso.

1. Complete la tabla siguiente con términos usados en esta sección.

Adaptación	**Presión de selección**
a) Las ranas macho cantan para atraer a las hembras.	____________________
b) Las serpientes obtienen humedad solo de los alimentos.	____________________
c) Algunas aves, como las golondrinas, construyen sus nidos en las paredes.	____________________

2. Complete el enunciado siguiente con un término usado en esta sección.

   Si dos poblaciones realizan adaptaciones diferentes, podría producirse una

   ____________________.

Véanse las respuestas en las páginas 685–686.

CAPÍTULO 5

Los ecosistemas

La energía en los ecosistemas

La energía circula constantemente a través de los ecosistemas. En la mayoría de los ecosistemas, existen cuatro niveles principales de alimentación que determinan la dirección en que fluye la energía. La energía pasa de un nivel a otro a medida que unos organismos son consumidos por otros.

- Los **productores** son los organismos (generalmente, plantas) que transforman la energía solar en energía química almacenada.
- Los **consumidores primarios** son herbívoros. Obtienen su energía alimentándose de los productores.
- Los **consumidores secundarios** son carnívoros. Obtienen su energía alimentándose de los consumidores primarios.
- Los **descomponedores** son organismos que obtienen su energía de organismos muertos de los otros tres niveles.

Flujo de la energía

Los modelos, como el que se observa en el diagrama siguiente, nos permiten visualizar la relación energética entre organismos de diferentes niveles. Muestran cómo se gana y pierde energía con el tiempo. Los productores constituyen la base de la pirámide. El tamaño de cada barra es proporcional a la cantidad de energía disponible.

Pirámide de la energía

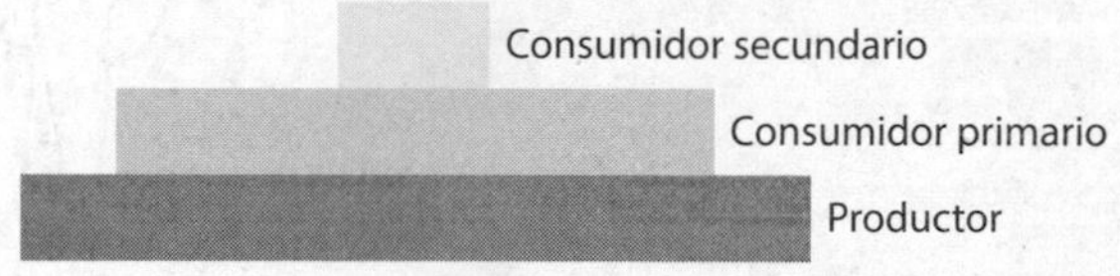

Conservación de la energía

Solo un pequeño porcentaje de la energía disponible es consumida en el nivel superior. Para una mejor comprensión, examinemos el diagrama siguiente de una hoja.

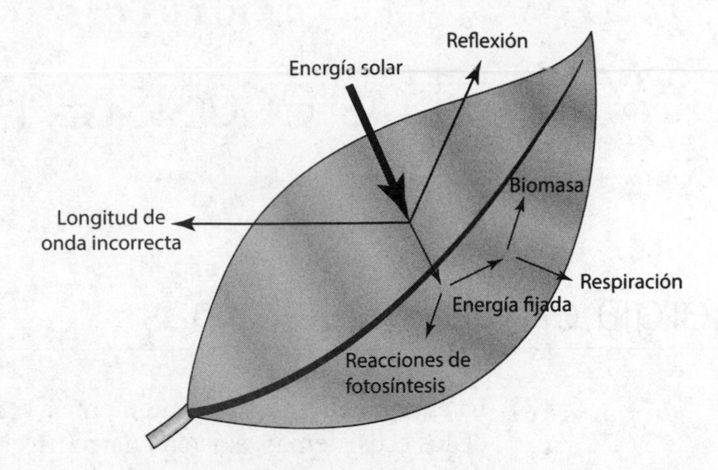

En una planta, no toda la energía solar (luz) disponible es absorbida por la hoja. La energía que penetra en la hoja es usada para la **fotosíntesis**. Parte de esa energía podrá ser usada luego en la respiración. La energía restante se perderá de diferentes formas, una de las cuales es el calor. Por último, cualquier resto de energía que queda todavía en la hoja estará disponible para el nivel superior de la relación energética cuando la planta sea consumida.

EJERCICIO 1

La energía en los ecosistemas

Instrucciones: Elija la respuesta más adecuada para cada caso.

Las preguntas 1 y 2 están basadas en el diagrama siguiente y en la información que contiene.

Las flechas indican la dirección en que la energía fluye hacia y desde la vaca.

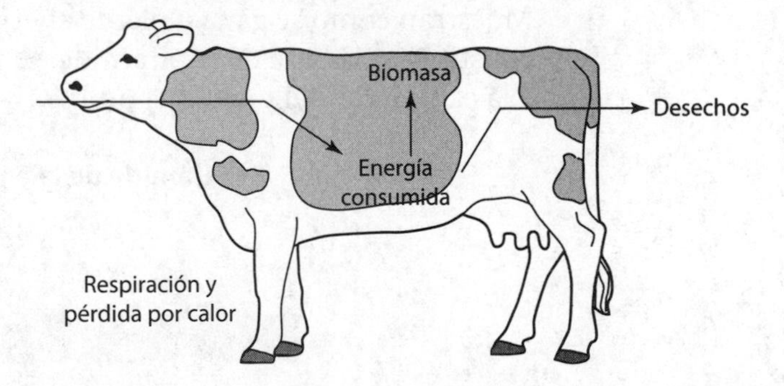

1. La flecha entre "energía consumida" y "respiración y pérdida por calor" no ha sido dibujada. Marque sobre el diagrama la flecha de modo tal que indique la dirección del flujo de la energía.

2. ¿Cuál de los roles siguientes representa mejor las características de la vaca?

   A. Productor.
   B. Descomponedor.
   C. Consumidor primario.
   D. Consumidor secundario.

Véanse las respuestas en la página 686.

La materia en los ecosistemas

Cadenas alimentarias

Una de las formas de representar las relaciones de alimentación es a través de una **cadena alimentaria**. Este modelo usa flechas para indicar la dirección en la cual se transfieren la materia y la energía entre los organismos.

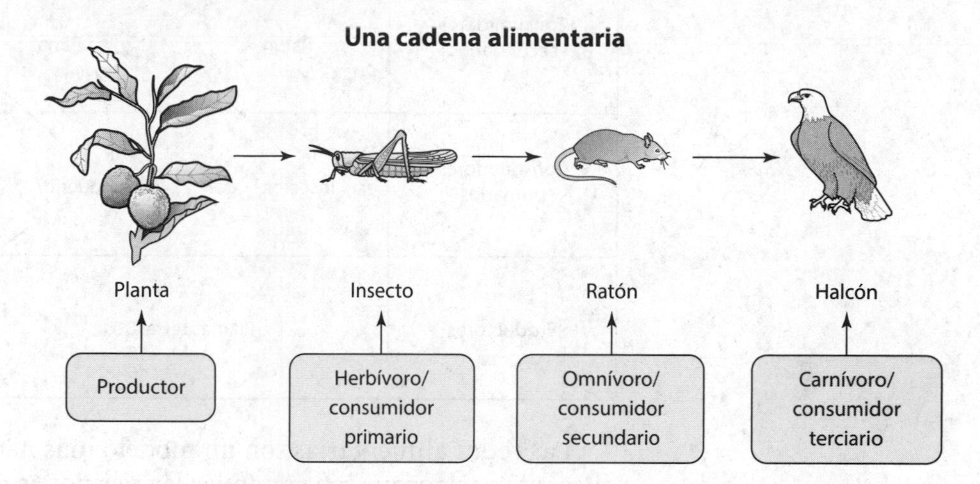

Como podemos observar en el diagrama anterior, cada organismo representa en la cadena alimentaria un nivel de alimentación (trófico) diferente en el proceso de transformación de la materia y la energía. Una cadena alimentaria típica no tiene más de cinco eslabones, pues la cantidad de energía disponible después de ese eslabón es solo una porción muy pequeña de la energía disponible originariamente, en el primer eslabón.

Redes alimentarias

La mayoría de los ecosistemas son complejos y no pueden ser representados por una cadena alimentaria simple, sin ramificaciones, porque la mayoría de los organismos dependen para su alimentación de más de una única especie. La mejor forma de representar estas relaciones de alimentación es a través de **redes alimentarias**.

Una red alimentaria

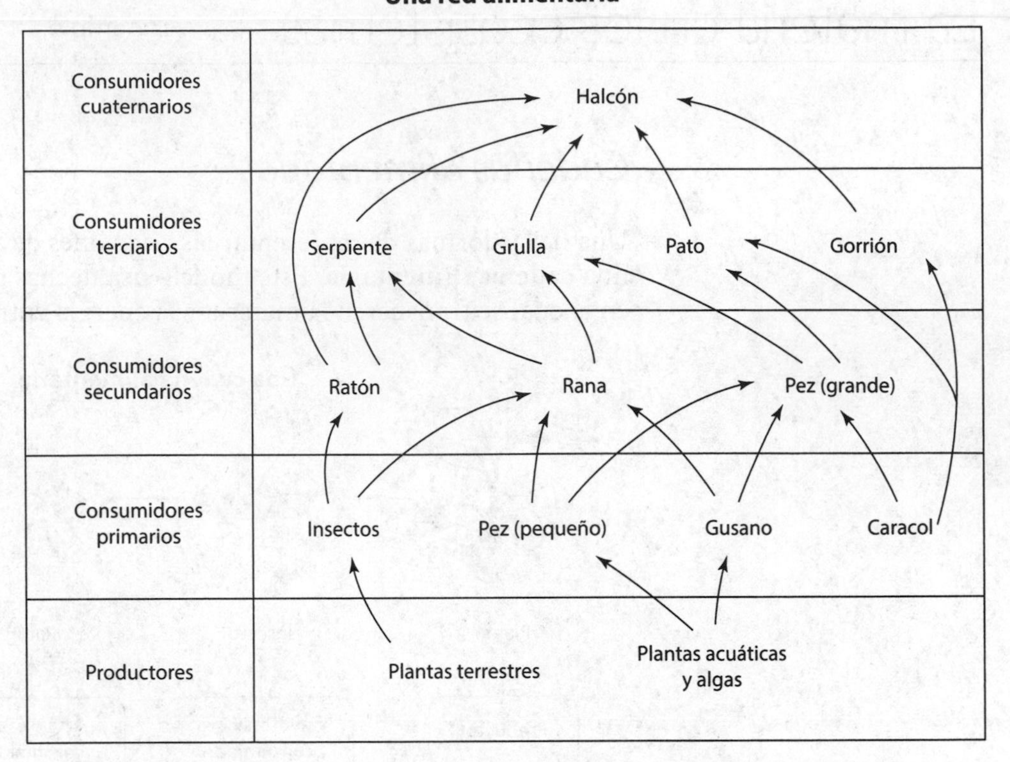

Las redes alimentarias son un modelo más natural que las cadenas alimentarias porque reflejan todas las relaciones posibles a cada nivel del proceso de alimentación. Como podemos observar en la tabla anterior, algunos consumidores se alimentan en varios niveles diferentes. En esta red alimentaria, el pato come caracoles (consumidor primario) y peces grandes (consumidor secundario). Los omnívoros, incluidos los seres humanos, comen productores y consumidores de diferentes niveles tróficos.

Las redes alimentarias también permiten identificar limitaciones en las comunidades. Consideremos, por ejemplo, qué ocurriría con una población de ranas si la polución (contaminación) lleva a la destrucción de las plantas acuáticas. Los organismos en el nivel superior de la red alimentaria perderían una fuente de alimentos importante. Toda la red alimentaria resultaría negativamente afectada por ese hecho.

EJERCICIO 2

La materia en los ecosistemas

Instrucciones: Elija la respuesta más adecuada para cada caso.

1. Complete el enunciado siguiente con términos usados en esta sección.

Las flechas muestran la dirección en que se desplazan la ________________

y la ________________ a través de una cadena alimentaria.

2. El modelo que representa mejor las complejas relaciones alimentarias entre organismos es:

A. Una red alimentaria. B. Una cadena alimentaria.
C. Un esbalón energético. D. Una pirámide de energía.

Véanse las respuestas en la página 686.

Capacidad de cambio

Una población es un grupo de organismos de la misma especie que viven en un área determinada. La **capacidad sustentable** (sostenible) de una población es el máximo número de individuos que esa área determinada puede soportar en el tiempo. Por ejemplo, cuando la población está por debajo de la capacidad sustentable, la cantidad de nacimientos excederá la cantidad de muertes, hasta que esa capacidad sea alcanzada.

La gráfica siguiente ilustra una población con un suministro constante, pero limitado, de alimentos. Durante la fase de latencia, la población crece muy lentamente, y los organismos maduran y se adaptan al medio ambiente. Cuando hay alimentos abundantes, la población crece rápidamente (fase de crecimiento exponencial). Cuando la población aumenta por encima de la cantidad disponible de alimentos, el crecimiento empieza a estabilizarse (fase estacionaria, en la que se alcanza la capacidad sustentable de la población).

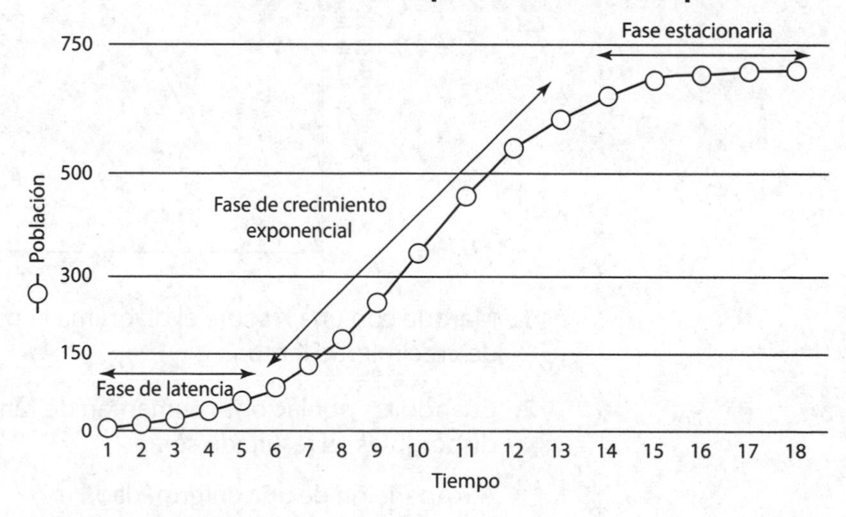

Factores limitantes

El diagrama siguiente muestra seis factores que pueden limitar el tamaño de la población. Por ejemplo, si aumenta la competencia entre miembros de una especie, o entre individuos de especies diferentes, por alimentos o el espacio vital, el tamaño de la población disminuirá. Otros **factores limitantes** incluyen los efectos de las enfermedades, cambios en la cantidad disponible de espacio o luz, y otros efectos ambientales.

Factores que limitan el crecimiento de la población

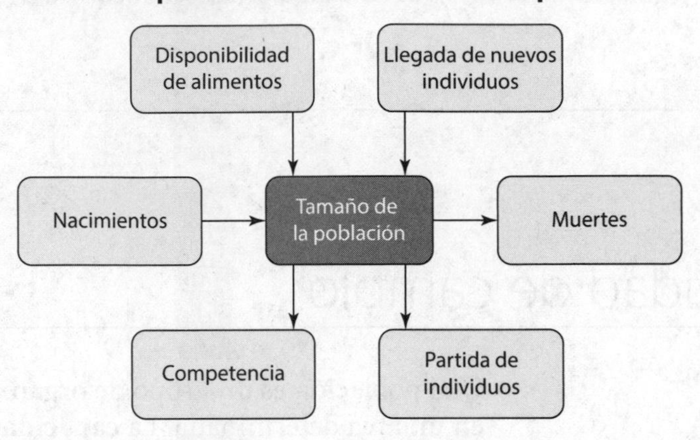

EJERCICIO 3

Capacidad de cambio

Instrucciones: Elija la respuesta más adecuada para cada caso.

La pregunta 1 está basada en el diagrama siguiente.

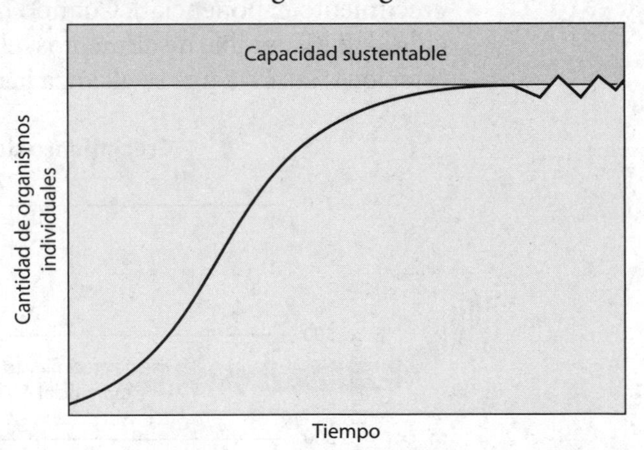

1. Marque con una X sobre el diagrama la posición que representa una fase de crecimiento lento.

2. Cuando las poblaciones aumentan de tamaño y agotan los recursos disponibles, el resultado será:

   A. Aparición de una enfermedad.
   B. Mayor competencia.
   C. Crecimiento exponencial.
   D. Mayor disponibilidad de alimentos.

Véanse las respuestas en la página 686.

Relaciones en los ecosistemas

Predador-presa

Las relaciones **predador-presa** son aquellas en las que un organismo (el predador) se alimenta de otro (la presa). Estas relaciones contribuyen al funcionamiento adecuado de los ecosistemas. Recordemos que en un ecosistema la energía se transporta a través de redes o cadenas alimentarias. La depredación asegura que el flujo de energía continúe, aunque también puede constituir un factor limitante para el crecimiento de la población.

En la gráfica siguiente, la población de presas disminuye abruptamente en varias oportunidades. Cada disminución trae como consecuencia también una declinación en la población de predadores, pues disminuye su fuente de alimentos. Como resultado de la reducida población de predadores, la población de presas puede recuperarse. Esto es seguido de un aumento también en la cantidad de predadores. Las relaciones predador-presa son importantes para la salud de las poblaciones naturales. Por lo general, son los miembros más jóvenes, viejos o enfermos de una población los que son víctimas de los predadores. La depredación restringe el tamaño de la población de presas dentro de los límites de los recursos disponibles.

Relación predador-presa

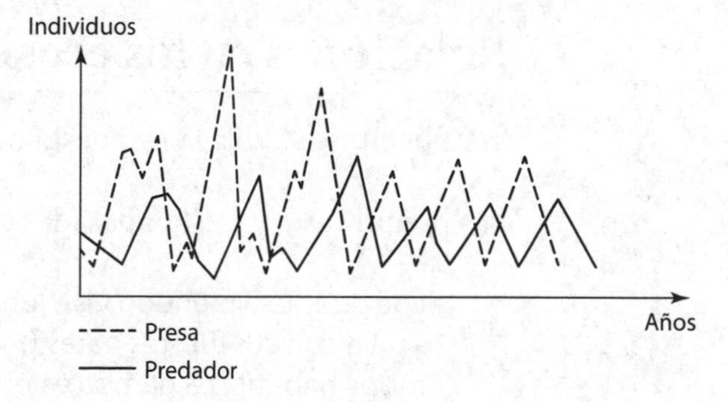

Simbiosis

Otro tipo de relación que afecta la supervivencia de muchas especies es la **simbiosis**. La simbiosis ocurre cuando existe una relación de asociación cercana entre miembros de especies diferentes que se prolonga en el tiempo. Hay muchos tipos diferentes de simbiosis. En la tabla siguiente, se pueden comparar y contrastar esos tipos diferentes de simbiosis.

Relaciones simbióticas

Relación	Definición	Ejemplos
Parasitismo	Relación en la cual un organismo (el parásito) se beneficia mientras el otro (el anfitrión) es perjudicado.	Las tenias que habitan en los intestinos del gato. Las garrapatas que viven en el perro.
Mutualismo	Relación en la cual las dos especies resultan beneficiadas.	Las hormigas que habitan en una acacia (árbol) y la protegen. El pez payaso que vive entre las anémonas marinas.
Comensalismo	Relación en la cual una especie se beneficia y la otra no resulta ni perjudicada ni beneficiada.	Los cangrejos ermitaños que usan las conchas de los gasterópodos como refugio. Las arañas que tejen sus redes en plantas o árboles.

EJERCICIO 4

Relaciones en los ecosistemas

Instrucciones: Elija la respuesta más adecuada para cada caso.

Las preguntas 1 y 2 están basadas en el pasaje siguiente.

> El pez gobio a menudo vive junto con la gamba ciega. La gamba ciega excava con sus fuertes patas una madriguera en la arena, que luego ambos habitan. La gamba es prácticamente ciega y corre el riesgo de ser comida cuando deja la madriguera. El pez gobio le avisa del peligro con un movimiento de su cola, y entonces los dos regresan juntos a la madriguera.

1. Complete el enunciado siguiente con un término usado en esta sección.

Cuando la gamba ciega deja la madriguera, se coloca en el rol de ____________________ en la relación predador-presa.

2. ¿Qué tipo de relación existe entre el pez gobio y la gamba ciega?

A. Parasitismo.
B. Mutualismo.
C. Predador-presa.
D. Comensalismo.

Véanse las respuestas en la página 686.

Alteración de los ecosistemas

En todo ecosistema, las condiciones cambian continuamente. A veces, cambian en forma rápida y abrupta debido a inundaciones o incendios. Otras veces, los cambios son lentos y se deben a la aparición de una especie nueva que empieza a adueñarse de la zona. Los alimentos disponibles, el agua y las temperaturas fluctuantes también desempeñan un rol en el equilibrio de un ecosistema.

En la tabla siguiente, se identifican y describen cuatro alteraciones comunes en los ecosistemas.

Tipo de alteración	Descripción
Inundación	Ocurre cuando una cantidad de agua superior a la normal cubre áreas que habitualmente no ocupa. Los ecosistemas de hábitat acuático también son afectados por la escorrentía, que transporta sedimentos y sustancias contaminantes.
Destrucción del hábitat	Proceso en el cual un hábitat natural es desplazado o destruido y pierde su capacidad sostenible para las especies que lo habitan. Las actividades de los seres humanos, como la expansión urbana, la minería, las perforaciones, la tala y el desmonte, son las causas más comunes de estos cambios.
Desertificación	Ocurre cuando regiones relativamente secas se vuelven cada vez más áridas. Los cuerpos de agua comienzan a secarse y ocasionan la pérdida de plantas y de la vida animal. Este fenómeno es causado principalmente por el cambio climático y las actividades humanas, como, por ejemplo, la deforestación.
Especies invasivas	Ocurre cuando especies no nativas, que afectan adversamente el hábitat y la ecología de una zona, invaden ese espacio. Nuevas especies, de plantas o animales, pueden alterar el ecosistema al competir con las especies nativas por recursos limitados, como alimentos o espacio.

Estas alteraciones ocasionan cambios. Consideremos, por ejemplo, un incendio forestal en un parque nacional. Se destruyen miles de árboles, arbustos e hierbas. Sin embargo, con el tiempo, nuevas plantas empiezan a crecer en el suelo chamuscado. El diagrama siguiente ilustra la **sucesión ecológica** que sigue a la alteración del ecosistema del bosque.

Etapas en la sucesión ecológica después de un incendio forestal

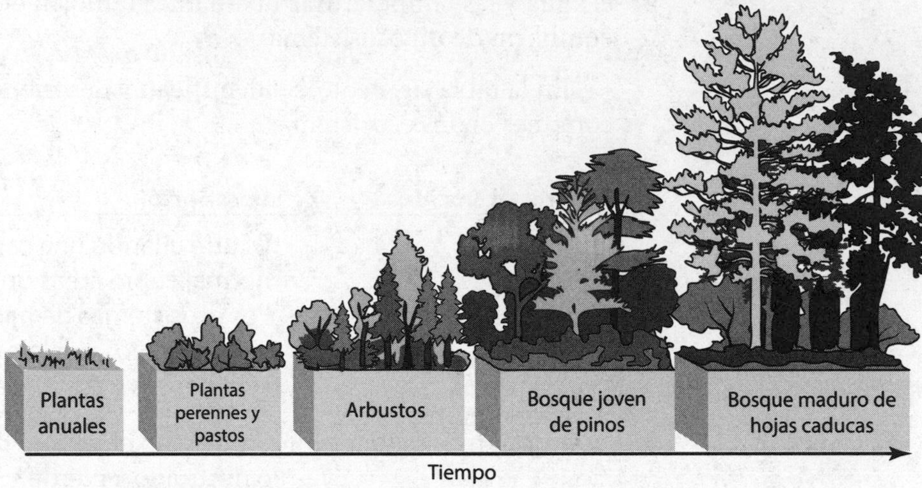

Extinción

A veces, las alteraciones producidas en un ecosistema son de tal magnitud que provocan la desaparición de ciertas especies. Se llama **extinción** a la desaparición de una especie después de la muerte de su último miembro. Si bien la extinción puede ser el resultado de procesos naturales, las actividades humanas, como la caza, la urbanización y la destrucción de bosques, suelen crear condiciones que provocan la destrucción del hábitat, lo que lleva finalmente a la extinción.

EJERCICIO 5

Alteración de los ecosistemas

Instrucciones: Elija la respuesta más adecuada para cada caso.

1. Conecte en su respuesta cada alteración con el ejemplo correspondiente.

Las vides de kuzdu, que se plantaron inicialmente para evitar la erosión del suelo, terminaron por envolver los árboles circundantes e impedirles el acceso a la luz solar.	Inundación
Las escorrentías, que contienen sedimentos y fertilizantes, contaminan los ecosistemas de agua fresca.	Desertificación
El pastoreo excesivo de plantas en las regiones semiáridas destruye la frágil cubierta vegetal.	Especie invasiva

2. Complete el enunciado siguiente con un término usado en esta sección.

   Las actividades humanas han incrementado la tasa de destrucción del hábitat y han causado la ______________________ de muchas especies de la fauna silvestre.

Véanse las respuestas en la página 687.

CAPÍTULO 6

El cuerpo humano y la salud

Sistemas corporales

El cuerpo humano está compuesto por sistemas **de órganos** que trabajan interactivamente para llevar a cabo las funciones de la vida. La tabla siguiente identifica los 11 sistemas de órganos principales y las funciones relacionadas con los distintos sistemas corporales.

Sistema de órganos	Funciones	Órganos
Integumentario	Barrera contra organismos invasores y productos químicos Control de la temperatura	Piel Pelo Tejidos subcutáneos
Esquelético	Sostén del cuerpo Protección de los órganos internos Almacenamiento de minerales Formación de la sangre	Huesos Cartílagos Ligamentos Médula ósea
Muscular	Locomoción Producción de calor	Músculos Tendones
Nervioso	Coordinación de las actividades de los otros sistemas de órganos Respuesta a los estímulos	Cerebro Médula espinal Nervios Ojos Oídos
Endocrino	Regulación de las funciones corporales a través de sustancias químicas (hormonas)	Glándula pituitaria Glándula paratiroides Glándula tiroides Glándulas suprarrenales Timo Páncreas Gónadas

(continúa)

Sistema de órganos	Funciones	Órganos
Circulatorio	Transporte de oxígeno y nutrientes a los tejidos Eliminación de desechos	Corazón Sangre Vasos sanguíneos
Linfático	Transporte de los fluidos tisulares (de los tejidos) a la sangre Defensa contra organismos externos	Bazo Nódulos linfáticos Timo Vasos linfáticos
Respiratorio	Intercambio de oxígeno y dióxido de carbono	Pulmones Tráquea Laringe Cavidades nasales Faringe
Digestivo	Procesamiento de los alimentos Absorción de nutrientes en el cuerpo	Estómago Tracto intestinal Hígado Páncreas Esófago Glándulas salivares
Urinario	Eliminación de desechos Regulación del pH y del volumen de la sangre	Riñones Vejiga urinaria Uretra
Reproductivo	Producción de óvulos (mujer) y espermatozoides (hombre) Protección del desarrollo del feto (mujer)	*Mujer:* ovarios, útero, glándulas mamarias, genitales externos *Hombre:* testículos, glándula prostática, genitales externos

Interacción entre los sistemas corporales

La mayoría de las funciones corporales requieren para su ejecución el trabajo conjunto de dos o más sistemas de órganos. En su cuerpo, los sistemas de órganos trabajan juntos para completar las tareas necesarias para mantenerlo con vida.

Los sistemas circulatorio, digestivo y respiratorio trabajan juntos para llevar a cabo el proceso de respiración celular. El sistema respiratorio lleva oxígeno a los pulmones, mientras que el sistema digestivo descompone los alimentos en sus nutrientes, entre ellos, la glucosa. El sistema circulatorio transporta la glucosa desde el sistema digestivo hasta las células. También transporta el oxígeno de los pulmones hasta las células y trae de regreso los desechos de dióxido de carbono a los pulmones.

Otro ejemplo del trabajo en equipo de los sistemas de órganos es el caminar, correr o levantar objetos. Los sistemas muscular, esquelético y nervioso tienen que cooperar todos para producir el más simple de los movimientos de nuestros cuerpos. El diagrama siguiente destaca algunas formas específicas de ese trabajo conjunto.

Cómo trabajan en equipo los sistemas corporales

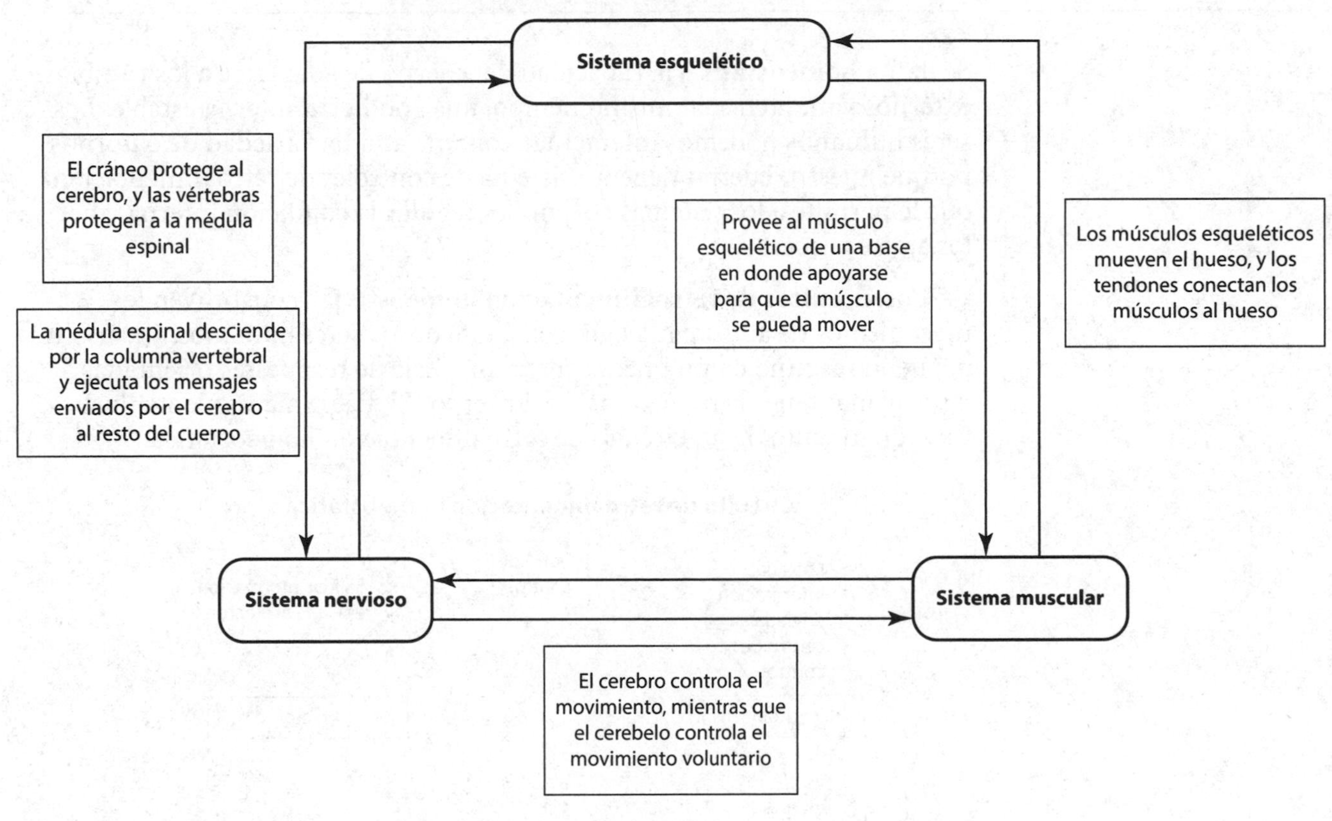

EJERCICIO 1

Sistemas corporales

Instrucciones: Elija la respuesta más adecuada para cada caso.

1. ¿Qué sistema de órganos regula el volumen y el pH de la sangre?

A. El sistema circulatorio.
B. El sistema respiratorio.
C. El sistema linfático.
D. El sistema urinario.

2. Complete el enunciado siguiente con términos usados en esta sección.

Los tres sistemas de órganos que trabajan en la carrera de un atleta son el ______________________, el ______________________ y el ______________________.

Véanse las respuestas en la página 687.

Homeostasis

Se llama **homeostasis** a la capacidad del cuerpo de adaptarse a los cambios externos y mantener, al mismo tiempo, una condición interna estable. Los seres humanos podemos interactuar con una amplia variedad de entornos porque nuestro cuerpo tiene un sistema de controles de retroalimentación, que le permite a los sistemas corporales regular la condición interna y hacer los ajustes necesarios.

Los **circuitos de retroalimentación homeostática** constituyen los mecanismos de autorregulación constante de los seres humanos. Incluso un pequeño rasguño en un brazo genera una serie de respuestas orientadas a curar y mantener la homeostasis del cuerpo. El diagrama siguiente ilustra el funcionamiento de un circuito de retroalimentación homeostática.

Circuito de retroalimentación homeostática

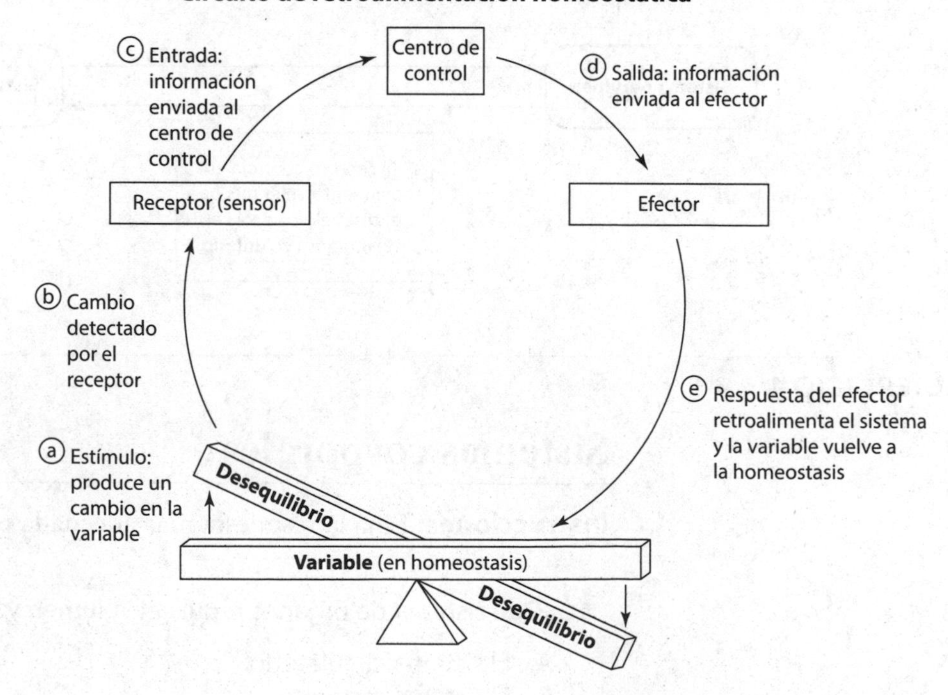

Existen dos tipos principales de circuitos de retroalimentación. La **retroalimentación negativa** es un proceso que ocurre cuando los sistemas corporales necesitan desacelerar o detener completamente algo que está sucediendo. El sistema digestivo usa una retroalimentación negativa para regular el funcionamiento del estómago. ¡Usted no necesita que su estómago trabaje si no está comiendo!

La **retrolimentación positiva** estimula un proceso fisiológico. Amplifica la respuesta del cuerpo ante un estímulo, hasta que la retroalimentación empieza a actuar. Veamos, por ejemplo, el proceso de la digestión. El cuerpo produce una enzima llamada pepsina, que ayuda a digerir los alimentos. Pero antes, secreta en el estómago una enzima inactiva llamada pepsinógeno. Cuando el pepsinógeno se transforma en pepsina, dispara un proceso que facilita la conversión de otras moléculas de pepsinógeno. Este efecto cascada suministra rápidamente al estómago las pepsinas necesarias para la digestión de proteínas.

Efectos del medio ambiente

La retroalimentación homeostática también ocurre en respuesta a cambios en el medio ambiente. Esta reacción puede apreciarse con claridad en el caso de la temperatura corporal. Por ejemplo, imaginemos que usted se encuentra de pie bajo el sol en un día muy caluroso. En esa situación, el acaloramiento que experimenta actúa como estímulo para sus glándulas sudoríparas. Los receptores en su piel monitorizan y perciben el aumento de su temperatura corporal, y envían, en respuesta, un mensaje a su cerebro, que alerta a las glándulas sudoríparas en la piel. Estas glándulas actúan como efectores cuando responden a la orden del cerebro de realizar un ajuste. La transpiración reduce y enfría la temperatura corporal, reestableciendo así la homeostasis.

Ahora, supongamos que hace mucho frío y usted salió sin el abrigo apropiado. Su cuerpo desea mantener la temperatura normal de 98.6°F, y para ello hace ajustes automáticamente. Para conservar el calor, los folículos pilosos en sus brazos se contraen y elevan, y sus músculos tiemblan para generar calor a través del movimiento. Si su cuerpo no responde adecuadamente, usted podría sufrir hipotermia, un descenso abrupto de la temperatura corporal que puede poner en peligro su vida.

EJERCICIO 2

Homeostasis

Instrucciones: Elija la respuesta más adecuada para cada caso.

1. En el circuito de retroalimentación homeostática siguiente, conecte los términos Efector y Receptor con la casilla correspondiente. (**Nota**: En el examen de GED®, usted deberá hacer un clic sobre la palabra seleccionada y "arrastrarla" hasta la posición correcta en el diagrama.)

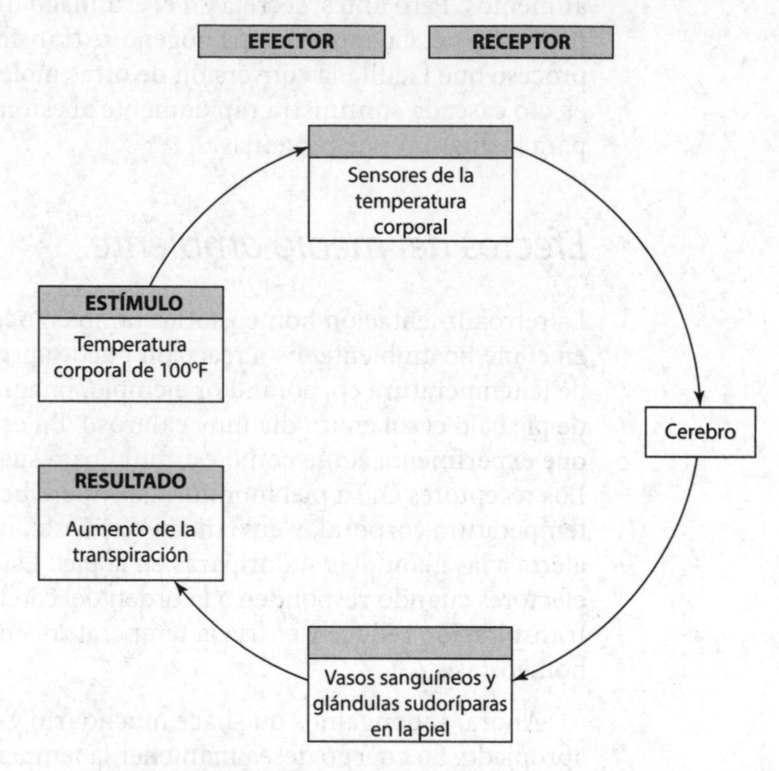

2. La exposición prolongada al sol en la playa probablemente provocará una alteración de la homeostasis en:
   A. La piel, por una probable quemadura.
   B. El hígado, por un aumento en el consumo de líquidos.
   C. Los músculos, por agotamiento por un exceso de natación.
   D. Los pulmones, por escapes de humo y el consumo pasivo de cigarrillos.

Véanse las respuestas en la página 687.

Nutrición

La capacidad de su cuerpo para producir todas las reacciones químicas necesarias para mantener la homeostasis depende de la disponibilidad de seis tipos de **nutrientes**. La tabla siguiente identifica esos nutrientes esenciales, describe los roles que desempeñan y enumera los alimentos en que ellos se encuentran.

Nutriente	Rol en el funcionamiento del cuerpo	Alimento en que se encuentra
Proteínas	Formación y reparación de células	Frijoles, carne, pescado y productos lácteos
Grasas (lípidos)	Provisión de energía y para las membranas celulares	Productos lácteos y aceites vegetales y animales
Agua	Como relleno en las células y para la disolución de sustancias químicas	Agua, consumida como bebida o a través de los alimentos
Carbohidratos	Provisión de energía	Granos, pan, dulces, vegetales, pasta, arroz, frutas
Minerales	Provisión de calcio para huesos saludables Provisión de hierro para la sangre	Variedad de alimentos que incluye: carne, productos lácteos, frutas, etc.
Vitaminas	Usadas en cantidades pequeñas para la producción de enzimas	Pequeñas cantidades en frutas frescas, vegetales, cereales, etc.

Otra fuente de nutrientes son las bacterias. Muchos tipos de bacterias beneficiosas para el organismo habitan en el sistema digestivo. Estas **bacterias simbióticas** ayudan a descomponer los alimentos y en la producción de vitaminas esenciales, como las vitaminas B y K. Como contrapartida, esas bacterias se benefician de un entorno estable dentro de los intestinos.

Conceptos nutricionales

Una dieta bien balanceada es un componente importante de la salud general de su cuerpo. La falta de determinados tipos de nutrientes puede provocar incluso enfermedades. Por ejemplo, la falta de vitamina D puede afectar la dureza de los huesos, y la falta de mineral de hierro puede llevar a la anemia, un trastorno que afecta a los glóbulos rojos de la sangre.

La energía que su cuerpo necesita se mide en **calorías**. La cantidad de calorías que contiene un alimento representa la cantidad de energía que ese alimento suministra. La tabla siguiente muestra la cantidad de energía, en calorías, que se encuentra en un gramo de grasa, de proteína o de carbohidrato.

Grasa	1 gramo = 9 calorías
Proteína	1 gramo = 4 calorías
Carbohidrato	1 gramo = 4 calorías

Consumir la cantidad adecuada de cada tipo de nutriente es fundamental para mantenerse saludable. Así como la falta de nutrientes puede provocar problemas de salud, el exceso de ciertos nutrientes también puede tener efectos negativos. Por ejemplo, el exceso de proteínas en la dieta puede llevar a la producción de toxinas, que pueden dañar sus riñones, y el exceso de grasas puede ocasionar obesidad.

En las cubiertas de los productos envasados, se encuentra información nutricional sobre los tipos y las cantidades de nutrientes que contienen esos productos. El gráfico siguiente destaca los detalles más importantes de la información nutricional impresa en los envases, como la cantidad de calorías, carbohidratos, vitaminas y minerales por porción consumida.

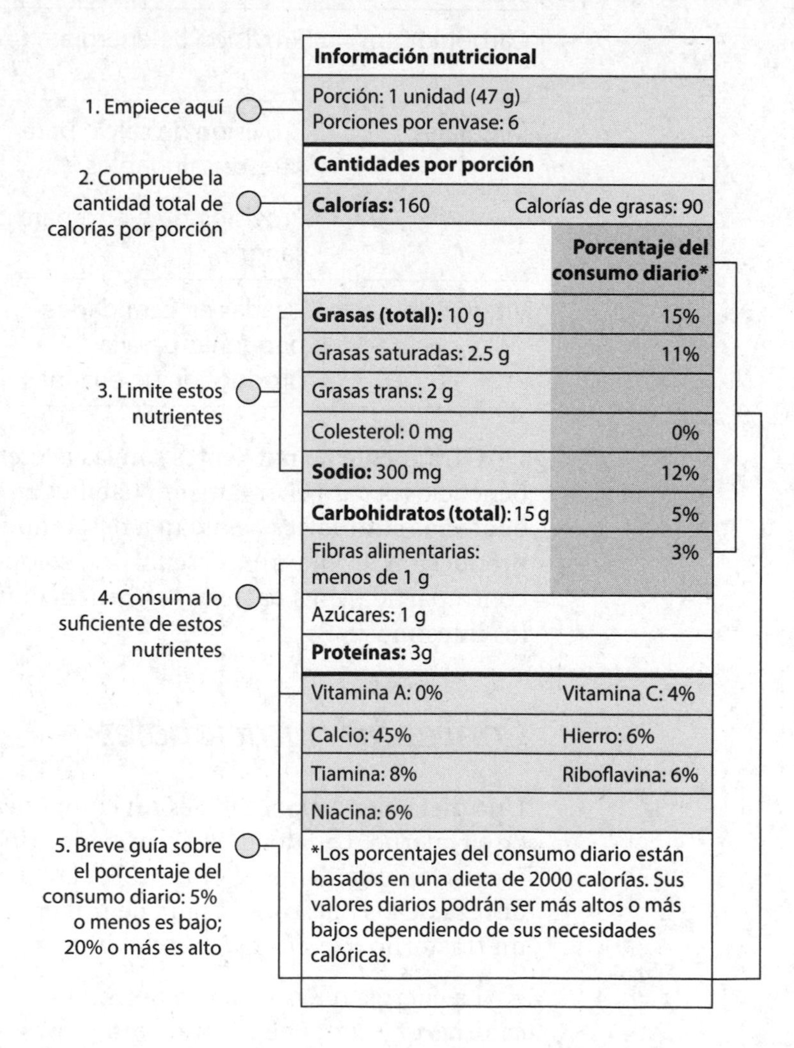

EJERCICIO 3

Nutrición

Instrucciones: Elija la respuesta más adecuada para cada caso.

1. ¿Cuántas calorías contienen 9 gramos de grasas?

A. 9.
B. 10.
C. 18.
D. 81.

2. ¿Cuál de los nutrientes siguientes es importante para la salud de los huesos?

A. Las vitaminas.
B. Los minerales.
C. Las proteínas.
D. Los carbohidratos.

3. Una persona que consume antibióticos por un período prolongado de tiempo puede estar en peligro de experimentar:

A. Un cuadro de anemia.
B. Energía reducida.
C. Falta de vitamina K.
D. Presencia de toxinas en los riñones.

Véanse las respuestas en la página 687.

Enfermedades y agentes patógenos

Otra forma en que la homeostasis del cuerpo puede verse afectada es a través de enfermedades y agentes patógenos. Los **agentes patógenos** son microorganismos o virus que causan enfermedad. La tabla siguiente describe las cinco formas más comunes de transmisión o propagación de los agentes patógenos.

Forma de transmisión	Explicación	Ejemplo
Infección a través de gotas pequeñas (de la boca o la nariz)	Cuando usted tose, estornuda o habla, pequeñas gotas son despedidas de su boca o su nariz. Si usted tiene una infección, esas pequeñas gotas contendrán microorganismos. Otras personas aspiran esas gotas junto con los virus y las bacterias que contienen.	Gripe Tuberculosis Resfrío común
Contacto directo (de la piel)	Algunas enfermedades se propagan por contacto directo de la piel.	Pie de atleta Herpes genital
Alimentos y agua contaminados (por la boca)	Cuando se ingieren alimentos crudos o poco cocidos o se bebe agua contaminada por residuos, una gran cantidad de microorganismos ingresan directamente en su tracto digestivo.	*Agua:* cólera y disentería amebiana *Alimentos:* salmonela
Por fluidos corporales (a través de heridas en la piel)	Los agentes patógenos pueden ingresar en el cuerpo a través de los fluidos corporales (como la sangre), cortes y rasguños, o pinchazos de agujas.	VIH/SIDA Hepatitis
Vectores (generalmente, a través de la piel o la boca)	Un vector es un animal que transmite una enfermedad de un organismo a otro sin padecerla él mismo. Los vectores incluyen a los mosquitos y las moscas domésticas.	Malaria Disentería Virus del Nilo occidental

Prevención de las enfermedades

Muchas de las enfermedades pueden ser prevenidas con la aplicación de métodos simples de **saneamiento**. La adopción de hábitos saludables, como lavarse las manos frecuentemente o cubrir su boca y su nariz cuando estornuda, pueden reducir y prevenir las enfermedades. Tomar conciencia de lo que uno come y bebe y preparar cuidadosamente las comidas ayudan también a conservar un buen estado de salud.

Las vacunas son otro medio de prevenir las infecciones. Muchas enfermedades infecciosas, como el sarampión, la poliomielitis, el tétano y la difteria, pueden ser controladas con vacunas. La **vacuna** aplicada a su cuerpo le permite a este adquirir inmunidad contra la enfermedad sin tener que sufrir sus efectos.

Efectos de las enfermedades sobre las poblaciones

Antes de la aparición de las vacunas, muchas enfermedades infecciosas tenían efectos devastadores sobre la población. Millones de vidas se perdieron durante epidemias virales muy extendidas. Entre los siglos XV y XVIII, la llegada de los colonizadores europeos a América introdujo una serie de virus mortales. Algunas poblaciones de americanos nativos se vieron reducidas en un 80 por ciento a causa de enfermedades como la viruela, el sarampión y la gripe. El daño ocasionado por esos virus ayudó a los colonizadores en la conquista de las poblaciones nativas y cambió el curso de la historia. Brotes generalizados de enfermedades todavía tienen la capacidad de alterar la estructura y la dinámica de las poblaciones, e incluso de provocar su extinción.

EJERCICIO 4

Enfermedades y agentes patógenos

Instrucciones: Elija la respuesta más adecuada para cada caso.

1. La mejor manera de prevenir la salmonela es:

A. Hervir el agua que consume.
B. Usar un repelente para mosquitos.
C. Cubrirse la boca cuando estornuda.
D. No consumir alimentos crudos, como los huevos.

2. Complete el enunciado siguiente con un término usado en esta sección.

Hasta un ____________________ por ciento de los miembros de las poblaciones de americanos nativos resultó afectado por enfermedades como la viruela.

Véanse las respuestas en la página 688.

EJERCICIOS DE PRÁCTICA

Ciencias de la vida

Instrucciones: Elija la respuesta más adecuada para cada caso.

1. Un organismo heterótrofo es un organismo que consume otros organismos para obtener nutrientes y energía. ¿Cuál de los procesos siguientes no puede ser realizado por los organismos heterótrofos?

   A. Mitosis.
   B. Respiración.
   C. Fermentación.
   D. Fotosíntesis.

2. El diagrama siguiente describe el proceso evolutivo que, según los científicos, ocurrió cuando un grupo pequeño de pinzones migró desde las costas del Ecuador a una isla cercana en las Galápagos. Conecte cada uno de los términos de la derecha, que representan cambios evolutivos diferentes, con la explicación correspondiente en el texto.

La isla tenía una cantidad limitada del tipo de semillas que los pinzones comían habitualmente, pero una provisión abundante de insectos.

↓

Los pinzones con picos ligeramente más angostos estaban mejor preparados para cazar insectos. Los pinzones con picos más angostos tenían una ventaja sobre los otros pinzones de picos más anchos.

↓

Con cada nueva generación, aumentó la proporción de pinzones de pico angosto. Finalmente, toda la población de pinzones de la isla tuvo picos angostos.

↓

A medida que la población de pinzones de la isla realizaba esta adaptación, se diferenciaba cada vez más de los pinzones del Ecuador, hasta convertirse en una especie diferenciada.

Especiación

Adaptación

Selección natural

Presión de selección

La pregunta 3 está basada en la tabla siguiente.

La herencia en los conejillos de Indias

Gen	Alelo dominante	Alelo recesivo
Color del pelaje	Oscuro (F)	Claro (f)
Color de los ojos	Negro (E)	Rojo (e)

EJERCICIOS DE PRÁCTICA

3. ¿Cuántas combinaciones diferentes de alelos producirá un conejillo de Indias con pelaje oscuro y ojos rojos?

   A. 1.
   B. 2.
   C. 3.
   D. 4.

Las preguntas 4, 5 y 6 están basadas en el pasaje siguiente.

Algunas bacterias y algunos virus son patógenos, es decir, causan enfermedades en los seres humanos. Una bacteria está constituida por una sola célula que carece de núcleo. Un virus está compuesto por material genético (ADN) y una cubierta proteica. Ambos pueden contener enzimas. En el diagrama siguiente, se muestran una bacteria y un virus.

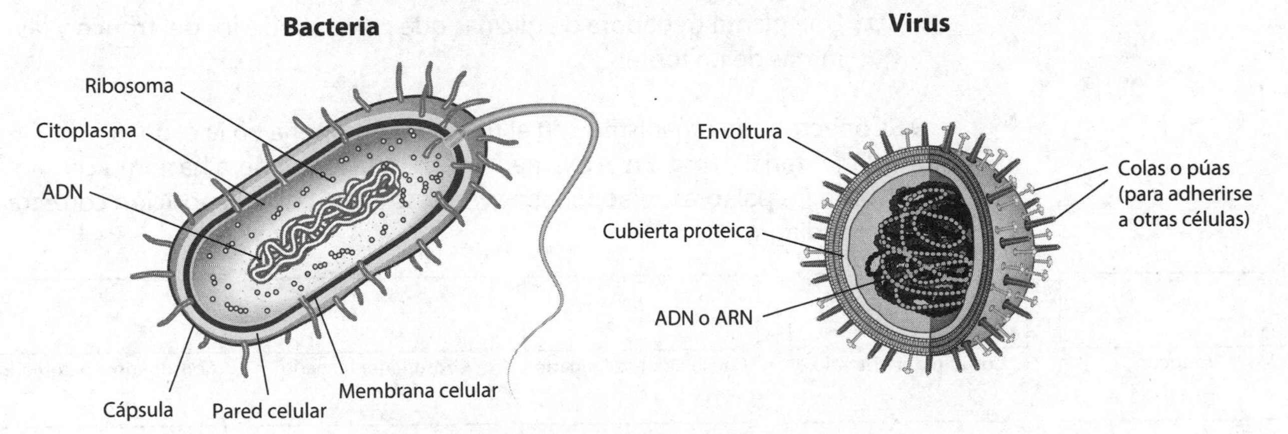

4. ¿Qué característica de los virus explica mejor por qué muchos científicos no los consideran seres vivos?

   A. Los virus no tienen células.
   B. Los virus no tienen núcleo.
   C. Los virus no contienen ADN.
   D. Los virus pueden contener enzimas.

5. Las bacterias, como todas las células, usan las instrucciones contenidas en el ADN para producir proteínas.

   Coloque un círculo en el diagrama sobre la estructura celular responsable de la producción de proteínas.

6. ¿Cuáles son los dos mejores métodos para reducir la propagación de enfermedades causadas por agentes patógenos?

   A. Saneamiento y vacunación.
   B. Vacunación y aislamiento.
   C. Aislamiento y antibióticos.
   D. Antibióticos y saneamiento.

EJERCICIOS DE PRÁCTICA

7. La anemia es fundamentalmente una deficiencia nutricional. ¿Qué nutriente le falta a una persona que padece anemia, y cuál es el sistema corporal más afectado?

   A. Proteínas, sistema nervioso.
   B. Agua, sistema linfático.
   C. Vitaminas, sistema digestivo.
   D. Minerales, sistema circulatorio.

8. ¿Cuál de los ejemplos siguientes es un ejemplo de una relación de mutualismo?

   A. Las tenias que habitan en los intestinos de un gato.
   B. Las bacterias intestinales que producen las vitaminas B y K.
   C. Los cangrejos ermitaños que usan las conchas de los gasterópodos como refugio.
   D. Una planta trepadora de glicinas que crece alrededor del tronco y las ramas de un roble.

9. Conecte cada organismo con el rol que desempeña en la cadena alimentaria. (**Nota**: En el examen de GED®, usted deberá hacer un clic sobre las palabras seleccionadas y "arrastrarlas" hasta la posición correcta en el diagrama.)

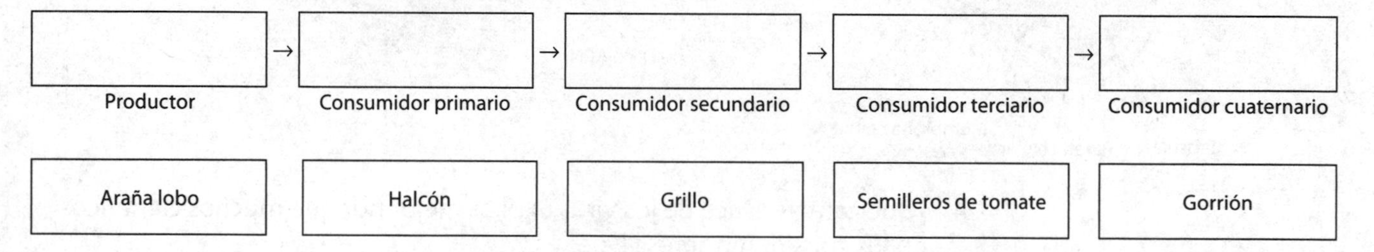

10. ¿Cuál de los factores siguientes NO afectará el tamaño de la población de ciervos?

    A. La cantidad de cervatillos nacidos en primavera.
    B. La cantidad de nuevos ciervos que se unen a la manada.
    C. La cantidad de machos cazados y asesinados.
    D. La cantidad de hembras jóvenes en la manada.

Véanse las respuestas en la página 688.

PARTE 2

Ciencias físicas

CAPÍTULO 7 Interacciones químicas

CAPÍTULO 8 La energía

CAPÍTULO 9 El movimiento y las fuerzas

Ejercicios de práctica: Ciencias físicas

CAPÍTULO 7

Interacciones químicas

Estructura de la materia

Partículas atómicas

Todos los **átomos** están constituidos por las mismas tres partículas básicas: protones, electrones y neutrones. Los átomos de las diferentes sustancias contienen una cantidad diferente de partículas en cada átomo.

Los **protones** tienen una carga positiva, y los **electrones**, una carga negativa. Los **neutrones** no tienen carga. Otra diferencia entre las partículas es su masa. Los protones y los neutrones son alrededor de 2000 veces más pesados que un electrón.

En el gráfico siguiente, se muestra un modelo de un electrón de helio. Observe que el átomo está prácticamente vacío y que no es un objeto sólido. Se denomina **núcleo** a la parte central del átomo. Ese es el lugar donde se encuentran los protones y neutrones. El núcleo contiene la mayor parte de la masa del átomo y su carga es positiva, pues todos los protones están ubicados allí. Los electrones orbitan alrededor del núcleo.

Átomo de helio

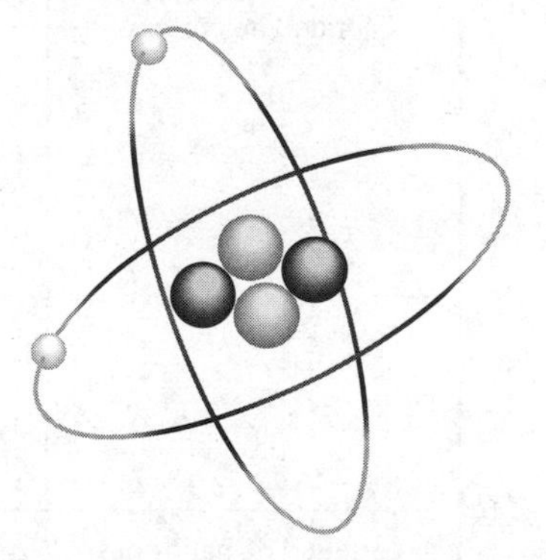

Para describir los átomos y sus núcleos, se usan letras y números. Las letras son una clave del nombre del átomo. El átomo de helio está representado por las letras He. El peso atómico (el número superior) representa la cantidad de protones y neutrones que contiene el núcleo. El número atómico (el número inferior) representa la cantidad de protones que hay en el núcleo. En la representación del helio, podemos ver que tiene 2 protones y un peso atómico de 4.

$${}^{4}_{2}He$$

El número de electrones es igual al número de protones. Como los protones tienen una carga positiva que equilibra la carga negativa de los electrones, el átomo en su conjunto tiene una carga neutra.

Iones e isótopos

A veces, la cantidad de partículas que contiene un átomo puede variar. La tabla siguiente muestra los resultados de cambios en la cantidad de electrones, protones o neutrones en átomos diferentes. Si cambia la cantidad de electrones en un átomo, los protones y los electrones no estarán más en equilibrio y el átomo se convertirá en una partícula cargada. Se llaman **iones** a las partículas cargadas. Si, por el contrario, cambia la cantidad de protones, el átomo se convertirá en un elemento completamente diferente. Se llaman **isótopos** a los átomos que tienen más o menos neutrones que protones.

Cambio	Resultado
Cantidad de electrones	Átomo de litio ⟶ Ion de litio Átomo de litio Ion de litio Protón Neutrón Electrón Electrón que se pierde del átomo de litio lo convierte en un ion de litio
Cantidad de protones	Carbono 14 ⟶ Nitrógeno 14 El neutrón libera un electrón y se convierte en un protón Electrón Carbono 14 6 protones 8 neutrones Nitrógeno 14 7 protones 7 neutrones
Cantidad de neutrones	Átomo de helio ⟶ Isótopo de helio ^{3}He ^{4}He Protón Neutrón Electrón

Moléculas, elementos y compuestos

Muchas veces, los átomos individuales se ligan a otros átomos. Una **molécula** es una partícula compuesta por dos o más átomos. Si los átomos son del mismo tipo, se clasifica a la molécula como un **elemento**.

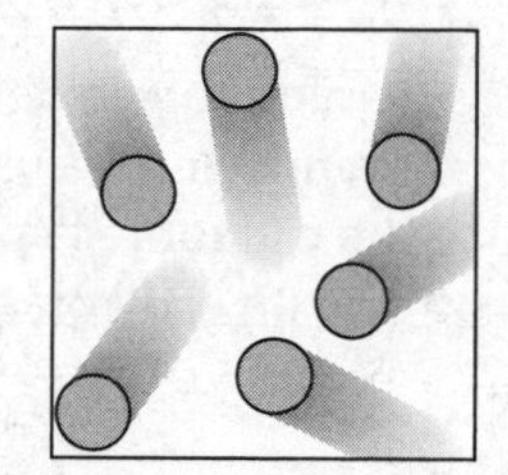

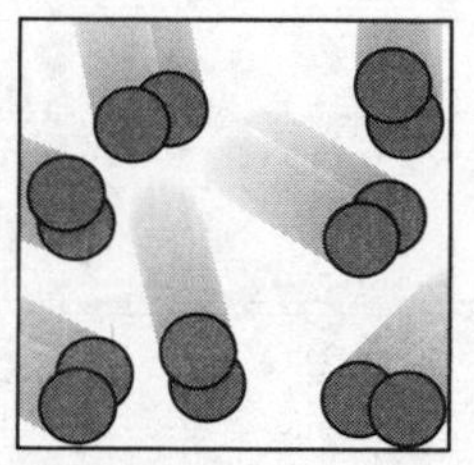

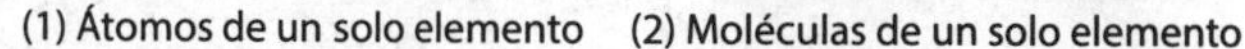

(1) Átomos de un solo elemento (2) Moléculas de un solo elemento

Las moléculas pueden estar compuestas también de dos o más tipos diferentes de átomos. En ese caso, se dice que la molécula es un compuesto. Un **compuesto** está constituido por dos o más elementos que están químicamente ligados.

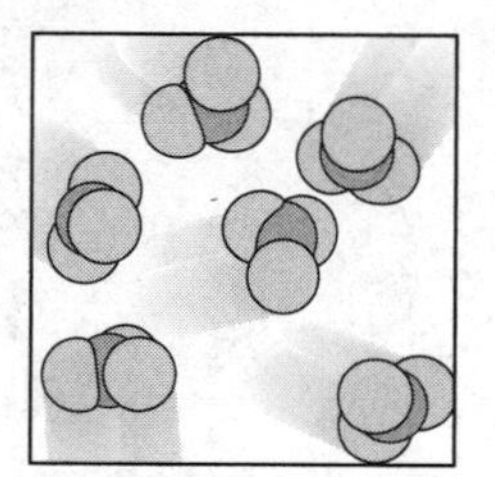

(3) Moléculas de un compuesto

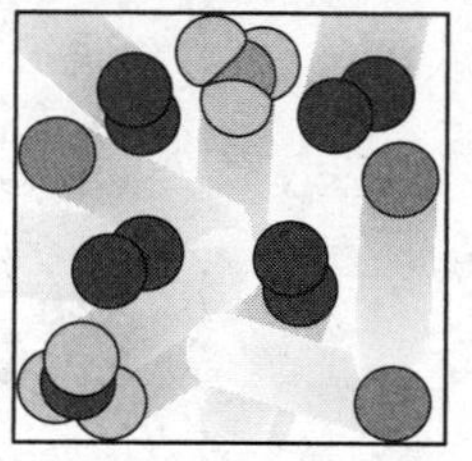

(4) Mezcla de elementos y un compuesto

EJERCICIO 1

Estructura de la materia

Instrucciones: Elija la respuesta más adecuada para cada caso.

1. Conecte los términos al pie del diagrama con la casilla correspondiente. Uno de los términos no será usado. (**Nota**: En el examen de GED®, usted deberá hacer un clic sobre la palabra seleccionada y "arrastrarla" hasta la posición correcta en el diagrama.)

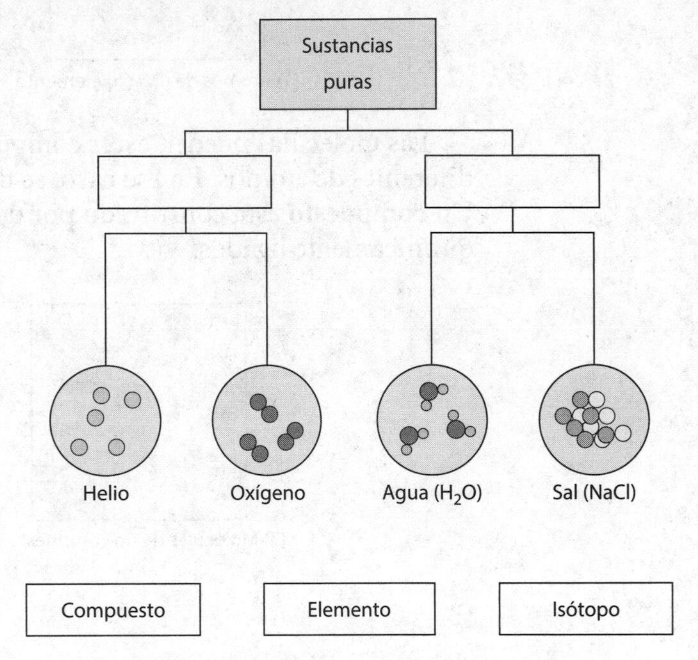

La pregunta 2 está basada en la ilustración siguiente.

$$^{12}_{6}C$$

2. ¿Cuántos protones contiene un átomo de carbono en su núcleo?

A. 1.
B. 6.
C. 12.
D. 18.

Véanse las respuestas en la página 689.

Propiedades físicas y químicas

Existen más de 100 elementos, cada uno con una disposición única de protones, neutrones y electrones. Los científicos usan una tabla llamada **tabla periódica** para ordenar los elementos por su número atómico. Cada casilla de la tabla periódica contiene información sobre las cuatro características siguientes del elemento que la ocupa, como se muestra en la ilustración siguiente.

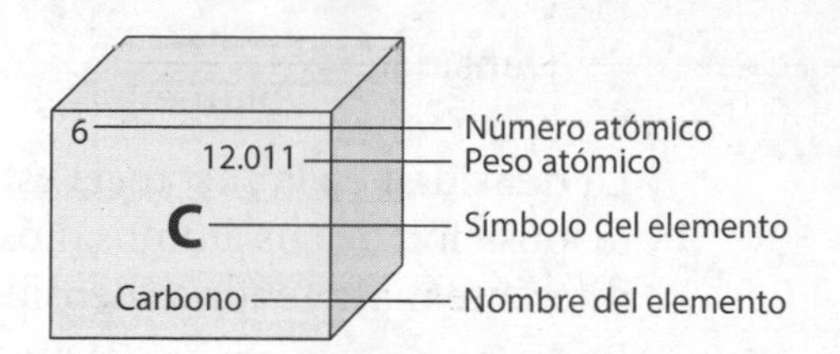

En la tabla periódica, los elementos están ordenados de acuerdo con sus propiedades físicas y químicas. Los metales con propiedades similares están agrupados en el lado izquierdo de la tabla. Los no metales están agrupados a la derecha.

Tabla periódica de los elementos

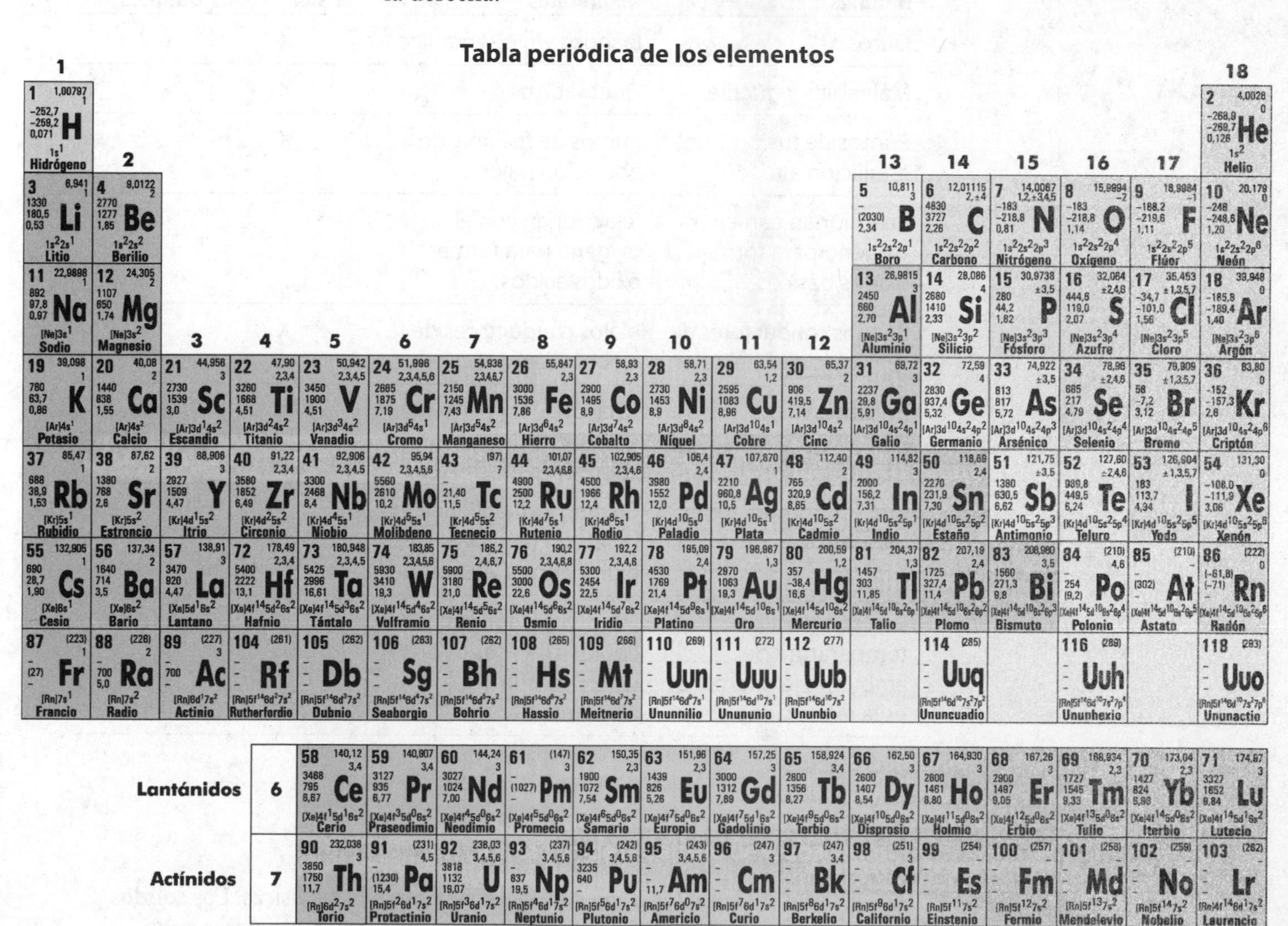

Las **propiedades químicas** incluyen: inflamabilidad, combustibilidad y reacción a otras sustancias químicas. Estas propiedades se manifiestan cuando una sustancia interactúa con otra. Las **propiedades físicas** son observables sin que esa interacción con otra sustancia se produzca. El color, el punto de fusión y la densidad son algunos ejemplos de propiedades físicas.

La **densidad**, en particular, es una propiedad física característica de cada sustancia. Es la relación entre la masa y el volumen de la sustancia. Recuerde que el volumen es el espacio que una sustancia ocupa.

$$\text{Densidad} = \frac{\text{masa}}{\text{volumen}}$$

La densidad de la sustancia está determinada por la masa, el tamaño y la disposición de sus átomos. Los objetos que tienen el mismo volumen pero diferente masa tendrán densidades diferentes.

Observemos la tabla siguiente. En ella se describen las propiedades físicas y químicas de los metales y los no metales.

Metales	No metales	Propiedad física	Propiedad química
Duros	Blandos y/o quebradizos	X	
Maleables y dúctiles	Quebradizos	X	
Puntos de fusión y de ebullición altos	Puntos de fusión y de ebullición bajos	X	
Reaccionan con el oxígeno para formar óxidos básicos	Reaccionan con el oxígeno para formar óxidos ácidos		X
Buenos conductores de la electricidad y el calor	Malos conductores de la electricidad y el calor	X	
Brillantes	Opacos	X	
De alta densidad	De baja densidad	X	
Cuando forman iones, los iones son positivos	Cuando forman iones, los iones son negativos (el hidrógeno es la excepción)		X
Son sólidos a la temperatura del ambiente (el mercurio es la excepción)	Pueden ser sólidos, líquidos o gases a la temperatura del ambiente	X	

Estados de la materia

Los **estados de la materia** son considerados propiedades físicas. Los **sólidos** están compuestos de partículas condensadas en patrones regulares y son densos. Hay muy poco espacio entre esas partículas. La mayoría de los metales, como el oro o la plata, son sólidos a la temperatura del ambiente. Cuando se calienta un sólido, sus partículas adquieren energía y se expanden. Cuando las partículas alcanzan el punto de fusión, se separan y pasan al estado líquido.

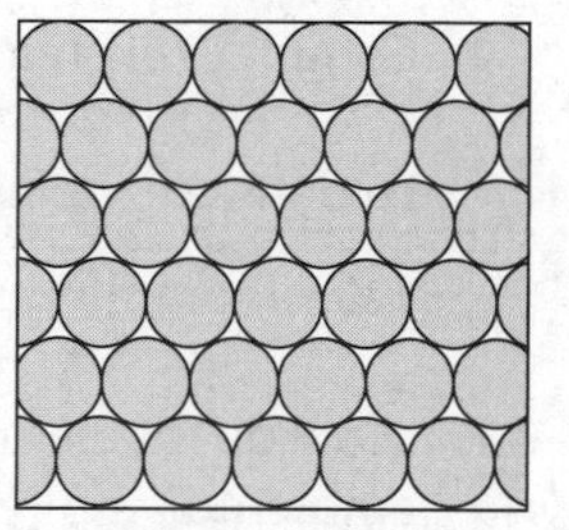

Los **líquidos** toman la forma del recipiente que los contiene, es decir, sus partículas no permanecen en una posición fija. Los líquidos son menos densos porque hay más espacio entre las partículas. El mercurio (un metal) y el bromo (un no metal) son líquidos a la temperatura del ambiente. Cuando se calienta un líquido, sus partículas adquieren energía y se expanden. Cuando las partículas alcanzan el punto de ebullición, pasan al estado gaseoso. Si la energía adquirida continúa aumentando, puede producirse evaporación. Cuando se enfrían, los líquidos pueden solidificarse y pasar al estado sólido.

Líquido

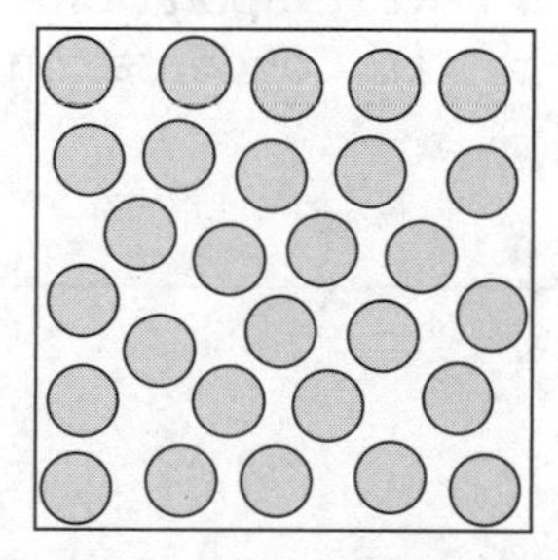

Los **gases** tienen muy baja densidad porque el espacio entre sus partículas es muy grande. Pueden ser comprimidos con facilidad y no tienen forma fija. Como sus partículas se desplazan libremente, ocupan siempre todo el espacio disponible. Muchos no metales, como el helio, el oxígeno y el hidrógeno, son gases a la temperatura del ambiente. Cuando se enfría un gas, sus partículas pierden energía y se contraen lentamente, hasta pasar al estado líquido. Se llama condensación a este cambio de estado.

Gas

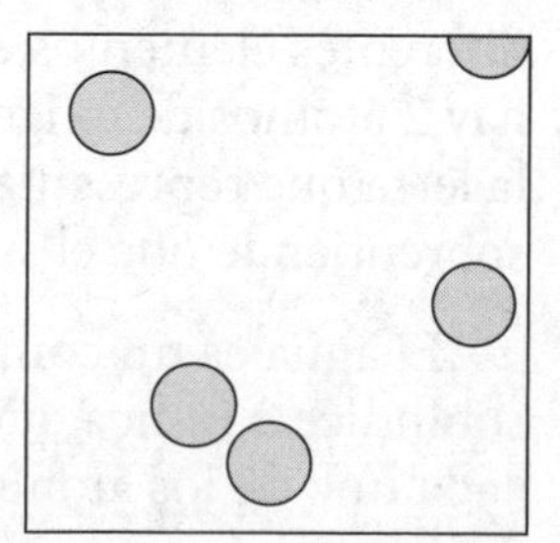

EJERCICIO 2

Propiedades físicas y químicas

Instrucciones: Elija la respuesta más adecuada para cada caso.

1. Complete el enunciado siguiente con el resultado correcto.

   La densidad de un metal con un volumen de 30 mililitros y una masa de

   120 kilogramos es ______________________.

2. ¿Cuál de los elementos siguientes no es un sólido a la temperatura del ambiente?

   A. Oro.
   B. Plata.
   C. Mercurio.
   D. Níquel.

3. ¿Qué cambio de estado ocurre cuando se enfría un líquido y sus partículas pierden energía y dejan de moverse?

   A. Licuefacción.
   B. Solidificación.
   C. Evaporación.
   D. Condensación.

Véanse las respuestas en la página 689.

Fórmulas y ecuaciones químicas

En la tabla periódica de los elementos se usan una o dos letras para representar cada elemento. Pero, ¿cómo se puede representar un compuesto? La respuesta es a través de una fórmula química. Una **fórmula química** es una combinación de símbolos que representa los elementos presentes en un compuesto. Por ejemplo, la fórmula del dióxido de carbono es CO_2.

Los subíndices en una fórmula indican la razón entre los átomos de los diferentes elementos en ese compuesto. En el caso del dióxido de carbono, hay 2 átomos de oxígeno por cada átomo de carbono en el compuesto. Si la letra que representa el símbolo no va acompañada de un subíndice, se sobrentiende que el subíndice es 1.

El agua es un compuesto bien conocido cuya fórmula es H_2O. El subíndice 2 indica que en el compuesto hay 2 átomos de hidrógeno (H) por cada uno de los átomos de oxígeno (O).

El uso de símbolos en lugar de palabras nos permite escribir ecuaciones químicas. Las **ecuaciones químicas** resumen lo que sucede en las reacciones químicas. La ecuación química nos dice cuáles son las sustancias con las que iniciamos la reacción (los reactivos) y cuáles son las sustancias con las que terminamos (los productos). La cantidad de reactivos y la cantidad de los productos pueden variar, dependiendo del tipo de reacción.

Por ejemplo, el hierro reacciona con el azufre produciendo sulfuro de hierro. Esta ecuación se escribe así:

Fe	+	S	→	FeS
Hierro		Azufre		Sulfuro de hierro
(reactivo)		(reactivo)		(producto)

Conservación de la masa

Aunque la disposición de los átomos es diferente al final de la reacción, todos los átomos que estaban presentes al comienzo de ella seguirán estándolo al final. En el caso del hierro y el azufre, hay un átomo de hierro en el lado de los reactivos de la ecuación y el mismo átomo aparece también en el lado del producto. Lo mismo ocurre con el azufre.

Este principio es conocido como **ley de conservación de la masa.** En toda reacción química, no se crea ni se destruye materia. En otras palabras, durante una reacción química la cantidad de materia permanece constante. La masa total de los reactivos será siempre igual a la masa total de los productos.

Balanceo de ecuaciones químicas

Como la masa permanece constante en las reacciones químicas, las ecuaciones químicas deberán ser balanceadas. Para realizar el **balanceo de una ecuación**, deberemos observar las fórmulas. Pruebe describir primero la ecuación con palabras y luego use los símbolos para escribir la ecuación correspondiente.

Consideremos, por ejemplo, la reacción cuyo resultado es la formación de agua. El hidrógeno reacciona con el oxígeno cuando una chispa se agrega a la mezcla.

$$H_2 + O_2 \rightarrow H_2O$$

Comprobemos, ahora, que haya la misma cantidad de átomos en ambos lados de la reacción. A esta operación se la denomina balanceo de la ecuación.

En este caso, tenemos 2 átomos de oxígeno en la expresión de la izquierda y solo 1 en la de la derecha. Para representar correctamente la reacción y balancear la ecuación, deberemos usar un coeficiente. Un coeficiente es un número que se coloca delante de una fórmula química y que indica cuántos átomos, o cuántas moléculas, de cada reactivo y del producto participan en la reacción. Cuando el coeficiente es 1, no se escribe y queda sobrentendido.

En este caso, para balancear los átomos de oxígeno, deberemos multiplicar el H_2O de la derecha por el coeficiente 2.

$$H_2 + O_2 \rightarrow 2H_2O$$

Tendremos, así, 2 átomos de oxígeno en ambos lados, pero 4 átomos de hidrógeno en el lado derecho y 2 en el izquierdo. Deberemos, entonces, multiplicar el H_2 de la izquierda por el coeficiente 2 para balancear la ecuación química.

$$2H_2 + O_2 \rightarrow 2H_2O$$

Reactivos limitantes

En química, por lo general hay un exceso de uno de los reactivos y una cantidad insuficiente de otro. Al reactivo que se agota primero e impide producir una cantidad mayor de un producto se lo denomina **reactivo limitante**. Se llama reactivo en exceso a la sustancia que no es usada en su totalidad.

Supongamos que usted empieza una reacción con 4 moléculas de hidrógeno gaseoso y una molécula de oxígeno gaseoso. ¿Podrá usted obtener como producto 4 moléculas de agua?

$$4H_2 + O_2 \rightarrow 4H_2O$$

No, no es posible porque usted tiene solo una molécula de oxígeno. En esta reacción usted se quedará sin O_2 antes de consumir todo el H_2. El oxígeno es, entonces, el reactivo limitante.

Tipos de reacciones químicas

Hasta ahora, todas las reacciones examinadas en esta sección han sido **reacciones de síntesis**. Una reacción de síntesis es aquella en que una o más sustancias se combinan para producir una sustancia más compleja. Otro ejemplo de ello es la reacción que se produce entre el magnesio y el oxígeno para formar óxido de magnesio.

$$2Mg + O_2 \rightarrow 2MgO$$

Existen otros tipos diferentes de reacciones químicas. Una **reacción de descomposición** ocurre cuando un compuesto se separa en productos más simples. Un ejemplo es la descomposición del peróxido de hidrógeno en agua y oxígeno gaseoso.

$$2H_2O_2 \rightarrow 2H_2O + O_2$$

Una **reacción de sustitución** se produce cuando un elemento reemplaza a otro en un compuesto o cuando dos elementos intercambian posiciones en compuestos diferentes. Puede observarse un ejemplo de este tipo de reacción cuando se calienta una piedra que contiene óxido de cobre en presencia de carbón, que es carbono puro, para obtener cobre. El carbono contenido en el carbón reemplaza al cobre en el óxido de cobre y se forman dióxido de carbono y metal de cobre.

$$2CuO + C \rightarrow 2Cu + CO_2$$

EJERCICIO 3

Fórmulas y ecuaciones químicas

Instrucciones: Elija la respuesta más adecuada para cada caso.

Las preguntas 1 a 3 están basadas en la información siguiente:

El óxido de hierro reacciona con el monóxido de carbono y produce hierro y dióxido de carbono.

1. ¿Cuál de las ecuaciones verbales siguientes representa correctamente esa información?

A. Hierro + óxido de hierro → monóxido de carbono + dióxido de carbono.
B. Óxido de hierro → monóxido de carbono + hierro + dióxido de carbono.
C. Monóxido de carbono + óxido de hierro + hierro → dióxido de carbono.
D. Óxido de hierro + monóxido de carbono → hierro + dióxido de carbono.

2. ¿Cuál de las ecuaciones siguientes está correctamente balanceada?

A. $Fe_2O_3 + CO \rightarrow 2Fe + 3CO_2$.
B. $Fe_2O_3 + 3CO \rightarrow 2Fe + 3CO_2$.
C. $Fe_2O_3 + 2CO \rightarrow 2Fe + CO_2$.
D. $Fe_2O_3 + CO \rightarrow 2Fe + 2CO_2$.

3. ¿Qué tipo de ecuación es el descrito?
A. De limitación.
B. De síntesis.
C. De sustitución.
D. De descomposición.

Véanse las respuestas en la página 689.

Soluciones y solubilidad

Cuando usted piensa en la palabra *solución*, ¿qué es lo primero que le viene a la mente? Mucha gente piensa en algo líquido, como una solución salina, una mezcla de agua y sal. En química, una **solución** es una mezcla homogénea (uniforme) de dos o más sustancias en la que sus partículas son muy pequeñas (de 0 a 100 nanómetros). Las sustancias pueden ser sólidas, líquidas o gaseosas. El aire es una solución que contiene vapor de agua diluido en una mezcla de oxígeno, dióxido de carbono, nitrógeno y varios otros gases. Las aleaciones de metales, como la plata esterlina, son también soluciones.

En toda solución, existen siempre dos partes. Se llama **soluto** a la sustancia que es disuelta. El soluto suele estar presente en una cantidad más pequeña que la de la sustancia en que está disuelta. El **solvente** es la sustancia que disuelve y que generalmente está presente en mayor cantidad.

El solvente más común es el agua. En aquellas soluciones donde el agua actúa como solvente, se denomina **solución acuosa** a la mezcla formada. En el gráfico siguiente, el azúcar es el soluto y el agua, el solvente. La mezcla de agua y azúcar es la solución.

Disolución de azúcar en agua

Solubilidad

Por el momento, nos concentraremos en las soluciones acuosas. La **concentración** de la solución se refiere a la cantidad de soluto disuelto en el líquido. La **solubilidad** es la cantidad máxima de soluto que puede disolverse en cierta cantidad de agua a una temperatura dada. Observemos la gráfica siguiente sobre solubilidad. A medida que aumenta la temperatura, la mayoría de los sólidos se vuelven más solubles. Por el contrario, disminuye la solubilidad de los gases cuando aumenta la temperatura.

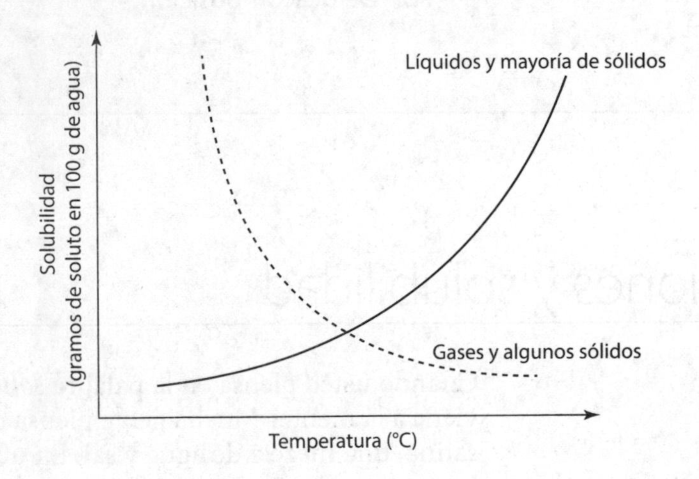

Saturación

Una solución homogénea es clara. Aun si tiene color, se puede ver a través de ella. Si hay partículas no disueltas, la solución aparecerá turbia. ¿Qué ocurre, entonces, cuando el agua ya no puede disolver más cierta sustancia? Se llama **saturación** al punto en el cual la solución no puede disolver más esa sustancia, y en el que cualquier cantidad adicional de la sustancia aparecerá como partículas no disueltas. Existen tres grados de saturación, que se describen en la tabla siguiente.

Concentración	Qué significa	Ejemplo
No saturada	Si se agrega más soluto, continuará disolviéndose.	Una cucharada de sal vertida en un balde de agua produce una solución no saturada. Si agregamos otra cucharada de sal, también se disolverá.
Saturada	El líquido ha disuelto la mayor cantidad posible de soluto a la temperatura dada.	Si agregamos cucharada tras cucharada de azúcar a una taza de té, alcanzaremos el punto en que habrá demasiado soluto (azúcar). La solución estará, entonces, saturada y el azúcar sobrante se concentrará en el fondo de la taza.
Sobresaturada	El líquido contiene más soluto del que en teoría puede disolver a la temperatura dada.	Esto ocurre cuando una solución saturada muy caliente empieza a enfriarse lentamente. La solubilidad del soluto disminuye a medida que la solución se enfría. Las soluciones calientes pueden disolver más soluto que las soluciones frías. Estas soluciones son inestables y forman cristales con facilidad.

Soluciones débiles y fuertes

Las soluciones pueden describirse como diluidas (débiles) o concentradas (fuertes). **Diluida** significa que una cantidad pequeña de soluto ha sido disuelta en el solvente. **Concentrada** significa que mucho soluto ha sido disuelto en el solvente.

La acidez, la alcalinidad o la neutralidad de una solución pueden describirse también según su fuerza. En un ácido fuerte, casi todas las moléculas del ácido formarán iones, mientras que en un ácido débil solo unas pocas moléculas formarán iones. La fuerza de la solución se determina usando una escala numérica llamada **escala de pH**, que va de 0 a 14.

- Se denominan **ácidas** a las soluciones con un pH menor que 7. Ejemplos de estas soluciones son los jugos de cítricos. Cuanto menor es el pH, más fuerte es la acidez.
- Se denominan **alcalinas** a las soluciones con un pH mayor que 7. Un ejemplo es la leche. Una sustancia con mayor grado de alcalinidad tendrá, entonces, un pH más grande.
- Se consideran **neutrales** a las soluciones con un pH igual a 7. El agua es neutra.

EJERCICIO 4

Soluciones y solubilidad

Instrucciones: Elija la respuesta más adecuada para cada caso.

1. ¿Cuál de las respuestas siguientes NO es ejemplo de una solución?

   A. El agua.
   B. La gasolina.
   C. El agua salada.
   D. El oro de 14 quilates.

2. Una solución diluida de jugo de limón, con un pH de 1.5, será clasificada como:

   A. Solución neutra.
   B. Solución ácida débil.
   C. Solución ácida fuerte.
   D. Solución alcalina débil.

3. Conecte los términos al pie del diagrama con la imagen y descripción correctas. (**Nota**: En el examen de GED®, usted deberá hacer un clic sobre las palabras seleccionadas y "arrastrarlas" hasta la posición correcta en el diagrama.)

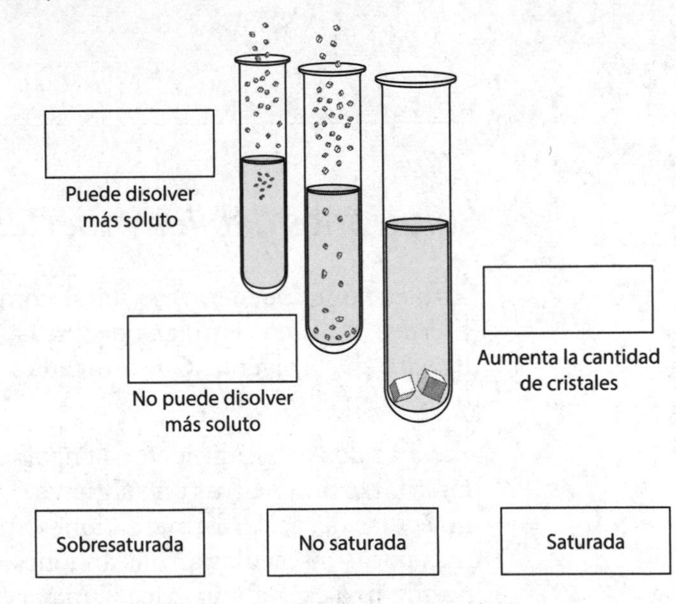

Véanse las respuestas en la página 689.

CAPÍTULO 8

La energía

Tipos de energía

Tanto para encender una bombilla como para correr una milla, se requiere energía, pero no del mismo tipo. La **energía** se define como la capacidad para realizar un trabajo. La energía existe en muchas formas diferentes, incluidas:

- La **energía química**, almacenada en los enlaces químicos de una sustancia.
- La **energía eléctrica**, que se encuentra en las cargas eléctricas.
- La **energía radiante**, que se encuentra en las ondas electromagnéticas, como la luz.
- La **energía mecánica**, relacionada con el movimiento y la posición.
- La **energía nuclear**, almacenada en los núcleos de los átomos de una sustancia.
- La **energía térmica**, relacionada con la temperatura de una sustancia.

Observe que la energía mecánica depende de dos características del objeto. Se denomina **energía potencial** a la energía que tiene un objeto por su posición. A menudo, la energía potencial es descrita también como energía almacenada. Se denomina **energía cinética** a la energía que tiene un objeto por su movimiento. La cantidad total de energía de un objeto puede determinarse sumando sus energías potencial y cinética. Más adelante, en este capítulo, analizaremos detalladamente algunas otras formas de energía.

Transformaciones de la energía

En la Tierra, la energía no puede ser ni creada ni destruida. Puede, eso sí, ser convertida (o transformada) de una forma a otra. Durante la fotosíntesis, por ejemplo, las plantas convierten la luz solar (energía radiante) en alimentos (energía química). Cuando usted camina, corre o realiza cualquier tipo de movimiento, la energía química proveniente de los alimentos que consume se convierte en energía cinética. Una parte de esa energía química se convierte también en energía térmica cuando su cuerpo despide calor.

EJERCICIO 1

Tipos de energía

Instrucciones: Elija la respuesta más adecuada para cada caso.

La pregunta 1 está basada en la información siguiente:

Para determinar la mejor posición para cultivar semilleros en un invernadero, la jardinera coloca semilleros en diferentes lugares. Pone 2 semilleros junto a una ventana que mira al norte, 2 semilleros junto a otra ventana que mira al este y 2 más en el centro del invernadero. La jardinera mide la altura de las plantas cada 3 días. Después de 2 semanas, la jardinera compara el crecimiento de las plantas en cada lugar.

1. Complete la hipótesis de la jardinera usando un tipo de energía descrito en esta sección.

La tasa de crecimiento de los semilleros depende de la cantidad de energía ________________ a la que están expuestos.

2. Para cada transformación de la energía, indique la forma de energía apropiada. (**Nota:** En el examen de GED®, usted deberá hacer un clic sobre la palabra seleccionada y "arrastrarla" hasta la posición correcta en el diagrama.)

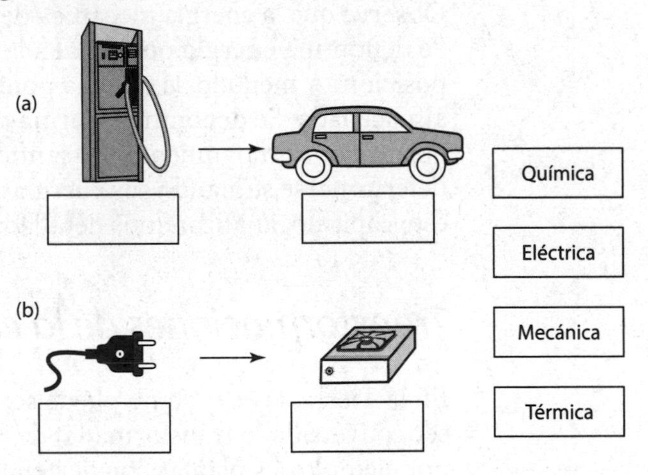

Véanse las respuestas en la página 690.

Ondas

La energía puede ser transportada por oscilaciones (movimientos repetitivos) llamadas **ondas**. Las ondas pueden desplazarse a través de las sustancias o en el espacio vacío. En el diagrama siguiente, se muestran los dos tipos de movimiento de las ondas.

Tipos de movimiento de las ondas

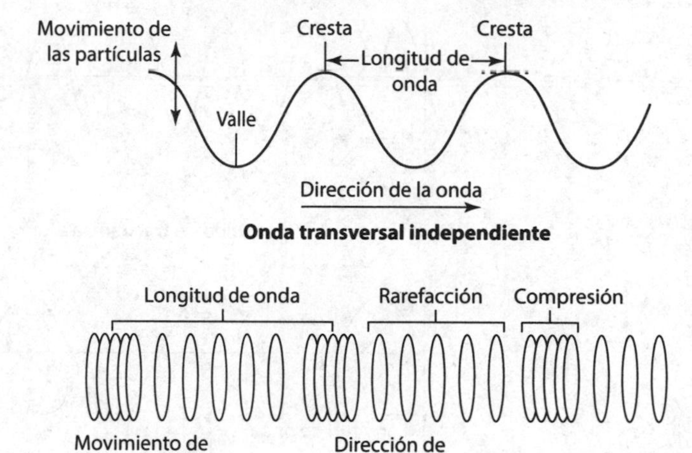

Observe que las dos ondas en el diagrama se desplazan de izquierda a derecha. El tipo de ondas producido depende de cómo se mueven las partículas de la sustancia. Si las partículas se mueven de arriba a abajo, producen una **onda transversal**. La dirección de la onda transversal es siempre perpendicular al movimiento de las partículas. Piense en una cuerda para saltar. Si una persona agita uno de sus extremos mientras que otra persona mantiene firme el otro extremo, se producirá una onda transversal que se propagará a lo largo de la cuerda. La energía de la luz se transmite por ondas transversales.

Si las partículas se mueven para adelante y para atrás, producen una **onda longitudinal**. La dirección de la onda longitudinal es siempre paralela al movimiento de las partículas. Piense en el muelle de un juguete. Si una persona comprime un extremo del muelle mientras otra persona mantiene firma el otro extremo, se producirá una onda longitudinal que se propagará a lo largo del muelle. La energía del sonido se transmite por ondas longitudinales.

Elementos de una onda

Las dos características más importantes de una onda son su longitud y su frecuencia. La **longitud de onda** es la distancia que hay entre puntos correspondientes en dos oscilaciones consecutivas. Observe que en la onda transversal del diagrama anterior la longitud de onda se midió de una cresta a la siguiente. La longitud de onda de una onda transversal puede medirse también de un valle a otro, o entre cualesquiera dos puntos correspondientes en la onda. Observe otra vez el diagrama anterior. En él, la longitud de onda en una onda longitudinal se mide de compresión a compresión.

La **frecuencia** es la cantidad total de longitudes de onda que atraviesan un punto específico por segundo. En general, cuanto mayor es la frecuencia, mayor es la cantidad de energía que la onda transporta. Observe el diagrama siguiente. Cada gráfico representa una unidad de tiempo de un segundo. El gráfico superior muestra una onda que produce 6 longitudes de onda por segundo. El gráfico inferior muestra una onda que produce 3 longitudes de onda por segundo. Como la frecuencia de la onda del gráfico superior es el doble de la del gráfico inferior, la onda superior transporta el doble de energía.

Onda de frecuencia alta

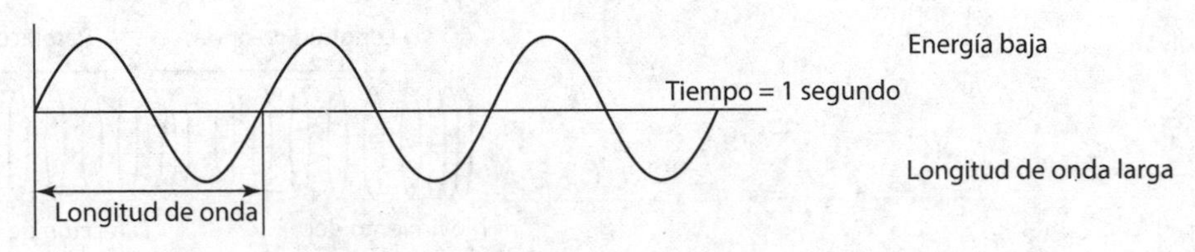

Onda de frecuencia baja

Observe también la diferencia entre las dos longitudes de onda. Cuanto más corta es la longitud de onda, mayor es la frecuencia de la onda, y viceversa. Esto significa que las ondas con longitud de onda más corta tienden a transportar mayor cantidad de energía.

Tipos de radiación electromagnética

Se denomina **radiación electromagnética** a la energía producida por el movimiento de partículas cargadas eléctricamente. La luz visible y otras formas de radiación electromagnética son propagadas por los siete tipos de ondas que se muestran en el diagrama siguiente. Observe que las ondas electromagnéticas están ordenadas por su longitud de onda. Las ondas de radio tienen la mayor longitud de onda, mientras que los rayos gamma, la menor. Esto significa también que las ondas de radio tienen la menor frecuencia y energía, mientras que los rayos gamma tienen la mayor frecuencia y energía.

Tipos de radiación electromagnética

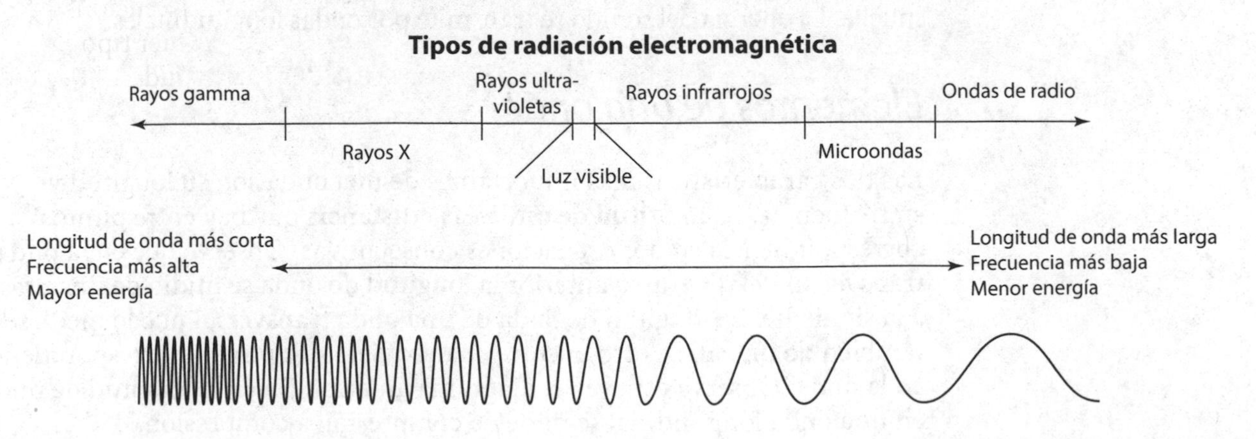

Usos y peligros de la radiación electromagnética

Cada tipo de radiación electromagnética tiene un conjunto único de usos basado en su longitud de onda. En la tabla siguiente, se enumeran algunos usos comunes de cada tipo de radiación.

Tipo de radiación	Usos comunes
Ondas de radio	Emisoras de radio Comunicaciones inalámbricas
Microondas	Radares meteorológicos Hornos de microondas GPS
Rayos infrarrojos	Controles remotos Termografías
Luz visible	Puede ser vista por el ojo humano
Rayos ultravioletas	Para la producción de vitamina D en el cuerpo humano Esterilización de instrumental médico
Rayos X	Radiografías Control de seguridad en los aeropuertos
Rayos gamma	Tratamientos contra el cáncer Imágenes médicas Pasteurización de los alimentos

Existen también peligros asociados con la exposición a la radiación electromagnética. En general, cuanto menor sea la longitud de onda, más peligrosa es la radiación. Se cree que las ondas de radio y las microondas son relativamente seguras. Las dosis elevadas de rayos infrarrojos, luz visible y rayos ultravioletas pueden provocar quemaduras. Los rayos X y los rayos gamma pueden causar mutaciones del ADN, destrucción celular y cáncer. Cuando se deben usar estos tipos de radiación, se toman precauciones para minimizar la exposición. La exposición prolongada a cualquier tipo de radiación electromagnética puede ser perjudicial para su salud.

EJERCICIO 2

Ondas

Instrucciones: Elija la respuesta más adecuada para cada caso.

Las preguntas 1 y 2 están basadas en el diagrama siguiente.

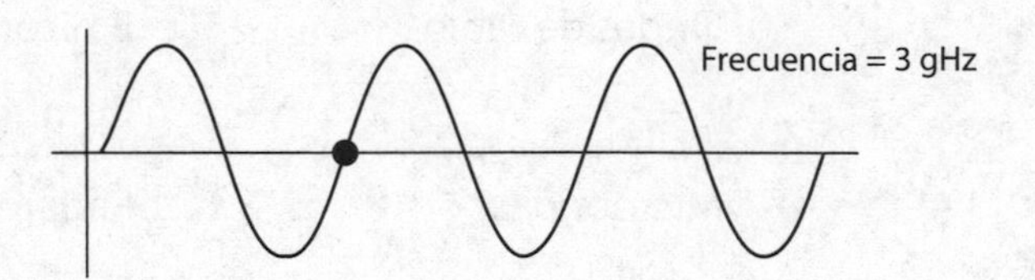

1. Usando el punto como referencia inicial, coloque una X sobre el diagrama que indique una longitud de onda.

2. La luz visible tiene una frecuencia aproximada de 300,000 gHz o más alta. Tomando como base esta frecuencia, ¿qué tipo de onda está representado en el diagrama?

   A. Ondas de radio.
   B. Rayos X.
   C. Rayos ultravioletas.
   D. Rayos gamma.

3. ¿Qué tipo de radiación sería el más apropiado para hervir agua?

   A. Luz visible.
   B. Rayos ultravioletas.
   C. Rayos gamma.
   D. Microondas.

Véanse las respuestas en la página 690.

Calor

Las partículas que constituyen todas las sustancias están en permanente movimiento. La **temperatura** es la medida de la velocidad promedio de las partículas en una sustancia. En general, las partículas apenas se mueven en los sólidos, se mueven más rápido en los líquidos y alcanzan velocidades máximas en los gases. Este es el motivo por el que el hielo (estado sólido) tiene una temperatura más baja que el agua líquida, y el agua líquida tiene una temperatura más baja que el vapor de agua (estado gaseoso).

El **calor** es la transferencia de energía entre sustancias basada en la diferencia de sus temperaturas. La energía se transfiere siempre de la sustancia de mayor temperatura a la sustancia de menor temperatura. Cuando se derrite un cubo de hielo, la energía del aire (más caliente) penetra en el cubo de hielo (más frío). Esto ocasiona que las partículas de hielo se muevan más rápidamente, aumentando su temperatura y provocando el cambio del estado sólido al líquido.

Recuerde que la energía es la capacidad para realizar un trabajo. Cuando se transfiere calor a una sustancia, sus partículas se mueven más rápidamente porque están realizando un trabajo en la sustancia.

Transferencia de calor

En el diagrama siguiente, se muestran las tres formas en que el calor puede ser transferido.

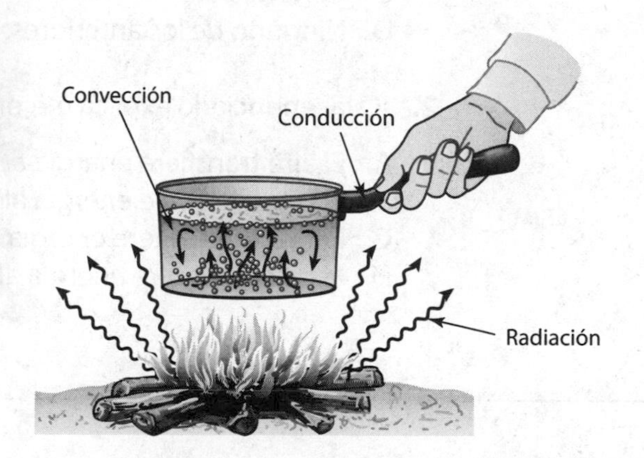

En la **conducción**, el calor se transfiere entre dos sustancias que están en contacto directo. Cuando usted toca el mango de una olla caliente, el calor se transfiere directamente del mango a su mano. En la conducción, se transferirá energía de una sustancia a otra hasta que ambas alcancen la misma temperatura.

En la **convección**, el calor se transfiere por el movimiento de un líquido o un gas. Observemos el agua en el diagrama. A medida que el agua ubicada en el fondo de la olla se calienta, se vuelve menos densa. El agua calentada, menos densa, se desplaza hacia la parte superior de la olla, mientras que el agua fría, más densa, se dirige hacia el fondo. Este movimiento provoca corrientes que hacen circular el calor por toda el agua.

En la **radiación**, el calor se transfiere por ondas electromagnéticas, y no por contacto o movimiento de sustancias. Como se muestra en el diagrama, el calor que irradia el fuego puede sentirse sin necesidad de tocar el fuego mismo. El microondas, que calienta los alimentos, y el Sol, que calienta la Tierra, son ejemplos de la transferencia de calor por radiación.

EJERCICIO 3

Calor

Instrucciones: Elija la respuesta más adecuada para cada caso.

Las preguntas 1 y 2 están basadas en la información siguiente.

Cuando sacamos un tazón de café del armario de la cocina, el tazón está frío al tacto. A medida que lo llenamos con café caliente, el tazón empieza a calentarse y ese calentamiento lo sentimos también al tacto.

1. ¿Qué tipo de transferencia de calor ocurre entre el café y el tazón?

   A. Radiación.
   B. Convección.
   C. Conducción.
   D. Ninguno de los anteriores.

2. ¿Cuál enunciado explica mejor por qué el tazón está ahora caliente?

   A. El aire transfiere energía al tazón.
   B. El aire transfiere energía al café.
   C. El tazón transfiere energía al café.
   D. El café transfiere energía al tazón.

Véanse las respuestas en la página 690.

La energía en las reacciones químicas

Reacciones endotérmicas

Cuando las sustancias químicas reaccionan entre sí, la cantidad de energía producida es diferente de la cantidad existente antes de la reacción. Cuando los productos de la reacción contienen más energía que los reactivos originales, se dice que la reacción es **endotérmica**. En la gráfica siguiente se muestra el cambio en la cantidad de energía en una reacción endotérmica.

Reacción endotérmica

A + B + energía (calor) → C + D

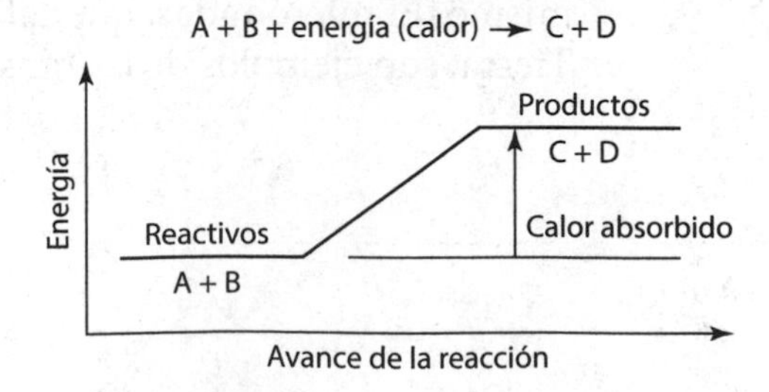

Toda reacción endotérmica debe absorber energía (calor) del medio en que se produce. Por este motivo, la reacción hace que el recipiente donde ocurre se sienta frío. Las bolsas de hielo instantáneo, por ejemplo, contienen en su interior dos sustancias que al entrar en contacto provocan una reacción endotérmica.

Reacciones exotérmicas

Se llaman **exotérmicas** a las reacciones que liberan energía al medio en que se producen. En una reacción exotérmica, los productos de la reacción contienen menos energía que la suma total de la energía de los reactivos. En la gráfica siguiente se muestra el cambio en la cantidad de energía en una reacción exotérmica.

Reacción exotérmica

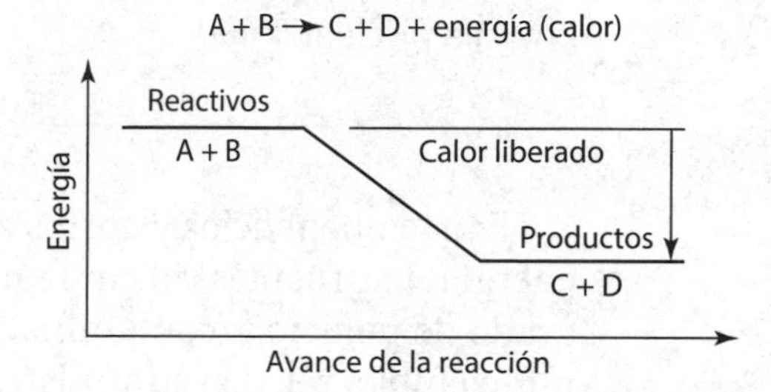

Las reacciones exotérmicas hacen que el medio en que se producen se sienta caliente, porque liberan energía (calor) al entorno. Usted puede sentir el calor proveniente de un fuego, por ejemplo, porque la quema (oxidación) del combustible, la madera, provoca una reacción exotérmica.

EJERCICIO 4

La energía en las reacciones químicas

Instrucciones: Elija la respuesta más adecuada para cada caso.

1. Complete el enunciado siguiente con términos usados en la sección.

   La fotosíntesis es una reacción endotérmica porque las plantas deben absorber la ________________ del Sol para que la reacción pueda ocurrir.

2. Complete el enunciado siguiente con un término usado en la sección.

   La respiración es una reacción ________________ porque libera energía para su uso por las células.

Véanse las respuestas en la página 690.

Fuentes de energía

La energía es parte de casi todos los aspectos de la vida diaria. El uso de aparatos de cocina, la calefacción o refrigeración de nuestros hogares, la ida y vuelta a la escuela o al trabajo, son solo algunas formas en que la gente usa la energía todos los días. La energía que usamos proviene de diferentes fuentes. En la tabla siguiente, se enumeran algunas de las fuentes de energía más comunes.

Fuentes de energía más comunes	Descripción
Combustibles fósiles (petróleo, gas natural, carbón)	Extraídos de los depósitos subterráneos por perforación.
Energía solar	Energía absorbida de la luz solar.
Energía nuclear	Energía liberada de los átomos radiactivos.

Existen beneficios y costos asociados con el uso de cualquier fuente de energía. Las fuentes varían según la cantidad de energía que suministran y el grado de polución (contaminación) que producen. Los combustibles fósiles, por ejemplo, pueden suministrar mucha energía, pero también producen mucha polución. La quema de combustibles fósiles libera esmog y gases de efecto invernadero, como el dióxido de carbono. Los derrames de petróleo pueden provocar daños considerables en los ecosistemas. Las plantas de energía nuclear pueden suministrar mucha energía, pero producen desechos radiactivos. Por el contrario, la energía solar no produce polución, pero suministra una cantidad muy pequeña de energía.

EJERCICIO 5

Fuentes de energía

Instrucciones: Elija la respuesta más adecuada para cada caso.

Las preguntas 1 y 2 están basadas en la gráfica siguiente.

Uso de la energía en los Estados Unidos (2010)

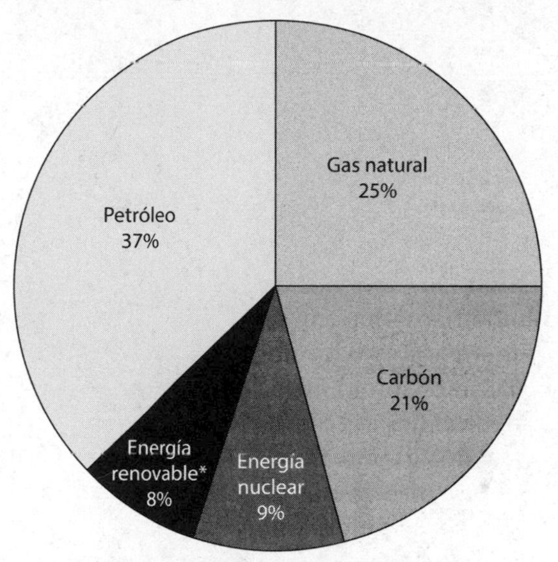

*La energía renovable incluye la energía eólica, la energía solar, la biomasa, la energía geotérmica y la energía hidroeléctrica.

1. Complete el enunciado siguiente con términos usados en la sección.

   En 2010, aproximadamente el 83 por ciento de la energía usada en los Estados Unidos provenía de ________________________.

2. ¿Qué fuente de energía podría producir menos polución si aumentáramos su uso?

   A. Carbón.
   B. Energía nuclear.
   C. Energía renovable.
   D. Petróleo.

Véanse las respuestas en la página 690.

CAPÍTULO 9

El movimiento y las fuerzas

El movimiento

Probablemente, usted sepa que la rapidez (celeridad) describe cuán rápido se mueve un objeto. La **rapidez** de un objeto puede ser calculada dividiendo la distancia recorrida por el tiempo empleado en hacerlo. La ecuación de la rapidez es la siguiente:

rapidez = distancia ÷ tiempo

$v = d \div t$

Observe que la rapidez está representada por una v minúscula en la ecuación. Esto es así porque la ecuación puede usarse tanto para calcular la rapidez como la velocidad. La **velocidad** es la rapidez desarrollada en una dirección específica. Veamos el diagrama siguiente. Imagine un auto viajando con una rapidez de 40 millas por hora (mph). Si el auto viaja hacia la posición B o si regresa a la posición A, la rapidez es la misma: 40 mph. La velocidad del auto, por el contrario, cambia cuando cambia la dirección en que el auto se desplaza. El auto tiene una velocidad positiva cuando se dirige a la posición B, y una velocidad negativa cuando regresa a la posición A.

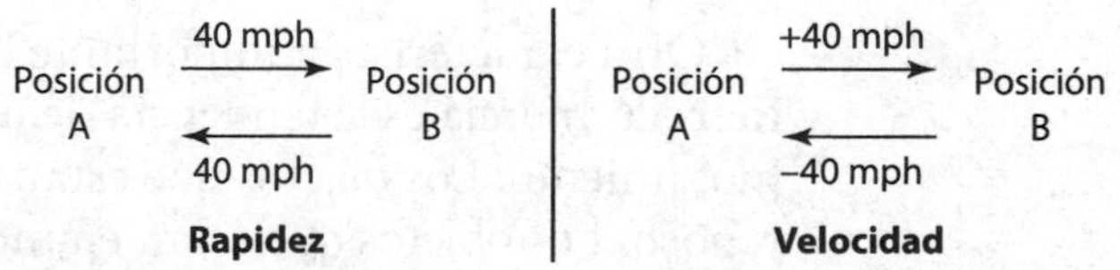

Posición A → 40 mph → Posición B
Posición A ← 40 mph ← Posición B
Rapidez

Posición A → +40 mph → Posición B
Posición A ← −40 mph ← Posición B
Velocidad

Es probable que usted pueda reconocer cuándo un objeto aumenta la velocidad, es decir, acelera. La **aceleración** describe, en realidad, todo cambio en la velocidad de un objeto. Si un objeto aumenta su velocidad, la disminuye o cambia de dirección, está acelerando.

La aceleración de un objeto puede calcularse restando la velocidad inicial (original) de la velocidad final (nueva), y dividiendo el resultado por el tiempo que llevó el cambio de velocidades. La ecuación de la aceleración es la siguiente:

aceleración = (velocidad final − velocidad inicial) ÷ tiempo

$a = (v_2 - v_1) \div t$

Momento y colisiones

Cuando un objeto se mueve, se denomina **momento** (cantidad de movimiento) al producto de su masa por su velocidad. Cuanto más grande es el objeto y cuanto mayor es su velocidad, mayor es su momento. Observe que el momento está representado por la letra *p* minúscula.

momento = masa × velocidad

$p = m \times v$

Cuando un objeto colisiona con otro, el momento se transfiere de uno a otro. Veamos el ejemplo en el diagrama siguiente. Cuando los vehículos colisionan, sus masas no cambian. Sin embargo, sus velocidades sí cambian. La velocidad de los vehículos cambia porque han transferido su momento.

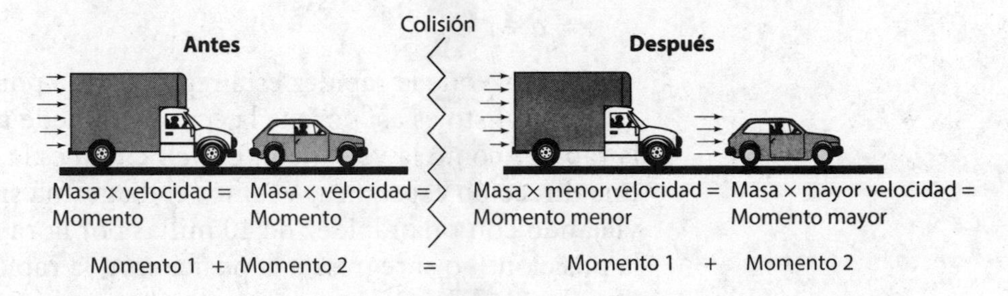

Observe que el total del momento combinado de los dos vehículos no ha cambiado. El momento total es siempre el mismo, antes y después de la colisión. Como ocurría con la energía, el momento no puede ser creado ni destruido, solo transferido entre objetos.

Otra característica importante de las colisiones entre objetos es la **inercia**. Inercia es la tendencia de un objeto a resistir un cambio en su movimiento. Los objetos que están en reposo tienden a permanecer en reposo. Los objetos que están en movimiento tienden a permanecer en movimiento.

Imaginemos lo que ocurre cuando un auto se detiene abruptamente. Cuando el auto está en movimiento, las personas dentro del auto también están en movimiento. Cuando el auto se detiene, la inercia de las personas las lleva a continuar desplazándose hacia adelante hasta que algo las obliga a detenerse. El equipamiento de seguridad, como los cinturones de seguridad y las bolsas de aire, está diseñado para reducir las lesiones en caso de colisión, deteniendo la inercia de las personas.

EJERCICIO 1

El movimiento

Instrucciones: Elija la respuesta más adecuada para cada caso.

Las preguntas 1 y 2 están basadas en la gráfica siguiente.

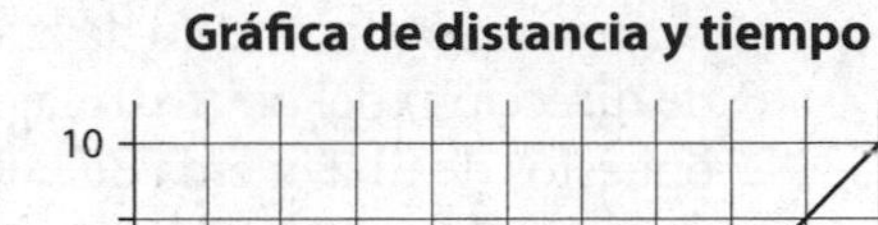

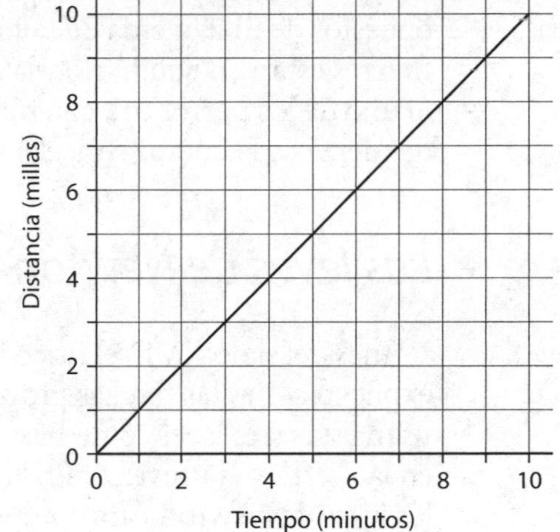

1. Complete el enunciado siguiente con un número.

El objeto representado en la gráfica se movía con una rapidez de

_______________________ millas por minuto.

2. ¿Qué tipo de aceleración del objeto representa la gráfica?

A. Aumento de la velocidad.
B. Disminución de la velocidad.
C. No hay aceleración.
D. Cambio de dirección.

3. ¿Cuál objeto tiene el momento mayor: una pelota de tenis de 60 gramos que se desplaza a 20 metros por segundo o una pelota de baloncesto de 600 gramos que se desplaza a 2 metros por segundo?

A. La pelota de baloncesto.
B. La pelota de tenis.
C. Ninguna de las pelotas tiene momento.
D. El momento es el mismo.

Véanse las respuestas en la página 691.

Las fuerzas

Cuando usted empuja un objeto o tira de él, ejerce una **fuerza**. Todos los objetos ejercen fuerzas entre sí. De hecho, muchos objetos están al mismo tiempo bajo la influencia de múltiples fuerzas.

Las fuerzas pueden estar en equilibrio o en desequilibrio. El equilibrio de fuerzas no afecta al movimiento del objeto. El desequilibrio de fuerzas provoca la aceleración (aumento de la velocidad, disminución de la velocidad o cambio de dirección) del objeto. Imaginemos a dos perros tirando de los extremos opuestos de una cuerda de saltar. Si cada perro tira con la misma fuerza, las fuerzas están en equilibrio y la cuerda no se desplaza hacia ninguna dirección. Si uno de los perros tira con más fuerza que el otro, se produce un desequilibrio de fuerzas y la cuerda se acelera en la dirección del perro más fuerte.

Las leyes de Newton

A fines del siglo XVII, el físico inglés Isaac Newton formuló tres leyes que explican cómo las fuerzas provocan el movimiento de los objetos. Los científicos usan estas tres leyes como base para explicar el movimiento de todos los objetos en la Tierra y el universo. En la tabla siguiente, se describe cómo pueden usarse las leyes de Newton para comprender el movimiento de un monopatín.

Las leyes del movimiento de Newton

Ley	Explicación	Ejemplo
Primera ley del movimiento: Ley de la inercia	Un objeto en reposo permanecerá en reposo, y un objeto en movimiento continuará en movimiento a la misma velocidad, a menos que se le aplique una fuerza desequilibrante.	Un monopatín en reposo sobre la acera no se mueve hasta que alguien lo empuja. Cuando usted empuja el monopatín con una fuerza hacia adelante mayor que la fuerza de fricción (fuerza contraria), el monopatín acelera hacia adelante.
Segunda ley del movimiento: Ley de la fuerza	La aceleración de un objeto depende de su masa y de la fuerza que se le aplica. Esta relación se representa con la ecuación: fuerza = masa × aceleración ($F = m \times a$).	Cuanto mayor sea la fuerza que usted aplica sobre el monopatín, mayor será también su aceleración. Se necesitará más fuerza para acelerar un monopatín con una masa mayor.
Tercera ley del movimiento: Principio de acción y reacción	Cuando un objeto aplica una fuerza sobre un segundo objeto, el segundo objeto aplica una fuerza igual y contraria sobre el primero.	Cuando su pie ejerce una fuerza hacia abajo sobre el suelo, el suelo aplica una fuerza igual y contraria que empuja al monopatín hacia adelante.

La gravedad

Isaac Newton también formuló la **ley de gravitación universal**. Esta ley dice que todo objeto atrae a otro objeto con una fuerza determinada por las masas de los objetos y la distancia entre ellos. Se llama **fuerza de gravedad** a esa fuerza. En el diagrama siguiente, se muestra la relación entre gravedad, masa y distancia.

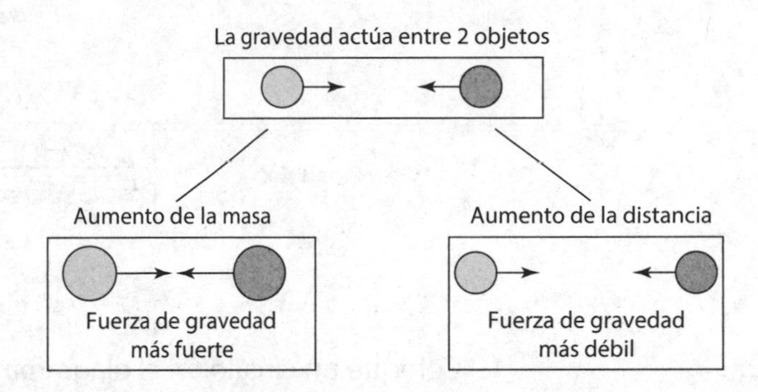

La ley de gravitación universal explica por qué la Luna orbita alrededor de la Tierra y por qué la Tierra lo hace alrededor del Sol. La fuerza de gravedad mantiene al objeto más pequeño en órbita alrededor del más grande. Esta ley también explica por qué, en la Tierra, los objetos caen. Como la Tierra tiene una masa tan grande y estamos tan cerca de ella, la gravedad entre la Tierra y los objetos es muy fuerte.

Cuando la gravedad es la única fuerza que actúa sobre un objeto, produce la **caída libre** de ese objeto. Un objeto en caída libre acelera, o aumenta continuamente su velocidad, a medida que cae hacia el suelo a una tasa de aproximadamente 9.8 m/s^2. Una verdadera caída libre no puede ocurrir dentro de la atmósfera de la Tierra debido a la fuerza de resistencia del aire, que actúa siempre en contra de la gravedad.

La masa y el peso

La **masa** es la cantidad de materia en un objeto. El **peso** mide la acción de la fuerza de gravedad sobre un objeto. En la Tierra, su masa y su peso son iguales. En el espacio, por el contrario, el peso dependerá de su ubicación. Si usted pesa 170 libras en la Tierra, por ejemplo, su peso en la Luna será de alrededor de 28 libras. La Luna es más pequeña que la Tierra y, en consecuencia, ejerce una fuerza de gravedad más débil sobre su persona que la que ejerce la Tierra. No obstante, su masa en la Luna seguirá siendo de 170 libras, porque la cantidad de materia contenida en su cuerpo no ha variado.

EJERCICIO 2

Las fuerzas

Instrucciones: Elija la respuesta más adecuada para cada caso.

Las preguntas 1 y 2 están basadas en el diagrama siguiente.

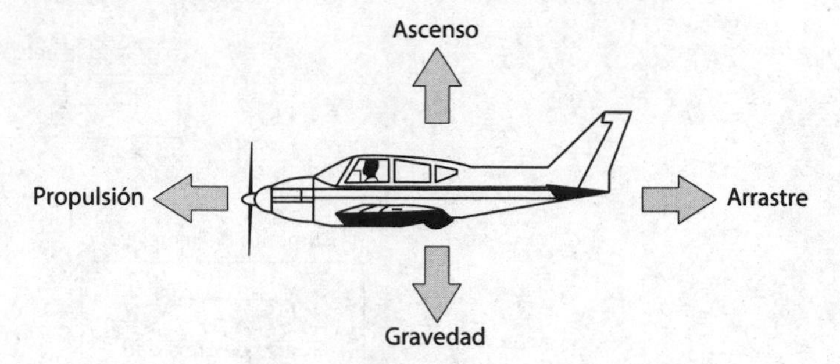

1. Coloque un círculo en el diagrama sobre las fuerzas que deberán estar en equilibrio para que el avión pueda mantener una altitud (altura) constante.

2. ¿Cuál ley puede ser usada para determinar la cantidad de propulsión necesaria para que el avión pueda acelerar a determinada tasa?
   A. La primera ley del movimiento.
   B. La tercera ley del movimiento.
   C. La segunda ley del movimiento.
   D. La ley de gravitación universal.

Véanse las respuestas en la página 691.

El trabajo y las máquinas

Imaginemos dos cajas, una vacía y otra llena de libros, sobre el piso de una habitación. Podremos empujar fácilmente la caja vacía, pero por más que empujemos una y otra vez la caja llena de libros, no conseguiremos moverla. Los científicos consideran que solo una de esas acciones es trabajo.

Para la ciencia, se realiza **trabajo** cuando la aplicación de una fuerza provoca que un objeto se desplace una distancia. Si bien aplicamos una fuerza a las dos cajas, solo la caja vacía se desplazó una distancia. Aunque hayamos aplicado una fuerza mucho mayor sobre la caja llena de libros, solo realizamos trabajo cuando empujamos la caja vacía, porque esta fue la única que se desplazó.

La cantidad de trabajo realizado sobre un objeto se calcula multiplicando la fuerza aplicada por la distancia que el objeto ha recorrido. La ecuación del trabajo (w) es la siguiente:

$$\text{trabajo} = \text{fuerza} \times \text{distancia}$$

$$w = F \times d$$

Máquinas simples

Las **máquinas simples** hacen más fácil el trabajo, reduciendo generalmente la fuerza aplicada pero aumentando la distancia sobre la que esa fuerza se aplica. En la tabla siguiente, se enumeran seis tipos de máquinas simples.

Máquina simple	Función	Ejemplo
Plano inclinado	Superficie plana que forma un ángulo con el suelo. La carga puede ser empujada o puesta a rodar hacia arriba o hacia abajo.	Rampa
Palanca	Tablero o barra rígida que gira o pivota libremente alrededor de un punto de apoyo llamado fulcro. La carga puede moverse aplicando una fuerza a un extremo de la palanca.	Balancín
Polea	Cuerda que se arrolla alrededor de una rueda acanalada. La carga puede ser acoplada a la cuerda o a la rueda y levantada.	Grúa
Tornillo	Plano inclinado que se enrolla sobre una palanca. Cuando se gira un tornillo, este se mueve hacia arriba o hacia abajo.	Tornillo
Cuña	Pieza de metal o madera con bordes en forma de plano inclinado. Se usa para dividir o partir objetos.	Hacha
Rueda con eje	Rueda atravesada por un eje. La carga puede ser conectada al eje y desplazada.	Pomo de una puerta

Ventaja mecánica y potencia

Cuando usamos una máquina simple, la cantidad de trabajo que realizamos es la misma, pero la fuerza que ejercemos cambia. Las máquinas simples pueden cambiar la dirección de la fuerza que aplicamos. En el gráfico siguiente, se muestran algunos ejemplos. Un tornillo se mueve hacia abajo cuando lo hacemos girar en la dirección de las agujas del reloj. Es más fácil hacer girar un tornillo que empujarlo para que penetre directamente en una pieza de madera. Cuando empujamos hacia abajo, la cuña ejerce una fuerza hacia afuera que divide al objeto. Aunque estemos realizando la misma cantidad de trabajo, partir la madera con un hacha es mucho más fácil que romper la madera con nuestras manos.

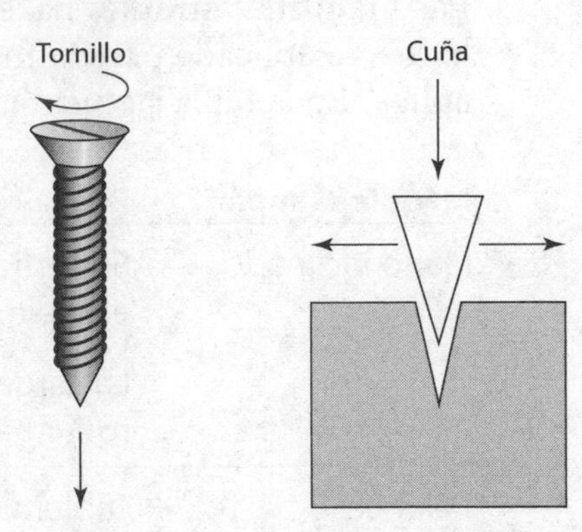

Las máquinas simples pueden también modificar la cantidad de fuerza que debemos aplicar. Si la cantidad de fuerza que produce la máquina (fuerza de salida) es mayor que la cantidad de fuerza que aplicamos a la máquina (fuerza de entrada), se dice entonces que la máquina amplifica la fuerza. La **ventaja mecánica** de una máquina expresa su capacidad de amplificar la fuerza aplicada.

Piense en la ecuación del trabajo, $w = F \times d$. Recuerde que las máquinas simples no pueden cambiar la cantidad de trabajo realizado. Si usted quiere reducir la cantidad de fuerza aplicada, deberá llegar a un compromiso. Para realizar la misma cantidad de trabajo aplicando menos fuerza, deberá aumentar la distancia por recorrer. Observe el ejemplo en el diagrama siguiente. Levantar la caja directamente hacia arriba requiere menos distancia pero más fuerza. Por el contrario, una rampa aumenta la distancia total pero disminuye la fuerza necesaria.

La **potencia** es la cantidad de trabajo que una máquina puede realizar en un cierto tiempo. Cuanto más rápido realiza la máquina el trabajo, mayor es su potencia. La potencia de una máquina puede calcularse dividiendo la cantidad de trabajo realizado por el tiempo que le lleva hacerlo. La ecuación de la potencia es la siguiente:

potencia = trabajo ÷ tiempo

$P = w \div t$

EJERCICIO 3

El trabajo y las máquinas

Instrucciones: Elija la respuesta más adecuada para cada caso.

1. Conecte el tipo de máquina simple correspondiente con el término correcto. No todos los tipos de máquinas deberán ser usados.

a) Tobogán	Plano inclinado
b) Tapa a rosca de un tarro	Palanca
c) Martillo	Polea
d) Rodillo de pintura	Tornillo
	Cuña
	Rueda con eje

2. Complete el enunciado siguiente con términos usados en la sección.

Una máquina simple que requiere la mitad de la fuerza de entrada requiere que usted se desplace ______________________ de la distancia.

Véanse las respuestas en la página 691.

EJERCICIOS DE PRÁCTICA

Ciencias físicas

Instrucciones: Elija la respuesta más adecuada para cada caso.

Las preguntas 1 y 2 están basadas en el pasaje siguiente.

La termita es una mezcla de un polvo metálico (aluminio) y un óxido de metal (óxido de hierro). Cuando se encienden, los metales en la mezcla reaccionan provocando una explosión y temperaturas extremadamente altas. La termita se usa para cortar o soldar el acero, por ejemplo, en la reparación de raíles de ferrocarril.

1. A continuación, se muestra la ecuación de la reacción de la termita. Balancee la ecuación agregando los coeficientes correspondientes.

$$\_\_\_\_\_\_\_\_ Al + Fe_2O_3 \rightarrow Al_2O_3 + \_\_\_\_\_\_\_\_ Fe$$

2. ¿De qué tipo de reacción es un ejemplo la reacción de la termita?

   A. Reacción de síntesis.
   B. Reacción exotérmica.
   C. Reacción endotérmica.
   D. Reacción de descomposición.

3. ¿Cuál de las propiedades siguientes es una característica de la mayoría de los metales?

   A. Son blandos y quebradizos.
   B. Forman iones negativos.
   C. Son sólidos a la temperatura del ambiente.
   D. Tienen un punto de fusión alto y un punto de ebullición bajo.

Las preguntas 4 a 6 están basadas en el pasaje siguiente.

Una estudiante quería observar las propiedades de soluciones con distintos grados de saturación. Para ello, usó un producto químico común, el hiposulfito de sodio, que se emplea para el revelado de fotografías, como soluto, y agua, como solvente.

EXPERIMENTO 1

En un tubo de ensayo que contiene 2 mililitros de agua, se agrega 1 gramo de cristales de hiposulfito. Se agita el tubo de ensayo para disolver los cristales. Los cristales se disuelven rápidamente, y la solución obtenida en el tubo de ensayo es clara.

EJERCICIOS DE PRÁCTICA

EXPERIMENTO 2

En un tubo de ensayo que contiene 2 mililitros de agua, se agregan 2 gramos de cristales de hiposulfito. Se agita el tubo de ensayo y, después de varios minutos, se disuelven los cristales. La solución obtenida en el tubo de ensayo es turbia.

EXPERIMENTO 3

En un tubo de ensayo que contiene 4 mililitros de agua, se agregan 3 gramos de cristales de hiposulfito. Se agita el tubo de ensayo y los cristales se disuelven. La solución obtenida en el tubo de ensayo es clara.

EXPERIMENTO 4

En un tubo de ensayo que contiene 2 mililitros de agua, se agregan 30 gramos de cristales de hiposulfito. La mezcla se calienta hasta provocar una ebullición lenta. El tubo de ensayo se coloca luego en un contenedor con agua fría hasta que alcanza otra vez la temperatura del ambiente. La solución obtenida en el tubo de ensayo contiene pequeñas partículas cristalinas.

4. ¿Cuál de los enunciados siguientes representa una posible causa de error en el diseño del experimento?

   A. El uso de 2 mililitros de agua en el experimento 1.
   B. El uso de 30 gramos de cristales en el experimento 4.
   C. El uso de 4 mililitros de agua en el experimento 3.
   D. El uso de 2 gramos de hiposulfito en el experimento 2.

5. ¿Cuál de los experimentos produjo una solución sobresaturada?

   A. El experimento 1.
   B. El experimento 2.
   C. El experimento 3.
   D. El experimento 4.

6. ¿Qué tipo de transferencia de calor se produjo en la ebullición de la mezcla del experimento 4?

   A. Radiación.
   B. Convección.
   C. Conducción.
   D. Combustión.

EJERCICIOS DE PRÁCTICA

7. Los rayos gamma son el tipo más peligroso de los rayos que transmiten radiación electromagnética porque:

   A. Transmiten la mayor cantidad de energía.
   B. Tienen la frecuencia más baja.
   C. Tienen la mayor longitud de onda.
   D. No son visibles para el ojo humano.

8. Un camión viaja por la autopista a una velocidad de 65 millas por hora. ¿Qué otra información adicional se necesita para determinar el momento del camión?

   A. La masa del camión.
   B. La distancia recorrida.
   C. La aceleración del camión.
   D. El tiempo de viaje.

9. Un estudiante desea comprobar cómo afectan los diferentes tipos de suelo el movimiento de un auto de juguete. ¿Cuál de los diseños siguientes debería utilizar el estudiante para su experimento?

   A. Elegir 3 autos con masas iguales. Empujar los autos por una rampa sobre 3 tipos diferentes de suelo. Observar cuál de los autos llega más lejos en cada tipo de suelo.
   B. Elegir 3 autos sobre masas diferentes. Dejar que los autos se deslicen por una rampa sobre 3 tipos diferentes de suelo. Observar cuál de los autos llega más lejos en cada tipo de suelo.
   C. Elegir 3 autos con masas iguales. Dejar que los autos se deslicen por una rampa sobre 3 tipos diferentes de suelo. Observar cuál de los autos llega más lejos en cada tipo de suelo.
   D. Elegir 3 autos con masas diferentes. Empujar los autos por una rampa sobre 3 tipos diferentes de suelo. Observar cuál de los autos llega más lejos en cada tipo de suelo.

10. ¿A cuál de las actividades siguientes no se la considera trabajo?

   A. Tratar de abrir un grifo de agua atascado.
   B. Empujar una carretilla en un jardín plano.
   C. Hacer rodar un bote de basura por un camino empinado.
   D. Arrastrar una bolsa de hojas rastrilladas.

Véanse las respuestas en las páginas 691–692.

PARTE 3

Ciencias de la Tierra y el espacio

CAPÍTULO 10 El espacio

CAPÍTULO 11 La Tierra

CAPÍTULO 12 Interacción entre la Tierra y los seres vivos

Ejercicios de práctica: Ciencias de la Tierra y el espacio

CAPÍTULO 10

El espacio

La edad de la Tierra

Se calcula que la Tierra se formó hace alrededor de 4,600 millones de años. Los científicos utilizan tres tipos principales de pruebas para determinar la edad de la Tierra y de los objetos encontrados en ella: los accidentes geográficos, los fósiles y la información radiométrica.

Los procesos actuales de formación y desgaste que sufren los accidentes geográficos son los mismos que han actuado a lo largo de la historia de la Tierra. La comprensión de esos procesos permite a los científicos aprender sobre la historia de la Tierra a través de la observación de la estructura y composición de dichos accidentes geográficos.

Uno de los procesos estudiados por los científicos es la formación de las rocas sedimentarias. Con el tiempo, los sedimentos (materiales degradados) se asientan, se compactan y dan origen a las diferentes capas que se hallan en las rocas sedimentarias. Observemos el diagrama siguiente. Como los nuevos sedimentos se agregan sobre la roca sedimentaria, las capas más recientes de sedimentos se ubican en la parte superior, mientras que las más antiguas ocupan las partes inferiores. Este proceso permite a los científicos determinar la edad relativa de las diferentes capas en un accidente geográfico.

Capas en una roca sedimentaria

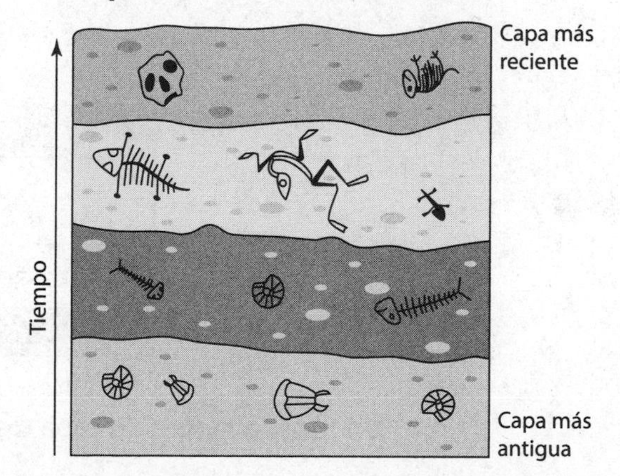

Los **fósiles** son restos (caparazones o huesos) o señales de actividad (huellas) dejados por organismos muertos. Los fósiles se encuentran principalmente en las rocas sedimentarias. Como se muestra en el diagrama anterior, la edad del fósil puede determinarse observando la edad de la capa en la que se encuentra. O también al revés: si conocemos la edad de un fósil podemos determinar la edad de la capa en la que este se encuentra.

La comparación de las capas de las rocas con los fósiles nos suministra información sobre la edad relativa de los objetos encontrados en la Tierra. La **información radiométrica** (o radiactiva) nos suministra la edad exacta, o absoluta, de esos objetos. Recuerde que cada elemento químico tiene un número específico de protones en su núcleo. Algunos de esos elementos tienen isótopos, es decir, versiones que se convierten en un nuevo elemento por la pérdida de un protón. El carbono-14 y el uranio-235 son isótopos radiactivos usados por los científicos para la recolección de información radiométrica.

Se llama vida media (período de semidesintegración) a la cantidad de tiempo que demora la mitad de un isótopo de un átomo en convertirse en otro elemento. Por ejemplo, el uranio-235 (U) tiene una vida media de 1,000 millones de años. Después de 1,000 millones de años, la mitad de los átomos de U-235 en una roca se convertirán en átomos de plomo (Pb). Después de 2,000 millones de años, la mitad del uranio restante se convertirá otra vez en átomos de plomo, quedando entonces solo un cuarto de la cantidad original. El proceso continuará al mismo ritmo. Sobre la base del número de átomos de U-235 todavía existentes, los científicos pueden determinar la edad de una roca.

EJERCICIO 1

La edad de la Tierra

Instrucciones: Elija la respuesta más adecuada para cada caso.

La pregunta 1 está basada en el diagrama siguiente.

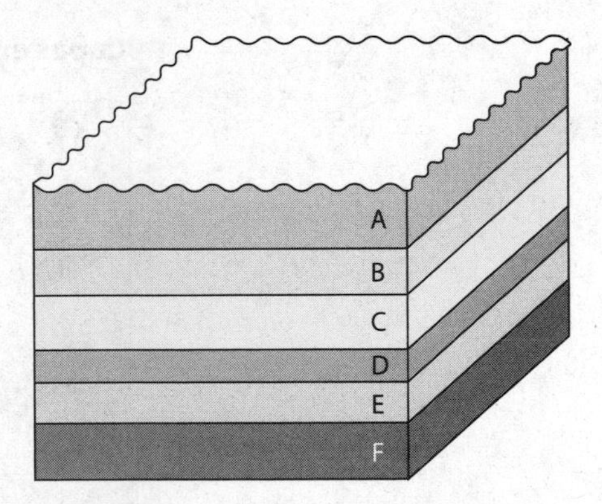

1. Un fósil hallado en la capa C es:

   A. Más antiguo que un fósil hallado en la capa E.
   B. Más reciente que un fósil hallado en la capa A.
   C. De la misma edad que un fósil hallado en la capa D.
   D. De la misma edad que otros fósiles hallados en la capa C.

2. Complete el enunciado siguiente con un número basado en la información suministrada en la sección.

La vida media de un átomo de carbono-14 es de alrededor de 5,730 años. Después de 5,730 años, un objeto que contenía originalmente 100 átomos de carbono-14 debería conservar alrededor de ____________________ átomos de carbono-14.

Véanse las respuestas en la página 692.

El sistema solar

Solar significa referido al Sol. Nuestro **sistema solar** está compuesto por el Sol y todos los objetos que orbitan a su alrededor. El **Sol** es una estrella situada en el centro de nuestro sistema solar. Más adelante, analizaremos detalladamente el tema de las estrellas.

Recuerde que los objetos ejercen una fuerza de gravitación uno sobre otro. Como el Sol es el objeto de mayor tamaño en el sistema solar, hace que todos los demás objetos orbiten a su alrededor. Después del Sol, los objetos más grandes en el sistema solar son los **planetas**. En el diagrama siguiente, se muestran las ubicaciones relativas de los ocho planetas en el sistema solar.

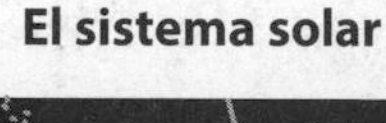

El sistema solar

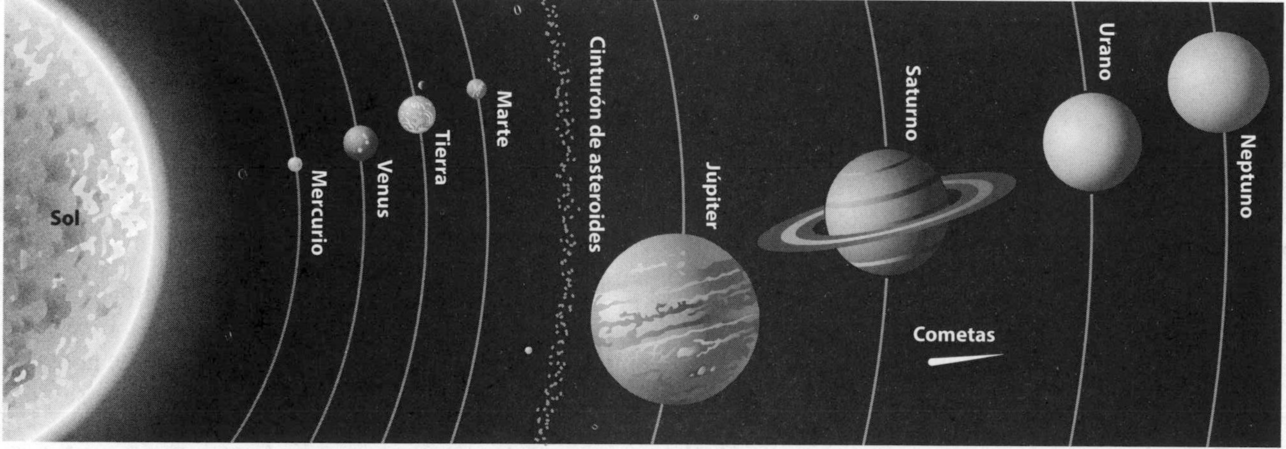

A veces, se divide a los planetas en dos grupos. A los cuatro planetas de menor tamaño, ubicados más cerca del Sol y todos de superficie rocosa, se los denomina **planetas terrestres**. A los cuatro planetas de mayor tamaño, ubicados más lejos del Sol y todos de superficie gaseosa, se los denomina **gigantes gaseosos**. Recientemente, se ha creado una nueva categoría de planetas, los planetas enanos o planetas menores, para describir una clase diferente de objetos celestes. Plutón es un ejemplo de ellos.

Se llama **luna** a todo objeto natural en el espacio que orbita alrededor de un planeta. Sabemos que la Tierra tiene una luna. Un planeta puede no tener lunas, como en el caso de Mercurio, o tener muchas, como en el de Júpiter. Más adelante, analizaremos detalladamente la luna de la Tierra.

Los **asteroides** son un tipo diferente de objeto que integra el sistema solar. Un asteroide es una porción de roca de gran tamaño y forma irregular. Aunque los asteroides existen en todas partes en el sistema solar, la mayoría de ellos se encuentra en una zona llamada el cinturón de asteroides. El cinturón de asteroides separa a los gigantes gaseosos de los planetas terrestres.

Los **cometas** están constituidos por gases congelados y partículas de polvo, y son por lo general más pequeños que los asteroides. Algunos cometas orbitan continuamente alrededor del Sol. Otros, después de orbitar un tiempo alrededor del Sol, se desplazan por el espacio. El cometa Halley es un cometa famoso que orbita continuamente alrededor del Sol y pasa cerca de la Tierra cada 76 años.

Interacción entre la Tierra y el sistema solar

La Tierra orbita, o se traslada, alrededor del Sol. La Tierra completa un movimiento de **traslación** alrededor del Sol cada 365¼ días. Llamamos año a cada traslación completa.

La Tierra también gira, o rota, sobre su eje. La Tierra completa un movimiento de **rotación** cada 24 horas. Llamamos día a cada rotación completa. En el diagrama siguiente, se muestran los movimientos de rotación y traslación de la Tierra.

Movimientos de rotación y traslación de la Tierra

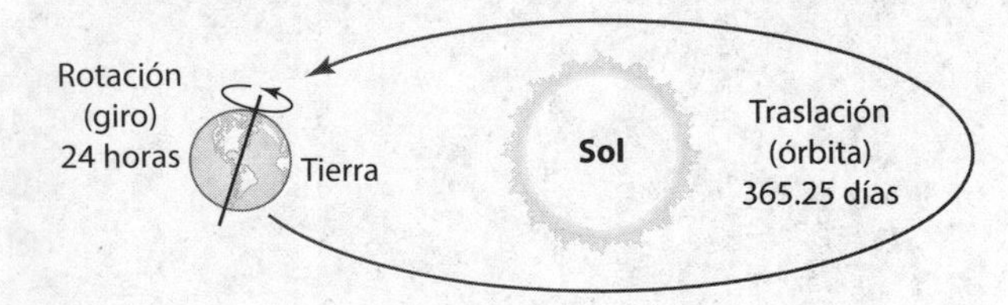

La interacción entre la Tierra, la Luna y el Sol provoca los eclipses y origina las mareas. La posición del Sol y la Luna con respecto a la Tierra es la causa de los **eclipses**. Cuando un objeto impide en el espacio que la luz alcance otro objeto, se produce un eclipse. En el diagrama siguiente, se muestran los dos tipos de eclipses que pueden ocurrir. En un eclipse solar, la Luna impide que la luz solar llegue a la Tierra. En un eclipse lunar, la Tierra impide que la luz solar alcance la Luna.

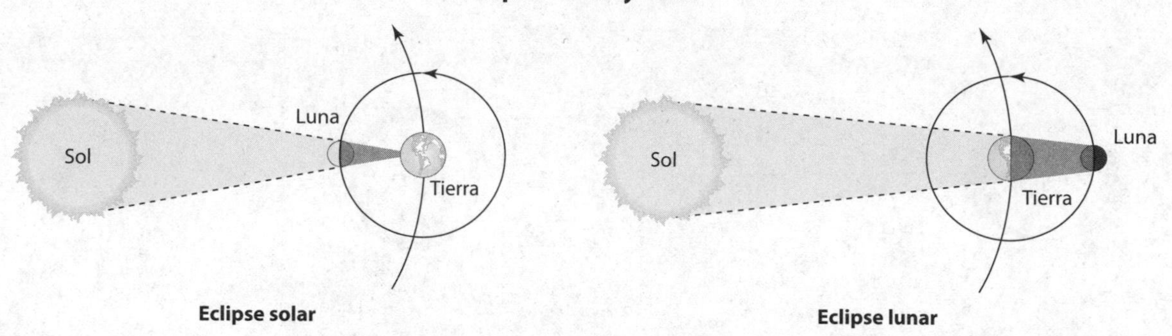

Se denominan **mareas** a las subidas y caídas diarias del nivel de los océanos. Una marea alta (pleamar) ocurre cuando el océano alcanza su altura máxima sobre la costa. Una marea baja (bajamar) se produce cuando el océano alcanza su altura mínima sobre la costa. Las costas experimentan dos mareas altas y dos mareas bajas por día.

Las mareas se producen como consecuencia de la fuerza de gravitación que ejerce la Luna cuando la Tierra rota sobre su eje. Observemos el diagrama siguiente. Cuando la Luna orbita alrededor de la Tierra, su fuerza de gravedad atrae el agua de los océanos. Esto hace que el agua de los océanos se abulte (crezca) en la región más próxima y en la región opuesta a la Luna. Las costas situadas en esas regiones experimentan una marea alta. Las costas que no están situadas en esas regiones experimentan, por el contrario, una marea baja. A medida que la Tierra rota, esos abultamientos o crecientes se producen en regiones diferentes a horas distintas durante todo el día.

La fuerza de gravitación del Sol tiene también un efecto sobre las mareas. Cuando el Sol se encuentra alineado con la Luna, ambos atraen el agua de los océanos en la misma dirección y provocan mareas de mayor y menor altura que las habituales, fenómeno que se denomina **marea viva**. Cuando el Sol y la Luna están en posición perpendicular, atraen el agua de los océanos en direcciones diferentes y provocan solo diferencias menores entre la marea alta y la marea baja, fenómeno que se denomina **marea muerta**.

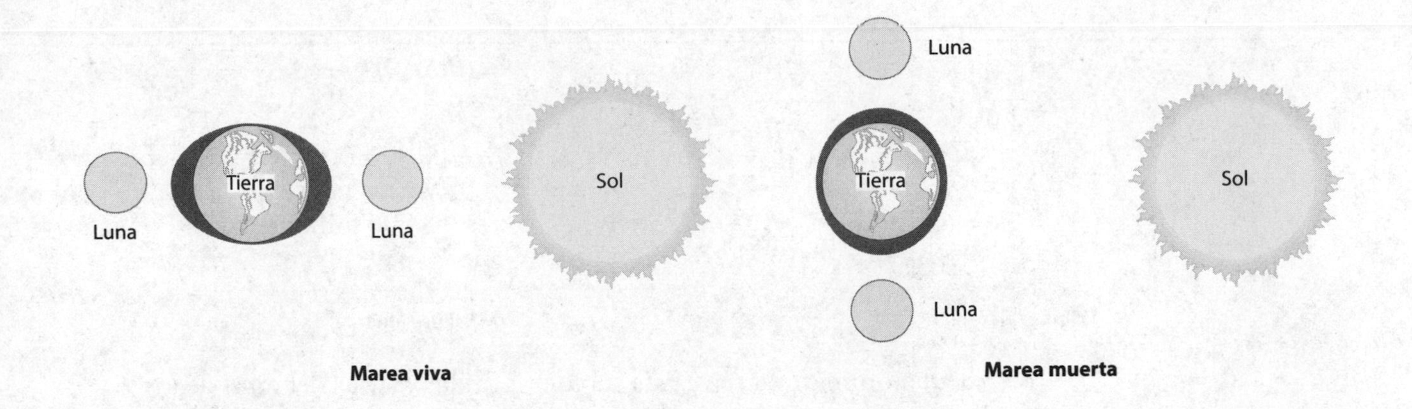

EJERCICIO 2

El sistema solar

Instrucciones: Elija la respuesta más adecuada para cada caso.

1. Complete el enunciado siguiente con términos usados en la sección.

   La Tierra está clasificada como un planeta ____________________

   porque tiene una superficie ____________________.

2. El ciclo diario de la noche y el día está ocasionado por:

   A. El movimiento de rotación de la Tierra.
   B. La fuerza de gravitación del Sol.
   C. El movimiento de traslación de la Tierra.
   D. El movimiento de traslación de la Luna.

Véanse las respuestas en la página 692.

El universo

Se denomina **universo** al conjunto de toda la materia y la energía existentes. Los diferentes objetos que existen en nuestro sistema solar se encuentran en todas partes del universo. El universo contiene muchos otros sistemas solares, así como también otros tipos de objetos.

Recuerde que el Sol es una estrella. Una **estrella** es una bola de gas que produce luz y calor propios. Una **constelación** es una agrupación de estrellas con un patrón fijo, visible de noche en el cielo. Las constelaciones más conocidas incluyen a la Osa Mayor (el gran cucharón) y a Orión. Debido a la órbita de la Tierra, diferentes constelaciones son visibles en diferentes épocas del año. Los científicos pueden identificar el área del espacio visible por las constelaciones presentes.

Una **galaxia** es un conjunto masivo de estrellas, gases, polvo y materia oscura unidos por la fuerza de gravedad. Nuestro sistema solar es parte de la galaxia llamada Vía Láctea, junto con otros 200,000 millones de estrellas. Se estima que el universo está compuesto al menos de 1,000 millones de otras galaxias. En el diagrama siguiente, se muestran las diferentes formas que pueden tener las galaxias. La Vía Láctea es una galaxia de forma espiral.

Tipos de galaxias

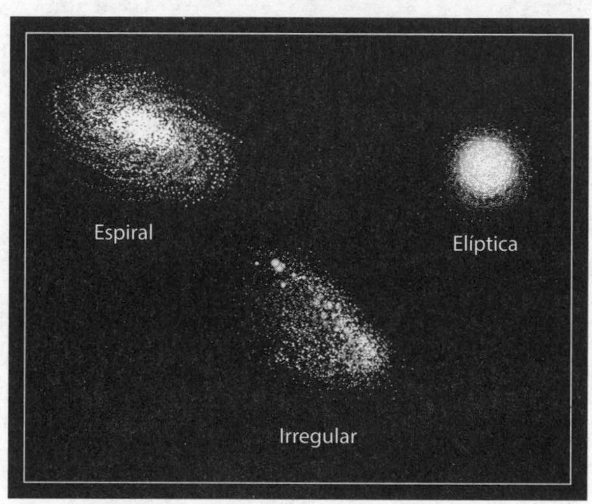

Edad y desarrollo del universo

Los científicos afirman que el universo se formó hace 10,000 a 20,000 millones de años. Se llama **teoría de la gran explosión** al modelo más aceptado que explica la formación del universo. De acuerdo con esta teoría, toda la materia y la energía del universo estaban originariamente contenidas en un área del tamaño de un átomo. Una explosión enorme provocó que la materia y la energía se expandieran rápidamente, dando origen al universo que conocemos. Los científicos sostienen que el universo ha continuado expandiéndose ininterrumpidamente desde entonces.

Edad y desarrollo de las estrellas

Las estrellas varían en su composición, tamaño y edad. Sin embargo, todas las estrellas siguen el mismo ciclo de vida básico. Una estrella se forma a partir de una nube de gas y polvo llamada **nebulosa**. Por efecto de la fuerza de gravedad, parte del gas y el polvo se contrae hacia su interior, formando una **protoestrella**. La protoestrella se convierte luego en una estrella de **secuencia principal**. Las estrellas permanecen la mayor parte del resto de sus vidas en esa condición.

La fusión de átomos de hidrógeno (H) en átomos de helio (He) ocasiona que las estrellas de secuencia principal produzcan calor y luz. Una estrella muere cuando consume todo su hidrógeno. Una estrella de secuencia principal que se queda sin combustible dejará finalmente de brillar y se convertirá en una enana negra. Las **enanas blancas** son estrellas que están próximas a morir.

A veces, una protoestrella tiene demasiada masa para convertirse en una estrella de secuencia principal. Esas estrellas **supergigantes** mueren en una explosión súbita llamada **supernova**. La muerte de una estrella supergigante puede dar origen a un **agujero negro**.

EJERCICIO 3

El universo

Instrucciones: Elija la respuesta más adecuada para cada caso.

1. La teoría de la gran explosión representa el modelo más aceptado que explica la formación de:

A. La Tierra.
B. El Universo.
C. El sistema solar.
D. La Vía Láctea.

2. La muerte de una estrella supergigante puede dar origen a:

A. Una nebulosa.
B. Una estrella de secuencia principal.
C. Una enana blanca.
D. Un agujero negro.

Véanse las respuestas en la página 693.

CAPÍTULO 11

La Tierra

Estructura de la Tierra

Tres capas principales constituyen la estructura interior de la Tierra. En la tabla siguiente, se muestran los materiales, las propiedades y las condiciones de cada capa.

Propiedades de las capas interiores de la Tierra

Propiedad	Corteza	Manto	Núcleo
Porcentaje de la masa	< 1% de la masa	Alrededor del 70%	Alrededor del 30%
Estado	Roca partida	Rígido, plástico	Semilíquido
Profundidad (kilómetros)	0 a 30	30 a 3030	3030 a 6370
Densidad (gramos/centímetro cúbico)	2.7	3.5 a 5.5	10 a 12
Composición química más representativa	SiO_2	(Fe, Mg) SiO_4	Fe, Ni
Temperatura (Kelvin)	300 a 500	500 a 3000	3000 a 5300
Presión (atmósferas)	1 a 1000	10^3 a 10^6	10^6 a 10^7

Se llama **corteza** a la capa más externa de la Tierra. La corteza es una capa fina constituida por roca, que incluye tanto la tierra seca como el fondo oceánico. La **corteza oceánica** es la parte de la corteza situada por debajo del fondo oceánico, que está constituida por una roca densa, oscura y de fina textura llamada basalto, y la **corteza continental** es la parte que forma los continentes, que está compuesta principalmente de granito, una roca menos densa y con cristales más grandes que los que se encuentran en el basalto.

Por debajo de la corteza, hay una capa de roca caliente, a la que se denomina **manto**. El manto está compuesto principalmente por rocas de silicatos que contienen mucho hierro, níquel y magnesio. La parte superior del manto es similar a la corteza. Entre ambos forman una capa rígida llamada **litosfera**. Por debajo de la litosfera, la temperatura y la presión aumentan con la profundidad. El calor y la presión añadidos tienen como resultado una roca menos rígida, que es algo flexible y cuyo comportamiento se asemeja al del estado plástico. Se llama **astenosfera** a esa capa blanda del manto en la que los materiales fluyen libremente.

Capas interiores de la Tierra

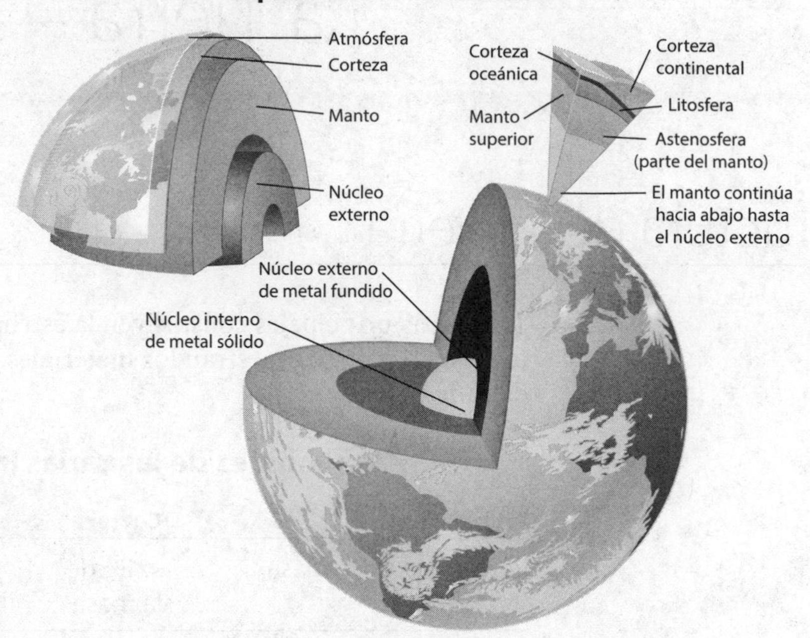

El **núcleo** de la Tierra consiste también de dos partes: un núcleo externo fundido, líquido, y un núcleo interno denso, sólido. Las dos partes están compuestas por metales, como el hierro y el níquel. Considerados conjuntamente, el núcleo externo y el núcleo interno tienen un tamaño ligeramente más pequeño que el de la Luna.

Placas tectónicas

La imagen que se muestra a continuación puede parecer más un rompecabezas que un mapa. Ilustra cómo la corteza oceánica y la corteza continental se unen en secciones que constituyen las siete **placas tectónicas** primarias y muchas otras más pequeñas. Todas las placas tectónicas tienen nombres que, por lo general, se refieren a su proximidad con ciertas masas continentales, océanos o regiones del mundo. Estas placas se desplazan lentamente, o flotan, sobre el manto por medio de corrientes de convección. Las **corrientes de convección** son corrientes calientes de roca fundida que provocan que las placas se desplacen 1 o 2 centímetros por año.

Placas tectónicas de la Tierra

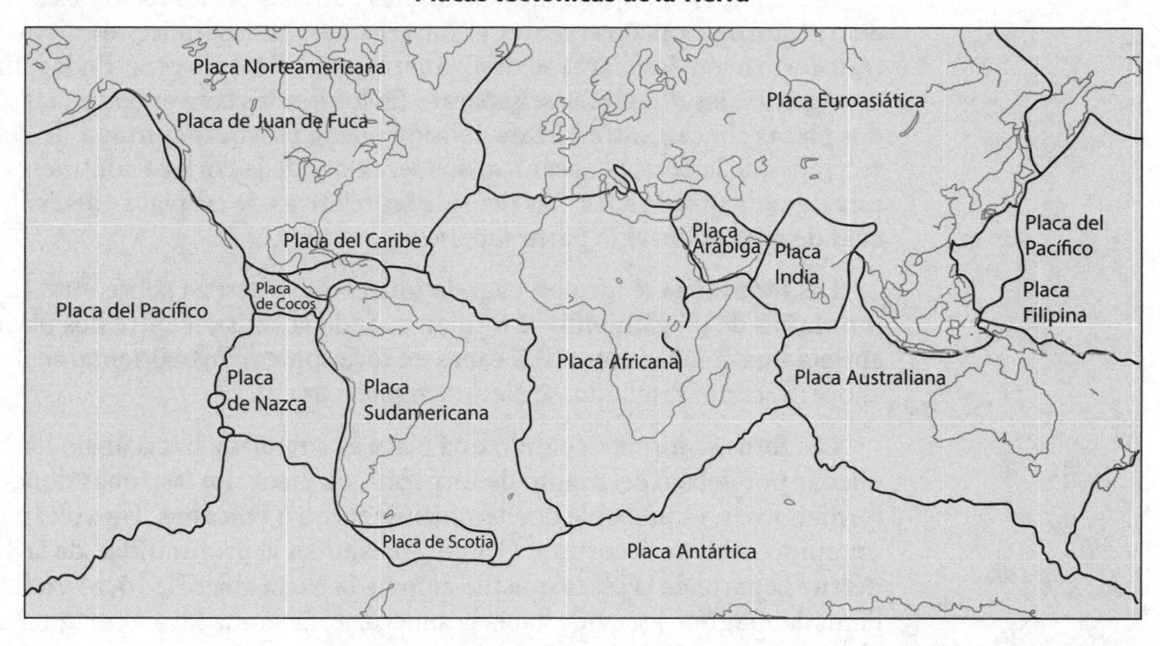

El movimiento de las placas tectónicas provee una explicación sobre la formación de las cuencas oceánicas, las montañas y las plataformas continentales. Las **plataformas continentales** tienen suave pendiente y son secciones poco profundas del fondo oceánico que se extienden hacia afuera del borde de un continente. Las **cuencas oceánicas** son regiones geológicas vastas que están por debajo del nivel del mar y ocupan el 75 por ciento de la superficie de la Tierra. Las cuencas oceánicas contienen accidentes geográficos tales como profundas fosas oceánicas y cordilleras montañosas submarinas. Las placas tectónicas son claves para la formación de estos accidentes.

Características de una cuenca oceánica

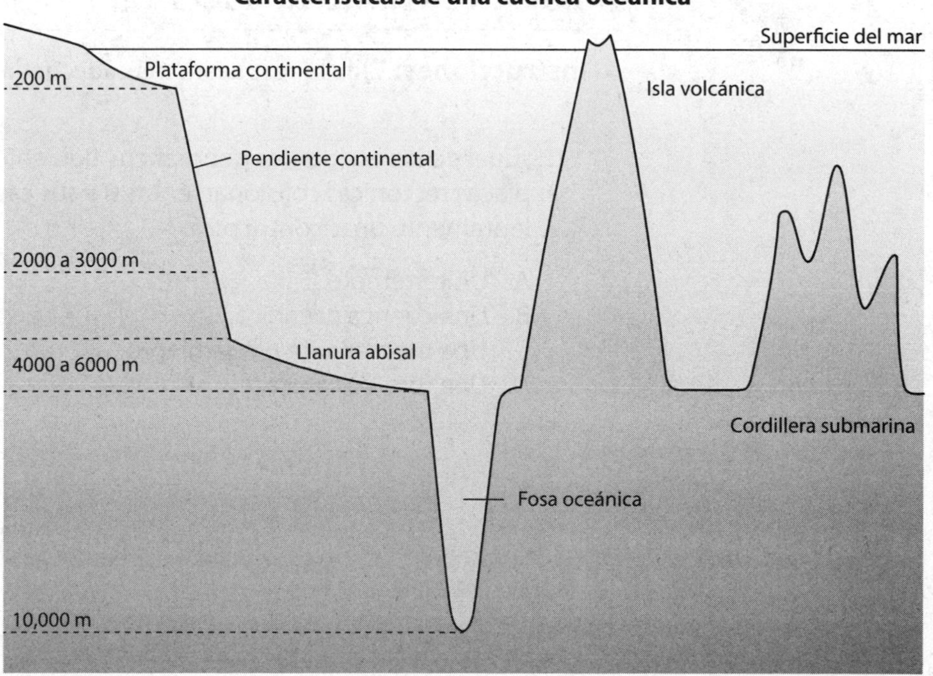

Existen tres tipos diferentes de límites entre las placas tectónicas: de transformación, divergentes y convergentes. En los límites de transformación, las placas se deslizan una más allá de la otra. En los límites divergentes, las dos placas se separan. En los límites convergentes, las dos placas chocan entre sí. Esta colisión puede provocar la unión de dos secciones de la corteza oceánica, dos secciones de la corteza continental, o una de cada una de ellas. Las densidades relativas de las placas determinan cuál de ellas ocupará la parte superior.

Las **montañas** se forman cuando una placa se desliza sobre otra. Las **montañas de plegamiento** se forman cuando la colisión entre dos placas las aprieta una contra la otra. Las capas de roca son empujadas lentamente hasta chocar y, como resultado, se elevan en pliegues.

Las **fosas** se forman cuando una placa es empujada hacia abajo hasta quedar por debajo del manto de una segunda placa. En las zonas donde se forman fosas, es probable que también se formen **volcanes**. Un volcán es un punto débil de la corteza. Cuando el calor en la profundidad de la Tierra derrite la parte de la placa que fue empujada hacia abajo, la roca fundida, llamada **magma**, asciende hacia la superficie. Se llama **lava** al magma que alcanza la superficie de la Tierra.

El movimiento de dos placas tectónicas que se deslizan una más allá de la otra puede provocar terremotos. Los **terremotos** ocurren por desplazamiento y fractura de la superficie de las rocas. Se llaman fallas a las fracturas en la corteza, zonas donde pueden producirse terremotos. Las fallas aparecen, por lo general, a lo largo de los límites de una placa.

EJERCICIO 1

Estructura de la Tierra

Instrucciones: Elija la respuesta más adecuada para cada caso.

1. ¿Cuál de los accidentes geográficos siguientes podría formarse si dos placas tectónicas colisionan entre sí y sus capas de rocas son empujadas lentamente unas contra otras?

A. Un terremoto.
B. Una cuenca oceánica.
C. Una montaña de plegamiento.
D. Una fosa volcánica.

2. Conecte los términos correctos con la casilla correspondiente. (**Nota**: En el examen de GED®, usted deberá hacer un clic sobre las palabras seleccionadas y "arrastrarlas" hasta la posición correcta en el diagrama.)

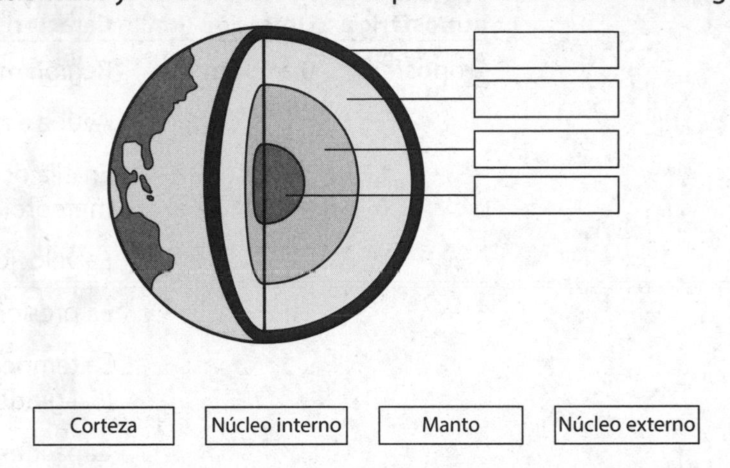

Véanse las respuestas en la página 693.

La atmósfera de la Tierra

Los científicos estiman que la Tierra se formó hace alrededor de 4,600 millones de años. Después de transcurrido cierto tiempo, se piensa que gases del núcleo de la Tierra fueron expulsados a través de los volcanes y constituyeron la cubierta que hoy envuelve al planeta, cubierta a la que se denomina **atmósfera**. Esos gases son más densos al nivel del mar y se vuelven cada vez menos densos a medida que ascendemos en la atmósfera.

La atmósfera está compuesta por una serie de capas, cada una de las cuales tiene características propias. En la tabla siguiente, se enumeran las características de cada capa, así como su ubicación relativa con respecto al nivel del mar.

Las capas de la atmósfera terrestre

Región atmosférica	Ubicación (km)	Características
Troposfera	0 a 10 km	Región más baja de la atmósfera. Ayuda a mantener la vida. En ella ocurren todos los fenómenos meteorológicos. La velocidad del viento aumenta con la altura. La presión disminuye con la altura. La temperatura disminuye con la altura (6.4 grados por cada 1000 m). Capa inestable debido a la presencia de nubes, polución, vapor de agua y polvo.
Estratosfera	10 a 30 km	La temperatura aumenta con la altura. En esta capa se concentra el ozono, una forma del oxígeno. El ozono absorbe la radiación ultravioleta (UV) del Sol y calienta la capa. Los vientos aumentan con la altura, pero la presión disminuye. Los aviones de línea vuelan en esta capa.
Mesosfera	30 a 50 km	Caída rápida de la temperatura provocada por la falta de vapor de agua, nubes o polvo. Temperaturas muy bajas (de hasta –130 grados Celsio) y fuertes vientos. El trasbordador espacial orbita en esta capa.
Termosfera	50 a 400 km	Rápido aumento de la temperatura con la altura debido al efecto constante de la energía solar. Temperaturas por encima de los 1000 grados Celsio.
Ionosfera	Se extiende de 50 a 600 km sobre el nivel del mar.	Región electrificada que contiene grandes concentraciones de iones y electrones libres. Fundamental para la propagación de las ondas de radio.
Exosfera	Comienza a 480 km sobre el nivel del mar.	Se fusiona con las regiones del campo magnético, los cinturones radiactivos y el espacio exterior.

Gases de la atmósfera

El aire que nos rodea, parte de la capa troposférica, es una mezcla de gases. Contiene 78 por ciento de nitrógeno, 20 por ciento de oxígeno y trazas de otros varios gases, que incluyen el hidrógeno y el dióxido de carbono.

Los gases de la atmósfera retienen el calor del Sol y ayudan a mantener la vida en la troposfera. Se llama **efecto invernadero** al proceso por el cual los gases de la atmósfera retienen la energía solar. Esos gases incluyen el vapor de agua, el dióxido de carbono y el gas metano.

Efectos de los gases sobre la Tierra

Las actividades humanas pueden añadir gases a la atmósfera que refuerzan el efecto invernadero. Esta puede ser la causa del continuo aumento de la temperatura durante el último siglo. El calentamiento global es un aumento gradual de la temperatura de la atmósfera de la Tierra que puede llegar a provocar un **cambio climático**.

Otro cambio global en la atmósfera afecta a la capa de ozono. El ozono (O_3) es una molécula compuesta por tres átomos de oxígeno. El ozono actúa como una película protectora en la estratosfera, filtrando los nocivos rayos ultravioletas (UV) del Sol antes de que alcancen la Tierra.

Los científicos han identificado zonas donde la capa de ozono se está volviendo cada vez más delgada. Creen que un grupo de compuestos de cloro, conocidos como clorofluorocarbonos (o CFC), son el principal culpable de que ello ocurra. El uso de los CFC en refrigeradores, aparatos de aire acondicionado y aerosoles estaba muy extendido hasta fines de los años 80. A diferencia de otros compuestos químicos liberados al aire, los CFC no se degradan ni fácil ni rápidamente. Por el contrario, permanecen activos por décadas en la estratosfera, donde los rayos ultravioletas descomponen las moléculas de CFC en átomos de cloro. Estos átomos de cloro, a su vez, convierten los átomos de ozono en átomos de oxígeno, lo que destruye la capa protectora de ozono.

En la imagen siguiente y en la tabla que la acompaña, se identifican varias fuentes de contaminación que afectan la capa de ozono, la calidad del aire que respiramos y toda nuestra salud.

Fuentes de la contaminación (polución) del aire

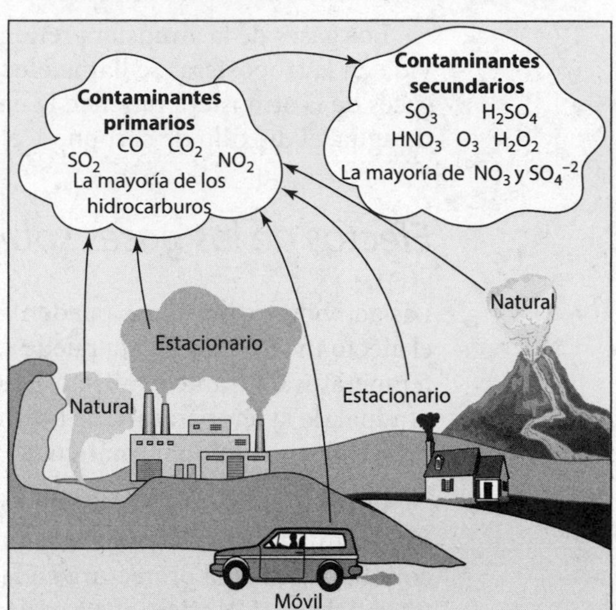

Contaminantes principales del aire

Contaminante	Fuentes	Efectos sobre la salud humana
Partículas (medidas por el índice de calidad del aire)	Combustión interna de motores (p. ej., autos y camiones). La industria (p. ej., fábricas). Combustión de la madera. Humo de cigarrillos.	La exposición prolongada está relacionada con: • El cáncer de pulmón; • Enfermedades cardíacas; • Enfermedades pulmonares; • Ataques de asma.
Dióxido de nitrógeno (NO_2)	Los vehículos a motor son los principales contribuyentes. Otros procesos de combustión.	• La exposición a altos niveles de NO_2 puede ocasionar daños en los pulmones o enfermedades respiratorias. • También se lo relaciona con el asma y otros problemas respiratorios.

Contaminante	Fuentes	Efectos sobre la salud humana
Monóxido de carbono (CO)	Gases de escape de los vehículos a motor y combustión de materiales como carbón, petróleo y madera. También se lo libera durante los procesos industriales y la incineración de desechos.	Cuando se lo inhala, el monóxido de carbono penetra en la corriente sanguínea e interrumpe el suministro de oxígeno a los tejidos del cuerpo.
Plomo (Pb)	La combustión de aditivos de plomo en combustibles para motores y la fundición de plomo.	Retarda el aprendizaje en niños y el desarrollo de su sistema nervioso.
Hidrocarburos (HC) (compuestos químicos de átomos de hidrógeno y carbono)	La mayoría de los procesos de combustión de combustibles provocan la liberación de hidrocarburos al medio ambiente. Los combustibles de mayor uso son el gas natural y el petróleo. Son también un componente del humo producido por la combustión de la madera.	La exposición a los hidrocarburos puede provocar dolor de cabeza o náuseas, y algunos de sus compuestos podrían provocar cáncer. Algunos también podrían dañar las plantas.

EJERCICIO 2

La atmósfera de la Tierra

Instrucciones: Elija la respuesta más adecuada para cada caso.

1. ¿Cuáles sustancias químicas son la causa principal de la reducción de la capa de ozono?

   A. Los hidrocarburos.
   B. El dióxido de carbono.
   C. El dióxido de nitrógeno.
   D. Los compuestos de cloro.

2. Conecte los términos correctos con la capa de la atmósfera correspondiente. Uno de los términos no será usado. (**Nota**: En el examen de GED®, usted deberá hacer un clic sobre las palabras seleccionadas y "arrastrarlas" hasta la posición correcta en el diagrama.)

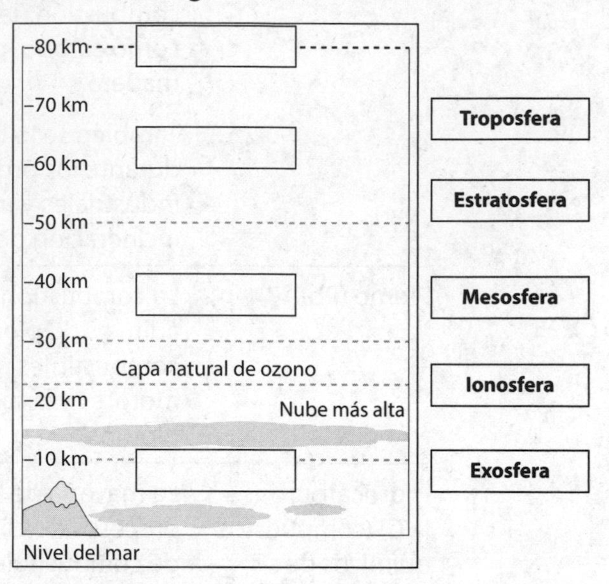

Véanse las respuestas en la página 693.

La meteorización y la erosión

Los dos principales agentes de cambio en la Tierra son el viento y el agua. El viento y el agua interactúan poderosamente para modificar continuamente la superficie de la Tierra a través de la meteorización y la erosión.

La **meteorización** es el proceso de descomposición o disolución de minerales y rocas sobre la superficie de la Tierra. El agua, el hielo, los cambios de temperatura, los ácidos, las sales, las plantas y los animales pueden ser todos ellos agentes de la meteorización. Una vez que la roca se desintegra, el viento, el agua y la fuerza de gravedad transportan los pedazos de rocas y minerales a otros lugares. A este proceso se lo denomina **erosión**. No existe una roca lo suficientemente dura como para resistir la meteorización.

La meteorización puede ser un proceso tanto químico como mecánico, y muchas veces los dos tipos de procesos trabajan juntos. La meteorización química ocurre cuando los materiales que constituyen las rocas y el suelo son modificados por medios químicos. Algunas veces, el dióxido de carbono presente en el suelo y el aire se combina con el agua y forma ácido carbónico. Este es un ácido débil que puede disolver la roca, y que es particularmente efectivo sobre la caliza. La herrumbre, resultado de un proceso de oxidación, es también un agente de la meteorización química.

La meteorización mecánica (o física) provoca la desintegración o ruptura de las rocas. Un medio por el que el agua meteoriza las rocas es el proceso de congelación-descongelación. El agua penetra la roca abriendo grietas en ella. Cuando la temperatura desciende, el agua que ocupa esas grietas se congela y se expande. Esto produce presión en la parte de la roca que la rodea y, con el tiempo, su fractura y desintegración.

El viento

El viento puede ser también un agente de la meteorización. El viento acarrea polvo, arena y pequeñas partículas abrasivas que golpean repetidamente sobre la superficie de las rocas, provocando una degradación gradual de la roca. A este proceso se lo denomina abrasión eólica, y puede ser comparado con la limpieza con chorro de arena.

¿Qué es exactamente el viento, y cómo se produce? El **viento** es el movimiento y el flujo de gases sobre la superficie de la Tierra. Es provocado por el calentamiento desigual de la superficie por los rayos solares. Los vientos son generados por diferencias en la presión atmosférica. Por ejemplo, en el ecuador, el Sol calienta más el agua y la tierra que en el resto del planeta. Este aire ecuatorial caliente asciende a la atmósfera y luego se desplaza hacia los polos. Esto representa un sistema de baja presión. Simultáneamente, un sistema de alta presión, compuesto de aire más frío y más denso, se desplaza desde los polos hacia el ecuador para reemplazar al aire caliente desplazado.

Cómo se generan los vientos

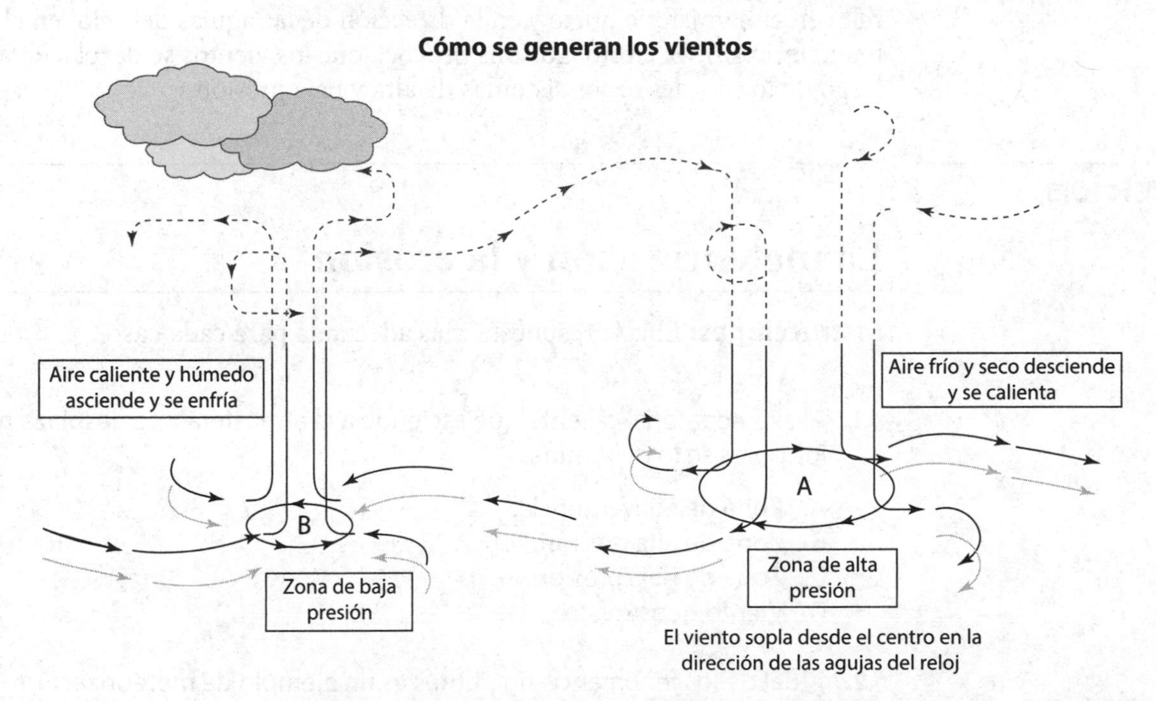

Generalmente, los vientos soplan desde las zonas de alta presión hacia las de baja presión. Se llama **frente** al límite entre una zona de alta presión y una zona de baja presión. Las relaciones complejas entre los frentes originan tipos diferentes de clima y de patrones de viento.

Se llaman vientos preponderantes a los vientos que soplan regularmente desde una sola dirección sobre una zona específica de la Tierra, y se llaman zonas de convergencia a las zonas donde se encuentran (convergen) los vientos preponderantes. Esos vientos normalmente soplan desde el este hacia el oeste, en lugar de desde el norte hacia el sur, fenómeno provocado por el llamado **efecto Coriolis**.

El efecto Coriolis

La rotación de la Tierra genera un patrón de circulación que hace que los sistemas de vientos se desplacen en la dirección contraria a las agujas del reloj en el hemisferio norte y en la dirección de las agujas del reloj en el hemisferio sur. El efecto Coriolis provoca que los vientos se desplacen a lo largo de los bordes de los sistemas de alta y baja presión.

EJERCICIO 3

La meteorización y la erosión

Instrucciones: Elija la respuesta más adecuada para cada caso.

1. Al aire ecuatorial caliente que asciende a la atmósfera y se desplaza hacia los polos se lo denomina:

A. Zona de convergencia.
B. Zona de alta presión.
C. Zona de baja presión.
D. Viento geostrófico.

2. ¿Cuál de los fenómenos siguientes es un ejemplo de meteorización química?

A. La acción de la escarcha.
B. La oxidación.
C. La abrasión.
D. La erosión.

Véanse las respuestas en la página 693.

Los océanos

Más del 70 por ciento de la superficie de la Tierra está cubierta por agua. Los océanos hacen que la Tierra parezca azul cuando se la mira desde el espacio y son los responsables de que sea posible la vida en el planeta.

El agua de los océanos es una mezcla de agua y sales. Tiene una **salinidad** promedio de alrededor del 3.5 por ciento. Esto significa que en cada 1000 gramos de agua de mar hay 35 gramos de sales disueltas. Las moléculas que componen esas sales están constituidas predominantemente por iones de cloro y sodio. Otros iones que se encuentran en el agua de mar son iones de sulfatos, magnesio, calcio y potasio. El agua de mar también contiene gases disueltos, como nitrógeno, oxígeno y dióxido de carbono. Además, el agua de mar es más densa que el agua pura y el agua fresca porque las sales disueltas en ella le agregan masa sin aumentar demasiado el volumen total del agua.

Corrientes oceánicas

Las **corrientes** son flujos de agua que corren dentro de un curso de agua más extendido y cuyo movimiento es producido por una variedad de factores. Las corrientes oceánicas pueden ser cálidas o frías. La temperatura de las corrientes oceánicas afecta la temperatura de las zonas costeras hacia las que fluyen.

Las corrientes que fluyen cerca de la superficie de los océanos transportan agua caliente desde el ecuador hacia los polos y agua fría de regreso al ecuador. Anteriormente, aprendimos acerca del efecto Coriolis y la influencia de la rotación de la Tierra sobre la dirección de los vientos. Los patrones que siguen las corrientes oceánicas también están influidos por ese efecto.

Las corrientes frías, más profundas, transportan oxígeno y nutrientes para los organismos vivos que habitan en las profundidades oceánicas. Las cadenas alimentarias oceánicas se reciclan constantemente por la surgencia de las corrientes oceánicas. En el siguiente diagrama, se muestra cómo se produce esa surgencia.

Surgencia del agua de los océanos

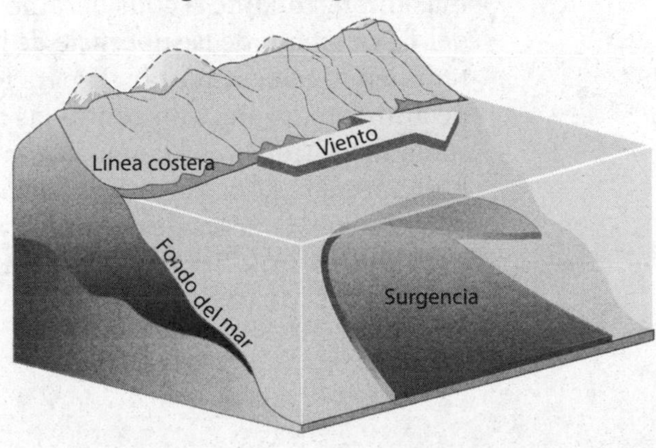

Cuando los vientos empujan el agua de la superficie hacia afuera de la costa, las corrientes profundas de agua fría ascienden y ocupan el lugar dejado vacante por el agua de la superficie. Los nutrientes de diferentes profundidades quedan entonces disponibles para alimentar el crecimiento de plancton nuevo, que provee el alimento necesario para los peces.

Algunas corrientes oceánicas cubren una gran extensión y son muy poderosas. Una con la que usted estará probablemente familiarizado es la corriente del Golfo. Esta es una corriente superficial cálida, que se origina en el Mar del Caribe y que tiene influencia sobre el clima en todo el mundo. Las corrientes de agua caliente a veces desplazan a la corriente de Humboldt, de agua fría, a lo largo de la costa oeste de América del Sur. Este fenómeno, conocido como El Niño, puede afectar los patrones del clima en buena parte del planeta.

Los océanos están formados por varias capas de diferente profundidad que reciben cantidades dispares de luz solar. La zona cercana a la superficie es la más pequeña y la más caliente, tiene una profundidad de aproximadamente 200 metros y representa solo el 5 por ciento de la profundidad total. Por debajo de ella, se encuentra la zona de penumbra, cuya profundidad representa alrededor del 20 por ciento de la profundidad total. Esta zona se extiende desde los 200 metros hasta los 1000 metros de profundidad. Es una zona poco iluminada y casi oscura. Finalmente, debajo de la zona de penumbra, se encuentra la zona profunda del océano, que representa el 75 por ciento restante. En esta zona, el frío es permanente y a ella no llega la luz solar.

Arrecifes de coral

Los **arrecifes** de coral se encuentran en las zonas soleadas y poco profundas de los océanos. Están formados por colonias de pequeños animales coralinos que producen una cubierta pétrea alrededor de sus cuerpos blandos. Unas algas microscópicas y simbióticas llamadas *zooxanthellae* viven en el cuerpo de los animales coralinos y les proporcionan alimento, que producen por fotosíntesis. Los arrecifes de coral proveen de hábitat adecuado a muchos organismos.

Un cuarto de las especies que habitan en los océanos dependen de los arrecifes de coral para su alimentación y refugio. Esta estadística resulta aún más impresionante si consideramos que los arrecifes de coral ocupan menos del 1 por ciento de la superficie de la Tierra. Los ecosistemas coralinos tienen también mucha importancia para los seres humanos, a quienes proveen de alimento, protección contra las tormentas en la costa, ingredientes para remedios y trabajo relacionado con el turismo. Lamentablemente, los seres humanos son la mayor amenaza para la existencia de los arrecifes de coral. La polución, la pesca destructiva, la acidificación del agua de mar y la presencia de especies invasivas han provocado consecuencias negativas para la existencia de esos arrecifes.

EJERCICIO 4

Los océanos

Instrucciones: Elija la respuesta más adecuada para cada caso.

1. La salinidad promedio del agua de los océanos es:

A. 3.5 por ciento.
B. 5 por ciento.
C. 20 por ciento.
D. 75 por ciento.

2. Complete el enunciado siguiente con términos usados en esta sección.

Las corrientes que fluyen cerca de la superficie de los océanos transportan calor desde el ______________________ hasta los ______________________ y traen de regreso agua fría a las regiones ecuatoriales.

Véanse las respuestas en la página 693.

CAPÍTULO 12

Interacción entre la Tierra y los seres vivos

Los ciclos de la naturaleza

Todo ser vivo depende del oxígeno, el nitrógeno y el dióxido de carbono para su existencia. El agua es también clave para la vida en la Tierra. ¿Se consumirán alguna vez y desaparecerán estas sustancias esenciales para la vida? Afortunadamente, la respuesta es no. Observemos con detenimiento los cuatro diagramas siguientes. Cada uno de ellos ilustra un ciclo de la materia que se encuentra en la naturaleza.

El ciclo del nitrógeno

En el **ciclo del nitrógeno**, el nitrógeno se traslada desde el aire hasta el suelo, de allí pasa a los seres vivos, para luego regresar al aire. El nitrógeno entra en la cadena alimentaria cuando compuestos nitrogenados, llamados nitratos, son absorbidos del suelo por las plantas. Las plantas convierten a los nitratos en compuestos de nitrógeno usables. Estos compuestos son transferidos entre organismos de diferentes niveles de la cadena alimentaria (niveles tróficos), proceso que se inicia cuando los consumidores primarios se alimentan de las plantas. Plantas y animales en descomposición devuelven, con la ayuda de bacterias nitrificantes, el nitrógeno al suelo. Estas bacterias producen nitratos a partir de compuestos de nitrógeno en descomposición. Otras bacterias, las bacterias desnitrificantes, completan el ciclo al convertir los nitratos en nitrógeno gaseoso.

Ciclo del nitrógeno

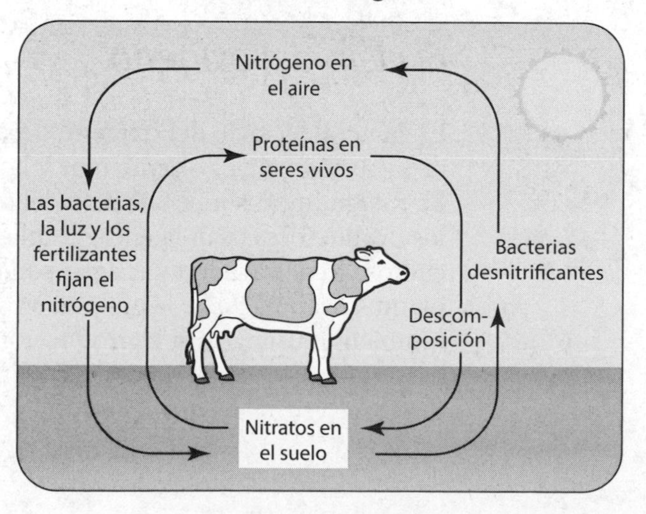

El ciclo del carbono

El **ciclo del carbono** incluye, además de a los seres vivos, a materia inerte (no viviente) de la corteza de la Tierra, los océanos y la atmósfera. En este ciclo, el carbono es transferido de una parte del medio ambiente a otra. La energía que alimenta el ciclo es suministrada por el Sol y el núcleo de la Tierra. Los compuestos orgánicos, como los carbohidratos, las proteínas y los lípidos (grasas), son formados por los productores, que convierten el dióxido de carbono en carbono usable (fijado) por el proceso de fotosíntesis. El carbono fijado es trasladado, a través de los diferentes niveles de alimentación, desde los consumidores primarios hasta los consumidores secundarios y otros consumidores. El carbono es, entonces, reciclado a través de los procesos de respiración, descomposición y combustión de combustibles fósiles.

Ciclo del carbono

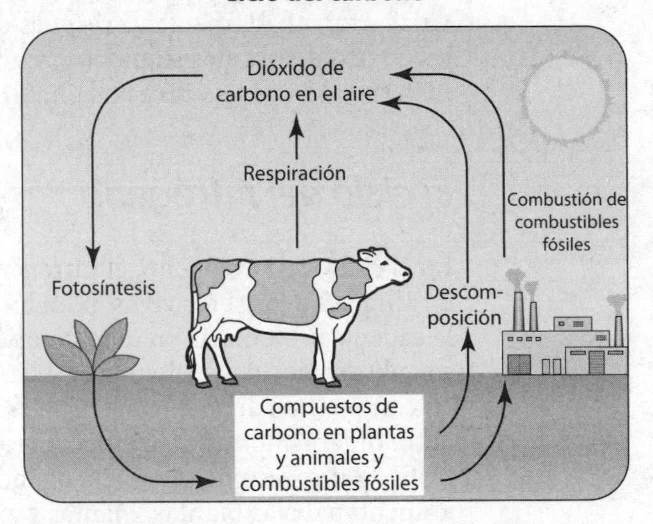

Recuerde que los combustibles fósiles (petróleo, gas natural o carbón) son extraídos de depósitos subterráneos. Nosotros quemamos combustibles fósiles para producir energía. La combustión libera gases, que incluyen al dióxido de carbono, a la atmósfera. El exceso de dióxido de carbono en la atmósfera contribuye a acentuar el efecto invernadero.

El ciclo del oxígeno

En general, el **ciclo del oxígeno** describe el movimiento del oxígeno dentro de la atmósfera, los organismos y la materia inerte de la corteza de la Tierra. La fuerza impulsora en el ciclo del oxígeno es la fotosíntesis. Recuerde que los productores usan la energía solar para la fotosíntesis. Con esa energía, el dióxido de carbono y el agua son convertidos en glucosa y oxígeno. Las plantas usan parte de la glucosa en su proceso de respiración. La glucosa también es usada para la producción de grasas y proteínas.

Ciclo del oxígeno

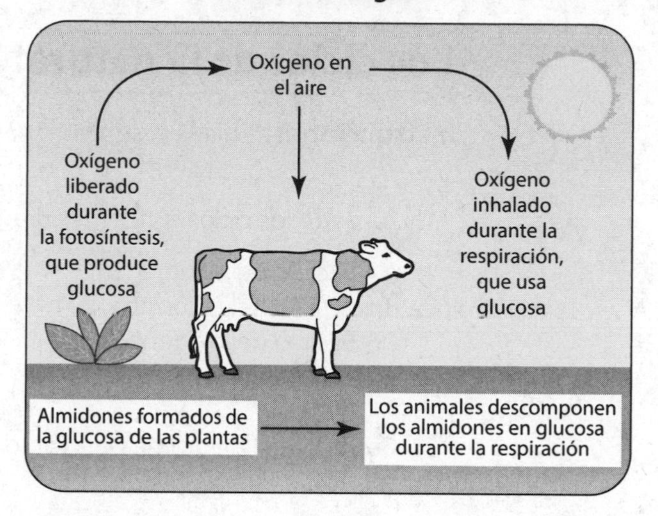

El ciclo del agua

El **ciclo del agua** describe el proceso continuo de traslado del agua desde los océanos hasta la atmósfera, de la atmósfera al suelo y del suelo, de regreso, a los océanos. Los procesos de evaporación, condensación y precipitación constituyen el ciclo del agua.

Ciclo del agua

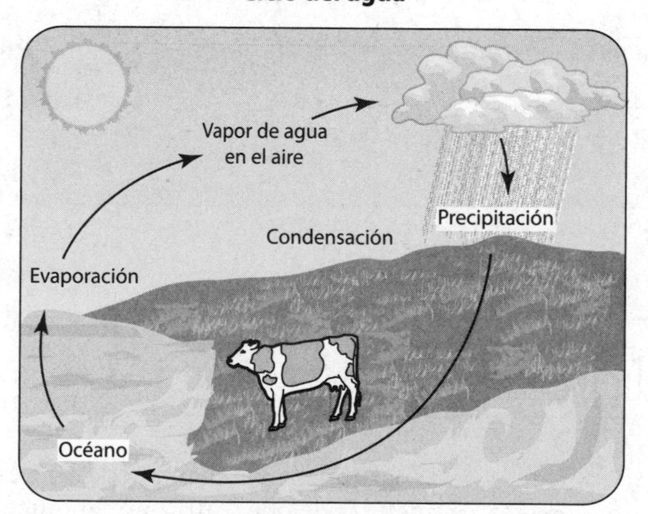

EJERCICIO 1

Los ciclos de la naturaleza

Instrucciones: Elija la respuesta más adecuada para cada caso.

1. ¿Cuál de los ciclos siguientes depende de la actividad de las bacterias?
   A. El ciclo del agua.
   B. El ciclo del carbono.
   C. El ciclo del oxígeno.
   D. El ciclo del nitrógeno.

2. Complete el diagrama del ciclo del agua con términos usados en esta sección.

Ciclo del agua

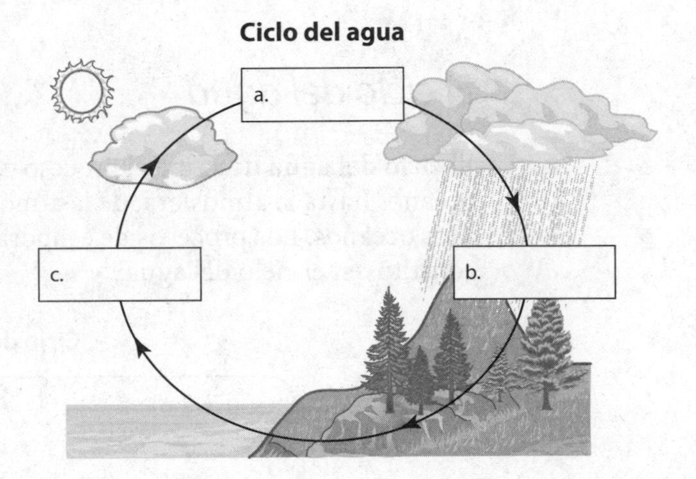

Véanse las respuestas en la página 694.

Los peligros naturales

La naturaleza también puede ser destructiva. Un **peligro natural** es una amenaza de que ocurra un fenómeno natural que puede tener un efecto negativo sobre los organismos y el medio ambiente. Existe una amplia variedad de fenómenos que pueden ser considerados como peligros naturales, desde sequías hasta explosiones volcánicas. Para que podamos considerar que un fenómeno físico representa un peligro, ese fenómeno debe tener como resultado la pérdida de vidas.

Algunas zonas son más vulnerables que otras a los peligros naturales. Por ejemplo, las ciudades construidas sobre o cerca de los límites de una placa tectónica tienen muchas posibilidades de ser afectadas por terremotos. Las ciudades ubicadas sobre las costas son mucho más vulnerables a los huracanes. Además, los efectos de esos peligros pueden ser acrecentados por la actividad de los seres humanos. Las inundaciones y los deslizamientos de tierra como consecuencia de lluvias torrenciales son mucho más probables, por ejemplo, en lugares donde las prácticas agrícolas han eliminado la vegetación de las laderas de las colinas.

En la tabla siguiente, se identifican cuatro tipos de peligros naturales y se describe la probabilidad de que cada uno de ellos ocurra durante un año calendario cualquiera. Observe que la frecuencia, o probabilidad, de que ocurra cada peligro natural ha sido calculada según la magnitud potencial del evento. Por ejemplo, existe una probabilidad del 86 por ciento de que una inundación produzca al menos 10 muertes, y una de un 0.4 por ciento de que la inundación produzca 1000 o más muertes.

Peligro natural	**Frecuencia**	**Magnitud****
Terremoto	0.11*	10 muertes
	0.001	1000 muertes
Huracán	0.39	10 muertes
	0.06	1000 muertes
Inundación	0.86	10 muertes
	0.004	1000 muertes
Tornado	0.96	10 muertes
	0.006	1000 muertes

* 0.11 = 11% de probabilidad.
** Estimación mínima de la cantidad de muertes.

Efectos de los peligros naturales

Los efectos de corto y largo plazo que un peligro natural puede provocar en una zona determinada dependen de muchos factores. En general, cuanto menos desarrollada sea la economía del país, mayor será el daño producido, tanto económicamente como desde el punto de vista de la pérdida de vidas. Cuanta más gente habite la zona afectada y cuanto más vulnerable sea a un desastre, mayor será el efecto del peligro natural. En la tabla siguiente, se identifican seis diferencias en los efectos que provocan los peligros naturales entre países económicamente menos y más desarrollados.

	Países económicamente menos desarrollados	Países económicamente más desarrollados
1. Población	Poblaciones más concentradas.	Poblaciones más dispersas.
2. Finanzas	Carecen de una autoridad financiera que exija códigos estrictos de edificación.	Los gobiernos con buenas finanzas aplican códigos estrictos de edificación.
3. Educación	Aumento de la vulnerabilidad porque, a menudo, la gente no ha sido preparada para enfrentar una emergencia.	La gente sabe perfectamente qué hacer en caso de un peligro natural.
4. Seguros	Las casas raramente están aseguradas.	Las casas pueden ser aseguradas contra los peligros naturales, lo que disminuye el costo de la reconstrucción.
5. Economía	Como dependen del dinero obtenido de las cosechas, si un peligro natural las destruye, toda la economía sufrirá las consecuencias.	La economía es más estable.
6. Infraestructura	La electricidad, las comunicaciones, el agua y el sistema de aguas residuales sufrirán daños de consideración y efectos prolongados.	Servicios de emergencia altamente organizados y buenas comunicaciones aseguran que la población necesitada de ayuda reciba asistencia tan rápido como sea posible; esto reduce considerablemente la propagación de enfermedades y disminuye la cantidad de muertes.

Evidentemente, los efectos de corto y largo plazo de un peligro natural pueden ser muy diferentes y dependen de la zona del mundo donde el fenómeno ocurra. Los efectos de corto plazo en una zona económicamente desarrollada incluirán pérdidas de electricidad y en las comunicaciones, daños en el sistema de aguas servidas, perjuicios en la infraestructura, pérdidas financieras, heridas, enfermedades y muertes. En una zona económicamente menos desarrollada, muchos de esos efectos se prolongarán en el tiempo y los desastres podrían ocasionar serios problemas económicos y la propagación de enfermedades. Las zonas económicamente desarrolladas apenas sufrirán, si acaso los sufren, efectos de largo plazo.

Mitigación de los efectos de los peligros naturales

Existen ciertas medidas de precaución que pueden adoptarse para mitigar los efectos de los peligros naturales. La **mitigación** es un esfuerzo para reducir la pérdida de propiedades y vidas, disminuyendo así los efectos del desastre. Las técnicas de mitigación estructural incluyen la construcción de represas, diques, estanques y canales de contención para detener el agua o disminuir su flujo. Otras estructuras, como los refugios para tormentas, están diseñadas con el propósito específico de salvar vidas. Esos refugios están muy difundidos en las zonas de tornados.

Las prácticas de construcción adecuadas, como regulaciones sobre el uso de la tierra, códigos de edificación y ordenanzas de zonificación, son técnicas no estructurales efectivas de mitigación. Los códigos de edificación especifican qué tipos de materiales se puede utilizar para construir casas y edificios comerciales basados en criterios tales como la fortaleza, la durabilidad, la inflamabilidad y la resistencia al agua y al viento. Como es de imaginar, en una ciudad construida cerca de una línea de falla, como es el caso de San Francisco, los códigos de edificación pueden requerir prácticas de construcción diferentes de los de las ciudades que no están construidas cerca de las líneas de falla.

EJERCICIO 2

Los peligros naturales

Instrucciones: Elija la respuesta más adecuada para cada caso.

1. ¿Cuál de los enunciados siguientes explica mejor por qué los países económicamente menos desarrollados sufren los efectos de los peligros naturales durante más tiempo?

A. La pobreza y la concentración de la población aumentan los efectos de los peligros naturales.
B. Los servicios de emergencia altamente organizados reducen la propagación de las enfermedades y reducen la cantidad de muertes.
C. La educación sobre qué hacer en casos de emergencia reduce la vulnerabilidad de la población.
D. Los códigos de edificación no especifican qué tipos de materiales deben ser usados en la construcción de casas.

La pregunta 2 está basada en la tabla siguiente.

Peligro natural	Frecuencia	Magnitud**
Terremoto	0.11*	10 muertes
	0.001	1000 muertes

* 0.11 = 11% de probabilidad.
** Estimación mínima de la cantidad de muertes.

2. La probabilidad de que un terremoto ocasione pérdidas de vidas superiores a las 1000 personas en un año calendario cualquiera es:

A. 0 por ciento.
B. 0.1 por ciento.
C. 1 por ciento.
D. 11 por ciento.

Véanse las respuestas en la página 694.

Los recursos naturales

El viento, el agua y las rocas, que pueden ser fuentes de peligros naturales, también nos suministran una amplia gama de **recursos naturales** que son esenciales para nuestras vidas. En la tabla siguiente, se muestran nueve recursos naturales diferentes de los que depende la vida humana. Observe que cada recurso ha sido clasificado como renovable o no renovable.

Recurso renovable		Recurso no renovable	
Biomasa (calefacción, electricidad, transporte)	3.9%	Petróleo (transporte, producción industrial)	37.4%
Energía hidráulica (electricidad)	2.5%	Gas natural (calefacción, producción industrial, electricidad)	24%
Energía geotérmica (calefacción, electricidad)	0.4%	Carbón (producción industrial, electricidad)	22.6%
Energía eólica (electricidad)	0.5%	Uranio (electricidad)	8.5%
Energía solar (luz, calefacción, electricidad)	0.1%		

Los **recursos renovables** son aquellos que no se acabarán nunca y que pueden ser recuperados, ya sea por medios naturales o por una administración adecuada. Los recursos que existen en la naturaleza y que son renovables incluyen el viento, las olas, el aire y la luz solar. Los recursos que requieren una administración adecuada para seguir siendo **sustentables** (que se pueden mantener con el tiempo a un nivel aceptable) incluyen los bosques, el suelo, el agua, los peces y la fauna.

Los **recursos no renovables** son aquellos que se acabarán en algún momento y cuya oferta es limitada. Minerales como los diamantes y el mineral de hierro (que se usa en la producción de acero) están clasificados como recursos no renovables. Si bien existen en la naturaleza, su formación llevó millones de años. La energía nuclear depende de minerales como el uranio y el plutonio. Los minerales son extraídos de las rocas a través de la explotación minera.

Los **combustibles fósiles** pertenecen a otra categoría de recursos no renovables. Estas sustancias son usadas principalmente como fuentes de energía. Los combustibles fósiles incluyen el petróleo, el carbón y el gas natural. Se cree que el petróleo y el gas natural se formaron lentamente, durante millones de años, a partir de la descomposición de plantas y animales. Con el tiempo, los organismos muertos fueron comprimidos entre capas de sedimentos que agregaron presión. Finalmente, se formaron las rocas y, en las zonas donde no había oxígeno, el calor y la presión convirtieron los restos de los organismos en petróleo y gas natural.

Algunas de esas rocas, como la caliza y la arenisca, tienen redes de agujeros pequeños llamados poros. El petróleo (un líquido) se filtra dentro de los poros de esas rocas. El gas natural también se esparce dentro de las rocas porosas. El petróleo y el gas natural se extraen usando técnicas de perforación y de fractura hidráulica.

La sustentabilidad de los recursos

Los depósitos sin explotar de carbón y petróleo son cada vez más difíciles de descubrir. Además, existe creciente preocupación por cuántas reservas quedan disponibles y hasta cuándo durarán. Algunas estimaciones indican que las reservas de petróleo podrían acabarse dentro de 50 años, y que las de carbón alcanzarían para 300 años más. Estas estimaciones resaltan la necesidad de hacer un uso más eficiente del petróleo y de disminuir la dependencia de los recursos no renovables para la producción de energía. A medida que aumenta nuestra dependencia de las fuentes de energía renovables, debemos aceptar también nuestra responsabilidad de administrar de forma adecuada y sustentable esos recursos.

EJERCICIO 3

Los recursos naturales

Instrucciones: Elija la respuesta más adecuada para cada caso.

1. ¿Cuál de los recursos siguientes puede ser clasificado como recurso renovable sustentable con una administración adecuada?

A. La luz solar.
B. El viento.
C. Los bosques.
D. Los minerales.

2. ¿Por qué se considera que el petróleo y el carbón son recursos naturales no renovables?

A. El petróleo es difícil de encontrar y de extraer.
B. Las reservas de carbón alcanzan para 300 años.
C. Los combustibles fósiles contribuyen al efecto invernadero.
D. La formación del carbón y el petróleo demora millones de años.

Véanse las respuestas en la página 694.

EJERCICIOS DE PRÁCTICA

Ciencias de la Tierra y el espacio

Instrucciones: Elija la respuesta más adecuada para cada caso.

La pregunta 1 está basada en el diagrama siguiente.

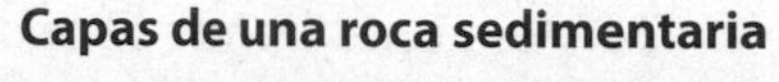

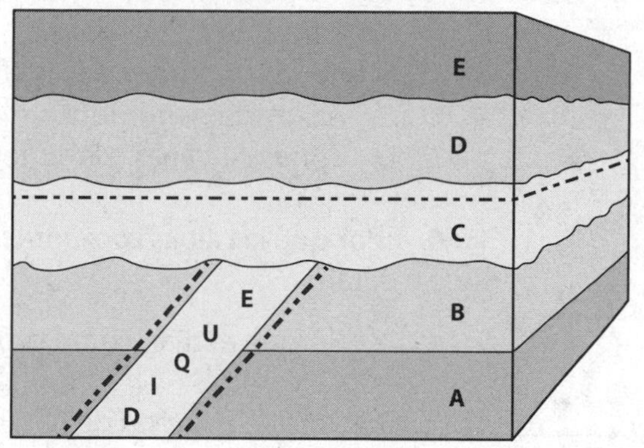

1. Un dique es una lámina de roca que se forma en una grieta dentro de una capa existente de una roca. Los científicos han usado información radiométrica para determinar que el dique que muestra el diagrama anterior se formó hace 85 millones de años y que la capa D de la roca se formó hace 80 millones de años.

   Coloque una X sobre el diagrama para indicar la capa de roca que tiene una edad de entre 80 y 85 millones de años.

2. Los científicos han observado un objeto todavía no identificado en el sistema solar. ¿Cuál de los datos siguientes les permitirá decidir si se trata de un asteroide o de un cometa?

   A. El tamaño del objeto.
   B. La composición del objeto.
   C. La ubicación del objeto.
   D. La cantidad de veces que el objeto ha orbitado alrededor del Sol.

3. ¿Qué tipo de estrella es el Sol?

   A. Una protoestrella.
   B. Una estrella supergigante.
   C. Una estrella enana negra.
   D. Una estrella de secuencia principal.

EJERCICIOS DE PRÁCTICA

4. ¿En cuáles de las siguientes capas de la atmósfera aumenta la temperatura con la altura?

   A. Solo en la termosfera.
   B. En la ionosfera y la estratosfera.
   C. En la troposfera y la mesosfera.
   D. En la estratosfera y la termosfera.

5. A las zonas donde se encuentran vientos preponderantes se las denomina:

   A. Zonas de convergencia.
   B. Zonas de surgencia.
   C. Zonas de penumbra.
   D. Zonas cercanas a la superficie.

6. ¿Por qué las algas *zooxanthellae* son importantes para los arrecifes de coral?

   A. Porque actúan como productores en la red alimentaria de los arrecifes de coral.
   B. Porque proveen de hábitat adecuado para muchos organismos.
   C. Porque producen el color característico del coral.
   D. Porque producen una estructura pétrea de protección alrededor del cuerpo blando de los corales.

7. ¿Cuál de los recursos naturales siguientes representaría la mejor opción para una compañía ecológicamente consciente que busca una fuente de energía sustentable?

   A. El carbón.
   B. La energía eólica.
   C. La energía nuclear.
   D. El gas natural.

8. Un grupo sin fines de lucro desea ayudar a un país económicamente menos desarrollado a prepararse para situaciones de desastre. El grupo piensa organizar un seminario gratuito para capacitar a los líderes de la comunidad en cuestiones como la creación de códigos de edificación y el uso de técnicas de preparación para emergencias.

   Explique los puntos fuertes y las debilidades de ese plan. Incluya toda la información pertinente que encuentre para respaldar su respuesta.

   Escriba su respuesta en el espacio proporcionado. Esta tarea debería llevarle aproximadamente 10 minutos.

Véanse las respuestas en las páginas 694–695.

Ciencia

PARTE 1. CIENCIAS DE LA VIDA

Capítulo 1. Las estructuras y las funciones de la vida

Ejercicio 1: Células, tejidos y órganos

1. **Respuesta correcta: B.** De acuerdo con la teoría celular, la célula es la unidad de vida más pequeña. Eso significa que cualquier cosa que esté compuesta por células (incluso una sola célula) constituye un ser vivo.
2. **Respuesta correcta: se especializa.** Cada tipo diferente de célula se especializa en llevar a cabo funciones específicas en el cuerpo.

Ejercicio 2: Funciones de las células y sus componentes

1. **Respuesta correcta: B.** Todas las células necesitan extraer energía de los alimentos, pero no todas producen alimentos. Solo las células de los productores (como las plantas) producen alimentos. El resto de los organismos extraen energía de los alimentos que consumen.
2. **Respuesta correcta: energía.** Sin mitocondrias, la célula no podría convertir los alimentos en energía. Esa falta de energía le impediría a la célula llevar a cabo los procesos necesarios.

Ejercicio 3: División celular

1. **Respuesta correcta: Se muestra en el diagrama siguiente.** En la mitosis, los cromosomas se alinean durante la metafase y se separan durante la anafase. En esta célula en particular, los cromosomas parecen haberse alineado y estar a punto de empezar a separarse. Ello indica que la célula está en el momento de transición entre la metafase y la anafase.

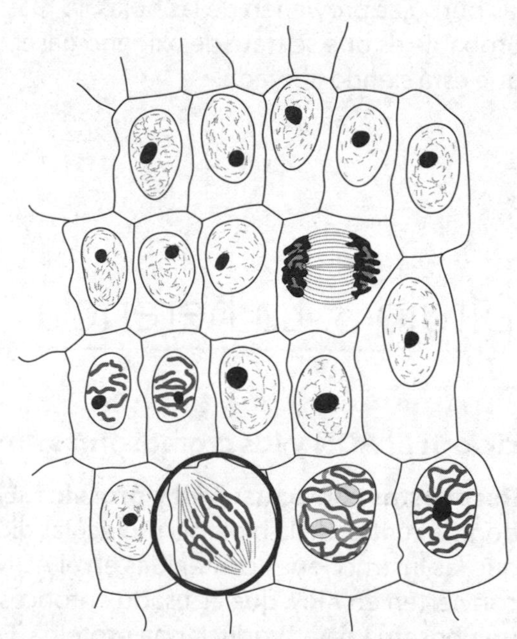

2. **Respuestas correctas: a) mitosis y meiosis; b) mitosis; c) meiosis; d) mitosis y meiosis, y e) meiosis.** Las células del cuerpo se reproducen a sí mismas separándose en dos células idénticas durante la mitosis. La meiosis produce cuatro células reproductivas, cada una con la mitad del ADN de una célula normal del cuerpo. El entrecruzamiento se produce durante la profase I de la meiosis. Tanto la mitosis como la meiosis empiezan con la duplicación del ADN de la célula. Como la mitosis produce nuevas células corporales y la meiosis produce células reproductivas, los dos procesos son necesarios en los seres humanos.

RESPUESTAS Y EXPLICACIONES

Capítulo 2. Las funciones de la vida y el consumo de energía

Ejercicio 1: Energía para las funciones de la vida

1. **Respuesta correcta: D.** Las hojas liberan oxígeno al medio ambiente como producto de una reacción durante la fotosíntesis. Como las burbujas provienen de las hojas, lo más probable es que se trate de oxígeno gaseoso que está siendo liberado.

2. **Respuestas correctas: a) La respiración; b) La respiración; c) La fermentación,** y **d) La fermentación.** La respiración produce una gran cantidad de energía, pero solo puede hacerlo cuando hay oxígeno disponible. La fermentación produce poca energía cuando no hay oxígeno disponible. Las células humanas usan la respiración la mayor parte del tiempo, pero pueden usar la fermentación temporariamente cuando el suministro de oxígeno es bajo.

Capítulo 3. La herencia

Ejercicio 1: El ADN y los cromosomas

1. **Respuestas correctas: ARN** y **proteína.** El dogma central de la biología molecular dice que las instrucciones contenidas en el ADN se convierten en ARN, que es usado entonces por un ribosoma para producir una proteína. Este proceso se realiza de la misma forma en todas las células.

2. **Respuesta correcta: C.** El óvulo y el espermatozoide son células reproductivas que contienen cada una la mitad del número de cromosomas (23 en los seres humanos) de una célula normal. Cuando estas células reproductivas se unen, sus cromosomas se combinan para producir una nueva célula con un juego completo de cromosomas (46 en los seres humanos).

3. **Respuesta correcta: B.** Las dos cromátidas que constituyen un cromosoma son copias exactas la una de la otra. Todos los genes contenidos en una cromátida están también presentes en la otra.

Ejercicio 2: Alelos y rasgos

1. **Respuesta correcta: C.** La adición de una base origina una mutación en el gen. La mutación produce un nuevo alelo del gen.

2. **Respuesta correcta: D.** Antes del entrecruzamiento, las dos cromátidas del mismo cromosoma son idénticas. Durante el entrecruzamiento, las cromátidas interiores de los cromosomas intercambian segmentos. La cromátida interior no es más idéntica a su pareja.

3. **Respuesta correcta: C.** Los lagartos carecen de los genes necesarios para producir calor corporal. En este caso, el medio ambiente no provoca reacción alguna en esos genes.

Ejercicio 3: Herencia simple

1. **Respuesta correcta: B.** En el árbol genealógico, un cuadrado representa a un hombre y una figura negra representa a una persona con la enfermedad en estudio.

RESPUESTAS Y EXPLICACIONES

2. **Respuesta correcta: Los círculos (3) y los cuadrados vacíos (3).** Una persona que tiene el genotipo CC es sana porque la fibrosis cística es causada solo por el genotipo recesivo cc. En el árbol genealógico, una figura vacía representa a una persona que es sana o no tiene la enfermedad en estudio, y no es portadora de esa enfermedad.
3. **Respuesta correcta: A.** En el árbol genealógico, se muestra que la mujer tiene el genotipo CC y el hombre el genotipo Cc. De acuerdo con el cuadro de Punnett, la pareja no tiene posibilidades de tener un hijo con fibrosis cística (genotipo cc).

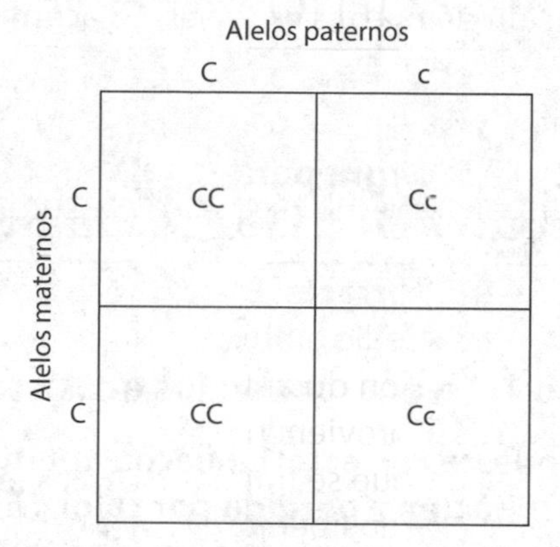

Capítulo 4. La evolución

Ejercicio 1: Relaciones evolutivas

1. **Respuesta correcta: B.** Cuanto más próximos estén dos organismos en un cladograma, mayor será la posibilidad de que estén relacionados. Los helechos y las coníferas están ubicados los unos al lado de las otras en el cladograma. Comparten dos de las características comparadas.
2. **Respuesta correcta: D.** El cladograma compara las características estructurales de diferentes tipos de plantas. La presencia de estructuras similares, u homólogas, en diferentes organismos es indicación de que comparten un mismo ancestro.

Ejercicio 2: Evolución por selección natural

1. **Respuesta correcta: A.** Un cambio en la variable dependiente es prueba de que se está produciendo la selección natural. En el caso de las polillas moteadas, la variable dependiente es la proporción entre polillas de alas claras y de alas oscuras observada. Como esta proporción cambia con el tiempo, se trata de un proceso de selección natural.
2. **Respuesta correcta: C.** Si una versión del rasgo no prevalece sobre la otra, no se observará cambio alguno en las proporciones. Como la proporción entre los peces oscuros y los peces claros permaneció constante, los ecologistas pueden asumir que no ocurrió ningún proceso de selección porque no hay diferencia en la capacidad de supervivencia.

Ejercicio 3: Cambio evolutivo

1. **Respuestas correctas: a) parejas apropiadas; b) agua no contaminada,** y **c) espacio habitable o actividad humana.** Las ranas compiten por compañeros apropiados y silban para impresionar a las hembras. Si la disponibilidad de agua no contaminada es limitada, las serpientes pueden obtener toda la humedad que necesitan de sus alimentos en lugar del agua. Cuando el espacio habitable es limitado, especialmente cuando el ser humano destruye su hábitat, las golondrinas pueden construir los nidos sobre paredes naturales o construidas por la mano del hombre en lugar de sobre los árboles.

RESPUESTAS Y EXPLICACIONES

2. **Respuesta correcta: especiación.** Se denomina especiación al proceso evolutivo de creación de nuevas especies. La acumulación de adaptaciones convertirá a grupos diferentes de especies en nuevas especies.

Capítulo 5. Los ecosistemas

Ejercicio 1: La energía en los ecosistemas

1. **Respuesta correcta: La flecha apunta hacia "Respiración y pérdida por calor".** Esto indica que la energía consumida se elimina a través de la respiración y la pérdida por calor.

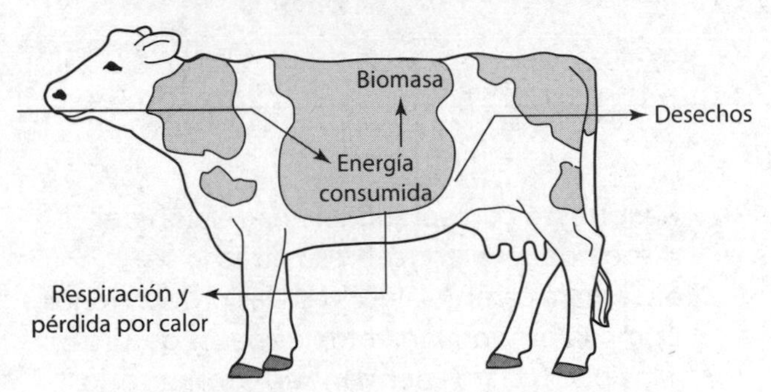

2. **Respuesta correcta: C.** La vaca representa el rol de un consumidor primario porque es un animal herbívoro que se alimenta de plantas. La vaca obtiene energía alimentándose de productores, como el pasto.

Ejercicio 2: La materia en los ecosistemas

1. **Respuestas correctas: materia** y **energía.** Una cadena alimentaria usa flechas para indicar la dirección en que la materia y la energía son transferidas de un productor a un consumidor primario, de este a un consumidor secundario y así sucesivamente.

2. **Respuesta correcta: A.** Las redes alimentarias son un modelo más natural que las cadenas alimentarias porque muestran todas las relaciones posibles en cada nivel trófico dentro de una comunidad.

Ejercicio 3: Capacidad de cambio

1. **Respuesta correcta: Al pie de la curva.**

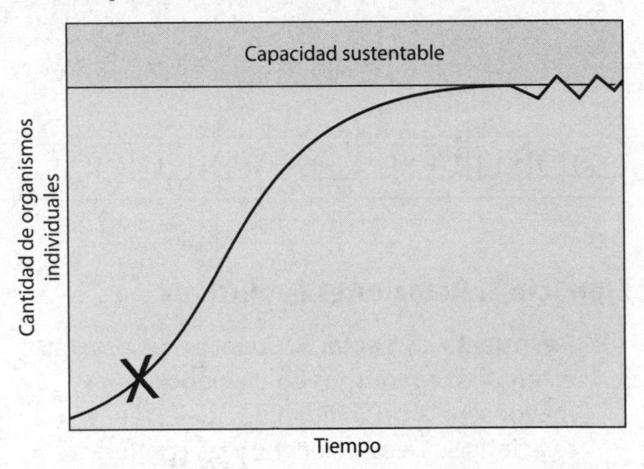

A la fase de crecimiento lento que se observa en la gráfica se la denomina también fase de latencia, como se indica en la gráfica sobre "Crecimiento de la población en el tiempo".

2. **Respuesta correcta: B.** Cuando los recursos son limitados, una población en crecimiento deberá competir para obtener esos recursos.

Ejercicio 4: Relaciones en los ecosistemas

1. **Respuesta correcta: presa.** La gamba se encuentra en peligro de ser comida por un organismo competidor. En esta relación, la gamba desempeña el rol de presa y su competidor, el de predador.

2. **Respuesta correcta: B.** Tanto el pez gobio como la gamba se benefician con esta relación. El pez gobio obtiene refugio y la gamba, protección de los predadores.

RESPUESTAS Y EXPLICACIONES

Ejercicio 5: Alteración de los ecosistemas

1. **Respuesta correcta: Se muestra en la tabla.** Las vides de kudzu son un ejemplo de especie invasiva. Es una especie que se introdujo para evitar la erosión del suelo y que terminó compitiendo por recursos limitados. Las escorrentías contaminantes son un ejemplo de los efectos de una inundación. El pastoreo excesivo en una zona árida es un ejemplo de desertificación provocada por la actividad de los seres humanos.

Las vides de kuzdu, que se plantaron inicialmente para evitar la erosión del suelo, terminaron por envolver los árboles circundantes e impedirles el acceso a la luz solar. — Especie invasiva

Las escorrentías, que contienen sedimentos y fertilizantes, contaminan los ecosistemas de agua fresca. — Inundación

El pastoreo excesivo de plantas en las regiones semiáridas destruye la frágil cubierta vegetal. — Desertificación

2. **Respuesta correcta: extinción.** Las actividades humanas, incluidas la caza, la urbanización y la destrucción de bosques para crear tierras de cultivo, son responsables principales de la destrucción del hábitat, que llevará con el tiempo a la extinción de muchas especies.

Capítulo 6. El cuerpo humano y la salud

Ejercicio 1: Sistemas corporales

1. **Respuesta correcta: D.** Los órganos del sistema urinario son responsables de la eliminación de los desechos y de regular el pH y el volumen de la sangre.
2. **Respuestas correctas: esquelético, muscular** y **nervioso.** Los sistemas esquelético y muscular actúan juntos pues los músculos mueven a los huesos y los tendones conectan a los músculos con los huesos, mientras que el cerebro y el sistema nervioso controlan el movimiento y envían mensajes a las partes específicas del cuerpo.

Ejercicio 2: Homeostasis

1. Los sensores de la temperatura corporal actúan como **Receptor** y la respuesta que producen los vasos sanguíneos y las glándulas sudoríparas como **Efector**. Un receptor sensorial es una estructura que reconoce un estímulo, y un efector es la parte del cuerpo capaz de responder a ese estímulo.
2. **Respuesta correcta: A.** La prolongada exposición a los rayos solares aumenta la probabilidad de provocar quemaduras de primer o segundo grado en la capa externa de las células de la piel.

Ejercicio 3: Nutrición

1. **Respuesta correcta: D.** Un gramo de grasa equivale a 9 calorías; entonces, 9 gramos de grasa equivaldrán a 81 calorías (9 × 9).
2. **Respuesta correcta: B.** Los minerales, como el calcio, son esenciales para la formación de los huesos.
3. **Respuesta correcta: C.** Los antibióticos pueden eliminar las bacterias simbióticas que habitan en el tracto intestinal. Esas bacterias producen las vitaminas K y B.

RESPUESTAS Y EXPLICACIONES

Ejercicio 4: Las enfermedades y agentes patógenos

1. **Respuesta correcta: D.** La salmonela puede encontrarse en alimentos crudos como el pollo y los huevos. La cocción adecuada de esos alimentos puede prevenir la transmisión de este agente patógeno.
2. **Respuesta correcta: 80.** Algunas poblaciones de americanos nativos fueron reducidas en un 80 por ciento por enfermedades como la viruela, el sarampión y la gripe.

Ejercicios de práctica: Ciencias de la vida

1. **Respuesta correcta: D.** La fotosíntesis es el proceso por el cual se transforma en alimento la energía provista por la luz solar. Un heterótrofo debe consumir otros organismos para alimentarse porque no puede realizar la fotosíntesis.
2. **Respuestas correctas: Presión de selección, Selección natural, Adaptación** y **Especiación (en orden descendente).** El medio ambiente ejerce presión de selección sobre los pinzones al limitar el alimento disponible. La selección natural favorece a los pinzones de pico más adecuado para obtener el alimento (insectos). Los picos más angostos representan la adaptación de los pinzones de las islas, donde no existen más los pinzones de pico ancho. La especiación se produce cuando los pinzones de las islas se convierten en una nueva especie.
3. **Respuesta correcta: B.** El pelaje oscuro puede ser producido por las combinaciones de alelos FF o Ff. Los ojos rojos solo pueden ser producidos por la combinación ee. Esto quiere decir que un conejillo de Indias de pelaje oscuro y ojos rojos solo puede ser producido por dos combinaciones: FF con ee, o Ff con ee.
4. **Respuesta correcta: A.** De acuerdo con la teoría celular, todos los seres vivos están compuestos por células. Los virus no tienen células, por lo que muchos científicos no los consideran seres vivos.
5. **Respuesta correcta: ribosoma.** Los ribosomas son la parte de la célula en donde se producen las proteínas.
6. **Respuesta correcta: A.** Muchas enfermedades pueden ser prevenidas usando métodos de saneamiento simples, como el lavado de manos. Las vacunas proveen resistencia a muchos otros tipos de enfermedades.
7. **Respuesta correcta: D.** Una persona anémica es aquella que carece de la cantidad de hierro necesario. La anemia es una deficiencia que afecta a los glóbulos rojos de la sangre, que son parte del sistema circulatorio.
8. **Respuesta correcta: B.** Las bacterias intestinales que habitan en el sistema digestivo de los seres humanos son un ejemplo de la relación simbiótica llamada mutualismo. Las bacterias obtienen un hábitat y alimentos, mientras que los seres humanos se benefician de la síntesis de nutrientes esenciales.
9. **Respuesta correcta:** Los semilleros de tomate son el productor y deberían ocupar el primer lugar en la lista. El orden correcto de la cadena alimentaria es el siguiente: **Semillero de tomate** (productor) → **Grillo** (consumidor primario) → **Araña lobo** (consumidor secundario) → **Gorrión** (consumidor terciario) → **Halcón** (consumidor cuaternario).
10. **Respuesta correcta: D.** La cantidad de hembras jóvenes no afectará el tamaño de la población de ciervos porque ya son parte de ella. Además, los ciervos jóvenes o inmaduros no tienen crías ni se reproducen y no aumentan el tamaño de la población.

RESPUESTAS Y EXPLICACIONES

PARTE 2. CIENCIAS FÍSICAS

Capítulo 7. Interacciones químicas

Ejercicio 1: Estructura de la materia

1. **Respuesta correcta:** el término **Elemento** deberá ser colocado sobre la casilla de la izquierda. El término **Compuesto** deberá ser colocado sobre la casilla de la derecha. Un átomo o una molécula del mismo átomo son considerados elementos. Las moléculas formadas por dos o más elementos ligados químicamente son consideradas compuestos.
2. **Respuesta correcta: B.** El número atómico, que aparece en la esquina inferior izquierda, representa el número de protones en el núcleo de un átomo. Un átomo de carbono tiene 6 protones.

Ejercicio 2: Propiedades físicas y químicas

1. **Respuesta correcta: 4 kg/ml.** La densidad se calcula dividiendo la masa por el volumen. Entonces, 120 dividido por 30 es igual a 4.
2. **Respuesta correcta: C.** El mercurio es un metal líquido a la temperatura del ambiente.
3. **Respuesta correcta: B.** Cuando un líquido se enfría y alcanza el estado sólido, las partículas quedan fijas y comprimidas en patrones densos. A este cambio de estado se lo denomina solidificación.

Ejercicio 3: Fórmulas y ecuaciones químicas

1. **Respuesta correcta: D.** La interacción entre los reactivos óxido de hierro y monóxido de carbono se indica con un signo más. La flecha indica que la reacción se ha producido y los productos de ella, hierro y dióxido de carbono, se colocan a su derecha.
2. **Respuesta correcta: B.** Los átomos de hierro quedan balanceados cuando agregamos el coeficiente 2 delante del hierro. El coeficiente 3 delante del dióxido de carbono y el monóxido de carbono balancea los átomos de carbono y de oxígeno.
3. **Respuesta correcta: C.** La ecuación representa una reacción de sustitución porque el hierro en el óxido de hierro ha sido desplazado.

Ejercicio 4: Soluciones y solubilidad

1. **Respuesta correcta: A.** El agua es una sola sustancia y no una mezcla homogénea de sustancias. Es, generalmente, el solvente en las soluciones.
2. **Respuesta correcta: C.** Cuanto más pequeño es el número en la escala de pH, más fuerte es el ácido. Entonces, el jugo de limón, que tiene un pH de 1.5, es un ácido fuerte.
3. **Respuestas correctas (empezando desde la izquierda): No saturada, Saturada** y **Sobresaturada.** La solución no saturada indica que aún puede disolverse más soluto, mientras que la solución saturada muestra que no queda nada por disolver. La solución sobresaturada presenta cristales.

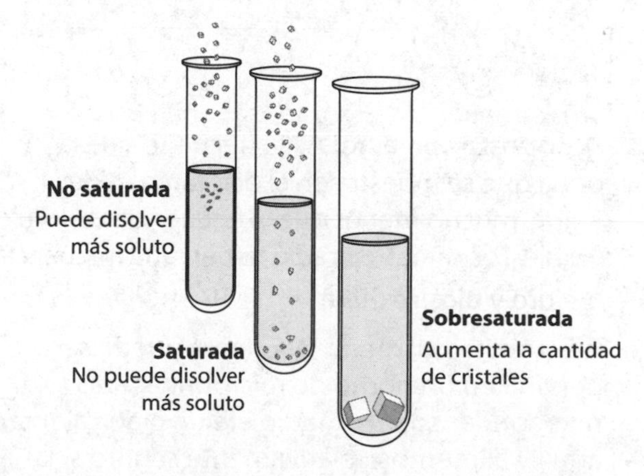

RESPUESTAS Y EXPLICACIONES

Capítulo 8: La energía

Ejercicio 1: Tipos de energía

1. **Respuesta correcta: radiante.** La colocación de los semilleros en diferentes lugares dentro del invernadero afecta la cantidad de luz solar directa que reciben las plantas. La luz solar es una forma de energía radiante.
2. **Respuestas correctas: a) química a mecánica,** y **b) eléctrica a térmica.** La energía química almacenada en la gasolina se convierte en energía mecánica cuando el auto se mueve. La energía eléctrica que viaja a través de un cable de electricidad se convierte en energía térmica cuando se enciende el horno de cocina.

Ejercicio 2: Ondas

1. **Respuesta correcta: Se muestra en el diagrama siguiente.** La longitud de onda se mide entre dos partes correspondientes de la onda. Como el punto está situado sobre el eje de las *x* donde la curva comienza a subir, la X debe ser colocada en la próxima posición en que la curva cruza el eje de las *x* y comienza a subir nuevamente. La distancia entre el punto y la X representa la longitud de onda.

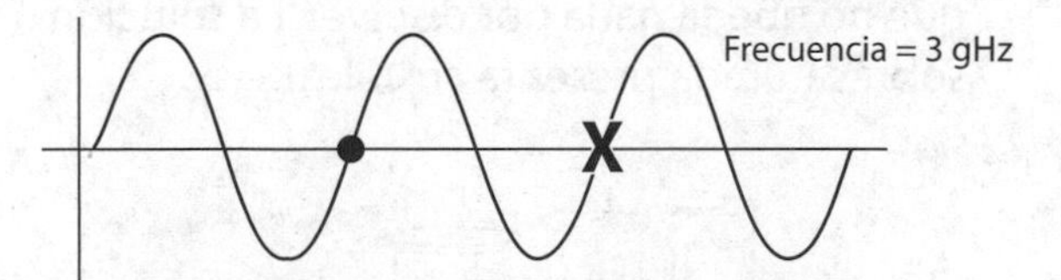

2. **Respuesta correcta: A.** La frecuencia de la onda que se muestra en el diagrama es de 3 gHz, mucho menor que la frecuencia de la luz visible. Las ondas de radio tienen una frecuencia más baja que las ondas de la luz visible.
3. **Respuesta correcta: D.** El agua puede ser hervida en un horno de microondas. Las microondas son un medio efectivo de calentar agua y alimentos, relativamente seguro si la exposición a ellas es limitada.

Ejercicio 3: Calor

1. **Respuesta correcta: C.** Se transfiere calor como resultado del contacto directo entre el café y el tazón. Este es un ejemplo de conducción de calor.
2. **Respuesta correcta: D.** Se transfiere energía de la sustancia de temperatura alta (el café) a la sustancia de baja temperatura (el tazón). La energía se transfiere en forma de calor. A medida que se transfiere la energía del café al tazón, la temperatura del tazón aumenta.

Ejercicio 4: La energía en las reacciones químicas

1. **Respuesta correcta: energía.** Las reacciones endotérmicas, como la fotosíntesis, deben absorber energía del medio ambiente. Como se absorbe energía, los productos de una reacción endotérmica contienen más energía que los reactivos originales.
2. **Respuesta correcta: exotérmica.** Las reacciones exotérmicas, como la respiración, liberan energía al medio ambiente. En el caso de la respiración, el medio ambiente es la célula donde se produce la reacción.

Ejercicio 5: Fuentes de energía

1. **Respuesta correcta: combustibles fósiles.** Según la gráfica, el petróleo, el gas natural y el carbón representaban combinados el 83 por ciento de las fuentes de energía de los Estados Unidos en 2010. Todas estas fuentes de energía son consideradas combustibles fósiles.
2. **Respuesta correcta: C.** La energía renovable incluye fuentes de energía como la energía solar, que produce muy poca contaminación. El uso más extendido de fuentes de energía renovable, como la energía solar, difícilmente aumente la polución.

RESPUESTAS Y EXPLICACIONES

Capítulo 9. El movimiento y las fuerzas

Ejercicio 1: El movimiento

1. **Respuesta correcta: 1.** La distancia recorrida es de 10 millas en 10 minutos. Si usamos la ecuación de la velocidad, $v = d / t$, 10 millas divididas por 10 minutos es igual a 1 milla por minuto.
2. **Respuesta correcta: C.** La línea recta en la gráfica muestra que el objeto se ha movido a la misma velocidad durante los 10 minutos. Esto significa que el objeto no tiene aceleración.
3. **Respuesta correcta: D.** Para la pelota de tenis, 60 g × 20 m/s = 1200 g-m/s. Para la pelota de baloncesto, 600 g × 2 m/s = 1200 g-m/s. La pelota de tenis tiene una masa pequeña pero se desplaza rápidamente, mientras que la pelota de baloncesto tiene una masa más grande pero se desplaza lentamente.

Ejercicio 2: Las fuerzas

1. **Respuestas correctas: ascenso** y **gravedad.** Si las fuerzas de ascenso y de gravedad están equilibradas, el avión no acelerará ni para arriba ni para abajo.
2. **Respuesta correcta: C.** La segunda ley del movimiento de Newton, o $F = m \times a$, puede ser usada para determinar la fuerza de propulsión necesaria para alcanzar cierta aceleración. Si multiplicamos la masa del avión por la aceleración deseada, obtendremos la fuerza requerida (propulsión).

Ejercicio 3: El trabajo y las máquinas

1. **Respuestas correctas: a) plano inclinado; b) tornillo; c) palanca,** y **d) rueda con eje.** Un tobogán es un plano inclinado y una tapa se enrosca en un frasco. Si aplicamos fuerza a un extremo del martillo, obtendremos una fuerza de salida en el otro. En un rodillo para pintar, el rodillo mismo es una rueda y el mango es el eje.
2. **Respuesta correcta: doble.** Una máquina simple no cambia la cantidad de trabajo realizado. Si una máquina simple disminuye la cantidad de la fuerza de entrada, también aumenta proporcionalmente la distancia usada.

Ejercicios de práctica: Ciencias físicas

1. **Respuesta correcta: $2Al + Fe_2O_3 \rightarrow Al_2O_3 + 2Fe$.** Para balancear los dos átomos de aluminio en el lado del producto de la ecuación, se debe agregar el coeficiente 2 en el lado de los reactivos. En el caso del hierro, se debe agregar el coeficiente 2 en el lado del producto de la ecuación para balancear los dos átomos de hierro en el lado de los reactivos.
2. **Respuesta correcta: B.** La reacción de la termita es exotérmica porque libera energía al medio ambiente. La ráfaga de alta temperatura producida por la reacción libera energía en forma de calor.
3. **Respuesta correcta: C.** La mayoría de los metales, con la excepción del mercurio, son sólidos a la temperatura del ambiente. Por lo general, los metales son también duros y maleables, tienen puntos de fusión y ebullición altos y forman iones positivos.
4. **Respuesta correcta: C.** La cantidad de agua es el elemento de control en el experimento. El aumento de la cantidad de agua de 2 ml a 4 ml crea una fuente de error en el diseño del experimento al agregar otra variable, lo que introducirá datos no concluyentes.

RESPUESTAS Y EXPLICACIONES

5. **Respuesta correcta: D.** Cuando se enfría lentamente una solución muy caliente saturada en exceso, se obtiene una solución sobresaturada. Este tipo de solución es muy inestable y cristaliza con facilidad.
6. **Respuesta correcta: B.** Un líquido en ebullición es un ejemplo de transferencia de calor por convección. El calor se transfiere a través de la mezcla cuando el líquido caliente, menos denso, asciende del fondo a la parte superior y el líquido frío, más denso, desciende al fondo.
7. **Respuesta correcta: A.** Los rayos gamma tienen la más alta frecuencia de todas las radiaciones electromagnéticas, lo que les permite transferir la mayor cantidad de energía. Cuanto mayor es la cantidad de energía transportada, mayor es el peligro de exposición a la onda.
8. **Respuesta correcta: A.** El momento de un objeto es igual al producto de su masa por su velocidad. La velocidad del camión está dada. Para calcular el momento del camión, también deberá conocerse su masa.
9. **Respuesta correcta: C.** Para comprobar el efecto de los diferentes tipos de piso sobre el movimiento del auto, todas las otras variables que podrían afectar ese movimiento deberían permanecer constantes. Esto significa que los autos deberían tener la misma masa y se debería dejar que se deslizaran por la rampa libremente. La distancia recorrida por todos los autos debería ser registrada.
10. **Respuesta correcta: A.** Se realiza trabajo cuando se aplica una fuerza a un objeto y este recorre una distancia. Si bien se aplica una fuerza al grifo, este está atascado y no se mueve. Esto quiere decir que no se ha realizado trabajo alguno en este caso.

PARTE 3. CIENCIAS DE LA TIERRA Y EL ESPACIO

Capítulo 10. El espacio

Ejercicio 1: La edad de la Tierra

1. **Respuesta correcta: D.** Se considera que los fósiles encontrados en la misma capa de una roca sedimentaria tienen la misma edad relativa. Cuando un sedimento es comprimido dentro de la roca, los restos fósiles de los organismos que murieron alrededor de la misma época también quedan preservados en la roca.
2. **Respuesta correcta: 50.** Después de alcanzar la mitad de su vida, la mitad de los átomos de carbono-14, es decir, 50, seguirán existiendo. La otra mitad se habrá convertido en otro elemento.

Ejercicio 2: El sistema solar

1. **Respuestas correctas: terrestre** y **rocosa**. La Tierra es uno de los cuatro planetas internos que están más cerca del Sol. La posición de la Tierra dentro del sistema solar y su superficie dura y rocosa la identifican como uno de los planetas terrestres.
2. **Respuesta correcta: A.** La Tierra demora 24 horas en completar una rotación sobre su eje. En cualquier momento dado, una mitad de la Tierra está en la oscuridad (noche) y la otra bajo la luz solar (día). La parte de la Tierra donde es de día o de noche varía a medida que la Tierra rota.

RESPUESTAS Y EXPLICACIONES

Ejercicio 3: El universo

1. **Respuesta correcta: B.** Los científicos creen que el universo se formó como consecuencia de una explosión enorme. A esta explicación se la conoce comúnmente como teoría de la gran explosión.
2. **Respuesta correcta: D.** Una estrella supergigante puede morir en una gran explosión llamada supernova. La explosión puede provocar la creación de un agujero negro.

Capítulo 11. La Tierra

Ejercicio 1: Estructura de la Tierra

1. **Respuesta correcta: C.** Las montañas de plegamiento se forman cuando la colisión entre dos placas las aprieta una contra otra. Las capas de roca son empujadas lentamente en direcciones opuestas.
2. **Respuestas correctas (en orden descendente): Corteza; Manto; Núcleo externo,** y **Núcleo interno**. La corteza es la superficie de la Tierra, y el manto está ubicado debajo de ella. El núcleo interno es el centro de la Tierra y está rodeado por el núcleo externo.

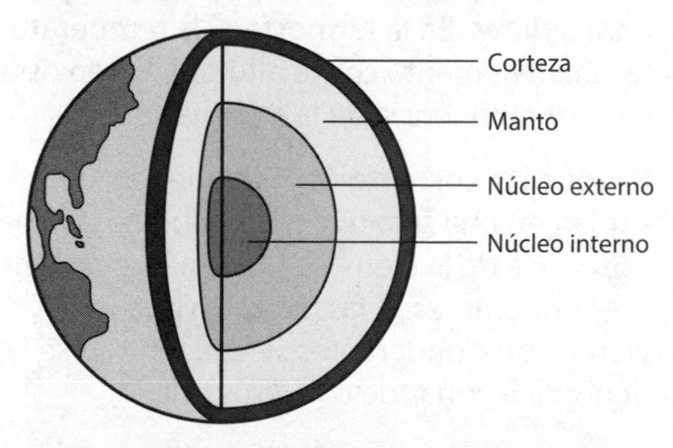

Ejercicio 2: La atmósfera de la Tierra

1. **Respuesta correcta: D.** Clorofluorocarbonos, o CFC, son un tipo de compuestos de cloro que degradan la capa de ozono por descomposición del ozono en átomos de oxígeno.
2. **Respuestas correctas (en orden descendente): Ionosfera; Mesosfera; Estratosfera,** y **Troposfera**. La ionosfera se extiende desde los 50 km hasta los 600 km; entonces, cubre la sección ubicada a 80 km de altura. Por debajo, las capas atmosféricas son: la mesosfera, la estratosfera y la troposfera.

Ejercicio 3: La meteorización y la erosión

1. **Respuesta correcta: C.** Un sistema de baja presión se forma cuando aire caliente proveniente de las regiones ecuatoriales asciende en la atmósfera y se desplaza hacia los polos.
2. **Respuesta correcta: B.** Se produce oxidación cuando la roca es alterada químicamente por la interacción entre el hierro y el oxígeno. Se la llama comúnmente herrumbre.

Ejercicio 4: Los océanos

1. **Respuesta correcta: A.** En cada 1000 gramos de agua de mar, hay aproximadamente 35 gramos de sales disueltas, lo que equivale a una salinidad de 3.5 por ciento.
2. **Respuestas correctas: ecuador** y **polos.** Las corrientes cercanas a la superficie se desplazan desde el ecuador hacia los polos, y desde allí regresan al ecuador.

RESPUESTAS Y EXPLICACIONES

Capítulo 12. Interacción entre la Tierra y los seres vivos

Ejercicio 1: Los ciclos de la naturaleza

1. **Respuesta correcta: D.** Las bacterias nitrificantes producen nitrógeno a partir de los compuestos de nitrógeno, mientras que las bacterias desnitrificantes devuelven el nitrógeno a la atmósfera convirtiendo los nitratos en nitrógeno gaseoso.
2. **Respuestas correctas: a. Condensación; b. Precipitación,** y **c. Evaporación.** La condensación del vapor de agua en las nubes provoca precipitación, y así el agua vuelve a la tierra o al mar. El calor del Sol suministra la energía necesaria para la evaporación, y el agua de la superficie de la Tierra regresa entonces a la atmósfera.

Ejercicio 2: Los peligros naturales

1. **Respuesta correcta: A.** En general, en los países económicamente menos desarrollados la pobreza es mayor que en los países económicamente más desarrollados. Además, la concentración de la población, es decir, el número de personas que habitan en una zona determinada, aumenta la vulnerabilidad a los desastres naturales.
2. **Respuesta correcta: B.** La probabilidad de que ocurra un terremoto de tal magnitud que ocasione la muerte de más de 1000 personas es 0.001, o 0.1 por ciento.

Ejercicio 3: Los recursos naturales

1. **Respuesta correcta: C.** Se considera que los bosques son un recurso sustentable porque requieren una administración adecuada para su existencia.
2. **Respuesta correcta: D.** A pesar de que se trata de un proceso natural, la formación del carbón y el petróleo demora millones de años, lo que los convierte en un recurso no renovable.

Ejercicios de práctica: Ciencias de la Tierra y el espacio

1. **Respuesta correcta: capa C.** En el diagrama, la capa C se encuentra debajo de la capa D, pero por encima del dique. Esto significa que la edad de la capa C debe estar entre la de la capa D (80 millones de años) y la del dique (85 millones de años).
2. **Respuesta correcta: B.** Los asteroides están compuestos de rocas, y los cometas, de gases congelados y polvo. La identificación de los componentes permitirá a los científicos determinar de qué tipo de objeto se trata.
3. **Respuesta correcta: D.** El Sol produce luz y calor. Esto significa que está convirtiendo hidrógeno en helio continuamente, lo que es una característica de las estrellas de secuencia principal.
4. **Respuesta correcta: D.** La estratosfera se caracteriza por tener temperaturas que aumentan con la altura porque el ozono de esta capa absorbe la radiación de los rayos ultravioletas. En la termosfera, la temperatura también aumenta con la altura, pero en este caso por influencia de la energía solar.
5. **Respuesta correcta: A.** A los vientos que soplan en una sola dirección sobre una zona específica de la Tierra se los denomina vientos preponderantes. A las zonas en que los vientos preponderantes se encuentran se las denomina zonas de convergencia.
6. **Respuesta correcta: A.** Unas algas simbióticas, de tamaño microscópico, llamadas *zooxanthellae* habitan en los cuerpos de los animales coralinos y los proveen de alimento producido por fotosíntesis.
7. **Respuesta correcta: B.** Una compañía ecológicamente consciente debería seleccionar una fuente de energía renovable y sustentable, como la energía eólica.

RESPUESTAS Y EXPLICACIONES

8. **La respuesta correcta debería contener:**
   - Una explicación clara y bien desarrollada de los puntos fuertes del plan de capacitar a los líderes de la comunidad en la creación de códigos de edificación y el uso de técnicas de preparación para emergencias.
   - Una explicación clara y bien desarrollada de las debilidades del plan de capacitar a los líderes de la comunidad en la creación de códigos de edificación y el uso de técnicas de preparación para emergencias.
   - Toda la información pertinente que encuentre para respaldar su respuesta.

EJEMPLO DE RESPUESTA

Los efectos de los peligros naturales tienden a ser más severos y de duración más prolongada en las zonas económicamente menos desarrolladas. Si bien la necesidad de capacitación en la preparación para situaciones de emergencia y la creación de códigos de edificación es grande, la realidad de una población empobrecida podría impedir o dificultar la participación en esos seminarios, aunque fueran gratuitos. En las economías que dependen del resultado de sus cosechas como fuente de riqueza, las jornadas de trabajo son más largas y muchas veces no hay días libres. Además, un plan para capacitar a la gente sobre cómo construir una casa que pueda soportar la acción de un peligro natural difícilmente tenga éxito. En los países económicamente menos desarrollados, las autoridades gubernamentales podrían carecer de medios para implementar y hacer cumplir reglas estrictas de edificación. No obstante, si los líderes comunitarios pueden participar de los seminarios y compartir la capacitación recibida con el resto de la comunidad, el programa podría tener algún efecto positivo.

Estudios sociales

El examen de Estudios sociales

La sección de Estudios sociales del examen de GED® evalúa su conocimiento de temas clave de estudios sociales y su destreza para analizar e interpretar documentos e información relacionados con los estudios sociales. El examen de Estudios sociales consiste en 45 preguntas y usted dispondrá en total de 90 minutos para preparar sus respuestas, incluidos 25 minutos para la redacción de un ensayo (respuesta extensa). La mitad de las preguntas se refieren al gobierno de los Estados Unidos de América y a temas de educación cívica. El resto del examen comprende preguntas sobre la historia de los Estados Unidos, economía y la geografía y el mundo. Cada uno de estos cuatro temas está relacionado con uno de los dos "temas complementarios" siguientes: "Desarrollo de las libertades modernas y la democracia" y "Respuestas dinámicas en los sistemas sociales", que se presentan más adelante en esta misma sección.

Las preguntas del examen de Estudios sociales podrán referirse a información provista en un texto breve, un mapa, una gráfica, una tabla o alguna otra representación gráfica de datos relacionados con los estudios sociales. En algunos casos, dos o tres preguntas podrán referirse a un mismo texto, gráfica o tabla.

La mayoría de las preguntas del examen de Estudios sociales son de opción múltiple con cuatro respuestas posibles. En el resto se usan formatos interactivos, como "arrastrar y soltar", rellenar espacios o recuadros en blanco y menús desplegables. Para una explicación detallada y ejemplos de estos formatos, véase la sección "Introducción al examen de GED®" al comienzo de esta publicación.

Repaso de los conocimientos sobre Estudios sociales

La sección siguiente de esta publicación presenta un exhaustivo repaso de los conocimientos que se evalúan en el examen de Estudios sociales. Cada tema importante va acompañado de un ejercicio que le permitirá poner a prueba su dominio de los conceptos. Las preguntas de ejercitación incluyen ejemplos de textos breves, gráficas, tablas y otras representaciones gráficas como los que encontrará el día del examen. Preste mucha atención a las explicaciones de cada pregunta, lo que le permitirá familiarizarse con todos los tipos diferentes de preguntas de la sección de Estudios sociales y aprender estrategias de examen que lo ayudarán a mejorar su puntaje. Si usted ya ha realizado el examen preliminar de Estudios sociales que se encuentra al comienzo de esta publicación, asegúrese de estudiar aquellas secciones que se refieren a las preguntas que no supo contestar o tuvo dificultad para hacerlo.

La sección de repaso de los conocimientos sobre Estudios sociales está organizada de la forma siguiente:

Estudios sociales

Capítulo 1 Educación cívica y gobierno

Capítulo 2 Historia de los Estados Unidos de América

Capítulo 3 Economía

Capítulo 4 La geografía y el mundo

Capítulo 5 Temas complementarios

Capítulo 6 Redacción de un ensayo sobre Estudios sociales

Las respuestas y explicaciones a todos los ejercicios de práctica aparecen al final de la sección de Estudios sociales.

Destrezas necesarias para tener éxito en el examen de Estudios sociales de GED®

La mayoría de las personas creen que para tener éxito en el examen de Estudios sociales basta con poder recordar hechos históricos, económicos y geográficos importantes. Esa suposición tiene algo de verdad. Pero los estudios sociales requieren, además, la capacidad de comprender y evaluar documentos e información referidos a esos hechos. Esa es la razón por la que el examen de Estudios sociales de GED® pone énfasis en lo que los examinadores llaman "prácticas sobre estudios sociales". Esas son las destrezas que usted deberá demostrar en el examen.

De hecho, las "prácticas" que se requieren para el examen de Estudios sociales se superponen casi completamente con las destrezas necesarias para el examen de Razonamiento a través de las artes del lenguaje. Esto sucede porque la lectura y el análisis de textos, así como la redacción de razonamientos fundamentados, son vitales para las dos disciplinas. En esta sección, nos ocuparemos de las destrezas que usted deberá dominar y que le serán de utilidad en el examen de Estudios sociales. Además, los ejercicios que usted deberá completar lo ayudarán a desarrollar esas destrezas. No obstánte, si usted prefiere concentrar su preparación en las destrezas mismas, encontrará todo el material necesario en la sección de Razonamiento a través de las artes del lenguaje (véase la página 171). Hay también una destreza que se superpone con las prácticas en materia de razonamiento matemático, que se describe al final de la lista de destrezas siguiente.

- **Extraer conclusiones de un texto.** Usted deberá prestar mucha atención a los detalles que aparecen en el texto para poder realizar afirmaciones, basándose en esos detalles, sobre su significado.
- **Identificar las características principales de un texto.** Cuando usted lea un documento, deberá poder identificar la idea principal, el razonamiento desarrollado y las conclusiones extraídas por el autor.
- **Analizar acontecimientos e ideas.** Se le podrá pedir que compare diferentes documentos o conjuntos de informaciones y que explique la correspondencia entre ellos. Por ejemplo, usted deberá poder entender las relaciones *causa* y *efecto*, es decir, como un acontecimiento se relaciona con otro. También se evaluará su destreza para comprender cómo se reflejan puntos de vista diferentes en textos distintos incluidos en un mismo conjunto de informaciones.
- **Usar claves presentes en el contexto.** Puede que haya palabras o frases en el texto o en las gráficas que usted desconozca. Usted deberá poder usar su conocimiento, en combinación con la información contenida en el texto, para descubrir el significado de los términos desconocidos.

- **Analizar el propósito del autor y las influencias que ha recibido.** Los textos sobre estudios sociales tienen siempre un propósito. Ese propósito puede que sea simplemente informar o, tal vez, persuadir. En algunos casos, el propósito del texto resulta evidente, pero, en otros, el autor prefiere ocultar el verdadero propósito del texto. Es parte de su trabajo, como lector, descubrir aquello que el autor intenta ocultar y comprender su contexto histórico y los argumentos que presenta. Para ello, deberá ser consciente del posible **sesgo** en la opinión del autor, es decir, su preferencia en favor de una posición determinada sobre una cuestión. Se observa con claridad el sesgo cuando el propósito del texto es persuadir, pero también podría estar presente en textos supuestamente informativos. Cuando lea un texto, trate de tener presente quién es el autor y cuáles son sus preocupaciones, pues podrían verse reflejadas en el texto.
- **Distinguir un hecho de una opinión y una afirmación fundamentada de una afirmación sin fundamentos.** Cuando lea un texto, observe cómo se construye el razonamiento. ¿Se apoya el autor en evidencia pura de fuentes confiables? ¿O solo presenta su propia opinión? Si el autor hace una afirmación o extrae conclusiones, ¿se basa para ello en razonamientos lógicos o en evidencia al respecto? ¿O la evidencia no existe o es demasiado débil?
- **Analizar y comprender el contenido de diferentes fuentes.** Los textos no son los únicos documentos que usted deberá comprender e interpretar en el examen de Estudios sociales. Habrá también gráficas, mapas, fotografías, trabajos artísticos, dibujos y otros materiales. Algunos de los documentos que tendrá ante sí serán **fuentes primarias**, es decir, resultado directo del acontecimiento de que se trate. Por ejemplo, el texto de una enmienda a la Constitución de los Estados Unidos es una fuente primaria. También se considera que una foto de una batalla de la guerra de Secesión (*Civil War*) de los Estados Unidos es una fuente primaria. Una **fuente secundaria** es una fuente de información sobre un acontecimiento producida después del hecho. Los libros de texto sobre historia son un buen ejemplo de fuentes secundarias. Usted deberá poder entender cómo estas fuentes diferentes se relacionan entre sí.
- **Escribir un ensayo (respuesta extensa) sobre la base de textos dados.** Usted deberá poder dar una respuesta extensa a una pregunta del examen. Esa respuesta deberá contener un razonamiento bien estructurado y estar libre de errores gramaticales u ortográficos. Para información específica sobre el ensayo del examen de Estudios sociales, véase la página 859.
- **Calcular la media, la mediana, la moda y el rango.** Esta es una destreza matemática. La media, la mediana y la moda son todas medidas de la "tendencia central", es decir, son medidas que representan los valores centrales de un conjunto de datos.
  - La **media** es el promedio de un conjunto de datos. Se calcula sumando todos los valores presentes en el conjunto y dividiendo el resultado por la cantidad total de valores. Por ejemplo, dado el conjunto siguiente de números:

    2, 3, 5, 5, 5, 8, 15

    La media será igual a:
    $(2+3+5+5+5+8+15)/7 = 6.14$
  - La **mediana** es el valor que ocupa la posición central de un conjunto de datos ordenados de menor a mayor o de mayor a menor. La mediana del conjunto anterior de números es 5. Obsérvese que el valor de la media no forma parte del conjunto original de números, mientras que el de la mediana es un número de la lista.
  - La **moda** es el valor que aparece más frecuentemente en la lista. En este caso, es 5, porque aparece tres veces.
  - El **rango** de un conjunto de datos es la diferencia entre el valor mayor y el menor del conjunto. En este caso, el rango es igual a: $15 - 2 = 13$.

La media, la mediana, la moda y el rango tienen aplicaciones diferentes en el análisis de conjuntos de datos. A menudo, usaremos la media para observar "la caída" de un conjunto de datos. Así es como los profesores calculan las notas de sus alumnos: suman primero todas las notas y el resultado lo dividen luego por la cantidad de alumnos. Pero a veces el cálculo de la media no es útil. Por ejemplo, si se trata del precio de las casas en un barrio determinado, y el precio de una de ellas es 10 veces mayor que el de la mayoría de las otras, será preferible usar la mediana para evaluar el precio más común de las casas, pues la media estará inflada por el valor de esa sola casa.

La moda no es usada con frecuencia, pero puede ser útil en los casos en que no haya demasiadas diferencias en el conjunto de datos o exista un valor dominante.

CAPÍTULO 1

Educación cívica y gobierno

Tipos de gobierno históricos y modernos

Los gobiernos son instituciones que crean, interpretan y aplican leyes para los individuos de una comunidad. Estas disposiciones permiten mantener el orden en la sociedad y proveer seguridad a sus ciudadanos.

A través de la historia, han existido muchos tipos diferentes de gobierno, y muchos modelos diferentes existen en la actualidad. En los Estados Unidos, los ciudadanos desempeñan un rol importante en el gobierno y eligen a sus líderes por medio de elecciones. Los ciudadanos de los Estados Unidos se benefician de una forma de gobierno que fue creada para proteger sus derechos y libertades.

La mayoría de los gobiernos que han existido en las diferentes épocas históricas pueden clasificarse en cuatro tipos básicos: oligarquía, monarquía, dictadura y democracia.

Una **oligarquía** es un sistema político en el que el poder reside en un grupo pequeño de personas. Estas personas pertenecen, por lo general, a la clase alta, pueden ser nobles u oficiales militares y no han sido elegidas por los ciudadanos. En una oligarquía, los gobernantes ejercen el poder en defensa de sus intereses particulares y no en representación de toda la sociedad.

En una **monarquía**, el poder es ejercido por un rey, una reina, un emperador o una emperatriz. Este líder gobierna hasta el final de su vida. A su muerte, el liderazgo pasa a su heredero. En una monarquía tradicional, el poder del líder es absoluto. En una **monarquía constitucional**, como en Gran Bretaña o en los Países Bajos, los poderes de los gobernantes están limitados por leyes, que pueden ser escritas o no. En las monarquías constitucionales modernas, los gobernantes tienen poco poder y desempeñan, principalmente, el rol protocolar de jefes de Estado.

Una **dictadura** es un tipo de gobierno en el que un líder único ejerce el poder absoluto sobre casi todos los aspectos de la vida de un país, incluidas las cuestiones políticas, sociales y económicas. El líder, o dictador, no se rige por reglas y puede promulgar, modificar o derogar las leyes a su antojo. Las elecciones, en el caso de que sean permitidas, tienen un valor simbólico porque no van acompañadas de un traspaso real de poder.

En una **democracia**, los ciudadanos ejercen el poder por representación. La primera democracia fue establecida en la pequeña ciudad-estado de Atenas, en Grecia, en el año 510 AEC. Esta era una **democracia directa**, en la que los ciudadanos participaban directamente en la elaboración de las leyes y en el gobierno. Las democracias actuales, que existen en países mucho más grandes, son **democracias representativas**, en las cuales los ciudadanos eligen a sus representantes para desempeñar las funciones de gobierno. En toda democracia, cada ciudadano tiene su voz, ya sea directamente o a través de sus representantes electos, en la determinación de la forma en que el país es gobernado. Se denomina **república** a la forma de gobierno en la cual el jefe de Estado es una persona electa por los votantes (y no un monarca constitucional hereditario).

Una democracia puede ser representativa o presidencial. Una **democracia parlamentaria**, como en Australia, el Reino Unido de Gran Bretaña e Irlanda del Norte y el Canadá, es un tipo de gobierno en el que los líderes son elegidos por el partido político que obtuvo la mayoría de escaños en las elecciones para la legislatura o el parlamento. Si ningún partido ha obtenido la mayoría, dos o más partidos pueden unirse para formar un gobierno de coalición. El poder ejecutivo es ejercido por un primer ministro, jefe de gobierno o canciller, asistido por los miembros de un gabinete. El primer ministro es el jefe del gobierno y el líder del partido político que cuenta con más escaños en el parlamento. El gobierno se mantiene en el poder hasta que el parlamento deje de apoyar sus políticas.

Una **democracia presidencial**, como en los Estados Unidos y en Francia, tiene un funcionamiento ligeramente diferente. Este tipo de democracia es encabezado por un poderoso jefe ejecutivo, llamado presidente, quien es electo por los votantes por un tiempo determinado. El presidente está separado de la legislatura y ejerce un considerable poder en forma independiente. No obstante, sus actos están limitados por la constitución y otras leyes.

EJERCICIO 1

Tipos de gobierno históricos y modernos

Instrucciones: Elija la mejor respuesta para cada una de las preguntas siguientes.

1. ¿En cuál de los tipos de gobierno siguientes el líder tiene mayor control sobre la vida de los ciudadanos?

A. Oligarquía.
B. Monarquía.
C. Dictadura.
D. Democracia.

2. Lea las características de una democracia que se presentan a continuación. En el espacio en blanco, indique si una característica corresponde a una democracia directa o a una democracia representativa. Use la letra **D** para democracia directa y la letra **R** para democracia representativa.

_______ Cualquier ciudadano puede agregar propuestas a una boleta electoral, y una propuesta se convierte en ley si la mayoría vota por ella.

_______ Los ciudadanos eligen una legislatura para gobernar el país.

_______ Los delegados representan los deseos de los ciudadanos votantes.

_______ El poder de vetar leyes lo ejercen los ciudadanos por sí mismos.

Véanse las respuestas en la página 868.

Principios básicos de la democracia constitucional de los Estados Unidos

Los fundadores del sistema político de los Estados Unidos basaron sus ideas en principios desarrollados por pensadores que los precedieron de Gran Bretaña y otros países de Europa. Uno de esos principios, la filosofía de los **derechos naturales**, fue incluido en la Declaración de Independencia.

Según esta idea, los individuos tienen ciertos derechos por el solo hecho de ser seres humanos. Estos derechos se derivan de la naturaleza; no son concedidos por el gobernante de turno ni autorizados por la ley. Además, son absolutos y no son revocables. La idea de los derechos naturales se origina con la Ilustración, movimiento cultural europeo que se desarrolló durante los siglos XVII y XVIII. El filósofo escocés John Locke (1632–1704) afirmó que el deber del gobierno era proteger los derechos de las personas a la vida, la libertad y la propiedad. La Declaración de Independencia declara que las personas han sido "dotadas por el Creador de ciertos derechos inalienables" y afirma que esos derechos incluyen los derechos a la vida, la libertad y la búsqueda de la felicidad.

Un segundo principio que contribuye a la democracia de los Estados Unidos es la **soberanía popular**. De acuerdo con este principio, el poder del gobierno emana del **consenso de los gobernados**. Es más, las personas que están sujetas a las decisiones del gobierno tienen el derecho a manifestar su opinión sobre la forma en que se alcanzan esas decisiones. Esta era una creencia fundamental de los colonos americanos del siglo XVIII, quienes exigieron poder dar su opinión sobre la forma en que las colonias eran gobernadas. Después de la guerra de la Independencia, la idea de la soberanía popular fue una de las bases sobre las que se asentó el gobierno de los Estados Unidos. El pueblo, a través de sus representantes electos, tiene voz en cómo se toman las decisiones de gobierno.

Constitucionalismo es una forma de pensar que combina la idea de un gobierno limitado con la del estado de derecho. Estas ideas están expresadas en toda la Constitución de los Estados Unidos. El gobierno tiene derecho a ejercer ciertos poderes, pero su poder está limitado a fin de proteger los derechos de los ciudadanos. **Gobierno limitado** significa que los poderes del gobierno están definidos y limitados por las leyes y la Constitución. **Estado de derecho** significa que ni los ciudadanos ni el gobierno están autorizados a infringir las leyes o violar las disposiciones de la Constitución.

La idea de constitucionalismo está incluida en el texto del Preámbulo de la Constitución de los Estados Unidos. En el Preámbulo se declara que se otorgan al gobierno los poderes necesarios para proteger al pueblo, pero que esos poderes son limitados y no pueden ser usados injustificadamente contra los ciudadanos.

Puesto que el gobierno de los Estados Unidos está basado en el consenso de los gobernados, la **regla de la mayoría** es un concepto básico de importancia. Explicado de una forma sencilla, las decisiones requieren el voto de más de la mitad de las personas que participan, ya se trate de una elección o de un acto de la legislatura.

Los fundadores fueron también conscientes de que la mayoría podría hacer abuso de su poder y podría no respetar los derechos de las minorías. En una democracia, el poder de la mayoría debe ser limitado para garantizar los **derechos de las minorías**. Aquellos con opiniones impopulares, ya sean individuos o grupos minoritarios, deben ser protegidos de la opresión de la mayoría. Una de las formas en que esos derechos están protegidos en los Estados Unidos es la establecida por la Carta de Derechos, que protege los derechos básicos de cada ciudadano.

Otro principio importante es el del **federalismo**, que establece la separación de poderes y funciones entre el gobierno federal y los gobiernos de los estados. El **gobierno federal** ejerce el poder supremo en todo el país y tiene el control exclusivo sobre las cuestiones siguientes:

- La declaración de guerra.
- La firma de tratados con otros países.
- La defensa nacional.
- La regulación del comercio.

Los **gobiernos de los estados**, por su parte, controlan:

- Las funciones que no han sido asignadas al gobierno federal.
- Las cuestiones locales regidas por leyes estatales y locales.

La Décima Enmienda a la Constitución de los Estados Unidos otorga a los estados aquellos poderes que no han sido asignados específicamente al gobierno federal.

EJERCICIO 2

Principios básicos de la democracia constitucional de los Estados Unidos

Instrucciones: Lea las declaraciones siguientes y elija el principio al que se refieren en cada caso.

1. "Debemos también tener presente este sagrado principio; que aunque la voluntad de la mayoría deba en todos casos prevalecer, esta voluntad debe ser racional para ser justa; que la minoría posee derechos iguales, que iguales leyes deben proteger, y que no pueden violarse sin incurrir en el crimen de opresión." —*Thomas Jefferson.*

A. Gobierno limitado.
B. Derechos de las minorías.
C. Soberanía popular.
D. Filosofía de los derechos naturales.

2. Todos tienen derecho a disfrutar de ciertas libertades y de tener la oportunidad de obtener una calidad de vida razonable.

A. Gobierno limitado.
B. Derechos de las minorías.
C. Soberanía popular.
D. Filosofía de los derechos naturales.

3. Los ciudadanos pueden expresar sus opiniones sobre las reglas y las leyes por las que se espera que vivan.

A. Gobierno limitado.
B. Derechos de las minorías.
C. Soberanía popular.
D. Filosofía de los derechos naturales.

4. El filósofo escocés John Locke declaró que es deber del gobierno proteger los derechos de las personas a la vida, la libertad y la propiedad.

A. Gobierno limitado.
B. Derechos de las minorías.
C. Soberanía popular.
D. Filosofía de los derechos naturales.

5. Cuando se redactó la Constitución de los Estados Unidos, el gobierno federal no fue autorizado a recaudar dinero para sí mismo y tenía que depender de que los estados le proveyeran de los fondos necesarios para administrar el país.

A. Gobierno limitado.
B. Derechos de las minorías.
C. Soberanía popular.
D. Filosofía de los derechos naturales.

Véanse las respuestas en la página 868

Estructura y composición del gobierno federal de los Estados Unidos

La estructura del gobierno federal de los Estados Unidos está basada en el principio de la **separación de poderes**. La Constitución divide al gobierno federal en tres poderes (o ramas): el poder ejecutivo (el Presidente), el poder legislativo (el Congreso) y el poder judicial (el sistema judicial). La división impide que cualquiera de los poderes ejerza demasiada autoridad. También significa que si un poder abusa de su autoridad, los otros dos están en condición de contenerlo. Es decir, cada poder controla la autoridad de los otros dos. Esto se conoce también como un sistema de **controles y contrapesos**. La división del gobierno en tres poderes fue propuesta por primera vez por el filósofo francés Montesquieu en el siglo XVIII, que pensaba que esta división del poder promovía la libertad. La idea de la separación de poderes es uno de los elementos principales de un gobierno constitucional moderno.

Controles y contrapesos

PODER LEGISLATIVO
El Congreso
Cámara de Representantes;
Senado.
La Cámara y el Senado tienen poder de veto sobre las leyes aprobadas por el otro.

El Congreso aprueba las nominaciones presidenciales y controla el presupuesto. Puede aprobar leyes por sobre el veto presidencial y puede juzgar al Presidente y destituirlo.

El Presidente puede vetar legislación aprobada por el Congreso.

PODER EJECUTIVO
El Presidente
Oficina ejecutiva del Presidente;
departamentos y gabinete ejecutivos; agencias de gobierno independientes.

La Corte puede declarar inconstitucionales las leyes.

El Senado confirma las nominaciones presidenciales. El Congreso puede juzgar a los jueces y destituirlos.

El Presidente nomina a los jueces.

La Corte puede declarar inconstitucionales los actos del Presidente.

PODER JUDICIAL
Los Tribunales
Tribunal Supremo;
Tribunales de apelación;
Tribunales de distrito.

Cada uno de los poderes del gobierno sirve a un propósito diferente. El poder **legislativo**, es decir, el Congreso, promulga las leyes. El poder **ejecutivo** está constituido por el Presidente y los miembros de su administración. El Presidente es electo en forma separada de los miembros del Congreso. El poder ejecutivo es responsable de hacer cumplir las leyes. Tiene también poder de veto sobre los actos del Congreso, limitando así la autoridad del poder legislativo. El poder **judicial**, que es el sistema judicial, es responsable de la interpretación de las leyes.

EJERCICIO 3

Estructura y composición del gobierno federal de los Estados Unidos

Instrucciones: Use las directrices siguientes para completar la tabla que aparece a continuación.

1. Lea cada una de las afirmaciones siguientes. Decida, en cada caso, qué poder del gobierno es controlado por la acción que se describe. Luego indique la columna de la tabla a la que corresponde esa afirmación. (**Nota**: En el examen de GED®, usted deberá hacer un clic sobre cada afirmación y "arrastrarla" hasta la posición correcta en el diagrama.)

Cómo se aplica el sistema de controles y contrapesos a los diferentes poderes del gobierno

Acciones que controlan al poder legislativo	Acciones que controlan al poder ejecutivo	Acciones que controlan al poder judicial

El Presidente nomina a los jueces para el Tribunal Supremo.	El Congreso tiene el poder de destituir al Presidente.
El Tribunal Supremo decide si las leyes promulgadas por el Congreso siguen las pautas de la Constitución.	El Senado debe confirmar a los jueces propuestos para el Tribunal Supremo.
El Tribunal Supremo evalúa si los actos del Presidente están de acuerdo con lo establecido por la Constitución.	El Presidente tiene poder de veto sobre las leyes promulgadas por el Congreso.

Véanse las respuestas en la página 868

El poder legislativo

El poder legislativo del gobierno, el Congreso de los Estados Unidos, está compuesto por dos cámaras: la **Cámara de Representantes**, o cámara baja, y el **Senado**, o cámara alta. Las dos cámaras tienen igual poder, aunque difieren en la forma en que son elegidos sus miembros y en el número de miembros que integran cada cámara. Los miembros de la Cámara de Representantes son elegidos por distritos, que tienen aproximadamente el mismo número de votantes. Los distritos se redefinen ("se redistribuyen") cada diez años de acuerdo con los resultados del censo de población. Los estados que cuentan con poblaciones más numerosas tienen un mayor número de distritos y, por lo tanto, eligen más miembros de la Cámara. Los miembros de la Cámara de Representantes tienen un mandato por dos años. En el Senado, por el contrario, cada estado está representado por dos senadores, independientemente del número de habitantes del estado. Es decir, los estados con poblaciones menos numerosas tienen el mismo número de votos que los estados de mayor población. Los senadores son elegidos por el voto de los habitantes de todo el estado y tienen un mandato por seis años. Un tercio de los miembros del Senado se renueva cada dos años. El **presidente (o portavoz) de la Cámara de Representantes** es elegido por el voto de los representantes y es típicamente el líder del partido que obtuvo la mayoría.

Los poderes del Congreso están enunciados en el Artículo I de la Constitución de los Estados Unidos. Estos poderes se denominan **poderes enumerados**. Para contemplar situaciones no previstas, también se estableció la **cláusula elástica**, que permite al Congreso legislar sobre cuestiones no enumeradas en el artículo en casos que así se requiera. Algunos de los poderes enumerados que tiene el Congreso son: establecer y recaudar contribuciones e impuestos, regular el comercio y la moneda, promulgar leyes, declarar la guerra, mantener el ejército y la marina, admitir nuevos estados en la Unión, aprobar tratados y juzgar al Presidente. La mayoría de estos poderes son compartidos por ambas cámaras; sin embargo, algunos han sido asignados solo al Senado, o solo a la Cámara de Representantes.

EJERCICIO 4

El poder legislativo

Instrucciones: Use la información contenida en el mapa para contestar las preguntas siguientes.

Distribución de la Cámara de Representantes de los Estados Unidos, basada en el censo de 2010

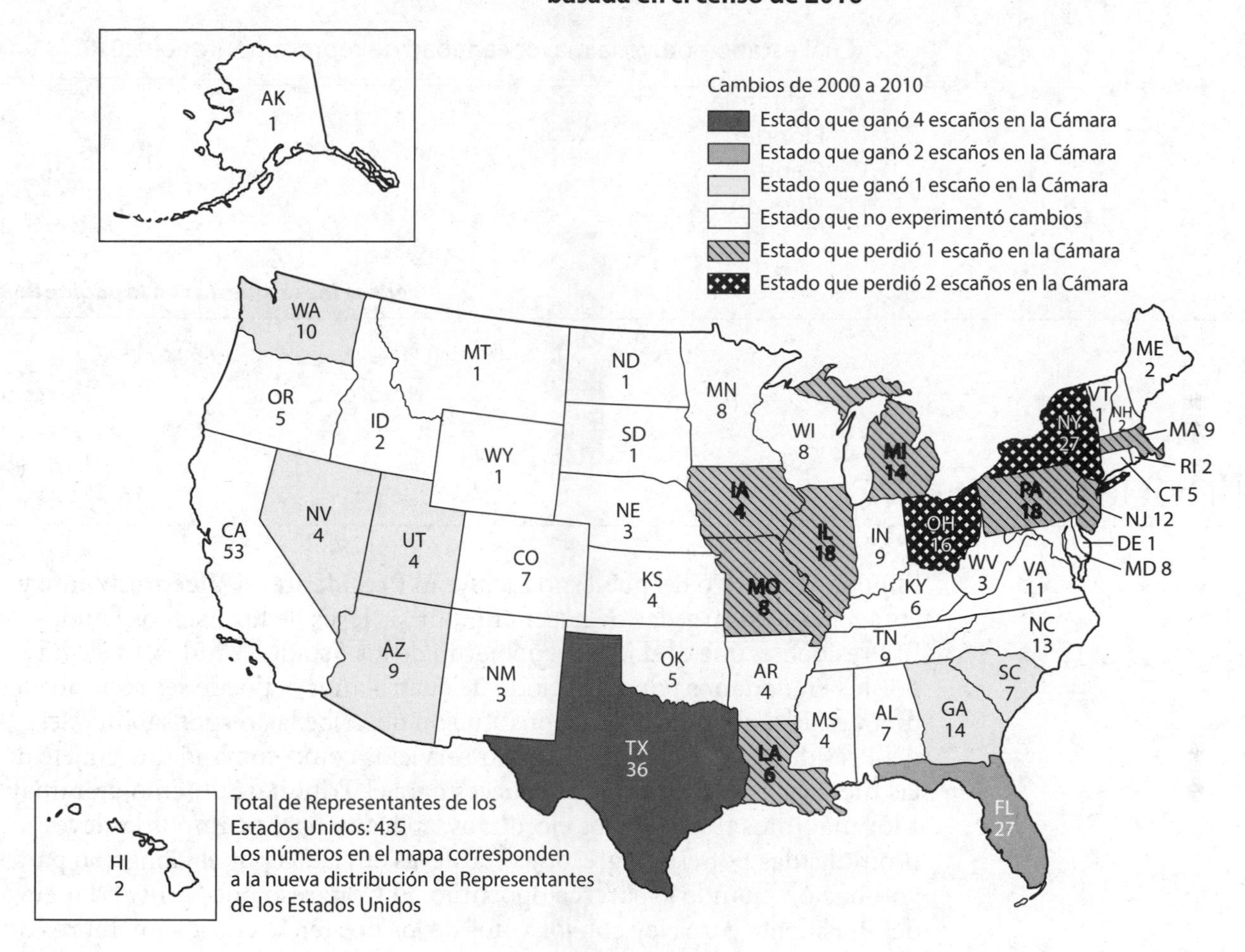

1. En el 113.° Congreso, que asumió sus funciones el 3 de enero de 2013, California contaba con 53 representantes. ¿Qué significa esto?
   A. California tenía más habitantes que cualquier otro estado cuando la Constitución fue ratificada.
   B. Al momento de esa sesión del Congreso, la población de California era mayor que la de cualquier otro estado.
   C. Más votantes participaron en California en la elección presidencial de 2012 que en cualquier otro estado.
   D. California tiene la mayor superficie, en millas cuadradas, de todos los estados del país.

2. ¿Qué puede usted inferir de la información contenida en el mapa?

   A. Texas siempre tuvo 36 representantes porque es el estado más grande por superficie.
   B. Ciertos estados siempre tendrán el mayor número de representantes.
   C. El número de representantes por cada estado puede cambiar cada 10 años de acuerdo con los resultados del censo.
   D. Algunos estados del oeste, como California y Oregón, tienen un número mayor de representantes que los estados del este.

3. ¿Cuál estado obtuvo la mayor cantidad de representantes en 2010?

   A. California.
   B. Florida.
   C. Georgia.
   D. Nueva York.

Véanse las respuestas en la página 868.

El poder ejecutivo

El poder ejecutivo del gobierno incluye al **Presidente**, el **Vicepresidente** y las agencias encargadas de hacer cumplir las leyes de los Estados Unidos. El Presidente, que es el jefe del gobierno de los Estados Unidos, es elegido por los ciudadanos por un período de cuatro años, y puede ser reelecto solo una vez. El Artículo II de la Constitución describe las responsabilidades del Presidente, que incluyen: prestar servicios como comandante en jefe de las fuerzas armadas, nominar a jueces para el Tribunal Supremo, nominar a los máximos funcionarios ejecutivos, aplicar y hacer cumplir las leyes promulgadas por el Congreso, y vetar leyes enviadas por el Congreso para su aprobación cuando le parezca oportuno. El Congreso puede invalidar el veto del Presidente a una ley con los votos de los dos tercios de los miembros de ambas cámaras.

La Constitución de los Estados Unidos le otorga al Presidente el poder de negociar y firmar tratados con otros países. Esos tratados deben ser ratificados por el voto de dos tercios de los miembros del Senado. La Constitución requiere que el Presidente informe al Congreso sobre el **Estado de la Unión**, a través de un discurso pronunciado cada año en enero ante una sesión bicameral del Congreso. La Constitución también establece las tres calificaciones necesarias para ser electo Presidente: el candidato deberá tener al menos 35 años de edad, ser un ciudadano natural nacido en los Estados Unidos y haber vivido no menos de 14 años en el país.

El Vicepresidente asume la presidencia si el Presidente está imposibilitado de completar su mandato, por ejemplo, en caso de discapacidad o muerte. La mayor responsabilidad del Vicepresidente es, entonces, estar preparado en todo momento para asumir las responsabilidades del Presidente. El Vicepresidente también actúa como presidente del Senado, donde solo vota cuando su voto es necesario para desempatar una votación. A su discreción, el Presidente puede asignarle responsabilidades adicionales al Vicepresidente. El presidente (portavoz) de la Cámara de Representantes ocupa la tercera posición en la línea de sucesión del Presidente, después del Vicepresidente.

EJERCICIO 5

El poder ejecutivo

Instrucciones: Elija la mejor respuesta para las preguntas siguientes.

1. La Constitución especifica el texto del juramento para la asunción del cargo de Presidente de los Estados Unidos. Lea el fragmento siguiente de la Constitución.

> Antes de entrar a desempeñar su cargo, el Presidente pronunciará el juramento (o protesta) siguiente: "Juro (o protesto) solemnemente que desempeñaré lealmente el cargo de Presidente de los Estados Unidos y que sostendré, protegeré y defenderé la Constitución de los Estados Unidos, empleando en ello el máximo de mis facultades".

¿Cuál es la idea central del juramento de asunción? El Presidente:

A. Protegerá al pueblo de los Estados Unidos.
B. Defenderá la Constitución de los Estados Unidos.
C. Preservará el territorio de los Estados Unidos.
D. Enmendará la Constitución de los Estados Unidos cuando lo juzgue oportuno.

2. ¿Qué se puede inferir de la decisión de los constituyentes de incluir el juramento de asunción en el texto de la Constitución?

A. Querían asegurarse de que en cada juramento se usaran las mismas palabras.
B. Pensaban que todo Presidente debería ser protegido y defendido cuando ocupara el cargo.
C. Querían asegurarse de que los actos de todos los Presidentes futuros se regirían por las mismas directrices establecidas en la Constitución.
D. Creían que era necesario mencionar a la Constitución al menos una vez cada cuatro años para que nadie se olvidara de su existencia.

3. Lea el pasaje siguiente:

> [El Presidente] "Tendrá facultad, con el consejo y consentimiento del Senado, para celebrar tratados, con tal de que den su anuencia dos tercios de los senadores presentes, y propondrá y, con el consejo y consentimiento del Senado, nombrará a los embajadores, los demás ministros públicos y los cónsules, los magistrados del Tribunal Supremo

y a todos los demás funcionarios de los Estados Unidos a cuya designación no provea este documento en otra forma y que hayan sido establecidos por ley. Pero el Congreso podrá atribuir el nombramiento de los funcionarios inferiores que considere convenientes, por medio de una ley, al Presidente solo, a los tribunales judiciales o a los jefes de los departamentos."

—*Fragmento de la Constitución de los Estados Unidos.*

¿Cuál afirmación refleja mejor el punto de vista de los constituyentes?

A. Ninguna persona debería tener demasiado poder en el gobierno.
B. El Senado debería tener el poder de nombrar personas para el desempeño de funciones públicas.
C. El Congreso está más capacitado que el Presidente para tomar decisiones en cuestiones de tratados.
D. El Presidente no debería tomar decisiones sin el consentimiento del Congreso.

La pregunta 4 está basada en la gráfica siguiente.

Afiliación política de los primeros 44 Presidentes

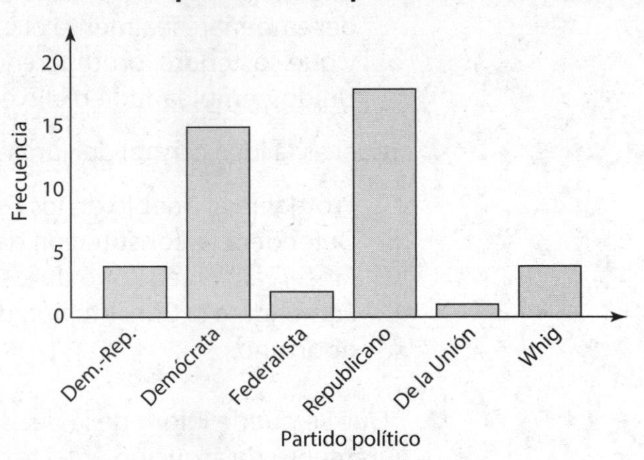

4. Según la gráfica, ¿cuál de las afirmaciones siguientes es verdadera?

A. La mayoría de los Presidentes estaban afiliados a más de un partido.
B. Ha habido más Presidentes republicanos que demócratas.
C. Los últimos cuatro Presidentes estaban afiliados al Partido Whig.
D. Existen más probabilidades de que el próximo Presidente sea demócrata y no republicano.

Véanse las respuestas en la página 868.

El gabinete de los Estados Unidos

En los tres poderes del gobierno hay personas que desempeñan roles importantes en la administración del país. El **gabinete** está compuesto por un grupo de esas personas cuya tarea principal es asesorar al Presidente en sus respectivas áreas de influencia. Este grupo comprende no solo al Vicepresidente de los Estados Unidos, sino también a los jefes ejecutivos de los diferentes departamentos, e incluye al fiscal general y a los secretarios de Agricultura, Asuntos de los Veteranos, Comercio, Defensa, Educación, Energía, Estado, Interior, Salud y Servicios Sociales, Seguridad Nacional, Tesoro, Trabajo, Transporte, y Vivienda y Desarrollo Urbano. Cada uno de estos funcionarios es nombrado por el Presidente y luego confirmado por el Senado, y es responsable de la administración de una agencia federal de importancia y del desempeño de las tareas diarias del gobierno federal. Cada miembro del gabinete recibe el título de "secretario" del departamento que administra, con la excepción del jefe del departamento de justicia, quien recibe el título de fiscal general. Después del Vicepresidente, el presidente (portavoz) de la Cámara de Representantes y el presidente *pro tempore* del Senado, los miembros del gabinete están incluidos en la línea de sucesión presidencial en el orden en que fueron creados los departamentos a los que pertenecen.

Cada uno de los departamentos o agencias presididos por los miembros del gabinete tiene responsabilidad sobre funciones diferentes del gobierno.

- El **Departamento de Agricultura** es responsable de garantizar la seguridad de los alimentos y de la regulación de los cultivos.
- El **Departamento de Asuntos de los Veteranos** ofrece cuidados médicos a los veteranos heridos o enfermos y es responsable de los beneficios otorgados a aquellos que han prestado servicios en las fuerzas armadas y a sus familias.
- El **Departamento de Comercio** es responsable de mejorar el nivel de vida de los ciudadanos a través del desarrollo económico, así como de regular el comercio, el sistema bancario y la economía. La Oficina del Censo es parte de este departamento, al igual que la Oficina de Patentes y Marcas.
- El **Departamento de Defensa** es la agencia de gobierno más grande e incluye a las fuerzas armadas de los Estados Unidos. Este departamento, que tiene su sede central en el Pentágono, en Washington, D.C., tiene la responsabilidad de proteger la seguridad del país.
- El **Departamento de Educación** es responsable de promover los logros educativos y de asegurar que todos los estudiantes tengan las mismas oportunidades de acceso a una educación de calidad. Este departamento administra la ayuda financiera para estudiantes y recoge información sobre las escuelas con el fin de orientar las mejoras en el sistema educativo de los Estados Unidos.
- El **Departamento de Energía** regula la provisión de servicios y es responsable de asegurar el suministro de energía. Además, promueve el uso de nuevas tecnologías para la conservación de los recursos energéticos. El departamento provee los fondos necesarios para la investigación científica en esta área.

- El **Departamento de Estado** es responsable de las relaciones diplomáticas con otros países y de la formulación e implementación de la política exterior del Presidente. Esta agencia y sus integrantes representan a los Estados Unidos ante la comunidad mundial. El secretario de Estado, que encabeza el departamento, es el asesor del Presidente en cuestiones de política exterior.
- El **Departamento de Interior** es responsable de la protección, conservación y desarrollo de los recursos nacionales, incluidos los parques nacionales y la vida silvestre. Este departamento administra aproximadamente el 20 por ciento de la tierra en los Estados Unidos y protege a las especies en peligro de extinción. Agencias como el Servicio de Pesca y Vida Silvestre y la Oficina de Asuntos Indígenas están bajo la responsabilidad de este departamento.
- El **Departamento de Justicia** es la oficina legal más grande del mundo. Es responsable de hacer cumplir la ley y de proteger los intereses de los ciudadanos de los Estados Unidos. Es responsable también de garantizar la seguridad pública, controlar el delito y de que se aplique la justicia a las personas culpables de cometer crímenes. Incluye un total de 40 organismos, entre ellos, la Oficina Federal de Investigaciones (FBI), la Oficina Federal de Prisiones y la Administración para el Control de Drogas (DEA).
- El **Departamento de Salud y Servicios Sociales** incluye la Administración de Alimentos y Medicamentos (FDA), los Centros para el Control y la Prevención de Enfermedades, el Instituto Nacional de Salud y el Instituto Nacional sobre el Envejecimiento. El departamento es responsable de la salud de los ciudadanos de los Estados Unidos y de la administración de los programas Medicare y Medicaid, que proveen seguros de salud a aproximadamente el 25 por ciento de la población.
- El **Departamento de Seguridad Nacional** fue establecido como consecuencia de los ataques terroristas de 2001, y es responsable de garantizar la seguridad dentro de los Estados Unidos y de la vigilancia de sus fronteras. Este departamento fue creado a partir de la combinación de 22 agencias administradas por el poder ejecutivo. Incluye el Servicio de Inmigración y Naturalización, el Servicio Secreto de los Estados Unidos, la Guardia Costera de los Estados Unidos y la Administración de la Seguridad en el Transporte.
- El **Departamento del Tesoro** recauda impuestos, administra las finanzas federales, imprime la moneda y supervisa la estabilidad económica y financiera de los Estados Unidos. Es responsable, en cooperación con otras agencias, los gobiernos de países extranjeros y las instituciones financieras internacionales, de elevar el nivel de vida y de estimular el crecimiento de la economía en todo el mundo.
- El **Departamento de Trabajo** hace cumplir las leyes laborales en los Estados Unidos y protege la seguridad y los derechos de los trabajadores. Los programas de este departamento se ocupan de la capacitación laboral, el nivel de los salarios mínimos, el seguro de desempleo y la discriminación en la contratación. La Administración de Seguridad y

Salud Ocupacional y la Oficina de Estadísticas del Trabajo forman parte de este departamento.

- El **Departamento de Transporte** es responsable de la manutención y la seguridad de la red nacional de transporte. Fue responsable de la creación del Sistema Interestatal de Carreteras, y comprende la Administración Federal de Carreteras, la Administración Federal de Aviación y la Administración Nacional de la Seguridad del Tráfico en las Carreteras.
- El **Departamento de Vivienda y Desarrollo Urbano** promueve la propiedad de viviendas económicamente asequibles y garantiza que no haya discriminación contra aquellos que tratan de adquirir una vivienda. El departamento ofrece hipotecas y seguros de crédito, administra las viviendas públicas y se ocupa de aquellos que carecen de un hogar.

EJERCICIO 6

El gabinete de los Estados Unidos

Instrucciones: Elija la mejor respuesta para cada una de las preguntas siguientes.

1. En la actualidad, hay 25 millones de veteranos vivos en los Estados Unidos. De ellos, el 75 por ciento aproximadamente sirvió al país durante períodos de guerra o de hostilidades declaradas. Esto significa que alrededor de un cuarto de la población de los Estados Unidos, es decir, unos 70 millones de personas, puede ser elegible para recibir los beneficios de veterano, ya sea como resultado de ser un veterano, un miembro de la familia o un superviviente de un veterano.

Basándose en esta información, ¿qué conclusión se puede alcanzar?

A. El secretario de Asuntos de los Veteranos supervisa un presupuesto considerable.
B. Los beneficios para los veteranos y sus familias se agotarán en la próxima década.
C. El Departamento de Asuntos de los Veteranos deberá disminuir el monto de los beneficios concedidos.
D. Los miembros de las familias de los veteranos no deberían recibir beneficios porque ellos no sirvieron al país.

2. ¿Cuál fue el departamento creado más recientemente?

A. El Departamento del Tesoro.
B. El Departamento de Defensa.
C. El Departamento de Educación.
D. El Departamento de Seguridad Nacional.

Véanse las respuestas en la página 868.

El poder judicial

El poder judicial del gobierno federal incluye al **Tribunal Supremo**, el tribunal más poderoso del país, cuya responsabilidad consiste en determinar si las leyes son o no constitucionales. A este proceso se lo llama **revisión judicial**. El poder judicial es responsable también de determinar el sentido de las leyes y si una ley ha sido aplicada correctamente.

El Tribunal Supremo está compuesto por nueve jueces que son nombrados por el Presidente y confirmados por el Senado de los Estados Unidos. Los nombramientos de los jueces son de por vida. El **presidente del Tribunal Supremo** es la cabeza de este grupo de élite; los otros integrantes del Tribunal reciben el nombre de jueces asociados. El número exacto de jueces es determinado por el Congreso. Aunque han sido siempre nueve jueces desde 1869, anteriormente el número mínimo de jueces había sido de seis. Las decisiones se adoptan por mayoría. Una de las responsabilidades del presidente del Tribunal Supremo es la de tomar el juramento en la asunción presidencial. Otra es presidir las audiencias de juicio político.

De acuerdo con el Artículo III de la Constitución, el Tribunal Supremo puede legislar sobre casos que involucran a un estado y a ciudadanos de un estado diferente, en controversias entre estados y en cuestiones de patentes y derechos de autor. Puesto que la responsabilidad del Tribunal Supremo consiste en interpretar el sentido de las leyes, por lo general no lleva a cabo juicios. No obstante, los jueces pueden aceptar documentos legales, escuchar argumentos de las partes o hacerles preguntas sobre el caso.

Además del Tribunal Supremo de los Estados Unidos, el poder judicial también comprende los tribunales de distrito y los tribunales de apelación. Los tribunales de distrito tratan la mayoría de los casos federales. Los tribunales de apelación son responsables de la revisión de los fallos de los tribunales de distrito. Estos tribunales deben acatar las decisiones e interpretaciones del Tribunal Supremo. Una vez que el Tribunal Supremo redacta un fallo o una interpretación de la ley, los tribunales inferiores deben aplicar esa interpretación a otros casos.

EJERCICIO 7

El poder judicial

Instrucciones: Las preguntas 1 y 2 están basadas en la tabla siguiente. Use la información contenida en la tabla para rellenar los espacios en blanco.

Presidentes del Tribunal Supremo de los Estados Unidos

Presidente del Tribunal Supremo	Nombrado por el Presidente	Fecha del juramento judicial	Fecha de finalización de sus servicios
Jay, John	Washington	19 de octubre de 1789	29 de junio de 1795
Rutledge, John	Washington	12 de agosto de 1795	15 de diciembre de 1795
Ellsworth, Oliver	Washington	8 de marzo de 1796	15 de diciembre de 1800
Marshall, John	Adams, John	4 de febrero de 1801	6 de julio de 1835
Taney, Roger Brooke	Jackson	28 de marzo de 1836	12 de octubre de 1864
Chase, Salmon Portland	Lincoln	15 de diciembre de 1864	7 de mayo de 1873
Waite, Morrison Remick	Grant	4 de marzo de 1874	23 de marzo de 1888
Fuller, Melville Weston	Cleveland	8 de octubre de 1888	4 de julio de 1910
White, Edward Douglass	Taft	19 de diciembre de 1910	19 de mayo de 1921
Taft, William Howard	Harding	11 de julio de 1921	3 de febrero de 1930
Hughes, Charles Evans	Hoover	24 de febrero de 1930	30 de junio de 1941
Stone, Harlan Fiske	Roosevelt, F.	3 de julio de 1941	22 de abril de 1946
Vinson, Fred Moore	Truman	24 de junio de 1946	8 de septiembre de 1953
Warren, Earl	Eisenhower	5 de octubre de 1953	23 de junio de 1969
Burger, Warren Earl	Nixon	23 de junio de 1969	26 de septiembre de 1986
Rehnquist, William H.	Reagan	26 de septiembre de 1986	3 de septiembre de 2005
Roberts, John G., Jr.	Bush, G. W.	29 de septiembre de 2005	

1. El presidente del Tribunal Supremo que prestó servicios por el período más prolongado fue ______________________.

2. El presidente del Tribunal Supremo que desempeñó el cargo por más tiempo lo hizo por un período de aproximadamente ______________________ años.

Véanse las respuestas en la página 869.

Enmiendas a la Constitución

De acuerdo con el Artículo V de la Constitución de los Estados Unidos, esta puede ser modificada. Solo 27 cambios han sido aprobados, a pesar de que miles han sido propuestos. A estos cambios o adiciones se los denomina **enmiendas**. El hecho que la Constitución puede ser modificada permite al gobierno adaptarse a los cambios que se producen en el país.

El **procedimiento de presentación de enmiendas**, que se describe en el Artículo V de la Constitución, comienza de una de las dos formas siguientes: o bien el Congreso propone el cambio, o bien lo hace un grupo de legislaturas estatales. El Presidente no participa en el proceso. La enmienda propuesta es presentada a los estados en forma de resolución conjunta. El gobernador de cada estado envía entonces la enmienda a la legislatura de su estado. Se necesita la aprobación, o ratificación, de los tres cuartos de las legislaturas estatales para que el cambio se convierta en ley. La única enmienda que ha sido ratificada por todos los 50 estados es la Vigésima Enmienda. Esta enmienda establece las fechas de iniciación y finalización para los mandatos del Presidente y de los miembros del Congreso.

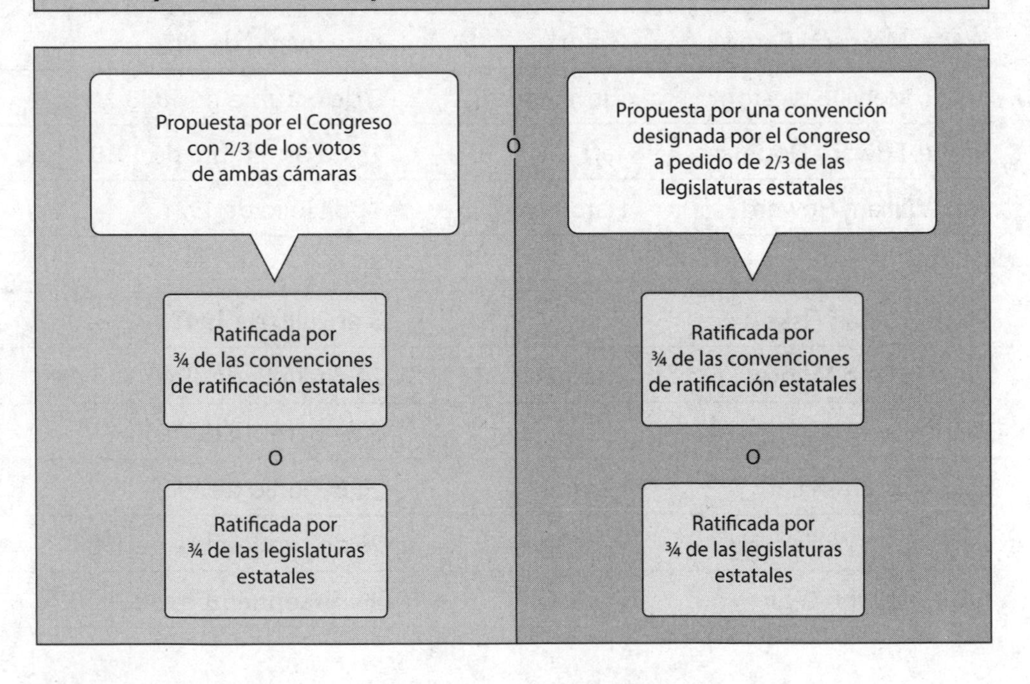

EJERCICIO 8

Enmiendas a la Constitución

Instrucciones: Elija la mejor respuesta para cada una de las preguntas siguientes.

1. ¿Qué se puede inferir de la ratificación de la Vigésima Enmienda?

A. La mayoría de los estados creen que las enmiendas no son necesarias.
B. Los estados no creen que las fechas de iniciación y finalización de los mandatos son importantes.
C. Ninguno de los 50 estados acordará nuevas enmiendas en el futuro.
D. Solo una enmienda fue ratificada por todos los estados.

2. En una oportunidad, el Congreso debatió una propuesta de enmienda sobre la reducción de la edad mínima para votar de 18 a 16 años, pero la propuesta no fue aprobada. ¿Qué punto de vista refleja esa desaprobación?

A. Una minoría de los representantes y senadores favorecía una suba en la edad mínima para votar.
B. La mayoría de los legisladores creía que los estudiantes de las escuelas secundarias no estaban preparados para votar.
C. El Presidente creía que las personas no debían poder emitir su voto a la edad de 16 años.
D. La mayoría de los representantes y senadores pensó que solo las personas de 18 años de edad o mayores debían poder emitir su voto.

Véanse las respuestas en la página 869.

La Carta de Derechos

Se llama **Carta de Derechos** a las primeras 10 enmiendas a la Constitución, que fueron propuestas y ratificadas por el Primer Congreso. Estas enmiendas fueron propuestas por James Madison en 1789 y reflejan el deseo de varios estados de que la Constitución proveyera mayor protección a las libertades individuales. Las enmiendas que son parte de la Carta de Derechos imponen restricciones específicas a la autoridad del gobierno y garantizan ciertos derechos y **libertades civiles** a los ciudadanos. Estas libertades civiles incluyen la libertad de religión, la libertad de expresión, la libertad de prensa, la libertad de reunión y el derecho de los habitantes de que sus personas, domicilios, papeles y efectos se hallen a salvo de pesquisas y aprehensiones arbitrarias.

Carta de Derechos	
Primera Enmienda	Libertad de religión, de palabra, de prensa, de reunión y de petición.
Segunda Enmienda	Derecho de poseer y portar armas para mantener una milicia bien ordenada.
Tercera Enmienda	Prohibición a los militares de alojarse en casas privadas sin el consentimiento de sus propietarios.
Cuarta Enmienda	Derecho de estar a salvo de pesquisas y aprehensiones arbitrarias.
Quinta Enmienda	Derecho a un debido proceso legal; derecho a no autoincriminarse y a no ser juzgado dos veces por el mismo delito.
Sexta Enmienda	Derechos de las personas acusadas, entre otros, a ser juzgadas rápidamente y a un juicio público por jurado.
Séptima Enmienda	Derecho a un juicio por jurado en casos civiles.
Octava Enmienda	Derecho a no tener que pagar fianzas excesivas y a no ser sometido a penas crueles y desusadas.
Novena Enmienda	Derechos adicionales a aquellos establecidos en la Constitución.
Décima Enmienda	Poderes reservados a los estados.

EJERCICIO 9

La Carta de Derechos

Instrucciones: Elija la mejor respuesta para cada una de las preguntas siguientes.

1. Lea cada afirmación y determine cuál enmienda de la Carta de Derechos es aplicable a cada situación. Escriba el número correspondiente a la enmienda en el espacio en blanco.

_______ Un periódico publica una nota editorial criticando los actos de un candidato político.

_______ Una persona es seleccionada como miembro de un jurado que juzgará la conducta de una persona acusada de actividades delictivas.

_______ Durante una detención de rutina del tráfico, las autoridades solicitan revisar el vehículo en búsqueda de objetos robados.

_______ Una persona es juzgada por un crimen y declarada inocente; sin embargo, muchos miembros de la comunidad consideran que el veredicto es equivocado y que el acusado debería ser juzgado nuevamente.

_______ El propietario de una casa adquiere un arma de fuego personal después de que se cometen varios robos en el vecindario.

2. Muchas de las enmiendas en la Carta de Derechos, incluidas las Enmiendas Cuarta, Quinta y Sexta (4, 5 y 6), brindan protección a las personas acusadas de algún delito. Indique, con una cruz sobre el espacio en blanco, cuál de los derechos siguientes están cubiertos por esas enmiendas.

_______ El derecho a no ser juzgado dos veces por la misma causa.

_______ El derecho a practicar libremente su religión.

_______ El derecho a ser juzgado rápidamente.

_______ El derecho a la libertad de prensa.

_______ El derecho a no ser forzado a aceptar el alojamiento de soldados en su propia casa.

_______ El derecho de portar armas.

_______ El derecho a no autoincriminarse.

3. Lea el pasaje siguiente y responda luego la pregunta.

> La feliz Unión de estos Estados es una maravilla; su Constitución, un milagro; su ejemplo, la esperanza de Libertad para todo el mundo.
>
> —*Presidente James Madison (1829).*

¿Qué quiso decir Madison con la frase "la esperanza de Libertad para todo el mundo"?

A. Que los habitantes de otros países tengan la esperanza de que los ciudadanos de los Estados Unidos serán libres algún día.
B. Que todos los habitantes del mundo disfrutarán algún día de los mismos derechos de los ciudadanos de Estados Unidos.
C. Que los ciudadanos de los Estados Unidos no creen que los habitantes de otros países gozarán también de esa libertad.
D. Que los habitantes de otros países comprenderán que es posible que un gobierno proteja la libertad de sus ciudadanos.

Véanse las respuestas en la página 869.

Derechos de los ciudadanos y responsabilidades cívicas

La Carta de Derechos garantiza ciertos derechos civiles a los ciudadanos de los Estados Unidos. Otros derechos protegidos por el gobierno federal, pero no enumerados en la Carta de Derechos, son los derechos económicos. Estos incluyen el derecho de ser dueño de una propiedad o un comercio. El gobierno también protege a las personas de la discriminación en razón de su raza, religión, edad o género promulgando leyes que aseguran un trato igualitario.

Los ciudadanos de los Estados Unidos tienen también responsabilidades hacia su país y su comunidad. Las **responsabilidades cívicas** son esenciales para el funcionamiento de un sistema democrático de gobierno. Las responsabilidades cívicas de los ciudadanos de los Estados Unidos incluyen el pago de impuestos, la inscripción para el servicio militar, el desempeño de las funciones de jurado y la obediencia a las leyes federales, estatales y locales. El pago de impuestos permite al gobierno recaudar los fondos necesarios para proveer servicios y bienes públicos, como escuelas, tareas de aplicación de la ley, carreteras y parques. La prestación de servicios en jurados brinda la oportunidad a aquellos acusados de delitos de tener un juicio ante sus propios pares, tal como lo establece la Carta de Derechos. La inscripción para el servicio militar contribuye a la protección del país.

Las responsabilidades cívicas también incluyen el voto. Puesto que los Estados Unidos son una democracia, es importante que los ciudadanos expresen sus opiniones por medio del voto. Los ciudadanos que han alcanzado los 18 años de edad pueden inscribirse para votar, lo que les permitirá participar de la elección de los funcionarios del gobierno e influir así en las políticas gubernamentales.

De las 27 enmiendas a la Constitución, cuatro se ocupan de la cuestión de quién puede votar. Estas enmiendas estipulan que los ciudadanos deberán tener 18 años de edad o ser mayores y podrán ser hombres o mujeres de cualquier raza. Las enmiendas también establecen que para poder votar no será necesario pagar un impuesto especial.

EJERCICIO 10

Derechos de los ciudadanos y responsabilidades cívicas

Instrucciones: Use el gráfico siguiente, que representa una traducción no oficial de una boleta de voto, para responder las preguntas 1 y 2.

BOLETA OFICIAL
ELECCIÓN PRESIDENCIAL GENERAL
6 DE NOVIEMBRE DE 2012

PÁGINA 1

ESTADO DE MARYLAND, CIUDAD DE BALTIMORE

INSTRUCCIONES

Para votar, rellene completamente el óvalo ⬬ a la izquierda del nombre del candidato que usted elija con un lápiz negro No. 2. NO BORRE. Si usted comete un error, puede solicitar una nueva boleta. Si su voto por un candidato o pregunta está marcado de una manera tal que su intención no queda claramente expresada, su voto puede que no sea contabilizado. Para proteger el secreto de su voto, no escriba su nombre, sus iniciales o cualquier otra marca que permita identificarlo sobre la boleta oficial.

Para votar por un candidato cuyo nombre no está impreso en la boleta, escriba el nombre del candidato en el espacio proporcionado al pie del cargo correspondiente y rellene completamente el óvalo ⬬ a la izquierda del nombre.

PRESIDENTE Y VICEPRESIDENTE DE LOS ESTADOS UNIDOS
Vote por uno

⬭ **Barack Obama** — Demócrata
Illinois
Y
Joe Biden
Delaware

⬭ **Mitt Romney** — Republicano
Massachusetts
Y
Paul Ryan
Wisconsin

⬭ **Gary Johnson** — Libertario
Nuevo México
Y
James P. Gray
California

⬭ **Jill Stein** — Verde
Massachusetts
Y
Cheri Honkala
Pensilvania

⬭ ____________________
Nombre de los candidatos

SENADOR DE LOS ESTADOS UNIDOS
Vote por uno

⬭ **Ben Cardin** — Demócrata
⬭ **Daniel John Bongino** — Republicano
⬭ **Dean Ahmad** — Libertario
⬭ **S. Rob Sobhani** — Sin afiliación
⬭ ____________________
Nombre del candidato

JUEZ, TRIBUNAL DE APELACIONES
CIRCUITO DE APELACIONES No. 6
Robert M. Bell
Vote por sí o por no
Por la continuidad en el cargo

⬭ **SÍ**
⬭ **NO**

JUEZ, TRIBUNAL DE APELACIONES ESPECIALES EN GENERAL
Stuart R. Berger
Vote por sí o por no
Por la continuidad en el cargo

⬭ **SÍ**
⬭ **NO**

JUEZ, TRIBUNAL DE APELACIONES ESPECIALES
CIRCUITO DE APELACIONES No. 6
Shirley M. Watts
Vote por sí o por no
Por la continuidad en el cargo

⬭ **SÍ**
⬭ **NO**

PREGUNTA No. 1
Enmienda constitucional
(Cap. 394 de las Sesiones Legislativas de 2011)
Calificaciones para los jueces del Tribunal Testamentario del Condado de Prince George

(Enmienda al artículo IV, sección 40, de la Constitución de Maryland)

Requiere que los jueces del Tribunal Testamentario del Condado de Prince George hayan sido acreditados para el ejercicio del derecho en este Estado y sean miembros activos del Colegio de Abogados de Maryland

⬭ **A favor de la enmienda constitucional**
⬭ **En contra de la enmienda constitucional**

1. Rellene el espacio en blanco con el nombre del candidato para el cargo de juez en el Tribunal de Apelaciones Especiales, del Circuito de Apelaciones 6.

   ______________________.

2. ¿Para qué cargo se presenta James P. Gray?
   A. Presidente.
   B. Senador de los Estados Unidos.
   C. Vicepresidente.
   D. Juez del Tribunal de Apelación.

3. Supongamos que el votante desea votar por un candidato para el Senado de los Estados Unidos que no está incluido en la boleta. Basándose en la información contenida en la boleta, ¿qué puede hacer el votante al respecto?
   A. Ponerse en contacto con el Senado.
   B. Notificar a un oficial electoral.
   C. Crear una nueva boleta que incluya al candidato no enumerado.
   D. Escribir el nombre del candidato no enumerado en la boleta.

Véanse las respuestas en la página 869.

Partidos políticos

Los **partidos políticos** son organizaciones que buscan poder e influencia a través del desempeño de las tareas de gobierno. Los miembros de un partido comparten opiniones e ideas sobre múltiples cuestiones. Los miembros de un partido eligen un candidato para el cargo de Presidente y procuran obtener el respaldo público a esa candidatura.

En los comienzos de los Estados Unidos, había partidos políticos distintos de los que existen hoy. Las cuestiones de que se ocupaban también eran diferentes de las que constituyen el foco de la política actual. Los primeros partidos políticos fueron creados por personas que tenían ideas diferentes sobre el futuro de los Estados Unidos. Thomas Jefferson quería que el gobierno federal desempeñara un rol menos activo. Deseaba que los poderes del Presidente fueran limitados y quería que los Estados Unidos tuvieran una relación cercana con Francia. Alexander Hamilton, por el contrario, creía que los Estados Unidos debían tener un gobierno federal fuerte. También pensaba que el Presidente debería desempeñar un rol activo y creía que el país debía establecer una relación fuerte con Gran Bretaña.

En la actualidad, los dos partidos políticos más importantes de los Estados Unidos son el **Partido Demócrata** y el **Partido Republicano**. Existen además algunos partidos políticos menores, pero la naturaleza del sistema político hace difícil que un partido menor ("tercer partido") pueda presentar candidatos con posibilidades de ganar las elecciones.

Cada uno de los dos partidos principales incluye a personas con un amplio espectro de opiniones. No obstante, cada partido tiene un núcleo central de creencias que lo definen. En general, los demócratas son más liberales, más de izquierda, y apoyan un rol amplio y activo del gobierno federal. Los demócratas apoyan también las leyes que favorecen a los trabajadores y los programas de contenido social. Los republicanos, por su parte, son más conservadores, más de derecha, y generalmente favorecen los derechos de los estados por sobre los del gobierno federal. Apoyan políticas a favor de los propietarios de empresas y de sus administradores, así como de las soluciones privadas a los problemas sociales.

Partidos políticos en los Estados Unidos

Período de tiempo	Partidos principales	Cuestiones importantes	Partidos menores
1787–1792	Federalista; Antifederalista.	Poder del gobierno federal en oposición al de los gobiernos estatales y locales; Carta de Derechos	Ninguno.
1792–1824	Federalista; Demócrata-Republicano.	Los federalistas apoyaban los planes financieros de Hamilton, las tarifas protegidas, a Gran Bretaña contra Francia y un mayor poder para el gobierno nacional. Los demócratas-republicanos se oponían a los planes de Hamilton y apoyaban a Francia en su guerra contra Gran Bretaña.	Ninguno.
1824–1854	Whig; Demócrata.	Los demócratas (encabezados por Andrew Jackson) favorecían la expulsión de los americanos nativos de los territorios del oeste y el uso de los territorios para asentamientos; se oponían a la aplicación de tarifas. Los whigs apoyaban la modernización de la economía y la aplicación de tarifas de protección altas; se oponían a la expansión de la esclavitud en los territorios del oeste.	Antimasónico; de la Libertad; del Suelo Libre; Saber Nada.
1854–1896	Republicano; Demócrata.	Los republicanos favorecían la aplicación de tarifas de protección altas y se oponían a la expansión de la esclavitud a los territorios del oeste. Después de la guerra de Secesión (*Civil War*), trataron de imponer severas condiciones a los secesionistas sureños. Los demócratas apoyaban tarifas bajas, pero estaban divididos en la cuestión de la expansión de la esclavitud a los territorios del oeste.	Whig-Americano; Demócrata del Sur; Unión Constitucional; de la Prohibición.
1896–1932	Republicano; Demócrata.	Los republicanos se oponían a la guerra contra España y a las políticas expansionistas fuera del país; después de la Primera Guerra Mundial, volvieron a adoptar una posición en favor de los negocios y se opusieron a los controles federales. Los demócratas apoyaban la regulación de la industria, particularmente de los ferrocarriles, y otras cuestiones progresistas, como las leyes sobre el trabajo de niños, los derechos de las mujeres y el impuesto a los ingresos.	Popular; Progresivo; de la Prohibición.
1933–hasta hoy	Demócrata; Republicano.	Los demócratas apoyan un gobierno activo que se ocupe de cuestiones económicas y sociales, que regule la industria y las finanzas, y que garantice los derechos civiles y los derechos de las minorías. Los republicanos apoyan los impuestos bajos, un rol limitado del gobierno, y políticas que favorecen a los negocios y los administradores; se oponen a la regulación de la industria y las finanzas, al gasto del gobierno en programas sociales y a las políticas que favorecen a los sindicatos de trabajadores.	de la Unión; de los Derechos de los Estados; Estadounidense Independiente; Independiente; de la Reforma; Verde.

EJERCICIO 11

Partidos políticos

Instrucciones: Elija la mejor respuesta para cada una de las preguntas siguientes.

1. Según la tabla anterior, ¿en qué período se establecieron los partidos políticos que existen en la actualidad?

A. A finales del siglo XVIII.
B. A comienzos del siglo XIX.
C. De mediados a finales del siglo XIX.
D. A comienzos del siglo XX.

2. ¿Cuál de las afirmaciones siguientes es verdadera?

A. Todos los ciudadanos de los Estados Unidos están representados por uno u otro de los dos principales partidos políticos.
B. Los miembros de los diferentes partidos políticos en los Estados Unidos pocas veces comparten sus opiniones en cuestiones políticas.
C. Existe una variedad de creencias políticas entre los ciudadanos de los Estados Unidos.
D. La cantidad de los principales partidos políticos en los Estados Unidos ha variado ampliamente con el tiempo.

3. Al partido político que tiene el mayor número de escaños en la Cámara de Representantes y en el Senado se lo denomina "partido de la mayoría". Al otro partido se lo llama "partido de la minoría". Si un republicano es el líder del partido de la mayoría en el Senado, ¿qué significa esto?

A. Hay más republicanos que demócratas en el Senado.
B. Hay más republicanos que demócratas en la Cámara de Representantes.
C. Más republicanos que demócratas resultaron electos en la última elección.
D. Un republicano fue electo Presidente de los Estados Unidos en la última elección.

Véanse las respuestas en la página 869.

Campañas políticas, elecciones y proceso electoral

En los Estados Unidos, las **elecciones** presidenciales se realizan cada cuatro años el primer martes de noviembre. Las elecciones para senadores y representantes se realizan simultáneamente. Los senadores y representantes también son elegidos en elecciones que se realizan a mitad del período presidencial. Como anticipo de las elecciones generales, los partidos políticos realizan una serie de **elecciones primarias**. En esas elecciones, candidatos del mismo partido compiten entre sí para determinar quién será el candidato del partido en la elección general.

Los candidatos realizan sus **campañas políticas** durante meses con el fin de obtener el apoyo de la mayoría de los votantes. Durante este esfuerzo organizado por persuadir a los votantes, los candidatos expresan sus ideas sobre los cambios de políticas necesarios y sobre por qué merecen ser votados. Estos mensajes son transmitidos a través de apariciones públicas, llamadas telefónicas, sitios de la web, correos masivos y publicidad en radio y televisión. Se realizan encuestas para definir cuál es el público al que debe ser dirigido el mensaje y para determinar cuáles son las cuestiones que preocupan a esas personas. Los candidatos instan a los simpatizantes a que se unan a la campaña de divulgación del mensaje y les solicitan contribuciones financieras.

A pesar de que millones de ciudadanos votan por sus candidatos preferidos en las elecciones, el Presidente no es elegido directamente por los votantes. En realidad, los ciudadanos eligen a los miembros del **Colegio Electoral**, quienes, a su vez, eligen al Presidente. La cantidad de electores de cada estado es igual al número de senadores y representantes de ese estado en el Congreso. Estos electores emiten su voto por los candidatos presidenciales. Para poder ganar la Presidencia, un candidato deberá recibir por lo menos la mitad de los votos electorales. Generalmente, el candidato que recibe la mayoría de los votos de los ciudadanos en un estado recibe también todos los votos electorales de ese estado. Debido a la forma en que funciona el Colegio Electoral, puede suceder que un candidato que haya obtenido la mayoría del voto popular no alcance la mayoría de los votos electorales y no llegue aun así a ser Presidente.

El mapa siguiente muestra cuál candidato obtuvo los votos electorales en cada estado en la elección de 2012. Si bien los dos candidatos ganaron el mismo número de estados, el número de electores obtenido por cada uno de ellos fue muy diferente.

Resultados de las elecciones presidenciales de 2012

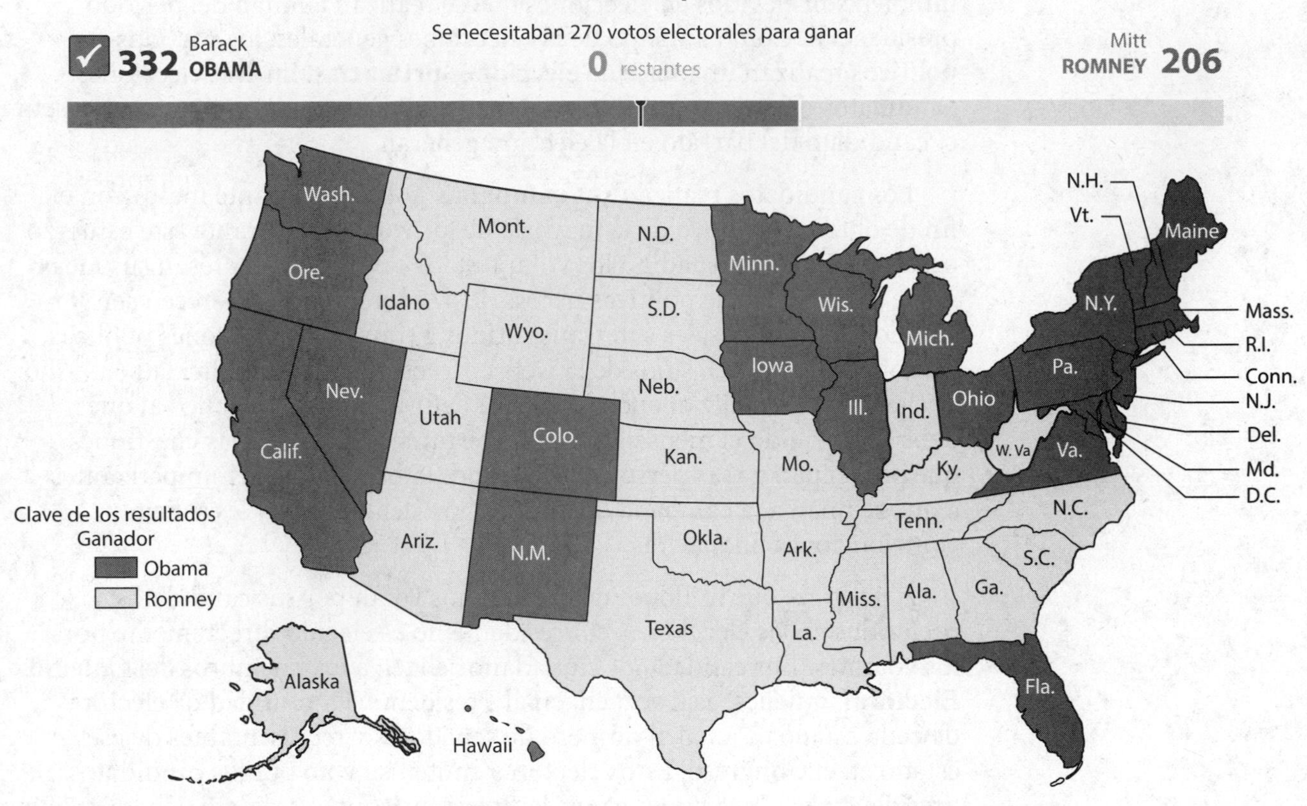

EJERCICIO 12

Campañas políticas, elecciones y proceso electoral

Instrucciones: Elija la mejor respuesta para cada una de las preguntas siguientes.

1. ¿Cuál de las afirmaciones siguientes está basada en la información contenida en esta sección?

A. Los estados que tienen las superficies más grandes tienen también la mayor cantidad de votos electorales.
B. El Presidente es elegido por la mayoría del voto popular el día de la elección.
C. Un candidato presidencial que recibe la mayor cantidad de votos a nivel nacional puede, sin embargo, perder la elección.
D. Para poder obtener la mayoría de los votos electorales, un candidato debe ganar la elección en la mayoría de los estados.

2. En sus campañas electorales, los candidatos usan a menudo eslóganes para ayudar a los votantes a recordar la idea central de la campaña el día de la elección. Durante su campaña para la reelección en 1864, en medio de la guerra de Secesión, el eslogan del presidente Abraham Lincoln era: "No cambies de caballo en el medio del río". ¿Cuál es el significado de ese eslogan?

A. Que Lincoln apoyaba a la gente que se dedicaba a la cría de caballos.
B. Que Lincoln quería que los ciudadanos de los Estados Unidos compraran nuevos caballos.
C. Que Lincoln instaba a los ciudadanos de los Estados Unidos a que lo mantuvieran en el cargo hasta que los problemas que enfrentaba el país pudieran ser resueltos.
D. Que las políticas de Lincoln para los tiempos de guerra habían sido implementadas satisfactoriamente.

3. Durante la Gran Depresión, la campaña presidencial de Herbert Hoover prometió un retorno a la prosperidad económica. ¿Cuál podría ser el eslogan que mejor refleje el mensaje de su campaña presidencial de 1928?

A. Los girasoles mueren en noviembre.
B. Construyendo un puente hacia el siglo XXI.
C. En Hoover confiamos, y ahora arruinados estamos.
D. Un pollo en cada olla (y un auto en cada garaje).

Véanse las respuestas en la página 869.

Políticas públicas contemporáneas

Una **política pública** es cualquier curso de acción que toma el gobierno con respecto a una cuestión determinada. Las acciones del gobierno pueden consistir en la aprobación de leyes, el cumplimiento de reglas o regulaciones y el suministro de fondos u otros recursos. La mayoría de las políticas públicas de los Estados Unidos son implementadas por el poder ejecutivo. Para decidir sobre la utilidad de una política pública, se debe determinar quién será el beneficiario de esa política y quién será responsable de los costos. Algunas de las áreas más importantes a las que se refieren las políticas públicas son: justicia penal, cultura y sociedad, asuntos económicos, educación, medio ambiente, funcionamiento del gobierno, salud, bienestar social, asuntos exteriores y seguridad nacional.

Los **grupos de interés** son grupos de personas que comparten un interés o una preocupación común, y que se constituyen para influir sobre el gobierno con el fin de que este aplique cierta política o adopte decisiones que favorezcan la causa defendida por el grupo. La meta de estos grupos puede beneficiar a los miembros del grupo, a parte de la sociedad o al público en general. Los grupos de interés tratan de influir sobre las políticas públicas ofreciendo información y orientación sobre un tema, defendiendo el tema en discursos públicos o apariciones en medios de información, y organizando campañas de persuasión sobre los legisladores para que apoyen la causa. Puesto que en una democracia el gobierno es ejercido por los ciudadanos, los grupos de interés tienen una influencia importante en la formulación de las políticas públicas.

EJERCICIO 13

Políticas públicas contemporáneas

Instrucciones: Use la información contenida en la gráfica siguiente para contestar las preguntas 1 y 2.

En un año reciente, una propuesta controvertida fue sometida a votación en cierto estado. Las contribuciones de los grupos de interés a favor y en contra de la propuesta se muestran en la gráfica siguiente.

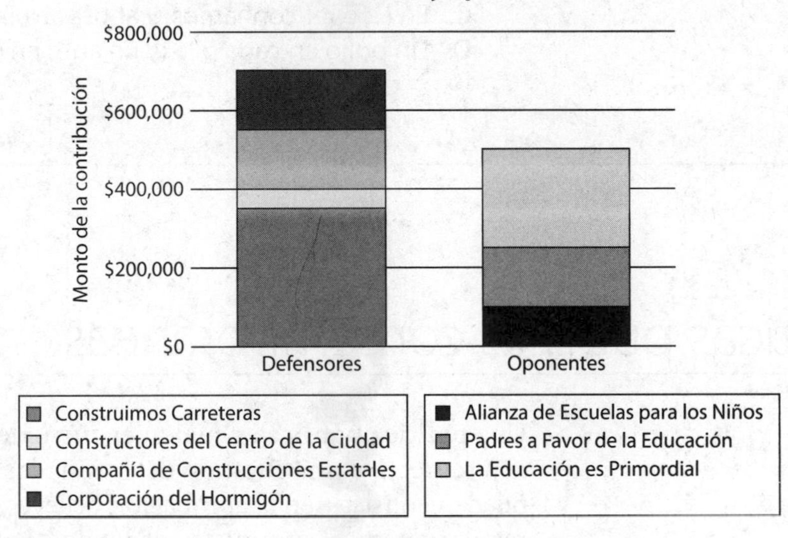

1. ________________ realizó la contribución de mayor monto en contra de la propuesta.

2. ¿Qué grupo de interés realizó una contribución de aproximadamente $350,000 a favor de la propuesta?

A. Construimos Carreteras.
B. Alianza de Escuelas para los Niños.
C. Compañía de Construcciones Estatales.
D. Padres a Favor de la Educación.

Véanse las respuestas en la página 869.

EJERCICIOS DE PRÁCTICA

Educación cívica y gobierno

Instrucciones: Elija la mejor respuesta para cada una de las preguntas siguientes.

1. Lea el pasaje siguiente y responda luego la pregunta.

   [C]ada amigo del gobierno republicano debe alzar su voz contra la acusación generalizada de que los gobiernos de la mayoría son la forma más tiránica e intolerable de todos los gobiernos. . . . [N]ingún gobierno instrumentado y administrado por seres humanos puede ser perfecto; . . . los abusos de todos los otros gobiernos han llevado a la preferencia por el gobierno republicano como el mejor de todos los gobiernos, porque es el menos imperfecto; [y] el principio fundamental de los gobiernos republicanos es *lex majoris partis*, la voluntad de la mayoría.

   —*Fragmento de una carta del presidente James Madison (1833).*

   ¿Qué concepto defiende Madison en esta carta?

   A. El gobierno de la mayoría.
   B. Los derechos de las minorías.
   C. Los partidos políticos.
   D. La separación de poderes.

2. ¿Cuál de las libertades siguientes expresa el derecho que tienen los ciudadanos de solicitar al gobierno que adopte o modifique una política particular?

   A. La libertad de expresión.
   B. La libertad de reunión.
   C. La libertad de prensa.
   D. La libertad de petición.

3. Lea el pasaje siguiente y responda luego la pregunta.

   El Senado de los Estados Unidos se compondrá de dos senadores por cada Estado, elegidos por los habitantes del mismo por seis años, y cada senador dispondrá de un voto.

   —*Fragmento de la Decimoséptima Enmienda a la Constitución de los Estados Unidos.*

EJERCICIOS DE PRÁCTICA

Antes de que se adoptara esta enmienda, los senadores eran elegidos por las distintas legislaturas de los estados. Esta enmienda otorgó a los propios votantes el derecho de elegir a los senadores. ¿Cuál fue el resultado de este cambio?

A. Los senadores se convirtieron en responsables directos ante los votantes que los eligieron.
B. Más ciudadanos se inscribieron para votar y poder participar así en la elección de los senadores.
C. Los estados con mayor cantidad de habitantes tuvieron una representación más numerosa en el Senado.
D. El número de senadores aumentó considerablemente.

La pregunta 4 está basada en la línea de tiempo siguiente.

Primeros jueces del Tribunal Superior

Miembros por orden cronológico

G. Washington
J. Adams
T. Jefferson
J. Madison
J. Monroe
J. Q. Adams
1790
1800
1810
1820
1830
John Rutledge
Alfred Moore
Brockholst Livingston
Robert Trimble
John Blair
Oliver Ellsworth
Thomas Todd
Henry Baldwin
John Jay
Samuel Chase
Smith Thompson
William Paterson
Gabriel Duvall
Thomas Johnson
William Johnson
James Iredell
John Marshall
William Cushing
Joseph Story
James Wilson
Bushrod Washington
John McLean
1790
1800
1810
1820
1830

4. Según la línea de tiempo, ¿cuál Presidente designó al juez Robert Trimble como miembro del Tribunal Supremo?

A. George Washington.
B. John Q. Adams.
C. Thomas Jefferson.
D. James Madison.

EJERCICIOS DE PRÁCTICA

5. En Nueva Inglaterra, se celebran asambleas populares. Todos los ciudadanos que tienen edad para votar se reúnen con el fin de discutir cuestiones políticas. Los ciudadanos emiten luego su voto, y las decisiones se adoptan por mayoría. ¿De qué concepto es esto un ejemplo?

   A. Monarquía.
   B. Aristocracia.
   C. Democracia directa.
   D. Democracia representativa.

6. Lea el pasaje siguiente y responda luego la pregunta.

   Entonces, podemos destripar la educación para pagar por más exenciones de impuestos para los ricos, o podemos decidir que en los Estados Unidos de América ninguna niña deberá postergar sus sueños por culpa de una clase superpoblada. Ninguna familia deberá dejar de lado una carta de aceptación de la universidad por falta de dinero. Ninguna empresa deberá buscar trabajadores en China porque no puede encontrar trabajadores con las destrezas necesarias aquí, en los Estados Unidos. Entonces, Ohio, les pido que me ayuden a reclutar 100,000 nuevos maestros de matemáticas y ciencias. Ayúdenme a mejorar la educación para la primera infancia. Ayúdenme a darles a dos millones de trabajadores la oportunidad de capacitarse en las universidades comunitarias, lo que los conducirá a un nuevo puesto de trabajo. Ayúdennos a trabajar con los colegios y las universidades para rebajar el costo de la matrícula. Ayúdennos a alcanzar esas metas. Ayúdennos a elegir ese futuro para los Estados Unidos de América.

   —Fragmento del discurso pronunciado por el presidente Barack Obama durante la campaña presidencial de 2012.

   ¿Cuál de las políticas públicas siguientes forma parte de la propuesta de Obama?

   A. La capacitación de trabajadores de los Estados Unidos para enseñarles nuevas destrezas.
   B. La construcción de viviendas públicas más económicas.
   C. El reclutamiento de trabajadores extranjeros para las empresas de los Estados Unidos.
   D. La reducción de impuestos para la clase media.

EJERCICIOS DE PRÁCTICA

La pregunta 7 está basada en la gráfica siguiente.

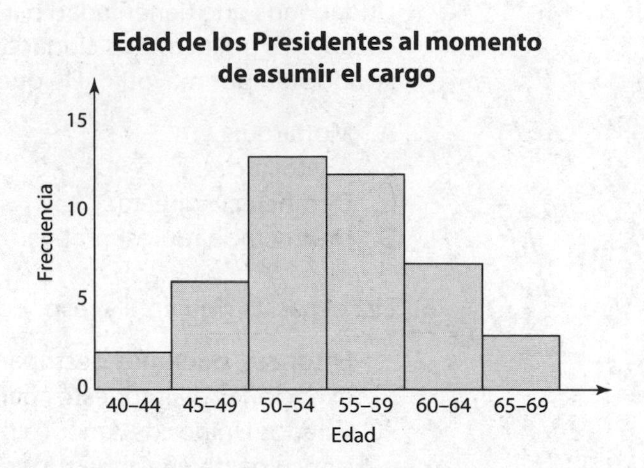

7. Según la gráfica, ¿cuál de las afirmaciones siguientes interpreta correctamente la información que contiene?
   - A. La mayoría de los Presidentes tenían una edad de 50 a 59 años al momento de asumir el cargo.
   - B. La mayoría de los Presidentes tenían una edad de 60 a 69 años al momento de asumir el cargo.
   - C. Unos pocos Presidentes tenían una edad que no alcanzaba los 40 años al momento de asumir el cargo.
   - D. Menos Presidentes tenían una edad de 60 a 69 años que los que tenían una edad de 40 a 49 años al momento de asumir el cargo.

8. ¿Cuál de las citas siguientes de la Constitución de los Estados Unidos destaca mejor que la nación es una democracia?
   - A. "Nosotros, el Pueblo de los Estados Unidos. . .".
   - B. ". . . a fin de formar una Unión más perfecta. . .".
   - C. "Todos los poderes legislativos otorgados en la presente Constitución corresponderán a un Congreso. . .".
   - D. ". . . Se deposita el poder ejecutivo en un Presidente. . .".

9. ¿Cuál de las afirmaciones siguientes es un ejemplo de controles y contrapesos en el gobierno de los Estados Unidos?
   - A. Según la Constitución de los Estados Unidos, el poder está dividido entre el gobierno federal y los gobiernos de los estados.
   - B. El poder legislativo del gobierno es el Congreso, que está dividido en el Senado y la Cámara de Representantes.
   - C. El poder ejecutivo del gobierno puede proponer leyes y es responsable de hacer cumplir las leyes promulgadas por el Congreso.
   - D. Con dos tercios de los votos del Senado y de la Cámara de Representantes, el Congreso puede aprobar una ley vetada por el Presidente.

EJERCICIOS DE PRÁCTICA

10. Lea el pasaje siguiente y responda luego la pregunta.

    Los intereses locales de un estado, en todos los casos, deben dar paso a los intereses de la Unión.

    —*Fragmento de un discurso de Alexander Hamilton pronunciado ante la Convención de Nueva York de 1788, reunida para ratificar la Constitución.*

    ¿Cuál de las afirmaciones siguientes refleja mejor el punto de vista de Hamilton?

    A. El gobierno federal deberá tener más poder que los gobiernos de los estados.
    B. Los poderes no deberían estar divididos entre el gobierno federal y los gobiernos de los estados.
    C. Es importante que al gobierno federal se le otorguen poderes adicionales.
    D. La Constitución debería haberles otorgado más poder a los estados.

Véanse las respuestas en las páginas 869–870.

CAPÍTULO 2

Historia de los Estados Unidos

Exploración europea de las Américas

Los primeros europeos en alcanzar las costas de América del Norte fueron vikingos originarios de lo que es hoy Noruega, bajo las órdenes de Leif Ericson. Alrededor del año 1000, establecieron un asentamiento en lo que ahora es Terranova (*Newfoundland*), pero el asentamiento fue abandonado al poco tiempo.

En 1492, el explorador italiano **Cristóbal Colón**, navegando en nombre del rey y la reina de España, zarpó desde España hacia el oeste en búsqueda de una nueva ruta a Asia, que fuera más rápida que la ruta tradicional alrededor de África. Como el comercio con Asia resultaba muy atractivo para los europeos, existía entonces un gran interés en encontrar una ruta mejor. Sin embargo, Colón no sabía que el continente americano se interponía en su camino a Asia y, cuando puso un pie en tierra en lo que es hoy Bahamas, pensó que se trataba de una de las islas cercanas a la India y próximas a las costas asiáticas. Por esa razón, Colón llamó indios a sus habitantes. Después de su regreso del Nuevo Mundo, Colón realizó tres viajes más a América Central y a América del Sur.

Pronto, otros exploradores comenzaron a explorar el Nuevo Mundo. A comienzos del siglo XVI, exploradores españoles llegaron a América del Norte en búsqueda de oro. Juan Ponce de León fue el primer europeo que recaló en las tierras que ahora constituyen los Estados Unidos, cuando desembarcó con su tripulación en Florida. Pocos años después, Hernando de Soto fue enviado a colonizar esa zona. Recorrió gran parte de lo que hoy son los estados del sudeste y fue el primer europeo en llegar al río Mississippi. Francisco Vásquez de Coronado, por su parte, exploró la región del sudoeste. Américo Vespucio, de quien tomaron su nombre las Américas, fue el primer europeo en llegar hasta la desembocadura del río Amazonas.

Otros exploradores europeos continuaron la cruzada de Colón de encontrar una nueva ruta por mar a Asia. John Cabot, cuya expedición fue financiada por Inglaterra, desembarcó en el Canadá. Cabot retornó luego a Inglaterra e informó del hallazgo de ricas zonas pesqueras. El navegante italiano Giovanni da Verrazano, al servicio del rey francés François I, exploró la costa atlántica de América del Norte, y fue el primer europeo en arribar a la bahía de Nueva York. En 1608, Samuel de Champlain estableció el primer asentamiento francés permanente en el Canadá al fundar un puesto de comercio de pieles llamado Quebec. Los holandeses, también a la búsqueda de una ruta para llegar a Asia, enviaron al capitán inglés Henry Hudson en 1609. Hudson navegó aguas arriba del río que hoy lleva su nombre en Nueva York, y reclamó la tierra en la que los holandeses establecerían una colonia llamada Nueva Holanda (*New Netherland*) al año siguiente.

Dondequiera que los europeos reclamaban tierras en el Nuevo Mundo, establecían asentamientos y difundían su cultura. Su influencia, incluidos el idioma, las costumbres y la comida, es visible en la actualidad.

EJERCICIO 1

Exploración europea de las Américas

Instrucciones: Lea el pasaje siguiente y responda luego las preguntas.

19 de septiembre. Continuamos, y navegamos día y noche, veinticinco leguas, experimentando una calma. Se anotaron veintidós. Hoy, a las 10 de la mañana, un pelícano se posó sobre la cubierta, y al atardecer otro; estas aves no están acostumbradas a volar más de veinte leguas desde tierra. Lloviznó sin viento, lo que es un signo seguro de la proximidad de tierra. El Almirante estaba poco dispuesto a permanecer aquí, ansioso por encontrar tierra, pero tuvo la certeza de que había islas al norte y al sur, lo que de hecho era el caso, y de que estaba navegando entre ellas. Su deseo fue continuar hacia las Indias, con tan buen tiempo, porque si Dios lo quiere, como dice el Almirante, las podremos examinar cuando emprendamos nuestro regreso. En este lugar los pilotos pudieron establecer su posición sobre el mapa: la Niña había recorrido cuatrocientas cuarenta leguas de distancia desde las Canarias; la Pinta, cuatrocientas veinte, y la nave del Almirante, cuatrocientas.

—*Fragmento del diario de viaje de Cristóbal Colón en 1492.*

1. Coloque una X al comienzo de la línea en aquellas afirmaciones que ayudaron a Colón y a su tripulación a reconocer que se estaban aproximando a tierra.

_______ Navegaron día y noche.

_______ Dos pelícanos se posaron sobre la cubierta.

_______ El almirante quería seguir navegando.

_______ Había una garúa sin viento.

2. ¿Cuál es el significado de la palabra legua en este contexto?

A. El nombre de un pez.
B. Una unidad de distancia.
C. El capitán de un barco.
D. La profundidad de un cuerpo de agua.

Véanse las respuestas en la página 870.

La colonia inglesa en Virginia

Los ingleses también querían establecer colonias en América del Norte. En 1585 un grupo de colonos ingleses estableció un asentamiento en la isla Roanoke, cercana a la costa de lo que es hoy Carolina del Norte. Sin embargo, los colonos desaparecieron al poco tiempo sin dejar rastros. Aproximadamente 20 años después, un grupo de comerciantes ingleses fue autorizado por el rey de Inglaterra a establecer un nuevo asentamiento en América del Norte. Alrededor de 100 personas navegaron hasta las costas de la zona conocida hoy como **Virginia**, donde fundaron un pueblo llamado Jamestown. Esta fue la primera colonia inglesa permanente en el territorio actual de los Estados Unidos. Como la mayoría de estos colonos no sabían cultivar la tierra, muchos de ellos murieron pronto. Pero uno de los sobrevivientes, John Rolfe, aprendió de los americanos nativos de la zona cómo cultivar el tabaco. Conociendo el interés creciente en Inglaterra por el tabaco y las dificultades que existían para cultivarlo allí, los habitantes de Jamestown comenzaron a producirlo y a vender sus cosechas, por las que los ingleses estaban dispuestos a pagar un precio considerable. Estos ingresos les permitieron a los colonos comprar en su propio país los víveres y utensilios que tanto necesitaban para su supervivencia. En 1619, los colonos de Virginia crearon una legislatura electa a la que llamaron Cámara de los Ciudadanos (*House of Burgesses*). La mayoría de los representantes electos pertenecían a la Iglesia de Inglaterra (también llamada Iglesia Anglicana), que se convirtió rápidamente en la iglesia oficial de la colonia, obligando a las personas de otras religiones a abandonar la zona.

George Washington fue elegido miembro de la Cámara de Ciudadanos en 1758 y desempeñó el cargo durante 15 años. Patrick Henry y Thomas Jefferson también fueron electos miembros de esta legislatura. En la época en que Washington fue electo ciudadano, cada condado enviaba dos representantes a la Cámara que, por ley, debían ser propietarios de tierras varones y tener, al menos, 21 años de edad.

EJERCICIO 2

La colonia inglesa en Virginia

Instrucciones: Elija la mejor respuesta para cada una de las preguntas siguientes.

1. ¿Cuál de los hechos siguientes contribuyó al asentamiento exitoso de la colonia en Jamestown?

   A. El permiso del rey para fundar un asentamiento.
   B. El cultivo de tabaco para venderlo a Inglaterra.
   C. La institución de una iglesia oficial.
   D. La creación de la Cámara de Ciudadanos.

2. ¿Cuál de las afirmaciones siguientes sobre la Cámara de Ciudadanos está respaldada por la información contenida en esta sección?

A. Algunos líderes importantes de los Estados Unidos comenzaron su carrera política en la Cámara de Ciudadanos.
B. Todos los miembros de la Cámara de Ciudadanos ocuparon posteriormente el cargo de Presidente de los Estados Unidos.
C. La Cámara de Ciudadanos copió su estructura de la del Congreso de los Estados Unidos.
D. La mayoría de los habitantes de Virginia estaban calificados para ser electos a la Cámara de Ciudadanos porque eran propietarios de tierras.

Véanse las respuestas en la página 870.

Las colonias inglesas en Nueva Inglaterra y Maryland

A comienzos del siglo XVII, se establecieron otros asentamientos ingleses sobre la costa atlántica de América del Norte. Un grupo pequeño de separatistas, así llamados porque buscaban independizarse de la Iglesia de Inglaterra, zarpó a bordo del *Mayflower* en dirección a Virginia con el propósito de establecer allí un asentamiento religioso. Los integrantes de este grupo se llamaban a sí mismos peregrinos. Como muchos otros antes que ellos, desembarcaron en una zona diferente a la que habían planeado, y se encontraron en lo que actualmente es **Massachusetts**. A fin de constituir un gobierno para la colonia, a la que llamaron Plymouth, los peregrinos redactaron el **Pacto del Mayflower** (*Mayflower Compact*), que establecía un conjunto de reglas básicas.

Otro grupo religioso inglés, los puritanos, también buscando independizarse de la Iglesia de Inglaterra, zarpó hacia América del Norte con el propósito de establecer allí una colonia basada en sus propias creencias religiosas. Estos colonos arribaron a una zona al norte de Plymouth y se establecieron cerca de lo que hoy es Boston. Los puritanos llamaron Massachusetts Bay Colony al nuevo asentamiento. Esta colonia tuvo mucho éxito, y muchos otros puritanos llegaron de Inglaterra para sumarse a él. Alrededor de 1640, unos 20,000 puritanos vivían en esta región, que pasó a ser conocida como Nueva Inglaterra (*New England*).

La religión desempeñó un rol significativo en el gobierno de Massachusetts Bay Colony, y solo los colonos varones que eran miembros de la iglesia y propietarios de tierras tenían derecho al voto. A pesar de estas regulaciones, los habitantes de esta colonia disfrutaban más de las ventajas de gobernarse a sí mismos que los de muchas otras colonias. No obstante, algunos de ellos sentían que los líderes puritanos no debían tener tanto control sobre la vida de los colonos. Un colono prominente, de nombre Roger Williams, creía que el gobierno no debía establecer leyes relacionadas con cuestiones religiosas. Como consecuencia de ello, fue expulsado de la colonia por los líderes puritanos. Williams fundó entonces una nueva colonia, **Rhode Island**, en 1636. En Rhode Island, las funciones del gobierno y la religión se mantuvieron separadas, y sus habitantes podían realizar sus rezos de la forma que consideraran más apropiada.

Thomas Hooker, un ministro, también discrepó con algunas de las leyes impuestas por los líderes puritanos. Junto con un grupo pequeño de colonos se dirigió a la zona de **Connecticut** a fin de establecer una comunidad en la que todos los hombres pudieran votar, independientemente de que fueran o no miembros de la iglesia. La colonia de **Nuevo Hampshire** (*New Hampshire*) fue establecida cuando colonos de Massachusetts Bay Colony se desplazaron más al norte para asentarse allí.

Alrededor de la misma época, en 1632, el rey Charles I de Inglaterra le otorgó la posesión de tierras en América del Norte a Cecilius Calvert, un noble inglés conocido también como lord Baltimore. Calvert, que era católico, fundó la colonia de **Maryland** para que los miembros de su religión tuvieran un lugar en donde refugiarse de las persecuciones religiosas que a menudo sufrían en Inglaterra.

EJERCICIO 3

Las colonias inglesas en Nueva Inglaterra y Maryland

Instrucciones: Elija la mejor respuesta para cada una de las preguntas siguientes.

Use la línea de tiempo siguiente para responder la pregunta 1.

Línea de tiempo del viaje de los peregrinos

1619	Septiembre de 1620	Octubre de 1620	9 de noviembre de 1620	11 de noviembre de 1620
Se les otorga a los peregrinos el derecho a tierras de London Virginia Company, con el propósito de establecer una colonia americana donde pudieran gozar de libertad religiosa.	A bordo del *Mayflower*, los peregrinos abandonan Inglaterra, en dirección a Virginia.	Las tormentas modifican el rumbo del *Mayflower*.	El *Mayflower* arriba a Cape Cod, Massachusetts.	Los peregrinos redactan el Pacto del Mayflower para establecer su propio gobierno, pues no desembarcaron en el lugar previsto que era parte de otra colonia. John Carver se convierte en el primer gobernador.

1. Basándose en la línea de tiempo, ¿cuál afirmación se puede inferir que es verdadera?

A. Era inusual que las tormentas modificaran el rumbo de un barco.
B. Fue idea de John Carver redactar el Pacto del Mayflower.
C. Los peregrinos estaban decepcionados por no haber llegado a Virginia.
D. Los peregrinos reconocieron la importancia de establecer un gobierno.

2. Lea el pasaje siguiente y responda luego la pregunta.

> En el nombre de Dios, Amén. Nosotros, cuyos nombres están escritos debajo, los sujetos leales de nuestro temible soberano señor Rey James, por la gracia de Dios, de Gran Bretaña, Francia e Irlanda, Rey, defensor de la fe.
>
> Habiendo emprendido para la gloria de Dios, y el avance de la fe cristiana y el honor de nuestro Rey y patria, una travesía para plantar la primera colonia en las partes norteñas de Virginia; hacemos por estos presentes, solemne y mutuamente en la presencia de Dios y unos con otros, pacto y nos combinamos juntos en un cuerpo político civil para nuestro orden y preservación y fomento de los fines antedichos; y por virtud de esto establecemos y aprobamos, constituimos y formamos, tales justas e iguales leyes, ordenanzas, actas, constituciones y oficios, de tiempo en tiempo, según sea considerado muy propio y conveniente para el bienestar general de la colonia, a la cual prometemos toda la obediencia y sumisión debidas. En fe de lo cual hemos suscripto nuestros nombres a esto en Cape Cod el once de noviembre, en el reino de nuestro soberano señor Rey James de Inglaterra, Francia e Irlanda, el dieciocho, y de Escocia, el cincuenta y cuatro. Anno Domini, 1620.
>
> —*Fragmento del Pacto del Mayflower.*

¿Cuál de las afirmaciones verdaderas siguientes expresa mejor la *idea central* de este documento?

A. Los peregrinos acordaron divulgar las ideas de la fe cristiana.
B. La colonia estará siempre sometida a la voluntad de Dios y del rey James.
C. Las leyes incluidas en el Pacto debían ser obedecidas por todos los peregrinos.
D. Los peregrinos acordaron obedecer todas las leyes que fueran establecidas con posterioridad para la colonia.

3. Determine cuál era la religión que sirvió de base para el establecimiento de cada uno de los asentamientos enumerados a continuación. Escriba católica, puritana o peregrinos al lado del nombre de cada colonia.

Asentamiento	**Religión**
Maryland	________________.
Massachusetts Bay Colony	________________.
Plymouth	________________.

4. Tres colonias fueron establecidas por los habitantes que abandonaron Massachusetts Bay Colony. Esas tres colonias eran ____________________,

____________________ y ____________________.

Véanse las respuestas en la página 870.

Las Trece Colonias toman forma

En 1663 el nuevo rey de Inglaterra, Charles II, decidió establecer una nueva colonia en América del Norte. Varios países europeos, incluida Inglaterra, reclamaban territorios ubicados al sur de la colonia de Virginia. Charles esperaba que el establecimiento de una colonia en esa zona mantuviera a Francia y a España alejadas de la región. La colonia fundada por el rey Charles fue llamada Carolina. Los colonos comenzaron a asentarse rápidamente en esta zona debido a la excelente calidad de la tierra para cultivo. En 1729 la colonia fue dividida en **Carolina del Norte** y **Carolina del Sur**.

En 1664 las fuerzas inglesas se apoderaron de la colonia holandesa de Nueva Holanda. El rey de Inglaterra le otorgó la colonia a su hermano James, duque de York, quien conservó parte del territorio y lo rebautizó como **Nueva York**. James les cedió el resto del territorio a dos de sus amigos, John Berkeley y George Carteret, quienes lo dividieron en dos colonias, que luego se unificarían para formar en 1702 lo que es hoy **Nueva Jersey**. A James y sus amigos, que vivían todos en Inglaterra, les resultaba muy difícil controlar esos territorios a la distancia, por lo que designaron a gobernadores para administrar las colonias. Cada gobernador, a su vez, seleccionó a un grupo reducido de líderes para que lo aconsejaran. También se les concedió a los colonos el derecho a elegir representantes para una asamblea que, junto con el gobernador, promulgaría las leyes.

En ese tiempo, William Penn, un ciudadano inglés que pertenecía a un grupo religioso conocido como los cuáqueros, alimentaba la esperanza de poder establecer una colonia en la que todos sus habitantes pudieran coexistir pacíficamente a pesar de sus diferencias religiosas. Los cuáqueros creían que todas las personas tenían derecho a profesar su religión libremente. Sin embargo, eran a menudo perseguidos por estas creencias debido a que se esperaba que todos los ciudadanos adhirieran a la Iglesia de Inglaterra. En 1681, se le otorgó a Penn una considerable extensión de tierras en América del Norte como pago por una deuda que el rey Charles II tenía con su familia. Esta nueva tierra recibió el nombre de **Pensilvania**, y sus colonos disfrutaron, además de la libertad religiosa, de la posibilidad de elegir representantes ante la asamblea de la colonia. Posteriormente, el duque de York le otorgó a Penn tierras adicionales. Esas tierras formaron parte de Pensilvania por un tiempo, pero luego pasaron a depender de una nueva colonia, **Delaware**.

En 1732, el rey George II de Inglaterra decidió establecer una nueva colonia al sur de Carolina del Sur, en un intento por alejar a los franceses y españoles de la zona. Esas tierras le fueron asignadas a James Oglethorpe, quien le dio el nombre de **Georgia** a la colonia, en honor al rey. Por su formación como abogado inglés, Oglethorpe estableció reglas estrictas en la nueva colonia. Los colonos no podían consumir alcohol, tener esclavos o promulgar sus propias leyes. No obstante, Oglethorpe concibió la colonia como un lugar de refugio para pobres y deudores, en donde todos ellos tendrían la oportunidad de empezar una nueva vida y evitar así la prisión en Inglaterra. Llevó sin cargo a la colonia a un grupo de estas personas y les dio parcelas pequeñas para que pudieran realizar cultivos.

A mediados del siglo XVIII, existían 13 colonias inglesas a lo largo de la costa atlántica: Nuevo Hampshire, Massachusetts, Rhode Island,

Connecticut, Nueva York, Nueva Jersey, Pensilvania, Maryland, Delaware, Virginia, Carolina del Norte, Carolina del Sur y Georgia. Estas colonias, aunque diferentes en muchos aspectos, estaban todas basadas en algunas de las tradiciones del gobierno de Inglaterra. La población de estas colonias aumentó ininterrumpidamente, en parte por las ventajas políticas y económicas que las colonias ofrecían a sus habitantes, y en parte también por la oportunidad de poseer tierras.

Las Trece Colonias americanas

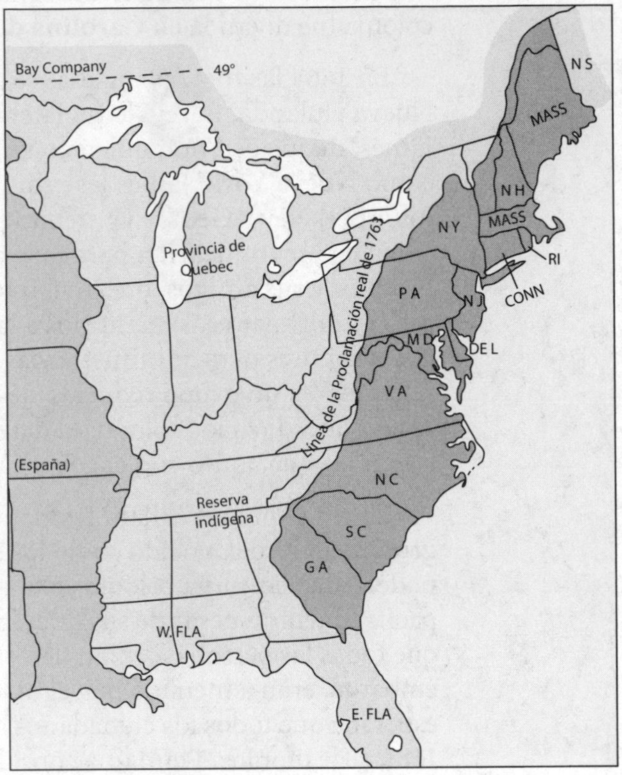

EJERCICIO 4

Las Trece Colonias toman forma

Instrucciones: Elija la mejor respuesta para cada una de las preguntas siguientes.

1. Lea cada una de las frases siguientes. Indique con una X antes de cada frase aquellas que fueron motivo de la llegada de los colonos ingleses a América.

_______ La libertad política.

_______ El oro.

_______ Las oportunidades económicas.

_______ El cese de las persecuciones.

_______ La búsqueda de la fuente de la juventud.

_______ El establecimiento del comercio.

Las preguntas 2 y 3 están basadas en la gráfica siguiente.

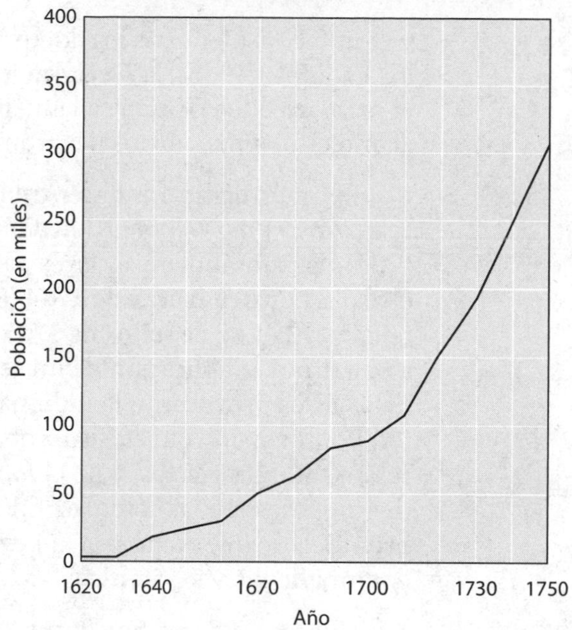

2. ¿Qué conclusión puede extraerse de la información contenida en la gráfica?

A. Los colonos estaban cada vez más decepcionados con su decisión de asentarse en Nueva Inglaterra.
B. Los colonos estaban cada vez más satisfechos con su decisión de asentarse en Nueva Inglaterra.
C. Los colonos llegaron a las colonias de Nueva Inglaterra en cantidades cada vez menores a medida que transcurría el tiempo.
D. Los colonos llegaron a las colonias de Nueva Inglaterra en cantidades cada vez mayores a medida que transcurría el tiempo.

3. ¿Cuál afirmación refleja con más exactitud la información contenida en la gráfica?

A. La menor cantidad de colonos arribó a las colonias de Nueva Inglaterra después de 1750.
B. La mayor cantidad de colonos arribó a las colonias de Nueva Inglaterra antes de 1620.
C. Más de 300,000 colonos habían arribado a las colonias de Nueva Inglaterra hacia 1750.
D. Más de 100,000 colonos habían arribado a las colonias de Nueva Inglaterra hacia 1640.

Véanse las respuestas en la página 870.

Aumento de las tensiones entre las colonias y Gran Bretaña

Cuando consideramos los documentos que constituyen la historia de los Estados Unidos, la **Declaración de Independencia** es seguramente el primero que nos viene a la memoria. Sin embargo, una serie de acontecimientos previos llevaron a la redacción de este documento.

En un esfuerzo por hacer frente a la deuda enorme contraída durante la guerra, el rey George III de Gran Bretaña y el parlamento británico promulgaron numerosas leyes para recaudar impuestos de los colonos. Entre ellas, la **Ley del azúcar de 1764** (*Sugar Act*), que gravó el azúcar, el café y los tejidos, y la **Ley de sellos de 1765** (*Stamp Act*), que obligaba a los colonos a pagar por la aplicación de un sello británico en cada documento oficial. Estas leyes provocaron la indignación de los colonos, porque ellos no habían tenido ni voz ni voto en su aprobación. Los colonos creían que sus propios representantes electos, y no el Parlamento, debían decidir sobre la aplicación de impuestos en las colonias. En un intento por persuadir al gobierno británico de que rechazara la Ley de sellos, muchos colonos boicotearon la compra de bienes británicos.

A pesar de que el boicot tuvo éxito y la Ley de sellos fue derogada al año siguiente, el Parlamento sancionó nuevos impuestos. Las **Leyes de Townshend** gravaron bienes que las colonias importaban de Gran Bretaña, como plomo, vidrio, papel, pinturas y té. Esto enfureció a los colonos, quienes amenazaron con actos de violencia contra los recaudadores de impuestos británicos. Como resultado, Gran Bretaña envió tropas para proteger a esos oficiales, acto este que acrecentó todavía más la frustración de los colonos. Otra vez, los bienes gravados fueron boicoteados y los colonos reemplazaron los bienes importados por otros producidos localmente. Gran Bretaña derogó finalmente muchas de esas leyes, pero mantuvo el impuesto al té como medio de reafirmar su derecho a aplicar impuestos a los colonos.

En 1770, se produjo en Boston una discusión entre un grupo de colonos y un soldado británico, que escaló cuando otros soldados aparecieron en el lugar. Durante el altercado, se produjeron disparos de armas de fuego y cinco colonos resultaron muertos. Este episodio, conocido como la **Masacre de Boston**, aumentó considerablemente la desconfianza y el resentimiento hacia el gobierno británico.

En 1773, la Ley del té (*Tea Act*) otorgó a una compañía británica la concesión para vender té de bajo precio a los colonos. El precio del té incluía un impuesto que no contaba con el consentimiento de los colonos. Nuevamente, esta política de "impuestos sin representación" enfureció a los colonos. Un grupo de colonos decidió entonces arrojar el té al agua en el puerto de Boston, hecho que se conoce como el **Motín del Té** (*Boston Tea Party*). En respuesta, el Parlamento británico sancionó una serie de leyes conocidas como las **Leyes Intolerables**. Estas leyes tenían por fin castigar a los colonos con el cierre del puerto de Boston y aumentar el control británico sobre el gobierno de Massachusetts.

EJERCICIO 5

Aumento de las tensiones entre las colonias y Gran Bretaña

Instrucciones: Elija la mejor respuesta para cada una de las preguntas siguientes.

Las preguntas 1 y 2 están basadas en la gráfica siguiente.

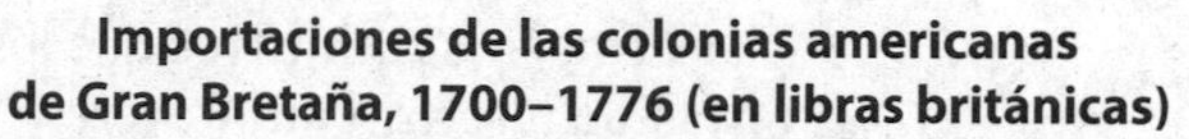

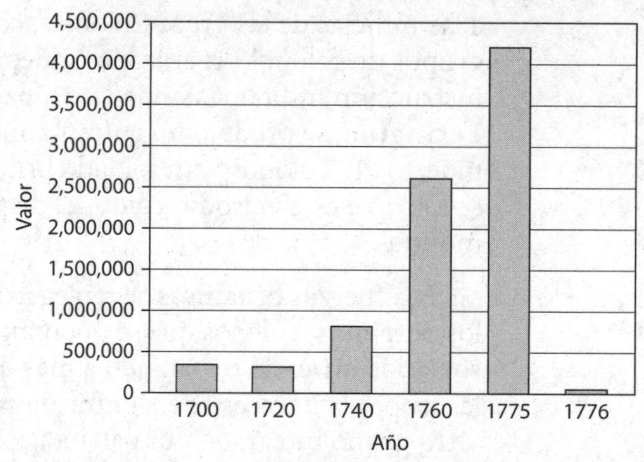

1. Según la información contenida en la gráfica, ¿en qué año se importó la mayor cantidad de bienes de Gran Bretaña a las colonias?

A. 1700.
B. 1775.
C. 1776.
D. 1740.

2. ¿Entre qué años se produjo el mayor aumento en el valor de las importaciones de Gran Bretaña a las colonias?

A. 1720–1740.
B. 1740–1760.
C. 1760–1775.
D. 1775–1776.

Véanse las respuestas en la página 870.

El Primer Congreso Continental y el comienzo de la Revolución de las Trece Colonias (*American Revolution*)

En septiembre de 1774, los delegados de las colonias llevaron a cabo el **Primer Congreso Continental** en Filadelfia, Pensilvania, para demandar la derogación de las Leyes Intolerables. Solicitaron, además, tener los mismos derechos que los otros ciudadanos británicos, y no pagar impuestos sin su consentimiento previo. En respuesta, Gran Bretaña envió a 3,000 soldados para ocupar la ciudad de Boston y a la marina para impedir que los buques entraran o salieran del puerto de Boston.

En abril de 1775, el general británico Thomas Gage decidió destruir las armas y suministros que los colonos almacenaban en **Concord**, Massachusetts. **Paul Revere** y **William Dawes** se le adelantaron y alertaron a las milicias de las Trece Colonias, conocidas por el nombre de **minutemen**, grupos de colonos organizados independientemente que habían recibido instrucción militar. Cuando las tropas británicas llegaron cerca de **Lexington**, se produjo un enfrentamiento en el que resultaron heridos o muertos 17 colonos y un soldado británico. El poeta Ralph Waldo Emerson se refirió a este episodio como "el disparo que retumbó alrededor del mundo".

Las fuerzas británicas se replegaron en dirección a Boston. En su camino, los **patriotas**, colonos que se oponían a los británicos, dispararon sobre los soldados hiriendo o matando a más de 250 de ellos. Atrapadas en Boston, las tropas británicas se encontraron rodeadas de miles de colonos armados. Otro grupo integrado por patriotas construyó una fortificación en el cerro de Breed, al otro lado del río Charles, enfrente de Boston. Desde allí, dispararon sus cañones contra los soldados británicos hasta quedarse sin municiones, oportunidad que los británicos aprovecharon para capturar la fortificación. De todas maneras, en esta fiera batalla, los patriotas hirieron o mataron a más de la mitad de las fuerzas británicas y probaron su destreza como combatientes.

EJERCICIO 6

El Primer Congreso Continental y el comienzo de la Revolución de las Trece Colonias

Instrucciones: Lea el pasaje siguiente y responda luego las preguntas.

> He hecho una regla, siempre que me sea posible, evitar convertirme en redactor de documentos que deben ser revisados por un organismo público. Aprendí esta lección de un incidente que les relataré a

continuación. Cuando yo era un trabajador de imprenta, uno de mis compañeros, un aprendiz de sombrerero, habiendo finalizado su aprendizaje, decidió que era tiempo de abrir su propio comercio. Su primera preocupación fue tener un cartel elegante, con un texto apropiado, que él mismo preparó con estas palabras: "John Thompson, sombrerero, fabrica y vende sombreros por dinero en efectivo", y que iba acompañado de un dibujo de un sombrero en la parte inferior. Pero decidió enviárselo a sus amigos para que lo corrigieran. El primero al que se lo mostró pensó que la palabra "sombrerero" era una tautología, pues iba seguida de las palabras "fabrica sombreros", lo que era prueba de que era un sombrerero. Decidió suprimirla. El siguiente observó que la palabra "fabrica" también debía ser eliminada, porque a los clientes no les preocupaba quién había hecho el sombrero. Si el sombrero era bueno y les gustaba, lo comprarían de todos modos, sin importarles quién lo hubiera hecho. También suprimió esa palabra. Un tercero le dijo que las palabras "por dinero en efectivo" no tenían sentido, pues no era costumbre del lugar vender a crédito. Se esperaba que todo aquel que comprara un sombrero lo pagara. Decidieron entonces suprimirlas, y el texto quedó reducido a: "John Thompson vende sombreros". "¿Vende?", dijo el amigo siguiente. "¿Por qué? Nadie esperaría que los regalaras. ¿Cuál es entonces el sentido de esa palabra?", y la palabra también fue suprimida. Finalmente, la palabra "sombreros" corrió la misma suerte, puesto que ya había uno dibujado en la parte inferior del cartel. Entonces, el texto del cartel quedó reducido a "John Thompson", acompañado del dibujo del sombrero.

—*Fragmento de una declaración de Benjamin Franklin ante el Primer Congreso Continental, explicando por qué no quería participar en la redacción de los documentos del Congreso.*

1. ¿Cuál era el mensaje que Franklin quería expresar con este relato?

A. Franklin quería ser sombrerero y no escritor.
B. Franklin reconocía el hecho de que no era un gran escritor.
C. Franklin creía que era mejor que su aprendiz escribiera el documento.
D. Franklin pensaba que, sin importar lo que él escribiera, alguien siempre lo modificaría.

2. ¿Qué quiso significar el poeta Emerson cuando dijo: "el disparo que retumbó alrededor del mundo"?

A. Las armas que utilizaban los soldados eran muy ruidosas.
B. Los habitantes de muchos otros países se enterarían de lo que los colonos hicieron.
C. Los colonos pensaban invadir otros países.
D. Los soldados usaron armas que provenían de otros países.

Véanse las respuestas en la página 870.

El Segundo Congreso Continental y la Declaración de Independencia

El **Segundo Congreso Continental** inició sus sesiones en mayo de 1775 en Filadelfia, en el edificio conocido actualmente como Independence Hall. Sus miembros decidieron la creación de un nuevo ejército, el **Ejército Continental**, y que sus soldados fueran entrenados adecuadamente en preparación para la guerra, que se anticipaba, contra Gran Bretaña. **George Washington** fue elegido como su comandante. Mientras el Ejército Continental era entrenado durante los meses que siguieron, los soldados británicos se retiraron de Boston en 1776.

A comienzos de 1776, **Thomas Paine** escribió un folleto, que se hizo muy popular, con el título de "**Sentido común**", que enumeraba argumentos de peso para la separación de las colonias de Gran Bretaña. El folleto fue muy leído en las colonias y contribuyó considerablemente a aumentar el apoyo a la independencia. Los colonos también se inspiraron en la **Carta Magna**, un documento firmado por el rey inglés John en 1215. Este documento establecía ciertos derechos clave para los habitantes de Inglaterra, como el derecho a tener un gobierno representativo con el poder de establecer impuestos, el derecho a ser juzgados por un jurado y el derecho al procedimiento debido en cuestiones legales. Los colonos creían que habían sido privados de esos derechos y estaban decididos a recuperarlos, estableciendo, de ser necesario, su propio gobierno.

Los delegados del Segundo Congreso Continental decidieron que las Trece Colonias debían ser independientes, y le solicitaron a uno de sus delegados, **Thomas Jefferson**, de Virginia, que explicara por escrito las razones de la separación del gobierno de Gran Bretaña. Jefferson redactó la **Declaración de Independencia**. El documento fue aprobado por el Segundo Congreso Continental el 4 de julio de 1776, fecha que desde entonces se considera como la fecha de nacimiento de los Estados Unidos.

EJERCICIO 7

El Segundo Congreso Continental y la Declaración de Independencia

Instrucciones: Elija la mejor respuesta para cada una de las preguntas siguientes.

La pregunta 1 está basada en el pasaje siguiente.

> Sostenemos como evidentes estas verdades: que todos los hombres son creados iguales; que son dotados por su Creador de ciertos derechos inalienables; que entre estos están la vida, la libertad y la búsqueda de la felicidad; que para garantizar estos derechos se instituyen entre los hombres los gobiernos, que derivan sus poderes

legítimos del consentimiento de los gobernados; que cuandoquiera que una forma de gobierno se haga destructora de estos principios, el pueblo tiene el derecho a reformarla o abolirla e instituir un nuevo gobierno que se funde en dichos principios, y a organizar sus poderes en la forma que a su juicio ofrecerá las mayores probabilidades de alcanzar su seguridad y felicidad.

—*Fragmento de la Declaración de Independencia (1776).*

1. La Declaración de Independencia enumera los derechos de los que no debería privarse a nadie. Indique con una X al comienzo de la línea correspondiente cuáles son esos derechos.

_______ Derecho a la libertad.

_______ Derecho a la vida.

_______ Derecho a ejercer el poder.

_______ Derecho a la búsqueda de la felicidad.

_______ Derecho a la seguridad.

_______ Derecho a la veracidad.

2. ¿Quién fue elegido comandante del Ejército Continental por el Segundo Congreso Continental?

A. George Washington.
B. Thomas Jefferson.
C. Thomas Paine.
D. Benjamin Franklin.

Véanse las respuestas en la página 871.

La guerra de la Independencia de los Estados Unidos

Incluso después de firmada la Declaración de Independencia, alrededor de un 20 por ciento de los ciudadanos favorecían la administración británica de las colonias. Estas personas eran llamadas los **leales**, porque mantenían su lealtad al rey George III. El comienzo de la **guerra de la Independencia** (*Revolutionary War*) obligó a los colonos a tomar partido por uno de los bandos.

Las batallas continuaron durante varios años, primero en Nueva York y Pensilvania y luego en las colonias del sur. Las tropas británicas superaban en número al ejército de George Washington, pero este tenía la ventaja de combatir en terreno conocido. Finalmente, los británicos no pudieron mantener a una fuerza militar tan grande durante un período prolongado en la distante América del Norte. Además, en 1778 Francia se unió a las colonias en su lucha contra Gran Bretaña, suministrándoles dinero, armas y apoyo naval.

En octubre de 1781, las tropas británicas se rindieron en Yorktown, después de la última de las grandes batallas de la guerra. En septiembre de 1783, la guerra terminó con la firma del **Tratado de París**, que concedía la independencia a los Estados Unidos. El tratado también otorgaba más tierras al nuevo país.

EJERCICIO 8

La guerra de la Independencia de los Estados Unidos

Instrucciones: Elija la mejor respuesta para cada una de las preguntas siguientes.

Las preguntas 1 a 3 están basadas en la tabla siguiente.

Las batallas más importantes de la guerra de la Independencia de los Estados Unidos

Fecha	Batalla	Comandante(s) del Ejército Continental
19 de abril de 1775	Lexington-Concord	Cap. John Parker
17 de junio de 1775	Colina de Bunker (Breed)	Gen. Israel Putnam, Cor. William Prescott
31 de diciembre de 1775	Quebec	Gen. Richard Montgomery
27 de agosto de 1776	Long Island	Gen. George Washington
26 de octubre de 1776	White Plains	Gen. George Washington
26 de diciembre de 1776	Trenton	Gen. George Washington
11 de septiembre de 1777	Brandywine	Gen. George Washington
19 de septiembre de 1777	Saratoga	Gen. Horatio Gates
4 de octubre de 1777	Germantown	Gen. George Washington
7 de octubre de 1777	Saratoga	Gen. Horatio Gates
5 de diciembre de 1777	White Marsh	Gen. George Washington
8 de junio de 1778	Tribunal de Monmouth	Gen. George Washington
16 de septiembre de 1779	Sitio de Savannah	Gen. Benjamin Lincoln
29 de marzo de 1780	Sitio de Charleston	Gen. Benjamin Lincoln
28 de septiembre de 1781	Sitio de Yorktown	Gen. George Washington, Gen. Rochambeau

1. Las batallas de la guerra de la Independencia de los Estados Unidos duraron aproximadamente ____________________ años.

2. ¿En qué año se produjo el mayor número de batallas de la guerra de la Independencia?

A. 1775.
B. 1776.
C. 1777.
D. 1778.

3. ¿Quién fue el comandante de las fuerzas continentales en la batalla de Trenton?

A. Israel Putnam.
B. Richard Montgomery.
C. George Washington.
D. Horatio Gates.

Véanse las respuestas en la página 871.

De los Artículos de la Confederación a la Constitución de los Estados Unidos

El primer gobierno del nuevo país se rigió por el documento llamado **Artículos de la Confederación**. Cada una de las Trece Colonias, ahora denominadas estados, quería conservar su propia autoridad, lo que limitaba el poder del gobierno central. Esta situación creaba problemas cuando se trataban cuestiones importantes, como la regulación del comercio y la defensa nacional.

En 1787, con el propósito de solucionar esos problemas, los delegados de los estados se reunieron para enmendar los Artículos de la Confederación. En lugar de una enmienda, los delegados redactaron y aprobaron la **Constitución de los Estados Unidos**, que todavía hoy continúa en vigor. La Constitución de los Estados Unidos es el documento más antiguo de ese tipo que sigue vigente en el mundo. La Constitución establece un sistema federal con un gobierno central y un gobierno por cada estado. El gobierno central está dividido en tres poderes: ejecutivo, legislativo y judicial. Tiene autoridad sobre todas las cuestiones que afectan a la nación entera, como la defensa y la regulación del comercio. Los gobiernos de los estados conservan la autoridad sobre todas las funciones no delegadas en el gobierno central.

La tabla siguiente compara los Artículos de la Confederación con la Constitución de los Estados Unidos.

Artículos de la Confederación	Constitución de los Estados Unidos
Ningún estado tendrá menos de dos representantes en el Congreso ni más de siete y ninguna persona podrá ser delegado más de tres años durante un período de seis, ni se permitirá que los delegados ocupen cargo alguno que dependa de los estados unidos, por el cual reciban directa o indirectamente un sueldo, honorario o emolumento de cualquier clase.	Todos los poderes legislativos otorgados en la presente Constitución corresponderán a un Congreso de los Estados Unidos, que se compondrá de un Senado y una Cámara de Representantes.
Cada estado proveerá al sostenimiento de los delegados que envíe a las reuniones comunes, así como de los que sean miembros del comité de los estados.	Los representantes y los impuestos directos se prorratearán entre los distintos Estados que formen parte de esta Unión, de acuerdo con su población respectiva.
Al resolverse cualquier cuestión en los estados unidos, cuando se reúnan en su Congreso, cada estado gozará de un voto.	El Senado de los EE.UU. se compondrá de dos senadores por cada Estado, elegidos por seis años por la legislatura del mismo, y cada senador dispondrá de un voto.

Durante la redacción de la Constitución, se formaron dos grupos políticos distintos: los **federalistas** y los **antifederalistas**. Los federalistas representaban a aquellos que querían que el gobierno central tuviera control sobre los gobiernos de los estados. Los antifederalistas, por el contrario, pensaban que los estados no gozarían de libertades suficientes si el gobierno central adquiría mucho poder. La lista siguiente enumera las razones por las que los antifederalistas se oponían a la Constitución.

Razones por las que los antifederalistas se oponían a la Constitución
Se oponían a un gobierno central poderoso tal como se establecía en la Constitución.
Creían que un gobierno central poderoso representaba una amenaza para el poder de los estados y los derechos de los individuos.
Pensaban que debía incluirse una Carta de Derechos.
Temían que la Constitución favoreciera a los ricos.

Todas las partes hicieron concesiones para asegurar que las preocupaciones de los dos grupos fueran tenidas en cuenta. La **Carta de Derechos**, que incluía las diez primeras enmiendas a la Constitución, fue incorporada posteriormente a fin de garantizar los derechos individuales.

EJERCICIO 9

De los Artículos de la Confederación a la Constitución de los Estados Unidos

Instrucciones: Elija la mejor respuesta para cada una de las preguntas siguientes.

1. El Preámbulo de la Constitución de los Estados Unidos comienza con las palabras "Nosotros, el pueblo . . .". ¿Cuál de las afirmaciones siguientes representa mejor el significado de esas palabras?

A. Los derechos están garantizados solo para ciertas personas.
B. Las personas que redactaron el documento tenían mucho poder.
C. El poder del gobierno proviene del pueblo.
D. Algunas personas merecen tener más derechos que otras.

2. ¿Cuál de los grupos siguientes quería que la Carta de Derechos fuera incorporada a la Constitución?

A. Los federalistas.
B. Los antifederalistas.
C. Los senadores.
D. Los representantes.

Véanse las respuestas en la página 871.

La guerra de 1812

En los años siguientes, las fronteras de los Estados Unidos continuaron expandiéndose. En 1803, cuando Thomas Jefferson ocupaba la presidencia, la compra de Luisiana a Francia agregó una gran extensión de tierras al país, que duplicó el tamaño de los Estados Unidos.

El mapa siguiente muestra la expansión territorial de los Estados Unidos durante la presidencia de Thomas Jefferson.

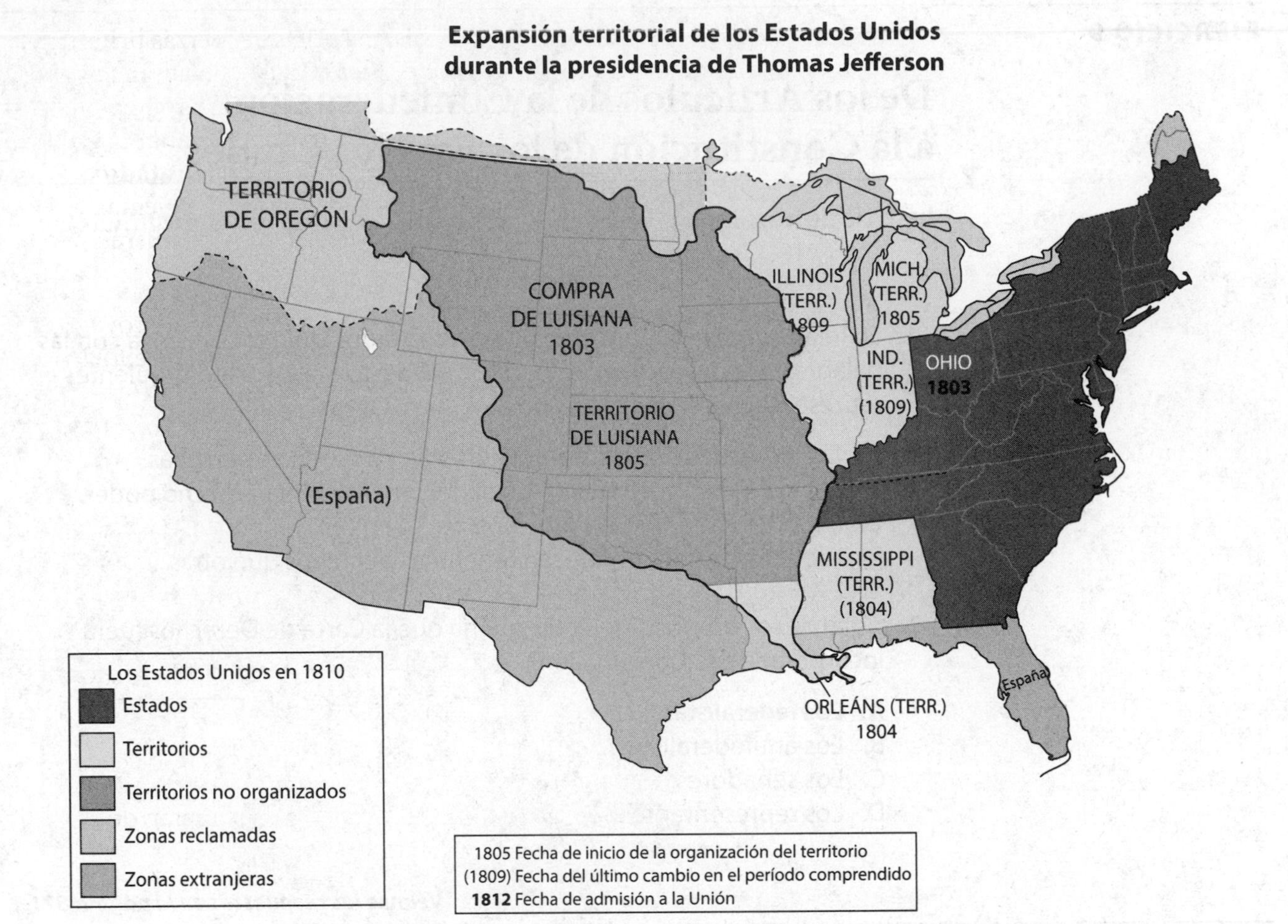

Durante este período, Gran Bretaña y Francia estaban en guerra entre sí en Europa. Como Presidente, Thomas Jefferson trató de mantener la neutralidad en el conflicto. Cuando James Madison ocupó el cargo de Presidente en 1808, también procuró mantenerse neutral y continuar el comercio tanto con Gran Bretaña como con Francia. Sin embargo, cuando buques de guerra británicos interceptaron a barcos mercantes estadounidenses, capturaron a sus capitanes y los obligaron a prestar servicios en la armada británica, la indignación fue absoluta. Los ciudadanos de los Estados Unidos también creían que los británicos les estaban suministrando armas y provisiones a los americanos nativos que luchaban contra los colonos en el oeste. Por estas razones, en julio de 1812, el Congreso le declaró la guerra a Gran Bretaña. La armada británica comenzó entonces a bloquear la navegación de los buques estadounidenses para impedirles dirigirse a Francia, como medio de interrumpir el comercio y provocar daños a la economía de los Estados Unidos.

En agosto de 1814, Washington, D.C., fue atacada por fuerzas británicas. Los británicos prendieron fuego a muchos edificios en la ciudad, incluyendo la Casa Blanca. Si bien las tropas de los Estados Unidos vencieron en algunas batallas, ninguno de los dos países estaba en condiciones de ganar la guerra, motivo por el que ambos contendientes decidieron firmar el **Tratado de Gante** y dar por terminado el conflicto. El tratado no le otorgó ventajas territoriales a ninguno de los dos países; cada país conservó el mismo territorio que tenía antes de comenzar la guerra.

El bloqueo británico del comercio exterior durante la guerra provocó el desabastecimiento de muchos productos. Como consecuencia de ello, los habitantes de los Estados Unidos empezaron a fabricarlos localmente. La guerra no solo provocó un fuerte sentimiento nacionalista, sino que también trajo consigo prosperidad para el país.

EJERCICIO 10

La guerra de 1812

Instrucciones: Elija la mejor respuesta para cada una de las preguntas siguientes.

1. ¿Qué acontecimiento llevó a que los Estados Unidos disfrutaran de un período de prosperidad a comienzos del siglo XIX?

A. La declaración de guerra y el triunfo en algunas batallas.
B. La firma del Tratado de Gante.
C. La fabricación local de bienes en reemplazo de aquellos que se compraban en el exterior.
D. La invasión de las tropas británicas y el ataque a la capital.

2. ¿Qué acontecimiento llevó a los Estados Unidos a participar en la guerra entre Gran Bretaña y Francia?

A. El ataque a Washington, D.C., por las fuerzas británicas.
B. La venta de una gran extensión de territorio americano por Francia a los Estados Unidos.
C. El ataque de buques británicos a barcos mercantes de los Estados Unidos y la captura de sus marineros.
D. El bloqueo de la armada británica a los barcos estadounidenses con el fin de impedir el comercio con Francia.

Véanse las respuestas en la página 871.

La Doctrina Monroe

Cuando James Monroe fue elegido Presidente de los Estados Unidos dos años después del fin de la guerra de 1812, existía la preocupación de que los ejércitos europeos volvieran a invadir a los Estados Unidos o a otros países de las Américas. En 1823, Monroe anunció la aplicación de una nueva política exterior denominada **Doctrina Monroe**. Según esta política, los Estados Unidos proclamaban que resistirían, incluso por la fuerza, de ser necesario, cualquier intento de países europeos por establecer nuevas colonias en las Américas o de atacar a cualquier país del continente. Los Estados Unidos prometían también permanecer neutrales en cualquier conflicto europeo siempre y cuando los países europeos no interfirieran en las Américas. La Doctrina Monroe es importante porque marca el comienzo de la participación de los Estados Unidos en la política mundial.

EJERCICIO 11

La Doctrina Monroe

Instrucciones: Elija la mejor respuesta para cada una de las preguntas siguientes.

1. Lea el pasaje siguiente y responda luego la pregunta.

En las discusiones a que ha dado lugar este interés y en los acuerdos con que pueden terminar, se ha juzgado la ocasión propicia para afirmar, como un principio que afecta a los derechos e intereses de los Estados Unidos, que los continentes americanos, por la condición de libres e independientes que han adquirido y mantienen, no deben en adelante ser considerados como objetos de una colonización futura por ninguna potencia europea.

—Fragmento del discurso del Estado de la Unión del presidente James Monroe, 1823.

¿Cuál es la idea central en este fragmento?

A. Ningún otro país puede establecer colonias en las Américas.
B. Los Estados Unidos planean establecer más colonias en el futuro.
C. Cada uno de los estados en los Estados Unidos es libre e independiente.
D. Los continentes de las Américas pueden ser administrados por las potencias europeas.

2. Lea el pasaje siguiente y responda luego la pregunta.

Nuestra actitud con respecto a Europa, que se adoptó en una etapa temprana de las guerras que por tanto tiempo han agitado esa parte del globo, se mantiene sin embargo la misma, cual es la de no interferir en los asuntos internos de ninguna de esas potencias; considerar el gobierno de facto como el gobierno legítimo para nosotros; cultivar con él relaciones amistosas, y preservar esas relaciones con una política franca, firme y varonil, satisfaciendo siempre las justas demandas de cualquier potencia, pero no sometiéndose a injurias de ninguna.

—Fragmento del discurso del Estado de la Unión del presidente James Monroe, 1823.

¿Cuál es la idea central en este fragmento?

A. Los Estados Unidos creen que las guerras en Europa han durado más de la cuenta.
B. Los Estados Unidos no interferirán en los asuntos internos de los países europeos.
C. Los Estados Unidos se someterán a los gobiernos de los países europeos.
D. Los Estados Unidos planean basar su sistema de gobierno en el de los gobiernos europeos.

Véanse las respuestas en la página 871.

Política de los Estados Unidos hacia los americanos nativos

Después de finalizada la guerra de 1812, el comandante estadounidense **Andrew Jackson** y su ejército derrotaron a un grupo de creeks, americanos nativos que habitaban en lo que es hoy Alabama. Como consecuencia de esta derrota, los creeks debieron ceder 22 millones de acres de tierras en Georgia y Alabama a los Estados Unidos. Jackson invadió luego la Florida española para combatir a los seminolas, adquiriendo de esta forma más tierras en esta zona. Entre 1814 y 1824, Jackson negoció una serie de nuevos acuerdos con distintos pueblos de americanos nativos. Por estos acuerdos, los americanos nativos cedieron tierras en lo que actualmente es el sudeste de los Estados Unidos a cambio de otras tierras en el oeste.

Los cherokees, que habitaban principalmente en Georgia y zonas vecinas, apelaron ante el Tribunal Supremo de los Estados Unidos para proteger sus tierras de los colonos. En 1831, después de varios intentos fallidos, los cherokees ganaron la demanda. El Tribunal dictaminó que la tribu tenía derecho a un gobierno propio y que no eran aplicables las leyes de Georgia. El estado, sin embargo, se negó a acatar la sentencia, y Jackson, que era entonces Presidente de los Estados Unidos, rehusó hacerla cumplir.

Poco después de que Jackson ocupara el cargo, el Congreso aprobó la **Ley de traslado forzoso de los indios** (*Indian Removal Act*). Esta ley autorizaba el traslado forzoso de los americanos nativos del este del río Mississippi a un nuevo "territorio indio" en el oeste.

En Florida, la mayoría de los seminolas se negaron a abandonar sus tierras. Como resultado de esta negativa, el ejército de los Estados Unidos libró tres guerras contra ellos a mediados del siglo XIX. Finalmente, el gobierno de los Estados Unidos les pagó a los seminolas que quedaban en esas tierras para que se trasladaran a nuevas tierras en el oeste.

Entre los cherokees, una pequeña minoría firmó un tratado con los Estados Unidos por el que aceptaba el traslado de la tribu hacia el oeste. La mayoría, no obstante, decidió permanecer en sus tierras. Como la tribu no se trasladó hacia el oeste antes de la fecha límite establecida en el tratado, el gobierno de los Estados Unidos envió tropas para expulsar por la fuerza a los 16,000 cherokees restantes. Al viaje forzado hacia el oeste se lo conoce como el **Sendero de Lágrimas** (*Trail of Tears*), porque durante el traslado murieron unos 4,000 cherokees de hambre, frío y enfermedades.

Hacia 1837, un total de 46,000 americanos nativos habían sido expulsados de sus tierras por Jackson y su administración. La política de Jackson añadió 25 millones de acres a las tierras para los colonos.

EJERCICIO 12

Política de los Estados Unidos hacia los americanos nativos

Instrucciones: Elija la mejor respuesta para cada una de las preguntas siguientes.

1. Lea el pasaje siguiente y responda luego la pregunta.

El instrumento en cuestión no es el acto de nuestra Nación; no somos parte en sus pactos; no han recibido la sanción de nuestro pueblo. Sus hacedores no tienen ninguna oficina ni contrato en nuestra Nación, bajo la designación de Jefes, Caciques, o cualquier otro título, por los que ejerzan, o puedan adquirir, autoridad para asumir las riendas del Gobierno, y para negociar y vender nuestros derechos, nuestras posesiones y nuestro país común. Y nos vemos obligados solemnemente a declarar que no podemos sino contemplar el cumplimiento de las estipulaciones de este instrumento sobre nosotros, contra nuestro consentimiento, como un acto de injusticia y opresión, que, estamos bien convencidos, nunca puede, a sabiendas, ser tolerado por el Gobierno y el pueblo de los Estados Unidos; ni tampoco creemos que sea el diseño de estas personas honorables y de nobles pensamientos, que están a la cabeza del Gobierno, para unir a toda una nación, por los actos de unos pocos individuos no autorizados. Y, por lo tanto, nosotros, las partes que serán afectadas por el resultado, apelamos con confianza a la justicia, la magnanimidad, la compasión, de sus honorables cuerpos, en contra de la aplicación, sobre nosotros, de las disposiciones de un acuerdo en la formación del cual no hemos tenido ninguna participación.

—Fragmento de una carta del jefe cherokee John Ross al Senado y la Cámara de Representantes en 1836, describiendo el tratado firmado por una minoría de la tribu por el que se autorizaba el traslado de los cherokees hacia el oeste.

¿Cuál de las afirmaciones siguientes refleja mejor la opinión del autor?

A. El pueblo cherokee ha sido tratado injustamente.
B. Los cherokees aceptan el tratado y creen que es justo.
C. Los cherokees están dispuestos a trasladarse hacia el oeste.
D. El gobierno de los Estados Unidos no va a ayudar a los cherokees.

2. ¿Cuál de las afirmaciones siguientes representa mejor el pensamiento de los legisladores americanos que promulgaron la Ley de traslado forzoso de los indios?

A. Los americanos nativos pueden permanecer en las tierras del sudeste.
B. Los americanos nativos se beneficiarán del traslado a un nuevo territorio.
C. Las tierras en el oeste son mejores que las tierras en el sudeste.
D. Los Estados Unidos tienen más derechos sobre las tierras en el sudeste que los americanos nativos.

Véanse las respuestas en la página 871.

"Destino manifiesto"

En 1845, cuando James Polk era Presidente, los Estados Unidos anexaron la República de Texas. Este acontecimiento volvió a dar impulso a los esfuerzos por expandir aún más los Estados Unidos. Muchas personas, incluidas algunas en posiciones de poder, creyeron que el país tenía como "**destino manifiesto**" ocupar la totalidad del continente de América del Norte, desde el océano Atlántico hasta el océano Pacífico. Como resultado de la derrota de México en la **guerra de los Estados Unidos contra México**, que se libró de 1846 a 1848, los Estados Unidos obtuvieron grandes extensiones de tierras en el oeste. En un período de cuatro años, la superficie de los Estados Unidos aumentó en un 60 por ciento. Numerosas personas migraron hacia el oeste, y nuevos territorios y estados se establecieron al oeste del río Mississippi. En 1849, se descubrió oro en California, y miles de estadounidenses se dirigieron hacia los yacimientos de oro en el oeste. California se convirtió en estado en 1850.

EJERCICIO 13

"Destino manifiesto"

Instrucciones: Elija la mejor respuesta para cada una de las preguntas siguientes.

1. Las personas que creían en la idea del *destino manifiesto* pensaban que los Estados Unidos deberían abarcar todas las tierras comprendidas entre:

A. Texas y el río Mississippi.
B. Texas y el océano Pacífico.
C. El océano Atlántico y el océano Pacífico.
D. El océano Atlántico y Texas.

2. Después de 1845, los Estados Unidos obtuvieron nuevos territorios en la zona oeste de América del Norte a través de:

A. La compra de Texas a México.
B. El establecimiento de un gobierno en el estado de California.
C. La derrota de México en una guerra.
D. La conquista de la República de Texas.

La pregunta 3 está basada en la gráfica siguiente.

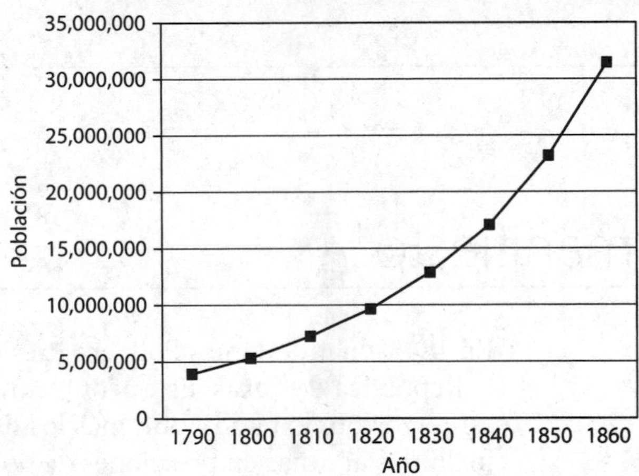

3. ¿Cómo se relaciona la información contenida en la gráfica con la idea del destino manifiesto?

A. La adición de nuevos territorios alrededor de 1850 provocó un crecimiento en la población de los Estados Unidos.
B. El rápido crecimiento de la población de los Estados Unidos alrededor de 1850 creó la necesidad de más tierras.
C. No se produjo un crecimiento de la población desde comienzos de 1800 que justificara la adición de nuevos territorios.
D. Se obtuvo tierra suficiente alrededor de 1840 para compensar el aumento de la población.

Véanse las respuestas en la página 871.

La guerra de Secesión (*Civil War*) y la reconstrucción

A comienzos del siglo XIX, existían importantes diferencias económicas, culturales y políticas entre las distintas regiones del país. Como resultado de ello, las distintas regiones favorecían políticas diferentes y efectuaban demandas diferentes al gobierno central. La intolerancia ante estas diferencias dio origen al **seccionalismo**.

En los estados del Norte, la economía se basaba cada vez más en la industria y el comercio. Los norteños apoyaban políticas que favorecían la producción, incluida la aplicación de impuestos elevados para proteger a las nuevas industrias de la competencia externa.

En los estados del Sur, por el contrario, la economía se basaba en la agricultura, para la cual se utilizaba mano de obra esclava. Los sureños apoyaban políticas que protegían la esclavitud y favorecían la exportación de los productos agropecuarios de la región, como el algodón. Se oponían, además, a la aplicación de impuestos elevados, lo que hacía que los productos industriales resultaran más caros.

Con el tiempo, estas diferencias regionales entre el Norte y el Sur se fueron agrandando. El seccionalismo provocó que los ciudadanos fueran más leales a su región que al país entero, y el conflicto político entre los norteños y los sureños continuó agudizándose.

La cuestión más importante que dividía al país era la esclavitud. A medida que se iban sumando a la Unión, los nuevos estados debían decidir si iban a permitir la esclavitud ("estado esclavista") o prohibirla ("estado libre"). Algunas personas, sobre todo en los estados del Sur, creían que los habitantes de cada estado o territorio debían tener el derecho de decidir por ellos mismos sobre esta y otras cuestiones importantes. Esta idea fue bautizada como "derechos de los estados". De esta forma, muchos sureños confiaban en que aumentaría el número de los estados esclavistas y, con ello, el poder del Sur en el Congreso. Otras personas pensaban que la esclavitud debía ser prohibida en los nuevos estados, pero permitida en aquellos estados en los que ya existía. Por último, un tercer grupo de personas, conocidos como los **abolicionistas**, pensaban que no debía existir la esclavitud en ningún estado. A pesar de que se intentó muchas veces alcanzar un compromiso, no se encontró una solución definitiva al problema de la esclavitud.

En 1857, un esclavo de nombre Dred Scott presentó una demanda reclamando su libertad cuando su amo lo llevó a un territorio libre. El Tribunal Supremo dictaminó que los esclavos como Scott eran propiedad de su amo y que no tenían derechos legales. Los estados del Sur apoyaron la decisión del Tribunal en el **caso de Dred Scott**, pero los estados del Norte no lo hicieron. El caso de Dred Scott separó aún más las posiciones de los estados.

En 1860, Abraham Lincoln, el candidato del nuevo Partido Republicano, fue elegido Presidente. Lincoln prometió que no aplicaría restricciones sobre la esclavitud en aquellos estados en que ya existiera, pero se opuso a que la esclavitud se extendiera a los nuevos estados. Los estados sureños sostuvieron que eso era injusto y rechazaron cualquier nuevo intento de poner límites a la esclavitud. Votaron por la formación de un gobierno propio y la secesión de los Estados Unidos. Los estados del Sur establecieron los **Estados Confederados de América** y eligieron a Jefferson Davis, representante de Mississippi, como Presidente. Lincoln creyó que los estados sureños no estaban obedeciendo la ley y que ese acto no podía ser tolerado.

En abril de 1861, las fuerzas confederadas atacaron Fort Sumter, una base federal en el puerto de Charleston, en Carolina del Sur, dando inicio así a la **guerra de Secesión**. En esta guerra, el Norte tenía muchas ventajas sobre el Sur. No solo tenía un ejército establecido, sino que además el Norte poseía instituciones financieras más fuertes, más industrias, mayores recursos naturales y muchas más millas de vías férreas. No obstante, la mayoría de las batallas se libraron en el Sur, donde los sureños tenían la ventaja de la familiaridad con el terreno. La guerra duró cuatro años y costó la vida de más de 600,000 hombres.

En 1862, Lincoln decretó en su **Proclama de Emancipación** que todos los esclavos en los estados en guerra con la Unión serían libres a partir de entonces. Esta declaración provocó que 180,000 esclavos liberados se unieran al ejército de la Unión en su lucha contra el Sur. En abril de 1865, la guerra llegó a su fin cuando el general del ejército confederado, **Robert E. Lee,** se rindió al comandante del ejército de la Unión, **Ulysses S. Grant**.

Después de la guerra de Secesión, la nación necesitaba reunificarse. Lincoln había preparado un **plan de reconstrucción** que hubiera permitido a los estados sureños retornar a la Unión. Sin embargo, Lincoln fue asesinado por un simpatizante sureño poco tiempo después de la finalización de la guerra. Andrew Johnson, de Tennessee, ocupó entonces el cargo de Presidente. En diciembre de 1865, fue aprobada la **Decimotercera Enmienda a la Constitución**, que abolía la esclavitud en los Estados Unidos. La política de reconstrucción del presidente Johnson provocó la indignación de muchos republicanos radicales en el Congreso, quienes consideraban que era demasiado tolerante con los estados del Sur. Los republicanos radicales querían que el Sur fuera castigado como un enemigo que había estado en guerra con la Unión. Cuando las legislaturas del Sur promulgaron los **Códigos Negros** (conjunto de leyes que restringía los derechos de la población afroestadounidense), los radicales afirmaron que los estados sureños estaban tratando de evitar cumplir con la Decimotercera Enmienda. Los radicales apoyaron a la **Oficina de Refugiados, Libertos y Tierras Abandonadas** (*Freedmen's Bureau*), que asistió considerablemente a los esclavos liberados.

Cuando los radicales hicieron aprobar leyes en el Congreso que protegían las libertades de los esclavos liberados, el presidente Johnson vetó algunas de ellas. No obstante, los radicales consiguieron aprobar la **Decimocuarta Enmienda**, que otorgaba la ciudadanía a los esclavos liberados, y la **Decimoquinta Enmienda**, que prohibía la imposición de restricciones para votar basadas en la raza.

EJERCICIO 14

La guerra de Secesión y la reconstrucción

Instrucciones: Elija la mejor respuesta para cada una de las preguntas siguientes.

1. Coloque una X delante de cada frase que represente una causa que llevó a la guerra de Secesión.

_______ Falta de tierras de cultivo para una población en crecimiento.

_______ La expansión de la esclavitud a los nuevos territorios.

_______ La guerra con México.

_______ Las diferencias entre el Norte y el Sur en cuestiones económicas.

_______ La elección de Abraham Lincoln como Presidente.

_______ Las nuevas enmiendas a la Constitución de los Estados Unidos.

La pregunta 2 está basada en la línea de tiempo siguiente.

Acontecimientos producidos en la guerra de Secesión durante 1865

15 de enero	3 de febrero	19 de febrero	3 de marzo	25 de marzo–2 de abril	3–4 de abril	9 de abril	14 de abril
1,841 muertos en la batalla de Fort Fisher, Carolina del Norte	Lincoln y la Comisión de Paz Confederada se reúnen en Virginia	Las fuerzas confederadas abandonan Charleston, Carolina del Sur	El Congreso crea la Oficina de Refugiados, Libertos y Tierras Abandonadas	17,000 muertos en la batalla de Petersburgo, en Virginia	Lincoln llega a Richmond	El general Lee se rinde en el juzgado de Appomattox, Virginia	Lincoln es asesinado

2. Basándose en la información contenida en la línea de tiempo, ¿cuál de las afirmaciones siguientes es verdadera?

A. Enero fue el mes en que hubo más muertes en 1865.
B. En 1865 se libraron más batallas que en cualquier otro año de la guerra de Secesión.
C. El presidente Lincoln fue asesinado menos de una semana después de la finalización de la guerra de Secesión.
D. La mayor parte de la acción militar durante los últimos años de la guerra se desarrolló en Carolina del Norte.

Véanse las respuestas en la página 871.

Los Estados Unidos se convierten en una potencia industrial

Los Estados Unidos experimentaron dos revoluciones industriales. La primera comenzó en 1793, con la invención de la **desmotadora**. Esta máquina podía procesar en un día la misma cantidad de algodón que 1,000 esclavos. En las plantaciones del Sur, los beneficios obtenidos se multiplicaron 10 veces. La invención del barco a vapor, que podía navegar contra la corriente, permitió que se transportaran grandes cantidades de algodón hacia el norte, lo que hizo posible el desarrollo de una pujante industria textil en la región de Nueva Inglaterra.

El primer sistema nacional de transporte en los Estados Unidos incluía canales, caminos pavimentados y **ferrocarriles transcontinentales**, que unían la costa este con la oeste y que fueron completados en 1869. El propósito del sistema nacional de transporte era unir las regiones agrícolas con las industriales y posibilitar la expansión del comercio a nuevos territorios y mercados. Por ejemplo, el desarrollo del ferrocarril hizo posible el rápido crecimiento de la producción ganadera en la década de 1870. Los ferrocarriles transportaban el ganado hacia el norte a los mataderos de Chicago. A medida que se incrementaban las ganancias, también crecían los pueblos y aumentaba el desplazamiento de los colonos.

No existieron normas de seguridad ni regulaciones sobre los salarios de los obreros hasta después de la guerra de Secesión. Los propietarios pagaban salarios lo más bajos posible, exigían entre 60 y 85 horas semanales de trabajo y despreciaban las condiciones de seguridad porque la llegada constante de nuevos inmigrantes les permitía reemplazar fácilmente a los trabajadores disconformes o lastimados. Los trabajadores de las fábricas estaban expuestos, además, a niveles altos de contaminación ambiental. En el mejor de los casos, el manejo de la maquinaria era peligroso, y esos peligros aumentaban proporcionalmente con el agotamiento de los trabajadores. Los **sindicatos** y las regulaciones federales para la protección de los trabajadores finalmente llegaron con la segunda revolución industrial.

Una segunda revolución industrial se produjo durante la época posterior a la guerra de Secesión. Las comunicaciones instantáneas de larga distancia (telégrafo, teléfono), la aparición de máquinas que podían reproducir letras de imprenta perfectas (máquinas de escribir) y el uso de la luz artificial (bombillas eléctricas), a un precio asequible y en forma constante, provocaron cambios considerables en la forma de vida y de trabajo de las personas. Antes de la electricidad, la mayoría de las personas se levantaba cuando salía el sol y se iba a dormir cuando se ponía; cuando se perfeccionó el uso de la electricidad, las personas podían trabajar o dedicarse a sus cosas en habitaciones perfectamente iluminadas durante toda la noche si así lo deseaban.

El **procedimiento Bessemer**, que hizo posible la fabricación en serie de acero a partir del hierro, produjo un crecimiento de la producción de acero y se convirtió en el factor más importante del éxito de la segunda revolución industrial. Los propietarios y responsables de las industrias pesadas y de la construcción a gran escala hicieron fortunas, y muchas de las ciudades estadounidenses se convirtieron en bosques de rascacielos, puentes suspendidos y líneas de ferrocarriles elevadas. Con el ascenso del **Partido Progresista** y la creación de los sindicatos, los trabajadores también pudieron gozar de algunos de los beneficios de su trabajo.

EJERCICIO 15

Los Estados Unidos se convierten en una potencia industrial

Instrucciones: Elija la mejor respuesta para cada una de las preguntas siguientes.

Las preguntas 1 y 2 están basadas en la caricatura política siguiente de 1896.

"Estoy convencido de que los trabajadores están con nosotros."
Caricatura realizada por Homer Davenport.

1. La caricatura muestra a un hombre con un pie apoyado en bolsas de dinero. Esta imagen representa:

A. A un minero de carbón en huelga.
B. A un industrial adinerado.
C. A un diplomático extranjero.
D. Al presidente Ulysses S. Grant.

2. El hombre de la caricatura tiene en su mano un látigo que envuelve una calavera con la inscripción "Trabajo" ("*Labor*"). El caricaturista probablemente quiso indicar que el hombre sentado:

A. Pertenecía al Partido Progresista.
B. Quería restringir la inmigración.
C. No apoyaba la creación de los sindicatos.
D. Favorecía el ataque a países extranjeros.

Véanse las respuestas en la página 871.

Los Estados Unidos se convierten en una potencia mundial

A comienzos del siglo XX, los Estados Unidos eran una nación rica y poderosa, pero no una potencia mundial. Ocupados en cuestiones internas, como la guerra de Secesión, la reconstrucción, la industrialización y la expansión hacia el oeste, los Estados Unidos no habían participado activamente en los asuntos mundiales. En 1900, Europa occidental dominaba tanto la política como la economía mundiales. Gran Bretaña, Francia, el Imperio austrohúngaro, Rusia y la recientemente unificada Alemania eran las **grandes potencias** del mundo.

Los Estados Unidos tenían muchos motivos para establecer colonias. El primer motivo era la necesidad de aumentar el número de socios comerciales, socios que pudieran suministrar en términos más favorables recursos naturales que los Estados Unidos no tenían, como café, caucho y azúcar. El segundo motivo era el establecimiento de bases navales. El tercero era simplemente demostrar al mundo el poderío de los Estados Unidos, una potencia que las otras naciones tendrían que reconocer. Entre 1898 y 1903, los Estados Unidos anexaron Hawaii, Guam, Puerto Rico y las Filipinas, convirtieron a Cuba en un **protectorado**, y se hicieron cargo de la construcción del Canal de Panamá. Los Estados Unidos conservarían el control de esta importante ruta comercial durante casi todo el siglo XX.

EJERCICIO 16

Los Estados Unidos se convierten en una potencia mundial

Instrucciones: Elija la mejor respuesta para la pregunta siguiente.

La pregunta 1 está basada en la caricatura política siguiente, de la época de la guerra hispano-estadounidense (1898).

1. En la caricatura, una "diosa de la libertad" pregona la paz (*Peace*) para Cuba, Puerto Rico y las Filipinas. El hombre sentado detrás representa a:

   A. Europa.
   B. Los Estados Unidos.
   C. Abraham Lincoln.
   D. El rey de España.

Véase la respuesta en la página 871.

La Primera Guerra Mundial

La Primera Guerra Mundial —llamada en su época la "Gran Guerra"— marca el comienzo de la participación de los Estados Unidos en los asuntos mundiales. La guerra empezó en 1914 como un conflicto territorial entre naciones europeas, con las Potencias Centrales (Alemania y Austria) en un bando y la Triple Entente, o los Aliados (Gran Bretaña, Francia y Rusia), en el otro. Hasta 1916, los Estados Unidos solo suministraban dinero y armas a los Aliados; a fines de 1917, las tropas estadounidenses se sumaron a los combates, y en noviembre de 1918, las Potencias Centrales se rindieron.

A pesar de haber entrado en acción una vez avanzado el conflicto, los Estados Unidos fueron tratados como socios en la **Conferencia de Paz**, primera ocasión en la historia en que una nación no europea desempeñaba un rol importante en el acuerdo de paz de una guerra entre europeos. Los Estados Unidos desempeñaron un rol pequeño pero crucial en el campo de batalla, pero finalizaron la guerra en una posición militar y económica de mucha mayor fortaleza que las naciones europeas, que sufrieron pérdidas considerables. Irónicamente, el sueño del presidente Woodrow Wilson de crear una **Liga de Naciones** —una organización internacional que permitiera resolver las diferencias en una mesa de conferencias, dejando el uso de las armas como último recurso— se concretó sin la participación de los Estados Unidos.

EJERCICIO 17

La Primera Guerra Mundial

Instrucciones: Elija la mejor respuesta para cada una de las preguntas siguientes.

Las preguntas 1 y 2 están basadas en la caricatura política siguiente. La caricatura fue publicada en 1919 y se refiere a la creación de la Liga de Naciones. El cartel que aparece en la esquina superior izquierda dice: "El puente de la Liga de Naciones fue diseñado por el Presidente de los Estados Unidos". En la parte izquierda del puente dice: "Bélgica-Francia", y en la de la derecha: "Inglaterra-Italia". Por último, la figura reclinada está apoyada en una piedra que dice: Piedra angular–Estados Unidos.

La brecha en el puente

Caricatura realizada por Leonard Raven-Hill.
Publicada en la revista *Punch* el 10 de diciembre de 1919.

1. La figura reclinada que aparece en la caricatura puede ser descrita como:

A. Indiferente.
B. Entusiasta.
C. Enfadada.
D. Avergonzada.

2. El autor de la caricatura sugiere que la Liga de Naciones:

A. Tiene demasiados miembros y no necesita de los Estados Unidos.
B. Tendrá sus sedes en Inglaterra e Italia y no en Bélgica y Francia.
C. No tendrá éxito sin la participación de los Estados Unidos.
D. Necesita construir un puente entre Francia e Inglaterra.

Véanse las respuestas en la página 871.

La Gran Depresión

La Gran Depresión comenzó con el **crac** del **mercado bursátil** en octubre de 1929. Si bien los Estados Unidos habían superado muchas crisis financieras desde 1790, esta crisis fue la peor y la más prolongada en el tiempo de todas las crisis económicas en la historia de los Estados Unidos.

La causa única de la quiebra del mercado bursátil fue la **especulación** (*margin buying*), práctica cada vez más extendida desde 1920. Los especuladores pedían prestado dinero para comprar acciones en la bolsa, que vendían rápidamente cuando las acciones subían de precio. El gran número de especuladores provocaba fluctuaciones constantes en el precio de las acciones, en la mayoría de los casos ascendentes. Esto significa que el mercado floreciente estaba construido sobre la base de deudas impagas. Cuando los compradores perdieron la confianza en el mercado y comenzaron a vender sus acciones, los precios cayeron y las deudas contraídas se volvieron impagables. Los bancos empezaron a quebrar porque la gente no podía cancelar sus deudas. Cuando un banco cerraba sus puertas, todos los que tenían una cuenta en ese banco perdían su dinero, pues no existía ningún mecanismo para proteger a los titulares de cuentas de esa pérdida. En toda la nación, los comercios comenzaron a cerrar y a despedir a sus empleados. Los propietarios de viviendas desalojaron a los inquilinos que no podían pagar el alquiler. Millones de individuos no pudieron hacer frente al pago de las hipotecas y perdieron sus casas. Todas las clases sociales y económicas resultaron afectadas por esta crisis.

La quiebra de negocios y bancos coincidió con una terrible **sequía** en la zona de las Grandes Llanuras, que convirtió a los 50 millones de acres del granero del país en un **cuenco de polvo**. La capa superior del suelo era una delgada cubierta superpuesta sobre tierra seca y dura. Sin lluvias que la mantuvieran húmeda y sujeta, la capa superior se desprendió durante las **tormentas de polvo**, y las cosechas se perdieron. Miles de granjeros pequeños perdieron todo lo que tenían. Estos granjeros, que provenían mayoritariamente de Oklahoma, migraron hacia el oeste, con la esperanza de poder empezar de nuevo en el clima favorable de California. Lo único que encontraron fue hostilidad, prejuicios y salarios de hambre.

Muchos ciudadanos estadounidenses culparon de la Gran Depresión al presidente Herbert Hoover, quien no supo predecirla ni pudo tampoco resolverla. La gente que había perdido sus casas construyó barrios de chabolas, que llamaron "**Hoovervilles**" en irónico tributo al Presidente. En 1932, Hoover perdió las elecciones ante Franklin Delano Roosevelt con una derrota aplastante.

Roosevelt atacó inmediatamente la crisis financiera. Sus programas del **Nuevo Trato** (*New Deal*) crearon millones de nuevos puestos de trabajo y recuperaron la confianza en los bancos del país con una política financiera de apoyo. Durante el primer mandato de Roosevelt, el desempleo disminuyó alrededor de un 8 por ciento. En 1936, como era de esperar, fue reelecto con la victoria más concluyente en 100 años.

EJERCICIO 18

La Gran Depresión

Instrucciones: Elija la mejor respuesta para cada una de las preguntas siguientes.

1. ¿Cuál de las siguientes afirmaciones está basada en la información contenida en esta sección?

A. Las Grandes Llanuras fueron la zona menos afectada por la Gran Depresión.
B. Técnicas de cultivo apropiadas son esenciales para mantener un suelo sano.
C. Inmigrantes de Nueva York y California se asentaron alrededor de 1930 en la zona de la sequía.
D. Alrededor de 1930, se perdieron todas las cosechas en la zona de las Grandes Llanuras debido a la sequía y a las tormentas de polvo.

La pregunta 2 está basada en la gráfica siguiente.

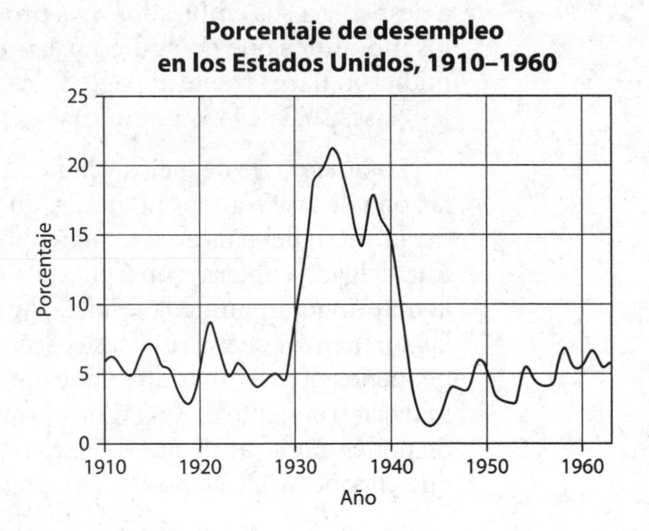

2. Según la gráfica, el porcentaje de desempleo en los Estados Unidos alcanzó un máximo de 21 por ciento en:

A. 1924.
B. 1934.
C. 1941.
D. 1949.

Véanse las respuestas en la página 871.

La Segunda Guerra Mundial

Fue necesaria la Segunda Guerra Mundial para sacar a la economía de los Estados Unidos de la Gran Depresión y llevarla de nuevo al camino de la prosperidad. El servicio militar obligatorio y el cambio a una economía orientada a la guerra dieron trabajo a millones de estadounidenses. Los Estados Unidos entraron en guerra oficialmente en diciembre de 1941, después de que Japón atacara la base naval estadounidense en Pearl Harbor, Hawaii. Los Estados Unidos participaron en la guerra en dos frentes: se unieron a Gran Bretaña en su lucha contra la Alemania nazi, en Europa occidental, y enviaron tropas al Pacífico para combatir a los japoneses. Los Estados Unidos se convirtieron en un formidable aliado contra Alemania por su casi ilimitada mano de obra y su capacidad de producir un flujo continuo de suministros militares y armas.

La guerra en Europa terminó durante la primavera de 1945; Japón continuó su lucha hasta que los Estados Unidos lanzaron bombas atómicas sobre Hiroshima y Nagasaki a finales de agosto de 1945. En la Conferencia de Paz de Potsdam, en Alemania, quedó claro que los Estados Unidos y la Unión Soviética eran las únicas potencias restantes en el mundo. La industria de las municiones revitalizó completamente la economía estadounidense; las bajas estadounidenses fueron pocas comparadas con las de los países europeos, y los Estados Unidos no formaron parte de las zonas de combate y su territorio no resultó afectado físicamente. Si bien Gran Bretaña, Francia y el resto de los países europeos consiguieron recuperarse con el tiempo, nunca volvieron a ser las mismas potencias de antes del conflicto.

Cuando se produjo el ataque de Japón sobre Pearl Harbor, más de 110,000 estadounidenses de ascendencia japonesa vivían en la costa oeste de los Estados Unidos. El gobierno estadounidense, temiendo que pudieran realizar actos de espionaje o de sabotaje en esa parte del país, decidió trasladarlos a campos de confinamiento ubicados en el centro del país y en otras partes de California hasta la finalización de la guerra. Los Estados Unidos reconocieron posteriormente que ese confinamiento había sido una violación de los derechos humanos y civiles de los ciudadanos.

EJERCICIO 19

La Segunda Guerra Mundial

Instrucciones: Lea el pasaje siguiente y responda luego la pregunta.

> La defensa armada de la existencia democrática se está librando ahora con gallardía en cuatro continentes. Si esa defensa falla, toda la población y todos los recursos de Europa y Asia, y África y Austral-Asia serán dominados por los conquistadores. Y recordemos que el total de esas poblaciones en los cuatro continentes, el total de esas poblaciones y sus recursos excede en gran medida la suma total de la población y los recursos de todo el Hemisferio Occidental. Sí, muchas veces.

En tiempos como estos, es inmaduro —y, por cierto, falso— para cualquiera presumir de que una América sin preparación, con una sola mano y con una mano atada a la espalda, pueda contener a todo el mundo.

—Fragmento del discurso pronunciado ante el Congreso por el presidente Franklin Roosevelt el 6 de enero de 1941.

1. ¿Cuál era el mensaje que el presidente Roosevelt quería transmitirle al Congreso y al pueblo estadounidense?

A. Los Estados Unidos podían vencer fácilmente a cualquier enemigo en el mundo.
B. Otros países defenderían la democracia, así que los Estados Unidos no debían preocuparse por ello.
C. La defensa de la democracia era una causa perdida.
D. Los estadounidenses debían empezar a prepararse seriamente para la guerra.

Véase la respuesta en la página 872.

Los Estados Unidos de la posguerra

Al finalizar la Segunda Guerra Mundial, los Estados Unidos experimentaron una era de prosperidad y abundancia, luego de los tiempos duros de la Gran Depresión. En 1944, la **Ley de asistencia para la readaptación de los veteranos de guerra** (*GI Bill*, o *Servicemen's Readjustment Act*) fue aprobada por el Congreso. Esta ley otorgaba beneficios a los veteranos para ayudarlos en su reinserción social después de haber prestado servicios al país. Por esta ley, se prestó asistencia inmediata a hombres y mujeres. Aunque con el tiempo se introdujeron algunos cambios, la ley original incluía los beneficios siguientes:

- Financiación para la educación y la capacitación.
- Préstamos garantizados a bajo interés para la adquisición de viviendas, el comercio o la agricultura.
- Un año de seguro de desempleo si el veterano no podía conseguir trabajo.

La ley otorgaba a los veteranos de guerra la posibilidad de recibir educación universitaria, comprar una casa o una granja, concurrir a una escuela de capacitación para una profesión específica, o comenzar un negocio. Esto ayudó a muchos veteranos a contraer matrimonio, fundar una familia y mudarse a los recientemente construidos **barrios periféricos**. La gente empezó a comprar autos, equipos de televisión y otros bienes de consumo.

También después de la guerra, los estadounidenses contribuyeron a la reconstrucción de los países europeos devastados por el conflicto. El secretario de Estado George Marshall propuso un plan de ayuda para reconstruir Europa que brindaría estabilidad política y fortalecería la economía mundial. En 1948, el Congreso aprobó la Ley de cooperación económica, conocida como el **Plan Marshall**, que contribuyó a recuperar la productividad en la agricultura y la industria, prevenir hambrunas y evitar el caos político en los países europeos.

EJERCICIO 20

Los Estados Unidos de la posguerra

Instrucciones: Elija la mejor respuesta para cada una de las preguntas siguientes.

Las preguntas 1 y 2 están basadas en el pasaje siguiente.

> El sistema moderno de la división del trabajo sobre el que se basa el intercambio de productos corre el riesgo de colapsar... Dejando a un lado el efecto desmoralizador sobre el ancho mundo y las posibilidades de desórdenes resultantes de la desesperación de la gente afectada, las consecuencias para la economía de los Estados Unidos parecen evidentes a todos. Es lógico que los Estados Unidos hagan todo lo que puedan para contribuir al regreso de un estado de salud normal de la economía en el mundo, sin lo cual no puede haber estabilidad política ni una paz garantizada. Nuestra política está dirigida no en contra de algún país o doctrina sino en contra del hambre, la pobreza, la desesperación y el caos... Cualquier gobierno que esté dispuesto a ayudar en la tarea de la recuperación, encontrará, estoy seguro de ello, plena cooperación por parte del Gobierno de los Estados Unidos... Su objetivo debe ser la reactivación de una economía operante en el mundo, de forma que permita la aparición de condiciones políticas y sociales en las que puedan existir instituciones libres.
>
> —*Fragmento del discurso pronunciado sobre el Plan Marshall por el secretario de Estado George C. Marshall el 5 de junio de 1947.*

1. Basándose en el fragmento, se puede inferir que Marshall:

A. Quería que los derrotados Alemania y Japón pagaran por la recuperación de la economía del mundo, al finalizar la Segunda Guerra Mundial.
B. Pensaba que los Estados Unidos debían encabezar los esfuerzos de recuperación de la economía mundial.
C. Prefería dejar que los aliados europeos solucionaran sus propios problemas económicos.
D. Creía que solo los aliados de los Estados Unidos debían recibir la ayuda económica.

2. ¿Con cuál de las afirmaciones siguientes habría estado de acuerdo el secretario de Estado Marshall?
   A. Los Estados Unidos no deberían volver a participar en los asuntos internacionales.
   B. La mayor amenaza para la estabilidad de Europa la representan los partidos políticos que promueven la democracia.
   C. La prosperidad solo es posible en condiciones de estabilidad política y social.
   D. Los esfuerzos de ayuda para la recuperación económica después de la guerra deberían concentrarse en los países aliados de los Estados Unidos.

Véanse las respuestas en la página 872.

La Guerra Fría

En asuntos exteriores, los últimos años de la década de 1940 marcaron el inicio de una nueva era de confrontación, llamada la **Guerra Fría**, entre las dos **superpotencias**: los Estados Unidos y la Unión Soviética. Con políticas económicas y sistemas políticos opuestos, los dos aliados en la Segunda Guerra Mundial no tardaron mucho en convertirse en enemigos. Durante la Guerra Fría, cada superpotencia trató de contener la esfera de influencia de la otra. La guerra se llamó "fría" porque los enemigos nunca combatieron militarmente.

Para contrarrestar la amenaza soviética, los Estados Unidos y sus aliados europeos crearon una alianza militar llamada **Organización del Tratado del Atlántico Norte** (OTAN). En 1947, el presidente Harry Truman solicitó ayuda militar y económica inmediata para Grecia y Turquía, para proteger a esos países de una posible toma del poder por militantes comunistas respaldados por la Unión Soviética. Según la **Doctrina Truman**, los Estados Unidos prometían ayuda similar a todos los gobiernos amenazados por el comunismo.

Alemania fue otro frente de la Guerra Fría. Al finalizar la Segunda Guerra Mundial, Alemania fue dividida en dos: Alemania Occidental y Alemania Oriental. Alemania Oriental se convirtió en un país comunista dominado por la Unión Soviética, mientras que Alemania Occidental pasó a ser un aliado no comunista de los Estados Unidos, Gran Bretaña y Francia. La ciudad de Berlín también fue dividida. En 1948, la Unión Soviética trató de forzar la salida de la ciudad de los Estados Unidos y sus aliados con un bloqueo de los accesos. Los aliados respondieron con el envío de suministros por avión a Berlín, lo que se denominó el **puente aéreo de Berlín**. En 1961, los alemanes orientales construyeron el Muro de Berlín para separar su parte de la ciudad de la parte controlada por los aliados. Mientras tanto, la Unión Soviética junto con Alemania Oriental, Hungría, Polonia, Rumania, Bulgaria y Checoslovaquia crearon su propia alianza militar, llamada **Pacto de Varsovia**.

Cuando se produjeron guerras civiles en Corea y Vietnam, la Unión Soviética respaldó, en cada caso, a uno de los bandos en conflicto y los Estados Unidos respaldaron al otro. La guerra de Corea terminó en un punto muerto, mientras que la guerra de Vietnam culminó con un triunfo comunista.

La Guerra Fría empezó a perder fuerza en la década de 1980, cuando **Mikhail Gorbachev** se convirtió en el líder de la Unión Soviética. Gorbachev flexibilizó los controles sobre la sociedad soviética y sobre los países miembros del Pacto de Varsovia. En 1989, esos países depusieron a sus gobiernos comunistas y rompieron con el control de la Unión Soviética. Poco después, se produjo la reunificación de Alemania. En 1991, la Unión Soviética se desintegró, cuando el comunismo dejó de ser económicamente sustentable. El gobierno soviético fue reemplazado por gobiernos no comunistas en Rusia y las otras repúblicas independientes, poniéndose así fin a la Guerra Fría.

EJERCICIO 21

La Guerra Fría

Instrucciones: Elija la mejor respuesta para la pregunta siguiente.

1. ¿Cuál de las afirmaciones siguientes es falsa?

A. La Doctrina Truman, aplicada por primera vez en el caso de Grecia y Turquía, fue empleada posteriormente en otros países bajo la amenaza comunista.

B. A pesar de que ya había terminado la Segunda Guerra Mundial, los estadounidenses siguieron dispuestos a desempeñar un rol activo en los asuntos mundiales.

C. El fin de la Guerra Fría fue consecuencia, en parte, de cambios de política introducidos por el gobierno soviético.

D. Los intentos de la Unión Soviética de expulsar a los Estados Unidos y sus aliados de Berlín finalmente tuvieron éxito.

Véase la respuesta en la página 872.

Movimientos por los derechos civiles y por la igualdad de la mujer

En los Estados Unidos de la posguerra, la discriminación racial continuaba siendo un problema grave. En muchos estados, particularmente en el Sur, las llamadas "leyes de Jim Crow", aprobadas a finales del siglo XIX y comienzos del XX, imponían un sistema de **segregación** legal, o separación de razas. Las leyes que disponían lugares "separados pero iguales" para las diferentes razas fueron defendidas por el Tribunal Supremo en el caso llamado **Plessy v. Ferguson** (1896).

Después de la Segunda Guerra Mundial, el **Movimiento por los Derechos Civiles** comenzó a afianzarse. Los estadounidenses, ansiosos por asumir el liderazgo del "mundo libre" contra el comunismo, comenzaron a darse cuenta de que la segregación legal de los afroestadounidenses comprometía seriamente su posición. Además, los afroestadounidenses que habían combatido por la libertad en el extranjero no estaban dispuestos a aceptar restricciones legales cuando volvieron a casa. El presidente Harry S. Truman ordenó la integración racial en el ejército de los Estados Unidos.

En 1954, el Tribunal Supremo, en el caso ***Brown v. Consejo de Educación***, tomó una decisión histórica. El Tribunal, encabezado por su presidente, **Earl Warren**, declaró inconstitucional separar a los alumnos de las escuelas públicas por raza. Durante la década siguiente, los afroestadounidenses realizaron protestas pacíficas y practicaron la desobediencia civil para reclamar contra la segregación racial. Estudiantes afroestadounidenses organizaron una serie de **sentadas** que pusieron fin a la segregación en lugares públicos. Martin Luther King, Jr., un clérigo de Georgia, organizó y encabezó muchas de estas protestas, que a menudo fueron repelidas con violencia.

En respuesta al aumento de la simpatía pública por los manifestantes, el Congreso aprobó la **Ley de derechos civiles de 1964** (*Civil Rights Act*), que declaró ilegal la discriminación en escuelas, universidades, lugares de trabajo y en sitios públicos, como restaurantes y transportes. Esta ley fue seguida por la **Ley de derecho al voto de 1965** (*Voting Rights Act*), que prohibió cualquier restricción que pudiera impedir el voto de los afroestadounidenses.

En la sociedad de posguerra, las mujeres comenzaron también a protestar contra la discriminación. Las mujeres habían adquirido en 1919 el derecho al voto a través de la **Decimonovena Enmienda** a la Constitución de los Estados Unidos, pero no eran consideradas para muchos empleos y posiciones de influencia en la sociedad. Durante la Segunda Guerra Mundial, muchas mujeres debieron desempeñar tareas que tradicionalmente eran realizadas por hombres (incluido el servicio militar) y demostraron su capacidad. Después de la guerra, las mujeres ya no se conformaron con el viejo supuesto de que todas sus ambiciones se reducían al matrimonio y a la cría de hijos. En la década de 1960, más y más mujeres concurrían a las universidades y empezaban a competir por trabajos profesionales calificados. La propuesta de una enmienda a la Constitución que garantizara la igualdad de derechos no fue aprobada, pero las mujeres estadounidenses dieron grandes pasos hacia la igualdad social y legal durante las últimas décadas del siglo XX.

EJERCICIO 22

Movimientos por los derechos civiles y por la igualdad de la mujer

Instrucciones: Elija la mejor respuesta para cada una de las preguntas siguientes.

La pregunta 1 está basada en el pasaje siguiente.

> Nuestra constitución es ciega al color, y no conoce ni tolera clases entre los ciudadanos.
>
> —*Fragmento de una declaración del juez John Marshall Harlan, el único juez del Tribunal Supremo que se opuso a la decisión en el caso* Plessy v. Ferguson.

1. ¿En qué forma difiere la opinión del juez Harlan de la de los otros jueces? Él creía que:

A. Todas las razas y todas las clases gozaban de los mismos derechos.
B. La Constitución defendía la idea de "separados pero iguales".
C. Los derechos civiles debían estar basados en la clase, pero no en la raza.
D. Los ciudadanos tendrán las mismas oportunidades, incluso si la ley los mantiene separados.

La pregunta 2 está basada en el fragmento siguiente, del discurso que la congresista Shirley Chisholm pronunciara en 1969 ante la Cámara de Representantes, en ocasión de la reintroducción de la Enmienda de Igualdad de Derechos para su consideración.

> Más de la mitad de la población de los Estados Unidos pertenece al sexo femenino. Pero las mujeres ocupan solo el 2 por ciento de los puestos directivos. Ni siquiera han alcanzado todavía un nivel simbólico de incorporación. No hay mujeres que se sienten en el consejo de la AFL-CIO o en el Tribunal Supremo. Solo dos mujeres han ocupado puestos de rango ministerial, y en la actualidad no hay ninguna. Solo dos mujeres tienen ahora rango de embajador en el cuerpo diplomático. En el Congreso, contamos con una senadora y 10 representantes. Teniendo en cuenta que hay cerca de 3.5 millones más de mujeres que de hombres en los Estados Unidos, esta situación es indignante. . .

Las leyes existentes no son suficientes para asegurar la igualdad de derechos para las mujeres. Prueba suficiente de ello es la concentración de mujeres en puestos de trabajos de baja categoría y paga reducida, generalmente domésticos y poco gratificantes, y su escasez notable en los puestos de trabajo de nivel superior. Si las mujeres ya son iguales, ¿por qué es todo un acontecimiento cada vez que una es elegida miembro del Congreso?

2. Basándose en el fragmento, ¿cuál de las afirmaciones siguientes refleja la opinión de la congresista Chisholm?

A. Porque hay más mujeres que hombres en los Estados Unidos, las mujeres deberían recibir un tratamiento especial en la Constitución.
B. Muy pocas mujeres han prestado servicios en posiciones de nivel superior en el poder ejecutivo.
C. La contratación de mujeres para posiciones superiores en las empresas privadas o en el gobierno tiene un carácter solo simbólico.
D. La falta de representación de las mujeres en las empresas privadas y el gobierno federal es prueba de que las mujeres no tienen igualdad de derechos.

Véanse las respuestas en la página 872.

La Gran Sociedad, la guerra de Vietnam y el escándalo de Watergate

Cuando **Lyndon B. Johnson** ocupó el cargo de Presidente en 1963, después del asesinato del presidente John F. Kennedy, trató de completar algunos de los programas ya iniciados por Kennedy. Johnson no solo persuadió al Congreso de aprobar la Ley de derechos civiles de 1964 (véase la sección anterior), sino también la **Ley de oportunidades económicas de 1964** y otras medidas tendientes a aliviar la pobreza y a aumentar el empleo. Johnson declaró su intención de crear una **Gran Sociedad** en la que no existiera la pobreza.

Sin embargo, a partir de 1965, el gobierno de Johnson se vio cada vez más envuelto en la **guerra de Vietman**, un esfuerzo por impedir el control comunista sobre un país del sudeste asiático. Con el tiempo, más de 600,000 soldados estadounidenses fueron enviados a Vietnam, pero la victoria sobre la guerrilla vietnamita resultó imposible. A medida que avanzaba la guerra, empezaron a producirse protestas en los Estados Unidos. Finalmente, en 1968, comenzaron las conversaciones de paz y Johnson se retiró de la vida pública.

Su sucesor en el cargo de Presidente, Richard M. Nixon, continuó con las conversaciones de paz pero también con la guerra por otros cuatro años. Las tropas estadounidenses no se retiraron de Vietnam hasta 1973. Durante la campaña presidencial de 1972, unos aparentes ladrones fueron arrestados en la sede del Comité Nacional del Partido Demócrata, en el edificio Watergate, en Washington, D.C. Finalmente, se comprobó que los supuestos ladrones tenían contacto con el gobierno de Nixon y que funcionarios de la Casa Blanca trataban de encubrir esa relación. Ante la posibilidad de un juicio político por el **escándalo de Watergate**, Nixon renunció al cargo de Presidente en 1974.

EJERCICIO 23

La Gran Sociedad, la guerra de Vietnam y el escándalo de Watergate

Instrucciones: Elija la mejor respuesta para cada una de las preguntas siguientes.

1. ¿Cuál de las afirmaciones siguientes representa una opinión y no un hecho?

A. A pesar del comienzo de las conversaciones de paz en 1968, las fuerzas estadounidenses permanecieron en Vietnam hasta 1973.
B. Como Presidente, Lyndon Johnson trató de continuar con las políticas establecidas por el presidente John Kennedy.
C. Las protestas contra la guerra de Vietnam fueron perjudiciales para la nación e irrespetuosas para con los soldados que prestaron servicios.
D. La renuncia del presidente Nixon en 1974 fue consecuencia directa de la participación de su gobierno en el escándalo de Watergate.

La pregunta 2 está basada en el pasaje siguiente.

> Aunque el bienestar económico y la prosperidad de los Estados Unidos han progresado a un nivel que supera cualquier logro en la historia del mundo, y aunque estos beneficios son ampliamente compartidos en toda la Nación, la pobreza sigue siendo el destino de un número sustancial de nuestros ciudadanos. Los Estados Unidos pueden alcanzar su potencial económico y social como nación solo si cada individuo tiene la oportunidad de contribuir en la medida de sus capacidades y de participar en el funcionamiento de nuestra sociedad. Es, por lo tanto, la política de los Estados Unidos eliminar la paradoja de la pobreza en medio de la abundancia en esta Nación mediante la apertura a todo el mundo de la oportunidad de educación y formación, la oportunidad de trabajar y la oportunidad de vivir en la decencia y la dignidad. Es el propósito de esta Ley fortalecer, complementar y coordinar esfuerzos en la promoción de esa política.
>
> —*Fragmento de la Declaración de propósitos de la Ley de oportunidades económicas (1964).*

2. ¿Cuál de las afirmaciones siguientes representa la idea central del fragmento?

   A. Nadie debería vivir en la pobreza en un país tan próspero.
   B. Si todos pudieran tener acceso a una educación de calidad, la nación sería aún más próspera.
   C. Mucha gente en nuestra sociedad son ricos; sin embargo, unos pocos están forzados a vivir en la pobreza.
   D. Puesto que todos pueden contribuir su máximo potencial, nuestro país ha progresado más que ningún otro.

Véanse las respuestas en la página 872.

Presidencias de finales del siglo XX y comienzos del siglo XXI

Ronald Reagan, antiguo actor de Hollywood y ex gobernador republicano de California, ocupó el cargo de Presidente por dos mandatos, entre 1980 y 1988. Su administración implementó programas muy conservadores, tanto política como económicamente, que tendrían efectos prolongados. Las tasas impositivas fueron rebajadas y las regulaciones sobre la industria flexibilizadas en un esfuerzo por estimular el crecimiento económico. También se produjo un rearme militar de grandes proporciones. En asuntos exteriores, el gobierno de Reagan mantuvo una agresiva política anticomunista y apoyó a los rebeldes que combatían a gobiernos de América Central. Sin embargo, esta política, que incluía el suministro secreto de fondos a los rebeldes provenientes de la venta de armas a Irán, fue muy cuestionada y terminó en el llamado escándalo Irán-Contra.

La política en la década de 1990 estuvo dominada por el demócrata **Bill Clinton**, quien cumplió dos mandatos como Presidente de 1992 a 2000. Los logros del gobierno de Clinton fueron principalmente internos. En un período de gran prosperidad financiera, con tasas de pobreza y de desempleo muy bajas, el gobierno de Clinton introdujo diversas políticas sociales, como la Ley de licencia por cuestiones familiares y médicas (*Family and Medical Leave Act*) y la reforma al sistema de prestaciones sociales. Las barreras comerciales entre los Estados Unidos, el Canadá y México disminuyeron considerablemente con la aplicación del Tratado de Libre Comercio de América del Norte (TLCAN), estimulando así las importaciones y exportaciones entre estos tres países.

El republicano **George W. Bush** sucedió a Clinton en 2001, y ocupó el cargo de Presidente por dos mandatos. Su presidencia fue controvertida desde un comienzo por el resultado de la **elección presidencial de 2000**, en la que Bush enfrentó a Al Gore, vicepresidente de Clinton. El cómputo de votos en Florida fue tan cerrado que hubo que realizar un recuento obligatorio. El Tribunal Supremo ordenó la suspensión del recuento (caso *Bush v. Gore*), y de esa manera otorgó los votos electorales de Florida a Bush. Estos votos le permitieron imponerse en el Colegio Electoral y obtener la Presidencia, a pesar de que Al Gore se había impuesto en el voto popular.

El **11 de septiembre de 2001**, los Estados Unidos fueron víctimas de un ataque terrorista coordinado, conducido por miembros de un grupo ultraislamista llamado **al-Qaeda.** Las torres gemelas del World Trade Center, en la ciudad de Nueva York, fueron destruidas cuando los terroristas estrellaron dos aviones de línea secuestrados contra los edificios. Otro avión de línea secuestrado se estrelló contra el Pentágono, y un cuarto fue derribado en un campo de Filadelfia por la decidida acción de los pasajeros a bordo contra los terroristas. Aproximadamente 3,000 personas resultaron muertas como consecuencia de los ataques, que ahora se denominan colectivamente como **9/11**. Después de los ataques, la presidencia de Bush se caracterizó por lo que él llamó **La guerra contra el Terror**. Las principales características de esta campaña antiterrorista fueron:

- La aprobación de la **Ley Patriótica de los Estados Unidos** (*USA Patriot Act*), que otorgó a las agencias de inteligencia amplios poderes de vigilancia.
- La **guerra de Afganistán**, una invasión a Afganistán encabezada por fuerzas de los Estados Unidos en represalia por el apoyo del gobierno local a al-Qaeda. La guerra comenzó en octubre de 2001, y los Estados Unidos retiraron sus fuerzas militares en diciembre de 2014.
- La **guerra de Iraq**, una invasión a Iraq encabezada por fuerzas de los Estados Unidos provocada por informes de inteligencia que afirmaban que el líder de ese país, Saddam Hussein, tenía en su poder armas de destrucción masiva que podrían ser usadas contra los Estados Unidos y sus aliados. La invasión comenzó en 2003, y los Estados Unidos retiraron sus fuerzas en 2011.

A Bush lo sucedió en 2009 **Barack Obama**, el primer presidente afroestadounidense del país. Obama fue reelegido en 2012. Poco antes de que Obama ocupara su cargo, la **crisis financiera mundial de 2008** provocó una profunda depresión económica y casi destruyó el sistema bancario internacional. Obama dedicó sus primeros años en el cargo a la recuperación económica. Su logro legislativo más significativo fue la **Ley de Cuidado de Salud Asequible** (*Affordable Healthcare Act*) (a menudo, llamada "Obamacare") de 2010. Esta revisión del sistema de cuidados de la salud tenía por meta reducir la tasa de estadounidenses que no tenían seguro de salud.

EJERCICIO 24

Presidencias de finales del siglo XX y comienzos del siglo XXI

Instrucciones: Elija la mejor respuesta para la pregunta siguiente.

La pregunta 1 está basada en la gráfica siguiente.

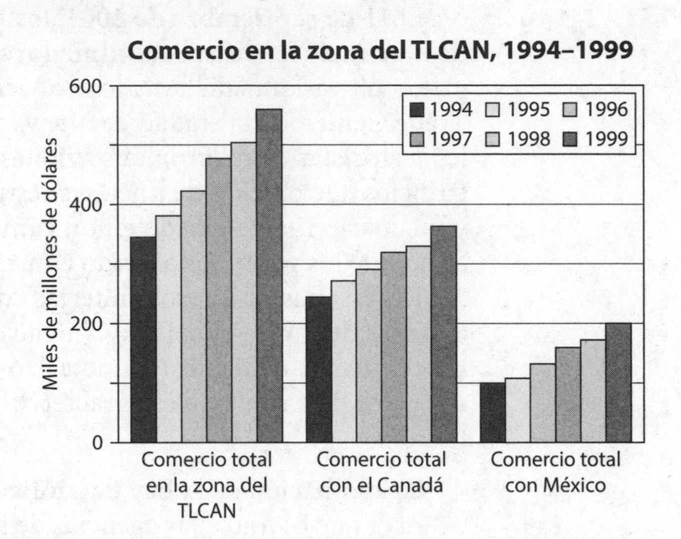

1. Según la gráfica, ¿en qué año el comercio total en la zona del TLCAN excedió por primera vez los $500,000 millones de dólares?

A. 1996.
B. 1997.
C. 1998.
D. 1999.

Véase la respuesta en la página 872.

Cuestiones que enfrentan los Estados Unidos a comienzos del siglo XXI

La primera década del siglo XXI fue un período de crisis y de cambios drásticos. Durante las presidencias de George W. Bush (2000–2008) y Barack Obama (2008–2016), los Estados Unidos debieron hacer frente a varios desafíos importantes.

- **Cuestiones económicas.** Como consecuencia de una crisis en los mercados de capitales y el colapso de varias instituciones financieras en 2008, los Estados Unidos y otros países industrializados entraron en un período prolongado de bajo crecimiento económico y de alta tasa de desempleo. Esta crisis agravó la tendencia de largo plazo hacia el aumento de la desigualdad económica, lo que provocó el crecimiento de la riqueza y los beneficios de los sectores más acomodados de la sociedad.

- **Tecnología.** Con el cambio de siglo, una revolución tecnológica modificó radicalmente la forma en que los estadounidenses se comunicaban entre sí. El advenimiento del correo electrónico, los teléfonos celulares, las computadoras personales, las redes sociales en línea y el acceso portable a **Internet** provocaron cambios de grandes proporciones en las formas de comunicación, tanto desde el hogar como en el trabajo. La seguridad en las transacciones financieras y la privacidad de las personas se convirtieron en preocupaciones sociales y legales como resultado de un aumento de la **piratería** (*hacking*), práctica que permite el acceso ilegal a los sistemas electrónicos.

- **Inmigración.** Una gran corriente de inmigrantes latinoamericanos a los Estados Unidos se inició a finales del siglo XX y continuaba a comienzos del siglo XXI. Por primera vez, la cultura estadounidense empezó a cambiar para amoldarse a las necesidades de los inmigrantes. Esto provocó la reacción de algunos grupos de estadounidenses no hispanos, quienes reclamaron una mayor seguridad en las fronteras y la deportación de los inmigrantes ilegales o indocumentados.

- **Cambio climático.** Los científicos están cada vez más preocupados porque la actividad humana, especialmente el uso de los combustibles fósiles, está afectando el clima del planeta. Los cambios que se avecinan incluyen sequías prolongadas, tormentas severas y un aumento significativo del nivel del mar, que podría inundar las zonas costeras. Las opiniones continúan divididas sobre cuál sería la mejor respuesta a estas amenazas.

- **Actividades militares en el extranjero.** Después del ataque a los Estados Unidos realizado por terroristas árabes el **11 de septiembre de 2001**, que destruyó el World Trade Center en Nueva York y dañó el Pentágono en Washington, D.C., se produjo una ruptura violenta de las relaciones entre los Estados Unidos y algunos Estados árabes. Tropas estadounidenses atacaron al grupo fundamentalista islámico al-Qaeda y a sus aliados locales en Afganistán, y en 2003 invadieron Iraq y depusieron al gobierno. Luego de varios años de ocupación marcados por la violencia, las fuerzas estadounidenses se retiraron de Iraq en 2011. La lucha de los Estados Unidos contra las fuerzas de al-Qaeda continúa en Afganistán y otros países árabes.

EJERCICIOS DE PRÁCTICA

Historia de los Estados Unidos

Instrucciones: Elija la mejor respuesta para cada una de las preguntas siguientes.

1. ¿Cuál fue la enmienda a la Constitución de los Estados Unidos que otorgó el derecho a votar a las mujeres?

   A. Decimonovena Enmienda.
   B. Vigésima Enmienda.
   C. Vigésima Primera Enmienda.
   D. Vigésima Segunda Enmienda.

La pregunta 2 está basada en la línea de tiempo siguiente.

1808	1809	1810	1812	1814	1816	1817	1818
Los Estados Unidos suprimen la trata de esclavos.	James Madison asume como Presidente. Nace Abraham Lincoln.	La población de los Estados Unidos es de 7,239,881	Luisiana se convierte en el decimoctavo estado de los Estados Unidos. Los Estados Unidos declaran la guerra a Gran Bretaña.	Las fuerzas británicas prenden fuego a Washington, D.C. Francis Scott Key escribe el poema "The Star Spangled Banner" ("La bandera tachonada de estrellas"), que se convertirá en el himno nacional.	Indiana se convierte en el decimonoveno estado de los Estados Unidos.	Mississippi se convierte en el vigésimo estado de los Estados Unidos. James Monroe asume como quinto Presidente.	El Congreso adopta como bandera de los Estados Unidos una bandera con trece franjas rojas y blancas y una estrella blanca por cada estado. Illinois se convierte en el vigésimo primer estado de los Estados Unidos.

2. Coloque una X delante de cada afirmación que refleje la información contenida en la línea de tiempo.

   _______ James Madison se oponía a la trata de esclavos.

   _______ James Monroe fue el quinto Presidente de los Estados Unidos.

   _______ Los Estados Unidos declararon la guerra a Gran Bretaña en 1812.

   _______ Abraham Lincoln alentó a Illinois para que se uniera a los Estados Unidos como estado independiente.

   _______ La letra del himno nacional fue escrita por Francis Scott Key.

EJERCICIOS DE PRÁCTICA

La pregunta 3 está basada en la tabla siguiente.

Población estimada en las colonias medias, 1630–1780 (en miles)

Año	Delaware	Nueva Jersey	Nueva York	Pensilvania	Total
1630			0.4		0.4
1640			1.9		1.9
1650	0.2		4.1		4.4
1660	0.5		4.9		5.5
1670	0.7	1.0	5.8		7.4
1680	1.0	3.4	9.8	0.7	14.9
1690	1.5	8.0	13.9	11.4	34.8
1700	2.5	14.0	19.1	18.0	53.5
1710	3.6	19.9	21.6	24.4	69.6
1720	5.4	28.8	36.9	31.0	103.1
1730	9.2	37.5	48.6	51.7	147.0
1740	19.9	51.4	63.7	85.6	220.5
1750	28.7	71.4	76.7	119.7	296.5
1760	33.2	93.8	117.1	183.7	427.9
1770	35.5	117.4	162.9	240.1	555.9
1780	45.4	139.6	210.5	327.3	722.9

3. ¿Qué colonia tenía la mayor población en 1720?

   A. Nueva Jersey.
   B. Nueva York.
   C. Pensilvania.
   D. Delaware.

EJERCICIOS DE PRÁCTICA

La pregunta 4 está basada en el pasaje siguiente.

Tal vez los sentimientos contenidos en las páginas siguientes no estén lo suficientemente de moda como para conseguir el favor general, pues es hábito considerar que algo que no se piensa que está mal tiene la apariencia superficial de ser correcto, y levanta al principio un formidable clamor en defensa de la costumbre. Pero el tumulto pronto desaparece. El tiempo hace más conversos que la razón.

—Fragmento de "Sentido común", de Thomas Paine (1776).

4. ¿Cuál de las afirmaciones siguientes refleja mejor la idea central de Paine en este fragmento? Paine creía que la gente:

   A. Nunca leería o entendería sus afirmaciones y razonamientos.
   B. Pensaría siempre que las ideas incluidas en este texto eran equivocadas.
   C. Que está lo suficientemente a la moda tiene el hábito de pensar correctamente.
   D. Puede que no estuviera preparada para recibir la información incluida en este texto.

5. Coloque una X delante del nombre de aquellos países que formaban parte de las Potencias del Eje en la Segunda Guerra Mundial.

   _______ Estados Unidos.

   _______ Japón.

   _______ Alemania.

   _______ Gran Bretaña.

EJERCICIOS DE PRÁCTICA

La pregunta 6 está basada en el mapa siguiente.

Los intercambios producidos por los viajes de Colón

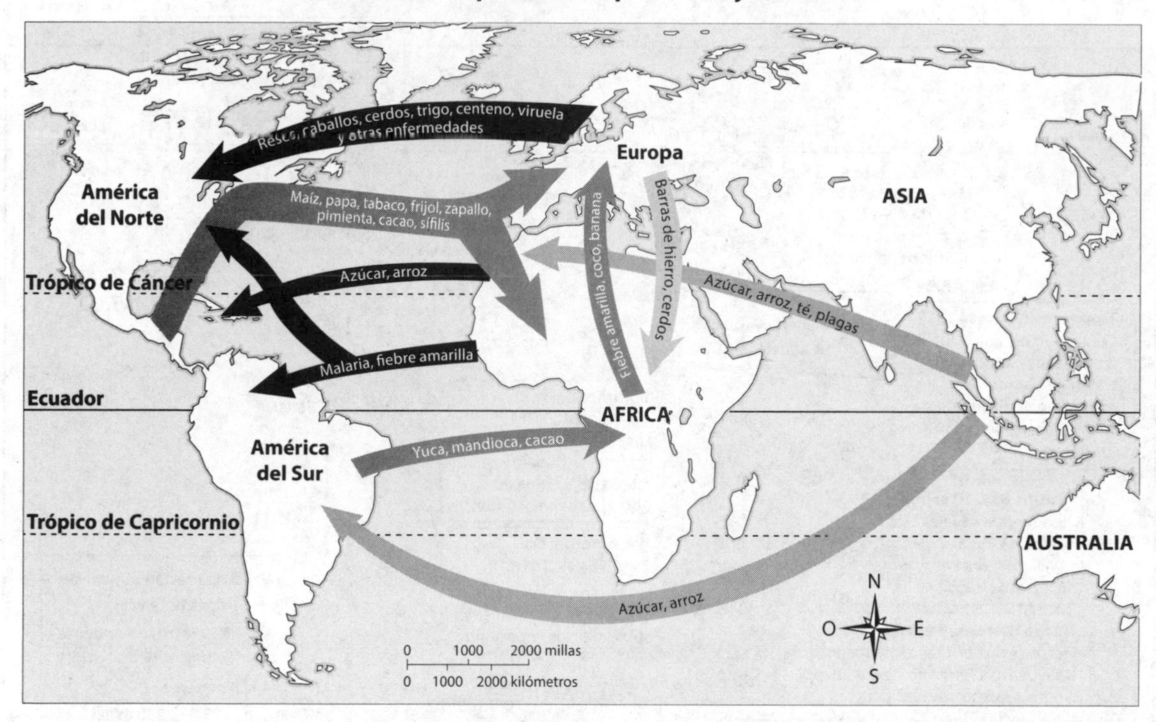

6. Los intercambios producidos por los viajes de Colón se inician en 1492 y se extienden a todo el período del descubrimiento. Durante ese tiempo, se intercambian plantas, animales, enfermedades y tecnologías entre el Viejo y el Nuevo Mundo, que afectaron la forma de vida tanto de los europeos como de los americanos nativos. Sobre la base de la información contenida en el mapa, ¿cuál de las afirmaciones siguientes es verdadera?

   A. Los cerdos fueron transportados hacia Europa desde África.
   B. La viruela fue llevada de Europa a América del Norte.
   C. El tabaco fue enviado de África a América del Norte.
   D. Las plagas se diseminaron desde América del Norte hacia Asia.

EJERCICIOS DE PRÁCTICA

La pregunta 7 está basada en el mapa siguiente.

Acontecimientos en la guerra de 1812

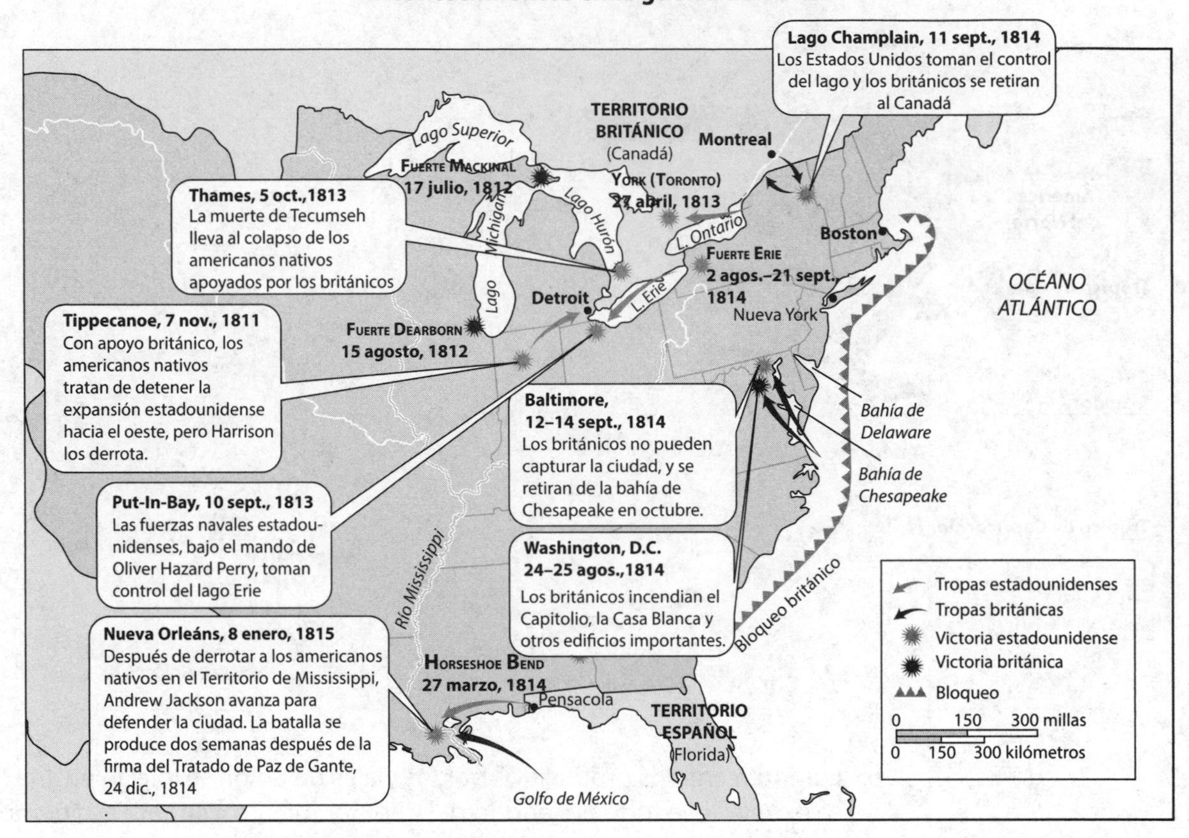

7. El mapa muestra algunos acontecimientos que ocurrieron durante la guerra de 1812. Según la información contenida en el mapa, ¿qué batalla ganó Andrew Jackson?

   A. La batalla de Tippecanoe.
   B. La batalla de Fuerte Dearborn.
   C. La batalla de Nueva Orleáns.
   D. La batalla de Fuerte Erie.

EJERCICIOS DE PRÁCTICA

La pregunta 8 está basada en el pasaje siguiente.

No creo que el pueblo y el Congreso de los Estados Unidos quieran hacer oídos sordos al pedido del gobierno griego. Grecia no es un país rico. La carencia de recursos naturales siempre ha obligado al pueblo griego a trabajar duro para poder seguir adelante. Desde 1940, este país trabajador y pacífico ha sufrido una invasión, cuatro años de una cruel ocupación del enemigo y encarnizadas luchas internas. Cuando las fuerzas de liberación entraron en Grecia, se encontraron con que los alemanes, que se batían en retirada, habían destruido prácticamente los sistemas de comunicación los ferrocarriles, las rutas, los puertos y la marina mercante. Más de mil pueblos habían sido arrasados por las llamas. Ochenta y cinco por ciento de los niños padecía tuberculosis. El ganado, las aves de corral y los animales de tiro casi habían desaparecido. La inflación había acabado poco menos que con los ahorros de toda la población. Como resultado de estas trágicas condiciones, una minoría militante, que supo explotar las necesidades humanas y la miseria, fue capaz de crear el caos político que no ha permitido la recuperación económica del país.

—Fragmento de un discurso del presidente Harry S. Truman (1947).

8. Según el texto, ¿cuál de las afirmaciones siguientes representa la opinión del presidente Truman sobre Grecia?

   A. Hacía muchos años que el país sufría invasiones de enemigos.
   B. El sistema de transporte de Grecia había sido destruido por las fuerzas estadounidenses.
   C. Grecia tenía abundancia de recursos naturales disponibles.
   D. Los Estados Unidos debían ofrecer su ayuda en las tareas de recuperación a Grecia.

9. ¿Cuál de los Presidentes de los Estados Unidos siguientes es el más conocido por sus programas para eliminar la pobreza?

   A. George W. Bush.
   B. Ronald Reagan.
   C. Richard M. Nixon.
   D. Lyndon B. Johnson.

10. Antes de la guerra de Secesión, ¿qué región de los Estados Unidos era la más industrializada?

   A. La región del nordeste.
   B. La región del sudoeste.
   C. La región del medio oeste.
   D. La región del sudeste.

Véanse las respuestas en la página 872.

CAPÍTULO 3

Economía

Conceptos económicos básicos

El término **economía** se refiere al intercambio continuo de bienes, servicios y recursos que son necesarios en toda sociedad de seres humanos.

El principio más básico de la economía dice que no podemos obtener ninguna cosa sin pagar por ella; todo tiene un **costo**. Debemos dar siempre algo a cambio de otra cosa. El costo puede que no sea dinero, o no solo dinero. Podría ocurrir que el costo fuera calculado en dinero, tiempo, esfuerzo o una combinación de todos ellos. También puede ocurrir que lo que usted desee obtener no sea algún objeto material. Podría ser que se tratara de algo intangible, como el éxito académico o la excelencia en un deporte particular. La **elección individual** desempeña un rol importante en la economía. Los individuos toman decisiones sobre qué hacer y qué no, qué comprar y qué no. Cada hecho económico presupone una decisión individual. Los individuos también deben decidir qué dar a cambio para realizar una compra determinada. El **costo de oportunidad** se refiere a aquello de lo que un individuo se priva o renuncia cuando hace una elección o toma una decisión en lugar de otra.

Para tomar las mejores decisiones económicas, se debe hacer un **análisis de costo-beneficio**. Esto significa que usted deberá comparar el costo (lo que usted deberá pagar) con los beneficios (lo que usted recibirá a cambio). Por ejemplo, si usted desea producir un producto determinado, usted deberá calcular primero todos los costos que ocasiona la producción de ese producto (y los costos de oportunidad de producir ese producto en lugar de algún otro) y comparar los ingresos que probablemente recibirá cuando lo venda. Usted deberá saber si los ingresos por la venta del producto exceden, o no, los costos de producirlo.

En toda economía, los bienes y servicios son producidos a través de la acción conjunta de la mano de obra y el capital. La **mano de obra** se refiere a los trabajadores y al trabajo que estos realizan, ya sea físico o mental. El **capital** es la riqueza necesaria para financiar la producción. El capital puede incluir el dinero, los edificios o la maquinaria usados en el proceso de producción. Los **salarios** se refieren al dinero que los trabajadores reciben por su trabajo.

El **beneficio** es el excedente de capital obtenido cuando se vende el bien a un precio superior al costo de producirlo. Una empresa tiene una **ventaja comparativa** en la producción de un bien determinado cuando su costo de producción de ese bien es menor que el de cualquier otra empresa equivalente. Una empresa que tiene una ventaja comparativa puede obtener mayores beneficios.

La **productividad** se refiere a la producción por unidad de trabajo, es decir, a la tasa a la que los bienes o servicios son producidos.

El **espíritu empresarial** se refiere a la cualidad de ser un empresario, es decir, alguien que es dueño de una empresa y la administra y corre con los riesgos y esfuerzos que implica todo el proceso de producción.

Una **especialización** significa la concentración en un área limitada de la actividad económica. Las empresas o los individuos que se especializan a menudo lo hacen porque la actividad que han elegido es una que ellos realizan eficientemente o una que les permite obtener mayores beneficios.

Un **incentivo** económico es una ventaja que motiva o alienta a los individuos a hacer algo. Los incentivos económicos positivos premian financieramente a los individuos por tomar ciertas decisiones y comportarse de determinada forma. Por ejemplo, una deducción impositiva por contribuciones a organizaciones de caridad es un incentivo para que la gente done.

Un **presupuesto equilibrado** es un presupuesto en el que los ingresos son iguales o superiores a los gastos. Si usted gasta más que sus ingresos y debe pedir prestado para compensar el déficit, terminará contrayendo **deuda.** Algunos individuos contraen deudas tan grandes que es imposible pagarlas. En casos extremos de endeudamiento, los individuos pueden declararse en **quiebra**, procedimiento legal en el que la propiedad del individuo puede ser usada para pagar parte de la deuda.

EJERCICIO 1

Conceptos económicos básicos

Instrucciones: Elija la mejor respuesta para cada una de las preguntas siguientes.

1. Una empresa decide reducir considerablemente sus gastos con la adquisición de un sistema de computación actualizado. Esa empresa ha tomado la decisión basada en:

A. Un incentivo.
B. Un presupuesto equilibrado.
C. Un análisis de costo-beneficio.
D. Una ventaja comparativa.

2. El dinero y la maquinaria que una empresa necesita para crear un producto se denominan:

A. Ventaja comparativa.
B. Capital.
C. Competencia.
D. Especialización.

Véanse las respuestas en la página 872.

Microeconomía y macroeconomía

Microeconomía

Un **mercado** es todo lugar donde un vendedor de un bien o servicio interactúa con potenciales compradores. La **microeconomía** es la parte de la economía que estudia el comportamiento de los mercados individuales.

Los mercados operan según la **ley de la oferta y la demanda**. La **oferta**, en términos sencillos, es el conjunto de bienes disponibles. La **demanda** es la cantidad de un producto que los compradores están dispuestos a adquirir.

Cuando un producto es escaso, la demanda puede ser mayor que la oferta disponible, y el **precio** de ese producto aumentará en consecuencia. Por el contrario, si la oferta del producto es muy abundante y mayor que la demanda, el precio del producto disminuirá.

Si el precio de un producto aumenta, sus productores tratarán de suministrar la mayor cantidad posible del mismo para aumentar sus beneficios. En la gráfica siguiente, se muestra un ejemplo de esta tendencia (curva de la oferta).

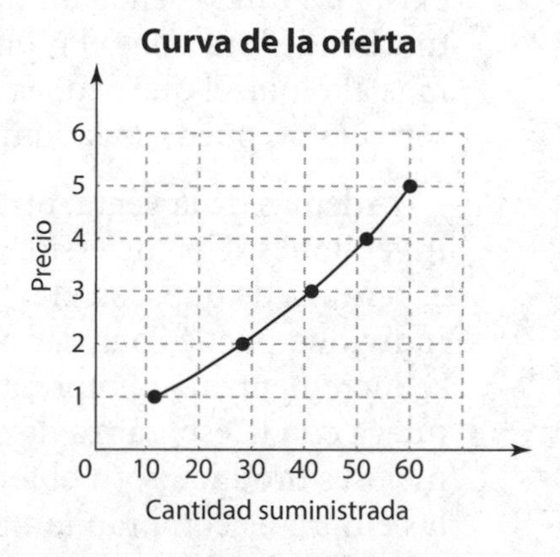

En el caso opuesto, cuando el precio del producto disminuye, los consumidores tienden a adquirir más cantidades del producto pues consideran que es una buena compra. En la gráfica siguiente, se muestra un ejemplo de esta tendencia (curva de la demanda).

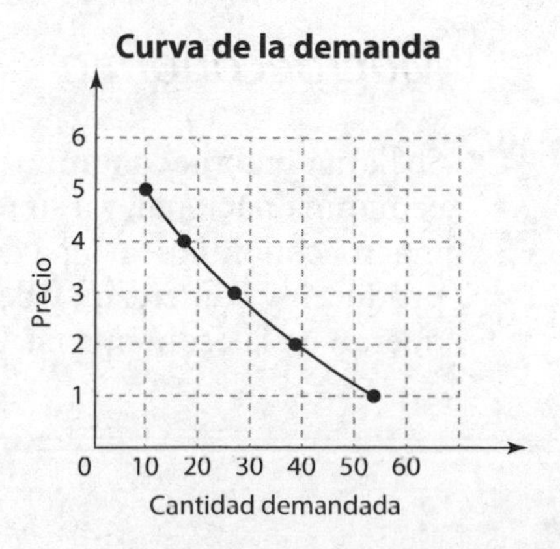

El precio de **equilibrio** es el punto en el que la oferta y la demanda son iguales. Cuando se alcanza el precio de equilibrio, los productores pueden vender todos sus productos y los consumidores comprar todos los que desean.

Las pequeñas empresas y las compañías más grandes constituyen la mayor parte de una economía basada en el mercado. Las compañías ganan dinero por la venta de bienes y servicios, y gastan dinero en el pago de los salarios y en la compra de suministros y maquinaria o de bienes para la reventa. El propósito de estas operaciones es obtener beneficios, es decir, ganar más dinero del que la empresa gasta. La compañía puede dedicar los beneficios al ahorro, distribuirlos entre sus propietarios y/o trabajadores, o invertirlos para ampliar o mejorar la empresa. En algunos casos, una compañía puede gastar más de lo que gana. Se llama **déficit** al gasto en exceso de lo recaudado. Si una empresa no obtiene beneficios en repetidas oportunidades, puede llegar a la quiebra, y tener que dejar de operar.

Existe **competencia** cuando varios vendedores están en condiciones de proveer el mismo bien o servicio. Los vendedores compiten entre sí por atraer la atención de los consumidores, y establecen precios más atractivos o mejoran el producto para ofrecer a los consumidores un mejor valor.

Por el contrario, se produce una situación de **monopolio** cuando existe un único vendedor de un bien o servicio. Cuando un vendedor o una vendedora tiene el monopolio de un producto, puede pedir un precio más alto que el que pediría en un mercado competitivo porque el bien o el servicio no puede ser adquirido de ninguna otra parte.

Además de la venta, otra forma de ganar dinero es a través de las **inversiones**. Una inversión es todo artículo que uno compra con la esperanza de que, con el tiempo, su valor aumente. Por ejemplo, un individuo puede comprar una casa con la expectativa de que su precio se incremente. Las empresas invierten, entre otras cosas, en maquinaria nueva con la esperanza de que ese equipo las ayudará a producir más y mejores productos y a obtener más ganancias. Tanto los individuos como las empresas compran también **acciones** (emitidas por las corporaciones) y **bonos** (emitidos por las corporaciones o los gobiernos) como inversión. Las corporaciones y los gobiernos venden acciones y bonos para recaudar dinero. Con el tiempo, una acción o un bono puede incrementar su valor, y el comprador puede recibir intereses o dividendos.

Macroeconomía

Se llama **macroeconomía** al estudio del funcionamiento general de una economía nacional, y a su relación con los mercados internacionales. La macroeconomía se ocupa de lo que los países, considerados como un todo, producen y comercian, y de las instituciones del gobierno y privadas que operan en la economía nacional e internacional.

Las instituciones más importantes que participan en la macroeconomía incluyen a las agencias del gobierno que se ocupan de la recaudación de impuestos, como el **Servicio de Impuestos Internos** (*Internal Revenue Service*), y a aquellos organismos que regulan la actividad económica a escala nacional, como la **Reserva Federal de los Estados Unidos** (*U.S. Federal Reserve*). Las instituciones privadas más importantes incluyen a los principales bancos, las compañías de servicios financieros y las corporaciones que actúan en el país y en todo el mundo.

La **política fiscal** representa la forma en que el gobierno recauda y gasta los impuestos fiscales. Cada año, el Presidente presenta un presupuesto ante el Congreso donde detalla su política fiscal. El Congreso decide entonces cuáles programas deberán recibir fondos.

La **política monetaria** se ocupa de la oferta de dinero, que está controlada por factores tales como las tasas de interés y las reservas mínimas establecidas para los bancos. Las políticas monetarias incluyen además la administración de la cantidad de dinero circulante o de las tasas de interés para promover el crecimiento económico o combatir la inflación. Los **aranceles** son impuestos o gravámenes que se pagan sobre determinados tipos de importaciones o exportaciones. Un arancel aumenta el costo de un bien importado y es una de las varias políticas de comercio que pueden ser promulgadas.

Los economistas definen a la **inflación** como un aumento generalizado y continuo de los precios de bienes y servicios. La tasa de inflación es calculada sobre una base anual. En otras palabras, si la tasa de inflación es de 5 por ciento, los precios en general habrán subido un 5 por ciento en un año, y la misma cantidad de dinero de los consumidores les permitirá comprar menos bienes que hace un año. La **deflación**, en cambio, se refiere a la reducción generalizada de precios en una economía.

El **producto bruto interno** (PBI) es uno de los indicadores primarios que se usan para medir la fortaleza de la economía de un país. Representa el valor en dólares de todos los bienes y servicios producidos por un país en un período de tiempo determinado. El producto bruto interno representa la medida principal de la producción en los Estados Unidos.

Otra medida de la salud económica de un país es la **tasa de desempleo**. Una persona que busca activamente un empleo y no puede conseguir trabajo es considerada como una persona desempleada. Cada mes, la Oficina de Estadísticas del Trabajo de los Estados Unidos (*U.S. Bureau of Labor Statistics*) informa el porcentaje de ciudadanos estadounidenses que no tienen trabajo. Durante la Gran Depresión de la década de 1930, la tasa de desempleo en los Estados Unidos alcanzó el 25 por ciento de todos los trabajadores. La misma tasa oscilaba a mediados de la década de 2010 entre el 7 y el 8 por ciento. Si bien los legisladores se esfuerzan siempre por alcanzar bajas tasas de desempleo, lo que se considera una tasa aceptable ha variado con el tiempo.

EJERCICIO 2

Microeconomía y macroeconomía

Instrucciones: Elija la mejor respuesta para cada una de las preguntas siguientes.

1. ¿Verdadero o falso? La microeconomía se ocupa de las cuestiones de política económica del gobierno y nacionales.

2. El punto en que la oferta es igual a la demanda se llama

_____________________.

Véanse las respuestas en la página 872.

Los bancos y el crédito

Los bancos prestan servicios, como el de cuentas **de cheques** y **de ahorros**, y ofrecen préstamos y tarjetas de crédito a un costo. Las cuentas de cheques permiten a los clientes depositar su dinero en ellas y usar posteriormente ese dinero para pagar bienes y servicios por medio de cheques. Muchos bancos cobran un recargo por el mantenimiento de una cuenta de cheques. Las cuentas de ahorros permiten a los clientes depositar dinero y recibir interés sobre el saldo de la cuenta. La cantidad de interés pagado es un porcentaje del saldo de la cuenta. Los depósitos en cuentas de cheques y de ahorros están garantizados hasta un máximo de $250,000 dólares por la Corporación Federal de Seguro de Depósitos (*Federal Deposit Insurance Corporation*), una agencia independiente creada por el Congreso de los Estados Unidos.

Los bancos ganan dinero otorgando préstamos a individuos y empresas. Usted puede solicitar un préstamo para realizar una compra, pero deberá reembolsar, además de la suma prestada, un dinero adicional llamado **interés**. El interés representa el costo del préstamo. En el caso de que se trate de la compra de una casa, que es muy costosa, usted podrá solicitar al banco una **hipoteca**. El banco le paga el precio total al vendedor en el momento de la compra, y usted deberá reembolsar al banco una cantidad estipulada por mes, a menudo, por un período de más de 30 años. Los pagos mensuales de la hipoteca incluyen los cargos por interés calculados sobre la base de la duración del préstamo. El reembolso anticipado significa que usted paga menos en total porque se ahorra parte de los intereses. La fórmula matemática para calcular el interés es: $I = Prt$, donde I es el interés obtenido, P es el capital, r es la tasa de interés y t es el tiempo en años. Otros gastos importantes para los que la gente generalmente toma préstamos son la compra de un automóvil y la educación universitaria.

Muchos bancos ofrecen también tarjetas de crédito. El **crédito** es un arreglo por el cual los consumidores pueden financiar una compra sin tener que pagar la totalidad del precio en el momento de efectuarla. Cuando el titular de una tarjeta de crédito efectúa una compra, el banco le paga al vendedor en nombre del titular de la tarjeta. El titular de la tarjeta reembolsa luego al banco, con intereses si el pago total no se hace inmediatamente. El banco también recibe un arancel por parte del vendedor por el procesamiento de la transacción. Existen muchas **leyes de protección al consumidor** y sobre el crédito que reglamentan los derechos de los individuos y las empresas en su interacción con las compañías de tarjetas de crédito y que establecen reglas para toda la industria del crédito.

EJERCICIO 3

Los bancos y el crédito

Instrucciones: Elija la mejor respuesta para cada una de las preguntas siguientes.

1. ¿Qué servicios podría ofrecer un banco a sus clientes?

A. Préstamos.
B. Cuentas de ahorros.
C. Tarjetas de crédito.
D. Todas las opciones mencionadas más arriba.

2. ¿Verdadero o falso? La Corporación Federal de Seguro de Depósitos es el Banco Nacional de los Estados Unidos.

Véanse las respuestas en la página 873.

El rol del gobierno en la economía nacional

En una economía capitalista, las empresas y la industria están en manos privadas, y un mercado competitivo y libre fija los salarios y los precios. En una economía socialista, el gobierno es dueño de todas las empresas y fija los precios arbitrariamente. Una economía mixta es una combinación de estos dos sistemas. Los Estados Unidos han desarrollado, en gran medida, una economía capitalista. La mayoría de los otros países occidentales tienen economías mixtas.

En los Estados Unidos, los gobiernos federal, estatales y locales tienen **ingresos públicos** y gastos. Los ingresos públicos provienen principalmente de dos fuentes: el pago de impuestos y la venta de bonos. El **impuesto sobre la renta** es un porcentaje del ingreso de individuos y empresas que se paga al gobierno. El **impuesto sobre las ventas** es un porcentaje pequeño que se añade al precio de un artículo o servicio. Un **bono del gobierno** es, de hecho, un préstamo. Los inversores le pagan al gobierno el precio del bono, y pueden recuperar su dinero en todo momento; pero cuanto más tiempo demoren en hacerlo, mayor será su valor, porque el gobierno paga un interés que depende del tiempo de posesión del bono.

Los gobiernos usan estas fuentes de ingresos públicos para solventar sus gastos. Para el gobierno federal, los gastos incluyen la provisión de fondos para las fuerzas armadas y el pago de los salarios de todos los trabajadores gubernamentales, incluido el Presidente. El gobierno federal también provee fondos para la educación a todos los niveles; administra programas como Medicare, Medicaid y la Seguridad Social; regula el comercio y hace cumplir los estándares de seguridad; financia las artes y la investigación; mantiene los parques nacionales y las reservas naturales, y contribuye al financiamiento y a la conservación del sistema nacional de transportes.

Los impuestos estatales sirven para pagar actividades como la de la policía estatal y el mantenimiento de puentes y carreteras. Los impuestos locales sirven para financiar las escuelas públicas, la recolección de residuos, el sistema de bibliotecas públicas y la conservación de los parques y plazas municipales. Los gobiernos de los estados también dependen de los impuestos para la recaudación de ingresos públicos. Cada estado determina qué impuestos cobrará. Por ejemplo, Pensilvania cobra el impuesto estatal sobre la renta, pero no aplica el impuesto sobre las ventas a la vestimenta.

El gobierno federal ayuda a administrar la economía nacional fijando las tasas de impuestos y de interés y regulando la actividad de las empresas e industrias. También establece las reglas que gobiernan los salarios mínimos, los estándares en los lugares de trabajo y las prácticas comerciales justas. Por ejemplo, puede penalizar a grandes instituciones financieras que fueron declaradas culpables de defraudar a clientes en numerosos estados. Los estados regulan la actividad de ciertas industrias en cada estado exigiéndoles el cumplimiento de reglas específicas.

EJERCICIO 4

El rol del gobierno en la economía nacional

Instrucciones: Siga las directrices siguientes.

1. Para cada una de las actividades enumeradas al pie de la tabla, decida si se trata de una función del gobierno federal o de un gobierno estatal o local y escriba el nombre de la actividad en la columna correspondiente. (**Nota**: En el examen de GED®, usted deberá hacer un clic sobre el nombre de la actividad seleccionada y "arrastrarlo" hasta la posición correcta en la tabla.)

Función del gobierno federal	Función del gobierno estatal o local

Equipamiento de las fuerzas armadas	Conservación de los parques nacionales
Apoyo a las patrullas de carreteras	Pago del salario del Presidente
Regulación del comercio entre los estados	Cumplimiento de los estándares nacionales de seguridad
Recolección de impuestos a la propiedad	Financiación de las escuelas municipales
Provisión de fondos para la investigación científica	Administración de la Seguridad Social
Provisión de fondos para la recolección de residuos	

Véase la respuesta en la página 873.

Comercio internacional

Todo **comercio** implica un intercambio: algo que usted no necesita por algo que usted desea. En el comercio internacional, los individuos y las empresas **exportan** (venden a otros países) los bienes que no necesitan, e **importan** (compran de otros países) los bienes que desean.

La geografía desempeña un rol importante en el comercio internacional. La situación geográfica de una nación determina su clima y sus **recursos naturales**. Las naciones necesitan comerciar para obtener los recursos naturales o los productos manufacturados de los que no disponen. A menudo, una nación tendrá un **excedente** de productos que podrá comerciar. Por ejemplo, el clima de la Argentina es ideal para la cría de ganado, pero no es adecuado para las plantaciones de café. El ganado provee toda la carne que necesitan los argentinos y deja un excedente que pueden negociar a cambio del café que no producen.

Las naciones también exportan recursos naturales o productos manufacturados para obtener ingresos. El ingreso es usado luego para producir o comprar más bienes y servicios, lo que fortalece la economía de la nación. Una nación que tiene una ventaja comparativa en determinado producto puede vender a menor precio que sus competidores y obtener beneficios sustanciales del comercio internacional.

Es fácil de comprender la interrelación que existe entre el comercio internacional y la política exterior. La economía puede guiar la política exterior, y la política exterior, a su vez, puede condicionar las opciones económicas. La **colonización** es un buen ejemplo de cómo la economía puede influir en la política exterior. El país que establece o adquiere una colonia controla la relación comercial. Esta realidad dio impulso a una política exterior de colonización agresiva por parte de los europeos entre 1500 y 1945, período en el que las colonias en Asia, África y las Américas proveyeron de materias primas y recursos naturales —café, té, azúcar, algodón, especias, papa, cobre, estaño y muchos otros— que los europeos no podían obtener por sí mismos.

El comercio con un país independiente es diferente del comercio con una colonia, porque el poder de negociación del país independiente es mucho mayor que el de una colonia. Si se trata de una nación enemiga, es probable que se niegue a comerciar o que pretenda precios desorbitantes por sus bienes. Si una nación enemiga es rica en alguna materia prima que usted desea importar, la presión económica condicionará su relación política con esa nación. Si dos naciones se convierten en aliados, es mucho más probable que acepten un acuerdo de comercio que beneficie a ambas partes. En algunos casos, una nación puede decidir que el mejor medio de obtener un recurso natural deseado es a través de una guerra de conquista.

Una nación que mantiene una disputa política con otro país puede, a veces, aplicarle un **embargo**, con el propósito de ejercer presión sobre su oponente. Cuando se establece un embargo contra un país, no se exportan bienes a ese país, ni tampoco se importan del mismo. Esto significa que habrá que encontrar bienes alternativos a los que ese país produce. Un ejemplo de embargo fue la decisión de Gran Bretaña, durante la guerra de Secesión (*Civil War*), de romper las relaciones comerciales con la Confederación. En lugar de importar algodón de los territorios controlados por la Confederación, Gran Bretaña importó algodón de la India hasta el final de la guerra.

EJERCICIO 5

Comercio internacional

Instrucciones: Elija la mejor respuesta para cada una de las preguntas siguientes.

Las preguntas 1 y 2 están basadas en las gráficas siguientes.

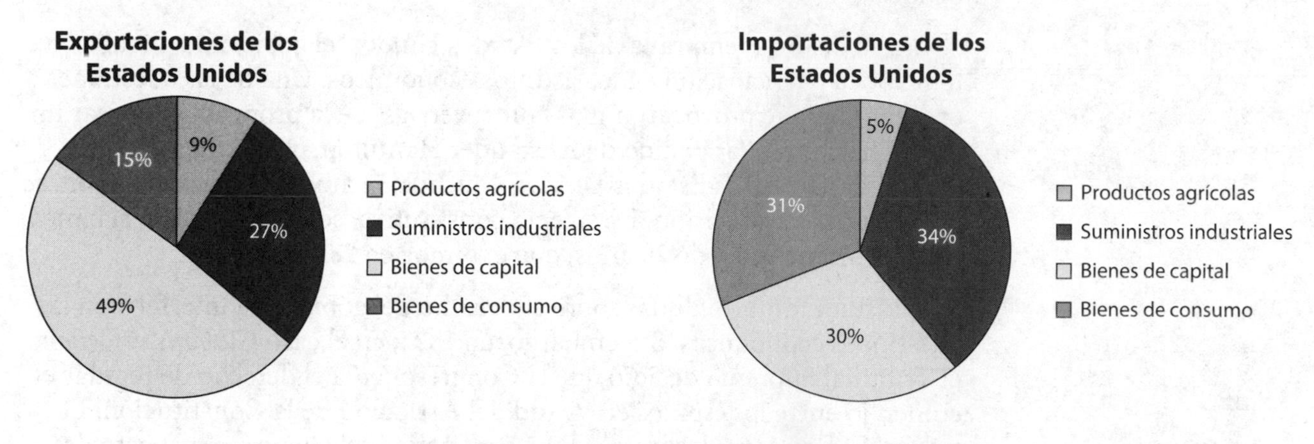

Las gráficas muestran las importaciones y exportaciones actuales de los Estados Unidos de los artículos siguientes:

- Productos agrícolas: soja, fruta, maíz, etc.
- Suministros industriales: productos químicos, petróleo crudo, etc.
- Bienes de capital: computadoras, equipo de telecomunicaciones, autopartes, máquinas de oficina, etc.
- Bienes de consumo: automóviles, vestimenta, juguetes, muebles, medicamentos, etc.

1. Según la gráfica de la izquierda, casi la mitad de las exportaciones de los Estados Unidos consiste en:

A. Productos agrícolas.
B. Suministros industriales.
C. Bienes de capital.
D. Bienes de consumo.

2. Según las gráficas, las importaciones de bienes de consumo de los Estados Unidos representan __________________ de los bienes de consumo que exportan.

A. La mitad.
B. El doble.
C. El triple.
D. La misma cantidad.

Véanse las respuestas en la página 873.

Acontecimientos económicos clave en la historia de los Estados Unidos

La historia de los Estados Unidos ha estado marcada por diferentes acontecimientos económicos. Las causas de estos acontecimientos comprenden actos de individuos, procesos naturales y sociales y la influencia de ideas.

En la historia temprana de los Estados Unidos, el gobierno federal tenía poca participación en los asuntos económicos. Una de las cuestiones económicas que provocaron más controversias fue la propuesta de crear un banco nacional. Por pedido de Alexander Hamilton, el Congreso creó en 1791 el Banco de los Estados Unidos. Muchos, incluido Thomas Jefferson, se opusieron a esta decisión. En su acta constitutiva, se establecía que el banco tendría un mandato de 20 años, que expiraba en 1811.

Existían también dudas sobre el derecho del gobierno a interferir en las cuestiones económicas. Sin embargo, en 1824, en el caso *Gibbons v. Ogden*, el Tribunal Supremo decidió que el Congreso tenía el derecho de regular el comercio entre los estados en virtud del Artículo I de la Constitución. El tribunal afirmó que los únicos límites al poder del Congreso respecto de esas cuestiones eran aquellos declarados expresamente en la Constitución. El tribunal también sostuvo que los estados no podían interferir con el uso de puertos y ríos.

En las primeras décadas del siglo XIX, la expansión territorial del país hacia el oeste constituyó un acontecimiento económico clave. Los colonos establecieron granjas en las regiones del medio oeste y las Grandes Llanuras entusiasmados por un gran incremento de los precios de los productos agrícolas y por los nuevos métodos de transporte de los productos desde la granja hasta los mercados mundiales. En 1849, el descubrimiento de yacimientos de oro en California aceleró la migración hacia el oeste y enriqueció a muchos. La segunda mitad del siglo XIX fue la época de mayor desarrollo de los ferrocarriles y del rápido crecimiento de las industrias relacionadas con el acero y el carbón.

A comienzos del siglo XX, el gobierno comenzó a desempeñar un rol más activo en los asuntos económicos. Lo hizo en respuesta a solicitudes de los agricultores, los empresarios y los movimientos de trabajadores para que intercediera en su favor. La **Ley de Comercio Interestatal** de 1887 fortaleció el rol del Congreso en la regulación del comercio entre los estados y aumentó su poder de regulación de los ferrocarriles. La **Ley Antimonopolio de Sherman** de 1890 otorgó al Congreso el poder de limitar el establecimiento de monopolios comerciales.

La **Ley de la Reserva Federal** de 1913 creó el sistema bancario moderno. Esta ley estableció el Sistema de la Reserva Federal, según el cual el país queda dividido en 12 distritos de la Reserva Federal. El sistema incluye la Junta de la Reserva Federal como órgano principal de gobierno de todos los bancos estadounidenses, así como 12 bancos regionales de la Reserva Federal, uno por cada distrito. Los bancos de la Reserva Federal implementan conjuntamente las políticas monetarias decididas por el gobierno federal. Cada banco de la Reserva Federal regula las actividades de los bancos comerciales situados en su distrito.

En la década de 1930, como respuesta a la Gran Depresión, el presidente Franklin Roosevelt y el Congreso promulgaron un conjunto de medidas económicas de largo alcance conocidas como el **Nuevo Trato** (*New Deal*). Estas medidas eran necesarias para aliviar las condiciones económicas extremas y para ayudar a aquellos que las sufrían. El Nuevo Trato expandió considerablemente el rol desempeñado por el gobierno federal en los asuntos nacionales. Algunos de sus programas proveyeron de alimentos, refugio y seguridad financiera a aquellos que padecían necesidades económicas. Otros programas proporcionaron fondos para la construcción de represas, carreteras, puentes y otras obras de infraestructura. Estos proyectos de construcción dieron empleo a miles de personas. Otro programa importante del Nuevo Trato fue la Seguridad Social, que todavía provee un ingreso garantizado a millones de estadounidenses.

La Segunda Guerra Mundial puso fin a la Gran Depresión. La demanda de armas, buques y aviones de combate creó puestos de trabajo, con su correspondiente salario, para millones de trabajadores. Una vez terminada la guerra, la gente volvió a gastar su dinero libremente en todas las cosas que habían sido pospuestas durante los años del conflicto armado: la formación de una familia, la compra de una casa y la adquisición de bienes de consumo desarrollados por las nuevas industrias. El resultado fue una explosión económica que duró 25 años. Durante este período, los Estados Unidos consolidaron su posición como la mayor potencia económica del mundo.

EJERCICIO 6

Acontecimientos económicos clave en la historia de los Estados Unidos

Instrucciones: Elija la mejor respuesta para cada una de las preguntas siguientes.

1. La respuesta del presidente Roosevelt a la Gran Depresión fue la política del Nuevo Trato, que:

   A. Desalentó el crecimiento económico en los Estados Unidos.
   B. Desalentó la búsqueda de trabajo para las personas que no lo tenían.
   C. Proporcionó fondos para la construcción de carreteras, represas y otros proyectos de infraestructura.
   D. Alentó a las personas a comprar acciones.

2. Al finalizar la Segunda Guerra Mundial se produjo un fuerte crecimiento económico debido a:

   A. Un aumento considerable de la compra de casas.
   B. Un aumento en la demanda de los consumidores.
   C. El desarrollo de nuevas industrias.
   D. Todas las opciones anteriores.

Véanse las respuestas en la página 873.

EJERCICIOS DE PRÁCTICA

Economía

Instrucciones: Elija la mejor respuesta para cada una de las preguntas siguientes.

1. La Gran Depresión duró hasta los últimos años de la década de 1930. ¿Cómo cambiaron las condiciones económicas cuando los Estados Unidos se sumaron a la Segunda Guerra Mundial?

   A. Más personas tuvieron empleo.
   B. Declinaron las inversiones en nuevas industrias.
   C. Menos personas tuvieron la posibilidad de comprar una casa.
   D. Disminuyeron los fondos que la gente había ahorrado.

2. Un aumento brusco de los precios de los productos agrícolas fue solo una de las causas que impulsaron la expansión hacia el oeste, que se produjo en los Estados Unidos en 1807. Otra causa fue la búsqueda de:

   A. Especias.
   B. Oro.
   C. Libertad de religión.
   D. Rutas comerciales.

3. ¿Por cuál de los instrumentos legales siguientes se estableció el sistema bancario moderno en los Estados Unidos?

   A. La Ley Antimonopolio de Sherman.
   B. La Ley de Comercio Interestatal.
   C. La Ley de la Reserva Federal.
   D. El Nuevo Trato.

4. ¿Cuál de las afirmaciones siguientes corresponde a la definición de beneficio?

   A. El dinero recibido en un período de tiempo.
   B. La compra de un artículo con la esperanza de que su valor aumentará con el tiempo.
   C. El punto en el que la oferta es igual a la demanda.
   D. El ingreso excedente que queda una vez que se han pagado los gastos.

5. Coloque una X delante de la persona o grupo responsable de determinar la política fiscal del gobierno federal.

   _______ El Congreso.

   _______ El Presidente.

   _______ El Tribunal Supremo.

   _______ El secretario de Defensa.

EJERCICIOS DE PRÁCTICA

La pregunta 6 está basada en la tabla siguiente.

Beneficios de los tenedores de acciones en 2005

Industrias	Porcentaje
Artículos de aseo personal y cosméticos	41.4
Bebidas (alcohólicas)	32.6
Tabaco	32.1
Bebidas (no alcohólicas)	26.2
Materiales de construcción	22.9
Alimentos procesados	21.2
Productos farmacéuticos	18.3
Petróleo (producción)	16.9
Petróleo (refinación)	15.5
Programas de computación	13.8
Servicios médicos	13.0
Computadoras y sus accesorios	12.7
Publicaciones	12.3
Productos químicos (especializados)	12.3
Vestimenta	12.0
Autopartes	11.4
Automóviles y camiones	10.0
Muebles y mobiliario para el hogar	9.9
Maquinaria	9.3
Productos de metal	9.2
Transporte (por camión)	9.0
Industrias de la defensa y aeroespacial	8.9
Metales y minería	8.5
Productos químicos (básicos)	8.2
Productos forestales	2.5
Neumáticos y productos de caucho	2.0
Instrumentos de precisión	−0.2
Productos electrónicos	−1.3
Promedio del mercado	11.6

EJERCICIOS DE PRÁCTICA

6. Según la tabla, ¿en cuál de las industrias siguientes los tenedores de acciones obtuvieron los mayores beneficios?
   A. Productos electrónicos.
   B. Programas de computación.
   C. Materiales de construcción.
   D. Industrias de la defensa y aeroespacial.

La pregunta 7 está basada en el mapa siguiente.

Bancos y distritos de la Reserva Federal

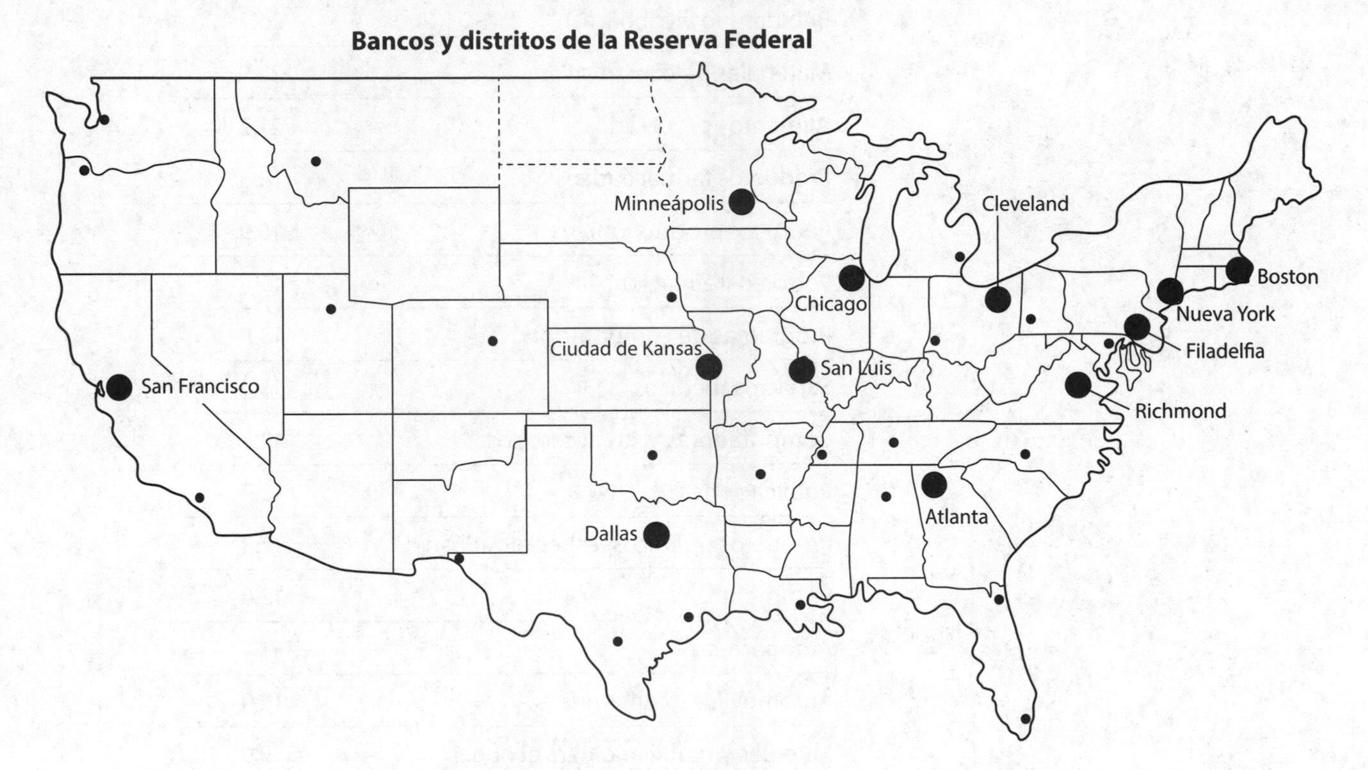

7. ¿Qué indica la ubicación de los bancos?
   A. Boston tiene más habitantes que San Francisco.
   B. La región del nordeste de los Estados Unidos es el centro de la actividad bancaria en el país.
   C. La actividad bancaria está concentrada en la región oeste de los Estados Unidos.
   D. Las prácticas bancarias del medio oeste son radicalmente diferentes de las del sur.

EJERCICIOS DE PRÁCTICA

8. La oración siguiente contiene una serie de espacios en blanco, cada uno de los cuales comienza con la palabra "Seleccione", seguida de un número correlativo y puntos suspensivos. Debajo de cada línea, encontrará listas de cuatro opciones. Indique cuál de esas opciones es la que corresponde a cada espacio en blanco. (**Nota:** En el examen de GED®, las opciones se presentan como un menú desplegable. Cuando usted haga un clic sobre la opción seleccionada, esta rellenará el espacio en blanco.)

   De acuerdo con la ley de la oferta y la demanda, si Seleccione 1. . . ▼ es mayor que

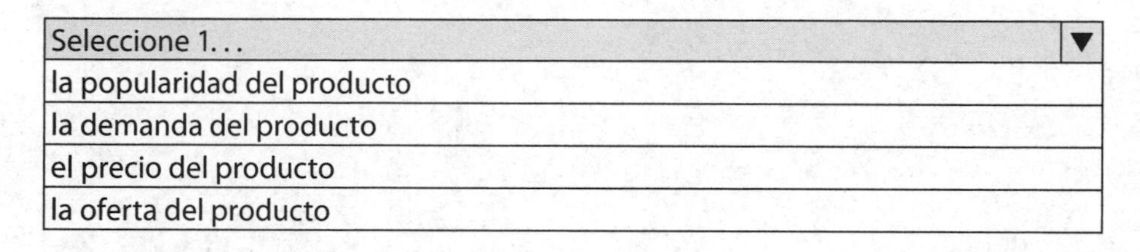

Seleccione 1. . . ▼
la popularidad del producto
la demanda del producto
el precio del producto
la oferta del producto

   Seleccione 2. . . ▼, Seleccione 3. . . ▼ disminuirá.

Seleccione 2. . . ▼
la popularidad del producto
la demanda del producto
el precio del producto
la oferta del producto

Seleccione 3. . . ▼
el precio del producto
la popularidad del producto
la oferta del producto
la demanda del producto

Véanse las respuestas en la página 873.

CAPÍTULO 4

La geografía y el mundo

Ecosistemas

Durante millones de años, los procesos físicos han ido moldeando y modificando la superficie de la Tierra. Los continentes que conocemos en la actualidad no siempre han tenido la misma forma. Con el tiempo, las masas continentales se separaron unas de otras o chocaron entre sí, dando origen a nuevas masas de tierra. Las fuerzas en el interior de la Tierra provocaron el surgimiento de las montañas, pero el viento y el agua erosionaron las rocas. Como resultado de todas estas acciones, la Tierra tiene diferentes accidentes geográficos y climas variados, que son habitados por grupos distintos de plantas y animales.

El **clima** de una región abarca diferentes fenómenos: los vientos y las temperaturas predominantes y la cantidad y el tipo de **precipitaciones** promedio. El clima es afectado por factores geográficos como la proximidad a las montañas o a grandes cuerpos de agua fresca o salada. El clima puede cambiar cuando se modifica alguno de estos factores.

El término **ecosistema** se refiere a la interacción continua entre la tierra, el clima y los organismos vivos en una ubicación determinada. La acción conjunta de todos estos factores contribuye a la creación de un sistema natural que sustenta a los organismos que viven en él. Por ejemplo, en un bosque en una región templada de América del Norte, los árboles producen nueces y frutos como parte de su ciclo reproductivo. Las aves y los animales pequeños se alimentan de las nueces y los frutos para su supervivencia. Los lobos y los halcones, a su vez, se alimentan de los animales pequeños y las aves. Otros animales sobreviven alimentándose de los insectos que habitan en el suelo y los árboles. Los restos de plantas y animales muertos contribuyen, por su parte, nutrientes al suelo, que alimenta a las plantas y los árboles. Todo el sistema trabaja en conjunto para sustentar a las generaciones sucesivas de seres vivos.

La Tierra está dividida en diferentes ecosistemas. Por ejemplo, el ecosistema **tropical** en los bosques lluviosos (selvas) de América del Sur es completamente diferente en términos de clima, precipitaciones y organismos vivos del ecosistema **desértico** del sudoeste de los Estados Unidos. Buena parte de los Estados Unidos y de Europa están situadas en una zona de clima moderado llamada región **templada**.

EJERCICIO 1

Ecosistemas

Instrucciones: Elija la mejor respuesta para cada una de las preguntas siguientes.

1. ¿Cuál de los términos siguientes no corresponde a un ecosistema global?

A. Templado.
B. Desértico.
C. Tropical.
D. Caducifolio.

La pregunta 2 está basada en el pasaje siguiente.

> Las tormentas del océano Pacífico derraman, por lo general, toda su humedad sobre las laderas del oeste de las montañas en California, Oregón y Washington. Se dice que la región situada al este de las montañas, donde no caen casi precipitaciones, está a la *sombra orográfica*.

2. ¿Qué tipo de ecosistema es de esperar en una región a la sombra orográfica?

A. Templado.
B. Desértico.
C. Tropical.
D. Ártico.

Véanse las respuestas en la página 873.

La geografía y el desarrollo de las sociedades humanas

La geografía determina en gran parte cómo y dónde vive la gente. El clima y las características físicas, o **topografía**, de la tierra son muy importantes. Las regiones con climas extremadamente fríos, como en el norte del Canadá, están escasamente pobladas. Las zonas con climas muy secos también tienen muy pocos habitantes. Las zonas montañosas con climas rigurosos están generalmente menos pobladas que las regiones de llanuras, donde la agricultura es mucho más fácil. A través de la historia, los pueblos tendieron siempre a asentarse en lugares con suelo fértil, agua fresca abundante y de fácil acceso. Esa es la razón por la que los asentamientos de las civilizaciones más antiguas se establecieron en los valles de los ríos, como el valle del Nilo, en Egipto, y el valle del Yangtzé, en China. Hoy, la población tiende a ser más numerosa en las zonas costeras, a menudo cerca de los puertos, desde donde el transporte de personas y bienes resulta más fácil. Estas zonas atraen a más individuos porque ofrecen comparativamente mayores posibilidades económicas.

La geografía y el clima influyen en las elecciones que hace la gente. El clima determina la vestimenta que la gente usa, los cultivos que crecen, los animales que cría para alimentarse y los medios de transporte que emplea. Por ejemplo, la península itálica es una zona de montañas, con suelo seco y rocoso. Junto con las temperaturas templadas de la región mediterránea, constituye un ambiente ideal para el cultivo de la uva. Estos factores geográficos han hecho de Italia uno de los mayores productores y exportadores de vino desde los días de la antigua Roma.

La geografía también desempeña un rol en los conflictos entre las sociedades humanas. Los países siempre deben considerar cómo defender sus fronteras. Los países con defensas naturales, como las costas oceánicas o las altas montañas, son más fáciles de defender que los países situados en medio de grandes planicies y rodeados de vecinos hostiles.

Los factores geográficos pueden ser causa de la victoria o la derrota en una guerra. La distancia es un factor importante, y lo era más antes de la invención de los aviones. Cuanto más se aleje un ejército de sus fuentes de suministros, mayor es el riesgo de derrota. Los ejércitos invasores pueden encontrar condiciones climáticas duras con las que no estén familiarizados o terrenos montañosos que hagan difícil el transporte. La geografía ha sido un factor importante en las guerras durante toda la historia de la humanidad.

EJERCICIO 2

La geografía y el desarrollo de las sociedades humanas

Instrucciones: Elija la mejor respuesta para cada una de las preguntas siguientes.

1. ¿Cuál de las afirmaciones siguientes NO es una razón por la que muchas ciudades se han construido a orillas de los ríos?

A. La zona que rodea los ríos es fértil y adecuada para la agricultura.
B. Hay agua fresca disponible para la población y el ganado.
C. Los puertos facilitan el transporte de bienes y los viajes.
D. Las orillas de los ríos son fáciles de defender contra los invasores.

2. ______________________ son fronteras naturales que los países han usado para protegerse de invasores y conquistadores.

A. Las llanuras extensas.
B. Los valles anchos de los ríos.
C. Las altas montañas.
D. Los suelos secos y rocosos.

Véanse las respuestas en la página 873.

Cambios en el medio ambiente producidos por el ser humano

Los seres humanos han alterado significativamente el medio ambiente natural en el que se han asentado.

Han removido los suelos para sembrar cultivos. Han talado bosques para dedicar los terrenos deforestados a la agricultura o a la construcción. Han creado sistemas de riego y de eliminación de desechos. Han creado muros y cercos para marcar los límites de sus propiedades. Las grandes sociedades humanas han ido más allá de estos pasos. Han creado puentes, carreteras y ciudades. Desde comienzos de la era industrial, han construido fábricas, minas y ferrocarriles. Todas estas actividades del ser humano han alterado el medio ambiente.

Las grandes sociedades humanas necesitan administrar los recursos. Un **recurso natural** es un bien proporcionado por la naturaleza que es de utilidad para los seres humanos. Esto incluye: el agua, los bosques, los minerales, el aire, los animales, los combustibles fósiles, las plantas y las rocas. A partir de los cambios producidos por la Revolución Industrial a comienzos del siglo XIX, los pueblos han venido consumiendo recursos naturales a un ritmo cada vez más rápido. Algunos recursos naturales, como el carbón, el petróleo y el gas natural son limitados o no renovables. Con su uso continuo, se acabarán algún día. La **sostenibilidad** se refiere a la forma de usar los recursos naturales sin agotarlos o destruirlos.

La industrialización ha producido la contaminación del aire, el agua y la tierra en una escala masiva. El problema ha empeorado con el tiempo y, a comienzos del siglo XXI, ha resultado en un **calentamiento global**. Las temperaturas promedio han aumentado en toda la Tierra, provocando el retroceso de los glaciares y la subida de los niveles del mar. Las diferentes sociedades han reaccionado ante el problema ambiental de formas variadas, dando origen en muchos países a movimientos ecologistas o "**verdes**". La gente recicla los productos usados a fin de reducir la cantidad de desechos, y planta jardines en las ciudades, en tierras desocupadas o en los techos de las casas. Los agricultores, por su parte, han cambiado sus métodos de cultivo para hacer un mejor uso del suelo. Algunos agricultores ya no usan más pesticidas y se dedican a la producción de **cultivos orgánicos**. Sin embargo, no todos los países participan en estas medidas de protección; algunos temen que sus economías se vean afectadas por el uso en sus fábricas de métodos de producción y de eliminación de desechos más limpios y ecológicamente más responsables.

EJERCICIO 3

Cambios en el medio ambiente producidos por el ser humano

Instrucciones: Elija la mejor respuesta para cada una de las preguntas siguientes.

La pregunta 1 está basada en la gráfica siguiente.

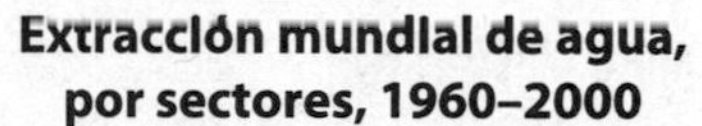

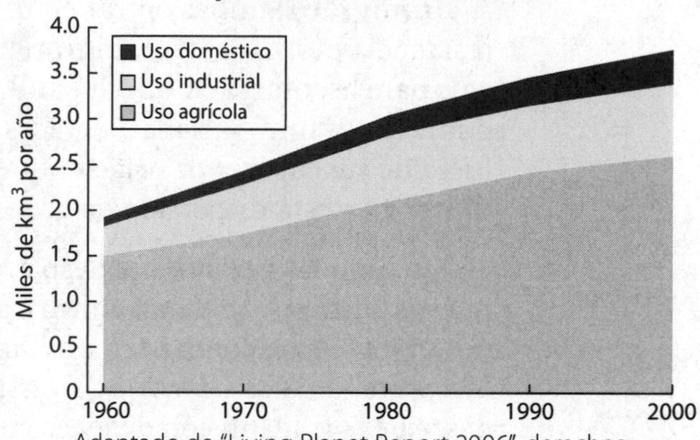

Adaptado de "Living Planet Report 2006", derechos registrados © 2006 por el Fondo Mundial para la Naturaleza (WWF).

1. Según la gráfica, ¿en qué década excedió el uso total de agua superó los 3,000 km^3 por año?

A. Década de 1970.
B. Década de 1980.
C. Década de 1990.
D. Década de 2000.

2. Según la gráfica, la cantidad de agua usada para la agricultura aumentó de 1,500 km^3 por año en 1960 a ______________________ en 2000.

A. 2,000 km^3 por año.
B. 2,500 km^3 por año.
C. 3,000 km^3 por año.
D. 3,500 km^3 por año.

Véanse las respuestas en la página 873.

Las migraciones humanas

Una **migración** es un desplazamiento de un gran número de personas de un país, lugar o región a otro. Las migraciones humanas han ocurrido a lo largo de la historia por tendencias de la población y por problemas puntuales. Existe una conexión entre las migraciones humanas y la geografía y el medio ambiente. En muchos casos, las personas migran a regiones donde la tierra de cultivo es abundante o donde los cultivos pueden desarrollarse más favorablemente. En otros, las personas migran en búsqueda de un clima más favorable, para obtener trabajo o recursos naturales, o para evitar la pobreza, las guerras o los efectos de desastres naturales.

Inmigrar significa entrar en un país, por lo general, para establecer una residencia permanente. **Emigrar**, por el contrario, significa abandonar un país para asentarse en otro lugar. Las personas pueden inmigrar o emigrar por razones muy variadas. A veces, grupos de personas se han dispersado fuera de sus lugares de origen por elección o involuntariamente. Se llama **diáspora** a esta dispersión de grupos de personas.

Cuando las personas se desplazan a nuevas tierras, se enfrentan a nuevas culturas. Se llama **cultura** a la forma de vida de un grupo particular de personas que comparten un idioma, valores, religión, creencias, arte, literatura, música y formas de vestir y de alimentarse. La **difusión cultural** describe la transmisión de ideas culturales a otros grupos de personas. Esto puede suceder cuando personas pertenecientes a culturas diferentes viven en proximidad. Con el tiempo, el contacto entre las culturas lleva a una mezcla de las mismas. La difusión cultural puede ocurrir también cuando un país conquista a otro y los derrotados son forzados a adoptar la cultura de los vencedores. En la actualidad, tecnologías como Internet y los medios de comunicación desempeñan un rol importante en la transmisión de ideas y creencias. Cuando personas de un origen cultural diferente se integran a la cultura predominante en una sociedad, realizan un proceso de **asimilación**. Las personas en esta situación no necesariamente abandonan su cultura tradicional, pero aceptan muchas de las ideas y prácticas de la cultura dominante.

EJERCICIO 4

Las migraciones humanas

Instrucciones: Elija la mejor respuesta para cada una de las preguntas siguientes.

1. La cocina Tex-Mex, una combinación de la cocina mexicana con comidas típicas de los habitantes estadounidenses de Texas, es un buen ejemplo de

_________________________.

A. Asimilación.
B. Migración.
C. Difusión cultural.
D. Sustentabilidad.

2. Lea el pasaje siguiente y responda luego la pregunta.

La gran hambruna de 1845–1852 en Irlanda fue una catástrofe para sus habitantes. Alrededor de un 80 por ciento de la población debió abandonar el país y asentarse en otros países tan lejanos como los Estados Unidos, el Canadá, la Argentina, Australia y Nueva Zelandia. Esta emigración masiva constituye una de las diásporas más importantes de la historia.

¿Cuál de las afirmaciones siguientes NO representa un caso de diáspora?

A. La expulsión de judíos de Europa poco antes de la Segunda Guerra Mundial.
B. La esclavización de personas del oeste de África y su traslado forzado al Nuevo Mundo.
C. La migración de personas de origen chino en búsqueda de mejores oportunidades económicas a toda la región del sudeste asiático.
D. La conquista de los pueblos americanos nativos de América del Sur por parte de los españoles.

Véanse las respuestas en la página 873.

Tendencias y cuestiones de la población

A comienzos de la historia, casi todos los individuos vivían en sociedades que desarrollaban actividades agrícolas. En la actualidad, muchas de las sociedades del mundo son, por el contrario, sociedades urbanas que habitan en ciudades y pueblos. Hoy, más del 50 por ciento de la población mundial vive en las zonas urbanas. Esta es la primera vez en toda la historia que ocurre una situación como esta, y se espera que el crecimiento de las poblaciones urbanas continúe aumentando. Existen muchas razones que justifican esta tendencia. Las ciudades ofrecen muchas más oportunidades de empleo, educación y cuidados de la salud que las zonas rurales, que tienen poblaciones menos numerosas.

Sin embargo, el desplazamiento a una zona urbana no garantiza una mejor calidad de vida. Especialmente en los países en desarrollo de Asia, África y América Latina, muchas de las personas que se desplazan a las ciudades con pocos recursos propios, o sin ellos, pronto se encuentran viviendo en condiciones de pobreza. En esos países, las ciudades no proveen de suficientes oportunidades económicas para sustentar a una población en rápido crecimiento. Los niveles de pobreza son, por lo general, mayores en las zonas donde la población aumenta más rápidamente.

En 2013, el total estimado de la población mundial era de 7,200 millones de habitantes. Esta cantidad se espera que aumente a 10,900 millones a comienzos del próximo siglo. La mayor parte de este crecimiento de la población se producirá en los países en desarrollo. En los países más desarrollados, como los países europeos, los países de América del Norte y el Japón, la población crece a un ritmo mucho más lento, principalmente porque el tamaño de la familia tipo es allí más pequeño.

EJERCICIO 5

Tendencias y cuestiones de la población

Instrucciones: Elija la mejor respuesta para cada una de las preguntas siguientes.

Las preguntas 1 y 2 están basadas en la gráfica siguiente.

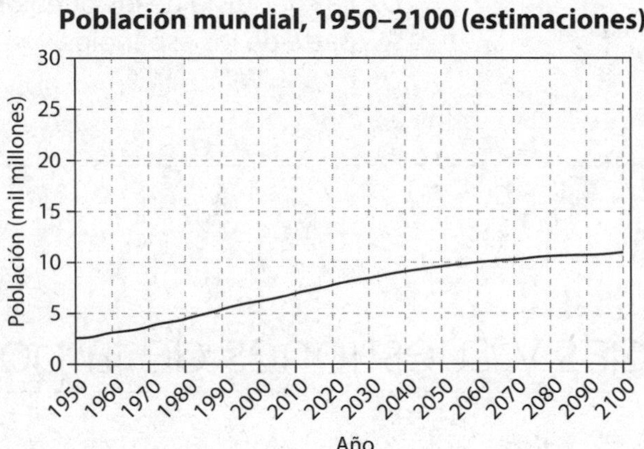

1. Según la gráfica, ¿cuál de las inferencias siguientes es correcta?
   A. Los expertos pueden predecir la población mundial exacta en el año 2100.
   B. Los expertos están de acuerdo en que la población mundial decrecerá en 2100.
   C. Se espera que la población mundial continúe creciendo durante los próximos 75 años.
   D. Se espera que la población mundial se triplique en la segunda mitad del siglo XXI.

2. ¿Verdadero o falso? Se espera que la población mundial sea tres veces mayor para el año 2070 que lo que era en 1970.

Véanse las respuestas en la página 874.

Herramientas y destrezas geográficas

Se usa el término **lugar** o **región** para referirse a una ubicación en la Tierra. Un lugar es una ubicación individual; por ejemplo, un país, un pueblo o una ciudad. Una región es un grupo o conjunto de ubicaciones; por ejemplo, una agrupación de países vecinos, estados o provincias.

Para mostrar la organización espacial de personas, lugares o entornos en la superficie de la Tierra, se usan varias herramientas. Un **globo terráqueo** es la representación más precisa porque tiene la misma forma de la Tierra. Sin embargo, incluso el globo terráqueo más grande es una representación en escala muy pequeña de la Tierra y no puede mostrar mucho detalle. Los **mapas planos** distorsionan la curvatura real de la superficie, pero un mapa detallado de una zona pequeña permite mostrar mucha más información que un globo.

Diferentes tipos de **mapas** pueden representar distintas características físicas y humanas de lugares y regiones. Tomemos, por ejemplo, un mapa común de los Estados Unidos. El mapa muestra cómo los ciudadanos estadounidenses decidieron dividir su país en estados específicos por razones políticas. Tomemos otra vez el mismo mapa y dividámoslo en regiones diferentes: la región del nordeste, la del medio oeste, la del sudeste, la del sudoeste y la del noroeste. Tomemos una vez más el mismo mapa y con colores diferentes marquemos las zonas donde crecen distintos cultivos, como el trigo, el maíz, la papa y la naranja. De la misma forma, podríamos representar también las temperaturas promedio, la cantidad de lluvia recibida o la elevación sobre el nivel del mar.

Existe una amplia variedad de mapas. Un **mapa político** muestra los nombres y las fronteras de los países, estados o provincias, ciudades y pueblos. Un **mapa topográfico** muestra la elevación comparada sobre el nivel del mar. Un **mapa climático** muestra las zonas que reciben la mayor y la menor cantidad de lluvias y cuáles son las zonas que tienen las temperaturas más elevadas y más bajas.

Podemos localizar cualquier lugar en la Tierra si conocemos su **latitud** y su **longitud**. Cuando observamos un globo terráqueo, vemos una cuadrícula compuesta de líneas que representan la latitud y la longitud. La latitud de un lugar es la distancia de ese lugar al norte o al sur del **ecuador**. La longitud de un lugar es una medida angular que representa la distancia al este o al oeste del **meridiano de Greenwich** (primer meridiano), una línea de norte a sur que pasa por esa localidad, cerca de Londres, en Gran Bretaña. La latitud y la longitud se miden en **grados** (°) y **minutos** (′). El ecuador tiene una latitud igual a 0°. El polo norte tiene una latitud de 90° norte, y el polo sur, una latitud de 90° sur. El primer meridiano tiene una longitud igual a 0°.

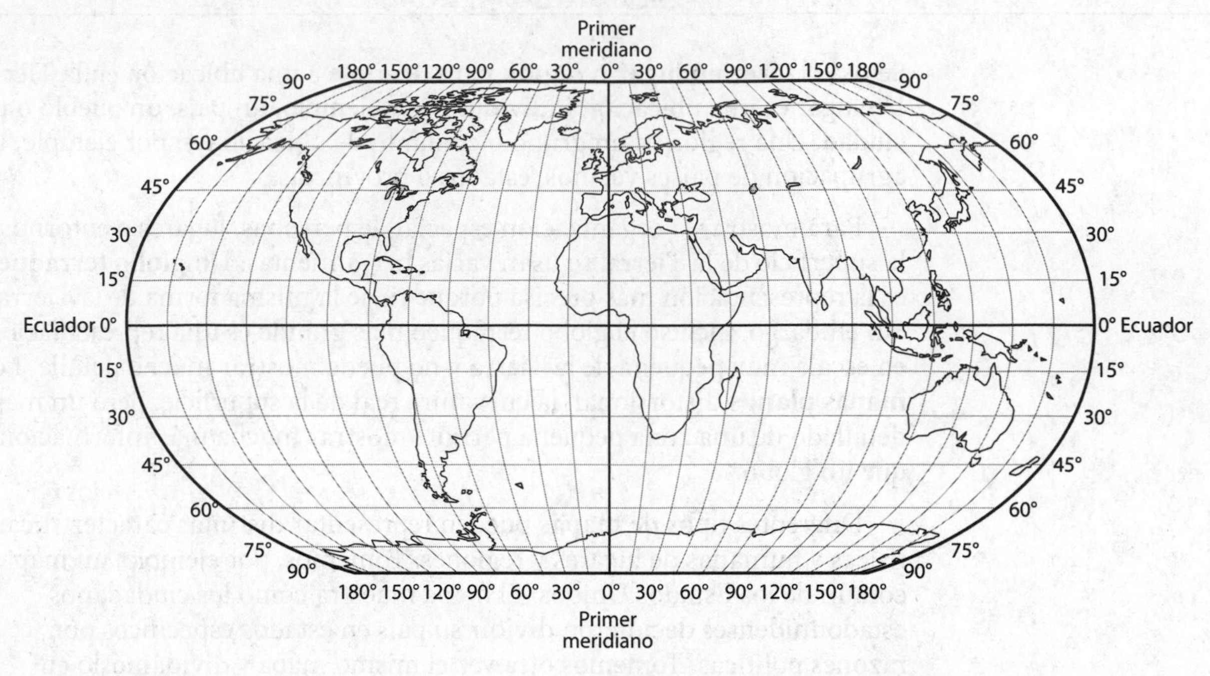

EJERCICIO 6

Herramientas y destrezas geográficas

Instrucciones: Elija la mejor respuesta para cada una de las preguntas siguientes.

1. Para planear un viaje de alpinismo, ¿qué tipo de mapa se deberá consultar?

A. Un mapa climático.
B. Un mapa político.
C. Un mapa de carreteras.
D. Un mapa topográfico.

2. ¿Qué continentes atraviesa el ecuador?

A. América del Sur, África y Asia.
B. América del Norte, Europa y Asia.
C. América del Sur, África y Oceanía.
D. América del Norte, África y Asia.

Véanse las respuestas en la página 874.

EJERCICIOS DE PRÁCTICA

La geografía y el mundo

Instrucciones: Elija la mejor respuesta para cada una de las preguntas siguientes.

1. ¿Cuál de las afirmaciones siguientes sobre la forma en que la geografía influye en el desarrollo de las sociedades es verdadera?

    A. A menudo, los pueblos establecen sus primeros asentamientos en regiones montañosas.
    B. Por lo general, los pueblos establecen sus asentamientos lejos de los grandes cuerpos de agua.
    C. La disponibilidad de recursos naturales influye en la elección del lugar donde se establece el asentamiento.
    D. Las sociedades se desarrollan en zonas donde la asistencia sanitaria es fácilmente accesible.

La pregunta 2 está basada en la gráfica siguiente.

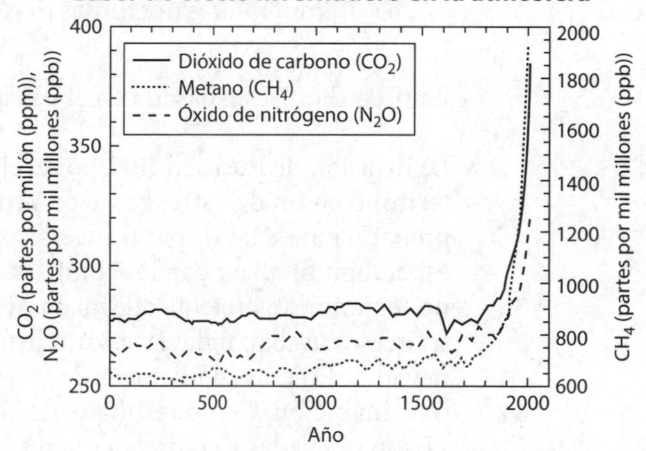

Fuente: Agencia de Protección Ambiental de los Estados Unidos (*United States Environmental Protection Agency*).

2. Según la gráfica, ¿cuál de las afirmaciones siguientes es correcta?

    A. Los gases de efecto invernadero en la atmósfera han aumentado rápidamente desde el comienzo de la industrialización en el siglo XVIII.
    B. Los gases de efecto invernadero en la atmósfera han disminuido a medida que la población ha aumentado.
    C. Antes de la colonización del Nuevo Mundo por los europeos, había menos dióxido de carbono que metano en la atmósfera.
    D. Antes de la colonización del Nuevo Mundo por los europeos, había más dióxido de carbono que el que hay actualmente.

EJERCICIOS DE PRÁCTICA

3. ¿Verdadero o falso? Los seres humanos han migrado a menudo en búsqueda de tierras aptas para la agricultura.

4. El primer meridiano:

   A. Mide la distancia de este a oeste.
   B. Está ubicado cerca del ecuador.
   C. Está ubicado a 0 grados de longitud.
   D. Mide la distancia de norte a sur.

5. ¿En cuál lugar el clima será posiblemente más templado?

   A. A los 5 grados de latitud norte.
   B. A los 40 grados de latitud norte.
   C. A los 25 grados de latitud sur.
   D. A los 75 grados de latitud sur.

6. En comparación con un ecosistema tropical, un ecosistema templado tiene:

   A. Temperaturas más frescas y menos lluvias.
   B. Menos vientos y más luz solar.
   C. Tormentas más frecuentes y violentas.
   D. Temperaturas nocturnas más cálidas.

La pregunta 7 está basada en el pasaje siguiente.

La invasión de Rusia en 1812 por el ejército francés comandado por Napoleón terminó en un desastre. La razón principal del fracaso fue la falta de preparación de las tropas francesas para el invierno ruso. Los franceses esperaban finalizar con los combates antes de que empezara el invierno, y no tenían ni vestimenta adecuada ni suficientes suministros. Los soldados franceses usaban todavía sus uniformes de verano cuando comenzaron las nevadas. En esas condiciones de frío helado, muchos murieron de hipotermia o de inanición. Como resultado de la imprevisión, las tropas francesas se vieron obligadas a emprender la retirada, y la campaña terminó en un fracaso.

7. ¿Cuál de las afirmaciones siguientes refleja mejor la idea central del texto anterior?

   A. Los franceses se retiraron porque eran superados en número por las fuerzas rusas.
   B. El ejército de Napoleón fue sorprendido por el rigor del invierno en Rusia.
   C. La invasión francesa fracasó porque las tropas rusas contaban con mejores generales.
   D. Los rusos consideraban que el invierno de 1812–1813 era comparativamente suave.

Véanse las respuestas en la página 874.

CAPÍTULO 5

Temas complementarios

¿Cuáles son los temas complementarios en el examen de Estudios sociales?

Todos los contenidos de conocimiento que se evalúan en el examen de Estudios sociales están relacionados con uno de los dos "temas complementarios". De hecho, ningún contenido que no esté relacionado con un tema complementario aparecerá en el examen. Los dos temas son:

- Desarrollo de las libertades modernas y la democracia.
- Respuestas dinámicas en los sistemas sociales.

Esto significa que usted deberá tener una idea básica de las raíces históricas del gobierno de los Estados Unidos y de sus estructuras sociales. Usted también deberá comprender cómo las sociedades responden a acontecimientos mundiales de todo tipo. La mayor parte de la información necesaria está contenida en los capítulos sobre Educación cívica y gobierno, Historia de los Estados Unidos de América, Economía y La geografía y el mundo. Sin embargo, existen otros conocimientos que caen fuera del alcance de esos capítulos. Si bien la historia mundial no es un contenido específico del examen de Estudios sociales, un conocimiento básico sobre cómo se originaron, desarrollaron y decayeron las principales civilizaciones del mundo es, sin duda, imprescindible. Este capítulo le suministrará toda la información que usted necesita al respecto.

Las primeras civilizaciones

Una **civilización** es más que un grupo de individuos; representa el paso siguiente hacia la organización social. En una civilización, los individuos organizan estructuras de gobierno y clases sociales, establecen sistemas de escritura, construyen ciudades, crean objetos de arte, estudian ciencias y matemáticas, e inventan nuevas formas de hacer las cosas.

Para sustentar la vida humana, se requieren dos elementos: un clima **moderado** y fuentes accesibles de alimentos y agua fresca. En las condiciones apropiadas, esto lleva a la producción de un excedente de alimentos y a aumentos en materia de salud, expectativa de vida e ingresos. Con mayores recursos y más tiempo libre, los individuos se dedican a actividades distintas de la caza y el almacenamiento de alimentos: crean civilizaciones. Todas las civilizaciones humanas más tempranas nos han dejado escritos, descubrimientos científicos, maravillosos objetos de arte y obras arquitectónicas que van mucho más allá de las necesidades de protección y refugio de los fenómenos meteorológicos.

Los seres humanos comenzaron a organizarse en civilizaciones alrededor del 3500 AEC (antes de la Era Común). El **Creciente Fértil** (actualmente, Irak, Siria y Egipto) albergó a las primeras civilizaciones. Este período de la civilización humana recibe el nombre de **Edad de Bronce** por el descubrimiento del bronce, una aleación de cobre y estaño, alrededor del 3000 AEC. Con el bronce se produjeron herramientas y armas más potentes y resistentes que con el cobre.

La Mesopotamia (actualmente, Irak) le dio al mundo el primer idioma escrito, la primera religión organizada, la base de las matemáticas, la rueda (usada primero en alfarería y cerámica, y luego en el transporte) y el primer relato épico (*El descenso de Inanna*). Las primeras ciudades-estado fueron creadas en el sur de la Mesopotamia por los sumerios. Los arqueólogos han descubierto muchos objetos lujosos, incluidos instrumentos musicales, juegos de tablero y joyas, en los lugares que habitaron. Estos objetos nos permiten concluir que existió una clase adinerada de sumerios: solo los ricos pueden comprar artículos de lujo. La fina calidad de los objetos también muestra que los sumerios eran artesanos muy habilidosos. El uso de metales en una región donde estos no existen es prueba de que los sumerios comerciaban con otras civilizaciones (probablemente en el valle del Indo; hoy, Pakistán).

El Imperio babilónico se constituyó alrededor del 2000 AEC. Los babilonios podían representar las estrellas fijas, seguir el curso del Sol y predecir eclipses lunares. Sus matemáticos fueron los primeros en usar el número 60 como base para la medición de círculos, esferas y el tiempo, sistema que todavía usamos hoy. Los códigos de leyes, como el Código de Hammurabi, demuestran que en la antigüedad se valoraba el concepto de justicia abstracta y se penalizaba a los delincuentes. Otra gran civilización surgió en la misma época en el valle del río Nilo, en Egipto. Las grandes pirámides de Egipto prueban que los egipcios podían no solo diseñar edificios monumentales, sino también construirlos, una proeza de ingeniería en un tiempo en que no existía más tecnología que la rueda y la palanca. Menos se conoce sobre la civilización del valle del Indo (actualmente, Pakistán) porque los historiadores no han podido descifrar sus registros escritos. Sin embargo, esta civilización dejó ciudades planificadas con trabajos de arquitectura impresionantes y sofisticados sistemas de desagüe.

EJERCICIO 1

Las primeras civilizaciones

Instrucciones: Elija la mejor respuesta para cada una de las preguntas siguientes.

1. Sobre la base de la información contenida en la sección anterior, ¿cuál de las afirmaciones siguientes NO es verdadera?

A. Las primeras civilizaciones conocidas surgieron en lo que hoy se conoce como el Oriente Medio.
B. Los registros escritos de la civilización del valle del Indo no han sido todavía descifrados.
C. Los matemáticos babilonios establecieron sistemas y convenciones que todavía usamos.
D. Las primeras civilizaciones descubrieron que el cobre era mejor que el bronce para la producción de herramientas.

2. Sobre la base de la información contenida en la sección anterior, ¿cuál de las afirmaciones siguientes es una opinión y no un hecho?

A. La presencia de artículos de lujo entre los objetos sumerios encontrados por los arqueólogos muestran que algunos sumerios eran ricos.
B. Los arqueólogos han encontrado evidencia clara de que los sumerios comerciaban con otras civilizaciones de la antigüedad.
C. Los fundamentos de las matemáticas modernos fueron desarrollados en la Mesopotamia.
D. Un escritor mesopotámico fue el autor de la primera obra de ficción conocida, *El descenso de Inanna.*

Véanse las respuestas en la página 874.

La antigua China

China ha existido como una entidad culturalmente unificada desde por lo menos 1000 AEC; algunos aspectos de la cultura china, como la cría de gusanos de seda, la producción de objetos de cerámica y jade y el uso de los palillos, podrían ser incluso anteriores a esa fecha. El idioma chino clásico escrito, que se originó mucho antes de 1000 AEC, sirvió como elemento unificador entre los antiguos reinos chinos. Si bien existían dialectos distintos en las diferentes regiones, el chino escrito era el mismo en todas partes.

Los primeros asentamientos chinos se produjeron en las riberas de los ríos, las carreteras de la antigüedad. China estaba separada del Creciente Fértil no solo por la distancia, sino también por desiertos y cadenas de montañas. No existe evidencia de que China y el Cercano Oriente hubieran tenido conocimiento de la existencia del otro.

K'ung-fu-tzu, conocido en español como Confucio, tuvo una influencia tan grande en el pensamiento y la cultura chinos como la que tendría más tarde Jesucristo en Occidente. Nacido en el siglo VI AEC en una familia que pertenecía a la nobleza inferior, Confucio se convirtió en maestro y erudito. Confucio apoyaba el establecimiento de un orden social en el que cada uno tendría su lugar. Si cada persona conocía y ocupaba su lugar, cumplía con sus tareas y respetaba la tradición, la sociedad funcionaría sin sobresaltos. Por la misma razón, la integridad personal garantizaría un sabio y justo uso de la autoridad.

Bajo la dinastía Han (206 AEC–220 EC), China estableció una economía de mercado y alcanzó los adelantos siguientes: la invención del papel, un código de leyes universal y una burocracia basada en el mérito. Durante este período, se estableció también la **Ruta de la Seda**, que partiendo de Luoyang, en el este, llegaba hasta Constantinopla y Alejandría, en el oeste. Caballos de Irán, objetos de lujo de Roma, sedas de China, especias y algodón de la India e historias e ideas de todas las culturas se intercambiaron a lo largo de la Ruta de la Seda.

EJERCICIO 2

La antigua China

Instrucciones: Elija la mejor respuesta para cada una de las preguntas siguientes.

1. Antes de que se estableciera la Ruta de la Seda, los pueblos del Creciente Fértil y de China:

   A. Compartían un mismo lenguaje y tenían una religión común.
   B. No habían podido amansar caballos.
   C. Desconocían la existencia del otro pueblo.
   D. Combatieron entre sí en repetidas oportunidades.

2. Sobre la base de la información contenida en la sección anterior, ¿cuál de los artículos siguientes existía en China alrededor de 1000 AEC?

   A. El vino.
   B. Las joyas de diamantes.
   C. El acero.
   D. Los palillos.

Véanse las respuestas en la página 874.

La antigua India

La geografía desempeñó un rol principal en el aislamiento de la antigua India. El Himalaya, cordillera que incluye las montañas más altas del mundo, impedía el acceso por el norte; los otros dos lados de la península triangular limitaban con el océano Índico. Esta situación geográfica única solo permitía que la India fuera invadida desde el noroeste, a través de lo que es hoy Pakistán.

Los arios, pueblo del este europeo que invadió y se asentó en Persia y el valle del Indo alrededor de 1500 AEC, tuvieron una influencia duradera sobre la cultura india. Los historiadores creen que el **hinduismo** es fruto de una combinación de ideas y creencias arias e indias. El hinduismo, que combina la creencia religiosa en el sacrificio con un sistema de castas basado en el servicio a los otros, continúa prevaleciendo actualmente en la India.

Siddhartha Gautama, nacido en 563 AEC en una familia noble, es conocido en la historia como Buda ("el iluminado"). Buda enseñó que, puesto que todo sufrimiento y conflicto en el mundo es consecuencia de la ambición frustrada, la pasión o el egoísmo, la eliminación de estas emociones traerá la felicidad y la paz espiritual. El **budismo** también se opone al sistema de castas. En la actualidad, el budismo tiene mayor influencia en China que en la India.

EJERCICIO 3

La antigua India

Instrucciones: Elija la mejor respuesta para la pregunta siguiente.

1. Sobre la base de la información contenida en la sección anterior, podemos asumir que:

A. Los pasos a través de la cordillera del Himalaya constituyeron rutas de fácil acceso para los invasores.
B. El sistema de castas, que todavía tiene influencia en la sociedad de la India, ha existido durante siglos.
C. Buda combatió el sistema de castas cuando se convirtió en un emperador poderoso y rico.
D. Los arios entraron a la India desde el este, viajando a través de Mongolia y Nepal.

Véase la respuesta en la página 874.

La Grecia clásica

El comienzo de una cultura identificable como griega se remonta a 2000 AEC y a la llegada de los aqueos desde la región hoy conocida como los Balcanes, en el sudeste europeo. El carácter insular de la península griega dio lugar a una relación estrecha con el mar y determinó que el comercio se realizara mayormente por barco, así como que los navíos de los estados griegos se convirtieran en los mejores y más poderosos de la época.

La idea de una **filosofía** abstracta, en la que los individuos usan el poder del razonamiento para explicar el funcionamiento del universo, tuvo su origen en Grecia y representa su contribución más importante al desarrollo de la cultura occidental. Durante el período de la Grecia clásica (aproximadamente de 750 a 400 AEC), los griegos establecieron las bases del arte, la arquitectura, la literatura, las ciencias, la filosofía y el gobierno de Occidente.

En una época en la que el mundo estaba gobernado por el principio del derecho divino de los emperadores, algunas de las ciudades-estado griegas ya aplicaban un nuevo sistema de gobierno: la **democracia**. Esta democracia no era igual a lo que hoy entendemos por democracia; ni los esclavos ni las mujeres libres gozaban de muchos derechos legales y libertades, y solo los hombres en puestos de poder (alrededor del 10 por ciento del total de la población) podían votar. De todas formas, el gobierno les otorgó a algunos de sus ciudadanos la posibilidad de opinar sobre las leyes que debían cumplir. Este principio de gobernar con el consenso de los gobernados se fue extendiendo y con el tiempo terminó por prevalecer en todo el mundo occidental.

El reino de Macedonia, situado en la parte norte de Grecia, ocupó el resto del territorio griego con un ejército a las órdenes de Filipo II y de su hijo y sucesor, Alejandro Magno. Durante el siglo IV AEC, las guerras de conquista llevadas a cabo por Alejandro difundieron la cultura, el idioma y las costumbres de los griegos desde el río Danubio, en Europa, hasta el río Indo, en la India.

EJERCICIO 4

La Grecia clásica

Instrucciones: Elija la mejor respuesta para cada una de las preguntas siguientes.

1. Sobre la base de la información contenida en la sección anterior, se puede asumir que:

   A. Los emperadores romanos basaron sus leyes en las de los emperadores griegos.
   B. Las naves griegas eran superiores a todas las otras existentes en el resto del mundo.
   C. Alejandro Magno trató de conquistar China pero fracasó en su intento.
   D. La democracia no prosperó en Grecia a causa de las revueltas de los esclavos.

2. ¿Cuál de las afirmaciones siguientes sobre la filosofía está basada en la información contenida en la sección anterior?

A. Los filósofos griegos continúan siendo leídos y estudiados.
B. La palabra filosofía proviene del griego *philosophia*, que significa amor a la sabiduría.
C. Alejandro Magno era un ávido estudioso de filósofos como Sócrates.
D. El idioma griego antiguo, usado en los textos filosóficos, ya no es más comprensible.

Véanse las respuestas en la página 874.

Roma

El Imperio romano (de 500 AEC a 476 EC) fue el logro político más grande e impresionante del mundo antiguo. Con la ayuda de su burocracia y de su ejército, Roma reunió a todas las civilizaciones occidentales bajo un poder común, que permitió que cada cultura individual pudiera florecer. La expresión "civilización occidental" se refiere a la herencia grecorromana: la historia, la cultura y el conocimiento del mundo común a todas las naciones occidentales que formaron parte del Imperio romano o fueron influenciadas por él.

La clave del éxito y la duración del Imperio romano fue la tolerancia. Los gobernantes romanos permitieron que floreciera la diversidad, exigiendo solo tres cosas: obediencia al código de leyes romano, el pago de impuestos y la lealtad al Estado romano. La veneración de los dioses romanos era obligatoria, pero también se podía adorar a otros dioses.

Los romanos adoptaron elementos de la mitología, la religión y la cultura de griegos y etruscos (pueblo antiguo de la Toscana, Italia). Los adelantos más importantes alcanzados por Roma se produjeron en las áreas del derecho, el gobierno y la ingeniería. El latín, el idioma de los romanos, se conservó como el lenguaje común de todas las personas educadas occidentales por más de 1000 años después de la caída del Imperio. En sus comienzos, Roma era una monarquía, pero se convirtió en república en 509 AEC. Tanto los **patricios** (que pertenecían a la aristocracia) como los **plebeyos** (que pertenecían a la plebe) estaban representados en el Senado, y los representantes de los plebeyos tenían derecho de veto sobre las decisiones de los patricios. Alrededor de 100 AEC, la república se había convertido en una dictadura, a pesar de que el Senado seguía existiendo.

El **cristianismo** empezó su existencia bajo el Imperio romano como una secta del **judaísmo**, la antigua religión del pueblo hebreo. El judaísmo fue revolucionario por dos motivos: sus seguidores adoraban a un solo dios, en lugar de a muchos, y su código moral (los Diez Mandamientos) se aplicaba a todos los individuos, desde los reyes hasta los esclavos. Esta idea desafiaba la antigua creencia común de que los reyes tenían un origen divino y no eran cuestionables.

Los cristianos y los judíos veneraban al mismo dios, pero los cristianos creían que Jesús de Nazaret era el Hijo de Dios, el Mesías o Cristo (las dos palabras significan "el ungido"), cuya presencia en la Tierra había sido anticipada en la Biblia hebrea. Después de la crucifixión de Cristo, Pablo, su seguidor más influyente, predicó su mensaje de amor universal y salvación eterna en toda la región este del Imperio romano. A fin de hacer más atractivo el mensaje del cristianismo para su audiencia griega, Pablo incorporó elementos de la cultura y religión griegas a las creencias hebreas, entre ellos, el concepto filosófico abstracto de la Trinidad. El cristianismo se expandió rápidamente por todo el Imperio romano, y conservó su influencia en toda Europa occidental por los siglos venideros.

Hacia el siglo IV EC, el Imperio romano se había convertido en una organización demasiado extendida para ser gobernada con eficiencia desde una sola ciudad. Por este motivo, se dividió en dos partes, una de las cuales terminó separándose completamente: el Imperio bizantino, gobernado desde Constantinopla (ciudad fundada en 330 EC). Desinteligencias sobre el dogma dividieron también al cristianismo: Roma se convirtió en la sede de la Iglesia católica, mientras que Constantinopla fue la cabeza de la Iglesia ortodoxa. Roma era culturalmente latina, y Constantinopla, culturalmente griega, otro motivo para la división. Finalmente, el Imperio romano se vio envuelto en problemas económicos y debió hacer frente a serias amenazas de invasión desde el norte.

EJERCICIO 5

Roma

Instrucciones: Elija la mejor respuesta para cada una de las preguntas siguientes.

Las preguntas 1 y 2 están basadas en la información contenida en el mapa siguiente.

El Imperio romano: expansión hacia 133 AEC

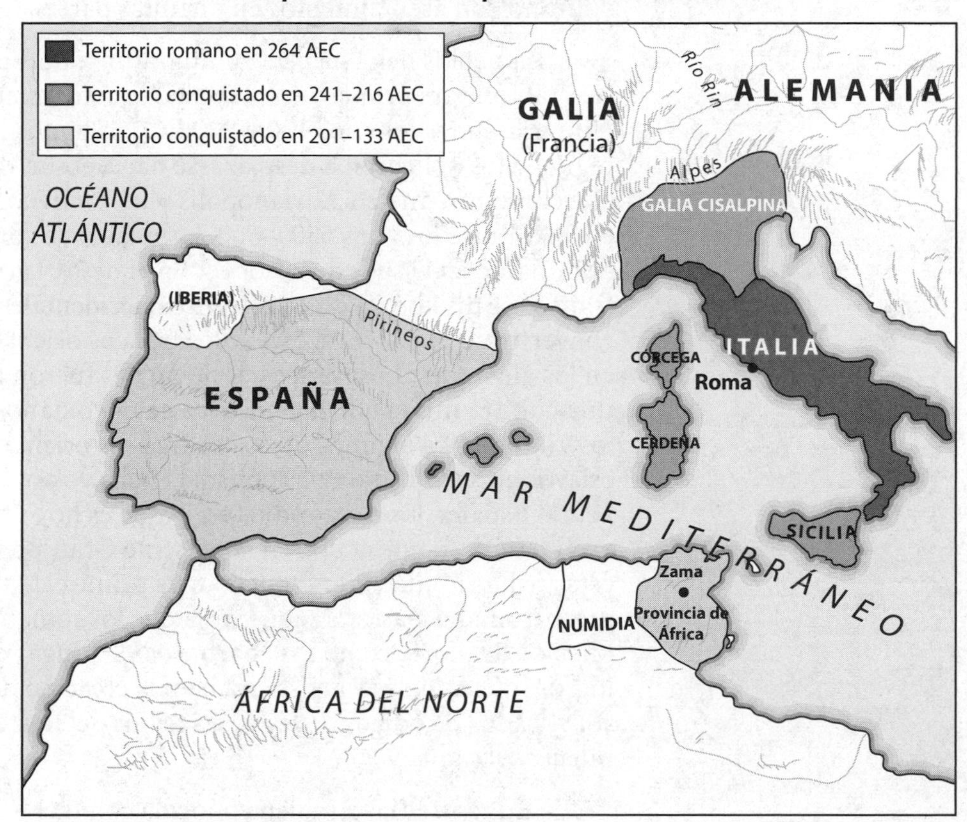

1. ¿En qué período la expansión del Imperio romano incluyó a España?

A. Antes de 264 AEC.
B. Entre 241 y 216 AEC.
C. Entre 201 y 133 AEC.
D. Después de 133 AEC.

2. ¿Cuál de las afirmaciones siguientes es verdadera?

A. Hacia 133 AEC, el Imperio romano incluía regiones en dos continentes.
B. El Imperio romano se extendió hasta el océano Atlántico en 264 AEC.
C. La Bretaña fue conquistada por el Imperio romano en 133 AEC.
D. La Galia fue conquistada por el Imperio romano antes de 264 AEC.

Véanse las respuestas en la página 874.

La gran migración y la Edad Media

Desde el sexto milenio AEC, las **estepas** del Asia central —inhóspitas praderas rodeadas por los montes Urales y el desierto de Gobi— estuvieron habitadas por tribus no muy numerosas, que deambulaban por el terreno duro acompañadas de sus rebaños, de los que obtenían la leche y la carne que necesitaban para vivir. Estas tribus del Asia central, que adiestraban a sus caballos y empleaban el hierro para la fabricación de armas, y que fueron las primeras en usar la rueda con radios, se convirtieron en bandas de formidables guerreros y encabezaron la **gran migración** hacia el oeste, que culminó con asentamientos en distintas partes de lo que hoy es Europa.

Los pueblos del Asia central migraron a Europa en oleadas. Los godos se establecieron primero en la zona que actualmente ocupan Polonia y Hungría. Entre los años 100 y 300 EC, los hunos los expulsaron de esa región y los obligaron a desplazarse hacia el sur, donde los godos derrotaron al ejército romano en Adrianópolis y fueron reconocidos como estado en 382. Entre los años 550 y 600, los eslavos se convirtieron en la cultura dominante en el sudeste europeo. En el oeste, la tribu germánica de los francos se dividió en dos: los francos occidentales, que con el tiempo se convertirían en los franceses, y los francos orientales, que se convertirían en los alemanes. Los francos occidentales fueron la fuerza dominante en una cultura mixta que incluía a los galos romanos, los bretones, los belgas, los vikingos y a algunos otros; los francos orientales absorbieron elementos eslavos en su cultura. Por la misma época, los suevos se establecieron en la actual España, los burgundios en lo que es hoy Francia y los anglosajones en el territorio que ocupa en el presente Gran Bretaña. La cultura de estas tribus nómadas era mucho más primitiva que la de la civilización grecorromana clásica, razón por la que los romanos se referían a todos los pueblos del norte como los "**bárbaros**". En lugar de hacer hincapié en los logros intelectuales y artísticos, o en la creación de sistemas de gobierno sofisticados o códigos de leyes, las tribus del norte se concentraron en el pillaje y el saqueo.

La **Edad Media**, también conocida como el período medieval, fue una era plagada de conflictos que se inició en el siglo V, cuando varios de estos pueblos migratorios empezaron a luchar por la supremacía. El período medieval temprano, especialmente entre los años 750 a 1054, fue una época de ataques constantes por parte de las tribus vikingas, provenientes de Escandinavia, sobre las actuales regiones de Francia, Gran Bretaña y el este europeo. Por el mismo tiempo, los vikingos, atravesando el territorio de lo que es hoy Rusia, fundaron las ciudades de Kiev y Novgorod, que luego serían anexadas al Imperio ruso por los príncipes de Moscú. Después de la conversión al cristianismo de Vladimir I en 988, Kiev se acercó más a las culturas eslava y bizantina. Para enfrentar la amenaza de los invasores vikingos, los eslavos locales comenzaron a organizarse bajo un sistema político similar al de los vikingos y a establecer una estructura social que los transformó de una cultura tribal en una verdadera civilización.

EJERCICIO 6

La gran migración y la Edad Media

Instrucciones: Elija la mejor respuesta para cada una de las preguntas siguientes.

1. ¿Cuál de las tribus nómadas siguientes formó parte de la cultura de los francos occidentales?
   A. Los suevos.
   B. Los burgundios.
   C. Los bretones.
   D. Los eslavos.

2. Las tribus vikingas recorrieron en sus viajes buena parte de lo que es hoy Europa, incluidos los territorios ocupados actualmente por:
   A. España.
   B. Portugal.
   C. Grecia.
   D. Rusia.

Véanse las respuestas en la página 874.

El feudalismo

Durante este **período medieval temprano**, se desarrolló el sistema feudal, no solo en Europa, sino también en la India, China y el Japón. El contrato social establecido entre las diferentes clases estaba basado en un juramento de lealtad, que para la gente de esa época era legalmente vinculante. El rey les otorgaba a los guerreros vastas extensiones de tierra y títulos de nobleza a cambio de sus servicios militares. El guerrero se convertía entonces en **señor** de una propiedad y en gobernante de su propio pequeño reino, en el que protegía y daba albergue a sus **vasallos**. Los vasallos, a su vez, prestaban servicios militares al señor y le juraban lealtad y obediencia. El señor de la propiedad podía ser también una señora; si bien muy pocas mujeres medievales eran guerreras (Juana de Arco era una excepción a esa regla), las mujeres podían alcanzar esa posición a través del matrimonio o la viudez.

El rey y los señores mantuvieron un equilibrio de poder inestable. El rey quería controlar el reino y conservar la obediencia de todos sus súbditos, pero los señores disponían de tanto poder independiente sobre sus propiedades que podían desafiar fácilmente al rey, a pesar de haber aceptado el origen divino del poder del monarca. La **Carta Magna** es un ejemplo de lo que podía suceder cuando los señores se unían en contra del rey. El rey John de Inglaterra realizó una administración tan desastrosa y un gobierno tan insensato que en 1215 los señores lo obligaron a firmar la Carta Magna, que establecía específicamente que el monarca no estaba por encima de la ley y que sentó las bases para el sistema parlamentario que Inglaterra finalmente adoptaría.

EJERCICIO 7

El feudalismo

Instrucciones: Elija la mejor respuesta para cada una de las preguntas siguientes.

1. Los señores feudales daban albergue y tierras de cultivo a sus vasallos a cambio de:

   A. Servicios militares y obediencia.
   B. Una promesa de matrimonio.
   C. La entrega de un hijo en condiciones de esclavitud.
   D. Impuestos sobre las ventas en el mercado local.

2. El rey John de Inglaterra firmó la Carta Magna forzado por sus disputas con:

   A. El rey de Francia.
   B. Los señores ingleses.
   C. Los plebeyos ingleses.
   D. Los caballeros franceses.

Véanse las respuestas en la página 874.

El Oriente Medio y África

El **islam**, la religión que con el tiempo unificaría a todo el Cercano Oriente, fue fundado a comienzos del siglo VII en Arabia. Los musulmanes veneran al mismo dios de judíos y cristianos; Alá es simplemente su nombre en árabe. Los musulmanes también consideran a Jesús como un profeta importante, pero no tan grande como Mahoma, el fundador del islam. La doctrina islámica tiene cinco pilares: la fe, la oración, la limosna, el ayuno y el peregrinaje a La Meca.

Hacia finales del siglo X, el islam se había extendido a una parte considerable del mundo. Mahoma no fue solo el fundador de la religión que cuenta con más fieles en todo el mundo, sino que también fue un extraordinario líder político que unificó por primera vez a todas las tribus árabes bajo la administración de un gobierno central. Los ejércitos musulmanes conquistaron un imperio muy diverso, que abarcaba a los turcos, los persas y las tradiciones culturales y artísticas del norte de África. Llegaron incluso a penetrar en Europa y a establecerse en casi toda la Península Ibérica, donde conservaron el poder por casi 800 años.

A comienzos del siglo XV, la mayor parte del Oriente Medio estaba controlada por el Imperio turco otomano, con sede en Constantinopla. Bajo los otomanos, el mundo islámico alcanzó la cima de los adelantos culturales, literarios y artísticos, pero su rechazo por los nuevos métodos científicos le impidió mantener esta posición. Mientras que los europeos diseñaban su primera imprenta de tipos móviles en 1455, los pueblos árabes no dispusieron de esta tecnología hasta 1727. Y cuando el reloj de péndulo era ya un objeto común en los hogares europeos, era todavía una curiosidad y un lujo en la India. A mediados del siglo XVIII, el Imperio otomano comenzó a perder rápidamente su poder e influencia, y no volvió a desempeñar un rol importante en la política internacional hasta la década de 1970.

Las civilizaciones africanas más importantes durante el primer milenio fueron la de Nubia, ubicada sobre el río Nilo, en lo que es hoy Sudán y el sur de Egipto, y la de Axum, situada en lo que actualmente es el norte de Etiopía. El reino de Ghana, ubicado sobre la costa oeste de África, prosperó entre los años 830 y 1235. El reino comerció extensamente con los países al norte del desierto del Sáhara, por medio de caravanas de camellos que transportaban oro, marfil y sal. Las invasiones extranjeras, la conversión religiosa y el desarrollo del comercio internacional constituyeron las causas principales de la declinación de estas civilizaciones.

EJERCICIO 8

El Oriente Medio y África

Instrucciones: Elija la mejor respuesta para cada una de las preguntas siguientes.

1. ¿Cuál de las afirmaciones siguientes está basada en la información contenida en la sección anterior?

A. El Imperio otomano obligó a sus súbditos de Persia, Turquía y el norte de África a abandonar sus culturas nativas.
B. El reino africano de Ghana tuvo poco contacto con el mundo exterior.
C. El reino de Nubia estaba situado en lo que es hoy el norte de Etiopía.
D. El Imperio otomano existió desde el siglo XV hasta comienzos del siglo XX.

2. Sobre la base de la información contenida en la sección anterior, ¿cuál de las afirmaciones siguientes representa una opinión y no un hecho?

A. Gobernantes musulmanes administraron los territorios españoles durante varios siglos.
B. El Imperio otomano comenzó su decadencia a mediados del siglo XVIII.
C. El reino de Nubia fue la más importante de las antiguas civilizaciones africanas.
D. Los ejércitos musulmanes conquistaron Persia, Turquía y gran parte del norte de África.

Véanse las respuestas en la página 874.

Civilizaciones en las Américas

Los americanos nativos crearon numerosas civilizaciones en las Américas. En América del Norte, cientos de pueblos diferentes desarrollaron formas de vida que se adaptaban perfectamente a las distintas condiciones ambientales del continente. Sus asentamientos estaban a menudo conectados con redes comerciales de larga distancia. En los bosques del este, los pueblos vivían en aldeas y se dedicaban a la caza, la pesca y a la agricultura, especialmente al cultivo del maíz. En las Grandes Llanuras, los pueblos practicaban una forma de vida nómada y dependían para su supervivencia de la caza del bisonte y de otros animales. En el desierto del sudoeste, los americanos nativos construyeron pequeñas ciudades y practicaron la agricultura, frecuentemente por riego.

Al sur, los americanos nativos crearon civilizaciones avanzadas y establecieron imperios. Los mayas dominaron América Central y construyeron ciudades de piedra con grandes templos antes de 900 EC. Desarrollaron un complejo sistema de escritura y un calendario de gran precisión. Posteriormente, los aztecas conquistaron un extenso imperio en lo que es hoy México, y establecieron su capital en el lugar donde se encuentra ubicada actualmente la Ciudad México.

Más al sur, en la cordillera de los Andes, en América del Sur, los incas crearon un imperio que se extendió desde el siglo XIII hasta comienzos del siglo XVI. Los incas construyeron grandes ciudades y desarrollaron un sistema de administración muy eficiente, lo que les permitió gobernar sin grandes sobresaltos. Tanto la civilización azteca como la de los incas florecieron hasta la llegada de los españoles, a comienzos del siglo XVI.

EJERCICIO 9

Civilizaciones en las Américas

Instrucciones: Elija la mejor respuesta para la pregunta siguiente.

1. Sobre la base de la información contenida en la sección anterior, se puede inferir que:

   A. Los mayas llevaban un registro cuidadoso de los días y los años.
   B. En América del Norte, las tribus de americanos nativos tenían poco contacto entre sí.
   C. Ninguno de los pueblos de americanos nativos habitó en grandes ciudades.
   D. En América Central, los pueblos nativos no llegaron a desarrollar un sistema de escritura.

Véase la respuesta en la página 875.

El Renacimiento y la Reforma en Europa

Dos factores importantes hicieron del **Renacimiento**, movimiento cultural originado en Italia alrededor de 1350, un punto de inflexión en la historia de Occidente. El primero fue el resurgimiento del interés por la filosofía clásica, la literatura y el arte. El segundo fue un aumento pronunciado en la alfabetización, consecuencia del desarrollo de la imprenta de tipos móviles.

Los coreanos inventaron los tipos móviles, pero fueron modificados en Alemania y su uso tuvo mucha más repercusión en Occidente que en Corea y China. Con la disponibilidad de libros de lectura, las personas podían leer por su propia cuenta en lugar de aceptar lo que las autoridades educadas les decían sobre ellos.

El movimiento religioso llamado la **Reforma** comenzó en 1517 con la fundación de la Iglesia luterana. Hacia 1600, miles de europeos, particularmente del norte de Europa, efectuaban sus oraciones en iglesias luteranas, calvinistas y anglicanas. El éxito del **protestantismo** (su nombre se debe a que sus seguidores *protestaban* contra la doctrina católica) tuvo múltiples causas: la comprobación creciente de que la Iglesia católica no era ni todopoderosa ni estaba por encima de toda culpa, el aumento del poder político secular y el perfeccionamiento de los procesos de impresión. La gente pudo leer la Biblia (y otros libros) por sí misma; ya no tenía que aceptar la interpretación de la Iglesia sobre las Escrituras.

EJERCICIO 10

El Renacimiento y la Reforma en Europa

Instrucciones: Elija la mejor respuesta para cada una de las preguntas siguientes.

1. Sobre la base de la información contenida en la sección anterior, ¿cuál de las afirmaciones siguientes es verdadera?

A. El protestantismo fue consecuencia de las protestas contra la Iglesia luterana.
B. El concepto de los tipos móviles para los procesos de impresión no fue inventado en Europa.
C. El Renacimiento comenzó en Corea y China antes de expandirse a Europa occidental.
D. Los calvinistas sostenían que solo los funcionarios religiosos podían tener autorización para leer.

2. Sobre la base de la información contenida en la sección anterior, se puede inferir que:

A. Los luteranos, calvinistas y anglicanos se oponían al dogma cristiano.
B. La Iglesia católica se oponía a la literatura y el arte clásicos.
C. El aumento pronunciado de la alfabetización en Europa tuvo un profundo impacto en la historia de humanidad.
D. Los pueblos del sur de Europa eran predominantemente musulmanes.

Véanse las respuestas en la página 875.

La Revolución Científica, la Ilustración y la Revolución Industrial

La **Revolución Científica** fue una época de gran progreso en la comprensión de las leyes del universo por los seres humanos. Esta revolución no solo cambió *qué* era lo que la gente pensaba, sino, más importante, *cómo* pensaba. Los descubrimientos de la Revolución Científica (como las lunas de Júpiter y las órbitas de los planetas alrededor del Sol) fueron el producto de la experimentación más que de la filosofía abstracta.

Los ***pensadores*** (los *philosophes*, en francés) de la **Ilustración**, en el siglo XVIII, aplicaron los procedimientos científicos del pensamiento crítico a los problemas políticos y sociales. Sostenían que todas las personas nacían libres e iguales, y que los individuos debían poder desarrollarse en el mundo como seres razonables, con derecho a decidir cómo y dónde vivir. Sus trabajos alentaban a las personas a creer que no debían aceptar las condiciones existentes y a que podían establecer nuevas instituciones que reflejaran sus deseos. Las enseñanzas de la Iluminación dieron origen a las grandes revoluciones en la parte británica de América del Norte y en Francia.

Más adelante, en los siglos XVIII y XIX, la **Revolución Industrial** aplicó los procedimientos de observación y experimentación de una forma diferente: para resolver los desafíos mecánicos de la producción industrial y para la agricultura. La aparición continua de nuevas máquinas alteró de forma permanente el ritmo de vida de los seres humanos y transformó la base de la economía occidental, que pasó de la agricultura a la producción en masa y al consumo.

EJERCICIO 11

La Revolución Científica, la Ilustración y la Revolución Industrial

Instrucciones: Elija la mejor respuesta para cada una de las preguntas siguientes.

1. ¿Qué procedimiento científico aplicaron los *pensadores* de la Iluminación a los problemas sociales y políticos?

A. Administración de los recursos, como el usado en la agricultura.
B. Producción en masa, como el usado en la fabricación industrial.
C. Pensamiento crítico, como el usado en las ciencias.
D. Preparación de catálogos, como el usado en las bibliotecas.

2. El progreso y los descubrimientos producidos durante la Revolución Científica estaban basados en:

A. Las opiniones de los aristócratas franceses.
B. Las máquinas de la Revolución Industrial.
C. La experimentación, en lugar de la filosofía abstracta.
D. La migración de trabajadores de las zonas rurales a las grandes ciudades.

Véanse las respuestas en la página 875.

La era de los descubrimientos

A finales del siglo XV, los reyes europeos comenzaron a patrocinar viajes de exploración más allá del mundo conocido. Sus motivos principales eran cuatro: el comercio, la conquista y expansión, la conversión religiosa y la curiosidad.

- **Comercio.** Los **recursos naturales** de las regiones colonizadas —Asia, África y las Américas— incluían: arroz, café, azúcar, caucho, seda, algodón, oro, diamantes y especias. Hasta finales del siglo XVIII, África occidental fue también una fuente proveedora de mano de obra esclava. La colonización les permitió a los europeos fijar sus propios precios de los bienes que compraban en las colonias y de los bienes que les vendían a ellas.

- **Conquista, expansión y beneficios.** Una población más numerosa representaba más ingresos para la corona en forma de impuestos, mayores tributos para las iglesias en forma de diezmos, y más soldados en el ejército. Por estos motivos, las ramas más poderosas de la sociedad —la corte, el clero y los militares— estaban todas de acuerdo en el deseo de explorar mares y tierras fuera de Europa, con la esperanza de poder establecer colonias que las convirtieran en más ricas y poderosas que sus vecinos.

- **Conversión religiosa.** El tercer motivo, la conversión religiosa, era consecuencia de la creencia universal del cristianismo de que era un deber de todo cristiano convertir a los infieles y salvar sus almas.
- **Curiosidad.** El último motivo, y uno muy poderoso, era el espíritu de aventura y curiosidad, propio de la naturaleza humana, que ha guiado a los seres humanos desde el comienzo de la civilización y que ha sido responsable de todos los descubrimientos científicos y de los adelantos tecnológicos.

EJERCICIO 12

La era de los descubrimientos

Instrucciones: Elija la mejor respuesta para cada una de las preguntas siguientes.

1. En la era de los descubrimientos, ¿cuál de los motivos siguientes NO guiaba la conducta de los exploradores?

   A. La conquista.
   B. La conversión religiosa.
   C. La curiosidad.
   D. La hostilidad.

2. ¿Verdadero o falso? La conversión religiosa era un objetivo clave de los exploradores cristianos porque estos creían que era su deber convertir a los infieles a la cristiandad.

Véanse las respuestas en la página 875.

El establecimiento de los imperios

Las naciones se convierten en imperios de alguna de las dos formas siguientes: ya sea deglutiéndose a los territorios vecinos y expandiendo sus fronteras, ya sea conquistando o estableciendo colonias en territorios lejanos. Roma, China, la India, Rusia y los Estados Unidos son ejemplos del primer tipo de imperio (los Estados Unidos adquirirían unas pocas colonias de ultramar a la vuelta del siglo XX). España, Francia, Prusia (más tarde, Alemania) y Gran Bretaña son ejemplos del segundo tipo.

Las potencias europeas colonizaron todo el continente africano, con la excepción de Etiopía y Liberia, y todos los reinos del sudeste asiático, excepto Siam (hoy, Tailandia). Estas colonias no pudieron hacer frente al poderío militar de los invasores y debieron aceptar una administración extranjera.

España colonizó todo México, América Central y la mayor parte de América del Sur, con la excepción de Brasil, y Filipinas, en Asia. También conquistó casi una tercera parte del territorio actual de los Estados Unidos. Portugal colonizó Brasil, así como Angola, Mozambique y Guinea-Bissau, en África, y Macao, en Asia.

Francia colonizó Vietnam, buena parte del norte y el oeste de África, el Canadá, la región de los Grandes Lagos y el territorio de Luisiana, que después vendería a los Estados Unidos. La parte francesa del Canadá fue conquistada posteriormente por Gran Bretaña. Francia y Gran Bretaña también se enfrentaron por el control de la India; en 1850 Gran Bretaña obtuvo la victoria y gobernaría a la India hasta después de la Segunda Guerra Mundial. Gran Bretaña tuvo además colonias en África y Asia y envió a los colonos que se establecieron en Australia y Nueva Zelandia.

Los países europeos se beneficiaron de su relación con las colonias, de las que extraían recursos naturales, como oro, petróleo, metales y maderas, y a las que enviaban bienes manufacturados desde Europa. La era de la colonización terminó a la finalización de la Segunda Guerra Mundial por dos razones: las potencias europeas ya no podían darse el lujo de tener colonias, y los pueblos que vivían en los países o territorios colonizados comenzaron a rebelarse contra las administraciones extranjeras.

EJERCICIO 13

El establecimiento de los imperios

Instrucciones: Elija la mejor respuesta para la pregunta siguiente.

1. Escriba el nombre de cada país o región incluidos en la lista que aparece al pie de la tabla en la columna que lleva el nombre del país que lo colonizó. (**Nota**: En el examen de GED®, usted deberá hacer un clic sobre el nombre del país o la región seleccionados y "arrastrarlo" hasta la posición correcta en el diagrama.)

España	Portugal	Gran Bretaña	Francia

América Central	Macao	India
Filipinas	México	Australia
Brasil	América del Sur (excepto Brasil)	Mozambique
Nueva Zelandia	Vietnam	Territorio de Luisiana
Angola	Región de los Grandes Lagos	Guinea-Bissau

Véase la respuesta en la página 875.

Revoluciones en Inglaterra y Francia

Entre 1689 y 1789, se produjeron en Occidente tres grandes revoluciones políticas: una en Inglaterra, otra en América y una tercera en Francia.

En Inglaterra, 50 años de conflictos violentos entre el Parlamento y la monarquía absolutista culminaron con la **Revolución Gloriosa**. En 1649, después de ser derrotado en el campo de batalla, Charles I fue capturado por las fuerzas parlamentarias y ejecutado por traición. Luego de un breve período de dictadura militar bajo Oliver Cromwell, Charles II, hijo de Charles I, fue coronado en 1660. A la muerte de Charles II, su hermano, que era muy impopular, además de católico, fue coronado como James II. El Parlamento se rebeló contra el nuevo rey e invitó a su hija Mary, que era protestante, y a su marido William de Orange (en Holanda) a que gobernaran juntos. James II huyó a Francia, y la Revolución Gloriosa se ganó sin que se efectuara un solo disparo. La Declaración de Derechos inglesa fue aprobada por el Parlamento en 1689, dando así comienzo a una nueva era de derechos individuales y **monarquía constitucional**.

En la **Revolución francesa** de 1789, los plebeyos se rebelaron contra la autoridad del monarca absoluto y una **aristocracia** colmada de privilegios. Ante la imposibilidad de establecer un gobierno republicano que reemplazara a la monarquía, Francia se convirtió en una **dictadura** militar bajo el mando de Napoleón Bonaparte. Su intento de conquistar toda Europa provocó la unión de todas las otras naciones contra Francia, y esto llevó a su derrota y exilio. La monarquía francesa fue restaurada, pero con límites constitucionales al poder de los reyes.

EJERCICIO 14

Revoluciones en Inglaterra y Francia

Instrucciones: Elija la mejor respuesta para cada una de las preguntas siguientes.

1. Sobre la base de la información contenida en la sección anterior, ¿cuál de las afirmaciones siguientes es verdadera?

   A. William y Mary no tuvieron hijos y asumieron que la monarquía terminaría con ellos.
   B. No hubo ninguna batalla durante la Revolución Gloriosa de 1688.
   C. La Revolución francesa fue una revuelta contra la dictadura militar de Napoleón Bonaparte.
   D. James II de Inglaterra huyó a Francia en 1649 luego de la ejecución de su padre, Charles I.

2. ¿Qué cambios provocaron en la monarquía las revoluciones en Inglaterra y Francia?

A. Se pusieron límites constitucionales al poder de los reyes.
B. El monarca se convirtió en un dictador militar.
C. Se eliminaron todas las restricciones al poder de los reyes.
D. Todos los poderes de los monarcas fueron transferidos al Parlamento.

Véanse las respuestas en la página 875.

Nuevas ideas políticas en el siglo XIX

Muchas nuevas fuerzas políticas aparecieron en el siglo XIX: el **liberalismo**, el **socialismo**, el **nacionalismo**, el **conservadurismo** y el **marxismo**. La tabla siguiente explica qué significa cada término.

Filosofía política	Definición/descripción
Conservadurismo: Filosofía de aquellos que miraban al pasado, hacia la era de las monarquías absolutas.	La monarquía hereditaria es la mejor forma de gobierno. Los aristócratas por nacimiento deben ocupar los cargos de gobierno porque saben mejor que nadie cómo administrar el país. Un monarca hereditario y sus bien nacidos ministros de Estado sabrán cumplir con su parte del contrato social porque actuarán en el mejor interés de su pueblo. Los arreglos políticos y sociales creados por la historia son los mejores, y alterarlos es peligroso. Una prensa libre es peligrosa, pues el gobierno es el mejor juez para decidir qué debe ser publicado.
Liberalismo: Filosofía de aquellos que miraban al futuro como una era de gobiernos constitucionales, derechos legales y empresas libres.	Una monarquía limitada por una asamblea legislativa elegida libremente y una constitución escrita constituyen la mejor forma de gobierno. El derecho de voto debe estar limitado a los propietarios porque generalmente han sido mejor educados y tienen un interés mayor en el gobierno. Las personas educadas y calificadas por sus méritos, con independencia de su origen, deben ocupar los cargos de gobierno. Los ciudadanos deben tener derechos individuales, como el derecho a la propiedad privada, y libertad de expresión.
Socialismo: Filosofía de aquellos que creían que el control del gobierno podía reducir o erradicar las injusticias sociales.	El bienestar de todo el pueblo es más importante que los derechos del individuo. Lo que beneficia a un ciudadano beneficia a todos; por lo tanto, cada ciudadano debe cooperar con los otros y todos los ciudadanos deben ayudarse entre sí. El gobierno debe controlar los negocios y la industria y regular los salarios y los precios a fin de promover la justicia social y económica y la igualdad.

Filosofía política	Definición/descripción
Marxismo: Filosofía desarrollada por Karl Marx y Friedrich Engels, que sostiene que la clase trabajadora debía tomar el poder a través de una revolución internacional.	Las clases sociales son enemigos innatos, con intereses contrapuestos. El trabajador es un elemento de la sociedad más valioso que el propietario, porque el trabajador produce bienes mientras que el propietario no produce nada. Los trabajadores, y no los propietarios o administradores, deben disfrutar de la mayor parte de los beneficios de su trabajo. Los propios trabajadores deben administrar las fábricas donde trabajan.
Nacionalismo: Filosofía de aquellos que sentían orgullo de su herencia étnica, cultural y lingüística y que defendían los intereses nacionales por sobre las cuestiones mundiales.	Una nación debe estar integrada por individuos que comparten la misma herencia étnica, cultural y lingüística. Las personas que no comparten esa herencia no pueden ser consideradas partes de la nación. Generalmente, es una fuerza unificadora en una nación culturalmente homogénea, como era el caso de Francia. Generalmente es una fuerza divisoria y explosiva en un imperio multiétnico, como era el caso del Imperio austrohúngaro.

EJERCICIO 15

Nuevas ideas políticas en el siglo XIX

Instrucciones: Elija la mejor respuesta para cada una de las preguntas siguientes.

1. ¿Cuál filosofía política sostiene que el gobierno debe controlar los negocios y regular los salarios y los precios?

   A. El liberalismo.
   B. El socialismo.
   C. El nacionalismo.
   D. El conservadurismo.

2. Tanto los conservadores como los liberales del siglo XIX defendían a la monarquía. ¿En qué aspecto diferían?

   A. El derecho de huelga.
   B. La libertad de prensa.
   C. El orgullo por su país.
   D. El control de los negocios por el gobierno.

Véanse las respuestas en la página 875.

Desarrollos políticos en Europa durante el siglo XIX

Los ejemplos de gobiernos constitucionales en Gran Bretaña, Francia y los Estados Unidos originaron demandas de constituciones escritas en muchas otras naciones europeas. Una oleada de revoluciones europeas tuvo lugar en 1830, y otra, en 1848. En esas revoluciones, las fuerzas del liberalismo, que defendían el gobierno representativo, obtuvieron algunas victorias, aunque a finales del siglo todavía quedaban gobiernos conservadores en varios países.

Uno de los gobiernos más conservadores era el del Imperio austrohúngaro, que incluía una mezcla diversa de alemanes, checos, húngaros, croatas e italianos. El **nacionalismo**, basado en el orgullo a su propia cultura e idioma, provocó el descontento de todos estos grupos que, en lugar de ser independientes, formaban parte de un imperio. La fortaleza cada vez mayor de los grupos nacionalistas fue un factor decisivo en la unificación de Italia en 1861 y de Alemania en 1871. En Irlanda, el nacionalismo hizo más obstinados a los irlandeses y forzó algunas reformas en la política británica sobre Irlanda.

El nacionalismo también contribuyó a la decadencia del Imperio otomano. Durante todo el siglo X, los otomanos perdieron continuamente territorios e influencia, hasta llegar a la desaparición del Imperio después de la finalización de la Primera Guerra Mundial. Otros de los factores que contribuyeron a este declive fueron la agresión europea y la incapacidad de contrarrestar el progreso militar y tecnológico de los europeos. Cuando se produjo el estallido de la Primera Guerra Mundial, Grecia y casi todos los otros Estados balcánicos ya habían alcanzado su independencia del Imperio otomano. En 1923, el Imperio se convirtió en Turquía, una república islámica secular.

En Rusia, en 1905, una rebelión fracasó en su intento de desplazar al zar, pero sentó las bases para la Revolución de 1917.

EJERCICIO 16

Desarrollos políticos en Europa durante el siglo XIX

Instrucciones: Elija la mejor respuesta para cada una de las preguntas siguientes.

1. ¿Cuál de las afirmaciones siguientes está basada en la información contenida en la sección anterior?

   A. Irlanda obtuvo su independencia de Gran Bretaña en 1871.
   B. La unificación de Italia fue consecuencia directa de las revoluciones de 1830.
   C. El nacionalismo desmembró el Imperio austrohúngaro, pero contribuyó a la unificación de los estados que se convirtieron en Italia y Alemania.
   D. Los checos y los croatas eran los grupos más liberales en el Imperio austrohúngaro.

2. ¿Qué conclusión puede extraerse sobre el Imperio otomano?

A. A finales del siglo XIX, los otomanos se convirtieron en aliados cercanos de los franceses.
B. Los ejércitos europeos no eran rivales para las fuerzas del Imperio otomano.
C. El pueblo de Turquía todavía se refiere a sí mismo como los otomanos.
D. Durante todo el siglo XIX, el Imperio otomano perdió continuamente territorio e influencia.

Véanse las respuestas en la página 875.

La Primera Guerra Mundial y la Revolución rusa

La Primera Guerra Mundial (llamada en su época la **Gran Guerra**) se produjo fundamentalmente por dos razones. La primera fue el nacionalismo: la agitación nacionalista de los serbios y de otros pueblos eslavos en las provincias balcánicas del Imperio austrohúngaro y el nacionalismo alemán, que llevó a un aumento considerable del poderío del ejército alemán en la década de 1910. La segunda razón para ir a la guerra fue la necesidad de mantener el **equilibrio de poder** en Europa. La unificación de Alemania había creado una nación muy extendida y poderosa cuyas ambiciones causaban grave preocupación en Gran Bretaña, Rusia y, especialmente, Francia. Estos tres países formaron una alianza defensiva. Alemania, por su parte, se alió con el Imperio austrohúngaro. Cuando un nacionalista serbio asesinó a un archiduque austriaco en Sarajevo en 1914, el Imperio austrohúngaro le declaró la guerra a Serbia, los rusos se movilizaron para defender a los serbios y las alianzas empezaron a actuar. Muy pronto, los "Aliados", Gran Bretaña, Francia y Rusia, entraron en guerra con Alemania, el Imperio austrohúngaro y el Imperio otomano (las "Potencias Centrales").

La guerra arruinó a la economía europea, y los campesinos y trabajadores rusos fueron los principales afectados. El zar Nicolás II no pudo controlar los acontecimientos ni tampoco mejorar la situación económica. El descontento contra el zar provocó la revuelta popular de 1917 y la abdicación de Nicolás II. Luego de una caótica lucha por el poder, el partido de izquierda bolchevique, encabezado por V. I. Lenin, se hizo con el control del gobierno. Lenin firmó un tratado de paz con Alemania, retiró las tropas rusas de la guerra y empezó a convertir a la nueva Unión Soviética en una dictadura comunista. Gran Bretaña y Francia, conmocionadas por la retirada del poderoso aliado, recibieron con entusiasmo la decisión de los Estados Unidos de unirse a la guerra. La situación cambió entonces a favor de los Aliados, y Alemania aceptó firmar un armisticio el 11 de noviembre de 1918.

Durante la conferencia de paz, los líderes aliados tomaron tres decisiones con el fin de restablecer el equilibrio de poder en Europa. Primero, resolvieron modificar parcialmente el mapa de Europa para dar cabida a los distintos nacionalismos, creando nuevos estados, expandiendo otros y desmembrando el Imperio austrohúngaro. Segundo, luego de conseguir que Alemania aceptara su responsabilidad por la guerra, redujeron el poderío militar alemán obligando a los alemanes a convertir la región de Renania en zona desmilitarizada, a pagar cuantiosas **reparaciones de guerra** y a reducir considerablemente su ejército y su armada. Tercero, los líderes aliados crearon la Liga de Naciones, nuevo foro internacional para la resolución de conflictos y el mantenimiento de la paz.

EJERCICIO 17

La Primera Guerra Mundial y la Revolución rusa

Instrucciones: Elija la mejor respuesta para cada una de las preguntas siguientes.

1. ¿Cuál de los acontecimientos siguientes alteró el equilibrio de poder en Europa y provocó el estallido de la Primera Guerra Mundial?

A. La unificación de Alemania en un Estado poderoso y lleno de ambiciones.
B. La revolución en Rusia y su transformación en una dictadura comunista.
C. El desmembramiento del Imperio austrohúngaro en naciones independientes.
D. La debilidad de los Aliados en comparación con las Potencias Centrales.

2. Después de la guerra, los Aliados modificaron el mapa de Europa con el fin de contentar a:

A. Las Potencias Centrales.
B. Los comunistas rusos.
C. Los nacionalistas europeos.
D. La Liga de Naciones.

3. En la conferencia de paz, los Aliados impusieron duras condiciones a Alemania. Se puede inferir que esas medidas tenían la intención de:

A. Impedir que Alemania se uniera a la Unión Soviética.
B. Impedir que Alemania iniciara otra guerra.
C. Alentar la recuperación de la economía alemana.
D. Impedir que la Liga de Naciones interfiriera en los asuntos alemanes.

Véanse las respuestas en la página 875.

El surgimiento del fascismo

Durante las décadas de 1920 y 1930, surgieron gobiernos **fascistas** en Italia, Alemania, España y en Europa oriental; en 1937, el Japón estaba también bajo un estricto régimen militar, y las fuerzas comunistas empezaban a crecer en China.

El fascismo era una doctrina política que promovía el nacionalismo extremo como forma de alcanzar la unidad nacional y de eliminar los conflictos sociales y económicos. En esto difería del comunismo, que proponía un nuevo orden social administrado por la clase trabajadora. Los fascistas y los comunistas se detestaban entre sí. En la práctica, sin embargo, el fascismo y el comunismo aspiraban ambos a una dictadura absoluta en un estado policíaco, con un único partido político que no toleraba ninguna oposición.

En Alemania, los fascistas, que eran llamados nacionalsocialistas ("nazis"), implementaron además políticas de persecución racial, sobre todo en contra de los judíos, a quienes hacían responsables de los problemas económicos y otras penurias. Distintos acontecimientos sociales y políticos de este período dieron origen a esas dictaduras. El primero fue el surgimiento de los partidos políticos de masas. El segundo fue el disenso entre los liberales en el gobierno y los parlamentos respectivos, y la incapacidad de todos de responder efectivamente a la depresión económica que se produjo durante la década de 1930. El tercero fue la aparición de una gran clase de veteranos de la Primera Guerra Mundial, que constituyó una audiencia entusiasta para la prédica nacionalista.

EJERCICIO 18

El surgimiento del fascismo

Instrucciones: Elija la mejor respuesta para cada una de las preguntas siguientes.

1. Según la información contenida en la sección anterior, el surgimiento del fascismo en Alemania fue provocado por:

A. El rechazo al nacionalismo de todos los partidos políticos.
B. El rápido crecimiento de los partidos comunistas en Asia.
C. La incapacidad del gobierno de combatir efectivamente la depresión económica.
D. La interferencia de extranjeros en la política alemana.

2. ¿Cuál de los métodos siguientes fue usado por los fascistas alemanes para ganarse el apoyo de sus seguidores?

A. Una alianza con los comunistas.
B. Huelgas para conseguir salarios más elevados.
C. Promesas a los veteranos de que no habría más guerras.
D. Un nacionalismo extremo.

Véanse las respuestas en la página 875.

La Segunda Guerra Mundial

La Segunda Guerra Mundial fue una guerra provocada por la agresión alemana: una guerra causada, en parte, por el deseo de transformar la derrota sufrida en la Primera Guerra Mundial en una victoria y, en parte, por la ambición de adueñarse de Europa, de la misma forma que Napoleón Bonaparte lo consiguiera temporariamente a comienzos del siglo XIX.

La Segunda Guerra Mundial comenzó en 1939, cuando Alemania, después de haber anexado Austria y Checoslovaquia, invadió Polonia. Francia y Gran Bretaña le declararon la guerra, pero Alemania conquistó en poco tiempo Holanda, Bélgica y Francia y lanzó ataques aéreos sobre Gran Bretaña. Ante la imposibilidad de conquistar Gran Bretaña, Alemania inició la invasión de la Unión Soviética. Alemania y su aliado Italia (las "Potencias del Eje") mantuvieron el control de la guerra hasta finales de 1942. Sus muy bien planeadas invasiones se sucedieron casi por sorpresa. Las tropas alemanas eran terriblemente efectivas, y Alemania e Italia llegaron a controlar prácticamente toda Europa y buena parte del norte de África.

En la región del Pacífico, el Japón había invadido Manchuria, una extensa región de China, y se aprestaba a realizar nuevas conquistas. Se integró a la alianza de las Potencias del Eje, junto a Alemania e Italia, y cuando atacó a los Estados Unidos en Pearl Harbor, Hawaii, en 1941, Alemania también le declaró la guerra a los Estados Unidos. Gran Bretaña, los Estados Unidos y la Unión Soviética constituyeron entonces una gran alianza para derrotar a Alemania, y su poderío económico y numérico inclinó finalmente la balanza a su favor. Además, las fábricas estadounidenses estaban fuera del alcance de los bombardeos, lo que les permitía seguir produciendo tanques y municiones para los Aliados sin interrupción.

Durante el período en que Alemania gobernó buena parte de Europa, los fascistas nazis aplicaron una política de persecuciones raciales extremas en los territorios ocupados. Aproximadamente seis millones de judíos europeos fueron enviados a campos de concentración y asesinados, hecho que se conoce con el nombre de **Holocausto**. Los nazis también mataron a otros varios millones de europeos.

La guerra se denominó correctamente mundial porque los combates se extendieron más allá de los límites de Europa. Luego de más de tres años de lucha en la región del Pacífico, el Japón se rindió finalmente después de un ataque con armas nucleares en 1945.

EJERCICIO 19

La Segunda Guerra Mundial

Instrucciones: Elija la mejor respuesta para cada una de las preguntas siguientes.

1. Gran Bretaña y Francia le declararon la guerra a Alemania en 1939 después que los alemanes invadieran:

A. Polonia.
B. Austria.
C. Francia.
D. Holanda.

La pregunta 2 está basada en el pasaje siguiente.

> Ayer, siete de diciembre (fecha que vivirá en la deshonra), Estados Unidos de América fue súbita y deliberadamente atacada por fuerzas navales y aéreas del Imperio del Japón. Estados Unidos estaba en paz con esa nación, y a solicitud del Japón, seguía en conversaciones con su gobierno y su Emperador, con miras al mantenimiento de la paz en el Pacífico.
>
> —*Fragmento del discurso ante el Congreso del presidente Franklin Roosevelt, solicitando una declaración de guerra, 8 de diciembre de 1941*

2. Según el discurso, el 7 de diciembre de 1941 "vivirá en la deshonra" porque:

A. El ataque a Pearl Harbor no tuvo consecuencias para los Estados Unidos.
B. Los Estados Unidos ya estaban en guerra con Alemania en Europa.
C. Los japoneses no habían atacado nunca antes a otro país.
D. El ataque a los Estados Unidos no fue provocado y se hizo sin declaración de guerra previa.

Véanse las respuestas en la página 875.

El fin del predominio europeo y la formación de la Unión Europea

A comienzos del siglo XX, Europa era la región más poderosa del mundo y controlaba muchas zonas de Asia y la mayor parte de África. Después de 1945, las antiguas potencias europeas no tenían ya los recursos necesarios para mantener sus imperios coloniales y debían concentrar todas sus energías en la reconstrucción de sus propios territorios. La era de la posguerra se convirtió entonces en un período de independización de las colonias en toda África. Esa independencia no fue concedida ni fácil ni pacíficamente, y no ocurrió tampoco de la noche a la mañana. En algunas de estas nuevas naciones africanas, los conflictos derivaron en el establecimiento de gobiernos militares duros, una corrupción creciente y revueltas violentas por causas sociales y políticas.

La India también se independizó de la administración británica y fue dividida en dos estados separados por la religión predominante: una India hindú y un Pakistán islámico. Millones de indios de religión musulmana cruzaron la frontera hacia Pakistán, mientras que los pakistaníes de origen hindú huían a la India.

A finales de la década de 1950, los países europeos occidentales comenzaron a sacar provecho de la experiencia de las alianzas de guerra; comprendieron que eran más fuertes unidos que individualmente y que la cooperación pacífica era preferible a las guerras de conquista. Así, crearon la Comunidad Económica Europea, que en 1991 se convertiría en la **Unión Europea** (UE). Las naciones miembros de la UE son enteramente independientes y tienen gobiernos propios, pero comparten las políticas de relaciones exteriores y de seguridad y cooperan en cuestiones de política interior y asuntos internacionales de justicia. Además, tienen una moneda común, el euro, desde 1999.

EJERCICIO 20

El fin del predominio europeo y la formación de la Unión Europea

Instrucciones: Elija la mejor respuesta para la pregunta siguiente.

La pregunta 1 está basada en la línea de tiempo siguiente.

Incorporación de países a la Unión Europea

1957	1973	1981	1986	1995	2004	2007	2013
Bélgica	Dinamarca	Grecia	Portugal	Austria	Chipre	Bulgaria	Croacia
Francia	Irlanda		España	Finlandia	República Checa	Rumania	
Alemania	Reino Unido (Gran Bretaña)			Suecia	Estonia		
Italia					Hungría		
Luxemburgo					Letonia		
Países Bajos					Lituania		
					Malta		
					Polonia		
					Eslovaquia		
					Eslovenia		

1. Según la línea de tiempo, ¿cuántos países se adhirieron a la Unión Europea en 2004?

A. Tres.
B. Seis.
C. Ocho.
D. Diez.

Véase la respuesta en la página 876.

El fin de la Unión Soviética

Hacia 1945, La Unión Soviética tenía bajo su dominio a todo el este europeo. Gobiernos títere comunistas controlados por Moscú existían en todas las pequeñas naciones eslavas, con la excepción de Yugoslavia, gobernada por el independiente mariscal Tito. Alemania había sido dividida en dos naciones: la República Federal de Alemania (occidental, democrática) y la República Democrática Alemana (oriental, comunista). Un límite político, llamado la **Cortina de Hierro**, separó el este del oeste de Europa desde finales de la década de 1940 hasta 1989. En la dividida ciudad de Berlín, la Cortina de Hierro se convirtió, en 1961, en una pared de hormigón, el famoso **Muro de Berlín**, que fue el símbolo más representativo de la Guerra Fría. La Unión Soviética no dudó en sofocar por la fuerza todos los intentos de revuelta popular y de reforma, entre ellos, la **Primavera de Praga** en 1968.

El comunismo soviético probó ser económicamente inviable, a pesar de haber obtenido importantes victorias en la "**carrera espacial**" con los Estados Unidos. Cada potencia trató de superar a la otra en la exploración del universo más allá de la Tierra. Luego de la muerte del dictador Joseph Stalin y de un largo período de estagnación económica, el deshielo gradual de la política soviética llevó al fin de la Guerra Fría, a nuevas y exitosas revueltas políticas y al establecimiento de gobiernos democráticos en el este europeo. El Muro de Berlín fue demolido en 1989, y la Unión Soviética se desmembró en repúblicas independientes en 1991.

EJERCICIO 21

El fin de la Unión Soviética

Instrucciones: Elija la mejor respuesta para la pregunta siguiente.

1. ¿Cuál de los factores siguientes contribuyó al colapso de la Unión Soviética?

A. La represión de la Primavera de Praga.
B. La división de Alemania en dos naciones.
C. Un largo período de estagnación económica.
D. La construcción del Muro de Berlín.

Véase la respuesta en la página 876.

China en la actualidad

En 1949, después de una guerra civil, se estableció en China un régimen comunista de partido único. Luego de muchas décadas de aislamiento, se introdujo una serie de medidas orientadas al mercado y a la libre empresa, y China comunista alcanzó entonces prominencia y poder mundiales. A comienzos del siglo XXI, algunos grupos y regiones de China gozaban ya de una gran prosperidad.

Sin embargo, el país sigue padeciendo graves problemas sociales. Los ciudadanos chinos no tienen acceso libre a las fuentes de información extranjeras, hay censura de la prensa y la disidencia política no es tolerada.

Cientos de miles de trabajadores —dedicados a la producción de aparatos electrónicos, prendas de vestir, utensilios para el hogar y artículos para la exportación de poca calidad—reciben salarios extremadamente bajos. Los Estados Unidos y otros países importan grandes cantidades de estos productos debido a su bajo costo.

EJERCICIO 22

China en la actualidad

Instrucciones: Elija la mejor respuesta para la pregunta siguiente.

La pregunta 1 está basada en la gráfica siguiente.

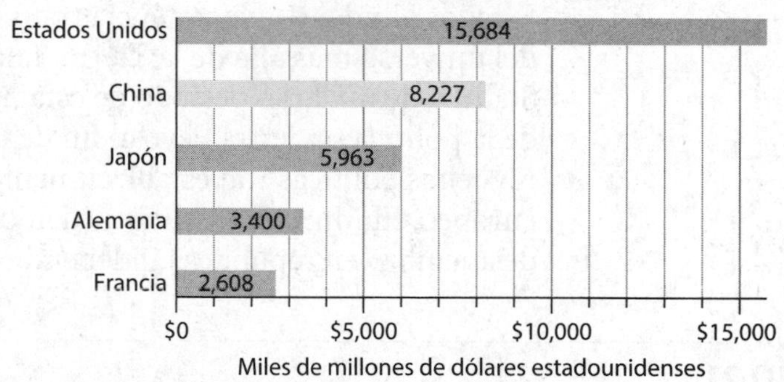

1. De acuerdo con la información contenida en la gráfica, el producto bruto interno (PBI) de China en 2011–2012 era aproximadamente de:

   A. $2.6 billones.
   B. $3.4 billones.
   C. $8.2 billones.
   D. $15.7 billones.

Véase la respuesta en la página 876.

El mundo árabe

Al finalizar la Segunda Guerra Mundial, una demanda considerable de petróleo provocó enormes cambios económicos en el Oriente Medio. Como fuente de la mayor parte del petróleo extraído en todo el mundo, la región saltó a la consideración internacional y alcanzó una gran prosperidad en muy poco tiempo. En 1960, cinco naciones árabes crearon un consorcio, llamado Organización de Países Exportadores de Petróleo (OPEP), a fin de regular el precio del petróleo y controlar su suministro al resto del mundo. Actualmente, la OPEP tiene 12 miembros, que incluyen a cuatro naciones de África y dos de América del Sur.

La mayoría de las naciones del Oriente Medio están gobernadas por dictaduras o monarquías, y en ellas existe una censura extrema a la prensa. En muchos de estos países, los líderes islámicos fuerzan a sus gobiernos a hacer cumplir las prácticas islámicas y a respetar sus valores.

La creación del Estado de Israel, a finales de la década de 1940, provocó una gran agitación en toda la región, que hizo explosión cuando Israel comenzó la ocupación permanente de territorios con población árabe durante la guerra de los Seis Días, en 1967. En 2011, una serie de revueltas populares (conocida como la **Primavera Árabe**) creó expectativas de democratización en la región, pero también provocó nuevos conflictos entre las fuerzas más liberales y prooccidentales y los islamistas.

EJERCICIO 23

El mundo árabe

Instrucciones: Elija la mejor respuesta para la pregunta siguiente.

1. ¿Cuál de las afirmaciones siguientes sobre el Oriente Medio contemporáneo está basada en información contenida en la sección anterior?

A. En muchos países del Oriente Medio, la política y la religión están entrelazadas.
B. El Estado de Israel fue creado después de la guerra de los Seis Días en 1967.
C. La OPEP acepta solo miembros situados en el Oriente Medio.
D. La Primavera Árabe puso fin a las monarquías en el Oriente Medio.

Véase la respuesta en la página 876.

EJERCICIOS DE PRÁCTICA

Temas complementarios

Instrucciones: Escriba en el espacio en blanco la palabra o frase que haga que la afirmación resulte verdadera.

1. Las primeras civilizaciones humanas se establecieron en la región llamada ______________ porque el clima era ideal para las buenas cosechas.

   A. La Ruta de la Seda.
   B. El Gran Valle del Rift.
   C. Las Islas de las Especias.
   D. El Creciente Fértil.

2. Los romanos se referían a las tribus del norte —entre otras, los godos y los hunos— como ______________, porque la cultura de las tribus del norte estaba basada en el saqueo y el pillaje, y no en la construcción de ciudades, el establecimiento de códigos de leyes y la creación de obras de arte.

   A. Los patricios.
   B. Los plebeyos.
   C. Los bárbaros.
   D. Los galos.

3. El reino medieval de Ghana, situado en ______________, era conocido por el comercio de metales preciosos y especias a través de redes de larga distancia.

   A. África occidental.
   B. Persia.
   C. Arabia.
   D. El valle del Indo.

4. ______________, definido como el orgullo por la herencia étnica y cultural de su propio país, fue una fuerza conductora de los cambios políticos ocurridos en Europa durante el siglo XIX.

   A. El comunismo.
   B. El liberalismo.
   C. El socialismo.
   D. El nacionalismo.

EJERCICIOS DE PRÁCTICA

5. ______________ era un sistema medieval que ligaba a personas de diferentes clases sociales a través de juramentos de lealtad, responsabilidades mutuas y tareas comunes.

   A. La esclavitud.
   B. El feudalismo.
   C. El colonialismo.
   D. La monarquía.

Elija la mejor respuesta para la pregunta siguiente.

6. En el siglo XVIII, los pensadores de la Ilustración enseñaban que la gente no debía aceptar las condiciones existentes y que podía crear nuevas instituciones que satisficieran sus propias necesidades. ¿Cuál de las afirmaciones siguientes representa mejor esta idea?

   A. Poca gente pensó que era importante.
   B. Los europeos la usaron para justificar la existencia de los imperios.
   C. Era una idea popular entre los reyes.
   D. Fue fuente de inspiración para la Revolución de las Trece Colonias (*American Revolution*) y la Revolución francesa.

La pregunta 7 está basada en el pasaje siguiente.

Tenemos ante nosotros una prueba de la naturaleza más penosa. Tenemos ante nosotros muchos, muchos largos meses de lucha y de sufrimiento. Me preguntáis: ¿cuál es vuestra política? Os lo diré: hacer la guerra por mar, tierra y aire con toda nuestra potencia y con toda la fuerza que Dios nos pueda dar; hacer la guerra contra una tiranía monstruosa, nunca superada en el oscuro y triste catálogo del crimen humano. Esa es nuestra política. Preguntaréis: ¿cuál es nuestro objetivo? Puedo responderos con una palabra: victoria, victoria a toda costa, victoria a pesar del terror, victoria por largo y duro que sea el camino, porque sin victoria no hay supervivencia.

—*Fragmento del discurso del primer ministro Winston Churchill ante el Parlamento británico a comienzos de la Segunda Guerra Mundial.*

7. Del fragmento anterior se puede inferir que:

   A. Churchill quería que los británicos supieran que enfrentaban una guerra larga y difícil.
   B. Churchill quería que el Parlamento comprendiera que Gran Bretaña perdería la guerra.
   C. Mucha gente en Gran Bretaña no pensaba que valiera la pena librar la guerra.
   D. Churchill pensó que la guerra habría de terminar pronto.

EJERCICIOS DE PRÁCTICA

8. La potencia colonial que administró a la India hasta 1947 fue:

   A. España.
   B. Francia.
   C. Gran Bretaña.
   D. Portugal.

9. ¿Cuál de las afirmaciones siguientes respecto de la Unión Europea es verdadera?

   A. Las naciones de la UE nunca tuvieron una moneda común.
   B. Las naciones de la UE cooperan en cuestiones de política interior.
   C. Las naciones de la UE obedecen todas a un gobierno central único.
   D. Las naciones de la UE se unieron con el propósito de conquistar otros países.

La pregunta 10 está basada en la gráfica siguiente.

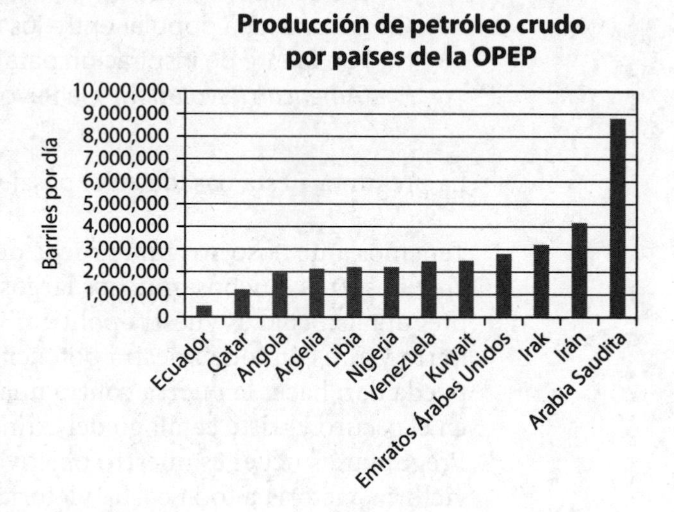

10. Según la gráfica, cada país de la OPEP produce al menos 2 millones de barriles por día excepto:

    A. Argelia y Angola.
    B. Nigeria y Liberia.
    C. Irán y Arabia Saudita.
    D. Qatar, Ecuador y Angola.

Véanse las respuestas en la página 876.

CAPÍTULO 6

Redacción de un ensayo sobre Estudios sociales

La sección de Estudios sociales del examen de GED® incluye ahora un ensayo o respuesta extensa. Los estudiantes tendrán 25 minutos para analizar uno o más documentos fuente y escribir una respuesta basada en las instrucciones de la pregunta (el comando), usando para ello la evidencia contenida en los textos. Se usarán documentos fuente primarios y secundarios. En algunos casos, se presentarán documentos de una sola fuente; en otros, habrá documentos de más de una fuente con el propósito de efectuar una comparación.

Puntuación

El sistema de puntuación usado para la respuesta extensa sobre Estudios sociales se centra en tres elementos fundamentales:

- Análisis de los argumentos y uso de las evidencias.
- Desarrollo de las ideas y la estructura.
- Claridad y dominio del idioma.

Estos elementos fundamentales constituyen las tres categorías (denominadas características) que se usarán para desarrollar una puntuación básica para la respuesta extensa.

Sobre una escala de 4 puntos, la característica 1 tendrá un valor de hasta 2 puntos, mientras que las características 2 y 3 tendrán ambas un valor máximo de un punto.

La puntuación básica final será multiplicada por 2 para producir una puntuación básica de hasta 8 puntos, que será incluida en la calificación total de la sección de Estudios sociales.

Cómo abordar la pregunta de respuesta extensa sobre Estudios sociales

Para obtener el mejor resultado en la pregunta de respuesta extensa sobre Estudios sociales, usted deberá comprender primero qué es lo que los evaluadores esperan encontrar en su respuesta. Luego, usted deberá desarrollar una estrategia de administración del tiempo para asegurarse de que podrá disponer de tiempo suficiente para formular su respuesta y ejecutarla efectivamente.

Las secciones siguientes describen cada una de las características que los evaluadores analizarán en su ensayo.

Característica 1: Análisis de los argumentos y uso de las evidencias

En el contexto del examen, el término *argumento* se refiere a las ideas, afirmaciones y explicaciones que usa un escritor para probar o demostrar un razonamiento. Su ensayo será calificado por la solidez de su punto de vista (argumento) y la forma en que lo fundamente con los documentos de las fuentes.

Para que una respuesta reciba 2 puntos, deberá desarrollar un argumento basado en el texto o los textos fuente. La respuesta deberá demostrar una comprensión clara de las relaciones entre las ideas, los acontecimientos y los personajes que aparecen en los textos fuente. Evite una respuesta que solo resuma la información contenida en los textos fuente.

Una respuesta de alta puntuación deberá relacionar específicamente el argumento tanto con la pregunta contenida en las instrucciones como con los textos fuente. En otras palabras, usted deberá centrar su respuesta en lo que se le pregunta y no en cualquier otro tema. Se espera, y está permitido, que usted incorpore sus propias ideas sobre el tema como complemento de la evidencia de las fuentes, sin ahondar demasiado en sus experiencias y opiniones personales. Las ideas que usted desarrolle en el ensayo pueden ser las suyas, pero no permita que lo alejen o desvíen de la pregunta formulada.

Por ejemplo, si los textos de las fuentes analizan la crisis de los misiles con Cuba en 1961, usted podría mencionar las relaciones entre Cuba y los Estados Unidos durante la Guerra Fría, así como el embargo comercial a Cuba hasta nuestros días, si resultan importantes para demostrar su razonamiento. Sin embargo, no debería discutir extensamente las consecuencias del embargo, o describir la forma en que su abuela abandonó Cuba en 1961.

Característica 2: Desarrollo de las ideas y la estructura

El desarrollo de las ideas es la forma en que usted construye su argumento basado en los detalles del texto o los textos fuente. Cómo organice su respuesta determinará qué puntuación obtendrá por el ensayo. Para obtener un buen resultado, usted deberá hacer algo más que dividir su ensayo en párrafos. Usted deberá mostrar una progresión lógica de un punto a otro, de manera que cada punto refuerce la idea central.

Por ejemplo, una vez que usted ha presentado la idea principal ("La conducta calma y mesurada de Kennedy durante toda la crisis de los misiles fue la razón principal de que el mundo evitara una guerra nuclear"), deberá presentar la evidencia en que se apoya con claridad y en un orden lógico. Su explicación no resultará clara si, supongamos, usted empieza por describir al líder cubano Fidel Castro, luego da ejemplos del comportamiento calmo y mesurado de Kennedy y finaliza con una discusión sobre por qué Cuba y Rusia fueron aliados durante la Guerra Fría. Su respuesta no deberá consistir en una enumeración de puntos sin un orden lógico.

Además, deberá tener siempre presentes las expectativas del evaluador. Concéntrese en el texto fuente y en la evidencia que respalde su argumento. En el caso del ejemplo, una respuesta de alta puntuación no debería perder el tiempo explicando información de antecedentes o muy general, como las causas que dieron origen a la Guerra Fría.

Característica 3: Claridad y dominio del idioma

Esta última característica trata específicamente sobre su conocimiento del idioma y su destreza en la redacción. Existen principios y reglas específicos del idioma que usted deberá conocer antes de tomar el examen y que deberá usar correctamente en su respuesta extensa.

Estos principios y reglas incluyen:

- El uso de los signos de puntuación.
- El uso de las mayúsculas.
- El uso de los pronombres, incluida la concordancia con el antecedente.
- La concordancia entre el sujeto y el verbo.

Además, una respuesta de alta puntuación deberá contener oraciones bien estructuradas y de estructura variada, a fin de mejorar la fluidez y la calidad de su respuesta. Use palabras o expresiones de transición para facilitar la claridad y la lógica del argumento y la presentación de la evidencia. Evite las oraciones sin signos de puntuación, las oraciones fundidas o los fragmentos de oración. Asegúrese de que las cláusulas de modificación no están mal usadas o colocadas y de que la sintaxis es lógica. Evite el uso de la palabrería y de estructuras de oraciones poco elegantes. Elija sus palabras cuidadosamente y use un lenguaje apropiado y formal, que resulte también variado e interesante.

Tenga presente que los evaluadores saben que usted no dispone de mucho tiempo para preparar o corregir su respuesta, y que algún grado de errores en cuestiones de gramática y de estructura de las oraciones es inevitable, siempre y cuando los mismos no interfieran con el sentido y la legibilidad de su ensayo.

Estrategias para administrar el tiempo

Usted dispondrá de solo 25 minutos para revisar el(los) texto(s) fuente, formular su tesis, organizar su respuesta, escribirla y corregirla. Esto significa que usted deberá abordar la pregunta de respuesta extensa con un plan de acción preconcebido, que le permitirá aplicarlo el día del examen.

Una respuesta exitosa, de alta puntuación, no es fruto de la improvisación. Usted necesitará dedicar algún tiempo a la preparación de lo que piensa decir antes de empezar a escribir la respuesta.

Primero, lea las instrucciones y asegúrese de que ha comprendido qué es exactamente lo que se le pide. Preste atención a las palabras usadas en las instrucciones, pues le permitirán saber qué esperan los evaluadores en su respuesta: ¿cuál es la cuestión principal?, y ¿cuál fue la razón por la que fue elegido ese texto fuente?

Luego, dedique alrededor de 5 minutos a la organización de su respuesta. ¿Cuál es su tesis? ¿Qué evidencia usará para respaldar su afirmación? Si usted tiene claro estos detalles antes de empezar con el ensayo, su argumento será consistente y estará bien respaldado, y tendrá más posibilidades de obtener los 2 puntos asignados a la característica 1.

¿En qué orden presentará usted su evidencia? ¿Usará citas textuales del documento fuente? ¿Cuáles? Si usted prepara un borrador de su respuesta, con un boceto de cómo la va a estructurar, tendrá más posibilidades de obtener un punto en la característica 2. Recuerde escribir un par de oraciones, al comienzo y al final, presentando su tesis y resumiendo sus conclusiones.

Todavía le quedan entre 15 y 20 minutos para escribir su respuesta. Escriba una respuesta razonada respetando las reglas y convenciones del idioma. Empiece el desarrollo de nuevas ideas en un nuevo párrafo. La correcta separación en párrafos no solo le indica al lector que usted ha pasado a desarrollar una nueva idea o pensamiento, sino que también ayuda considerablemente a la legibilidad. Los párrafos muy largos dificultan la comprensión de sus ideas.

Una vez completada su respuesta, dedique de 3 a 5 minutos a corregir lo que ha escrito. Asegúrese de haber seguido el boceto. ¿Están presentadas las ideas en un orden lógico? Busque en su ensayo errores gramaticales, de sintaxis y de ortografía. ¿Ha usado oraciones con estructuras variadas? Estos últimos minutos pueden hacer una gran diferencia en su puntuación, especialmente en el caso de la característica 3.

Ejemplos de instrucciones para la respuesta extensa y de ensayos

Ahora, observemos algunos ejemplos de instrucciones para la respuesta extensa de Estudios sociales y de ensayos con alta puntuación.

Instrucciones: Lea los textos fuente siguientes.

Hace ochenta y siete años nuestros padres dieron vida en este continente a una joven nación concebida sobre la base de la libertad y obediente al principio de que todos los hombres nacen iguales. . . Ahora nos corresponde a nosotros dedicarnos por entero a la gran empresa que todavía está inconclusa, para que seamos dignos de los venerados muertos, para que tomemos de ellos la misma devoción a la causa por la que dieron la suprema prueba de afecto, para demostrar que no entregaron en vano sus vidas, que nuestra nación, colocada bajo el amparo de Dios, conocerá un nuevo nacimiento de la libertad, y que el gobierno del pueblo, por el pueblo y para el pueblo jamás desaparecerá de la Tierra.

—Fragmento del discurso del presidente Abraham Lincoln pronunciado en el cementerio de Gettysburg, 19 de noviembre de 1863.

Ahora, nuestra generación de estadounidenses ha sido llamada a continuar la búsqueda incesante de justicia dentro de nuestras propias fronteras. Creemos que todos los hombres son creados iguales. Sin embargo, a muchos se les niega la igualdad de trato. Creemos que todos los hombres tienen ciertos derechos inalienables. Sin embargo, muchos estadounidenses no gozan de esos derechos. Creemos que todos los hombres tienen derecho a los beneficios de la libertad. Sin embargo, millones están siendo privados de esas bendiciones; no a causa de sus propios fracasos, sino por el color de su piel. Las razones están profundamente incrustadas en la historia y la tradición y en la naturaleza del hombre. Podemos entender, sin rencor ni odio, cómo sucedió todo esto. Pero no puede continuar. Nuestra Constitución, la fundación de nuestra República, lo prohíbe. Los principios de nuestra libertad lo prohíben. La moral lo prohíbe. Y la ley que voy a firmar esta noche lo prohíbe.

—Fragmento del discurso pronunciado por el presidente Lyndon B. Johnson a la firma de la Ley de derechos civiles, el 2 de julio de 1964.

En su respuesta, explique y argumente por qué el fragmento del discurso del presidente Johnson refleja la "cuestión persistente" expresada en el fragmento del discurso del cementerio de Gettysburg. En su ensayo, incorpore toda la evidencia relevante y específica contenida en los dos fragmentos, así como su propio conocimiento sobre la cuestión persistente y las circunstancias que rodearon la redacción del discurso de Gettysburg y la aparición del movimiento por los derechos civiles.

El ensayo siguiente, de alta puntuación, es un ejemplo de respuesta correcta a las instrucciones.

Mientras la nación se desangraba en la amarga guerra de Secesión (*Civil War*), el presidente Abraham Lincoln pronunció el discurso que se conoce hoy como el Pronunciamiento de Gettysburg, el más conocido y venerado de todos los discursos en la historia de los Estados Unidos. A pesar de que el discurso duró solo unos minutos, el presidente Lincoln pudo expresar con elocuencia y claridad, a una nación consumida por la guerra y las pérdidas, la razón por la cual la Unión debía resistir y obtener la victoria: preservar para siempre la causa de la libertad y la justicia sobre la Tierra. Cien años más tarde, los fatigados "soldados" del movimiento de derechos civiles continuaban con la lucha por la igualdad. Finalmente, su lucha por la victoria fue recompensada cuando otro presidente llevó a la nación un paso más cerca de la visión de Lincoln. Lyndon B. Johnson firmó la Ley de derechos civiles de 1964, que prohíbe la discriminación basada no sólo en la raza, sino también en el origen étnico, la religión o el género.

Lincoln comienza su discurso estableciendo una relación entre los ideales de la Revolución de las Trece Colonias y los motivos por los cuales se desató la guerra de Secesión. Lincoln replica las palabras exactas contenidas en la Declaración de Independencia, proclamando que los Estados Unidos fueron concebidos sobre la base del principio de que "todos los hombres nacen iguales". Johnson, en su discurso, repite esas palabras y los "derechos inalienables" de la Declaración de Independencia. Johnson conecta aún más al movimiento de derechos civiles con la Revolución, citando la Constitución Federal y "la fundación de nuestra República."

Lincoln continúa su discurso dirigiéndose tanto a las familias de los soldados muertos en guerra como a la nación entera. Destaca que el pueblo de los Estados Unidos, los seres queridos que los "venerados muertos" han dejado detrás, debe mantener su determinación de continuar con la lucha hasta el final, para demostrar que aquellos soldados "no entregaron en vano sus vidas." Johnson también utiliza su discurso para hablar directamente al pueblo estadounidense, la generación que, él dice, está llamada a continuar "la búsqueda incesante de justicia". Esto concuerda con la visión de Lincoln de un "nuevo nacimiento de la libertad" para los Estados Unidos.

Evidentemente, estos dos presidentes consiguieron conmover a la nación y robustecer su determinación en momentos clave de la historia de los Estados Unidos, apoyándose en la promesa de libertad sobre la que se fundó la nación.

Los evaluadores podrían calificar esta respuesta de la forma siguiente:

- **Característica 1.** El argumento de la autora del ensayo ilustra claramente que ella comprende que la "cuestión persistente" en el fragmento del Pronunciamiento de Gettysburg —continuar la lucha por la libertad y la justicia— está reflejada en las observaciones del presidente Johnson sobre la Ley de derechos civiles. En varias oportunidades, la autora cita ejemplos específicos de ambos discursos en respaldo de su argumento sobre cómo se relacionan el uno con el otro. Además, la autora demuestra su propio conocimiento sobre los acontecimientos de la guerra de Secesión, así como sobre el movimiento por los derechos civiles.
- **Característica 2.** La autora estructura su argumento y organiza sus ideas de forma eficaz. Para relacionar los dos textos, la autora presenta sus

ejemplos en un orden lógico y explica por qué cada referencia específica respalda su tesis.

- **Característica 3.** No solo no se encuentran errores gramaticales u ortográficos evidentes en su respuesta, sino que también el lenguaje usado es fluido, claro y variado. Las reglas y convenciones del idioma (como el uso de mayúsculas) han sido respetadas. La repetición de algunas palabras (como "libertad" y "lucha") es comprensible e inevitable, y el error de puntuación al final del párrafo 2, donde el punto aparece dentro de las comillas, no desvía la atención del razonamiento.

A continuación, otro ejemplo de respuesta extensa a las instrucciones para el ensayo sobre Estudios sociales.

Instrucciones: Lea los textos fuente siguientes.

Tres millones de personas, armadas en la sagrada causa de la libertad, y en un país como este que poseemos, resultan invencibles frente a cualquier fuerza que el enemigo despache en nuestra contra. . . La batalla, Señor, no es solo para los fuertes. Es también para los vigilantes, los activos, los valientes. Además, Señor, no tenemos elección. Aun si fuésemos lo suficientemente fuertes para desearlo, ya es demasiado tarde para retirarse de la contienda. . . ¿Es la vida tan preciada, o la paz tan dulce, como para ser comprada al precio de las cadenas y de la esclavitud? ¡Prohíbelo, oh Dios Omnipotente! Ignoro el curso que otros han de tomar; pero en lo que a mí me respecta: ¡dadme libertad o dadme muerte!

—*Fragmento del discurso pronunciado por Patrick Henry ante la Cámara de los Ciudadanos de Virginia, 23 de marzo de 1775.*

Lo que queremos es que esa unión sea efectiva y para animarnos a la gloriosa empresa de nuestra libertad; unirnos para reposar, para dormir en los brazos de la apatía, ayer fue una mengua, hoy es una traición. Se discute en el Congreso Nacional lo que debiera estar decidido. ¿Y qué dicen? Que debemos comenzar por una confederación, como si todos no estuviésemos confederados contra la tiranía extranjera. Que debemos atender a los resultados de la política de España. ¿Qué nos importa que España venda a Bonaparte sus esclavos o que los conserve, si estamos resueltos a ser libres? Esas dudas son tristes efectos de las antiguas cadenas. ¡Que los grandes proyectos deben prepararse con calma! Trescientos años de calma ¿no bastan? La Junta Patriótica respeta, como debe, al Congreso de la Nación, pero el Congreso debe oír a la Junta Patriótica, centro de luces y de todos los intereses revolucionarios. Pongamos sin temor la piedra fundamental de la libertad sudamericana: vacilar es perdernos.

— *Fragmento del discurso pronunciado por Simón Bolívar ante la Sociedad Patriótica, en Caracas, el 4 de julio de 1811.*

En su respuesta, explique y argumente por qué el fragmento del discurso de Simón Bolívar refleja la cuestión persistente expresada en el fragmento del discurso de Patrick Henry. En su ensayo, incorpore toda la evidencia relevante y específica contenida en los dos fragmentos, así como su propio conocimiento sobre la cuestión persistente y las circunstancias que rodearon a la Revolución de las Trece Colonias y la lucha por la independencia en América del Sur.

El ensayo siguiente, de alta puntuación, es un ejemplo de respuesta correcta a las instrucciones.

> Los imperios británico y español fueron dos de los imperios más grandes y poderosos en la historia de la humanidad; se extendían de un extremo al otro del mundo. Gran Bretaña y España crecieron en poder y fortaleza con el correr de los siglos. A partir del viaje de Colón en 1492, España comenzó con la conquista y colonización de la mayor parte de las Américas, apoderándose de las riquezas del hemisferio occidental por la fuerza. En la época en que Patrick Henry y sus compañeros colonos abrazaron la causa de la independencia de las colonias americanas, Gran Bretaña poseía la armada más poderosa del mundo, y sus colonias proveían a su gobierno de riquezas ilimitadas. En los dos discursos, Henry y Bolívar se refieren al poder que tienen las potencias coloniales, pero ambos insisten en que ha llegado el momento de independizarse de ellas.
>
> Henry sostiene que él y sus aliados revolucionarios son “invencibles”, pero no porque su fuerza pueda compararse con la del Imperio británico. No niega que su enemigo sea imponente, y que usará todas las armas a su disposición para derrotarlos. Por el contrario, Henry destaca que la lucha “no es solo para los fuertes” y que los revolucionarios son “los vigilantes, los activos, los valientes”, y esa es la razón por la cual tienen la posibilidad de vencer. Bolívar también alude a las “viejas cadenas” que los ligaban a España, pero insiste en que las colonias de América del Sur están ya “confederadas contra la tiranía extranjera”. De hecho, Bolívar habría de convertirse en el primer presidente de la Gran Colombia, una nación compuesta por la colonia Nueva Granada original, que abarcaba la actual Venezuela, Colombia, Panamá, Ecuador, el noroeste de Brasil y el norte de Perú.
>
> Henry y Bolívar ambos hacen también referencias acerca de que ha llegado la hora de la revolución y muestran su resolución para continuar con la lucha. Henry afirma que las colonias no tienen otra opción que no sea la independencia; es tarde para retroceder. Bolívar, por su parte, expresa una urgencia similar: “¡Que los grandes proyectos deben prepararse con calma! Trescientos años de calma ¿no bastan?”. En su discurso, Bolívar sostiene que es necesario sacar a la revolución de su apatía y llevarla a su destino: “Pongamos sin temor la piedra fundamental de la libertad sudamericana”. Henry termina su discurso con algunas de las palabras más célebres en la historia de los Estados Unidos: “Ignoro el curso que otros han de tomar; pero en lo que a mí me respecta: ¡dadme libertad o dadme muerte!”.

El paralelismo notable entre las experiencias de estos dos revolucionarios es claro y se refleja en su visión compartida de que las potencias coloniales pueden ser derrotadas y de que la indecisión solo conducirá a la derrota.

Los evaluadores podrían calificar esta respuesta de la forma siguiente:

- **Característica 1.** El autor comienza por demostrar un conocimiento considerable de la historia de los imperios británico y español, así como de los antecedentes de la Revolución de las Trece Colonias y de la lucha por la independencia en América del Sur. En su análisis, examina frases específicas de los dos discursos, usando en muchos casos citas textuales, para respaldar su argumento.
- **Característica 2.** El autor usa la evidencia en una progresión lógica para fundamentar su tesis. Establece relaciones entre distintas ideas que aparecen en los dos fragmentos (primero, cuando se refieren a que Gran Bretaña y España, si bien son poderosas, no son invencibles; y luego, cuando señala que las colonias no deben vacilar), y organiza sus ideas y las evidencias de forma eficaz.
- **Característica 3.** La estructura de las oraciones es correcta. El vocabulario es fluido y variado. El autor demuestra su conocimiento de las reglas y convenciones del idioma, y la respuesta no contiene errores gramaticales, de ortografía o de uso.

RESPUESTAS Y EXPLICACIONES

Estudios sociales

Capítulo 1: Educación cívica y gobierno

Ejercicio 1: Tipos de gobierno históricos y modernos

1. **Respuesta correcta: B.**
2. D Cualquier ciudadano puede agregar propuestas a una boleta electoral, y una propuesta se convierte en ley si la mayoría vota por ella.

   R Los ciudadanos eligen una legislatura para gobernar el país.

   R Los delegados representan los deseos de los ciudadanos votantes.

   D El poder de vetar leyes lo ejercen los ciudadanos por sí mismos.

Ejercicio 2: Principios básicos de la democracia constitucional de los Estados Unidos

1. **Respuesta correcta: B.**
2. **Respuesta correcta: D.**
3. **Respuesta correcta: C.**
4. **Respuesta correcta: D.**
5. **Respuesta correcta: A.**

Ejercicio 3: Estructura y composición del gobierno federal de los Estados Unidos

1. **Cómo se aplica el sistema de controles y contrapesos a los diferentes poderes del gobierno**

Acciones que controla el poder legislativo	Acciones que controla el poder ejecutivo	Acciones que controla el poder judicial
El Tribunal Supremo decide si las leyes promulgadas por el Congreso siguen las pautas de la Constitución.	El Congreso tiene el poder de destituir al Presidente.	El Presidente nomina a los jueces para el Tribunal Supremo.
El Presidente tiene poder de veto sobre las leyes promulgadas por el Congreso.	El Tribunal Supremo evalúa si los actos del Presidente están de acuerdo con lo establecido por la Constitución.	El Senado debe confirmar a los jueces propuestos para el Tribunal Supremo.

Ejercicio 4: El poder legislativo

1. **Respuesta correcta: B.**
2. **Respuesta correcta: C.**
3. **Respuesta correcta: B.**

Ejercicio 5: El poder ejecutivo

1. **Respuesta correcta: B.**
2. **Respuesta correcta: C.**
3. **Respuesta correcta: A.**
4. **Respuesta correcta: B.**

Ejercicio 6: El gabinete de los Estados Unidos

1. **Respuesta correcta: A.**
2. **Respuesta correcta: D.**

RESPUESTAS Y EXPLICACIONES

Ejercicio 7: El poder judicial

1. **Respuesta correcta: John Marshall.**
2. **Respuesta correcta: 34.**

Ejercicio 8: Enmiendas a la Constitución

1. **Respuesta correcta: D.**
2. **Respuesta correcta: D.**

Ejercicio 9: La Carta de Derechos

1. **Primera** Un periódico publica una nota editorial criticando los actos de un candidato político.

   Sexta Una persona es seleccionada como miembro de un jurado que juzgará la conducta de una persona acusada de actividades delictivas.

   Cuarta Durante una detención de rutina del tráfico, las autoridades solicitan revisar el vehículo en búsqueda de objetos robados.

   Quinta Una persona es juzgada por un crimen y declarada inocente; sin embargo, muchos miembros de la comunidad consideran que el veredicto es equivocado y que el acusado debería ser juzgado nuevamente.

   Segunda El propietario de una casa adquiere un arma de fuego personal después de que se cometen varios robos en el vecindario.

2. __X__ El derecho a no ser juzgado dos veces por la misma causa.

   _____ El derecho a practicar libremente su religión.

   __X__ El derecho a ser juzgado rápidamente.

   _____ El derecho a la libertad de prensa.

   _____ El derecho a no ser forzado a aceptar el alojamiento de soldados en su propia casa.

   _____ El derecho de portar armas.

   __X__ El derecho a no autoincriminarse.

3. **Respuesta correcta: D.**

Ejercicio 10: Derechos de los ciudadanos y responsabilidades cívicas

1. **Respuesta correcta: Shirley M. Watts.**
2. **Respuesta correcta: C.**
3. **Respuesta correcta: D.**

Ejercicio 11: Partidos políticos

1. **Respuesta correcta: C.**
2. **Respuesta correcta: C.**
3. **Respuesta correcta: A.**

Ejercicio 12: Campañas políticas, elecciones y proceso electoral

1. **Respuesta correcta: C.**
2. **Respuesta correcta: C.**
3. **Respuesta correcta: D.**

Ejercicio 13: Políticas públicas contemporáneas

1. **Respuesta correcta: La Educación es Primordial.**
2. **Respuesta correcta: A.**

Ejercicios de práctica: Educación cívica y gobierno

1. **Respuesta correcta: A.**
2. **Respuesta correcta: D.**
3. **Respuesta correcta: A.**

RESPUESTAS Y EXPLICACIONES

4. **Respuesta correcta: B.**
5. **Respuesta correcta: C.**
6. **Respuesta correcta: A.**
7. **Respuesta correcta: A.**
8. **Respuesta correcta: A.**
9. **Respuesta correcta: D.**
10. **Respuesta correcta: A.**

Capítulo 2: Historia de los Estados Unidos

Ejercicio 1: Exploración europea de las Américas

1. ____ Navegaron día y noche.
   __X__ Dos pelícanos se posaron sobre la cubierta.
   ____ El almirante quería seguir navegando.
   __X__ Había una garúa sin viento.
2. **Respuesta correcta: B.**

Ejercicio 2: La colonia inglesa en Virginia

1. **Respuesta correcta: B.**
2. **Respuesta correcta: A.**

Ejercicio 3: Las colonias inglesas en Nueva Inglaterra y Maryland

1. **Respuesta correcta: D.**
2. **Respuesta correcta: D.**
3.

Asentamiento	**Religión**
Maryland	Católica
Massachusetts Bay Colony	Puritana
Plymouth	Peregrinos

4. **Respuesta correcta: Connecticut, Nuevo Hampshire, Rhode Island.**

Ejercicio 4: Las Trece Colonias toman forma

1. __X__ La libertad política.
   ____ El oro.
   __X__ Las oportunidades económicas.
   __X__ El cese de las persecuciones.
   ____ La búsqueda de la fuente de la juventud.
   __X__ El establecimiento del comercio.
2. **Respuesta correcta: D.**
3. **Respuesta correcta: C.**

Ejercicio 5: Aumento de las tensiones entre las colonias y Gran Bretaña

1. **Respuesta correcta: B.**
2. **Respuesta correcta: B.**

Ejercicio 6: El Primer Congreso Continental y el comienzo de la Revolución de las Trece Colonias

1. **Respuesta correcta: D.**
2. **Respuesta correcta: B.**

RESPUESTAS Y EXPLICACIONES

Ejercicio 7: El Segundo Congreso Continental y la Declaración de Independencia

1. __X__ Derecho a la libertad.
   __X__ Derecho a la vida.
   _____ Derecho a ejercer el poder.
   __X__ Derecho a la búsqueda de la felicidad.
   _____ Derecho a la seguridad.
   _____ Derecho a la veracidad.
2. **Respuesta correcta: A.**

Ejercicio 8: Guerra de la Independencia de los Estados Unidos

1. **Respuesta correcta: 6.**
2. **Respuesta correcta: C.**
3. **Respuesta correcta: C.**

Ejercicio 9: De los Artículos de la Confederación a la Constitución de los Estados Unidos

1. **Respuesta correcta: C.**
2. **Respuesta correcta: B.**

Ejercicio 10: La guerra de 1812

1. **Respuesta correcta: C.**
2. **Respuesta correcta: C.**

Ejercicio 11: La Doctrina Monroe

1. **Respuesta correcta: A.**
2. **Respuesta correcta: B.**

Ejercicio 12: Política de los Estados Unidos hacia los americanos nativos

1. **Respuesta correcta: A.**
2. **Respuesta correcta: D.**

Ejercicio 13: "Destino manifiesto"

1. **Respuesta correcta: C.**
2. **Respuesta correcta: C.**
3. **Respuesta correcta: B.**

Ejercicio 14: La guerra de Secesión (*Civil War*) y la reconstrucción

1. _____ Falta de tierras de cultivo para una población en crecimiento.
   __X__ La expansión de la esclavitud a los nuevos territorios.
   _____ La guerra con México.
   __X__ Las diferencias entre el Norte y el Sur en cuestiones económicas.
   __X__ La elección de Abraham Lincoln como Presidente.
   _____ Las nuevas enmiendas a la Constitución de los Estados Unidos.
2. **Respuesta correcta: C.**

Ejercicio 15: Los Estados Unidos se convierten en una potencia industrial

1. **Respuesta correcta: B.**
2. **Respuesta correcta: C.**

Ejercicio 16: Los Estados Unidos se convierten en una potencia mundial

1. **Respuesta correcta: B.**

Ejercicio 17: La Primera Guerra Mundial

1. **Respuesta correcta: A.**
2. **Respuesta correcta: C.**

Ejercicio 18: La Gran Depresión

1. **Respuesta correcta: D.**
2. **Respuesta correcta: B.**

RESPUESTAS Y EXPLICACIONES

Ejercicio 19: La Segunda Guerra Mundial

1. **Respuesta correcta: D.**

Ejercicio 20: Los Estados Unidos de la posguerra

1. **Respuesta correcta: B.**
2. **Respuesta correcta: C.**

Ejercicio 21: La Guerra Fría

1. **Respuesta correcta: D.**

Ejercicio 22: Movimientos por los derechos civiles y por la igualdad de la mujer

1. **Respuesta correcta: A.**
2. **Respuesta correcta: D.**

Ejercicio 23: La Gran Sociedad, la guerra de Vietnam y el escándalo de Watergate

1. **Respuesta correcta: C.**
2. **Respuesta correcta: A.**

Ejercicio 24: Presidencias de finales del siglo XX y comienzos del siglo XXI

1. **Respuesta correcta: C.**

Ejercicios de práctica: Historia de los Estados Unidos

1. **Respuesta correcta: A.**
2. _____ James Madison se oponía a la trata de esclavos.

   __X__ James Monroe fue el quinto Presidente de los Estados Unidos.

   __X__ Los Estados Unidos declararon la guerra a Gran Bretaña en 1812.

   _____ Abraham Lincoln alentó a Illinois para que se uniera a los Estados Unidos como estado independiente.

   __X__ La letra del himno nacional fue escrita por Francis Scott Key.
3. **Respuesta correcta: B.**
4. **Respuesta correcta: D.**
5. _____ Los Estados Unidos.

   __X__ El Japón.

   __X__ Alemania.

   _____ Gran Bretaña.
6. **Respuesta correcta: B.**
7. **Respuesta correcta: C.**
8. **Respuesta correcta: D.**
9. **Respuesta correcta: D.**
10. **Respuesta correcta: A.**

Capítulo 3: Economía

Ejercicio 1: Conceptos económicos básicos

1. **Respuesta correcta: C.**
2. **Respuesta correcta: B.**

Ejercicio 2: Microeconomía y macroeconomía

1. **Respuesta correcta: Falso.**
2. **Respuesta correcta: Precio de equilibrio.**

RESPUESTAS Y EXPLICACIONES

Ejercicio 3: Los bancos y el crédito

1. **Respuesta correcta: D.**
2. **Respuesta correcta: Falso.**

Ejercicio 4: El rol del gobierno en la economía nacional

1.

Función del gobierno federal	Función del gobierno estatal o local
Equipamiento de las fuerzas armadas	Apoyo a las patrullas de carreteras
Conservación de los parques nacionales	Recolección de impuestos a la propiedad
Pago del salario del Presidente	Financiación de las escuelas municipales
Regulación del comercio entre los estados	Provisión de fondos para la recolección de residuos
Cumplimiento de los estándares nacionales de seguridad	
Provisión de fondos para la investigación científica	
Administración de la Seguridad Social	

Ejercicio 5: Comercio internacional

1. **Respuesta correcta: C.**
2. **Respuesta correcta: B.**

Ejercicio 6: Acontecimientos económicos clave en la historia de los Estados Unidos

1. **Respuesta correcta: C.**
2. **Respuesta correcta: D.**

Ejercicios de práctica: Economía

1. **Respuesta correcta: A.**
2. **Respuesta correcta: B.**
3. **Respuesta correcta: C.**
4. **Respuesta correcta: D.**
5. ___X___ El Congreso.
   ___X___ El Presidente.
   _______ El Tribunal Supremo.
   _______ El secretario de Defensa.
6. **Respuesta correcta: C.**
7. **Respuesta correcta: B.**
8. **Respuesta correcta:** Según la ley de la oferta y la demanda, si **la oferta de un producto** es superior a **la demanda del producto, el precio del producto** disminuirá.

Capítulo 4: La geografía y el mundo

Ejercicio 1: Ecosistemas

1. **Respuesta correcta: D.**
2. **Respuesta correcta: B.**

Ejercicio 2: La geografía y el desarrollo de las sociedades humanas

1. **Respuesta correcta: D.**
2. **Respuesta correcta: C.**

Ejercicio 3: Cambios en el medio ambiente producidos por el ser humano

1. **Respuesta correcta: B.**
2. **Respuesta correcta: B.**

Ejercicio 4: Las migraciones humanas

1. **Respuesta correcta: C.**
2. **Respuesta correcta: D.**

RESPUESTAS Y EXPLICACIONES

Ejercicio 5: Tendencias y cuestiones de la población

1. **Respuesta correcta: C.**
2. **Respuesta correcta: Falso.**

Ejercicio 6: Herramientas y destrezas geográficas

1. **Respuesta correcta: D.**
2. **Respuesta correcta: A.**

Ejercicios de práctica: La geografía y el mundo

1. **Respuesta correcta: C.**
2. **Respuesta correcta: A.**
3. **Respuesta correcta: Verdadero.**
4. **Respuesta correcta: C.**
5. **Respuesta correcta: B.**
6. **Respuesta correcta: A.**
7. **Respuesta correcta: B.**

Capítulo 5: Temas complementarios

Ejercicio 1: Las primeras civilizaciones

1. **Respuesta correcta: D.**
2. **Respuesta correcta: A.**

Ejercicio 2: La antigua China

1. **Respuesta correcta: C.**
2. **Respuesta correcta: D.**

Ejercicio 3: La antigua India

1. **Respuesta correcta: B.**

Ejercicio 4: La Grecia clásica

1. **Respuesta correcta: B.**
2. **Respuesta correcta: A.**

Ejercicio 5: Roma

1. **Respuesta correcta: C.**
2. **Respuesta correcta: A.**

Ejercicio 6: La gran migración y la Edad Media

1. **Respuesta correcta: C.**
2. **Respuesta correcta: D.**

Ejercicio 7: El feudalismo

1. **Respuesta correcta: A.**
2. **Respuesta correcta: B.**

Ejercicio 8: El Oriente Medio y África

1. **Respuesta correcta: D.**
2. **Respuesta correcta: C.**

RESPUESTAS Y EXPLICACIONES

Ejercicio 9: Civilizaciones en las Américas

1. **Respuesta correcta: A.**

Ejercicio 10: El Renacimiento y la Reforma en Europa

1. **Respuesta correcta: B.**
2. **Respuesta correcta: C.**

Ejercicio 11: La Revolución Científica, la Ilustración y la Revolución Industrial

1. **Respuesta correcta: C.**
2. **Respuesta correcta: C.**

Ejercicio 12: La era de los descubrimientos

1. **Respuesta correcta: D.**
2. **Respuesta correcta: Verdadero.**

Ejercicio 13: El establecimiento de los imperios

1.

España	Portugal	Gran Bretaña	Francia
América Central	Brasil	India	Región de los Grandes Lagos
México	Angola	Australia	Territorio de Luisiana
Filipinas	Guinea-Bissau	Nueva Zelandia	Vietnam
América del Sur (excepto Brasil)	Mozambique		
	Macao		

Ejercicio 14: Revoluciones en Inglaterra y Francia

1. **Respuesta correcta: B.**
2. **Respuesta correcta: A.**

Ejercicio 15: Nuevas ideas políticas en el siglo XIX

1. **Respuesta correcta: B.**
2. **Respuesta correcta: B.**

Ejercicio 16: Desarrollos políticos en Europa durante el siglo XIX

1. **Respuesta correcta: C.**
2. **Respuesta correcta: D.**

Ejercicio 17: La Primera Guerra Mundial y la Revolución rusa

1. **Respuesta correcta: A.**
2. **Respuesta correcta: C.**
3. **Respuesta correcta: B.**

Ejercicio 18: El surgimiento del fascismo

1. **Respuesta correcta: C.**
2. **Respuesta correcta: D.**

Ejercicio 19: La Segunda Guerra Mundial

1. **Respuesta correcta: A.**
2. **Respuesta correcta: D.**

RESPUESTAS Y EXPLICACIONES

Ejercicio 20: El fin del predominio europeo y la formación de la Unión Europea

1. **Respuesta correcta: D.**

Ejercicio 21: El fin de la Unión Soviética

1. **Respuesta correcta: C.**

Ejercicio 22: China en la actualidad

1. **Respuesta correcta: C.**

Ejercicio 23: El mundo árabe

1. **Respuesta correcta: A.**

Ejercicios de práctica: Temas complementarios

1. **Respuesta correcta: D.**
2. **Respuesta correcta: C.**
3. **Respuesta correcta: A.**
4. **Respuesta correcta: D.**
5. **Respuesta correcta: B.**
6. **Respuesta correcta: D.**
7. **Respuesta correcta: A.**
8. **Respuesta correcta: C.**
9. **Respuesta correcta: B.**
10. **Respuesta correcta: D.**

Exámenes de práctica

Cómo usar los exámenes de práctica

Ahora que ya ha finalizado con el repaso y los ejercicios de práctica, es el momento de evaluar el grado de su preparación para realizar el examen de GED®. Los exámenes de práctica son cuatro, uno por cada sección, o materia, del examen de GED®: Razonamiento a través de las artes del lenguaje, Razonamiento matemático, Ciencia y Estudios sociales. Cada uno reproduce, en la medida de lo posible, el formato y el grado de dificultad del examen real. Los exámenes de práctica le permitirán evaluar su nivel de conocimientos actual, y le darán una buena idea del resultado que podría obtener en el examen de GED®. Estos exámenes le permitirán determinar si usted está lo suficientemente bien preparado para el examen real o si, por el contrario, deberá repasar algunos temas específicos.

Para hacer el mejor uso posible de estos exámenes de práctica, deberá seguir los cinco pasos siguientes:

1. **Realice los exámenes de práctica uno por vez.** No trate de completar los cuatro exámenes en una sola sesión.
2. **Realice cada examen en condiciones similares a las que encontrará en los centros de examinación.** Busque un lugar tranquilo, donde nadie pueda importunarlo. Complete el examen en una sola sesión, y concéntrese como si se tratara del examen de GED® real. Marque sus respuestas directamente sobre las páginas del examen. Si no ha podido completar el examen en el tiempo permitido, marque la última pregunta que contestó y registre el tiempo adicional que necesita para finalizar el examen. Esta información le permitirá determinar cuánto tiempo más ha necesitado y cuánto más debería apurar el ritmo de sus respuestas.
3. **Conteste todas las preguntas.** En el examen de GED®, no se penalizan las respuestas equivocadas, así que tiene sentido responder todas las preguntas, incluso en el caso de que usted tenga que adivinar alguna respuesta. Si usted desconoce la respuesta, trate de eliminar una o más de las opciones posibles. Cuantas más pueda eliminar, mayores serán las probabilidades de que acierte con la respuesta correcta.
4. **Compruebe sus respuestas en la sección de respuestas y explicaciones, que aparece después de cada examen de práctica.** Preste particular atención a las explicaciones correspondientes a aquellas preguntas que no contestó correctamente.
5. **Use la tabla de evaluación.** A continuación de la sección de respuestas y explicaciones, encontrará la tabla de evaluación. Marque en ella los números de las preguntas que no pudo contestar correctamente. La tabla le indicará las secciones de esta publicación en las que deberá concentrar su esfuerzo.

En la tabla siguiente, se presentan el número de preguntas incluidas en cada uno de los exámenes de práctica y el límite de tiempo que tendrá para contestarlas.

Examen de práctica	Número de preguntas	Límite de tiempo
Razonamiento a través de las artes del lenguaje		
Parte 1: Preguntas de opción múltiple	64	95 minutos
(Pausa)		(10 minutos)
Parte 2: Ensayo	1 (pregunta de respuesta extensa)	45 minutos
Razonamiento matemático	50	90 minutos
Ciencia	40	90 minutos
Estudios sociales	45	90 minutos

EXAMEN DE PRÁCTICA

Razonamiento a través de las artes del lenguaje

Este examen de práctica de Razonamiento a través de las artes del lenguaje ha sido diseñado con el propósito de ayudarlo a determinar cuán bien preparado está usted en esta materia y de permitirle evaluar si su nivel de conocimientos es el adecuado para el examen de GED®.

Este examen contiene 64 preguntas en el formato de opción múltiple o en otros formatos (en el examen de GED®, serán 56, pues no habrá preguntas sobre el uso del idioma español) y una pregunta de respuesta extensa (ensayo). Las preguntas se presentan en el mismo formato que tienen en el examen real y han sido diseñadas para evaluar las mismas destrezas. La mayor parte de las preguntas están basadas en pasajes de lectura extraídos de textos de ficción y de textos de no ficción. En la mayoría de ellas, se usa el formato de opción múltiple, pero también encontrará algunas en otros formatos, como el de rellenar los espacios en blanco, el de "arrastrar y soltar" y el de menús desplegables (ambos simulados). En el examen de GED®, usted marcará sus respuestas haciendo un clic sobre la pantalla de la computadora. En este examen de práctica, usted deberá utilizar papel y lápiz, y marcar directamente sobre la página sus respuestas. Para el ensayo, deberá usar una hoja de papel separada.

Para tener una buena idea de cuán bien lo haría en el examen real, trate de realizar el examen en condiciones similares a las que encontrará en el centro de examinación. Complete el examen en una sola sesión y respete el límite de tiempo establecido. Si usted no llegara a completar el examen en el tiempo permitido, deberá mejorar entonces el ritmo de sus respuestas.

Trate de contestar tantas preguntas como le sea posible. Recuerde que no se penalizan las respuestas equivocadas, así que si no sabe una respuesta intente adivinarla. En las preguntas de opción múltiple, aumentarán sus probabilidades de acertar con la respuesta correcta si, previamente, puede eliminar una o más de las opciones.

Una vez completado el examen, compruebe sus respuestas en la sección de respuestas y explicaciones, que aparece después del examen de práctica. Luego, use la tabla de evaluación, a continuación de la sección de respuestas y explicaciones, para determinar las destrezas y contenidos que requieran más ejercitación y estudio.

Ahora, dé vuelta la página y comience el examen de práctica de Razonamiento a través de las artes del lenguaje.

EXAMEN DE PRÁCTICA

Razonamiento a través de las artes del lenguaje

Parte 1: Preguntas de opción múltiple

64 preguntas	**95 minutos**

Use el fragmento siguiente para responder las preguntas 1 a 5.

Fragmento adaptado de *Una cantante de pueblo*

de Mary Wilkins Freeman

1 Los árboles tenían ya sus hojas completas, soplaba un fuerte viento del sur y las hojas nuevas producían un murmullo intenso. La gente lo había notado, pues era esta la primera vez en el año que el viento hacía murmurar a los árboles. La primavera había llegado apresuradamente durante los últimos días.

2 El murmullo de los árboles retumbó en la iglesia del pueblo, donde la gente había tomado asiento a la espera de que comenzara el servicio. Las ventanas estaban abiertas; era un domingo muy cálido de mayo.

3 La iglesia ya había sido invadida por esa suave música selvática —la delicada armonía entre las hojas agitadas por el viento y el gorjeo aleatorio e inconexo de las aves—, cuando el coro se puso de pie y comenzó a cantar.

4 En el centro de la fila ocupada por las cantantes se destacaba la figura de Alma Way. Todas las miradas se dirigieron a ella, y la audiencia agudizó sus oídos en actitud crítica. Alma era la nueva primera soprano. Candace Whitcomb, la anterior, que había cantado en el coro durante cuarenta años, había sido despedida recientemente. El público consideró que su voz se había vuelto demasiado quebradiza e insegura en las notas altas. Había habido muchas quejas y, después de largas deliberaciones, los miembros de la iglesia le habían comunicado la decisión a la cantante con la mayor delicadeza. Candace había cantado por última vez el domingo anterior, y Alma Way había sido contratada para ocupar su lugar. Con la excepción del organista, la primera soprano era el único músico rentado en el gran coro. El sueldo era muy modesto; aun así, la gente del pueblo lo consideraba excesivo para una mujer joven. Alma era del pueblo colindante, East Derby, donde había adquirido una reputación muy buena como cantante.

EXAMEN DE PRÁCTICA

5 Alma fijó sus grandes y solemnes ojos azules; su largo y delicado rostro, que era muy bonito, se volvió más pálido; las flores azules de su sombrero se sacudían; se percibía un ligero temblor en sus pequeñas manos enguantadas, delgadas, que se aferraban al libro de canto; pero a pesar de todo, ella cantó con valentía. La montaña más formidable del mundo, la falta de confianza, apareció ante ella, pero sus nervios estaban preparados para el ascenso. En medio del himno, ella debía cantar un solo; su voz resonó entonces penetrante y suave; la concurrencia asintió con admiración. De pronto, se produjo un gran revuelo, y todos los rostros se volvieron hacia las ventanas del lado sur de la iglesia. Por encima del sonido del viento y las aves, por sobre los tonos suaves de Alma Way, surgió otra voz femenina, que cantaba otro himno con otra melodía.

6 "Es ella", cuchichearon las mujeres, entre horrorizadas y sonrientes.

7 La cabaña de Candace Whitcomb estaba ubicada cerca del lado sur de la iglesia. Candace estaba tocando su órgano de salón y cantando, tratando de ahogar la voz de su rival.

8 Alma contuvo el aliento, y casi se detuvo; el libro de himnos se agitó en sus manos como un abanico, pero continuó. El largo y ronco zumbido del órgano de salón y el clamor estridente de la otra voz parecían más fuertes que cualquier cosa.

9 Cuando terminó el himno, Alma tomó asiento. Se sentía débil. La mujer que estaba a su lado le deslizó una pastilla de menta dentro de su mano. "No debes darle importancia", le susurró con firmeza. Alma trató de sonreír. Entre el público, un joven la miraba con una especie de lástima extrema.

10 En el último himno Alma cantó otro solo. Una vez más, el órgano de salón comenzó a zumbar por encima del cuidadosamente delicado acompañamiento del órgano de la iglesia, y de nuevo la voz de Candace Whitcomb arrancó a los gritos con otra melodía.

11 Después de la bendición, los otros cantantes se arremolinaron alrededor de Alma, quien no dijo mucho a cambio de sus expresiones de indignación y simpatía. Se secó los ojos con disimulo una o dos veces, y trató de sonreír. William Emmons, el líder del coro, anciano corpulento y de facciones suaves, inclinándose hacia ella, levantó la voz. Era el antiguo dignatario musical del pueblo, el líder del club del coro y de las escuelas de canto. "Un comportamiento por demás indignante", dijo. La gente había unido su nombre al de Candace Whitcomb. El viejo tenor soltero y la vieja soprano soltera se habían acostumbrado a caminar juntos hasta la casa de Candace, después de los ensayos de los sábados por la noche, y cantar a dúo con el órgano de salón. La gente había observado el rostro envejecido de Candace, en el que los rubores de la juventud se posaban penosamente, cuando William Emmons se incorporó al coro. Todos se preguntaron si alguna vez iba a pedirle que se casara con él.

EXAMEN DE PRÁCTICA

12 Y ahora le decía a Alma Way, además, que la voz de Candace Whitcomb se había apagado por completo en los últimos tiempos, que había cantado horriblemente y que debería haber tenido el suficiente sentido común para reconocerlo.

13 Cuando Alma se dirigió a la sala donde se hallaba la audiencia, en medio del parloteo de los cantantes, que parecían haber descendido, como los pájaros, del vuelo de las canciones a los gorjeos, el ministro se acercó a ella. Había estado esperando el momento oportuno para hablar con Alma. El ministro era un hombre de expresión firme y figura rolliza, que había predicado desde el púlpito por más de cuarenta años. Le dijo, en su manera lenta, lo mucho que lamentaba la molestia a la que había sido sometida, y le dio a entender que iba a tratar de impedir que se repitiera el episodio. "La señorita Whitcomb deberá ser razonable", agregó; el ministro tenía un ligero titubeo al hablar, que no llegaba a ser un impedimento. Era como si sus pensamientos no se deslizaran fácilmente en sus palabras, aunque estaban presentes en ellas. Acompañó a Alma por el corredor y le deseó un buen día al ver que Wilson Ford la estaba esperando en la puerta.

1. ¿Qué hace Candace Whitcomb para molestar a Alma Way?
   A. Canta al mismo tiempo que ella.
   B. Interrumpe el servicio religioso.
   C. Entra en la iglesia.
   D. Observa cómo canta Alma.

2. ¿Cuál de las citas siguientes del pasaje respalda la idea de que Alma estaba nerviosa?
   A. "El murmullo de los árboles retumbó en la iglesia del pueblo, donde la gente había tomado asiento a la espera de que comenzara el servicio".
   B. "Alma fijó sus grandes y solemnes ojos azules; su largo y delicado rostro, que era muy bonito, se volvió más pálido; las flores azules de su sombrero se sacudían; se percibía un ligero temblor en sus pequeñas manos enguantadas, delgadas, que se aferraban al libro de canto; pero a pesar de todo, ella cantó con valentía".
   C. "En medio del himno, ella debía cantar un solo; su voz resonó entonces penetrante y suave; la concurrencia asintió con admiración. De pronto, se produjo un gran revuelo, y todos los rostros se volvieron hacia las ventanas del lado sur de la iglesia".
   D. "Una vez más, el órgano de salón comenzó a zumbar por encima del cuidadosamente delicado acompañamiento del órgano de la iglesia, y de nuevo la voz de Candace Whitcomb arrancó a los gritos con otra melodía".

EXAMEN DE PRÁCTICA

3. ¿Qué se puede inferir del comportamiento de Candace Whitcomb?

   A. Que estaba enojada porque la habían reemplazado.
   B. Que quería demostrar que su voz seguía siendo muy buena.
   C. Que estaba contenta de poder disponer de más tiempo libre.
   D. Que creía que su órgano de salón era mejor que el órgano de la iglesia.

4. ¿Por qué la mujer le da una pastilla de menta a Alma Way?

   A. Para demostrarle su apoyo.
   B. Para ayudarla a aclarar su voz.
   C. Para darle energía.
   D. Para compartir un caramelo.

5. ¿Por qué resulta sorprendente que William Emmons hable críticamente de Candace Whitcomb ante Alma Way?

   A. Porque él es el líder del coro.
   B. Porque él no estaba de acuerdo con la contratación de Alma Way.
   C. Porque él estaba con Candace Whitcomb cuando Alma cantó.
   D. Porque a él se lo relacionaba románticamente con Candace Whitcomb.

6. El memorándum siguiente contiene una serie de espacios en blanco, cada uno de los cuales comienza con la palabra "Seleccione", seguida de un número correlativo y puntos suspensivos. Debajo de cada párrafo, encontrará una lista de cuatro opciones. Indique cuál de esas opciones es la que corresponde a cada espacio en blanco. (**Nota:** En el examen de GED®, las opciones se presentan como un menú desplegable. Cuando usted haga un clic sobre la opción seleccionada, esta rellenará el espacio en blanco.)

   De: María del Carmen Romero

   A: Todos los empleados

   Ref.: Campaña de recaudación de fondos

   Estamos organizando una campaña de recaudación de fondos para Hábitat para la Humanidad. Con ese fin, efectuaremos una subasta silenciosa en el Centro Turístico de Playa Grande el 15 de junio, y para ello necesitamos la colaboración de voluntarios que nos ayuden a organizar y realizar el evento, así como también de personas que se ocupen de solicitar donaciones para la subasta.

   Para muchos de ustedes, esta subasta representará una magnífica oportunidad de devolverle a la comunidad parte de lo que de ella

EXAMEN DE PRÁCTICA

reciben. Como ustedes saben, [Seleccione 1... ▼] que se convertirán en hogares de muchas personas que nunca podrían llegar a comprar una de ellas.

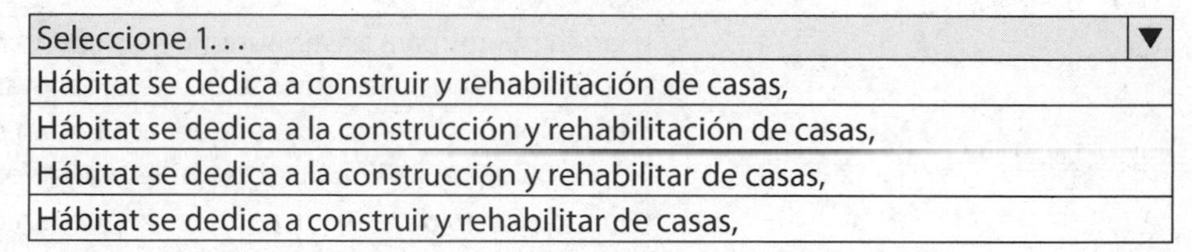

Seleccione 1... ▼
Hábitat se dedica a construir y rehabilitación de casas,
Hábitat se dedica a la construcción y rehabilitación de casas,
Hábitat se dedica a la construcción y rehabilitar de casas,
Hábitat se dedica a construir y rehabilitar de casas,

[Seleccione 2... ▼]

Seleccione 2... ▼
Entre los muchos artículos que nos gustaría obtener para la subasta silenciosa.
Hay muchos artículos que nos gustaría obtener para la subasta silenciosa.
Entre los artículos que nos gustaría obtener para la subasta silenciosa, hay muchos.
Muchos artículos que nos gustaría obtener para la subasta silenciosa.

Entre ellos, cupones de restaurantes, salones de belleza y comercios, así como de artistas y artesanos. Si alguno de ustedes conoce o tiene alguna relación con un posible donante, por favor, trate de convencerlo de que esta es una causa que merece ser apoyada.

Tal vez, ustedes tengan algo que puedan donar.

Yo, por ejemplo, voy a donar una estadía de una semana en mi condominio en Puerto Rico. Algunos de ustedes, quizás, podrían estar dispuestos a comprar entradas para una función de teatro y donarlas. Si se les ocurre alguna otra idea, por favor, háganosla saber.

[Seleccione 3... ▼] Vamos a necesitar colaboración para preparar y supervisar la subasta, y también para hacer el balance al final de la noche.

Seleccione 3... ▼
Durante la subasta propiamente dicha, habrá una hoja de inscripción en el comedor para todos aquellos que deseen contribuir con parte de su tiempo.
Habrá durante la subasta propiamente dicha una hoja de inscripción en el comedor para todos aquellos que deseen contribuir con parte de su tiempo.
Habrá una hoja de inscripción en el comedor durante la subasta propiamente dicha para todos aquellos que deseen contribuir con parte de su tiempo.
Habrá una hoja de inscripción en el comedor para todos aquellos que deseen contribuir con parte de su tiempo.

Los alimentos y las bebidas serán provistos por nuestra empresa, así que esperamos que todos los asistentes pasen un momento agradable.

EXAMEN DE PRÁCTICA

[Seleccione 4. . . ▼] porque habrá muchas subastas en las que ustedes querrán participar.

Seleccione 4. . . ▼
Hagan planes para asistir, aunque no puedan contribuir con parte de su tiempo, y, por favor, no olvide traer su billetera, tarjetas de crédito y chequera
Hagan planes para asistir, aunque no puedan contribuir con parte de su tiempo, y, por favor, no olvidará traer su billetera, tarjetas de crédito y chequera
Hagan planes para asistir, aunque no puedan contribuir con parte de su tiempo, y, por favor, no olviden traer su billetera, tarjetas de crédito y chequera
Hagan planes para asistir, aunque no puedan contribuir con parte de su tiempo, y, por favor, no olvidarán traer su billetera, tarjetas de crédito y chequera

Use los dos fragmentos siguientes para responder las preguntas 7 a 16.

Proclamación de Emancipación

del presidente Abraham Lincoln (1863)

1 Considerando que, en el vigésimo segundo día de septiembre, en el año de Nuestro Señor un mil ochocientos sesenta y dos, una proclamación fue emitida por el Presidente de los Estados Unidos, que contiene, entre otras cosas, lo siguiente, a saber:

2 "Que en el primer día de enero, en el año de Nuestro Señor un mil ochocientos sesenta y tres, todas las personas mantenidas como esclavos dentro de cualquier Estado o parte designada de un Estado, el pueblo que se encontrara en rebelión contra los Estados Unidos, será, a partir de entonces, y para siempre, libre, y el Gobierno Ejecutivo de los Estados Unidos, incluyendo el ejército y la autoridad naval del mismo, reconocerá y mantendrá la libertad de esas personas, y no hará ningún acto o actos para reprimir a dichas personas, o a cualquiera de ellas, en todos los esfuerzos que puedan hacer por su libertad real.

3 "Que el Ejecutivo, en el primer día de enero antes mencionado, por proclamación, designará a los Estados y partes de los Estados, en su caso, en los que la gente de los mismos, respectivamente, estuviera entonces en rebelión contra los Estados Unidos, y el hecho de que cualquier Estado, o la gente del mismo, estuviera en ese día, de buena fe, representado en el Congreso de los Estados Unidos por miembros elegidos en elecciones en las que una mayoría de los votantes calificados de tal Estado haya participado, deberá, en ausencia de un fuerte testimonio compensatorio, ser considerado evidencia concluyente de que dicho Estado, y la gente de los mismos, no están entonces en rebelión contra los Estados Unidos".

4 Ahora, por lo tanto, yo, Abraham Lincoln, Presidente de los Estados Unidos, en virtud del poder en mí investido como Comandante en Jefe del Ejército y la Marina de los Estados Unidos en el momento de rebelión armada real contra la autoridad y el gobierno de los Estados Unidos, y como medida adecuada y necesaria de guerra para suprimir la dicha rebelión, en este primer día de enero, en el año de Nuestro Señor un mil ochocientos sesenta y tres, y de acuerdo con mi propósito de hacerlo públicamente proclamado por todo un período de cien días, a partir del día primero arriba mencionado, ordeno y designo como los Estados y partes de los Estados en donde la gente de los mismos, respectivamente, está hoy en rebelión contra los Estados Unidos, los siguientes, a saber:

5 Arkansas, Texas, Luisiana (excepto las parroquias de St. Bernard, Plaquemines, Jefferson, St. John, St. Charles, St. James Ascension, Assumption, Terrebonne, Lafourche, St. Mary, St. Martin y Orleáns, incluyendo la ciudad de Nueva Orleáns), Mississippi, Alabama, Florida, Georgia, Carolina del Sur, Carolina del Norte y Virginia (excepto los cuarenta y ocho condados designados como West Virginia, y también los condados de Berkley, Accomac, Northampton, Elizabeth City, York, Princess Ana y Norfolk, incluyendo las ciudades de Norfolk y Portsmouth[),] y las partes exceptuadas, son por el momento dejados, precisamente, como si esta proclamación no se hubiera emitido.

6 Y en virtud del poder, y para los fines precitados, ordeno y declaro que todas las personas mantenidas como esclavos dentro de dichos Estados designados, y partes de los Estados, son, y de ahora en adelante, serán libres, y que el Gobierno Ejecutivo de los Estados Unidos, incluidas las autoridades militares y navales de los mismos, reconocerá y mantendrá la libertad de dichas personas.

7 Y yo por la presente ordeno al pueblo de esta manera declarado libre abstenerse de toda violencia, a no ser en defensa propia necesaria, y le recomiendo que, en todos los casos cuando se le permita, que trabaje fielmente por salarios razonables.

8 Y además declaro y hago saber que dichas personas de condición adecuada serán recibidas en el servicio de las armas de los Estados Unidos en fuertes, guarniciones, posiciones, estaciones y otros lugares, y para encargarse de embarcaciones de todo tipo en dicho servicio.

9 Y en este acto, que creo sinceramente que es un acto de justicia, garantizado por la Constitución, sobre la necesidad militar, invoco el juicio considerado de la humanidad, y la gracia y el favor de Dios Todopoderoso.

10 En fe de lo cual, he puesto a la presente mi firma y colocado el sello de los Estados Unidos.

11 Hecha en la ciudad de Washington, el día primero de enero, en el año de Nuestro Señor un mil ochocientos sesenta y tres, y de la Independencia de los Estados Unidos de América el ochenta y siete.

12 Por el Presidente: ABRAHAM LINCOLN

13 WILLIAM H. SEWARD, Secretario de Estado.

Proclamación del presidente Barack Obama en el 150.° aniversario de la Proclamación de Emancipación

1 El 31 de diciembre de 1862 marcó en nuestro país el final de otro año de guerra civil. En Shiloh y Seven Pines, en Harpers Ferry y Antietam, un hermano había luchado contra su hermano. Una hermana había luchado contra su hermana. La sangre y la amargura habían profundizado la brecha que separaba al Norte del Sur, erosionando los lazos de afecto que una vez unieron a los 34 Estados bajo una sola bandera. La esclavitud todavía impedía la posibilidad de unos Estados Unidos donde la vida y la libertad fueran patrimonio de todos, no el territorio de algunos.

2 Sin embargo, incluso en esos días oscuros, la luz persistió. La esperanza sobrevivió. A medida que el cansancio de un año que se iba dio paso a la promesa de uno nuevo, el presidente Abraham Lincoln emitió la Proclamación de Emancipación, declarando con valentía que el 1 de enero de 1863 "todas las personas mantenidas como esclavos" en zonas rebeldes "serán a partir de entonces, y para siempre, libres". Abrió las puertas del ejército de la Unión y de la marina de guerra a los afroestadounidenses, dando nuevas fuerzas a la causa de la libertad. Y con ese documento, el presidente Lincoln le otorgó nueva fuerza moral a la guerra, convirtiéndola en una lucha no solo por la preservación, sino también por el empoderamiento. Trató de reunir a nuestra gente no solo en el gobierno, sino también en la libertad, que no reconocía límites de color o credo. Cada batalla se convirtió en una batalla por la propia libertad. Cada lucha se convirtió en una lucha por la igualdad.

3 Nuestro 16.° presidente comprendió también que, si bien cada uno de nosotros tiene derecho a nuestros derechos y responsabilidades individuales, hay ciertas cosas que no podemos lograr por nosotros mismos. Solo una Unión podría satisfacer las esperanzas de todos los ciudadanos, derribando las barreras que bloqueaban las oportunidades y dando a cada uno de nosotros la posibilidad de alcanzar nuestras aspiraciones más altas. Sabía que en estos Estados Unidos ningún sueño podrá estar jamás más allá de nuestro alcance cuando afirmamos que se sirve a la libertad individual, no se la niega, a través de la búsqueda del bien común.

EXAMEN DE PRÁCTICA

4 Es ese espíritu el que hizo posible la emancipación y que fue codificado en nuestra Constitución. Es esa convicción en lo que podemos hacer juntos la que llevó a millones de personas a marchar por la justicia en los años que siguieron. Y hoy en día, es un legado que elegimos no solo para recordar, sino también para hacerlo nuestro. Empecemos este nuevo año renovando nuestros lazos el uno con el otro y volvamos a invertir en el trabajo que queda por delante, seguros de que podemos seguir impulsando el progreso de la libertad en nuestro tiempo.

5 Ahora, por lo tanto, yo, Barack Obama, Presidente de los Estados Unidos de América, en virtud de la autoridad que me confieren la Constitución y las leyes de los Estados Unidos, por la presente proclamo el 1 de enero de 2013 como día del 150.° Aniversario de la Proclamación de Emancipación. Hago un llamado a todos los estadounidenses a conmemorar este día con programas, ceremonias y actividades que celebren la Proclamación de Emancipación y reafirmen los principios eternos que ella defiende.

6 En fe de lo cual, he firmado este día treinta y uno de diciembre, en el año de Nuestro Señor dos mil doce, y de la Independencia de los Estados Unidos de América el ducentésimo trigésimo séptimo.

7. ¿Cuál fue el propósito de la Proclamación de Emancipación?

A. Permitir que las personas que habían sido esclavas pudieran adquirir propiedades.
B. Otorgarles la libertad a las personas sometidas a la esclavitud que vivían en zonas que se encontraban en estado de rebelión.
C. Aplicar multas a los estados que continuaran tolerando la esclavitud.
D. Otorgarles la libertad a las personas sometidas a la esclavitud en todos los Estados Unidos.

8. ¿Cuál de las descripciones siguientes expresa la idea central de la Proclamación de Emancipación?

A. Los Estados Unidos expulsarán del país a todos los estados y partes de los estados donde exista la esclavitud.
B. Los Estados Unidos permitirán que las personas que estaban sometidas a la esclavitud ingresen al ejército solo si provienen de estados donde la esclavitud todavía existe.
C. Los Estados Unidos iniciarán acciones legales contra las zonas donde la esclavitud todavía se practica con el fin de declararla ilegal.
D. Los Estados Unidos declaran que todas las personas que estaban sometidas a la esclavitud en las zonas que entonces se encontraban en rebelión serán libres a partir de entonces.

9. ¿Cuál es el punto de vista del presidente Obama sobre la Proclamación de Emancipación?
   A. La Proclamación de Emancipación no fue redactada por el presidente Lincoln.
   B. Los Estados Unidos son un país mejor gracias a la Proclamación de Emancipación.
   C. La Proclamación de Emancipación es, en realidad, menos importante de lo que se pensaba.
   D. La Proclamación de Emancipación no debería haber sido emitida en tiempo de guerra.

10. ¿Por qué el presidente Obama menciona que la Proclamación de Emancipación permitió que los afroestadounidenses sirvieran en el ejército y la marina de la Unión?
   A. Para marcar las diferencias entre el ejército y la marina de la Unión.
   B. Para sugerir que el ejército y la marina de la Unión necesitaban voluntarios.
   C. Para mostrar que la Proclamación se aplicaba tanto a los soldados como a los civiles.
   D. Para remarcar que los esclavos liberados contribuyeron a los esfuerzos de la Unión durante la guerra.

Use el fragmento siguiente para responder la pregunta 11.

"Es esa convicción en lo que podemos hacer juntos la que llevó a millones de personas a marchar por la justicia en los años que siguieron".

11. ¿Por qué el presidente Obama incluye esta oración en su proclamación?
   A. Para criticar a los estadounidenses de nuestro tiempo por no estar a la altura del espíritu de la Proclamación de Emancipación.
   B. Para que los jóvenes estadounidenses tomen conciencia de sus derechos y responsabilidades individuales.
   C. Para remarcar que la Proclamación de Emancipación ha sido una fuente de inspiración importante para las generaciones posteriores de estadounidenses.
   D. Para respaldar su idea de que la Proclamación de Emancipación era excesivamente idealista.

EXAMEN DE PRÁCTICA

12. ¿Cuál de las afirmaciones siguientes del presidente Obama es evidencia de que él piensa que todavía quedan cosas por hacer para alcanzar la meta de la libertad?

    A. "En Shiloh y Seven Pines, en Harpers Ferry y Antietam, un hermano había luchado contra su hermano".
    B. "Sin embargo, incluso en esos días oscuros, la luz persistió".
    C. "Empecemos este nuevo año renovando nuestros lazos el uno con el otro y volvamos a invertir en el trabajo que queda por delante, seguros de que podemos seguir impulsando el progreso de la libertad en nuestro tiempo".
    D. "Hago un llamado a todos los estadounidenses a conmemorar este día con programas, ceremonias y actividades que celebren la Proclamación de Emancipación y reafirmen los principios eternos que ella defiende".

13. Indique el lugar en el diagrama al que corresponde cada oración. (**Nota:** En el examen de GED®, usted deberá hacer un clic sobre cada oración y "arrastrarla" hasta la posición correcta en el diagrama.)

Proclamación de Emancipación	Proclamación del presidente Barack Obama

Algunos estados y partes de estados se encuentran actualmente en rebelión contra los Estados Unidos.

El esfuerzo conjunto de las personas puede preservar y expandir la libertad.

La Proclamación de Emancipación convirtió a la guerra de Secesión (*Civil War*) en una guerra por la libertad y la igualdad.

Los esclavos en las zonas en rebelión deben ser liberados y su trabajo, recompensado.

EXAMEN DE PRÁCTICA

14. ¿En qué difiere el tono de la proclamación del presidente Obama del de la Proclamación de Emancipación? El discurso del presidente Obama:

    A. Tiene un tono de mayor enojo que el de la Proclamación de Emancipación.
    B. El tono es menos emotivo que el de la Proclamación de Emancipación.
    C. Tiene un tono más inspirador que el de la Proclamación de Emancipación.
    D. El tono es más formal que el de la Proclamación de Emancipación.

15. ¿Cuál de las afirmaciones siguientes muestra una diferencia importante entre la Proclamación de Emancipación y la proclamación del presidente Obama?

    A. La Proclamación de Emancipación es un documento oficial, mientras que la proclamación del presidente Obama, no.
    B. La Proclamación de Emancipación contiene amenazas de guerra, mientras que la proclamación de Obama es un llamamiento a la paz.
    C. La Proclamación de Emancipación se aplicaba solo a los miembros del ejército, mientras que la proclamación de Obama se aplica a todas las personas.
    D. La Proclamación de Emancipación era una orden oficial, mientras que la proclamación de Obama es solo un llamamiento.

16. Tanto el presidente Lincoln como el presidente Obama muestran su preocupación por la lucha por la libertad. ¿En qué difieren sus perspectivas?

    A. El presidente Lincoln dice que la lucha recién empieza; el presidente Obama cree que la lucha se ha ganado.
    B. El presidente Lincoln se centra en medidas inmediatas; el presidente Obama se centra en el largo plazo.
    C. El presidente Lincoln cree que la Proclamación de Emancipación abolirá la esclavitud; el presidente Obama piensa que fue un fracaso.
    D. El presidente Lincoln quiere que todos los ciudadanos gocen de los mismos derechos civiles; el presidente Obama piensa que la igualdad económica es más importante.

EXAMEN DE PRÁCTICA

17. El memorándum siguiente contiene una serie de espacios en blanco, cada uno de los cuales comienza con la palabra "Seleccione", seguida de un número correlativo y puntos suspensivos. Debajo de cada párrafo, encontrará una lista de cuatro opciones. Indique cuál de esas opciones es la que corresponde a cada espacio en blanco. (**Nota:** En el examen de GED®, las opciones se presentan como un menú desplegable. Cuando usted haga un clic sobre la opción seleccionada, esta rellenará el espacio en blanco.)

A: Todos los empleados

De: Carlos Bravo, jefe de la Oficina de Seguridad

Ref.: Cambios en la seguridad

Si bien ha sido nuestra práctica emitir tarjetas con cinta magnética, que podían ser usadas las 24 horas, los 7 días de la semana, con fines de identificación, esta política no se aplicará más. Seleccione 1. . . ▼

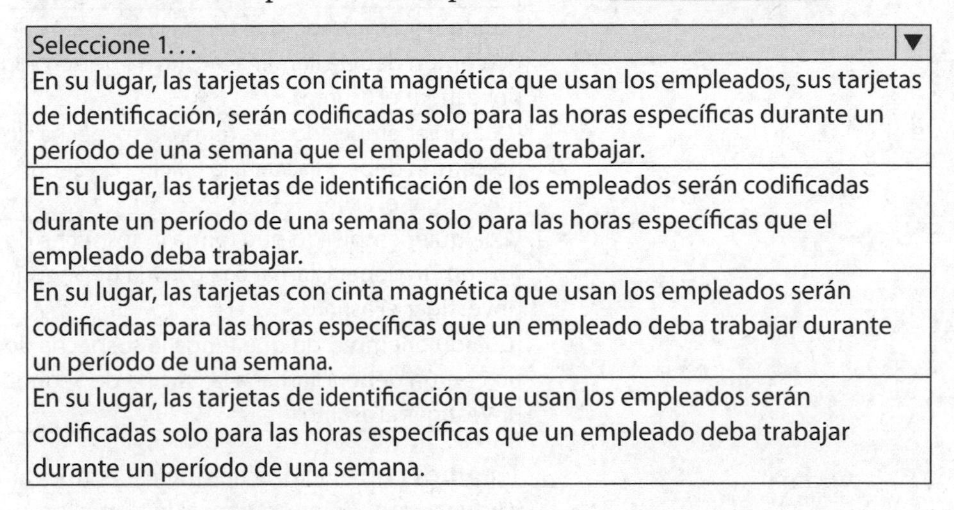

Seleccione 1. . . ▼
En su lugar, las tarjetas con cinta magnética que usan los empleados, sus tarjetas de identificación, serán codificadas solo para las horas específicas durante un período de una semana que el empleado deba trabajar.
En su lugar, las tarjetas de identificación de los empleados serán codificadas durante un período de una semana solo para las horas específicas que el empleado deba trabajar.
En su lugar, las tarjetas con cinta magnética que usan los empleados serán codificadas para las horas específicas que un empleado deba trabajar durante un período de una semana.
En su lugar, las tarjetas de identificación que usan los empleados serán codificadas solo para las horas específicas que un empleado deba trabajar durante un período de una semana.

Hemos realizado este cambio debido a que algunas tarjetas magnéticas han sido usadas de forma inapropiada, y esta medida asegurará que ello no se repita en el futuro.

Aunque hemos mostrado hasta el momento cierta flexibilidad en el uso de las tarjetas de identificación, esto también cambiará. A partir de ahora, se requerirá que todos los empleados lleven permanentemente sus tarjetas de identificación en un lugar visible para facilitar la verificación de las mismas por parte del personal de la Oficina de Seguridad.

Seleccione 2. . . ▼ se introducirán cambios en la forma en que los visitantes son admitidos en las instalaciones.

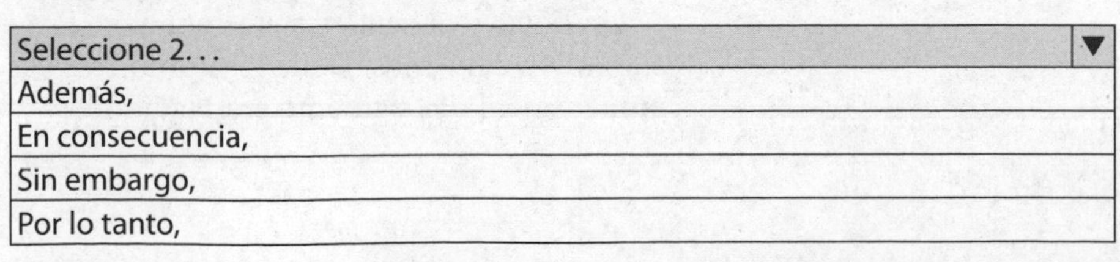

Seleccione 2. . . ▼
Además,
En consecuencia,
Sin embargo,
Por lo tanto,

Con efecto inmediato, todos los visitantes que deseen ingresar a nuestras instalaciones deberán firmar a la entrada y a la salida en la sala de recepción antes y después de encontrarse con la persona que visitan. Durante todo el tiempo de su estadía, los visitantes deberán llevar puesta en un lugar visible la tarjeta de visitante.

Las tarjetas de visitante solo podrán ser usadas durante el horario de atención al público, y deberán ser devueltas al abandonar el edificio. En caso de no hacerlo, el visitante deberá abonar una multa.

A pesar de que pueda resultar evidente desde el punto de vista de la seguridad, se recuerda a todos los empleados que no deberán permitir que alguien ingrese a las instalaciones sin llevar a la vista la tarjeta de identificación de visitante. Los empleados deberán preguntarle a la persona que no tenga la debida identificación a quién desean visitar y ofrecerse a llamar por teléfono a esa persona. Seleccione 3. . . ▼

Seleccione 3. . . ▼
Cualquier empleado que tenga la sospecha de que se trata de un hecho fuera de lo común deberá llamar a la Oficina de Seguridad. Nosotros nos ocuparemos de investigar el asunto.
Cualquier empleado que tenga la sospecha de que se trata de un hecho fuera de lo común deberá llamar a la Oficina de Seguridad, nosotros nos ocuparemos de investigar el asunto.
Cualquier empleado que tenga la sospecha de que se trata de un hecho fuera de lo común deberá llamar a la Oficina de Seguridad: nosotros nos ocuparemos de investigar el asunto.
Cualquier empleado que tenga la sospecha de que se trata de un hecho fuera de lo común deberá llamar a la Oficina de Seguridad nosotros nos ocuparemos de investigar el asunto.

Estamos convencidos de que estas nuevas medidas de seguridad convertirán a nuestras instalaciones en un lugar más seguro.

Use el fragmento siguiente para responder las preguntas 18 a 22.

Adaptación de un fragmento de "El regalo de los Reyes Magos"

de O. Henry

1 Un dólar y ochenta y siete centavos. Eso era todo, sesenta centavos estaban en céntimos. Delia los contó tres veces. Un dólar y ochenta y siete centavos, y al día siguiente era Navidad.

EXAMEN DE PRÁCTICA

2 Delia se quedó de pie junto a la ventana y miró hacia afuera. Al día siguiente era Navidad y ella tenía solamente un dólar y ochenta y siete centavos para comprarle un regalo a Jim. Había estado ahorrando cada centavo, mes a mes, y este era el resultado.

3 Los Dillingham eran dueños de dos cosas que les provocaban un inmenso orgullo. Una era el reloj de oro que había sido del padre de Jim, y antes de su abuelo. La otra era la cabellera de Delia. Si la Reina de Saba hubiera vivido en el departamento frente al suyo, algún día Delia habría dejado colgar su cabellera fuera de la ventana nada más que para demostrar su desprecio por las joyas y los regalos de Su Majestad. Si el rey Salomón hubiera sido el portero, con todos sus tesoros apilados en el sótano, Jim hubiera sacado su reloj cada vez que hubiera pasado delante de él nada más que para verlo arrancarse su barba de envidia.

4 La hermosa cabellera de Delia cayó sobre sus hombros y brilló como una cascada de aguas castañas. Llegó hasta más abajo de sus rodillas y la envolvió como una vestidura. Y entonces ella la recogió de nuevo, nerviosa y rápidamente. Por un momento se sintió desfallecer, y permaneció de pie mientras un par de lágrimas caían sobre la raída alfombra roja.

5 Se puso su vieja y oscura chaqueta; se puso su viejo sombrero. Abrió de un golpe la puerta y bajó apresuradamente las escaleras que llevaban a la calle. Se detuvo delante de un cartel que decía: "Mme. Sofronie. Cabellos de todas clases". Delia subió rápidamente al primer piso y trató de controlarse, mientras jadeaba.

6 "¿Querría usted comprar mi pelo?", preguntó Delia.

7 "Compro pelo", le respondió Madame. "Sáquese el sombrero y déjeme mirar el suyo".

8 La cascada de color castaño cayó libremente.

9 "Veinte dólares", dijo Madame, sopesando la masa con manos expertas.

10 "Démelos inmediatamente", le contestó Delia.

11 Ah, y durante las dos horas siguientes se dedicó a recorrer negocios en busca del regalo para Jim.

12 Al fin lo encontró. Estaba hecho para Jim, para nadie más. Era una cadena de reloj, de platino, de diseño sencillo y puro. Era digna del reloj. Apenas la vio se dio cuenta de que era exactamente lo que buscaba para Jim. Porque, aunque el reloj era estupendo, Jim se veía obligado a mirar la hora a hurtadillas a causa de la gastada correa que usaba en vez de una cadena.

13 Cuando Delia llegó a casa, sacó sus tenacillas para el pelo, encendió el gas y empezó a reparar los estragos hechos por la generosidad sumada al amor.

14 A los cuarenta minutos su cabeza estaba cubierta por unos rizos pequeños y apretados, que la hacían parecerse a un encantador estudiante holgazán.

EXAMEN DE PRÁCTICA

15 A las siete de la noche el café estaba ya preparado y la sartén lista sobre la cocina para recibir la carne.

16 Jim no se retrasaba nunca. Delia escuchó sus pasos en el primer rellano de la escalera y, por un momento, se puso pálida. Murmuró entonces: "Dios mío, que Jim piense que sigo siendo bonita".

17 La puerta se abrió. Jim entró y la cerró. Se le veía delgado y serio. Pobre muchacho, solo tenía veintidós años, ¡y ya con una familia que mantener!

18 Jim atravesó el umbral y allí permaneció inmóvil, como un perro perdiguero que ha descubierto una codorniz. Sus ojos se fijaron en Delia con una expresión que su mujer no pudo interpretar, pero que la aterró. No era de enojo ni de sorpresa, ni tampoco de desaprobación ni de horror, ni de ningún otro sentimiento para el que ella hubiera estado preparada.

19 "Jim, querido", exclamó, "no me mires así. Me corté el pelo y lo vendí porque no podía pasar la Navidad sin hacerte un regalo. Crecerá de nuevo, ¿no te importa, verdad? No podía dejar de hacerlo. Mi pelo crece rápidamente. Dime 'Feliz Navidad', y seamos felices. ¡No te imaginas qué regalo, qué regalo tan lindo te tengo!".

20 "¿Te cortaste el pelo?", preguntó Jim, con gran trabajo, como si no pudiera darse cuenta de un hecho tan evidente aunque hiciera un enorme esfuerzo mental.

21 "Me lo corté y lo vendí", dijo Delia. "De todos modos te gusto lo mismo, ¿no es cierto? Sigo siendo la misma aun sin mi pelo, ¿no es así?". Pasada la primera sorpresa, Jim pareció despertar rápidamente. Luego, abrazó a Delia.

22 Jim sacó un paquete del bolsillo de su abrigo y lo puso sobre la mesa.

23 "No te equivoques, Delia", dijo. "Ningún corte de pelo, ni una tintura o un peinado especial, harían que yo quisiera menos a mi mujercita. Pero si abres ese paquete verás por qué me has provocado tal desconcierto en un primer momento".

24 Los blancos y ágiles dedos de Delia retiraron el papel y la cinta. Y entonces se escuchó un jubiloso grito de éxtasis, y luego un ¡ay!, un rápido cambio hacia una histérica profusión de lágrimas y gemidos. Porque allí estaban las peinetas —el juego completo de peinetas, una al lado de la otra— que Delia había estado admirando durante tanto tiempo en una vitrina de Broadway. Eran unas peinetas muy hermosas, de carey auténtico, con sus bordes adornados con joyas y del mismo color que su cabellera, ahora desaparecida. Eran peinetas muy caras, ella lo sabía, y su corazón simplemente había suspirado por ellas y las había anhelado sin la menor esperanza de poseerlas algún día. Y ahora eran suyas, pero las trenzas destinadas a ser adornadas con esos codiciados adornos habían desaparecido. Y en seguida dio un salto como un gatito chamuscado y gritó: "¡Oh, oh!".

EXAMEN DE PRÁCTICA

25 Jim no había visto aún su hermoso regalo. Delia se lo enseñó con entusiasmo sobre la palma abierta de su mano. "¿Verdad que es maravillosa, Jim? Recorrí la ciudad entera para encontrarla. Dame tu reloj. Quiero ver cómo se ve con ella puesta".

26 En vez de obedecer, Jim se dejó caer sobre el sofá, cruzó sus manos debajo de su nuca y sonrió. "Delia", le dijo, "olvidémonos de nuestros regalos de Navidad por ahora. Son demasiado hermosos para usarlos en este momento. Vendí mi reloj para comprarte las peinetas. Y ahora pon la carne al fuego".

18. ¿Cuál de los acontecimientos siguientes desarrolla el tema de "El regalo de los Reyes Magos"?

A. Delia vende sus cabellos.
B. Delia riza sus cabellos.
C. Delia cuenta su dinero.
D. Delia se pone su vieja chaqueta.

19. ¿Cuál de las citas siguientes respalda la idea de que Delia tenía sentimientos encontrados sobre la venta de sus cabellos?

A. "Había estado ahorrando cada centavo, mes a mes, y este era el resultado".
B. "Por un momento se sintió desfallecer, y permaneció de pie mientras un par de lágrimas caían sobre la raída alfombra roja".
C. "Ah, y durante las dos horas siguientes se dedicó a recorrer negocios en busca del regalo para Jim".
D. "A los cuarenta minutos su cabeza estaba cubierta por unos rizos pequeños y apretados, que la hacían parecerse a un encantador estudiante holgazán".

20. ¿Qué efecto tiene la frase *brilló como una cascada de aguas castañas* que aparece en el párrafo 4?

A. Muestra que Delia tenía cabellos castaños.
B. Le cuenta al lector que los cabellos de Delia eran muy largos.
C. Sugiere que Delia se había teñido sus cabellos.
D. Ayuda al lector a comprender lo hermosos que eran los cabellos de Delia.

21. Indique el lugar en el diagrama al que corresponde cada oración. (**Nota:** En el examen de GED®, usted deberá hacer un clic sobre cada oración y "arrastrarla" hasta la posición correcta en el diagrama.)

Orden de los acontecimientos

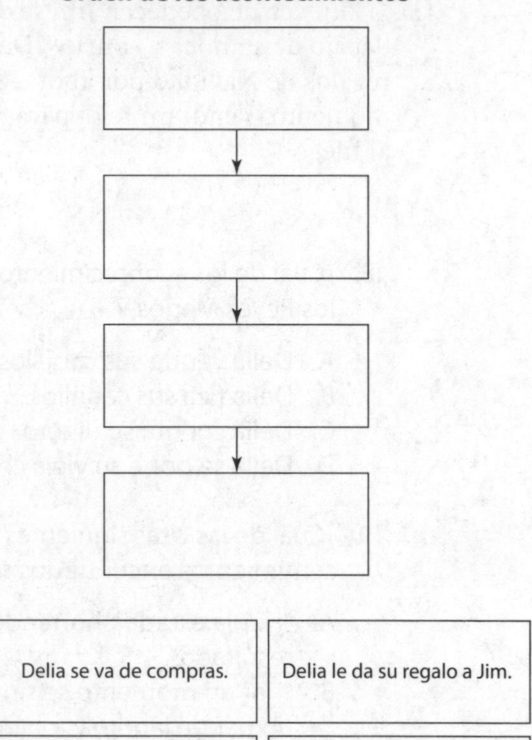

22. ¿Cuál es el deseo de Jim cuando dice en el párrafo 26: "Y ahora pon la carne al fuego"?

A. Muestra que quiere que la vida siga adelante.
B. Muestra que ha comido poco.
C. Muestra que está disgustado con su mujer.
D. Muestra que no sabe cocinar.

EXAMEN DE PRÁCTICA

Use el fragmento siguiente para responder las preguntas 23 a 32.

Adaptación de un fragmento de *Una niñez indígena*

de Charles A. Eastman

1 No es una exageración decir que la vida del cazador indio era una vida fascinante. Desde el momento en que este perdía de vista su casa tosca, ya en el medio del bosque, su mente ignorante se abandonaba a las innumerables bellezas y fuerzas de la naturaleza. Sin embargo, nunca se olvidaba del peligro que corría su persona, por la presencia de algún enemigo al acecho o de una bestia salvaje, independientemente de cuán absorbente pudiera ser su pasión por la caza.

2 El niño indio era un cazador nato. Cada uno de sus movimientos, cada paso que daba, mostraban una dignidad innata y, al mismo tiempo, la profundidad de la precaución instintiva. Sus pies recubiertos por mocasines se posaban como la pata de terciopelo de un gato, sin hacer ningún ruido; sus relucientes ojos negros escaneaban cada objeto que aparecía dentro de su campo visual. Ni un pájaro, ni siquiera una ardilla, escapaba de su penetrante mirada.

3 Yo tenía apenas algo más de tres años de edad cuando una mañana, justo fuera de nuestro tipi de piel de búfalo, con mi pequeño arco y mis flechas en la mano, levanté la vista hacia los árboles. De repente, el instinto de perseguir y matar se apoderó de mí. Justo en ese momento un pájaro voló sobre mi cabeza, y luego vi otro, que atrajo mi atención, que hacía equilibrio sobre una rama. Todo lo demás quedó en el olvido. En ese momento di mi primer paso como cazador.

4 Había casi tanta diferencia entre los niños indígenas que se habían criado en las praderas abiertas y los de los bosques como la que existía entre los niños que habían crecido en la ciudad y los del campo. La caza para los niños de las praderas era limitada, y su conocimiento de la historia natural imperfecta. Eran, por regla general, buenos jinetes, pero en todos los demás aspectos del desarrollo físico eran muy inferiores a los niños de piel roja del bosque.

5 Nuestra caza variaba según la estación del año y la naturaleza del lugar en que habitáramos en ese momento. Nuestra principal arma era el arco y las flechas, y tal vez, con suerte, alguno en la multitud tenía un cuchillo. En los tiempos antiguos, los cuchillos y las hachas se hacían de hueso y piedras afiladas. . .

6 Cazábamos mucho en compañía, aunque también era cosa común para un niño partir hacia el bosque completamente solo, y por lo general

lo disfrutábamos a pleno. Nuestras presas eran principalmente pájaros pequeños, conejos, ardillas y urogallos. La pesca, también, ocupaba gran parte de nuestro tiempo. Casi nunca atravesábamos un arroyo o un estanque sin antes buscar señales de la presencia de peces. Cuando los peces estaban en la cercanía, siempre nos las arreglábamos para conseguir algo. Hacíamos sedales de pesca con cáñamo salvaje, tendones o crines. O bien los pescábamos con los sedales, o bien les poníamos trampas, los cazábamos con arpones o les disparábamos con nuestros arcos y flechas. En el otoño, los atraíamos a la superficie haciéndoles cosquillas suavemente con un palo y los sacábamos rápidamente del agua cuando subían. Otras veces hacíamos pequeños diques en los arroyos y conducíamos a los peces más grandes a una cesta de mimbre hecha a tal efecto.

7 Era parte de nuestra caza encontrar cosas nuevas y extrañas en el bosque. Examinábamos las más mínimas señales de vida, y si un pájaro había arañado las hojas de una planta, o si un oso había arrastrado una raíz para su comida de la mañana, nos deteníamos a especular sobre cuándo lo habían hecho. Si encontrábamos un gran árbol viejo con algunos rasguños en su corteza, concluíamos que se trataba de un oso o de algunos mapaches que debían vivir muy cerca. En ese caso, no nos acercábamos más de lo necesario, pero informábamos del incidente más tarde en casa. Una huella de ciervo provocaba una ardiente discusión sobre si la huella pertenecía a un ciervo o a una cierva. Generalmente, a mediodía, nos juntábamos y comparábamos nuestras presas, señalando al mismo tiempo las características peculiares de todo lo que habíamos cazado. No se trataba solo de una cacería, porque combinábamos con ella el estudio de la vida animal. También llevábamos una estricta cuenta de nuestras presas, y así sabíamos quiénes eran los mejores cazadores entre los niños.

8 Lamento tener que confesar que no teníamos piedad con las aves. A menudo nos llevábamos sus huevos y sus crías. Una vez, mi hermano Chatanna y yo tuvimos una experiencia desagradable con la caza de aves. Durante el verano, acostumbrábamos a atrapar con nuestras manos a los patos y gansos jóvenes, y un día descubrimos un nido de grullas. Por supuesto, estábamos encantados con nuestra buena suerte. Pero como ya era pleno verano, las grullas jóvenes, en número de dos, estaban bastante grandes y se habían alejado un poco del nido; también observamos que había otras dos grullas adultas en un lugar pantanoso en las cercanías, pero, como era tiempo de muda, supusimos que no iban a aventurarse en tierra firme. Así que nos lanzamos a perseguir a las aves jóvenes y, como resultaron correosas, nos tomó un tiempo echarles mano.

9 Mientras tanto, sus padres, que habían oído los gritos de los pequeños, vinieron en su rescate y comenzaron a perseguirnos, como nosotros lo hacíamos con sus crías. ¡Fue un encuentro realmente peligroso! Nuestros fuertes arcos finalmente nos dieron la victoria, después de una larga lucha cuerpo a cuerpo con las enojadas grullas. Desde entonces, nunca más nos

acercamos a un nido de grullas. Casi todas las aves ofrecen un poco de resistencia cuando les quitan sus huevos o sus crías, pero rara vez atacan al hombre de esa manera.

23. ¿Por qué el narrador describe el pie del niño indígena como *la pata de terciopelo de un gato* en el párrafo 2?

    A. Para describir lo que es un mocasín.
    B. Para mostrar que a los niños indígenas les gustan los gatos.
    C. Para explicar por qué los niños indígenas usan mocasines.
    D. Para ilustrar la suavidad de los pasos de un niño indígena.

24. Rellene el espacio en blanco.

    Un ave que ataca al hombre cuando cree que este pone en peligro a sus crías es la ____________________.

25. ¿En qué sentido respalda la idea central del fragmento la información sobre la vida del narrador cuando este tenía tres años de edad? La información muestra que:

    A. Los niños indígenas no son diestros con las armas.
    B. Los niños indígenas no se interesan por la vida silvestre.
    C. La mayoría de los niños indígenas no se interesan por la caza.
    D. La caza es un instinto natural para el niño indígena.

26. ¿Cuál de las citas siguientes del pasaje respalda la idea de que los niños indígenas estudiaban la vida animal?

    A. "Justo en ese momento un pájaro voló sobre mi cabeza, y luego vi otro, que atrajo mi atención, que hacía equilibrio sobre una rama".
    B. "Otras veces hacíamos pequeños diques en los arroyos y conducíamos a los peces más grandes a una cesta de mimbre hecha a tal efecto".
    C. "Una huella de ciervo provocaba una ardiente discusión sobre si la huella pertenecía a un ciervo o a una cierva".
    D. "Mientras tanto, sus padres, que habían oído los gritos de los pequeños, vinieron en su rescate y comenzaron a perseguirnos, como nosotros lo hacíamos con sus crías".

27. ¿Cuál era el arma principal que usaban los niños indígenas?

    A. El palo.
    B. El cuchillo.
    C. El hacha de mano.
    D. El arco y las flechas.

28. ¿Por qué incluye el narrador detalles sobre la forma en que los niños indígenas atrapaban los peces? El narrador quiere que los lectores:

    A. Aprendan cómo atrapar peces ellos mismos.
    B. Sepan cuán inventivos eran los niños indígenas.
    C. Reconozcan lo fuertes que eran los niños indígenas.
    D. Comprendan que el pescado era un alimento esencial para los niños indígenas.

29. Indique el lugar en el diagrama al que corresponde cada palabra que describe al narrador. (**Nota:** En el examen de GED®, usted deberá hacer un clic sobre cada palabra y "arrastrarla" hasta la posición correcta en el diagrama.)

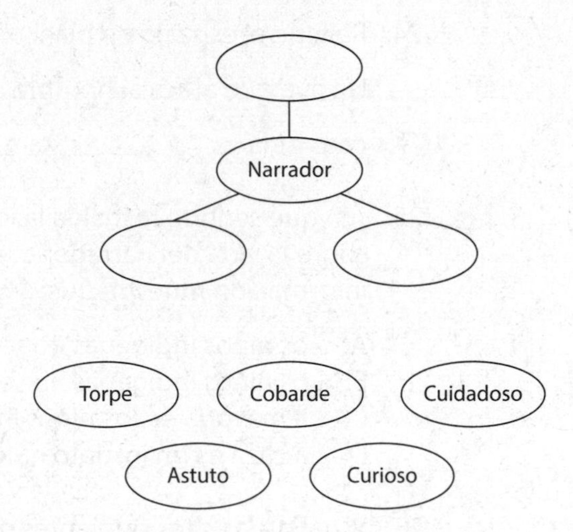

30. ¿En qué momento del día los niños indígenas se reunían para hablar sobre las presas obtenidas en la caza?

    A. Al mediodía.
    B. A la puesta del sol.
    C. En la noche.
    D. Temprano por la mañana.

31. ¿Por qué el narrador y su hermano nunca más se acercaron a un nido de grullas?

    A. Las grullas no eran muy sabrosas.
    B. Era muy difícil atraparlas.
    C. Las grullas adultas los atacarían cuando estuvieran cerca.
    D. La tribu las consideraba aves sagradas.

EXAMEN DE PRÁCTICA

32. ¿De qué material estaban hechos los cuchillos y las hachas de mano que usaban los niños indígenas?

    A. De arcilla.
    B. De madera.
    C. De garras de oso.
    D. De hueso y piedras.

33. La carta siguiente contiene una serie de espacios en blanco, cada uno de los cuales comienza con la palabra "Seleccione", seguida de un número correlativo y puntos suspensivos. Debajo de cada párrafo, encontrará una lista de cuatro opciones. Indique cuál de esas opciones es la que corresponde a cada espacio en blanco. (**Nota:** En el examen de GED®, las opciones se presentan como un menú desplegable. Cuando usted haga un clic sobre la opción seleccionada, esta rellenará el espacio en blanco.)

    Estimado nuevo miembro del Club Campo Grande:

    Como nuevo miembro del Club Campo Grande, le damos la bienvenida y lo felicitamos por su excelente elección. Como usted sabe, contamos con unas instalaciones maravillosas que incluyen canchas de tenis, piscinas de natación, spa, campos de golf de primer nivel, caballerizas y un centro de conferencias. Pero me he olvidado de mencionar el que probablemente será su lugar favorito para relajarse: Seleccione 1... ▼, que está a solo pasos de su residencia.

Seleccione 1... ▼
la playa del Club Campo Grande de palmeras,
de palmeras la playa del Club Campo Grande,
la del Club Campo Grande playa de palmeras,
la playa de palmeras del Club Campo Grande,

Esperamos que usted nos visite regularmente. Por ser miembro de nuestro club, le garantizamos los mejores precios por las residencias con la única condición de que usted se comprometa a habitarlas por lo menos una semana por año.

Por supuesto que usted tendrá la posibilidad de visitarnos mucho más frecuentemente. Para ello, solo deberá llamar a nuestra Oficina de Reservas para reservar una unidad. Le reservaremos la mejor residencia disponible al mejor precio.

EXAMEN DE PRÁCTICA

Como regalo por haberse asociado recientemente al Club, le entregaremos un vale por $50 para nuestro estupendo restaurante italiano, Addesso. [Seleccione 2. . . ▼]

Seleccione 2. . . ▼
Este es uno de los siete restaurantes de los que el Club puede hacer alarde.
Este es uno de los siete restaurantes de los que el Club había hecho alarde.
Este es uno de los siete restaurantes de los que el Club pueden hacer alarde.
Este es uno de los siete restaurantes de los que el Club hubiera podido hacer alarde.

Este fino restaurante ofrece platos típicos de la cocina del norte de Italia; por ello, estamos seguros de que satisfará todas sus expectativas. Está ubicado en el piso superior del edificio principal y tiene una vista espectacular, además de una comida deliciosa.

[Seleccione 3. . . ▼] Usted podrá elegir entre visitar el observatorio del pueblo o el de la ciudad vecina de Humacao, o realizar una visita guiada al barrio viejo de San Juan, con sus bonitos comercios y restaurantes. Además, se podrán organizar excursiones de pesca y de buceo.

Seleccione 3. . . ▼
Durante su estadía, usted podrá realizar alguno de los muchos paseos guiados, que ofrecemos.
Mientras usted está aquí, usted podrá realizar alguno de los muchos paseos guiados y nosotros ofrecemos muchos.
Mientras usted está pasando un tiempo en nuestro Club, considere la posibilidad de realizar algún paseo guiado porque ofrecemos muchos.
Durante su estadía, usted podrá realizar alguno de los muchos paseos guiados que ofrecemos.

Si usted tiene alguna necesidad especial durante su permanencia, por favor, contácteme y yo me ocuparé personalmente de satisfacer su deseo. [Seleccione 4. . . ▼]

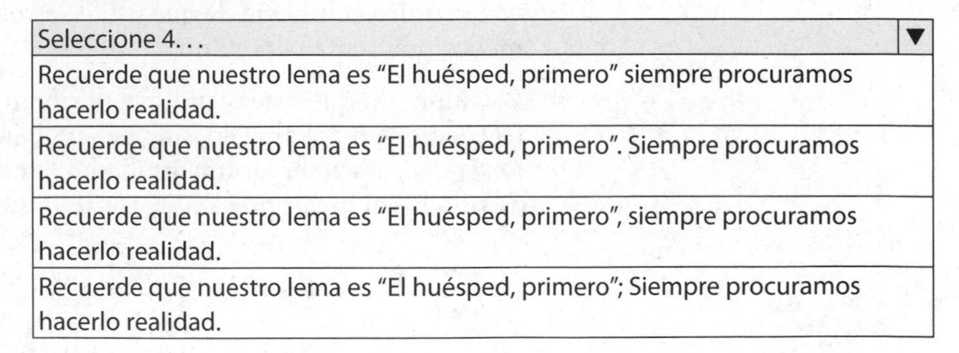

Seleccione 4. . . ▼
Recuerde que nuestro lema es "El huésped, primero" siempre procuramos hacerlo realidad.
Recuerde que nuestro lema es "El huésped, primero". Siempre procuramos hacerlo realidad.
Recuerde que nuestro lema es "El huésped, primero", siempre procuramos hacerlo realidad.
Recuerde que nuestro lema es "El huésped, primero"; Siempre procuramos hacerlo realidad.

EXAMEN DE PRÁCTICA

Por favor, pase por mi oficina así nos conocemos. Me encanta reunirme con nuestros huéspedes.

Cordialmente,

Carlos Julio

Gerente
Club Campo Grande

Use los dos fragmentos siguientes para responder las preguntas 34 a 41.

Fragmento del discurso inaugural del presidente Harry S. Truman

1 Acepto con humildad el honor que el pueblo estadounidense me ha conferido. Lo acepto con la profunda determinación de hacer todo lo que pueda por el bienestar de esta nación y por la paz del mundo.

2 En el desempeño de los deberes de mi cargo, necesitaré la colaboración y las oraciones de cada uno de ustedes. Les pido su apoyo y su ayuda. Las tareas que enfrentaremos son difíciles, y podremos llevarlas a cabo solo si trabajamos juntos.

3 Cada período de nuestra historia nacional ha tenido sus desafíos especiales. Los que nos toca enfrentar ahora son tan trascendentales como cualquier otro del pasado. Hoy se conmemora el comienzo no solo de un nuevo gobierno, sino de un período que será memorable, quizás decisivo, para nosotros y para el mundo.

4 Puede que sea parte de nuestro destino vivir, y en gran medida provocar, un importante punto de inflexión en la larga historia de la raza humana. La primera mitad de este siglo ha estado marcada por ataques sin precedentes y brutales contra los derechos del hombre, y por las dos guerras más terribles de la historia. La necesidad suprema de nuestro tiempo es que los hombres aprendan a vivir juntos en paz y armonía.

5 Los pueblos de la Tierra se enfrentan al futuro con una gran incertidumbre, compuesta, casi por igual, de grandes esperanzas y grandes temores. En este momento de duda, miran a los Estados Unidos como nunca antes en búsqueda de buena voluntad, fortaleza y liderazgo responsable.

6 Conviene, por tanto, que aprovechemos esta ocasión para proclamar al mundo los principios esenciales de la fe por la que vivimos y manifestar nuestros objetivos a todos los pueblos.

7 El pueblo estadounidense defiende con firmeza la fe que ha inspirado a esta nación desde el principio. Creemos que todos los hombres tienen

derecho a la igualdad ante la ley y la igualdad de oportunidades para participar en el bien común. Creemos que todos los hombres tienen derecho a la libertad de pensamiento y de expresión. Creemos que todos los hombres han sido creados iguales, ya que han sido creados a imagen de Dios.

8 De esta fe no nos apartaremos.

9 El pueblo estadounidense desea, y está decidido, a trabajar por un mundo en el que todas las naciones y todos los pueblos sean libres para gobernarse a sí mismos como mejor les parezca, y logren una vida digna y satisfactoria. Por encima de todo, nuestro pueblo desea, y está decidido, a trabajar por la paz en la Tierra —una paz justa y duradera—, basada en un acuerdo genuino concertado libremente entre iguales.

10 En la búsqueda de estos objetivos, los Estados Unidos y otras naciones de ideas afines enfrentan la franca oposición de un régimen con fines contrarios y un concepto totalmente diferente de la vida.

11 Ese régimen adhiere a una falsa filosofía que pretende ofrecer libertad, seguridad y mayores oportunidades a la humanidad. Engañados por esta filosofía, muchos pueblos han sacrificado sus libertades solo para descubrir, a su pesar, que el engaño y la burla, la pobreza y la tiranía, han sido su única recompensa.

12 Esa falsa filosofía es el comunismo.

13 El comunismo se basa en la creencia de que el hombre es tan débil e inepto que es incapaz de gobernarse a sí mismo, y de que, por lo tanto, necesita ser gobernado por una autoridad fuerte.

14 La democracia se basa en la convicción de que el hombre tiene la capacidad moral e intelectual, así como el derecho inalienable, de gobernarse a sí mismo con razón y justicia.

15 El comunismo somete al individuo a arrestos arbitrarios, a condenas sin juicio y a trabajos forzados, y lo considera como una propiedad del Estado. Decreta qué tipo de información recibirá, qué clase de arte producirá, los líderes a los que deberá seguir y qué pensamientos podrá tener.

16 La democracia sostiene que el gobierno se establece en beneficio del individuo, y es responsable de proteger sus derechos y su libertad en el ejercicio de sus habilidades.

17 El comunismo proclama que los males sociales se pueden corregir solamente a través del uso de la fuerza.

18 La democracia ha demostrado que la justicia social se puede lograr a través de un cambio pacífico.

EXAMEN DE PRÁCTICA

Adaptación de un fragmento del discurso inaugural del presidente Theodore Roosevelt

1 Nos hemos convertido en una gran nación, obligada por su grandeza a mantener relaciones con las otras naciones de la Tierra y a comportarse como corresponde a un pueblo con tales responsabilidades. Nuestra actitud hacia el resto de las naciones, sean grandes o pequeñas, debe ser de cordialidad y sincera amistad. Debemos demostrar no solo con nuestras palabras, sino también con nuestros actos, que estamos deseosos de asegurarnos su buena voluntad al conducirnos con un espíritu justo y de generoso reconocimiento de todos sus derechos. Aunque debemos cuidarnos de no hacer daño a otros, no debemos ser menos insistentes en que tampoco nos hagan daño a nosotros. Queremos la paz, pero queremos la paz de la justicia, la paz de la rectitud. La queremos porque pensamos que es lo correcto y no porque tengamos miedo. Ninguna nación débil que actúe con valentía y justicia debería tener motivos para temernos, y ningún poder por fuerte que sea deberá jamás hacernos objeto de una agresión insolente.

2 Nuestras relaciones con las otras potencias del mundo son importantes, pero aun más importantes son nuestras relaciones nosotros mismos. Tanto crecimiento de la riqueza, de la población y del poderío como el que nuestra nación ha experimentado durante el siglo y cuarto de su existencia trae inevitablemente consigo problemas de desarrollo, que aparecen siempre que una nación alcanza su grandeza. El poder siempre implica responsabilidades y riesgos. Nuestros antepasados debieron enfrentar ciertos peligros que ya hemos dejado atrás. Ahora nosotros enfrentamos otros peligros, cuya existencia misma era imposible de prever. La vida moderna es compleja e intensa a la vez, y los enormes cambios provocados por el extraordinario desarrollo industrial de la última mitad de siglo han sido sentidos por cada fibra de nuestro ser social y político. Nunca antes ha realizado el hombre un experimento tan vasto y formidable como el de administrar los asuntos de todo un continente bajo la forma de una república democrática. Las condiciones responsables de nuestro maravilloso bienestar, que han desarrollado un alto nivel de energía, autosuficiencia e iniciativa personales, también nos han traído preocupación y ansiedad por la acumulación de este gran bienestar en los centros industriales. Muchas cosas dependen de nuestro éxito, no solo nuestro propio bienestar, sino también el bienestar de la humanidad. Si fracasamos, nuestro fallo pondrá en peligro la causa del autogobierno libre en todo el mundo, y por ello la responsabilidad es grande, para con nosotros, el mundo de hoy y el de las generaciones futuras. No hay razón por la que debamos temer al futuro, pero sí muchos motivos por los que debemos enfrentarlo con seriedad, sin ocultar la gravedad de los problemas que tenemos ante nosotros y sin tener miedo de abordarlos con el propósito firme e inquebrantable de resolverlos correctamente.

EXAMEN DE PRÁCTICA

3 Además, después de todo, a pesar de que los problemas son nuevos, a pesar de que las tareas que tenemos ante nosotros difieren de aquellas que tuvieron ante sí nuestros padres, que fundaron y preservaron esta república, el espíritu con que estas tareas deberán ser emprendidas y estos problemas enfrentados, si cumplimos a conciencia con nuestra obligación, es esencialmente el mismo. Sabemos que el autogobierno tiene sus dificultades. Sabemos que ninguna persona necesita rasgos de carácter tan elevados como los de aquellos individuos que procuran administrar cabalmente los asuntos del gobierno a través de la voluntad expresada por los hombres libres que lo componen. Pero tenemos confianza en que no empañaremos la memoria de los hombres del pasado poderoso. Ellos hicieron su trabajo, y nos dejaron la espléndida herencia de la que disfrutamos ahora. Por nuestra parte, contamos con la seguridad de que podremos dejar esta herencia sin desaprovecharla y enriquecida a nuestros hijos y a los hijos de nuestros hijos. Para conseguirlo, deberemos mostrar, no solo en las grandes crisis, sino en los asuntos de la vida cotidiana, las mismas cualidades de la inteligencia práctica, el coraje, la fuerza de voluntad y, por sobre todo, la dedicación al noble ideal que mostraron los grandes hombres que fundaron esta república en tiempos de Washington, los grandes hombres que preservaron esta república en tiempos de Abraham Lincoln.

34. ¿Cuál de las citas siguientes, que pertenecen al fragmento del presidente Truman, respalda la idea de que los Estados Unidos fueron creados con la convicción de que todas las personas tienen ciertos derechos iguales?
    A. "Cada período de nuestra historia nacional ha tenido sus desafíos especiales".
    B. "Creemos que todos los hombres tienen derecho a la libertad de pensamiento y de expresión".
    C. "Por encima de todo, nuestro pueblo desea, y está decidido, a trabajar por la paz en la Tierra —una paz justa y duradera—, basada en un acuerdo genuino concertado libremente entre iguales".
    D. "La democracia se basa en la convicción de que el hombre tiene la capacidad moral e intelectual, así como el derecho inalienable, de gobernarse a sí mismo con razón y justicia".

35. ¿Qué se puede inferir de la actitud del presidente Truman hacia el comunismo?
    A. Que él cree que puede funcionar en ciertos países extranjeros.
    B. Que él piensa que es un filosofía peligrosa.
    C. Que él cree que algún día todos los países lo adoptarán.
    D. Que él piensa que fracasará porque las personas son egoístas.

EXAMEN DE PRÁCTICA

36. ¿Cuál es el significado de la expresión *sin precedentes* que se usa en el párrafo 4 del discurso del presidente Truman?

    A. Imposibles de prever.
    B. No permitidos por la ley.
    C. Distintos de todo lo conocido hasta entonces.
    D. Sin motivos aparentes.

37. Al comienzo de su discurso, ¿qué dice el presidente Roosevelt sobre la actitud de los Estados Unidos hacia otros países?

    A. Deberían tener una actitud amistosa hacia ellos.
    B. Deberían ignorarlos.
    C. Deberían ayudarlos.
    D. Deberían tener cuidado con ellos.

38. ¿Cuál de las citas siguientes, que pertenecen al discurso del presidente Roosevelt, respalda la idea de que la nación enfrenta un gran desafío?

    A. "Nos hemos convertido en una gran nación, obligada por su grandeza a mantener relaciones con las otras naciones de la Tierra y a comportarse como corresponde a un pueblo con tales responsabilidades".
    B. "Aunque debemos cuidarnos de no hacer daño a otros, no debemos ser menos insistentes en que tampoco nos hagan daño a nosotros".
    C. "Nuestras relaciones con las otras potencias del mundo son importantes, pero aun más importantes son nuestras relaciones entre nosotros mismos".
    D. "Si fracasamos, nuestro fallo pondrá en peligro la causa del autogobierno libre en todo el mundo, y por ello la responsabilidad es grande, para con nosotros, el mundo de hoy y el de las generaciones futuras".

39. Basándose en la información contenida en los discursos, ¿qué punto de vista comparten el presidente Truman y el presidente Roosevelt?

    A. El comunismo es una amenaza para la democracia.
    B. La forma democrática de gobierno de los Estados Unidos durará indefinidamente.
    C. Los problemas que debieron enfrentar los padres de la nación eran muy diferentes de los que el país enfrenta hoy.
    D. Los padres de la nación previeron muchas de las cuestiones políticas que se han presentado con el paso de los años.

EXAMEN DE PRÁCTICA

40. ¿En qué difiere el tono del discurso del presidente Truman del tono del discurso del presidente Roosevelt? El discurso del presidente Truman:

    A. Está más centrado en los peligros que amenazan a los Estados Unidos.
    B. Es más optimista con respecto al futuro.
    C. Se lamenta más de las oportunidades desperdiciadas.
    D. Muestra un disgusto mayor por la oposición a sus políticas.

41. ¿En qué sentido es similar el estilo de los discursos del presidente Truman y el presidente Roosevelt?

    A. Los dos usan la sátira para destacar su punto de vista.
    B. Los dos usan un lenguaje dramático para respaldar sus ideas.
    C. Los dos usan el sentido del humor para cautivar a sus públicos.
    D. Los dos hacen un uso intensivo de metáforas y otras construcciones literarias.

42. La carta siguiente contiene una serie de espacios en blanco, cada uno de los cuales comienza con la palabra "Seleccione", seguida de un número correlativo y puntos suspensivos. Debajo de cada párrafo, encontrará una lista de cuatro opciones. Indique cuál de esas opciones es la que corresponde a cada espacio en blanco. (**Nota:** En el examen de GED®, las opciones se presentan como un menú desplegable. Cuando usted haga un clic sobre la opción seleccionada, esta rellenará el espacio en blanco.)

    A: Todos los alumnos de la clase 201

    Ref.: Empleo de verano

    De: Profesor Espora

    Como usted se encuentra probablemente a la búsqueda de un empleo para este verano, he decidido darle algunos consejos con respecto a cómo presentar una solicitud de empleo. El mundo se ha vuelto más competitivo, y es una buena idea estar preparado para cualquier contingencia.

    Escriba un currículo detallado, de no más de una página de extensión. Comience su presentación con una declaración de sus capacidades y metas. Enumere todas sus experiencias pasadas y explique brevemente cuáles eran sus tareas en cada puesto de trabajo. Agregue información

EXAMEN DE PRÁCTICA

sobre sus estudios y cualquier actividad como voluntario que haya realizado. [Seleccione 1... ▼]

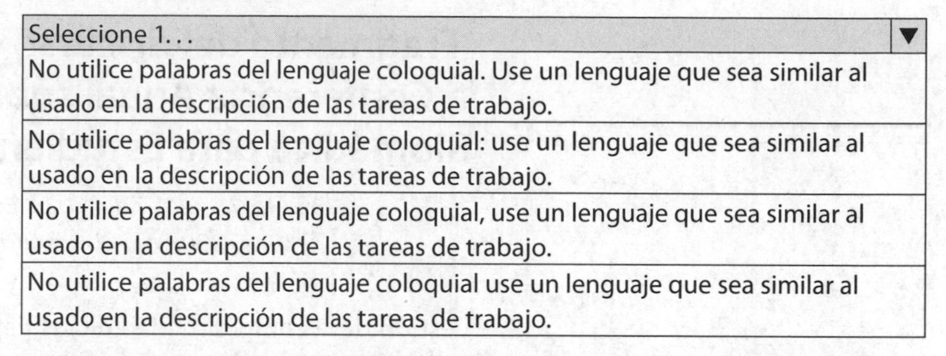

Seleccione 1... ▼
No utilice palabras del lenguaje coloquial. Use un lenguaje que sea similar al usado en la descripción de las tareas de trabajo.
No utilice palabras del lenguaje coloquial: use un lenguaje que sea similar al usado en la descripción de las tareas de trabajo.
No utilice palabras del lenguaje coloquial, use un lenguaje que sea similar al usado en la descripción de las tareas de trabajo.
No utilice palabras del lenguaje coloquial use un lenguaje que sea similar al usado en la descripción de las tareas de trabajo.

Antes de concurrir a la entrevista, asegúrese de conocer toda la información disponible sobre la compañía. ¿Cuáles son las metas de los líderes de la compañía? ¿Cuáles son sus necesidades? ¿Cómo podrá usted [Seleccione 2... ▼] ?

Seleccione 2... ▼
ayudarlo
ayudarlos
ayudar a ellos mismos
ayudarse

Cuando vaya a la entrevista, hágalo con confianza. Vístase de forma confortable y profesional. [Seleccione 3... ▼] Sonría y establezca contacto con su mirada. Esté alerta y preparado para explicarle al entrevistador por qué su contratación resultará beneficiosa para la compañía.

Seleccione 3... ▼
Cuando entre en la habitación, visiblemente extienda su mano.
Cuando entre visiblemente en la habitación, extienda su mano.
Cuando entre en la habitación, extienda su mano visiblemente.
Cuando entre en la habitación visiblemente, extienda su mano.

Una pregunta que los entrevistadores hacen con frecuencia es pedirle al candidato que enumere su mejor cualidad y su peor defecto. Prepárese para contestarla. Procure mencionar una cualidad que impresione al entrevistador, como el ser muy minucioso. Usted también podría usar este rasgo como su peor defecto: ser demasiado minucioso. ¡No se le ocurra decir que odia el trabajo!

Si usted sigue estos consejos prácticos, estoy seguro de que obtendrá el empleo que tanto desea. Esta es una gran oportunidad para evaluar su destreza en entrevistas laborales antes de graduarse de la universidad y de adquirir experiencia.

EXAMEN DE PRÁCTICA

Use los fragmentos siguientes para responder las preguntas 43 a 49.

Fragmento del discurso de apertura de la Conferencia Anual sobre Investigación Biomédica para Estudiantes de Minorías

de la Dra. Cora Marrett, Directora Adjunta, Fundación Nacional para la Ciencia

1 La cuestión de la competitividad de los Estados Unidos a nivel mundial sigue siendo una prioridad para el país y en todo el gobierno federal. Esta prioridad se ve reflejada en las directrices que las agencias de financiación de la ciencia —los Institutos Nacionales de Salud, la Fundación Nacional para la Ciencia, entre otros— han decidido seguir.

2 Las estadísticas siguientes nos ayudarán a comprender este énfasis en la competitividad. Consideremos la información que Staples ha compilado. Indica que los Estados Unidos ocupan el puesto 21.° entre los 30 países desarrollados en materia de logros alcanzados por sus estudiantes, según evaluaciones científicas internacionales. . . Estamos clasificados en el puesto 27.° entre las naciones desarrolladas en términos de porcentaje de graduados universitarios con títulos en ciencia o ingeniería.

3 Pero este no es el momento de revisar solo estadísticas descorazonadoras, porque en esta conferencia nos concentraremos en las señales alentadoras, no solo en las posibilidades de revertir esta situación, sino, sobre todo, en las experiencias exitosas.

4 Al respecto, quiero transmitirles tres mensajes que deberían entusiasmarlos, particularmente a los estudiantes de grado y de posgrado aquí reunidos. En primer lugar, el escenario mundial se ha vuelto más acogedor. Esta afirmación contradice un poco el tema de la reunión. Recordemos que el tema es: "Contribución del aumento de la diversidad a la mejora de la competitividad científica a nivel mundial". Ese mensaje representa un llamamiento a la acción a los líderes empresariales, a los representantes electos y, también, a una organización como la Fundación Nacional para la Ciencia.

5 Pero ¿qué podría significar ese mensaje para la mayoría de ustedes, que todavía no ocupan las posiciones de influencia a las que algún día accederán?

6 Les recomiendo que se animen a mirar más allá de las fronteras de este país en busca de oportunidades y desafíos.

7 Sí, su interés por las ciencias biológicas y del comportamiento debería ayudar, de hecho, a mejorar la competitividad de los Estados Unidos. Pero si usted, además, está interesado en experiencias y oportunidades de

investigación internacionales, ese interés contribuirá sustancialmente a su propio desarrollo como científico y al de la nación.

8 Permítanme extenderme un poco sobre el tema. La competitividad a nivel mundial requiere de una comunidad de científicos e ingenieros que se mueva fácilmente a través de las fronteras, aprovechando los desarrollos que se producen en la avanzada del conocimiento, dondequiera que se realicen esos desarrollos. Las experiencias en la avanzada de la ciencia brindan recompensas tanto profesional como personalmente.

9 El segundo mensaje sigue al primero, y dice: el éxito exige perseverancia. ¿Cuántos libros de registro informan sobre todos los estudiantes que empezaron, pero no completaron, una carrera?

10 Ahora, imaginen a la Fundación Nacional para la Ciencia como un grupo de animadores, un grupo que aplaude los progresos que ustedes están realizando. Los alentaremos, dada nuestra determinación, nuestros intentos por abrir camino y por ampliar la participación de la ciencia y la ingeniería en el futuro de la nación.

11 Permítanme contarles una historia de alguien con una trayectoria educativa como la de muchos de ustedes. El Dr. Harvey Jagger comenzó como miembro del programa de investigaciones posdoctorales para minorías de la Fundación Nacional para la Ciencia.

12 El Dr. Jagger recibió una beca de investigación del Reino Unido, en las universidades de Norwich y Cambridge, donde realizó una investigación sobre los virus en las plantas. Básicamente, hizo importantes avances en los tratamientos antivirales para plantas.

13 Su interés por la genética de las plantas, el desarrollo internacional y África lo llevó al Instituto Internacional de Investigaciones Agropecuarias, en Nairobi, Kenia, donde realiza tareas de investigación.

14 Recientemente ha participado en uno de los paneles de revisión del programa PAN de la Fundación Nacional para la Ciencia, también llamado "Programa de investigación básica para estimular el desarrollo agrícola". En la actualidad, está desarrollando su carrera de biólogo tanto en los Estados Unidos como en África, y es de destacar su dedicación a la ciencia al servicio de la salud y el bienestar humanos.

15 Abundan los ejemplos que ilustran la importancia de la perseverancia, de la persistencia.

16 Permítanme mencionar el trabajo de dos estudiantes que participaron en el Programa de institutos de verano de Asia Oriental y el Pacífico, patrocinado por la Fundación Nacional para la Ciencia. Timoteo Downing, un estudiante de la Universidad de Berkeley, fue a Japón para estudiar el comportamiento de las células madre, debido a su interés en la regeneración de la médula espinal.

EXAMEN DE PRÁCTICA

17 Tim es un destacado científico, y fue su participación en el fútbol universitario la que inspiró su investigación sobre los daños al sistema nervioso periférico y las discapacidades que de ello resultan. Diseñó conductos nerviosos para ratas, a través del cultivo de células madre de la cresta neural, que permitían reparar los nervios ciáticos. El proceso aceleró la regeneración y muestra potencial para la ingeniería de tejidos de aplicación médica.

18 Hablemos ahora de Sook-Lei Liew. Ella viajó a China en busca de una oportunidad para desarrollar una investigación sobre el rol que desempeña la experiencia en las redes neuronales. Utilizó imágenes de resonancia magnética funcional para explorar cómo la experiencia cambia los patrones de actividad neuronal cuando la gente observa acciones socialmente relevantes que pueden resultarle conocidas o extrañas.

19 Una de las preguntas que Lei Liew investigó era: ¿qué sucede cuando tratamos de entender *por qué* alguien está haciendo algo?

20 Escaneó la actividad cerebral de los participantes en un experimento mientras estos observaban vídeos de actores que les resultaban familiares o extraños desde un punto de vista racial y que realizaban gestos que podían resultarles también familiares o extraños. Su sorprendente hallazgo fue que regiones diferentes del cerebro eran responsables del procesamiento de las acciones familiares y de las acciones extrañas.

21 Los procesos que ella observó sobre cómo se le otorga sentido a una acción tuvieron amplias implicaciones. Esos procesos permiten inferir, por ejemplo, cómo podría interpretar una persona en un entorno extraño un gesto específico de una cultura desconocida.

22 Gracias a su viaje a un entorno diferente y a su perseverancia, Lei Liew es hoy autora de varias publicaciones.

23 Permítanme referirme ahora a mi tercer mensaje: su éxito tiene mucha importancia para la Fundación Nacional para la Ciencia.

24 La Fundación ha adoptado plenamente la declaración de aspiraciones pronunciada por el presidente Obama ante la Academia Nacional de Ciencias en 2009. En su declaración el presidente Obama decía: "La ciencia es más esencial para nuestra prosperidad, nuestra seguridad, nuestra salud, nuestro medio ambiente y nuestra calidad de vida que lo que nunca ha sido. Nosotros. . . necesitamos trabajar con nuestros amigos de todo el mundo".

25 La Fundación Nacional para la Ciencia reconoce que no es una opción desperdiciar el talento, sobre todo si tenemos que satisfacer las necesidades económicas y de otro tipo del país, en competencia y alianza con otros en todo el mundo.

EXAMEN DE PRÁCTICA

43. ¿Cuál de las citas siguientes respalda la idea de que la Fundación Nacional para la Ciencia contribuye a que los estudiantes de minorías tengan éxito en sus estudios de ciencia?
    - A. "La cuestión de la competitividad de los Estados Unidos a nivel mundial sigue siendo una prioridad para el país y en todo el gobierno federal".
    - B. "Les recomiendo que se animen a mirar más allá de las fronteras de este país en busca de oportunidades y desafíos".
    - C. "Permítanme mencionar el trabajo de dos estudiantes que participaron en el Programa de institutos de verano de Asia Oriental y el Pacífico, patrocinado por la Fundación Nacional para la Ciencia".
    - D. "Esos procesos permiten inferir, por ejemplo, cómo podría interpretar una persona en un entorno extraño un gesto específico de una cultura desconocida".

44. ¿Qué indican las estadísticas sobre los estudiantes que se gradúan en ciencia?
    - A. Que la ciencia es un campo de estudio popular entre los estudiantes estadounidenses.
    - B. Que las universidades extranjeras resultan más atractivas para los estudiantes estadounidenses.
    - C. Que los Estados Unidos no ocupan un puesto destacado en la clasificación por número de estudiantes de ciencia.
    - D. Que los estudiantes de ciencia prefieren cursar sus estudios en el extranjero en lugar de en los Estados Unidos.

45. ¿Cuál de las palabras siguientes tiene el significado más próximo a la palabra *periférico*, que aparece en el párrafo 17?
    - A. Central.
    - B. Habitual.
    - C. Secundario.
    - D. Racional.

46. ¿Cuál es el propósito del discurso de la Dra. Marrett?
    - A. Recalcar que la Fundación Nacional para la Ciencia no puede tomar partido por ninguna fuerza política por su declaración de principios.
    - B. Expresar su opinión sobre la clasificación de los estudiantes de ciencia de los Estados Unidos.
    - C. Mostrar que la Fundación Nacional para la Ciencia ha desarrollado nuevos programas para ayudar a los estudiantes de minorías a estudiar ciencia.
    - D. Alentar a su audiencia a continuar con los estudios de ciencia para beneficio propio y del mundo.

EXAMEN DE PRÁCTICA

47. ¿En qué forma respalda la idea central del discurso la información suministrada sobre los temas de investigación de los estudiantes?
    A. Respalda la idea de que los científicos deben estudiar todo lo que les resulte de interés en cualquier parte del mundo.
    B. Respalda la idea de que las personas que estudian ciencia pueden contribuir a mejorar el mundo.
    C. Respalda la idea de que existen muchos programas para los estudiantes de minorías que deseen estudiar ciencia.
    D. Respalda la idea de que una mayor difusión de los estudios de ciencia en los grados inferiores resultaría productivo.

48. Basándose en el discurso, ¿qué generalización podría hacerse sobre la actitud de la Fundación Nacional para la Ciencia hacia los Estados Unidos?
    A. El país no alienta lo suficiente a los estudiantes que quieren estudiar ciencia.
    B. El país está intentando mejorar sus programas educativos para alentar los estudios de ciencia.
    C. La mayoría de las personas desconoce la situación de los estudios de ciencia en el país en comparación con las personas de otros países.
    D. Posiblemente, el país nunca capacitará tantas personas en ciencia como lo harán otros países.

49. ¿Por qué la Dra. Marrett incluyó la cita del presidente Obama?
    A. Para mostrar que el presidente apoya a la Fundación Nacional para la Ciencia.
    B. Para explicar por qué el presidente Obama fue reelecto.
    C. Para explicar por qué la Fundación Nacional para la Ciencia apoya a la administración del presidente Obama.
    D. Para mostrar que el presidente Obama es consciente de la importancia de la ciencia.

Use el fragmento siguiente para responder las preguntas 50 a 55.

Adaptación de un fragmento de *Calle Mayor*

de Sinclair Lewis

1 La última recepción del cuerpo de profesores antes de la ceremonia de graduación. En cinco días empezaría la vorágine de los exámenes finales.

2 La casa del presidente estaba atiborrada de palmas, que recordaban a las de los respetuosos salones de velatorio, y en la biblioteca, una sala de diez

EXAMEN DE PRÁCTICA

pies de altura decorada con un globo terráqueo y los retratos de Whittier y Martha Washington, la orquesta de estudiantes tocaba "Carmen" y "Madame Butterfly". Carol estaba mareada por la música y las emociones de la despedida. Las palmeras le parecían una selva; los luces eléctricas —de color rosa pálido—, una bruma opalina, y el cuerpo de profesores de ojos con gafas, un grupo de atletas olímpicos. Sintió melancolía al ver la timidez de las jóvenes a las que "siempre había deseado conocer" y a la media docena de hombres jóvenes que estaban a punto de enamorarse de ella.

3 Pero fue a Stewart Snyder a quien ella eligió. Stewart era mucho más varonil que los otros; su tez morena hacía juego con su nuevo traje con hombreras. Se sentó con él, con dos tazas de café y una hamburguesa de pollo, sobre un montón de chanclos en el guardarropa debajo de las escaleras, y, mientras una música tenue se filtraba, Stewart le susurró:

4 "No puedo soportarlo, ¡esta separación después de cuatro años! Los años más felices de la vida".

5 Ella le creyó. "¡Oh, lo sé! ¡Y pensar que dentro de pocos días nos despediremos, y nunca más volveremos a ver a algunos de los del grupo!".

6 "Carol, ¡tienes que escucharme! Siempre me esquivas cuando trato de hablar en serio contigo, pero tienes que escucharme. Voy a ser un gran abogado, tal vez un juez, y te necesito, y cuidaré de ti".

7 El brazo de Stewart se deslizó por detrás de sus hombros. La música insinuante le quitaba su independencia. Carol dijo con tristeza: "¿Cuidarás de mí?". Ella le tocó la mano. Era cálida, firme.

8 "¡Qué te apuestas a que lo haré! Nos gustaría vivir, Señor, tiempos grandiosos en Yankton, donde nos instalaremos".

9 "Pero yo quiero hacer algo con mi vida".

10 "¿Qué mejor que tener un hogar cómodo, educar a unos niños lindos y conocer gente agradable y hogareña?".

11 Esa era la respuesta, desde que el mundo es mundo, de un hombre a una mujer inquieta. Así, le hablaron a Safo los vendedores de melones; así, los capitanes a Zenobia, y así, en una cueva húmeda, sobre huesos carcomidos, un pretendiente hirsuto protestó ante una mujer defensora del matriarcado. En el dialecto de la universidad de Blodgett, pero con la voz de Safo, Carol le dio su respuesta:

12 "Claro. Lo sé. Supongo que eso es así. Sinceramente, me gustan mucho los niños. Pero hay un montón de mujeres que pueden hacer el trabajo de la casa, pero yo. . . , bueno, si uno ha adquirido una educación universitaria, debe utilizarla para el bien del mundo".

13 "Lo sé, pero puedes usarla igual de bien en el hogar. Y caramba, Carol, imagínate a un montón de nosotros yendo a pasar un día de campo en auto, alguna agradable noche de primavera".

14 "Sí."

15 "Y andando en trineo en invierno, y yendo a pescar . . . ".

16 Blarrrrrrr! La orquesta estalló con el "Coro de los soldados", mientras Carol continuaba protestando. "¡No! ¡No! Yo te quiero, pero también quiero hacer cosas. No sé bien qué, ¡pero quiero todo en el mundo! Tal vez no pueda cantar o escribir, pero sé que puedo tener una influencia en el trabajo de la biblioteca. Supongamos, por ejemplo, que aliento a un muchacho y este se convierte un gran artista. ¡Lo haré! ¡Lo haré! Stewart, querido, ¡no puedo resignarme a solo lavar platos!".

17 Dos minutos más tarde —dos frenéticos minutos—, fueron interrumpidos por una pareja avergonzada que también buscaba la reclusión idílica del armario de los chanclos.

18 Después de su graduación Carol nunca volvió a ver a Stewart Snyder. Le escribió una vez a la semana durante un mes, y eso fue todo.

19 Carol pasó un año en Chicago. Sus estudios sobre catalogación de bibliotecas, registros, libros de referencia, resultaron fáciles y no demasiado aburridos. Se deleitaba en el Instituto de Arte con sinfonías y recitales de violín y música de cámara, en el teatro y el baile clásico. Estuvo a punto de abandonar sus estudios de bibliotecología para convertirse en una de esas mujeres jóvenes que bailan envueltas en vestidos de gasa a la luz de la luna. Frecuentó un conocido lugar de fiestas, con cerveza, cigarrillos, pelo corto y una muchacha judía rusa que cantaba La Internacional. Nadie pudo confirmar que Carol tuviera algo importante que decir en esas reuniones de bohemios. Se sentía torpe cuando estaba con ellos, y también ignorante, y se escandalizaba de sus maneras libres, que había deseado para sí misma durante tantos años. Pero ella escuchó y recordó las discusiones sobre Freud, Romain Rolland, el sindicalismo, la Confederación General del Trabajo, el feminismo v. la dominación masculina, las letras chinas, la nacionalización de las minas, la ciencia cristiana y la pesca en Ontario.

20 Carol regresó a su casa, y ese fue el comienzo y el final de su vida bohemia.

21 El primo segundo del marido de la hermana de Carol vivía en Winnetka, y una vez la invitó a cenar un domingo. En el camino de vuelta, a través de Wilmette y Evanston, Carol descubrió nuevas formas de la arquitectura suburbana, y recordó su deseo de volver a recrear aldeas. Decidió que iba a dejar el trabajo en la biblioteca y, por un milagro cuya naturaleza no le fue revelada, convertir a un pueblo de pradera en un conjunto de casas georgianas y bungalows japoneses.

22 Al día siguiente, en la clase de la bibliotecología, tuvo que leer un tema sobre el uso del índice acumulativo y ella se tomó tan en serio la discusión que se olvidó por completo de su carrera de urbanismo. En el otoño, Carol estaba en la biblioteca pública de St. Paul.

EXAMEN DE PRÁCTICA

50. ¿Qué se puede inferir sobre Carol?

    A. Que quiere experimentar la vida.
    B. Que quiere vivir una vida tradicional.
    C. Que tiene poco control sobre sus emociones.
    D. Que es de una terquedad que puede resultar molesta.

51. ¿Cuál de las citas siguientes respalda el tema del relato?

    A. "Pero fue a Stewart Snyder a quien ella eligió".
    B. "Stewart, querido, ¡no puedo resignarme a solo lavar platos!".
    C. "Después de su graduación Carol nunca volvió a ver a Stewart Snyder".
    D. "Carol regresó a su casa, y ese fue el comienzo y el final de su vida bohemia".

52. ¿Qué piensa Stewart de Carol?

    A. Él sabe que ella es muy sensible.
    B. Él siente que ella necesita nuevos desafíos.
    C. Él comprende que ella necesita tener éxito.
    D. Él piensa que ella podría ser una buena ama de casa.

53. Indique cada palabra que describe a Carol y que corresponde al diagrama. (**Nota:** En el examen de GED®, usted deberá hacer un clic sobre cada palabra y "arrastrarla" hasta la posición correcta en el diagrama.)

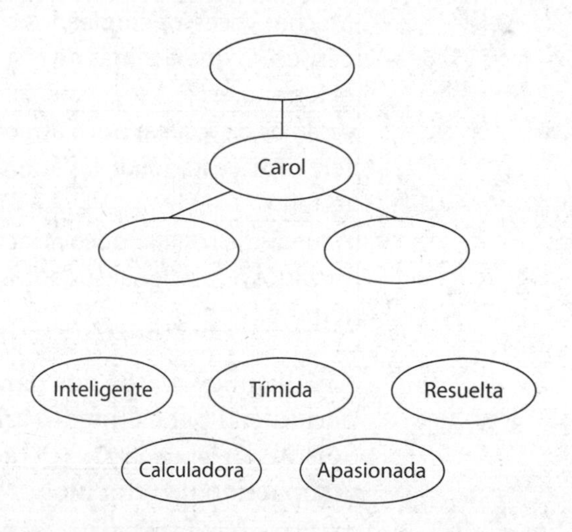

54. ¿Qué pretende sugerir el autor cuando usa las palabras *una música insinuante* en el párrafo 7?

    A. Que la música era agradable al oído.
    B. Que Carol amaba la música clásica.
    C. Que la música interfería con la conversación.
    D. Que la música hacía que Carol perdiera su concentración.

EXAMEN DE PRÁCTICA

55. ¿Por qué Carol concurre a las fiestas de los bohemios?

A. Porque piensa que no va a desentonar con ellos.
B. Porque les quiere demostrar que están equivocados.
C. Porque pretende enseñarles sobre la lectura de libros.
D. Porque está haciendo una investigación para un curso de bibliotecología.

56. El memorándum siguiente contiene una serie de espacios en blanco, cada uno de los cuales comienza con la palabra "Seleccione", seguida de un número correlativo y puntos suspensivos. Debajo de cada párrafo, encontrará una lista de cuatro opciones. Indique cuál de esas opciones es la que corresponde a cada espacio en blanco. (**Nota:** En el examen de GED®, las opciones se presentan como un menú desplegable. Cuando usted haga un clic sobre la opción seleccionada, esta rellenará el espacio en blanco.)

A: Todos los empleados

Nuestra compañía ha experimentado últimamente un crecimiento acelerado. Como consecuencia de ello, se ha hecho evidente que el garaje no cuenta con espacios suficientes para todo el personal. Seleccione 1. . . ▼

Seleccione 1. . . ▼
Muchas veces los empleados se ven forzados a estacionar sus autos sobre el césped, además de resultar poco atractivo a la vista, lo que provoca daños sobre el terreno.
Muchas veces los empleados se ven forzados a estacionar sus autos sobre el césped, lo que, además de resultar poco atractivo a la vista, provoca daños sobre el terreno.
Además de resultar poco atractivo a la vista, muchas veces los empleados se ven forzados a estacionar sus autos sobre el césped, lo que provoca daños sobre el terreno.
Además de resultar poco atractivo a la vista, muchas veces los empleados se ven forzados a estacionar sus autos sobre el césped lo que provoca daños sobre el terreno.

Añadir nuevos espacios para estacionar es no solo costoso, sino también perjudicial para el medio ambiente. Por ello, la administración de Solsuns Seleccione 2. . . ▼ adoptar una política preventiva sobre el uso compartido de vehículos.

Seleccione 2. . . ▼
había decidido
está decidiendo
ha decidido
habría decidido

El uso compartido de vehículos tiene muchas ventajas: ayuda al medio ambiente, se usa menos gasolina y se generan menos gases tóxicos. Además, usted ahorrará dinero al compartir los gastos de la gasolina.

EXAMEN DE PRÁCTICA

También resolverá el problema de estacionamiento de la compañía y contribuirá a mejorar nuestra imagen ante los clientes y la comunidad. ¡Demos el ejemplo, y hagamos que el concepto de conducir un vehículo individualmente se convierta en algo del pasado!

[Seleccione 3... ▼] A los empleados que decidan participar en el programa de uso compartido de vehículos se les asignará un espacio preferencial en el garaje. A aquellos que decidan tomar el autobús se les otorgará un descuento en el precio del pasaje. Se instalarán sobre el frente del edificio soportes metálicos para depositar las bicicletas, y se construirán vestuarios y duchas para los ciclistas, que deberán estar terminados en dos semanas.

Seleccione 3... ▼
Con tal fin, estableceremos un sistema de incentivos para premiar a aquellos que decidan participar en el uso compartido de vehículos, tomen el autobús, usando la bicicleta o caminen a la oficina.
Con tal fin, estableceremos un sistema de incentivos para premiar a aquellos que decidan participar en el uso compartido de vehículos, tomando el autobús, usen la bicicleta o caminen a la oficina.
Con tal fin, estableceremos un sistema de incentivos para premiar a aquellos que decidan participar en el uso compartido de vehículos, tomen el autobús, usen la bicicleta o caminando a la oficina.
Con tal fin, estableceremos un sistema de incentivos para premiar a aquellos que decidan participar en el uso compartido de vehículos, tomen el autobús, usen la bicicleta o caminen a la oficina.

Además, todos los empleados que participen en el programa y usen cualquiera de los medios alternativos arriba mencionados recibirán una recompensa equivalente al uno por ciento de su paga quincenal con cada pago y durante todo el tiempo que continúen participando.

Ya están disponibles los formularios de inscripción. Se establecerá una base de datos que le permitirá saber a usted quiénes son las personas que viven en su vecindario, y se prepararán mapas con las rutas más convenientes. [Seleccione 4... ▼]

Seleccione 4... ▼
Para ello necesitaremos su nombre, la ruta que normalmente toma para venir a la oficina y el número de su extensión.
Para ello necesitaremos su nombre la ruta que normalmente toma para venir a la oficina y el número de su extensión.
Para ello, necesitaremos su nombre la ruta que normalmente toma para venir a la oficina y el número de su extensión.
Para ello, necesitaremos su nombre, la ruta que normalmente toma para venir a la oficina y el número de su extensión.

En Solsuns, estamos todos muy entusiasmados con el programa de uso compartido de vehículos.

EXAMEN DE PRÁCTICA

Use el fragmento siguiente para responder las preguntas 57 a 64.

Adaptación de un fragmento de la *Autobiografía de Benjamin Franklin*

1 Sin embargo, caminando en la noche por la orilla del río, vi un bote que me pareció que iba en dirección hacia Filadelfia con varias personas a bordo. Me llevaron con ellas y, como no había viento, remamos todo el camino. Cerca de la medianoche, no habíamos avistado todavía la ciudad, y algunos de los integrantes del grupo, que estaban seguros de que ya deberíamos haber pasado por allí, no querían continuar remando; los demás no sabíamos dónde estábamos. Así que pusimos proa hacia la costa, llegamos a un arroyo y amarramos cerca de un viejo cerco, con cuyas maderas hicimos un fuego. La noche estaba fría, era octubre, y allí permanecimos hasta la luz del día. Entonces, alguien en el grupo dijo que conocía el lugar y que estábamos en Cooper's Creek, un poco por encima de Filadelfia, que vimos tan pronto como abandonamos el arroyo y a la que llegamos a las ocho o nueve de la mañana del domingo, donde desembarcamos en el muelle del mercado callejero.

2 Me he detenido más en esta descripción de mi viaje, y así también lo haré en mi relato de mi primera visita a esa ciudad, para que usted pueda comparar estos comienzos inverosímiles con el personaje público en que me he convertido desde entonces. Yo estaba vestido con mi ropa de trabajo, mis mejores paños estaban todavía por llegar por mar. Estaba sucio, como consecuencia del viaje; mis bolsillos estaban repletos de camisas y medias, y yo no conocía a nadie ni sabía dónde buscar alojamiento. Estaba fatigado por el viaje, el remo y la falta de descanso, y muy hambriento. Todo mi capital consistía en un dólar holandés y alrededor de un chelín de cobre. El chelín se lo di a la gente del barco por mi pasaje, que lo rechazó, en un principio, con la escusa de que yo también había tenido que remar; pero insistí, y lo aceptaron. Un hombre es a veces más generoso cuando tiene poco dinero que cuando tiene un montón, quizás por el temor de que crean que tiene muy poco.

3 Luego empecé a caminar por la calle, mirando a mi alrededor, hasta que cerca del mercado encontré a un niño que traía un pan. Como yo había hecho muchas comidas solo con pan, le pregunté de dónde lo había sacado, y él me dirigió a una panadería que quedaba sobre la Segunda Calle. Allí pedí algunas galletas, suponiendo que me darían algo parecido a lo que teníamos en Boston; pero, al parecer, esas galletas no se hacían en Filadelfia. Sin tener en cuenta o sin conocer la diferencia del dinero, ni la baratura ni los distintos nombres del pan, le dije al panadero que me diera tres centavos

EXAMEN DE PRÁCTICA

de cualquier tipo de pan. El panadero me dio a cambio tres grandes bollos hinchados de pan. Quedé sorprendido por la cantidad, pero los tomé. Como no tenía más lugar en mis bolsillos, me fui con un bollo de pan debajo de cada brazo y comiéndome el tercero. Así recorrí la Calle del Mercado hasta la Cuarta Calle, pasando delante de la puerta de la casa del señor Lee, el padre de mi futura esposa. Cuando ella, de pie en la puerta, me miró, pensé que había hecho el ridículo, como sin duda lo hice, con mi aspecto desmañado. Entonces pegué la vuelta y regresé por la Calle de la Castaña y buena parte de la Calle de la Nuez, comiendo mi bollo de pan durante todo el camino.

4 Ya revitalizado, volví a recorrer en sentido inverso la calle, que en ese momento estaba llena de personas con ropas limpias, todas caminando en la misma dirección. Me uní a ellas, y fui arrastrado hasta la gran casa de reunión de los cuáqueros, cerca del mercado. Me senté entre ellos y, después de mirar alrededor un rato y no escuchar que alguien abriera la boca, como estaba bastante adormilado por todo el trabajo realizado y la falta de descanso de la noche anterior, me quedé dormido, y continué así hasta que la reunión se disolvió y uno de ellos tuvo la gentileza de despertarme. Por lo tanto, esa fue la primera casa en la que entré, o dormí, en Filadelfia.

5 Caminando de nuevo hacia el río, y observando los rostros de la gente, me encontré con un joven cuáquero cuyo semblante me resultó agradable y decidí abordarlo. Le pregunté dónde podría conseguir alojamiento un extraño, y él me llevó hasta Crooked Billet, en la Calle del Agua. Allí me dieron una cena, y, mientras comía, me hicieron varias preguntas astutas, puesto que mi juventud y apariencia me hacían sospechoso de ser algún fugitivo.

6 Después del almuerzo, volvió la somnolencia, y fui acompañado hasta una cama, donde me acosté sin desvestirme y dormí hasta las seis de la tarde, hora a la que me llamaron para cenar. Luego me fui muy temprano otra vez a la cama y me quedé dormido hasta la mañana siguiente. Entonces, me arreglé tanto como pude, y me fui a ver a Andrew Bradford, dueño de una imprenta. Me encontré en la tienda a su anciano padre, a quien había visto en Nueva York y que, viajando a caballo, había llegado a Filadelfia antes que yo. Me presentó a su hijo, quien me recibió cortésmente, me dio un desayuno y me dijo que en ese momento no precisaba ayuda, pues ya tenía a alguien que trabajaba con él, pero que había otra imprenta en la ciudad, de un tal Keimer, que hacía poco que se había instalado y que tal vez tuviera trabajo para mí. Si así no fuera, me ofreció alojarme en su casa y darme algo de trabajo hasta que consiguiera algún empleo estable.

EXAMEN DE PRÁCTICA

57. ¿Cuál de las citas siguientes respalda la idea de que Benjamin Franklin tenía un sistema de valores bien desarrollado?
    A. "Sin embargo, caminando en la noche por la orilla del río, vi un bote que me pareció que iba en dirección hacia Filadelfia con varias personas a bordo".
    B. "El chelín se lo di a la gente del barco por mi pasaje, que lo rechazó, en un principio, con la escusa de que yo también había tenido que remar; pero insistí, y lo aceptaron".
    C. "Quedé sorprendido por la cantidad, pero los tomé. Como no tenía más lugar en mis bolsillos, me fui con un bollo de pan debajo de cada brazo y comiéndome el tercero".
    D. "Después del almuerzo, volvió la somnolencia, y fui acompañado hasta una cama, donde me acosté sin desvestirme y dormí hasta las seis de la tarde, hora a la que me llamaron para cenar".

58. ¿Por qué usa Benjamin Franklin la palabra *astuto* en el párrafo 5?
    A. Porque quiere mostrar que era consciente del propósito de la pregunta.
    B. Porque pretende hacer notar que las personas que le formularon la pregunta eran descorteses.
    C. Porque él era muy cuidadoso con lo que decía.
    D. Porque las personas que lo interrogaban no parecían prestarle demasiada atención.

59. Rellene el espacio en blanco.

    Otra forma de decir *semblante*, en el sentido en que se la usa en el párrafo 5, es ____________________.

60. ¿Por qué incluye el autor información sobre su futura esposa en el texto del pasaje?
    A. Para explicar cómo conoció a su esposa.
    B. Para contar un episodio divertido sobre sí mismo.
    C. Para sugerir que su esposa estaba ensimismada.
    D. Para mostrar que se enamoró al verla por primera vez.

61. ¿Por qué es importante para el relato que Franklin haya tenido que remar en el bote?
    A. Porque muestra que Franklin remaba muy bien.
    B. Porque muestra qué tipo de persona era Franklin.
    C. Porque muestra lo difícil que era viajar en esa época.
    D. Porque muestra que el bote podía seguir navegando aunque no hubiera viento.

EXAMEN DE PRÁCTICA

62. ¿De qué forma respalda la idea central el hecho de que Franklin se quedara dormido en la reunión de los cuáqueros?
    A. Muestra que Franklin era una persona que estaba dispuesta a hacer cualquier cosa que fuera necesaria para alcanzar sus objetivos.
    B. Muestra que los cuáqueros eran un grupo de personas que se preocupaban por Franklin.
    C. Muestra que a Franklin le resultó difícil hacer amigos en una ciudad donde no conocía a nadie.
    D. Muestra que los cuáqueros que viajaban en esa época tenían pocos lugares donde alojarse.

63. Rellene el espacio en blanco.

    La Calle del Mercado a donde llegó Franklin estaba ubicada en el puerto de la ciudad de ______________.

64. ¿Cuál es la idea central que puede inferirse del texto del pasaje?
    A. Franklin era una persona de mente estrecha.
    B. Franklin estaba buscando iniciar una nueva vida.
    C. Franklin quería casarse.
    D. Franklin estaba interesado en las cuestiones religiosas.

EXAMEN DE PRÁCTICA

Parte 2: Ensayo

Una pregunta | **45 minutos**

Use los dos fragmentos siguientes para responder la pregunta 65.

Fragmento de un discurso del senador Richard Durbin

1 En primer lugar, el Colegio Electoral es antidemocrático e injusto. Distorsiona el proceso electoral, con algunos votos que, por distribución, tienen más peso que otros. Imaginemos por un momento que a usted le dicen: "Queremos que vote en las elecciones para presidente. Le otorgaremos a usted un voto, pero a su vecino le daremos tres".

2 Se podría decir que esta no es una conducta característica de los estadounidenses, que es básicamente injusta. Vivimos en una nación en que cada persona, cada ciudadano, tiene derecho a un voto.

3 Pero eso es exactamente lo que hace el Colegio Electoral. Si nos fijamos en los estados, Wyoming tiene una población de aproximadamente 480,000 personas. El estado de Wyoming tiene tres votos electorales. Esto significa que cada voto representa a 160,000 personas que viven en el estado de Wyoming. Mi estado, Illinois, tiene 12 millones de personas y solo 22 votos electorales. Esto significa que se necesitan 550,000 votantes en Illinois para conseguir un voto electoral para presidente. La comparación entre la cantidad de votantes en Wyoming y en Illinois nos muestra que se necesitan tres veces más personas en el estado de Illinois para alcanzar un voto electoral que en el estado de Wyoming.

4 Por otra parte, el fundamento filosófico de un sistema directo de elección popular es tan claro y convincente que no hace falta ni mencionarlo. Utilizamos elecciones directas para elegir a gobernadores, senadores, representantes y alcaldes, pero no las utilizamos para elegir al presidente. Una persona, un voto y el gobierno de la mayoría son supuestamente los principios básicos de una democracia.

5 En segundo lugar, si bien parece que los estados más pequeños y rurales tienen una ventaja en el Colegio Electoral, la realidad de las campañas presidenciales modernas es que esos estados son generalmente ignorados.

6 Uno de mis colegas en la sala dijo: "Voy a oponerme a tu propuesta, Durbin, de abolir el Colegio Electoral. Yo provengo de un estado pequeño, y si aplicáramos el voto directo para elegir a un presidente, los candidatos presidenciales no le prestarían la más mínima atención a mi estado".

7 Tengo noticias para mis colegas. No se ha visto ni al gobernador Bush ni al vicepresidente Gore pasar mucho tiempo haciendo campaña en Rhode Island o Idaho. De hecho, 14 estados no fueron visitados nunca por ninguno de los candidatos durante la campaña, mientras que otros 38 estados recibieron 10 o menos visitas. Los estados más populosos y disputados, con grandes recompensas electorales, como Florida, Pensilvania, Ohio y Wisconsin, son los que tienen una verdadera ventaja, ya se trate de una elección directa o de una elección a través del Colegio Electoral.

8 En tercer lugar, el sistema del Colegio Electoral descarta totalmente los votos de los que apoyan al candidato perdedor en un estado. En la carrera presidencial de 2000, en 36 estados las victorias fueron indiscutidas. La diferencia porcentual promedio de los votos entre los candidatos en esos estados era de más del 20 por ciento. El sistema actual no solo descarta los votos del perdedor, sino que añade en esencia todo el peso y el valor de esos votos al candidato al que esos votantes se oponen.

9 En cuarto lugar, la norma de que el ganador se lleva todo aumenta en gran medida el riesgo de que los candidatos menores de terceros partidos determinen quién es electo presidente. En el sistema del Colegio Electoral, la importancia de un pequeño número de votos en algunos estados clave se magnifica enormemente. En una serie de elecciones presidenciales, los candidatos de terceros partidos han decidido algunas carreras estatales clave y determinado el ganador de las elecciones nacionales.

Fragmento del discurso del miembro de la Cámara de Representantes Ron Paul

1 Es probable que las elecciones presidenciales de hoy resulten relativamente cerradas, en lo que se refiere al total de votos populares. En caso de que alguno de los candidatos obtenga el triunfo en las elecciones, pero pierda en el voto popular, seremos bombardeados con llamamientos a abolir el Colegio Electoral, como sucediera después de la elección presidencial de 2000, que fue impugnada. Después de todo, los expertos argumentarán que sería "antidemocrático" negarle la presidencia al hombre que recibió la mayor cantidad de votos.

2 Sin embargo, este argumento es contrario a la Constitución, que establece expresamente que los Estados Unidos son una república constitucional limitada y no una democracia directa. Los padres fundadores buscaban proteger ciertas libertades fundamentales, como la libertad de expresión, contra los cambiantes caprichos de la opinión popular. Del mismo modo, crearon el Colegio Electoral para protegerse contra la tiranía de la mayoría en las elecciones federales. El presidente debía ser elegido

por los 50 estados, y no por el pueblo estadounidense directamente, para asegurar que los estados menos poblados tuvieran voz en las elecciones nacionales. Es por eso que se combinan los votos del Colegio Electoral con los asientos de la Cámara de Representantes, que se basan en la población, y los asientos del Senado, que se otorgan por igual a cada estado. El objetivo era equilibrar la tensión inherente entre la voluntad de la mayoría y la tiranía de la mayoría. Los que desean abolir el Colegio Electoral, porque no es totalmente democrático, también deberían argumentar que los estados menos poblados, como Rhode Island o Wyoming, no merecen tener dos senadores.

3 Una campaña presidencial en un sistema de democracia pura resultaría muy extraña, ya que cualquier candidato racional se concentraría solo en unos pocos centros de población grandes. Un candidato que reciba un gran porcentaje del voto popular en California, Texas, Florida y Nueva York, por ejemplo, podría ganar la presidencia con muy poco apoyo en docenas de otros estados. Por otra parte, un sistema de votación popular solo intensificaría la indulgencia política, pues los candidatos nacionales se enfrentarían a una presión aún mayor que la de hoy para adoptar posiciones carentes de contenido, que solo reflejaran la opinión general y contaran con la aprobación de las encuestas. La aplicación de la democracia directa en la política nacional diluiría aún más las diferencias regionales de opinión sobre los temas en cuestión, reduciría las opciones de los votantes y castraría el coraje político.

4 Aquellos que piden la abolición del Colegio Electoral son enemigos de la libertad. No es sorprendente que la mayoría de los defensores de la abolición sean élites estatistas concentradas principalmente en las costas este y oeste. Estas élites políticas, económicas, académicas, de los medios de comunicación y legales apoyan abrumadoramente la idea de un gobierno federal fuerte y centralizado, y muestran su desprecio por el concepto federalista de derechos de los estados. Creen en un poder federal omnipotente, con los estados actuando como meros condados federales glorificados que ejecutan las órdenes de Washington.

5 El Colegio Electoral amenaza los objetivos imperiales de estas élites porque permite que los estados individuales puedan elegir al Presidente, y en muchos de esos estados la mayoría de los votantes todavía cree en un gobierno limitado y en la Constitución. Los votantes en los estados del Sur, el Medio Oeste y el Oeste, frecuentemente ridiculizados como "los estados que atravesamos cuando volamos de costa a costa", tienden a valorar la familia, la religión, la libertad individual, los derechos de propiedad y los derechos a portar armas. Las élites de Washington aborrecen estos valores, y detestan que la clase media y rural estadounidense adquiera cualquier tipo de poder político. Sus esfuerzos por desacreditar el sistema del Colegio Electoral son un ataque abierto al poder del voto en los estados que favorecen la libertad.

EXAMEN DE PRÁCTICA

6 Lamentablemente, nos hemos olvidado de que fueron los estados los que crearon el gobierno federal, y no al revés. El sistema del Colegio Electoral representa un intento por poco eficaz que sea de limitar el poder federal y preservar los derechos de los estados. Es una parte esencial del equilibrio de nuestro sistema federalista. También representa un recordatorio de que la democracia pura, la ley de la calle, es incompatible con la libertad.

65. **Respuesta extensa**

Mientras que en su discurso el senador Richard Durbin describe las razones por las que se debería suprimir el sistema del Colegio Electoral, que se usa en las elecciones para presidente, el miembro de la Cámara de Representantes Ron Paul, en el suyo, explica por qué debería ser preservado.

En su respuesta, analice los dos discursos para determinar cuál punto de vista está mejor respaldado. Use evidencia específica y relevante para respaldar su respuesta.

Escriba su respuesta en el recuadro. Dispondrá de 45 minutos para completar esta tarea.

EXAMEN DE PRÁCTICA

Cortar Copiar Pegar Deshacer Rehacer

ESTE ES EL FINAL DEL EXAMEN DE PRÁCTICA DE RAZONAMIENTO A TRAVÉS DE LAS ARTES DEL LENGUAJE

EXAMEN DE PRÁCTICA

Razonamiento a través de las artes del lenguaje

Respuestas y explicaciones

1. **Respuesta correcta: A.** Canta al mismo tiempo que ella. Alma se siente muy molesta cuando escucha que Candace Whitcomb está cantando al mismo tiempo que ella; su molestia es tal que apenas puede continuar con su canto.

2. **Respuesta correcta: B.** "Alma fijó sus grandes y solemnes ojos azules; su largo y delicado rostro, que era muy bonito, se volvió más pálido; las flores azules de su sombrero se sacudían; se percibía un ligero temblor en sus pequeñas manos enguantadas, delgadas, que se aferraban al libro de canto; pero a pesar de todo, ella cantó con valentía". Esta cita respalda la idea de que Alma Way estaba nerviosa. Las otras citas, no.

3. **Respuesta correcta: A.** Que estaba enojada porque la habían reemplazado. El lector puede inferir que Candace está enojada porque había sido reemplazada.

4. **Respuesta correcta: A.** Para demostrarle su apoyo. La mujer le dice a Alma: "No debes darle importancia", mientras le da una pastilla de menta como muestra de apoyo.

5. **Respuesta correcta: D.** Porque a él se lo relacionaba románticamente con Candace Whitcomb. El narrador nos cuenta que la gente pensaba que William terminaría casándose con Candace, y esa es la razón por la que resulta sorprendente que William hable críticamente de Candace.

6. Menús desplegables (Seleccione . . .) 1 a 4.

   Seleccione 1 — Respuesta correcta: Hábitat se dedica a la construcción y rehabilitación de casas. En esta opción, *la construcción* y *la rehabilitación* son dos acciones paralelas que están expresadas en la misma forma, y la estructura de la oración es la correcta. En la opción D, *construir* y *rehabilitar* son también dos acciones paralelas, pero la estructura de la oración es incorrecta. En las otras dos opciones, las acciones no están expresadas de la misma forma.

   Seleccione 2 — Respuesta correcta: Hay muchos artículos que nos gustaría obtener para la subasta silenciosa. Esta es la única oración completa. Las otras opciones son fragmentos de oración.

   Seleccione 3 — Respuesta correcta: Durante la subasta propiamente dicha, habrá una hoja de inscripción en el comedor para todos aquellos que deseen contribuir con parte de su tiempo. El orden de la oración es claro y lógico.

   Seleccione 4 — Respuesta correcta: Hagan planes para asistir, aunque no puedan contribuir con parte de su tiempo, y, por favor, no olviden traer su billetera, tarjetas de crédito y chequera. El verbo *olviden* concuerda con el verbo *Hagan* en número, persona y tiempo.

7. **Respuesta correcta: B.** Otorgarles la libertad a las personas sometidas a la esclavitud que vivían en zonas que se encontraban en estado de rebelión. Este es el propósito de la Proclamación de Emancipación redactada por Abraham Lincoln. La respuesta aparece en el texto del fragmento.

EXAMEN DE PRÁCTICA

8. **Respuesta correcta: D.** Los Estados Unidos declaran que todas las personas que estaban sometidas a la esclavitud en las zonas que entonces se encontraban en rebelión serán libres a partir de entonces. Esta opción expresa la idea central de la Proclamación de Emancipación; las otras opciones, no.
9. **Respuesta correcta: B.** Los Estados Unidos son un país mejor gracias a la Proclamación de Emancipación. Evidentemente, el presidente Obama piensa que la Proclamación de Emancipación fue un paso adelante en el proceso de concesión de derechos a todas las personas en los Estados Unidos.
10. **Respuesta correcta: D.** Para remarcar que los esclavos liberados contribuyeron a los esfuerzos de la Unión durante la guerra. El presidente Obama dice que el hecho de que Lincoln les abriera las puertas del ejército de la Unión y de la marina de guerra a los esclavos liberados dio nuevas fuerzas a la causa de la libertad, es decir, que estos contribuyeron a los esfuerzos de guerra. El presidente Obama quiere destacar esa contribución.
11. **Respuesta correcta: C.** Para remarcar que la Proclamación de Emancipación ha sido una fuente de inspiración importante para las generaciones posteriores de estadounidenses. Con la inclusión de esta frase, el presidente Obama reafirma su convicción de que la Proclamación de Emancipación ha inspirado a los estadounidenses de todo tipo a exigir la aplicación de los derechos civiles, y a luchar por ellos y por otras causas, desde entonces y hasta nuestros días.
12. **Respuesta correcta: C.** "Empecemos este nuevo año renovando nuestros lazos el uno con el otro y volvamos a invertir en el trabajo que queda por delante, seguros de que podemos seguir impulsando el progreso de la libertad en nuestro tiempo". Esta oración es evidencia de que el presidente Obama cree que todavía quedan cosas por hacer para garantizar los derechos que la Constitución otorga a las personas.
13. **Proclamación de Emancipación:**

    Algunos estados y partes de estados se encuentran actualmente en rebelión contra los Estados Unidos.

    Los esclavos en las zonas en rebelión deben ser liberados y su trabajo, recompensado.

    Proclamación del presidente Obama:

    La Proclamación de Emancipación convirtió a la guerra de Secesión (*Civil War*) en una guerra por la libertad y la igualdad.

    El esfuerzo conjunto de las personas puede preservar y expandir la libertad.
14. **Respuesta correcta: C.** Tiene un tono más inspirador que el de la Proclamación de Emancipación. La Proclamación de Emancipación es un documento oficial que describe un acto del gobierno en términos legales básicos. La proclamación del presidente Obama, si bien es también un documento oficial, pide a los estadounidenses que conmemoren el aniversario de la Proclamación de Emancipación. Usa un lenguaje inspirador para recordarles a los estadounidenses por qué la Proclamación de Emancipación debe ser conmemorada.
15. **Respuesta correcta: D.** La Proclamación de Emancipación era una orden oficial, mientras que la proclamación de Obama es solo un llamamiento. Se trata en los dos casos de documentos del gobierno, pero la Proclamación de Emancipación era una orden ejecutiva con fuerza de ley y consecuencias concretas y reales. Por el contrario, la proclamación del presidente Obama es solo un llamamiento a los estadounidenses a conmemorar un aniversario, sin expectativas de castigo en caso de incumplimiento.
16. **Respuesta correcta: B.** El presidente Lincoln se centra en medidas inmediatas; el presidente Obama se centra en el plazo largo. Con respecto a la lucha por la libertad, la Proclamación de Emancipación del presidente Lincoln se centra en un único paso que deberá realizarse

EXAMEN DE PRÁCTICA

inmediatamente: la liberación de los esclavos en las zonas que se encontraban en rebelión como una "medida adecuada y necesaria de guerra". El presidente Obama, por su parte, se centra en el largo plazo y habla del espíritu que "llevó a millones de personas a marchar por la justicia en los años que siguieron".

17. Menús desplegables (Seleccione . . .) 1 a 3.

    Seleccione 1 — Respuesta correcta: En su lugar, las tarjetas con cinta magnética que usan los empleados serán codificadas para las horas específicas que un empleado deba trabajar durante un período de una semana. Esta opción presenta la oración de significado más claro y estructura correcta. Las otras opciones, no.

    Seleccione 2 — Respuesta correcta: Además,. Las oraciones precedentes describen un cambio en las reglas de uso de las tarjetas de identificación de los empleados. La palabra de transición "Además" anuncia al lector que la oración siguiente describirá otro cambio en las normas de seguridad.

    Seleccione 3 — Respuesta correcta: Cualquier empleado que tenga la sospecha de que se trata de un hecho fuera de lo común deberá llamar a la Oficina de Seguridad. Nosotros nos ocuparemos de investigar el asunto. El uso de un punto y seguido entre dos unidades de pensamiento completo, que crea dos oraciones completas, evita el problema de una oración mal estructurada.

18. **Respuesta correcta: A.** Delia vende sus cabellos. Este acontecimiento desarrolla el tema del relato, que es el sacrificio de algo por amor. Las otras opciones no tienen influencia en ese desarrollo.

19. **Respuesta correcta: B.** "Por un momento se sintió desfallecer, y permaneció de pie mientras un par de lágrimas caían sobre la raída alfombra roja". Esta cita expresa los sentimientos encontrados de Delia al momento de vender sus cabellos. Las otras opciones, no.

20. **Respuesta correcta: D.** Ayuda al lector a comprender lo hermosos que eran los cabellos de Delia. Ese es el significado de la frase figurativa. Sus cabellos parecían como las aguas de una cascada.

21. **Orden correcto:**

    Delia cuenta su dinero.

    Delia vende sus cabellos.

    Delia se va de compras.

    Delia le da su regalo a Jim.

22. **Respuesta correcta: A.** Muestra que quiere que la vida siga adelante. Al decir esto, Jim muestra que ha aceptado lo que sucedió y quiere que la vida continúe. También sugiere que, con el tiempo, podrán hacer uso de sus regalos.

23. **Respuesta correcta: D.** Para ilustrar la suavidad de los pasos de un niño indígena. Ese es el significado de la comparación.

24. El espacio en blanco deberá ser rellenado con la palabra **grulla**.

25. **Respuesta correcta: D.** La caza es un instinto natural para el niño indígena. Esta opción respalda la idea de que los niños indígenas son excelentes cazadores desde una edad temprana.

26. **Respuesta correcta: C.** "Una huella de ciervo provocaba una ardiente discusión sobre si la huella pertenecía a un ciervo o a una cierva". Esta cita muestra cómo los niños indígenas estudiaban la vida animal y cómo aprendían a distinguir entre las huellas de los ciervos.

27. **Respuesta correcta: D.** El arco y las flechas. Esta información aparece en el texto del pasaje. Una lectura cuidadosa le permitirá responder la pregunta.

28. **Respuesta correcta: B.** Sepan cuán inventivos eran los niños indígenas. El narrador describe los diferentes métodos que usaban los niños indígenas para atrapar a los peces, que eran muy inventivos.

EXAMEN DE PRÁCTICA

29. Las palabras que describen al narrador son:

    Respuesta correcta: Cuidadoso. De la forma en que el narrador se describe a sí mismo y a los otros niños indígenas, se desprende que tenían mucho cuidado de los animales peligrosos, como los osos.

    Respuesta correcta: Astuto. El narrador es realmente astuto cuando caza y persigue a sus presas.

    Respuesta correcta: Curioso. El narrador muestra su curiosidad por los animales que caza, al igual que los otros niños indígenas.

30. **Respuesta correcta: A.** Al mediodía. En el párrafo 7 del pasaje, el narrador le cuenta al lector cuándo se reunían. Una lectura cuidadosa le permitirá responder la pregunta.

31. **Respuesta correcta: C.** Las grullas adultas los atacarían cuando estuvieran cerca. Este es el punto del relato en el que el narrador cuenta la experiencia con las grullas.

32. **Respuesta correcta: D.** De hueso y piedras. La respuesta se encuentra en el texto del pasaje.

33. Menús desplegables (Seleccione . . .) 1 a 4.

    Seleccione 1 — Respuesta correcta: la playa de palmeras del Club Campo Grande,. Esta es la estructura correcta y lógica de la frase.

    Seleccione 2 — Respuesta correcta: Este es uno de los siete restaurantes de los que el Club puede hacer alarde. La expresión verbal *puede hacer* concuerda en número con el sujeto y está en tiempo presente como el verbo de la oración principal.

    Seleccione 3 — Respuesta correcta: Durante su estadía, usted podrá realizar alguno de los muchos paseos guiados que ofrecemos. Esta es la forma más directa y correcta de comunicar la información. Las otras opciones no son lógicas y son gramaticalmente incorrectas.

    Seleccione 4 — Respuesta correcta: Recuerde que nuestro lema es "El huésped, primero". Siempre procuramos hacerlo realidad. Esta opción separa dos pensamientos completos con un punto y seguido, y evita así una oración mal estructurada.

34. **Respuesta correcta: B.** "Creemos que todos los hombres tienen derecho a la libertad de pensamiento y de expresión". Esta cita se refiere al hecho de que en la Constitución se establece que todos los hombres nacen iguales y que gozan de ciertos derechos iguales.

35. **Respuesta correcta: B.** Que él piensa que es un filosofía peligrosa. A juzgar por el lenguaje que usa para describir el comunismo (falso, engañoso), resulta evidente que el presidente Truman lo considera una filosofía peligrosa.

36. **Respuesta correcta: C.** Distintos de todo lo conocido hasta entonces. Algo *sin precedentes* es algo que no ha sucedido nunca antes. Esta expresión se ajusta al contexto de la oración.

37. **Respuesta correcta: A.** Deberían tener una actitud amistosa hacia ellos. La respuesta se encuentra en el texto del pasaje. El presidente Roosevelt dice que la actitud de los Estados Unidos "debe ser de cordialidad y sincera amistad".

38. **Respuesta correcta: D.** "Si fracasamos, nuestro fallo pondrá en peligro la causa del autogobierno libre en todo el mundo, y por ello la responsabilidad es grande, para con nosotros, el mundo de hoy y el de las generaciones futuras". Esta cita respalda la idea de que el presidente Roosevelt estaba convencido de que la nación enfrentaba un gran desafío. Las otras opciones, no.

39. **Respuesta correcta: C.** Los problemas que debieron enfrentar los padres de la nación eran muy diferentes de los que el país enfrenta hoy. Los dos presidentes destacan este punto; hacen notar que los padres de la nación no tenían conocimiento del tipo de problemas a los que ambos debían hacer frente.

40. **Respuesta correcta: A.** Está más centrado en los peligros que amenazan a los Estados Unidos. El discurso del presidente Truman está centrado en el peligro que representaba

EXAMEN DE PRÁCTICA

el comunismo; ninguna de las otras opciones están reflejadas en el discurso.

41. **Respuesta correcta: B.** Los dos usan un lenguaje dramático para respaldar sus ideas. Los dos presidentes usan palabras y frases dramáticas para transmitir sus puntos de vista a las respectivas audiencias.

42. Menús desplegables (Seleccione . . .) 1 a 3.

    Seleccione 1 — Respuesta correcta: No utilice palabras del lenguaje coloquial. Use un lenguaje que sea similar al usado en la descripción de las tareas de trabajo. Esta es la única opción en la que dos pensamientos completos están correctamente separados por un punto y seguido.

    Seleccione 2 — Respuesta correcta: ayudarlos. Esta es la forma pronominal correcta del verbo, pues concuerda en número y persona con el antecedente (los líderes).

    Seleccione 3 — Respuesta correcta: Cuando entre en la habitación, extienda su mano visiblemente. Esta es la única posición correcta del adverbio *visiblemente*.

43. **Respuesta correcta: C.** "Permítanme mencionar el trabajo de dos estudiantes que participaron en el Programa de institutos de verano de Asia Oriental y el Pacífico, patrocinado por la Fundación Nacional para la Ciencia". Esta cita respalda directamente la idea de que la Fundación Nacional para la Ciencia contribuye a que los estudiantes de minorías tengan éxito en sus estudios de ciencia.

44. **Respuesta correcta: C.** Que los Estados Unidos no ocupan un puesto destacado en la clasificación por número de estudiantes de ciencia. La información sobre la clasificación de los Estados Unidos está incluida en el texto del pasaje.

45. **Respuesta correcta: C.** Secundario. Este significado concuerda con el contexto en el que se usa la palabra.

46. **Respuesta correcta: D.** Alentar a su audiencia a continuar con los estudios de ciencia para beneficio propio y del mundo. La Dra. Marrett está interesada en aumentar el número de estudiantes de ciencia en los Estados Unidos. Esa es la razón por la que menciona ejemplos de estudiantes que han tenido éxito en sus estudios.

47. **Respuesta correcta: B.** Respalda la idea de que las personas que estudian ciencia pueden contribuir a mejorar el mundo. Esto le permite a la Dra. Marrett afirmar que la ciencia es un importante campo de estudios, donde los estudiantes pueden hacer descubrimientos notables.

48. **Respuesta correcta: A.** El país no alienta lo suficiente a los estudiantes que quieren estudiar ciencia. Esta es la razón por la que la Dra. Marrett se muestra preocupada por el futuro de los Estados Unidos y su posición en el mundo en términos de estudiantes graduados en ciencia.

49. **Respuesta correcta: D.** Para mostrar que el presidente Obama es consciente de la importancia de la ciencia. La cita muestra que la Fundación Nacional para la Ciencia no es la única agencia que piensa que es necesario que más estudiantes se dediquen a la ciencia para que los Estados Unidos recuperen su competitividad.

50. **Respuesta correcta: A.** Que quiere experimentar la vida. Carol sabe que no quiere convertirse en una ama de casa tradicional, y tiene curiosidad por saber cómo se sentiría si llevara una vida bohemia.

51. **Respuesta correcta: B.** "Stewart, querido, ¡no puedo resignarme a solo lavar platos!". Esta cita respalda el tema del relato: cada uno debe encontrar su propia forma de vida.

52. **Respuesta correcta: D.** Él piensa que ella podría ser una buena ama de casa. Esto queda claro en la conversación que ambos mantienen en el guardarropa.

53. Las palabras que describen a Carol son:

    Respuesta correcta: Inteligente. Carol se gradúa en la universidad, decide estudiar bibliotecología y, aparentemente, no le va mal. Se puede afirmar que se trata de una persona inteligente.

EXAMEN DE PRÁCTICA

Respuesta correcta: Resuelta. Evidentemente, Carol está decidida a hacer algo importante de su vida.

Respuesta correcta: Apasionada. Parece que Carol tiene sentimientos profundos sobre su propia vida y la experimentación de cosas nuevas. Es una persona decididamente apasionada.

54. **Respuesta correcta: D.** Que la música hacía que Carol perdiera su concentración. La música hacía también que Carol se sintiera más romántica. La misma oración dice, además, que la música insinuante "le quitaba su independencia". El contexto ayuda a responder la pregunta.

55. **Respuesta correcta: A.** Porque piensa que no va a desentonar con ellos. Carol fantaseaba con que era una bohemia, pero descubre que ella no tiene nada que ver con los bohemios de verdad.

56. Menús desplegables (Seleccione . . .) 1 a 4.

    Seleccione 1 — Respuesta correcta: Muchas veces los empleados se ven forzados a estacionar sus autos sobre el césped, lo que, además de resultar poco atractivo a la vista, provoca daños sobre el terreno. En esta opción, el orden de las palabras es lógico y el significado de la oración claro; en las otras, no.

    Seleccione 2 — Respuesta correcta: ha decidido. El verbo ha decidido concuerda con el sujeto, la administración, en número y persona. Está también en el tiempo pretérito perfecto, que es lo que requiere la oración.

    Seleccione 3 — Respuesta correcta: Con tal fin, estableceremos un sistema de incentivos para premiar a aquellos que decidan participar en el uso compartido de vehículos, tomen el autobús, usen la bicicleta o caminen a la oficina. Los verbos decidan, tomen, usen y caminen describen acciones paralelas.

    Seleccione 4 — Respuesta correcta: Para ello, necesitaremos su nombre, la ruta que normalmente toma para venir a la oficina y el número de su extensión. En español, se usa la coma para separar los diferentes términos de una enumeración, con la única excepción del término que va encabezado por la conjunción *y*, que no la lleva.

57. **Respuesta correcta: B.** "El chelín se lo di a la gente del barco por mi pasaje, que lo rechazó, en un principio, con la escusa de que yo también había tenido que remar; pero insistí, y lo aceptaron". Esta cita respalda la idea de que Benjamin Franklin tenía un sistema de valores bien desarrollado; a pesar de que había tenido que remar, Franklin insistió en pagar su pasaje. La ecuanimidad era importante para él.

58. **Respuesta correcta: A.** Porque quiere mostrar que era consciente del propósito de la pregunta. Las preguntas eran astutas porque las personas no querían ofender a Franklin, pero él comprendió por qué se las formulaban.

59. El espacio en blanco deberá ser rellenado con: **rostro**, **aspecto**.

60. **Respuesta correcta: B.** Para contar un episodio divertido sobre sí mismo. Franklin describe en detalle su aspecto absurdo y el hecho de que su futura mujer pensara que su apariencia era ridícula para contar un episodio divertido sobre la forma en que se conocieron.

61. **Respuesta correcta: B.** Porque muestra qué tipo de persona era Franklin. El incidente muestra que Franklin no se creía más que los otros, y estaba dispuesto a colaborar con ellos cuando fuera necesario. Así era su carácter.

62. **Respuesta correcta: A.** Muestra que Franklin era una persona que estaba dispuesta a hacer cualquier cosa que fuera necesaria para alcanzar sus objetivos. Esta explicación respalda la idea de que Franklin era una persona con inventiva, capaz de hacer lo que fuera necesario para alcanzar sus objetivos. En este caso, poder dormir un poco.

EXAMEN DE PRÁCTICA

63. El espacio en blanco deberá ser rellenado con: **Filadelfia**.

64. **Respuesta correcta: B.** Franklin estaba buscando iniciar una nueva vida. El hecho de que llegara a Filadelfia con muy poco dinero y fuera a buscar trabajo a una imprenta sugiere que Franklin estaba buscando iniciar una nueva vida.

65. **Respuesta extensa.** Analice los dos discursos para determinar cuál punto de vista está mejor respaldado. Use evidencia específica y relevante para respaldar su respuesta. Recuerde que en las preguntas de respuesta extensa no hay un punto de vista "correcto" y otro "incorrecto".

    Los dos discursos difieren en el tono usado: en el de Paul el tono es más emocional que en el de Durbin, al punto tal de que llega a afirmar que la regla de la mayoría es básicamente una regla no democrática.

    Paul sostiene que la abolición del sistema electoral es, de hecho, inconstitucional, porque el país fue fundado como una república y no como una democracia directa. Destaca, además, que los estados constituyen la base del gobierno federal, y no al revés, y que el Colegio Electoral protege a los estados más pequeños, a los menos poderosos, a menudo ridiculizados como "los estados que atravesamos cuando volamos de costa a costa". Apunta a las élites que se encuentran, sobre todo, en las costas este y oeste, y afirma que quieren un gobierno federal fuerte y que no creen en los derechos de los estados. Y llega a decir que la democracia pura es incompatible con la libertad.

    El discurso de Durbin también usa argumentos emocionales, pero tiende a ser más racional que el discurso de Paul. Por ejemplo, Paul afirma que si se modifica el sistema electoral los estados pequeños tendrán menor importancia, pero Durbin manifiesta que los estados más pequeños ya son ignorados en las campañas presidenciales actuales. Pregunta por qué si los miembros de la Cámara de Representantes y del Senado son electos directamente no debería serlo también el Presidente. Dice que el sistema electoral no es democrático porque un voto en un estado menos poblado tiene más peso que un voto en uno más populoso, como Illinois. Otro punto importante en el discurso de Durbin es que en el Colegio Electoral los candidatos de partidos menores tienen más influencia y poder que en el caso de una elección directa.

    Si fuera posible, pídale a un instructor que evalúe su ensayo. Las opiniones y los comentarios de su instructor le ayudarán a determinar qué habilidades necesita desarrollar para mejorar la redacción de sus ensayos.

    Usted también podrá evaluar el ensayo por sí mismo. Use para ello la lista de verificación de las características que se emplean en la evaluación, que se presenta a continuación. Sea justo en la evaluación. Cuantas más características haya incluido en su ensayo, mayor confianza podrá tener en sus habilidades de escritura. Eso sí, deberá repasar aquellas características que no haya tenido en cuenta en su ensayo.

Mi ensayo:

- ☐ Desarrolla un argumento sólido y lógico basado en el texto o los textos fuente.
- ☐ Cita evidencia del texto o los textos fuente para respaldar el argumento.
- ☐ Analiza y evalúa las cuestiones y/o la validez de los argumentos contenidos en los textos fuente.
- ☐ Organiza las ideas en una secuencia razonable.
- ☐ Describe claramente la relación de las ideas principales con los detalles.
- ☐ En la mayoría de los casos, estructura correctamente las oraciones.
- ☐ Usa apropiadamente las convenciones y reglas del idioma español en cuestiones de gramática, ortografía y signos de puntuación.

EXAMEN DE PRÁCTICA

Tabla de evaluación

Compruebe en la sección de respuestas y explicaciones del examen de práctica de Razonamiento a través de las artes del lenguaje qué preguntas contestó correctamente y cuáles, no. En el caso de las respuestas incorrectas, busque primero el número de la pregunta en la tabla siguiente. Luego verifique, en la columna de la izquierda, a qué área de contenido corresponde esa pregunta. Si usted contestó incorrectamente varias preguntas de una misma área de contenido, deberá repasar esa área para el examen de GED®. Las páginas donde se tratan las diferentes áreas de contenido están enumeradas en la columna de la derecha.

Área de contenido	Número de pregunta	Páginas para repasar
1. Uso del idioma español Edición del ensayo	6, 17, 33, 42, 56	173–197
2. Comprensión de la lectura Destrezas básicas de lectura crítica de textos	2, 3, 5, 6, 7, 16, 24, 27, 30, 32, 35, 39, 47, 48, 50, 62, 63, 64	205–216
3. La estructura del texto y las elecciones del autor Secuencia de los acontecimientos Relaciones estructurales Lenguaje usado por el autor	8, 14, 20, 22, 23, 36, 40, 41, 45, 54, 58, 59	223–233
4. Textos literarios (ficción) Uso de la evidencia contenida en el texto para analizar elementos de ficción	1, 2, 3, 4, 5, 18, 19, 21, 28, 29, 31, 50, 51, 52, 53, 55	239–259
5. Textos informativos (no ficción) Inferencia de las relaciones entre ideas Propósito y punto de vista del autor Análisis de argumentos Técnicas retóricas Actitud del autor ante puntos de vista opuestos Comparación de textos	6, 9, 10, 11, 12, 13, 14, 15, 16, 25, 26, 34, 37, 38, 39, 40, 41, 43, 44, 46, 47, 48, 49, 57, 60, 61, 62	269–289

EXAMEN DE PRÁCTICA

Razonamiento matemático

Ahora que ya ha finalizado con el repaso y los ejercicios de práctica, es el momento de evaluar el grado de su preparación para realizar el examen de GED®. Este examen de práctica de Razonamiento matemático ha sido diseñado con el propósito de ayudarlo a determinar cuán bien preparado está usted en esta materia y de permitirle evaluar si su nivel de conocimientos es el adecuado para el examen de GED®.

Este examen contiene el mismo número de preguntas que el examen de Razonamiento matemático del GED®: 50. Las preguntas se presentan en el mismo formato que tienen en el examen real y han sido diseñadas para evaluar las mismas destrezas. Algunas preguntas requieren simplemente efectuar cálculos matemáticos, pero otras presentan situaciones hipotéticas de la vida real, en las que usted deberá decidir qué técnica de resolución de problemas es la más apropiada para llegar a la respuesta correcta. Muchas de las preguntas se refieren a diagramas, gráficas, cuadrículas del plano de coordenadas u otras representaciones gráficas. La mayoría de las preguntas de la sección de Razonamiento matemático son de opción múltiple e incluyen cuatro respuestas. Sin embargo, algunas preguntas emplean técnicas interactivas, como "arrastrar y soltar", o contienen menús desplegables. En otras preguntas, usted deberá escribir su respuesta en un espacio en blanco o en un recuadro en la pantalla de la computadora. Por último, en otras deberá hacer un clic sobre la pantalla para marcar puntos en una cuadrícula del plano de coordenadas. En el examen de GED®, usted marcará sus respuestas haciendo un clic sobre la pantalla de la computadora. En este examen de práctica, usted deberá utilizar papel y lápiz, y marcar directamente sobre la página sus respuestas.

Para tener una buena idea de cuán bien lo haría en el examen real, trate de realizar el examen en condiciones similares a las que encontrará en el centro de examinación. Complete el examen en una sola sesión y respete el límite de tiempo establecido. Si usted no llegara a completar el examen en el tiempo permitido, deberá mejorar entonces el ritmo de sus respuestas.

Trate de contestar tantas preguntas como le sea posible. Recuerde que no se penalizan las respuestas equivocadas, así que si no sabe una respuesta intente adivinarla. En las preguntas de opción múltiple, aumentarán sus probabilidades de acertar con la respuesta correcta si, previamente, puede eliminar una o más de las opciones.

Una vez completado el examen, compruebe sus respuestas en la sección de respuestas y explicaciones, que aparece después del examen de práctica. Luego, use la tabla de evaluación, a continuación de la sección de respuestas y explicaciones, para determinar las destrezas y contenidos que requieran más ejercitación y estudio.

Ahora, dé vuelta la página y comience el examen de práctica de Razonamiento matemático.

Lista de fórmulas matemáticas

Área:

paralelogramo	$A = bh$
trapezoide	$A = (\frac{1}{2})h(b_1 + b_2)$

Área de superficie y volumen:

prisma rectangular/recto	$SA = ph + 2B$	$V = Bh$
cilindro	$SA = 2\pi rh + 2\pi r^2$	$V = \pi r^2 h$
pirámide	$SA = (\frac{1}{2})ps + B$	$V = (\frac{1}{3})Bh$
cono	$SA = \pi rs + \pi r^2$	$V = (\frac{1}{3})\pi r^2 h$
esfera	$SA = 4\pi r^2$	$V = (\frac{4}{3})\pi r^3$

(p = perímetro de la base B; $\pi \approx 3.14$)

Álgebra

pendiente de la recta	$m = \frac{(y_2 - y_1)}{(x_2 - x_1)}$
forma pendiente-intersección de la recta	$y = mx + b$
fórmula punto-pendiente de la recta	$y - y_1 = m(x - x_1)$
fórmula general de las ecuaciones cuadráticas	$ax^2 + bx + c = y$
fórmula cuadrática	$x = \frac{-b \pm \sqrt{b^2 - 4ac}}{2a}$
teorema de Pitágoras	$a^2 + b^2 = c^2$
interés simple	$I = prt$ (I = interés, p = capital, r = tasa, t = tiempo)

EXAMEN DE PRÁCTICA

Razonamiento matemático

50 preguntas | **90 minutos**

1. ¿Cuál es el mayor valor posible para el que $2x^2 + 7x - 30 = 0$?

   A. $\frac{5}{6}$

   B. $\frac{5}{2}$

   C. 5

   D. 6

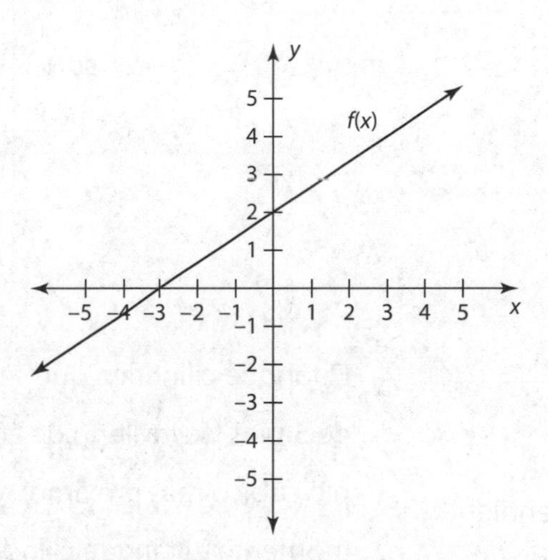

2. El plano de coordenadas anterior muestra la representación gráfica de la función lineal $f(x)$. Si $g(x) = \frac{1}{2}x + 8$, ¿cuál de las afirmaciones siguientes es verdadera cuando las dos funciones se representan gráficamente?

   A. La pendiente de las dos rectas es la misma y es positiva.
   B. La pendiente de las dos rectas es la misma y es negativa.
   C. La pendiente de la recta $f(x)$ es mayor que la pendiente de la recta $g(x)$.
   D. La pendiente de la recta $f(x)$ es menor que la pendiente de la recta $g(x)$.

EXAMEN DE PRÁCTICA

3. Si la pendiente de una recta *m* es igual a −2, ¿cuál es entonces la pendiente de una recta perpendicular a *m*?

A. −2

B. $-\frac{1}{2}$

C. $\frac{1}{2}$

D. 2

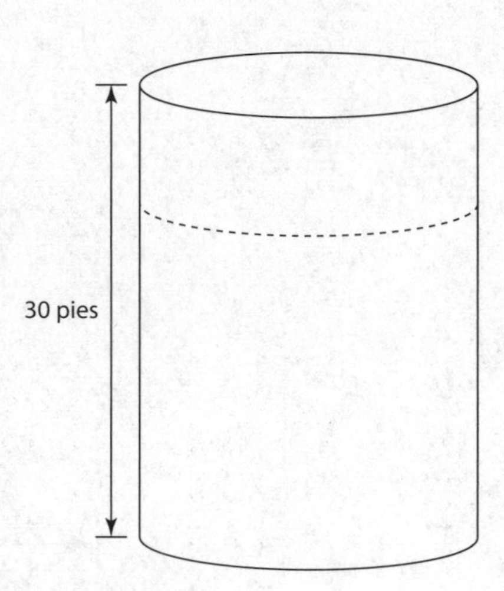

4. El tanque cilíndrico que se muestra en el gráfico anterior tiene un radio de 5 pies y está lleno de agua hasta $\frac{2}{3}$ de su volumen. Redondeado al pie cúbico más próximo, ¿cuántos pies cúbicos de agua contiene en este momento el tanque cilíndrico?

A. 1,571
B. 2,356
C. 6,283
D. 9,425

EXAMEN DE PRÁCTICA

5. Tomás puede correr 5 millas en aproximadamente 43 minutos. Si lo hace al mismo ritmo, ¿en cuántos minutos podrá correr 20 kilómetros? Redondee su respuesta al minuto más próximo (1 milla = 1.6 km).

   A. 63
   B. 69
   C. 108
   D. 172

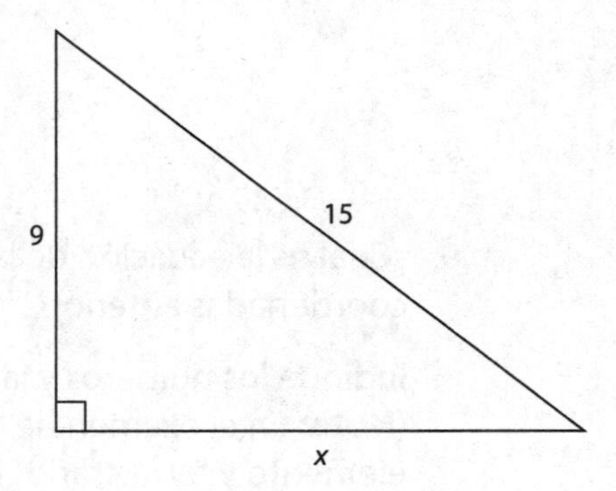

6. ¿Cuál es el valor de x en el gráfico anterior?

   A. 3
   B. 8
   C. 12
   D. 17

7. En un plano de coordenadas, la recta m pasa por los puntos (–1, 4) y (0, 9). ¿Cuál es la pendiente de una recta paralela a la recta m? Indique su respuesta en el recuadro.

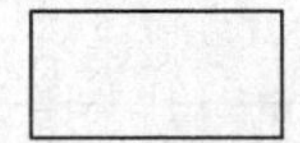

8. Una alcancía contiene solo centavos y cuartos, y en ella hay cuatro veces más centavos que cuartos. Si la alcancía contiene 440 monedas, ¿cuántas de ellas son cuartos? Indique su respuesta en el recuadro.

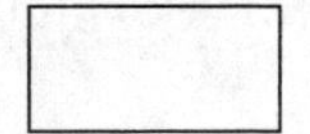

EXAMEN DE PRÁCTICA

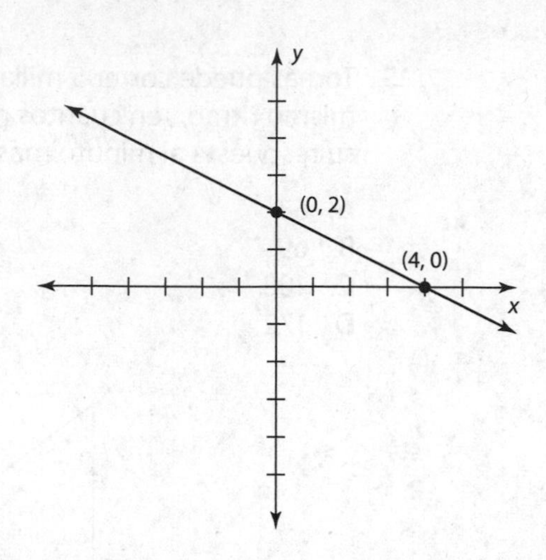

9. ¿Cuál es la ecuación de la recta que se muestra en el plano de coordenadas anterior?

   Indique los números y las variables que completan la ecuación. (**Nota:** En el examen de GED®, usted deberá hacer un clic sobre cada elemento y "arrastrarlo" hasta el recuadro correspondiente.)

   $y =$ ☐ $+$ ☐

$-2x$	$-\frac{1}{2}x$	$4x$	2	$\frac{1}{2}$

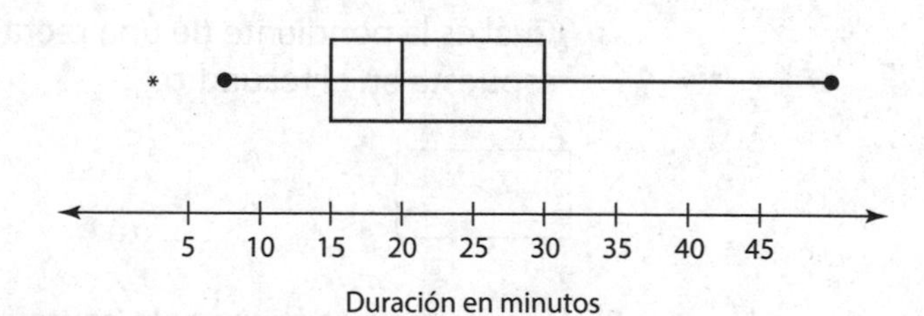

10. El diagrama de cajas anterior representa la duración de las llamadas telefónicas efectuadas por una muestra de estudiantes universitarios en un fin de semana. Basándose en el diagrama, ¿cuál de las afirmaciones siguientes es verdadera?

    A. Más de la mitad de las llamadas efectuadas tenían una duración de más de 20 minutos.
    B. La llamada más breve duró alrededor de 8 minutos.
    C. El 50 por ciento de las llamadas tuvo una duración aproximada de entre 15 y 30 minutos.
    D. El 25 por ciento de las llamadas tuvo una duración de menos de 30 minutos.

EXAMEN DE PRÁCTICA

11. Las edades de los estudiantes de un club científico comunitario son: 13, 11, 14, 12, 8 y 10. ¿Cuál es el rango de edades en el club?

A. 4
B. 6
C. 10
D. 14

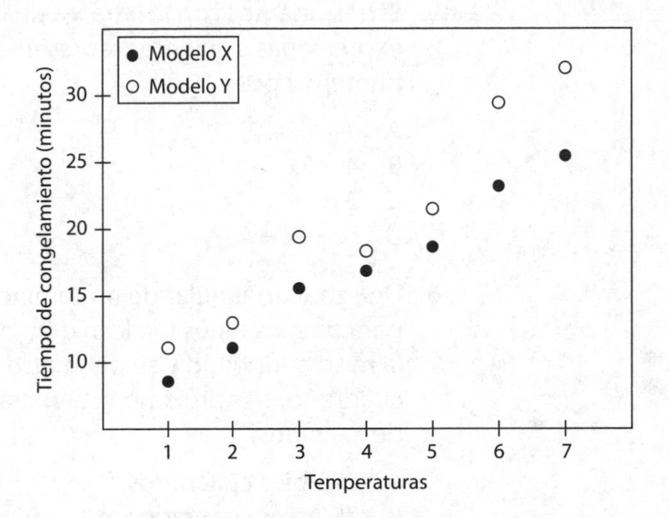

12. El diagrama de dispersión anterior representa los datos recolectados durante las pruebas de dos modelos de congeladores de laboratorio. En el experimento, se determinó el tiempo que demoraría en congelarse completamente el agua de un tazón de ensayo a 7 temperaturas diferentes en cada uno de los congeladores. Basándose en el diagrama, ¿cuál de las afirmaciones siguientes es verdadera?

A. Para el modelo X, el tiempo de congelamiento fue superior a los 10 minutos a cualquiera de las temperaturas.
B. Para el modelo X, el tiempo de congelamiento no fue nunca superior a los 30 minutos a cualquiera de las temperaturas.
C. Para el modelo Y, el tiempo de congelamiento aumentó cuando la temperatura aumentaba.
D. Para el modelo Y, el tiempo de congelamiento fue menor al del modelo X por lo menos a una de las temperaturas dadas.

13. En una clase de 31 estudiantes, 30 realizaron un examen, y la media fue de 76.5 puntos. El estudiante restante lo realizó posteriormente. Si su resultado fue de 98 puntos, ¿cuál de las afirmaciones siguientes referidas a la media de los 31 estudiantes es verdadera?

A. La media será menor que 76.5 puntos.
B. La media permanecerá en 76.5 puntos.
C. La media será mayor que 76.5 puntos.
D. No es posible hacer una afirmación sobre la media sin conocer los resultados individuales de todos los estudiantes.

EXAMEN DE PRÁCTICA

14. Si $k(x) = 4x^2 - 7$, entonces $k\left(\frac{1}{2}\right) =$
    A. −6
    B. −5
    C. −4
    D. −3

15. Si designamos con la letra x a un número indeterminado, ¿cuál de las expresiones siguientes representa "4 menos que el producto de ese número x por 2"?
    A. $4 - (x + 2)$
    B. $4 - 2x$
    C. $2x - 4$
    D. $(x + 2) - 4$

16. Una zona triangular de un camino para peatones ha sido reservada para que los niños realicen dibujos con tiza. Los lados de la zona tienen la misma longitud y su perímetro es igual a 90 pies. Redondeada al pie cuadrado más próximo, ¿cuán grande es el área reservada para los dibujos de los niños?
    A. 225 pies cuadrados
    B. 250 pies cuadrados
    C. 390 pies cuadrados
    D. 450 pies cuadrados

17. Una caja de productos de muestra contiene 45 muestras, y un contenedor contiene 18 de esas cajas. ¿Cuántos productos de muestra contendrán 20 contenedores? Indique su respuesta en el recuadro.

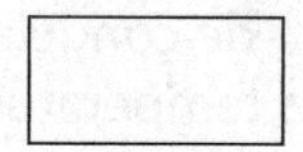

18. ¿Cuál es el valor de la expresión $-3x + 5y$ cuando $x = -1$ e $y = -2$?
    A. −11
    B. −7
    C. −2
    D. 1

19. Entre los pacientes de una doctora, la cantidad de pacientes mayores de 50 años es superior a la cantidad de pacientes menores de 20 años en un número de por lo menos 10. Si la doctora tiene 18 pacientes mayores de 50 años, ¿cuál es el cantidad máxima de pacientes menores de 20 años que la doctora podrá tener?
    A. 4
    B. 8
    C. 10
    D. 28

EXAMEN DE PRÁCTICA

20. Supongamos que el peso de una sola canica está representado por la expresión $\frac{x+1}{x-8}$, donde x es un número entero distinto de cero. Si una bolsa contiene $\frac{2x-16}{x-1}$ canicas, ¿cuál de las expresiones siguientes representa el peso de todas las canicas en la bolsa?

    A. $\frac{2x+2}{x-1}$
    B. $\frac{2x^2-2}{x^2+1}$
    C. $\frac{x-8}{x-1}$
    D. $\frac{2x^2-16}{x^2+8}$

21. La semana pasada, una chaqueta de cuero tenía un precio de $159. Esta semana, la chaqueta está rebajada a $130. Redondeado al décimo más proximo, ¿cuál fue el porcentaje de la rebaja en el precio de la chaqueta?

    A. 11.9%
    B. 14.6%
    C. 18.2%
    D. 22.3%

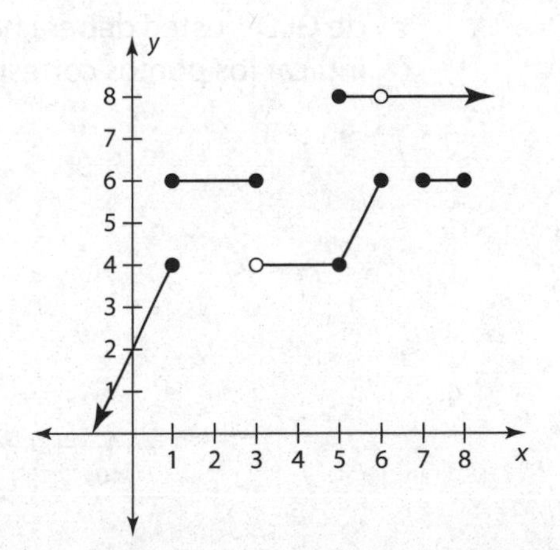

22. En el plano de coordenadas anterior, ¿para cuál de los rangos siguientes de valores es y una función de x?

    A. $0 < x \leq 2$
    B. $2 < x \leq 4$
    C. $4 < x \leq 6$
    D. $6 < x \leq 8$

23. $1 - 5(2 - 4^2) =$

A. −89
B. −62
C. 56
D. 71

24. Dos números están representados por *m* y *n*. Cree una ecuación que represente "5 menos que el doble del producto de los dos números es igual a 2."

Para crear la ecuación, elija las expresiones y/o los números que correspondan y colóquelos en los recuadros apropiados. (**Nota:** En el examen de GED®, usted deberá hacer un clic sobre el número y/o la expresión seleccionados y "arrastrarlos" hasta el recuadro correspondiente.)

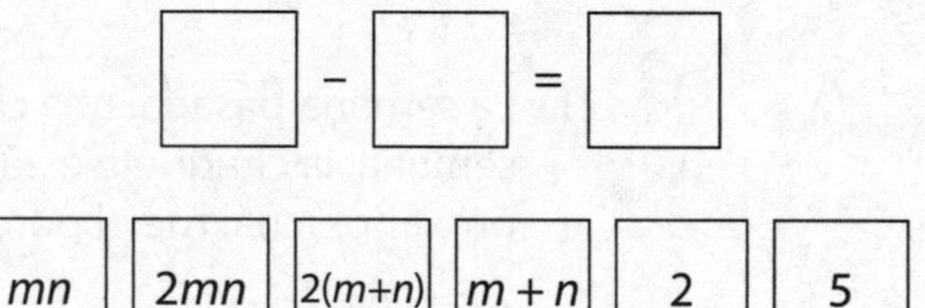

25. Indique dos puntos en el plano de coordenadas que se encuentren sobre la recta representada por la expresión $-3x + y = 5$. (**Nota:** En el examen de GED®, usted deberá hacer un clic sobre el plano de coordenadas para indicar los puntos correspondientes.)

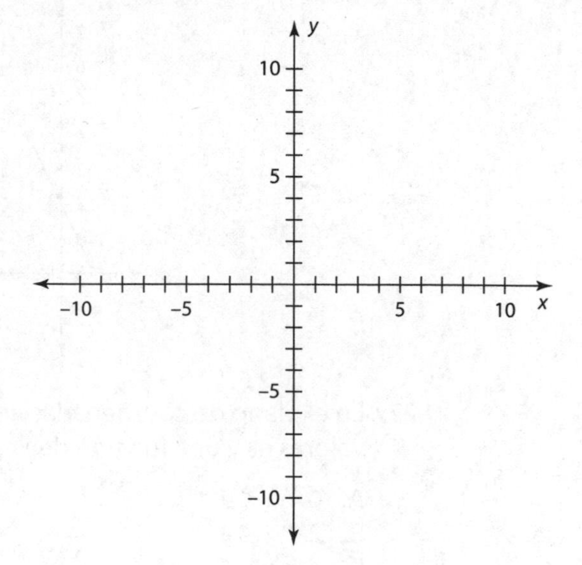

EXAMEN DE PRÁCTICA

26. Si $x = -4$, ¿cuál es el valor de la expresión $\frac{x^2 - 4}{x}$?

   A. −5
   B. −3
   C. 0
   D. 2

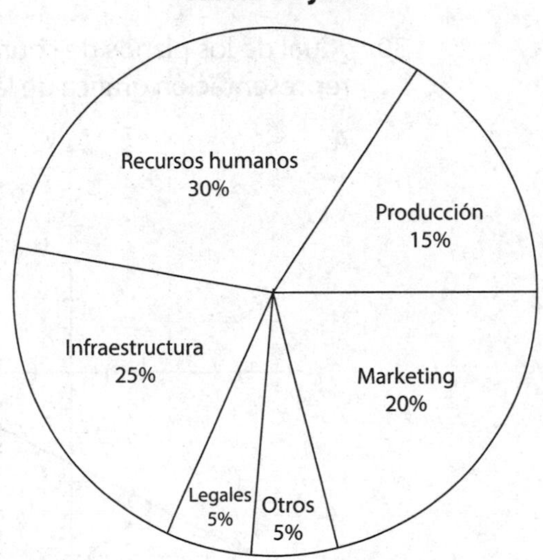

27. La gráfica de sectores anterior muestra la distribución de gastos en el mes de julio de una empresa que acaba de iniciar sus actividades. Si el total de los gastos en julio fue de $40,120, ¿cuánto de ese total se gastó en la producción?
   A. $2,006
   B. $6,018
   C. $8,024
   D. $12,036

28. Para calcular el valor de una medida *Y*, la diferencia entre la medida inicial *X* y 5 debe ser dividida por el cuadrado de *X*. ¿Cuál de las expresiones siguientes representa la fórmula para calcular *Y* basada en la medida inicial *X*?
   A. $X - \frac{5}{X^2}$
   B. $\frac{1}{5X} - X^2$
   C. $\frac{X-5}{X^2}$
   D. $X - \frac{\sqrt{X}}{5}$

EXAMEN DE PRÁCTICA

29. Durante un período de cinco días hábiles, el saldo en una cuenta de cheques al final del día fue de \$143.20, \$210.50, \$187.50, \$800.65 y \$777.65. ¿Cuál fue la media del saldo durante ese período?

A. \$187.50
B. \$210.50
C. \$423.90
D. \$657.45

30. ¿Cuál de los planos de coordenadas siguientes corresponde a la representación gráfica de la ecuación $2x - 4y = 10$?

A.

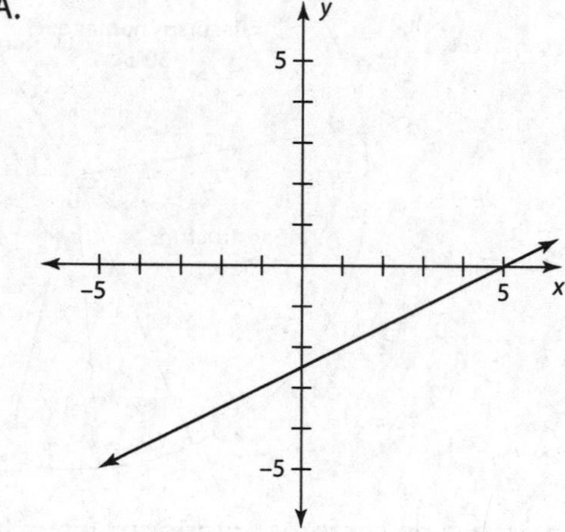

B.

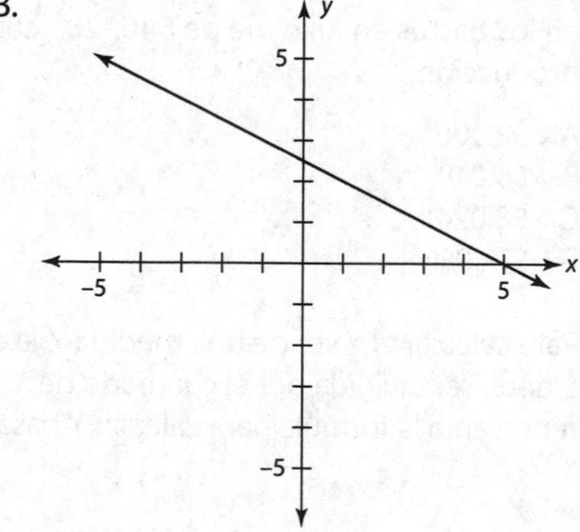

EXAMEN DE PRÁCTICA

C.

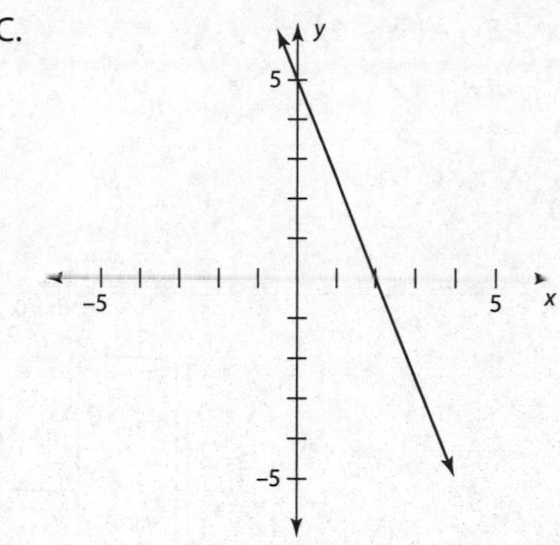

D.

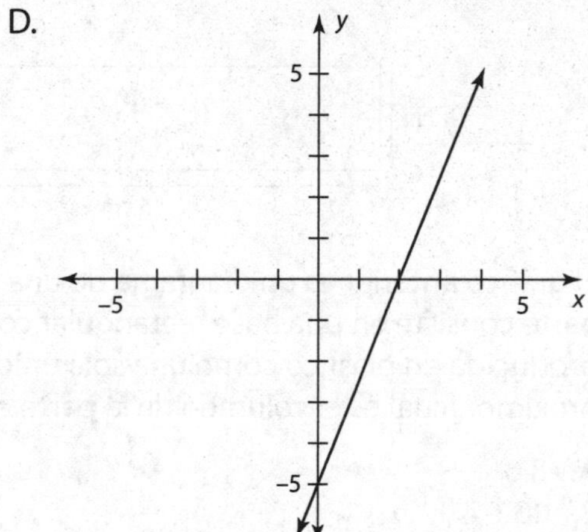

31. ¿Cuál de las expresiones siguientes corresponde a la forma completamente factorizada de $2x^3 - 10x^2 - 2x$?

A. $2x(x - 5)(x - 2)$
B. $2(x^3 - 5x^2 - x)$
C. $x(2x^2 - 10x - 2)$
D. $2x(x^2 - 5x - 1)$

32. ¿Cuál de las expresiones siguientes representa la resolución de la desigualdad $-4x + 2 > 3x + 9$?

A. $x < -1$
B. $x < 2$
C. $x > 7$
D. $x > 11$

EXAMEN DE PRÁCTICA

33. $(x^3 + 5x) - (5x^3 - 2x) =$

A. $-4x^3 + 7x$
B. $-4x^3 + 3x$
C. $x^3 - 2x$
D. $x^3 + x$

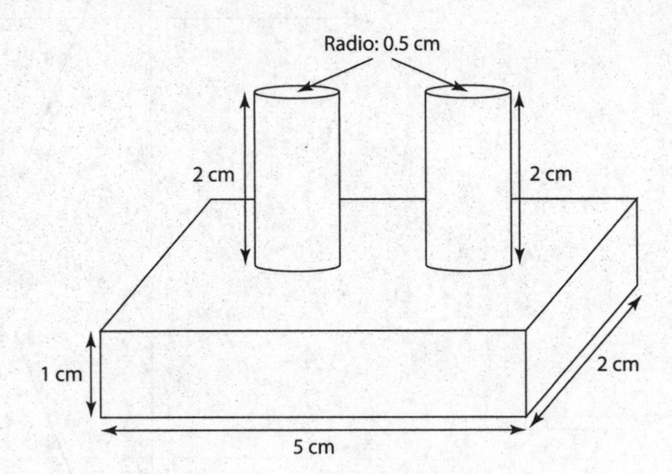

34. El gráfico anterior es un diagrama de una nueva parte de una máquina. La parte consiste en una base rectangular con dos conectores cilíndricos. Será producida en plástico como una sola unidad. Redondeado al décimo más próximo, ¿cuál es el volumen de la parte en centímetros cúbicos?

A. 8.6
B. 10.1
C. 11.6
D. 13.1

35. Un equipo de la liga de béisbol de menores decide organizar una rifa. Cualquier persona que decida participar en el sorteo podrá comprar hasta un máximo de tres números, pero solo se elegirá a un ganador. Si del sorteo participan 45 personas y cada una de ellas compró tres números, ¿cuál es la probabilidad de que una de esas personas gane el sorteo? Indique su respuesta en los recuadros siguientes.

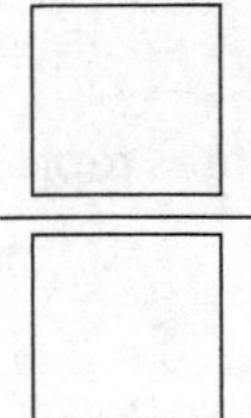

EXAMEN DE PRÁCTICA

La pregunta 36 contiene un espacio en blanco, que comienza con la palabra "Seleccione", seguida de puntos suspensivos. Debajo del párrafo, encontrará una lista con cuatro opciones. Indique cuál de esas opciones es la que corresponde al espacio en blanco. (**Nota:** En el examen de GED®, las opciones se presentan como un menú desplegable. Cuando usted haga un clic sobre la opción seleccionada, esta rellenará el espacio en blanco.)

36. Considere la lista siguiente de números racionales: 0.73, $\frac{2}{3}$, $\frac{1}{4}$, 2.

    Reescrita de menor a mayor, la lista deberá quedar ordenada así:

    Seleccione. . . ▼

Seleccione. . . ▼
0.73, $\frac{2}{3}$, $\frac{1}{4}$, 2
$\frac{1}{4}$, 0.73, $\frac{2}{3}$, 2
$\frac{1}{4}$, $\frac{2}{3}$, 0.73, 2
0.73, $\frac{1}{4}$, $\frac{2}{3}$, 2

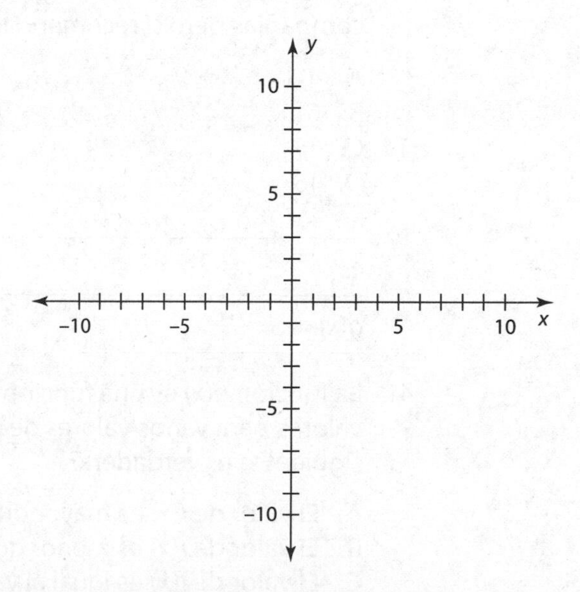

37. En el plano de coordenadas anterior, indique el punto (−6, 0). (**Nota**: En el examen de GED®, usted deberá hacer un clic sobre la cuadrícula para indicar el punto correspondiente.)

EXAMEN DE PRÁCTICA

38. ¿Cuál de las expresiones siguientes es equivalente a la expresión $\left(4^{\frac{1}{3}}\right)^{\frac{1}{2}}$?

A. $\frac{1}{4^{\frac{1}{2}}}$
B. $4^{\frac{1}{5}}$
C. $4^{\frac{1}{6}}$
D. $\frac{1}{4^{\frac{1}{3}}}$

39. En una tienda de comestibles, una caja de pasta de 13 onzas, que normalmente se vende a $2.50, está en oferta a $1.38. En términos de precio por onza, ¿cuánto representa el descuento? Redondee el resultado al décimo de un centavo.

A. 8.6 centavos
B. 10.6 centavos
C. 19.2 centavos
D. 29.8 centavos

40. En una tienda minorista de cosméticos, se ofrecen 18 artículos como muestras gratuitas. De esos artículos, 12 son producidos por grandes compañías y 10 han sido recomendados por una revista. Únicamente seis de ellos son producidos por grandes compañías y recomendados por la revista.

¿Cuántas de las muestras gratuitas no han sido producidas por grandes compañías pero sí recomendadas por la revista?

A. 4
B. 6
C. 16
D. 18

x	−1	0	2
$g(x)$	7	9	13

41. La función $g(x)$ es una función lineal. La tabla anterior muestra sus valores para varios valores de x. Si $f(x) = -3x + 5$, ¿cuál de las afirmaciones siguientes es verdadera?

A. El valor de $f(x)$ es mayor que el valor de $g(x)$ cuando $x = 0$.
B. El valor de $f(x)$ es menor que el valor de $g(x)$ cuando $x = 0$.
C. El valor de $f(x)$ es igual al valor de $g(x)$ cuando $x = 0$.
D. No es posible comparar los valores de $f(x)$ y $g(x)$ cuando $x = 0$ sin tener información adicional.

EXAMEN DE PRÁCTICA

42. Si $\frac{1}{2}(x-5)=x$, entonces $x=$

A. -10

B. -5

C. $-\frac{1}{2}$

D. $-\frac{5}{2}$

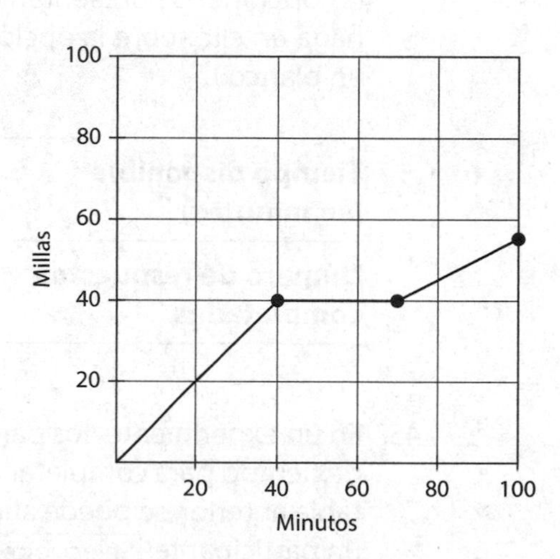

43. La gráfica anterior representa los primeros 100 minutos del viaje de verano de la familia Robinson. Basándose en la gráfica, ¿cuál de las afirmaciones siguientes describe mejor esa parte del viaje?

A. La familia condujo a una tasa de velocidad estable por alrededor de 40 minutos y luego decidió descansar el resto del día.

B. La familia condujo a una tasa de velocidad estable por alrededor de 40 minutos, realizó una pausa de 30 minutos y luego continuó con el viaje a la misma tasa de velocidad anterior.

C. La familia condujo a una tasa de velocidad estable por alrededor de 40 minutos, realizó una pausa de 30 minutos y luego continuó con el viaje a una tasa de velocidad menor.

D. La familia condujo a una tasa de velocidad estable por alrededor de 40 minutos, realizó una pausa de 30 minutos y luego continuó con el viaje a una tasa de velocidad mayor.

EXAMEN DE PRÁCTICA

44. Si $x - 9 < -5$, ¿cuál de las afirmaciones siguientes sobre x debe ser verdadera?

A. $x > -14$
B. $x > 4$
C. $x < -14$
D. $x < 4$

La pregunta 45 contiene un espacio en blanco, que comienza con la palabra "Seleccione", seguida de puntos suspensivos. Debajo del párrafo, encontrará una lista con dos opciones. Indique cuál de esas opciones es la que corresponde al espacio en blanco. (**Nota:** En el examen de GED®, las opciones se presentan como un menú desplegable. Cuando usted haga un clic sobre la opción seleccionada, esta rellenará el espacio en blanco.)

Tiempo disponible (en minutos)	10	5	2	1	15	8	4	6	1
Número de respuestas completadas	8	4	2	3	9	7	3	4	2

45. En un experimento, los participantes dispusieron de distintas cantidades de tiempo para completar un examen de 10 preguntas. Basándose en la tabla anterior, se puede afirmar que cuanto más tiempo tuvo disponible un participante, Seleccione... ▼ preguntas pudo contestar.

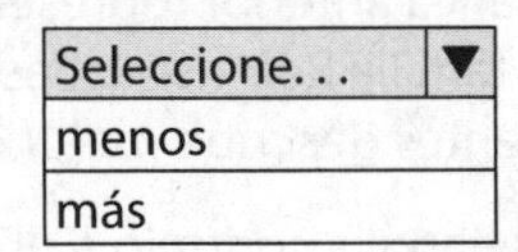

46. Luis camina 10 metros en dirección sur y luego recorre otros 10 metros en dirección este. ¿Cuán lejos se encuentra Luis de su punto de partida?

A. 10.00 m
B. 14.14 m
C. 15.15 m
D. 20.00 m

EXAMEN DE PRÁCTICA

47. En el plano de coordenadas, la recta k pasa por los puntos (2, 6) y (4, 3). ¿Cuál es la pendiente de una recta perpendicular a la recta k?

    A. $-\frac{3}{2}$

    B. $-\frac{2}{3}$

    C. $\frac{2}{3}$

    D. $\frac{3}{2}$

48. Una bolsa de cintas de colores contiene solo cintas rojas y negras, y hay tres veces más cintas rojas que cintas negras. Si la bolsa contiene en total 240 cintas, ¿cuántas cintas rojas hay en la bolsa?

    A. 60
    B. 120
    C. 150
    D. 180

49. En el plano de coordenadas, la recta k pasa por los puntos (−3, −4) y (1, 2). ¿Cuál de las siguientes ecuaciones corresponde a la recta k?

    A. $3x - 2y + 1 = 0$
    B. $3x + 2y + 1 = 0$
    C. $2x - 3y + 1 = 0$
    D. $2x + 3y + 1 = 0$

50. Si $f(x) = 6x^2 + 13x + 5$, entonces $f(-4) =$

    A. −143
    B. 49
    C. 81
    D. 153

ESTE ES EL FINAL DEL EXAMEN DE PRÁCTICA DE RAZONAMIENTO MATEMÁTICO

EXAMEN DE PRÁCTICA

Respuestas y explicaciones

1. **Respuesta correcta: B.** El lado izquierdo de la ecuación puede ser factorizado en los términos $(2x-5)(x+6)$. Por la regla de que todo número multiplicado por cero es igual a cero, las soluciones de la ecuación son entonces $\frac{5}{2}$ y -6.

2. **Respuesta correcta: C.** La función $g(x)$ está escrita en la forma pendiente-intersección de la recta; entonces, su pendiente es igual al coeficiente del término x, es decir, $\frac{1}{2}$. La representación gráfica de $f(x)$ muestra que la recta pasa por los puntos (–3, 0) y (0, 2). Si usamos la fórmula de la pendiente, su pendiente será igual a $m=\frac{2-0}{0-(-3)}=\frac{2}{3}$, que es mayor que $\frac{1}{2}$.

3. **Respuesta correcta: C.** Una recta perpendicular a la recta m tendrá una pendiente que será igual al recíproco negativo de –2.

4. **Respuesta correcta: A.** El volumen de todo el tanque cilíndrico es igual a $V=\pi(5)^2(30)=2356.19$ pies cúbicos. Si calculamos, entonces, los $\frac{2}{3}$ de ese volumen, tendremos: $\frac{2}{3}(2356.19)\approx 1571$.

5. **Respuesta correcta: C.** Dado su ritmo, Tomás puede correr una milla (o 1.6 km) en $\frac{43}{5}=8.6$ minutos. Entonces, podrá correr 20 km en: $\frac{8.6\text{ min}}{1.6\text{ km}}(20\text{ km})=107.5\text{ min}$.

6. **Respuesta correcta: C.** Si usamos el teorema de Pitágoras, tendremos: $15^2=9^2+x^2$ y $x^2=15^2-9^2=144 \Rightarrow x=\sqrt{144}=12$.

7. **Respuesta correcta: 5.** Una recta paralela a la recta m tendrá la misma pendiente que esta, o sea: $\frac{9-4}{0-(-1)}=\frac{5}{1}=5$.

8. **Respuesta correcta: 88.** Si C representa la cantidad de centavos y Q la cantidad de cuartos, podremos escribir la información dada de la forma siguiente: C + Q = 440 y C = 4Q. Si sustituimos, tendremos: 4Q + Q = 440, o 5Q = 440. Entonces, hay $\frac{440}{5}$ = 88 cuartos en la alcancía.

9. **Respuesta correcta:** $y=-\frac{1}{2}x+2$.
   La pendiente de la recta dada es igual a: $\frac{0-2}{4-0}=-\frac{1}{2}$ y cruza el eje de las y en el punto (0, 2). Si usamos la fórmula punto-pendiente de la recta, la ecuación será igual a $y=-\frac{1}{2}x+2$.

10. **Respuesta correcta: C.** La caja del diagrama representa el 50 por ciento de los valores centrales, que es el porcentaje que corresponde a los valores ubicados entre los cuartiles primero y tercero. Si observamos el diagrama, veremos que la caja comienza en 15, que es el primer cuartil, y finaliza en 30, el tercer cuartil.

11. **Respuesta correcta: B.** El rango es la diferencia entre el mayor valor y el menor valor de un conjunto de datos. En este caso, el rango es igual a: 14 – 8 = 6.

12. **Respuesta correcta: B.** Para el modelo X, el mayor tiempo de congelamiento fue de unos 25 minutos.

13. **Respuesta correcta: C.** A pesar de que podría tratarse de un valor extremo, el resultado de 98 puntos hará que la media sea mayor que 76.5 puntos.

EXAMEN DE PRÁCTICA

14. **Respuesta correcta: A.**
$$k\left(\frac{1}{2}\right)=4\left(\frac{1}{2}\right)^2-7=4\left(\frac{1}{4}\right)-7=1-7=-6$$

15. **Respuesta correcta: C.** "4 menos que" implica una sustracción de algo. Puesto que un producto es igual a una multiplicación, la expresión debe mostrar que se resta 4 del producto de x por 2, es decir, $2x - 4$.

16. **Respuesta correcta: C.** Si el perímetro es igual a 90 pies, entonces cada lado tiene una longitud de 30 pies. La altura del triángulo será igual a uno de los catetos de un triángulo rectángulo, el otro cateto tendrá una longitud de 15 pies y la hipotenusa, de 30 pies. Si aplicamos el teorema de Pitágoras, la altura será igual a: $\sqrt{30^2-15^2}\approx 26$. Entonces, el área de la zona reservada para los niños será aproximadamente: $\frac{1}{2}(30)(26)=390$ pies cuadrados.

17. **Respuesta correcta: 16,200.** Cada contenedor tiene una capacidad de: $45 \times 18 = 810$ muestras; entonces, los 20 contenedores tendrán una capacidad de: $20 \times 810 = 16{,}200$ muestras.

18. **Respuesta correcta: B.** $-3(-1) + 5(-2) = 3 - 10 = -7$

19. **Respuesta correcta: B.** Si C representa la cantidad de pacientes mayores de 50 años y V, el número de pacientes menores de 20 años, entonces: $C \geq 10 + V$. Como $C = 18$, esto significa que $18 \geq 10 + V$ y $8 \geq V$.

20. **Respuesta correcta: A.** El peso total de las canicas será igual al producto de la cantidad de canicas por el peso de cada canica. En este caso, el producto es igual a:
$$\left(\frac{x+1}{x-8}\right)\left(\frac{2x-16}{x-1}\right)=\left(\frac{x+1}{x-8}\right)\left(\frac{2(x-8)}{x-1}\right)$$
$$=\frac{2(x+1)}{x-1}=\frac{2x+2}{x-1}.$$

21. **Respuesta correcta: C.** El porcentaje de la rebaja en el precio es igual a:
$$100\%\times\left(\frac{159-130}{159}\right)=18.2\%$$

22. **Respuesta correcta: B.** El plano de coordenadas muestra a y como función de x cuando existe un solo valor de y por cada valor de x. Esto puede comprobarse al observar si una línea vertical atraviesa la representación gráfica solo una vez en la zona examinada. En los rangos dados, eso solo sucede cuando los valores de x se encuentran entre 2 y 4.

23. **Respuesta correcta: D.**
$1 - 5(2 - 4^2) = 1 - 5(2 - 16) = 1 - 5(-14) = 1 + 70 = 71.$

24. **Respuesta correcta: $2mn - 5 = 2$.** El doble del producto se obtiene multiplicando por 2 el producto de m por n. "5 menos que" significa que debemos restar 5 de ese valor.

25. **Respuesta correcta: Dos puntos cualquiera que se encuentren sobre la recta que se muestra a continuación.**

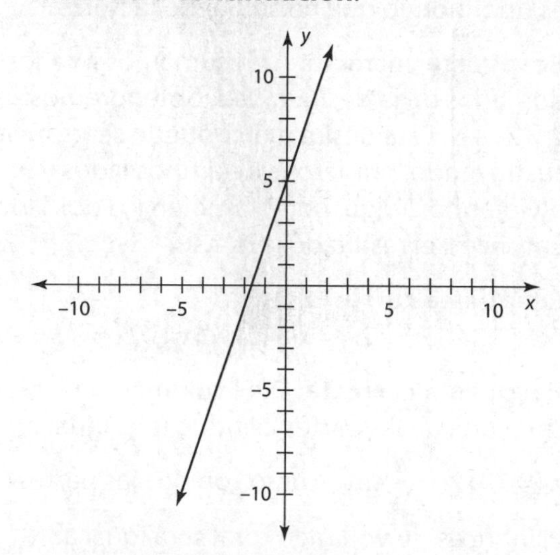

26. **Respuesta correcta: B.**
$$\frac{(-4)^2-4}{-4}=\frac{16-4}{-4}=\frac{12}{-4}=-3$$

27. **Respuesta correcta: B.** De la gráfica de sectores se desprende que el 15% de los \$40,120 fue gastado en la producción; entonces: $0.15 \times 40{,}120 = 6{,}018$.

EXAMEN DE PRÁCTICA

28. **Respuesta correcta: C.** La diferencia entre X y 5 se representa por $X - 5$, mientras que el cuadrado de X se representa por X^2. Dividiendo el primer término por el segundo, obtenemos: $\frac{X-5}{X^2}$.

29. **Respuesta correcta: C.**
$$\frac{143.20+210.50+187.50+800.65+777.65}{5} = 423.90$$

30. **Respuesta correcta: A.** La intersección con el eje de las x de la recta representa la solución de: $2x - 4(0) = 10$, o $x = 5$, mientras que la intersección con el eje de las y representa la solución de: $2(0) - 4y = 10$, o $y = -\frac{5}{2}$. Solo la recta representada en la opción A tiene esas intersecciones.

31. **Respuesta correcta: D.** Todos los términos tienen a $2x$ como factor común. Si factorizamos la expresión dada por $2x$, obtendremos: $2x(x^2 - 5x - 1)$, donde $x^2 - 5x - 1$ es un trinomio que no se puede factorizar.

32. **Respuesta correcta: A.** Si sumamos $4x$ a los dos lados de la desigualdad, obtendremos: $2 > 7x + 9$. Esta desigualdad puede ser resuelta sustrayendo, primero, 9 de ambos lados y dividiendo, luego, por 7 también los dos lados. Entonces, el resultado final es: $x < -1$.

33. **Respuesta correcta: A.**
$(x^3 + 5x) - (5x^3 - 2x) = x^3 + 5x - 5x^3 + 2x = -4x^3 + 7x$

34. **Respuesta correcta: D.** El volumen de cada una de las partes cilíndricas es igual a $\pi(0.5)^2(2) = \frac{\pi}{2} cm^3$. Como son dos las partes cilíndricas, su volumen total será igual a: π cm³. Por último, la parte rectangular tiene un volumen igual a: $1 \times 5 \times 2 = 10$ centímetros cúbicos. Entonces, el volumen total de la nueva parte será igual a: $10 + \pi \approx 13.1 cm^3$.

35. **Respuesta correcta: $\frac{1}{45}$.** La cantidad total de números comprados por los participantes es igual a: 3×45, mientras que la cantidad de números comprados por cada participante es 3. Entonces, la probabilidad de que un participante gane el sorteo será igual a: $\frac{3}{3(45)} = \frac{1}{45}$.

36. **Respuesta correcta: $\frac{1}{4}, \frac{2}{3}$, 0.73, 2.**

37. **Respuesta correcta:**

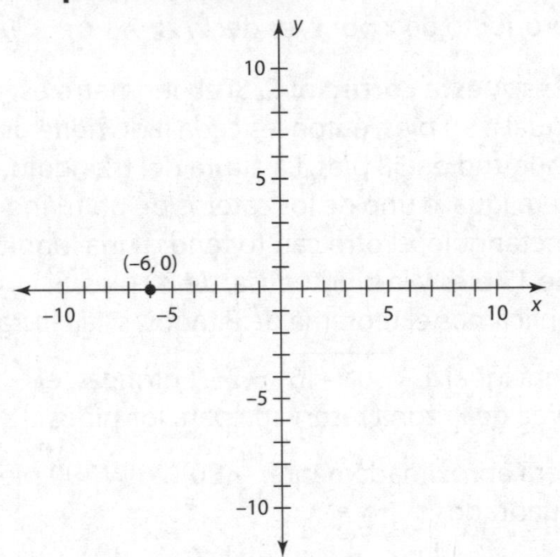

La coordenada de x es −6 y la coordenada de y es 0, lo que significa que el punto −6 se encuentra ubicado sobre el eje de las x.

38. **Respuesta correcta: C.** Por la regla de los exponentes, se multiplican los exponentes: $\left(4^{\frac{1}{3}}\right)^{\frac{1}{2}} = 4^{\frac{1}{3}\times\frac{1}{2}} = 4^{\frac{1}{6}}$.

39. **Respuesta correcta: A.** Sin el descuento, el precio por onza era igual a: $\frac{\$2.50}{13} = \$0.192$, mientras que con el descuento el precio será de: $\frac{\$1.38}{13} = \$0.106$. Esto representa una diferencia de: $19.2 - 10.6 = 8.6$ centavos.

40. **Respuesta correcta: A.** Los 6 artículos que son producidos por grandes compañías y, al mismo tiempo, recomendados por la revista están incluidos en los 10 artículos recomendados por la revista. Entonces, deberemos restar de esos 10 los 6 producidos

EXAMEN DE PRÁCTICA

por grandes compañías y recomendados por la revista para obtener los productos que no son producidos por grandes compañías, es decir: $10 - 6 = 4$. Un diagrama de Venn podría ser de utilidad en este caso.

41. **Respuesta correcta: B.** Cuando $x = 0$, la tabla muestra que $g(x)$ tiene un valor de 9, mientras que el valor de $f(x)$ para $f(0)$ es igual a: $-3(0) + 5 = 5$.

42. **Respuesta correcta: B.** Si aplicamos la propiedad distributiva a $x - 5$, la ecuación es equivalente a: $\frac{1}{2}x - \frac{5}{2} = x$. Resolviendo la ecuación, obtendremos:

$$\frac{1}{2}x - \frac{5}{2} = x$$
$$-\frac{5}{2} = \frac{1}{2}x$$
$$-5 = x$$

43. **Respuesta correcta: C.** La recta horizontal en el medio de la representación gráfica indica que el tiempo transcurre y no se recorren millas adicionales. Esto representa la pausa realizada por la familia Robinson. Luego, la nueva recta muestra una tasa de velocidad estable, pero que tiene una pendiente menor que la recta anterior a la pausa, lo que indica que la familia continuó el viaje a una tasa de velocidad menor.

44. **Respuesta correcta: D.** Si sumamos 9 a los dos lados de la desigualdad, tendremos: $x < 4$. La dirección de la desigualdad solo cambia si se multiplican o dividen los dos lados por un número negativo.

45. **Respuesta correcta: más.** "Basándose en la tabla anterior, se puede afirmar que cuanto más tiempo tuvo disponible un participante, más preguntas pudo contestar".

A pesar de que existen variaciones, la menor disponibilidad de tiempo, generalmente, impidió que los participantes contestaran más preguntas. Esto puede comprobarse con un diagrama de dispersión.

46. **Respuesta correcta: B.** Si aplicamos el teorema de Pitágoras, tendremos: $10^2 + 10^2 = x^2$ y $x^2 = 100 + 100 = 200 \Rightarrow x = \sqrt{200} = 14.14$.

47. **Respuesta correcta: C.** La recta k tiene una pendiente igual a: $m = \frac{(y_2 - y_1)}{(x_2 - x_1)} = \frac{(3-6)}{(4-2)} = -\frac{3}{2}$.

Una recta que sea perpendicular a la recta k tendrá una pendiente igual al recíproco negativo de esa pendiente, es decir, $\frac{2}{3}$.

48. **Respuesta correcta: D.** Si R representa la cantidad de cintas rojas y N el número de cintas negras, la información dada puede ser reescrita así: $R + N = 240$ y $R = 3N$. Sustituyendo, $3N + N = 240$ o $4N = 240$. La cantidad de cintas negras en la bolsa será igual a: $\frac{240}{4} = 60$, y la cantidad de cintas rojas en la bolsa será: $R = 3N = 3(60) = 180$.

49. **Respuesta correcta: A.** La pendiente de la recta k es igual a:

$$m = \frac{(y_2 - y_1)}{(x_2 - x_1)} = \frac{(2-(-4))}{(1-(-3))} = \frac{6}{4} = \frac{3}{2}$$

Aplicando la fórmula punto-pendiente de la recta, la ecuación quedará así:

$$(y - y_1) = m\,(x - x_1) \text{ o } (y - y_1) = m\,(x - x_1)$$

$$y - 2 = \frac{3}{2}(x - 1) \qquad y - (-4) = \frac{3}{2}(x - (-3))$$
$$2y - 4 = 3x - 3 \qquad y + 4 = \frac{3}{2}(x + 3)$$
$$2y = 3x + 1 \qquad 2y + 8 = 3x + 9$$
$$0 = 3x - 2y + 1 \qquad 2y = 3x + 1$$
$$3x - 2y + 1 = 0 \qquad 0 = 3x - 2y + 1$$
$$3x - 2y + 1 = 0$$

50. **Respuesta correcta: B.**

$f(x) = 6x^2 + 13x + 5$
$f(-4) = 6(-4)^2 + 13(-4) + 5$
$f(-4) = 6(16) - 52 + 5$
$f(-4) = 96 - 52 + 5 = 49$

EXAMEN DE PRÁCTICA

Tabla de evaluación

Compruebe en la sección de respuestas y explicaciones del examen de práctica de Razonamiento matemático qué preguntas contestó correctamente y cuáles, no. En el caso de las respuestas incorrectas, busque primero el número de la pregunta en la tabla siguiente. Luego verifique, en la columna de la izquierda, a qué área de contenido corresponde esa pregunta. Si usted contestó incorrectamente varias preguntas de una misma área de contenido, deberá repasar esa área para el examen de GED®. Las páginas donde se tratan las diferentes áreas de contenido están enumeradas en la columna de la derecha.

Área de contenido	Número de pregunta	Páginas para repasar
1. Operaciones con números enteros	17, 36, 39, 40	331–339
2. Exponentes, raíces y propiedades numéricas	23, 38	341–352
3. Operaciones con números decimales	36	353–363
4. Operaciones con fracciones	36	365–382
5. Razones, tasas y proporciones	5	383–388
6. Los porcentajes y sus aplicaciones	21, 27	389–396
7. La recta numérica y los números negativos	14, 18	397–401
8. Probabilidad y cálculos	35	403–409
9. La estadística y el análisis de datos	10, 11, 12, 13, 29, 45	411–428
10. Expresiones algebraicas	20, 24, 26, 28, 48	429–452
11. Resolución de ecuaciones y desigualdades	1, 8, 15, 18, 19, 31, 32, 33, 42, 44	453–475
12. Representación gráfica de ecuaciones	3, 7, 9, 25, 30, 37, 43, 47, 49	477–494
13. Funciones	2, 14, 22, 41, 50	495–509
14. Geometría	4, 6, 16, 34, 46	511–524

EXAMEN DE PRÁCTICA

Ciencia

Este examen de práctica de Ciencia ha sido diseñado con el propósito de familiarizarlo con esta sección del examen de GED® y de permitirle evaluar su nivel actual de conocimientos en esta materia.

Este examen contiene el mismo número de preguntas que el examen de Ciencia del GED®: 40. Las preguntas se presentan en el mismo formato que tienen en el examen real y han sido diseñadas para evaluar las mismas destrezas. La mayoría de las preguntas están basadas en pasajes breves de lectura extraídos sobre cuestiones científicas. Algunas están basadas en ilustraciones, diagramas y otras representaciones gráficas de carácter científico. La mayoría de las preguntas de la sección de Ciencia son de opción múltiple e incluyen cuatro respuestas. Sin embargo, en otras preguntas usted deberá dibujar una línea o marcar un punto en un diagrama, rellenar un espacio en blanco o escribir una respuesta breve. En el examen de GED®, usted marcará sus respuestas haciendo un clic sobre la pantalla de la computadora. En este examen de práctica, usted deberá utilizar papel y lápiz, y marcar directamente sobre la página sus respuestas. Para las respuestas breves, deberá usar hojas de papel separadas.

Para tener una buena idea de cuán bien lo haría en el examen real, trate de realizar el examen en condiciones similares a las que encontrará en el centro de examinación. Complete el examen en una sola sesión y respete el límite de tiempo establecido. Si usted no llegara a completar el examen en el tiempo permitido, deberá mejorar entonces el ritmo de sus respuestas.

Trate de contestar tantas preguntas como le sea posible. Recuerde que no se penalizan las respuestas equivocadas, así que si no sabe una respuesta intente adivinarla. En las preguntas de opción múltiple, aumentarán sus probabilidades de acertar con la respuesta correcta si, previamente, puede eliminar una o más de las opciones.

Una vez completado el examen, compruebe sus respuestas en la sección de respuestas y explicaciones, que aparece después del examen de práctica. Luego, use la tabla de evaluación, a continuación de la sección de respuestas y explicaciones, para determinar las destrezas y los contenidos que requieran más ejercitación y estudio.

Ahora, dé vuelta la página y comience el examen de práctica de Ciencia.

EXAMEN DE PRÁCTICA

Ciencia

40 preguntas | **90 minutos**

Use el pasaje siguiente para responder las preguntas 1 a 3.

La respiración homeostática es un mecanismo que comprende la regulación de la cantidad de oxígeno y de dióxido de carbono en la sangre. El intercambio de gases se produce entre los sacos alveolares en los pulmones y los capilares sanguíneos.

El oxígeno y el dióxido de carbono contenidos en la sangre que sale de los pulmones a través de los capilares tienen presiones parciales cuyos valores promedio son similares a los encontrados en los alveolos. Si la cantidad de dióxido de carbono en la sangre es diferente de la cantidad que se encuentra en los alveolos, los receptores químicos detectarán el cambio y provocarán la respuesta del sistema respiratorio.

1. ¿Cuál de las respuestas siguientes es señal de un nivel elevado de dióxido carbono en la sangre?

   A. La fiebre.
   B. La tos.
   C. La respiración agitada.
   D. El exceso de orina.

Use el diagrama siguiente para la respuesta 2.

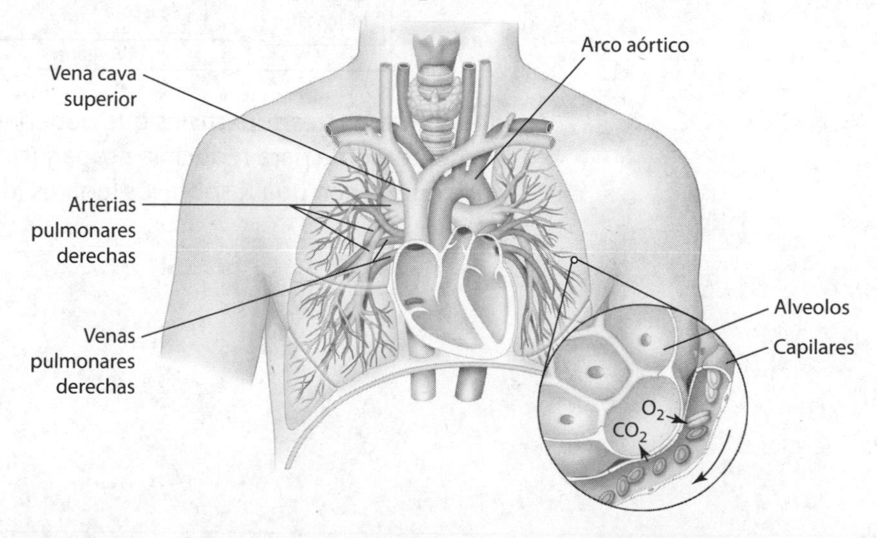

2. Basándose en la información contenida en el pasaje, identifique y marque con una **X** el lugar donde se produce el intercambio de gases.

EXAMEN DE PRÁCTICA

3. Basándose en la información contenida en el pasaje, los sistemas respiratorio, cardiovascular y nervioso trabajan juntos para regular:

   A. La acción capilar.
   B. Las vías de ventilación.
   C. La composición de los gases en la sangre.
   D. Las funciones de los receptores químicos.

Use el pasaje y el diagrama siguientes para responder la pregunta 4.

Durante la temporada de gripe, la limpieza adecuada de las manos es el mejor medio de reducir la propagación de la infección. Algunos virus pueden vivir hasta ocho horas sobre las superficies plásticas o metálicas. Los virus pueden ser transmitidos cuando los estudiantes se restriegan los ojos y la nariz y después tocan una superficie. Examine el plano del aula que se muestra a continuación.

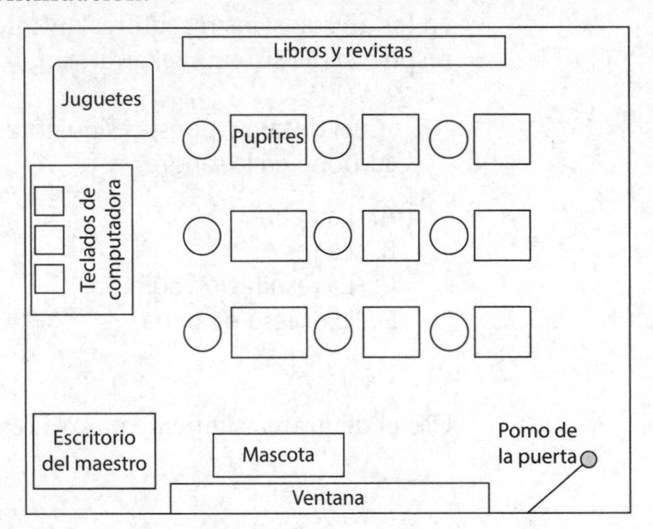

4. Identifique las tres superficies que deberían ser limpiadas más frecuentemente para reducir la propagación de virus a los estudiantes, y márquelas con una **X** sobre los lugares identificados en el plano.

EXAMEN DE PRÁCTICA

Use el pasaje y el diagrama siguientes para responder las preguntas 5 a 7.

La energía y los nutrientes atraviesan los diferentes niveles tróficos de un ecosistema cuando unos organismos se alimentan de otros. El diagrama siguiente muestra una cadena alimentaria terrestre común en una variedad de ecosistemas. Las flechas representan el flujo de energía de un organismo a otro.

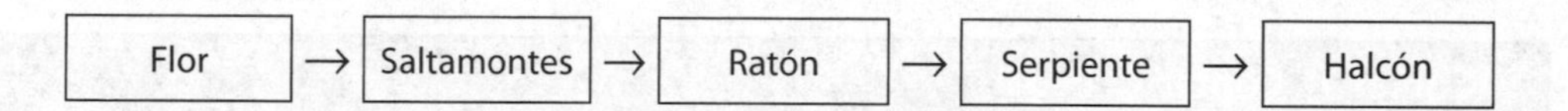

No se incluyen en el diagrama los descomponedores, también llamados saprófagos, que se alimentan de materia orgánica en descomposición. Los descomponedores son componentes importantes de todo ecosistema. Estos organismos extraen energía de los desechos orgánicos, como las hojas caídas y los restos de organismos muertos de otros niveles tróficos. El material orgánico que forma parte de los seres vivos es reciclado y, finalmente, devuelto al medio ambiente en una forma que permite su uso por las plantas.

5. En la cadena alimentaria terrestre, la flor obtiene la energía necesaria para sus funciones vitales a través de un proceso de:

   A. Acidificación.
   B. Fermentación.
   C. Fotosíntesis.
   D. Quimiosíntesis.

6. En el diagrama siguiente, dibuje líneas que unan a cada organismo con su rol en la cadena alimentaria.

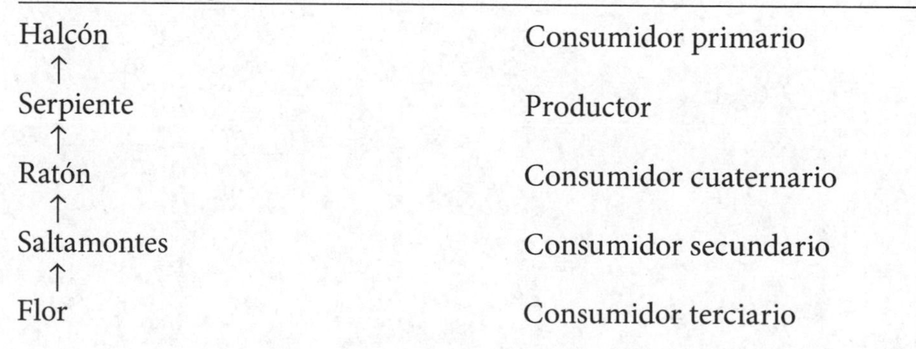

EXAMEN DE PRÁCTICA

7. **Respuesta breve**

Considere el rol de los descomponedores en un ecosistema. ¿Qué efecto provocaría una disminución de la comunidad de detritívoros en esta cadena alimentaria terrestre? Incluya toda la evidencia contenida en el texto del pasaje que respalde su respuesta.

Escriba su respuesta en el recuadro siguiente. Dispondrá de 10 minutos para realizar esta tarea.

Cortar Copiar Pegar Deshacer Rehacer

EXAMEN DE PRÁCTICA

Use el pasaje siguiente para responder las preguntas 8 a 10.

Juana deseaba alimentar a su familia con productos saludables, nutritivos y orgánicos sin tener que gastar un montón de dinero. Para alcanzar este objetivo, decidió plantar su propia huerta. Al lado de la huerta, Juana construyó una cisterna para recoger y conservar agua de lluvia para el riego de las plantas. Para el cuidado de la salud de las plantas, optó por usar las beneficiosas mariquitas, que ayudan a controlar las pestes en la huerta.

Juana aprendió que las mariquitas son enemigos naturales de algunas pestes de la huerta, como el pulgón, la cochinilla y la cigarra. Las mariquitas protegen a las plantas de varias maneras. Si bien prefieren alimentarse con pulgones, las mariquitas también comen polen y néctar y actúan como polinizadores. Juana también aprendió que debe prestar mucha atención a las colonias de hormigas. Las hormigas, que se alimentan de los productos producidos por los pulgones, pueden atacar y ahuyentar a las mariquitas, dejando así desprotegida a la huerta.

8. ¿Cuál de los factores siguientes puede tener un efecto directo en el incremento de la población de mariquitas?

   A. El establecimiento de una colonia de hormigas.
   B. El crecimiento de la población de pulgones.
   C. Un incremento de la actividad de las abejas.
   D. Un descenso en la población de cigarras.

9. ¿Qué tipo de relación simbiótica se produce cuando las mariquitas actúan como polinizadores?

   A. Parasitismo.
   B. Mutualismo.
   C. Amensalismo.
   D. Comensalismo.

10. La huerta de Juana funciona como un pequeño ecosistema compuesto de seres vivos y cosas inanimadas. ¿Cuál de los incidentes siguientes podría provocar un desequilibrio severo en este medio ambiente?

    A. Una sequía prolongada.
    B. La presencia de pesticidas en las escorrentías.
    C. La adición de suelos abonados.
    D. Semillas genéticamente modificadas.

EXAMEN DE PRÁCTICA

Use el pasaje siguiente para responder las preguntas 11 a 13.

El metabolismo es el proceso de conversión en energía de las calorías contenidas en los alimentos y las bebidas. La cantidad de calorías que necesita el cuerpo para desarrollar las funciones básicas de la vida se denomina tasa metabólica basal, y representa del 60 al 75 por ciento de las calorías consumidas por día. Son muchos los factores que determinan la tasa metabólica basal de cada individuo.

- **Tamaño y composición del cuerpo:** Los cuerpos de las personas de tamaño más grande y con más músculos queman más calorías, incluso durante el reposo.
- **Género:** Los hombres tienen, por lo general, menos grasa corporal y más músculos que las mujeres de la misma edad y peso, y queman más calorías.
- **Edad:** A medida que las personas envejecen, la masa muscular tiende a decrecer y la de grasa a aumentar, disminuyendo la cantidad de calorías necesarias y bajando la tasa metabólica basal.

11. Según el texto del pasaje anterior, ¿cuáles de las personas descritas a continuación tendrán la tasa metabólica basal más alta?

    A. Hombre, de 25 años, 6.2 pies de altura, musculoso.
    B. Mujer, de 20 años, 5.4 pies de altura, musculosa.
    C. Hombre, de 45 años, 6.5 pies de altura, con sobrepeso.
    D. Mujer, de 75 años, 5 pies de altura, con sobrepeso.

12. ¿Cuál de las afirmaciones siguientes explica por qué las personas musculosas tienen un metabolismo más alto?

    A. Los tejidos musculares se dividen en tres tipos diferentes: cardíacos, esqueléticos y lisos.
    B. Las células de los tejidos musculares contienen más mitocondrias, orgánulos celulares que producen energía.
    C. Los tejidos musculares pueden trabajar sin que el individuo tenga conciencia de ello, como sucede con el movimiento involuntario de los músculos del corazón.
    D. Las células de los tejidos musculares contienen filamentos de proteína que se deslizan uno por sobre el otro, provocando contracciones.

13. Cuando las calorías contenidas en los alimentos son convertidas en energía para el movimiento muscular, ¿qué tipo de transformación se produce?

    A. De energía química a energía cinética.
    B. De energía cinética a energía química.
    C. De energía cinética a energía mecánica.
    D. De energía mecánica a energía química.

EXAMEN DE PRÁCTICA

Use el pasaje y el diagrama siguientes para responder la pregunta 14.

La hemofilia es un desorden que impide la buena coagulación de la sangre. La reina Victoria de Inglaterra era portadora de este raro desorden genético. Examine el árbol genealógico de la reina Victoria.

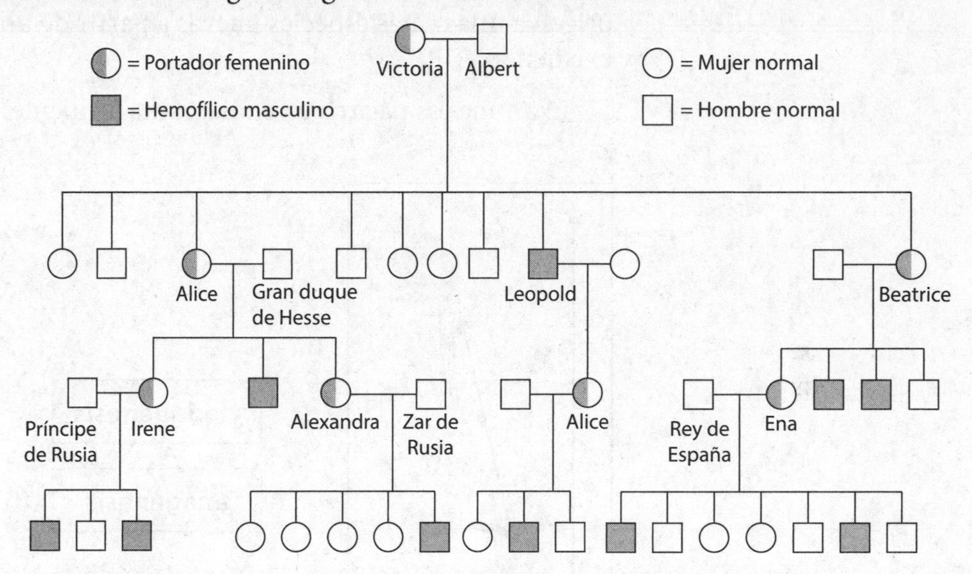

14. Basándose en la información contenida en el diagrama, rellene el espacio en blanco en la oración siguiente con el número apropiado.

    La reina Victoria tuvo ______________________ hijas que se sabía eran portadoras del gen de la hemofilia.

EXAMEN DE PRÁCTICA

Use el pasaje y el diagrama siguientes para responder la pregunta 15.

Existen dos patrones de especiación. El primero, llamado anagénesis, ocurre cuando una población única se transforma en una nueva especie. La segunda, llamada cladogénesis, es una bifurcación evolutiva que da origen a una o más especies nuevas a partir de una especie que continúa existiendo.

Examine los pájaros en el diagrama siguiente.

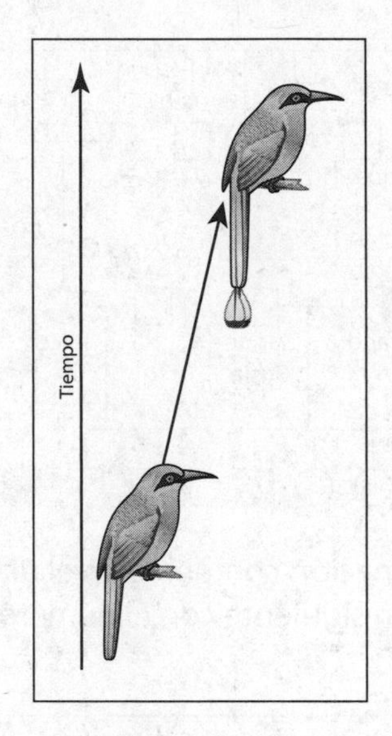

cladogénesis

anagénesis

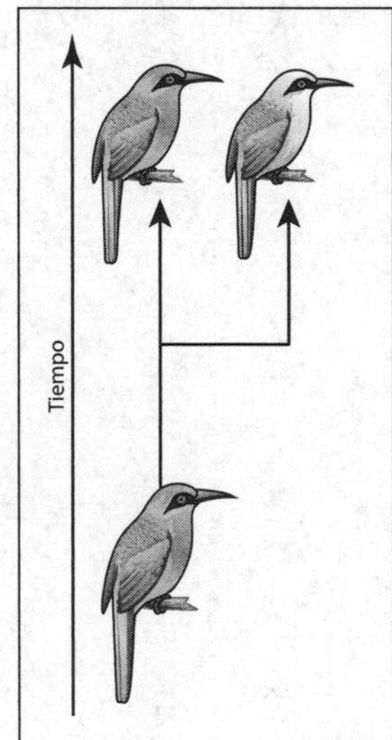

15. Dibuje una línea que conecte la palabra correcta con el conjunto de pájaros que representa la definición correspondiente.

EXAMEN DE PRÁCTICA

Use el diagrama siguiente para responder la pregunta 16.

Tipos de transferencia de calor

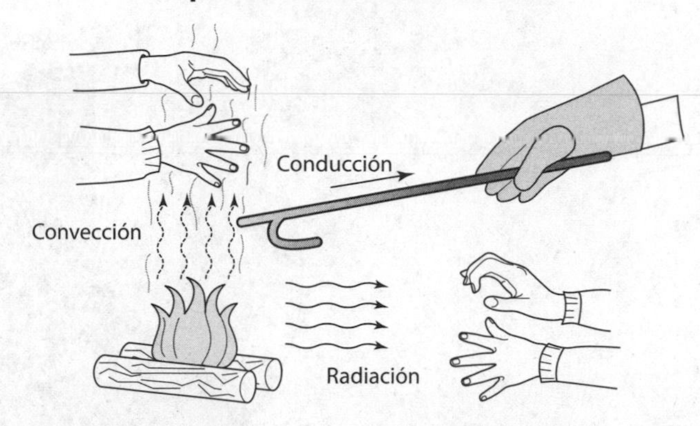

16. Basándose en la información contenida en el diagrama, rellene el espacio en blanco en la oración siguiente con la palabra apropiada.

    En el proceso de ____________________, el calor es transferido de una partícula de materia a otra sin que se produzca un movimiento del objeto.

Use las definiciones y el dibujo siguientes para responder la pregunta 17.

Reacción exotérmica: es un tipo de reacción en la que se desprende energía en forma de calor.

Reacción endotérmica: es un tipo de reacción en la que se absorbe energía del entorno.

17. Basándose en la información contenida en las definiciones, rellene el espacio en blanco en la oración siguiente con la palabra apropiada.

    La reacción que se muestra en el dibujo es una reacción de tipo

    ____________________.

EXAMEN DE PRÁCTICA

Use la gráfica de sectores siguiente para responder la pregunta 18.

Fuentes de energía

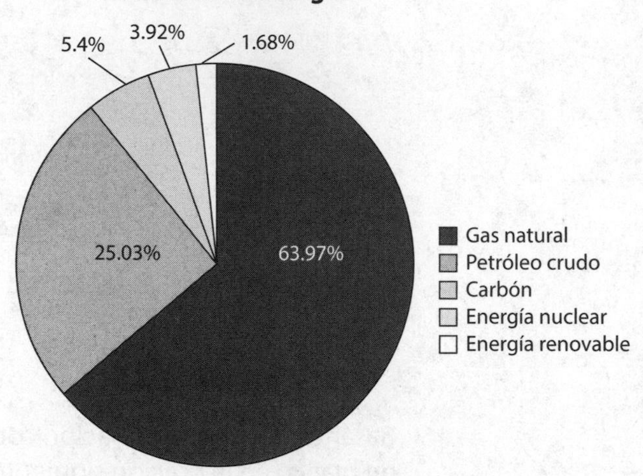

18. ¿Qué porcentaje aproximado del total de energía se produce a partir de energía renovable?

    A. 2%
    B. 4%
    C. 5%
    D. 25%

Use el diagrama siguiente para responder la pregunta 19.

Radiación electromagnética

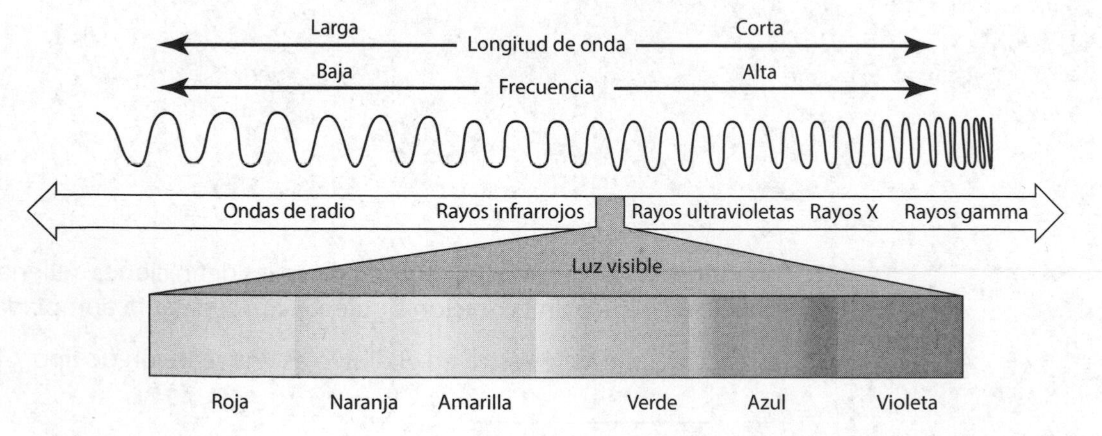

19. Basándose en la información contenida en el diagrama, rellene el espacio en blanco en la oración siguiente con la expresión apropiada.

    ________________________ tienen la longitud de onda más corta y la frecuencia más alta.

EXAMEN DE PRÁCTICA

Use el dibujo siguiente para responder la pregunta 20.

20. ¿Cuál de los principios de movimiento siguientes NO está representado en el dibujo anterior?

    A. Desequilibrio de fuerzas, porque no hay cinturón de seguridad.
    B. Aceleración constante, porque la velocidad puede cambiar.
    C. Inercia, porque el auto ha sido detenido y el conductor sigue en movimiento.
    D. Transferencia de momento, porque el conductor y el auto tienen masa y velocidad.

Use el diagrama siguiente para responder la pregunta 21.

Palanca de tercera clase

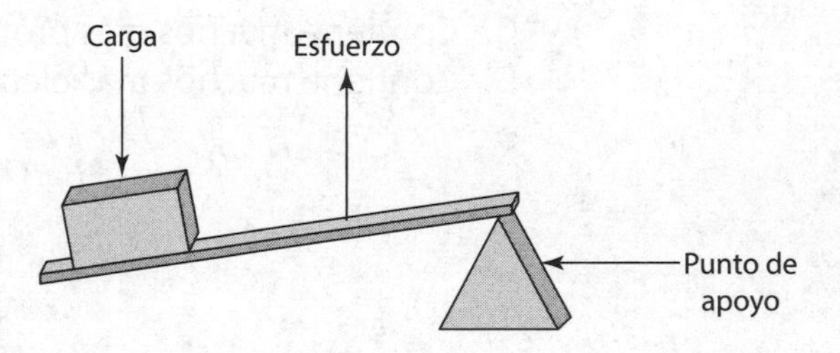

21. ¿Cuál de los siguientes objetos puede ser clasificado como una palanca de tercera clase?

    A. Un balancín.
    B. Un par de tijeras.
    C. Un martillo.
    D. Una carretilla.

EXAMEN DE PRÁCTICA

Use la imagen siguiente para responder la pregunta 22.

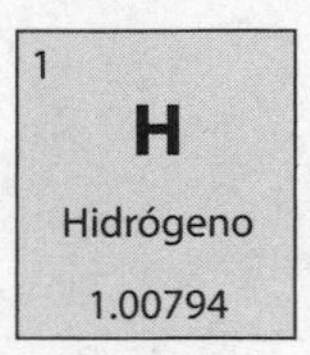

22. ¿Cuántos protones hay en el núcleo de un átomo de hidrógeno?

    A. 1
    B. 1.007
    C. 2.008
    D. 3

Use el pasaje siguiente para responder la pregunta 23.

Un átomo de cloro tiene siete electrones en su órbita exterior. Puede completar la órbita exterior con la adición de un electrón. En ese caso, se convertirá en un ion de cloro (Cl^-).

23. Cuando un átomo, como Cl^-, tiene una carga negativa:

    A. Contiene un electrón más que el número de neutrones.
    B. Contiene un electrón más que el número de protones.
    C. Contiene muchos más protones que electrones.
    D. Contiene muchos más electrones que neutrones.

EXAMEN DE PRÁCTICA

Use la tabla siguiente para responder las preguntas 24 y 25.

Propiedades de los metales y los no metales

Metales	No metales
Duros	Quebradizos
Maleables (pueden ser convertidos en láminas por compresión) y dúctiles (pueden ser convertidos en alambres e hilos por tracción)	Quebradizos
Reaccionan con el oxígeno formando óxidos básicos	Reaccionan con el oxígeno formando óxidos ácidos
Producen sonidos fuertes cuando se los golpea con un martillo	Producen sonidos apagados cuando se los golpea con un martillo
Tienen puntos altos de fusión y de ebullición	Tienen puntos bajos de fusión y de ebullición
Son buenos conductores de la electricidad	Son malos conductores de la electricidad
Son buenos conductores del calor	Son malos conductores del calor
Son sólidos a la temperatura del ambiente (excepción: mercurio, líquido a la temperatura del ambiente)	Son sólidos, líquidos y gases a la temperatura del ambiente
Brillan cuando están lustrados	Son opacos
Cuando forman iones, los iones son positivos	Cuando forman iones, los iones son negativos (excepción: hidrógeno, que forma un ion positivo, H+)
Tienen alta densidad	Tienen baja densidad

24. ¿Cómo podría clasificarse un gas incoloro e inodoro con un punto de fusión bajo y alta densidad al punto de ebullición?

    A. Como un metal, porque tiene alta densidad.
    B. Como un metal, porque tiene un punto de ebullición.
    C. Como un no metal, porque es un gas incoloro.
    D. Como un no metal, porque tiene un punto de fusión.

EXAMEN DE PRÁCTICA

25. **Respuesta breve**

Considere una moneda de cobre de un centavo. Basándose en la información contenida en la tabla, por qué las propiedades del cobre lo convierten en un material ideal para trabajos de joyería, la producción de utensilios de cocina y la fabricación de cables eléctricos. Incluya toda la evidencia contenida en la tabla que respalde su respuesta.

Escriba su respuesta en el recuadro siguiente. Dispondrá de 10 minutos para realizar esta tarea.

Cortar Copiar Pegar Deshacer Rehacer

EXAMEN DE PRÁCTICA

26. ¿Cuál de las ecuaciones químicas siguientes representa correctamente la afirmación que se hace a continuación?

    El magnesio reacciona en presencia del oxígeno y produce óxido de magnesio.

    A. $O_2 + MgO \rightarrow 2Mg$
    B. $2Mg + O_2 \rightarrow 2MgO$
    C. $2MgO + O_2 \rightarrow 2Mg$
    D. $2O_2 + 2Mg \rightarrow 4O + 2Mg$

Use la ilustración siguiente para responder la pregunta 27.

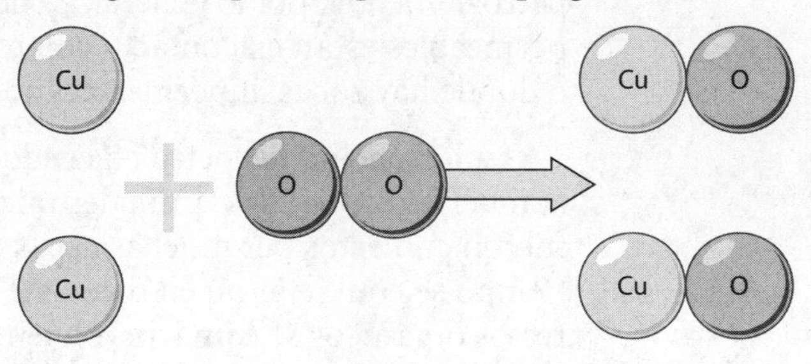

27. ¿Cuál de las ecuaciones siguientes representa los símbolos contenidos en la ilustración?

    A. $2Cu + O_2 \rightarrow 2CuO$
    B. $2Cu + 2O \rightarrow CuO_2$
    C. $2Cu + 2O_2 \rightarrow 2CuO_2$
    D. $Cu + 2O \rightarrow Cu2O_2$

Use el pasaje siguiente para responder la pregunta 28.

El pH indica la concentración de iones de hidrógeno en una solución. Cuanto más bajo es el pH, mayor es la concentración de iones de hidrógeno en la solución. La escala de valores del pH varía de 0 a 14. Los ácidos fuertes, como el ácido hidroclorhídrico, tienen un pH de 0 a 1. Una solución alcalina fuerte, como el hidróxido de sodio, tiene un pH de 14.

EXAMEN DE PRÁCTICA

28. ¿Qué se puede inferir de una sustancia que tiene un pH de 7?

    A. Que es ligeramente ácida.
    B. Que es un álcali fuerte.
    C. Que es ligeramente alcalina.
    D. Que no es ni ácida ni alcalina.

Use el pasaje siguiente para responder las preguntas 29 a 31.

A menudo, los científicos pueden determinar dónde se encuentra atrapado el petróleo crudo observando la estructura y la forma de las rocas. El petróleo tiende, por lo general, a encontrarse en los lugares donde las rocas permeables están en contacto con rocas impermeables, en las líneas de falla o donde hay rocas impermeables abovedadas hacia arriba.

La formación del petróleo crudo se inició hace millones de años, con la muerte de plantas y animales microscópicos en los océanos. Sus restos fueron cubiertos por muchas capas de sedimentos, que con el paso del tiempo se convirtieron en rocas. Al aumentar la temperatura y la presión, los restos orgánicos se convirtieron lentamente en petróleo crudo. Ese petróleo se extrae a través de perforaciones en las rocas impermeables.

Existe mucha preocupación por la dependencia del petróleo de la población mundial. A menos que el petróleo sea usado más eficientemente, las reservas de petróleo crudo podrían agotarse en los próximos 30 años. Además, durante la combustión del petróleo, se produce dióxido de carbono. El aumento del dióxido de carbono en la atmósfera contribuye al calentamiento global y a la acidificación de los océanos.

29. Basándose en la información contenida en el texto del pasaje, ¿cuál de las afirmaciones siguientes explica mejor la ubicación del petróleo crudo?

    A. Las rocas permeables, que se encuentran en el subsuelo, atrapan el petróleo crudo dentro de bóvedas rocosas.
    B. El petróleo se encuentra generalmente dentro de rocas impermeables por debajo del lecho oceánico.
    C. El petróleo crudo está atrapado dentro de algunas rocas sedimentarias en la corteza terrestre.
    D. En zonas de altas temperaturas, las rocas de forma abovedada situadas cerca de las líneas de falla contienen la mayor parte del petróleo.

30. Según el texto del pasaje, las reservas de petróleo pueden agotarse en los próximos 30 años. ¿Cuál de las afirmaciones siguientes respalda esta preocupación?

    A. La localización de las reservas de petróleo es imprecisa.
    B. La formación del petróleo requiere millones de años.
    C. La combustión del petróleo contribuye al calentamiento global.
    D. Las perforaciones para la extracción de petróleo toman su tiempo y son muy costosas.

EXAMEN DE PRÁCTICA

31. Basándose en la información contenida en el texto del pasaje, ¿de qué manera contribuye el petróleo crudo al cambio climático?
    A. Al incrementar la acidificación de los océanos.
    B. Al aumentar la temperatura del aire como consecuencia de la combustión del petróleo.
    C. Al aumentar la cantidad de dióxido de carbono en la atmósfera.
    D. Al disminuir las reservas de petróleo de la corteza terrestre.

32. En situaciones climáticas extremas, los vientos fuertes pueden convertir a los objetos inmóviles en peligrosos proyectiles. Una habitación de seguridad (o antipánico) es un lugar dentro de la casa especialmente diseñado, con paredes reforzadas y sin ventanas. Es un lugar apropiado para protegerse de los escombros transportados por el viento. ¿De qué tipo de peligro natural puede proteger mejor una habitación de seguridad a una persona?
    A. Una tormenta acompañada de granizo.
    B. Un incendio forestal acompañado de mucho humo.
    C. Un huracán acompañado de una inundación.
    D. Un terremoto acompañado de réplicas.

Use el pasaje y la ilustración siguientes para responder la pregunta 33.

Las corrientes de resaca son corrientes superficiales y estrechas de agua que, luego de llegar a la costa, retroceden hacia el mar a gran velocidad. La velocidad de las corrientes de resaca es típicamente de 1 o 2 pies por segundo, y pueden arrastrar hasta al nadador más fuerte mar adentro.

Corriente de resaca

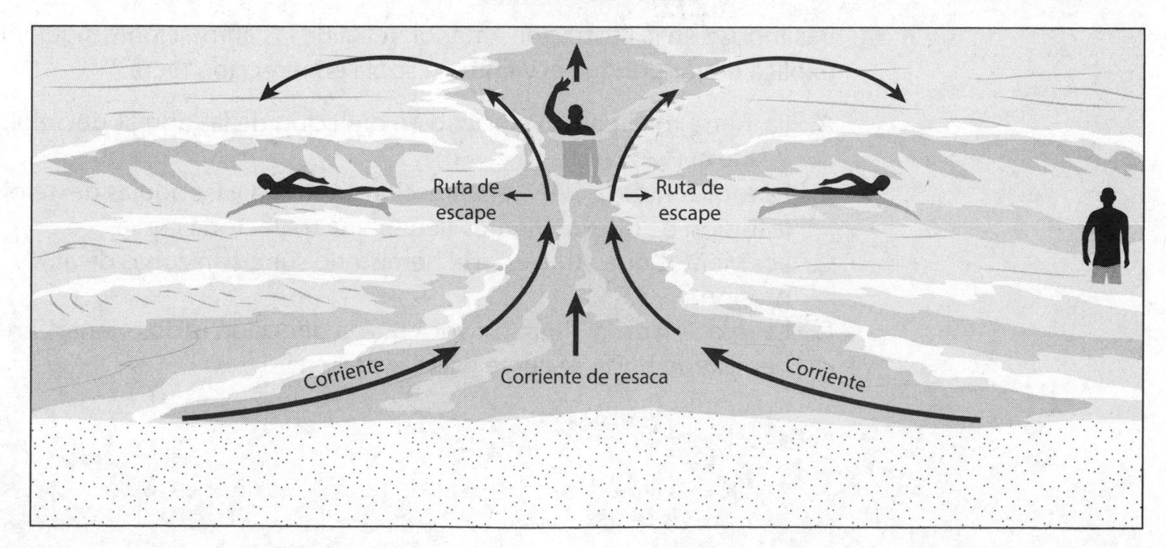

EXAMEN DE PRÁCTICA

33. Un nadador puede escapar mejor de una corriente de resaca si:
    A. Se queda quieto en el agua.
    B. Nada paralelamente a la costa.
    C. Flota entre las rompientes de las olas.
    D. Nada perpendicularmente a la costa.

Use el pasaje y la ilustración siguientes para responder la pregunta 34.

La ilustración muestra el efecto de Coriolis. Las líneas sólidas sobre el globo terráqueo representan la ruta que los vientos deberían seguir si no estuvieran sujetos al efecto de Coriolis. Las líneas de puntos representan la ruta real que los vientos siguen, vistos desde el ecuador.

El efecto de Coriolis sobre los vientos

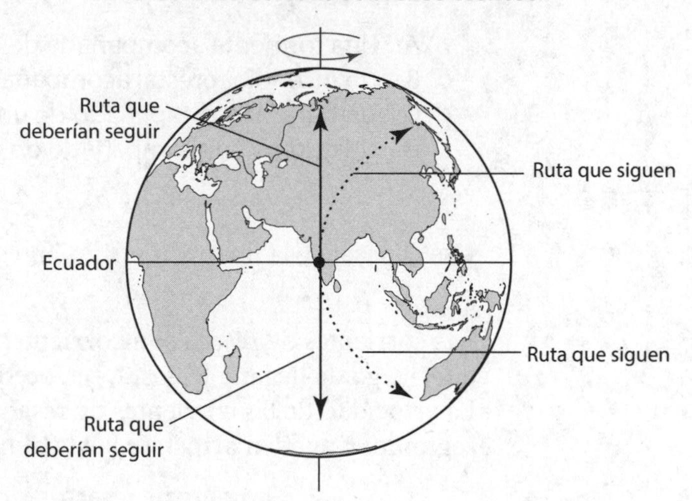

34. Basándose en la ilustración anterior, ¿cuál de las afirmaciones siguientes explica mejor por qué el viento no sopla en dirección recta?
    A. La Tierra rota a gran velocidad en dirección de las agujas del reloj, vista desde el Polo Norte.
    B. La rotación de la Tierra en dirección contraria a las agujas del reloj crea la ilusión de que los vientos tienen una trayectoria curva.
    C. Los vientos que atraviesan el hemisferio sur crean zonas de alta presión.
    D. La rotación de la Tierra provoca que la dirección de los vientos en el hemisferio norte se curve hacia la derecha.

EXAMEN DE PRÁCTICA

Use el pasaje y las imágenes siguientes para responder la pregunta 35.

La atracción gravitatoria del Sol y la Luna tiene influencia sobre las mareas en la Tierra. Cuando la Luna está alineada con el Sol, la atracción gravitatoria de ambos se combina. La atracción gravitatoria combinada produce mareas de mayor y menor altura que las habituales dos veces al mes. Este tipo de mareas se denomina marea viva.

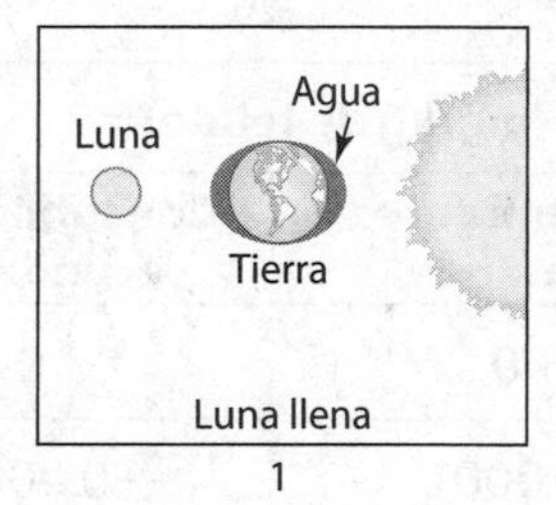

Luna llena
1

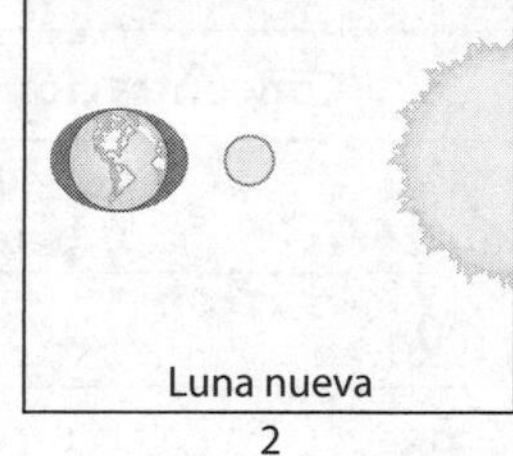
Luna nueva
2

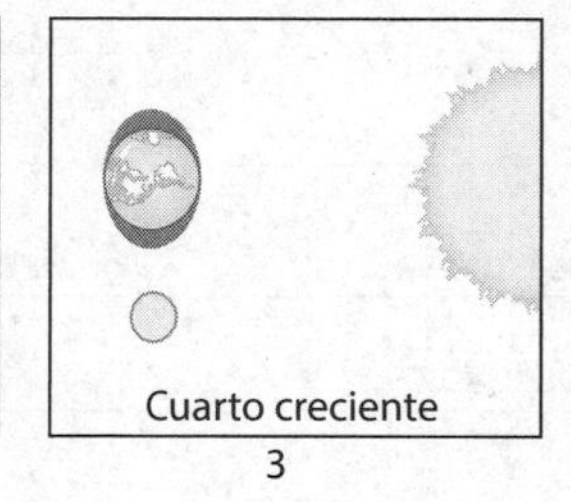
Cuarto creciente
3

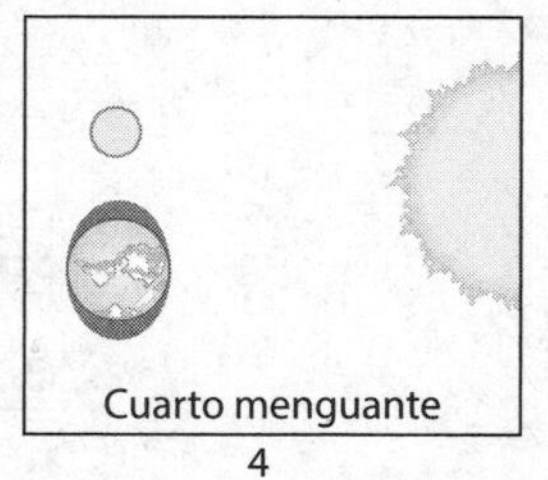
Cuarto menguante
4

35. ¿Cuáles imágenes muestran las condiciones adecuadas para que se produzca una marea viva?

    A. Las imágenes 1 y 2.
    B. Las imágenes 2 y 3.
    C. Las imágenes 3 y 4.
    D. Las imágenes 4 y 1.

36. El cuadro de Punnett contiene un 50 por ciento de rasgos heterocigóticos (Tt) y 50 por ciento de rasgos homocigóticos recesivos (tt). ¿Cuáles resultarían los genotipos MÁS probables del entrecruzamiento de los rasgos de los padres?

    A. TT × tt.
    B. Tt × Tt.
    C. tt × tt.
    D. Tt × tt.

37. ¿Cuál de los materiales siguientes es un buen conductor del calor?

    A. Un piso de vinilo, porque no transfiere el calor.
    B. Una cuchara de plástico, porque no absorbe el calor.
    C. Una frazada de lana, porque disminuye la transferencia de calor desde la piel.
    D. Una tubería de cobre, porque acelera la transferencia de calor de materiales calentados.

EXAMEN DE PRÁCTICA

Use el pasaje y la tabla siguientes para responder la pregunta 38.

Cuatro sustancias (A a D) fueron incorporadas a una cadena alimentaria acuática de laboratorio, que comprendía productores, consumidores primarios y consumidores secundarios. Se tomaron muestras de cada nivel trófico, y la concentración de cada sustancia fue medida en los tejidos. En la tabla siguiente, se muestran los resultados.

	Concentración (mg/kg de tejido)		
Sustancia	**Productores**	**Consumidores primarios**	**Consumidores secundarios**
A	0	0	0
B	98	0.0001	0.0001
C	0.005	3.25	28.5
D	0.90	0.92	0.89

38. ¿Cuál de los factores siguientes explica los resultados obtenidos con la sustancia B?

    A. Cada nivel trófico subsiguiente acumuló la sustancia B, pero no la pudo metabolizar.
    B. La sustancia B fue acumulada por los productores pero fue excretada o metabolizada por los consumidores.
    C. La sustancia B no pudo ser absorbida ni por los productores ni por los consumidores.
    D. La sustancia B no fue consumida por los productores, y por ello no fue incorporada a la cadena alimentaria.

39. ¿Cuál de los elementos siguientes es el MÁS especializado en la organización biológica?

    A. Los glóbulos rojos.
    B. Los músculos esqueléticos.
    C. El sistema circulatorio.
    D. Los pulmones.

EXAMEN DE PRÁCTICA

Use el pasaje y la tabla siguientes para responder la pregunta 40.

Las células de una bacteria fueron expuestas a cuatro sustancias diferentes (A a D). En la tabla siguiente, se muestran los efectos de cada sustancia sobre los niveles de varias moléculas biológicamente importantes.

Sustancia	Nivel de ADN	Nivel de ARN	Nivel de proteínas	Nivel de ATP
A	0	+	–	0
B	0	–	–	0
C	–	–	–	0
D	0	–	–	–

Clave: + = aumento; 0 = sin cambio; – = disminución.

40. ¿Cuál de los procesos siguientes fue afectado por la sustancia A?
    - A. La replicación del ADN.
    - B. La transcripción.
    - C. La traducción.
    - D. La síntesis del ATP.

ESTE ES EL FINAL DEL EXAMEN DE PRÁCTICA DE CIENCIA

EXAMEN DE PRÁCTICA

Respuestas y explicaciones

1. **Respuesta correcta: C.** Los valores de la composición de los gases contenidos en la sangre se establecen por las cantidades de dióxido de carbono y oxígeno presentes en los alveolos. Si la composición de los gases en la sangre, especialmente el nivel de dióxido de carbono, no se encuentra dentro del rango homeostático, la ventilación alveolar aumentará. Esto provocará un incremento de la respiración, inhalación y exhalación más rápidas, para expulsar el dióxido de carbono de los pulmones en forma más eficiente.

2. **Respuesta correcta: La X deberá ser colocada sobre el lugar donde los alveolos y los capilares entran en contacto los unos con los otros.**

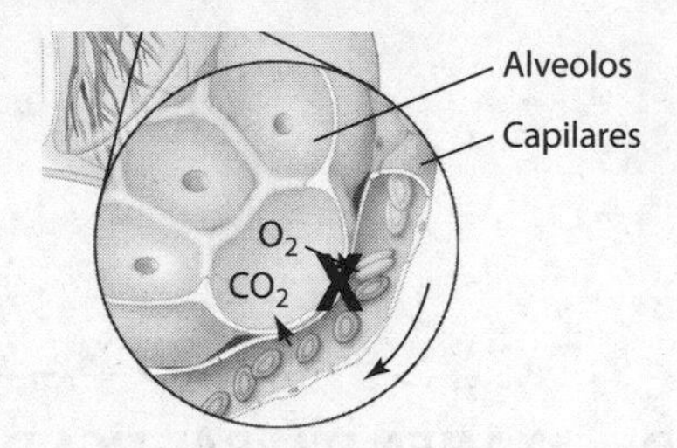

El oxígeno y el dióxido de carbono son intercambiados a través de las membranas semipermeables de los sacos alveolares y los capilares. El oxígeno es inhalado y transportado por el sistema respiratorio, y penetra en la sangre. El dióxido de carbono presente en la sangre es desplazado al tracto respiratorio y exhalado.

3. **Respuesta correcta: C.** Los receptores químicos, parte del sistema nervioso, detectan los cambios en la composición de la sangre, especialmente de dióxido de carbono, que quedan fuera del rango homeostático. Estos receptores controlan el intercambio de gases entre los sistemas respiratorio y cardiovascular (hematosis) a través de la barrera alveolo capilar.

4. **Respuestas correctas: el pomo de la puerta, los teclados de computadora y los juguetes deben ser marcados con una X.**

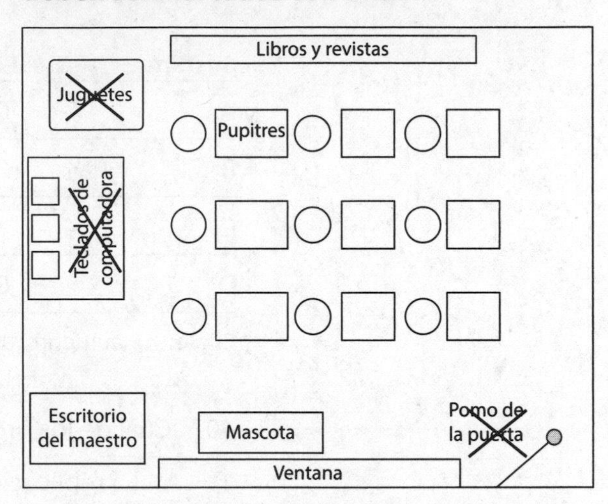

Estas superficies son las que con más probabilidad tocarán todos los miembros de la clase. Los pomos de las puertas, los teclados de computadora y los juguetes están hechos de plásticos y metales, superficies que albergan los virus por mucho tiempo.

5. **Respuesta correcta: C.** En la cadena alimentaria terrestre, la flor es un productor. Es un organismo fotosintetizador que usa la luz solar para sintetizar azúcares y otros compuestos orgánicos, que son usados como combustible para la respiración celular y el crecimiento.

6. **Respuestas correctas: La flor es un productor; el saltamontes es un consumidor primario; el ratón es un consumidor secundario; la serpiente es un consumidor terciario, y el halcón es un consumidor cuaternario.** Un productor es siempre el primer eslabón de una cadena alimentaria, y es seguido por sucesivos niveles de consumidores.

Roles de los organismos en una cadena alimentaria terrestre

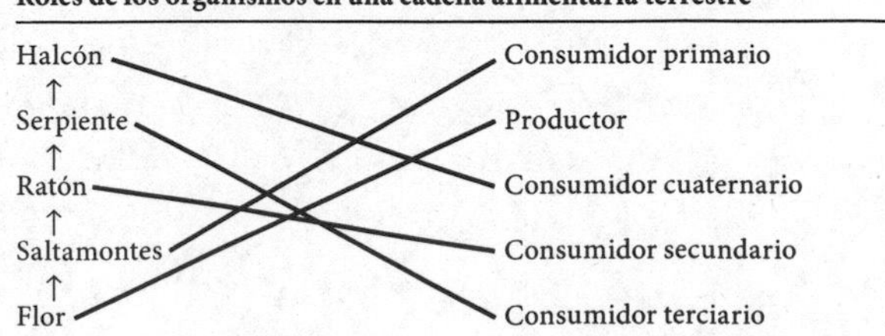

EXAMEN DE PRÁCTICA

7. **Respuesta breve:**

Respuesta de 3 puntos
- Una clara y bien desarrollada explicación sobre cómo la disminución de la cantidad de descomponedores afecta al ecosistema terrestre.
- Presentación de toda la evidencia contenida en el pasaje que respalde la respuesta.

Ejemplo de respuesta
Una disminución en la comunidad de descomponedores puede ocasionar una pérdida de nutrientes en el suelo. Los desechos orgánicos, como las hojas caídas, contienen importantes nutrientes. Si disminuye la cantidad de descomponedores, estos desechos no podrán ser descompuestos y devueltos a la tierra, lo que traerá como consecuencia un suelo pobre en nutrientes que afectará a las flores, que constituyen el alimento de los saltamontes. Esto podría provocar, a su vez, una declinación en la cantidad de saltamontes que impactará en todos los demás animales que participan de la cadena alimentaria terrestre. La energía almacenada en los organismos muertos tampoco podría ser reciclada por los descomponedores y, entonces, no sería accesible al resto de los organismos que participan de la cadena alimentaria.

Respuesta de 2 puntos
- Una explicación adecuada o estructurada parcialmente sobre cómo la disminución de la cantidad de descomponedores afecta al ecosistema terrestre.
- Presentación parcial de la evidencia contenida en el pasaje que respalde la respuesta.

Ejemplo de respuesta
Si la cantidad de organismos descomponedores comienza a disminuir, los desechos orgánicos no podrán ser reciclados y devueltos al suelo. Las plantas, como la flor en la cadena alimentaria terrestre, necesitan suelos ricos en nutrientes para poder crecer. Los descomponedores reciclan los nutrientes a la tierra. También disminuirá la cantidad de otros animales de la cadena alimentaria si las flores no pueden crecer por el suelo pobre.

Respuesta de 1 punto
- Una explicación mínima o confusa sobre cómo la disminución de la cantidad de descomponedores afecta al ecosistema terrestre.
- Presentación mínima o confusa de la evidencia contenida en el pasaje que respalde la respuesta.

Ejemplo de respuesta
Sin descomponedores, los desechos no podrán ser reciclados. Las flores no podrán crecer y los saltamontes podrían desaparecer.

Respuesta de 0 punto
- No se da ninguna explicación sobre cómo la disminución de la cantidad de descomponedores afecta al ecosistema terrestre.
- No se presenta evidencia alguna del pasaje que respalde la respuesta.

8. **Respuesta correcta: B.** Las mariquitas necesitan alimento para sí mismas y para sus crías a fin de poder desarrollarse. Un medio importante de favorecer el desarrollo de una población de mariquitas es disponer de una abundante provisión de su alimento favorito: los pulgones.

9. **Respuesta correcta: B.** La planta y la mariquita desarrollan una relación de mutualismo. La mariquita ayuda a la planta a reproducirse facilitando la polinización, y la mariquita recibe a cambio alimento del néctar y el polen. La planta también le sirve de hogar a la mariquita, al igual que al pulgón. La mariquita se alimenta de los pulgones, que son parásitos, lo que también beneficia a la planta.

10. **Respuesta correcta: A.** El ecosistema de la huerta de Juana podría sufrir las consecuencias de una sequía prolongada. La cisterna que Juana usa para regar sus plantas podría secarse

EXAMEN DE PRÁCTICA

por completo durante una sequía prolongada. Sin una fuente continua de provisión de agua, las plantas se marchitarán y privarán de alimento a las poblaciones de insectos.

11. **Respuesta correcta: A.** Los hombres jóvenes, que son más musculosos y tienen un cuerpo de tamaño más grande, quemarán más calorías que las mujeres, jóvenes o de edad más avanzada, y tendrán una tasa metabólica basal más alta que ellas.
12. **Respuesta correcta: B.** La actividad muscular es responsable de buena parte del consumo de energía del cuerpo. Todas las células producen moléculas de trifosfato de adenosina (ATP) dentro de las mitocondrias. Las células de los músculos contienen más mitocondrias que cualquier otro tipo de célula, lo que les permite responder con rapidez a la necesidad de realizar un trabajo.
13. **Respuesta correcta: A.** Cuando las calorías provenientes de los alimentos son consumidas, la energía química contenida en los azúcares es convertida en energía cinética de movimiento en las mitocondrias de las células de los músculos.
14. **Respuesta correcta: dos.** De las seis hijas que tuvo la reina Victoria, dos aparecen en el árbol genealógico como portadoras del gen de la hemofilia. Las mujeres están representadas por un círculo, y las mujeres portadoras del gen de la hemofilia están representadas por semicírculos sombreados. Alice y Beatrice están representadas por semicírculos sombreados como mujeres portadoras.
15. **Respuesta correcta: anagénesis, cladogénesis.** La ilustración superior, que muestra dos pájaros y una sola flecha, es un ejemplo de **anagénesis**. La flecha apunta a una nueva especie de pájaro, que tiene otro color y modificaciones en las plumas de su cola. La ilustración inferior, que muestra tres pájaros y una ramificación de la flecha, es un ejemplo de **cladogénesis**, un tipo de ramificación evolutiva. La especie original continúa existiendo, y la nueva también está representada.
16. **Respuesta correcta: conducción.** Conducción es la transferencia de energía térmica entre partículas de materia por contacto directo. El diagrama muestra como el calor del fuego es transferido, a través de la barra de metal, a la mano de la persona.
17. **Respuesta correcta: exotérmico.** Específicamente, la reacción representada es una reacción de combustión, que produce una explosión. En el dibujo, el científico agregó un oxidante a un material combustible que reaccionó formando un producto oxidado y liberando calor.
18. **Respuesta correcta: A.** En la gráfica de sectores, se muestra que la energía renovable representa el 1.68%, redondeado el 2%. (La energía eólica es considerada una fuente de energía sustentable y ha sido incluida como energía renovable en la gráfica.)
19. **Respuesta correcta: Los rayos gamma.** De todas las radiaciones electromagnéticas, los rayos gamma son las más penetrantes y las que contienen la mayor cantidad de energía. Este tipo de radiaciones tiene la frecuencia más alta y la longitud de onda más corta, y se usa en terapias radiológicas para eliminar células cancerígenas.
20. **Respuesta correcta: B.** La aceleración es la tasa de cambio de la velocidad. A veces, un objeto acelerado cambia de velocidad a una tasa constante, es decir, la misma cantidad por unidad de tiempo. Ese tipo de cambio se denomina aceleración constante. Evidentemente, en el dibujo no está representada la aceleración constante.
21. **Respuesta correcta: C.** Un martillo actúa como una palanca de tercera clase cuando es usado para golpear un clavo. El punto de apoyo es la muñeca, en un extremo del martillo; la fuerza es aplicada por la mano, y la carga es la resistencia que presenta la superficie a la penetración del clavo, en el otro extremo.

EXAMEN DE PRÁCTICA

22. **Respuesta correcta: A.** El número atómico de un elemento representa el número de protones que hay en el núcleo de un átomo de un elemento determinado. El hidrógeno tiene un protón. La tabla periódica de los elementos organiza los elementos por su número atómico, que aparece en la esquina superior izquierda del recuadro que representa al hidrógeno.

23. **Respuesta correcta: B.** La denominación Cl^- significa que ese ion contiene un electrón más que el número de protones. Un ion es una partícula cargada, cuya carga es producto de la diferencia entre la cantidad de electrones y protones.

24. **Respuesta correcta: C.** Este elemento, por ser un gas, reúne las características de un no metal. Los metales son sólidos a la temperatura del ambiente, con la excepción del mercurio, que es un líquido.

25. **Respuesta breve:**

    Respuesta de 3 puntos
    - Una clara y bien desarrollada explicación sobre por qué las propiedades del cobre lo convierten en un material ideal para trabajos de joyería, la producción de utensilios de cocina y la fabricación de cables eléctricos.
    - Presentación de toda la evidencia contenida en la tabla que respalde la respuesta.

    Ejemplo de respuesta
    El cobre es un metal de aspecto sólido y brillo metálico. Es duro y maleable, propiedades que son muy apreciadas en joyería, y un buen conductor del calor, lo que lo convierte en un material ideal para la producción de utensilios de cocina, como ollas y marmitas. La ductilidad del cobre y su capacidad para conducir la electricidad hacen que se lo use también para la fabricación de cables eléctricos.

    Respuesta de 2 puntos
    - Una explicación adecuada o estructurada parcialmente sobre por qué las propiedades del cobre lo convierten en un material ideal para trabajos de joyería, la producción de utensilios de cocina y la fabricación de cables eléctricos.
    - Presentación parcial de la evidencia contenida en la tabla que respalde la respuesta.

    Ejemplo de respuesta
    Un metal como el cobre es bueno para artículos de joyería, como anillos y collares, porque es brillante y fácil de modelar. El cobre es bueno para los utensilios de cocina porque es un buen conductor del calor. Es también bueno para la fabricación de cables eléctricos porque se lo puede convertir en hilos y alambres.

    Respuesta de 1 punto
    - Una explicación mínima o confusa sobre por qué las propiedades del cobre lo convierten en un material ideal para trabajos de joyería, la producción de utensilios de cocina y la fabricación de cables eléctricos.
    - Presentación mínima o confusa de la evidencia contenida en la tabla que respalde la respuesta.

    Ejemplo de respuesta
    El cobre es brillante, y por eso bueno para la joyería. También puede ser usado para ollas, marmitas y cables porque es duro.

    Respuesta de 0 punto
    - No se da explicación alguna sobre por qué las propiedades del cobre lo convierten en un material ideal para trabajos de joyería, la producción de utensilios de cocina y la fabricación de cables eléctricos.
    - No se presenta ninguna evidencia contenida en el diagrama que respalde la respuesta.

26. **Respuesta correcta: B.** El óxido de magnesio es el producto de la reacción, por lo que está escrito del lado derecho de la ecuación. El oxígeno y el magnesio son los reactivos, por lo que se escriben del lado izquierdo de la ecuación. Debido a que el oxígeno tiene dos átomos, MgO debe ser multiplicado por 2 en el lado del producto. Esto crea 2 átomos de Mg, que deben ser balanceados en el lado de los reactivos multiplicando Mg por 2.

EXAMEN DE PRÁCTICA

27. **Respuesta correcta: A.** Dos átomos de oxígeno reaccionan con dos átomos de oxígeno para formar dos moléculas de óxido de cobre. La ecuación $2Cu + O_2 \rightarrow 2CuO$ muestra dos átomos de cobre y dos de oxígeno a ambos lados de la reacción. Los números delante de los elementos se llaman coeficientes, e indican el número relativo de moléculas o iones de cada tipo que participan en la reacción. Los números situados abajo a la derecha de los símbolos químicos, los subíndices, representan el número específico de átomos del elemento que forman parte de la sustancia. Cuando el coeficiente o el subíndice es 1, no se escribe.

28. **Respuesta correcta: D.** Una sustancia con un pH de 7 está en el medio de la escala de valores de 0 a 14. No es ácida (valores entre 0 y 7) ni tampoco alcalina (valores entre 8 y 14). Es una sustancia neutra, como el agua destilada.

29. **Respuesta correcta: C.** El petróleo crudo se encuentra atrapado en las capas de rocas sedimentarias. Durante millones de años, la materia orgánica sufrió altas presiones y temperaturas y quedó comprimida debajo de las capas de sedimentos permeables e impermeables. La materia orgánica se convirtió en petróleo y quedó atrapada entre esas capas permeables e impermeables debajo de la corteza terrestre.

30. **Respuesta correcta: B.** La formación del petróleo crudo requiere millones de años, y está siendo consumido a un ritmo más rápido del que se forma. Las previsiones actuales sugieren que las reservas de petróleo se agotarán en alrededor de 30 años, a menos que sea usado más eficientemente.

31. **Respuesta correcta: C.** El proceso de fotosíntesis en las plantas y algas usa el dióxido de carbono de la atmósfera. Sin embargo, la combustión de combustibles fósiles (carbón y petróleo) agrega dióxido de carbono a la atmósfera a una velocidad mayor que a la que se lo elimina. Esto significa que el nivel de dióxido de carbono en la atmósfera está aumentando, contribuyendo al calentamiento global.

32. **Respuesta correcta: A.** Una habitación de seguridad subterránea puede proteger mejor a una persona de los escombros transportados por los tornados. Una estructura con paredes reforzadas también puede brindar protección contra todo tipo de granizo. Debido a que la estructura está situada por debajo del suelo, puede correr peligro de inundarse, por lo que no es aconsejable su uso en zonas de inundación o de marejadas ciclónicas.

33. **Respuesta correcta: B.** En la ilustración, la ruta de escape está marcada por las flechas paralelas a la costa. Una persona puede alejarse de la corriente de resaca nadando a lo largo de la costa, en forma paralela, como lo muestra la ilustración.

34. **Respuesta correcta: D.** El efecto de Coriolis describe la desviación hacia la derecha de los vientos en el hemisferio norte, que es provocada por la rotación de la Tierra. No afecta la velocidad de los vientos, solo su dirección. En el hemisferio norte, la rotación de la Tierra provoca que los vientos se desvíen hacia la derecha; en el hemisferio sur sucede lo contrario: los vientos se desvían hacia la izquierda.

35. **Respuesta correcta: A.** Las mareas vivas ocurren cada mes con la Luna llena y la Luna nueva. El Sol y la Luna producen juntos mareas muy altas y muy bajas cuando están alineados porque su atracción gravitatoria se suma. Cuando el Sol y la Luna se encuentran en posiciones perpendiculares entre sí, la atracción del Sol se resta de la de la Luna, y la variación entre las mareas es menor. Este fenómeno produce lo que se denominan mareas muertas.

EXAMEN DE PRÁCTICA

36. **Respuesta correcta: D.** Tt × tt contendrá 50 por ciento del rasgo Tt y 50 por ciento de tt. Este resultado se puede comprobar con un cuadro de Punnett que represente el entrecruzamiento.

37. **Respuesta correcta: D.** Una tubería de cobre es un excelente conductor del calor y la electricidad. Los materiales mencionados en las otras opciones son materiales aislantes.

38. **Respuesta correcta: B.** La presencia de la sustancia B en los productores indica que estos pudieron absorber la sustancia y almacenarla en sus tejidos. Sin embargo, la ausencia de la sustancia B en los consumidores indica que estos o bien la excretaron, o bien no pudieron metabolizarla.

39. **Respuesta correcta: C.** Con respecto a la organización biológica, el orden de los elementos es el siguiente: célula < tejido < órgano < sistema de órganos. Entonces, el sistema circulatorio es el más especializado.

40. **Respuesta correcta: C.** En las células de la bacteria, la sustancia A no provoca cambios en los niveles de ADN o ATP, es decir, no altera la replicación del ADN ni la síntesis del ATP. Sin embargo, el aumento del nivel de ARN y la subsecuente disminución en los niveles de proteínas indican que el ARN es producido pero no traducido en proteínas. Entonces, la traducción del ARN es el proceso afectado por la sustancia A.

EXAMEN DE PRÁCTICA

Tabla de evaluación

Compruebe en la sección de respuestas y explicaciones del examen de práctica de Ciencia qué preguntas contestó correctamente y cuáles, no. En el caso de las respuestas incorrectas, busque primero el número de la pregunta en la tabla siguiente. Luego verifique, en la columna de la izquierda, a qué área de contenido corresponde esa pregunta. Si usted contestó incorrectamente varias preguntas de una misma área de contenido, deberá repasar esa área para el examen de GED®. Las páginas donde se tratan las diferentes áreas de contenido están enumeradas en la columna de la derecha.

Área de contenido	Número de pregunta	Páginas para repasar
Parte 1. Ciencias de la vida		
1. Las estructuras y funciones de la vida	1, 2, 3, 39	547–555
2. Las funciones de la vida y el consumo de energía	5, 11, 12, 13	557–559
3. La herencia	14, 36, 40	561–569
4. La evolución	15	571–577
5. Los ecosistemas	6, 7, 8, 9, 10, 38	579–589
6. El cuerpo humano y la salud	4	591–601
Parte 2. Ciencias físicas		
7. Interacciones químicas	17, 22, 23, 24, 25, 26, 27, 28	607–620
8. La energía	16, 18, 19, 37	621–631
9. El movimiento y las fuerzas	20, 21	633–641
Parte 3. Ciencias de la Tierra y el espacio		
10. El espacio	35	647–654
11. La Tierra	33, 34	655–669
12. Interacción entre la Tierra y los seres vivos	18, 29, 30, 31, 32	671–680

Estudios sociales

Este examen de práctica de Estudios sociales ha sido diseñado con el propósito de familiarizarlo con esta sección del examen de GED® y de permitirle evaluar su nivel actual de conocimientos en esta materia.

Este examen contiene el mismo número de preguntas que el examen de Estudios sociales del GED®: 45, incluida la pregunta de respuesta extensa (ensayo). Las preguntas se presentan en el mismo formato que tienen en el examen real y han sido diseñadas para evaluar las mismas destrezas. La mayoría de las preguntas están basadas en documentos históricos o pasajes breves de lectura sobre temas de estudios sociales. Algunas están basadas en gráficos, como un mapa, un diagrama o una ilustración. Además, algunas preguntas consistirán en la comparación de dos pasajes.

En la mayoría de las preguntas, se usa el formato de opción múltiple, pero también encontrará algunas en otros formatos, como el de rellenar los espacios en blanco, el de "arrastrar y soltar" y el de menús desplegables (ambos simulados). En el examen de GED®, usted marcará sus respuestas haciendo un clic sobre la pantalla de la computadora. En este examen de práctica, usted deberá utilizar papel y lápiz, y marcar directamente sobre la página sus respuestas. Para el ensayo, deberá usar una hoja de papel separada.

Para tener una buena idea de cuán bien lo haría en el examen real, trate de realizar el examen en condiciones similares a las que encontrará en el centro de examinación. Complete el examen en una sola sesión y respete el límite de tiempo establecido. Si usted no llegara a completar el examen en el tiempo permitido, deberá mejorar entonces el ritmo de sus respuestas.

Trate de contestar tantas preguntas como le sea posible. Recuerde que no se penalizan las respuestas equivocadas, así que si no sabe una respuesta intente adivinarla. En las preguntas de opción múltiple, aumentarán sus probabilidades de acertar con la respuesta correcta si, previamente, puede eliminar una o más de las opciones.

Una vez completado el examen, compruebe sus respuestas en la sección de respuestas y explicaciones, que aparece después del examen de práctica. Luego, use la tabla de evaluación, a continuación de la sección de respuestas y explicaciones, para determinar las destrezas y los contenidos que requieran más ejercitación y estudio.

Ahora, dé vuelta la página y comience el examen de práctica de Estudios sociales.

EXAMEN DE PRÁCTICA

Estudios sociales

45 preguntas | **90 minutos**

1. ¿Qué tipo de gobierno está compuesto por un rey o una reina con poderes limitados por reglas, escritas o no, y una legislatura que promulga las leyes?

   A. Una monarquía constitucional.
   B. Una democracia constitucional.
   C. Una república democrática.
   D. Una república federal.

2. Un tipo común de oligarquía es una junta, una forma de gobierno encabezada por un comité de líderes militares. ¿Cuál de las características siguientes corresponde a una oligarquía?

   A. El poder es ejercido efectivamente por todos los ciudadanos.
   B. Un gobernante ejerce el poder supremo.
   C. Un grupo pequeño de personas controla todo el poder.
   D. Un dios, o una deidad, es reconocido como la autoridad suprema.

3. Rellene el espacio en blanco.

   Según el principio de ______________________, el gobierno de los Estados Unidos está dividido en tres poderes diferentes, cada uno con sus propias tareas y responsabilidades.

   La oración siguiente contiene un espacio en blanco, que comienza con la palabra "Seleccione", seguida de puntos suspensivos. Debajo de la oración, encontrará una lista de cuatro opciones. Indique cuál de esas opciones es la que corresponde al espacio en blanco. (**Nota:** En el examen de GED®, las opciones se presentan como un menú desplegable. Cuando usted haga un clic sobre la opción seleccionada, esta rellenará el espacio en blanco.)

4. Los derechos que son independientes de las leyes del gobierno, y que, por lo tanto, no pueden ser suprimidos, se denominan Seleccione. . . ▼

Seleccione. . . ▼
derechos legales.
derechos naturales.
derechos individuales.
derechos grupales.

EXAMEN DE PRÁCTICA

Use la gráfica siguiente para responder las preguntas 5 a 7.

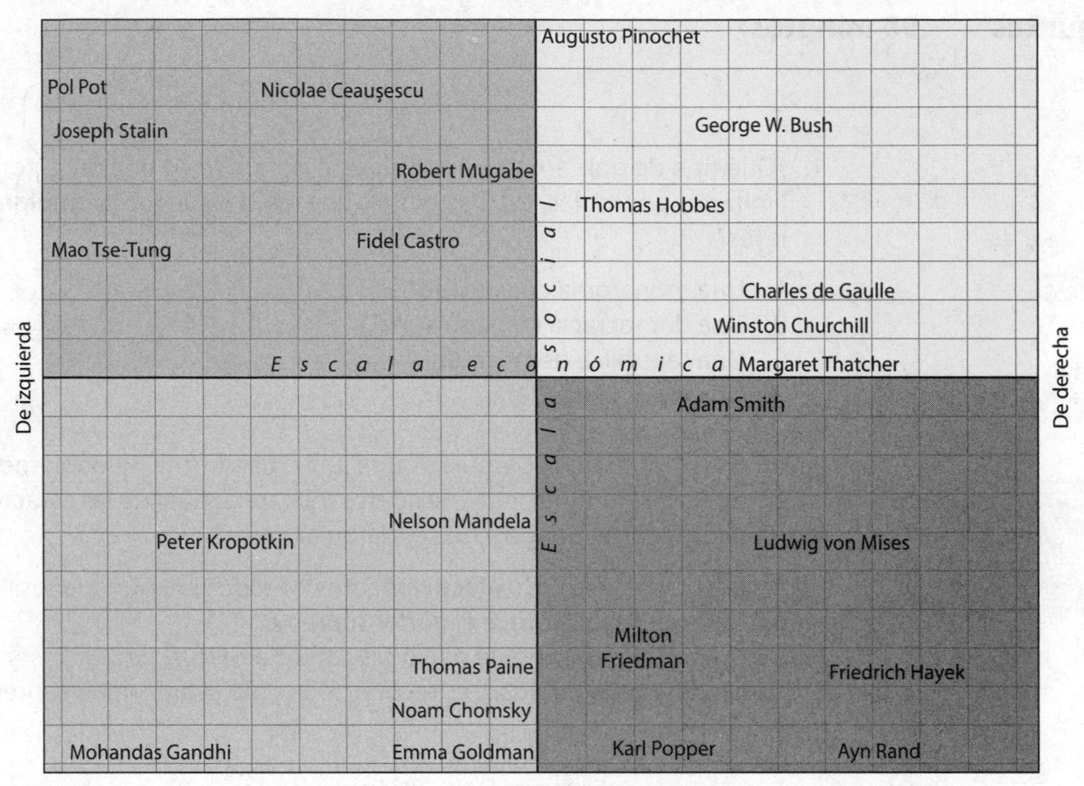

5. ¿Qué muestra la gráfica anterior?
   - A. Una comparación de las creencias económicas y sociales de varios personajes públicos.
   - B. Una visión de conjunto de los diferentes sistemas de gobierno.
   - C. Una descripción detallada de los diversos sistemas económicos.
   - D. Una explicación de la diferencia entre gobiernos de izquierda y de derecha.

6. De acuerdo con la gráfica, ¿cuál de los siguientes personajes públicos puede ser descrito como un libertario conservador?
   - A. George W. Bush.
   - B. Robert Mugabe.
   - C. Adam Smith.
   - D. Ayn Rand.

7. De acuerdo con la gráfica, ¿cuál de los siguientes personajes públicos tiene ideas políticas socialistas?
   - A. Karl Popper.
   - B. Thomas Hobbes.
   - C. Mohandas Gandhi.
   - D. Robert Mugabe.

EXAMEN DE PRÁCTICA

Use el diagrama siguiente para responder las preguntas 8 a 10.

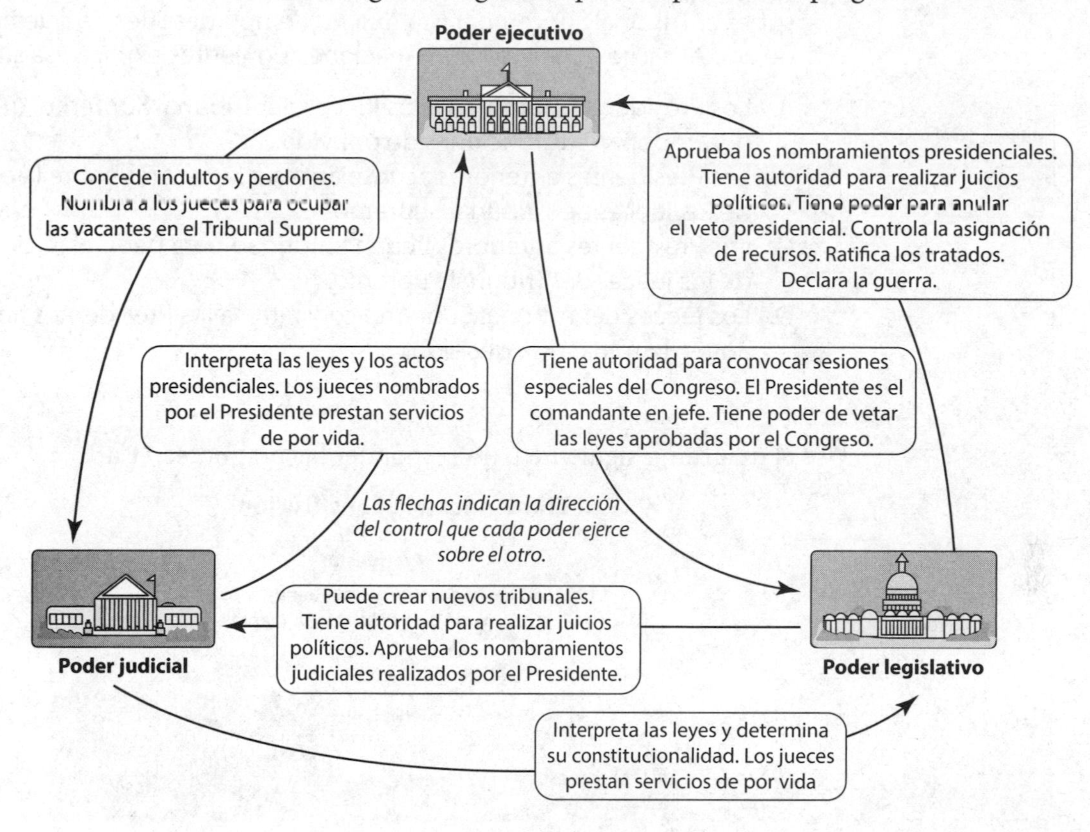

8. ¿Qué representa el diagrama anterior?

   A. El funcionamiento de la democracia en una república parlamentaria típica.
   B. El proceso por el cual una ley aprobada por el Congreso de los Estados Unidos se promulga.
   C. El poder del Presidente de los Estados Unidos de nombrar a miembros del gobierno.
   D. Los controles y equilibrios entre los diferentes poderes del gobierno de los Estados Unidos.

9. ¿Cuál de los poderes del gobierno de los Estados Unidos tiene autoridad para realizar el juicio político al Presidente?

   A. El poder ejecutivo.
   B. El poder legislativo.
   C. El poder judicial.
   D. Todos los poderes tienen autoridad para realizar el juicio político.

EXAMEN DE PRÁCTICA

10. Los Presidentes de los Estados Unidos pueden conservar su influencia sobre el Tribunal Supremo hasta mucho tiempo después de que hayan dejado el cargo. ¿Cuál de las afirmaciones siguientes explica esa situación?

A. Los Presidentes nombran a los jueces del Tribunal Supremo, que desempeñan sus funciones de por vida.
B. Los Presidentes anteriores aconsejan a sus sucesores sobre la elección de los jueces del Tribunal Supremo.
C. Los Presidentes anteriores tienen autoridad para pedir el juicio político de los jueces del Tribunal Supremo.
D. Los jueces del Tribunal Supremo consultan a los Presidentes anteriores antes de tomar una decisión.

Use el diagrama siguiente para responder las preguntas 11 a 13.

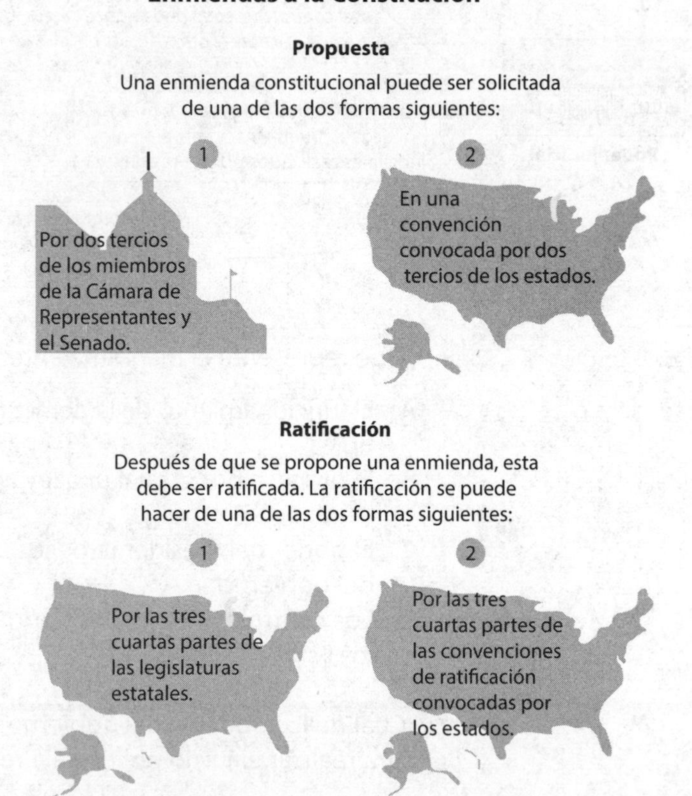

11. ¿Cuál es el primer paso para enmendar la Constitución de los Estados Unidos?

A. El Presidente envía al Congreso una propuesta de enmienda.
B. Una enmienda es ratificada por las tres cuartas partes de las legislaturas estatales.
C. Una enmienda es propuesta por el Congreso o por una convención constitucional.
D. Las legislaturas estatales envían una propuesta de enmienda al Presidente.

EXAMEN DE PRÁCTICA

12. Una enmienda puede ser ratificada si es aprobada por:
    A. Las tres cuartas partes de los miembros de la Cámara de Representantes.
    B. Las tres cuartas partes de los miembros del Senado.
    C. Las dos terceras partes de los miembros de la Cámara de Representantes y del Senado.
    D. Las tres cuartas partes de las legislaturas estatales.

13. Una enmienda puede ser propuesta si es aprobada por:
    A. Las tres cuartas partes de los miembros del Senado.
    B. Las dos terceras partes de los miembros de la Cámara de Representantes.
    C. Las dos terceras partes de los miembros de la Cámara de Representantes y del Senado.
    D. Las tres cuartas partes de las legislaturas estatales.

Use la ilustración siguiente para responder las preguntas 14 a 16.

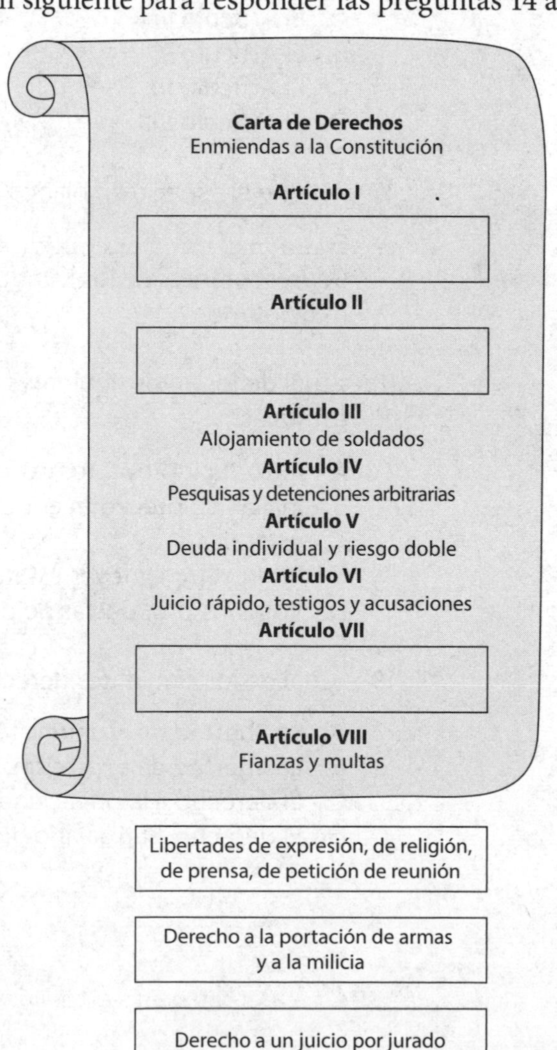

14. Coloque en el recuadro apropiado cada una de las descripciones de los artículos que aparecen al pie de la ilustración. (**Nota:** En el examen de GED®, usted deberá hacer un clic sobre cada descripción y "arrastrarla" hasta la posición correcta en la ilustración.)

15. ¿Cuál de los artículos de la Carta de Derechos protege a una persona de ser arrestada por escribir un artículo muy crítico sobre los actos del Presidente?

    A. El Artículo I.
    B. El Artículo III.
    C. El Artículo VI.
    D. El Artículo VIII.

16. ¿Cuál de los artículos de la Carta de Derechos garantiza que una persona no podrá ser arrestada sin cargos por un período prolongado de tiempo?

    A. El Artículo II.
    B. El Artículo V.
    C. El Artículo VI.
    D. El Artículo VIII.

17. Rellene el espacio en blanco.

    El ______________________ es el presidente de la Cámara de Representantes de los Estados Unidos y es elegido por el partido mayoritario.

18. ¿Cuál de los actos siguientes NO es responsabilidad de las legislaturas estatales?

    A. Introducir proyectos de ley para ser convertidos en leyes.
    B. Iniciar los procedimientos de juicio político contra funcionarios estatales.
    C. Interpretar las leyes estatales.
    D. Votar las propuestas de presupuesto.

19. ¿Cuál de los siguientes derechos NO es considerado una libertad civil?

    A. La libertad de reunión.
    B. La libertad de expresión.
    C. El derecho a la privacidad.
    D. El derecho a un salario digno.

EXAMEN DE PRÁCTICA

Use el pasaje siguiente para responder las preguntas 20 a 21.

Desafortunadamente, muchos estadounidenses viven en los confines de la esperanza: algunos, a causa de su pobreza; otros, a causa de su color, y muchos debido a ambos motivos. Nuestra tarea consiste en ayudar a convertir su desesperación en oportunidad. Hoy, este gobierno, aquí y ahora, declara la guerra incondicional a la pobreza en los Estados Unidos. Insto a este Congreso y a todos los estadounidenses a que me acompañen en este esfuerzo.

No va a ser una lucha breve ni fácil, ningún arma o estrategia por sí sola será suficiente, pero no descansaremos hasta ganar esta guerra. La nación más rica de la Tierra puede permitirse el lujo de ganar. No podemos darnos el lujo de perder. Mil dólares invertidos en salvar a un joven desempleado de hoy pueden tener un rendimiento de $40,000 o más en el curso de su vida.

La pobreza es un problema nacional, que requiere una mejor organización y el apoyo nacional. Pero este ataque, para que sea eficaz, también debe ser organizado a nivel estatal y local y debe ser apoyado y dirigido por los esfuerzos estatales y locales. Porque la guerra contra la pobreza no se ganará aquí, en Washington. Hay que ganarla en el campo, en todos los hogares privados, en cada oficina pública, desde los tribunales de justicia hasta la Casa Blanca.

El programa que propondré hace hincapié en este enfoque de cooperación para ayudar a que una quinta parte de todas las familias estadounidenses, con ingresos demasiado bajos, pueda satisfacer incluso sus necesidades básicas.

Fragmento extraído del discurso Estado de la Unión de 1964, pronunciado por el presidente Lyndon Johnson.

20. Basándose en este fragmento, ¿quién cree el presidente Johnson que debería ser responsable de poner fin a la pobreza en los Estados Unidos?

    A. Todos los ciudadanos.
    B. El Congreso.
    C. El Tribunal Supremo.
    D. La Casa Blanca.

21. En este fragmento, ¿cuál es la razón por la que el presidente Johnson afirma que algunos estadounidenses "viven en los confines de la esperanza"?

    A. Un mal gobierno.
    B. La falta de educación.
    C. El racismo.
    D. El egoísmo.

EXAMEN DE PRÁCTICA

22. ¿Cuántos votos electorales necesita un candidato para ser electo Presidente?

    A. Las tres cuartas partes de los votos electorales.
    B. Las dos terceras partes de los votos electorales.
    C. La mayoría de los votos electorales.
    D. Todos los votos electorales.

Use la gráfica siguiente para responder la pregunta 23.

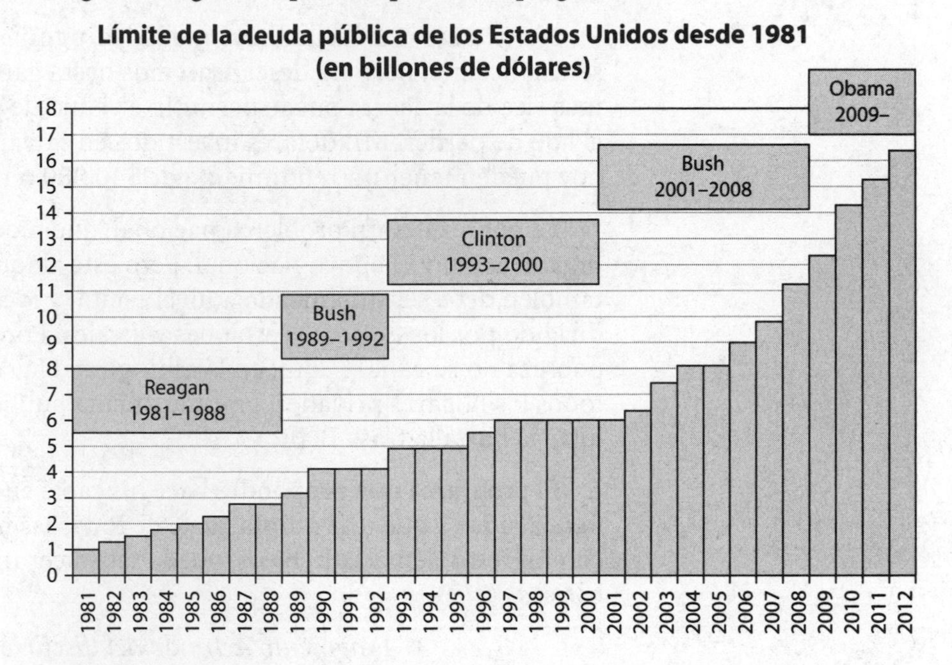

23. Durante el período cubierto por la gráfica, ¿bajo cuál Presidente se incrementó más la deuda pública de los Estados Unidos?

    A. Ronald Reagan.
    B. Bill Clinton.
    C. George W. Bush.
    D. Barack Obama.

Use el pasaje siguiente para responder la pregunta 24.

Cuando en el curso de los acontecimientos humanos se hace necesario para un pueblo disolver los vínculos políticos que lo han ligado a otro y tomar entre las naciones de la Tierra el puesto separado e igual a que las leyes de la naturaleza y el Dios de esa naturaleza le dan derecho, un justo respeto al juicio de la humanidad exige que declare las causas que lo impulsan a la separación.

EXAMEN DE PRÁCTICA

24. Este pasaje es un fragmento extraído de:

    A. La Declaración de Independencia.
    B. La Carta de Derechos.
    C. La Proclamación de Emancipación.
    D. La Doctrina Monroe.

Use el mapa siguiente para responder la pregunta 25.

Expansión hacia el oeste de los Estados Unidos

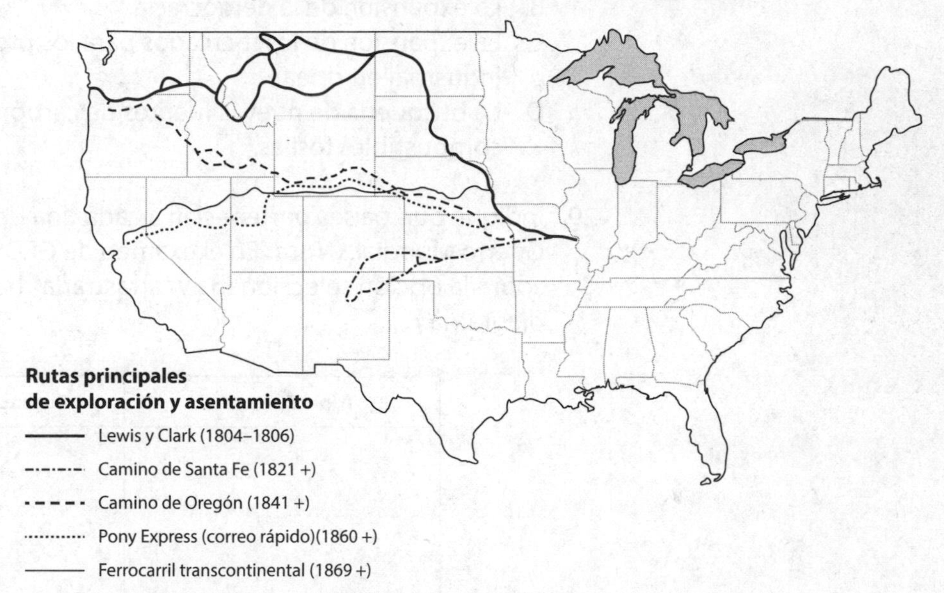

25. Basándose en el mapa, ¿cuál de las afirmaciones siguientes es verdadera?

    A. Los colonos siguieron el Camino de Oregón hacia el noroeste y el Pacífico.
    B. La expedición de Lewis y Clark descubrió una ruta directa hacia California.
    C. El ferrocarril transcontinental siguió la ruta de la expedición de Lewis y Clark.
    D. El Camino de Santa Fe unió la región de los Grandes Lagos con el océano Pacífico.

26. ¿Cuál de las enmiendas siguientes NO fue aprobada como consecuencia de la guerra de Secesión (*Civil War*)?

    A. La Decimotercera Enmienda.
    B. La Decimocuarta Enmienda.
    C. La Decimoquinta Enmienda.
    D. La Decimonovena Enmienda.

EXAMEN DE PRÁCTICA

27. Rellene el espacio en blanco.

    Las leyes aprobadas entre 1876 y 1965, que exigían una segregación "separada pero igual" en el sur de los Estados Unidos, son conocidas coloquialmente con el nombre de ______________________.

28. ¿Cuál de las causas siguientes motivó la colonización europea de las Américas durante los siglos XV y XVI?

    A. La obtención de recursos naturales, como el oro y las pieles.
    B. La expansión de la democracia.
    C. La expansión de los mercados para los productos de la Revolución Industrial europea.
    D. La búsqueda de nuevas fuentes de carbón, petróleo y otros combustibles fósiles.

29. Indique qué países pertenecían a cada una de las alianzas de la Primera Guerra Mundial. (**Nota:** En el examen de GED®, usted deberá hacer un clic sobre la opción seleccionada y "arrastrarla" hasta la posición correcta en el diagrama.)

Triple Entente	**Potencias Centrales**

Imperio alemán	Francia
Imperio otomano	Reino Unido
Imperio austrohúngaro	Imperio ruso

EXAMEN DE PRÁCTICA

30. ¿Quién era el gobernante de Rusia que fue depuesto por la Revolución rusa que empezó en 1917?

    A. Joseph Stalin.
    B. Vladimir Lenin.
    C. Nicholas II.
    D. Leon Trotsky.

Use el mapa siguiente para responder la pregunta 31.

Europa después de la Segunda Guerra Mundial

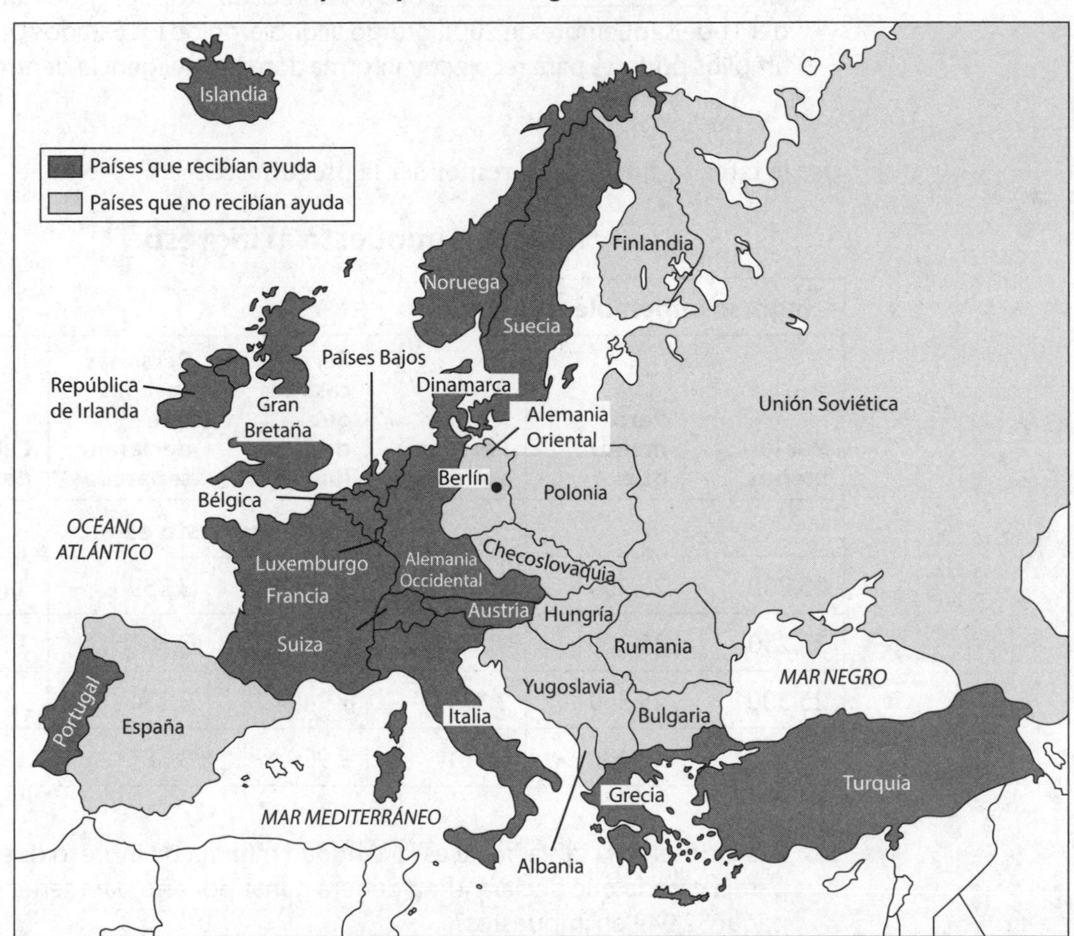

La oración siguiente contiene un espacio en blanco, que comienza con la palabra "Seleccione", seguida de puntos suspensivos. Debajo de la oración, encontrará una lista de cuatro opciones. Indique cuál de esas opciones es la que corresponde al espacio en blanco. (**Nota:** En el examen de GED®, las opciones se presentan como un menú desplegable. Cuando usted haga un clic sobre la opción seleccionada, esta rellenará el espacio en blanco.)

EXAMEN DE PRÁCTICA

31. El mapa muestra los países que recibieron ayuda bajo Seleccione. . . ▼

Seleccione. . . ▼
el Pacto de Varsovia.
la Doctrina Truman.
la Gran Sociedad.
el Plan Marshall.

32. Rellene el espacio en blanco.

La ________________________, una ley aprobada después de los ataques del 11 de septiembre de 2001, otorgó al gobierno de los Estados Unidos amplios poderes para recolectar información de inteligencia dentro del país.

Use la tabla siguiente para responder la pregunta 33.

Tabla del impuesto al ingreso

Ingreso imponible					
Por lo menos	**Pero menos que**	**Persona soltera**	**Personas casadas que declaran juntas**	**Personas casadas que declaran separadas**	**Cabeza de familia**
		Su impuesto es—			
25,200	25,250	3,359	2,934	3,359	3,176
25,250	25,300	3,366	2,941	3,366	3,184
25,300	25,350	3,374	2,949	3,374	3,191
25,350	25,400	3,381	2,956	3,381	3,199

33. Basándose en la tabla, ¿cuál es la cantidad mínima de ingreso que una pareja casada que declara junta deberá ganar por año para tener que pagar $2,949 en impuestos?

A. $25,250.
B. $25,400.
C. $25,300.
D. $25,250.

EXAMEN DE PRÁCTICA

34. ¿En qué año comenzó la quiebra del Mercado de Valores que dio origen a la Gran Depresión?

    A. En 1909.
    B. En 1919.
    C. En 1929.
    D. En 1939.

35. Durante el primer trimestre del año, una empresa de jardinería no obtuvo ganancias. Sin embargo, durante el segundo trimestre, una buena campaña de publicidad le permitió ganar más dinero del que necesitaba para sus operaciones. Durante ese trimestre, los ingresos producidos por las ventas superaron los costos operativos en $10,000. ¿Cuál es el término que usan los economistas para describir este exceso de ingresos por sobre los costos operativos?

    A. Inversión.
    B. Beneficio.
    C. Capital.
    D. Productividad.

Use la ilustración siguiente para responder la pregunta 36.

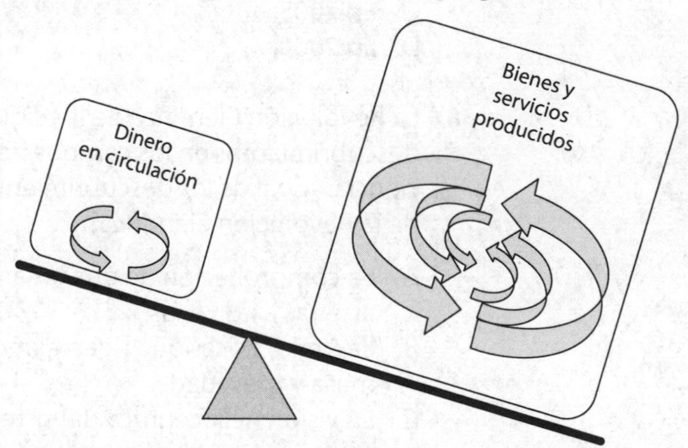

36. ¿Qué fenómeno económico representa la ilustración?

    A. Una recesión.
    B. Una inflación.
    C. Un monopolio.
    D. Una deflación.

EXAMEN DE PRÁCTICA

Use la gráfica siguiente para responder la pregunta 37.

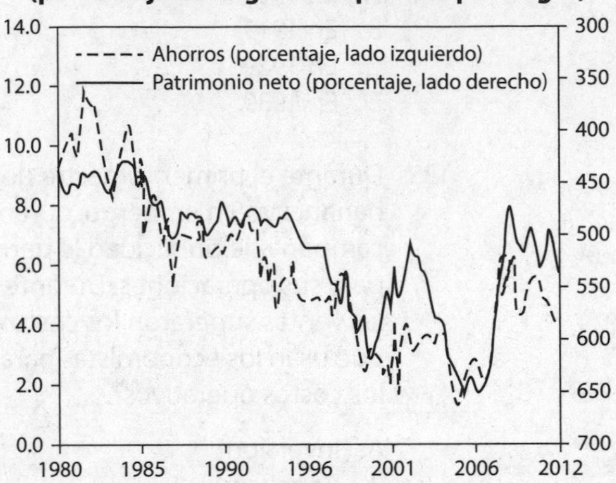

37. Durante los años representados en la gráfica, ¿en qué año las familias ahorraron la menor parte de su ingreso disponible?

  A. En 1982.
  B. En 1995.
  C. En 2005.
  D. En 2008.

38. La Revolución Científica de los siglos XVI y XVII fue un período de muchos descubrimientos en los campos de las matemáticas, la medicina y la ciencia. ¿Cuál de los descubrimientos siguientes NO pertenece a la época de la Revolución Científica?

  A. La comprobación de que la sangre circula continuamente de las arterias a las venas.
  B. Las leyes físicas que rigen el movimiento de los objetos que tienen masa y gravedad.
  C. La visión heliocéntrica del sistema solar, según la cual la Tierra y los otros planetas giran alrededor del Sol.
  D. La idea de que los átomos están compuestos por pequeños protones, neutrones y electrones.

39. ¿Cuál de los conceptos siguientes representa una característica esencial del capitalismo?

  A. La propiedad privada y la operación de la industria para obtener beneficios.
  B. La propiedad del sistema bancario por el Estado.
  C. El control de salarios y precios por el gobierno.
  D. Una sociedad que no esté dividida en diferentes clases sociales.

EXAMEN DE PRÁCTICA

Use el mapa siguiente para responder la pregunta 40.

Invasiones al Imperio romano entre 100 y 500 EC

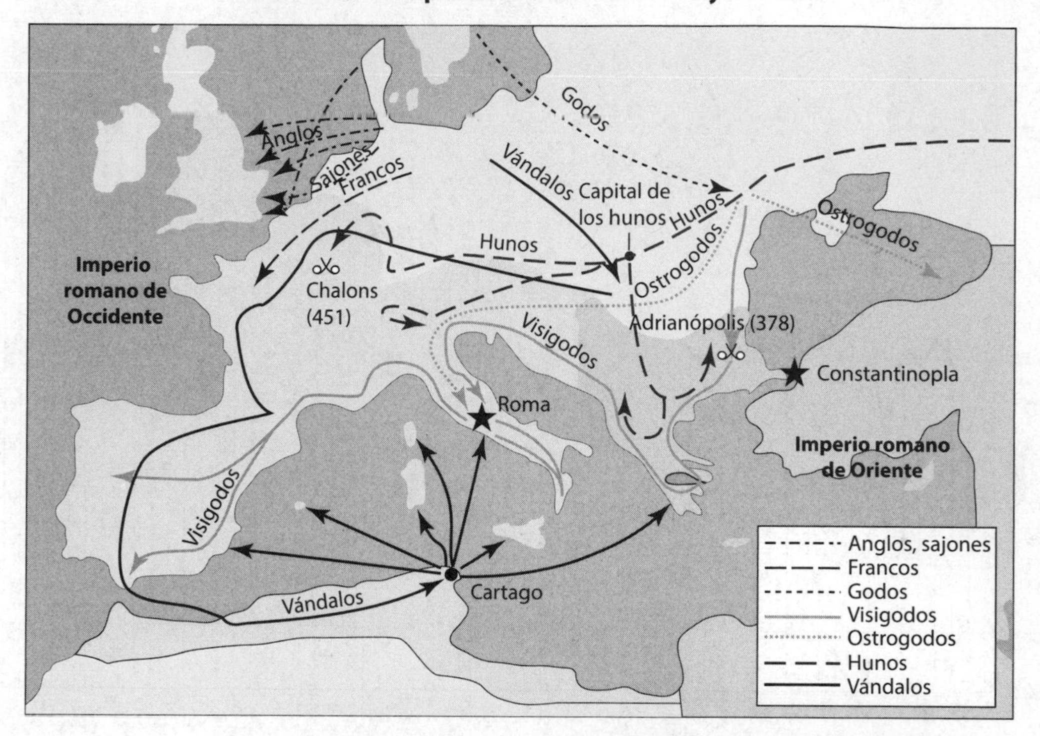

40. Basándose en el mapa, ¿cuál de las informaciones siguientes NO puede ser confirmada?
    A. Las fechas de las invasiones a Inglaterra por los anglos y los sajones.
    B. El período de tiempo en el que se produjeron las invasiones al Imperio romano.
    C. Las rutas que siguieron los hunos a través de Europa.
    D. El nombre de los pueblos que invadieron al Imperio romano en el norte de África.

41. Filadelfia fue la sede del Primer y del Segundo Congreso Continental y la capital original de los Estados Unidos. ¿Cuál de los factores siguientes hizo que Filadelfia fuera elegida como sede del gobierno nacional?
    A. Su ubicación en el centro de las colonias y los estados originales.
    B. Su clima templado durante todo el año.
    C. Su numerosa y étnicamente variada población.
    D. Su floreciente economía.

EXAMEN DE PRÁCTICA

Use la gráfica siguiente para responder la pregunta 42.

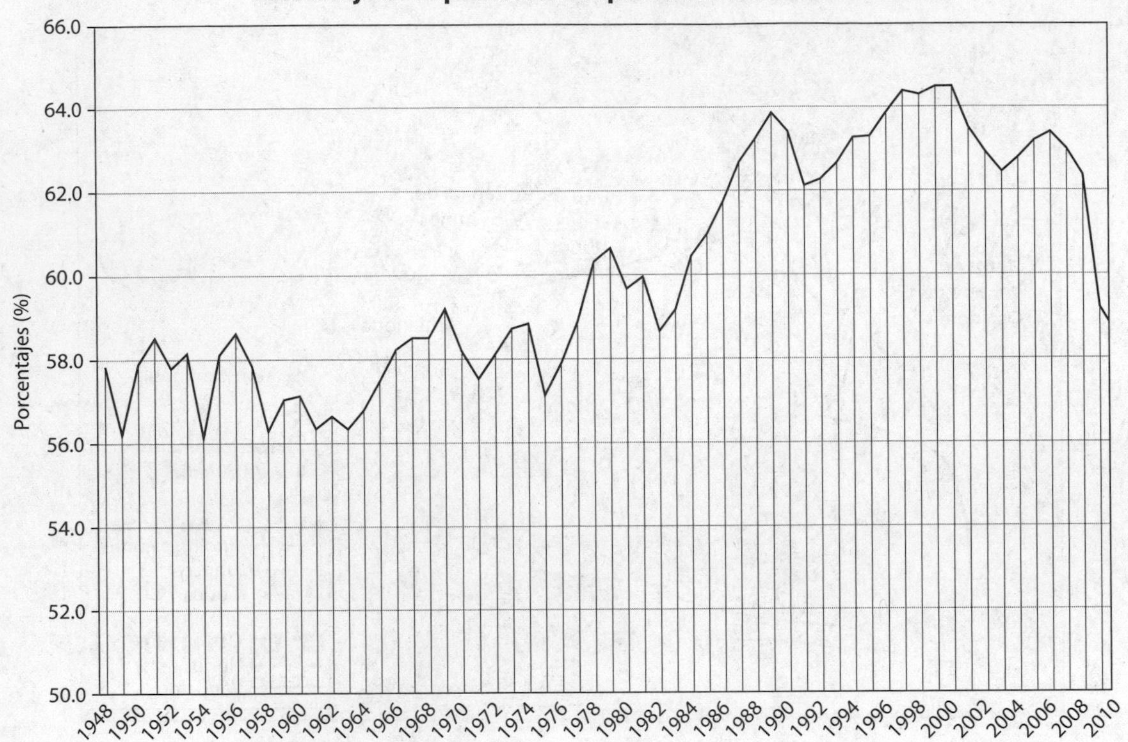

42. De acuerdo con la gráfica, ¿en qué año fue mayor el porcentaje de población empleada en los Estados Unidos?
    A. En 1950.
    B. En 1970.
    C. En 1990.
    D. En 2000.

Use el pasaje siguiente para responder la pregunta 43.

A fines del siglo XVIII, Samuel Slater, aprendiz en una hilandería de algodón en Inglaterra, trajo su conocimiento y las técnicas inglesas de fabricación de textiles a Rhode Island, en Nueva Inglaterra, donde contribuyó al establecimiento de la primera fábrica textil en los Estados Unidos. En la época de la guerra de Secesión, existían más de 1200 fábricas de algodón en los Estados Unidos.

EXAMEN DE PRÁCTICA

43. La industria textil estadounidense de fabricación del algodón prosperó gracias al uso de técnicas de producción inglesas y el suministro abundante de algodón desde:

    A. Gran Bretaña.
    B. India.
    C. Nueva Inglaterra.
    D. Los estados del Sur.

44. Rellene el espacio en blanco.

    El último estado que se incorporó a los Estados Unidos fue

    ______________________.

Use el fragmento siguiente para responder la pregunta 45 (respuesta extensa).

Fragmentos del discurso del presidente Barack Obama en el Museo Nacional de Antropología de México, pronunciado el 3 de mayo de 2013

Primero, hagamos algo más por expandir la industria y el comercio, que crean buenos empleos para nuestra gente. Nosotros ya compramos más de las exportaciones de ustedes que de cualquier otro país. Le vendemos más de nuestras exportaciones a México que a Brasil, Rusia, India y China, considerados en conjunto. Las compañías mexicanas están invirtiendo más en los Estados Unidos, y somos el inversionista extranjero más importante en México, porque creemos en México, y queremos ser un aliado en su éxito.

Guiados por el nuevo diálogo económico que el presidente Peña Nieto y yo anunciamos ayer, hagamos más para liberar el verdadero potencial de nuestra relación. Continuemos invirtiendo en nuestras carreteras, puentes y fronteras para que podamos comerciar de manera más rápida y más económica. Ayudemos a nuestras pequeñas empresas, que emplean a la mayor parte de nuestros trabajadores, a acceder a nuevos mercados, que son los mercados grandes que están justo al otro lado de la frontera. Empoderemos a nuestros empresarios jóvenes a medida que estos crean nuevas empresas que pueden transformar la manera en que vivimos. Y hagamos realidad la Alianza Transpacífica este año, de manera que nuestras dos naciones puedan competir y ganar en los mercados de rápido crecimiento en la región de Asia y el Pacífico.

Segundo, que no solo nos vendamos más cosas el uno al otro, sino que creemos más cosas juntos. Como muchas de nuestras compañías tienen operaciones en ambos países, las piezas se envían en la actualidad de ida y de vuelta a través de la frontera, a medida que se ensamblan. De manera que, día a día, los trabajadores estadounidenses y mexicanos están construyendo cosas juntos: autos, aviones, computadoras, satélites.

Creo que esto es solo el principio. Dadas las habilidades que tienen nuestros trabajadores, incluso tiene más sentido que las compañías de alrededor del mundo establezcan sus operaciones en nuestros países. A medida que México haga reformas, podremos hacer todavía más negocios juntos. Y mientras más colaboren nuestras compañías entre sí, más competitivas serán y más productos le venderemos al mundo.

Tercero, a medida que aseguremos nuestro futuro económico, aseguraremos nuestro futuro energético, incluyendo la energía limpia, que necesitamos para combatir el cambio climático. Nuestras naciones están bendecidas con una belleza natural ilimitada, desde nuestras zonas costeras y tierras de cultivo hasta los bosques tropicales que tienen ustedes. Y como la ciencia del cambio climático es innegable, es un hecho que nuestras economías tienen que hacerse más "verdes".

En los Estados Unidos, hemos hecho compromisos históricos con la energía limpia y renovable, y hemos reducido nuestras emisiones de contaminación peligrosa provocada por el carbono. Aquí en México, ustedes son líderes en la eliminación de las emisiones de carbono y en ayudar a los países en vías de desarrollo a hacer lo mismo. Juntos, continuemos creando nuevas alianzas de energía limpia, que aprovechen la energía eólica y solar y los buenos empleos que estas conllevan. Continuemos invirtiendo en edificios ecológicos y tecnologías de redes inteligentes para que logremos que nuestro planeta sea más limpio y más seguro para las generaciones futuras.

Cuarto, y esto es parte de mantenernos competitivos también, hagamos más cosas juntos en materia de educación, de forma tal que nuestros jóvenes tengan los conocimientos y las habilidades necesarios para tener éxito. Aquí, en México, ustedes han logrado un progreso importante, ya que más niños permanecen durante más años en la escuela y un número sin precedentes de estudiantes está obteniendo una educación universitaria.

Solo imaginen cuánto podrían hacer juntos los estudiantes de nuestros dos países y cuánto podrían aprender los unos de los otros. Por eso es que el presidente Peña Nieto y yo anunciamos una nueva alianza de educación superior, para exhortar a una mayor colaboración entre nuestras universidades y nuestros estudiantes. Vamos a concentrarnos en la ciencia, la tecnología, la ingeniería y las matemáticas. Eso es parte de mi iniciativa más extensa denominada *100,000 Strong in the Americas*. Queremos tener 100,000 estudiantes de los Estados Unidos que estudien en América Latina, incluyendo a México. Y queremos tener a 100,000 estudiantes de América Latina, incluyendo a mexicanos como ustedes, que vengan a estudiar en los Estados Unidos.

Por último, para contribuir a dinamizar sus carreras y expandir las industrias del futuro, invirtamos realmente en la innovación, las investigaciones y el desarrollo. Aquí, en México, ustedes ahora son líderes globales en la graduación de ingenieros y técnicos. Uno de los científicos más importantes de México, Rafael Navarro-González, está ayudando a analizar los datos que envía el vehículo motorizado desde el suelo de Marte.

Juntos, tengamos presente que cada dólar y cada peso que invirtamos en las investigaciones y el desarrollo genera un rendimiento mucho mayor en nuestras economías, es decir, más empleos y más oportunidades. Así es que forjemos nuevas alianzas en áreas tales como la ciencia aeroespacial, la información tecnológica, la nanotecnología, la biotecnología y la robótica. Respondamos a la esperanza de una joven estudiante del Instituto Politécnico Nacional que habló en nombre de muchos de su generación, que están tan ansiosos de dejar su huella. Ella pidió: "Ofrézcannos empleos para ser creadores". Ofrézcannos empleos para ser creadores.

EXAMEN DE PRÁCTICA

45. **Pregunta de respuesta extensa**

¿Cuál era el propósito del discurso del presidente Obama? ¿Qué planes u objetivos quería promover?

Escriba un ensayo breve donde identifique y explique el propósito del discurso del presidente Obama. Incorpore ejemplos relevantes y específicos para respaldar su respuesta.

Escriba su respuesta dentro del recuadro. Dispondrá de 25 minutos para completar esta tarea.

Cortar Copiar Pegar Deshacer Rehacer

ESTE ES EL FINAL DEL EXÁMEN DE PRÁCTICA DE ESTUDIOS SOCIALES

EXAMEN DE PRÁCTICA

Respuestas y explicaciones

1. **Respuesta correcta: A.** Una monarquía constitucional. Esta forma de gobierno es encabezada por un monarca, o rey o reina, cuyos poderes están limitados por una constitución, escrita o no. Un parlamento o una legislatura promulgan las leyes.
2. **Respuesta correcta: C.** Un grupo pequeño de personas controla todo el poder. En una oligarquía, un grupo pequeño o una clase de personas administran el gobierno. Esas personas adquieren su poder de diferentes maneras; por ejemplo, a través del uso de la fuerza o por vínculos familiares.
3. **Respuesta correcta: la separación de poderes.**
4. **Respuesta correcta: derechos naturales.** Los derechos naturales son aquellos derechos que poseen todas las personas por el hecho de haber nacido. No se los otorga el Estado y, por lo tanto, tampoco puede quitárselos.
5. **Respuesta correcta: A.** Una comparación de las creencias económicas y sociales de varios personajes públicos. En el gráfico, los líderes políticos, como Margaret Thatcher, Joseph Stalin y George W. Bush, están ubicados según sus respectivas creencias sobre las escalas económica y social.
6. **Respuesta correcta: D.** Ayn Rand. Rand está ubicada completamente a la derecha sobre la escala económica, lo que significa que se trata de alguien con ideas económicas muy conservadoras (por ejemplo, sobre el mercado libre capitalista). Rand también está ubicada en el extremo más libertario de la escala social; ella es la persona más libertaria de todas las mencionadas en la gráfica.
7. **Respuesta correcta: C.** Mohandas Gandhi. El socialismo es una filosofía económica de izquierda basada en la propiedad de los medios de producción por el Estado. Gandhi está ubicado en el extremo izquierdo de la escala económica.
8. **Respuesta correcta: D.** Los controles y equilibrios entre los diferentes poderes del gobierno de los Estados Unidos. El diagrama muestra las responsabilidades de cada poder del gobierno y el poder de control de un poder sobre los otros dos.
9. **Respuesta correcta: B.** El poder legislativo. De acuerdo con la Constitución de los Estados Unidos, el poder legislativo tiene la autoridad requerida para realizar un juicio político.
10. **Respuesta correcta: A.** Los Presidentes nombran a los jueces del Tribunal Supremo, que desempeñan sus funciones de por vida. Un Presidente puede nombrar a un juez de ideas políticas afines a las suyas, y ese juez tomará decisiones concordantes con esas ideas políticas a lo largo de su mandato, es decir, durante el resto de su vida.
11. **Respuesta correcta: C.** Una enmienda es propuesta por el Congreso o por una convención constitucional. El Presidente no puede proponer enmiendas, y la ratificación se realiza después de que se propone una enmienda.
12. **Respuesta correcta: D.** Las tres cuartas partes de las legislaturas estatales. Una enmienda constitucional debe ser ratificada por las tres cuartas partes de las legislaturas estatales o por las tres cuartas partes de las convenciones de ratificación convocadas por los estados.
13. **Respuesta correcta: C.** Las dos terceras partes de los miembros de la Cámara de Representantes y del Senado. Una enmienda constitucional puede ser propuesta si es aprobada por las dos terceras partes de los miembros de las dos cámaras del Congreso o por una convención convocada por las dos terceras partes de los estados.

EXAMEN DE PRÁCTICA

14. **Respuestas correctas:**

    Artículo I: Libertades de expresión, de religión, de prensa, de petición y de reunión.

    Artículo II: Derecho a la portación de armas y a la milicia.

    Artículo VII: Derecho a un juicio por jurado.

15. **Respuesta correcta: A.** El Artículo I. El Artículo I garantiza la libertad de expresión y la libertad de prensa.

16. **Respuesta correcta: C.** El Artículo VI. El Artículo VI garantiza que las personas que son acusadas de un crimen no pueden ser arrestadas por tiempo indefinido sin que se presenten cargos en su contra. Las personas acusadas tienen el derecho de conocer los cargos que se les hacen y el derecho a un juicio rápido.

17. **Respuesta correcta: Portavoz.**

18. **Respuesta correcta: C.** Interpretar las leyes estatales. La interpretación de las leyes estatales es responsabilidad del poder judicial.

19. **Respuesta correcta: D.** Derecho a un salario digno. Las libertades civiles son derechos y libertades que pertenecen a los individuos, como la libertad de expresión, la libertad de reunión y el derecho a la privacidad. Los trabajadores pueden demandar salarios justos, pero los salarios justos no son considerados normalmente una libertad civil.

20. **Respuesta correcta: A.** Todos los ciudadanos. El presidente Johnson afirma que la lucha contra la pobreza deberá ser un esfuerzo conjunto de las esferas pública y privada de la cultura estadounidense, lo que significa que todos los ciudadanos son responsables de poner fin a la pobreza.

21. **Respuesta correcta: C.** El racismo. El presidente Johnson declara casi al comienzo del fragmento que "muchos estadounidenses viven en los confines de la esperanza" a causa de "su color". Esto significa que ellos son sometidos a discriminación racial.

22. **Respuesta correcta: C.** La mayoría de los votos electorales. En el proceso electoral en los Estados Unidos, un candidato a Presidente debe obtener una mayoría simple, o más de la mitad, de los votos del Colegio Electoral.

23. **Respuesta correcta: C.** George W. Bush. En el período cubierto por la gráfica, durante la presidencia de George W. Bush el límite de la deuda pública de los Estados Unidos se incrementó más de 5 billones de dólares.

24. **Respuesta correcta: A.** La Declaración de Independencia. Aprobada en 1776 por el Congreso Continental, la Declaración es un documento oficial que muestra que las Trece Colonias habían decidido cortar sus lazos con Gran Bretaña. El pasaje debería resultarle conocido; si así no fuera, el texto contiene palabras clave, como "disolver los vínculos políticos que lo han ligado a otro", que lo deberían ayudar a responder esta pregunta.

25. **Respuesta correcta: A.** Los colonos siguieron el Camino de Oregón hacia el noroeste y el Pacífico. El Camino de Oregón empezaba en Missouri y atravesaba las montañas Rocosas del norte en camino hacia el noroeste y el Pacífico. Las otras opciones no están respaldadas por la información contenida en el mapa.

26. **Respuesta correcta: D.** La Decimonovena Enmienda. Las enmiendas decimotercera, decimocuarta y decimoquinta fueron aprobadas como consecuencia de la guerra de Secesión. La Decimotercera Enmienda convirtió en ilegal la esclavitud; la Decimocuarta Enmienda protegió los derechos de los esclavos liberados, y la Decimoquinta Enmienda prohibió que el gobierno rehusara el derecho al voto basándose en cuestiones de raza. La Decimonovena Enmienda, ratificada en 1920, otorgó el derecho al voto a las mujeres.

27. **Respuesta correcta: Jim Crow.**

EXAMEN DE PRÁCTICA

28. **Respuesta correcta: A.** La obtención de recursos naturales, como el oro y las pieles. Durante los siglos XV y XVI, los colonos europeos llegaron a las Américas en búsqueda de riqueza proveniente de recursos naturales, como el oro y las pieles. Con respecto a las otras opciones, no había ningún país europeo de la época que fuera una democracia, la Revolución Industrial todavía no se había producido y no existía una demanda por los combustibles fósiles.

29. **Respuestas correctas:**

    Triple Entente: Imperio ruso, Francia, Reino Unido.

    Potencias Centrales: Imperio alemán, Imperio austrohúngaro, Imperio otomano.

30. **Respuesta correcta: C.** Nicholas II. En febrero de 1917, luego de una revuelta popular en la ciudad de San Petersburgo, el zar, o emperador, Nicholas II abdicó a su trono. Se estableció entonces un gobierno provisorio, que sería derrocado al poco tiempo por los bolcheviques.

31. **Respuesta correcta: El Plan Marshall.**

32. **Respuesta correcta: Ley patriótica (*Patriotic Act*).**

33. **Respuesta correcta: C.** Basándose en la tabla, una pareja casada que paga $2,949.00 de impuesto al ingreso ganó entre $25,300 y $25,350 al año.

34. **Respuesta correcta: C.** En 1929. El Mercado de Valores quebró el martes 29 de octubre de 1929.

35. **Respuesta correcta: B.** Beneficio. En economía, el beneficio es la diferencia positiva entre lo que una empresa gasta y sus ingresos totales. Si la empresa de jardinería recibió más dinero del que gastó en materiales y operaciones, entonces obtuvo un beneficio.

36. **Respuesta correcta: D.** Una deflación. Se produce una deflación cuando los precios de los bienes y servicios se reducen en toda la economía. La ilustración muestra una balanza inclinada hacia la derecha porque los "Bienes y servicios producidos" exceden al "Dinero en circulación". En otras palabras, hay demasiados bienes y servicios en venta en comparación con la cantidad de dinero disponible, lo que hace que los precios caigan hasta encontrar un nuevo punto de equilibrio.

37. **Respuesta correcta: C.** En 2005. En el año 2005, el porcentaje del ingreso disponible de las familias dedicado al ahorro alcanzó su punto más bajo: menos del 2 por ciento. El patrimonio neto, a diferencia del ahorro, alcanzó un punto alto (650 por ciento) del ingreso disponible casi al mismo tiempo (observe que la escala de patrimonio neto, en el lado derecho de la gráfica, aumenta de arriba a abajo, al contrario de la escala de ahorros, en el lado izquierdo).

38. **Respuesta correcta: D.** La idea de que los átomos están compuestos por pequeños protones, neutrones y electrones. Los científicos no descubrieron las partículas que componen el átomo hasta fines del siglo XIX y principios del siglo XX. Las otras opciones enumeran descubrimientos realizados a comienzos de la Revolución Científica.

39. **Respuesta correcta: A.** La propiedad privada y la operación de la industria para obtener beneficios. Un sistema económico capitalista se caracteriza por la propiedad privada de los medios de producción (recursos, fábricas, etc.) y una economía de libre mercado en la que los bienes y servicios son producidos para obtener un beneficio. En un sistema económico socialista, por el contrario, la propiedad de los medios de producción está en manos del Estado, que también establece los precios y salarios. El objetivo manifiesto de ese sistema es la eliminación de las diferencias económicas injustas y la asignación racional y planificada de bienes y recursos.

EXAMEN DE PRÁCTICA

40. **Respuesta correcta: A.** Las fechas de las invasiones a Inglaterra por los anglos y los sajones. En el mapa, no se muestran las fechas correspondientes a esas invasiones, aunque sí el período en el que se produjeron las invasiones de los pueblos bárbaros (100 a 500 EC). Las rutas que recorrieron los distintos pueblos están marcadas sobre el mapa, y queda claro que los vándalos fueron quienes invadieron el norte de África.

41. **Respuesta correcta: A.** Su ubicación en el centro de las colonias y los estados originales. Tenía sentido elegir una ubicación central donde pudieran reunirse los líderes provenientes de todas las distintas colonias y, posteriormente, de todos los estados. Esto posibilitaba que cada persona tuviera que recorrer la menor distancia posible en una época en que los viajes eran lentos, poco confortables y peligrosos.

42. **Respuesta correcta: D.** En 2000. La gráfica muestra el porcentaje de la población empleada de los Estados Unidos entre los años 1948 y 2010. El máximo fue alcanzado en 2000, cuando algo más del 64 por ciento de la población tenía empleo.

43. **Respuesta correcta: D.** Los estados del Sur. El algodón que alimentaba las fábricas de Nueva Inglaterra provenía mayoritariamente de los estados del Sur del país, que era la región donde más se lo cultivaba.

44. **Respuesta correcta: Hawái.**

45. **Respuesta extensa.** En respuesta a las instrucciones (el comando), usted deberá establecer que el próposito del discurso del presidente Obama era fomentar una cooperación económica más estrecha entre los Estados Unidos y México, y respaldar su opinión con evidencia específica contenida en el texto. Una respuesta de alta puntuación deberá presentar argumentos apoyados en referencias históricas que incluyan los contrastes económicos más importantes (recientes y pasados) entre los Estados Unidos y México, que resulten relevantes en el contexto del discurso del presidente Obama. En su argumento, deberá citar múltiples ideas provenientes de los textos fuente para reforzar su opinión.

Si fuera posible, pídale a un instructor que evalúe su ensayo. Las opiniones y los comentarios de su instructor le ayudarán a determinar qué habilidades necesita desarrollar para mejorar la redacción de sus ensayos.

Usted también podrá evaluar el ensayo por sí mismo. Use para ello la lista de verificación de las características que se emplean en la evaluación, que se presenta a continuación. Sea justo en la evaluación. Cuantas más características haya incluido en su ensayo, mayor confianza podrá tener en sus habilidades de escritura. Eso sí, deberá repasar aquellas características que no haya tenido en cuenta en su ensayo.

Mi ensayo:

- ☐ Desarrolla un argumento sólido y lógico basado en el texto fuente.
- ☐ Cita evidencia del texto fuente para respaldar el argumento.
- ☐ Analiza y evalúa las cuestiones y/o la validez de los argumentos contenidos en el texto fuente.
- ☐ Organiza las ideas en una secuencia razonable.
- ☐ Describe claramente la relación de las ideas principales con los detalles.
- ☐ En la mayoría de los casos, estructura correctamente las oraciones.
- ☐ Usa apropiadamente las convenciones y reglas del idioma español en cuestiones de gramática, ortografía y signos de puntuación.

EXAMEN DE PRÁCTICA

Tabla de evaluación

Compruebe en la sección de respuestas y explicaciones del examen de práctica de Estudios sociales qué preguntas contestó correctamente y cuáles, no. En el caso de las respuestas incorrectas, busque primero el número de la pregunta en la tabla siguiente. Luego verifique, en la columna de la izquierda, a qué área de contenido corresponde esa pregunta. Si usted contestó incorrectamente varias preguntas de una misma área de contenido, deberá repasar esa área para el examen de GED®. Las páginas donde se tratan las diferentes áreas de contenido están enumeradas en la columna de la derecha.

Área de contenido	Número de pregunta	Número de página
1. Educación cívica y gobierno	1, 2, 3, 4, 5, 6, 7, 8, 9, 10, 11, 12, 13, 14, 15, 16, 17, 18, 19, 20, 21, 22, 23, 24	701–730
2. Historia de los Estados Unidos	24, 25, 26, 27, 32, 34, 41, 43, 44	737–785
3. Economía	23, 33, 34, 35, 36, 37, 39, 42, 45	793–805
4. La geografía y el mundo	28, 29, 30, 31, 38, 39, 40, 41, 43, 44, 45	811–820